Transforming Mission

제3판

변화하는 선교

선교신학의 패러다임 전환

데이비드 J. 보쉬 지음
김만태 옮김

기독교문서선교회

기독교문서선교회(Christian Literature Center: 약칭 CLC)는 1941년 영국 콜체스터에서 켄 아담스에 의해 시작되었으며 국제 본부는 미국 필리델피아에 있습니다.
국제 CLC는 59개 나라에서 180개의 본부를 두고, 약 650여 명의 선교사들이 이동도서차량 40대를 이용하여 문서 보급에 힘쓰고 있으며 이메일 주문을 통해 130여 국으로 책을 공급하고 있습니다. 한국 CLC는 청교도적 복음주의 신학과 신앙서적을 출판하는 문서선교기관으로서, 한 영혼이라도 구원되길 소망하면서 주님이 오시는 그날까지 최선을 다할 것입니다.

Transforming Mission:
Paradigm Shifts in Theology of Mission

Written by

David J. Bosch

Translated by

Man Tae Kim

Copyright © 1991 by David J. Bosch
Originally published in English as the title of
Transforming Mission: Paradigm Shifts in Theology of Mission
by Orbis Books
Translated and used by permission of Orbis Books
P. O. Box, Maryknoll, NY 10545-0308, U.S.A.

All right reserved.

Korean Edition
Copyright © 2017 by Christian Literature Center
Seoul, Korea

추천사 1

박기호 박사

풀러신학교 선교대학원 아시아선교학 교수

데이비드 보쉬(David J. Bosch)의 역작『변화하는 선교』(Transforming Mission: Paradigm Shifts in Theology of Mission)는 지난 세기에 출판된 선교학 책들 가운데 가장 고전적인 책들 가운데 속하고, 또한 최고의 역작이라 해도 과언이 아니다. 본서는 지난 2000여 년 동안 선교신학이 어떻게 변화해왔는가를 보여주고 있다. 보쉬는 본서에서 선교의 성경적 관점과 역사적 관점을 포괄적으로 기술하였다.

보쉬는 선교의 성경적 관점을 다룸에 있어서 구약성서가 보여주는 선교가 무엇이며, 신약성서가 보여주는 선교가 무엇인가를 균형 있게 소개한다. 역사적 관점에서 선교를 논함에 있어서 동방교회가 이해한 선교, 중세 로마가톨릭교회가 이해한 선교, 개신교 종교개혁시대의 교회가 이해한 선교, 계몽주의시대의 선교, 근대의 선교, 그리고 포스트모던시대의 선교, 에큐메니칼 선교 등을 포괄적으로 다루었다.

선교학자 김만태 박사가 한국인 독자들이 쉽게 이해할 수 있도록 쉬운 말로 다시 번역하여 출판하게 됨을 기뻐 마지 아니하는 바이다. '신학이 방법론을 낳는다'(Theology produces methodology)라는 말이 있다. 선교에 대한 바른 이해 없이는 올바른 선교를 할 수 없다. 교회의 선교를 바로 이해하기를 원하는 분들은 반드시 본서를 구독하시라 권하고 싶다.

추천사 2

김영동 박사
장로회신학대학교 선교학 교수

데이비드 보쉬의 『변화하는 선교』(Transforming Mission)는 선교학 분야의 가장 방대하고 깊이 있으며 정통적인 저서일 것이다. 20세기 후반기에 출간된 책이지만 21세기에도 여전히 교회와 선교에 유효하며 통찰력과 분별력을 주는 것이다.

스위스 바젤대학교에서 신약학으로 신학박사 학위를 받고, 고국 남아프리카 공화국의 트란스케이(Transkei)에서 15년 동안 선교 현장사역을 한 데이비드 보쉬는 이론과 실천, 경건과 학문, 신앙과 이성의 상호보완적인 균형과 통섭을 이룬 학자이며 선교사였다.

본서는 성경, 역사, 전통, 신학의 종합을 통한 선교학의 최고 경지를 보여준다. 그런 의미에서 보쉬의 책은 성경적, 역사적, 신학적 선교신학이요, 바른 실천을 위한 선교 지침서로서 빛나는 금자탑과 같다고 할 수 있다.

만약 보쉬가 교통사고로 갑작스럽게 별세하지 않았다면, 본서 이후에 아시아 아프리카 중남미, 즉 제3세계의 교회와 선교에 중요한 신학적 열매도 남겼을 것으로 상상해본다.

기왕에 번역본이 있지만 이번에 김만태 박사에 의해 더 정확하고 명확하게 원서의 의미를 전달하는 새로운 번역본이 나와 기쁘게 생각한다. 보쉬가 남긴 이 탁월한 저서는 현재와 미래의 세계선교에 계속해서 도전을 주며 하나님의 선교를 바르게 실천하게 하는 지침서가 될 것으로 믿고 감사한다.

추천사 3

문상철 박사
한국선교연구원(KRIM) 원장

데이비드 보쉬의 『변화하는 선교』(Transforming Mission)는 선교신학 분야에서 빼놓을 수 없는 명저이다. 성경적인 선교 사상에 입각함과 동시에 현대적인 개념적 구도들을 적용해서 선교의 이슈를 풀어간 노력이 엿보이는 역작이다.

본서는 세상 속에서 궁극적인 변혁을 일으키는 선교 사역이지만, 그 선교 자체도 변혁되지 않으면 안된다는 사실을 강조한다.

한국 선교의 역사가 깊어가고 그 규모도 커짐에 따라 선교의 노하우를 정립하는 노력이 더욱 필요하다. 그러한 노력은 과거의 전통에서 단절된 채 일어나서는 안된다. 과거의 전통의 빛에 비추어 보고, 현재의 선교의 실행을 돌아보고 점검하면서 새로운 길을 찾을 필요가 있다고 생각한다.

본서는 그러한 모색과 노력을 위한 지침을 제시한다고 생각한다. 본서를 통해서 선교 사역을 효과적으로 하기 위한 지혜와 통찰력을 얻을 수 있기를 바란다. 김만태 박사의 수고로 본서의 내용을 정확하게 이해하는 데 도움을 얻게 되어 감사하며, 선교학을 전공하는 사람들 외에도 모든 선교의 실천가들에게 정독을 권한다.

기념사

제럴드 앤더슨 박사

(Gerald H. Anderson)

데이비드 보쉬는 『변화하는 선교』(Transforming Mission)라는 자신의 책이 출간된 지 일 년밖에 안 된 1992년 4월 15일에 남아프리카에서 자동차 사고로 사망했습니다. 62세의 특출한 개신교 선교학자로서 그는 세계선교학계에 지대한 영향을 끼쳤습니다.

1957년부터 1971년까지 트란스케이(Transkei)에서 선교 사역을 한 보쉬는 1971년부터 남아프리카대학교(the University of South Africa)에서 선교학 교수를 역임하였습니다. 그는 1974년부터 1977년까지 그리고 1981년부터 1987년까지 신학부 학장으로 재직했습니다. 1968년 남아프리카선교학회 창설 시에 사무총장이었고 이 학회의 저널인 『미쇼날리아』(Missionalia)가 1973년 창간되던 해에 편집인이었습니다. 그는 1979년 남아프리카기독교리더십총회(the South African Christian Leadership Assembly)의 전국의장이었고 1989년부터 국가화해협회(the National Initiative for Reconciliation)의 의장으로 활동했는데, 이것은 남아프리카와 전 세계에서 인종 간, 교단 간, 신학 그룹들 간의 화해를 촉진하기 위한 그의 열렬한 사역을 반영합니다.

코사어(Xhosa), 남아프리카어(Afrikaans), 화란어, 독일어, 영어를 유창하게 구사하는 탁월한 강연자이자 저자였던 보쉬는 유럽과 영국, 북미에서 널리 강연을 했습니다. 바젤(Basel)대학교에서 받은 그의 박사 학위는 신약성경 분야였고 그는 심오한 성경적 통찰을 선교학에 사용했습니다. 그는 "교량적 인물"로서 세계복음주의연합(the World Evangelical Fellowship), 세계복음화로잔위원회(the Lausanne Committee for World Evangelization)로부터 뿐만 아니라, 세계교회협의회(the World Council of Churches)로 부터도 존경을 많이 받았습니다.

『변화하는 선교』(Transforming Mission)가 처음 소개되었을 때 대단한 칭송을 받았고 기념비적인 걸작이자 최고의 교재로 인정받았습니다. 본서는 「국제선교연구저널」(the International Bulletin of Missionary Research)로부터 1991년에 가장 탁월한 선교 연구서 15권 중의 하나로 선정되었습니다. 그러나 본서는 그 이상입니다. 본서는 단연코 독보적인 저술입니다. 본서는 기독교 세계선교 연구의 표준 참고도서가 되었고 아마도 선교학 과목들을 위해 가장 널리 사용되는 교재일 것입니다. 보쉬의 이 같은 대작은 세계 속에서 그리스도의 대의를 이해하고 봉사하고 전파하려는 모든 사람들에게 영원한 유산이 되었습니다.

보쉬에 대하여 제가 잊을 수 없는 기억들 중의 하나는 『변화하는 선교』(Transforming Mission)가 출판되기 몇 년 전에 그가 저를 방문했던 때입니다. 그는 미국의 한 저명한 신학교로부터 선교학 교수직을 제안 받았었습니다. 우리는 뉴저지 주의 벤트노(Ventnor)라는 해변을 걷고 있었는데, 남아프리카를 떠나서 이 유망한 직책을 받아들이는 것의 장점과 단점을 상의했습니다. 이것은 남아프리카에서 자신이 현재 관여하고 있는 일들로부터, 남아프리카 사회에서의 고충과 고투로부터 떠나 가르치는 것과 저술에 전적으로 몰두할 수 있는 기회였습니다. 나는 그에게 초청을 수락하라고 권했습니다. 그러나 우리의 오랜 대화가 끝날 무렵 나에게 이렇게 말했습니다.

"아닙니다. 나는 남아프리카의 나의 동료들과 문제들을 뒤로 하고 떠날 수 없습니다. 지금은 중요한 때이며 바로 하나님이 나를 두신 곳입니다."

데이비드 보쉬를 특징짓는 것은 바로 이러한 "대담한 겸손"입니다. 그리고 그것이 『변화하는 선교』(Transforming Mission)에서 요청하는 바입니다.

저자 서문

데이비드 보쉬 박사
전 남아프리카대학교 선교학 교수

본서의 제목은 오비스 출판사(Orbis Books)의 이브 드로긴(Eve Drogin)이 나에게 제안한 것인데 모호한 제목이기도 하다. "변화하는"(Transforming)이라는 영어 단어는 "선교"(mission)를 수식하는 형용사가 될 수 있다. 이러한 경우 선교는 실재를 변화시키는 사업으로서 이해된다. 그러나 "변화하는"(Transforming)은 현재분사로서 간주될 수도 있는데 이러한 경우 변화하는 행위를 뜻하며 "선교"가 대상이 된다. 여기서 선교는 실재를 변화시키는 사업이 아니라 선교 자체가 변화되고 있다는 뜻이 된다.

나는 본서 제목에 대하여 불안감이 있었다. 그래서 어느 날 케이프타운대학교(Cape Town University)의 프란시스 윌슨(Francis Wilson) 교수와 이 문제를 상의했다. 그는 당시 맘펠라 람펠레(Mamphela Ramphele) 박사와 함께 남아프리카의 빈곤과 개발에 대한 제2차 카네기연구(the Second Carnegie Inquiry into Poverty and Development in Southern Africa)를 진행하고 있었다. 윌슨은 자신들의 연구 서적의 제목이 『빈곤의 근절』(Uprooting Poverty)이었는데, 내 책의 제목처럼 모호성을 띠고 있었다고 했다. 가난이 뭔가를 뿌리 뽑는 것으로 묘사되지만, 동시에 가난이 뿌리 뽑혀야 할 대상임을 뜻하는 것이 되기도 한다는 것이었다. 이러한 토의를 한 후에 나는 내 책의 제목의 모호성에 대하여 편안한 마음을 갖게 되었다.

사실 책 제목의 모호성은 본서의 주제를 아주 정확하게 반영한다. 나는 기독교 선교 역사 20세기 동안에 선교에 대한 이해와 실천이 변화되었다는 것을 패러다임 이동이라는 개념과 더불어서 보여줄 것이다. 어떤 경우들에서는 변화가 너무 심오하고 지대해서 역사가들이 서로 다른 선교 모델들 간의 어떤 유사점도 인식하기 어렵다. 더 나아가서 나의 논지는 이러한 변화의 과정이 아직 종료되지 않았고(그리고 사실 결코 종료되지 않을 것이다), 기독교 선교의 이해와 실천에 있어서 가장 중요한 이동들 중의 하나를 통과하고 있다는 것이다.

그러나 이 연구는 단지 서술적이지만은 않다. 이 연구는 단지 한 개념의 발전과 수정들을 보여주는 것이 아니라, 선교가 기독교 신앙의 필수불가결한 차원이며 가장 심오한 차원에서 선교는 그 주변의 실재를 변화시킨다는 점을 제안한다. 이러한 관점에서 선교는 실재를 있는 그대로 수용하기를 거부하고 실재를 변화시키는 것을 목표로 한다. 그러므로 "변화하는"(Transforming)은 기독교 선교가 무엇인지 그 본질을 묘사하는 형용사이다.

본서의 기원에 대하여 몇 가지 설명하고자 한다. 1980년에 나는 『세계를 향한 증거: 신학적 관점에서의 기독교 선교』(Witness to the World: The Christian Mission in Theological Perspective)라는 책을 출간했다. 본서는 10년 전에 출판된 그 책과 표면상 어느 정도 같은 주제를 다룬다. 그런데 그 책은 수년 동안 절판되었고 나는 원래 그 책의 개정판을 쓰고자 했었다. 그러나 쓰다 보니 양과 범위가 확대되었고 또한 1980년대 초의 상황이 90년대 초의 여러 도전들을 다루는 데 적합지 않다는 것을 인식하게 되었다. 80년대에는 신학, 정치학, 사회학, 경제학 등의 분야에서 너무 많은 일들이 일어났다. 물론 그 책과 본서 간에는 80년대 초와 90년대 초 사이에 연속성이 있듯이 본질적으로 연속성이 있다. 나는 본서에서 그러한 중요한 불연속성과 연속성이 반영되었기를 희망한다.

본서를 집필해야 한다는 생각이 적어도 1985년부터 나를 사로잡았었다. 1987년에 남아프리카대학교(the University of South Africa)와 (남아프리카) 인문학연구위원회(Human Sciences Research Council, HSRC)로부터 연구비를 받아서 미국 뉴저지주에 있는 프린스톤신학교에서 6개월간 연구에 집중할 수 있었다. 나는 연구비를 제공해 준 남아프리카대학교와 인문학연구위원회에 감사를 드리고 나와 나의 가족에게 숙소와 여러 시설들을 제공해준 프린스톤신학교와 총장이신 탐 길레스피에(Tom Gillespie) 박사에게 또한 감사드린다.

본서를 마치기까지 열거하기 어려울 정도로 많은 분들의 도움을 입었다. 하지만 몇 분이라도 언급하고자 한다. 남아프리카대학교 선교학부의 동료들인 윌렘 사이먼(Willem Saayman), J. N. J. 크릿징거(Kritzinger), 이누스 다니일(Inus Daneel), 그리고 나의 비서인 하젤 벤 렌즈버그(Hazel van Rensburg), 마리엣제 윌렘즈(Marietjie Willemse)에게 감사하는데, 이 분들은 나의 신학적 사고를 계속적으로 고무시켰을 뿐 아니라 내가 연구할 수 있도록 시간과 공간을 또한 마련해주었다.

본서의 원고를 읽어 주고 나와 내용에 대하여 토의를 한 친구와 동료들이 있는데 헨리 레덜리(Henry Lederle), 실리어스 브레이텐바하(Cilliers Breytenbach), 버티 드 플레시스(Bertie du Plessis), 케빈 리빙스톤(Kevin Livingstone), 다니엘 넬(Daniël Nel), 요한 무톤(Johann Mouton), 아드리오 코니그(Adrio König), 윌렘 니콜(Willem Nicol), 제랄드 필레이(Gerald Pillay), J. J. 크릿징거(Kritzinger)이다. 이들 중 일부는 1990년 1월에 열린 남아프리카 선교학회 회의에도 참석했는데 나의 신학 저술에 큰 영향을 주었다(다음을 참조하라. J. N. J. Kritzinger and W. A. Saayman[eds], *Mission in Creative Tension: A Dialogue with David Bosch*. Pretoria: S. A. Missiological Society, 1990]). 이러한 동료들과 함께 일한다는 것이 참으로 기쁨이었다!

본서를 쾌히 출판하기로 한 오르비스 출판사(Orbis Books)에게 또한 감사의 말을 전해야 한다. 출판사의 수석 편집인인 이브 드로긴(Eve Drogin)은 저술 초기 단계부터 시작하여 출판사와의 협의에 이르기까지 나를 안내해 주었다. 그녀에게 진심으로 감사를 드린다. 오르비스 출판사의 편집주간인 윌리엄 버로우스(William Burrows)는 원고 준비와 편집의 최종 단계 및 중요한 단계에서 헌신적인 도움을 내게 주었다. 나의 초고에 대한 그의 상세하고 예리한 논평은 탁월한 편집인, 뛰어난 신학자, 민감성 있는 대화자로서의 그의 자질을 나에게 확인시켜 주었다. 계속적인 대화는 내가 받은 이러한 처음의 인상을 더욱 확증해 주었다. 그보다 더 훌륭한 편집인은 없을 것이다.

본서는 "미국선교학회 시리즈"(the American Society of Missiology Series)로서 출판된 것이다. 이것은 내게 큰 영광이며 편집위원회 회원들과 또한 미국선교학회 전체에게 감사를 표하고 싶다. 특별히 제랄드 앤더슨(Gerald H. Anderson)과 제임스 쉬어러(James A. Scherer)에게 감사를 드린다. 나는 미국선교학회의 연례회의에 몇 차례 참석했었고 그 기억들이 소중하다.

마지막으로 본서를 30년 이상 나와 함께 한 나의 아내 안네메리 엘리자베스(Annemarie Elisabeth)에게 헌정한다. 본서는 쓰는 몇 년 동안 그녀는 나를 참아 주었고 휴일도 잃고 내가 가족 일을 거들지 못한 것도 인내해 주었다. 그녀는 늘 나를 격려하고 이해해 주었고 도와 주고 나의 생각들에 대하여 반응해 주고 언제나 지성적이면서 동정적인 응답을 해 주었다. 고마움을 말로 다 표현할 수 없다.

역자 서문

김 만 태 박사

GCMI원장/ 풀러신학교 선교학 객원교수

    먼저 데이비드 보쉬의 역작을 번역하게 된 것에 대하여 큰 감격과 감사를 표하고 싶다. 역사와 철학, 신학, 사회과학을 통찰하는 그의 학문적 깊이와 넓이는 역자에게 큰 도전과 배움이 되었다. 이보다 더 감동적이었던 것은 그의 뜨거운 선교 열정이었다. 그의 복음에 대한 열정과 세상의 변화에 대한 강력한 비전은 오늘날 우리가 놓쳐서는 안되는 선교의 맥박일 것이다.

    본서의 광범위한 지식, 다양한 어휘들과 심오한 표현들은 번역하는 데에 많은 씨름을 하게 하였다. 하지만 이러한 도전들은 역자의 사고와 지식의 지평을 넓혀 주었다. 이에 대하여 데이비드 보쉬 박사에게 깊은 감사를 드린다. 한편, 번역에 최선을 다했음에도 불구하고 역자의 한계와 부족함을 고백한다.

    아무쪼록 본서가 한국 교계와 선교학계에서 세밀히 읽혀지기 바라며, 희망과 도전을 심어주리라 확신한다. 끝으로 본서의 제3판 번역 출판을 진행하신 CLC의 박영호 목사님과 모든 직원 분들께 감사를 드린다.

약어표

AG	Ad Gentes(교회선교 활동칙령[제2차 바티칸공의회])
CMS	Church Missionary Society(교회선교회[영국 성공회])
CWME	Commission for World Mission and Evangelism of the World Council of Churches(세계교회협의회 세계선교와 복음 전도 위원회)
CT	Catechesi Tradendae(현시대의 교리문답 [교황 요한 바오로 2세의 "사도적 권고문", Apostolic Exhortation of Pope John II, 1979])
EATWOT	The Ecumenical Association of Third World Theologians(제3세계 신학자에큐메니칼협회)
EN	Evangelii Nuntiandi(교황 바오로 6세의 "사도적 권고문", Apostolic Exhortation of Pope Paul, 1975)
FO	Faith and Order(세계교회협의회 신앙과 직제 위원회, Commission of the World Council of Churches)
GS	Gaudium et Spes(현대세계에서의 교회에 대한 목회 헌법, Pastoral Constitution on the Church in the Modern World[제2차 바티칸공의회])
IMC	International Missionary Council(국제선교협의회)
LC	The Lausanne Covenant(로잔 언약, 로잔 세계복음화 국제회의[the International Congress on World Evangelization, 1974]에서 발표되었음)
LCWE	Lausanne Committee for World Evangelization(세계복음화 로잔 위원회)

LG	Lumen Gentium("교회교리헌법"[제2차 바티칸공의회])
LMS	London Missionary Society(런던선교회)
ME	Mission and Evangelism – An Ecumenical Affirmation(선교와 복음 전도-에큐메니칼주의적 확언[세계교회협의회의 선교와 복음 전도에 대한 문서, 1982])
NA	Nostra Aetate(Declaration on the Relation of the Church to Non-Christian Religions, 교회의 비기독교 종교들과의 관계에 관한 선언문[제2차 바티칸공의회])
NEB	New English Bible(새 영어성경 번역본)
NIV	New International Version(새 국제 성경 번역본)
RSV	Revised Standard Version(새 개정 표준 번역본)
SPCK	Society for the Propagation of Christian Knowledge(기독교 지식 전파회)
SPG	Society for the Propagation of the Gospel(복음전파회)
SVM	Student Volunteer Movement(학생자원운동)
WCC	World Council of Churches(세계교회협의회)
WEF	World Evangelical Fellowship(세계복음주의협의회)
WSCF	World Students Christian Federation(세계기독학생연맹)

목차

추천사 – 박기호 박사, 김영동 박사, 문상철 박사   5

기념사 – 제럴드 앤더슨 박사   8

저자서문   10

역자서문   13

약어표   14

서론 위기 속에 있는 선교   26

1. 위험과 기회 사이에서
2. 광의의 위기
3. 선교의 기초, 목표와 성격
4. 확신에서 불안으로
5. 선교학의 다양성
6. 선교: 잠정적 정의

제1부 신약성경의 선교 모델   43

제1장 선교 문서로서의 신약성경   44

1. 신학의 어머니
2. 구약성경에서의 선교
3. 성경과 선교
4. 예수와 이스라엘
5. 모두를 포괄하는 선교

Contents

    6. 그리고 이방인들?

    7. 예수의 인격과 사역의 주요한 특징들

        1) 예수와 하나님의 통치

        2) 예수와 율법(토라)

        3) 예수와 그의 제자들

        4) 부활의 관점에서 본 선교

    8. 초기 기독교 선교

    9. 예수와 초대교회의 선교 사역

    10. 초대교회가 실패한 부분

    11. 대안들이 있었는가?

제2장 마태복음: 제자삼기로서의 선교   107

    1. "대위임령"?

    2. 마태와 그의 공동체

    3. 마태복음의 모순들

    4. 마태와 이스라엘

    5. 마태와 "모든 민족들"

    6. 마태복음의 핵심 개념들

    7. "모든 것을 가르쳐 지키게 하라"

    8. 산상수훈

    9. 하나님의 통치와 정의-의

    10. "제자를 삼으라…"

    11. 예수를 본받아 그러나…

    12. 마태의 패러다임: 선교적 제자도

제3장 누가복음–사도행전: 용서 및 가난한 자들과의 연대감의 실천   151

　　1. 누가의 중요성

　　2. 누가복음–사도행전에서의 유대인, 사마리아인, 이방인

　　　　1) 누가복음과 사도행전의 차이점

　　　　2) 누가복음 4:16–30에서의 이방인 선교

　　　　3) 사마리아인들과의 만남

　　　　4) 누가의 "대위임령"

　　　　5) 누가복음의 유대적 성격

　　　　6) 예루살렘

　　　　7) 첫째는 유대인들에게 둘째는 이방인들에게

　　　　8) 이스라엘의 나뉨

　　　　9) 비극적인 이야기

　　3. 가난한 자들과 부자들을 위한 복음

　　　　1) 누가복음에서의 가난한 자들

　　　　2) 그리고 부자는?

　　　　3) 나사렛 예수

　　　　4) 부자들의 전도자?

　　　　5) 모두 회개해야 한다

　　4. 누가복음–사도행전에서의 구원

　　5. 복수는 더 이상 없다!

　　　　1) 설명할 수 없는 변화

　　　　2) 1세기에서의 이사야서 61장

　　　　3) 복수는 대치되었다!

　　6. 누가의 선교 패러다임

Contents

제4장 바울의 선교: 종말론적 공동체로의 초대　　　212

  1. 첫 선교사: 첫 신학자

  2. 바울의 회심과 소명

  3. 바울의 선교 전략

    1) 대도시 선교

    2) 바울과 그의 동역자들

    3) 바울의 사도적 자기인식

  4. 바울의 선교 동기

    1) 관심

    2) 책임감

    3) 감사의 마음

  5. 선교와 하나님의 승리

    1) 묵시적인 바울

    2) 기독교회와 묵시

    3) 묵시의 새 중력 중심

    4) 그리스도 안에서의 새 생활

    5) 열방의 예루살렘 순례

    6) 바울의 보편주의

    7) 묵시와 윤리

  6. 율법, 이스라엘, 이방인들

    1) 바울과 유대주의

    2) 율법의 기능

    3) 무조건적인 수용

    4) 회개하지 않는 이스라엘의 문제

    5) 로마서 9-11장

7. 교회: 중간기의 종말론적 공동체
　　1) 바울의 에클레시아
　　2) 세례와 장벽들의 초월
　　3) 세상을 위하여
8. 바울의 선교 패러다임

제2부 선교의 역사적 패러다임들　　　　　　　　303

제5장 선교의 패러다임 변화들　　　　　　　　304
1. 여섯 시대
2. 토마스 쿤의 패러다임 이론
3. 신학에서의 패러다임 이동
4. 선교학에서의 패러다임들

제6장 동방교회의 선교 패러다임　　　　　　　　317
1. "먼저는 유대인에게요 그리고 헬라인에게며"
2. 교회와 그 상황
3. 교회와 철학자들
4. 종말론
5. 영지주의
6. 동방 신학에서의 교회
7. 비로마권 아시아에서의 선교
8. 교부와 정교회 선교 패러다임
9. 첫 번째 패러다임 이동: 과도기적 균형

Contents

제7장 중세 로마가톨릭 선교 패러다임   352

  1. 변화된 상황

  2. 구원의 개인화

  3. 구원의 교회화

  4. 교회와 국가 사이의 선교

  5. 간접적이고 직접적인 "선교 전쟁들"

  6. 식민주의와 선교

  7. 수도원주의 선교

  8. 중세 패러다임: 평가

제8장 개신교 종교개혁 선교 패러다임   388

  1. 새로운 운동의 성격

  2. 종교개혁자들과 선교

  3. 루터파 정통주의와 선교

  4. 경건주의의 발흥

  5. 제2의 종교개혁과 청교도주의

  6. 종교개혁 패러다임의 양면성

제9장 계몽주의 이후의 선교   424

  1. 계몽주의 세계관의 특징들

  2. 계몽주의와 기독교 신앙

  3. 계몽주의의 거울 속에 있는 선교

    1) 교회와 국가

    2) 갱신의 동력들

    3) 제2차 대각성 운동

4) 19세기
　　　5) 20세기
　4. 계몽주의 시대의 선교 주제들
　　　1) 하나님의 영광
　　　2) "예수의 사랑에 강권함을 받아"?
　　　3) 복음과 문화
　　　4) 선교와 명백한 사명
　　　5) 선교와 식민주의
　　　6) 선교와 천년왕국
　　　7) 자발주의
　　　8) 선교 열정, 낙관주의와 실용주의
　　　9) 성경적 주제
　5. 근대적 선교의 동기들과 주제들

제3부 적절한 선교신학을 향하여　　543

제10장 포스트모던 패러다임의 출현　　544

　1. 근대 시대의 끝
　2. 계몽주의에 대한 도전
　　　1) 이성의 확장
　　　2) 주체와 객체의 구조를 넘어서
　　　3) 목적론적 차원의 재발견
　　　4) 진보 사고에 대한 도전
　　　5) 신탁의 틀(fiduciary framework)

6) 훈계 받은 낙관주의

　　　7) 상호 의존을 향하여

제11장 시험 중에 있는 선교　　　　　　　　　　　　　　565

제12장 부상하는 에큐메니칼 선교 패러다임의 요소들　　572

　1. 타자와 함께하는 교회로서의 선교

　　　1) 교회와 선교

　　　2) 선교 이해의 변화

　　　3) "본래적으로 선교적"

　　　4) 하나님의 순례하는 백성

　　　5) 성례, 표적과 도구

　　　6) 교회와 세상

　　　7) 지역교회의 재발견

　　　8) 창조적인 긴장

　2. 하나님의 선교로서의 선교

　3. 구원의 매개로서의 선교

　　　1) 구원에 대한 전통적 해석

　　　2) 근대 패러다임 속에서의 구원

　　　3) 구원에 대한 근대적 이해 속에 있는 위기

　　　4) 포괄적 구원(Comprehensive Salvation)을 향하여

　4. 정의 추구로서의 선교

　　　1) 역사의 유산

　　　2) 정의와 사랑 간의 긴장

　　　3) 두 가지 명령

    4) 확신들의 수렴

5. 복음 전도로서의 선교

    1) 복음 전도: 수많은 정의들

    2) 복음 전도에 대한 건설적인 이해

6. 상황화로서의 선교

    1) 상황화 신학의 기원

    2) 인식론적 전환

    3) 상황화의 모호성

7. 해방으로서의 선교

    1) 개발에서 해방으로

    2) "하나님의 가난한 자들을 위한 편애적 선택"

    3) 자유주의 신학과 해방신학

    4) 막스주의와의 관련성

    5) 완전한 해방

8. 문화화로서의 선교

    1) 수용과 토착화의 변천

    2) 20세기의 진전

    3) 문화화로의 발전

    4) 문화화의 한계

    5) 교차문화화(Interculturation)

9. 공동 증거로서의 선교

    1) 선교에서의 에큐메니칼 사상의 (재)탄생

    2) 가톨릭, 선교, 그리고 교회일치운동

    3) 선교 속에서의 일치(unity in mission), 일치 속에서의 선교(mission in unity)

10. 하나님의 전체 백성의 사역으로서의 선교

Contents

    1) 성직 사역의 발전

    2) 평신도의 사도직

    3) 사역의 형태

11. 타종교인들에 대한 증거로서의 선교

    1) 변화의 국면

    2) 포스트모던적 반응들?

    3) 대화와 선교

12. 신학으로서의 선교

    1) 소외된 선교

    2) 선교신학에서 선교적 신학(Missionary Theology)으로

    3) 선교학이 할 수 있는 것과 할 수 없는 것

13. 희망의 행위로서의 선교

    1) 닫힌 "종말론 사무실"

    2) 종말론적 지평의 희석화

    3) 다시 열린 "종말론 사무실"

    4) 선교의 극단적인 종말론화

    5) 구원으로서의 역사

    6) 창조적 긴장 속에 있는 종말론과 선교

제13장 다양한 형태의 선교   789

    1. 모든 것이 선교인가?

    2. 선교하는 교회의 얼굴들

    3. 선교는 어디로?

참고문헌   804

서론 위기 속에 있는 선교

1. 위험과 기회 사이에서

1950년대 이래 "선교"(mission)라는 단어가 기독교인들 중에서 현격하게 많이 사용되어 왔다. 이와 더불어, 적어도 일부 기독교 진영에서는 그 개념이 상당히 넓게 사용되었다. 1950년대까지는 완전히 일치하지는 않더라도 상당히 일정한 범위 안에서 사용되었다. 이 단어의 다양한 의미는 다음과 같다.

① 선교사를 지정한 지역으로 파송
② 선교사들이 수행해야 할 활동
③ 선교사가 활동하는 지리적 지역
④ 선교사들을 파견하는 기관
⑤ 비기독교 세계 혹은 "선교 현장"
⑥ "선교 현장"에서 사역하는 선교사들의 선교본부(Ohm 1962:52f)
⑦ 때로 상주하는 목회자가 없이 여전히 기존교회의 지원에 의존하고 있는 지역 회중
⑧ 유명무실한 기독교인들 속에서 기독교 신앙을 깊게 하거나 전파하는 일련의 특별 사역

"선교"를 보다 신학적으로 그리고 전통적으로 사용해 온 개념으로 기술한다.

① 신앙의 전파
② 하나님 통치의 확장
③ 이교도들의 개종
④ 신생교회의 설립(Müller 1987:31-34) 등

이와 같은 "선교"의 의미들은 친숙하지만 사실 상당히 근래에 출현하였다. 16세기까지 이 용어는 특별히 삼위일체 교리와 관련하여 사용되었는데, 곧 성부가 아들을 보내고 성부와 아들이 성령을 보냄이다. 예수회가 개신교인들을 포함하여 가톨릭교회 신자가 아닌 사람들에게 기독교 신앙을 전파한다는 의미에서 이 용어를 사용했다(Ohm 1962:37-39).

이러한 새로운 의미는 제3세계, 곧 세계 3분의 2 지역에서의 서구 식민지 확장과 긴밀히 연계되어 있었다. "선교"라는 용어에는 보내는 자, 그에 의해 보냄을 받는 자, 보냄을 받은 지역의 사람들, 임무가 전제되어 있다. 그러므로 권위는 보내는 자에게 있다. 진정한 파송자는 절대적(indisputablre) 권위를 가지고 사람들을 보내서 자신의 뜻을 실행하도록 하시는 하나님이라고 보통 말한다.

그러나 실제로 그 권위가 교회나 선교회에 귀속되어 있거나 심지어 유력한 기독교인에게 있다고 생각했다. 특히 로마가톨릭 선교에서는 오랫동안 사법적 권위가 선교 사업의 합법성을 인정해 주는 필수 요소였다(Rütti 1972:228). 선교를 확장, 현지 점령, 다른 종교의 정복 등으로 이해한 것은 이러한 입장에서 나온 것이었다.

본서의 제10장에서 제13장까지는 선교에 대한 이러한 전통적인 이해가 20세기 동안에 점차로 수정되었음을 주장한다. 이러한 수정이 있게 된 요인들을 검토할 것이다. 한편, 오늘날 역사상 어느 때보다 기독교 선교가 공격을 받고 있기 때문에 도입부에서 연구에 도움이 되는 배경 설명을 하였다.

필자가 보기에 우리 시대에 새로운 것은 전통적으로 이해하고 실행해 온 기독교 선교가 외부로부터 뿐만 아니라 내부에서도 공격을 받고 있다는 점이다. 이와 같이 일찍이 선교사가 자기 비평을 한 경우가 슈츠(Schüz, 1930)이다. 패이튼(Paton

1953)은 선교에 대하여 훨씬 더 예리한 질책을 했다. 이와 비슷한 저술들이 뒤이어 나왔다. 1964년에만 4개의 저서가 출판되었는데 모두 선교학자나 선교실무자였다.

- ① R. K. 오차드(Orchard)의 『시험받는 중에 있는 선교』(Missions in a Time of Testing)
- ② 제임스 쉬어러(James A. Scherer)의 『선교사는 고향으로 돌아가라!』(Missionary, Go Home!)
- ③ 랄프 닷지(Ralph Dodge)의 『인기 없는 선교사』(The Unpopular Missionary)
- ④ 존 카든(John Carden)의 『추한 선교사』(The Ugly Missionary)

보다 최근에 제임스 헤이시그(James Heissig, 1981)가 한 선교 학술지에 기고했는데 기독교 선교를 가리켜 "이기적인 전쟁"이라고 했다. 이러한 정황들만으로도 선교에 대한 연구가 신학 분야의 영구적인 영역임을 알 수 있다. 신학을 "신앙에 대한 통찰적 연구"(T. Rendtorff)라고 한다면 선교를 기독교 신앙 표현의 하나로서 중요하게 보는 것은 신학적 임무에 속한다.

선교를 비평한다는 것이 결코 당혹스런 일은 아니다. 오히려 위기의 상황 속에 살고 있는 그리스도인들에게 정상적인 일이다. 항상 이러한 입장이었어야 했다. 1938년 국제선교위원회 탐바람대회(the 1938 Tambaram conference of the International Missionary Council, IMC) 준비 책자에서 크래머(Kraemer 1947:24)는 "엄격히 말하면, 교회는 언제나 위기 상황 속에 있으며 교회의 가장 큰 결점은 교회가 이것을 가끔씩만 의식한다는 것이다"고 말했다. 크래머는 "교회의 본질적 성격과 교회의 실제 상황 간의 지속적인 긴장 때문에" 그렇다고 주장한다(:24f).

그러면, 왜 우리는 교회 안에 있는 위기와 긴장 요소를 좀처럼 인식하지 못하는가?

크래머는 부연해서 말하기를 교회가 "교회의 진정한 본질과 선교에 완전히 깨어 있으려면 분명한 실패와 고통이 언제나 있어야 한다"고 했다(:26). 그런데, 교회는 여러 세기 동안 거의 고통 받지 않았으며 대신 성공했다고 믿어 왔다.

교회가 자신의 본질에 충실하다면 예수님처럼 "비방을 받는 표적"(눅 2:34)이 되고 항상 논란에 휩싸일 것이다. 그러므로 교회가 위기 없이 수 세기를 지난 것은 비정상적이다. 마침내 이제 우리는 "정상으로 돌아오는 것이다!" 서구 세계에서 여전히 위기를 의식하지 않는 분위기라면 위험한 허상 속에 있을 뿐이다. 위기를 만나는 것은 진정한 교회가 될수 있는 기회임을 우리는 기억해야 한다.

한자어로 "위기"라는 말은 "위험"과 "기회"(혹은 약속)의 합성어이다. 그러므로 위기는 기회의 종식이 아니라 기회의 시작이다(Koyama 1980:4). 위기는 위험과 기회가 만나는 지점이며 미래는 그 사이에 있고 앞으로의 일은 어느 편으로도 갈 수 있다.

2. 광의의 위기

위기는 선교에만 있는 것이 아니다. 위기는 전 교회, 전 세계(Glazik 1979:152)에 영향을 준다. 기독교회, 신학, 선교에 관련된 위기는 다음의 요인들 속에서 발현한다.

(1) 과학과 기술의 발전과 전 세계적인 세속화의 추세로 인해 하나님을 믿는 신앙은 부차적인 것이 되고 있다.

우리 자신에게 현대 생활의 긴급한 문제들 해결할 방법과 수단이 있는데 왜 종교로 향해야 하는가?

(2) 앞의 내용과 연관된 사실로서 가톨릭과 개신교의 고향이면서 그동안 전체 선교의 본부였던 서구 세계가 서서히 지속적으로 비기독교화 되고 있다. 데이비드 바렛(David Barrett 1982:7)에 따르면 통계적으로 유럽과 미국에서 매주 평균 53,000명이 교회를 영구적으로 떠나고 있다. 바렛은 거의 반세기 전에 이미 고딘(Godin)과 다니엘(Daniel 1943)이 프랑스에 대하여 저술한 책으로 가톨릭 세계를 경악시킨 것을 재확인 것이다. 이 책은 프랑스가 다시 선교지가 되었고 새로운

이교도, 무신론자, 세속주의자, 불신자, 미신의 국가가 되었다고 주장한다.

(3) 위의 사실로 볼 때, 세계는 더 이상 해양을 기준으로 "기독교"와 "비기독교" 영토로 구분할 수 없다. 서구 세계의 비기독교화와 여러 다른 종교를 믿는 이민자들의 유입으로 인해 우리는 이제 종교적으로 다원화된 세계 속에 살고 있으며 기독교인, 이슬람교도, 불교도, 여러 전통 종교인들이 매일 서로 마주치는 세계 속에 살고 있다.

타종교인들을 가까이서 접함으로 인해 기독교인들은 타종교에 대한 자신들의 전통적 견해를 재검토해야 했다. 더욱이 충성된 타종교인들은 기독교인들보다 더 적극적이고 공격적으로 포교 활동을 한다.

(4) 유색인들을 정복하고 착취한 것에 대하여 서구인들, 특히 서구 기독교인들은 심한 죄책감을 가지는 경향이 있다. 이로 인해 "소망에 관한 이유을 묻는 자들에게 대답"(벧전 3:15)하지 못하거나 꺼리게 된다.

(5) 어느 때보다도 현재 우리는 돌이킬 수 없을 정도로 부유한 자와 가난한 자로 나뉘어 있는 세계에 살고 있는데, 대체로 부유한 자들은 자신들을 기독교인으로 여긴다(혹은 가난한 자들이 그렇게 봄). 또한, 여러 지표를 보면 부자는 더욱 부유하게 되고 가난한 자는 더 가난하게 되는 추세이다. 이러한 상황은 가난한 자들에게 분노와 좌절을 야기시키고 다른 한편으로, 부유한 기독교인들은 자신들의 신앙을 나누기를 주저한다.

(6) 여러 세기 동안 서구신학과 서구교회의 방식은 "선교현지"에서 이의 없는 규범으로 지켜져왔다. 하지만 오늘날 상황은 완전히 다르다. 신생교회들은 이러한 규범에 충성하기를 거부하며 "자율성"을 주장한다. 더욱이 서구신학은 오늘날 세계 많은 곳에서 의심을 받고 있다. 서구신학은 적합지 않고, 사변적인 상아탑의 산물로 보통 이해되고 있다. 세계 여러 곳에서 서구신학은 해방신학, 흑인신학, 상황신학, 민중신학, 아프리카신학, 아시아신학 등의 제3세계신학으로 대체되고 있다. 이러한 형편은 또한 서구교회 속에 상당한 불확실성을 안겨주고 심지어 기독교 선교의 타당성 문제가 제기되고 있다.

이러한 요인들은 긍정적인 면도 가지고 있는데 본서의 마지막 부분에서 이에 대하여 기술할 것이다. 사실, 적어도 제2차 세계대전 이래로 우리가 경험한 사건들과 그 결과 초래된 기독교 선교의 위기가 단순히 우연적인 것이고 돌이킬 수 있는 것이라고 이해해서는 안된다는 것이 본서의 논지이다.

오히려, 지난 수십 년 동안 신학 및 선교 진영에서 일어난 일들은 근본적인 패러다임 변화가 선교와 신학에서 뿐 아니라 전 세계적으로 경험과 사고에 있어서 발생한 결과이다. 많은 사람들이 현재 직면하고 있는 위기를 의식하고 있을 뿐이다. 그러나 우리 시대에 일어나고 있는 일들은 세계 혹은 교회가 경험한 첫 번째 패러다임 이동이 아님을 본서를 통해 알게 될 것이다. 과거에 엄청난 위기들과 주요한 패러다임 이동들이 있었다. 각각의 이동은 한 세계의 종료와 다른 세계의 탄생이었는데, 사람들이 생각하고 행하는 것들이 대폭적으로 재정의되었다.

초기의 패러다임 이동들이 선교 사상과 실천에 중요한 영향을 남겼을 경우 상세히 살펴볼 것이다. 더 나아가, 이러한 패러다임 이동은 고야마(Koyama)의 말처럼 우리에게 위험만이 아니라 기회들을 접하게 해준다. 초기교회는 패러다임 이동에 대하여 창의적으로 반응했는데, 우리 역시 우리 시대와 상황 속에서 같은 반응을 할 필요가 있다.

3. 선교의 기초, 목표와 성격

선교에 관한 현재의 위기는 세 가지 영역에서 나타나는데 선교의 기초, 동기와 목표, 그리고 성격이다(Gensichen 1971:27-29). 선교의 기초에 대하여 말하자면, 오랫동안 선교 사업은 최소한의 기초만을 가지고 진행되어 왔다. 이러한 점은 구스타브 바르넥(Gustav Warneck, 1834-1910)과 조세프 슈미들린(Josef Schmidlin, 1876-1944)의 저술에서 언급되었는데, 이 두 인물은 각각 개신교와 가톨릭 선교학의 창시자였다. 바르넥은 선교의 "초자연적" 기초와 "자연적" 기초를 구분했다(Schärer 1944:5-10). 그는 먼저 두 가지 요소를 분명히 했는데, 선교가 성경에 기초한다(특히 마태복음 28:18-20의 "대위임령")는 것과 기독교 신앙의 일신론성이었다. 똑같이 중요한 것이 선교의 "자연적" 토대인데 다음과 같다.

① 타종교들과 비교하여 기독교의 절대성과 우월성
② 기독교가 모든 사람들과 상황에 수용되고 적응될 수 있는 점
③ "선교 현지"에서의 기독교의 우월한 업적
④ 과거와 현재에 기독교가 다른 모든 종교보다 더 강함을 입증한 사실

선교의 동기와 목표에 대한 이해가 모호한 경우가 많았다. 베르카일(Verkuyl, 1978a:168-75; Dürr 1951:2-10)은 다음과 같은 "불순한 동기들"을 지적하였다.

① 제국주의적 동기("본토인"을 식민 정권에 고분고분 복종하는 사람들로 만드는 것)
② 문화적 동기(선교사의 "우월한" 문화를 이식시키는 선교)
③ 낭만적 동기(멀리 이국적인 나라와 사람들에게 가고자 하는 욕구
④ 교회 식민주의적 동기(자기 신앙고백과 교회구조를 다른 영토에 수출하려는 의도)

신학적으로 보다 적절하지만 역시 충분치 않은 선교 동기 네 가지가 있다 (Freytag 1961:207-17; Verkuyl 1978a:164-68).

① 개종의 동기(개인적 결단과 헌신을 강조하지만 하나님의 통치를 영적, 개인적 차원으로만 협소화하여 구원받은 영혼의 전체 숫자를 중요시 함)
② 종말론적 동기(사람들의 시선을 미래적 실재인 하나님의 통치에 맞추게 하지만 현생의 급박한 일에 관심을 두지 않음)
③ 교회 설립의 동기(헌신된 공동체를 세우는 것을 강조하지만 교회를 하나님 나라와 동일시함)
④ 자선적 동기(교회가 세상 속에서 정의를 추구하려고 하지만 하나님의 통치를 개선된 사회와 동일시함)

부적절한 기초와 모호한 선교 동기 및 목표는 흡족치 못한 선교 실천으로 귀착된다. "선교 현지"에 "세워진" 신생교회들은 선교기관의 본국 교회의 복제품이었는데 오르간부터 교회 관구까지 모든 것이 본국 교회를 그대로 따른 것이었다(Newbigin 1969:107). 유럽과 북미의 교회들처럼 전임 목사들의 관할하에 있는 공동체들이었다. 이들은 인도나 아프리카의 신생교회들이 직면하는 문제와는 완전히 다른 문제들과 환경 속에서 수 세기 전에 유럽에서 생성된 신앙고백을 준수해야 했다. 동시에 그들은 "성숙 증명서"(a certificate of maturity)를 받을 때까지 서구 선교기관의 보호 아래 있어야 했는데, 신생교회들이 완전히 자립, 자치, 자전도 상태가 된 것이 입증되어야 했다.

슈츠(Schütz)가 항거하여 "교회에 불이 났다! 우리가 하는 선교는 수확한 곡식을 불타는 곳간으로 나르는 미치광이와 같다"라고 소리치게 된 것은 바로 교회 수출 무역 때문이었다(1930:195). 슈츠는 문제의 진원을 "외부"(outside), 곧 선교 현지에 두지 않고 서구교회 자체, 그 심장에 두었다. 그래서 그는 복음이 아닌 개인주의와 서구의 가치를 선포하는 교회를 선교 현지로부터 불러들이고 돌이켜 지구 상의 민족들 중에 있는 예수 그리스도의 교회가 되게 해야 한다고 주장했다.

선교 사업에 대한 부적절한 기초와 모호한 동기 때문에 슈츠나 23년 후 "중국에서의 선교 실패"를 말하며 데이비드 패이튼(David Paton, 1953)이 던진 도전을 이해하는 선교 옹호자나 후원자는 거의 없었다. 대부분은 서구 선교기관의 활동에 만족해야 했다. 사실, 그들의 "업적"은 묘하게도 휘청이는 선교 기초를 굳게 하는 데 사용되는 경우가 많았다. 선교 관행들을 승인하고 자신들의 선교 프로젝트를 신약성경의 내용들과 동일시하여 이러한 사업을 신학적으로 정당화하였다.

이러한 순환적 추론의 결과, 기독교 선교의 성공을 선교의 기초로 삼았다. 다른 종교들을 소멸 직전 상태에 있는 것으로 보았고 곧 사라질 것으로 생각했다. 이러한 생각을 잘 보여주는 예들이 있다.

1900년에 노르웨이선교사회(the Norwegian Missionary Society) 사무총장 라스 달레(Lars Dahle)는 1800년과 1900년의 아시아와 아프리카 기독교인들의 수를 통계적으로 비교했는데, 19세기 동안 10년 주기로 기독교인 증가율을 밝혀냈다. 달레는 공식을 적용하여 20세기 동안의 추세를 알고자 했다. 그는 1990년까지 전 인류가 기독교 신앙을 갖게 될 것이라고 조용히 예측했다(Sundkler 1968:121).

몇 년 후에 구스타프 바르넥의 아들 요하네스 바르넥(Johannes Warneck, 1908)은 타종교들에 대한 기독교 선교의 능력을 증명하는 책을 썼다. 이 책을 번역한 미국인은 바르넥보다 훨씬 더 낙관적이어서 책 제목을 『산 그리스도와 죽어가는 이교주의』(*The Living Christ and Dying Heathenism*, 1909)라고 하였다.

참으로 기독교의 성공은 그 우월성을 입증하였다! 그러나 오늘날 그러한 낙관적 예측은 발견되지 않는다. 요하네스 바르넥이 말한 "죽어가는 이교주의"의 조짐은 보이지 않고 있다. 사실상 모든 세계 종교는 활력을 보이고 있는데 수십 년 전에 누구도 그러리라고 보지 않았었다. 달레(Dahle)와 여러 사람들의 확신에 찬 예측, 즉 승리의 행진과 기독교의 임박한 완전 승리는 수포로 돌아갔다. 기독교 신앙은 여전히 소수 종교이며 기껏해야 여러 세계 인구들 중에 자리를 지키고 있을 뿐이다.

더 이상 성공적이지 못하더라도 기독교는 여전히 유일하고, 진리인가?

4. 확신에서 불안으로

이렇게 해서 일부 선교 진영은 임박한 승리의 확신 속에 있다가 심각한 불안에 처하게 되었다. 오랫동안 영국의 교회선교사회(the Church Missionary Society) 사무총장이었던 맥스 워렌(Max Warren)은 생을 마치기 전에 "선교 사업의 끔찍한 실패"라고 말했다. 어떤 진영은 선교와 관련된 활동을 모두 중단하고 말았다. 어떤 진영은 세속 기관들이 더 잘 할 수 있는 프로젝트들에 뛰어 들었다.

일부 기독교 진영에서는 그러한 실패감을 전혀 나타내지 않기도 한다. 상당히 대조적이다. 서구에서 제3세계로 일방향적 선교가 계속되고 설교자의 관심은 영원한 징벌로부터 영혼을 구하는 것이기 때문에 복음의 선포는 사람들이 살고 있는 조건에 관심이 없는 듯하다. 성경이 세계선교를 분명히 명하고 있기 때문에 기독교인들에게 자신들의 종교를 선포할 권리가 있다는 것은 논쟁의 여지가 없다. 선교에 근본적인 위기가 있다고 문제를 제기하면 "자유주의" 신학에 동조하거나 우리에게 전수된 신앙의 타당성을 의심하는 것으로 간주되곤 한다.

선교에 대한 열정과 자기희생적인 헌신이 이러한 진영들에서 발견되고 이에 대하여 마땅히 찬사를 받아야 하지만 이들이 타당하며 장기적인 해결책을 진정으로 가지고 있는지 생각해볼 문제이다. 우리의 영적 선조들은 위기에 처해 있다는 사실을 인식하지 못한 것에 대하여 용서받을 수 있겠지만, 현세대는 인식이 부족한 것을 결코 사면을 받지 못할 것이다.

5. 선교학의 다양성

현재의 선교 위기를 무시하지 않고 회피하려 않는다면 우리가 택할 길은 위기에 굴복하지 않고 위기를 최대한으로 성실하게 대처하는 것이다. 다시 말하자면, 위기는 위험과 기회가 만나는 지점이다. 어떤 이는 기회만 보고 질주하지만 사방에 있는 함정을 보지 못한다. 다른 이들은 위험만을 보고 기겁하여 뒤로 물러난다. 그러나 우리가 위험과 기회가 모두 있다는 것을 인정하고 이 두 긴장 사이에서 선교를 수행한다면 위로부터의 부르심에 성실을 다 하는 것이 된다.

현재의 문제와 실패감에 대한 해결책이 단순히 초기의 선교 의식과 실천으로 돌아가는 데 있는 것이 아니다. 어제의 기억을 붙잡는 것은 위안은 되지만 그 이상은 되지 못한다. 인공호흡은 생명이 돌아온 듯 보이게 할 뿐 그 이상이 아니다. 해결이 현시대의 가치를 껴안거나 특정 개인이나 그룹이 선교라고 부르는 것을 따라가는 데에 있지 않다. 오히려, 우리에게 현재의 교착상태에서 벗어나 다른 종류의 선교 활동을 향한 새로운 비전이 필요한데, 이것은 이전 기독교인들이 행한 것을 모두 폐기하거나 그들의 실수를 정죄하는 것을 뜻하지 않는다.

선교 사상가들 중에서 가장 용기 있는 사람들은 이미 새로운 선교 패러다임이 필요하다고 생각하고 있었다. 30년 이상 이전에 헨드릭 크레머(Hendrik Kraemer 1970:70)는 위기, 심지어 교착상태에 있음을 인식해야 한다고 주장했다. 그는 "우리는 선교의 끝에 서 있는 것이 아니다," 오히려 "우리는 특정한 선교의 시기나 시대의 확실한 끝에 서 있고, 이것을 더 분명히 보고 있고 온 마음으로 인정하는 것이 필요하다"라고 말했다. 우리는 "과거 선교 시대의 영웅적 사역만큼 극적이지는 않지만 더 부담스러운 새로운 개척적 과업"을 하도록 부름을 받고 있다.

1990년대의 세계는 1910년 에딘버러선교대회 당시(선교 운동가들이 전 세계가 곧 기독교화가 될 것이라고 믿었던 때)나 1960년대(많은 사람들이 모든 인류가 궁핍과 불의로부터 자유케 되는 것은 시간 문제라고 자신 있어 하던 때)와 의심의 여지없이 완전히 다르다. 일련의 사건들은 근본적으로 영구적으로 낙관주의를 무너뜨려 왔다. 오늘의 거친 현실은 우리에게 과거 세기의 선교의 정수를 지속하면서 교회의 선교를 대담하게, 창의적으로 재잉태하고 재구성하라고 요구하고 있다.

본서의 논지는 지난 20세기 동안의 기독교교회 역사 동안의 선교의 성쇠와 선교 사상을 철저히 검토하지 않고는 선교를 제대로 재정의 할 수 없다는 것이다. 따라서 본서의 주안점은 1세기부터 20세기까지 연속되는 선교 패러다임들의 윤곽을 추적하는 것이다. 우리는 2000년의 시간 동안 단 하나의 "선교신학"만 있었던 때는 결코 없었다는 것을 알게 될 것이다. 이 점은 아주 초기교회에서도 사실이었다. 다음 네 개의 장에서 이 점이 밝혀질 것이다. 그러나 서로 상이한 신학이 서로를 배척하는 것이 아니다. 이 신학들은 다채로운 색깔의 모자이크를 형성하며 상보적이고 서로를 함양하는 관계이며 또한 서로의 준거틀을 도전하는 관계이다. 우리는 하나의 획일적인 선교관을 만들려 하지 말고 "선교라는 하나의 세계(in a universe of mission) 속에 다수의 선교학(a pluriverse of missiology)"을 두려는 시도를 해야 한다(Soares-Prabhu 1986:87).

이것은 각각의 선교 모델이 다른 모델과 모두 화해될 수 있다는 뜻이 아니다. 흔히 서로 다른 선교관들이 서로 충돌했다. 그러므로 우리는 선교 사상의 변천을 비평적으로 평가해야 하고 취할 것과 버릴 것을 구별해야 한다. 물론, 학자 역시 어떤 전제를 가지고 사고하고 전개한다. 또한, 이러한 전제는 개정될 수 있어야 한다. 이것이 바로 다음 페이지에서 하고자 하는 바이다.

필자는 이 시점에서 바로 선교에 대한 필자의 확신을 구체적으로 입증하려고 하지는 않으며 본서의 내용을 전체적으로 진행하는 가운데서 보일 것이다. 2000년의 시간 동안의 선교의 성쇠와 선교 사상의 성쇠를 조사하고 평가하려면 그 누구도 자신이 기초하고 있는 가정들을 독자들에게 알리지 않고는 할 수 없다고 필자는 생각한다.

본서의 마지막 부분에서 필자의 견해가 보다 분명한 목록으로 제시될 것이다. 부상하는(emerging) 에큐메니칼 선교 패러다임이라는 이름으로 견해들을 개진할 것이다.

6. 선교: 잠정적 정의

1) 기독교 신앙은 본질적으로 선교적이다

기독교 신앙만이 선교적인 것(missionary)은 아니다. 다른 여러 종교들도 그렇다. 특히 이슬람, 불교, 막스주의와 같은 다수의 이념들이 그렇다(Jongeneel 1986:6). 선교적 이념들과 달리 선교적 종교들의 뚜렷한 특징은 "보편적이고 궁극적인 진리의 위대한 '표출'을 강조"하는 데에 있다(Stackhouse 1988:189).

예들 들면, 기독교 신앙은 "지구 상의 모든 자손들"을 하나님의 구원 의지의 대상, 구원 계획의 대상으로 보며, 신약성경의 용어로 표현하자면 예수 그리스도 안에서 성취된 "하나님의 통치"가 모든 인류를 향한 것으로 간주한다 (Oecumenische inleiding 1988:19). 이러한 기독교 신앙의 차원은 부가적으로 선택하는 종목이 아니다. 기독교는 본질적으로 선교적(missionary)이며 그렇지 못하다면 존재 이유를 부인하는 것이 된다.

2) 기독교 신학의 한 분야로서 선교학은 중립적인 과업이 아니다

오히려 선교학은 기독교 신앙에의 헌신이라는 관점에서 세상을 바라본다(Oecumenische inleiding 1988:19). 이러한 접근은 비평적 검토를 배제하지 않는다. 사실, 기독교 선교에 대하여 엄밀히 말하자면 기독교 선교와 관련된 모든 정의, 모든 양상들은 철저한 분석과 평가를 받아야 한다.

3) 그러므로 우리는 선교를 너무 예리하고 자신 있게 기술해서는 안 될 것이다

궁극적으로 선교는 정의하기 어렵다. 선교를 우리 자신의 좁은 선입관 속에 가두어서는 안된다. 우리에게 가장 큰 희망은 선교가 무엇인지 그 근사치를 만드는 것이다.

4) 기독교 선교는 하나님과 세상 간의 역동적 관계를 표현한다

이것은 먼저 언약 백성인 이스라엘의 이야기 속에서 전개되며 궁극적으로는 나사렛 예수의 탄생, 삶, 죽음, 부활과 승귀에서 이다. 선교의 신학적 기초는 "우리 신앙의 토대, 즉 예수 그리스도 안에서의 하나님의 자기소통(self-communication)으로 계속 되돌아갈 때만 가능하다"(Kramm 1979:213).

5) 우리는 성경을 무심코 꺼내 사용할 수 있는 진리의 창고로 여겨서는 안된다

성경 해석을 통하거나 모든 상황에 적용이 가능하게 하는 불변하고 객관적으로 옳은 "선교의 법칙"(laws of mission)은 없다. 우리의 선교 사역은 성경의 증언(the biblical witness)과 단절 없는 연속성 속에서 수행되는 것이 아니다.

선교는 신적 섭리(divine providence)와 인간의 혼돈 사이의 긴장 속에서 실천되는 양면적 과업이다(Gensichen 1971:16). 교회의 선교 참여는 확실한 보장을 가지고 하는 것이 아니라 믿음의 행위인 것이다.

6) 모든 기독교인의 존재적 특성은 바로 선교적 존재(missionary existence)라는 데에 있다(Hoekendijk 1967a:338)

제2차 바티칸공의회에서는 "지구 상의 교회는 본질적으로 선교적(missionary)이다"라고 표현했다(AG 2). 이러한 점에서 "보편적 복음"(universal gospel)을 언급하지 않을 수 없다(Hoekendijk 1967a:309). 교회는 복음을 널리 선포함으로써 선교적이 되기 시작하는 것이 아니라 선포하는 복음의 보편성 때문에 선교적이 되기 시작한다(Frazier 1987:13).

7) 신학적으로 말하면 "해외선교"(foreign missions)는 분리된 개체(a separate entity)가 아니다

교회의 선교사적 본성(missionary nature)은 어느 순간, 어느 상황에 따라 나타나는 것이 아니고 복음 자체에 근거하고 있다. 해외선교의 정당성과 기초는 국내선교와 마찬가지로 "구원의 보편성과 불가분적(indivisible) 그리스도의 통치에 있다"(Linz 1964:209).

국내선교와 해외선교의 차이는 원리의 문제가 아니라 범위의 문제이다. 고딘(Godin)과 데니얼(Daniel)의 연구는 "지리적 신화"(Bridston)를 물리친 최초의 주요 연구이다. 이들은 유럽 역시 "선교 현지"(mission field)임을 증명했다. 그러나 여기서 더 나아가지 못했다. 복음을 이교도에게 처음으로 전한다는 선교 개념에 단순히 신이교도들(neo-pagans)에게 복음을 재소개한다는 점을 더했을 뿐이다. 이것은 복음을 듣는 사람들을 기준으로 여전히 선교를 정의한 것이며 선교의 본질을 기준으로 정의한 것이 아니다. 일단의 사람들에게 복음이 (재)소개가 되었으면 선교가 완성된 것으로 간주하는 입장이다.

8) 우리는 단수형 선교(mission)와 복수형 선교(missions)를 구분해야 한다

단수형으로서 선교(mission)는 하나님의 선교(*missio Dei*, God's mission)를 가리키는데 세상을 사랑하고 세상에 관여하시는 하나님의 자기 계시이고 교회와 세상을 품는 하나님의 본성이자 행위이며 교회는 여기에 참여하는 특권을 가지고 있다. 하나님의 선교(*missio Dei*)는 하나님은 백성들을 위하는 하나님이라는 기쁜 소식(the good news)을 반포하는 개념이다.

복수형으로서 선교(missions)는 교회의 선교 사역(the missionary ventures of the church)을 가리키는데 특정한 시간, 특정한 장소, 특정한 필요에 상응하여 특정한 형태로 하나님의 선교(*missio Dei*)에 참여하는 것을 뜻한다(Davies 1966:33; Hoekendijk 1967a:346; Rütti 1972:232).

9) 선교 과업은 인간 생활의 필요와 위기만큼 일관성 있고 폭넓고 깊이가 있다(Gort 1980a:55)

1950년대 이래로 여러 국제 선교회의들은 이를 반영하여 "전 세계에 전 복음을 전 교회가 전파한다"(the whole church bringing the whole gospel to the whole world)라고 하였다. 사람들은 일련의 통합된 관계 속에서 살고 있다. 그러므로 영적, 개인적 영역을 물질적, 사회적 영역과 분리시키는 것은 잘못된 인류학이나 사회학일 때 그렇다.

10) 위의 논의에 따르면 선교는 세상에 대한 하나님의 "예"(yes)이다(Günther 1967:20)

우리가 하나님에 대하여 언급할때, 세상이 하나님의 활동 무대임을 이미 암시하는 것이다(Hoekendijk 1967a:344). 하나님의 사랑과 시선은 무엇보다도 세상을 향하며 선교는 "세상 속에서의 하나님의 현존에 참여하는" 것이다(Schütz

1930:245). 우리 시대에 하나님의 세상에 대한 예(yes)는 불의와 억압, 빈곤, 차별, 폭력의 실재에 대하여 교회가 선교적으로 응답해야 함을 뜻한다.

우리는 점점 더 종말적 상황 속에 있음을 느끼게 되는데 부자는 더욱 부유해지고 가난한 자는 더 가난해지고 폭력과 억압은 우파와 좌파 모두에서 고조되고 있다. 선교하는 교회는 이러한 현실들에 대하여 눈을 감아서는 안되는데 "우리 시대의 혼란 속에서 교회의 방식은 철저하게 정치적이기 때문이다(Schütz 1930:246).

11) 선교는 복음 전도를 가장 본질적 요소의 하나로 포함한다

복음 전도는 불신자들에게 그리스도의 구원을 선포하는 것인데, 회개와 회심을 하도록 촉구하고 죄의 용서를 선언하며 그리스도의 지상 공동체의 살아있는 일원이 되어 성령의 능력 안에서 다른 사람들에게 봉사하는 삶을 시작하도록 초청한다.

12) 선교는 세상에 대한 하나님의 "아니오"이다(Günther 1967:21)

선교는 세상에 대한 하나님의 "예"(yes)라고 위에서 언급했다. 이것은 하나님의 통치, 교회의 선교, 사회의 정의, 평화, 온전성 간에 연속성이 있다는 의미에서, 그리고 구원이 이 세상 속에서 사람들에게 일어나는 일들과도 관계가 있다는 의미에서였다. 하나님이 그리스도 안에서 우리에게 제공해 준 것과 교회가 선교와 복음 전도를 통해 선포하고 실천하는 것은 단순히 사람들에게 건강, 자유, 평화, 결핍의 해결을 통해 이 세상에서 최상의 것을 보장해 주는 것이 아니다. 하나님의 통치는 수평적 차원에서의 인류의 진보 그 이상이다.

한편, 기독교인들의 사회와의 연대감이라는 측면에서 세상에 대한 하나님의 "예스"(yes)를 인정하지만 선교와 복음 전도 그리고 세상에 대한 반대와 대응이라는 측면에서 하나님의 "아니오"(no)를 인정해야만 한다. 기독교가 사회, 정치적 운동과 완전히 동화된다면 "교회는 사회 종교"(a religion of society)가 되고 말 것이다.

"십자가에 달린 나사렛 예수의 교회가 그를 잊지 않은 채, 교회의 정체성을 잃지 않은 채 정치 종교가 될 수 있을까?"(Moltman 1975:3).

그러나 하나님의 "예스"가 이 세상과 하나님의 통치 사이에 단절 없는 연속성이 있다는 것을 뜻하지 않는다는 것과 마찬가지로, 세상에 대한 하나님의 "아니오"(no)는 이원론을 뜻하는 것이 결코 아니다(Knapp 1977:166-168). 그러므로 세속화된 교회(이 세상적인 활동에만 관심있는 교회)나 분리주의(separatist) 교회(영혼 구원과 개종자들을 저 세상에 들어가도록 준비시키는 데만 관심있는 교회) 모두 하나님의 선교(the missio Dei)를 충실하게 구현하지 못한다.

13) 선교하는 교회는 성례전(sacrament)과 표적(sign)이다

이에 대하여 후에 자세히 논의할 것이다. 표적은 표식(pointer), 상징, 실례(example), 모범(model)이라는 의미이며, 성례전은 중개, 표현(representation), 고대(anticipation)라는 의미이다(Gassmann 1986:14). 이것은 하나님의 통치와 동의어는 아니지만 또한 무관하지 않다. 이것은 "하나님의 통치의 도래를 미리 맛을 보는 것, 역사 속의 기다림의 성례전이다"(Memorandum 1982:461).

교회는 세상으로부터 나오도록 부름을 받고 또한 세상 속으로 들어가라는 보냄을 받는 창조적 긴장 속에 살면서 지상에서 "성령의 첫 열매"를 지니고 하나님의 실험적 정원, 하나님의 통치의 한 조각이 되어야 한다.

제1부

신약성경의 선교 모델

제1장 선교 문서로서의 신약성경

제2장 마태복음: 제자삼기로서의 선교

제3장 누가복음-사도행전 :
      용서 및 가난한 자들과의 연대감의 실천

제4장 바울의 선교: 종말론적 공동체로의 초대

제1장 선교 문서로서의 신약성경

1. 신학의 어머니

선교학 개론서들은 "선교를 위한 성경적 기초"라는 제목의 장으로 보통 시작된다. 일단 "기초"를 제시한 후에 저자들은 성경 해석의 결과 발견한 점들을 체계적인 "이론"이나 선교 "신학"으로 발전시킨다.

본서에서 나는 다른 방식을 취하고자 한다.

예수의 사역과 초대교회의 선교적 성격을 간략히 개관한 후 세 명의 주요 신약성경 저자가 선교를 이해한 방식들을 심층적으로 논의할 것이다. 여기서 신약성경은 구약성경과 비교할 때 근본적으로 다른 점이 있었다.

선교 패러다임의 변화에 대하여 가장 먼저이면서 가장 기본적인 변화는 나세렛 예수의 도래와 그 이후에 일어난 일들로 인해서였다. 다음 네 개의 장에서 이러한 변화의 윤곽을 탐구할 것이고 이어서 이보다는 덜 근본적일지라도 역시 중요한 두 번째의 패러다임 이동인 헬라 "교부"교회를 다룰 것이다.

신약성경의 선교적 성격이 언제나 인식되어 온 것은 아니다. 피오렌자(Fiorenza, 1976:1)가 말했듯이 신약성경을 "기독교 교리 문서"로 간주하고 초기 기독교 역사를 "고백"의 역사로, "상이한 기독교 분파들과 신학자들 간의 갈등"으로 간주하는 것이 일반적이었다. 신약성경에 대한 이러한 접근에 문제가 있음을 밝힐 것이다.

마틴 헹겔(Martin Hengel)이 초기 기독교 역사와 신학을 우선적으로 "선교 역사"

와 "선교신학"으로 간주한 것은 합당하다(1983b:53). 헹겔은 먼저 사도 바울이 그러하다고 주장하며 다른 신약성경 저자들도 마찬가지라는 암시를 한다.

하인리히 카스팅(Heinrich Kasting)과 벤 메이어(Ben Meyer)와 같은 신약학자들도 이 점에 동의한다. 카스팅은 "초기 단계에서 선교는 하나의 기능에 불과하지 않았다. 선교는 교회 생활의 근본적인 표현이었다. 따라서 선교신학의 시작이 기독교 신학의 시작이기도 했다"(1969:127).

벤 메이어는 "기독교는 세계선교를 수행함으로써 그 정체성이 분명하였고 예수 그리스도와 함께 하였으며 그 미래가 명백해졌다"고 말한다"(1986:206). 선교를 함으로써 초기 기독교는 한 세계로부터 다른 세계로 놀라운 도약을 했는데(Dix 1955:55) 구원받은 인류의 선도자라는 자기인식이 있었다(Meyer 1986:92).

오늘날 신약학자들은 조직신학자 마틴 캘러(Martin Kähler)가 80년 전에 선교를 "신학의 어머니"라고 한 말을 인정하고 있다(Kähler [1908] 1971:190).[1] 캘러는 신학이 "세계를 지배하는 교회의 사치품"이 아니라 "기독교 선교와 동반해서 일어난 현상"이라고 했다(:189).

신약성경 저자들은 글로 쓰기 전에 한가로이 증거를 찾아다니는 학자들이 아니었다. 오히려 그들은 교회가 세상을 향하여 선교하는 가운데 신학화를 할 수밖에 없는 "비상 상황" 속에서 쓴 것이다(Kähler [1908] 1971:189; Russel 1988). 특히 복음서들은 역사적 충동의 산물이 아니라 지중해 세계에 예수 그리스도를 전하고자 하는 열렬한 신앙의 표현으로서 쓰여진 것이다(Fiorenza 1976:20).

신약성경 저자들이 서로 다르다는 점 역시 중요한데 특히 선교에 대한 이해에 대하여 그렇다. 뒤의 세 장에서 이 문제를 설명할 것이다. 그러나 우리는 신약성경이 일치된 선교관을 보이지 않는다고 놀랄 필요가 없고 "선교신학"의 다양성을 주목해야 한다(Spindler 1967:10; Kasting 1969:132; Rütti 1972:113; Kramm 1979:215). 사실 신약성경에서 선교를 한마디로 표현하는 말은 없다(Frankemölle

---

1 최근에 와서 에른스트 케제만(Ernst Käsemann)은 묵시가 "신학의 어머니"라는 논지를 옹호했다(1969a:102; 1969b:137). 이것은 의심할 여지없이 사실인데 특히 바울에 대하여 그렇다(아래 제4장을 보라). 어떤 의미에서 캘러와 케제만의 주장들은 서로 보충한다.

1982:94).

페스치(Pesch)는 신약성경의 선교적 관점이 무려 95개의 헬라적 표현으로 나타나 있는데, 모두 중요하지만 상이한 양상을 보인다고 주장한다(1982:14-16). 이러한 면으로 볼 때 신약성경 저자들은 독자들이 선교사로 존재하는 것에 관심이 많았지 선교를 정의하는 데는 관심이 많지 않았던 것으로 보인다.

저자들은 선교사라는 존재감을 가리켜 "지상의 소금," "세상의 빛," "언덕 위의 도시"와 같은 다양한 비유를 사용하였다. 따라서 우리는 신약성경의 선교적 관점에 관한 "의미 목록"(semantic field)을 만드는 데에는 성공한다(Frankemölle 1982:96). 이에 대한 윤곽이 뒤에서 보다 명백하게 밝혀질 수 있기 바란다.

신약성경 저자들이 선교에 대하여 왜 이해의 차이를 보이는지의 문제는 후에 살펴보기로 하고 먼저 구약성경을 간략하게 검토해 보자.

2. 구약성경에서의 선교

선교를 이해하려면 구약성경에서 시작해서는 안된다는 견해가 있을 수 있다. 타당한 문제 제기이다. 기독교 교회와 신학의 경우 구약성경과 신약성경이 결코 분리될 수 없다. 그러나 선교라는 문제에 대하여 우리는 난관에 부딪히는데 특히 먼 지역에 설교자를 파송한다는 전통적인 선교관을 고수할 경우에 그렇다(이러한 정의는 본서에서 여러 번 도전을 받을 것이다). 구약성경에는 옛 언약 백성들이 하나님으로부터 보냄을 받아 지리적, 종교적, 사회적 경계선을 넘어가서 다른 사람들로 하여금 야훼 하나님을 믿도록 했다는 암시가 전혀 없다(Bosch 1959:19; Hahn 1965:20; Gensichen 1971:57, 62; Rütti 1972:98; Huppenbauer 1977:38).

"구약성경과 신약성경이 결정적으로 다른 점은 선교이다. 신약성경은 본질적으로 선교에 관한 책이다"라고 레제프코스키(Rzepkowski)가 말한 것은 옳다(1974:80). 심지어 요나서도 선교와 관련이 없다. 요나 선지자는 불신자들에게 구원을 선포하는 것이 아니라 파멸을 선언하도록 보냄을 받는다. 그는 선교에 관심이 없고 파괴에만 관심이 있을 뿐이다. 과거 학자들의 견해와는 대조적으로 제2 이사야도 선교에 관한 책으로 보기 어렵다(Hahn 1965:19).

그렇다 하더라도 구약성경은 신약성경의 선교를 이해하는 데 필수적이다.

첫째, 이스라엘의 신앙과 주변 국가들의 종교와는 결정적인 차이가 있다. 이 종교들은 성격상 신비적이다. 이 종교들은 인간세계가 신적 세계와 소통할 수 있는 신성한 특정 장소에서 신성이 표출된다고 한다. 이것은 숭배 의식이나 의례에서 발생하는데, 여기서 혼란과 파괴의 위협이 중립화된다고 한다. 동시에 종교들은 계절의 순환에 갇히는데, 겨울과 여름이 서로를 좇으며 누가 더 우위에 있는지 영원한 전투를 벌인다. 전에 있었던 것을 다시 인준하고 반복하고 기억하는 것을 강조한다.

이스라엘의 신앙은 그렇지 않다. 이 신앙의 본질은 하나님의 자신의 부모들을 애굽으로부터 건지셔서 사막을 통과하게 하시고 가나안 땅에 정착하게 하셨다는 분명한 확신이다. 하나님의 개입으로 인해 백성을 이룬 것이다. 더욱이 하나님은 시내산에서 그들과 언약을 맺으셨고 이 언약이 그들의 미래 역사 전체를 좌우한다. 이스라엘의 이웃 백성들의 종교에서는 신이 영원한 자연의 주기 속에 그리고 특정한 숭배 장소에서 현존한다. 그러나 이스라엘 백성들에게 역사는 하나님의 활동의 무대이다. 초점은 하나님이 행하신 것, 하고 계신 것, 선언하신 대로 앞으로 하실 것에 있다(Stanley 1980:57-59).

G. E. 라이트(Wright)의 유명한 책 제목처럼 하나님은 "행동하는 하나님"이다(1952). 그러므로 성경을 하나님의 말씀이라고 부르기보다는 하나님의 행위(the Acts of God)라고 부르는 것이 더 정확하다(Wright 1952:13).

이스라엘 백성들에게 신앙은 결코 현상 유지의 종교일 수 없다. 하나님이 역동적으로 역사의 방향에 관여하시기 때문에 역동적인 변화가 기대된다(:22). 구약성경은 예배와 기도 중에 있는 하나님의 임재를 분명히 인식하지만 "주된 강조는 역사적 행위 속에서 자신을 드러내는 하나님의 자기 계시"이다(:23).

하나님은 역사의 하나님이자 약속의 하나님이다. 이것은 구약성경의 계시 이해를 살펴볼 때 더욱 분명하다. 우리는 계시를 항상 있어 왔지만 감추어져 있었던 것이 공개되거나 드러나는 것으로 보통 이해한다. 그러나 계시는 하나님이 미래에 그의 백성들에게 관여하기 위해서 현재에 행하시는 사건이다. 하나님은 자신을 아브라함, 이삭, 야곱의 하나님으로 계시하는데, 과거 역사 속에서 활동하셨던 하나님이 과거에 그랬던 것처럼 미래의 하나님이심을 뜻한다.

따라서 첫 열매를 얻을 때나 추수 때에 행해지던 자연 축제가 점차적으로 출애굽이나 시내산 언약 수립과 같은 역사적 사건을 기념하는 축제로 전환된 것은 이러한 맥락에서이다. 자연 축제가 구원사적 사건을 기념하는 축제로 바뀐 것이다. 이러한 축제는 기억하기 위한 것에 그치지 않고 하나님이 미래에 백성들에게 관여할 것이라는 기대를 담고 있으며 백성들을 앞서 행하시는 하나님을 기대하는 것이다(Rütti 1972:83-86).

셋째, 역사 속에서 계시된 하나님은 이스라엘을 택하신 자이다. 선택의 목적은 봉사이다. 이것이 유보되면 선택은 그 의미를 잃는다. 이스라엘은 우선적으로 그들 중에 있는 약자를 섬겨야 한다. 고아, 과부, 가난한 자, 타인들이 약자이다. 이스라엘 백성이 하나님과의 언약을 갱신할 때마다 사회의 소외된 자들에 대한 자신들의 책무를 재확인하는 것이다.

더욱이 일찍부터 하나님의 긍휼히 여기심이 열방들을 포함한다는 확신이 있었다. 구약성경에서 다른 나라들에 대하여 양면적 태도가 나타난다. 열방들은 이스라엘의 정치적 원수이거나 적어도 경쟁자이지만 다른 한편으로는 하나님 자신이 열방을 이스라엘의 비전의 테두리 안에 들여 놓는다.

아브라함의 이야기가 바로 이러한 점을 보여준다. 이 이야기는 열방의 계략이 수립되는 바벨탑 사건 바로 뒤에 나온다. 이 때에 하나님은 모든 것을 다시 아브라함과 시작한다. 바벨탑 사건이 이룰 수 없었던 것이 아브라함 안에서 약속되고 보장되는데, 곧 모든 열방에 대한 축복이다. 아브라함과 야훼 하나님에 대한 이야기들은 아브라함(더 나아가 이스라엘)과 열방들과의 관계를 어떤 식으로든 표현하고 있다(Huppenbauer 1977:39). 이스라엘의 하나님은 온 세상의 창조자이자 주이다. 그렇기 때문에 이스라엘은 자신의 역사를 분리된 역사로서가 아니라 열방의 역사와 연속성을 가진 역사로 이해해야 한다.

이러한 점에서 구약성경에는 심판과 자비 간에 변증법적 긴장이 있다. 이스라엘과 열방 모두 심판과 자비의 대상이다. 제2이사야(사 40-55장)서와 요나서는 한 동전의 양면을 보여준다. 요나는 선택받은 것을 자부심과 특권으로 왜곡한 이스라엘 백성을 상징한다. 요나서는 이방인들에게 가서 개종시키는 곳을 목표로 하지 않고 이스라엘의 회개와 회심을 목표로 하며 하나님의 관대함과 이스라엘의 지역주의를 대조시킨다.

다른 한편, 제2이사야는 고난받는 종의 비유인데, 하나님의 심판과 진노를 이미 받은 이스라엘을 그리고 있으며 이제는 약하고 낮은 상태에서 하나님의 승리를 증언하는 자가 된다. 이스라엘이 가장 낮아지고 낙담한 때에 열방들이 이스라엘에게 다가와서 말한다.

> 신실하신 여호와, 이스라엘의 거룩한 자가 너를 택하였음이라(사 49:7).

야훼 하나님의 긍휼이 이스라엘과 그 너머에 미침에 따라 하나님이 이스라엘뿐 아니라 열방에게도 관심이 있으심이 점차 분명해진다.

이스라엘은 자신들의 신앙에 근거하여 두 가지 중요한 결론을 내릴 수 있다. 참 하나님이 이스라엘에게 자신을 나타내셨으므로 하나님은 오직 이스라엘 안에서만 만날 수 있다는 결론과 이스라엘의 하나님이 유일한 참 하나님이므로 하나님은 또한 전 세계의 하나님이라는 결론이다.

첫 번째 결론은 다른 인류로부터의 분리와 고립을 강조한다.

두 번째 결론은 열방들에게 개방되고 그들에게 도달한다는 가능성을 제시한다(Labuschagne 1975:9).

그러나 이스라엘은 열방들에게 가지 않을 것이었다. 이스라엘은 열방들을 야훼 하나님 신앙으로 초청할 것도 아니었다. 그러므로 구약성경에 "선교사"가 있다면 종말적 행위로서 열방을 예루살렘으로 이끌어 언약 백성과 함께 예배하게 하는 하나님 자신이다. 그러나 모든 열방들이 야훼 하나님을 미래에 예배하리라는 암시를 주는 예언은 많지 않다. 몇몇이 있다 하더라도 모호하다. 이 문제에 대하여 근거들을 더 모아야 할 필요가 있다(Jeremias 1958:57-60). 열방이라는 관점에서 볼 때 가장 긍정적이고 종합적인 그림은 다음과 같다.

① 열방은 야훼를 기다리고 있고 야훼를 신뢰하고 있다(사 51:5).
② 그의 영광은 열방 모두에게 드러날 것이다(사 40:5).
③ 온 땅의 끝들이 하나님을 바라보고 구원을 받도록 부름을 받는다(사 45:22).
④ 하나님은 그의 종을 이방의 빛이라고 한다(사 42:6; 49:6).
⑤ 애굽과 앗수르로부터 예루살렘으로 대로가 세워지고(사 19:23)
⑥ 열방은 여호와의 산에 오르자고 서로 격려하며(사 2:5)
⑦ 귀중한 선물들을 가지고 간다(사 18:7).
⑧ 목적은 온 세계의 성전인 예루살렘 성전에서 언약 백성과 함께 예배하는 것이다(사 96:9).
⑨ 애굽은 하나님의 백성으로, 앗수르는 하나님의 손의 솜씨로, 이스라엘은 하나님의 유업으로 복을 받을 것이다(사 19:25).
⑩ 이와 같은 전 지구적 화해를 묘사하는 시각적 표현은 하나님의 산에서 메시아적 잔치의 축제를 가리킨다. 열방들은 하나님을 환히 볼 것이고 죽음은 영원히 삼킴을 당할 것이다(사 25:6-8).
⑪ 그러나 이러한 긍정적 그림 이면에 어두운 부분도 있다. 열방들이 예루살렘으로 올 때 이스라엘은 중심 중의 중심이고 "열방의 재물들"을 받는 자이다(사 60:11).
⑫ 구약성경에서 보편주의가 가장 현저한 제2이사야에서도 이스라엘 중심주의의 흔적들이 있다. 예를 들면, 스바인들이 사슬에 매여 이스라엘 백성에게 와서 엎드릴 것이다(사 45:14).

심판이 열방들에게 선언될 때(사 47장), 그들이 하나님의 자비로운 제의를 거절한 백성으로 규정되는지, 아니면 주로 이스라엘의 원수로 규정되는지 분명하지 않다. 그러므로 열방에 대하여 일반적으로 부정적인 태도가 많은 것은 이상한 일이 아니다. 구약 언약 백성들의 정치적, 사회적 조건들이 악화되는 동안 언젠가 메시아가 이방 국가들을 정복하고 이스라엘을 회복시키리라는 기대가 증가한다. 이러한 기대는 모든 열방들이 이스라엘에게 복종하고 이스라엘이 세계를 지배한다는 환상적인 생각과 항상 결부되어 있다. 이것은 사해 해변을 따라 생활하던 엣세네 공동체의 종말론적 신앙과 태도에서 최고조를 이루었다.

종말론적 신앙의 지평은 우주적이다. 하나님이 현 세계를 모두 멸하고 미리 정한 상세한 계획에 따라 새로운 세계를 시작한다는 것이다. 현 세계는 모든 거주자들을 포함하여 극히 악하다. 신실한 자들은 현 세계로부터 분리되어 있어야 하며 거룩한 남은 자로서 순결하게 자신을 유지해야 하며 하나님의 관여를 기다려야 한다. 이러한 분위기에서 이방인들에게 선교적 태도를 갖는다는 것은 터무니없을 것이다(Kasting 1969:129). 이스라엘의 개입이 전혀 없이 하나님이 미리 선택한 이방인들을 신적 행위를 통해 구원하는 정도일 것으로 보았을 것이다.

대체로 유대 종말론은 과거의 역동적 역사 이해의 종식을 뜻한다. 과거의 구원적 사건들은 하나님이 미래에 그의 백성들에게 관여하실 것이라는 기대와 보장으로서 기념되지 않는다. 이 사건들은 신성한 전통으로서 변함없이 보존될 뿐이다. 율법은 이스라엘이 섬기고 복종해야 할 절대적인 실체가 된다. 헬라의 형이상학적 범주가 점차적으로 역사적 사고를 대치한다. 신앙은 영원히 변치 않는 초역사적이고 세밀하게 조직화된 가르침의 차원이 된다(Rütti 1972:95).

3. 성경과 선교

이것이 나사렛 예수가 출생했던 상황이자 환경이다. 그는 구약성경 전통의 입장에서 볼 때 자신의 선교를 분명하게 이해했다. 최근까지만 해도 기독교, 특히 선교 진영에서 예수를 순전히 이상적인 측면에서 본 것이 사실이다. 논의가 계속되면서 구약성경의 이 세상적이고 국가적이고 사회적이며 역사적인 측면들이 극복되고 모든 인류를 위한 보편적 종교를 지향하게 되었다. 이러한 보편적 성향이 구약성경에 잠재해 있었는데 예수의 가르침에서 완전을 이루었다.

가톨릭 선교학자인 토마스 오옴(Thomas Ohm)은 예수의 가르침의 핵심이 하나님의 통치가 "순전히 종교적이고 초국가적이고 내세적이며 전적으로 영적이며 내적인 성격"인 데에 있다고 주장했다(1962:247). 이것은 구약성경보다 무한히 "높은" 것이었으며 이스라엘 백성과는 아무런 관계가 없는 것이었다.

오늘날 우리는 이러한 관점이 더 이상 유지될 수 없음을 알고 있다. 예수가 지상에서 사는 동안 거의 전적으로 1세기 유대 종교 신앙과 생활의 틀 속에서 사역하고 생활하고 사고했다는 점은 많은 사람들에게 놀라운 일일 것이다. 특별히 마태복음에서 예수는 신앙의 아버지들과 어머니들에게 약속된 것을 성취하러 온 자로 소개되어 있다. 신앙의 문이 이방인들에게도 곧 열리리라는 사실을 초기 추종자들이 즉각적으로 알아차리지 못했을른지도 모른다.

물론, 예수의 이야기를 그대로 들을 길은 없다. 우리가 그 이야기를 들을 수 있는 유일한 길은 신약성경 저자들을 통해서인데 특히 사복음서를 통해서이다. 1920년대부터 1950년대까지 신약성경 연구를 풍미하던 양식비평은 사복음서의 역사적 진실성에 대하여 상당히 회의를 품었고 후대에 "지어진" 것이 아닌 예수의 말만 가려내서 인정해야 한다고 하였다.

이 모든 것은 "역사적 예수"(Jesus of History)에 대하여 파괴적인 영향을 주었다. 루돌프 불트만(Rudolf Bultmann)은 예수에 대하여 아무런 말도 하지 않기로 했다. 초기 기독교 공동체의 신학의 여러 겹 속에 예수의 이야기가 덮여 있기 때문에 잘라 맞추는 것은 불가능한 과업이라고 보았기 때문이었다.

한편, 양식비평의 전성기는 지나갔다. 편집비평은 예수가 실제로 한 말을 밝혀내는 것보다 그에 대한 전도자들의 증언에 집중하게 해 준다. 우리는 "신앙의 그리스도"(the Christ of faith)와 "역사적 예수"(Jesus of history)를 분리시킬 수 없다는 점을 인식하게 되었는데 복음 전도자들이 예수를 목격한 것은 나사렛 예수를 신앙의 눈으로 본 것일 수밖에 없기 때문이었다. 복음서에서 예수의 말들은 이미 그리고 동시에 예수에 관한 말인 것이다(Schottroff and Stegemann 1986:2).

이러한 관점에서 "역사적 예수"는 다시 중요성을 띠며 우리는 네 명의 복음 전도자들의 신앙의 눈을 통해서 예수를 재발견하고 예수가 살면서 수고하던 상황을 재발견하기 시작한다. 오늘날 학자들은 몇십 년 전과 비교할 때 지상의 예수에 대한 더 큰 확신을 보여준다(Burchard 1980:13; Hengel 1983a:29).

결과적으로 "예수의 실천"은 현대신학의 초점이 되었다(Echegaray 1984). 예수는 초기 기독교 공동체를 감화하여 여러모로 새롭고 다른 역사적 환경 속에서 창의적인 방식으로 자신들의 생활과 사역의 논리를 계속 유지하게 하였다(Echegaray 1984:xv-xvi). 그들은 예수에 관한 전통을 창의적이면서 책임감을 수반한 자유를 가지고 다루었고 전통을 유지하면서 동시에 조정하였다.

초기 기독교인들이 이러한 방식으로 진행한 것을 우리는 이상하게 생각해서는 안된다. 성육신을 진지하게 생각한다면 말씀은 모든 새로운 상황에서 육신이 되어야 하는 것이다. 이러한 이유 때문에 현대신학자들의 임무는 신약성경 저자들이 용감하게 하고자 했던 일과 그렇게 다르지 않다. 그들이 그들의 시대에 했던 것을 우리는 우리의 시대에 행하는 것이다.

우리는 과거에 귀를 기울여야 하고 현재를 향하여, 미래를 향하여 말해야 한다(LaVerdiere and Thompson 1976:596). 동시에 오늘날 우리의 임무는 신약성경 저자들보다 훨씬 더 어렵다. 마태, 누가, 바울과 다른 여러 사람들은 우리와는 완전히 다른 문화 속에서 살았고 우리가 알지 못하는 문제들을 직면했는데, 한편으로 우리는 그들이 모르는 문제들을 직면하고 있다. 더욱이 그들은 우리가 이해하지 못하지만 당시의 사람들이 바로 이해할 수 있는 개념들을 사용했다.

물론 거두절미하고 신약성경의 예수와 자신들의 상황을 직접 관련시켜서 고대의 말을 무비판적으로 일대일로 자신의 상황에 적용시킨 사람들이 항상 있었다. 또 다른 사람들은 모든 비평 도구들을 사용하여 예수에 대한 "객관적인" 역사를 재구성하려고 하였다. 그러나 놀랍게도 보수적인 학자들의 예수와 비평학자들의 예수 간에 별 차이가 없었다. 너무나 자주 예수가 현대신학자들의 이미지 안에서 재창조되고 이들의 관심과 기호에 예속된다는 것뿐이었다(Schweitzer 1952:4).

지난 2세기 동안 예수에 관하여 쓰여진 많은 책들이 어리둥절할 정도로 예수를 다양하게 그리고 있는데, 어떤 경우들은 서로 양극을 이룬다. 예수는 유순한 중류층 미국인으로 그려지기도 하고, "현대 비즈니스"의 창설자, 과업에의 헌신과 섬김의 정신이 성공을 보장함을 입증한 경영자로 제시되기도 한다(Borton 1925). 혹은 다른 나라들에 대하여 자신의 나라를 지배적인 위치로 이끌어 주는 우파 측의 예수로 제시하기도 한다(Hengel 1971:34).

또한, 예수는 정치, 경제 체제를 전복시키기 위해 막스주의자들의 구호를 선전하고 정련된 전략을 가지고 위대한 순간을 준비하기 위해 추종자들을 양성하는 혁명적 예수로 그려진다(Pixley 1981:71-82). 각각의 경우마다 "역사적 예수"는 역사가가 관심이 있는 대로 그리는 예수가 된다.

그러나 기독교인들은 자신들이 선택하는 대로 예수에 대하여 자유롭게 말할 수 있는 것이 아니다. 그들은 과거와 현재의 "하나님의 모든 백성," 신자 공동체라는 상황 속의 예수에 대하여 말해야 한다(Schottroff and Stegemann 1986:vi). 그러므로 기독교인들의 말은 무제한적일 수 없다. 사실 제한적이다. 신자들의 공동체에 의해서 뿐만 아니라, 훨씬 근본적으로는 공동체의 "창설 헌장"인 예수 그리스도의 사건에 의해서이다. 그 공동체의 특수성을 본질적으로 형성한 것은 살고 죽고 부활한 예수에 의해 설정된 의제, 곧 기독교 공동체의 시초에 일어난 사건들이다. 우리는 또한 우리 자신을 이 사건들에게 맞추어야 한다.

하나님은 무엇보다 예수와 그의 행위의 역사 속에서 우리에게 다가온다(Echegaray 1984:9). 최초의 결정적인 역사적 사건의 차원과 이후의 발전 간에는 차이가 있다. 이러한 점에서 슐라이마허가 제안하듯이 우리는 무엇이 진정으로 기독교적인 것인가를 규정하는 규범으로서 신약성경을 간주할 수 있다(Gerish 1984:196).

오늘날 교회의 중요한 과업은 그리스도에 대한 자신의 이해가 최초의 증인들의 이해와 일치하는지 계속 시험하는 것이다(Küng 1987:238; Smit 1988).

이것은 우리가 신약성경의 예수에게로 향하지 않는다면 선교가 오늘날 무엇을 의미하는지 진실하게 통찰할 수 없음을 뜻하는데, 우리의 선교가 "예수의 인격과 사역"에 접착되어야 하기 때문이다(Hahn 1984:269). 크람(Kramm)은 이렇게 말한다.

> 선교의 신학적 기초는 우리의 신앙의 출발점을 모든 통찰보다 논리적
> 으로 선행하고 근본이 되는 그리스도 안에 있는 하나님의 자기소통에
> 둘 때에만 가능하다(1979:213).

이것은 모든 문제가 성경을 직접적으로 적용하기만 하면 해결될 수 있는 것처럼 생각하고는 예수와 초대교회에게 선교가 무엇을 뜻했는가를 규명하고 나서 같은 관점에서 우리가 해야 할 선교 실천을 규정하라는 뜻이 아니다. 만약 이렇게 한다면 "1세기 팔레스타인 사회와 현시대를 동일시하는 일치주의(concordism)의 유혹"에 굴복하는 것이 된다(G. Gutiérrez in Echegaray 1984:xi).

어떤 환경에서는 그러한 접근이 훨씬 더 부적절한데, 우리 시대와 예수 당시와 2천 년이라는 역사적인 간격이 오늘날 중산 엘리트 계층과 초기 기독교인들 간의 혹은 오늘날 소외된 계층 간의 사회적인 간격보다 덜 중요하다(Schottroff and Stegemann 1986:vii).

어네스토 카데날(Ernesto Cardenal)의 책 『솔렌티남의 복음』(*The Gospel in Solentiname*)을 읽으면 니카라과의 기독교 농민들의 사회, 정치적 환경이 서구 사회의 많은 기독교인들의 상황보다 초대교회에 더 가깝다는 것을 알게 된다. 아프리카 토착 독립교회나 중국 본토의 가정 교회도 마찬가지 일 것이다.

초기 기독교인들과 사회 문화적 간격이 적은 오늘날의 특정 공동체에서도 간격은 존재하며 주목해야 한다. 역사비평 연구는 바울과 마가, 요한에게 선교가 무엇을 뜻했는가를 이해하는 데 도움을 주지만, 우리 자신의 상황 속에서 선교가 무엇인지 즉각적으로 답을 주지 않는다(Soares-Prabhu 1986:86). 폴 리쿠어(Paul Ricoeur)가 주장하듯이 신약성경 본문에 대하여 타당한 해석이 다양하게 나올 수 있다. 따라서 본문의 의미는 "원래" 무슨 뜻이었는지에 대하여 단 하나의 뜻으로 축소될 수 없다.

우리에게 필요한 방식은 초기 기독교 저자들의 자기인식과 초기 증인들로부터 감화받고 안내를 받기 원하는 오늘날의 신자들의 자기인식 간의 상호 작용을 필요로 한다.

초기 기독교인들과 후대의 기독교인들은 자기 자신들을 어떻게 이해했는가? 오늘날 우리 기독교인들은 자신을 어떻게 이해하는가? 이러한 "자기이해"가 선교에 대한 이해에 어떤 영향을 주는가? 이러한 질문들을 앞으로 탐구하고자 한다.

최근 수십 년 동안 티이슨(G. Theissen), 말허베(A. J. Malherbe), 저지(E. A. Judge), 쇼트로프(L. Schottroff), 믹스(W. A. Meeks), 메이어(B. F. Meyer)와 같은 학자들이 초기 기독교의 사회적 성격을 이해하는 큰 도움을 주었다. 초기 기독교인들이 살았던 상황에 대하여 주의 깊게 사회적 분석을 함으로써 초대교회와 초대교회의 선교에 대한 이해에 상당히 보탬이 되었다.

그러나 이 분야의 공로를 폄하하지 않은 채 사회적 분석을 넘어서 비평적 해석학(critical hermeneutics)라는 접근으로 가야할 필요가 있다(Nel 1988). 대부분의 사회적 분석의 편향성은 외부로부터의 관점을 지향하는 데에 있다(Meyer 1986:31). 다른 한편, 비평적 해석학의 편향성은 내부로부터 관점을 지향하는 데에 있다. 달리 말하면, 우리가 대화하고자 하는 사람들의 자기인식을 조사하는 데에 있다. 자기인식이 이러한 접근에서 핵심 개념이 된다.

벤 메이어(Ben Meyer)는 초기 기독교인들의 "세계선교와 자기 발견"이라는 연구에서 적어도 1세기의 제자들이 주변 세계에 선교 활동을 긴급히 해야 한다고 느낀 것은 새로운 자기인식 때문이었다고 보았다. 메이너는 또한 다음과 같은 질문에 대한 답을 구함으로써 이러한 새로운 자기인식의 윤곽을 추적한다.

> 1세기 유대교 당파들, 운동들, 분파들 가운데서 홀로 기독교가 이방인 종교 공동체를 수립하려고 이들을 "하나님의 이스라엘"(갈 6:16)이라는 이름 아래 포함시키려는 강한 동기를 가진 것은 어찌 된 일인가? 이러한 편을 택한 역동적 결정을 우리는 어떻게 설명할 수 있을까? ... 그리스도를 이스라엘에 대한 약속의 성취로써 뿐 아니라 새로운 인류의 첫 사람으로 이해한 근원을 어떻게 설명할 수 있을까?

그러나 비평적 해석학은 초기 기독교인들의 자기인식을 명확히 규정하는 것 이상이다. 이것은 초기 기독교인들의 자기인식과 그 이후의 자기인식들 간의 대화를 추구하는데, 우리 자신의 자기인식과 우리 시대의 자기인식을 포함한다. 자기인식들이 불충분하거나 틀릴 수도 있음을 인정한다. 그래서 비평적 해석학의 목표는 이러한 자기인식들을 확장하고 비평하고 도전하는 것이다(Nel 1988:163). "저 편에"(out there) 객관적 실재가 있다고 보지 않으며, 이해되고 해석되어야 한다고 본다.

오히려 실재는 상호 주관적(intersubjective)이며 항상 해석된 실재이며 이 해석은 우리의 자기인식에 많은 영향을 받는다(153, 209). 자기인식이 달라지면 실재가 달라진다는 것은 여기에 기인한다. 이것은 바로 초기 기독교인들에게 일어났던 일이며 이후에 기독교 세대들에게도 다양한 방식으로 일어났다.

자기인식의 변화가 항상 적절한 것은 아니며 사실 왜곡이 자주 있다. 하지만 이러한 변화들은 진지하게 취급되어야 하고 다른 기독교인들의 자기인식에 의해 도전을 받아야 하는데, 특히 실재를 이해하는 데에 있어서 "패러다임 이동"을 먼저 경험한 사람들에 의해 도전을 받아야 한다.

이러한 측면에서 선교학 연구에 도전이 되는 것은 언제나 의의가 있는(relevant) 20세기 전의 예수의 사건을 현재, 여기에 의미가 있도록 약속된 하나님의 통치와 관련시키는 것이다(벤 엥글렌[Engelen] 1975:310).

따라서 우리가 초기 기독교인들의 자기인식을 검토하고자 한다면 예수의 자기인식 역시 탐색해 보아야 할 것이다(Goppelt 1981:159-205). 우리가 초대교회의 증언, 즉 초기 기독교인들의 자기인식을 통해서만 예수를 알 수 있을지라도 이것은 우리가 추구해야 할 질문이다.

핵심은 신약성경으로부터 현시대의 선교 관행으로의 단순하고 명백한 이동은 없다는 점이다. 성경은 그렇게 곧장 통행하는 방식이 아니다. 오히려 여러 대안들이 있어서 서로 깊은 긴장 관계에 있지만 모두 타당할 수 있다(Brueggemann 1982:397, 408). 성공회신학과교리위원회(Inter-Anglican Theological and Doctrinal Commission, 1986:48)는 이렇게 기술하고 있다.

모든 진리로 인도하시는 성령은 신학적 논쟁의 한쪽 편에만 배타적으로 임재한 것이 아니라 그리스도에게 신실하고 헌신하며 또한 서로간에 신실하고 헌신하는 사람들이 가지는 다양한 비전들의 만남 바로 그 속에 계시는지 모른다.

4. 예수와 이스라엘

A. D. 녹(Nock)은 개종에 관한 그의 고전적 저서에서 알렉산더 대재부터 어거스틴까지는 전례 없는 경제적, 사회적, 종교적 변화가 있었던 시대였다고 말한다. 헬라 종교와 헬라 철학이 동쪽으로, 중앙아시아로 퍼져갔다. 동시에 많은 동방의 종교들, 특히 이집트, 시리아, 소아시아의 종교들이 그리이스 로마 세계에 침투했고 많은 개종자들을 얻었다(Nock 1933; Grant 1986:29-42).

유대교 신앙은 전 지역에 퍼져 있던 종교들 중의 하나였다. 유대인들이 이방인들을 유대교 신앙으로 이끌기 위해 그들에게 나아갔다는 증거는 거의 없다. 하지만 이방인들은 유대교 신앙에 관심을 갖곤 했다.

유대교에 들어온 사람들을 가리켜 "개종자"[2](proselytes)라고 불렀으며 이들은 대체로 자기 스스로 유대인들에게 와서 모세오경에 복종했으며 할례를 요구받았다. 이들 외에 유대교와 관련을 맺은 부류로서 "하나님을 경외하는 자들"(God-fearers)[3]이 있었는데, 유대교에 관심이 많으나 할례를 받지는 않은 사람들이다. 그러나 대체로 경건한 유대인들이 이방인들에게 초점을 두지 않았다. 또한 그들의

---

2 "개종자"(헬라어 *proselytos*에서 유래)는 문자적인 의미로 "넘어온 사람" 혹은 "들어온 사람"이었다(유대교 "선교사들"의 적극적인 활동을 통해 유대교 신앙을 받아들인 자이기보다는 "이교"로부터 유대교로).

3 "하나님을 경외하는 자들"(헬라어 *sebomenio* 혹은 *phoboumenoi ton Theon*)은 실제 개종자들보다 더 많은 수였고(G. Kuhn, art proselytos in *Theological Dictionary to the New Testament*, vol VI), 일반적으로 개종자들보다 사회적 지위가 더 높았다(malherbe 1983:77). "하나님을 경외하는 자들"에 대한 유대인들의 지배적인 태도는 부정적이었고 개종자들에 대하여는 보다 양면적이었다(Kuhn, opcit).

관심이 동족인들에게 있었던 것도 아니었다.

예수의 출생 수 세기 전부터 모든 이스라엘이 아니라 신실한 남은 자들만이 구원을 받을 것이라는 확신이 늘어나고 있었다. 유대교 안에서 몇몇 종교적 그룹들은 자신들을 남은 자로 간주하고 다른 유대인들은 그렇지 못한 것으로 보았다. 특히 사해 주변에 거주하던 엣세네 공동체가 그러하였다.[4] 이방인들은 고사하고 동족에 대한 관심도 거의 없었다.

이러한 모든 노력들은 언약 백성을 회복시키기 위한, 진정한 이스라엘을 위한 분투라는 관점에서 이해되어야 한다. 이러한 맥락에서 우리는 세례 요한의 사역을 보아야 한다. 그는 하나님이 보낸 예언적 설교자로서 이스라엘을 회개와 회심으로 초청하는 자이다. 세례 요한의 관점에서 보면 모든 이스라엘이 선택되었다는 주장은 더 이상 유효하지 않다.

당시의 유대인들은 "독사의 자식들"이었고(마 3:7; 눅 3:7), 이교도들과 동일시되었다. 회개하고 회개에 합당한 열매를 맺는 남은 자만이 구원받을 것이었다. 언약 밖에 있으면 모든 이스라엘은 하나님의 눈에 이방인들이라는 사실을 분명하게 하기 위하여 회개한 자들은 이방 개종자들이 유대교에 들어올 때 그랬듯이 세례 의식을 해야 했다.

이것이 예수가 탄생했을 때의 종교적 환경이었다. 분파주의와 광신주의가 존재하며, 동과 서 사이에 종교가 오가고 상인과 군인들이 새로운 사상들을 고향으로 가져오고 새로운 신앙을 실험해보는 때였다. 사회 정치적으로 이 기간은 불안한 때였다. 팔레스타인은 로마의 지배하에 있었다. 이 결과 공동 소유는 사라지고 대규모 사유지 제도가 점차 널리 퍼졌다. 기존의 가난한 소작농들은 곧 사유지 소유자들과 관리자들을 위해 일하는 노동자 무리가 되었고 이들이 복음서의 비유에서 나오는 "일일 노동자들"이다.

로마는 인구 조사(A.D. 6년)와 세금 수거를 통해서 유대인들에 대한 지배를 견

---

[4] 공동체에 들어가면 새 회원은 자신의 공동체 회원들만 사랑하고 모든 "어둠의 자식들" 즉 모든 비회원들을 미워한다는 서약을 해야 했다(1QS 1: 9-11).

고히 했다. 이것은 유대인들에게 성가신 일에 그치지 않고 자신들의 조상의 권리, 자신들의 거룩한 땅에 대한 공격이었고 거대한 로마제국의 한 지방으로 전락하고만 것이다. 이러한 때에 과거에 대한 기억들이 되살아난다는 것은 이해할만하다. 애굽으로 부터의 해방, 다윗의 영광스러운 통치, 마카비 혁명 등이다.

인구 조사 동안에 소동이 자주 있었던 것은 이상한 일이 아니다. 사도행전 5:37에 보면 "인구 조사를 할 때에" 갈릴리 사람 유다가 여러 사람들을 거느리고 반란을 기도했다. 예수의 탄생이 인구 조사와 연관지어진 것(눅 2:1-2)은 이스라엘의 가장 어두운 때에 하나님이 구원자를 보낸다는 메시아 대망을 염두에 둔 듯하다.

예수의 생활과 사역은 이와 같이 분명한 역사적 상황 안에서 이해되어야 한다. 그렇지 않으면 우리는 그를 제대로 이해할 수 없다. 그는 선지자들의 전통 속에 있다. 그들이나 세례 요한처럼 그의 관심은 이스라엘의 회개와 구원이다.

> 유대인으로서 자신의 백성들에게 보냄받은 것으로 자신을 이해했다. 그가 회개하라고 부른 사람들은 이 사람들이었다... 그의 일생의 사역은 이들에게 국한되었다. 그가 이스라엘에게만 보냄 받은 것은 마태복음 1:21과 누가복음 1:54에서 명백하다. 모든 복음서의 기록에 따르면 그는 항상 거룩한 땅(the Holy Land)에서만 있었다. 그는 이방인들과 사마리아인들의 영토에 들어갈 때 주저했었다. 그는 쉴새없이 유대인들의 땅을 오갔다... 사람의 아들로서 다윗의 아들이라는 부름을 성취해야 하는데, 곧 그의 백성들을 자유케 해야 하는 것이다... 그는 다른 모든 간청을 기각하면서 이스라엘에게는 무조건적인 헌신을 한다 (Bosch 1959:77).

예수가 이방인들에게 가진 태도가 중요한 문제이지만 2차적인 문제이다(Bosch 1959:93-115; Jeremias 1958; Hahn 1965:26-41). 예수와 다른 유대 종교 그룹들 간에, 예수의 자기인식과 그들의 자기인식 간에 엄연한 차이가 있었다. 세례 요한을 포함하여 모두는 이스라엘의 남은 자의 구원에만 관심이 있었다.

예수의 선교는 모든 이스라엘에게 대한 것이다. 이것은 우선적으로 그가 가족, 직업, 거주지에 메이지 않고 설교자, 치료자로서 유대 전 지역을 두루 다닌 것을 보면 알 수 있다. 그가 열두 제자를 택하여 자신과 함께 있게 하고 그들을 마찬가지로 유대 땅으로 보낸다. 제자들의 숫자는 고대의 이스라엘 족속의 수를 연상시키고 이들의 선교는 "모든 이스라엘"이 구원받는 미래 메시아의 통치를 연상시킨다(Goppelt 1981:207-213; Meyer 1986:62).

바리새인들에 대한 예수의 태도는 특별하다. 가장 초기의 전통은 바리새인들을 예수의 확고한 적으로 묘사하지 않는다. 그들은 유대교의 지도자들이 아직 아니었다. 70년에 예루살렘이 멸망한 이후에야 권력을 잡는다. 예수와 마찬가지로 바리새인들도 아주 다른 방식이긴 하지만 이스라엘의 고통을 신학적으로 다루려 했다. 그러므로 예수는 그들을 설복하려 했음에 틀림없다(Schottroff and Stegemann 1986:35, 125, 각주 94).

예수는 "이스라엘 공동체의 구성원들을 임의적으로 제한하거나 배제하려는 태도와 관행, 구조들을 계속 도전했다"(Senior and Stuhlmueller 1983:154). 이것은 특히 유대 사회에서 미약한 사람들에게 그러했다.

예수의 이야기는 이들을 여러 이름으로 지칭하는데, 가난한 자, 눈먼 자, 문둥병자, 주린 자, 슬피 우는 자, 죄인, 세리, 귀신 들린 자, 핍박을 당하는 자, 포로된 자, 수고하고 무거운 짐진 자, 법을 모르는 대중, 어린 자, 가장 작은 자, 가장 나중인 자, 이스라엘 집의 잃은 양, 심지어 창녀 등이다(Nolan 1976:21-29).

우리 시대와 마찬가지로 사회 변두리에서 사는 이들의 고통은 억압, 차별, 폭력, 착취에 기인하곤 한다. 그들은 말하자면 당시 사회의 피해자이다. 심지어 "죄인들"이라는 말도 현대적 의미로 이해되어서는 안된다. 우리는 그들을 미화해서도 안된다. 그들은 상황의 피해자요, 경멸받던 거래의 실행자요, 그늘진 인물들이다(Schottroff and Stegemann 1986:14).

핵심은 예수가 도외시된 모든 사람들을 향한다는 것이다. 사교 및 종교 예식에 귀 기울인 병자들, 도덕적 이유로 배척받은 창녀와 죄인들, 종교와 정치적 이유로 배제된 세리들을 포함한다(Hahn 1965:30). 예수는 세리와 창녀들을 따라야 할 모범으로 칭찬하는데, 다른 사람들은 거절했지만 이들은 부름에 응했기 때문이다(마 21:31; Schottroff and Stegemann 1986:33).

예수가 세리들과 사귄 것은 당시 종교계에 불쾌한 일이었다. 세리들은 유대인들에게는 반역자이자 로마인들의 협력자이자 동포의 착취자로 간주되었다(Ford 1984:70-78; Schottroff and Stegemann 1986:7-13; Wedderburn 1988:168). 그러나 예수는 그들을 지나치지 않았다. 그는 부유한 세리장이었던 삭개오의 집을 방문하고자 한다(눅 17:1-5). 그는 또한 레위(마태)에게 자신의 점포를 버려두고 따라 오라고 초청한다(마 9:9). 부름은 은혜의 행위이며 교제의 회복이며 새로운 삶의 시작이다. 이것은 심지어 세리에게도 주어진다(Schweizer 1971:40).

그러나 특히 누가복음에서 보여지듯이 예수는 "가난한 자들의 희망"이다(Schottroff and Stegemann 1986). "가난한 자"는 포괄적인 용어인데 위에서 언급된 다른 사람들도 포함한다. "가난한 자"가 되게 한 것은 상황이, 보다 명확히 말하자면, 부자와 권력을 가진 자가 무정하게 대했기 때문이다.

가진 자들은 내일에 대하여 근심할 수밖에 없고(마 6:34), 무엇을 먹을까 무엇을 입을까 염려할 수밖에 없다(마 6:25). 노동자의 하루 급료가 은 한 데나리온이었는데, 작은 가족이 겨우 생존할 정도밖에 되지 않았다. 이러한 노동자가 며칠간의 일거리를 얻지 못하면 가족은 먹을 양식이 없게 된다. 이러한 경우 주기도문의 네 번째 간구("우리에게 일용할 양식을 주옵시고")는 우리가 더 이상 경험하지 않는 처절함을 수반한다. 이것은 생존을 위한 기도이다.

예수의 사역에서 하나님은 종말론적 통치를 가난한 자, 낮은 자, 경시당하는 자들 속에서 시작한다.

"유대교 상황에서 이보다 더 큰 종교적 주장은 없었다"(Schottroff and Stegemann 1986:36).

가난한 자들의 비참한 생활은 하나님의 목적에 반대되며 예수는 그들의 불행을 종식시키려 오셨다.

5. 모두를 포괄하는 선교

예수의 선교에 대하여 경이로운 점은 포괄성에 있다. 그의 선교는 가난한 자와 부자, 억압받는 자와 억압하는 자, 죄인과 경건한 자를 모두 껴안는다. 그의 선교는 소외를 용해시키고 적대감의 벽을 무너뜨리며 개인과 집단 간의 경계를 가로지른다. 하나님이 우리를 무상으로 용서하시듯이 우리도 우리에게 잘못하는 사람들을 일곱 번씩 일흔 번이라도, 곧 무한정으로 셀 수 없을 정도로 용서해야 한다(Senior and Stuhmueller 1983:148).

예수 선교의 포괄성은 특히 Q 자료라고 불리는 로기아(Logia, 그리스도의 말) 혹은 어록자료(Sayings-Source)에서 뚜렷하다.[5] 로기아를 사용하는 순회 선지자들[6]은 유대 땅을 다니며 만나는 모든 사람들에게 예수의 말을 선포할 때 모든 이스라엘을 틀림없이 염두에 둔다(Schottroff and Stegemann: 48). 이것이 Q 자료에 대한 풍부하고 다양한 신학으로부터 필자가 강조하고 싶은 측면이다.

로기아의 주된 관심이 사랑을 원수에게까지도 설교하여 가능한 원수를 얻는 것이라는 것은 의심의 여지가 없다. 마가복음 1:16(Q 자료에서 온 것이 아님)은 바리새인들이, 심지어 예수에게 부정적인 감정을 가지고 있지 않는 사람들조차도 예수에게 대하여 가지고 있는 근본 문제를 이미 보여주고 있는데, 예수가 어떤 조건도 정하지 않는다는 사실이다.

---

5 단어 "Quelle"("자료"를 뜻하는 독일어)에서 나온 Q는 마태와 누가가 복음서를 각각 기록할 때에 마가복음과 더불어 사용한 예수의 어록집이었다(마태와 누가는 또한 다른 작은 자료들을 사용하기도 했지만). Q는 거의 전적으로 예수의 말들로 구성되었다(따라서 로기아[Logia], "말씀들"이라는 이름이 붙여졌다).

6 최근 몇 년 사이에 몇몇 학자들이(특히 Gerd Theissen) 로기아(the Logia)가 자신들의 사역을 이스라엘에 국한했던 순회설교자들이나 "선지자들"에 의해 사용되었다고 주장했다. 나는 Q 선지자들의 사역의 선교적 특성들을 해석하는 데에 있어서 특별히 쇼트로프(Schottroff)와 스테게만(Stegemann)에 의존한다(1986:38-66). Q 자료에 대한 많은 견해들은 극히 가설적인데 예수의 지상 사역 이후 수십 년 동안 유대 땅을 다니면서 모든 사람들에게 설교했던 순회 선지자들의 존재에 대하여 특히 그렇다. 내가 그들을 일단의 특정한 설교자들로 언급할 경우에는(Theissen, Schottroff와 같은 사람들과 함께) 역사적인 사실로서보다는 전통으로부터 상상력을 통해 추정하는 것이다. 이러한 접근은 초기 기독교 전통 속에 나타나는 이러한 집단의 독특한 성격을 이해하는 데 도움이 된다.

바리새인들은 "왜 그는 세리들, 죄인들과 함께 식사를 하는가?"라고 정색을 하며 제자들에게 묻는다. Q 선지자들은 이 점에 있어서 예수에 관한 초기 전통과 연속성을 가진다. 그들은 자신들의 믿음으로 인해 핍박을 받았을 것이다. 그러나 이럼에도 불구하고(혹은 이 때문에?) 그들은 핍박하는 사람들과 예수의 메시지를 거부한 다른 모든 사람들에게로 완전히 관심을 돌린다. 이와 같이 예수의 전령들이라는 이러한 집단의 자기인식은 우리가 아는 한 "사회학적 혹은 종교-사회학적인 유례가 없다"(Schottroff and Stegemann 1986:61, 58).

"원수를 사랑하라"는 명령은 예수의 말의 가장 특징적인 부분이다(Senior and Stuhlmueller 1983:159). 심지어 정통 유대인인 라피데(1986:91)도 이것은 "예수가 도입한 혁신"이라고 말한다. 그리고 Q 선지자들은 그것을 신실하게 유지하고 준수한다. 이 설교자들은 매도되고 비난받고, 외면받고 늑대들 중의 양같이 위협받았으나 자신들을 그렇게도 부당하게 대하는 사람들에게 평화와 사랑의 메시지를 계속해서 전한다. 자신들의 메시지가 계속 거부당해도 결코 포기하지 않는다.

로기아(the *Logia*)에 담긴 정서들 중 매우 감동적이고 동시에 확연하게 선교적인 것들이 있다. 이 설교자들을 반대하고 이들의 메시지를 거절하는 사람들이다.

> 이 세대는 아이들이 장터에 앉아 제 동무를 불러 이르되 우리가 너희를 향하여 피리를 불어도 너희가 춤추지 않고 우리가 슬피 울어도 너희가 가슴을 치지 아니하였다(마 11:16).

계속적으로 그들에게 초청을 하지만 그들은 반응하지 않는다. 또 다른 Q 자료의 어록은 모든 이스라엘을 상징하는 예루살렘을 향하는데, 선지자들을 죽이고 보냄 받은 사람들에게 돌을 던지는 예루살렘이다. 그러나 이스라엘에게 오는 선지자들은 줄어들지 않는다.

> 예루살렘아 예루살렘아 선지자들을 죽이고 네게 파송된 자들을 돌로치는 자여 암탉이 그 새끼를 날개 아래에 모음같이 내가 네 자녀를 모으려

한 일이 몇 번이더냐 그러나 너희가 원하지 아니하였도다!(마 23:37)

구약성경의 노아처럼 로기아(the *Logia*) 선지자들은 임박한 심판을 의식하지 못하며 긴급한 경고에 무관심한 사람들을 만나지만 계속해서 경고를 보낸다(마 24:37-39). 설교자들은 사람들에게 구하기만 하면 하나님이 응답하시고 두드리기만 하면 문이 열린다고 말한다. 하나님은 모든 이스라엘의 아버지이다.
어떤 아버지가 아들에게 빵 대신 돌을 주고 물고기 대신 뱀을 줄 것인가?

> 너희가 악한 자라도 좋은 것으로 자식에게 줄줄 알거든 하물며 하늘에 계신 너희 아버지께서 구하는 자에게 좋은 것으로 주시지 않겠느냐!
> (마 7:11)

여기서 "악한 자"라는 대상은 예수의 메시지를 대적하는 자들이지만 하나님은 그들에게 등을 돌리지 않는다. 하나님은 그들에게조차도 해가 뜨게 한다(마 5:44). 하나님의 관대함을 따라서 예수의 추종자들은 자신들이 정체성을 외부인들을 반대하는 것에 두지 않는다. 그들은 예수의 말을 기억한다.

> 너희가 너희를 사랑하는 자를 사랑하면 무슨 상이 있으리요 세리도 이같이 아니하느냐 또 너희가 너희 형제에게만 문안하면 남보다 더하는 것이 무엇이냐 이방인들도 이같이 아니하느냐(마 5:46-47).

Q 자료의 선지자들은 또한 분명히 심판을 선언한다. 그들은 자신들의 메시지를 거부한 고을들이 소돔과 고모라에 떨어진 운명보다 더 끔찍한 운명에 처할 것이라고 말한다(마 10:11-15). 그러나 어록의 선지자들은 자신들이 예언한 재난을 유쾌하게 고대하는 마지막 날의 요나가 아니다. 오히려 그들의 파멸 선언은 일종의 충격 요법으로서 회개와 회심으로의 마지막 긴급한 초청이며, 자신들을 반대하고 매도하는 사람들에게 대한 깊은 관심의 표현이다.

"그들(선지자들)은 원수 사랑을 실천하고 심판을 선포한다. 사실 그들은 심판 선언의 방법으로 사랑을 실천한다"(Schottroff and Stegemann 1986:58).

그 선지자들의 회심으로의 초청은 각각의 심판 어록에 암시되어 있다. 그들은 듣기를 거부하는 사람들을 계속해서 찾으며 최후의 완고한 이스라엘이 발견되고 양떼 속으로 돌아올 때까지 이 사역을 계속할 준비가 되어 있다.

사실, 선한 목자는 똑같이 하지 않겠는가?

그 아흔 아홉 마리를 산에 두고 가서 길 잃은 양을 찾지 않겠는가?(마 18:12)

그리고 하나님은 예수의 추종자들에게도 그렇게 기대하지 않겠는가?

이것이 바로 Q 자료 선지자들이 자신들의 주인을 본받은 방식이다. 분명히 그들의 주인처럼 모든 이스라엘에 대한 그들의 동정심이 모두이다. 그리고 그처럼 그들의 선포는 강제가 없다. 그것은 항상 초대이다.

이보다 더 열정적이고 강력한 선교 정신을 상상할 수 있겠는가?

6. 그리고 이방인들?

로기아의 설교자들은 여전히 제한된 지평 안에서 활동한다. 그들은 예수 자신의 선교가 이스라엘에게 국한되었다고 믿는다. 물론 예수처럼 그들의 관심은 단지 남은 자에게 뿐만 아니라 모든 이스라엘에 대해서이다. 그러나 그들이 이방인들 중에서의 선교가 이미 시작되었고 그들이 이러한 사역을 반대할 것 같지 않을지라도 이방인 세계는 그들의 범위 밖에 있다. 더욱이 최악의 원수까지도 사랑할 정도인 이스라엘에 대한 그들의 헌신의 성격은 종국적으로 그들의 메시지가 이스라엘에게만 국한되지 않는다는 점을 알려준다.

그 선지자들은 하나님이 아브라함을 위해 돌들로부터 아이들을 일으킬 수 있다고 선포한 것과 따라서 세례 요한이 이스라엘에게만 한정되지 않았다는 것을 알고 있다(마 3:9). 그들은 또한 이방인들이 유대인들을 고발할 것이라는 예수의 말을 반복한다.

심판 때에 니느웨 사람들이 일어나 이 세대사람을 정죄하리니 이는 그들이 요나의 전도를 듣고 회개하였음이거니와 요나보다 더 큰 이가 여기 있으며(마 12:41).

따라서 Q 자료에서 이방인들은 심판의 말이라는 틀 안에서 혹은 이스라엘의 특권적 위치를 위태롭게 한다는 경고로서 등장한다. 선지자들은 어떤 비유대인들이 이미 예수 자신의 사역 기간 동안에 유대인들을 수치스럽게 한 것을 알고 있다. 가장 잘 알려진 예들 중의 하나는 예수를 놀라게 한 가버나움의 백부장인데 예수를 탄복하게 했다.

내가 진실로 너희에게 이르노니 이스라엘 중 아무에게서도 이만한 믿음을 보지 못하였노라(마 15:28).

이방인들이 때로 종말의 연회에서 대체하는 손님으로 묘사되는 것은 그리 놀랄 일이 아니다. 사람들이 동서남북으로부터 와서 잔치에 앉지만 "그 나라의 본 자손들"은 쫓겨날 것이다(마 8:11-13; 눅 13:28-30). 큰 잔치 비유에서 그들은 아주 얄팍한 구실로 초청을 거부하고 이제는 어떤 공로를 해서가 아니라 단순히 긍정적으로 반응했기 때문에 자리를 차지한 이방인들을 구경해야만 하는 사람들이다.

그러한 이방인들은 종교 계층에 앞서 "하나님 나라에 들어가는" 세리와 창녀들로 예시되고(마 21:31), 탕자의 비유에서도 그러한데 예수가 세리와 죄인들을 환영하고 함께 식사를 하는 것에 대하여 바리새인들이 분노했다(눅 15:1).

적어도 어느 날엔가 하나님의 언약이 이스라엘 백성들을 훨씬 넘어설 것이라는 개념을 부각시키는 많은 말들과 비유들, 이야기들은 무엇을 뜻하는가?

나의 관점에서 볼 때 이 모든 이야기들의 주된 영감이 예수 자신의 사역의 도발적이고 경계를 무너뜨리는 성격이었다는 점을 결코 의심할 수 없다.

오랫동안 신약학자들은 예수의 지상 사역의 근본적인 선교적 차원을 부인하는 경향이 있었고(자주 그러한 주장을 할 만큼 역사적 예수에 대하여 알려진 게 너무 없다는 주장에 근거하여) 부활 이후의 모든 이방인 선교 현상이 다양한 사회 종교적 상황에 기인하거나 거의 전적으로 바울과 같은 기독교 지도자들에게 기인한다고 보았다. 그러한 견해들이 여전히 미해결 상태이기도 하지만 오늘날 학자들이 전보다 훨씬 더 예수 자신이 이방인 선교의 기초를 세웠다는 견해를 보이고 있다. 마틴 헹겔은 다음과 같이 말한다(1983b:61-63; Senior and Stuhmueller 1983:141; Hahn 1984:269, 272).

> 예수의 지상 사역이 없이 "예수의 관심"에 대해 말하는 것은 터무니없다는 분명한 사실을 강조할 필요가 있다. 그리고 어떤 이유에서든지 지상의 예수와 관계없이 부활 이후에 세워진 교회는 그 출발점을 떠나 있는 것이다. 나사렛의 예수가 활동하고 고난을 받으며 인간으로서의 삶을 살았던 인물이고, 부활했으며 단지 백지장과 같은 사람이 아니라는 점을 인정할 때만, 우리는 부활에 대하여 의미 있게 말할 수 있다. 그러므로 "가장 초기의 기독교 선교의 시작"을 밝히고자 한다면 지상의 예수를 찾아야 한다... 예수의 설교의 내용은 부활 이후의 제자들처럼 "선교적" 성격이 있었다... 여기서 우리는 초기 기독교 선교의 진정한 출발점을 만난다. 그것은 바로 예수 자신의 행동 속에 있다. 누군가가 "최초의 선교사"로 불려야 한다면 그는 바로 예수이다... 최초의 기독교 선교의 궁극적인 기초는 예수의 메시아적인 파송에 있다.

7. 예수의 인격과 사역의 주요한 특징들

위의 헹겔의 인용문은 예수의 "자기인식"(self-definition)으로 인해 그가 어떤 부류의 사람들을 유대 공동체로부터 임의적으로 배척하려는 태도와 관행, 구조들을 계속적으로 도전한 것을 보여준다.

나는 이제 예수의 인격과 사역의 선교적 동력을 더 잘 이해하기 위하여 보다 자세하게 그의 사역의 주요한 특징들을 밝혀내고자 한다. 나는 이것이 또한 우리 자신의 시대를 위한 선교의 의미를 분별할 수 있게 해주기 때문에 하는 것이다. 네 가지 특징들이 조명될 것다. 하나님의 통치에 대한 예수의 선포, 유대 율법에 대한 예수의 태도, 제자들을 부르고 위임한 것, 부활 사건의 의미이다.

1) 예수와 하나님의 통치

"하나님의 통치"(히브리어로 *malkuth Yahweh*)라는 표현은 구약성경에 나타나지 않는다(Bright 1953:18). 그 표현은 개념은 더 오래되었지만 후기 유대교에서 처음 나타난다. 몇 단계를 거쳐서 발전되었다. 한 단계로서 하나님의 왕적 통치가 다윗 왕조에서 나타날 것이라고 믿었다(삼하 7:12-16). 또 다른 단계로서는 하나님이 제사장직을 통해서 성전으로부터 세상을 화목케하고 통치한다고 생각되었다(겔 40-43장).

이러한 기대는 모두 수포로 돌아갔다(Bright 1953:24-70). 따라서 특히 외국의 지배 기간 동안에 하나님의 왕국은 전적으로 미래적인 실체이고 테이블이 완전히 뒤집어져서 이스라엘이 꼭대기에 오르고 압제자들이 억압받을 것이라는 확신이 커졌다(Bright 1953:156-186; Boff 1983:56f). 예수의 지상 사역 기간 동안에 지배적이었던 관점은 바로 이 마지막 관점이었다. 예를 들면 이러한 관점은 부활 이후에 제제들의 말해서 여전히 확인된다.

> 주께서 이스라엘 나라를 회복하심이 이 때니이까?(행 1:6)

하나님의 통치(*basileia tou Theou*)는 분명히 예수의 전체 사역의 핵심이다.[7] 그것

---

[7] 그러나 바실레이아(*basileia*)라는 용어는 공관복음들에서만 현저히 나타난다. 바울에서 *dikaiosyne*가 그런 것처럼 요한복음의 "(영원한) 생명"이 공관복음서에서의 "하나님의 통치"와 같은 실체를 의도한 것이라고 볼 수 있을 것이다.

은 마찬가지로 예수가 자신의 선교를 이해한 핵심이다. 하나님의 통치가 "선교의 출발점이자 상황"이고(Senior and Stuhlmueller 1983:144), 그것은 "고대 유대교의 전통적인 가치들을 결정적으로 의문시하기까지 하게 한다고 말할 수 있다(Hengel 1983b:61).

예수의 바실레이아(*basileia*)에 대한 관점을 정의하기는 쉽지 않다. 그리고 비유들은 신중하게 하나님의 통치의 신비를 감추고(막 4:11), 동시에 드러내는 일종의 담론이다(Lochman 1986:61 참조).

우리가 예수의 자기이해의 선교적 성격을 이해하려면 하나님의 통치에 대한 예수의 설교에 나타나는 두 가지 특징이 특히 중요하다. 두 가지 모두 예수의 동시대인들과 근본적으로 다르다.

첫째, 하나님의 통치는 전적으로 미래적인 것으로 이해되지 않고, 미래적이면서 이미 현존하는 것으로 이해된다. 우리는 하나님의 통치가 가까이 왔고 사실상 "바로 그들 가운데에," "예수의 청자들"에게 임했다(눅 17:21)는 예수의 선언의 혁명적인 차원을 완전히 이해하기가 거의 어렵다.

마가복음과 마태복음에 따르면 예수는 하나님의 통치가 가까이 왔다는 선언과 함께 공적 사역을 시작한다(막 1:15; 마 4:17). 완전히 새로운 것이 일어나고 있다. 새로운 시대, 새로운 삶의 질서의 침입이다. 해방의 희망은 머나 먼 미래에 대한 먼 노래가 아니다. 미래가 현재를 침입했다.

그러나 하나님의 통치의 현재적 차원과 미래적 차원 간의 해결되지 않는 긴장이 있다. 이미 도착했으나 여전히 와야 한다. 후자 때문에 제자들은 주기도문에서 나타나듯이 그 도래를 위해 기도하도록 배웠다.

그렇게 서로 어긋나는 말은 우리에게 당혹스럽다. 교회 역사상 기독교인들이 그러한 긴장을 해결하려고 한 것은 그리 놀랄 일이 아니다. 오리겐과 어거스틴의 영향 하에 미래의 하나님의 통치에 대한 기대가 개인 신자의 영적 순례 혹은 지상의 하나님 나라로서 교회를 가리키는 것으로 되었다. 미래의 종말론은 점차적으로 교회 생활의 주류에서 밀려났고 따라서 이단적인 탈선으로 취급되었다(Beker 1984:61).

19세기 해방신학의 경우 하나님 나라는 대체로 서구 문명과 문화에서 형성된 이상적인 도덕 질서에 해당했다. 19세기를 넘어가면서 요하네스 바이스(Johannes Weiss)와 알버트 슈바이처(Albert Schweitzer)는 반대의 극단으로 갔는데 현재적 하나님의 통치를 모두 제거하고 전형적인 묵시적 형태로 예수를 간주하여 그가 하나님 나라의 미래적 도래만을 선포한 것으로 이해했다.

슈바이처에 따르면 예수는 하나님 나라를 도래시키리라 믿고 자신의 죽음을 유발시켰으나 슬프게도 이루어지지지 않았다.[8] 그러나 오늘날 대부분의 학자들은 하나님의 통치의 "이미"와 "아직" 사이의 긴장이 예수의 인격과 의식의 본질에 속하며 해결되어서는 안된다는 데에 동의하고 있다. 하나님의 통치의 실재가 현대선교에 중요하는 것은 바로 이러한 창조적 긴장에 있다.[9]

둘째, 예수 사역의 선교적 성격은 또한 그의 하나님 나라 사역의 근본적인 특성에서 드러난다. 하나님 나라는 어디든지 예수가 악의 세력을 극복하는 곳에 도래한다. 악은 여러 형태를 취하는데 고통, 질병, 죽음, 귀신들림, 개인적인 죄, 비도덕, 하나님을 안다고 주장하는 자들의 사랑이 없는 자기 의, 특별 계층의 특권의 유지, 인간관계의 단절을 포함한다. 그러나 예수는 이렇게 말한다.

"인간의 고통이 여러 형태를 띤다면 하나님의 권능 역시 그렇다."

나는 소외된 자들에 대한 예수의 사역에 대하여 이미 언급했다. 우리가 하나님의 통치에 대한 예수의 이해를 파악할 때에만 이것이 인식될 수 있다. 예수가 하나님의 사랑의 실재에 기초한 새로운 삶에 대하여 전한 것은 특히 사회의 주변부

---

[8] 슈바이처(Schweitzer 1952:368)는 하나님의 통치의 시작을 촉진시키기 위한 예수의 무용한 시도에 대하여 이렇게 서술한다. "자신이 도래할 인자라고 생각하고 예수는 세상의 수레바퀴를 잡고 최후의 혁명으로 방향으로 돌려서 일반 역사의 종료를 가져오려 했다. 세상의 수레바퀴는 방향전환을 거부했고 예수는 자신을 수레바퀴에 던졌다. 그랬더니 수레바퀴는 돌아서 그를 부수었다. 종말론적인 상태들을 가져오는 대신 그는 그것들을 파괴했다. 바퀴는 앞으로 계속 돌고 있으며 자신을 인류의 영적 통치자로서 생각하고 자신의 목적에 따라 역사를 돌리려 할 만큼 강한 사람, 측량할 바 없이 위대한 사람의 짓이겨진 몸이 바퀴에 고요히 달려 있다".

[9] 그러나 최근의 논문에서 로핑크(Gerhard Lohfink 1988)는 예수의 오심 속에 있는 하나님의 통치의 현재적 성격을 강조했다. 로핑크의 관점은 단순히 전통적인 "실현된 종말론"과 동일시되어서는 안된다.

에 있는 사람들에게 였다(Hengel 1983b:61). 이 사람들은 하나님의 자녀들과 하나님 나라의 시민으로서 머리를 높이 들 수 있다.

참새들을 돌보는 하나님이 그들을 어찌 돌보지 않겠는가?

심지어 그들의 머리털까지도 세어진다(마 10:28-31). 따라서 이것이 예수의 선교 사역이다. 하나님의 통치에 대한 오랜 기대가 이미 개시되었다... 낮고 무시당하는 사람들 속에서(Schottroff& Stegemann 1986:36). 하나님의 통치는 스스로 중요한 사람들이라고 여기는 사람들에게가 아니라 소외된 사람들, 즉 고통을 받는 사람들, 세리와 죄인들, 과부와 아이들에게 의도된다(Burchard 1980:18).

악에 대한 하나님의 공격이 예수의 치유사역, 특별히 축사사역에서 나타난다. 사탄이 자신이 틀림없이 이 세상의 주인임이라는 것을 입증할 수 있었던 것은 귀신들린 사람들을 통해서 였고 예수 당시 사람들이 그렇게 믿었다. 그러므로 예수가 "하나님의 손으로"(눅 11:20; 평행 본문 마 12:28은 "하나님의 성령에 힘입어") 귀신들을 쫓아내면 사탄의 통치의 기둥이 공격을 받는 것이므로 "하나님의 통치가 사람들에게 임한 것이다"(Käsemann 1980:66).

고대 세계에서 악은 아주 실제하고 보이는 것으로 이해되었다. 그러므로 복음 전도자들이 예수가 질병과 귀신들림, 착취를 대항한 것에 대하여 "종교적" 용어를 사용한 것은 놀라운 일이 아니다. 이러한 용어들 중의 하나가 "구원하다"(헬라어 sozein)인데 우리에게는 전적으로 종교적인 용어가 된 표현이다. 그런데, 이 용어는 예수의 질병 치유 사역을 가리켜서 적어도 18회 사용되었다. 그러므로 예수의 사역에서는 죄로부터의 구원과 신체적 고통으로부터 구원 사이에, 영적인 것과 사회적인 것 사이에 아무런 긴장이 없다.

"용서"(헬라어 aphesis)라는 용어에 대하여도 마찬가지이다. 이 용어는 노예의 해방에서부터 금전적인 빚의 취소, 종말론적인 해방과 죄의 용서에 이르기까지 여러 의미들을 포함한다. 이 용어들의 모든 의미들은 하나님의 통치의 포괄적인 성격을 보여준다. 이것들은 모든 형태의 소외를 해체시키고 적대와 배제의 벽을 무너뜨리는 것을 목표로 한다(Senior and Stuhlmueller 1983:149, 이 책의 누가에 대한 장).

이것은 하나님의 통치가 정치적이라는 뜻인가?

현대적 의미에서는 아니라 할지라도, 틀림없이 그렇다. 우리는 예수의 사역을 우리 현시대의 논쟁에 직접적으로 적용할 수 없다. 그리스도 안에서의 하나님의 통치의 현현이 올바른 정치 체제, 이상적인 경제 질서, 공정한 노동정책, 해외 권력들과의 올바른 관계를 설정하도록 도움을 주는지를 설명하기는 쉽지 않다.

예수는 당시의 거시적 구조를 다루지 않았다. 많은 사람들에게 당황스럽게도 예수는 당시의 로마제국 통치자들에 대하여 비판하지 않은듯하다. 그의 직접적 관심은 로마제국보다는 팔레스타인과 유대인이라는 작은 세계였다. 그가 창시한 운동을 유대인들의 정치적 해방을 위한 혁명기구로 보는 것은 희망 사항일 뿐이다. 그는 열심당이 아니었다.[10] 사람들이 그를 왕으로 세우려고 했을 때 그는 물러난다(요 6:15). 이 기록은 요한이 전승을 "왜곡"한 것이 아니며, 전복의 때가 아직 되지 않았기 때문에 예수가 신중했던 것도 아니며, 우리가 그에 대하여 아는 것과 상응한다(Crosby 1977:164).

그렇다 할지라도 다른 의미에서 예수 안에서의 하나님의 통치의 현현은 분명히 정치적이다. 문둥병자, 세리, 죄인들, 가난한 자들을 "하나님 나라의 자녀들"이라고 선언한 것은 적어도 당시의 유대 기득권층을 대항하는 것으로서 분명히 정치적 진술이다.

이것은 당시의 상태에 대한 심각한 불만족이며 이것이 변화되기를 바라는 열망이다. 그것은 억압적인 환경들을 마술처럼 쓸어내는 것이 아니라 그 환경들을 하나님의 주권 의지의 영역 안에 들여와서 상대화시키고 타당성을 제거하는 것이다. 사회의 피해자들에게 전능한 운명의 포로가 더 이상 아님을 확신시킨다. 하나님의 통치의 실재와 임재에 대한 믿음은 운명에 맞서고 조종과 착취에 맞서는 저항 운동의 형태를 취한다(Lochman 1986:67).

---

10 1960년대에 몇몇 학자들은(특히 S.G.F. Brandon in *Jesus and the Zealots* [New York: Charles Scribner's Sons, 1967]) 예수를 일종의 열심당원의 원형으로 간주했다. 보다 최근에는 신약학자들이 대체적으로 예수가 (이후의) 열심당원들 및 그들의 정신과 근본적으로 달랐다는 데에 대체적으로 동의했다 (예를 들자면 Hengel 1971). 하지만 조지 픽슬리(George Pixley)는 예수 운동이 열심당원과 전략 면에서만 달랐다고 여전히 주장하는데, 예수는 로마 억압자들을 다루기 전에 먼저 "성전 지배"를 종식시키려 했고 열심당원들은 로마 억압자들에게만 관심이 있었다는 것이다(Pixley 1981:64-87).

갈릴리로부터 갑자기 출현한 허름한 일단의 단순 어부들이 사회 질서를 참으로 전복하고 있다. 그들은 예수가 하나님의 임재의 구현이자 표현이라는 참으로 엄청난 주장을 가지고 공적인 무대에 등장했다. 이것은 시작일 뿐이며 앞으로 더 올 것이 있다. 주기도문의 두 번째 간구 "나라가 임하시옵시며"는 저항의 언어이며 그렇게 기도하는 것은 "전복의 행위"이다(Crosby의 책 제목, 1977).

이것은 또한 당시의 권력자들이 예수의 사역이 선동적이므로 관용해서는 안 된다고 본 이유이다. 분명히 예수의 추종자들보다 당시의 권력자들이 예수가 정치적으로 기존 질서에 위험하다고 본 것이다. 결과적으로 "정치적" 주장으로 해석되었기 때문에 예수는 십자가에 달렸다. 로마 권력자들과 유대 권력자들 모두의 눈에 다른 이유가 있었던 것이다.

"예수의 실천"(Echegaray 1984)에서부터 우리 자신의 실천까지 정당하게 추론할 수 있는 것은 바로 이러한 관찰들로부터이다. 우리는 예수의 말과 사역을 근본적으로 다른 세계에 일대일 방식으로 적용할 수도 없고 그의 사역으로부터 "원리들"을 이끌어 낼 수도 없다. 오히려 다시 말해서 예수가 우리에게 영감을 주어서 달라진 역사적 조건들 속에서 상상력이 있고 창의적인 방식으로 예수 자신의 사역의 논리를 연장해야 한다.

하나님의 통치의 실재를 중시하고 그 도래를 위해 기도하고 가난한 자들의 처지를 옹호하고 주변부에 있는 사람들을 섬기고 억압받고 상한 자들을 세워주고 무엇보다도 "하나님의 은혜의 해를 선포"하는 사람들이 있는 사회라면 분명히 확실한 변화가 있어야 한다(Lochman 1986:67). 하나님의 통치라는 관점에서 선교는 "가난하고 무시당하는 사람들이 하나님과 사람들 앞에서 자신들의 완전한 인간성을 회복하여 서도록 하는 것"을 포함한다(Matthey 1980:170).

그러므로 예수의 사역에서 하나님의 통치는 삶 전체를 돌보는 하나님의 권위의 표현으로 해석된다. 그러나 한편으로 대항 세력들이 존재한다. 그들은 자신들이 진정한 절대 세력이라고 계속 선언한다. 그러므로 우리는 인내하면서 신중해야 한다. 우리는 우리의 선교가 하나님의 통치를 불러들이는 것이 아니라는 것을 알고 있다. 예수 역시 그렇지 않았다. 그는 그것을 개시하였으나 완성하지 않았다. 그처럼 우리는 하나님의 궁극적 통치의 표식들을 세우라는 부름을 받는다. 그 이상도 그 이하도 아니다(Käsemann 1980:67).

우리가 "나라가 임하옵시며"라고 기도할 때 우리는 하나님의 통치의 근사치와 기대를 지금 여기에서 시작하는 데에 헌신하고 있는 것이다. 다시 말하면, 하나님의 통치는 올 것인데 이미 왔기 때문이다. 그것은 수여이자 도전이며, 선물이자 약속이며 현재이자 미래이며 경축이자 기대이다(Boff 1983:16). 우리는 하나님의 통치의 도래가 좌절될 수 없음을 굳게 확신한다.

"심지어 거부와 십자가, 죄도 하나님에게는 대처할 수 없는 장애물이 아니다. 심지어 그 나라의 원수들도 그 나라에 봉사한다"(Boff 1983:60).

2) 예수와 율법(토라)

우리는 예수의 율법에 대한 태도가 자신을 하나님의 통치를 시작하는 자로 자각한 것에 중요한 역할을 했다는 점을 이해할 때만 예수의 율법에 대한 태도를 제대로 이해할 수 있다. "예수와 율법"이라는 주제가 예수의 선교와 우리의 선교를 이해하는 데에 중요하다는 것은 그러한 의미에서이다. 몰트만(Moltmann 1967:193)은 다음과 같이 적절히 요약한다.

> 후기 유대 묵시에서 토라의 중심적인 위치는... 그리스도의 인격과 십자가에 의해 대체된다. 율법에서의 생명의 자리는 십자가에 달린 예수를 따르면서 그와 교제하는 것으로 대체된다. 세상으로부터 구별되는 의인들의 자기보존은 세상 속에서의 신자들의 선교에 의해 대체된다.

그렇지만, 복음서들에 의하면, 특히 마태복음을 보면 예수는 바리새인들을 포함하여 동시대인들과 본질적으로 다르지 않은 방식으로 토라를 보는 것 같다(Bornkamm 1965a:28). 그러나 자세히 보면 근본적인 차이들이 있다.

첫째, 예수는 율법을 권위로 받아들이면서 율법대로 행하지 않는 불일치성이라는 위선을 공격한다.

둘째, 예수는 전례가 없는 방식으로 율법을 급진화한다(마 5:17-48).

셋째, 예수에게는 율법 또는 적어도 율법 속에 있는 요소들을 폐기하기 위한 강한 확신이 있었다.[11]

예수는 왜 그렇게 하는가?

물론 이 질문은 그의 동시대인들 역시 놀라거나 화가 나서 묻는 질문이다. 대답은 상호 연관된 몇가지 요소들 속에 있는데 이 요소들은 모두 예수의 선교 이해와 관계된다.

첫째, 예수의 결정적인 행동 원리는 율법이 아니라 하나님의 통치이다. 이것은 하나님의 통치와 하나님의 율법 사이에 기본적인 불일치로 인한 율법이나 반형식주의의 폐기를 뜻하지 않는다(Merklein 1978:95, 105). 그리고 이러한 하나님의 통치는 모든 사람들에게 사랑으로 현시된다. 구약성경은 이스라엘에 대한 하나님의 헤아릴 수 없고 부드러운 사랑을 기록하고 있는데, 그 중에서도 선지자 호세아와 창녀와의 결혼의 비유를 통해 극화되어 있다. 그러나 이제 하나님의 사랑은 이스라엘의 경계를 넘어서기 시작한다. 윌리엄 맨슨(William Manson)은 이것이 인류 종교 역사 속에서 절대적으로 새로운 것이라고 말한다(1953:392).

둘째, 위에서 바로 언급한 점과 긴밀한 관계가 있는데, 예수의 사역 속에서 사람들이 규칙과 의식들보다 더 중요하다. 율법의 엄격성은 때로 증가되고, 반면에 때로는 몇몇 명령들은 단순히 폐기된다. 막대한 자유를 가지고 예수는 곤경에 처한 사람들에 대한 사랑 때문에 안식일에 그들을 치료해야 할 때에 모든 규칙들을 무시한다(Schweizer 1971:34).

이러한 방식으로 예수는 이웃을 사랑함이 없이는 하나님을 사랑할 수 없다는 것을 보여준다. 어려움에 처한 사람들을 사랑하는 것은 하나님에 대한 사랑에 부

---

11 라피데(Lapide 1986:41-48)는 예수가 율법을 폐기했다고 주장하는 기독교 신학자들에게 이의를 제기한다. 일관적으로 당시의 유대교 안으로부터 예수를 설명하려고 하면서, 라피데는 과장하는 경향이 있다. 그러나 예수를 완전히 "비유대화"하려는 많은 기독교인들의 경향에 대한 그의 경고는 진지하게 받아들여져야 한다.

차적인 것이 아니다. 그것은 하나님 사랑의 일부이다. 이러한 점이 오해되어서는 안된다고 요한일서는 "누구든지 하나님을 사랑하노라 하고 그 형제를 미워하면 이는 거짓말하는 자"라고 분명히 말하고 있다.

예수의 사역에서 하나님에 대한 사랑은 이웃에 대한 사랑으로 해석된다. 예수의 제자들은 다른 사람들과의 관계에 있어서 높고 낮음과 크고 작음에 대하여 다른 기준을 가져야 한다. 그들은 다른 사람들을 지배하기보다 섬겨야 한다. 이것이 바로 발을 씻겨주신 주님을 본받는 것이다. 예수는 다른 사람들을 사랑하기 때문에 자신을 내어 준다. 그러므로 그들도 그의 사랑에 강권함을 받아 그렇게 해야 한다.

이것이 바로 심오한 선교의 태도를 보여주는 것이 아닌가?

3) 예수와 그의 제자들

마가복음과 마태복음에서는 "하나님 나라가 가까이 왔으니 회개하고 복음을 믿으라!"라는 선포와 함께 예수의 공적 사역이 시작된다(막 1:15; 마 4:17). 바로 이어서 두 성경 기자는 처음 네 제자들이 부름받는 장면을 기록한다(막 1:16-20; 마 4:18-22).

이 사건들의 연속은 우연이 아니다. 특히 마가는 제자들이 부름받는 사건을 기록하면서 선교적인 목적을 분명히 염두에 두고 있다. 부르심은 갈릴리 호숫가에서 일어난다. 마가복음에서 이곳은 예수가 설교하는 장소이며 예수에게 호수는 이방인들에게로 가는 다리이다. 따라서 마가는 첫 장에서부터 그의 복음에 선교적인 도장을 찍는다. 제자들은 선교사가 되라고 부름 받는다.

마가복음 1:16-20에 대한 연구에서 페쉬(Pesch)는 이렇게 말한다.

"그들의 선교는 사람들을 낚는 어부들을 호수를 가로질러 예수가 위해서 죽을 사람들, 곧 이방인들에게 데려가는 것이다"(9:31; 10:45; Pesch 1969:27).

"제자들의 소명은 예수를 따르라는 부름이며 선교 활동을 위해 세움 받는 것이다. 소명, 제자도, 선교는 함께한다"(:15).

이것은 예수와 함께 동행을 하는 첫 제자들뿐 아니라 예수의 부활 이후에 부름에 응답하는 사람들에게 역시 마찬가지다(:29). 이러한 점에서 볼 때 예수의 선교 사역이 일단의 제자들을 모은 것이라는 측면이 중요하다.

예수 당시의 랍비들도 제자들을 두었다(아람어 *talmidim*, 헬라어 *mathetai*). 표면적으로는 랍비의 제자들과 예수의 제자들 간에 별 차이가 없는 것으로 보인다. 두 경우 모두 제자는 특정한 한 선생에게 밀착되어있다. 그러나 본질적으로 두 유형 사이에는 큰 차이가 있다. 이 차이점들을 자세히 살펴보면 복음서 기자들이 예수 및 제자들의 선교를 이해한 방식과 관계가 있음을 알게 된다(Rengstorf 1967:441-455; Goppelt 1981:208).

(1) 예수 당시의 유대교는 제자(*talmid*)가 자신의 선생을 선택하고 그 선생에게 자신을 맡기는 특권을 가지고 있었다.

그러나 예수의 제자들 중 자신의 자유의지로 예수에게 온 사람은 한 사람도 없었다. 몇몇은 그렇게 하려고 했지만 기각되었다(마 8:19; 9:57, 61). 예수를 따르는 사람들은 예수로부터 부름을 받았기 때문에, "나를 따르라"라는 명령에 응답했기 때문에 그렇게 할 수 있다. 선택은 예수의 몫이지 제자들의 몫이 아니다.

더욱이 부름은 즉각적이고 긍정적인 응답 외에는 그 어떤 것도 아니다. 그리고 응답은 부름 받은 사람 편에서 주저함이나 어려움 없이 세상에서 가장 자연스러운 일처럼 받아들여 진다(Schweizer 1971:40).

첫 네 제자들의 경우를 보면 세리의 일터이든 레위이든(마 9:9) 고기잡이 배이든 타협 없이 "모든 것"을 버려둔다. 그리고 마태나 마가 모두에서 예수의 부름에 대한 첫 네 제자들의 반응은 그들이 "회개하고 믿은" 첫 번째 사람들임을 암시한다. 일어나서 예수를 따르는 것은 회개하고 믿는 것과 같은 행위이다. 공관복음서들에서 회개(헬라어 *metanoia*)는 심리적 과정이 아니라 하나님의 실재와 임재를 수용하는 것을 뜻한다(Rütti 1972:340). 제자도로의 부름은 하나님의 통치 속으로의 부름이며 은혜의 행위이다(Schweizer 1971:40; Lohfink 1988:11).

(2) 후기 유대교의 중심은 율법, 토라였다.

제자들이 특정 랍비를 택하는 것은 그 랍비가 가진 토라에 대한 지식 때문이었다.

"토라의 선생이 누리는 개인적 권위와 자신의 재능에 대한 모든 인정은 자신이 희생적으로 공부하는 토라 덕분이다"(Rengstorf 1967:447).

권위는 선생에게 속하지 않고 토라에게 속했다. 그러나 예수는 자신의 권위의 정당성을 토라나 다른 어떤 것에 두지 않는다. 예수는 그의 제자들이 율법을 위해서가 아니라 예수 자신만을 위해 모든 것을 버릴 것을 기대한다.

> 아버지나 어머니를 나보다 더 사랑하는 자는 내게 합당하지 아니하고… 또 자기 십자가를 지고 나를 따르지 않는 자도 내게 합당하지 아니하니라…나를 위하여 자기 목숨을 잃는 자는 얻으리라(마 10:38).

어떤 유대 랍비도 이렇게 말할 수 없었다. 여기서 예수는 토라의 자리를 차지한다.

(3) 유대교에서 제자도는 단지 목적을 위한 수단이었다.

율법의 제자인 탈미드(talmid) 된다는 것은 전환 과정 이상이 결코 아니었다. 제자의 목표는 랍비가 되는 것이었다. 이 과정에서 랍비는 분명히 필요한 사람이었고 랍비는 자신의 노력이 결실을 맺는 영광의 날, 곧 제자들이 자신과 같은 선생이 되는 날을 고대했다. 이것을 염두에 두고 랍비는 제자들이 종국적으로 토라에 정통할 수 있도록 도왔다.

그러나 예수의 제자에게는 제자도의 과정이 유망한 이력을 얻기 위한 첫 단계가 아니다. 그것은 자체로서 자신의 운명의 성취이다. 예수의 제자는 결코 졸업하여 랍비가 되지 않는다. 물론 그는 사도가 되지만 사도는 신학 학위를 가진 제자가 아니다. 사도직은 높아진 지위를 가리키지 않는다. 사도는 본질적으로 부활의 증인이다.

(4) 랍비의 제자들은 랍비의 학생들일 뿐이었다.

예수의 제자들은 그의 종이기도 했는데, 이것은 후기 유대교에서 상당히 생소한 것이었다(Rengstorf 1967:448). 그들은 예수의 커다란 지식에 고개를 숙이는 것이 아니라 그에게 복종한다. 그는 선생일 뿐만 아니라 그들의 주님이다. 그는 그들에게 말한다.

> 제자가 그 선생보다 또는 종이 그 상전보다 높지 못하나니(마 10:24).

그러나 동시에 주인은 종이기도 하다. 요한은 제자들의 발을 씻기는 가장 천한 일을 예수가가 했다고 말한다. 물론, 예수의 섬김의 절정은 십자가 죽음이다. 마가복음에서 예수의 핵심 말씀은 10:45이다.

> 인자가 온 것은 섬김을 받으려 함이 아니라 도리어 섬기려 하고 자기 목숨을 많은 사람의 대속물로 주려 함이니라(막 10:45).

그러므로 종의 직분은 고난을 포함하는데, 예수의 추종자들에게도 그러하다. "예수는 그들이 자신을 따르려면 고난을 받아들여야 한다는 점을 분명히 알려주었다"(Rengstorf 1967:449).

마가복음 10:45에서 "인자는 자신이 앞서 가는 길을 걸으라고 제자들을 부른다"(Breytenbach 1984:278).

(5) 그러나 그들은 무엇을 위해 제자가 되는가?

첫째, 마가가 언급했듯이 단순히 "그와 함께 있도록" 제자로 부름받는다(3:14). 슈바이처(Schweizer 1971:41)는 다음과 같이 설명한다.

> 그것은 제자들이 그와 함께 걷고 먹고 마시고 그가 말하는 것을 듣고 그가 하는 것을 보고 집에 그와 함께 초대되며 그와 함께 거절당하는 것을

의미한다. 그들은 종교적 혹은 다른 위대한 성취를 위해 부름받지 않는다. 그들은 예수에게 일어나는 것을 동료로서 나누도록 초청받는다. 그러므로 그들은 자신들에게나, 성취하는 것 혹은 실패하는 것에 많은 중요성을 부여하지 않으며 예수를 통해 그리고 예수와 함께할 때 일어나는 것들에게 큰 중요성을 부여하라고 부름 받는다. 그들은 관심, 염려, 걱정을 맡기라고 부름 받는다.

그러나 마가는 그 이상을 말한다. 예수는 그들을 "보내사 전도도 하며 귀신을 내쫓는 권능도 가지게 하려" 한다(막 3:14-15). 그러므로 예수를 따르거나 그와 함께하고 그의 선교에 동참하는 것은 서로 결속되어 있다(Schneider 1982:84). 제자도로의 부름은 그 자체를 위한 것이 아니라 하나님의 통치를 위한 봉사에 등록하는 것이다. 이러한 점에서 사람들의 "어부"라는 독특한 표현은 특별히 중요하다. 이 구절은 마가복음의 핵심 구절이며 분명히 제자들의 미래 선교 사역 참여를 가리킨다(Pesch 1969).

예수의 제자들과 유대교 선생들의 탈미딤(*talmidim*) 간의 차이는 뚜렷하다. 예수를 따르는 것은 그의 가르침을 전달하거나 그의 통찰을 충성스럽게 수호하는 것을 뜻하지 않으며 그의 "증인"이 되는 것을 뜻한다.

예수는 자신의 생애 동안에 제자들을 보내서 설교하고 치료하게 했는데, 이것이 세 공관복음에 소개되어 있는 이 선교 사역 이야기들이 예수의 부활 이후의 교회 선교 경험의 증거라고 하더라도 틀림없는 부분이다(Hahn 1965:40; Hengel 1983b:178; Pesch 1982:27). 이 위임에서 분명하는 것은 예수가 제자들에게 자신의 사역을 하도록 완전한 권위를 부여한다는 것이다.

사실 대부분의 경우 공관복음서들에서 설교, 전도 축사, 치유 등 예수와 제자들의 활동 모두에 대하여 같은 단어들을 사용한다. 제자들은 예수가 선포한 것과 행한 것을 단순히 선포하고 행해야 한다(Frankemölle 1974:105). 바울의 표현에 따르면 그들은 그리스도의 대사인데 하나님이 그들을 통해 권면하신다(고후 5:20).

(6) 또 다른 그리고 마지막으로 유대 선생들의 탈미딤(*talmidim*)과 예수의 제자들과의 차이는 후자가 종말의 메시아 백성의 선봉이라는 점이다.

마가복음은 특히 지상의 예수의 수난과 인자의 장래의 재림 사이의 영역 속에 제자도를 둔다. 제자가 되는 것은 고난을 겪는 예수를 좇는 것이고 그의 영광의 재림을 기대하는 것이다(Breytenbach 1984: 여러 곳에서). 제자도에 동기를 부여하고 선교에서 표현되도록 촉진하는 것은 재림의 기대이다(:338). 미래에 대한 기대는 선교적 제자도에 대한 마가의 이해에 있어서 중대한 요소이다(:280-330).

종말의 메시아 백성의 선봉으로서 재림을 향한 자들로서 제자들은 자신들을 예수를 특별히 따르는 배타적인 집단으로 간주해서는 안된다. 그러므로 용어 "마테테스"(헬라어 *matehtes*)가 자신들에게만 국한되어서는 안된다. 그들은 그 나라의 첫 열매들이며, 이 나라는 "세습 관리자의 관리 하에" 있는 나라가 아니다 (Lochman 1986:69). 그들은 다른 모든 사람들과 마찬가지로 본질적으로 예수 공동체의 일원이다. 폴 미니어(Paul Minear 1977:146)는 다음과 같이 지적한다.

> 초대교회에서 제자들의 이야기는 보통 후대 그리스도인들이 경험한 딜레마와 기회들의 전형으로서 이해되었다. 각각의 인용구는 교회에게 메시지를 가진 하나의 패러다임이 되었다. 왜냐하면 각각의 그리스도인들은 야고보, 요한과 다른 제자들과 마찬가지로 예수와의 관계를 물려 받았기 때문이었다.

자연히 이것은 그들의 선교에도 적용된다. 초기 기독교 공동체의 "일반" 회원들은 세상을 섬기는 예수의 교제 속에 기꺼이 들어가지 않는다면 "제자"라는 용어를 자신들에게 적용할 수 없다. 모든 사람에게 공통된 가입 조건은 용서를 받아들이고 하나님의 통치의 실재를 인정하는 것이다. 이것이 제자와 공동체의 전체 삶을 결정짓는다.

4) 부활의 관점에서 본 선교

예수의 제자들에게 부활은 중추적인 것이었다. 그들은 십자가를 옛 세계의 종식으로, 예수의 부활을 새 세계의 침입으로 해석했다. 부활은 예수를 변호한 것으로(Senior and Stulmueller 1983:158; Meyer 1986:48), 예수의 사역을 승인한다는 인을 친 것으로 이해되었다(Echegarary 1984:xvi).

복음서들이 쓰여진 것은 오직 부활 때문이다. 부활이 없는 복음서들은 의미가 없다. 보다 분명하게 말하면 복음서들은 부활의 관점에서 쓰여졌다. 이 경험의 불빛이 모든 복음서들에 퍼져있다. 부활 이전의 사건들에 대한 이야기들은 과거 사건의 연대기보다는 열렬한 신앙의 메시지를 표현한다. 그러나 지상 생애 동안의 예수의 행위와 말씀에 대한 기억이 부활 경험에 의해 채색되어 있다 할지라도 그것은 부활에 의해 희미해지지 않는다(Echegaray 1984:17).

정확히 말해서 초기 기독교 공동체가 자신들의 상황과 소명을 이해하는 표준으로서 특별한 빛 속에서 예수의 사역을 볼 수 있게 한 것은 부활 신앙이었다(Kramm 1979:216; Breytenbach 1984:336).

"예수의 사건이 미래를 가지는 것은 오직 부활에 기초해서이다. 부활은 교회를 위해 창의적인 의미를 지닌다"(Kasting 1969:126).

초기 기독교 공동체의 자기이해와 정체성을 규정한 것이 부활 경험이었다는 것이 똑같이 분명하다. 다른 어떤 것도 공동체의 존재를 설명하는 데 충분치 않다(Meyer 1986:36). 공동체의 자기이해가 전적으로 부활 경험의 산물이라는 뜻이 아니다. 오히려 예수의 역사적 선교에 의해 시작되어 사도들이 자기이해는 부활 경험에 의해 완성되고 인쳐졌다(:43, 49). 공동체를 계속 살아있게 한 것 역시 부활이었다. 그러므로 모든 복음서들이 부활을 선교에 연결시키고 이 사건이 초대교회 선교의 기원에 핵심적인 역할을 한 것은 당연하다(Kasting 1969:81, 127; Rütti 1972:124). 모든 사람들을 그리스도에게로 이끄는 것은 승귀한 그리스도이다(요 12:32; 바울이 딤전 3:16에서 인용한 찬미 역시 부활과 선교를 관련시키고 있음).

신약성경에서 보면 예수의 승귀는 그가 악한 자를 이미 이긴 승리의 표식이다.

선교는 모두가 아직은 인식하거나 인정하지는 않지만 이미 실재인 예수의 포괄적인 통치의 선포이자 현현을 의미한다. 그래서 교회의 선교가 하나님의 통치를 개시하는 것이 아니며 그 선교의 실패 역시 하나님의 통치를 좌절시키지 못한다.

하나님의 통치는 프로그램이 아니라 부활에 의해 시작된 실재이다. 첫 그리스도인들은 이 실재에 선교로 응답하는데, 이 실재는 부활의 경험 속에서 그들을 압도했었다. 그들은 자신들을 어두운데서 불러내어 그의 기이한 빛에 들어가게 하신 하나님의 아름다운 덕을 선전하라고 부름을 받았다고 느낀다(벧전 2:9).

마찬가지로 선교와 중요하게 연관되어 있는 성령의 선물은 부활과 긴밀한 관계에 있으며 부활 사건 자체의 일부이다. 롤랜드 알랜(Roland Allen, 1962)은 성령론의 선교적 차원을 처음으로 강조한 신학자들 중의 한 사람이다. 해리 보어(Harry Boer)는 치밀한 연구를 하여 오순절과 선교의 불가분의 관계를 밝혀 주었다. 벌콥(Berkhof 1964:30, 30-41)은 선교를 성령의 첫 활동으로 간주한다. 뉴비긴(Newbigin, 1982:148; 1987:17)은 선교를 "오순절로부터 넘쳐흐른 것"이라고 부른다.

그러므로 초기 그리스도인들에게 확신을 준 것은 부활 경험이었고 그들에게 담대함을 준 것은 오순절이었는데, 그들은 오직 성령의 능력을 통해서 증인이 되었다(행 1:8). 그 영은 세상에서 활동하는 부활한 그리스도이다. 오순절 날에 성령을 통해 그리스도는 문을 열고 제자들을 세상 속으로 내어 보낸다.

신약성경 기자들이 증언하는 것처럼 이것이 발생하는 곳에서 미래 세계의 능력들이 침입한다. 부활은 "종말의 여명"이고(Kasting 1969:129; Rütti 1972:240) 종말에 대한 열망은 초기 기독교 공동체의 특징이었다.

시간이 부족하다. 하나님의 종말론적 백성들은 즉각적으로 소집되어야 한다. 특히 마태복음 10장, 누가복음 10장과 같이 공관복음서에 기록된 위임은 이러한 점을 잘 반영하고 있는데, 제자들은 가벼운 차림으로 여행하고 계속 이동하며 길거리에서 시간을 낭비해서는 안된다.

그렇다 하더라도 학자들은 초기 기독교 공동체의 임박한 세상의 종말에 대한 기대(Naherwartung)를 지나치게 과장하거나 오역하는 경향이 있다. 사실 그들은 구원이 모

두 미래에만 있는 것으로 보는 당시의 묵시 집단의 관점과는 근본적으로 다르다.[12]

이와 대조적으로 예수 공동체의 경우 그리스도의 부활과 성령의 오심은 하나님 나라의 "이미"에 대한 분명한 증거이다. 하나님의 통치와 구원의 미래적 차원은 그 통치의 현재적 실재에 의해 육성된다. "아직"은 "이미"를 먹고 산다. 삶의 두 질서, 두 시대가 공존하게 되었다. 새 시대는 이미 시작하였으나 옛 시대는 아직 끝나지 않았다(Manson 1953:390; Rütti 1972:104, 240).

그러므로 재림의 지연이 초대교회를 극한 위기로 몰아갔다는 주장은 맞지 않다(Kasting 1969:142; Pesch 1982:32). 이것은 재림의 지연이 초기 기독교 공동체에게 큰 부담이 되지 않았다는 뜻이 아니다. 초대교회를 마비시킬 정도가 아니었다는 뜻이다. 정반대가 적어도 처음 몇십 년간은 사실이었다.

초대교회는 종말의 시간 동안에 세상에서 수행해야 할 선교적 책무를 이해하고 있었으며 이 종말은 이미 임하였으나 아직 완성되지 않은 상태였다. 사실 교회의 선교 참여는 교회의 종말론적 자기이해를 구성하는 요소였다. 임박한 종말에 대한 기대는 선교의 요소이자 전제였다. 동시에 그것은 선교에서 나타났다(Pesch 1982:32). 초대교회에서 선교사 점차적으로 종말에 대한 기대를 대체했다는 것은 사실이 아니다. 오히려 선교는 그 자체로서 종말론적 사건이었다.

8. 초기 기독교 선교

예수의 인격과 사역에 대한 네 가지 주요 특징들을 위에서 살펴보았는데, 그의 인격과 사역의 동력을 이해하는 데 도움이 되었다. 이제는 기독교 선교의 시작을 살펴보기로 하자.

부활 이후 수년간 초대교회 선교는 예수 자신의 사역과 마찬가지로 여전히 이

---

[12] 현대의 묵시 운동들에서도 마찬가지이다(Beker 1984:19-28). 바울의 선교 이해를 고찰할 때 이 문제를 더 상세히 살펴볼 것이다(아래 4장을 보라. Lohfink 1988 참조).

스라엘에 한정되어 있었다. 예루살렘은 새로운 공동체의 중심이었고 이 공동체의 구성원들은 성전을 규칙적으로 방문하고 있었다. 하나님의 언약 백성의 회복이 우선이었다. 이 최종의 시간에 하나님의 언약 백성이 모이고 갱신되어야 했다(Kasting 1969:130). 이스라엘을 버리는 것은 예수의 의도를 저버리는 것이었다. 제자들은 "인자가 오시기 전에 마지막 회개의 기회를 배교자 이스라엘에게 선포해야 할 신성한 의무"를 가지고 있었다(Hengel 1983b:58).

초기에는 분리된 종교를 형성하려는 의도가 분명코 없었다. 당시의 유대교는 다원주의적 성격을 어느 정도 보였는데, 유대 기독교가 유대교 핵심부와 단절됨이 없이 하나의 집단으로서 존재하는 것을 허용하였다. 예수 공동체는 성전과 회당에서 계속 예배에 참여하였다. 그런데, 상황이 바뀐 것은 유대 전쟁과 A.D. 70년의 예루살렘 파괴 이후였다(Brown 1980:209, 212; Schweizer 1971:123).

그러나 이방인 선교는 어떻게 되었는가?

초기 기독교 공동체는 이방인의 개종에 반대하지 않았다. 당시의 유대교는 개종자를 얻는 것에 반대하지 않았으며 유대인 그리스도인들이 적어도 다른 유대인들에 준하지 않았다면 아주 이상한 일일 것이다. 초기 이방인 신자들 중 많은 사람들이 개종자이거나 "하나님을 경외하는 사람들"이었다.

기독교회의 매력들 중의 하나는 개종자들이 격의 없이 받아들여졌다는 것이며(Hahn 1984:269), 반면 유대교에서는 결코 완전하게 통합되지 못했었다(Malherbe 1983:67). 그러나 유대 그리스도인 공동체는 초기에는 이방인들을 얻기 위해 나가지 않았다. 이방인이 처음 개종하게 된 것은 유대인들을 향한 선교의 결과로 나온 것이었다(Kasting 1969:109).

더욱이 당시의 일반적인 분위기로 볼 때 이방인 회심자들에게 할례를 받게 하는 것은 아주 자연스러운 일이었다. 그러나 꽤 이른 시기부터 이러한 규칙에 대하여 예외가 때때로 있었을 것이다. 우리는 이방인 선교의 기원에 대하여 아는 것이 아주 미약해서 그 성격과 범위를 규정하기 어렵다. 따라서 우리는 신중한 태도를 가져야 한다(Pesch 1982:45).

분명히 많은 이방인들은 할례를 그리스도인이 되는 데에 막대한 걸림돌로 간주했다. 이방인들이 유대교로 개종할 때 문제가 되었던 것처럼 예수 운동에 들어오고자 했던 사람들 역시 같은 문제를 만난 것은 너무나 당연하다. 그러나 이 운동의 어떤 진영들에서는 처음에 할례를 받게 하지 않고 기독교 공동체 안으로 들어오게 하였다.

이것은 아무런 논쟁 없이 이루어진 것이 아닌데 사도행전에 명백하게 언급되어 있다. 이 논쟁의 내용과 초기 기독교 선교에서 이 문제의 중요성을 이해하려면 아람어를 말하는 유대 그리스도인들(Hebrews)과 헬라어를 말하는 유대 그리스도인들(Hellenists) 간의 자기이해의 차이를 주지해야 한다(Hengel 1983a: 곳곳에; Meyer 1986:53-83).

처음에 베드로의 지도 아래 있으면서 "사도들"을 포용하던 "히브리인들"은 자기 자신들을 이스라엘의 회복을 구성하고 기대하는 자들로 이해했다. 백성들에게 이 적법한 유업 속으로 들어오라고 부르면서 부활하신 메시아를 고백하고 세례를 받지 않고는 들어오지 못한다고 주장했다(Meyer 1986:169). 동시에 토라의 경건성이 그들의 지평에 속했고 그들은 토라에 대한 충성을 그대로 유지하면서 그리스도 안에서의 구원 경험을 흡수했다(:175).

핍박이 일어났지만 이러한 이유 때문에 그들은 예루살렘에 그대로 남을 수 있었다(행 8:1). 그들은 자신들의 선교가 이스라엘의 집에 한정되고 이방인들의 구원은 구약성경에 기술되어 있는 것처럼 종말의 때에 열방들의 예루살렘 순례에 의해 발생할 것이라고 믿었다(:67, 82). 그들의 자기이해가 이스라엘 밖의 세상을 향해 선교를 시작하는 것을 불가능하게 했다(:67).

헬라파들은 히브리파와 결정적으로 달랐다. 그들의 경우 패러다임 변화가 아주 분명했다. 예수의 메시지를 헬라어로 번역하면서 이 공동체는 "바늘 눈"이 되었고 이로 인해 초기 기독교 케리그마(헬라어 *kerygma*)가 그리스 로마 세계에 들어갈 수 있게 되었다(Hengel 1983a:26). 헬라파는 부활 경험이 토라와 성전을 넘어섰다고 믿었다. 신자들의 생활을 안내하는 것은 율법이 아니라 "성령"이 되었다. 유대 권세 자들과 갈등이 일어나고 스데반의 순교와 헬라파들에 대한 핍박이 있었던 것은 이러한 입장 때문이었다(Hengel 1986:71-80).

율법과 성전에 대한 헬라파의 비판적인 태도는 역사적 예수의 태도와 사역의 반영이다(Hengel 1983a:24, 29; 1986:72, 84). 사마리아인들과 이방인들에 대한 개방성도 마찬가지이다. 그러므로 예루살렘에서 추방되었을 때 그들은 무시당하던 사마리안들, 뵈니게, 시리아, 안디옥에 이르기까지 이방인들에게 당연히 복음을 전하기 시작한 것이다. 마찬가지로 할례와 제사법의 준수를 요구하지 않는 복음을 전했다(Hengel 1986:100; Meyer 1986:82; Wedderburn 1988:163).

결정적인 돌파가 일어난 것은 안디옥에서였다(Hengel 1986:99-110). 안디옥은 고대 세계에서 로마, 알렉산드리아 다음으로 세 번째로 큰 도시였고 당시 시리아와 시칠리아를 포함한 로마령의 수도였다. 안디옥은 기독교가 발판을 얻은 첫 번째 대도시였고 "대체로 익명이고, 아주 담대하고, 개방적이고, 활동적이며, 활기 있고, 도시적이고, 헬라어를 말하는 스데반의 유대 기독교 후예들"(Meyer 1986:97)로서 예루살렘으로부터 추방된 후 도착하여 유대인과 이방인으로 구성된 교회를 세웠다.

안디옥 교회는 어느 모로 보나 대단한 교회였다. 예루살렘에서 예수 운동은 유대인에게나 로마인에게나 여전히 유대교 분파로 간주되었었다. 안디옥에서는 이 공동체가 유대적이지 않고 또한 "전통적인" 이방도 아니라는 점이 곧 명백해졌으며 제3의 실체로 간주되었다. 누가는 제자들이 "그리스도인"이라고 처음 불린 곳이 여기라고 언급한다(행 11:26).

안디옥 공동체는 참으로 혁신적이었다. 예루살렘 교회가 곧 바나바를 보내어(행 11:22) 모교회가 예의주시하는 문제를 살펴보게 했다. 바나바는 가서 보고 안디옥 사람들을 견책하지 않고 고무적으로 보고 신자들을 "격려"했다(행 11:23). 누가는 그를 "착한 사람이요 성령과 믿음이 충만한 사람"이라고 묘사하며 그가 온 이후 더 많은 사람들이 "주께 더했다"고 덧붙인다(행 11:24). 그 때 바나바는 예루살렘 교회 지도자들에게 자신이 소개했던 바울을 기억하고는(행 9:27) 다소에 가서 바울을 만나 안디옥에 함께 가자고 설득했다.

기독교 공동체의 급속한 성장과 더불어 깜짝 놀랄 만한 일들이 거기서 일어나고 있었다. 우선 안디옥교회에 인종차별이 없었다. 유대인들과 이방인들이 함께 어울렸는데 고대 세계에서 유례없는 일이었고, 특히 이방인들이 할례를 받지 않은 상태였다. 히브리인들은 자신들의 정체성을 이스라엘과 예수라는 과거에서 찾았고 헬라파들은 갱신된 이스라엘의 전령으로서만 아니라 새로운 인류의 선봉으로서 미래와 연관지어 자신들을 이해했다.

그렇다 하더라도 헬라파들은 즉각적으로 안디옥으로부터 세계선교를 추진하지는 않았다(Hengel 1986:80). 여기서 촉매 역할을 한 사람이 바울이었다. 그는 토라로부터 자유한 이방인 기독교적 자기이해의 신학적 기초를 제공하였다. 기독교 케리그마가 지중해 세계에서 이해될 수 있고 통할 수 있도록 하고 원거리 선교 프로그램을 위한 길을 닦은 것은 그의 메시지였다(Hengel 1983a:29; Meyer 1986:169).

바울과 바나바의 사역을 통해 안디옥교회는 만나 본 적이 없는 구브로와 소아시아 본토와 그 밖의 지역에 사는 사람들에게 관심을 갖는 공동체가 되었다. 그들은 선교사를 그곳에 보내기로 결정하였고 더 나아가서 가장 은사가 많고 경험 많은 지도자 두 명을 가게 했다(행 13:1). 그러나 멀리 가고자 한 이 결정과 행위는 초기 기독교 공동체에 부차적인 것이나 추가적인 것이 아니었다. 오히려 "세계선교를 추진하는 것보다 기독교는 더 자신에 충실하고 더 예수에 일치하고 더 자신의 미래를 향해 가는 것은 없었다"(Meyer 1986:206).

한편 예루살렘은 상황이 많이 달랐다. 고넬료가 회심한 것에 대하여 별로 기뻐하지 않았고, 베드로가 할례받지 않은 사람들 집에 가서 식사를 같이 한 사실에 대하여 경악할 뿐이었다(행 11:2). 후에 야고보는 예루살렘에서 몇 사람을 보내서 안디옥의 상황을 파악하고 보고하게 했다(갈 2:12). 그들은 이방인 회심자들이 할례받을 것을 즉시 요구했고(행 15:1), 할례받을 때까지 식탁 교제를 거부했다. 안디옥 신자들과 아무런 거리낌 없이 함께 하던 베드로와 다른 유대인 그리스도인들은 타협 없는 예루살렘 대표자들로 인해 당혹해하면서 결국 이방인 그리스도인들로부터 물러나고 말았다(갈 2:12).

그러나 유대파와 헬라파 간의 차이가 과장되어서는 안된다. 초기 기독교는 살아 있는 유기체였으며 언제나 발전하는 가운데 있으며 서로 배제하는 입장으로 얼어붙을 수 없다(Meyer 1986:195). 두 진영 모두 예수를 부활한 메시아로 고백했고 세례를 새로운 공동체에 들어오는 조건으로 했다. 양쪽 모두 새롭고 독특하고 규범적인 정체성을 공유한다는 것을 인정했다(Meyer 1986:169). 하나님의 구원 행위에 이방인들을 포함시키는 것은 히브리파와 헬라파의 신앙에 모두 중요했다.

히브리파는 열방의 종말론적 예루살렘 순례를 통해 이방인들이 포함되는 것으로 이해했고, 헬라파는 교회의 역사적 선교 활동을 통해 이방인들이 오게 될 것으로 믿었다(Meyer 1986:67, 82, 206). 두 공동체는 분명히 서로 다른 자기이해를 가지고 있었는데 히브리파는 자신들을 이스라엘의 회복의 시작으로, 헬라파는 자신들을 새로운 인류를 위한 시작으로 이해했다. 그러나 이들 두 가지 자기이해로부터 두 개의 복음을 끌어내는 것은 부당하다.

그러나 각각의 공동체 안에서도 차이점들 있었다. 특히 히브리파가 그랬다. 상황을 하나의 통일된 그림으로 제시하기는 어렵지만 예수의 형제인 야고보로 대표되는 중심파, 베드로와 요한으로 대표되는 "좌파," 할례 없이 이방인들이 공동체에 들어올 수 있는지에 대하여 인정을 하지 못하고 있는 "우파"로 구성되어 있었던 것 같다(Meyer 1986:107).

망설임은 있었지만 베드로가 고넬료에게 가서 할례를 받지 않은 이방인들에게 세례를 주고 예루살렘의 지도자들이 이것에 대하여 격한 반응을 한 것을 보면(행 11:2), 그가 바울에게 가까운 입장이었던 것으로 보인다(Dietzfelbinger 1985:139). 그는 율법을 엄격하게 지키는 유대 기독교를 대표하는 전형적인 인물이 아니라 압력이 있을 때는 흔들리지만 중재자적인 입장에 있는 사람이었다(Hengel 1986:92-98).

이런 이유 때문에 보다 보수적인 야고보가 예루살렘 교회의 지도자로서 베드로를 대체할 수 있다(A.D. 43/44). 이후 몇 년간 "우파"가 더 큰 영향력을 가지게 되었는데, 사도행전 21:20에서 누가는 "모든" 신자들이 "율법에 열심이었던" 50년대 중반의 상황을 언급한다(Hengel 1983a:25; 1986:95-97). 50년대와 60년대에 바울의 사역을 반대했던 "유대주의자들"은 이 "우파"의 언저리에 있었을 것이다.

유대적 관점이 애초부터 있었는지는 알기 아주 어렵다. 아마도 40년대 후반에야 생겼을 것이다(Kasting 1969:116). 다른 한편 아주 초기부터 잠재해 있었을 수도 있다. 이때까지도 불안해 할 이유가 없었다. 유대주의자들은 이방인 그리스도인 공동체의 전례가 없는 성장을 보게 되자 경각심을 갖게 되었다. 이들은 헬라파들의 관점과 활동이 성가시게 느껴지기는 했지만 이방인 회심자의 수가 적었으므로 위협을 느끼지는 않았다.

그러나 40년대 후반에 이르자 유대 그리스도인 공동체의 성격과 구성이 위기에 처했다고 느낄 이유가 생겼다. 유대 공동체로부터 기독교 공동체로 들어오는 사람들은 이미 그 절정을 이미 지났으나, 교회는 여전히 유대적이었는데 유대적 인생관과 세계관을 포용할 준비가 되지 않은 이방인들에게 할례가 여전히 장애물이 되고 있었다.

이 장애물이 제거되고 이방인들이 대거 교회로 들어오자 유대주의자들은 주춤했다. 그들의 주요 대상은 바울, 바나바와 안디옥 공동체였는데, 이들은 반율법적인 성향을 가지고 있었으며 유대인과 이방인이 완전히 격의 없이 지내고 있었다. 큰 위기가 임박했고 "사도회의"를 통해서 해결하기로 했다.

위기가 실제로 어떻게 드러나고 다루어졌는지 상세히 확정적으로 말하기는 어렵다. 그러나 누가의 기록인 사도행전 15장과 바울의 통찰인 갈라디아서 2장이 불일치를 하는 점이 있기도 하지만 이들로부터 주요 요소들을 조합해 볼 수 있다. 회의에서 동의가 이루어졌다는 누가의 기록에 대하여 많은 학자들이 그 역사적인 신빙성을 의심하기도 하지만(Brown 1980:208-210; Sanders 1983:187; Martyn 1985:307-324) 다른 학자들은 가시 같은 문제의 해결을 위해 중요한 진전이 있었다고 믿고 있다(Holmberg 1978:20-32).

후자의 견해에 따르면 회의가 예루살렘에서 열리고 사도들이 토론에서 중요한 역할을 한 사실은 바울과 안디옥 대표들이 마지못해 받아들이거나 회유적인 몸짓이 아니었으며 오히려 예루살렘과 사도들의 특유한 위치가 그들의 자기이해 속에 중요하게 자리 잡고 있었음을 뜻한다(Holmberg 1978:26-28).

예루살렘의 기둥들이 "양보"를 강제하지 않았고 바울과 마찬가지로 그들은 분열을 벗어나 연합을 유지하기 위해 가능한 모든 절차를 취할 준비가 되어 있었다. 서로 경청하고자 하는 마음이 있었다. 예루살렘 지도자들은 이방인 기독교 공동체들을 위태롭게 하기 원하지 않았으며, 당시 몇몇 공동체들은 이미 10년 이상 존속했었다(Hengel 1986:116). 그들은 토라적 경건과 그리스도인의 경험을 구별할 수 있었다. 이러한 요소들이 모두 합쳐져서 예루살렘 회의는 결론에 도달할 준비가 된 것이며 "어느 모로 보나 1세기 교회의 기본 정책"이 수립된 것이다(Meyer 1986:101).

말할 나위 없이 예루살렘 회의 이전이나 이후나 토라로부터 자유로운 선교를 완강하게 비판하는 히브리파 그리스도인들이 있었다(Meyer 1986:99). 회의에서 그들은 여전히 소수였다. 이후 수년 동안 그들은 예루살렘 교회 안에서 점점 더 영향력을 얻었다. 바울이 예루살렘을 마지막으로 방문했을 때(행 21:17-26) 일어난 갈등에 대하여 누가가 기록한 것은 이러한 상황을 강조하는 듯하다(Hengel 1986:116).

예루살렘회의 동안에 논의되었던 사항들에 대한 견해 차이는 유대 전쟁 때까지도 계속되었다. 그러나 성전 파괴와 예루살렘 멸망 전에 대부분의 유대 그리스도인들이 유대 지방을 떠났다.

전쟁이 발발할 때까지 사두개인 운동은 인기와 지지를 잃고 있었다. 성전이 파괴되었을 때 사두개인들은 자신들의 기반을 잃었다. 전쟁의 소용돌이는 그들의 끝을 재촉했고 독립된 집단이었던 열심당과 엣세네파도 마찬가지였다. 바리새인들만이 위기에서 생존했는데, 부분적으로 그들의 힘이 유대와 여러 다른 곳에 흩어져 있던 회당에 있었기 때문이었다. 유대 전쟁 직후 몇 년 동안 그들은 모든 유대교에 대한 통제권을 갖게 되었다.

바리새인들이 지배력을 행사할 수 있는 위치에 오르자 지역 회당 공동체의 일원이었던 유대인 그리스도인들에게 제한을 가하기 시작했다. 유대인이면서 그리스도인으로 남기가 점점 어려워졌다. 마침내 A.D. 85년에 불가능하게 되었다. 바리새인들이 자신들의 새 본부인 잠니아(Jamina)에서 발표한 "18 축도문"(the Eighteen Benedictions)은 그리스도인("나사렛 사람들")과 이단들(*minim*)을 파문하고 그들을 회당에서 추방한다는 조항을 포함시켰다.[13]

---

13 그러나 1세기 말경의 잠니아 바리새파의 정확한 상황은 불투명하다. 그것은 최종적인 형태에 이르기 전에 오랜 발전 기간을 겪었다. 그러므로 바르 코흐바(the Bar Kochba) 혁명(A.D. 135년경에 진압되었다) 이후의 바리새파의 전형적인 태도와 관점을 복음서들이 쓰여졌던 시기에 투영해서 읽으

이것은 예수 운동을 종식시키지 못했다. 그것은 계속 생존하고 있었다. 이것이 가진 주요한 첫 번째 도전은 유대교의 울타리 안에 그대로 남는 것이냐 아니면 예수 자신의 사역의 논리를 따르고 모든 장벽들을 초월하느냐의 문제였다. 후자를 택했다. 공동체의 선교 의식은 그 회원들이 다른 것을 택하지 못하게 했다. 그들의 지평이 일단 무한히 확대되자 되돌아갈 가능성은 전혀 없었다. 교회는 변경할 수 없을 만큼 "생명의 도약"을 했다. 제때에 그렇게 한 것이다(Dix 1953:55).

9. 예수와 초대교회의 선교 사역

나는 이제 예수와 초대교회의 선교 사역의 몇 가지 주요한 구성요소들을 이끌어내려고 한다.

1) 무엇보다도 초기 기독교 선교는 예수의 인격에 관한 것이었다.

그러나 예수를 한정된 틀 속에 맞추는 것은 불가능하다. 슈바이처(Schweizer)가 그를 가리켜 "어떤 공식에 맞출 수 없는 인물"이라고 했다(1971:13). 슈바이처는 예수의 말과 행위에 대하여 다음과 같이 말한다(1971:25).

> 예수의 말과 행위는 동시대인들에게 충격이었다. 그들은 하나님의 미래 왕국을 위해 이 세상을 등지는 금욕주의자를 이해하고 관용하였을 것이다. 그들은 세상사에는 전혀 관심이 없고 단지 희망만을 위해 사는 묵시주의자는 이해하고 용납했을 것이다… 그들은 미래의 하나님 나라에 참여하기 위하여 율법에 순종함으로써 여기서 지금 하나님 나라를 받아

면 안된다. 유대 전쟁의 종료 직후 수십 년 동안의 "18 축도문"의 정확한 용어나 의미를 재구성하는 것은 불가능하다.

들이라고 긴급히 촉구하는 바리새인들을 이해하고 관용했을 것이다. 그들은 미래에 대해서는 불가지론이라며 이생에서 두 발을 땅에 디디는 현실주의자나 회의론자들을 이해하고 관용했을 것이다. 그러나 하나님 나라가 자신이 말하고 행하는 것들 속에서 이미 사람들에게 왔다고 주장하면서 결정적인 기적을 행하기를 거절하는 자, 개인들을 치료하지만 문둥병자와 소경들의 불행을 종식시키지는 않는 자, 옛 성전의 파괴와 새 성전의 건설에 대하여 말하지만 사막의 은신처에서 새롭고 정결한 제의를 시작하려는 쿰란파와 같은 자들의 예루살렘 제의를 배척하지 않는 자, 육신을 죽일 수 있는 자들의 무능함에 대하여 말하지만 로마인들을 쫓아내기를 거부하는 자를 그들은 이해할 수 없었다.

예수의 선교에 관한 우리의 논의에서 이러한 관점을 명심해야 한다.

2) 초기 기독교 선교는 정치적이었고 참으로 혁명적이었다.

막스주의 철학자였던 에른스트 블로흐(Ernst Bloch)는 성경 없이 혁명을 일으키기는 어렵다고 말한 적이 있다. 여기에 대하여 몰트만(Moltmann 1975:6)은 사도행전 17:6을 언급하면서 "성경을 가지고 혁명을 일으키지 않는 것이 훨씬 더 어렵다"라고 덧붙인다.

독일의 법학자인 아놀드 에르하르트(Arnold Ehrhardt)는 솔론(Solon, B.C. 6세기)에서부터 어거스틴(A.D. 5세기)까지의 정치적 형이상학에 관한 3권의 탁월한 자신의 연구에서 초기 기독교 신앙과 문서들의 사회혁명적 성격을 보여 주었다(1959:5-44). 로마와 그리스 법학 및 정치학 권위자이었던 에르하르트는 당시에 아주 선동적이었던 초기 그리스도인들의 어록과 태도들을 찾을 수 있었는데, 오늘날 우리는 더 이상 그렇게 경험하지는 않는 것들이었다.

이것은 A.D. 30년경의 팔레스타인의 예수 운동뿐만 아니라 바울과 누가, 다른 신약성경 기자들에게도 적용된다. 1세기의 기독교 운동은 철저하게 혁명적인 운동이었고 "오늘날에도 그러해야 한다"고 에르하르트는 부언한다. 따라서 우리는 공포나 파괴의 측면이 아니라 제공하는 대안이라는 측면에서 혁명들을 평가해야 한다는 점을 명심해야 한다(:19).

그리스 로마 세계 속으로 선교 사역을 하면서 초기교회는 그러한 대안을 제공하였다. 모든 신들을 거부하였고 만연하던 정치적 이론들의 형이상학적 기초들을 파쇄했다. 아주 다양한 유형들이 인정되던 당시의 정치와 종교적 상황에서 그리스도인들은 예수를 만주의 주로 고백했는데, 이것은 기독교 1세기 로마제국 안에서 가장 혁명적이고 정치적인 표출이었다. "사적인 일로서의 종교," "영적인 것"과 "물질적인 것"의 분리라는 개념은 예수에 의해 시작된 하나님 통치의 전 포괄적인 성격에 비추어 볼 때 생각할 수 없는 태도였다.

3) 초기 기독교 선교의 혁명적인 성격은 공동체 속에서 이루어진 새로운 관계 속에서 나타났다.

유대인, 로마인, 헬라인, 야만인, 자유인, 노예, 부자, 빈자, 여성, 남성들은 서로를 형제와 자매로 받아들였다. 이것은 전례가 없는 참으로 "사회학적 불가능"의 운동이었다(Hoekendijk 1967a:245). 초기 기독교 공동체가 로마제국과 그 바깥에까지 경탄을 자아내도록 한 것은 놀랄 일이 아니다. 반응이 항상 긍정적이지는 않았다. 사실 기독교 공동체와 그 신앙은 고대 세계에서 너무나 다른 것이었으므로 사람들에게 이해가 되지 않곤 했다.

수에토니우스(Suetonius)는 기독교를 "새로운 악한 미신"이라고 했고, 타키투스(Tacitus)는 "헛되고 미쳤다"고 했으며, 그리스도인들이 "인류를 증오한다"고 비난했으며, 그들이 성전을 영안실이라고 경시하고 신들을 비웃고 신성한 물건들을 조롱한다 하여 "타락한 사람들"이라고 칭했다(Harnack 1962:267-270, 기독교 첫 1세기 동안의 이교도들의 기독교인에 대한 관점에 대한 탁월한 연구로는 Wilken 1980: 곳곳에).

그리스도인들의 정체성과 행동은 당시 많은 철학자들의 준거틀 밖에 있었다. 동시에 그리스도인들은 정치적 이유보다는 사회적 이유로 비판을 받았다. 기독교가 잠재적으로 강력한 운동으로서 독립된 정체성을 확립하기 시작했을 때에 정치적인 조치가 기독교를 향해 행사되었다(Malherbe 1983:21).

많은 동시대인들이 그리스도인들 속에서 보다 긍정적인 것들을 보기 시작했다. 터툴리안(Tertullian)은 로마인과 헬라인들이 제1인종으로, 유대인들이 제2인종으로, 그리스도인들이 제3인종으로 불렸다고 언급했다. 200년경에 그리스도인들을 제3인종이라고 지칭하는 것이 카르타고(Carthage)의 이교도들에게서 흔히 나타났다. 이것은 곧 그리스도인 자신들에게 명예로운 명칭이 되었고(Harnack 1962:271-278), 아마도 그 당시 가장 혁명적인 개념이었다(Ehrhardt 1959:88).

2세기의 디오그네투스에게 보내는 편지(Letter to Diognetus)를 보면 그리스도인들은 말이나 관습, 사는 장소에 대해서 다른 사람들과 구분되지 않는다. 그러나 그들과 그들 주변의 실재 간에는 뚜렷한 거리가 있었다. 그들은 감옥 속에 있는 것처럼 세상 속에 있으나 세상을 함께 떠받치고 있는 사람들이다.

그리스도인들이 세상을 함께 떠받치고 있는 방식은 사랑과 봉사의 실천을 통해서이다. 하르낙(Harnack)은 초대교회의 선교와 확장에 대한 저서의 전체 한 장을 "사랑과 자선의 복음"에 할애한다(1962:147-98). 그는 치밀한 연구를 통해서 초기 그리스도인들의 가난한 자, 고아, 과부, 병자, 광산 노동자, 죄수, 노예, 여행자들에 대한 사역을 잘 밝혀주었다. 그는 "그리스도인들의 입술에서 나오는 새 언어는 사랑의 언어였다. 그러나 그것은 언어 이상이었고 능력과 행위의 것이었다"("149). 이것은 말 그대로 "사회복음"이었고 외부인들을 교회로 유인하기 위한 술책이 아니라 그리스도를 믿는 신앙의 자연적 표현일 뿐이었다.

4) 초기 그리스도인들의 선교에서 그들은 유토피아를 도입하지 않았고 그렇게 하려고 시도하지도 않았다.

"마라나타!"("주여, 오소서!")라는 그들의 탄원은 아직 성취되지 않은 강력한 희망을 표현했다. 불의가 아직 사라지지 않았고 억압도 제거되지 않았고 가난, 굶주림, 핍박이 여전히 일반적이었다. 예수의 지상 사역도 마찬가지였다. 그는 자신에게 오는 모든 사람을 치료하거나 자유케 하지는 않았다. 에른스트 케제만 (Ernst Käsemann 1980:67)은 이렇게 말한다.

> 지상낙원은 결코 그와 함께 시작하지 않았고 그가 한 일로 인해 그는 십자가로 가야 했다. 그를 통해서 하나님의 통치가 사탄의 왕국에 들어왔으나 최종적으로 보편적으로 거기서 완성되지 않았다. 그는 이 왕국이 가까이 왔고 이 세상의 정사와 권세와의 싸움이 시작되었음을 보여주는 표적들을 세웠다.

예수의 지상 사역, 죽음, 부활, 오순절 날의 성령의 부어주심 속에서 미래세계의 능력들이 들어오기 시작했다. 그러나 소외와 반역의 파괴적인 대항 세력들 역시 달려들었는데, 하나님의 새로운 세상의 시작을 좌절시키려는 의도였다. 하나님의 통치가 완전하게 임하지는 않았다.

초대교회는 하나님의 통치의 표적들을 세우는 예수의 사역을 본받았다. 그리스도인들은 표적을 세우는 것 이상을 하도록 부름 받지 않았고 그 이하를 하도록 부름 받지도 않았다.

5) 아기 예수가 예루살렘 성전에서 하나님에게 드려졌을 때 나이든 시몬은 그를 축복하고 "이는…비방을 받는 표적이 되기 위하여 세움을 받았고"(눅 2:34)라고 마리아에게 말했다.

그래서 예수가 세운 표적들과 그 자신인 표적은 모호하고 논쟁이 있었다. 모든 사람에게 예수의 진정성을 확신시킨다는 것은 가능하지 않았다. 그는 연약함 속에서 그늘 속에서 사역했다. 그러나 이것은 진정한 선교가 항상 연약함 속에서 수행된다는 것을 말해 준다. 모든 논리를 거슬러 바울은 "내가 약할 때 그때에 곧 강함이라"고 말한다(고후 12:10).

제자들이 부활한 주님을 알아볼 수 있었던 것은 그의 고난의 흔적 때문이었다

(요 20:20). 일주일 후 도마가 다른 사람들과 함께 있었을 때에 같은 일이 있었다고 요한은 말한다. 또한 글로바(Cleopas)와 그의 친구도 예수가 떡을 뗄 때, 그의 손을 보고서 예수를 알아보았다(눅 24:31). 부활의 주님은 여전히 자신의 몸 안에 고난의 상처를 지니고 있다.

"증인"(witness)의 헬라어는 *martys*이다. 이 단어로부터 순교자(martyr)라는 말이 나왔고 초대교회 당시 증인은(*martys*)은 자신의 증언(헬라어 *martyria*, witness)을 자신의 피로 인쳐야 했다. "순교와 선교는 서로 결속되어 있다. 순교는 선교 현장에서 특히 일어난다"라고 한스 본 캄펜하우센(Hans von Campenhausen 1974:71)은 말한다.

10. 초대교회가 실패한 부분

물론 나는 초대교회에서 모든 것이 잘 되었다고 말하는 것이 아니다. 분명히 그렇지 않았다! 바울의 고린도전서와 소아시아의 일곱 교회에 보내진 서신(계 2-3)을 읽어보면 초기 기독교 공동체가 오늘날 우리 교회들처럼 결코 이상적이지 않았음을 알게 된다. 후반기, 즉 1세기 말에 가서야 그렇게 된 것이 아니다.

결점은 시작에서부터 있었다. 곧, 예수의 제자들 중에서 초기에 서로 경쟁한 증거가 있다. 한 가지만 예를 들자면, 야고보와 요한은 예수의 왕국에서 특별히 영광스러운 자리를 요구했고(막 10:35-41) 이로 인해 다른 제자들의 분노를 샀다. 더욱이 특히 마가복음에서 제자들이 이해와 믿음이 부족한 예들이 많이 나온다(Breytenbach 1984:191-206). 그리고 대체로 초대교회의 이상적인 모습을 제시하고 있는 사도행전에서도 지도력을 포함하여 초기 그리스도인들의 갈등, 실패, 죄악을 숨기지 않는다.

나는 초기 기독교의 일반적인 여러 약점들에 대하여 더 말하지 않을 것이다. 하지만 선교 부문에 있어서 초기 그리스도인들이 가진 특별한 약점들에 대하여 간략히 언급하고자 한다. 이 약점들은 첫 번째 패러다임 이동의 필수적인 성격을 무효화할만한 위협적인 것이었다.

1) 나는 예수가 새로운 종교를 세울 의도가 전혀 없었다는 점을 지적했었다.

예수를 따르던 사람들은 다른 집단들과 구분되는 이름을 가지고 있지 않았으며 독자적인 신앙고백도 없었으며 자신들의 독특한 집단성을 드러내는 의식도 없었고 활동을 위한 지리적인 중심지도 부재했다(Schweizer 1971:42; Goppelt 1981:208).

열두 제자는 모든 이스라엘의 선봉일 뿐만 아니라 이스라엘을 넘어서 온 인류의 선봉이 되어야 했었다. 예수를 중심으로 한 공동체는 다른 "모든 사람들을 위한 공동체"(헬라어 *pars pro toto*), 다른 사람들이 따르고 도전받아야 할 모범으로 기능해야 했다. 그러나 이 공동체는 다른 사람들로부터 결코 단절되어서는 안되었다.

이와 같은 높은 수준의 소명은 오래 유지되지 못했다. 이미 아주 초기에 그리스도인들은 다른 사람들을 향한 소명과 책임보다는 자신들이 다른 사람들로부터 구별된다는 의식을 갖는 경향이 더 많았다. 하나님의 통치에 대한 헌신보다는 분리된 종교 집단으로서의 생존이 그들의 마음을 사로잡았다.

알프레드 로이시(Alfred Loisy 1976:166)는 "예수는 하나님 나라를 예고했는데 도래한 것은 교회였다"라고 말한다. 시간이 흐르면서 예수 공동체는 단지 새로운 종교가 되었는데 기독교는 인류 가운데서 새로운 분리의 원칙이 된 것이다. 그리고 기독교는 오늘날까지 그 상태이다.

2) 두 번째 약점은 초대교회의 첫 번째 실패와 긴밀한 관계가 있다.

운동이 되기를 멈추고 기관으로 변질된 것이다. 기관과 운동 간에는 본질적인 차이가 있다고 니이버(H. R. Niebuhr[버거슨〈Bergson〉을 따라서])는 말한다.

전자는 보수적이고 후자는 진보적이며, 전자는 대체로 수동적이고 외부의 영향에 굴복하고 후자는 적극적이고 영향을 받기보다는 영향을 주며, 전자는 과거를 보고 후자는 미래를 본다(Niebuhr 1959:11). 또한 전자는 염려하지만 후자는 위험을 감수할 준비가 되어 있으며, 전자는 경계선들을 지키고 후자는 경계선들을 넘어간다.

예루살렘의 기독교 공동체와 1세기 40년대의 안디옥교회를 비교해보면 기관과 운동 간의 차이를 알 수가 있다. 안디옥 교회의 개척 정신은 예루살렘의 감사를 촉발했다. 예루살렘 측의 관심은 선교가 아니라 통합이었고 은혜가 아니라 율법이었으며 경계를 넘는 것이 아니라 경계를 세우는 것이었고 생명이 아니라 교리였으며 운동이 아니라 기관이었다.

이 두 가지 자기이해 간의 긴장은 A.D. 47년 혹은 48년에 "사도회의"의 소집을 가져왔다. 사도행전 15장의 누가의 보고와 갈라디아서 2장의 바울에 따르면 당시에 이방인의 관점이 우세했다. 그러나 상황은 변동되어 초기 기독교 안에 제도화되는 경향이 나타났고 결국에 가서는 불가항력적으로 유대 기독교 공동체뿐만 아니라 이방인 기독교 공동체에도 나타났다.

초기 단계에서 두 가지 분리된 형태의 사역이 형성되었는데 감독 혹은 장로, 집사들의 상주 사역과 사도, 선지자, 전도자들의 이동 사역이었다. 전자는 초기 기독교를 제도화하는 경향이 있었고 후자는 운동의 역동성을 지탱했다.

안디옥에서 초기 몇 년 동안에 이 두 가지 유형의 사역 사이에 창의적인 긴장이 여전히 있었다. 바울과 바나바는 지역교회의 지도자이자 동시에 순회 선교사였으며 안디옥으로 돌아올 때마다 교회 회중적 의무를 다한 것이 분명하다.

그러나 다른 곳들과 안디옥에서도 후기에는 교회가 더 제도화되고 그들 바깥의 세계에 대하여 관심이 적어졌다. 곧 그들은 예배를 품격있게 하고(고전 11:2-33; 딤전 2:1-15) 이상적인 성직자와 아내의 표준을 설정하고(딤전 2:1-13) 교회 사절을 소홀하게 대접하는 문제와 권력을 탐하는 문제(요한삼서; Malherbe 1983:92-112)를 다루는 규칙들을 설계해야 했다. 시간이 가면서 교회 내부적인 문제와 분리된 종교 집단으로서 생존을 위해 싸우면서 그리스도인들의 힘이 소진되었다.

3) 초대교회가 실패한 세 번째 측면은 이미 언급한 것이다.

결국, 유대인들을 편하게 느끼게 할 수 없었다. 전적으로 유대인들 중에서 시작되었던 종교 운동이 변화되어서 1세기 40년대에는 유대인들과 이방인들 모두를 위한 운동이 되었고 끝내는 이방인들에게만 메시지를 전하는 것으로 되었다.

이와 관련하여 두 가지 촉매적인 사건들이 있었는데 하나는 종교 문화적(이방인 회심자의 할례 문제)이었고, 다른 하나는 사회 정치적(A.D. 70년의 예루살렘과 성전의 파괴)이었다.

유대 전쟁 후 바리새적인 유대교는 너무 적대적이 되어서 강경하고 배타적인 입장 외에 어느 것도 용납하지 않았다. 유대인 그리스도인들은 교회와 회당 사이에서 선택을 강요받았고 많은 사람들이 후자를 택한 듯하다. 더욱이 당시의 분위기는 유대교로부터 회심자들 더 얻기가 어려웠다.

바울은 1세기 50년대에 열정적으로 무조건적으로 유대인들의 개종에 자신이 헌신해야 한다고 느꼈다. 유대 전쟁 후 몇십 년이 지났어도 마태와 누가는 여전히 "유대인들에 대한 선교의 필요성과 이스라엘의 지속적인 우선성"을 분명히 했다(Hahn 1965:166). 그러나 결국 긴장이 끊어졌다. 교회는 유대교의 반기독교 입장에 대하여 반유대주의로 응답했다.

11. 대안들이 있었는가?

초대교회의 선교를 오늘날 돌아보면 위에서 간략히 살펴본 세 가지 실패에 대하여 탄식할 수밖에 없다. 그러나 초기 기독교가 놓여 있던 전체 상황으로 볼 때 그 실패들이 진정으로 피할 수 있었던 것이었는지 우리 자신이 질문해 보아야 한다. 그것들은 거의 피할 수 없었던 것이었을 것이다.

첫째, 우리는 운동이 단지 운동으로만 생존하기를 기대하는 것이 타당한지 질문해야 한다. 운동이 해체되든지 기관이 해체되든지 하는데 이것은 단순히 사회학적인 법칙이다. 운동으로 시작하여 생존한 모든 종교 집단들은 점차적으로 제도화되었기 때문에 생존할 수 있었으며, 그 예로서 왈도파, 모라비안파, 퀘이커파, 오순절파가 있다.

마찬가지가 초기 기독교 운동에도 일어났다. 그것은 사회 주변부의 일단의 하층 노동자들을 특출한 지도자가 이끌어가는 방식으로 생존할 수 없었다. 실제로 예수의 공적 사역의 첫 몇 개월간은 그러한 형태였을지 모른다.

아돌프 디스먼(Adolf Deissmann)과 같은 신약학자들과 다른 현대 막스주의자들은 첫 세기에 대다수의 그리스도인들이 사회의 낮은 계층 출신들이었고 따라서 기독교는 본질적으로 프롤레타리아 운동이었다고 주장하는데, 최근의 연구들은 또 다른 방향으로 진행되고 있다. 학자들은 고린도 교회가 대체로 낮은 계층의 사람들로 구성이 되었다는 데에 동의하지만 다른 대부분의 교회들은 그렇지 않았다고 생각한다(Malherbe 1983; Meeks 1983:51-73).

또한 유대 당국의 유력한 일원들은 예수 운동에 깊은 관심을 보였다. 이들 중 주목할만한 두 사람이 있는데 아리마대 요셉과 니고데모이다.

우리는 이 두 사람이 자신들의 부르조아 품위를 너무 의식하여 예수의 뜻을 공개적으로 따르는 것을 주저하고 더뎠던 것을 비판할 수 있지만 그러한 비판이 공정한 것인가?

결국 요셉과 니고데모는 예수가 부활할 것을 알지 못한 채 부활 이전에 행동에 옮겼다. 이것은 중류층의 모든 책임을 가진 자로서 자신의 위치에서 강한 입장을 취한 것이라 볼 수 있다(Singleton 1972:31). 우리는 그들이 미온적이었고 아내, 자녀들, 자신들이 일원으로 있던 산헤드린을 떠나 예수가 갈릴리의 작은 마을들을 방문할 때 동행했어야 했다고 말할는지 모른다.

그런데, 이러한 기대가 타당한가?

요점은 주변부에 있으면서 동시에 중심부에 있을 수 있는 사람은 거의 없다는 것이다. 그렇게 한다 하더라도 아주 짧은 시간 동안만 일 뿐이다.

이렇다 할지라도 요셉과 니고데모는 은사 운동에서 종교 기관으로 순조롭게 전환되는 데에 도움을 주었다. 이러한 방식으로 그들은 운동의 생존을 보장하는 데 도움을 주었다. 그렇지 않았다면 인간적으로, 사회학적으로 말해서 예수 운동은 아마도 "기이한 천 년 운동의 모호한 기념품만을 남긴 채" 유대교에 흡수되었거나 사라졌을 것이다(Singleton 1977:28).

그렇다면 우리는 순전히 종교 운동이면서 동시에 수 세기를 생존하며 역동적인 영향을 계속 발휘한다는 이 두 가지를 모두 가질 수 없다. 그러므로 우리의 주된 비판은 운동이 기관이 된다는 것이 아니라 기관이 되었을 때 활력을 대부분 잃고 만다는 것이어야 한다.

처음 신자들의 마음속에 흘러 넘쳤던 큰 확신은 냉랭해지고 굳은 규칙이 되고 딱딱한 기관이 되고 화석화된 교리가 되었다. 선지자는 기관의 사제가 되었고 은사는 직책이 되고 사랑은 일상이 되었다. 초기의 강렬한 선교의 물결은 고요히 흐르는 개울로 길들여지더니 끝내는 고인 연못이 되었다. 기관과 운동은 결코 서로 배타적인 범주가 아니며 교회와 선교도 그렇다.

이것은 초대교회가 선교 부문에서 실패했던 두 번째 사항으로 우리를 이끌어 주는데 유대인들과의 결별이다. 우리는 이러한 전개가 피할 수 있었던 것이었는지 다시 한 번 질문해야 한다.

어떻게 초대교회가 예수의 사역 논리를 따르면서 유대 율법을 구원의 길로서 포용할 수 있겠는가?

마찬가지로 어떻게 유대교가 자신에게 진실하면서 율법의 요구로부터 자유한 채로 이방인 선교를 할 수 있겠는가?

이러한 상황들을 고려할 때 분리에 대한 다른 대안이 과연 있었는가?

더욱이 유대 전쟁 사건들(A.D. 66-70)과 유대교가 유대 전쟁으로 거의 초토화되었다는 사실로 볼 때 유대 전쟁 후의 바리새파 유대교가 배타적인 종교 집단이 되고 "18 축도문"(the Eighteen Benedictions)을 구상한 것을 비난하는 것이 정당한가?

이 모든 질문들에 대하여 사회학적이고 인간적인 대답은 아니요뿐이다. 사실 주사위는 나사렛 예수의 지상 사역 속에 이미 던져져 있었다. 40년 후에 유대 전쟁 말경에 유대교와 기독교의 운명은 마침내 결정되었다. 이들은 각각 자신의 길을 가게 되었다.

그렇다 하더라도 이것은 그리스도인들이 기쁜 마음으로 말할 수 있는 이야기가 아니다. 특히 이어지는 기독교 유대교인의 관계를 보면 그렇다. 그리고 우리는 반유대주의의 씨앗이 아주 초기에 이미 심겨져 있었다는 것을 인정해야 한다.

한편 사도 바울은 이스라엘을 위해서라면 자신이 저주받고 그리스도로부터 끊어져도 좋다(롬 9:3)라고 말했고, 다른 한편으로 예수를 죽이고, 하나님을 언짢게 하고 모든 사람들을 대적함으로써 자신의 죄를 한없이 쌓고, 하나님의 영원한 저주를 자신들에게 초래한 것에 대해 유대인들을 비난한다(살전 2:15). 이러한 태도는 유대교에 대한 후대의 관점의 모델이 되었다.

요한계시록에서 유대 종교 모임을 "사탄의 회"라고 언급되어 있다(2:9; 3:9). 바나바서신(A.D. 113)과 저스틴(Justin)의 『유대인 트리포와의 대화』(*Diaglogue with Trypho the Jew*, A.D. 150)는 모두 현실적인 목적 때문에 유대인들을 교회의 비전 영역에서 배제하였는데, 그들을 최악의 사람들, 지구 상에서 가장 불경건하고 하나님을 배반한 민족, 마귀에 속한 백성들, 애초부터 악한 천사의 유혹을 받은 자들로서 구약성경을 주장할 권리가 없는 사람들이라고 불렀다(Harnack 1962:66).

터툴리안(Tertullian)과 키프리안(Cyprian)의 저술에서 우리는 기껏해야 몇몇 유대인들만이 개종할 수 있을 것이라는 견해를 보게 된다. 이것 역시 마침내 데오도시우스(Theodosius)가 378년에 내린 반유대 칙령의 결과 사라지고 만다. 하르낙(Harnack 1962:69)은 다음과 같이 평가한다.

> 이방인교회가 유대교에게 행한 불의는 역사 기록상 전례가 없는 일이었다. 이방인 교회는 유대교로부터 모든 것을 빼앗았다. 신성한 책을 빼앗았다. 자신은 유대교의 변혁일 뿐이었음에도 불구하고 자신의 모 종교와의 모든 관계를 단절했다. 딸은 처음에 어머니를 강탈했고 그리고 나서는 어머니를 부인했다!

나는 신약성경을 선교 문서로 이해해야 한다는 주장을 하며 이 장을 시작했었다. 이 문서와 초대교회의 선교적 성격은 우리가 증거들을 점점 발견하면서 더 분명해졌다. 선교의 성격과 범위에 대하여 양면성이 있었는데 이것은 처음부터 그러했던 것으로 보인다. 그러나 확실하고 지속적인 선교의 요소들이 우리의 연구 과정에서 나타났다.

교회의 선교는 팔레스타인에서 살며 일하고 골고다에서 십자가에 달리고 죽음에서 부활한 나사렛 출신의 한 인물 속에 있는 하나님의 계시에 뿌리를 둔다. 신약성경에서 선교는 종말의 시간이 시작되었고 구원이 모든 사람에게 이르고 최종적인 완성에 이른다는 지식에 의해 규정된다(Hahn 1965:167).

> 선교는 그리스도의 오심과 종말론적 구원의 사건의 시작으로 말미암아
> 가능해진 교회의 사역이다... 교회는 온 세상 앞에서 하나님의 사랑과
> 구속적 행위를 증거할 의무를 가지며 주님의 미래를 만난다는 확신과
> 희망 속에 걸어서 간다(Hahn 1965:173; 1980:37).

신약성경의 증언자들은 환난 속에서 하나님의 통치의 도래를 위해 기도하고, 하나님의 통치의 제자가 되고, 하나님의 통치의 임재를 선포하고, 증오와 억압 가운데서 평화와 정의를 위해 일하고, 하나님의 해방의 미래를 기대하고 일함으로써, 자신들의 시선을 계속해서 하나님에게 두는 사람들의 공동체가 가능하다는 것을 암시한다(Lochman 1986:67).

신약성경과 초대교회에 대한 면밀한 연구를 통해 선교가 당시에 무엇을 의미했고 오늘날은 무엇을 의미하는지 보다 명확하게 이해할 수 있을 것이다. 우리는 이제 우리의 발걸음을 뒤로 돌려서 신약성경 기자들인 마태, 누가, 바울의 증언을 들을 것인데 이들 각각은 초기 기독교 선교 패러다임의 하부 패러다임을 나타낸다. 우리는 이들이 자신들의 공동체를 위해 선교를 어떻게 해석을 했는지와 오늘날 우리의 선교 사역을 위해 모델이 되는 이들의 창의적 방식을 배울 것이다.

나는 신약성경 기자 세 명에게 집중하는지 그 이유를 설명하고자 한다. 물론, 나는 신약성경 전체와 다른 초기 기독교 저술들을 조사할 수도 있다. 나는 두 가지 이유에서 마태복음, 누가복음과 사도행전, 바울 서신들로 한정하기로 했다.

첫째, A.D. 1세기부터 우리가 가진 모든 자료들을 철저하고 신뢰할 만큼 다루려면 단 한 권의 책으로 되지 않으며 오늘날의 선교 이슈들을 심도 있게 논의하는 것은 불가능하다.

둘째, 이 이유가 더 중요할 수 있는데, 이 세 명의 신약성경 저자들이 1세기 선교 사상과 실천의 대표자들이라는 것이다. 이 점에 대해 좀더 설명하기로 한다.

마태는 유대인으로서 대다수가 유대인인 기독교 공동체에게 글을 썼다. 그의 저술의 전체 목적은 그의 공동체가 주변을 향해 선교하도록 독려하는 것이었다. 그러므로 지난 두 세기 동안의 개신교 선교는 지구 상의 사람들에게 전도할 것을 역설할 때, 마태의 "대위임령"에 호소한 것은 합당했다.

그러나 불행하게도 "대위임령"에 대한 호소는 이러한 발췌문이 마태복음 전체와 유리된 채로는 제대로 이해될 수 없다는 사실을 일반적으로 언급하지 않았다.

누가는 마가, 마태, 요한처럼 복음서를 썼을 뿐 아니라 1, 2부로 구성된 책, 곧 누가복음과 사도행전을 썼기 때문에 연구 대상으로 선정되었다.

성경에서 요한복음이 누가복음과 사도행전 사이에 위치하기 때문에 누가복음과 사도행전이 한 단위로 쓰여졌고 그러한 맥락에서 읽혀야 한다는 사실을 우리는 자주 간과한다. 두 권의 책을 씀으로써 누가는 예수의 선교와 초대교회의 선교 간의 통일성을 보이려 했다. 이 사실 하나만으로도 누가복음과 사도행전을 본 연구에 포함시키는 것이 필수적이다.

바울의 서신들을 포함시키고자 한 결정은 그 자체로서 타당하다. 초대교회의 선교 사상과 실천에 대한 논의는 "이방인들을 위한 사도"의 저술과 활동을 연구하지 않고는 상상할 수도 없다.

제2장　마태복음: 제자삼기로서의 선교

1. "대위임령"?

마태복음은 초대교회의 선교 이해와 경험의 중요하고도 뚜렷한 하부 패러다임을 반영한다. 그러나 불행하게도 선교 진영에서 마태복음의 마지막(28:16-20)에 나오는 소위 "대위임령"(Great Commission)의 중요성과 해석에만(특히 개신교 진영에서, 물론 다른 진영을 배제하지 않지만) 주로 관심을 기울인 경향이 있다(Bosch 1983:218-220).

흥미롭게도 신약학계에서는 오랫동안 이 구절에 거의 관심을 나타내지 않았었다. 심지어 마태복음 주석서들도 그 구절에 거의 관심을 주지 않았다. 『첫 3세기 동안의 기독교 선교와 확장』(The Mission and Expansion of Christianity in the First Three Centuries)이라는 제목의 기념비적인 저서에서 하르낙(Harnack)은 그 구절이 나중에 첨가되었을 것이라고 언급했는데, 그는 마태가 왜 그 구절을 덧붙였는지 이해할 수 없었기 때문이었다(Harnack [1908]; 1962:40, 각주 2).

그럼에도 불구하고 이 책의 독일어 제4판에서 그는 이 "선언문"(하르낙이 부른 명칭)이 "걸작"이라고 덧붙였다. "40단어만으로 이보다 더 위대하고 더 많은 것을 말하는 것은 불가능하다"라는 말로 이 구절에 대한 자신의 논평을 요약했다(Harnack 1924:45, 각주 2).

그러나 1940년대에 와서야 미셸(Michel 1941, 1950/51)과 로메이어(Lohmeyer 1951)가 선구가 된 성경학계가 마태복음 28:18-20에 진지한 관심을 기울이기 시작했다. 그 이후로 마태복음의 종결부에 대하여 신약학자들이 관심이 계속되고 확장되어 왔다. 많은 신학자들이 이 장중한 구절의 기원과 의미를 밝히려고 노력했다. 1973년에 요아킴 랑게(Joachin Lange)는 이 구절의 전승적 편집비평 연구로 573쪽에 달하는 논문을 썼다(Lange 1973). 1년 후에 벤자민 허바드(Benjamin Hubbard)는 그것에 대한 또 다른 중요한 논문을 출간했다(Hubbard 1974).

그런데 "대위임령"에 대하여 여전히 발견할 것이 더 많이 있는 것으로 보인다. 존 마이어(John P. Meier)는 "성경에는 계속적으로 논의와 연구를 불러일으키면서 명백한 해답을 결코 얻지 못하는 중요한 구절들이 있다"고 언급한다(Meier 1977:407). 그러나 마이어는 학자들이 한 가지 동의하는 것이 있는데 "이 구절들이 중심을 이루는 구절들이다"라는 점이다.

이것은 초기의 입장에서 상당히 진전된 것이다. 예를 들면, 미셸(Michel 1950?51:21)은 마태복음서 전체가 이 구절의 전제들에 기초하여서만 쓰여졌다고 말한다. 프리드리히(Friedirch 1983:177, 각주 114)는 마태복음의 이해를 위해 이 구절이 참으로 중요하다고 주장하는 학자들의 표현을 이렇게 열거한다.

① "마태의 신학 프로그램"(J. Blank)
② "마태복음 전체의 요약"(G. Bornkamm)
③ "마태복음의 가장 중요한 관심"(H. Kosmala)
④ "마태복음의 '절정'"(U. Luck)
⑤ "여기까지 말한 모든 것들의 최정점"(P. Nepper-Christitenson)
⑥ "선언문"(G. Otto)
⑦ "마태복음의 '목차'"(G. Schille)

프리드리히는 "마태는 볼록렌즈를 사용하듯이 자신에게 가장 귀한 모든 것들을 이 말들에 집약시켜서 복음서 마지막에 최고 절정으로 두었다"라고 말한다. 오늘날 학자들은 마태복음 전체가 이 마지막 구절을 가리킨다는 점에 동의하고 있는데, 제1장부터 시작하여 마태복음이라는 직조에 짜여진 모든 실들은 모두 함께 여기에 모인다.

이 모든 것들은 "대위임령"이 전통적으로 선교의 성경적 기초로 사용되어왔던 방식이 도전받아야 하거나 적어도 수정되어야 함을 뜻한다. 이 대위임령을 마태복음으로부터 떼어 내서 그 자체만으로 취하여 그것이 처음 나타났던 문맥을 언급하지 않은 채 이해하는 것은 허용될 수 없다.

이렇게 할 경우 "대위임령"는 단순한 표어로 강등되거나 그것의 의미를 우리가 의식적으로 미리 결정한 것을 입증하기 위해 구실로 사용하는 것이 되고 만다(Schreiter 1982:431 참조). 그렇게 할 경우 우리는 본문과 그 의도에 대하여 일종의 폭력을 행사하는 것이다.

현시대 학자들이 동의하고 있는 한 가지는 마태복음 28:18-20이 마태복음 전체의 배경에 비추어 해석되어야 한다는 것이고, 그렇게 하지 않는다면 그것을 이해하지 못한다는 것이다. 이 마태복음 전체에 정박하지 않고서는 어떤 "대위임령"의 주석도 유효하지 않다. 그러므로 "대위임령"이 마태복음 전체에서 가장 마태적이라고 해도 과언이 아니다. 이 대위임령에 사용된 모든 단어나 표현은 그 저자에게 독특한 것이다.

다음에서 나는 우리가 먼저 마태복음의 저자와 그의 공동체의 자기인식을 탐구할 때에 대위임령의 의미를 제대로 이해할 수 있다는 점을 주장할 것이다. 이로부터 우리는 마태의 전체적인 선교 패러다임을 추론할 수 있을 것이다.

2. 마태와 그의 공동체

우리의 첫 번째 복음서는 본질적으로 선교 문서이다. 마태가 마태복음을 기록하려고 한 것은 "예수의 생애"를 구성하려는 것이 아니라, 위기 속에 있는 공동체가 자신의 소명과 선교를 어떻게 이해해야 하는지에 대하여 안내를 제공하려는 그의 선교적 비전 때문이었다.

마태복음의 저자가 유대 전쟁 이전에 유대 지방을 떠나 거의 이방인 환경인 곳, 아마도 시리아에 정착한 유대 기독교인 공동체의 일원이었다는 대다수의 현재 학자들의 견해에 동의한다. 유대 지방에서 이 공동체는 다른 유대 기독교인들의 고립감을 공유하면서 유대 전쟁 이전에 가능한 대로 유대교의 일반적인 문화와 제사생활에 적어도 어느 정도는 참여한 것으로 보인다.

기독교인들은 유대교와 구별된 다른 종교의 일원으로 자신들을 아직 생각하지 않았고 유대교 안에서의 갱신 운동으로 주로 간주했다. 물론 그들은 이방인들 중에서의 왕성한 선교 확정에 대하여 알고 있었지만 이것은 그들의 경험과 비전 밖에서 일어난 일들이었다.

그러나 1세기 70년대 말 혹은 80년대 초가 되자 상황이 근본적으로 다르게 되었다. 앞 장에서 언급한 것처럼 잠니아(Jamnia)에서 바리새인들은 요하난 벤 자카이(Johannan ben Zakkai)의 지도하에 통제권을 장악하고 있었다. 회당 예배는 이제는 사라진 성전의 예배에 기초하여 조정되고 구성되었다. 랍비들이 율법의 권위 있는 해석자로 등장했다. 훨씬 더 중요한 것은 85년 경에 잠니아의 바리새주의와 유대 기독교 간에 격렬한 논쟁이 일어났고 12번째 축도문(the Twelfth Benediction)이 다음과 같이 성립되었다.

> 나사렛인들과 그 이단들이 단번에 멸망받게 하시고... 그들의 이름이 생명책에서 도말되게 하시고 의인들과 함께 기록되게 하지 마소서.

마태가 복음서를 쓸 때에는 회당과의 이러한 최종적이고 절대적인 분리가 일어나지 않았었다(Bornkamm 1965a:19; LaVerdiere and Thompson 1976:585; Brown 1980:216; Frankemölle 1982:122). 마태의 공동체는 참 이스라엘이라는 자신의 권리를 여전히 변호하고 있었으나(트릴링[Trilling]의 책 제목 1964), 공동체의 자기인식이라는 전례가 없는 거대한 위기를 맞고 있었다.

앞으로 공동체의 정체성은 무엇이어야 하는가?
유대교 안의 한 운동으로서 계속될 수 있을 것인가?
율법에 대하여 어떤 태도를 가져야 하는가?

예수를 선지자 이상으로 간주하는 것을 포기할 수 있는가?

그리고 동료 유대인들에게 선교하는 것을 포기할 수 있는가?

마태는 이러한 공동체를 위해 쓰는 것인데, 이 공동체는 자신의 뿌리에서 단절되고 유대교와의 관계가 가장 혹독하게 시험을 받고 있었고, 무엇이 우선이어야 하는가에 대하여 분열되어 있었고, 전에 없던 문제들을 직면하여 방향을 탐색하고 있던 공동체였다.

그리고 마태의 주된 관심은 공동체 사람들이 새로운 압력들을 대처하도록 단순히 도와주는 것이 아니라, 그들이 새로운 시대의 도전들에 합당한 선교 정신을 개발할 수 있도록 돕는 것이었다. 그는 예수의 사역의 논리를 그가 직면하고 있는 역사적 상황에 유입함으로써 모범적으로 이 일을 수행한다.

마태 공동체 내의 모든 사람들이 현재 시점에서 취해야 할 방향에 동의하는 것은 아니다. 어떤 사람들은 율법에, 심지어 율법의 가장 작은 글자에까지도 충실할 것을 강조하고, 어떤 사람들은 기적을 행하는 성령을 가질 것을 주장한다(Friedrich 1983:177). 탁월한 목회 방식과 변증법적 접근으로 마태는 예수 전통에 기초하여 둘 다 옳지만, 동시에 둘 다 그르다는 것을 보여준다. 이것은 특히 마태복음서 안에 있는 많은 분명한 모순들을 설명해준다.

마태는 그러한 차이들을 얼버무리지 않고 두 입장을 초월한다. 이러한 방식으로 그는 공동체 안에서의 화해와 용서, 상호적인 사랑의 길을 준비한다. 그는 그들이 함께 살고 있는 이방인들에게 선교하기 위해 서로 손과 마음을 합할 때, 그들을 서로 분열케 하는 혼란과 긴장, 갈등이 극복될 수 있다고 제안하는 듯하다.

마태는 자신의 공동체가 더 이상 분파 집단으로서가 아니라 담대하게 의식적으로 그리스도의 교회로서, 따라서 "참 이스라엘"(마태가 이러한 표현을 쓰지는 않지만, Trilling 1964:95; Bornkamm 1965a:36 참조)로서 분명하게 자신을 인식하기를 열망한다(마태가 유일하게 *ekklesia* "교회"라는 단어를 쓰는 복음서 기자이다).

이러한 주장을 입증하기 위하여 마태는 어떤 다른 복음서 기자들보다도 구약성경으로부터 많은 명백한 인용구들과 간접적인 인용구들을 사용한다. 소위 공식 인용구들(formula quotations)은 예수가 메시아이고, 따라서 구약의 약속들의 성취라는 것을 증명한다. 그러므로 마태는 당시의 유대 신학자들과 이들의 성경 사용에 맞서 증거하기 위해 구약성경을 사용한다(Frankemölle 1974:288). 그는 "예수에 대한 전체 묘사 위에 성취의 옷을 입히고" "예수의 생애의 모든 차원에 성취의 표지를 붙임으로써," 이 작업을 행한다(Senior and Stuhlmueller 1983:241).

마태가 복음서의 처음에 제시하는 족보는 예수를 유대교의 유산 속에 깊이 둔다. 다른 복음서에서는 나타나지 않는 그의 유아 기사는 구약 인용구로 가득하다. 여기서 동방박사의 방문, 애굽으로의 피신, 유아들의 살해, 나사렛으로의 귀환 같은 사건들은 구약성경 본문의 성취로 제시된다.

구약성경에서 뚜렷한 칭호들이 마태복음 전체에 걸쳐 예수에게 적용되는데 임마누엘, 그리스도, 다윗의 아들, 인자 등이다(LaVerdiere and Thompson 1976:596; Senior and Stuhlmueller 1983:241). 동시에 예수는 새로운 모세의 역할에 투영되는데 유아 기사(예수가 헤롯의 살해 명령을 피하고 피신에서 돌아온 것)뿐만 아니라 광야에서 40일을 밤낮 지낸 것, 산상수훈에서 새로운 "법"을 계시한 것(누가는 이 사건을 평지에 위치시킨다), 변화산 사건(마태는 "그 얼굴이 해같이 빛나며"[17:2]라고 덧붙인다)에서도이다. 동시에 마태의 독자들은 의심할 바 없이 "모세보다 더 큰 이가 여기 있다"는 생각을 하게 된다.

마태의 구약성경 사용은 랍비들의 구약성경 사용에 맞서는 논쟁에 불과한 것이 아니라 깊이 목회적이고 선교적이다. 정체성 위기를 맞고 있는 공동체에게 자기 확신을 주려고 하는 면에서 목회적이고, 증거와 봉사의 기회들을 보도록 공동체 일원들을 일깨우는 면에서 선교적이다.

3. 마태복음의 모순들

이러한 일반적인 배경에 비추어 우리는 마태복음 안에 있는 명백한 모순들을 검토해야 한다. 한편 학자들은 이 복음서가 복음서들 중에서 가장 유대적이라고 주장한다. 본 돕슈츠(E. von Dobschütz 1928:343)는 심지어 마태를 "회심한 유대 랍비"라고까지 불렀다. 스텐달(Stendahl 1968)과 몇몇 학자들은 마태가 구약성경의 첫 5권과 유사한 방식으로 마태복음을 배열했다고 주장한다.

한편, 어떤 학자들은 마태가 그에게 전달된 전승을 종종 "재유대화"했다고 주장한다(Brown 1977:25-28). 대조적으로 다른 어떤 사람들은 마태복음이 일관적으로 조직적으로 유대인들과 그 리더십에 맞서 논쟁을 벌이고 분명히 그의 "이방 편향성"을 드러내며 이것이 그가 "이방인 저자"일 경우에만 타당하다고 주장한다(Clark 1980:4; Strecker 1962:15-35).

마태복음은 여러 면에서 당황하게 한다. 나는 마태복음의 말미에 나오는 "대위임령"이 마태의 예수의 선교와 사역에 대한 이해를 파악하는 열쇠로 인식해야 한다고 주장했었다. 마태는 다른 어떤 복음서 기자들보다도 이방인들 중에서의 예수의 활동을 강조했다(Hahn 1965:103-111).

그러나 마태복음의 가운데 부분에서 이방인 독자들에게 극히 불쾌할 만큼 특수주의적인 말들을 포함시킨다. 10장은 예수가 12명의 사도를 파송하면서 "이방인의 길로도 가지 말고 사마리아인의 고을에도 들어가지 말고 오히려 이스라엘 집의 잃어버린 양에게로 가라"(5절)라고 말한 것을 기록한다.

마태복음 15장에서 가나안 여자에게 예수가 한 말은 이방인들에게 더 받아들이기 어려울 것이다. 마태는 이 사건을 마가로부터 받았으나 중요한 변화를 준다. 예수는 12 사도에게 말한 것을 반복하며 "나는 이스라엘 집의 잃어버린 양 외에는 다른 데로 보내심을 받지 아니하였노라"(24절: 이 말은 다른 복음서들에서는 나타나지 않는다)라고 말한다. 가나안 여자가 도와달라고 간청했을 때 예수는 "자녀의 떡을 취하여 개들에게 던짐이 마땅하지 아니하니라"(26절)고 대답한다. 마태의 주요한 두 자료인 마가복음과 로기아(the *Logia*)에는 절대적인 배타주의와 특수주의의 흔적이 없는 것이 분명하다.

그런데 이 점이 마태복음에서는 왜 문제가 되었는가?(Frankemölle 1974:109)

마태복음에서의 이러한 모순들을 해결하려는 많은 시도가 있었다(Hahn 1965:26-28; Frankemölle 1982:100-102 참조). 마태가 자신의 복음서의 전체 목적을 위해서 서로 모순되는 말들을 의도적으로 포함시켰다고 가정하는 것이 아마도 최상의 답일 것이다. 서로 다른 말들은 또한 마태 공동체 안에 반대되는 견해와 전통들이 존재했음을 암시하고 이것이 몇몇 분명한 차이에 대한 이유일 수 있다.

그러나 마태는 양자를 모두 포함시키기로 한다. 이것은 분명히 그의 목회적 관심을 반영하는데, 다른 한 집단을 떼어 놓지 않는 것이다. 그러나 그것은 또한 그의 신학적 입장을 반영하는데, 이스라엘에 대한 선교와 이방인들에 대한 선교가 서로 배제하지 않고 오히려 서로를 포용하는 것이다.

그러므로 마태는 두 선교의 연대기적인 순서를 단지 주장하는 것이 아니라(마가가 그러는 것처럼: 막 7:26의 "먼저") 양자 간의 신학적 상호 연관성을 주장한다. 한(Hahn)은 두 개의 동심원 비유를 사용하는데(더 큰 동심원은 이방인 선교이며 작은 동심원은 이스라엘 선교) 필연적으로 서로 속하며 물론 이방인 선교가 모두를 포용하고 포괄하는 동심원이 된다(Hahn 1965:127; Frankemölle 1982:113).

마태는 그의 자료를 능숙한 방식으로 조직함으로써 이것을 달성한다. 예를 들면, 처음부터 끝까지 이방인들이 역할을 하게 한다. 그 예들은 예수의 족보 안에 들어 있는 4명의 비 이스라엘 여인들(1장), 동방박사들의 방문(2:1-12), 많은 이방인들이 어느 날 하늘나라에서 족장들과 함께 자리를 차지할 것이라고 예수가 말하도록 한 가버나움의 백부장(8:5-13), 가나안 여자(15:21-28), 모든 민족에게 복음이 전파될 것이라는 종말론적인 진술(24:14; 26:13 참조), 예수의 십자가 처형 시에 "이는 진실로 하나님의 아들이었도다"(27:54; 마가는 백부장의 반응만 언급하고 그의 수하에 있던 병사들의 반응은 언급하지 않는다)라고 감탄한 로마의 백부장과 그 옆에 있던 사람들이다.

아마도 훨씬 더 중요한 것은 이방인들과 그들을 향한 미래의 선교에 대한 암시일 것이며 다음의 예들이 있다. 죄로부터 구원받을 하나님의 "백성"(1:21, 이것은 하나님의 통치의 상속자들로서 이스라엘의 자리를 대신할 "민족"[헬라어 *ethnos*]을 가리킨다. 21:43 참조), 갈릴리를 "이방인들의 갈릴리"로 지칭(4:15, 마태복음의 말미에서 제자들은 마태에게 준 이방 지역인 갈릴리에서 역시 위임을 받는다), 그에 대한 소문이 "온 시리아에 퍼진지라"라고 기록하고 있는 마태복음 4:23-25의 예수의 활동에 대한 요약(9:35-38에서 마태는 거의 동일한 요약을 하고 있는데 풍성한 추수에 대한 예수의 말은 더 광범위한 선교를 분명히 암시한다) 등이다.

마태의 독자들[시리아에 있는]은 지상의 예수가 시리아에 알려졌다는 주장을 지나가는 소리로 들을 수 없었을 것이다. 제자들이 지상의 소금과 세상의 빛이라는 언급(5:13), 이방인들을 언급하는 인용구 이사야서 12:18-21, "천국의 아들들"이 심겨진 밭이 "세상"이라는 것(13:38), 구원이 이방인들에게도 가까이 있다는 것을 암시하는 성전 앞뜰(또한 이방인의 앞뜰로도 알려진)의 정화(Hahn 1984:273 참조), 이방인의 집에 기꺼이 들어가는 예수(8:7. 누가복음에서는 예수가 이렇게 할 준비가 되어있지 않은 것으로 보인다. Frankemölle 1974:113 참조) 등이다.

이처럼 마태는 보편주의를 제시하고 능숙하게 독자들을 이방인 선교를 향하도록 이끈다. 그는 독자들을 혼란스럽게 하지 않고 아주 일관성 있게 이것을 수행한다(Frankemölle 1982:112; Senior and Stuhlmueller 1983:152). 마태복음 15:24, 26과 같이 특수주의적 말조차도 예수가 곧바로 가나안 여자의 큰 믿음을 칭찬함으로써 유대 독자들에게 안도감을 주지 않는다(15:28).

사실 마태가 이방인들에 대하여 자주 강조하는 것은 대다수의 유대인들과는 달리 그들이 즉각적으로 긍정적으로 반응한다는 것이다. 가나안 여자뿐 아니라 "내가 진실로 너희에게 이르노니 이스라엘 중 아무에게서도 이만한 믿음을 만나보지 못하였노라"(8:10)라고 예수가 말한 가버나움의 백부장과 예수의 십자가 처형을 지켜보았던 백부장 및 그의 병사들이 있다(27:54, 유대 군중들의 반응에 대해서는 언급이 없다). 심지어 동방박사들도 예수를 보거나 듣기도 전에 예수에 대한 믿음을 고백한다. 반응이 부족한 유대인들과 대비되는 이방인들의 믿음의 반응은 마태복음에서 반복되는 주제이다(Hahn 1965; Frankemölle 1974:114,118).

그렇지만 마태는 예수가 주도적으로 이방인들에게 갔다고 결코 말하지 않는다. 그들이 예수에게 나아가지, 예수가 그들에게 나아가지 않는다. 동방박사들, 가버나움의 백부장, 가나안 여자가 모두 그렇다. 마태는 여기서 요한복음을 포함하여 다른 복음서들에서도 역시 반영되어 있는 예수 전승을 분명히 따르고 있다. "의식적인 이방인 선교 활동에 대한 증거가 점점 이방인 교회가 되어가는 교회에 대해 쓰고 있었던 복음서 기자들에게 아주 유용했었을 지라도" 그러한 증거는 나타나지 않는다(Senior and Stuhlmueller 1983:142).

4. 마태와 이스라엘

전체적으로 유대인에 대한 마태의 판정은 격하다. 이것은 부분적으로 저술 당시에 마태의 공동체가 잠니아(Jamnia) 바리새파와 가졌던 대립을 반영하지만 마태가 사용한 전승에서 계속 나타나는 주제였다. 유대인들에 대한 그의 비판은 마가와 누가의 비판보다 항상 더 부정적이다(11:16-19; 11:20-24; 12:41-45; 22:1-14; 23:29-39; Frankemölle 1974:115).

두 아들의 비유(21:28-32)는 마태만이 기록하고 있다. 마태가 기술한 예수의 비유 해석(31절 이하)에 따르면 "대제사장과 백성의 장로들"(23절)은 그의 아버지의 포도원에 가서 일하겠다고 말했으나 가지 않은 아들이었다. 반면 "세리들과 창기들"(31절)은 처음에는 가지 않겠다고 했으나 결국은 갔던 아들이었다. 세리와 창기를 함께 언급한 것이 마태의 독자들에게 어떤 직접적이거나 구체적인 의의를 띠는 것이 아니기 때문에 독자들은 이것을 이방인들이 예수에게 긍정적인 반응 가질 것이라는 암시로 이해한다(Schottroff and Stegemann 1986:33).

바로 다음에 나오는 농부의 비유(21:33-44)는 두 아들의 비유의 핵심(그러나 여전히 숨겨진)을 드러낸다. 여기서도 예수의 청중은 역시 유대 종교 지도자들이다. 비유의 끝을 보면 "그들은 그가 자신들에 관해 말하고 있었던 것을 알고 있었다"(45절). 농부들은 의무를 제대로 수행하지 않았다. 어떤 열매도 생산하지 못했다. 그래서 땅주인은 "악한 자들을 진멸하고" 포도원을 "제 때에 열매를 바칠만한 다른 농부들"에게 빌려준다(41절). 이 비유는 누가복음(20:9-10)과 마가복음(12:1-12)에서도 나오지만 마태는 더 나아가서 예수의 해석을 포함시킨다.

> 그러므로 내가 너희에게 이르노니 하나님 나라를 너희는 빼앗기고 그 나라의 열매 맺는 백성이 받으리라(마 21:43).

따라서 마태는 여기서 새로운 언약 백성이 이스라엘을 대치한다는 주제를 부각시키는데, 이 주제는 마태복음 전체 기저에 흐른다. 이것은 마태복음의 중심 주제이며 이 비유는 그의 신학에서 중심적인 위치를 차지한다(Trilling 1964:55-65). 옛 언약에서 하나님 나라는 한 백성에게 맡겨지고 이제 다시 그의 통치는 한 "백성"에게 맡겨진다. 마태에게는 실제 심판은 예루살렘의 파괴와 같이 유대인들에 대한 물리적 심판이 아니라 이스라엘이 그 나라를 빼앗기는 것이다(Trilling 1964:65).

그러나 비유 속에서 농부들이 범한 가장 큰 죄는 주인에게 농작물을 보내기를 거절한 것이 아니라, 주인의 종들을 학대하고 죽이고 포도원을 갈취하기 위해 주인의 아들까지도 죽였다는 것이다. 마태는 이 내용을 마가로부터 넘겨받는다. 마태에게서 다른 점은 아들이 포도원 밖에서 죽었다는 것이며(21:39), 예수에게 일어난 일을 분명하게 강조하고 있다.

마태는 예수를 배반하고 체포하고 정죄하는 데에 참여한 유대 지도자들을 강조하는데, 빌라도 앞에서의 심문이 절정을 이룬다(27:11-26). 지도자들과 백성들이 바라바를 택한 사실이 마가복음보다 마태복음에서 훨씬 강조되고 있다. 그리고 마태만이 빌라도의 아내가 "옳은 사람"(27:19)을 위해 간청한 사실을 기록한다.

빌라도는 잠시 산란해졌으나 대제사장들은 이 기회를 이용해서 군중들에게 바라바를 놓아주도록 요구하라고 설득한다(Senior and Stuhlmueller 1983:245). 빌라도의 아내의 예수에 대한 관심과 빌라도가 공개적으로 손을 씻은 것(27:24, 마태만이 보도한다)은 유대인들의 태도와 이방인들의 태도의 차이를 강조하는데, 특히 모든 사람들이(단지 대제사장뿐만 아니라) "그 피를 우리와 우리 자손에게 돌릴지어다!"(27:25, 여기서도 역시 마태만이 보도한다)라고 대답하게 선언하는 데서 나타난다.

마태가 유대인들과 이들의 리더십을 묘사한 것은 우리가 특별히 대학살 이후에 너무 가볍게 지나쳐서는 안되는 반유대적 성향을 내포한다. 그러나 마태 자신은 반유대적이지 않다. 결국 그 자신은 유대인이었다. 도날드 시니어(Donald Senior 1983:246)는 마태의 목적을 다음과 같이 옳게 해석한다.

> 마태는 일련의 당황스럽고 심지어 비극적인 사건들을 하나님이 역사 속에서, 역사를 통해 행한다는 자신의 확신에 맞추려고 한다. 마태의 관점에서 볼 때 이러한 비극적 사건들은 예수의 죽음, 이스라엘에 대한 기독교 선교의 실패, 이방인들을 받아들이기를 반대하는 기독교인들의 완고한 태도를 포함했다.

그러나 시니어(Senior)는 "마태의 전반적인 관심이 긍정적일지라도 이러한 이해들이 27:24-25이 내포하는 어두운 측면을 완전히 제거하지는 않는다고 덧붙인다. 즉 이스라엘이 메시아를 거부한 것은 하나님의 계획 속에서 역설적으로 새로운 생명을 부여하는 단계로 이끄는 자극이 되었다. "예수의 죽음으로부터 부활 공동체가 탄생되고 이스라엘 선교의 실패로부터 이방인 선교가 시작된다"(:244).

5. 마태와 "모든 민족들"

"대위임령" 안에 들어있는 문구 "판타 타 에쓰네"(헬라어 *panta ta ethne*)를 살펴보면 우리가 논의하고 있는 주제에 대하여 실마리를 찾을 수 있다. 유대인들이 자신들이 한 행위로 말미암아 복음을 들을 "권리"를 박탈당한 것으로 마태가 보았다고 주장하는 학자들, 특히 마태복음의 저자가 이방인이라고 믿는 학자들은 이 문구가 유대인들을 제외한 모든 민족을 가리킨다고 본다. 전에는 부름 받지 않았던 자들이 이제는 예수의 제자가 될 수 있고 전에 부름 받았던 자들이 이제는 거절된다는 것이다(Clark 1980:2; Walker 1967:111-113).

나는 다른 많은 신약학자들과 더불어 이러한 입장이 마태에 대한 그릇된 해석이라고 믿는다(Michel 1950/51:26; Strecker 1962:117; Trilling 1964:26-28; Hahn 1965:125; Zumstein 1972:26; Frankemölle 1974:119-123; 1982:112-114; 마 1980:168, 각주 14; Friedrich 1983:179). 유대인들은 더 이상 특권을 가진 백성은 아니지만 "모든 민족들" 속에 포함된다. 신학적 실체로서의 "이스라엘"은 과거에 속한다 (Frankemölle 1974:123). "이스라엘"은 더 이상 "교회"가 아니다. 예수에게 일어난 일 안에서 "이스라엘"에 대한 고대의 관념은 해체되었고 하나님의 종말적 공동체가 역사의 무대 위로 등장하였다. 모든 제한은 제거되었다.

마태복음에서 "에쓰네"(헬라어 *ethne*)가 대부분 이방인들만을 가리키는 것은 사실이다. 그러나 이와 관련하여 거의 모든 경우에서 우리는 구약성경 인용구들이나 비 마태적인 자료들과 관련시킨다. 이 점에 대하여 마태가 "모든"(헬라어 *pantha*)을 "타 에쓰네"(헬라어 *ta ethne*) 앞에 붙인 것이 중요한 뉘앙스를 가진다는 점을 우리는 주목해야 한다.

마태는 "판타 타 에쓰네"(헬라어 *panta ta ethne*)를 네 번 사용하며 모두 마태복음의 마지막 부분에 나오는데(24:9, 14; 25:32; 28:19), 모두 이방인 선교가 어느 곳보다 더 선명하게 부각된다. 마태가 사용한 "판타 타 에쓰네"의 여러 병행구들은 보편주의적 인상 또한 일으키는데 그 병행구들은 "홀레 헤 오이쿠메네"(헬라어 *hole he oikoumene*, 전체 거주 세상), "홀로스"(헬라어 *holos*, [hapas]), "호 코스모스"(전체 [인간] 세상), "파사 헤 크티시스"(헬라어 *pasa he ktisis*, 모든 [인간] 피조물)이다.

따라서 예수가 이스라엘을 위해서만 보냄을 받은 것이 아니라 사실상 모든 인류의 구원자가 된다는 것을 마태가 말하려고 한 것이다. 마태가 자신의 독자들에게(독자들 중 많은 사람이 유대인이었고 이들은 여전히 더 넓은 유대인 사회의 일원이었다) 유대인들이 더 이상 복음의 수령자가 될 수 없다고 알리려 했다면, 그는 모호하지 않게 훨씬 분명하게 그렇게 말했어야 했을 것이다. 마태복음 24장에서 28장까지 편견을 갖지 않고 읽는다면 마태의 관심이 유대인을 포함한 모든 인류에게 있었다는 것을 알 수 있을 것이다.

그러므로 마태는 유대인들의 완고함에 대하여 강한 입장을 취하고 있지만 자신의 동포들에 대한 선교가 계속 타당하다는 점을 결코 의심하지 않는다. 이것은 그 자신과 그의 공동체의 양도할 수 없는 과업이다. 그들은 자신들이 내적으로 외적으로 이스라엘과 맺어져 있다고 간주한다(Hahn 1965:125). 하지만 그는 동등하게 이방인 선교에 헌신되어 있다.

두 선교 사이에는 긴장이 가득한 통일성, 일종의 대조적인 상호의존성이 존재하며(Frankemölle 1982:113, 120), 마태는 이를 계속 견지하는데, 자신의 "본문"(구약성경에서 언약 백성에 대한 하나님의 약속)과 자신의 "상황"(이방인 선교에 대한 하나님의 명백한 승인) 모두를 붙잡을 수 있는 유일한 방법이기 때문이다.

그러나 이방인 선교는 유대인들의 메시아의 죽음과 부활 후에야 가능하다. 죽음과 부활 이전에는 미래 시제로만 언급된다(8:11; 24:14; 26:13). 농부들의 비유는 아들이 죽임을 당한 후에야 포도원이 다른 사람들에게 넘겨질 수 있다고 예시한다. 그러므로 가다라(이방지역!) 지방 출신의 귀신들린 자 두 사람이 예수가 "때가 이르기 전에," 즉 그의 죽으심과 부활 전에 자신들을 괴롭게 하려고 왔다고 불평한 것은 일리가 있다(마 8:29, 마태만이 이 문구를 포함시킨다. Frankemölle 1974:115).

그러나 부활한 예수는 담대하게 기탄없이 자신을 따르는 자들을 "모든 민족들"을 제자 삼도록 보낸다(헬라어 *panta ta ethne*, 마 28:19). 하나님의 통치가 하나님의 새 백성들에게 맡겨졌다(21:43 참조).

6. 마태복음의 핵심 개념들

이제까지 논의한 내용에 비추어서 우리는 마태복음 전체가 예수와 이방인들 사이의 관계라는 문제를 해결하는 데에 진력하고 있다고 추론해서는 안된다. 마태의 선교 이해를 그런 면으로 좁히는 것은 전적으로 타당하지 않다(Frankemölle 1982:100). 그러나 분명히 그것은 마태가 말하고자 하는 다른 모든 것들에 대한 배경을 제공하므로 계속 염두에 두어야 할 사항이다.

내가 이미 언급했듯이 마태는 두 진영과 씨름을 하는데 하나는 바리새적인 유대교와 이것이 마태의 공동체 속에 새겨놓은 흔적들이고 다른 하나는 열광적인 헬라적 유대 기독교의 율법폐기론이다. 이것은 마태복음의 해석에 많은 혼란을 일으켰다. 이러한 예는 거의 동시에 출판되었으면서 완전히 반대의 결론에 이른 두 책인데, 스트레커(Strecker, 1962)는 마태복음을 이방인 기독교인들에게 치우쳐 쓰여졌다고 했고, 반면 훔멜(Hummel, 1963)은 바리새적인 유대교에 아주 가깝다고 했다(Bornkamm 1965b:229, 306).

이렇기 때문에 마태의 "선교신학"의 바닥에 도달하기가 정말로 어렵다. 마태가 자신이 반대하는 두 입장을 넘어서려고 했다고 우리가 인정해야만 (대략이라도) 그것을 이해할 수 있다고 나는 믿는다. 마태의 선교인식을 해석하는 데에 필요한 것으로서 긴밀하게 상호관련되어 있고 아주 중요한 여러 핵심 주제들이 마태복음 안에 들어 있다.

① 하나님(혹은 하늘)의 통치(헬라어 *basileia*)
② 하나님의 뜻(헬라어 *thelema*)
③ 정의(헬라어 *dikaiosyne*)
④ 계명들(헬라어 *entolai*)
⑤ 온전(헬라어 *teleios*)하라
⑥ 능가하라(헬라어 *persseuo*)
⑧ 지키라(헬라어 *tereo*)
⑨ 열매 맺으라(헬라어 *karpous poiein*)
⑩ 가르치라(헬라어 *didasko*)

처음 보기에는 이러한 개념들이 일종의 랍비적인 행위 구원을 지지하는 듯이 보인다. 그러나 그것들은 다른 기능을 한다. 때로 한 개념은 또 하나의 개념과 동일어이지만 어떤 때는 그렇지 않다. 전체적으로 이 개념들은 서로 긴밀하게 관계되어 있고 서로 의존한다. 모두 합하여 복음서 전체의 틀 속에 엮어진 실들과 같다.

이 개념들 중의 일부를(하나님의 통치 등) 앞의 장에서 이미 다루기도 했었다. 그러므로 이 장에서는 그러한 개념들을 마태와 그의 선교 인식을 이해하는 데에 긴요한 경우에 한해서 살펴보기로 한다.

7. "모든 것을 가르쳐 지키게 하라"

"대위임령"의 마지막 부분은 "내가 너희에게 분부한 모든 것을 가르쳐 지키게 하라"(마 28:20)라고 하고 있다. 표면적으로는 "가르치라"와 그 앞의 "세례를 주고"라는 말이 제자 삼는 것과 선교의 핵심인 듯이 보인다. 더욱이 다른 복음서들과 사도행전의 병행구들에서의 선교와 사뭇 다른 것처럼 보인다.

누가복음 24:47에서 민족들에게 선포되는 메시지는 죄의 회개와 예수 이름으로 얻는 죄의 용서이다. 사도행전 1:8에 의하면 제자들은 성령의 능력을 입어 부활절 사건의 증인이 될 것이라는 말을 듣는다. 마찬가지로 요한복음 20:21-23에 의하면 제자들은 성령을 약속으로 받고 부활한 그리스도에 의해 죄를 사할 권세를 받아 세상으로 보냄을 받는다.

마태에게는 이러한 것이 없는 듯이 보인다. 가르침보다는 선포, 계명의 준수보다는 죄의 용서와 성령의 능력에 관해 듣기 좋아하는 개신교인들에게 마태복음의 예수는 극히 교훈적이고 율법주의적이고 당황스럽게 들린다.

그러나 마태복음에서 예수가 한 말과 어떻게 이 말들이 아주 특별한 방식으로 예수가 일관적으로 표현한 기본적인 관심들을 요약하고 있는지를 보다 엄밀히 살펴보자.

"대위임령"의 후반부 문구들을 먼저 살펴볼 텐데, 우리는 작은 동심원으로부터 더 큰 동심원으로 이동하면서 마태의 선교 이해를 추적하게 된다. "대위임령"에서 세 가지 용어들이 마태의 선교의 본질을 제자를 삼으라, 세례를 주라, 가르치라로 요약한다. 나는 먼저 첫 두 용어를 살펴보고 나서 세 번째 것을 언급할 것이다.

마가는 "선포하다"(헬라어 *kerysso*)와 "가르치다"(헬라어 *didasko*)를 동의어로 사용하는 반면 마태는 일관적으로 두 행위를 구별한다(Trilling 1964:36, Hahn 1965:121, 1980:42). 마태복음에서 "설교하다"(preach)나 "선포하다"(proclaim)는 항상 외부인들에게 전해진 메시지를 가리킨다. 그리고 "천국 복음"과 함께 자주 사용된다. "(천국) 복음을 선포하다"는 때로 미래의 (이방인) 선교를 특별히 언급할 때 사용된다(24:24; 26:13; 10:7). 예수는 제자들에게 결코 "설교"하지 않으며 그들을 "가르친다." 이와 마찬가지로 회당과 성전에서(곧 "신자들 중에서") 예수는 결코 "설교"하지 않고 항상 "가르친다."

그런데 마태는 왜 이와 같이 명백한 선교 용어를 "대위임령"에서 제외했는가?

왜 "설교하다"(마태복음에서 9회), "복음을 선포하다"(4회), "전도하다"(1회)와 같은 단어를 쓰지 않았는가?

이 용어들은 마태복음 10장의 파송 기사에서 예수가 사용한 것이다.

그런데 왜 여기에서, 즉 보편적 선교를 위한 파송에서는 사용되지 않았는가?

"대위임령"에서 사용된 극히 절제된 표현들은 적어도 부분적으로는 마태가 자신의 공동체 안의 열광주의자들과 다르기 때문인 것으로 보인다. 그러나 논쟁이 그의 유일한 목적이 아니다. 그의 용어 선택에는 중요한 신학적(혹은 선교학적) 고려가 내포되어 있다. 마태에게는 가르치는 것은 단순히 지적인 활동을 뜻하지 않는다(우리와 고대 헬라인들이 흔히 그러듯이).

예수의 가르침은 청자들의 의지에 호소한다. 그것은 예수를 따르기를 단호히 결단하라는 부르심이다(Frankemölle 1982:127). 더욱이 가르침은 당시의 유대교가 해석하듯이 단순히 율법 수칙을 심어주고 지키라는 것이 아니다(마 19:17에서 부자 청년에게 예수가 해준 아주 "유대적인 충고"를 참조). 그렇지 않다.

마태복음 28:20에 따르면, 사도들이 새로운 제자들을 "가르쳐야" 하는 것은 예수의 사역과 가르침에서 나타난 대로 하나님의 뜻에 복종하는 것이다. 성령적 열광주의 속에서 지상의 예수와는 거리를 두는 복음은 결코 있을 수 없다. 예수의 가르침은 미래를 위해서도 타당하고 권위가 있다. 지상의 예수와 지상의 예수와 승귀한 그리스도 사이에 연속성이 유지되어야 한다. 그리스도의 전령들에 의해 제자가 되고 세례를 받은 사람들은 열한 사도들처럼 예수를 따라야 한다 (Friedrich 1983:181). 예수 자신이 그가 전에 가르쳤던 내용 자체이며 하나님의 통치의 전형이자 복음이다(Lohmeyer 1956:418).

제자도는 비인격적인 법령에 일치시키는 것이 아니라 그리스도 자신에게 관련시키는 것이다. 제자도의 상황은 교실("가르침"이 늘 일어나는 곳)이 아니고 심지어 교회도 아니고 세상이다.

가르침이라는 문제를 구체적으로 살펴본 후에 예수의 "계명들"을 논해야 한다. 이것을 하려고 할 때 먼저 떠오르는 마태의 용어는 "아버지의 뜻"이다 (Giessen 1982:224-235). 마태는 다른 복음서 기자들보다 더 예수와 제자들에 대한 하나님의 뜻이 중요함을 강조한다. 다른 복음서들에서 병행구는 드물다. 사실상 그러한 표현의 용례들은 마태에게 제한되어 있고 모두 괄목할만하다.

로기아(헬라어 *Logia*)에서 취해진 마태의 주기도문은 대부분의 세부 사항이 누가의 주기도문과 유사하지만 마태만이 "당신의 뜻이 이루어지이다"(6:10)라는 청원을 담고 있다. 게다가 주기도문의 다른 모든 청원들이 유대교에서 병행구로 나타나 있지만 이 청원은 병행구가 전혀 없다(Frankemölle 1974:276, 각주 15).

마태복음 7:21에서 아버지의 뜻이라는 표현은 최후의 심판이라는 어두운 배경 하에, 종말적 상황 아래에서 나온다.

> 나더러 주여 주여 하는 자마다 천국에 다 들어갈 것이 아니요 다만 하늘에 계신 내 아버지의 뜻대로 행하는 자라야 들어가리라(마 7:21).

마찬가지로 "이 작은 자 중의 하나라도 잃는 것은 하늘에 계신 너희 아버지의 뜻이 아니니라"(마 18:14)라고 하고 있다. 앞에서 언급했듯이 마태만이 두 아들의 비유를 담고 있다(21:28-31). 두 아들은 한 가지 측면에서만 서로 다른데, 한 아들은 아버지의 뜻을 행했고 다른 아들은 그렇지 못했다.

이스라엘에게 하나님의 뜻은 토라(Torah)에 담겨져 있고 쿰란 공동체에게는 그들의 교본에 담겨있다(Frankemölle 1974:277-280, 282, 287). 예수와 그의 제자들에게는 그렇지 않다. 하나님의 뜻이라는 표현은 마태가 주기도문을 그 중심에 두고 있는 산상수훈을 이해하는 데에 특히 중요하다.

십계명이 토라의 중심인 것처럼 주기도문이 산상수훈의 심장이자 중심이다. 주기도문 바로 앞의 내용이 주기도문의 첫 세 청원에서 설명되어 있고 주기도문 바로 다음의 내용은 주기도문 마지막 세 청원에 대한 것이다(Frankemölle 1974:274).

그러나 산상수훈은 새로운 법령, 새로운 토라가 아니다. 스스로 실체가 되는 경향이 있는 법에 대한 교정책은 사랑이라는 이중적 계명이다. 이것이 마태의 공동체에서 초기의 율법주의를 맞서는 해석의 원리가 된다(:278). 모든 행위와 태도의 표준은 하나님과 이웃에 대한 사랑이다(마 22:37-40).

사실 이웃 사랑은 하나님에 대한 사랑을 측량하는 척도라고 할 수 있다. 행위도 마찬가지이다. 행위는 말의 진정성을 재는 척도이다. "믿는다," "예수를 따른다," "이해한다"라는 모든 표현은 행위로 나타나는 적극적 헌신이라는 요소를 포함한다. 실제의 계명들은 이웃의 상황과 환경의 영향을 받기 때문에 상대화된다. 이처럼 적절한 반응이라는 차원이 마태복음의 주요한 주제이다(Senior and Stuhlmueller 1983:247).

마태는 자신의 공동체 안에 있는 두 개의 상반되는 집단에게, 열광주의자나 율법주의자나 똑같이 행위보다는 말에 능하기 쉽다고 말한다.

이러한 관심이 나타나는 것은 예수의 다섯 개의 가르침 모음 중 첫 번째 것인 산상수훈인데 특히 마지막 부분에서이다(7:21).

> 나더러 주여 주여 하는 자마다 천국에 다 들어갈 것이 아니요 다만 하늘에 계신 내 아버지의 뜻대로 행하는 자라야 들어가리라(마 7:21).

> 나의 이 말을 듣고 행하는 자는…(마 7:24).

마태는 예수의 전체 사역을 "그리스도의 행하신 일들"(헬라어 *ta erga tou*

Christou-11:2)로 요약한다. 이 요약은 마태복음의 중심부에 나타나는데, 처음 두 개의 강화 다음에, 그리고 마지막 세 개의 강화 앞에 위치한다.

세례 요한은 감옥에서 "그리스도의 하신 일"에 관하여 듣고 자신의 제자들을 예수에게 보낸다. 이 이야기는 세 번째 중심 강화(13장, 하나님의 통치에 대한 비유)에 앞서서 배척과 영접에 관한 일련의 이야기들을 소개하고 있으며 마태복음의 전체 구조에 중요하다.

"그리스도의 행하신 일들"이라는 표현은 마태복음의 전반부 전체의 표제라고 할 수 있으며 분명히 선교적인 함의를 담고 있다(Wilkens 1985:37). 참으로 그것은 핵심적인 선교 개념이며 마태의 선교 이해를 확실하게 보여준다(Frankemölle 1982:98, 126-128). 여기서 바른 행위는 정통을 가늠하는 진정한 척도가 되며 하나님의 언약 백성을 위한 규범이 된다(7:21; 12:50; 21:31 참조; Frankemölle 1974:279).

예수의 참 제자들에게는 "열매를 맺도록" 도전이 주어진다. 세례 요한은 "회개에 합당한 열매를 맺으라"고 이미 설교했다(마 3:8). 마태는 이러한 언급을 로기아(*Logia*)에서 발견했고 마태복음 의 다른 곳에서도 이런 저런 형태로 사용한다. 나는 이미 7:16-20을 언급했다. 마태는 12:33에서 같은 비유를 사용하며 농부의 예화에서 다른 공관복음서들보다 더 넓게 그 비유를 사용한다(21:33-46). 사실 그 비유는 마태가 제시하는 이 예화의 지배적인 주제가 된다(Frankemölle 1974:279).

죄나 실패보다 구체적으로 위선을 마태가 어떻게 이해하는지에 대하여 우리는 이러한 정황을 참작하여 파악해야 한다. 바른 말을 가지고 있다 할지라도 선행, 열매가 부재한 경우를 뜻한다. 위선의 가장 가까운 동의어는 "아노미아"(헬라어 *anomia*, "불법," 마태는 유일하게 이 단어를 사용하는 복음서 기자로서 총 4회 사용하고 있다)이다.

이것은 마태에게는 위선이 가장하거나 독실한 척하는 것 그 이상을 뜻한다는 것을 보여준다. 그것은 사람들과 하나님에게 모두 잘못 행동한 것이다. 선을 행하지 않는 것은 악을 행하는 것을 의미한다. 열매를 맺지 않는 것은 그릇된 열매를 맺는 것을 뜻한다. 위선자들은 하나님의 뜻에 순종하지 않은 자들이다. 그들은 하나님의 언약 관계 밖에서 산다. 그들은 더 이상 하나님의 통치의 상속자들이 아니다. 악행자들 및 위선자들에 대립되는 사람들은 의인들(헬라어 *dikaioi*), 열매 맺는 사람들이다(마 13:41-43; 23:27; Frankemölle 1974:284-286; Giessen 1982:202-224; Senior and Stuhlmueller 1983:248).

8. 산상수훈

앞에서 산상수훈(마 5-7장)에 대하여 몇 차례 언급을 했었다. 산상수훈은 오랜 세기에 걸쳐 그리스도인들과 타종교인들 모두를 감동시켜 왔기 때문에 마태복음의 선교적 차원을 이해하기 위해서는 산상수훈에 대하여 몇 가지 추가 논의가 필요하다. 많은 사람들의 눈에 보기에 산상수훈은 예수의 마지막 유언과도 같다.

마태복음은 다섯 개의 주요 설교 혹은 강화를 담고 있는데 어떤 학자들은 이를 가리켜 마태의 "오경"이라고 한다. 이 설교들은 다음과 같다.

(1) 제자도(5-7장)

(2) 사도적 선교(10장)

(3) 하나님 나라가 임하는 방식(13장)

(4) 교회의 규율(18장)

(5) 거짓 교사들과 종말(23-25장)

"내가 너희에게 분부한 모든 것을 가르쳐 지키게 하라"(마 28:19)는 구절은 첫 번째 강화인 산상수훈을 주로 가리킨다. 참으로 이 설교는 다른 어떤 신약성경 본문보다도 예수의 윤리의 본질을 표현한다. 오랜 세기 동안에도 불구하고 산산수훈의 분명한 의미를 찾지 못하곤 했다. 스트레커(Strecker 1983:169)는 세 가지의 그릇된 해석을, 라피데(Lapide 1986:4-6)는 적어도 여덟 가지의 그릇된 해석을 언급한다. 나는 이들 중 일부만을 아래와 같이 제시한다.

(1) 이미 초대교회와 그 이후에, 특히 토마스 아퀴나스(Thomas Aquinas)는 모든 그리스도인들이 마태복음 5-7장의 명령들을 순종할 필요가 있는 것은 아니라고 믿었는데, 이것들은 특별한 범주의 그리스도인들, 보다 구체적으로 성직자들을 위해서 주어진 것이라고 보았다.
(2) 17세기 루터파 정통주의에서는 산상수훈에서의 예수의 요구들을 순종하는 것은 불가능하며, 엄밀히 말해서 이것이 목적이 아니라고 주장했다. 오히려 이러한 초인간적 요구들의 비현실성은 인간의 불충분성과 죄성을 드러내며 하나님의 뜻을 행하기 위해 우리 자신의 노력이 아니라 오직 그리스도만을 의뢰하게 한다는 것이다.
(3) 19세기 동안에는 개인주의의 강조와 함께 이 요구들을 구체적으로 순종하는 것이 아니라 마음의 올바른 상태가 중요하다고 보았다. 개인의 태도가 실제 행위보다 더 중요했다.
(4) 그러나 또 다른 설명은 산상수훈의 명령들을 "임시적인 윤리"의 표현으로 간주한다. 여기서 기대되는 그러한 특별한 성취들은 재림이 임박했다고 기대하고 있는 상황에서만 의미가 있을 뿐이라고 주장한다. 매우 짧은 임시적인 기간 동안에는 그렇게 높은 표준에 따라 살수 있다는 것이다.

그러나 오늘날 대부분의 학자들은 이러한 해석들이 부적절하며 마태의 관점에 의하면 예수가 자신을 따르는 사람들이 이러한 규범들을 항상, 어떤 형편에서든지 지킬 것을 실제로 기대했다는 점에 동의한다(Strecker 1983:169; Lapide 1986:6).

그러나 우리가 이러한 점을 수용한다면 실제로 이러한 기대에 맞춰 산 사람들이 거의 없다는 점 역시 인정해야 한다.

예수가 가르친 것과 실제로 일어난 일 사이에는 격차가 있다. 이것은 다른 어떤 명령보다도 예수의 경계를 허무는 사역의 본질을 반영하고 있는 원수를 사랑하라는 명령에 대하여 그렇다. 이것은 하나님의 통치 윤리의 절정을 형성한다. 그러나 "나사렛의 종말적 선지자는 동시대 유대인들과 모든 시대의 교회들에게 걸림돌을 제시한 것이다." 사실상 교회의 역사는 "이 명령에 귀를 닫은 사람들의 역사"라고 해도 과언이 아니다.

그러나 그리스도인들이 산상수훈의 표준대로 살지 못한다고 해서 그렇게 살아야 하는 도전에서 면제되지 않는다. 특히 폭력과 보복, 우파와 좌파로부터의 억압, 부익부 빈익빈이 존재하는 현대 세계 속에서 산상수훈의 "탁월한 정의"를 교회의 선교 의제에 포함시키는 것이 필수적이다. 교회의 선교는 삶의 개인적, 내적, 영적, "수직적" 차원에만 관심을 기울일 수 없다. 그러한 접근은 마태가 해석하는 예수의 전통에 전혀 부합하지 않는 이분법이다.

앞 장에서 나는 예수가 이스라엘 안에 정치적 왕국을 세울 의도가 전혀 없었다고 주장했었다. 그러나 이것은 그의 사역이 정치에 무관심했다는 뜻이 아니다. 분명히 그렇지 않다. 특히 산상수훈은 거의 대부분의 전통 사회 구조를 도전하기 때문에 현저하게 정치적이다. 그러나 그의 정치는 평화의 수립, 화해 정의, 복수의 포기(나는 다음 장에서 이 부분을 다시 다룰 것이다), 무엇보다도 원수를 사랑하는 정치이다.

라피데(Lapide)는 "(예수는) 우리 시대의 혁명가들보다 훨씬 더 철저한 사랑의 반역자였다"(1986:103). 이것은 특히 그가 말한 것과 그가 행한 것 사이에 긴장이 전혀 없기 때문에 그렇다.

그러므로 프랑케몰레(Frankemölle)가 마태복음 11:2의 "에르가 투 크리스투"(헬라어 *ta erga tou crhistou*, 그리스도의 사역 혹은 행위)를 예수의 다양한 선교 사역들이 함께 만나는 결절점(結節點, node: 선들이 만나는 점-역주)으로 본 것은 타당하다. "에르가 투 크리스투"라는 표현은 선교의 다양한 측면들을 조명해 주는 일종의 총칭(Oberbegriff)이다(Frankemölle 1982:98, 128).

물론 그의 이타적인 사랑이 극치를 이루는 "사역"은 십자가 죽음이다. 이것 없이 산상수훈의 가르침은 우아할지는 모르지만 텅 빈 설교가 되고 만다. "그것은 자신의 피로 진정성을 인친 나사렛 예수의 모범적인 삶, 고난과 죽음을 통해서만 구속력을 갖는다."

9. 하나님의 통치와 정의–의

오랫동안 뒤편에 머물러 있었지만 마태가 표현한 것으로서 우리에게 다가오는 두 가지 중요한 선교 주제가 있다. 바로 "바실레이아"(헬라어 *basileia*, 하나님의 통치)와 "디카이오시네"(헬라어 *dikaiosyne*, 정의 혹은 의)이다.

"바실레이아"라는 개념은 앞 장에서 살펴 보았었는데, "디카이오시네"와 관련되거나 마태의 특유한 관점과 관련 있는 경우에 한하여 언급할 것이다. "바실레이아"라는 용어를 마가는 18회 사용하는 반면, 마태는 51회 사용하며 대부분 "하늘의"라는 말을 덧붙인다. 마태복음의 예수의 선포와 비유들(특히 13장의 비유들), 치유, 축사 사건들(12:28)에서 지배적인 주제이다.

마태는 예수의 사역을 요약하면서 "천국 복음을 전파하고"라는 표현을 사용한다(4:23; 9:35). 여기서 "좋은 소식" 혹은 "복음"은 예수의 오심의 전체 사건을 가리킨다. 뒤에 따라 나오는 "바실레이아"(헬라어 *basileia*)는 예수 자신을 가리키는 듯 하다(소유격 구조로는 "바실레이아의 복음").

"마태의 관점에서 하나님 나라(the kingdom)를 만나는 것은 예수 그리스도를 만나는 것이다"(Senior and Stuhlmueller 1983:237).

예수 안에서 하나님의 통치가 인류에게 가까이 왔다. "바실레이아의 복음"이라는 독특한 문구는 예수님의 하나님 나라 사역의 보편적이고 선교적인 성격을 강조한다. 하나님 나라 비유의 보편적인 지평은 마가복음에서는 암시적이지만 마태의 선교신학에서 훨씬 표면 위로 떠오른다(:238).

하나님의 통치와 신비한 방식으로 연관되어 있는 것이 "디카이오시네"(헬라어 *dikaiosyne*)인데 마태의 가장 특징적인 개념이라 할 수 있다. 주의 깊게 분석해 보면 마태가 자신의 자료들 속에서 이 용어를 발견한 것 같지 않다. 그 용어는 마태 자신이 매번 소개한 것으로서 그가 그의 자료들 속에서 만난 것과는 분명히 대조된다(Strecker 1962:149-158).

그러나 "디카이오시네"의 번역은 적어도 영어의 경우 문제가 된다. 그것은 칭의(우리를 의롭다고 선언하는 하나님의 자비로운 행위로서 우리의 신분을 변화시키고 우리를 그에게 받을만한 자로 선언하다), 또는 의(현저하게 종교적이거나 영적인 개념으로서 하나님의 속성이거나 우리가 하나님으로부터 받는 영적 자질) 또는 정의(다른 동료들에 대한 바른 행위로서 그들이 권리를 가질 수 있도록 추구한다)를 가리킨다.

대부분의 영어 신약성경 번역본들은 편향적으로 두 번째 의미를 취하고 있다. "정의"라는 단어가 영어 신약성경에서 전혀 나타나지 않는 경우가 많은데 이것은 중요한 결과를 낳는다. 예수의 말 중에 나오는 "디카이오시네"를 "의"와 "정의"로 번갈아 번역해 보면 이러한 결과를 감지할 수 있다.

따라서 네 번째 축복(마 5:6)은 (영적인) 의와 거룩함에 굶주리고 목마른 자들을 가리키거나 억압받는 자들에게 정의가 행해지기를 갈구하는 자들을 가리킨다. 마찬가지로 마태복음 5:10의 "핍박을 받은 자들"은 자신들의 종교적인 헌신 때문에(의) 혹은 소외된 자들을 위한 대의를 주장하기 때문에(정의) 고난을 받을 수 있다.

다시 말해서 마태복음 5:20에 따르면 제자들의 종교성 혹은 그들의 정의 실천은 바리새인들을 앞서야 한다. 마찬가지로 마태복음 6:33 "너희는 먼저 그의 나라와 그의 의를 구하라 그리하면 이 모든 것을 너희에게 더하시리라"를 해석하기를 영적인 것이 물질적인 것보다 중요하며 우리의 우선순위를 바로 하면(하나님의 통치와 그의 의를 이 세상적 관심보다 위에 둔다) 하나님이 우리를 물질적으로도 복을 주실 것이다 라고 할 수 있다.

다른 한편으로, "모든 것보다도 우선적으로 마음을 하나님 나라와 그의 정의에 두면 모든 것이 너희에게 주어질 것이다"라고 해석한다면, 이것은 예수가 우리 자신의 욕망과 이익에 관심을 두지 말고 환경과 사회에 의해 희생자가 된 사람들을 위해 정의를 실천하라고 요구한다는 뜻이 된다. 그러므로 올바른 번역이 중요하다. 잘못된 번역은 "번역자는 반역자이다!"(*tradaduttore traditore*)라는 이탈리아 속담에 해당되고 만다.

그러나 "디카이오시네"의 의미를 찾으려고 할 때 "의"와 "정의" 중에 선택하려고 해서는 안된다. 우리의 문제는 영어가 "디카이오시네"의 넓은 개념을 한 단어로 표현하기 어렵다는 점에 있다.

예를 들면, 마이클 크로스비(Michael Crosby)는 "디카이오시네"를 "정의," "거룩," "경건," "경외함"으로 번갈아 번역한다(1981:118-124). 그는 "디카이오시네"가 "구성적인"(constitutive) 차원과 "규범적인"(normative) 차원을 모두 가진다고 믿는다. "주 여호와의 영이 내게 내리셨으니(사 61:1), 우리는 정의의 옷을 입는다. 정의의 겉옷을 입는다(사 61:10). 옷과 겉옷은 정의라는 우리 존재의 심연 속에서 하나님을 경험하게 한다.

구성적인 차원은 다음과 같다. 하나님이 우리를 의롭다 하고 그가 보기에 우리를 의롭고 거룩하게 한다. 하나님의 의로 구성된 후에는 "하나님이 우리를 사용하여 '정의와 찬송을 모든 나라 앞에 솟아나게 한다'"(사 61:11).

규범적인 차원은 하나님으로부터 경험한 정의를 동일하게 다른 사람들을 위해 베푸는 백성을 하나님이 세우는 것을 가리킨다(Crosby 1981:118). 따라서 하나님의 정의는 자기 백성을 위한 구원의 활동이다. 인간의 정의는 하나님의 뜻을 실천함으로써 하나님의 선하심에 반응하는 우리의 노력이다(:139).

마태복음의 예수가 제자들을 디카이오시네의 사역을 하라고 부르는 것은 주로 두 번째 차원을 염두에 둔 것이지만 첫 번째 차원 역시 구성적 차원으로서 내재한다(Giessen 1982:259-263). 윤리적 차원만을 강조하는 것은 율법주의를 반대하는 마태의 강경한 입장과 조화될 수 없다(Frankemölle 1984:281, 287).

"디카이오시네"는 행동하는 믿음, 경건의 실천, 혹은 마태복음 6:1처럼 "네 아버지 앞에서"의 올바른 행위이다(:283). 그것은 하나님의 뜻을 행하는 것이다. 십계명과 그 요약(마 22:37-40)은 하나님과 이웃 모두와 관계된다(:281). 그것은 하나님의 역사 관여를 적극적으로 믿음으로써 나타난다.

"디카이오시네"는 먼저 선물이고 그 다음에 의무가 된다. 이 점에서 그것은 십계명의 원래 의도와 유사하다. 이스라엘은 십계명의 선언을 가장 중요한 구원 사건으로 이해하고 기념했는데, 이 경험 속에서 "하나님이 이스라엘에게 준 언약의 신실성이 입증되었기 때문이었다(G. von Rad, Frankeölle 1974:292 인용).[1]

---

[1] 마태복음의 (헬라어 *dikaiosyne*)에 대한 상세한 토론에 대해서는 기이센(Giessen 1982:79-112, 122-

바리새인의 의를 "앞서야" 하고, "온전해야" 한다는 마태의 호소는 같은 측면에서 이해되어야 한다(Giessen 1982:122-146). 이러한 명령들을 도덕적인 우위나 더 큰 성취라는 관점에서 보는 것은 타당하지 않다.

이것이 마태의 관점이라면 누가 감히 "하늘에 계신 너희 아버지의 온전하심과 같이 너희도 온전하라"(마 5:48)는 표현을 사용할 수 있겠는가?

"온전"은 70인 역 성경에서 결코 하나님의 속성이 아니다. 하지만 마태는 쿰란 본문과 당시의 유대교에서도 병행구가 없는(Frankemölle 1974:282, 288) 이 표현을 예수가 말한 것으로 기록하고 있다. 그러나 마태는 율법을 수량적으로 성취하는 것이 아니라 율법의 질적 변화 혹은 초월을 중시한다.

"마태에게 있어서 온전은 율법에 대한 전통적인 이해를 훨씬 뛰어넘는 엄격한 신 중심적 개념이다"(Frankemölle 1974:293, 283, 292).

하나님의 통치의 디카이오시네는 예수가 자신의 청중들에게 제시하는 명령들을 옛 백성이 들었던 명령들과 대조하는 일련의 진술들 속에 표현되어 있다. 이 명령들 중 어느 것도 율법의 강화로 볼 수 없다. 이 명령들은 다른 종류의, 다른 질서의 순종을 가리키는데, 그 명령들이 예수의 삶 안에서의 하나님의 통치의 도래로 시작되었기 때문이다. 단순히 최상의 희생적 행위를 하는 것으로 충분치 않다. 젊은 부자 청년은 가난한 자들에게 자신의 소유를 모두 주라고 요구받았을 뿐만 아니라 예수를 따르라는 요구를 받았다. 후자의 요구가 참으로 결정적인 것이며 "온전함"은 제자도에서 나타난다(Barth 1965:90, 93).

10. "제자를 삼으라..."

계명, 가르침, 아버지의 뜻, 하늘의 통치, 정의/의와 온전함과 같이 긴밀히 상

146, 166-194)을 보라. 또한 기이센은 마태와 바울의 *dikaiosyne*를 비교하고 있다. Michael H. Crosby, *House of Disciple: Church, Economics and Justice in Matthew* (Maryknoll, N.Y.:Orbis Books, 1988), 145-95를 보라.

호연관이 된 개념들에 대한 고찰은 독자들이 "내가 너희에게 분부한 모든 것을 가르쳐 지키게 하라"(마 28:20)는 "대위임령"을 이해하는 데 도움이 될 것이다.

나는 이러한 단어들이 하나의 문구를 이루어 어떻게 마태복음의 신학적인 부요함과 깊이를 제시하며 우리에게 선교적인 관점을 열어주는지를 설명하였다. 그러나 우리는 아직 마태의 선교 메시지와 그 의미를 모두 고찰한 것이 아니다. 이제 우리는 "대위임령"의 또 다른 핵심 표현을 살펴볼 것이다. 곧 "제자"(헬라어 *mathetes*)와 "제자를 삼다"(헬라어 *matheteuein*)라는 용어의 전체적인 의미이다.

제자도라는 주제는 마태복음의 중심이고 마태의 교회와 선교 이해의 중심이다. "제자"는 특히 복음 전도자에 대한 교회론적인 개념이다(Bornkamm 1965b:300; Bornkamm 1965a:37-40). 그러나 먼저 "제자를 삼다"(헬라어 *matheteuein*)라는 동사를 살펴보자. 이 동사는 신약성경에서 네 번만 나오는데 세 번은 마태복음에(마 13:52; 27:57; 28:19), 한 번은 사도행전에 나온다(행 14:21).

이 동사 "마태튜에인"(헬라어 *matheteuein*)이 사용된 경우 중 가장 주목할 곳은 "대위임령"에서이다(28:19). 이 경우는 또한 유일하게 명령형으로 사용되었다.

"제자를 삼아라!"(헬라어 *matheteusate*)

더욱이 이 동사는 "대위임령"에서 주동사이며 위임의 핵심이다. 두 분사 "세례 주고," "가르치고"는 "제자를 삼아라"에 분명히 예속되며, 제자 삼기가 취해야 할 형태를 기술한다(Trilling 1964:28-32; Hahn 1980:35; Matthey 1980:168).

"선교의 전체적인 목표는 모든 사람들을 참된 그리스도인의 수준에 올려놓는 것이다"(Trilling 1964:50).

이것을 염두에 두고 열광주의적 요소들과 율법폐기론적 요소들에 반대하면서 마태는 "제자를 삼아라"(헬라어 *matheteusate*)라는 차분한 명령을 취한다. "제자를 삼으라"는 동사가 드물게 나오는 것과 달리 "제자"(헬라어 *mathetes*)라는 명사는 네 개의 복음서와 사도행전에서는 공통적으로 나오며, 다른 신약성경 책들에서는 발견되지 않는다. 가령 바울은 이 명사를 결코 사용하지 않는다.

"제자"는 다른 공관복음서들에서 보다 마태복음에서 훨씬 더 중심적이다. 이 용어는 마태복음에서 73회 나오며, 마가복음에서는 46회, 누가복음에서는 37회만 나온다. 사실 이 용어는 복음서들에서 그리스도를 따르는 사람들을 가리키는 유일한 이름이다. "제자"와 가장 빈번히 함께 사용되는 동사는 헬라어 *akolouthein* 라는 동사이다. 이 동사는 또한 마태의 자료들보다 마태복음에서 더 일반적이다. 마태는 여러 곳에서 이 동사를 도입했다(Strecker 1962:193; Kasting 1969:35; Frankemölle 1974:153; Friedrich 1983:165). 그러므로 영어 단어 "제자도"는 독일어 Nachfolge(나흐폴게: 따르는 것)의 올바른 번역이다(디트리히 본회퍼의 책 Nachfolge 를 제자도의 대가[*The Cost of Discipleship*]로 번역하였다).

마태, 마가, 누가 간에 제자(헬라어 *mathetes*)라는 용어의 사용 횟수 차이보다 더 중요한 것은 의미의 뉘앙스의 차이이다. 마태에게 "제자"라는 표현은 마가와 누가와는 달리 12제자만을 가리키지 않는다. 이 단어가 사용될 때 12제자가 항상 전제되지만 덜 명확하게 사용된다. 긍정적으로 볼 때 마태에게 첫 제자들은 교회를 위한 원형이다. 그러므로 이 용어는 마태 당시의 "제자들"을 포함하는 것으로 확장된다. 마태의 복음서는 바로 이러한 이유 때문에 교회의 복음서로 알려져 있다.

예수 자신의 시대와 마태 공동체의 시대 간의 연결은 사실 "제자를 삼아라!"라는 명령 속에 들어 있다(마 28:19). 달리 말하자면, 지상의 예수를 따르는 사람들은 다른 사람들을 자신들의 모습인 제자로 만들어야 한다. 그러므로 결론적으로 마태에게는 예수의 역사와 교회의 시대 사이에 어떤 단절이나 비연속성도 존재하지 않는다.

마태 당시의 신자 공동체는 구원의 경륜에 있어서 새로운 시기를 형성하지 않는다. 선생과 그의 첫 제자들 간의 과거의 관계는 역사 이상의 것으로 변화되고 있다. 그것은 현재의 시간에 양분을 주고 도전하는 것을 목표로 한다. 믿음은 키에르케고르(Kierkegaard)가 동시대성(contemporaneity)이라고 부른 것 안에서, 즉 선생과 제자들의 토대를 이루고 모범적인 역사를 끊임없이 재현하는 가운데 그 효과가 나타난다.

마태의 복음서 저작을 정당화하는 것은 예수의 역사와 그 당시의 교회의 삶 사이의 이러한 필수불가결한 변증법이다(Zumstein 1972:31-33; Minear 1977:145-

148). 첫 제자들이 후대 교회를 위한 원형이라는 개념은 여러 형태로 나타난다.

마태 공동체의 일원들 역시 하나님의 통치를 기대한 사람들이다(마 5:20). 그들은 세상의 소금과 빛이기도 하다(5:13). 그들은 또한 여러 가지 이유로 인해 복있는 사람들인데, 모두 "나를 인하여"(마 5:11)라는 이유로 압축된다. 하나님은 그들의 아버지이고 그들은 하나님의 자녀들이며(5:9, 5:42) 하나님의 통치를 받는 자녀들이다(13:38). 그러한 자녀이므로 그들은 자유하다(17:25). 더욱이 그들은 서로 형제들(헬라어 *adelphoi*)이고(5:22, 23, 24, 47; 18:15, 21, 35; 23:8) 심지어 서로 종들이다(Frankemölle 1974:159-190).

마태 당시의 "제자들"은 첫 제자들만 관계되는 것이 아니라 다른 제자들과도 연관된다. 모든 제자들은 선생을 따르며 결코 홀로가 아니다. 모든 제자는 제자들의 모임, 제자들의 몸의 한 일원이며 그렇지 않으면 제자가 결코 아니다.

11. 예수를 본받아 그러나...

예수의 첫 제자들이 예수를 본받았듯이, 마태 당시의 "제자"는 첫 제자들을 본받는다. 나는 앞 장에서 예수와 그의 제자들 간의 관계가 유대 랍비와 그 학생들 간의 관계와는 근본적으로 다르다고 주장했었다. 그러나 우리는 더 나아가야 한다. 마태에게 제자의 의미는 단지 예수가 가르치는 것을 가르치고(28:20) 예수의 동료 사역자가 되고 단지 그의 전령이 되는 것을 뜻하지 않는다(Hahn 1965:41).

여기에는 훨씬 심오한 일치와 결속이 있다. 이것은 특히 마태복음의 중심부인 9:35-11:1에서 명백하게 나타나는데, 이 부분은 11개의 짧은 부분으로 세분화될 수 있다. 이 11개의 단락의 중심에 10:24이 있다.

> 제자가 그 선생보다 또는 종이 그 상전보다 높지 못하나니 제자가 그 선생 같고 종이 그 상전 같으면 족하도다(마 10:24).

마태는 이 중심구절 주변에 한 가지 사실만을 조명하는 여러 말들을 배치시키는데, 그 한 가지 사실은 예수에게 해당하는 것은 제자들에게도 역시 해당한다는 것이다. 그들의 공유는 특별히 두 가지 상반되는 측면으로 나타나는데 예수와 그의 제자들이 고난과 선교적인 권위를 공유한다는 것이다(Brown 1978:76-79; Frankemölle 1974:85-108; Frankemölle 1982:125-129).

제자들이 예수를 주의 깊게 일관성 있게 본받아야 할지라도 예수와 제자들 간의 본질적인 차이를 흐리게 하는 어떤 암시도 없다. 마태복음에서 아주 작지만 중요한 세부사항들이 이것을 입증한다.

첫째, 마태는 "경배하다"(to worship, 헬라어 *proskynein*)라는 동사를 사용하는데 문자적으로는 "바짝 엎드리다"라는 뜻이다. 이것은 "대위임령" 단락에서 나오는데 제자들이 예수를 보았을 때 "그들은 그에게 경배했다"(28:17). "프로스키네인"(*proskynein*)은 마태가 즐겨 사용하는 단어이다. 그는 이 단어를 적어도 13번 사용한다(마가복음과 누가복음에는 각각 2번 나온다).

시험 기사에서 예수가 사탄에게 대답한 것에서 볼 수 있듯이(마 4:10; 신 6:16), 이 동사는 하나님에게 복종하고 하나님을 경배하는 경우에만 사용되는 몸짓이다. 예수가 물 위를 걸었을 때, 오직 마태만이 제자들이 "진실로 하나님의 아들이로소이다"(마 14:33)라고 외치며 그의 발 앞에 엎드렸다고 기록한다(Lange 1973:472-474; Matthey 1980:164). 분명히 마태에게 예수는 본받아야 할 대상 그 이상이었다. 그는 궁극적으로 주님이다.

이것은 예수와 제자들 간의 차이를 보여주는 또 하나의 중요한 측면인데 마태가 "주님"(헬라어 *Kyrios*)이라는 표현을 사용한 것이다. 마태복음에서 이 호칭은 제자들과 고통 중에서 예수에게 도움을 청하러 오는 사람들에 의해서 사용되고, 한편 예수를 반대하는 자들은 항상 "선생"이나 "랍비"라고 그를 칭한다. 이러한 차이는 일관적으로 나타난다. 마태의 자료들이 "선생" 혹은 "랍비"라고 할때 마태는 "주님"으로 표현한다. 그 결과 예수의 반대자들은 그를 결코 "주님"이라고 부르지 않고 제자들은 "주님" 외에 다른 표현을 쓰지 않는다.

그러나 예외가 단 한 가지 있는데 가롯 유다가 예수를 "랍비"라고 두 번 부른 경우로서 모두 예수를 배반하는 상황에서이다(마 26:25, 48; Strecker 1962:33, 123; Bornkamm 1965a:38, 1965b:301, 33, 123; Lange 1973:218-229). 물론 당시에 "큐리오스"(헬라어 *Kyrios*)가 왕이나 신적인 칭호였을 뿐 아니라, 단순히 존경을 나타내는 표현으로 사용되었다. 그렇다 할지라도 마태가 그것을 주로 신적인 칭호로 사용했다는 점은 거의 의심할 여지가 없다(Bornkamm 1965a:39).

특히 마가에 비하여 마태가 제자들을 이상적으로 묘사하는 경향이 있다고 종종 지적되었다(Strecker 1962:193; Frankemölle 1974:150-155). 그러나 마태가 역사를 곡해했다고 속단해서는 안되며 내가 앞에서도 여러 차례 주장했듯이 그는 독특한 방식으로 예수의 사역 논리를 자신의 시대와 환경 속으로 연장시킨 것이다. 그의 관심은 목회적이자 동시에 선교적이다. 첫 제자들을 자신의 공동체의 모범으로 삼은 점에서 목회적이고 첫 제자들을 닮은 "제자들을 만들도록" 자신의 공동체를 촉구하는 점에서 선교적이다.

그러나 마태가 모든 부정적인 요소들을 제거하지는 않는다는 점을 주목해야 한다(Strecker 1962:193; Frankemölle 1974:152-155). 제자들은 때로 "믿음이 적고," "무서워하고," "의심이 많은" 자들로 묘사된다. 이들 중 마지막 표현인 "디스탄제인"(*distazein*)은 마태복음에서만 나타난다. 놀랍게도 이 표현은 "대위임령"에서 나타나는데 "예수를 뵈옵고 경배하나 아직도 의심하는 사람들이 있더라"(28:17)라고 되어 있다.

제자들의 연약함에 대한 이러한 언급들은 분명히 마태의 독자들에게 중요한 의미가 있다. 예수의 제자가 된다는 것은 이미 도달했다는 뜻이 아니다. 마태복음은 마지막 순간까지 깨어 있어야 한다는 비유들을 여러 차례 기록하고 있다 (LaVerdiere and Thompson 1976:580).

심지어 하나님의 집의 형제나 종도 "외식하는 자"가 될 수 있다(7:5; 24:51). 알곡과 가라지의 비유와 그물의 비유에서 분명히 나타나듯이 구원받은 자와 잃어버린 자의 분리는 심판의 날까지 유보되어 있다(두 비유 모두 마태복음에만 수록되어 있다. 13:24-30; 13:47-50; Bornkamm 1965a:16, 40). 계속적으로 깨어있으라는 당부는 분명히 자화자찬에 대한 경고이자 선교에 더욱 매진하라는 동기부여이다

(LaVerdiere and Thompson 1976:581; Frankemölle 1982:127).

그러나 마태복음 안에서 제자들의 연약함은 어두운 면만을 가지고 있지 않다. 마태복음 28:17에서 제자들의 의심은 이상하게도 경배와 나란히 놓여져 있다.

경배하나 아직도 의심하는 사람들이 있더라(마 28:17).

마태복음 14:31, 33에서도 이 두 동사가 긴밀히 연결되어 나타난다(Zumstein 1972:20, 24; Hubbard 1974:77; Matthey 1980:165). 마태는 점점 더 적대시하는 유대인들과 아직은 외국 이방인인 사람들 사이의 경계선 상에서 정체성을 규정하는데 어려움을 겪으며 최전선에서 살고 있는 자신의 공동체의 일원들을 바라보면서 그들이 현재 살고 있는 시리아 국경 건너편의 갈릴리 산비탈에 사는 일반인들을 상기시킨다.

그리고 마태는 선교가 자신감으로 되는 것이 결코 아니며 우리 자신의 연약함을 인식할 때, 그리고 위험과 기회가 서로 만나는 위기의 순간에 이루어진다는 것을 그의 공동체가 이해하기를 원한다. 첫 제자들과 마찬가지로 마태의 그리스도인들은 경배와 의심, 믿음과 두려움 사이의 변증법적 긴장 속에 서 있다.

마태는 그들이 의심을 물리칠 수 있도록 도와주기를 거절하는 듯이 부활한 예수의 마지막 모습을 아주 침착한 어조로 묘사한다. 그는 열한 제자가 예수가 가라고 말한 갈릴리 산으로 갔다고 말할 뿐이다. 그리고 예수는 그들에게 와서 그들에게 위임을 주셨다(28:16-18). 그는 복음서 기사에서 붙여진 이름 그대로 같은 예수이다.

그는 그들과 함께 팔레스타인의 먼지가 나는 길을 걸었던 그 사람이다. 그는 이제 죽음에서 부활하였지만 그의 영광은 신비 속에 감춰져 있고 싸여 있다. 승천이 성령의 부어주심이 기록되어 있지 않고 기대되지도 않는다(Trilling 1964:43; Bornkamm 1965b:290;, Schneider 1982:86).

마태는 전체 장면을 상당히 절제있게 기술한다. 초점은 전적으로 예수의 말에 맞춰진다(Bosch 1959:188; Matthey 1980:166). 마태가 예수의 말과 행위를 확증하기 위해 구약성경을 항상 인용하는 반면, 여기서는 그러한 공식이 나타나지 않는다. 독자들은 자신들의 권위에 기초하여 부활한 예수의 말의 타당성을 인정해야 한다(Hahn 1980:32). 극적인 것이 없다! 열광주의라고 할만한 것이 없다!

그러나 마태는 특유의 변증법적 방식으로 이 장면의 차분함과 다른 두 요소를 대비시킨다. 한 요소는 예수가 자신의 모든 권세에 대하여 말한 것이고 다른 한 요소는 예수의 마지막 말이자 마태복음을 마무리 짓는 말이다.

> 볼지어다 내가 세상 끝 날까지 너희와 항상 함께 있으리라(마 28:20).

먼저 후자를 살펴보자.

"너희와 함께"와 "세상 끝 날까지"라는 표현은 전형적으로 마태적인 표현이다. 마지막 단락에서 자주 그러는 것처럼 그는 마태복음의 앞부분에서 언급했던 주제들로 다시 돌아간다. "너희와 함께 있으리라"의 경우 이사야 7:14으로부터 취한 것인데, 마태복음 1:23에서 "그의 이름은 임마누엘이라 하리라 하셨으니 이를 번역한즉 하나님이 우리와 함께 계시다 함이라"에서도 사용하였다.

마태복음의 시작 부분에서 예수의 임재는 주로 이스라엘에게 약속되었고 마지막 부분에서는 어디에 있든지 모든 제자들에게 해당한다(8:23-27; 18:20). 더 나아가서 그의 임재는 세상 끝날까지 영구적이다. 승천, 성령의 부어주심, 재림을 언급할 필요가 없는 것이 바로 이 이유 때문이다.

> 이것들에 대한 관심은 항상 즉각적이고 위로하고 능력을 주는 주님의 임재를 경험하기 때문에 흡수되어 버리는 듯하다. 주님의 현재적 임재에 대한 경험을 뚜렷이 인식하기 때문에 미래 전체를 받아들일 수 있다. 현재 실재인 것이 영원히 유효하다. 여기서 묵시적 사변이 아니라 교회의 믿음을 가리킨다(Trilling 1964:43).

이와 같은 방식으로 마태복음의 결론은 새로운 시작을 알린다(Legrand 1987:12).

그러나 예수가 함께 거하는 임재는 그를 따르는 자들의 선교 참여와 밀접하게 관계된다. 예수가 그를 따르는 자들과 함께 있는 것은 그들이 제자를 삼고 세례를 주고 가르칠 때이다(Matthey 1980:172; Schneider 1982:85).

구약성경에서는 위험한 사명을 감당해야 할 경우에 백성들에게 주님의 임재가 특히 강조된다(수 1:5; 사 43:1, 4). 예수는 위험한 선교를 실행하러 나가서 반대와 핍박을 만나게 될 자신의 제자들에게 하나님이 그의 옛 백성에게 약속했던 동일한 지원을 약속한다(Zumstein 1972:28; Senior and Stuhlmueller 1983:242).

그러나 "너희와 항상 함께 있으리라"는 "가서… 제자를 삼아라"에 예속되지 않는다. 오히려 거꾸로 인데 예수가 제자들과 함께 계속 임재하기 때문에 제자들이 선교하러 나간다(Legarand 1987:12).

마태가 예수의 마지막 모습을 차분하게 묘사한 것과 대비하여 나타나는 두 번째 특징은 "대위임령"의 서문격인 부분에 나타나 있다.

> 하늘과 땅의 모든 권세를 내게 주셨으니(마 28:18).

이제 부활 후에 예수에게 땅뿐만 아니라 하늘의 모든 권세가 있다(9:6 참조). 새로운 것은 그의 권세의 우주적 확장이다(Strecker 1962:211; Zumstein 1972:24; Lange 1973:96-169; Meier 1977:413; Matthey 1980:166). 마태는 다시금 자신의 복음서의 앞 부분으로부터 한 주제를 취하는데, 4:8 이하에서 사탄이 자신에게 절하고 경배하면 "천하만국과 그 영광"을 예수에게 주겠다고 제안했다.

그러나 예수는 거절했다. 이제 마태복음의 마지막 장면에서 제자들은 예수를 경배하고 예수는 하나님이 자신에게 마귀가 약속한 것보다 훨씬 더 주었다고 선언한다.

"십자가에 달린 자가 우주의 주가 되었다"(Friedrich 1983:179: Lohmeyer 1951). 그러나 이러한 선언은 너희는 가서 모든 민족을 제자로 삼아"(28:19)라고 한 예수의 말과 모순되는 듯이 보인다.

그렇다면 예수는 진정하고도 완전한 우주의 주가 아직 아니란 말인가?

예수의 추종자들이 민족들을 제자를 삼고 세례를 주고 가르침으로써 그를 주로 만들어야 하는 것인가?

예수의 주권은 민족들이 그를 왕으로 인정하는 비준을 받아야 하는 것인가?

그들이 그렇게 하지 않으면 예수의 통치는 위태로운 것인가?

또는 이와 반대로 그의 주권이 논란의 여지없이 이미 확립되어 있다면 왜 여전히 온 세상으로 가서 그에게 복종하도록 민족들을 설득해야 하는가?

민족들은 이미 그의 종들이 아닌가?

예수가 "하늘과 땅의 모든 권세"를 가지고 있다면 그 권세를 여전히 더 보이려고 애써야 할 이유는 무엇인가?

대수롭지 않게 보이고 흔히 간과되지만 마태가 즐겨 쓰는 또 다른 단어는 "(가라)[2] 그러므로"(헬라어 *oun*)이다(Lange 1973:306; Friedrich 1983:174). 그것은 실재(예수의 우주적인 권세)에 대한 선언과 엄숙한 도전("제자를 삼는 것")을 연결시킨다. 예수가 참으로 모든 것의 주님이라면 이러한 현실은 선포되어야만 한다. 이것을 알면서도 침묵하고 있을 수는 없다.

할 수 있는 것은 단 한가지인데, 다른 사람들도 예수의 주권을 인정할 수 있도록 돕는 것이다. 그리고 이것이 바로 선교의 핵심인데 "그리스도의 주권을 선포하는 것"이다(Michel 1941:262). 예수의 왕권은 상상할 수 없는 전 세계적인 선교를 개시하고 가능하게 한다. 우주적이고 무제한적인 부활한 예수의 통치는 그의 대사들로부터 동일하게 우주적이고 무제한적인 반응을 불러 일으킨다(Friedrich 1983:180). 선교는 예수가 우주의 통치자이자 주님이된 귀결이다. 이러한 점에서 볼 때 "대위임령"은 명령이라기보다는 능력주심을 선언하는 것이다(Hahn 1980:38). 그것은 창세기 1:3의 "빛이 있으라…"와 같은 창조의 진술이다.

---

[2] 분사 "가라"(헬라어 *poreuthentes*)의 의미에 대하여는 내가 다른 곳에서 설명한 것을 참조한다(Bosch 1980:68, 1983:229). 나는 여기서 지리적인 거리(한 지역에서 다른 지역으로 가는 것)가 특별한 의미를 가지고 있다고 믿지 않는다는 점만 말하고자 한다.

아버지와 아들과 성령의 이름으로 세례를 주고(28:19).

이 구절도 같은 빛에서 이해되어야 한다. 마태가 가르치라는 명령 앞에 세례 명령을 둔 것과는 완전히 반대로 수 세기 동안 선교 사역을 해 왔지만 일부 선교사들과 선교학자들은 마태의 순서로 되돌아가 먼저 세례를 주고 그 다음에 가르쳐야 한다고 주장하였다. 그러나 이러한 방식으로 마태를 이해할 수 있는지는 진지하게 검토되어야 한다. 마태복음의 예수는 말하자면 신학적 진술이다. 게르하르트 프리드리히(Gerhard Friedrich 1983:182, 183)는 다음과 같이 말한다.

> "세례 주고," "가르치라"의 순서는 교리적 실수가 아니라 마태가 의식적으로 택한 것이다. 세례를 통해 사람들은 예수의 제자가 되라는 부름을 받는다. 세례는 인간의 행위나 결정이 아니라 은혜의 선물이다. 세례를 통해 세례받은 사람은 충만한 신적 약속과 죄사함의 실재에 참여하게 된다.

이것은 내가 앞에서 이미 언급했듯이 누가복음(24:47)과 요한복음(20:21-23)의 상응 본문에서는 죄 사함이 강조되었지만, 여기서는 언급이 없는 이유를 설명하기도 한다. 죄 사함은 마태복음의 중심 개념이다(Strecker 1962:148). 가장 먼저로는 1:21에서 천사가 마리아에게 하는 말이다.

> 아들을 낳으리니 이름을 예수라 하라 이는 그가 자기 백성을 그들의 죄에서 구원할 자이심이라 하니라(마 1:21).

주기도문은 "우리가 우리에게 죄지은 자를 사하여 준 것같이 우리의 죄를 사하여 주옵소서"라는 청원을 담고 있는데, 바로 이어서 마태는 "너희가 사람의 과실을 용서하면 너희 천부께서도 너희 과실을 용서하시려니와"(6:14)라는 예수의 말을 기록한다. 또한 주의 만찬 시에 마태복음의 예수는 "이것은 죄 사함을 얻게 하려고 많은 사람을 위하여 흘리는바 나의 피 곧 언약의 피니라"라고 말한다(26:28). 죄 사함에 대한 언급은 다른 공관복음서들의 최후의 만찬 기사에는 나오지 않는다(Trilling 1964:32).

이 모든 것을 볼 때 "대위임령" 속에 죄 사함을 언급하는 것은 분명히 불필요했을 것이다. 마태의 경우 이것은 분명히 세례의 형식 속에 들어 있었다.

"죄 사함 받는 세례를 통해 제자가 된다"(Friedrich 1983:183).

바울 역시 (정확하게 세례 본문이라는 상황에서) "너희도 너희 자신을 죄에 대하여는 죽은 자요 그리스도 예수 안에서 하나님께 대하여는 살아 있는 자로 여길 지어다"(롬 6:11)라고 말한다. 다른 말로 하면 하나님이 이미 한 일을 실재로서 받아들이고 그에 합당하게 살라는 말이다. 하나님이 그리스도 안에서 한 일, 즉 죄 사함은 제자들의 새로운 삶의 출발점이며(Strecker 1962:149) 세례의 행위 속에서 인쳐진다.

12. 마태의 패러다임: 선교적 제자도

나는 위의 고찰에서 밝혀진 내용들을 토대로 마태의 선교 패러다임의 독특한 요소들을 강조함으로써 이 장을 맺고자 한다.

첫 번째 복음서의 저자가 선교 이해에 기여한 점은 무엇인가?[3]

기독교회가 예수의 지상 사역 이래로 그리고 1세기 40년대 후반부터 점점 더 유대인 공동체라기보다는 이방인 공동체가 된 이래로 분명히 많은 변화가 있었다. 마태복음에 대한 나의 연대 측정(1세기의 80년대)이 옳다면 유대 전쟁으로 인한 파괴는 이미 20년이 지난 상태이고 바리새적 유대교가 점점 기독교 공동체에 대하여 격렬하게 부정적 태도를 취하고 있다.

---

3 나는 이 저자를 독창적인 "선교신학"이나 "지역신학"을 구조한 신학의 거장이라고 생각하지 않는다. 오히려 나는 마태가 자신의 공동체 안에서 살아 있던 관점들과 확신들을 반영하고 있다고 생각한다. 우리는 마태를 모든 것들을 결합하여 일관성있는 전체로 만드는 것을 그의 임무로 간주한 일종의 촉매자로 봐야 할 것 같다.

그러나 마태의 공동체는 여전히 현저하게(전적으로?) 유대적이다. 그 구성원들은 더 이상 조상이 살던 고국에서 살지 못하고 시리아에서 고립된 채로 존재한다. 그들은 아직 새로운 정체성을 포용하지 못한 채 동족으로부터 배척을 받는 과도기적 상태에 있는 공동체(LaVerdiere and Thompson 1976)이다. 그들은 또한 열광주의자들과 율법주의자들로 구성된 분열된 공동체이며, 주류는 아마도 그 중간 입장이었을 것이다.

1) 이 공동체의 정체성을 규명하기 위해 마태는 나사렛 예수에 관한 전승에 의존한다.

마태는 공동체의 정체성을 선교적 정체성(identity-in-mission)으로 명시하는데 복음서의 처음부터 끝까지 유대인들과 이방인들에 대한 선교의 개념이 퍼져있게 하였고(Michel 1950/51:21) "대위임령"에서 절정을 이루게 하였다. 사실 이 위임령에 있는 모든 단어는 앞 쪽에 있는 본문들에서 나오는 예수에 대한 이야기로 거슬러 올라간다.

이것들은 만남이 갈릴리의 산에서 있었던 사실, 제자들이 경배와 의심 사이에서 요동하는 것, 예수의 권세에 대한 언급들, 제자를 삼는 것, 가르치는 것, "가라," "그러므로," "지키라," "명령하다," "내가 너희와 함께," 그리고 "세상 끝날까지"와 같은 표현들이다(Lange 1973; Hubbard 1974:73-99; Meier 1977:408-410). 또한 마태는 "대위임령"을 시험 기사(4:8)와 짝을 이루도록 구성한 듯하다. 두 이야기 모두 산에서 일어나고 두 경우 모두 "엎드리다"나 "경배하다"(헬라어 *proskynein*)의 동사가 사용되고 있다.

따라서 마테이(Matthey 1980:163)는 말하기를 "예수의 사역의 시작과 끝에서 하나님의 아들로서의 그의 선교에 대하여 상반되는 이해들과 천국을 성육시키기 위한 상반된 방법들을 보게 된다"라고 했다(Friedrich 1983:178, 각주 115).

2) 마태는 모세를 회상하는 관점에서 예수를 묘사함으로써 "비하"(low) 기독론을 취하는 것처럼 보이지만 예수가 경배 받아야 할 주님이라는 확신은 틀림이 없다.

그의 비하 기독론으로 인해 그는 학생들이 랍비를 따르듯이 제자들이 예수와 매우 흡사하다고 묘사하게 되고 다른 한편으로는 다른 어떤 공관복음서보다 경외하고 의존하는 제자들의 태도를 강조한다.

첫 번째 강조점을 통해 그는 부활한 주를 하늘에 오르사 하나님 우편에 앉아 어느 날 다시 올 자(행 1:11)가 아니라 세상 끝날까지 제자들과 항상 함께 있을 자로 제시한다. 예수는 임마누엘, 즉 우리와 함께 있는 하나님이다(마 1:23). 마태는 예수가 다시 올 것이라고 말할 필요를 못 느낀다.

예수가 제자들과 항상 함께 있는데 어떻게 돌아온다는 말인가?

재림의 지연이 초대교회에 참사를 일으키지 않은 것은 제자들의 그리스도의 현재적 주권에 대한 의식과 모든 민족을 제자 삼을 수 있도록 하는 그리스도의 능력주심이 결합되었기 때문이다(Bornkamm 1965b:295). 공동체의 선교 참여는 재림을 기대하는 그 자체였고 일종의 "선취적 재림"이었다(Osborne 1976:82).

마태는 "시대의 끝"이 아닌 현재의 상황에 시선을 둔다(Trilling 1964:45). 그리스도의 임재에 대한 경험은 아주 강력하기 때문에 미래를 품게된다. 세상을 향한 자기희생적인 제자들의 봉사 속에서 성육신이 계속되기 때문에 오늘의 현실은 영구적으로 유효하게 된다(:43). 그들은 다음과 같은 확신으로 땅끝까지간다.

"부활한 예수는 선교사들 중에 임재한다"(Matthey 1980:166).

> 너희를 영접하는 자는 나를 영접하는 것이요 나를 영접하는 자는 나 보내신 이를 영접하는 것이니라(10:40)

이 모든 것은 예수와 제자들 간의 친밀성을 강조한다. 마지막 단락 내내 그는 "예수"로 남는데 그들이 그가 육신으로 있을 때 알았던 자이자 전체 사역의 본을 삼은 자요 그들과 항상 함께 있는 자이다.

두 번째 강조점을 통해 마태는 예수가 모세처럼 지도자에 그치지 않고 제자들의 주님(그들이 한결같이 그를 칭하는 방식임)이자 하늘과 땅의 모든 권세를 받은 자라는 사실을 강조한다. 마태에게 있어서 선교적 제자도는 이 두 가지 강조점 사이의 창조적 긴장을 드러내며 그의 선교 이해에 지대한 결과를 낳는다.

3) 마태는 자신의 선교 패러다임을 발전시키는 데 있어서 전통적이면서도 혁신적인 성향을 보이는데 이로 인해 그의 공동체의 두 "진영"과 소통이 가능하다.

한 진영은 율법에 대한 지속적인 헌신을 강조하며 다른 한 진영은 성령의 인도하심에만 의존할 것을 주장한다(Friedrich 1983:177).

이 두 가지 도전에 창의적으로 응답하는 한 가지 방식은 마태가 강조하는 오토프락시스(orthopraxis)인데 그의 공동체 안에 있는 두 주류 집단과 모두 긴장을 갖게 되었을 것이다. 마태는 예수 전승으로부터 행위(특히 "그리스도의 행위," 마 11:2), 열매 맺은, 하나님의 뜻을 행함, 계명을 지킴, 온전함, 정의 실천에 대한 이야기들과 말들을 선택한다.

이 모든 것은 분명히 선교에 대한 아주 구체적인 이해를 보여준다. 옳은 교리에 대한 율법적 주장이나 성령의 인도함을 받아야 한다는 열광주의적 주장은 "회개에 합당한"(3:8) 열매를 맺는 것으로 확증되지 않으면 소용이 없다. 결국 좋은 나무는 좋은 열매로만 안다(7:19).

그러므로 마태에게 제자가 된다는 것은 그가 복음서에 아주 상세하게 기록한 예수의 가르침을 실행하는 것을 뜻한다. 그리스도인의 사랑과 정의의 삶과 제자가 되는 것을 분리해서 생각할 수 없다. 제자도는 하나님의 통치, 정의와 사랑, 하나님의 모든 뜻에 대한 헌신을 포함한다.

선교는 개개인을 새로운 피조물로 만들어 "축복의 확신"을 제공하고 "영원히 구원받게" 하는 것으로 축소될 수 없다. 선교는 시작부터 새신자들이 다른 사람들의 필요에 민감하고 눈과 마음을 열어 불의, 고통, 억압과 소외된 사람들의 곤경을 인식하는 것을 포함한다.

"대위임령"을 주로 "복음 전도"와 관계있고 "대계명"(마 22:37-40)은 "사회참여"와 관련된 것으로 간주하는 것은 합당하지 않다. 작크 마테이(Jacques Matthey 1980:171)는 다음과 같이 말한다.

> 마태의 "대위임령"에 따르면 가난한 자들을 위한 정의라는 하나님의 요청을 실천하라고 그들에게 말하지 않은 채 제자를 만드는 것은 가능하지 않다. 교회의 정치 참여의 기초인 사랑의 계명은 선교 명령의 필요불가결한 부분이다.

제자가 된다는 것은 하나님과 이웃을 향해 결단하고 돌이킬 수 없는 전환을 하는 것을 뜻한다. 여기로부터 하나의 여정이 따르는데, 이생에서 결코 끝나지 않고 "하나님의 통치와 그의 정의"(마 6:33)가 제자의 삶 속에서 점점 더 나타나는 가운데 하나님과 이웃을 사랑하는 새로운 차원을 끊임없이 발견하는 여정이다.

4) 목회적인 것과 선지자적인 것을 합하는 것에서 보는 것처럼 마태의 창조적인 긴장을 선택하는 성향은 유대인들과 이방인들 모두를 향한 선교를 요청하는 그의 방식에서도 입증된다.

나는 마태복음에 나타나는 뚜렷한 많은 모순들을 언급했었는데, 특히 10:5, 15:24와 28:18-20이 그렇다. 마태는 두 부분을 모두 수록하고 있는데 긴장을 유지하기 원하기 때문이다. 깔끔하게 분류된 것은 없다. 어떤 방향으로 갈지 아직 불확실하다. 회당의 태도는 거칠고 고통스러운 현실이다.

그러나 이것이 하나님이 그의 백성을 버렸다는 뜻인가?

마태는 그렇게 말할 수 없다. 그는 그의 공동체 일원들에게 이방인 선교를 인정하고 촉구하면서 다른 한편으로는 예수가 이스라엘에게만 보냄을 받았다고 기술한다. 그는 이와 같이 모순되는 입장들을 조화시키기 위한 "신학"을 고안하지 않고(바울이 했던 방식, 본서의 제4장 참조) 단지 두 가지 모두 인정하고 유지한다.

5) 보른캄(Bornkamm 1965a)을 포함한 여러 사람들은 마태복음만큼 교회 개념을 명백하게 하고 마태복음만큼 뚜렷하게 교회의 사용을 위해 작성된 복음서가 없다고 지적했다.

마태는 또한 교회(헬라어 *ekklesia*)라는 단어를 지상의 예수가 말한 것으로 기록한 유일한 복음서 기자이다(두 경우로서, 마 16:18; 18:17). 그러나 우리는 오늘날 사용하는 "교회" 개념, 특히 "교단"의 개념으로 마태복음을 읽어서는 안된다.

선교를 "제자 삼는 것"이라고 마태가 규정할 때, 그는 단순히 기존의 "회중"이나 "교단"에 새로운 회원을 더하는 것을 뜻하지 않는다. 제자가 된다는 것은 지역 "교회"의 일원이 되는 것과 같지 않으며, "제자 삼는 것"은 단순히 교회의 숫적 확장을 뜻하지 않는다.

그러므로 동사 "제자를 삼다"(헬라어 *matheteuein*)에서 교회적인(gemeindemöässige) 어조를 지나치게 강조해서는 안된다. 마태의 경우 교회와 제자도 간에 긴장이 있다. 동시에 이들은 결코 서로 나뉠 수 없다(Kohler 1974:463). 모든 교회 구성원들이 진실한 제자이어야 하는 것이 이상적이다. 그러나 이것은 마태가 알고 있는 기독교 공동체가 결코 아니다. 그러므로 그는 알곡 중의 가라지 비유와 천국의 그물 속에 때로 못된 고기들이 잡힌다는 사실(마 13:47-50)을 그들에게 상기시킨다. 어떤 회심자들은 얄팍하여 핍박이 오면 믿음을 버리고, 어떤 이들은 이 세상의 유혹과 압력에 굴복한다(13:20-22).

그러므로 마태의 관심은 값비싼 제자도에 있다. 이러한 입장이 잠재적 회심자들을 교회에서 떠나가게 한다면 그렇게 내버려 두어야 한다. 마태의 이해에 따르면 제자들이 서로 간에 그리고 주님과 함께 공동체 안에서 거하며 "하나님의 뜻대로" 살기를 구하는 곳에서만 교회가 발견된다(Hahn 1980:35). 더 나아가 교회는 종말적 기대 속에서 발견된다(Bornhamm 1965a). 하나님의 통치는 종말적 실체이며 교회 역시 그렇다.

나는 마태가 선교 용어 자체에는 관심이 없다는 점을 지적했었다. 그는 예수와 제자들의 선교 사역, 그리고 암시적으로는 자신의 시대와 그 후대 시대의 선교 사역을 기술하기를 시도한다. 이와 관련하여 사용된 용어들은 "보낸다," "가라," "전파하라," "고치라," "귀신을 쫓아내라," "화평케 하라," "증인이 되라," "가르치라," "제자를 삼아라" 등이다(Frankemölle 1982:97).

우리는 마태복음으로부터 보편적으로 타당한 선교 이론을 끌어낼 수는 없다. 그러나 우리는 마태가 본 방향 그대로 보라고 도전을 받는다. 그는 예수의 지상 사역, 죽음과 부활에 기초하여 이방인 선교의 "길"이 열려졌음을 분명히 한다. 모든 제한들이 거두어졌고 새로운 시대가 시작되었다(Friedrich 1983:179). 제자들은 악의 세력들에 대한 예수의 궁극적 승리를 선포하고 그의 지속적인 임재에 대하여 증거하고 세상이 하나님의 사랑을 깨닫도록 인도하라는 부름을 받는다.

마태의 관점에서 그리스도인들은 선교에 참여하고 다른 사람들에게 새로운 삶의 길을 알려 주고 실재에 대한 새로운 해석, 하나님에 대한 새로운 해석을 전하고 다른 사람들의 해방과 구원을 위해 헌신할 때, 자신의 진정한 정체성을 발견한다. 선교 공동체는 자신이 주변 환경과 다르면서 동시에 그 환경에 헌신하는 것으로 자신을 이해하는 공동체이다(Frankemölle 1982:99, 127).

혼돈과 불확실성 속에서 마태의 공동체는 자신을 탄생시킨 뿌리, 사람들, 경험들로 되돌아가서 그 사람들과 사건들을 재발견하고 재주장하고, 보다 적절한 자기이해를 가지며, 이러한 통찰에 기초하여 자신의 존재와 소명의 본질을 파악할 수 있게 된다(LaVerdiere and Thompson 1976:594).

제3장 누가복음–사도행전: 용서 및 가난한 자들과의 연대감의 실천[1]

1. 누가의 중요성

나는 이 장에서 누가의 선교 패러다임의 윤곽을 추적하고자 한다. 누가의 선교 이해가 마태(제2장)와 바울(제3장)과 상당히 다르다는 점을 보게 될 것이다. 그러나 차이점들에도 불구하고 이 세 가지 이해들은 하나의 일관성 있는 초기 기독교 선교 패러다임의 하부 패러다임일 뿐이다.

앞 장에서 우리는 마태의 "대위임령"이 지난 2세기 동안 특히 서구 개신교에 있어서 선교의 성경적 기초를 제공하는 데에 주요한 역할을 한 점을 주목했었다. 그러나 근년에 와서 선교의 성경적 기초에 관한 논의에 아주 중요하게 부각된 신약성경 구절이 있는데, 예수가 고향 나사렛의 한 회당에서 이사야 61:1 이하 본문을 자신과 자신의 사역에 적용한 것을 기록한 부분이다. 이 사건이 이러한 방식으로 기록된 곳은 누가복음뿐이다.

이 본문이 중요한 위치를 차지한다는 것은 전체 문맥을 볼 때 분명하다. 이 본문은 근년에 특히 세계교회협의회와 해방신학 진영에서 주목을 받았다. 누가복

---

[1] 나는 누가복음의 선교 이해에 대한 최근의 연구 논문에서 여기서 따른 절차와는 상당히 다른 접근 방법을 취했다(D.J. Bosch, *Mission in Jesus' Way: A Perspective from Luke's Gospel, Missionalia* vol 17, 1989, 3-21). 나는 이 논문에서 누가에 따르면 예수의 선교가 세 가지 특성을 보인다고 밝혔는데 약한 자와 낮은 자에게 힘을 주고 아픈 자들을 치료하고 잃어버린 자를 구원하는 것이다. 이 논문의 견해들이 여기서 개진한 견해들을 보충한다.

음 4;16-21은 마태의 "대위임령"을 대치하여 그리스도의 선교뿐만 아니라 교회의 선교를 이해하는 데 열쇠가 되는 본문으로 취급되었다. 이러한 상황만으로도 누가의 선교 이해를 상세히 살펴볼 충분한 이유가 된다.

그러나 초대교회의 선교 이해를 고찰하기 위해서 누가를 택해야 하는 다른 중요한 이유들 역시 있다.

첫째 이유는 누가의 저작들 속에서 선교가 중심을 이루고 있다는 사실 때문이다. 한(Hahn)은 이것이 누가의 "지배적인 주제"라고 말한다(1965:136).

둘째 이유는 그와 다른 복음서 저자 세 명과의 기본적인 차이 때문인데 누가는 복음서를 썼을 뿐 아니라 사도행전을 썼다. 이 사실이 선교와 관련하여 왜 그렇게 중요한지 우리는 점차 분명히 알게 될 것이다.

셋째 이유는 누가와 마태를 비교할 때 나타난다. 내가 앞 장에서 주장을 했듯이 마태복음은 기원후 70년경 여러 중요한 사건들이 일어난 직후 대다수가 유대인인 기독교 공동체를 위해 유대인 그리스도인에 의해 쓰여진 저작임이 거의 확실하다. 누가는 아마도 신약성경 저자들 중 유일하게 이방인이고 대다수가 이방인 출신인 기독교인들을 위해 썼다. 더욱이 마태는 한 공동체를 염두에 두었지만 누가는 여러 공동체들을 염두에 두었던 것으로 보인다.

그렇지만, 비교할 가치가 충분할 만큼 누가복음과 마태복음 간에 유사성이 있다.

첫째, 두 복음서 모두 비슷한 시기에 쓰여졌는데, 1세기 80년대의 로마황제 도미티안 통치기였다.

둘째, 누가와 마태는 상당한 분량을 같은 자료들을 사용하여 기록했는데 소위 말하는 마가복음과 어록자료(Q 자료)이다.

셋째, 마태와 누가는 모두 과도기적인 공동체(LaVerdiere과 Thompson의 책 제목, 1976)을 위해 썼다. 마태의 관심은 유대 전쟁이 일어나고 바리새파가 교회에 점점 더 적대적으로 나오는 때에 거의 전적으로 유대인 기독교 공동체에 있었는데, 이 공동체는 당시 정체성의 위기와 불확실한 미래를 직면하고 있었다.

누가 역시 위기 상황을 염두에 두고 두 권의 책을 썼는데, 저술하게 만든 요인들을 주목하게 한다.

나사렛 예수의 사건이 일어난지 반세기 이상의 시간이 지나갔다. 이 기간 동안 많은 일들이 일어났다. 유대교 내의 열심당 운동은 유대 전쟁을 촉발했는데 그 결과 예루살렘이 파괴되고 거의 전적으로 유대교의 모습을 변화시켰다. 유대교 안에서 하나의 갱신 운동으로 시작했던 기독교회는 40여 년의 기간 동안 거의 완전한 변화를 겪었다.

많은 수의 유대인들이 예수 그리스도를 믿는 신앙으로 더 이상 들어오지 않았다. 교회는 사실상 이방인의 교회가 되었다. 특히 바울의 왕성한 선교 활동은 80년대에 교회가 대부분 이방인 성격을 띠게 되는데 역할을 했다. 하지만 선교 확장과 바울의 열정적인 사역의 전성기는 이미 사반세기 전의 일이었고 이미 침체기가 시작되었다.

교회는 이제 2세대들의 교회가 되었고 새신자들의 열정과 헌신이 더 이상 없는 운동임을 드러낼 뿐이었다. 1세대들이 고대했던 그리스도의 재림은 일어나지 않았다. 교회의 신앙은 적어도 두 가지로 시험을 겪고 있었는데 하나는 내적으로 열심이 식었다는 것이고 다른 하나는 유대인들과 이교도들로부터 모두 오는 적대감과 반대였다. 게다가 이방인 그리스도인들은 정체성의 위기를 겪고 있었다.

그들은 우리는 진정 누구인가?

특히 유대교의 명백한 적대감으로 볼 때 우리는 유대인들의 과거와 우리는 어떤 관계에 있는가?

기독교는 새로운 종교인가 아니면 구약성경 신앙의 계속인가?

그리고 무엇보다도 점차적으로 과거 속으로 침식되는 지상의 예수와 우리는 어떤 관계인가?

이러한 질문을 하게 되었다.

누가는 이러한 그리스도인들을 돕기로 작정했다. 갈릴리와 유대 지방에서 예수가 사역한 이래로 마치 아무 일도 일어나지 않았던 것처럼 행동하는 사람들은 예수에 충실한 사람이 아닐 것이다. 누가 당시의 기독교 공동체의 제자도와 초기 제자들의 제자도를 단순히 동일시 하는 것은 더 이상 가능하지 않게 되었다. 당대인들 누구보다도 누가는 시대의 변화로 인하여, 그리고 전적으로 유대인들이 었던 기독교 공동체가 대다수가 이방인들인 교회로 변모하면서 제기된 문제들을 직시하고 있었다. 반세기의 역사는 단순히 지나갈 것이 아니라 재해석을 필요로 하고 있었다(Schweizer 1971:137-146).

누가는 독특한 방식으로 이러한 재해석을 제공했다. 그는 당시의 그리스도인 들인 실제로 예수의 첫 제자들보다 불리한 상황에 있는 것이 아니고 부활한 주님이 여전히 그들과 함께하며 특히 성령을 통해 계속적으로 그들을 새로운 모험 속으로 인도한다고 주장했다. 예수는 그의 "이름"으로 그의 "능력"으로 그의 공동체 안에 여전히 임재하고 있었고 그러므로 과거는 유효했다. 이것은 예수에게 순종하고 진정으로 그를 주님으로 받아들이고 공동체가 그의 성령의 인도를 따라 새로운 선교 상황으로 들어가는 곳에서 일어난다.

누가가 예수와 초대교회의 이야기를 말할 때에 거듭해서 언급하는 주제들이 있는데 성령의 사역, 회개와 용서, 기도, 사랑, 원수에 대한 사랑과 용납, 인간관계에서의 정의와 공평의 중요성이다. 그의 저작에는 특정 범주의 사람들이 현저하게 등장한다.

첫 번째가 가난한 자들인데 누가복음이 특히 그렇다. 또한 누가는 예수와 여자들과의 관계를 강조하는데 당시 사회의 사회 종교적 장벽을 확연하게 넘은 것으로서(Senior and Stuhlmueller 1983:261) 세리들, 사마리아인들과의 관계도 마찬가지이다. 누가의 저작에서 예수의 전체 사역과 이와 같이 소외된 사람들과의 그의 관계는 예수가 경계를 깨뜨리며 사람들을 긍휼히 여겼음을 말하는데 교회가 본을 따라야 할 부분이다.

선교 이해에 누가가 기여한 바를 알고자 한다면 한스 콘첼만(Hans Conzelmann)의 탁월한 저술들을 살펴보아야 하는데, 특히 1953년에 출판된 『성 누가의 신학』(*Die Mitte der Zeit*)이 중요하다.

콘첼만은 누가가 초기 기독교 공동체의 특징이었던 임박한 종말의 완성에 대한 기대를 누그러뜨렸다고 주장했다. 누가의 저작들 속에서 성령은 "더 이상 종말론적 선물이 아니라 궁극적인 구원의 소유를 당분간 대체하는 것이었다"

(Conzelmann 1964:95). 누가는 이러한 방식으로 재림의 지연이라는 문제를 성령의 오심으로 해결했다. 콘첼만은 누가가 "구원 역사"(Heilsgeschichte)라는 개념을 소개한 것으로 보았는데, 곧 세 개의 뚜렷한 시대를 상정했다. 이 세 시대의 구분이다.

① 세례 요한까지를 포함하는 이스라엘 시대
② 누가가 과거로, 구원의 중간 시기로 간주한 예수 사역의 시대
③ 오순절 날에 시작한 교회 시대이다

누가의 전체 계획에 대한 콘첼만의 재구성은 의심할 바 없이 타당성이 있다. 누가 자신 및 당시의 교회가 예수의 지상 사역 당시와는 상당히 다른 시대에 살고 있다는 사실을 어느 복음서 저자들보다도 누가가 분명히 인식하고 있었다는 것을 나는 이미 언급했었다. 그러나 오늘날 대부분의 학자들은 콘첼만의 주장이 과장된 것이며 누가가 자신이 이미 구상한 신학적 틀 속에 자료들을 조직적으로 재구성하여 넣었다고 보는 것은 가당치 않다는 데에 동의하고 있다.

더욱이 누가가 성령의 능력 속에서의 교회의 선교를 종말적 기대의 대체물로 간주했다는 주장은 옳지 않다. 누가는 종말론과 역사 사이의 긴장을 보존하며 종말을 구원 역사 시대의 끝에 있는 종착역으로 두지 않는다(Rütti 1972:171; Nissen 1984:92, 각주 12).

더 중요한 점은 콘첼만처럼 구원 역사를 세 시기로 나누는 것은 옳지 않다는 것이다(Schweizer 1971:142). 라버디레(LaVerdiere)와 톰슨(Thompson)은 성령은 사도행전뿐만 아니라 누가의 복음서에서도 뚜렷하다는 점을 지적했다. 따라서 누가는 예수의 시대와 교회의 시대를 성령의 한 시대 속에서 결합시킨다.

두 시대는 분명히 동일하지 않지만 서로 분리될 수도 없다. 누가의 교회론에서 예수의 시대와 교회의 시대 사이의 구분 그리고 긴밀한 관계가 모두 중요하다. 예수와 교회는 하나의 같은 시대에 속한다. 예수의 역사적인 삶은 단순히 과거로 격하되지 않는다. 교회는 예수의 삶 및 사역과의 연속성 속에 살아간다.

누가의 저작들에 대한 콘첼만의 모든 해석을 우리가 동의할 수는 없지만 누가

가 예수와 그의 오심에 대하여 특별한 이해를 소통하려고 한 신학자였음을 우리는 인정해야 한다. 그는 자신의 복음서 서론 1:1-4에서 말했을지라도 단순히 연대기 기록자나 역사가가 아니다. 그의 관심은 예수와 교회에 대하여 "실제로 일어났던 그대로" 다시 이야기해 주는 데에 있지 않았다. 에드워드 슈바이처(Eduard Schweizer)는 "그는 아주 좋은 증인이었기 때문에 그렇게 할 수 없었다"라고 말했다(1971:144).

제1장에서 나는 기독교 선교의 기원의 주요 흐름을 간략히 재구성하려고 했었다. 이것이 누가가 사도행전에서 의도한 것이 아니었다. 그의 관심은 선교의 기원과 과정에 대한 역사적인 기록에 있었던 것이 아니라 이방인 선교가 신학적으로 어떻게 동기부여를 받을 수 있는가였다(Jervell 1972:42).

이것은 누가의 제시가 역사적 자료로서의 가치가 없다는 뜻이 전혀 아니다. 그것은 기독교의 시작에 관하여 우리가 가지고 있는 가장 신뢰할 수 있는 최고의 자료이다(Hengel 1983a:2; 1986:35-39, 59-68; Meyer 1986:97).

그러나 누가의 관심의 초점은 세부적인 역사가 아니라 동시대인들에게 메시지와 도전을 전달하기 위하여 전통을 재구성하는 데에 있었다. 바울의 회심에 대하여 누가가 세 차례나 기술한 내용들 사이의 차이(Haenchen, 1971:110)가 누가의 저작 전체에 해당되는 듯하다.

저자가 전통을 자유롭게 사용하는 것은 처음에는 우리에게 무책임하고 부당한 것처럼 보인다. 그러나 누가는 분명히 우리와는 다른 화자로서의 소명을 가지고 있었다. 그에게 서술은 경찰 보고서처럼 정확하게 사건을 기술하는 것이 아니라, 청자와 독자가 사건의 내적인 의미를 인식시키고 그 안에 있는 하나님의 능력의 진리를 분명히 각인시키는 것을 의미했다. 저자의 순종은 참으로 그의 표현의 자유 속에서 성취된다.

2. 누가복음-사도행전에서의 유대인, 사마리아인, 이방인

1) 누가복음과 사도행전의 차이점

윌슨(Wilson 1973:239)은 이방인들에 대한 누가의 접근을 신학적이라고 규정하는 것은 오도하는 것이라고 주장한다. 그는 누가복음-사도행전의 가장 두드러진 특징은 이방인들에 대한 일관적인 신학이 결핍되어 있다고 본다. 누가가 개진하는 방식이 논리적인 일관성을 요구하는 현대 서구적 요구를 항상 만족시키는 못한다 할지라도 그는 유대인과 이방인 선교에 대한 신학적인 이해를 분명히 가지고 있다.

누가가 자신의 선교신학을 분명하게 표현하고자 한 방법은 책을 쓰는 것이었는데 한 권에 그치지 않고 두 권이었다. 대부분의 학자들은 사도행전의 저술이 나중에 생각한 것이 아니라 처음부터 두 권의 책을 쓰려고 작정했었다는 점에 동의한다(Stanek 1985:17). 두 책의 전체적인 구조를 보면 자명하다.

누가는 예수의 선교는 의도에 있어서는 보편적이지만 실행에 있어서는 미완성인 것으로 본다(LaVerdiere and Thompson 1976:595). 이방인 선교는 누가복음에서 단 한 번만 명시되어 있는데, 책의 마지막 단락인 24:47에서이다.

이방인 선교는 역사적 예수의 과업이 아니라 교회의 과업이다(Hahn 1965:129, Wilson 1973:52). 누가복음은 우리를 이방인 선교의 문턱으로 이끌어 주고 사도행전은 그 이야기를 상세히 말해 줄 것이다(눅 24:47과 행 1:8을 비교해 보라). 이것은 단지 누가의 신학적 구성이 아니라 역사적 사실이다. 놀랍게도 누가복음 전체를 보면 예수가 이방인들과 관계하는 것을 삼가한 것을 알 수 있다. 예수가 비 유대 지방을 방문한 경우는 단 한번 명시되어 있는데 거라사인의 땅(눅 8:26-39)이었고, 그 나머지는 모두 유대 땅에 머문다(Bosch 1959:108).

누가는 자신의 선교 이해의 내적인 통일성을 보이기 위해 다른 전략들을 사용한다. 이들 중의 하나가 지리이다. 누가복음에서 예수의 사역은 세 무대에서 펼쳐지는데 갈릴리(눅 4:14-9:50), 갈릴리로부터 예루살렘으로의 여행(눅 9:51-

19:40), 그리고 예루살렘에서의 사건들(눅 19:41부터 누가복음 끝까지)이다.

마찬가지로 사도행전에서도 교회의 선교 사역은 세 국면으로 전개되는데, 사도행전 1:8에서 "예루살렘과 유대와 사마리아와 땅끝까지 이르러 내 증인이 되리라"라고 한다. 사도행전의 처음 장들은 예루살렘에서의 교회의 탄생과 성장을 기술하며, 책의 두 번째 부분은 사마리아와 해안 평야를 거쳐 안디옥에 이르기까지의 교회 확장을 묘사하고, 세 번째 부분은 여러 지역에서의 선교 활동을 다루면서 바울의 로마 도착으로 다소 갑작스럽게 끝을 맺는다.

따라서 두 책의 전체적인 윤곽은 지리적인데 갈릴리에서 예루살렘, 다시 예루살렘에서 로마이다. 하지만 이것은 분명히 지리적인 의미 그 이상이다. 지리는 신학적 혹은 선교학적 의미를 전달하기 위한 수단이 된다. 누가는 예수의 선교와 교회의 선교 사이의 관계를 드러내기 위해 지리를 채택한다. 특히 예루살렘은 누가에게 지리적인 중심지 훨씬 이상의 장소이다(Dupont 1979:12; Dillon 1979:241, 246; Senior and Stuhlmueller 1983:255).

2) 누가복음 4:16-30에서의 이방인 선교

그러나 미래의 이방인 선교에 대한 암시적인 언급이 소위 나사렛 기사(눅 4:16-30)에서 나타난다. 여기서 누가의 주요한 관심이 적어도 세 가지가 나타난다.

① 예수 사역에서 가난한 자들의 중요성
② 복수의 포기
③ 이방인 선교

나는 우선 마지막 측면을 다루고 후에 나머지 두 가지를 살펴볼 것이다. 누가는 마가가 마가복음서에서 한참 후반부에서 언급한 사건(막 6:1-6; 마 13:53-58)을 취하여 예수의 공적 사역의 시작으로서 제시하며 동시에 알아볼 수 없을 정도 이야기를 수정한다.

누가가 이 사건을 배치한 문맥과 그 내용을 볼 때 누가 자신이 이 사건을 아주 중요하게 여긴 것이 분명하다. 그것은 예수의 전체 공적 사역의 "서문"이자(Anderson 1964:260) 복음서 전체의 압축판이다(Dillon 1979:249). 그것은 마태복음의 산상수훈이 그런 것처럼 누가복음에서 동일한 기능을 행하는 "계획된 담론"이다(Dupont 1979:20). 이것은 예수가 확신 있게 단호하게 구약의 예언을 자신의 인격과 사역에 적용함으로써 강조된다. 주의 성령이 그에게 임하고 그에게 기름이 부어졌다. 최종적인 메시야의 미래가 이제 활동하고 있다. 이사야의 예언이 성취되고 있다.

누가는 예수가 이 사건에서 무엇을 말했는지 독자들에게 거의 말하지 않는다. 오히려 그는 예수의 고향 회당에 모인 사람들의 반응을 강조한다. 이들의 반응으로 볼 때 예수가 그들을 분노하게 하는 말을 한 것이 분명하다. 나는 이 점을 보다 상세하게 살펴볼 것인데, 우선은 나사렛 사람들이 예수의 주장을 거부하고 그를 배척했다는 점을 주목하는 것이 중요하다.

예수는 회중의 "선택 윤리"에 도전했다(Nissen 1984:75). 예수가 그들에게 전달한 것은 하나님은 이스라엘만의 하나님이 아니요 또한 동등하게 이방인들의 하나님이라는 것이었다. 그는 엘리야 선지자가 시돈의 이방 여인에게 하나님의 은혜를 주고 엘리사가 수리아 사람 나병 환자 나아만만을 치료했다는 사실을 그들에게 상기시켰다. 그러므로 하나님은 이스라엘에게만 한정되는 하나님이 아니었다.

듀퐁(Dupont)은 사도행전에서 예수의 복음이 유대인들에게 제공되지만 그들이 거부하고 그 결과 사도들이 이방인들에게 향하게 된다고 여러 차례 언급되고 있는 것이 이 사건과 놀라운 병행을 이루고 있다고 옳게 지적하고 있다. 나사렛 기사는 분명히 이방인 선교의 성향을 지니고 있으며 또한 예수가 공적으로 처음 자신을 드러낼 때부터 자신의 전체 사역의 근본적인 핵심을 강조했었다는 점을 보여준다(Laverdiere and Thompson 1976:589, 593; Senior and Stuhlmueller 1983:268).

3) 사마리아인들과의 만남

예수와 사마리아인들 간의 만남에 대한 누가의 기록 역시 비슷한 기능을 한다. 다시 말하지만 마가와 마태의 비교는 두드러진 차이를 보여준다. 마가는 사마리아인들이나 사마리아에 대해 언급을 하지 않지만, 마태는 예수가 사마리아 마을에 들어가지 말라고 금지시킨 것만을 기록한다(마 10:5). 한편, 누가는 누가복음-사도행전에서 상당히 중요한 부분으로서 사마리아 선교가 이방인 선교의 시작이며 하나님의 계획의 일부임을 보여주고자 수차례 언급하고 있다(Ford 1984:79-95).

이러한 만남들은 누가복음의 중심 부분에서 모두 보고되어 있는데 갈릴리로부터 예루살렘으로의 예수의 여행이다(눅 9:51-19:40). 이 부분은 예수가 사마리아인들을 만나는 사건으로 시작한다(9:51-56). 예수는 자신과 제자들을 위한 숙소를 마련하기 위해 사마리아 마을에 사람을 보내지만 주민들이 숙소 제공을 거부한다. 야고보와 요한은 격분하여 바로 하늘로부터 불이 내려 사마리아인들을 태우기를 바라지만 예수는 두 제자를 꾸짖고 다른 마을로 간다.

이 사건을 잘 이해하려면, 특히 예수의 반응을 잘 이해하려면 우리는 국수주의적인 유대인들은 사마리아인들을 이방인들보다 더 나쁘게 여겼다는 점을 기억해야 한다(Hengel 1983b:56). 이러한 태도는 사마리아인들이 유대인 성전을 더럽히고 일단의 유대인 순례자들을 죽인 것에 상당히 기인했다(Ford 1984:83-86).

그러므로 누가복음을 읽는 유대인들은 예수의 반응은 이해 못하더라도 야고보와 요한의 태도는 완전히 이해할 것이다. 문맥으로 볼 때, 예수의 행동이 보복의 법을 분명히 반대하고(Ford 1984:91) 이스라엘 그 이상의 선교를 가리켰다는 점이 분명하다.

사마리아인들에 대한 누가의 다음의 언급은 보다 더 중요하다. 이는 선한 사마리아인의 비유이다(눅 10:25-37). 이 비유가 70인 제자의 파송과 귀환 바로 다음에 나온다는 사실은 모든 나라들에 대한 미래의 선교를 한층 더 강조하는 것이 된다. 이 비유는 예수의 선교의 중요하고도 도전적이며 새로운 단계를 보여준다 (Ford 1984:93).

제자들을 포함하여 예수의 청중들에게 이 비유는 불쾌하고 역겨웠을 것이다. 그 이야기 속에서 사마리아인은 모독과 더 나아가 비인간성을 예표한다고 마자미사(Mazamisa)는 말한다. 유대 종교에서 사마리아인들은 유대인들의 적일 뿐 아니라 하나님의 적이었다. 그러므로 그 이야기 속에서 사마리아인은 부정적인 종교가치의 소지자이다. 그는 종교적 도덕적 위계 질서상 아래에서 제일 끝에 있고 율법의 성취에서 제외되는데, 이것은 예수가 비유를 말하지 않을 수 없었던 이유이다. 반면에 제상장과 레위인은 상층에 위치한다(Mazamisa 1987:86).

유대인들은 비유대인들로부터 사랑의 수고를 받는 것이 금지되어 있었고 사마리아인들로부터 기름과 포도주를 사지 못하게 되어 있었다(Ford 1984:92). 그러나 강도 만난 자에게 긍휼을 베푸는 자는 유대 사회의 "인간"이 아니라 "비인간"이다. 그는 피해자에게 "지극한 동료애"(Mazamisa의 책 제목)를 제공한다.

누가는 누가복음의 중심부에서 사마리아인들에 대한 사건을 한 번 더 기록하는데 열 명의 문둥병자 치료 이야기이다(눅 17:11-19). 이 이야기는 사마리아와 갈릴리의 경계 지역에서 일어난다(17:11).

문둥병의 공포는 유대인과 사마리아인 간의 차이를 없애는데, 열 명 중 아홉은 유대인이고 한 명이 사마리아인이기 때문이다. 열 명 모두 자신을 제사장에게 보이라고 보냄을 받는다. 그러나 단 한 명만이 예수에게 돌아와서 감사를 표시하는데, 그는 바로 사마리아인이다. "일어나 가라. 네 믿음이 너를 치료("구원," 헬라어 *sesoken*)하였느니라"라고 한 예수의 말은 구원이 멸시받는 사람들에게도 역시 왔다는 사실을 분명히 보여준다.

두 번째 책인 사도행전에서 누가는 자신의 "사마리아 신학"을 매듭짓는다. 부활한 주님은 예루살렘과 유대에 이어서 사마리아가 복음을 받을 것이라고 선언한다(행 1:8). 사마리아 선교는 전통적인 유대인의 태도와의 분명한 단절을 나타낸다.

4) 누가의 "대위임령"

나는 위에서 누가의 첫 번째 책에서 이방인과 사마리아인 선교가 단지 암시되어 있다고 말했다. 유아 기사들(2:31; 3:6[Schneider 1982:89]), 고향에서의 예수의 설교, 사마리아인들과의 만남들 속에 나타나는 모든 언급들은 모호하고 한 가지 이상의 해석이 가능하다. 그러나 누가복음의 마지막 단락에서 그 장막이 걷혀진다. 부활한 예수는 예루살렘에서 제자들을 만나며(마태복음에서는 갈릴리에서 이지만) 그들이 마음을 열어 성경을 이해하게 한다.

> 또 이르시되 이같이 그리스도가 고난을 받고 제 삼 일에 죽은자 가운데서 살아날 것과 또 그의 이름으로 죄사함을 얻게 하는 회개가 예루살렘으로부터 시작하여 모든 족속에게 전파될 것이 기록되었으니 너희는 이 모든 일의 증인이라 볼찌어다 내가 내 아버지의 약속하신 것을 너희에게 보내리니 너희는 위로부터 능력을 입히울 때까지 이 성에 유하라 하시니라(눅 24:46-49).

앞의 장에서 나는 마태복음 전체가 책의 마지막 단락에 근거하여 읽혀지고 이해되어야만 한다고 주장했었다. 누가복음도 마찬가지이다. 이 복음서는 첫째 구절부터 마지막 절정을 향해 나아간다(Dillon 1979:242; Mann 1981:67).

위에서 인용한 예수의 말은 아주 간결하게 기독교 선교에 대한 누가의 전체 이해를 반영한다. 그것은 성경 약속들의 성취이며 이스라엘의 메시야의 죽음과 부활 후에야 가능하다. 그것의 핵심은 회개와 용서의 메시지이며 "모든 나라들"을 위한 것이며 "예루살렘"으로부터 시작하며 "증인들"에 의해 수행될 것이고 성령의 능력 안에서 성취될 것이다.

이러한 요소들은 누가복음과 사도행전을 관통하면서 "누가 선교신학"의 섬유질을 형성하며 이 두 권의 책을 하나로 묶어준다(Senior and Stuhlmueller 1983:259). 누가는 마태처럼 명령이나 위임의 형태가 아니라 사실과 약속의 형태로 이 모든 것들을 제시한다. 누가복음의 마지막에 있는 예수의 말은 사도행전 서두(행 1:8)에 나오는 그의 말과 상응한다(Schneider 1982:88).

5) 누가의 유대적 성격

누가의 두 권의 책을 거의 전적으로 이방인 선교의 관점에서만 해석하는 것이 학자들 사이에서 오랜 관습이었다. 이들은 유대인들은 기껏해야 이방인들과 이방인 선교의 희미한 배경일 뿐이라고 보았다. 누가는 유대인들이 기독교 메시지를 거부했다고 기술하고 있으며 유대인들이 예수를 거부한 것이 결정적으로 이방인 선교의 근거가 되기 때문에 이 주제를 아주 강조하고 있으며 이방인 선교가 누가의 진정한 관심이라는 것이다.

누가복음-사도행전 연구의 대가들 중의 하나인 핸첸(Hanchen)은 사도행전의 첫 페이지부터 마지막까지 누가는 "율법이 없는 이방인들에 대한 선교의 문제"와 씨름하고 있고, 그의 모든 진술은 이것의 영향을 받는다"(1971:100)라고 진술한다.

이러한 해석은 진리의 요소를 담고 있지만 과도하게 단순화하고 한편으로 치우친감이 있다. 누가복음을 주의 깊게 읽으면 누가가 유대인들과 그들의 종교와 문화에 대하여 아주 긍정적인 태도를 가지고 있음을 알 수 있다. 이것에 대한 몇몇 측면을 살펴보고 상세한 근거를 제시하는 아리크(Irik)의 논문을 참고해 보기로 한다(1982).

우선 누가는 다른 복음서 기자들만큼 예수의 가르침과 서기관들의 가르침 간의 차이점을 강조하지 않는다. 예수는 바리새인들을 비판하지만 마태복음에서만큼 심하지 않다. 그들은 "위선자"나 "눈먼 인도자"라고 결코 불리지 않는다. 누가는 예수가 바리새인들의 집에 세 차례 초대받은 사실을 기록한다.

누가는 유대인들이 불쾌하게 느낄 수 있는 논란이 될만한 본문들(가령 막 7:1-20)을 생략한다. 그는 마태와는 달리 세든 자들의 비유를 대제사장이나 바리새인들에게 적용하지 않는다. 누가의 고난 기사에서 군중은 "그 피를 우리와 우리 자손에게 돌릴지어다"(마 27:25)라고 외치지 않는다. 대신 "큰 무리"가 예수에 대하여 슬퍼하고 애통해 했다고 언급한다(눅 23:27). "아버지여 저희를 사하여 주옵소서 자기의 하는 것을 알지 못함이니이다"(23:34)라는 십자가상의 기도는 누가만이 수록하고 있는데(23:34) 예수가 로마 집행인들만을 위해서 기도한 것이라고 보기는 어렵다. 실제로 누가는 유대 관원들이 무지에서 나온 행동을 한 것이라고 여러 차례 강조한다(행 3:17; 13:27).

누가가 사용한 헬라어 역시 우리가 논의하고 있는 주제와 관련하여 중요성을 띤다. 그것은 대체로 70인 역 성경과 유대 디아스포라 회당에서 사용되는 히브리화 된 헬라어이다(Tiede 1980:8, 15). 이 사실은 누가가 자신의 두 책을 이방인들뿐 아니라 유대인들이 유익을 위해서도 썼음을 암시하는 것으로 보인다.

동시에 누가의 두 책은 이방인 그리스도인들에게 자신들의 기원에 관해 재확신을 주는 역할을 하고 있는데, 그가 유대인들과 이방인들을 주의 깊게 구별할지라도 이방인 선교가 배교한 그리스도인들의 불법적인 산물이 결코 아니라고 분명히 밝힌다(Wilson 1973:241). 양자 간의 차이는 역사적이거나 국가적인 것이 아니라 신학적이다(Wilckens 1963:97).

누가가 이스라엘의 신학적 중요성을 강조하는 것은, 특히 유아 기사의 경우이다. 나는 이 이야기들 속에서 (미래에 있을) 이방인 선교가 암시되어 있음을 주목하였다. 그러나 이러한 암시는 모호하다. 이스라엘의 구원에 대한 언급은 그렇지 않다! 유대인이 아닌 누가는 여기서 예수를 무엇보다도 구약 백성의 구원자로 제시한다. 찬가(눅 1:54)에서 마리아는 "종 이스라엘을 도우사 긍휼히 여기시고 기억하시되 우리 조상에게 말씀하신 것과 같이 아브라함과 그 자손에게 영원히 하시리로다"라고 노래한다.

사가랴의 찬가에서도 같은 정서가 표현된다.

> 찬송하리로다 주 이스라엘의 하나님이여 그 백성을 돌보사 속량하시며
> 우리를 위하여 구원의 뿔을 그 종 다윗의 집에 일으키셨으니(눅 1:68).

그리고 시므온은 "이스라엘의 위로를 기다리고" 있다(2:25). 그는 자신의 눈으로 "구원"을 볼 수 있는 특권과(2:30) "그의 백성 이스라엘에게 영광"이 되는 빛에 대하여 하나님을 찬양한다(2:32). 이어서 여선지자 안나는 "예루살렘의 구속"을 바라는 모든 사람들에게 아기 예수에 대하여 말한다(2:38).

전체 문맥으로 볼 때 이러한 언급들이 결코 상징적으로나 "영적"으로 해석될 수 없는데[2] 누가는 실재하는 이스라엘을 마음에 두고 있다(Irik 1982:1982:286; Tannehill 1985:71; Schottroff and Stegemann 1986:28). 유아 기사들 속에 이러한 언급들이 많이 있는 것이 사실이지만 유일은 아니다.

누가복음의 마지막 부분에서 엠마오로 향해 가는 두 사람이 예수의 죽음을 가리켜 "우리는 이 사람이 이스라엘을 구속할 자라고 바랐노라"라고 말한다(24:21). 이와 비슷하게 사도행전의 시작에서 제자들은 부활한 예수에게 "주께서 이스라엘 나라를 회복하심이 이때니이까?"라고 묻는다(행 1:6). 제자들은 엠마오로 가던 자들과 똑같은 소망에 대하여 말하고 있다.

이것은 사도행전의 이후 장들에서 다시 나타난다. 사도행전 3:19에서 베드로는 성전에 있는 유대인 군중들에게 하나님이 여전히 이스라엘에게 주실 "회복하실 때"(헬라어 *apokatastasis*)를 언급한다. 사도행전의 마지막 단락에서 우리는 바울이 자신이 쇠사슬에 매인 것은 "이스라엘의 소망 때문"이라고 로마의 유대인들에게 말하는 것을 듣는다(28:20).

6) 예루살렘

누가가 이스라엘에게 부여하는 중요성은 그가 예루살렘에게 부과하는 중심적 역할에 의해 증명된다. 누가에게 있어서 도시는 고도로 집중된 신학적 상징인데

---

[2] RSV 영어성경 번역본에서 사용된 영어 단어들의 "종교적인" 성격이 누가의 용어들을 이해하는 데 어려움을 준다. 그러나 2:25의 *parakelsis*를 "복구"(restoration: RSV에서는 "consolation," 위로로 번역하였다)로, 2:30의 *soterion*을 "구출"(deliverance: RSV에서는 "salvation," 구원으로 번역하였다)로, 2:38의 *lytrosis*를 "해방"(RSV에서는 "redemption," 구속으로 번역하였다)으로 번역할 수 있다.

그가 당시 유대교 사상을 공유하는 것이며 예루살렘이 메시야가 나타나고 유대 디아스포라뿐만 아니라 모든 민족들이 하나님을 찬양하기 위해 모여드는 거룩한 세계 중심지라는 것이다.

누가복음 전체의 중심 부분(9:51-19:40)은 앞에서 언급했듯이 "예루살렘으로 향하는 예수"라는 제목으로 명시될 수 있다(Bosch 1959:103-111; Conzelmann 1964:60-65). 누가가 사마리아와 사마리아인들에 대한 단락을 포함시키고 있는 곳도 바로 이 부분에서인데 마가복음과 마태복음에서는 전혀 안 나온다. 누가는 예수의 여정의 시작을 유별나게 엄숙한 방식으로 묘사한다.

> 예수께서 승천하실 기약이 차가매 예루살렘을 향하여 올라가기로 굳게 결심하시고(눅 9:51).

바로 다음에 사마리아 마을이 예수를 거부하는 이야기가 나오는데(9:52-56), 예수가 처음으로 갈릴리에서 사역하면서 자신의 백성들로부터 배척당하는 이야기와 한 쌍을 이룬다.

따라서 누가복음의 중간 부분의 첫 단락은 두 가지 요소를 강조하는데, 예수의 가까이 가고자 하는 열망과 유대인들과 비유대인들이 모두 그를 거부했다는 사실이다. 그리고 이 두 가지는 예루살렘과 긴밀한 관계가 있다. 그러나 여정 그 자체는 가장 특별한 방식으로 묘사되어 있다.

누가복음 9:51은 엄숙하게 여정의 시작을 선언하며 19:41은 그 끝을 극적으로 소개하는데, "가까이 오사 성을 보시고 우시며"라고 하고 있다. 이 이야기는 누가복음 전체의 3분의 1이 넘는 열 장을 차지하지만 지리적인 세부사항은 극히 적다. 그러나 예수가 예루살렘을 향하고 있다는 사실을 독자들에게 계속 상기시킨다(9:51; 9:53; 13:22; 13:33; 17:11; 18:31; 19:11; 19:28; 19:41). 그것은 그의 열망이다. 누가에 의하면 13:33에 예수는 "오늘과 내일과 모레는 내가 갈 길을 가야 하리니 선지자가 예루살렘 밖에서는 죽는 법이 없느니라"라고 말한다. 콘첼만(Conzelmann)이 "고난 받아야만 한다는 예수의 자각은 여행에 대하여 말한 것이다… 그는 전과 다른 지역으로 여행하는 것이 아니라 다른 방식으로 여행하는 것이다"라고 말한 것은 옳다(1964:65; Dillon 1979:245).

이어지는 모든 사건들 즉 고난, 죽음, 부활, 현현, 승천은 모두 예루살렘에서 일어난다. 마지막 본문에서 예수는 죄의 회개와 용서가 "예루살렘으로부터 시작하여"(눅 24:47) 모든 민족들에게 선포될 것이라고 선언한다. 그러므로 거룩한 도시는 예수의 여행 목적지이자 죽음의 장소일 뿐 아니라 그 메시지가 동심원적으로 유대와 사마리아, 땅끝까지 가게 되는 장소이다(행 1:8).

"예루살렘으로부터 시작하는" 기독교 선교는 단지 지리적인 사실의 문제가 아니라 진정한 "시작"이다(Dillon 1979:251). 그러나 무엇보다도 예루살렘은 이스라엘을 향한 선교의 중심지이다.

"이스라엘 모두에게 말하고자 한다면 예루살렘에서 그렇게 해야 했다"(Hengel 1983b:59).

"위로부터의 능력"(눅 24:49)을 입는 것 역시 오순절 날에 예루살렘에서 일어나고 즉시 선교 활동이 시작되는데 유대인들 중에서이다. 많은 수의 유대인들이 회심했다고 사도행전 곳곳에서 누가는 우리에게 말한다. 그러나 가장 눈부신 회심들은 예루살렘에서 일어나다. 복음이 가장 큰 승리를 맛보는 곳은 바로 이스라엘의 중심지에서이다(Jervell 1972:45).

7) 첫째는 유대인들에게 둘째는 이방인들에게

누가의 이야기에서 똑같이 중요한 점은 예수와 그를 둘러싼 사람들, 사도행전의 유대인 회심자들이 가지고 있는 유대적 성격(Jewishness)인데 이론의 여지가 없다. 예수의 부모는 토라와 전통 유대 관습에 충실한 유대인들이다(눅 2:27, 31). 예루살렘 성전은 예수에게 적절한 장소이며(2:49) 그는 회당 예배에 참석한다(4:16-21). 초기 예루살렘 그리스도인들이 경건한 유대인으로서 살았다고 누가는 강조하는데 그들은 성전을 자주 가고 율법을 철저히 지키고 조상들의 관습을 따랐다(2:46; 3:1; 5:12; 16:3; 21:20).

그리스도인이 된 많은 이방인들은 개종자이거나 "하나님을 경외하는 자"였는데 전에 이스라엘과 관계하던 사람들, 회당의 이방인들로서 복음을 받아들인 사람들이었다(Jervell 1972:44, 49). 누가복음 7:1-10과 마태복음 8:5-13을 비교해 보면 이 점이 이해가 된다. 누가복음에서 백부장은 분명히 "하나님을 경외하는 자"인데 유대인 장로들을 청하여 예수에게 자신을 위해 청원해 주도록 보내고 그들은 예수에게 "그가 우리 민족을 사랑하고 또한 우리를 위하여 회당을 지었나이다"라고 하며 호의를 입을 자격이 있다고 말한다(눅 7:5; Bosch 1959:95).

이 모든 것을 보면 사도행전 전체에서 왜 복음이 먼저 유대인들에게 선포되고 그 다음에 이방인들에게 인지를 이해할 수 있다. 이것은 단지 역사적인 순서를 언급하는 것이 아니다. 이것은 유대인들이, 특히 디아스포라 회당의 유대인들이 이방인들보다 개종할 가능성이 더 많다는 커뮤니케이션 전략의 문제 역시 아니다.

이것은 구원 역사의 관점에서 볼 때 유대인들의 우선성이라는 신학적 이유 때문이다(Zingg 1973:205; Irik 1982:287). 이것은 사도행전에서 "이방인의 사도"인 바울조차도 이방인들보다 유대인들에게 더 많은 시간을 들여 설교했는지 그 이유를 설명해 준다(Wilson 1973:249).

유대인들이 복음을 거부했기 때문에 이제 이방인들에게로 간다고 엄숙하게 선언한 후에도 바울이 가는 도시마다 거의 변함없이 회당에 먼저 간 이유를 잘 설명해 준다(행 14:1; 17:1, 10, 17; 18:4, 19, 26; 19:8; Bornkamm 1966:200; Hultgren 1985:138-143).

그러나 유대인들의 구원과 이들의 신학적 우선성에 대한 강조가 이방인들과 이들에 대한 선교와 결코 분리되지 않는다. 부활한 주님은 이방인 선교를 사도들에게 위탁했다(눅 24:47; 행 1:8). 그런데, 그들은 이 선교를 먼저 유대인들에게 향함으로써 수행한다! 이방인 선교는 유대인 선교에 2차적인 것이 아니다. 하나가 다른 하나의 결과물이 아니다. 오히려 이방인 선교는 유대인 선교와 결속되어 있다.

그러므로 몇몇 학자들이 여전히 주장하는 것처럼(Anderson 1964:269, 272; Hahn

1965:134; Sanders 1981:667) 유대인들이 복음을 거부한 이후에야 이방인 선교가 가능하게 되었다고 말하는 것은 옳지 않고 적어도 불충분하다. 이러한 견해의 보다 극단적인 형태는 누가의 전체 목적이 유대인들이 스스로의 결정을 통해 구원의 소망을 박탈당했다는 것을 분명히 증명하는 데에 있었다는 것이다. 이 견해에 따르면 누가에게는 유대인들은 완고하고 비뚤어진 사람들이고 "단순히 신학적 저당물"일 뿐이며 이방인 선교와 이방인 교회의 성립을 정당화하는 구실만 한다(Sanders 1981:668).[3]

8) 이스라엘의 나뉨

복음에 대한 유대인들의 저항은 사도행전에서 중요하고 반복되는 주제이다. 사실 많은 유대인들이 사도들의 선포에 대하여 보이는 반응은 누가복음의 나사렛 기사(눅 4:16-30)와 므나 비유에 예시되어 있는데, 새로 부임한 왕을 백성들이 거부한다는 이야기이다(19:14). 사도행전에서 누가는 반복적으로 많은 유대인들이 예수를 거부했다는 점을 강조한다.

그러한 사건 이후에 기독교 설교자들은 유대인들이 메시지를 거부한 사실에 비추어 이제 이방인들에게로 간다고 말하곤 한다. 그러나 이상하게도 그러한 일이 있은 후에 사도들은 유대인들에게 계속 설교한다. 이것은 유대인 청자들에게 마련되어 있는 구원의 기회를 놓치지 말라고 사도들이 경고하고 있음을 누가가 말하려 한 것이라고 해야 납득이 된다(비시디아 안디옥에 있는 유대인들에게 행한 바울의 설교: 행 13:40; Jervell 1972:61).

더 중요한 것은 유대인들의 많은 거부의 반대 경우, 즉 유대인들이 복음을 받아들인 경우에 비추어 보아야 한다는 것이다. 저벨(Jervell)은 사도행전에서 유대

---

[3] 나는 유대인들에 대한 누가의 태도와 이해에 대하여 여러 다른 견해들이 있음을 인정한다. 저벨(Jervell), 티에드(Tiede), 샌더스(J. T. Sanders), 타네힐(Tannehill)을 포함한 8명의 학자가 기고한 최근의 한 심포지엄 논문집은 이 주제에 대한 다양한 견해들을 공정하게 통찰하고 있다. Joseph B. Tyson, ed., *Luke-Acts and the Jewish people* (Minneapolis: Augsburg, 1988).

인들이 메시지를 거부했다고 보도할 때마다 긍정적으로 반응한 사람들이 있었다는 사실 역시 말한다(1972).

누가는 이미 자신의 복음서에서 다른 복음서들보다 예수에게 긍정적으로 반응한 유대인들을 더 많이 암시한다(Irik 1982:283). 사도행전도 비슷한 경향을 보인다. 유대인들의 대량 개종이 거듭 보도되어 있는데, 특히 예루살렘의 유대인들(위에서 언급했듯이 누가의 신학에서 아주 특별한 위치를 차지)뿐만 아니라 디아스포라 유대인들도 포함한다. 더욱이 증가가 분명히 보인다.

사도행전 2:41에서 삼천 명의 유대인들이 회심하고 4:4에서는 오천 명, 5:14에서는 "남녀의 큰 무리"가 더해진다. 6:7에서는 예루살렘에 있는 제자의 수가 "더 심히 많아졌다." 21:20에서 바울은 믿는 유대인 "수만 명"에 대한 이야기를 듣는다(Jervell 1972:44-46).

이렇게 계속 반복되는 보도들에 비추어 볼 때 유대인들의 예수 거부가 이방인 선교를 촉발했다는 주장은 타당치 않다. 다른 한편, 저벨(Jervell)이 "이스라엘이 복음을 받아들였을 때만 이방인들에 대한 길이 열릴 수 있다"(:55)고 한 주장은 너무 지나치다.

오히려 누가가 말하려고 했던 것은 유대인들의 수용과 거부 모두이다. 보다 분명히 말하자면, 이방인 선교의 길을 여는 것은 유대교 안에서 회개한 자와 회개하지 않은 자로 나뉜 것이다. 사도행전의 마지막 본문까지 계속 제기되는 것은 단지 그들의 완고함이 아니라 그들의 반응의 차이이다. 이스라엘은 복음을 거부한 것이 아니라 견해가 나뉜 것이다(Jervell 1972:49; Meyer 1986:95).

나는 누가가 자신의 복음서의 맨 처음부터 이스라엘의 "회복"에 관심을 두고 있었다는 점을 제안했었다. 이제는 그러한 회복이 이스라엘의 회심에서 일어났다고 말하는 것이 정당할 것이다. 이것은 정화되고 회복된 참된 이스라엘을 구성하는데 복음을 거부한 사람들은 제외된다. 부정적인 반응을 함으로써 이들은 자신들을 이스라엘로부터 제외시킨다.

누가는 기독교회를 유대인들과 이방인들에 더하여 일종의 "제3의 인종"으로 묘사하지 않는다. 오히려 누가에게 기독교 공동체는 유대인 회심자들, 완고한 유대인들이 스스로 자신들을 배제시킨 후에 더해진 이방인 회심자들로 구성된다.

기독교회는 오순절 날에 새로운 실체로서 시작하지 않았다. 그날에 많은 유대인들이 자신들의 참된 모습으로서의 이스라엘이 되었다. 이어서 이방인들이 이스라엘 안으로 합류되었다. 이방인 그리스도인들은 "새로운" 이스라엘이 아니라 이스라엘의 일부이다. 구원 역사 속에 단절은 없다.

회심하지 않는 것은 이스라엘로부터 제외되는 것을 뜻한다. 회심은 아브라함의 언약에 참여하는 것을 뜻한다. 조상들에게 주어졌던 약속들이 성취되었다. 교회는 이스라엘의 역사적 특권을 주장하는 외부자로서 탄생한 것이 아니라 옛 이스라엘의 모태로부터 출생하였다(Schweizer 1971:150; Jervell 1972:49, 53; Dillon 1979:252, 268, 각주 85; Tiede 1980:9, 132).

9) 비극적인 이야기

유대인들에 의한 유대인들에 대한 심판이 돌이킬 수 없을 만큼 이미 지나갔고 믿지 않는 이스라엘은 이미 영원히 제외되었기 때문에, 또한 누가가 모든 이스라엘을 위한 노력을 이제 역사에 속하는 일로 보고 당시 교회가 유대인들에 대하여 선교할 가능성을 배제하였다.

그러기 때문에 회개하지 않는 유대인들의 반응은 누가에게 전혀 문제가 되지 않는다는 뜻인가?

이것이 저벨(Jervell)의 결론이다(1972:54, 64, 68). 로버트 탄네힐(Robert Tannehill)을 비롯한 여러 학자들은 이러한 견해를 거부했는데 나도 그렇게 본다(Tannehill 1985). 특히 누가복음의 유아 기사들은 사도행전과 풀리지 않는 긴장관계가 있는데, 특히 사도행전의 결론에 대한 것으로서 누가복음에서 제기된 기대들이 대체로 이후 이야기들 속에서 성취되지 않는다는 점이다.

탄네힐(Tannehill:73)은 다양한 설명들을 제시한 후 누가가 절묘하게 의식적으로 이스라엘과 메시아의 이야기를 비극적인 이야기로 간주하도록 독자들을 이끄는 것이라고 결론을 내린다. 독자들의 기대는 이루어지지 않았다. 이야기 속에서 예기치 못한 전환이 일어나는데 운명의 반전이다(:78). "구원"(헬라어 *soterion*)과 같은 핵심단어나 어근들을 반복적으로 사용하여 누가는 이스라엘의 시작의 위대한 약속과 후기 역사의 실패 간의 비극적인 차이를 지적한다(:81).

누가복음에서 희망에 대한 각성의 반복과 성취 실패의 반복을 통해 비극의 요소가 이미 강조되어 있다. 가령 "우리는 이 사람이 이스라엘을 속량할 자라고 바랐노라"라고 말하며 엠마오로 가던 자들은 슬퍼한다(24:21, Tannehill 1985:76). 훨씬 더 뚜렷한 부분은 예루살렘의 예수 거부와 다가올 파괴에 대하여 말하고 있는 누가복음 네 개의 본문이다(13:33-35; 19:41-44; 21:20-24; 23:27-31).

첫 번째 것을 제외하고는 모두 누가복음에만 나온다. 이 이야기들은 누가가 유대인들과 그들의 도시에 대한 심판이나 보복을 바라고 있다는 흔적을 전혀 보이지 않는다(Sanders의 제안, 1981). 오히려 그 어조는 동정적이고 독자들 안에서 일어나는 감정은 비통, 연민, 슬픔이다(Tannehill 1985:75, 79, 81; Tiede 1980:15). 모든 반대되는 암시에도 불구하고 독자들은 누가가 유대인들을 절대로 포기하지 않았다고 느낀다. 누군가는 최종적인 결정이 아직 내려지지 않았고 분명한 대답은 아직 주어지지 않았다는 확신 위에서 두 권의 책 전체가 고안된 것이라고 주장할지도 모른다(Stanek 1985:25).

예수는 예루살렘을 위해 눈물을 흘린다. 누가도 마찬가지이다. 이스라엘의 구원을 위한 예수의 갈망은 성취되지 않은 채로 있다. 누가도 마찬가지이다. 그러나 모든 반대되는 암시에도 불구하고 "안도"와 "회복"의 때가 장차 올 것이다. 누가가 이스라엘의 구원을 여러 방식으로 하나님의 목적의 주요한 측면으로 묘사했었기 때문에 이러한 희망의 완전한 소실은 누가에게 풀 수 없는 신학적 문제로 남게 될 것이다. 그러므로 그는 이러한 희망을 포기하지 않는다.

"이방인의 때가 차기까지!"

예루살렘은 외국인들에 의해 짓밟힐 것이다는 예수의 말이 나온다(눅 21:24, 이 말은 미래의 이방인 선교를 가리키는 것 같지는 않다). "주의 이름으로 오시는 이여 찬송하리로다"(눅 13:35)라고 말할 때가 오기까지 예루살렘은 자신의 왕을 보지 못할 것이다(눅 13:35; Tannehill 1985:85). 틀림없이 비극 너머의 희망은 모호한 방식으로만 표현되어 있다. 그러나 희망은 분명히 있다. 마지막 장면인 사도행전 28:23-28에서도 바울은 유대인들에게 여전히 말씀을 전하고 있다(:82).

위의 논의들에 비추어 볼 때, 저벨(Jervell), 탄네힐(Tannehill)과 같은 사람들이 누가의 선교신학에 있어서 유대인들과 이방인들의 구원사적 관계에 중심적인 위치를 부여한 것은 옳다고 나는 믿는다. 그러나 누가의 전체 선교신학이 이러한 신비를 풀기 위한 노력이었다고 해석하는 것은 너무 지나치다. 오히려 이방인들을 향하는 것은 복음에 대한 이스라엘의 반대와 상당수의 이스라엘의 수용이 있은 후에 왔다. 그러나 이것으로 모든 것이 설명되지 않는다(Senior and Stuhlmueller 1983:272). 분명히 누가는 오늘날 말하는 조직신학자가 아니다. 그는 복합적인 선교 주제들을 가지고 있었다.

우선 유대인 선교와 이방인 선교 간의 관계이다. 다른 주요한 주제들로는 가난한 자와 부자에 대한 누가의 메시지, 회개에 대한 이해, 용서, 구원, 복수를 폐기하는 예수의 사역에 대한 강조가 있다. 이제 이러한 주제들을 고찰해 보자.

3. 가난한 자들과 부자들을 위한 복음

1) 누가복음에서의 가난한 자들

누가가 가난한 자들과 소외된 계층들에게 특별한 관심을 가지고 있다는 것은 일반적으로 알려진 사실이다. 이미 찬가(눅 1:53)에 "주리는 자를 좋은 것으로 배불리셨으며 부자는 빈손으로 보내셨도다"라고 되어 있다.

이러한 정서는 누가복음 전체에 흐른다. 가난한 자들에 대한 복과 이에 병행하여 부자들에 대한 화가 언급되어 있는데, 어리석은 부자의 비유(눅 12:16-21), 부자와 나사로의 이야기(16:19-31), 여리고의 세리장인 삭개오의 모범적인 행동(19:1-10) 이야기가 있다. 이 이야기들은 누가복음에만 나와 있다.

또한 누가는 전해 받은 전승을 자주 그러한 방식으로 구성하는데 없는 자들에 대한 편향성이 뚜렷하다. 가령 누가는 세례 요한이 한 말 "회개에 합당한 열매를 맺으라"를 실질적인 의미에서 사용한 유일한 복음서 기자인데 경제 문제로 말한 것이다(3:10-14). "가난"(헬라어 *ptochos*)이라는 용어는 마가복음과 마태복음에서는 각각 5번 나오지만 누가복음에서는 10번 나온다.[4] 가난이라는 단어뿐 아니라 궁핍과 필요와 같은 용어들이 많이 나온다. "부유"(헬라어 *plousios*)와 "소유" (possessions)와 같이 부를 언급하는 용어 역시 누가복음에 많이 나온다(Bergquist 1986:4).

쇼트로프(Schottroff)와 스테게만(Stegemann)은 "누가복음이 없었다면 가장 초기의 기독교 전통의 한 가지 중요한 부분을 잃고 예수의 가난한 자들을 위한 희망의 비유와 메시지의 중요성 또한 놓쳤을 것이다(1986:67). 마자미사(Mazamisa)는 다음과 같이 요약한다.

> 누가의 관심은 사회적인 문제들이다. 여성들, 남성들, 아이들에게서 존엄성과 자존감을 빼앗고 시력과 목소리와 빵을 빼앗고 사적인 이익을 위해 그들의 삶을 조종했던 1세기의 귀신들과 악의 세력들 그리고 가난한 자들과 소외된 자들을 위한 약속과 가능성들에 대한 것이다 (1987:99).

누가가 말하는 가난한 자들이 누구인지를 밝히려는 노력이 근년에 많이 있었다. 특히 마태와 마가가 언급한 첫 번째 복(마 5:3, "심령이 가난한 자는 복이 있나니"; 눅 6:20, "가난한 자는 복이 있나니") 사이의 차이점은 학자들과 일반 성경 독자들을 오래동안 매혹시켰다. 여기서 논의를 재개하거나 새로운 기여를 시도하려는 것은 아니다. 첫 번째 복에 대한 마태의 표현조차도 영적인 의미로만 이해되어서는 안된다고 말하는 것만으로도 충분하다.

---

4 그러나 누가는 우리와 항상 함께 있는 가난한 자들에 대한 언급을 생략했는데(막 14:7; 마 26:11; 요 12:8), 가난한 자들이 언제나 우리와 함께 있을 것이기 때문에 그들의 상황에 대하여 특별히 말할 필요가 없었기 때문이었을 것이다.

누가복음에서 이러한 영화(spiritualization)는 그만큼 보장되지 않는다. 그러나 그러한 뉘앙스가 배제되어 있다는 뜻은 아니다. 그렇지 않다. 가난한 자들은 또한 경건하고 겸손한 자들(찬가의 *tapeinos*, 눅 1:47, 52)이며 하나님에게 전적으로 의존하는 사람들이다(Pobee 1987:18-20). 더욱이 "가난한 자"(헬라어 *ptochos*)라는 말은 모든 소외된 자들을 가리키는 총괄적인 용어이다(Albertz 1983:199; Nissen 1984:94; Pobee 1987:20).

이것은 누가가 고통당하는 자들의 목록을 제시할 때 가난한 자들을 첫 번째 위치에(4:18; 6:20; 14:13; 14:21) 두거나 아니면 마지막의 절정에 두는 방식으로써 (7:22) 나타낸다. 어떤 의미에서는 불행을 경험하는 사람들이 모두 가난한 자들이다. 이것은 특히 병든 자들의 경우에 그렇다. 누가복음에 나오는 모범적인 가난한 자인 나사로는 가난한 동시에 병든 자이다. 가난이 다른 뜻을 내포한다고 하더라도 누가복음에서는 무엇보다도 사회적 범주이다. 그러나 2차적인 것을 주된 것으로 삼는 것은 타당하지 않다(Nolan 1976:23; Fung 1980:91).

2) 그리고 부자는?

누가가 부자에 관하여 말하는 것은 가난한 자에 대한 묘사에 대비하여 볼 때만 이해가 가능하다. "부자"(헬라어 *plousios*)는 가난한 자(헬라어 *ptochos*)와 마찬가지로 포괄적인 용어이다. 부자는 주로 탐욕스럽고 가난한 자들을 착취하고, 잔치에 오라는 초청(눅 14:18)에 응하지 못할 정도로 돈 벌기에 바쁜 사람들이며, 문에 있는 나사로를 본 체 안하고(16:20), 쾌락적인 삶을 살고 부에 대한 염려에 매여 있는 자들(8:14)이다. 동시에 그들은 맘몬의 노예이자 숭배자들이다(D'Sa 1988:172-175).

이와 같은 "부자"(헬라어 *plousios*)의 주요한 의미로부터 몇가지 2차적인 의미들이 따라온다. 누가는 바리새인들을 "돈을 사랑하는 자들"(헬라어 *philargyroi*)이라고 부르는데 단순히 여러 특질들 중에 한 가지를 가리키는 것이 아니라 "그 사람의 모든 도덕성 정체성," "그의 삶의 모든 방향성"을 가리킨다(Schottroff and

Stegemann 1986:96). 그들은 비유에 나오는 바리새인들처럼 자신들이 의롭다고 믿고 다른 사람들을 멸시하는 사람들이다(18:9).

그러므로 부자는 교만한 자이고 힘을 남용하는 권력자이기도 하다. 그들은 이 세상의 일들에만 매여 있는 경건치 못한 자들이며 "하나님께 대하여 부요치 못한 자들"(12:21) 혹은 "하나님 보시기에 거지들"이다. 본질적으로 이것은 탐욕, 거만, 가난한 자들에 대한 착취, 불경건을 통해서 그들이 고의적으로 의식적으로 자신들을 하나님의 은혜의 영역 바깥에 두고 있다는 것을 의미한다. 그들은 현재의 순간에서 자신들이 얻을 수 있는 것에만 관심을 둔다. 복과 반대되는 화가 미치는 말씀들이 확연하게 제시된다.

> 그러나 화 있을진저 너희 부요한 자여 너희는 너희의 위로를 이미 받았도다 화있을진저 너희 지금 배 부른자여 너희는 주리리로다 화있을진저 너희 지금 웃는 자여 너희가 애통하며 울리로다(눅 6:24-25).

그 주제는 찬가(눅 1:51-53) 및 부자와 나사로의 이야기(16:25)에서 나타나는 주제와 동일하다(Schottrof and Stegemann 1986:99). 즉 반전의 주제, 현재의 축복과 미래의 고통, 현재의 고통과 미래의 축복이다. 부자는 자신들이 부자이기 때문만이 아니라 자신들이 행동하는 방식 때문에 행복을 모두 소진하고(Schottroff and Stegemann 1986:32) 미래의 축복에 대한 어떤 희망도 내버렸다.

3) 나사렛 예수

누가복음에서 예수가 처음으로 공적으로 한 말은 가난한 자들의 운명을 뒤바꿀 그의 사명에 관한 진술을 담고 있다.

> 주의 성령이 내게 임하셨으니 이는 가난한 자에게 복음을 전하게 하시려고 내게 기름을 부으시고 나를 보내사 포로된 자에게 자유를, 눈먼

자에게 다시 보게 함을 전파하며 눌린 자를 자유롭게 하고 주의 은혜의 해를 전파하게 하려 하심이라 하였더라(눅 4:18-19).

이사야서에서 나오는 위의 말은 일종의 예수의 선언문이다.

이 글이 오늘날 너희 귀에 응하였느니라(눅 4:21).

포로된 자, 눈먼 자와 눌린 자(혹은 상한 자)는 모두 "가난한 자"에 속한다. 그들은 모두 가난의 표출이며 "복음"을 필요로 한다. 인용문의 주된 부분은 이사야 61:1 이하에서 온 것인데, 이 예언은 먼저 바벨론 포로 직후 실망한 유대인들에게 주어진 것이다. 그것의 목적은 하나님이 그들을 잊으신 것이 아니며 "주의 은혜의 해," 즉 희년을 줌으로써 그들을 도우러 오신다고 격려하려는 데에 있다 (Albertz 1983:187-189).

그러나 놀랍게도 누가는 이사야 61:1 이하만 인용하지 않는다. 그는 이사야 58:6의 "눌린 자를 자유케 함"이라는 문구를 이사야 61:1과 61:2 사이에 넣는다. 학자들은 이러한 특이한 경우를 여러 가지로 설명해 보려고 했으나 어느 것도 만족스럽지 못하다. 우리는 누가가 의도적으로 이사야서의 다른 장에 있는 문구를 삽입하여 이사야 61장에서 충분히 설명되지 않은 것을 전달하려고 했다는 점을 인정해야 한다(Dillon 1979:253; Albertz 1983:183, 191). "눌린 자를 자유케 함"이라는 문구는 이사야 58장에서 분명히 사회적인 성격을 띤다.

이 문구는 부자들이 가난한 자들을 착취하는 유대의 사회적 모순을 예언적으로 비판하는 문맥 속에 나온다. 심지어 금식하는 날에도 부자들은 자신들의 이익을 추구하고 피고용자들에 더 힘든 일을 시키고 그들에게 빚진 자들과 언쟁을 벌인다(Albertz 1983:193). 선지자는 이러한 상황 속에서 6절과 같이 탄식한다.

내가 기뻐하는 금식은 흉악의 결박을 풀어주며 멍에의 줄을 끌러주며 압제당하는 자를 자유하게 하며 모든 멍에를 꺾는 것이 아니겠느냐 또

> 주린 자에게 네 양식을 나누어 주며 유리하는 빈민을 집에 들이며 헐벗은 자를 보면 입히며 또 네 골육을 피하여 스스로 숨지 아니하는 것이 아니겠느냐(사 58:6-7).

이사야 58장의 상황은 느헤미야 5장에도 반영되어 있는데, 가난한 유대인들이 바사 왕이 부과한 세금을 지불하기 위해 자신들의 포도원과 집을 저당을 잡히고 가난한 자들의 역경을 이용하여 부를 늘리려는 동족 부자 유대인들에게 자녀들을 팔기까지 해야 했다.

이렇게 볼 때, 이사야 58:6의 "압제당하는 자," "다친 자," "상한 희생자들"은 경제적으로 파산한 자들, 속박받는 노예가 되어 가난의 참혹한 굴레에서 다시는 탈출할 희망이 전혀 없는 사람들로 이해되어야 한다. 오직 희년, "주의 은혜의 해"만이 그들을 그러한 불행에서 건질 수 있는 길이었다.

이사야 58:6의 "압제당하는 자"의 자세한 형편을 알지 못한다 해도 이 구절의 사회 윤리적인 성격은 예수의 청자들에게 틀림없이 친숙한 것이었다. 그러므로 누가복음 4:18의 "테쓰라우스메노이"(헬라어 *tethrausmenoi*)는 계속 늘어나는 빚 때문에 궁핍하게 된 사람들로 간주되어야 한다(Albertz 1983:196). 여기에 수록된 다른 압제당하는 자들뿐만 아니라 이들을 위해서도 "주의 은혜의 해"가 선포되고 있다.

이 모든 것이 예수의 역사적인 실제 사역이나 가장 초기의 예수 전승에서 무엇을 뜻했는지 결론을 내리기는 쉽지 않다. 우리는 이러한 전승을 직접 접할 수 없고 복음서 기자들의 해석만을 접한다. 예수가 정치적 해방을 위해 대중 운동을 시도하려고 했거나 그의 나사렛에서의 설교가 대중 봉기를 위한 선언문이었는지는 회의적이다. 그러나 예수가 당시의 사회에 필요한 근본적인 변화를 선언하고 이를 위해 애썼다는 사실은 부인할 수 없다. 누가복음 4:16-30의 현재 형태는 이것을 분명히 증명하며 누가가 이것을 자신의 복음서에 결합시킨 방식 역시 이를 예증한다. 이제 우리의 과업은 나사렛 기사를 누가의 저작들과 신학이라는 차원에서 해석하는 것이다.

4) 부자들의 전도자?

나는 누가가 부자들에 관하여 말한 것과 심한 가난을 직면하여 부자들이 무엇을 해야 하는가에 대하여 말한 것을 먼저 살펴보고자 한다. 누가복음을 볼 때 예수가 부유한 사람들과 많이 접촉한 것이 분명하다. 마찬가지로 사도행전에서도 부유하고 유력한 사람들이 기독교 공동체에 들어온 것을 알 수 있다.

누가는 이들에 대하여 무엇을 말하고 싶었던 것인가?

누가는 당시의 부자들에 대하여 무엇을 말하고 있는가?

분명히 누가는 뭔가 아주 명백한 것을 표현하려고 한다. 그는 이를 위해 다양한 비유들, 이야기들, 경고들을 사용한다. 하나님 앞에서 그리고 가난한 자들을 직면하여 그들의 상황은 현재 그대로 있어서는 안된다. 따라서 누가는 "부자들과 존경받는 자들이 예수 및 제자들의 메시지와 삶의 방식에 화해되기를 원한다. 누가는 예수의 사회적인 메시지에 합당한 회개를 하도록 그들에게 촉구하기를 원한다"(Schottroff and Stegemann 1986:91; D'Sa 1988:175-177).

그러한 반응이 여리고의 세리장인 삭개오에게서 나오는데(눅 19:1-10; Schottroff and Stegemann 1986:106-109; Pobee 1987:46-53) 그의 회심은 그가 전에 범했던 죄와 마찬가지로 구체적이 형태를 띤다. 그는 그가 착취했던 사람들에게 돌려주고 소유의 절반을 가난한 자들에게 준다. 신체적으로 예수를 따르라고 부름을 받지 않았을지라도 예수의 말을 실천에 옮김으로써 제자가 된다. 그는 누가복음에서 다른 생활양식을 택한 유일한 부자로 소개되어 있다(Nissen 1984:82).

누가는 삭개오에 대한 이야기와 젊은 부자 관원에 대한 이야기를 대조시킨다(눅 18:18-30). 두 경우 모두 예수가 부자인 사람을 도전한 경우인데 반응은 다르다. 율법을 문자 그대로 따르며 모범적인 삶을 영위하던 관원은 예수의 도전을 받아들일 준비가 되어 있지 않았고 그의 삶의 양식은 평판이 좋지 않았던 세리장의 삶의 양식과 대조되어 있다. "그는 큰 부자이었기 때문에" 심히 슬퍼하며 떠나고 만다. 누가에게 이 이야기는 제자도로의 부르심의 실패 사례이다(Schottroff and Stegemann 1986:75).

사도행전의 바나바의 행위(행 4:36)가 삭개오의 행위와 유사한 것처럼 젊은 부자 관원의 이야기는 아나니아와 삽비라의 이야기와 평행을 이룬다. 따라서 부활절 이후의 공동체에서 부자들이 직면했던 문제들은 예수를 만났던 부자들이 직면했던 문제와 다르지 않았다. 삭개오와 바나바는 누가가 부자 그리스도인들에 대하여 갖는 패러다임이 된다.

부자들이 가난한 자들에게 대하여 취해야할 태도는 누가복음의 다른 곳들에서 더 상세히 설명되어 있다. 특별히 주목할 점은 누가가 Q 자료로부터 구성한 것으로서 예수의 평지 설교에 포함되어 있는데, 마태의 구성과는 결정적으로 다르다.

> 네게 구하는 자에게 주며 네 것을 가져가는 자에게 다시 달라 하지 말며 남에게 대접을 받고자 하는 대로 너희도 남을 대접하라 너희가 만일 너희를 사랑하는 자만을 사랑하면 칭찬받을 것이 무엇이냐 죄인들도 사랑하는 자는 사랑하느니라 너희가 만일 선대하는 자만을 선대하면 칭찬 받을 것이 무엇이냐 죄인들도 이렇게 하느니라 너희가 받기를 바라고 사람들에게 꾸어 주면 칭찬받을 것이 무엇이냐 죄인들도 그만큼 받고자 하여 죄인에게 꾸어 주느니라 오직 너희는 원수를 사랑하고 선대하며 아무것도 바라지 말고 꾸어주라(눅 6:30-35a).

전체 본문은 부자들의 행동이 가난한 자들에 대하여 어떠해야 하는지를 언급한다(Albertz 1983:202, Schottroff and Stegemann 1986:112-116). 특별히 주목할 점은 마태가 말하는 원수에 대한 사랑이 여기에서는 빚을 갚지 않는 사람들에 대한 사랑으로 해석되어 있다는 것이다! 누가복음 6:28의 "악의로 대하는 자" 혹은 "모욕하는 자"(헬라어 *epereazo*)는 마태복음에서는 "핍박하는 자"로 되어 있는데, 돈을 빌린 후 갚지 않는자에 대한 모욕을 가리킨다. 누가는 이 말들을 부자 그리스도인들에 대한 권고로서 이해한다.

당시 사회 윤리는 부자는 후에 초청받기 위하여 부자만을 초청한다(눅 14:12).

누가복음의 예수는 이를 분명히 거부한다. 그러한 행동은 자신들에게 선대하는 자들에게만 선대하고 갚을 수 있는 경우에만 돈을 빌려주는 죄인들에게서 보여지는 행동이다(6:32-34). 그러나 예수의 제자들은 되돌려 받을 것을 기대하지 말고 빌려 주어야 한다(6:35a). 하늘의 아버지가 자비로운 것처럼 그들은 자비하라고 도전받는데(6:36), 이렇게 하면 그들은 보상받을 것이다(6:35b). 빚진 자들을 사면해 주면 그들 자신이 사면 받을 것이다. 달리 말해서 용서받을 것이다(6:37).[5]

이 모든 것은 나의 이웃이 누구인지에 대한 누가의 예수의 이해와 관련된다. 선한 사마리아인의 비유를 볼 때, 이웃은 나에게 도움을 청하고 내가 길가에 버려두고 떠날 수 없는 사람이다. 경제적인 측면에서 보면 누가 공동체의 부자들은 자신들의 부를 상당 부분 포기하고 위험한 대출을 해주고 빚을 면제하는 것과 같은 달갑지 않은 행위를 하라고 도전받는다. 물론 이 모든 것은 희년의 언어로서 희년 개념이 누가복음에 퍼져있다.

누가의 "경제 윤리"는 구제 개념에서도 나타난다. 마태복음 6:1-4을 제외하고는 구제(헬라어 *eleemosyne*)라는 용어는 신약성경에서 누가의 저술에서만 나온다(눅 11:41; 12:33; 행 3:2, 3, 10; 9:36; 10:2, 4, 31; 24:17). 게다가 당시에 구제가 유대인이든 그리스도인이든 항상 동료 신자들에 대한 자선으로 이해된 반면, 누가는 외부인들에게도 해당된다고 이해한다(Schottroff and Stegemann 1986:109).

물론 오늘날 자선이 여러 진영에서 나쁜 용어로 간주되고 정의와 정반대인 개념으로 간주되곤 한다. 구약성경과 유대교에서는 달랐고(:116) 오늘날 이슬람에서도 그렇다. 구제는 정의와 구조적 변화를 가로막는 것이 아니라 오히려 정의의 표현이며 정의를 섬긴다. 구약성경에서 두 개념이 종종 동의로 쓰인다. 더욱이 구제(헬라어 *eleemosyne*)는 자비(헬라어 *eleos*) 있다는 표현이다.

이 모든 것을 볼 때 우리는 누가가 가난한 자들의 복음 전도자라고 불릴 수 없고 "부자들의 복음 전도자"로 불리는 것이 옳을 것이다(Schottroff and Stegemann

---

[5] RSV는 눅 6:37의 apolyo를 "용서하다"로 번역했는데 이 동사의 2차적인 의미이다. 그러나 그 문맥으로 보면 이 단어의 1차적인 의미인 "풀어주다" "사면하다" 또는 "사하다"(pardon)로 번역되어야 한다(Shottroff and Stegemann 1986:115 참조).

1986:117). 알버츠(Albertz)는 이사야 58장에 대한 누가의 관심을 특히 주목하는데 다음과 같이 비슷한 결론을 내린다.

> 이사야 58:5 이하와 누가복음은 모두 부자들에게 대한 말이다. 둘 다 부자들을 감화하여 특별하고 지대한 성취를 이루게 하려고 하는데 곧 자신들의 소유를 상당 부분 포기하고 빚을 면제해 주고 널리 구제하라는 것이며 이렇게 하여 공동체 안의 가난한 자들의 곤경을 경감시켜 주게 된다. 이사야 58:5-9a는 심각한 사회적 위기 속에 있는 포로 직후의 공동체의 상류층에게 주어진 말씀이다. 누가는 자신의 두 권의 책을 헬라적 공동체의 상류층에게 전달한다(1983:203).

5) 모두가 회개해야 한다.

그러나 누가가 오직 하나의 죄, 즉 부의 죄와 오직 한 종류의 변화, 즉 자신의 소유를 포기하는 변화만을 상정하는 듯이 해석해서는 안된다. 가난한 자와 부자 모두 구원이 필요하다. 동시에 각 사람은 자신의 특정한 죄성과 속박이 있다. 속박의 유형은 다르며, 곧 부자의 특정한 죄성은 가난한 자의 죄성과 다르다.

그러므로 누가복음에서 부자들은 자신들의 부에 기초하여 시험되는 반면, 다른 사람들은 자신들의 가족, 자신들의 백성, 자신들의 문화, 자신들이 노동에 대한 충성에 근거하여 시험된다(눅 9:59-61; Nissen 1984:175). 이것은 가난한 자들도 다른 모든 사람들과 마찬가지로 죄인들이라는 의미인데, 궁극적으로 죄성이 인간의 마음에 뿌리를 두고 있기 때문이다. 물질적으로 부유한 사람이 영적으로 가난할 수 있듯이 물질적으로 가난한 사람이 영적으로 가난할 수 있다(:176, Pobee 1987:19, 53).

누가는 오늘날 소위 가난한 자들에 대한 하나님의 호의적 선택이라고 불리는 것을 독자들에게 말하고 싶었겠지만 이러한 선택은 배타적인 의미로 해석되어서는 안된다(Pobee 1987:54). 이것은 부자들에 대한 하나님의 관심을 배제하지 않으며 사실 강조된다. 누가복음과 사도행전에서 모두 누가는 부자들이 가난하고 압제받는 자들과 연대감을 가지고 행동하고 섬긴다면 부자들에게 희망이 있다고 독자들에게 알려주고 싶어한다. 그들이 하나님께로 돌아설 때 부자와 가난한 자는 서로를 향해 돌아선다. 궁극적으로 강조점은 나눔과 공동체에 있다. 사도행전 여러 곳에서 누가는 이러한 "사랑의 공동체주의"를 강조한다(행 2:44; 4:32, 36).

그럼에도 불구하고 한 가지 문제가 남는다. 누가복음을 진지하게 생각하는 사람이라면 복음이 가난한 자들을 위한 좋은 소식이라는 점이 누가복음을 이해하는데 절대적으로 중요하다는 것을 의심하지 않을 것이다. 그런데 이 주제가 사도행전에서는 고갈된 듯이 보인다(Bergquist 1986 참조).

사도행전에 보도된 베드로, 스데반, 바울의 여러 설교에는 가난한 자들대한 언급이 없다. 사실 "가난"(헬라어 *ptochos*)이라는 단어가 사도행전에 나오지도 않는다. 참으로 누가의 두 번째 책의 강조점은 다른 데에 있는 것 같다. 두 권의 책이 처음부터 하나의 책으로 기획되고 저술된 것이라는 점에서 볼 때 이것은 더욱 주목할만한 사실이다.

누가는 자신의 자료들(특히 마가 자료와 Q 자료)을 구성하면서 가난한 자들 및 가난한 자들에 대한 부자의 책임을 언급하는 내용들을 많이 포함시키고 두 번째 책에서는 왜 이것들을 제외시켰는가?

제임스 버퀴스트(James Bergquist)는 이에 대하여 여러 가지 가능한 설명들을 검토하면서 누가의 관점에서 가난한 자들을 위한 복음이라는 주제가 참으로 중요하지만 동시에 누가복음-사도행전의 더 포괄적이고 지배적인 신학적 목적의 불완전한 일부이기 때문이라고 결론을 내린다. 그는 이러한 지배적인 신학적 주제가 예수 안에 있는 하나님의 최종적인 구원에 대한 선언에 있다고 제안한다.

버퀴스트는 사도행전에서 "이방인"이라는 용어가 가난한 자들과 외부인들을 지칭하는 복음서들의 특정 용어들을 대체하고 있는 사실이 그 근거라고 주장한다. 사도행전에 외부인은 이방인이 되는데 누가는 사도행전에 이방인을 43회 언급하고 있으며 선교 기록을 그들을 염두에 두고 구성한다(Bergquist 1986:12; Wedderburn 1988:164).

버퀴스트의 제안은 장점이 있다. 그러나 누가에게 구원이 무엇을 의미했는지를 면밀하게 검토한 후에야 이를 판단할 수 있을 것이다. 이 점을 살펴보자.

4. 누가복음-사도행전에서의 구원

죄의 회개 용서라는 동반적인 개념을 포함하여 "구원"이 누가의 두 권의 책의 중심이라는 점은 의심할 여지가 없다. "구원"(헬라어 soteria, soterion)이라는 단어가 누가복음과 사도행전에 각각 6회 나오는 반면, 마가복음과 마태복음에는 한 번도 나오지 않고 요한복음에 한 번 나온다. 구원은 누가의 유아 기사에서 네 번 나온다. 여기서 두 번은 덜 사용되는 표현인 *soterion*을 사용하고 있는데 이것은 사도행전 28:28(두 권의 책의 맨 마지막에)을 제외하고는 에베소서 6:17에만 나온다. 어떤 의미에서 누가는 자신의 저작 전체를 그리스도 안에서 시작된 구원이라는 개념으로 구성한다. 공관복음서들 중에서 누가만이 예수를 구원자(헬라어 *soter*)라고 부르는데 누가복음에서 한 번(눅 2:11), 사도행전에서 두 번(행 5:31; 13:23)이다.

마찬가지로 누가는 "회개하다"(헬라어 *metanoeo*)와 "회개"(헬라어 *metanoia*)라는 단어(때로 그는 "돌아가다"[헬라어 *epistrephein*]라는 단어를 대신 사용하기도 한다)를 중요하게 사용한다. 가령 마가복음 2:17은 "내가 의인을 부르러 온 것이 아니요 죄인을 부르러 왔노라"라고 하고 있다. 그런데, 누가복음 5:32은 "회개시키러"를 추가한다. "회개하다"와 "회개"는 누가의 저작에서 "죄인들"(헬라어 *hamartoloi*)과 "용서"(헬라어 *aphesis*)라는 단어와 긴밀하게 연결되어 있다. 그것은 사도행전의 선교 설교에서 반복되는 메시지이다(행 2:38; 3:19; 5:31; 8:22; 10:43; 13:38; 17:30; 20:21; 26:18, 20).

그러나 이러한 메시지는 사도행전에서만 시작한다. 누가복음의 마지막에서 예수는 그의 제자들에게 "그의 이름으로 "죄의 회개와 용서"가 예루살렘에서 시작하여 모든 족속에게 전파될 것"이라고 말한다(눅 24:47). 누가만이 십자가상에서 회개한 범죄자의 말을 기록하고 있는데, "용서"라는 단어가 여기서 사용되고 있지는 않지만 그에 대한 예수의 반응은 용서와 구원을 암시하고 있다("오늘 네가 나와 함께 낙원에 있으리라." 눅 23:43).

누가만이 예수의 말 "아버지여 저희를 사하여 주옵소서"(눅 23:34)를 기록한다. 누가만이 기록하고 있는 탕자의 비유는 회개와 용서에 대한 극적인 이야기이다. 그러므로 회개, 회심, 용서는 예수의 사역의 지배적인 주제일 뿐 아니라 예수 이후의 사도들과 복음 전도자들, 예수 이전의 세례 요한의 사역의 지배적인 주제이다.

사람들이 회개해야만 하는 죄가 무엇인지 특히 사도행전에서 뚜렷하지 않다. 흔히 사도들은 청자들에게 죄를 구체적으로 언급하지 않은 채 자신들의 죄를 회개하라고 촉구한다. 그러나 유대인들의 죄와 이방인들의 죄는 다르다. 유대인들은 예수의 죽음에 가담한 것에 대하여 회개해야 하며 그래야 다시 구원사 속에 들어가게 된다(특히 행 2:36-40과 3:19). 구원사 속에 바로 이제 들어온 이방인들의 죄는 주로 우상숭배에 대한 것이다(행 17:29; Wilckens 1963:96-100, 180-182; Grant 1986:19-28, 49).

누가복음에서 상황은 다소 다르게 나타난다. 누가는 다른 두 공관복음서 기자들보다 "죄인"(헬라어 *hamartolos*)이라는 단어를 훨씬 자주 사용하다. 게다가 죄인이라는 단어와 그 유사어가 나타나지 않는 곳에서도 그러한 개념이 존재한다. 예수를 "세리와 죄인들의 친구"(눅 7:34)라고 한 Q 어록에 근거하여 "쇼트로프"(Schottroff)와 "스테게만"(Stegemann)은 초기 예수 운동에서는 "가난한 자들, 세리들, 죄인들"에게 회개하라고 촉구되지 않았는데, 그들의 "죄"가 그들의 범죄성에 있지 않고 그들의 비참한 형편에 있었기 때문이라고 주장한다(1986:33). 그러나 이 견해는 자료들로부터 입증될 수 없다. 사실 이 두 학자는 "초기 설교의 이러한 측면은 가설일 뿐이라고 인정하고 있다"(:33).

쇼트로프와 스테게만의 추측이 타당해 보이는 한 가지 측면은 항상 누가복음에서 "죄"와 "죄인"이라는 표현이 특히 사람들과 관련한 도덕적 행위를 가리키고 있는 점이다. 이것은 누가가 세례 요한의 사역을 기술하는 데에서도 명백하다(눅

3:10-14). 마찬가지로 부자는 나사로에게 어떤 동정심도 가지지 않기 때문에 죄인이다(16:19-31). 제사장과 레위인 강도당한 자의 곤경을 무시하기 때문에 죄인으로 규정된다(10:30-37).

탕자는 하늘과 자신의 아버지에게 대하여 죄를 범했지만 그가 아버지를 대한 방식 때문에 더 죄인이다(15:11-32). 또 다른 비유에서 세리는 토색한 악한 일로 인해 자비를 구하는데 이것은 분명히 삭개오의 죄이기도 하다(19:8).

자신이 죄인임을 부인한다면 그 죄성은 더 크다. 바리새인들이 이러한 경우인데 자신들의 죄를 의식하지 못한다. 그들은 의로운 것이 아니라 다른 사람들과 비교하여 자기 의를 내세운다(눅 15:29 이하에서 장남, 18:11 이하에서 바리새인들).

이러한 예들을 사도행전의 선교 설교들과 비교하면 죄의 이해에 있어서 차이점을 보게 된다. 특히 세례 요한의 설교에 대한 반응과 베드로의 설교(행 2장)에 대한 반응을 비교해보면 분명하다.

두 경우에서 모두 청자들의 반응은 "그러면 우리가 무엇을 하리이까?"(눅 3:10, 12, 14; 행 2:37)라고 하는 자기성찰적인 질문이다. 베드로의 대답은 모호한데 청자들이 예수의 죽음에 동참했다는 사실을 암시할 뿐이다(행 2:38-40). 누가복음에서 세례 요한의 대답은 아주 구체적인데 옷이 없는 자에게 옷을 주고 배고픈 자에게 음식을 주고 긍휼이 필요한 사람을 약탈하지 않는 것이다(눅 3:11-14).

회개와 회심에 대하여 누가복음과 사도행전을 비교해 보면 사도행전은 모호한 점이 있다. 제안하자면 회심은 유대인들이 예수를 메시아로 받아들이는 것과 이방인들이 우상을 버리고 돌이켜서 그를 믿는 것을 뜻한다.

삭개오는 자신의 소유 절반을 가난한 자들에게 주고 토색한 돈의 네 배를 돌려주기로 한다. 탕자의 회심은 정신을 차리고 아버지에게로 돌아가는 데에 있다. 회심이 부재하는 이유들도 똑같이 중요하다. 장남은 회심을 경험하지 못하는데 동생을 받아들이지 않기 때문이며 또한 바리새인들이 용서의 비유(눅 18:11)에서 그러는 것처럼 자기중심적으로 계산하고 비교하기 때문이다. 젊은 부자 관원은 "너무 부자였기 때문에"(18:23) 예수의 명령을 거부하며 회심은 무산된다.

회개하고 죄를 용서받는 사람들은 "구원"(헬라어 *soteria*)을 경험한다. 누가복음의 유아 기사에서 "구원"은 분명히 정치적인 함의를 가지고 있다. 하나님은 이스라엘을 위해 "구원의 뿔"을 일으키셨다(눅 1:69). 하나님은 이스라엘을 그들의 적으로부터 구원하셨고(1:71) 자신의 백성들에게 "구원의 지식"을 줄 것이다(1:77). 예수의 사역과 대비시키기 위하여 누가가 의도적으로 정치적 정복과 해방의 관점에서 유아 기사를 구성했다고 포드(Ford 1984:77)가 주장한 것은 일리가 있다.

삭개오의 집에 온 구원이 실제로 정치적인 것이 아닌게 분명하다. 탕자의 경우와 마찬가지로 그의 경우 역시 구원은 영접, 교제, 새로운 삶을 의미한다. 이것은 자주 잔치의 이미지로 표현된다. 예수는 삭개오와 식탁의 교제를 갖고 탕자는 잔치로 대접을 받으며 읍내 거리와 골목에서 온 사람들, 길거리와 외곽에서 온 사람들이 부자의 잔치에 초대를 받는다(14:16-23).

따라서 어떤 특정한 문맥이든지 구원은 인간의 사람의 총체적인 변화, 죄의 용서, 질병의 치료, 모든 형태의 속박으로부터의 풀려남을 포함한다(누가는 "용서"와 "풀려남," "해방"을 가리키는 용어로 "아페시스"(aphesis)를 사용한다. 24:47과 4:18을 비교하라).

구원에 대한 이러한 포괄적인 이해는 누가복음과 사도행전에서 모두 명백하다. 사도행전에서의 기독교 공동체의 선교는 예수의 사역이 그러하듯이 구원의 선교이다(Senior and Stuhlmueller 1983:273). 구원은 하나님과 이웃에 대한 죄의 악한 결과의 반전을 포함한다. 이것은 "수직적" 차원만을 가지는 것이 아니다. 그러므로 탕자의 비유가 하나님과의 관계에만 관한 것이고 그의 지상에서의 행동에 대한 지침을 주지 않는다고 말하는 것은 타당하지 않다(Mann 1981:69).

삭개오는 소유의 속박으로부터 내적으로만 해방된 것이 아니라 실제로 배상을 한다(Albertz 1983:202). 무엇으로부터의 해방은 또한 무엇으로의 해방이다. 그렇지 않으면 그것은 구원의 표현이 아니다. 그리고 무엇으로의 해방은 언제나 하나님과 이웃에 대한 사랑을 포함한다.

"예수를 따르는 것을 마음과 머리의 일, 사적인 대인관계로 축소시키는 사람은 예수를 따르는 것을 제한하고 예수 자신을 하찮은 존재로 만든다"(Schottroff and Stegemann 1986:5).

그러므로 누가복음과 사도행전 간에 강조점에 있어서 긴장이 없다고 할 수 없을지라도 화해할 수 없는 불일치가 있는 것은 아니다. 두 책 모두에서 구원은 궁극적으로 예수의 인격과 관계된다. 마리아는 찬가에서 자신의 태 안에 있는 아이로 인해 하나님의 위대한 행위를 찬양한다. 누가복음과 사도행전에서 모두 제자들은 예수와의 특별한 만남으로 인해 자신들의 이전의 삶과 생활방식을 버리는데 하나님의 통치가 이미 예수 안에 현존하기 때문이다(눅 17:21).

삭개오의 이야기에서 구원을 가져오는 것은 세리장의 특별한 행위가 아니라 예수의 현존이다. 예수는 다리를 저는 자와 소외된 자들을 잔치로 초대하는 자이다. 그는 유대인 적들을 불쌍히 여기는 사마리아인이다. 그는 자신의 집과 마음 안에 잃어버린 아들들을 위한 방을 두고 있는 아버지이다. 진정한 회개와 죄의 용서, 구원은 그의 이름과 능력 안에서만 발견된다(행 4:12).

이러한 관점에서 볼 때 누가복음—사도행전은 죄인들에게 부어지는 하나님의 측량할 수 없는 은혜에 대한 찬송이 된다. 이것은 당시의 하나님에 대한 이해, 곧 전능하고 두렵고 헤아릴 수 없는 하나님이라는 측면에서 볼 때, 이해될 수 있고 부분적으로 이해될 뿐이다. 하나님은 사람들이 죄 짓는 것 이상으로 언제나 용서할 준비가 되어 있는 유쾌하고 악의가 없는 하나님으로 이해되어서는 안된다(볼테르는 "용서는 그의 직업이다"라고 경멸적인 투로 말했다. Schweizer 1971:46). 하나님이 예수 때문에 용서하는 것은 정말로 전능하고 헤아릴 수 없는 분으로서이다. 전체에 걸쳐서 주도권은 하나님의 것이다(Wilckens 1963:183). 그리고 그것은 인간의 생각에 맞지 않는 방식으로 나타난다.

탕자는 헤아릴 수 없고 받을 자격이 없는 자비의 수혜자가 된다. 죄인들은 발견되고 받아들여질 뿐 아니라 명예와 책임, 권위를 받는다(Ford 1984:77). 하나님은 세리의 기도에 응답하지만 바리새인들의 기도에 응답하지 않는다. 구원은 모든 사람들 중에서 세리장에게 오는데, 예수가 주도권을 가지고 삭개오의 집에 가기로 자청한 후에 온다. 가장 가능성이 없어 보이는 사마리아인이 특별한 동정의 행위를 한다. 경멸받던 범죄자가 용서와 낙원에 대한 약속을 받는데, 자신의 사악한 행위에 대한 배상을 하지 않고서이다.

무고한 자를 십자가에 못박던 사람들은 그들을 용서해 달라고 그가 기도하는 것을 듣는다. 사도행전에서 무시받던 사마리아인들과 우상숭배를 하던 이방인들이 용서받고 이스라엘 속으로 들어와 함께 하나님의 한 백성이 된다. 바리새인이 아니라 세리가 "의롭다 함을 받고"(눅 18:14) 집에 갔다고 한 예수의 말에 대하여 예레미아스(Jeremias)가 언급한 것은 위의 모든 예들에도 해당된다.

"그러한 결론은 예수의 청자들을 분명히 어리둥절하게 했을 것이다.

이것은 그들의 상상을 초월했다.

바리새인이 무슨 잘못을 했는가?

세리는 배상함으로써 어떤 일을 한 것인가?"(Ford 1984:75에서 인용).

누가가 독자들에게 소개하는 예수는 "의로운 자들"에게는 분노가 되겠지만 외부인, 낯선 자, 적을 집안에 들이고 하나님의 통치 안에 있는 잔치에 초대하여 영예를 주는 자이다.

이러한 관찰은 다음 주제를 이미 소개한 것과 다름없다.

5. 복수는 더 이상 없다!

1) 설명할 수 없는 변화

나는 예수가 고향 나사렛 회중들로부터 거부당한 이야기를 다시 한 번 살펴보려고 한다(눅 4:16-30). 그 이야기 속에 설명되지 않은 듯한 변화가 있다는 점이 여러 학자들과 성경독자들을 의아하게 했다. 우선 22절까지는 만남이 꽤 우호적이다. 예수는 분명히 회당에서 환영을 받고 선지자 이사야의 글을 받아서 읽은 후 돌려준다.

누가는 "회당에 있는 모든 자들이 주목하더라"라고 기록한다(20절). 그의 설교는 "이 글이 오늘날 너희 귀에 응하였느니라"(21절)라는 첫 마디 외에는 전혀 보도되지 않는다. 그리고 나서 다음 구절은 회당 사람들의 반응을 설명한다.

그들이 다 그를 증언하고 그 입으로 나오는 바 은혜로운 말을 놀랍게 여
겨 이르되 이 사람이 요셉의 아들이 아니냐(눅 4:22).

그러나 다음 구절은 만남의 성격이 결정적으로 변화되었음을 암시한다. 예수는 "너희가 반드시 의사야 너 자신을 고치라하는 속담을 인용하여 내게 말하기를"이라고 말한다(23절). 그리고 나서 그는 청자들에게 시돈의 이방인 여인과 수리아 사람 나아만에게 임한 하나님의 자비를 상기시킨다. 그러나 모든 회중들이 격분하여 일어나 그를 끌고 낭떠러지로 가서 떨어뜨리려 했으나 그는 기적적으로 피한다.

독자들을 당황하게 만드는 것은 왜 나사렛 회중들이 예수의 말에 탄복하다가 갑자기 그렇게 짧은 시간 내에 죽이려고 하게 되었는가 하는 점이다. 시니어(Senior)와 스툴뮬러(Stuhlmueller)는 뭔가 석연치 않은 변화가 있다고 보는 반면(1983:260), 리니(A.R.C Leany)는 "누가가 우리에게 불가능한 이야기를 주었다고 보는 것은 지나친 것이 아니다"라고 말한다. 그러므로 이 이야기를 누가의 "선교신학"을 검토하는 관점에서 살펴보는 것이 타당하다.

2) 1세기에서의 이사야서 61장

누가복음 4:16-22과 4:23-30 간의 명백한 차이에 대한 해결은 예수가 읽었던 성경 본문을 당시 유대인들이 어떻게 이해했는지를 질문으로써 가능할 수 있다. 이를 위해 나는 다시 한 번 누가의 유아 기사로 돌아간다. 이 부분, 특히 마리아의 찬가(눅 1:46-55), 스가랴의 노래(1:68-79), 시므온의 말(2:29-32)에 이스라엘의 해방에 대한 언급들이 많이 나온다.

포드(Ford)는 "혁명적인 메시아주의와 첫 크리스마스"라고 자신이 명명한 것에 한 장 전체를 할애한다(1984:13-36). 포드는 유아 기사를 보면 전쟁 천사인 가브리엘이 스가랴와 마리아에게 나타났다고 말한다. 세례 요한은 열성적인 선지자 엘리야의 정신과 능력으로 일해야 했다. 예수, 요한, 시므온은 유대 자유 투사

들 중에서 발견되는 이름들이다. 마리아에게 주어진 성수태 고지와 찬가는 정치적 군사적 어조를 지닌다. 그들 앞에 하늘의 군대가 나타났던 목자들도 마찬가지이다. 예수가 성전에 있을 때 시므온과 안나가 등장하는데 정치적 지도자를 기대하고 있던 사람들이었다.

이 점에 대하여 포드는 누가가 처음 몇 장들을 그러한 방식으로 구성함으로써 당대의 유대적 메시아 기대를 강조한 것이라고 주장한다. 포드는 이것이 당시의 유대인들의 삶을 충실하게 그린 것이라고 믿는다. 팔레스타인은 1세기의 "끓어오르는 용광로"였다(Ford 1984:1-12). 특히 갈릴리는 혁명가들과 묵시적 사상가들로 가득했고(:53) 나사렛도 예외가 아니었다.

그렇다면 예수가 이사야서 61장을 읽을 때 그의 청중들은 무엇을 기대했을 것인가?

이 말은 바벨론 포로에서 돌아온 후 자유를 잃은 것과 자신들의 땅이 파괴된 것에 대하여 절망하고 "시온을 위해 슬퍼하던" 유대인들에게 처음으로 주어졌다. 분명히 이사야서 61장에서 말하는 이전의 포로 자들은 자신들의 비참한 현 상황이 완전히 반전될 것을 약속으로 받았다. 선지자는 주님이 그들이 암울한 현재를 새롭고 영원한 희년으로 바꿀 것이므로 이스라엘은 회복될 것이라고 말했다. 그뿐만 아니라 강력한 압제자들에게 보복할 것이다.

그러므로 선지자는 "주의 은혜의 해(희년)"뿐 아니라 "우리 하나님의 신원의 날"을 예고한다(2절). 이 신원은 이스라엘의 원수들에게 대한 것이다(Albertz 1983:188). 이 말들은 예언이 되었을 당시와 마찬가지로 외국인들이 장차 히브리인들을 섬길 미래를 기대하며 그 반대 방식은 아니다.

이 예언은 예수의 청중들에게 어떤 정서를 불러 일으켰겠는가?

포드는 이 본문이 A.D. 1세기에 비슷한 방식으로 이해되었을 것이라고 제안한다. 하지만 청중은 바벨론의 지배가 아닌 로마의 지배로부터의 해방을 기대했을 것이다.

포드는 11Q 멜기세덱(Melchizedek)이라고 불리는 쿰란 저술의 한 조각을 주목하는데 그 연대가 1대략 1세기로 추정되며 여기서 희년 개념에 대하여 극적인 변화가 보여진다.

쿰란 공동체는 희년에 대한 사회적 개념을 종말적이고 묵시적인 개념으로 변화시켰다. 그러나 희년의 좋은 소식에 대한 강조와 함께 신원에 대한 강조가 마찬가지로 강조된다(:57). 그 날에 하나님의 대리인들 중에 주님의 기름부음을 받은 선지자와 또한 멜기세덱이 있을 것이고 이들을 통해 하나님은 불경건한 자들, 특히 이스라엘의 원수들에게 신원(그리고 살상)의 날을 개시할 것이다.

따라서 예수가 이사야 61장을 회당에서 읽었을 때 회중들은 아마도 자신들의 적, 특히 로마인들에 대한 복수를 선언할 것이라고 기대했을 것인데, 이러한 복수는 해방의 때를 향한 예비적 단계로서 였다(:59). 이것은 "회당에 있는 자들이 다 주목하여 보더라"(20절)라고 한 것에서 볼 수 있듯이 처음에 예수에게 긍정적인 반응을 보인 이유를 설명해 준다. 그들은 설교에 혁명적인 힘이 담겨 있기를 기대했을 것이고 "이 글이 오늘날 너희 귀에 응하였느니라"(21절)라는 예수의 서두를 들었을 때 기대감이 고조되었을 것이다.

3) 복수는 대치되었다!

그러나 예수를 주목한 눈들은 의심으로 가득 찼었을는지도 모른다! 누가에 따르면 예수는 이사야서 61:2의 첫 부분 "주의 은혜의 해를 전파하게 하려 하심이라"까지만 읽는다. 히브리어 평행법칙에 의하면 본래적으로 첫 부분인 "그리고 우리 하나님의 신원의 날"이라는 말이 없이 그는 멈춘다. 그는 또한 강렬한 색채로 임박한 반전을 묘사하는 예언의 나머지 부분들을 생략함으로써 이스라엘과 시온에 관한 모든 요소들, 이방인들을 적대하는 모든 요소들을 제거한다 (Albertz 1983:190).

"그는 무엇을 하려는가?"

청중은 의아해 한다.

"왜 그는 복수 부분을 배제하는가? 응징의 여지는 더 이상 없다고 제안하는 것인가?"

분명히 그렇다!

11Q 멜기세덱(Melchizedek) 문서와 대부분 당시의 유대교에서 구원이 (작은 무리의) 유대인들에게만 해당한다고 한 반면, 예수는 이스라엘의 적들에 대한 심판을 생략할 뿐 아니라 청자들에게 그러한 적들에 대한 하나님의 긍휼을 상기시키는데(4:25-27) 이 사실은 회당의 모든 사람들을 분노하게 한다(28절; Ford 1984:61).

이러한 상황들 때문에 비올렛(B. Violet), 특히 요아킴 예레미야스(Joachim Jeremias)는 나사렛 기사를 해석하는 열쇠가 이사야 61장의 인용이 신원의 날과 반전의 희망 바로 앞에서 끝나는 극적인 방식에서 발견되어야 한다고 제안하는데 이러한 신원과 반전은 전체 회중들이 고대하던 것이었다. 예수는 이것을 생략함으로써 상상할 수 없는 일을 한다(Jeremias 1958:41-46). 그러므로 예레미야스는 보통 예수의 설교에 대한 긍정적인 반응으로 해석되는 22절을 새롭게 취급하는데 이렇게 재해석한다.

> 그들은 한 목소리로 반대했고 격분했는데 그가 하나님의 자비의 해에 대해서만 말하고 메시야의 복수에 대한 말은 생략했기 때문이었다.

우리는 누가복음 4:22에 대한 대부분의 해석들과 아주 다른 한 번역을 지지하기 위해서 예레미야스의 상세한 논쟁을 반복할 필요는 없다. 나사렛 회당 사건들에 대하여 누가가 기록한 것이 이해가 되도록 도와 준 유일한 번역이라고 말하면 충분하다.

근래에 여러 학자들이 특히 쿰란 증거에 근거해서 예레미야스를 지지했다(예를 들면 Albertz와 Ford). 포드는 나사렛 사건과 나사렛이 누가복음에서 차지하는 전략적인 위치가 유아 기사에서 유발되는 기대들과 의도적으로 대비하여 제시된 것이라고 본다. 누가복음의 첫 장면들에서 누가는 세례 요한과 예수의 가족들을 이스라엘의 적들에게 거룩한 전쟁을 수행할 선지자와 왕을 기대하는 유대인들로 극적인 묘사를 한다. 그리고 4장에서 누가는 고대하던 지도자를 소개한다. 그는 기대했던 바와는 전적으로 다르다. 그는 유대인들과 유대인들의 적들에게 모두 은혜의 해를 선언할 하나님의 기름부음 받은 자이다. 나사렛 회중들은 경악과 적개심으로 그의 메시지를 받고 그를 암살하려고 한다(Ford 1984:136).

예수의 특이한 행위를 기록하면서 누가는 자신의 신학의 주요 요소들을 암시할 수 있게 된다. 이것은 "많은 (예수의) 동시대인들, 특히 혁명가들의 신학에 반할 것이며 거부가 반복되고 최종적으로 순교의 죽음을 낳을 것이다"(:54). 그러므로 나사렛 기사의 본문은 예수의 전체 사역의 장을 마련하다.

우리는 예수의 나사렛 설교의 중요성을 인식하게 되었는데, 같은 주제가 누가복음 전체에서 발견된다. 몇 가지 예를 살펴보자.

예레미아스(1958:45)는 예수가 복수에 대한 언급을 생략한 것이 나사렛 사건에서만이 아니라고 지적한다. 누가복음 7:22에서도 동일하다(마 11:5 병행구). 세례 요한에게 답할 때 4:18에서 보여지듯이 예수는 이사야서로부터 여러 본문들을 접합한다(사 35:5; 29:18; 61:1). 이 세 가지 본문들은 신적인 복수(35:4; 29:20; 61:2)를 언급하지만 예수는 이를 생략한다. 이것은 무의식적으로 한 것이라고 볼 수 없는데 "누구든지 나를 인하여 실족하지 아니하는 자는 복이 있도다"(눅 7:23)라고 한 말을 볼 때 그렇다.

달리 말하면, 구원의 시대가 그들이 기대했던 것과는 다르고 가난한 자들과 소외된 자들, 낯선 자들, 심지어 이스라엘의 적들에게 임하는 하나님의 자비가 신적인 복수를 대치한다는 사실에 불쾌해 하지 않는 모든 사람들에게 복이 있도다!

사마리아인들에 대한 예수의 태도는 이미 앞에서 언급했었다. 그가 "예루살렘으로의 여정"을 시작할 때에 요한과 야고보가 호의를 베풀지 않는 사마리아 마을에 하늘로부터 불이 내려서 파멸되기를 바라자 그들을 꾸짖었다. 사실 사마리아인들에 대한 누가의 이야기와 비유들은 예수가 동시대인들의 복수심을 수용하지 않았다는 증거를 보여준다.

더 논란이 되는 사건은 누가복음 13:1-5에 보도된 사건이다. 예수는 갈릴리 사람들에 대하여 듣는데, 로마의 군인들은 갈릴리 사람들의 피를 "그들의 제물과 함께 섞었다"(Jeremias 1958:41). 그의 청중은 아마도 그가 빌라도를 정죄하기를 바랐을 것이나 그는 그렇게 하지 않는다. 대신에 그는 이를 사용하여 그들에게 복수 대신에 용서하도록 촉구한다. 오늘날 우리가 이해하는 바로는 예수가 정치적인 입장을 취하지 않았고 로마인들이 한 행위를 용인한 것으로 보인다. 누가가 그 사건을 해석한 방식에는 그러한 일면이 보인다. 동시에 그것은 그가 예수를 악에는 악으로 갚지 않는 자로 이해한 증거이다(Ford 1984:98-101).

사실 예수의 체포, 재판, 사형집행에 걸쳐 나타난 전체 행동은 비폭력에 대한 그의 철저한 헌신을 보여준다(Ford 1984:108-135). 마찬가지로 사형집행자들을 용서해 달라는 예수의 기도는 복수심이 전혀 없음을 보여준다. 십자가상의 범죄자에게 대한 용서의 기도(두 경우 모두 누가만이 보도한다)는 심지어 노예와 범죄자의 죽음을 당하면서도 소외된 자들과 적들에게 사랑과 용서로 대함으로써 압제자와 압제당하는 자들의 호전적인 이념과 완전히 반대되는 윤리를 실천한다(Ford 1984:134, 135). 희년은 속죄의 큰 날에 시작될 것이었다. 누가는 속죄의 새 날의 새 대제사장처럼 십자가 위의 예수가 유대인과 이방인을 모두 포함하여 모든 죄인들을 위해 중보하는 때에 그날이 시작한다고 이해했는지도 모른다.

그러므로 예수의 생의 마지막 때의 사건들은 나사렛 회당에서의 그의 말의 중요성을 입증한다. 누가의 그 단락은 이교도들에게 대하여 가차 없이 복수하는 거룩한 진노, 이방인들에게 신적인 복수를 가할 멜기세덱의 두 번째 왕림이라는 배경에 비추에 이해되어야 한다(Ford 1984:62). 예수의 공적 사역의 첫 번째 말들은 용서와 치료의 말이었지 진노와 파멸의 말이 아니었다. 사실 나사렛 단락은 누가복음 전체의 토대이며 사도행전의 서문인데 특히 이방인 선교의 서문이다(:63).

누가는 열심당의 정치적 희망을 짓밟은 유대 전쟁으로 인해 황폐화된 후에 두 권의 책을 기술한다. 많은 독자들은 전쟁으로 찢겨지고 사람들로부터 이를 취하는 외국 군대가 점령한 나라, 폭력과 수탈로 많은 해가 점철된 나라에서 살았다(Ford 1984:1-12). 사실상 그들은 회오리바람을 거두었다.

이제 누가는 그들에게 도전을 하는데 예수와 그의 강력한 비폭력의 메시지로서 무엇보다도 원수를 말과 행동으로 사랑하라는 것이다. 예수와 함께 오는 평화는 무기를 통해서가 아니라 원수를 사랑하고 용서하고 계약 공동체 안으로 받아들임으로써 얻어진다(:136). "그를 믿는 자는 누구나" 환영받는데, 이것이 바로 베드로가 고넬료를 만났을 때 발견한 놀라운 사실이다(행 10:43).

누가의 예수는 "선택 윤리"를 도전함으로써 동시대인들의 집단적인 주해를 거부한다(Nissen 1984:75). 나사렛 기사 이래로 줄곧 누가는 기독교회에 시선을 두는데, 교회는 부자와 가난한 자, 유대인과 이방인, 심지어 압제자와 압제당하는 자 모두를 위한 공간이 있는 곳이다(Schottroff and Stegemann 1986:37; Sundermeier 1986:72). 물론 이것은 모든 상황들이 그대로 존속되어야 한다는 뜻이 아니다.

이것은 로마인들이 누가복음-사도행전 전체를 통해 동정적인 대우를 받고 있다는 사실을 설명해 주기도 한다(Laverdiere and Thompson 1976:586). 여기에는 분명히 양면성이 있다. 한편 누가는 로마에 대한 혁명적인 어떠한 대항도 소용이 없다는 것을 인정하며 용서와 평화에 대한 예수 자신의 설교와 모범에 대한 누가의 깊은 헌신이 있다. 그러므로 그는 당국의 반감을 사려고 하지 않는다. 그들이 교회에 어려움을 주어서는 안된다.

누가는 교회가 법의 보호를 받고 "승인된 종교"(religio licita)의 지위를 갖기를 원한다(Stanek 1985:10, 16; Bovon 1985:73, 127).[6] 그러나 이 모든 것은 누가에게 편의상의 문제가 아니다. 그는 예수의 복음이 평화 수립, 원수 사랑, 용서에 최우선을 두는 것임을 확신하기 때문에 이러한 태도를 택한다. 예수의 공동체에는 복수와 진노의 여지가 전혀 없다.

---

6 왈라스카이(Walaskay 1983)는 누가의 두 책을 로마제국에 대한 하나의 정교한 변증서로 간주해야 한다고 제안한다. 그는 누가가 로마제국을 항상 우호적인 빛에서 제시하려고 한다고 주장한다. 특히 누가는 초기 교회 역사에서 로마의 개입의 긍정적인 측면들을 최선을 다해 강조한다. 하나님은 세상 속에서 활동하는데 교회를 통해서 뿐 아니라 세속적 영역을 통해서도이다. 흑인해방신학의 관점에서 모살라(Mosala 1989:173-179)는 누가에 대한 이러한 평가에 대하여 보다 급진적인 관점을 제시하는데 누가가 구원하려고 시도하는 바로 그 순간에 존재 이유를 파괴했을 수도 있다고 제안한다(:177).

6. 누가의 선교 패러다임

현재까지의 논의를 토대로 누가의 선교 패러다임의 주요한 요소들을 확인해보려고 한다.

1) 우선 나는 누가의 성령론을 고찰하고자 한다.

다른 복음서 기자들보다도 누가는 역사가 진행되어 갔고 그리스도가 즉각적으로 재림하지 않았다는 사실을 신학적으로 다루었다. 그의 공동체는 예수가 더 이상 그들과 함께하지 않는다는 것을 알았다. 그들은 완전히 다른 상황 속에서 예수를 따른다는 것은 단순히 무조건 예수를 모방하거나 과거를 재생산하는 데에 있지 않고 재해석되어야 한다는 점을 깨달았다(Schweizer 1971:150; Schottroff and Stegemann 1986:98).

동시에 그들은 절망할 이유가 없다는 것을 알아야 했다. 엠마오로 가는 두 제자의 이야기(눅 24:13-35)는 바로 이러한 이유 때문에 누가가 기록한 것인데 예수가 이제 전적으로 새로운 방식으로 경험될 수 있으므로 신자들은 괴로워하거나 슬퍼할 필요가 없다는 것이다(LaVerdiere and Thompson 1976:291).

부활한 그리스도가 공동체 안에 임재하는 것은 성령을 통해서이다. 마가복음과 마태복음에서 성령은 현저하지 않으며 선교와 거의 연관되어 있지 않다. 누가에게서는 그렇지 않다. 복음서 기자들 중에서 누가는 "성령의 신학자"로 지목될 수 있다(G. Montague, Senior and Stuhlmueller 1983:277에서 인용).

누가는 예수의 선교와 사역이 당시의 교회를 위해 재해석되어야 한다고 깨달았으며 이러한 재해석은 성령에 의해 중개된다고 믿었다. 그는 이러한 개념을 오순절에만 도입한 것이 아니다. 지상의 예수 사역은 이미 성령의 주도권과 인도의 관점에서 묘사된다.

그러나 성령의 인도로 선교한다는 개념은 제자들의 사역에 대하여 훨씬 포괄적인 방식으로 적용된다. 그들은 위로부터 능력을 입자마자 예수의 증인으로 변모될 것이다(눅 24:49; 행 1:8). 예수는 성령의 능력으로 갈릴리로 갔는데 똑같은 성령이 제자들을 선교로 이끈다. 성령은 선교의 촉매이자 인도하고 추진하는 힘이다. 어떤 면에서나 교회의 선교는 성령의 현현으로 감화되고 확인을 받는다(Wilson 1973:241; Zing 1973:207; Senior and Stuhlmueller 1983:275).

물론 결정적인 사건은 오순절이다(Boer 1961). 성령은 예수가 세례받을 때 내려왔고(눅 3:21) 이제 성령은 두 번째 "세례"를 위해 내려온다(행 1:5). 이러한 방식으로 성령의 특별한 사역은 예수의 사역과 구별되고(오순절은 승천 10일 후에 온다) 또한 긴밀히 결합되어 있다. 이러한 상황들로 인해 롤란드 알렌(Roland Allen)은 다음과 같이 쓰고 있다.

> 성 누가는 우리의 시선을 외적인 목소리가 아니라 내적인 성령에 고정시킨다. 이러한 명령의 방식은 누가복음서의 독특한 면이다. 다른 사람들은 외부로부터 지시하나 그리스도는 안으로부터 지시한다. 다른 사람들은 명령하나 그리스도는 영감을 준다... 그는 사랑하는 선생의 마지막 명령들을 순종하려고 애쓰는 사람들이 아니라 성령을 받아서 성령의 인도함을 따라 성령의 성품에 일치하여 행하는 사람들에 관하여 말한다(1962:5).

더욱이 성령은 선교를 시작할 뿐 아니라 선교사들이 어디로 가야하고 어떻게 사역을 진행해야 하는지를 인도한다. 선교사들은 자신들이 세운 계획을 실행하는 것이 아니라 성령이 지시하도록 기다려야 한다(Zingg 1973:208). 가령 빌립이 이디오피아 내시를 만난 것은 성령의 개입을 통해서이다(행 8:29). 누가의 두 번째 책의 이해를 위해 특별히 중요한 것은 고넬료의 회심이다. 이 이방인의 기독교 공동체로의 허입(할례 없이!)은 두 번째 오순절이 일어남으로써 승인된다. 성령이 이방인과 그 가족에게도 부어진 것이다(행 10:44-48).

예루살렘 공동체에 보고하면서 베드로는 주저하지 말고 고넬료에게로 가라고 성령이 말했다고 설명한다(행 11:12). 할례 없이 이방인들에게 세례를 주라는 예루살렘 회의의 결정이 성령의 감동에 의한 것이었다고 또한 기록되어 있다(행 15:8, 28; Zingg 1973:207; Senior and Stuhlmueller 1983:275).

예배하며 금식하고 있던 안디옥 교회에게 사울과 바나바를 특별한 과업을 위해 따로 세우라고 한 것(13:2)은 성령이고 그들을 보내는 것도 성령이다(13:4). 성령은 바울이 아시아 깊숙이 가려는 것을 막는데(16:6) 마게도니아 사람의 환상을 통해 성령은 바울을 유럽으로 가게 한다(16:9). 이 모든 이야기들은 성령이 선교를 위한 촉매이자 인도자, 영감을 주는 자임을 강조한다.

누가의 저작에서 선교의 영은 또한 능력의 영이다(헬라어 *dynamis*). 이것은 예수(눅 4:14; 행 10:38)와 사도들(눅 24:49; 행 1:8)의 선교에서 모두 사실이다. 따라서 성령은 선교를 시작하고 인도할 뿐 아니라 선교를 위해 능력을 주는 자이다. 이것은 특히 성령을 받은 후 담대하게 증거한 사실에서 나타난다. 사도행전에 누가는 "담대함"(헬라어 *parresia*)과 "담대히 말하다"(헬라어 *parresiazomai*)라는 단어를 자주 사용한다(행 4:13, 29, 31; 9:27; 13:46; 14:3; 18:26; 19:8). 이것은 성령으로 인해 가능했었다는 것을 암시한다. 유약했던 제자들을 용감하게 하는 것은 성령이다. 성령을 통해 하나님은 선교를 주관하신다(Gaventa 1982:415).

성령론과 선교의 긴밀한 관계는 누가가 초대교회의 선교 패러다임에 크게 기여한 부분이다. 누가복음—사도행전 보다 약 30년 전에 쓰여진 듯한 바울 서신들에서 성령이 선교와 관련하여 언급된 것은 미미하다(Kremer 1982:154).

A.D. 2세기까지 성령에 대한 강조는 성화의 시행자 혹은 사도성의 보증자로 거의 옮겨갔다. 16세기 개신교 종교개혁은 성령의 사역이 하나님의 말씀의 증거와 해석에 있다고 주로 강조하는 경향이 있었다. 20세기에 와서야 성령의 본래적인 선교적 성격을 점차적으로 재발견하게 되었다. 이것은 누가의 저작에 대한 새로운 연구로 인해서였다.

틀림없이 누가는 선교에 있어서 성령의 주도권, 지시, 능력이 당시에만 적용된다고 제안하려 하지 않았다. 그의 관점에서 보면 영원히 타당한 것이었다. 누가에게는 성령이라는 개념은 구원하고자 하는 하나님의 보편적 의지, 예수의 자유케 하는 사역, 교회의 전 세계적 선교를 서로 긴밀히 연결하는 것이었다(Senior 1983:269).

2) 누가가 1세기 선교 이해에 공헌한 또 다른 한 가지는 유대인 선교와 이방인 선교를 상호 연관시킨 것이었다.

누가가 저술할 당시 유대인들의 기독교는 대체로 힘이 소진된 상태였다. 유대인들의 회심은 거의 일어나지 않았다. 대부분의 기독교 공동체는 이방인이 대다수였다. 그러나 이방인 교회들은 유대적인 뿌리를 부인하거나 저버릴 수 없었다. 이방인 교회들을 이스라엘 안에 뿌리내리게 해야 한다는 필요를 본 사람은 바로 이방인 누가였다. 그는 이것을 대담한 방식으로 했는데 예수는 무엇보다도 이스라엘의 메시아인데 바로 이 이유 때문에 이방인들의 구원자라고 한 것이다!

기독교회는 자신이 이스라엘의 모태로부터 유기적으로 그리고 점차적으로 형성되었으며 따라서 자신이 외부인으로서 이스라엘의 역사적 특권을 주장할 수 없다는 것을 결코 잊어서는 안된다(Dillon 1979:252, 268). 불행하게도 기독교인들은 대담하게(심지어 경솔하게) 자신들을 "새 이스라엘"이라고 너무나 자주 지칭했다.

이방인 기독교의 부상과 유대인 사실상 신자들의 소실로 인해 이방인 기독교 세대들은 이스라엘에 대한 의존을 무시하고 유대인들과 맞서서 자신의 새로운 신앙을 자주 자랑했다(Tiede 1980:128). 이것은 빈번히 누가복음─사도행전에 근거하여 일어났다. 2세기부터 20세기까지의 대부분의 주석가들은 유대인들을 희생시키며 사도행전을 읽었는데 사도행전이 기원을 두고 있는 유대적 상황이 내포하고 있던 갈등을 자주 경멸하였다(:128).

그러나 이방인 기독교는 하나님의 백성인 유대인들을 대체하지 않았다. 오히려 오순절의 결과 자신들의 거룩한 관습들이 "하나님의 공평성" 앞에서 폐기되어야 한다는 엄청난 사실을 수용한 후에 진정한 "이스라엘"이 된다. 일어난 일에 대하여 베드로가 놀란 것이 그가 고넬료의 집에서 한 말에 나타난다.

> 내가 참으로 하나님은 사람의 외모를 취하지 아니하시는 줄 깨달았도다!(행 10:34)

이 갱신된(새 것이 아닌) 이스라엘 안으로 이방인 회심자들이 편입되었다. 누가에게 구원 역사의 단절은 없다. 그러므로 교회는 승리주의 정신으로 복음을 자신들에게 돌리고 그 과정에서 옛 언약 백성으로부터는 등을 돌려서 결코 안된다.

3) "너희는 이 모든 일에 증인이라"(눅 24:48).

명사 "증인(들)"(헬라어 *martys/martyres*)은 사도행전에서 13번 나오고 누가복음에서는 한번만 나온다(중요한 마지막 단락에서). 이것이 갈보리 이후 사람들이 서로 함께 모인 이유이고 누가의 부활절 이야기 전체가 말하는 것이라고 딜론(Dillon 1979:242)은 주장한다. 그것은 어리둥절하던 목격자들이 어떻게 부활절 신자가 되었는가가 아니라 이해하지 못하던 목격자들이 어떻게 부활의 그리스도를 증언하는 자들이 되고 메시아적 운명의 공유자들이 되고 그의 이름으로 모든 민족들에게 용서의 말씀을 전하는 대변자들이 되었는지를 우리에게 알려주기 위함이다.

의심할 바 없이 증인이라는 용어는 누가의 선교 패러다임을 이해하는 데 중요하다. 사도행전에서 "증인"은 "선교"를 가리키는 데에 적합한 용어가 된다(Gaventa 1982:416). "사도"와 "증인"은 어느정도 동의어이다. 예수의 증인이 될 것이라고 들은 사람들은 사도들이다(행 1:2, 8). 베드로는 고넬료에게 "오직 미리 택하신 증인 곧 죽은 자 가운데서 부활하신 후 그를 모시고 음식을 먹은 우리에게" 예수가 보여졌다고 말한다(10:41). 다시 비시디아 안디옥에서 바울은 말한다.

> (예수께서) 갈릴리로부터 예루살렘에 함께 올라간 사람들에게 여러 날 보이셨으니 그들이 이제 백성 앞에서 그의 증인이라(행 13:31).

"증인"에 대한 이와 같은 이해는 요한복음에서도 비슷한데 예수는 제자들에게 "너희도 처음부터 나와 함께 있었으므로 증언하느니라"라고 말한다.

동시에 "증인"이라는 용어는 확장되어 바울(행 22:15; 26:16)과 스데반(22:20)과 같은 다른 사람들에게도 적용된다. 그러므로 이미 누가의 저작에는 증인의 개념이 사도들이 아닌 사람들에게로 확장되어 있다. 게다가 사도행전 22:20에 "증인"이 "순교자"로 간주된 암시가 이미 나타난다.

사도행전에서 증언(헬라어 *martyria*)의 내용은 대체로 교회의 복음 선포를 가리킨다(Kremer 1982:147). 주로 "복음"은 예수의 부활과 그 의미를 가리킨다. 사도행전 1:22에서 누가는 새로이 뽑힐 사도는 "우리와 더불어 예수께서 부활하심을 증언할 사람이 되어야" 한다고 말한다(행 10:41). 다른 곳에서도 역시 누가는 증언(헬라어 *martyria*)은 예수의 부활뿐만 아니라 그의 전 생애와 사역에 대한 것임을 제시하는 듯하다(눅 24:48; 행 13:31). 예수 자신은 "하나님 나라"의 (복음)을 선포했다(눅 4:43; 8:1; 9:11; 16:16). 이것이 본질적으로 사도행전의 증인들이 하는 것이다(8:12; 19:8; 20:25; 28:23, 31). 하나님의 통치의 복음은 성육신하고 십자가에 달리고 부활한 예수 그리스도와 그가 성취한 일이다.

"증인"이라는 용어는 누가가 전달하려고 하는 것에 아주 적절한 용어이다. 사도행전에서 이러한 과업은 아주 실수하기 쉽고 자신의 힘으로는 전혀 할 수 없고 계속적으로 성령의 능력주심에 의존해야 하는 사람들에게 맡겨진다. 그러나 어떤 의미에서는 그들은 결코 뭔가를 성취하라고 부름 받는 것이 아니며 하나님이 하신 것과 하고 계신 것을 가리치고, 자신들이 보고 듣고 만진 것을 증거하라고 부름을 받는다(요일 1:1). 바울과 다른 제2세대 증인들은 예수를 보지도 듣지도 만지지도 않았으나 누가는 이 때문에 이들의 증언이 열등하다고 생각하지 않는다. 그들의 증언은 듣는 사람들에게 같은 능력 안에서 행해지고 같은 확신을 전달하고 같은 소명을 불러 일으킨다.

4) "회개, 죄의 용서와 구원," 누가복음과 사도행전은 반응을 기대하는 가운데 세워진다.

선교사들의 증언(헬라어 *martyria*)은 구원에 이르게 하는 회개와 용서(눅 24:48; 행 2:38)를 목표로 한다(행 2:40, "이 패역한 세대에서 구원을 받으라!"). 누가는 이것을 보다 완전하게 사도행전 26:17 이하에서 설명하는데 다메섹 도상에서 예수가 바울에게 한 말을 제시한다.

> 이스라엘과 이방인들에게서 내가 너를 구원하여 그들에게 보내어 그 눈을 뜨게 하여 어둠에서 빛으로, 사탄의 권세에서 하나님께로 돌아오게 하고 죄 사함과 나를 믿어 거룩하게 된 무리 가운데서 기업을 얻게 하리라 하더이다(Kremer 1982:149).

누가복음에서 예수를 맞이한 것은 구원을 맞이한 것과 같다(눅 19:9; LaVerdiere and Thompson 1976:592). 구원은 그의 이름만으로 가능하기 때문에 사도행전에서도 본질적으로 다르지 않다. 구원은 그리스도 안에 있는 새로운 삶일 뿐 아니라 모든 속박으로부터의 해방이다.

선교사들은 삶과 죽음이 자신들의 증거에 달려 있다는 것을 아는 사람들로서 증언한다. 그러므로 그들은 이방인들의 종교적인 생활을 모두 이해하고 있을지라도 계속해서 회개와 회심을 주장한다. 그들의 긴급성은 분명히 그들이 "그리스도 밖에 있는" 사람들을 보는 방식과 관련이 있다. 과거로부터 등을 돌리는 것은 "어둠에서 빛으로" 돌아서는 것과 마찬가지이다(행 22:18, 가벤타[Gaventa 1986]의 책 제목). 위태로운 상황에서 증인들은 다른 사람들의 운명에 도저히 무관심할 수 없다. 그러므로 그들은 "취하든지 말든지" 식으로 공동체로 초대하지 않는다(Zingg 1973:209; Kremer 1982:162).

그렇지만, 개인적 회심자체가 목표는 아니다. 교회의 사역을 "영혼들을 얻는 것"으로 해석하는 것은 회심을 최종적 산물로 여기는 것이며 이것은 누가의 선교 목적의 이해와 분명히 모순이다(Gaventa 1986:150-152). 회심은 개인의 확신과 헌신의 행위에 관한 것에 그치지 않고 개인 신자를 신자들의 공동체로 옮겨서 신자의 삶 속에 변화, 철저한 변화를 가져오고 "외부인들"과 구별되는 도덕적 책임을 수반하며 동시에 또한 "외부인들"에 대한 의무를 강조한다(Malherbe 1987:49).

5) 쉐플러(Scheffler 1988:57-108)가 주장하는 구원

누가에게 있어서 구원은 사실상 6개의 차원을 가지고 있는데 경제적, 사회적, 정치적, 신체적, 심리적, 영적 차원이다. 누가는 이들 중 첫 번째 것을 특별히 주목하는 듯하다. 그러므로 누가의 선교 패러다임에서 우리는 부자와 가난한 자 사이의 새로운 관계라는 중요한 요소를 발견하게 된다. 이 점에 있어서 마태와 마가 간의 병행들이 있다. 차이점은 마태가 일반적으로 정의를 강조하는 반면, 누가는 경제적 정의에 특별한 관심을 두는 듯하다.

예수의 나사렛 설교(눅 4:16-30)는 마가(막 1:15)와 마태(마 4:17)가 예수의 공적 사역의 시작을 기록한 내용과 병행을 이룬다. 마가복음에서 예수는 "때가 찼고 하나님 나라가 가까이 왔으니 회개하고 복음을 믿으라"고 말한다.

예수가 이사야서 본문을 읽은 것도 본질적으로 같다. 하나님의 성령의 기름부음을 받은 예수가 가난한 자들에게 복음을, 갇힌 자들에게 자유를, 눈먼 자에게 다시 보게함을 선포하고, 그리고 "주의 은혜의 해를 선포하면, 그는 하나님의 통치가 가까이 왔다고 말하고 있는 것이며 모두를 회개와 믿음으로 초청하고 있는 것이다.

초대교회의 상황에서 그리스도 안에 있는 구원과 신앙은 비참한 자들에 대한 구제를 배제할 수 없었을 것이다. 예수와의 만남을 통해 제자들이 경험한 "더 깊은 치료"는 결실이 없거나 게으른 것이어서는 안되며 "열매를 맺으려고" 애쓰는 것이어야 한다.

이미 세례 요한은 "영적인" 치료에만 관심있는 사람들을 도전했다(3:10-14). 이와 마찬가지로 나사렛에서 예수는 천상으로 치솟지 않고 그의 청자들의 관심을 가난한 자, 눈먼 자, 포로된 자, 눌린 자들에게로 돌렸다(Lochman 1986:66). 그는 가난한 자들에 대한 하나님의 호의적 선택"을 주장했다. 그는 부자와 건강한 자들에게 착취와 비극적인 상황의 희생자들과 나눌 것을 요구함으로써 없는 자들, 압제받는 자들, 아픈 자들의 암울한 운명의 반전을 시작하는 희년을 선포했다.

예수가 부의 소유와 사용보다 부에 대한 "올바른 태도"에 관심을 두었다고 늘 주장하는 특권층의 이념적인 방어 논리에 맞서서 예수는 그렇게 한 것이었다. 이러한 논리들은 자기 희생, 절제, 연대감과 같은 가치를 추구하는 윤리없이 사회적으로 경제적으로 상승하려고 하고 쾌락적인 생활양식을 추구하는 특권층의 욕구를 허용한다. 그러나 자기 중심적 정서가 지배하는 곳에서 부자들은 선교에 참여한다는 주장을 할 수 없고 누가의 예수와 교회와 관련이 없다.

누가복음보다 사도행전에서 가난한 자들과 소외된 자들에 대한 동정이 덜 나타나는 것이 사실이다. 그러나 그 문맥이 적어도 어느 정도 이유를 설명해 준다. 사도행전에서 긍휼과 나눔은 많은 일원들이 심히 가난하여 바울이 이방인 교회들에게 유대의 가난한 그리스도인들을 도우라고 호소한 기독교 공동체라는 상황 속에서 일어났다. 누가는 예루살렘 교회의 초기에 활발했던 희생적 태도를 지속적으로 상기시킨다. 그들은 가진 모든 것을 나누었고 그결과 핍절한 사람이 아무도 없었다(행 2:44; 4:32, 34).

수십 억의 가난한 불신자들이 있지만 오늘날 부유한 그리스도인들이 가난한 그리스도인들과의 연대를 실천한다면 이 자체로 강력한 선교적 증언이 되고 예수의 나사렛 설교가 현시대에 성취되는 것이 된다. 증인들이 소외된 자들의 진정한 문제와 관심들을 분별할 수 없다면 복음은 좋은 소식이 될 수 없다(Mazamisa 1987:99). 예수의 사역에서처럼 고통받는 이들은 해방되어야 하고 가난한 자들은 돌봄을 받아야 하고 소외되고 거절당한 자들이 영접받아야 하고 모든 죄인들에게 용서와 구원이 제공되어야 한다.

6) "예수 그리스도의 화평의 복음을 전하기"(행 10:36).

조세핀 포드(Josephine Ford)는 누가에 대한 그의 탁월한 연구에서 그동안 상당히 간과되었던 예수의 선교의 한 단면을 주목하는데, 화평케 하는 것, 악에 대한 비폭력적 저항, 증오와 복수의 무용성과 자기 파괴성이다.

화평케 하는 것이 교회 선교 메시지의 본래적인 측면이라는 것을 의심하는 그리스도인은 오늘날 거의 없다. 테러, 폭력, 범죄, 전쟁, 가난이 서로 긴밀히 연관되어 있고 서로 원인이 되며 가장 중요한 문제가 되는 현시대 속에서 누가복음의 이러한 측면은 주목할 가치가 있다(Ford 1984:137). 우리의 선교 참여는 다른 측면에서는 상당히 성공적일지라도 여기서 실패한다면 선교의 주님 앞에서 죄책감을 갖게 된다. 따라서 화평케 하는 것은 누가의 선교 패러다임의 주요 요소이다.

예수를 따르는 자들의 마음에 복수를 위한 공간이 없다는 메시지가 누가복음과 사도행전에 퍼져 있다. 이것은 십자가형을 집행하는 자들을 위해 기도하는 예수의 모습에서 절정을 이루고 죽어가는 스데반의 기도 속에 메아리친다(행 7:60).

자연히 우리는 여기서 누가 자신의 상황과 경험을 무시할 수 없다. 유대 전쟁의 공포는 폭력적 수단을 통해 얻어진 "평화"는 예수가 제공하는 평화와 관계가 없다는 것을 누가에게 가르쳐 주었다. 누가가 저술할 당시에 어린 교회들은 로마 제국 안에서 아직 공인된 종교로서 제정되지 못했다. 누가는 이것을 염려했고 교회의 위치가 위태롭게 되는 것을 원치 않았다.[7] 그의 고려는 분명히 실용적이었으나 또한 그 이상이었다. 그는 자신이 예수를 이해하는 바에 기초하여 예수의 추종자들이 폭력의 방식을 선전하는 것을 용인할 수 없었다. 화평케 하는 것은 누가에게 있어서 세상 속에서의 교회의 선교적 실존에 필수불가결한 것이었다.

7) 누가의 선교 패러다임의 또 하나의 차원은 그의 교회론과 관계된다.

앞 장에서 우리는 마태복음이 주로 "교회의 복음"인 것을 보았다. 누가복음에는 교회는 전혀 없고 "제자들"과 "따르는 자들"만이 나온다. 사도행전에는 그렇치가 않다. 혹자는 사도행전과 누가복음을 구별 짓는 것이 교회라고 말하기도

---

[7] 누가가 자신의 2권의 책을 로마제국에 대한 변증서로 썼다고 왈라스카이(1983)가 주장한 것은 분명히 너무 멀리 간 것이다. 탈버트(Talbert 1984:107-109)가 누가의 예수와 사도행전의 누가는 정치 통치자들에 대하여 무관심했다고 본 것이 보다 타당하다. 이러한 관점에서 볼 때, 교회는 국가의 대의를 자신의 것으로 삼지 않으며 여러 권력 집단들 중의 하나로서 "사회의 사회 구조를 직접적으로 공격하지 않고 자신의 삶 속에 초월적인 실재를 구현함으로써 간접적으로 공격한다"(:109).

한다. 그러나 콘첼만(Conzelmann, 1964)이 말하듯이 둘이 무관한 것이 아니다. 누가는 예수의 삶과 교회의 이야기가 성령의 한 시대 안에서 연합되어 있다고 본다(LaVerdiere and Thompson 1976:595). 그리스도의 주되심은 진공 상태에서 행사되는 것이 아니라 성령의 인도 아래 살아가는 공동체라는 구체적인 역사적 상황 속에서 행사된다(Schweizer 1971:145).

누가는 교회의 실제 상태를 제시하기 보다는 교회가 이러해야 한다고 자신이 생각하는 모습을 제시한다(Schottroff & Stegemann 1986:117). 하지만 그의 제시가 이상화되었다 할지라도 초기 기독교 공동체 속에 훌륭한 교제가 이루어졌다는 것은 의심의 여지가 없다. 유대인과 이방인 간의 상호영접은 특별히 주목할 만하다. 고넬료의 이야기는 이방인들을 신앙 속으로 받아들이는 것은 그들이 집에 들어가고 그들의 호의를 받아들이는 것임을 보여준다. 이방인들의 유입과 그들과의 식탁교제는 불가분의 관계에 있다(Gaventa 1986:120).

누가의 교회는 "내향"과 "외향"의 양극 방향성을 가지고 있다고 할 수 있다(Flender 1967:166; LaVerdiere and Thompson 1976:590).

첫째, 그것은 "사도의 가르침을 받아 서로 교제하고 떡을 떼며 오로지 기도하기를 힘쓰는" 공동체이다(행 2:42). 가르침은 (마태복음에서처럼) 예수의 설교에 대한 것이라기보다는 부활 사건에 대한 것이다. 교제는 장벽이 극복된 새로운 공동체를 가리킨다. 떡을 뗌은 공동체의 성만찬적 삶을 가리키고 누가복음에서 보도된 예수와의 식사를 계속하는 것으로 간주된다. 누가복음에서 현저한 특징인 예수의 기도생활이 교회로 확장된다. 이 모든 것은 성령의 능력 안에서 성취된다.

"교회는 높임 받은 예수가 자신의 임재를 나타내고 성령이 새롭게 창조하는 장소이다"(Flender 1967:166).

둘째, 그 공동체는 외향적인 방향성 역시 가진다. 그것은 자신을 분파적 집단으로 이해하기를 거부한다. 그것은 복음의 울타리 바깥에 여전히 있는 사람들을 향한 선교에 적극적으로 참여한다. 그리고 교회의 내적인 삶은 교회의 외적인 삶과 연결되어 있다(LaVerdiere and Thompson 1976:593).

누가는 기독교회의 모습을 상대적으로 이른 발전 단계의 모습으로 그리는데 이것은 사도행전이 적어도 1세기 80년대에 저술되었음을 암시하는 요소들 중의 하나이다. 하지만 지역 교회들이 제도적으로 하나님의 구조체로 연합되어 있었다는 언급은 아직 나타나지 않는다. 오히려 그림은 신자들의 다양하고 크고 작은 지역적 모임들이다(Flender 1967:166; Bovon 1985:128-138).

"교회"(헬라어 ekklesia)라는 용어는 하나의 보편 교회가 아니라 개별적인 회중들을 가리킨다. 사도행전 9:11에서만 이 용어가 더 넓게 확대된다("유대, 갈릴리, 그리고 사마리아에 두루 퍼진 교회). 이러한 지역 교회들의 목회자들은 "사도적 계승"의 위치에 있지 않고 성령에 의해 양무리의 감독자가 된 것이다(행 20:28). 사도들, 선지자들, 복음 전도자들의 이동 사역에 반하는 감독들, 장로들, 집사들의 정착 사역의 표시는 아직까지 거의 나타나지 않는다. 새 회심자들은 아직은 "교인들"이 아니고 예수의 "제자들"이거나 "신자들"이다(Bovon 1985:137).

그러나 "구조화되지 않은" 교회의 이러한 모습은 또 다른 측면을 가지고 있다. 교회는 단어의 이원적인 의미에서 사도들과 긴밀히 연결된다. 교회는 "사도들의 가르침" 위에서 세워지고 그들과 함께 증인으로 세상에 보내진다. "사도들"은 일단의 한정된 사람들이다. 맛디아는 원래의 12사도를 회복하기 위해 선택된다(행 1:21). 이 열두 명만 사도들이고 누가는 교회의 중요한 사람들로 간주한다.

그래서 예루살렘의 사도들이 사마리아가 하나님의 말씀을 받았다는 말을 들었을 때 그들은 베드로와 요한을 그곳에 보낸다. 이것은 "비공식적으로" 시작된 그곳에서의 사역이 사도들에 의해 확인을 받아야 한다는 것을 암시하며 그들이 손을 얹고 기도하자 사마리아인들이 성령을 받았다(행 8:14-17). 유대 바깥의 첫 교회는 사도들과의 교류없이 세워져서는 안되고 예루살렘의 사도 교회와의 유대없이 고립된 분파로 남아서는 안되는 것이었다(Ford 1984:95; F. D. Brunner; Hahn 1965:132).

그러나 고넬료이 이야기는 한 걸음 더 나아간다. 베드로는 다른 사람들이 한 일을 승인하는 것에 그치지 않고 자신이 선교사로서 행동한다. 비유대인들 중에서 교회를 세우는 사도적 권위가 분명히 누가에게 중요하다. 심지어 바울의 이방인 선교(그의 회심은 행 9장에 기술되어 있다)도 사도들이 암시적으로 승인까지는 진행될 수 없다. 그러므로 고넬료 이야기 및 그 후속 이야기(행 10-12장)가 바울의 회심과 그의 이방인 선교 시작 사이에 들어가 있다. 사도들이 가장 원로인 베드로를 통하여 이방인 선교를 승인하기만 하면 바울의 방대한 일생의 사역의 길이 열리는 것이었다(행 15:7-11).[8]

그러므로 누가의 관점에서 선교는 "교회적인" 사역이다(Kremer 1982:161). 사도들은 예수의 역사와 교회의 역사 사이에 연속성을 제공하는 핵심적인 증인들이다. 그들의 뚜렷한 역할은 예수와 교회 사이에 권위있는 연결을 제공하는 것이었다(Senior and Stuhlmueller 1983:266). 그러나 누가는 교회주의를 드러내지 않는다. 사도들은 실수를 하고 자주 근시안적이다. 종종 선교는 그들 때문이 아니라 그들에도 불구하고 일어난다(Gaventa 1982:416). 하나님은 자주 그들을 기각시키는데 우선 헬라파들에 대한 선교 사역에서이고, 결정적으로는 "비사도"인 비범한 선교사 바울에게서인데, 누가는 담대하게 교회 선교 사역의 가장 위대한 전형으로서 제시한다(Hahn 1965:134).

8) 나는 누가의 선교 패러다임의 마지막 한 가지 요소를 언급하고자 한다.

선교는 필연적으로 역경과 고난을 만난다는 사실이다. 다양한 방식으로 누가는 갈릴리로부터 예루살렘으로의 예수의 여행(눅 9:51-19:40)을 고난과 죽음으로의 여행으로 묘사한다(Scheffler 1988:109-160). 누가복음 9:51; 13:33; 17:25; 18:31-34; 24:7와 같은 구절들은 이것을 강조하고 있으며 엠마오로 향하는 두 제자가 "그리스도가 이런 고난을 받아야 할 것이 아니냐"(24:27)라고 하는 말에서도 그렇다.

선생에게 해당하는 것은 그의 제자들에게도 그렇다. 제자들의 미래의 고난에 대한 말들이 누가와 마가에서 공통적이다(Scheffler 1988:163). 그런데, 누가는 십자가를 져야할 필요성에 대한 예수의 말에 "날마다"라는 단어를 더한다(눅 9:23). 사도행전에서 선교하는 교회의 여정은 예수의 여정과 병행을 이룬다.

---

8 홈베르그(Holmberg 1978)는 초대교회의 권위 구조에 대하여 탁월한 연구를 제공하는데 선교 활동에도 관련되는 연구이다.

사도행전 13:31에서 바울은 부활한 예수가 "갈릴리로부터 예루살렘에 함께 올라간 사람들에게 여러 날 보이셨다"고 말한다.

제자들은 그의 "증인들"인데 그들이 주님의 예루살렘 여행에 대한 보도 이상으로 뭔가를 해야 함을 뜻한다. 그들은 그와 함께 가야 하고 그가 맞이하는 죽음의 위협을 대면해야 한다(Frazier 1987:40). 그들은 스데반이 "증인"이자 "순교자"였던 것처럼(행 22:20) "예루살렘 운명"을 자신의 것으로 수용할 준비가 되어 있어야 한다(Dillon 1979:255).

사도행전의 초반부에서 누가는 베드로와 요한의 체포, 관리들의 심문을 보도한다. 누가는 그들의 변론을 "담대한 것"으로 규정한다. 사실 사도행전에서 담대함(헬라어 parresia)이라는 말은 거의 항상 역경의 상황에서 나타난다(Gaventa 1982:417-420). 베드로와 요한이 산헤드린으로부터 위협을 받은 후에 신자들이 함께 모였을 때, 그들은 대적자들이 멸함받기를 위해 기도하지 않고(요한과 야고보가 호의를 베풀지 않는 사마리아인들에게 한 것처럼) 대신에 담대함을 위해 기도한다(행 4:27-30; Gaventa 1982:418). 역경과 담대함을 나란히 나오는 것은 사도행전 전체에서 우연이 아니라 필수불가결한 것이다(:419).

그러나 역경으로 점철되는 것은 특히 바울의 사역이다. 누가는 그를 일종의 예수와 평행을 이루는 인물로 묘사한다. 그러나 이러한 평행은 불완전하다. 누가는 바울의 죽음을 순교로 규정하지 않는다. 이것이 자주 학자들을 당혹하게 했는데 누가는 자신이 보기에 바울이 두 번째 예수가 아니기 때문에 의도적으로 생략한 듯하다. 그렇다 하더라도 이러한 평행은 굉장한 것이다.

바울의 회심 후에 주님은 아나니아에게 "그가 내 이름을 위하여 해를 얼마나 받아야 할 것을 내가 그에게 보이리라"(행 9:16)고 말한다. 바울이 복음을 전하는 곳마다 반대가 일어난다. 비시디아 안디옥, 이고니온, 고린도와 최종적으로 로마에서이다. 그러나 그의 선생의 경우처럼 바울의 예루살렘으로의 운명적인 여정은 상징으로 가득 차 있다. 심지어 예루살렘에서 고난이 그를 기다리고 있다는 선언이 두 번이나 있었다(20:22-25; 21:10).

이 선언은 독자들에게 예수의 고난과 죽음에 관해 누가복음에 기록된 비슷한 말들을 상기시켜 준다(Kremer 1982:159, 163; Senior and Stuhlmuller 1983:276). 제자들은 스데반과 야고보가 그러했듯이 선생의 운명을 공유한다. 바울과 다른 사도들도 이러한 운명을 공유했다. 그렇지만, 이것은 사도행전에 기록되지 않고 그들은 죽음의 그늘 속에서 계속 살아간다(Stanek 1985:17). 그러나 그들은 "많은 환난을 받고 하나님 나라에 들어가야만 한다"는 것을 알고 있다(행 14:22).

이 점에서 윌리엄 프레지어(William Frazier)는 누가의 저술들이 1세기 교회를 훨씬 넘어서는 중요성을 띤다고 제안한다(1987:46). 이에 대하여 그는 새로운 선교사들이 십자가나 십자가상을 메는 선교 공동체들의 파송 예식으로 절정을 이루는 로마가톨릭의 의례를 주목한다. 프레지어는 다음과 같이 말한다.

> 프란시스 자비에르(Francis Xavier)의 시대부터 현시대에 이르기까지 이 관습에 부여된 의미들의 저변에는 저스틴(Justin)과 터툴리안(Tertullian)이 말한 단순한 진리가 담겨있다. 신실한 그리스도인들이 죽는 방식은 그리스도인이 된다는 것이 무엇을 의미하는지 가장 잘 보여준다. 선교사들의 십자가와 십자가상은 단지 기독교를 묘사하는 장식물이 아니다. 오히려 그것은 복음이 가지는 보편적인 호소력을 생생하게 설명해 주는 주석이다. 그것을 받는 자들은 그들의 선교의 상징뿐만 아니라 선교를 어떻게 수행할지에 대한 교본을 받는 것이다(1987:46).

"곤경"으로 시작하는 경우가 된다. 오히려 누가는 자신이 발견한 "해결책," 곧 그리스도에 근거하여 그가 전해야 하는 복음이 무조건적인 사랑과 공로 없이 얻은 은혜임을 알고 있다. 그의 선교적 복음은 긍정적 복음이다.

제4장 바울의 선교: 종말론적 공동체로의 초대

1. 첫 선교사: 첫 신학자

사도 바울은 선교사들로부터 언제나 특별한 주목을 받아왔다. 선교사들과 선교학자들이 기독교 선교에서 차지하는 바울의 중요성에 대해 오래도록 많은 글들을 발표해온 것은 놀라운 일이 아니다. 이들 중 롤란드 알렌(Roland Allen)의 『선교 방법: 바울의 방법인가 우리의 방법인가?』(*Missionary Methods: St Paul's or Ours?*, 1956년[1912년에 초판 발행])는 특별하고, 영어권에서 심오한 영향을 끼쳤다.

알렌이 이 책을 낸 1년 후에 요하네스 바르넥(Johannes Warneck)은 『오늘날의 이방 선교에 비추어 본 바울』(*Paulus im Lichte der heutigen Heidenmission*)이라는 책을 펴냈는데, 독일어권 선교사들에게 상당한 영향을 주었다. 알렌, 바르넥, 그리고 이들 이후의 다른 선교학자들(예를 들면 Dean Gilliland 1983)의 주된 관심은 바울의 선교 방법과 이로부터 오늘날의 선교사들이 무엇을 배울 수 있는가였다. 물론, 이러한 관심은 정당하지만 필자가 이 장에서 중점을 두는 바는 아니다.

나의 통찰은 위에 언급한 학자들과 또 다른 면에서 차이가 있다. 대부분의 초기 바울 연구자들과 위의 학자들은 바울 서신들과 사도행전의 바울을 "융합"(fuse)시키는 경향이 있는데 나는 바울 서신에만 집중할 것이다. 사도행전이 가치가 없다는 뜻이 아니다. 사실 사도행전은 신뢰할만한 전승들에 기초한 많은 자료들을 담고 있고(Senior and Stuhlmueller 1983:162; Hengel 1986:35-39), 결국 "바울에 대한 첫 번째 주석"이다(Hass 1971:119).

이러한 점에도 불구하고 사도행전은 바울에 대한 2차 자료이며, 1차 자료와 2차 자료를 배합하는 것은 적절치 못하다.

자료와 관련하여 제한을 두는 것이 또 한 가지가 있다. 나는 바울의 손에서 나온 것으로 논란의 여지없이 널리 인정되고 있는 일곱 서신에 국한할 것인데, 로마서, 고린도전후서, 갈라디아서, 빌립보서, 데살로니가전서, 빌레몬서이다. 그러나 다른 여섯 개의 서신이 바울의 저작일 가능성을 일축한다는 뜻이 아니다. 이 서신들은 한 장으로서도 소화하기 어려울 만큼 많은 사고를 할수 있도록 우리에게 양분을 제공해 줄 것이다!

데살로니가전서가 바울의 첫 서신이라고 일반적으로 동의하고 있으며 로마서 혹은 빌립보서를 마지막 서신으로 본다. 일곱 개 서신 모두 바울이 안디옥을 떠난 후 활발하게 선교 사역을 하던 기간 중에 쓰여졌는데, 대략 A.D. 49년에서 A.D. 56년까지 7년 혹은 8년 정도로 상대적으로 짧은 기간 동안에 기록되었다(Hahn 1965:97; Hengel 1938b:52; Ollrong 1979:243-250). 이것은 마가가 마가복음을 쓰기 15년에서 20년 전 쯤이고 마태와 누가가 복음서를 쓰기 30년 전 혹은 그 이상임을 뜻한다.[1]

바울신학의 선교적 차원이 항상 인식되어 온 것은 아니다. 오랫동안 바울은 교리체계의 창시자로 간주되어 왔었다. 역사종교학파의 등장으로 그는 주로 신비주의자로 간주되었다. 이후 "교회론적인"(ecclesiastical) 바울로 강조점이 옮겨졌다(Dahl 1977a:70; Beker 1980:304). 아주 점차적으로 성경학자들이 무엇보다도 우선적으로 바울을 사도적 선교사로 이해해야 한다고 주장했다(이미 선교사들은 알고 있었던 사실인데도 말이다!).

바젤의 젊은 신약학자였던 폴 베느레(Paul Wernle)는 1899년에『이방인 선교사 바울』(*Paulus der Heidenmissionar*)이라는 책을 출간했는데, 바울을 선교사 소명과 사역이라는 관점에서 본 최초의 학술적 시도가 아닌가 한다. 베느레는 바울의 모든

---

1 그러므로 이 장을 마태와 누가에 대한 장들 앞에 두었어야 했을 것이다(Senior and Stuhlmueller 1983은 이렇게 하고 있다). 그러나 복음서들이 바울의 사역보다 오래 전에 일어났던 사건들을 다루고 있기 때문에 바울을 연구하기에 앞서 이들의 선교 이해를 먼저 검토하는 것이 정당할 것이다.

서신들이 그가 누구였고 무엇이 되고자 했는지에 대하여 단 한 가지 답을 제공해 주고 있는데 곧 예수 그리스도의 사도, 선교사라고 기술했다.

"하나님이 복음에 대하여 심사숙고하라는 것이 아니라 세상으로 자신을 보내서 복음을 선포하게 하신다고 그는 이해하고 있었다"(1899:5).

그러나 바울에 대한 이러한 새로운 관점이 충분히 인식되고 적절히 평가된 것은 1960년대에 와서였다. 바울이 첫 기독교 선교사였기 때문에 바로 첫 기독 신학자가 될 수 있었고(Hengel 1983b:53; Dahl 1977a:70; Russell 1988), 그의 "선교신학"이 실질적으로 그리스도인의 삶에 대한 그의 놀라운 모든 통찰과 동일하고(Senior and Stuhlmueller 1983:161), "그의 전체 기독교 비전과 동시에 존재"하기 때문에(:165) "바울의 선교와 그의 신학"을 구별짓는 것은 잘못이라는 생각이 오늘날 널리 인정되고 있다(Dahl 1977a:70; Hahn 1965:97). 바울신학의 "삶의 정황"(Sitz im Leben)은 이와 같은 사도의 선교(the mission of this apostle)이다(Hengel 1983b:50).

바울의 선교가 단순히 그의 신학에서 "흘러 나온다"는 의미에서 그의 신학과 선교를 "이론"과 "실천"의 관계로 볼게 아니라 오히려 그의 신학이 선교신학(missionary theology)인 것(Hultgren 1985:145)과 선교가 그의 정체성과 사상에 전적으로 연관되어 있다는 의미에서 보아야 한다(:125).

바울의 선교 이해는 우주적인 원리(a universal principle)에 매달린 추상적 구조물이 아니라 "바울에게 새로운 세계관을 준 최초의 경험에 의해 촉발된 실재 분석"이다(Senior and Stuhlmueller 1983:171). 이 점은 로마인들에게 쓴 서신에서 특별히 그러한데(Legrand 1988:161-165; Russell 1988) 이 서신은 바울 자신이 세우지 않은 교회에 대하여 쓴 유일한 서신이다.

이것이 사실이라면, 우리의 탐구 주제는 바울 서신서의 "선교 본문들"(mission texts)을 찾아 분석해서 되는 것이 아니다. 우리는 그의 전체 신학 자료를 조사해야 한다. 특히 바울이 복잡한 사상가이기 때문에 이것은 굉장한 과업이다. 초기 기독교 저자가 바울의 서신들에 대하여 "그 중에 알기 어려운 것이 더러 있으니"(벧후 3:16)라고 이미 불평한 것은 이상한 일이 아니다. 오늘날도 쉽지 않은데 진지한 연구자들은 바울에 대한 여러 상이한 해석들을 접하게 된다.

2. 바울의 회심과 소명

따라서 우리는 바울 자신이 시작한 부분, 곧 그의 회심과 소명의 사건에서부터 시작해야 할 것이다.

바리새인 중의 바리새인인(갈 1:4; 빌 3:4-5) 바울을 이방인을 위한 그리스도의 사도로, 초기 기독교 운동의 박해자를 오히려 운동의 주역으로 변하게 하고, 예수를 사기꾼이자 유대교를 위협하는 자로 보았던 그가 예수를 자신의 삶의 중심이자 우주의 중심으로 받아들이게 만든 것은 과연 무엇인가?

바울 자신은 단 한 가지로 대답한다. 그것은 부활하신 그리스도와의 만남이었다(마찬가지로 누가가 쓴 사도행전은 바울의 회심을 아주 상세히 세 번 기록하고 있다. 행 9:1-19; 22:4-16; 26:9-19; Gaventa 1986:52-95). 바울은 자신의 서신서들에서 이 사건을 세 번 언급하는데(갈 1:11-17; 빌 3:2-11; 롬 7:13-25; Dietzfelbinger 1985:44-75; Gaventa 1986:22-36), 사도행전의 언급과는 상당히 다른 방식으로 한다. 아주 냉철하게 자신의 복음의 기원이 인간에게 있지 않다는 점을 강조한다.

몇몇 학자들은 바울의 다메섹 도상 사건을 가리켜 "회심"이라는 단어를 사용해서는 안된다고 주장했다. 이유는 두 가지이다.

첫째, 회심은 종교의 변화를 뜻하는데 바울은 자신의 종교를 바꾼 것이 아니고 우리가 기독교라고 부르는 것은 바울 당시에 유대교 안의 한 분파였다는 이유이다(Stendahl 1976:7; Beker 1980:144; Gaventa 1986:18).

둘째, 바울이 자신의 죄로 인해 고통받고 죄책감에 시달린 내적 갈등의 결과 회심에 이르렀다고 보는 것은 적절치 못하다는 것이다.

지금은 고전이 되었지만 1960년에 스웨덴에서 출간된 글에서 스텐달 (Stendahl)은 다메섹 도상에서의 바울의 사건을 "심리적으로" 해석하는 것은 전형적인 근대적(modern) 이해를 반영하는 것이라는 설득력 있는 주장을 했다 (Stendahl 1976:78-96, 7-23). 구원을 갈망하며 "내적 양심"으로 자기 성찰을 하는 현상은 지극히 서구적인 현상이라고 스텐달은 말한다.

바울이 이러한 성향이었다는 주장은 시대착오적이다. 사실 그러한 종교적 성찰이 실제로 나타난 것은 어거스틴에 와서였다. 그는 자아에 대하여 영적 자서전인 『고백록』(*Confessions*)을 쓴 최초의 기독교인이다. 이러한 관행은 중세 동안에 더 진전되고 강화되어 결과적으로 규범화되었는데 개신교로 말하자면 마틴 루터의 "회심"이고 그가 어거스틴 수도사였던 것은 우연이 아니다(Stendahl 1976:16, 82).

지난 수 세기 동안 바울을 루터의 눈으로 읽는 것이 통례였고 전형적인 서구적 회심 경험을 신약성경을 읽는 방식으로 했을 뿐 아니라 기독교 신앙으로 개종하는 모든 새 신자들에게도 그대로 적용했다. 그러나 그러한 경험이 바울의 관심이 아니었다. 또한 그가 복음을 선포했던 사람들로부터 기대했던 바도 아니었다 (Krass 1978:70-72; Beker 1980:6-8; Senior and Stuhlmueller 1983:169-171).

이러한 관점에 근거해서 스텐달과 다른 학자들은 바울의 사건에 대해 "회심 언어"(conversion language)를 사용하지 않는 것이 좋다고 제안했다(또한 바울이 자신의 선교 사역에서도 그러한 기대를 하지 않았음을 뜻한다). 바울의 "회심"을 말하는 대신에 우리는 그의 "소명"에 대하여 말해야 한다.

"바울은 자신의 '다메섹 경험'을 자서전처럼 기술하는 것이 아니라 신학적으로 이방인의 사도로 부름을 받은 소명을 언급한다"(Wilckens 1959:274; Hengel 1983b:53; Beker 1980:6-10; Hultgren 1985:125; Stendahl 1976:7-23; Dietzfelbinger 1985:44-82, 88).

바울이 그리스도가 자신에게 나타난 일을 말할 때마다 자신이 사도로 부름 받고 임명받았다는 것을 주장하면서 이사야와 예레미야가 선지자로 부름 받은 것과 같다는 암시를 한다. 그들과 마찬가지로 바울의 직임은 하나님의 전적인 행위에서 기인하며 계시와 환상을 통해 그에게 소통되었다(갈 1:15). 흔히 그의 회심 경험으로 간주되었던 것이 그의 사도적 소명이라는 더 큰 실재에 의해 흡수된 것이다.

바울의 소명에 초점을 두는 것은 바울의 회심과 관련한 전통적 이해에 대한 가장 중요한 교정이다. 하지만 스텐달과 여러 학자들이 바울의 사건을 소명으로만 국한시키는 것은 너무 지나치다. 신약성경에서의 회심에 관한 최근의 연구에서 가벤타(Gaventa)는 변경(alternation, 자신의 과거에서 비롯된 것으로서 상대적으로 제한적인 변화), 변혁(transformation, 과거 혹은 이전의 가치를 거부하거나 부인할 것을 요구하지 않고 과거에 대한 새로운 지각이나 재인식을 포함하며, 토마스 쿤이 "패러다임 이동"이라고 부르는 것), 회심(conversion, 과거와 현재가 단절되며 과거를 아주 부정적으로 간주하며 추의 이동과 같은 것)의 세 가지를 제시한다.

이에 따르면 스텐달은 바울의 사건을 변경으로 이해한 듯하다. 바울은 자신의 과거와 기본적으로 연속선상에 있으며 여기에 이방인 선교의 소명이 더해졌을 뿐이다. 그러나 갈라디아서 1:11-17에서 바울이 자신에 대하여 기술한 것을 보면 이러한 범주는 합당치 않다.

바울은 가치와 자기인식(self-definition), 충성에 있어서 철저한 변화를 겪었다. "토라의 정통주의의 어디에 십자가에 못박힌 그리스도가 자리할 곳이 있었는가?"라고 메이어(Meyer)는 질문하고(1986:162) "어디에도 없다"고 대답한다.

바울은 나사렛 예수와 율법의 구원적 가치에 대한 자신의 인식을 근본적으로 개정했다. 본질적으로 가벤타가 철저하게 증거를 제시하는 바와 같이(1986:17-51; Senior and Stuhlmueller 1983:168), 바울의 세계관의 많은 부분과 중요한 부분들이 변경되지 않고 그대로 남아 있었음에도 불구하고 "회심"(혹은 "변혁")이라는 용어를 바울에 대하여 사용하는 것이 좋다. 그것은 근본적인 경험이었고 바울이 모든 그리스도인들에게 패러다임 이동에 해당한다고 간주할만한 것이었다.

의로운 유대인으로 살았던 베드로, 바울, 요한은 하나님의 백성의 일원이 되기 위해서 무언가 더 경험해야 하는 것이 있었는데 바로 그리스로를 믿어야 하는 것이었다(Sanders 1983:172). 그리스도의 사건은 시대의 반전을 뜻하며 바울에게는 하나님이 그리스도 안에서 시작하셨다는 새로운 상태를 선포하는 것을 의미했다. 구원의 길로서의 율법은 십자가에 달리시고 부활한 메시아에 의해 대치되었다. 그리스도를 따르기 원하는 사람들은 율법에 대하여 죽어야 한다(롬 7:4). 이것은 그들이 뭔가를 단념하거나 포기해야 한다는 뜻이며 이것은 회심 언어(conversion language)이다.

예수와의 만남은 바울의 역사 이해를 철저하게 변경했다. 여기서 예수가 메시아라는 점은 유대인에게는 마지막 시대가 시작되었다는 뜻일 뿐이다(Senior and

Stuhlmueller 1983:169). 바울은 그리스도 안에서 구원이 이제는 이방 세계에 제공되어야 한다고 이해한다. 그의 경험과 증언을 보면 그의 회심과 이방 선교 소명은 동시적이다(Zeller 1982:173). 한(Hahn)은 "그의 사도직 개념은 회심과 동시에 복음을 위임받고 이방인들에게 보냄을 받았다 것이다"라고 말한다(1965:98). 부활하신 그리스도는 핍박자를 자신의 특별 대사로 변화시키셨다.

바울은 하나님이 "그의 아들을 이방에 전하기 위하여 그를 내 속에 나타내시기를 기뻐하셨다"(갈 1:16)고 말한다. 바울의 증언을 볼 때 그의 회심과 직임이 동시적이라는 그의 주장을 의심할 이유는 없다(Dietzfelbinger 1985:138, 142-144).[2]

바울(혹은 사울)은 힐렐(Hillel) 학파 출신이었는데 이 학파는 랍비 학파보다 이방인들에게 보다 개방적이었다. 그러므로 바울이 그리스도인이 되기 전에 유대교 개종 활동에 익숙해 있었고 활발하게 참여했었다고 추측할 수 있다. 이 점이 기독교인이 된 바울에게 중요한 영향을 주었다(Hengel 1983b:53).

더 중요한 점은 예수 운동을 반대한 사울이 특별히 예루살렘과 다른 지역에 있는 헬라어를 말하는 디아스포라 회당에 중점을 둔 것인데, 이곳들은 스데반의 지도하에 이방인들에게 대하여 첫 단계로 사역을 한 곳이었다(Hengel 1983b:53; Ollrog 1979:155-157). 바울은 자신이 핍박했던 사람들로부터 복음을 전해 받았다(Beker 1980:341; Zeller 1982:173, 바울의 유대인 기독교인에 대한 핍박에 대하여 상세한 해석과 평가는 Dietzfelbinger 1985:4-42를 참조할 것).

바울이 선교 여행을 출발할 무렵 기독교 선교 활동은 이미 로마제국을 가로질러 퍼져 있었는데 적어도 로마까지는 이르렀다. 따라서 바울 자신이 이방인 선교가 자신의 회심과 동시적이라고 주장할지라도 바리새인으로서의 그의 과거와 헬라적인 유대인들과의 접촉이 어떤 역할을 한 것은 분명하다. 그는 자신의 소명의 완전한 의미를 점진적으로 받아들인 듯하다. 그의 이방인들에 대한 가장 왕성한 선교 사역은 다메섹 경험 몇 년 후, 갈라디아서 2:11에 기술된 사건들과 예루

---

2 그러나 때로, 특히 갈라디아서와 고린도전후서(갈 1:11-16; 고전 9:1)에서 보면 자신이 예수를 만난 것과 사도 위임이 동시에 일어났다는 바울의 주장에는 변증적인 요소가 있다. 그는 자신의 사도직을 변호해야 한다(Wilckens 1959:275). 이 문제에 대한 보다 자세한 논의는 Lategan(1988)을 참조하라.

살렘의 사도회의 이후에 시작되었다(Hengel 1983b:50; Zeller 1982:173; Senior and Stuhlmueller 1983:169).

헬라파 유대인들의 복음에 대한 반응이 다양했다는 점을 눈여겨 보아야 한다. 헬라어를 쓰는 많은 유대인들은 이방 세계에 대하여 경멸감과 혐오감으로 가득했고 자신들의 전통에 전적으로 충성했다. 따라서 그들은 새로운 "분파"에 대하여 아주 적대적이었다. 바울은 바로 이들 진영 출신이었다.

또 다른 헬라파 유대인들은 보다 긍정적으로 반응했다. 바울이 다메섹 도상의 경험 이후 좇기 시작했던 사람들이 이들이었다. 이들은 예수와 바울 사이에서 진정으로 다리 역할을 했다. 세 "그룹"(예수, 헬라파, 바울) 모두 외부인들에게 무조건적인 개방성을 가지고 있었다는 것이 공통점이다(Hengel 1983a:29; Dietzfelbinger 1985:141; Wedderburn 1988: 여러 곳에). 바울이 헬라파 사람들로부터 물려받은 신학적 관점들을 결코 포기하지 않았다는 점 역시 중요하다. 동시에 그는 그러한 관점들을 곧 뛰어 넘었다(Dietzflbinger 1985:141; Meyer 1986:117, 169, 206; Hengel 1986:82-85).

바울이 이방 선교의 창시자가 아닌 것이 사실이라면 그가 예루살렘의 지도력과 결별하려는 의도가 전혀 없었다는 점 역시 사실이다. 바울과 유대 기독교와의 관계가 자주 오해되었다고 베커(Beker)는 지적한다.

> (자유주의 학계는) 바울을 외로운 천재로 묘사하는데 예루살렘 사도회의와 안디옥에서 베드로 및 바나바와 언쟁을 한 후 예루살렘과 완전히 결별했다는 것이다. 유대교와 유대 기독교에 등을 돌리고 율법 없는 복음에 기초하여 기독교를 전적으로 이방인 종교로 만들려 했다는 것이다 (1980:331).

사실 몇몇 경우 바울은 예루살렘 교회와 완전한 교제를 유지하려는 강한 열망을 분명하게 표현한다. 예루살렘 교회를 대표하는 세 "기둥"(갈 2:9)을 언급하고 고린도전서 15:11에서는 그들이 설교하는 복음과 같은 복음을 자신이 전한다고 주장하기까지 한다(Hass 1971:46-51; Dahl 1977a:71; Senior and Stuhlmueller 1983:164). 바울은 기독교의 "제2 창설자"가 아니다. 즉 예수의 종교를 그리스도의 종교로 전환시킨 사람이 아니다. 그는 그리스도로서의 예수라는 복음을 발명한 사람이 아니라 물려받은 사람이다(Beker 1980:341).

바울이 예루살렘 지도자들과 호의적인 관계를 유지하려 했던 이유는 실질적이고 동시에 신학적이었다(Holmberg 1978:14-57). 우선 바울은 자신이 "달음질하는 것이나 달음질한 것이 헛되지 않게 하려고," "유명한 자들에게"(갈 2:2) 자신의 복음을 제출한다. 이러한 현실적 고려, 즉 이방인들 중에서의 선교 사역이 반대로 인해 좌절되지 않게 하려는 것은 유대인과 이방인으로 구성된 교회의 견고한 연합을 추구하는 바울의 열의와 긴밀한 관계가 있다. "교회의 선교는 복음의 진리 안에서 교회가 연합(unity)하지 않는다면 성공할 수 없다"(Beker 1980:306, 331; Hahn 1984:282; Meyer 1986:169).

바울이 예루살렘의 가난한 신자들을 위해 이방인 회중들로부터 모금을 한 것은 이러한 일치성을 상징하는 한 방법이다(Hass 1971:52; Beker 1980:306; Hultgren 1985:145; Meyer 1986:183). 동시에 이것은 구속사에서 예루살렘 공동체가 특별한 위치에 있다는 것을 인정하는 것이다(Brown 1980:209).

그러나 바울은 모든 것을 희생하면서까지 일치성을 추구하지는 않는다. 그는 "베드로를 면책"하고(갈 2:11) 갈라디아의 유대주의자들(갈 1:7-9)과 고린도의 "다른 복음"에 대하여 저주하기를 주저하지 않는다. 이러한 행동은 교회의 연합을 위태롭게 하는 것으로 보여질 수 있다(Beker 1980:306).

"바울은 예루살렘 지도자들에 의해 거부당하는 것을 견딜수 없지만 마찬가지로 자신의 설교를 판단하는 그들의 권리를 용납할 수 없다"(Brown 1980:206).

그러므로 바울은 자신이 사도로 불릴 권한을 열정적으로 변호하고 예수와 함께 했던 자들과 자신을 완전히 동등선에 둔다. 그들처럼 바울의 사도직은 전통으로부터 온 것이 아니라 자신을 대사이자 대표자로 임명한 부활하신 주님과의 만남으로부터 온 것이다(Wilckens 1959:275; Dahl 1977a:71; Hengel 1983b:59).

"그러므로 바울의 사역은 첫 사도들 및 그들의 메시지에 대한 충성과 다른 한편으로 자신의 소명과 직임에 대한 확고한 인식 간의 창조적 긴장 속에서 펼쳐진다. 다른 사도들과는 달리, 바울이 사용한 '복음'이라는 말과 '사도'라는 말은 서로 관련이 있고 모두 선교 용어이다"(Dahl 1977a:71).

그러므로 모든 신약성경 저자들 중에서 바울이 가장 심오하고 체계적으로 보편적인 기독교 선교 비전을 제시하는 것은 결코 놀랄 일이 아니다(Senior and Stuhlmueller 1983:161).

나는 이제 이 비전과 실천의 뚜렷한 특징들을 살펴 보려고 한다.

3. 바울의 선교 전략

1) 대도시 선교

바울의 선교 이해의 특징들은 무엇보다도 바울의 "선교 전략" 속에서 드러난다. 초기 기독교 운동의 첫 수십 년 동안 일반적으로 세가지 형태의 선교 사역이 있었다.

① 유대 땅 곳곳을 다니며 임박한 하나님의 통치를 선포하던 순회 설교자들(본서의 제1장에서 언급되었던 어록[the Sayings-Source]의 선지자들이 그 예이다)
② 처음에는 예루살렘에서 그리고 안디옥에서 이방인들에게 선교를 시작했던 헬라어를 쓰는 유대 기독교인들(핍박 때문에 도시를 떠나도록 종용받았던 사람들)
③ 복음을 잘못 해석한 것이라고 보고 기존교회들에게 가서 "교정"하려했던 사람들로서 고린도후서와 갈라디아서에 나오는 유대주의적 기독교 선교사들이다.[3]

---

[3] 마틴(Martyn 1985:307-324)은 갈라디아서를 주의 깊게 연구한 후에 바울의 선교 사역 이전에 그리고 이에 반대하는 잘 조직되고 율법을 준수하는 이방인 선교가 존재했었다고 제안했다.

바울은 첫 두 가지 유형으로부터 취한 요소들을 자신의 사역 속에 적용한다. 동시에 그는 이 요소들을 단호히 수정한다(Ollrog 1979:150-161; Zeller 1982:179). 바울의 자신의 선교에 대한 이해는 로마서의 말미에서 가장 잘 나타난다(롬 15:15-21; Legrand 1988:154-156, 158-161).

> 그러나 내가 너희로 다시 생각나게 하려고 하나님께서 내게 주신 은혜로 말미암아 더욱 담대히 대략 너희에게 썼노니 이 은혜는 곧 나로 이방인을 위하여 그리스도 예수의 일꾼이 되어 하나님의 복음의 제사장 직분을 하게 하사 이방인을 제물로 드리는 것이 성령 안에서 거룩하게 되어 받으실 만하게 하려 하심이라 그러므로 내가 그리스도 예수 안에서 하나님의 일에 대하여 자랑하는 것이 있거니와 그리스도께서 이방인들을 순종하게 하기 위하여 나를 통하여 역사하신 것 외에는 내가 감히 말하지 아니하노라 그 일은 말과 행위로 표적과 기사의 능력으로 성령의 능력으로 이루어졌으며 그리하여 내가 예루살렘으로부터 두루 행하여 일루리곤까지 그리스도의 복음을 편만하게 전하였노라 또 내가 그리스도의 이름을 부르는 곳에는 복음을 전하지 않기를 힘썼노니 이는 남의 터 위에 건축하지 아니하려 함이라 기록된 바 주의 소식을 받지 못한 자들이 볼 것이요 듣지 못한 자들이 깨달으리라 함과 같으니라
>
> (롬 15:15-21).

사도행전을 보면 바울을 거의 전적으로 순회설교자라는 인상을 받기 쉽다. 하지만 바울이 어떤 지역에서는 상당 기간 머물렀던 것을 볼 때 이것은 사실이 아니다(고린도에서 1년 반, 에베소에서 2, 3년). 따라서 올로그(Ollrog 1979:125-129:158)가 말하듯이 바울은 전략적 중심지 선교를 했다고 보는 것이 더 적절하다. 바울은 다양한 지역과 지방으로 가서 선교한다고 말한다(갈 1:17, 21; 롬 15:19, 23, 26, 28; 고후 10:16; Hultgren 1985:133).

웨르네(Wernle)가 "바울은 독수리의 눈을 가지고 선교지도를 연구하여 노정을

미리 파악했다"(1899:17)고 말한 것은 좀 지나칠지 모르지만 바울에게는 전략적 중심지들을 택한 방식이 틀림없이 있다. 바울은 어떤 지역 혹은 지방의 수도에 집중하는데, 각각의 수도는 전 지역을 대표한다.

빌립보는 마게도냐(빌 4:15), 데살로니가는 마게도냐와 아가야(살전 1:7), 고린도는 아가야(고전 16:15; 고후 1:1), 에베소는 아시아(롬 16:5; 고전 16:19; 고후 1:8)를 위함이다(Hultgren 1985:132; Kasting 1969:105-108; Haas 1971:83-86; Hengel 1983b:49; Ollrog 1979:126; Zeller 1982:180-182). 이 "대도시들"은 소통, 문화, 상업, 정치, 종교의 중심지였다(Hass 1971:85). 그러나 바울이 "'민족들'만큼 '이방인'" 개개인에 대하여 중요하게 생각하지 않았다는 주장은 오도하는 것이며 시대착오적이다.

바울은 인종적으로가 아니라 지역적으로 생각하며 따라서 대표성을 띠는 도시들을 선택한다. 각각의 도시 속에 기독교 공동체를 위한 토대를 만든다. 전략적 중심지들로부터 복음이 주변 고장과 마을로 퍼져가기를 바랐던 것이다. 실제로 이것이 이루어졌는데, 바울이 데살로니가의 신자들에게 쓴 편지에서 그가 그곳에 간 후 1년도 안되어(Malherbe 1987:108) "주의 말씀이 너희에게로부터 마게도냐와 아가야에만 들릴 뿐만이 아니라"(살전 1:8)라고 말하고 있다.

바울의 선교 비전은 세계적이었는데 적어도 자신이 알고 있던 세계의 범위로 말하면 그렇다. 예루살렘 사도회의(A.D. 48) 때까지 바울의 이방인 선교 사역은 수리아와 길리기아에 한정되었던 것으로 보인다(갈 1:21 참조; 로마의 교회는 A.D. 40년대 초에 유대인 기독교회로 시작한 것으로 추정된다).

그러나 사도회의 이후 곧 바울은 선교를 "에큐메니칼" 측면에서 선교를 보기 시작하는데 사람들이 사는 전 세계에 복음을 전해야 한다는 것이었다.[4] 로마가 로마제국의 수도였기 때문에 바울이 이 대도시를 방문하고자 한 것은 자연스럽다(롬 1:13). 그러나 기독교 공동체가 그 곳에 있다는 것을 알게 되자 방문을 뒤

---

4 내가 약간 다른 문맥에서 다시 살펴볼 이 재개념화가 본질적으로 필요한 이유는 바울이 자신의 선교를 점점 더 종말론적인 관점에서 이해한 사실에 있다. 오랫동안 유대교 안에서는 말세에 이방인들이 시온으로 몰려들 것이라는 기대가 있었다. 바울의 판단에 따르면 그 순간이 이제 도래했다.

로 연기하고 서바나로 가는 길에 로마의 그리스도인들을 만나고자 한다(롬 15:24, Zeller 1982:182). 그동안 바울은 예루살렘에서 일루리곤까지(롬 15:19), 헬라어를 말하는 사람들이 압도적으로 많은 제국의 지역들에 노력을 집중한다.

몇몇 학자들이 제기하듯이 이것은 바울이 임박한 세계의 종말을 알리기 위해 숨돌릴 틈 없이 로마제국을 급히 다녔다는 뜻인가?(Conzelmann, Hengel 재인용 1983b:169; Wernle 1899:18)

대부분의 학자들은 여기에 동의하지 않는다(Bieder 1965:31; Kasting 1969:107; Beker 1980:52; Zeller 1982:185; Hultgren 1985:133; Kertelge 1987:372). 참으로 몇몇 중요한 경우들이 그러한 해석에 이의를 제기한다.

우선 바울에게 종말의 시기는 계산할 수 없는 것이었다. 주의 날이 도적같이 이를 것이라고 했다(살전 5:2). 몇 년 후 그는 "이제 우리의 구원이 처음 믿을 때보다 가까웠음이니라"라고 말한다(롬 13:11). 더욱이 바울은 지역 교회들을 세우고 목회적 방문과 긴 서신들을 통해, 그리고 동역자들을 보내서 양육한다. 그는 그의 회중들을 위해 중보기도하고, 실제적이고 현실적인 많은 문제들에 대하여 그들을 위해 상담하고, 그들이 영적으로 성숙해지고 신실하며 자신들이 있는 곳에서 불빛이 되기를 소원한다. 그럼에도 불구하고 이것은 열렬한 종말론적 기대의 틀 속에서 일어난다.

반면, 초기 기독교 일부 진영에서는 임박한 종말에 대한 강렬한 기대로 인해 광범위한 선교 사역을 해야 한다는 생각이 꺾이었지만 바울의 경우는 완전히 반대이다.

"그는 복음의 전령, 이방인들을 위한 그리스도의 대사, 교회의 모범, 교회의 중보자, 상담자였고 이는 모두 그의 종말론적 선교에 속했다"(Dahl 1977a).

따라서 바울의 사도성과 묵시성 간에는 계속되는 갈등이 없으며 창조적인 긴장이 있을 뿐이다. 베커는 이렇게 말한다.

> 바울에게는 열정이 있다. 그러나 냉철한 열정이다. 바울에게는 조급함이 있다. 그러나 이 조급함은 다가오는 운명을 위해 세상을 준비하는

인내로 조절되어 있다. 이 운명은 그리스도의 사건으로 시작하였고 묵
시적 열정과 선교 전략이 손에 손을 잡는다...(이 둘은) 상대의 힘을 마비
시키지 않으며 서로 대립하지 않는다(Beker 1980:52).

이 관찰은 "이제는 이 지방(예루살렘에서 일루리곤까지 전 지역을 지칭)에 일할 곳이 없고"(롬 15:23)라는 구절을 이해하는 데 도움을 준다. 그러므로 바울은 그리스도가 알려지지 않은 곳에 복음을 전하려는 야망 때문에 "남의 터 위에 건축하지" 않고(롬 15:20) 다른 지역들로 계속 나아간다. 헹겔(Hengel 1983b:52)은 이것을 가리켜 바울의 "야망"이라고 했는데 적절한 설명이 결코 되지 못한다.

그러면, 바울은 왜 이 두 가지 진술을 했는가?
아마도 두 가지 이유일 것이다.

① 시간이 부족하고 과업이 긴급하므로 다른 사람들이 이미 복음화한 곳에 가는 것은 나쁜 수행이다.
② 바울은 그가 사역한 지역에서 선교 사역이 완결되었다고 말하는 것이 아니고 이제 교회들이 세워졌으므로 이들이 인근 지역으로 전도 사역을 해 나갈 것이므로 자신은 "다른 지역들"로 옮겨 가야 한다는 뜻이다.

2) 바울과 그의 동역자들

바울 선교 사역의 또 다른 특징은 다양한 동료들을 활용했다는 데에 있다. 올로그(Ollrog)는 이 남자들(그리고 브리스길라와 같은 여자들)이 단순히 바울의 조수이거나 부하가 아니었고 진정으로 동료였다고 주장한다(1979:여러 곳에). 올로그는 세 부류의 동료가 있었다고 본다.

① 가장 친밀한 그룹으로서 바나바, 실라, 디모데(:92)
② "독립적인 동역자들"인데 브리스길라와 아굴라, 디도(:94)

③ 가장 중요한 사람들로서 지역 교회의 대리인들인데 에바브라디도, 에바브라, 아리스다고, 가이오, 야손(:95-106)

교회들은 바울이 사람들을 제한된 기간 동안 활용할 수 있게 했다(:119-125). 교회들은 이들을 통하여 바울의 사역 속에 참여하였고 사역에 대하여 공동책임을 졌다(:121). 사실, 이 일에 들어가지 않으면 지역 교회는 결함이 있는 것이 되고 이러한 교회는 바울의 선교 사업에서 참여가 배제되었다(:122).

바울은 동역자들과 함께 사역함으로써 그들의 교회를 껴안고 교회들은 바울의 선교 노력에 동참한다. 이것이 협동 선교 사역의 주된 의도이다(:125). 공동체의 일원들이 이 일을 위해 선택되었을 때 그들은 일정 기간 동안 선교를 위해 자신들의 은사를 사용한다(:131). 교회들은 자신들의 대리인들을 보냄으로써 전체 선교 사역의 동반자가 된다(:132).

동역자들의 역할은 교회와의 관계를 보면 분명해진다(:160). 이 사역은 교회 시대의 도래를 보여준다(:160, 235). 동역자들과 이들이 속한 지역 교회들 간의 근본적인 관계가 항상 고려되어야 한다(:234). 신학적으로 이것은 바울이 자신의 선교를 교회의 기능으로 간주한다는 것을 뜻한다(:234).

3) 바울의 사도적 자기인식

이러한 점에서 아주 중요하게 보아야 하는 것은 바울의 사도로서의 자기인식인데 자신을 자신의 동역자뿐 아니라 모든 그리스도인들이 따라야 할 모범으로 제시한다. 데살로니가전서 1:6의 "또 너희는 우리와 주를 본받은 자가 되었으니"를 인용하면서 "바울이 공동체를 형성하는 방법은 회심자들을 모으고 자신의 가르침을 행동으로 보이는 것"이었다고 말허베(Malherbe)는 말한다(1987:52). 덧붙여서 바울이 당시에 특히 도덕 철학자들이 많이 쓰던 방법을 따른 것이라고 한다. 이들 철학자들처럼 바울의 삶은 자신이 설교한 것과 분리되지 않으며 그의 삶은 그의 복음의 진실성을 입증한다(:54, 68).

이와 같이 바울과 도덕 철학자들 간에 뚜렷한 유사점에도 불구하고 분명히 다른 점 역시 있는데, 철학자들이 자기 자신, 자신들의 과업을 어떻게 이해했는지 그리고 그들의 책임을 어떻게 수행했는지에 대한 것이다.

철학자들은 권고할 때 본보기가 되는 다른 사람들을 거론하는 반면, 바울은 자신을 따라야 할 모범으로 제시한다. 그러나 자신을 전형으로 제시하는 바울의 자신감은 자기 자신이나 자신의 성취에 근거한 것이 아니다. 오히려 그는 자신의 삶 속에 임하는 하나님의 주권과 능력을 계속적으로 언급한다(:59). 마찬가지로 바울의 담대함은 철학자들이 이성과 의지의 사용으로 얻으려한 도덕적 자유에 근거하지 않으며 하나님이 주시는 것으로 분명히 기술하고 있다(살전 2:1-5).

이로 인해 바울은 자기 자신을 내어 주는 것을 강조하는데 이것은 다른 철학자들이 하지 못하는 부분이다(:59). 바울은 자신의 삶이 자신의 복음과 분리될 수 없다고 생각하기 때문에(:68) 하나님이 바울 자신의 삶과 사역을 통해 사람들을 신성한(divine) 나라와 영광 안으로 부르신다는 것을 확신한다(:109).

바울의 놀라운 자신감과 자기인식은 많은 사람들에게 걸림돌이 되어 왔다.

어떻게 그가 자신의 사역에 대하여 그토록 자부심을 가지고 자랑한단 말인가?(롬 15:17과 여러 언급들)

자랑은(바울 서신들에서 헬라어 *kauchaomai*, *kauchema*, *kauchesis* 용어들, 특히 고린도후서) 기독교적 가치인가?

유한한 인간들이 과연 다른 사람들 보고 자신들을 "본 받으라"(바울 서신들에서 헬라어 *mimeomai*, *mimetes* 용어들, Hass 1971:73-39)고 요구할 수 있는가?

바울이 주장하는 무조건적 복종과 권위가 그 자신을 위한 것이 아니라 복음, 곧 그리스도를 위한 것이라는 점을 유념하지 않을 경우 우리가 오늘날 이해하고 있는 예의범절과 분명히 어긋난다(Ollrog 1979:201). 바울이 자기 자신에게 부과하는 요구는 다른 사람들의 것보다 훨씬 크다.

> 내가 내 몸을 쳐 복종하게 함은 내가 남에게 전파한 후에 자신이 도리어 버림을 당할까 두려워함이로다(고전 9:27).

그리스도로부터 "내 은혜가 네게 족하도다 이는 내 능력이 약한 데서 온전하여짐이라"(고후 12:9)라고 가르침을 받은 바를 따라 자신의 연약함을 오히려 자랑한다고 바울이 말한 것은 이와 완전히 상응한다. 또한 그는 "이는 내가 약한 그 때에 강함이라"고 말한다(고후 12:10).

이에 대하여 어른스트 푸크스(Ernst Fuchs)는 "신약성경 전체에서 가장 유명한 역설"이라고 불렀다.[5] 자기 손으로 일해서 자급하고 자신이 세운 교회로부터 어떤 재정적 지원도 요청하지 않기로 한 그의 결단은(흥미롭게도 빌립보 교회는 예외였다. 빌 4:15) 같은 맥락에서 이해되어야 한다. 데살로니가 성도들에게 그는 밤낮으로 일했다고 썼는데 그들에게 복음을 전하면서 어떠한 짐도 주고 싶지 않기 때문이었다(살전 2:9).

바울의 주장은 이 구절의 마지막 부분에서 절정을 이루는데 자신의 권리를 포기한다는 것이며(고전 9:4-12) 자신이 선포하는 복음이 더 신뢰를 얻도록 하기 위함이었다. 고린도전서 9:19에서 다른 방식으로 표현을 하는데 "내가 모든 사람에게서 자유로우나 스스로 모든 사람에게 종이 된 것은 더 많은 사람을 얻고자 함이라"라고 하고 있다. 불가피성이 바울에게 있다.

> 만일 복음을 전하지 아니하면 내게 화가 있을 것이로다!(고전 9:6)

4. 바울의 선교 동기

이제 우리는 바울의 선교 전략에서 그의 선교 동기로 주제를 옮긴다. 마이클 그린(Michael Green 1970:236-255)은 세 가지 주요 선교 동기가 초기 교회에 작용했는데 모두 바울에게서 분명히 나타난다고 주장했다. 이 세 가지는 감사의 마음

---

[5] 나는 이러한 개념들을 『길의 영성』(A Spirituality of the Road, Scottdale, Pa.: Herald Press, 1979)라는 제목의 책에서 더 상세하게 발전시켰는데, 바울의 고린도후서에 기초하여 선교사의 영성을 통찰했다. 호스트 바움(Horst Baum, Mut zum Schwachsein-in Christi Kraft [St Augustin: Steyler Verlag, 1977]).

(a sense of gratitude), 책임의식(a sense of responsibility), 관심(a sense of concern)이다. 바울의 경우 자주 중첩되므로 이와 같은 식으로 선교 동기를 세분하는 것이 불가능할지도 모른다. 그렇지만, 마이클 그린의 분석은 바울의 선교를 이해하는 데 많이 도움이 되므로 살펴볼 것이며 단 순서를 바꿔서 한다.

1) 관심

바울이 이교주의를 평한 것을 보면서 그가 당시의 유대교의 관점과 같이하고 있음을 인식하는 것이 중요하다. 이러한 평가는 단연코 부정적인데 유대인들이 이방인들의 도덕성을 낮게 보았고 고린도전서 5:10과 6:9-11, 다른 여러 곳에서 이들의 악의 목록들이 적혀있는 것을 보아서 알 수 있다(Green 1970:249; Bussmann 1971:120; Zeller 1982:167; Meeks 1983:94; Malherbe 1987:95).[6]

바울은 무엇보다도 비난받아 마땅한 것이 우상숭배라고 말한다. 우상은 부패한 인간의 마음에서 나온 구조물이며(롬 1:23, 25) 인간이 만든 것이지만 사람들을 조정한다. 곧 사람들은 "말 못하는 우상에게로 끄는 그대로 끌려" 가고(고전 12:2) "본질상 하나님이 아닌 자들에게 종 노릇"하고 "약하고 천박한 초등학문으로 돌아가서 다시 그들에게 종 노릇하려"(갈 4:9) 한다. 그러므로 사람들이 우상에게 속박되는 것은 무지 때문이 아니라(스토아 학파가 주장하듯이) 고의성 때문이다.

사실 "우상"은 우상숭배에만 한정되지 않고 잘못된 것들에 충성하는 것을 뜻하는 넓은 개념이다(Bussmann 1971:38-56; Senior and Stuhlmueller 1983:186; Hultgren 1985:139; Grant 1986:46-49; Malherbe 1987:31).

바울은 자신의 유대교 배경에 완전히 상응하여 그리스 로마 세계에 만연했던 우상숭배에 맞서는데, 한 하나님이라는 배타적인 충성을 요구하는, 타협 없는 메

---

[6] 그러나 바울의 경우 *ehne*라는 단어가 우리 시대에서 "이교도들"이라는 용어같이 부정적인 어감을 가지고 있지 않다는 점을 우리는 기억해야 한다. 바울은 *ethne*를 주로 "비유대인"이라는 의미로 사용하며 따라서 비유대 기독교인들에게도 역시 적용한다. 이러한 이유 때문에 *ethne*의 번역으로 "이방인들"이 선호되어야 한다(Kertelge 1987:371).

시지를 선포한다.[7] 우상들과는 완전히 다르게 하나님을 "살아 계시고 참된" 분으로 묘사한다(살전 1:9). 우리는 단순히 하나님의 기적적인 창조와 현 세계의 통치, 그의 선지자들을 통한 지속적인 계시를 통해서 추론하는 것이 아니라 무엇보다도 하나님이 자신을 그의 아들을 통하여 우리에게 보이셨기 때문에 아는 것이다(Bussmann 1971:75-80; Senior and Stuhlmueller 1983:186; Grant 1986:47).

이것이 바로 바울의 관심이 드러나는 부분이다. 그는 그리스도 밖에 있는 인간을 영벌에 떨어지는 전적으로 잃은 자로 보며 구원이 정말로 필요한 자로 본다(고전 1:18; 고후 2:15). "진리를 좇지 않는 자"(롬 2:8)들에 대한 임박한 심판이라는 주제는 바울에게서 반복되어 나타난다. 바로 이러한 이유 때문에 그는 마음을 놓지 않는다. 그는 "장래의 노하심"(살전 1:10)으로부터 구하기 위해 최대한 많은 사람들에게 선포해야 한다. 그는 그리스도의 대사이다.

하나님은 바울과 바울의 동역자들을 통해 잃어버린자들에게 호소하신다.

> 그리스도를 대신하여 간청하노니 너희는 하나님과 화목하라!(고후 5:20; Lippert 1968:148; Zeller 1982:167; 185; Meeks 1983:95; Senoir and Stuhlmueller 1983:186; Hahn 1984:275; Boring 1986:277; Malherbe 1987:32).

그러나 바울 설교의 주된 관심은 "장래의 노하심"이 아니다(Legrand 1988:163). 바울은 이에 대하여 상세한 설명을 결코 하지 않는다. 오히려 하나님의 진노는 그리스도를 통한 구원과 하나님의 임박한 승리라는 긍정적인 메시지를 싸고 있는 어두운 포장지이다. 그의 복음은 고의로 죄를 범하고 변명의 여지가 없이 하

---

[7] 바울은 모든 사람들이 하나님을 알 수 있는 타고난 능력이 있으며 이것은 이성을 통해 발전되어야 한다는 스토아 철학의 관점을 수용하지 않는다(Malherbe 1987:31-33). 헬라 사회의 상류층들(대부분의 "하나님을 경외하는 자들" 역시 이 계층에 속했다)은 "일신주의자"인 경향이 있었으나 혼합주의와 충돌한 일신주의가 아니었는데 "일신주의자"도 다른 신들의 제사에 참여할 수 있었다. 계몽된 이 방인에게 배타적인 충성을 요구하는 "질투하는" 하나님이라는 개념은 부조리한 개념이었다(헬라어 moria, "어리석은"-고전 1:23). 이 전체 문제에 대하여 다음을 참조하라. Dahl 1977b:178-191; Walter 1979:422-442; Grant 1986:45-53.

나님의 심판을 받아야 마땅하나 하나님의 친절하심으로 인해 회개의 기회를 부여받은 사람들에게 주어지는 좋은 소식이다(롬 1:20, 23, 25; 2:1, 5-10; Malherbe 1987:32).[8] 바울은 그의 서신에서 듣는 자들이 참으로 긍정적으로 응답하여 "우상을 버리고 하나님께로 돌아와서 살아 계시고 참되신 하나님을 섬긴다"고 말한다(살전 1:9).

"회심은 회심자들을 죽음과 비실재의 영역으로부터 하나님의 생명과 실재의 영역으로 옮겼다"(Grant 1986:46).

이것은 철학자들이 말하는 것보다 훨씬 더 근본적인 변화를 가리킨다. 바울에게 있어서 "목표는 사람의 타고난 잠재력을 성취하는 것이 아니라 신자 안에 그리스도의 형상을 이루는 것이다"(Malherbe 1987:33; 갈 4:19; 롬 8:29).

데살로니가전서 1:9의 "우상을 버리고 하나님께로 돌아와서"라는 표현은 유대인 디아스포라로부터 유래하는 말인데, "곧 바로 뚜렷이 기독교적인 내용과 종말론적인 의미로 강화된다.

"죽은 자들 가운데서 다시 살리신 그의 아들이 하늘로부터 강림하실 것을 너희가 어떻게 기다리는지를 말하니 이는 장래의 노하심에서 우리를 건지시는 예수시니라"(Meeks 1983:95).

바울에게 구원은 예수 그리스도의 유일하신 하나님 아버지와의 만남을 통하여 자격이 없는 자가 받는 해방의 경험이다(Walter 1979:430). 이에 대하여 바울이 사용한 다른 표현들이다.

① 양자 될 것
② 우리 몸의 구속

---

[8] 바울의 서신들로부터 우리는 그가 이방인 청중들에게 설교한 실제 설교에 대하여 거의 추론하지 못한다. 그러나 방금 언급한 요소들이 열정적으로 전했을 그의 설교들에 규칙적으로 나타났었을 것이다. 그것들의 특징은 알려주는 것이기보다는 죄를 지적하는 것이었을 것이다(Malherbe 1987:32). 바울의 선교 설교들의 형태와 내용에 대해서는 다음을 참조하라. Haas 1971:94-98; Senior and Stuhlmueller 1983:185-187; Malherbe 1987:28-33; 그리고 특히 Bussmann 1971).

③ 자유를 주심
④ 장래의 노하심에서 건지심
⑤ 하나님을 아는 것
⑥ 의롭다 하심을 얻음

따라서 바울 선교의 목적은 사람들을 그리스도 안에서 있는 구원으로 이끄는 것이다. 그러나 이와 같은 인류학적 관점은 그의 사역의 궁극적인 목표가 아니다. 그의 사역을 통하여 그는 다가올 하나님의 영광과 온 우주가 하나님을 찬양할 날을 위해 세상을 준비시키는 것이다(Zeller 1982:186; Beker 1984:57).

2) 책임감

로마제국 이방인들에 대한 바울의 관심은 그들에게 복음 전해야 한다는 의무감의 깊은 인식에서 나타난다. 이것은 그에게 부과된 짐, "부득불 할 일"(헬라어 *anangke*)이다.

> 만일 복음을 전하지 아니하면 내게 화가 있을 것이로다!(고전 9:16)

로마인들에게 보낸 서신에서 바울은 *opheilema*(빚)와 *opheiletes*(빚진 자)라는 말을 자주 사용한다. 로마서 1:14 "헬라인이나 야만인이나 지혜 있는 자나 어리석은 자에게 다 내가 빚진 자(헬라어 *opheiletes eimi*)라"가 특히 관련이 있다. 폴 미니어(Paul Minear 1961:42-44)가 지적하듯 난해한 부분이다. 빚 의식이다.

① 한 사람으로부터 다른 사람에게 주어지는 선물
② 선물과 선물을 준 사람 모두를 인식하는 감사함을 전제

그러나 바울은 "채권자들"을 알지 못하고 이들로부터 받은 것이 없다. 따라서

일반적으로 사용되는 "빚"이라는 표현이 여기서는 맞지 않는다. 그러나 바울은 그리스도에게 빚을 졌다. 그리고 이 빚은 그리스도가 구원하고자 하는 사람들에게 대한 빚으로 전환된다. 죽으신 그리스도에 대한 의무는 그가 위하여 죽은 사람들에 대한 의무를 낳는다. 그리스도를 믿는 신앙은 상호적 채무를 생성하는데 신자들은 그리스도에게 빚진 만큼 불신자들에게 빚을 깊이 지고 있다는 것이다.

하지만 이것은 채권자들이 채무자들에게 기부금을 줌으로써가 아니라 오직 전적으로 그리스도 안에서의 하나님의 선물에 의존한다. 이러한 이유 때문에 "상"이라는 개념이 들어올 여지가 없는데, 왜냐하면 바울이 뭔가를 얻기 위해서 선교에 참여하는 것이 되기 때문이다(고전 9:16).

고린도후서에서 바울은 "빚"이라는 말을 달리 표현한다.

> 우리는 주의 두려우심을 알므로 사람들을 권면하거니와(고후 5:11).

이에 대한 그린(Green)의 해석은 옳은데 "이것은…약자의 비겁한 두려움이 아니라 자신이 사랑하는 주인을 실망시킬까봐 두려워하는 친구와 믿음직스런 종이 가지는 사랑의 두려움이다"라고 했다(1970:245). 바울이 "내가 남에게 전파한 후에 자신이 도리어 버림을 당할까"(고전 9:27) 두려워 한 이유역시 여기서 발견된다.

이러한 언급들은 모두 그리스도에 대한 빚과 바울이 보냄을 받은 사람들에 대한 빚 모두를 강조한다. 후자의 요소는 고린도전서의 유명한 본문에서 더 확연하다.

> 내가 모든 사람에게서 자유로우나 스스로 모든 사람에게 종이 된 것은 더 많은 사람을 얻고자 함이라 유대인들에게 내가 유대인과 같이 된 것은 유대인들을 얻고자 함이요 율법 아래에 있는 자들에게는 내가 율법 아래에 있지 아니하나 율법 아래에 있는 자 같이 된 것은 율법 아래에 있는 자들을 얻고자 함이요 율법 없는 자에게는 내가 하나님께는 율법

없는 자가 아니요 도리어 그리스도의 율법 아래에 있는 자이나 율법 없는 자와 같이 된 것은 율법 없는 자들을 얻고자 함이라 약한 자들에게 내가 약한 자와 같이 된 것은 약한 자들을 얻고자 함이요 내가 여러 사람에게 여러 모습이 된 것은 아무쪼록 몇 사람이라도 구원하고자 함이니 내가 복음을 위하여 모든 것을 행함은 복음에 참여하고자 함이라 (고전 9:19-23).

이 구절들은 바울의 선교 방법보다 책임감을 더 말해 주고 있다. 이 구절들은 바울의 복음 전파 방법이 "유연성, 감수성, 공감성"을 띠고 있다는 것과(Beker 1984:58) 선교는 유대인들의 헬라화나 헬라인의 유대화가 아님을 분명히 보여주고 있다(Steiger 1980:46; Stegemann 1984:301). 그러나 전체 문맥에서 이것은 바울이 말하는 바의 주변적 성격이다. 바울은 초문화 선교 적응을 위한 지침을 제공하는 것이 아니다(Bieder 1965:32-35).

마지막 문장은 "이 본문이 단순한 적응 기술이나 성공적 선교 방법과 관계가 거의 없다"는 것을 보여준다(Bornkamm 1966:197). 바울은 여기서 두 가지를 분명히 말하고 있다. 예수 그리스도의 복음은 아무런 구별 없이 모든 사람을 위한 것이며 바울은 최대한 많은 사람들을 "얻고자" 하는 불가피한 의무 아래 있다.[9]

정확히 이 이유 때문에 바울은 불필요한 걸림돌을 회심하려는 사람들이나 "약한" 신자들 앞에 두어서는 안된다고 주장한다. 예를 들면, 고린도전서 8-10장에서 우상들에게 바쳐진 음식을 먹는 문제에 대하여 논한다(Meeks 1983:69, 97-100, 105). 다른 배경을 가진 그리스도인들이 서로 복사본이 될 필요가 없는 것이다.

여기서 "외인들"에 대하여 신자들이 가져야 할 태도와 행동을 바울이 언급한

---

9 *kerdaino*는 "선교 전문 용어"이다(van Swigchem 1955:141-143; Bieder 1965:34; Sanders 1983:177). 이 용어의 유대적인 배경과 개종 용어로서(또한 죄인들을 신앙으로 돌아오도록 부른다는 의미에서)의 의미를 파악하려면 『신약성경과 랍비적 유대교』(*The New Testament and Rabbinic Judaism*, New York: Arno Press, 1973[1956년 판의 재판], pp.352-361)에 수록된 데이비드 도베(David Daube)의 "선교 용어"(A Missionary Term)를 보라.

것을 주목할 필요가 있는데, 바울 자신과 다른 그리스도인들의 책임에 대한 바울의 이해를 파악하는 데 도움을 주기 때문이다.

첫째, 바울은 독자들에게 그들이 특별한 종류의 공동체임을 상기시킨다. 믹스(Meeks)는 바울 서신 안의 그리스도인들의 자기이해와 관련하여 몇 가지 특징들을 주목했다(1983:84-96; van Swigchem 1955:40-57). 이 특징들은 경계가 있는 공동체를 이루게 하는데, 이에 대하여 바울은 "소속의 언어"(집단의 내적인 응집과 결속을 강조)와 "분리의 언어"(소속되지 않은 사람들과 구분함)를 사용하여 표현한다. 그들은 모범적으로 행동해야 하는데, "성도," 하나님의 "택함받은 자들," "부름 받은 자들," "하나님이 아는 자들"이기 때문이다. 단지 하나님의 자녀라는 특별한 신분 때문에 그들의 행동이 달라야 한다는 것을 뜻한다.

둘째, 바울은 외부인들에 대한 증거를 위해 모범적인 행위가 필요하다고 자주 언급한다. 물론, 바울은 기독교 공동체의 일원이 아닌 사람들을 부정적으로 묘사하곤 한다. 나는 바울이러한 표현을 한 사례들을 이미 소개하였다. "불의한 자들," "불신자들," "악을 행하는 자들"이라고도 하였다. 그러나 불신자들을 가리켜 "대적자들"이나 "죄인들"과 같은 전형적인 표현이 사용되지 않았다.

벤 스위그켐(van Swigchem)이 말하듯이 바울 서신에서 특정한 용어가 단지 두 가지만 사용되었는데 "호이 로이포이"(*hoi loipoi*, 다른 사람들)과 "호이 엑소"(*hoi exo*, 외부인들)이다. 이 두 용어는 바울이 때때로 사용하는 감정이 섞인 다른 표현들보다 온화하며(1955:57-59, 72)[10] 확실히 정죄가 없다.

바울은 오히려 신자라고 고백하는 사람들을 비판한다.

> 밖에 있는 사람들을 판단하는 것이야 내게 무슨 상관이 있으리요마는 교회 안에 있는 사람들이야 너희가 판단하지 아니하랴 밖에 있는 사람

---

10 벤 스위그쳄(Vand Seigchem)은 바울이 고린도전서에서 몇 차례 사용하는 용어인 *idiotai*("배우지 못한 자들" 혹은 "무지한 자들"; RSV 영어성경은 "외인들"이라고 번역한다)가 외부인(헬라어 *hoi exo*처럼)을 가리키는 것이 아니라 모임에 규칙적으로 참석하지만 기독교 신앙을 수용하는 마지막 단계를 취하지는 않은 탐구자들을 가리킨다고 제안한다(1955:189-192).

들은 하나님이 심판하시려니와(고전 5:12).

여기서 바울의 강조는 "외부인들"과의 관계 속에서 "내부인들"이 해야 할 행위에 있고 또한 "외부인들"을 위한 "내부인들"의 행위에 있다. 그리스도인들은 자신들의 무책임하고 무질서한 생활로 인해 외부인들과의 관계를 위태롭게 해서는 안된다. 그리스도인들은 "외부인들로부터 존경을 불러 일으키는"(살전 4:12) 방식의 삶을 살아야 한다.

바울은 "잠잠히 살라"고 권면하는데(살전 4:11) 스토아 학파처럼 자신을 위해 명상 속으로 물러나 있거나, 에피쿠르스 학파처럼 사회를 경멸하고 회피하는 것이 아니라 잠잠히 삶으로써 사회의 인정을 받으라고 말하는 것이다(Malherbe 1987:96-99, 105; Meeks 1983:106). 더불어 그리스도인들은 모든 사람들을 사랑해야 한다(살전 3:12).

리퍼트(Lippert)는 이 사랑이 어떻게 나타나야 하는지를 명확하게 설명하는데, 그리스도인들이 다른 사람들을 판단하려는 모든 욕망을 버려야 하며, 그리스도인들의 행동은 일반 사회의 모범이 되어야 한다는 것이다. 다른 사람들을 섬길 준비가 되어 있어야 하고 다른 사람들을 용서해야 하고 그들을 위해 기도하고 축복해야 한다는 것이다(1968:153; Malherbe 1987:95-107).

그러나 외부인들의 존경과 감탄을 얻는 것으로 충분치 않다. 그리스도인들의 생활양식은 모범적일 뿐 아니라 마음을 끌어야 한다. 외부인의 마음을 끌어서 공동체로 초대해야 한다. 달리 말하자면, 신자들은 선교적인 삶의 양식을 실천해야 한다. 기독교 공동체가 배타적이고 분명한 경계선이 있는 것은 사실이다(Meeks 1983:84-105). 그러나 "문이 있는 경계선"이다(:105).

믹스(Meeks)는 구원을 독점하고 있다고 주장하는 분파들은 외부인들과의 자유로운 교류를 환영하지 않는다고 지적한다. 좋은 예가 쿰란의 엣세네(the Essene) 공동체이다. 그러나 바울의 교회들은 분명히 다르다. 이 교회들은 외부인들 속에서 잠재적 내부인을 보는 선교적 동력이 있었다(:105-107). 그들의 "모범적인 현존"(Lippert 1968:164)은 외부인들을 교회로 끄는 강력한 자석이다.

다른 한편, 바울의 그리스도인들의 선교적 차원의 행위는 명시적이기보다는 암시적이다. 한스 워너 겐시첸(Hans Werner Gensichen)의 말을 빌자면 그들은 선교화(missionizing, missonierend)하기보다는 선교사적(missionary, missionarisch)이다.

바울 서신에서 교회의 직접적인 선교사 활동을 언급하는 경우는 드물다(Lippert 1968:127, 175).[11] 그러나 이것을 결점으로 보아서는 안된다. 오히려 바울의 전체 주장은 작은 기독교 공동체의 매력적인 생활양식이 교회의 선교 사역에 신뢰성을 부여해 준다는 것이다. "평범한" 그리스도인들의 주된 책임은 나가서 설교하는 것이 아니라 자신들의 호소력 있는 행동들을 통하여 그리고 "외부인들"로 하여금 환영받는다고 느끼게 함으로써 선교 사역을 지원하는 것이다.

3) 감사의 마음

이제 우리는 바울의 선교 동기의 가장 깊은 차원에 도달한다. 바울은 예수 그리스도를 통하여 막대한 하나님의 사랑을 경험했기 때문에 땅끝까지 간다. 갈라디아인들에게는 "나를 사랑하사 나를 위하여 자기 자신을 버리신 하나님의 아들을 믿는 믿음 안에서 사는 것이라"(갈 2:20)라고 말하며 로마인들에게는 "하나님의 사랑이 우리 마음에 부은바 됨이니"(롬 5:5)라고 말한다.

하나님의 사랑이라는 바울의 선교 동기가 전형적으로 나타나는 곳은 고린도후서 5장이다. 11절은 "우리는 주의 두려우심을 알므로 사람들을 권면하거니와(고후 5:11)라고 하고 있다. 앞에서 언급했듯이 "두려움"이라는 말은 바울이 사랑하는 주인을 실망시키지 않겠다는 소원을 뜻한다(Green 1970:245). 14절에서 11절의 긍정적 측면을 기술하는데 "그리스도의 사랑이 우리를 강권 하시는도다"라고 하고 있다.

바울이 모든 사람들에게 복음을 전하는 가장 근본적인 이유는 단지 잃은 자들에 대한 그의 관심이나 의무감에 그치지 않고 오히려 특권 의식이다. 그리스도

---

[11] 그러나 베드로전서에서는 그렇지 않다. 벤 스위그쳄(1955)은 바울 서신과 베드로 서신에 근거하여 교회의 선교적 성격을 연구한 결과 흥미롭게도 대부분의 분명한 "선교적" 언급들이 바울의 서신들이 아니라 아주 짧은 베드로전서에 나온다는 점을 발견했다(Lippert 1968).

로 말미암아 "우리가 은혜와 사도의 직분을 받아 그의 이름을 위하여 모든 이방인 중에서 믿어 순종하게 하나니"라고 바울은 말한다(롬 1:5). 또한 로마서 15:15에서 "그러나 내가 너희로 다시 생각나게 하려고 하나님께서 내게 주신 은혜로 말미암아 더욱 담대히 대략 너희에게 썼노니 이 은혜는 곧 나로 이방인을 위하여 그리스도 예수의 일꾼이 되어"라고 하고 있다.

특권, 은혜, 감사("카리스"[*charis*]는 신약성경의 헬라어로서 이 세 가지 모두를 가리켜 사용된다). 이것들이 바울이 자신의 선교 사역을 가리킬 때 쓴 뜻이다. 로마인들에게 쓴 서신에서 바울은 "은혜," "감사," "의무" 사이에서 긴밀한 관계를 설정한다. 바울의 빚 의식은 즉시 감사 의식으로 번역된다. 그가 느끼는 빚이나 의무는 짐을 가리키지 않는다. 오히려 빚 의식은 감사드림과 동의어이다.

바울이 감사하는 방식은 유대인과 이방인을 위한 선교사가 되는 것이다(Minear 1961:여러 곳에). 그는 끔찍한 죄의 빚을 다른 빚으로 바꾸었는데, 곧 감사의 빚이며 이것은 선교 속에서 표현된다(Kähler[1899] 1971:457).

바울은 때로 자신과 다른 동료 신자들의 "감사의 빚"을 표현하기 위해 제의적인 언어를 사용한다. 로마서 15:16에서 자신을 이방인을 위한 "일꾼"(헬라어 *leitourgos*, "minister")으로 자신의 선교 사역을 "제사장 직무"(헬라어 *leitourgein*)로 표현한다(Schlier 1971:여러 곳에). 빌립보서 2:17에서 이것을 "헌주"(헬라어 *thysia*)와 "제물"(헬라어 *leitourgia*)로 일컫는다. 예루살렘으로 이끌고 가는 이방인 회심자들과 예루살렘의 가난한 신자들을 위한 연보를 합하여 "제물"(헬라어 *prosphora*, 롬 15:16)이라고 부른다.

또한 독자들에게 하나님께 자신의 몸을 "거룩한 산 제물"로 드리라고 호소하는데, 이것이 그들의 "영적 예배"라고 한다. 그리고 에바브로디도를 통해 빌립보 성도들이 자신에게 보내준 연보를 가리켜 "향기로운 제물"(빌 4:18)이라고 말한다.

이러한 모든 표현들 속에는 바울과 그의 공동체가 그리스도를 통해 하나님으로부터 받은 사랑 때문에 사랑에서 우러나와 드리는 제물이자 예물이라는 생각이 들어 있다. 신비종교의 희생 제의적 용어를 은유적으로 변화시켜 신자들의 일상생활에 적용한 것이다(Beker 1980:320; Schiler 1971; Walter 1979:436-441).

새신자들은 바울이 제의가 없는 예배를 주장하여 당혹해 했을 것이다. 바울은 하나님 자신이 모든 제의를 옛 것으로 규정했다고 그들에게 확언한다. 오히려 그리스도인들은 "라트레이아"(헬라어 *latreia*)라는 양식을 가지고 있다. 그것은 다른 사람들의 구원을 위한 그들의 모범적인 행위로서 매일 매일의 삶 속에서 드려지는 "하나님이 기뻐하시는 거룩한 산 제물"(롬 12:1)이자 "영적 예배"(롬 12:2)이다. 이것이 모든 제의적 관습을 대치한다.

또한 바울은 "힐라스케스타이"(*hilaskesthai*, "달래다"나 "속죄하다"라는 표현을 쓰지 않는데, 신약성경에서 히 2:17에서 단 한 번 나온다). 바울은 "카탈라스세인"(*katallassein*, 화목하다)와 "카탈라게"(*katallage*, 화목)라는 용어를 선호한다. 그런데, 바울은 이방인들이나 유대인들이 용어를 사용한 방식을 뒤엎는다.[12] 사람들이 하나님에게 지은 죄로 인해 하나님을 달래려는 것이 아니다. 오히려 하나님 자신이 "자신의 원수인 우리들과 화목되기를 간청하며 사람들과 동반자가 되기 위해 자신을 낮추고 숙이신다"(Walter 1979:441). 이것이 바로 바울과 그의 공동체가 경험하는 한량없는 사랑이다.

이 사랑에 깊은 "감사의 빚"으로 반응할 수밖에 없지 않겠는가?

5. 선교와 하나님의 승리

1) 묵시적인 바울

바울 선교신학의 독특한 특성들을 파악하려면 그의 선교전략 혹은 선교 동기

---

12 헬라 문학에서 *katallassein*은 완전히 세속적인 용어로서 외교 분야에서 사용되었으며 보통 "적대감을 우정으로 바꾸는 것"을 뜻했다. 바울에게 와서야 신학적으로 사용된다. 그러나 바울과 바울에 의존하는 신약성경의 저자들은 그리스도의 대속적인 죽음을 통해서 하나님이 유대인들과 이방인들을 자신에게로 화해시킨다는 의미에서 사용한다(Breytenbach 1986:3-6, 19-22 참조) 이 논문에 더하여 브레이텐바흐(Breytenbach)는 *Katallage: Eine Studie zur paulinischen Soteriologie* (Neukirchen-Vluyn: Neukirchener Verlag, 1986)라는 논문에서 이 주제를 상세하게 다루었다.

라는 관점 그 이상을 보아야 한다. 바울의 사상 세계가 아주 복합적이기 때문에 이것은 모험적인 작업이다. 따라서 한 가지 요소만을 바울신학의 근본적인 주제라고 말할 수 없다. 오히려 상호연관이 되어 있는 여러 중요한 주제들이 있다.

바울의 선교 이해에 대한 주제들을 일부 언급하자면 율법에 대한, 이신칭의에 대한, 유대인 선교와 이방인 선교의 상호 의존성에 대한, 현 시점에서 이방인 선교의 절대적 우선성에 대한, 복음의 보편적이고 우주적인 중요성에 대한, 논란의 여지가 없는 그리스도의 중심성에 대한, 그리스도의 죽음과 부활의 의미에 대한, 하나님의 다가올 승리를 준비하는 바울 선교의 타당성에 대한 바울의 해석이다.

그러나 제일 마지막에 언급한 주제부터 다루려 하는데 다른 주제들이 전체적으로 이미 전제된다는 조건에서이다.

지난 10년 혹은 20년 동안의 바울 연구에서 있어서 중요한 발전은 바울의 신학에 대한 전통적인 가정들의 다수가 오류가 있거나 적어도 불완전하다는 점을 보여준 것에 있다. 1970년대 중반 이래로 중요한 바울 연구로서 샌더스(Sanders 1977, 1983), 베커(Beker 1980, 1984), 라이사넨(Räisänen, 1983)이 있다.

학자들은 바울이 자신의 과거 유대전통에 반대했을 뿐만 아니라 과거와의 연속성 속에서 이해되어야 한다는 데 동의하는 경향을 보이고 있다. 이것은 바울의 종말론적 확신 뿐 아니라 율법과 이스라엘에 대한 하나님의 약속들의 계속적인 타당성에 대하여서도 그렇다.

1959년에 발표한 논문에서 윌켄스(Wilkens)는 회심 전의 바울(또는 사울)을 전형적인 정통 랍비적인 바리새인으로 간주해서는 안된다고 지적했다. 오히려 바리새인으로서의 사울은 다니엘서 이후 내려오는 유대 묵시적 전통 속에 있는데 이 전통은 그리스도인인 바울의 신학에 결정적인 영향을 주었다는 것이다. 이 점을 충분히 이해해야만 바울을 제대로 이해할 수 있다(Wilkens 1959:여러 곳에, Sanders 1977:479).

에른스트 케제만(Ernest Käsemann) 역시 1960년 이래로 바울을 묵시적 맥락에서 이해할 것을 주장했다(1969a, 1969b, 1969c, 1969e). 보다 최근으로는 베커(Beker 1980, 1984)가 본래의 "묵시적인 바울"을 복원하기 위해 진력했다. 묵시를 랍비적인 유대교의 주류에 용해시키려는 샌더스(1977:423; 1983:5, 12, 각주 13)와는 대조적으로 베커는 유대 전쟁 이전 유대교의 묵시적인 분위기와 전쟁 후의 반묵시적인 반응을 구별한다.

잠니아 회의 이후 시기의 고전적 유대교는 메시야적 성찰로 인해 예루살렘과 성전의 파괴를 묵시의 탓으로 돌렸다. A.D. 90년 잠니아 회의 이래 랍비적인 히브리 경전은 묵시를 혐오했기 때문에 외경과 묵시적인 위경 모두를 제외시켰다(Beker 1980:345, 359). 그러나 바울은 전쟁 이전의 유대교에 속하며 이러한 배경에 비추어 읽혀지고 이해되어야 한다.

그러므로 유대 묵시의 많은 주제들이 바울에게서 보인다는 것은 별로 놀랄 일이 아니다. 이것들은 "변호," "보편주의," "이원론," "임박성"이라는 네 가지 기본 주제를 포함한다(Beker 1984:30-54). 이것들은 모두 유대 묵시에서 나타나는 율법에 관한 독특한 이해와 관련이 있다(Wilckens 1959).

바울이 유대 묵시와 연속성을 가짐에도 불구하고 그가 상당한 수정을 했다는 점을 살펴보기 전에 A.D. 70년 이후의 유대교가 묵시적 유산에 등을 돌리고 또한 "주류" 기독교가 오랜 동안 "묵시적인" 바울을 거부해 온 것을 주목할 필요가 있다. 기독교의 해석에 따르면 유대 전쟁 이후의 고전적인 랍비 유대교에 바울이 반발했다는 것이다.

묵시는 현재가 공허하고 모든 구원은 미래에 있을 뿐이라는 가정을 그 특징을 한다. 사람들이 현재 겪는 절망과 좌절은 미래의 완전한 구속을 갈망하게 하는데 그 구속은 임박하면서도 계산이 가능하다.

2세기 후반과 3세기 초의 이단인 몬타누스주의는 가장 초기의 기독교 묵시 운동들 중의 하나로서 중세와 종교개혁기 및 이후에 번성했던 많은 천년왕국 분파들과 유사했다. 할 린제이(Hal Lindsey, 『사망한 행성 지구와 1980년대: 아마겟돈 초읽기』(The Late Planet Earth and The 1980's: Countdown to Amageddon)의 저술들에서 드러나듯이 현시대의 문화적 분위기는 이러한 운동들을 부추기는 것 같다.

그러나 베커가 잘 지적한 것처럼 그러한 운동들은 기독교 신앙의 핵심에서 벗어나 있다. 베커는 린제이의 몬타누스주의 개정판이 복음을 왜곡한 몇 가지 중요한 점들을 지적한다. 린제이의 미래 묘사는 극도로 결정론적이다. 그의 묵시는 기독론적 초점이 전혀 없다. 미래에 대한 그의 희망은 극히 자기중심적이다. 그가 인용하는 성경 자료들은 역사적 맥락과 동떨어져 있고 십자가의 신학이 부재하다.

2) 기독교회와 묵시

위의 논의에 비추어 볼 때 기독교회가 지난 여러 세기 동안 묵시적 표명에 대하여 보통 부정적으로 반응했다는 것은 놀랄 일이 아니다. 기존 교회에 의해 침묵당하거나 무효화되었는데,[13] 그 결과 미래 종말론은 주류 기독교에서 밀려나 이단 진영으로 넘어갔다. 묵시주의자들은 적어도 미래 어느 순간에 근본적인 재질서가 이루어진다는 확신을 유지했지만 교회의 주류는 곧 플라톤 사상의 마력에 끌렸다. 이러한 성향은 여러 가지로 나타났는데 특히 오리겐과 어거스틴의 영향에서였다. 그리스도의 부활은 완결된 사건으로 이해되었고 신자들의 미래 부활의 희망과 단절되었다. 그리스도 사건 이후의 기독교 역사는 그리스도 안에서의 하나님의 단일회적인 행위로부터 전개되었을 뿐이었다.

"새 하늘과 새 땅"에 대한 기대는 영적으로 이해되었다. 강조는 죽은 자의 미래적 부활이 아니라 개개 신자들의 영적 순례와 포스트모던적인 사후 세계에 두어졌다. 교회는 점점 더 하나님 나라와 동일시가 되었고 성례의 제공자가 되었으며 성례를 통해 영혼들이 구원을 얻는 장소가 되었다"(Beker 1980:303; 1984:73, 108; Lampe 1957:여러 곳에).

현대신학자들은 초기 기독교에서 제시된 해결책들에 대하여 자신들의 견해를 내놓았다. 가령 19세기 자유주의 신학은 바울의 미래 종말론적 기대를 장식물과 같은 표피로 간주하고 즉시 제거했다(Beker 1984:61). 또한 개신교, 특별히 루터교에서는 다른 모든 주제들을 배제하고 "바울의 율법과 은혜 이해, 즉 그의 칭의의 메시지"를 바울의 기본적 주제로 선언하면서 미래에 대한 기대를 도외시하는 경

---

[13] 이 점에서 베커는 구약성경으로부터 뿐 아니라 신약성경으로부터 묵시문학의 배제, 에베소 공회에서 천년왕국 묵시에 대한 반대(A.D. 432), 종교개혁자들의 묵시에 대한 정죄(예를들면, "아우구스부르그 신앙고백"에서)를 언급한다(Beker 1984:61).

향이 있었다(Bornkamm 1966:201).[14]

불트만이 신약성경, 특히 종말론을 비신화하고 실존주의 해석으로 대치하고 "영원한 미래"에서 오는 "한 분 하나님"에 대한 희망으로 제한한 것은 이신칭의를 변형시킨 것이고 재림의 지연을 설명하려는 시도이며 결국 바울의 미래 지향성을 도외시한 것이다(Beker 1980:17, 355).

C.H. 다드(Dodd)를 위시한 "실현된 종말론"도 유사한 결과를 낳았는데 이 세상의 역사가 결코 끝나지 않고 계속되는 것에 대하여 당혹해 하며 신학자들은 바울이 "실제로 무엇을 뜻했는가"라는 질문을 탐구한 것이다. 다드는 바울이 초기의 서신에서는 묵시주의자였지만 골로새서와 에베소서에 가면 보다 성숙한 "실현된 종말론"을 수용하는 쪽으로 진행했다고 보았다. 다드는 바울이 묵시를 교회론으로 대치한 것이라고 제안했다(Beker 1980:303, 361; 1984:49, 86).

하나님 나라를 위한 결정적인 전투(D-Day)에서 이미 승리를 거두었지만 승리의 비준(V-Day)은 여전히 멀리 있다는 구원사적 관점에서 바울과 신약성경을 조명한 오스카 쿨만(Oscar Cullman)의 견해는 불트만이나 다드와 같은 학자들에 대하여 진정한 대안을 제시한 듯이 보인다. 그러나 쿨만이 그리스도를 "중심점"(midpoint)으로서 강조한 것은 기독교 신학의 중심으로서의 그리스도의 사건이 하나님의 다가오는 영광을 대치한 것이고 쿨만의 말대로 종말론을 퇴위시켰음을 뜻한다(Beker 1980:355).

---

14 이 문제에 대하여 스텐달(Stendahl)이 본캄(Bornkamm)과 케제만(Käsemann)과 벌인 논쟁, 이신칭의를 바울의 핵심으로 선언하는 것은 바울의 주장의 역사적 성격을 놓치고 바울을 어거스틴과 루터의 눈으로 읽는 것이라는 그의 주장을 또한 참조하라(Stendahl 1976:127-133; Beker 1980:17 참조). 크래머(Kraemer 1961:198)는 루터파 선교신학자인 월터 홀스텐(Walter Holsten)이 이신칭의 교리가 성경적 신학과 바울의 신학의 모두라고 선언한 것에 대하여 마찬가지로 비판한다. 크래머는 이것을 가리켜 "획일적인 신학"이라고 하면서 사도적 케리그마가 하나의 플르우트(flute)가 아니라 전체 오케스트라라는 사실을 간과하고 있다고 지적한다(:199). 분명히 이신칭의는 바울의 근본적인 주제이지만(오늘날 개신교와 가톨릭에서 모두 인정한다-Pfürtner 1984:168-192 참조) 바울의 최우선적 주제라고 말하는 것과는 다르다. 베커(Beker 1984:56)가 "하나님의 의, 칭의, 구속 화해와 같은 핵심 용어들은 서로 간에 한 용어에 다른 모든 용어들이 종속되는 듯이 간주해서는 안된다"고 말한 것은 타당하다. 또한 Beker 1988을 참조하라.

베커(Beker)는 많이 비난받았던 "묵시"라는 용어를 다시 사용할 것을 제안하는데, "종말론"이라는 용어가 "궁극적"이라는 해석학적 용어로 쓰이거나 "다양한 의미로 쓰여서 혼란을 주기 때문"이라는 것이다. 대조적으로 "묵시"는 바울 복음의 미래적, 일시적인 성격을 분명히 하며 우주적, 보편적이며 최종적인 종말의 사건을 나타낸다(1980:361; 1984:14). 바로 이러한 이유 때문에 베커는 "묵시"라는 용어를 유효한 신학 개념으로 재천명해야 하며, 그 용어에 악명을 안겨 준 집단들로부터 되찾아 와야 한다[15]고 주장한다.

3) 묵시의 새 중력 중심

위에서 언급한 바와 같이 고대이든 현대이든 묵시의 기본적인 오류 중의 하나는 그리스도의 중심성을 미약하게 한다는 사실이다. 바울의 묵시가 완전히 다른 경로인 것은 바로 이 점에서이다.

그리스도인으로서 바울은 물려받은 유대적 묵시의 관점에서 자신의 영성을 형성하지만 그의 묵시에는 새로운 "중력 중심"인 예수 그리스도가 있다(Dahl 1977a:71). 율법이 유대교 안에 서 있었지만 이제는 그리스도의 사건이 서 있다(Wickens 1959:280, 285; Hengel 1983b:53; Moltmann 1967:192).

고린도전서 15장에서 분명한 것처럼 예수의 지상에서의 삶과 사역이나 하나님의 통치에 대한 그의 설교가 아니라 그리스도의 죽음과 부활이 바울의 선교 메시지의 중심을 형성한다(Zeller 1982:173; Grant 1986:47; Kertelge 1987:373). 베커는 다음과 같이 말한다(1984:35; Zeller 1982:171; Senior and Stuhlmueller 1983:171, 174).

> 인류는 토라에 충실한 사람들과 악한 자들 및 "이방 죄인들"로 구분되는 것이 아니라 하나님의 우주적인 진노와 심판의 초점인 예수 그리스도의 죽음에 의해 구분된다. 그리스도의 죽음은 모든 인류에 대한 묵시

---

15 드 보어(De Boer 1989)는 바울신학을 해석할 때 "묵시적 종말론"이라는 용어를 사용하기를 선호한다.

적 심판을 의미하며 부활은 모든 사람을 위한 그리스도 안에 있는 새 생명의 선물을 의미한다(1984:35).

그러나 그리스도의 사건은 종결이나 완결된 사건이 아니다. 그것은 "역사의 종료"가 아니다. 오히려 바울은 메시아가 왔을지라도 그의 왕국은 도래하지 않았다는 문제와 씨름한다(Beker 1980:345). 강조는 예수의 메시아직뿐만 아니라 구원사의 전환점에 있다. 그리스도의 죽음과 부활은 미래의 새 시대가 현재의 옛 시대에 침입하는 것을 뜻한다(de Boer 1989:187, 각주 17; Duff 1989:285-289). 이 사건은 미래의 하나님의 승리의 시작과 기대, 서곡과 보장을 의미한다. 그것은 미래의 모든 표적들과 그리스도인의 희망의 성격을 규정하는 결정적인 표적이다.

그러므로 바울은 그리스도를 죽은 자의 마지막 부활의 "첫 열매," "많은 형제 중의 맏아들"(고전 15:20, 23; 롬 8:29)이라고 칭한다. 그리스도의 부활은 필연적으로 하나님의 미래의 영광과 완성을 가리킨다. 이것은 바울의 신학이 단일 초점이 아니라 이중 초점임을 뜻한다. 곧 그리스도 안에서 하나님의 과거의 행위로부터 하나님의 미래 행위를 향해 나아간다. 참으로 이 두 사건은 함께 서거나 함께 쓰러진다. 둘다 현재의 그리스도의 삶에서 만난다.

> 너희가 이 떡을 먹으며 이 잔을 마실 때마다 주의 죽으심을 그가 오실 때까지 전하는 것이니라(고전 11:26).

임박성은 그리스도의 죽음과 부활에 의해 강화된다. 그러므로 믿는 자들은 "마라나타 주 예수여 오시옵소서!"라고 기도한다(고전 16:22; 고후 6:2).

당시의 유대 묵시와 비교할 때 인류 역사 속으로의 하나님의 임박한 개입에 대한 바울의 기대는 강력하다. 바울은 중간 시기가 자신의 생애 동안 완성될 것으로 기대한다(살전 4:15, 17; 고전 7:29). 이 세상의 외형은 이미 지나가고 있다(고전 7:31). 지금은 신자들이 잠에서 완전히 깨어 있어야 할 때이다.

너희가 이 시기를 알거니와 자다가 깰 때가 벌써 되었으니 이는 이제 우
리의 구원이 처음 믿을 때보다 가까웠음이라(롬 13:11).

성령의 첫 열매를 받은 자로서 그들은 양자될 것, 곧 몸의 구속을 탄식하며 기다린다(롬 8:23; Aus 1979:232, 262; Beker 1980:146; 1984:40, 47). 바울에게 있어서 묵시는 참으로 "신학의 어머니"이다(Käsemann 1969a:102; 1969b:137).

4) 그리스도 안에서의 새 생활

그러나 바울이 여전히 두드러지는 하나의 사건에만 초점을 두고 있는 것이 아니라는 점이 다시 한번 강조되어야 한다. 그가 말하는 희망은 하나님이 이미 행하신 일 때문에 희망인 것이다.

유대 묵시 사상의 이중적 구조는 심오하게 수정되었다(Beker 1980:143-152; 1984:39-44). 바울에게 구원이 틀림없이 미래적일지라도(Zeller 1982:173; Senior and Stuhlmueller 1983:177) 그 구원은 현재 속으로 강력한 빛을 쏜다.

이제 그리스도인들은 이미 "거룩"하지만 (더 큰) 성화에 이르도록 도전을 받는다(롬 6:19, 22). 종 노릇하던 자들(갈 4:8)은 죄와 현재의 악한 세대에서 자유케 되었고 "의의 종," "하나님의 종"이 되었다(롬 6:18, 22; 갈 1:4; 5:1). 구속을 통해 그들은 "의롭다"(헬라어 *dikaios*) 칭함을 받았다. 이것은 그들이 현시대에 살면서 칭의라는 종말론적 선물을 이미 향유한다는 것을 뜻한다(Zeller 1982:188; Hultren 1985:144).

바울은 "중생"의 개념을 결코 사용하지 않으며 "회개하다"라는 동사를 거의 사용하지 않는다(Koenig 1979:307; Beker 1980:6; Gaventa 1986:3, 46). 오히려 외형이 부패하고 사라질 운명에 있는 세상의 가운데에 살고 있을지라도 사람들은 자신들이 하나님의 새 창조의 일부분이 된 것을 인식하고 있어야 한다고 바울은 말한다(고후 5:17; 갈 6:15). 그들 실존의 전체 방향과 내용은 변화되었다. 그들은 "우상을 버리고 하나님께로 돌아와서 살아 계시고 참되신 하나님을 섬긴다"(살전 1:9). 이것은 그들이 사망으로부터 생명으로 어둠에서 빛으로 옮겨간 것을

뜻한다(Gaventa 1986:여러 곳에). 그들은 변화되었고 계속 "변화를 받으라"고 요구받는다(롬 12:2, metamorphousthe; Koenig 1979:307, 313).

바울의 설교는 그들의 마음속에 믿음을 일으키는데(롬 10:8-10, 14) 그들은 성령을 통해 이 믿음을 고백한다(고전 12:3). 참으로 성령의 종말론적 선물은 바울과 그의 회심자들 속에서 강력하게 역사한다. 성령은 신자들 안에 거하며 그리스도의 소유로 인을 친다. 성령은 예수를 죽음에서 일으킨 하나님의 영이기 때문에 살아 있고 생명을 준다(롬 8:9-11; Minear 1961:45). 성령의 활발한 임재인 이 증거는 메시야 시대가 밝았음을 바울에게 보증한다.

사실, "성령은 미래의 영광을 현재 속에 실행하는 자이다. 그것은 종말의 첫 착수금이자 보증이다"(롬 8:23; 고후 1:22; Beker 1984:46; Senior and Stuhlmueller 1983:178).

그러나 지금 여기서 하나님과 화목하고 의롭다 하심을 받고 변화받는 것은 고립된 개인에게 일어나는 것이 아니다. 그리스도의 사건에 합류하는 것은 개개 신자를 신자들의 공동체 속으로 들어가게 한다. 교회는 그들이 현시대에서 새 생활을 즐거워하는 곳이며 아직 오지 않은 생활을 향한다. 교회는 종말적 지평을 가지며 하나님의 통치를 예시하는 표출로서 새창조의 교두보이고 하나님의 새 세계의 선봉이며 옛 세계 가운데서 새로운 시대의 시작을 알리는 표적이다(Beker 1980:313; 1984:41).

동시에 이들이 믿는 것과 현실에서 보고 경험하는 것 간의 끔찍한 차이, 삶에서의 긴장, "이미"와 "아직"의 긴장을 느끼는 것은 바로 바울의 작고 연약한 공동체들이 함께 모여서 예배하며 이미 얻은 승리를 경축하고 주님의 오심을 위해 기도(마라나타!)하는 때이다. "첫 열매"인 그리스도는 이미 죽음에서 부활하였고(고전 15:23) 신자들은 앞으로 올 것의 "보증"인 성령을 받았으나(고후 1:22; 5:5) "첫 열매"와 "서약"으로부터 멀지 않은 듯하다. 아브라함처럼 그들은 바랄 수 없는 중에 바라고 믿으며(롬 4:18) 자신들이 하나님의 자녀요 후사인 것과 그리스도와 함께 후사라는 성령의 증거를 믿음으로 받아들인다(롬 8:17).

이와 관련하여 바울은 "우리가 그와 함께 영광을 받기 위하여 고난도 함께 받아야 할 것이니라"라고 말한다. 우리의 연약함과 고난에도 불구하고 우리의 연약과 고난 가운데 그리고 이 때문에, 이를 통하여 하나님은 승리할 것이다(Beker 1980:364). 믿음은 하나님의 궁극적 승리와 이 세상의 경험적 실재 사이의 긴장을 견뎌낼 수 있는데 "이 모든 일에 우리를 사랑하시는 이로 말미암아 우리가 넉넉히 이긴다"(롬 8:37)는 것과 "하나님을 사랑하는 자 곧 그의 뜻대로 부르심을 입은 자들에게는 모든 것이 합력하여 선을 이룬다"(롬 8:28)는 것을 알고 있기 때문이다. 이 견딜 수 없는(정확히 말하면, 이 이유 때문에 견딜 수 있는) 긴장을 고린도후서 4:7-10에서 심오하게 밝히고 있다.

> 우리가 이 보배를 질그릇에 가졌으니 이는 심히 큰 능력은 하나님께 있고 우리에게 있지 아니함을 알게 하려 함이라 우리가 사방으로 우겨쌈을 당하여도 싸이지 아니하며 답답한 일을 당하여도 낙심하지 아니하며 박해를 받아도 버린바 되지 아니하며 거꾸러뜨림을 당하여도 망하지 아니하고 우리가 항상 예수의 죽음을 몸에 짊어짐은 예수의 생명이 또한 우리 몸에 나타나게 하려 함이라(고후 4:7-10).

그러므로 이 세상에서의 그리스도인의 삶은 기쁨과 고뇌 사이를 오가는 피할 수 없는 긴장을 포함한다. 반면, 고난과 약함이 더 견디기 어렵고 공포스런 "아직" 때문에 고뇌가 격심해지더라도 우리는 "고난 중에서 즐거워할 수 있다"(롬 5:2). 이것은 이 세상에서의 우리의 삶이 십자가를 지는 것임을 뜻한다. 바울은 그의 몸에 "예수의 흔적"(갈 6:17; 골 1:24)을 가지며 "예수의 죽음을 몸에" 짊어진다. 그는 살아 있는 동안 "항상 예수를 위하여 죽음에 넘겨진다"(고후 4:11; Beker 1980:145, 366; 1984:120).

레슬리 뉴비긴(Lesslie Newbigin)은 신약성경 어디에도 위의 성경 본문(고후 4:7-10)만큼 분명하게 교회 선교의 본질을 서술한 곳은 없다고 제안한다. 그는 이 본문을 "선교의 고전적 정의"로 보아야 한다고 말한다.

더욱이 이 본문은 바울의 선교를 종말론적 사건으로 분명하게 특징지운다. 종말에 대한 기대라는 지평 안에서만 고난과 영광 사이의 긴장이 유지된다. 묵시적인 집단들은 흔히 분파적이고 내향적이고 배타적이고 자신들의 울타리를 지키는 데 열심이다. 또한 임박한 종말에 대한 기대 때문에 대규모의 선교 사역을 할 여지가 없다.

그러나 바울의 공동체들은 배타적일지라도 내향적이거나 분파적이지 않다. 이미 앞에서 언급한 바와 같이 경계선에는 문들이 있다(Meeks 1983:78, 105-107). 재림의 기대가 선교 열정을 결코 마비시키지 않는다.

바울과 다른 묵시적 집단들 간에는 또 다른 차이가 있다. 다른 묵시적인 집단들이 선교를 할 경우 선교를 종말의 조건으로, 재림을 재촉하는 수단으로 이해했다. 그러나 바울은 그리스도의 주권을 선포할 뿐이지 시작하지 않으며 종말을 개시하는 것은 하나님 자신의 권한이다(Zeller 1982:186; Beker 1984:52).

바울은 그리스도의 부활과 재림 사이의 시간을 이방인의 사도를 하라고 자신에게 할당된 시간으로 알 뿐인데 자신이 그 사역을 완결한다는 보장이 없더라도 그렇게 이해한다. 가령 빌립보서 1:21-24에 따르면 바울은 선교 사역의 완결에 대하여 염려하지 않고 자신이 죽을 수도 있다는 생각을 하고 있다(Zeller 1982:186, 각주 75).

5) 열방의 예루살렘 순례

바울이 자신이 선교를 바라보는 묵시적인 관점은 현 시점에서 이방인 선교가 유대인 선교보다 훨씬 우선적이라는 확신에서 또한 드러난다. 바울이 가장 크게 실망한 것은 현재로서 유대인 선교가 헛된 사역이 되고 말았다는 것이다(Hengel 1983b:52; Steiger 1980:48). 그러나 이 때문에 자신의 동족으로부터 등을 돌리지 않는다. 오히려 그는 하나님이 여전히 이스라엘을 구원하기 원하시는데, 우회적인 방식으로 단지 이방인 선교를 경유하는 것이라고 말한다. 이 확신을 나타내기 위해 두 가지 주제를 제시하는데 모두 바울 선교의 묵시적 성격을 강조한다.

첫째, 유대의 가난한 신자들을 위한 연보로서 바울 자신이 헌신하고(갈 2:10)

사역의 마지막 몇 해 동안 많은 힘을 기울인 일이다(롬 15:25; 고전 16:1,2; 고후 8:9). 바울과 예루살렘 지도자들이 연보의 의미를 서로 다르게 해석했을 수도 있다(Brown 1980:209; Beker 1980:332; Meeks 1983:110). 바울에게는 유대인과 이방인으로 구성되어 있는 교회의 일치성을 상징한다(Meyer 1986:183). 이것이 중요하기 때문에 그는 모든 위험을 감수하며 예루살렘에 가서 선물을 전달하려고 한다. 이로 인해 바울은 체포되고 공적 사역이 중단되게 되었다.

둘째, 더 중요한 사실은 다양한 이방인 교회들의 대표자들로 구성된 일행이 바울과 동행하여 예루살렘까지 간 것이다. 바울이 단지 예루살렘 지도자들에게 감명을 주고 자신의 선교 사역의 열매를 보여주려 했던 것은 아닌 것 같다. 따라서 어떤 학자들은 바울이 여기서 전통적인 종말론적인 주제, 즉 이방인들이 이스라엘 백성들을 땅끝으로부터 고향으로 데리고 온다는 주제에 입각한 것이라고 제안했다.

그러나 바울은 이사야 66장에 대한 유대인들이 해석을 뒤엎고 다른 구약의 예언을 결합시키는데 열방들의 시온 순례이다. 디아스포라 유대인들이 아니라 모든 이방인들의 대표들이 땅끝으로부터 예루살렘에 모인다는 것이다.

로저 아우스(Roger Aus)는 이것이 바로 바울이 왜 서바나로 가려고 애썼는지를 설명해 준다고 말한다(롬 15:24). 아우스는 서바나가 틀림없이 이사야 66:19의 묵시적 예언에서의 다시스일 뿐 아니라 서쪽의 가장 끝지점, 글자 그대로 "땅끝"을 가리킨다고 주장한다. 이사야 66:19에서 언급된 가장 먼 곳의 온 열방들이 대표자들을 예루살렘에 보낼때만 "이방인의 충만한 수"(롬 11:25)가 찰 것이고 재림의 때가 올 것이다(Aus 1979:여러 곳에).

이와 관련하여 아우스는 로마서 15:16의 "이방인들의 제물"을 언급한다. 이 표현은 이방인들이 예루살렘에 보내는 돈으로 이해될 수 없으며 오히려 소유격 구조가 동격적인 소유격으로 번역되어야 하는데, 곧 "이방인들의 제물"은 이방인들 자신이다(Aus 1979:235-237).[16]

---

16 사실 *prosphora ton ethnon*에 대한 이러한 해석은 널리 받아들여지고 있다. 특히 Dahl 1977a:87; Beker 1980:332; Senior and Stuhlmueller 1983:183; Sanders 1983:171-173; Hultgren 1985:133-135를 참조하라. 루즈(Luz 1968:391)는 다른 해석을 제안하지만 바울의 사상에 있어서 선교와 재

따라서 바울은 연보라는 주제를 열방의 종말론적인 예루살렘 순례와 연관시킨다(Bieder 1965:39; Stuhlmacher 1971:560; Zeller 1982:187; Hofius 1986:313; Kertelge 1987:372). 바울은 대표 보편주의(representative universalism)라는 히브리 사상을 사용한다. 예루살렘에 오는 이방인들은 구속된 인류의 첫 열매들이다. 그들은 전체 곡식을 상징하고 이들을 통해 모든 사람들이 신적인 축복에 참여한다(Aus 1979:257-260; Hultgren 1985:135).

그러므로 "이방인들의 충만한 수"의 유입은 이스라엘의 구원과 긴밀한 관계가 있다. 바울은 "이스라엘의 더러는 우둔하게 된 것이라"고 말한다(롬 11:25). 그러나 이방인들의 회심을 통해 유대인들이 시기하고 예수를 메시아로 역시 받아들인다(롬 11:14). 바울은 이스라엘이 영원히 잃어버린 자가 될 수 있다는 가능성을 전혀 생각하지 않는다. 그래서 아주 대담한 방식으로 이방인들의 회심의 결과로 이어서 이스라엘의 구원이 있을 것으로 생각한다.

바울의 이방인 선교는 "이스라엘의 구원을 향한 엄청난 우회"로 판명된다(Käsemann 1969e:241). 이스라엘의 운명은 이방인의 선교에 달려있다. 이방인들을 "유입시킴으로써" 바울은 이스라엘의 회개를 일으키고 결국 구원의 드라마에서 마지막 동작을 촉진시킨다. 이스라엘의 회복은 역사의 완성을 가져올 것이다(Zeller 1982:184; Senior and Stuhlmueller 1983:183-185). 이방인 선교의 때는 "단지 중간시기"이며 끝은 이스라엘이 구원받을 때에야 올 수 있다(Stuhlmacher 1971:565).

그러나 모든 이스라엘의 구원의 "서곡"으로서의 이방인 선교는 묵시적 선교라는 동전의 한쪽 면일 뿐이다. 묵시의 주제는 하나님의 위엄과 영광의 우주적 확장을 포함하며 이것은 전통적인 유대 구원론과의 철저한 단절을 의미한다. 유대 묵시는 분명히 하나님의 보편적 통치를 기대했으나 그러한 기대는 이스라엘이 특별한 백성이라는 자기인식 속에 굳게 자리잡고 있었다. 유대인들이 열방들의 예루살렘 순례를 고대했을지라도 그들이 생각은 여전히 내향적이었고 구원은 율

림 사이의 어떤 관계도 부인한다(:390).

법에의 충성에 달려 있었다.

베커는 이것이 "이스라엘이 기본적으로 비선교적 종교임을 뜻하며 대체로 마지막 때의 보복이라는 주제의 이유가 된다고 말한다"(1984:35). 그러나 그리스도 안에서 하나님의 개입은 유대의 묵시 유형을 철저하게 수정했다. 즉, 율법이 십자가에 달린 메시아로 대치되었다(Hengel 1983b:53). 유대인 예수의 십자가 죽음과 부활, 승천을 통해 모든 인류에게는 죽음에서 생명으로, 죄에서 하나님에게로 옮겨갈 가능성이 생긴 것이다.

바울은 이 점에 대하여 로마서 3:21-30에서 상세히 설명하는데 율법 외에 하나님의 한 의가 나타났으니 예수 그리스도를 믿는 믿음으로 말미암는다. 유대인과 이방인 간에는 더 이상 차이가 없다. 모든 사람들이 죄를 지었고 모두가 그리스도를 통하여 하나님의 은혜로 의롭게 된다. 결국 하나님은 유대인들의 하나님일 뿐 아니라 이방인들의 하나님이다.

그러나 구원이 그리스도를 통해서만 얻어지므로 그것은 모든 인류를 위해 의도된 것이다. 하나님은 심지어 자신을 찾지 않는 사람들에 의해서도 발견되게 하신다(롬 10:20). 더 이상 택함 받은 나라라는 문구나 특권의 주장이 있을 수 없다. 유대교로의 개종을 요구하는 선교는 복음 자체를 거부하는 것이다. 이스라엘의 메시아는 온 우주의 높임 받은 "주님"(헬라어 *Kyrios*)이고 이것은 그의 주권을 온 인류에게 알려 주는 것 외에 다른 대안이 없음을 의미한다.

이와 같은 기독교 선교의 우주적 차원들이 개진된 곳은 특별히 로마서에서이다. "모든 사람들을 위한 구원"이 로마서 전체의 해석학적 열쇠라고 하겠다(Hahn 1965:99; Rütti 1972:117; Mussner 1982:11; Zeller 1982:171, 177; Senior and Stuhlmueller 1983:174-177; Beker 1984:34-38; Legrand 1988:161-165).

6) 바울의 보편주의

여기서 바울의 선교 메시지가 부정적인 것이 아니라는 점이 중요하다. 바울이 세상에 대하여 임의적으로 묵시적인 폭발을 선언한 것으로 비난 받아서는 안된다(Beker 1984:14, 58). 바울은 하나님의 진노를 선포하지만 하나님이 그의 아들 안에서 우리에게 이미 오셨고 영광 가운데 다시 올 것이라는 아주 긍정적인 메시지의 포장으로서만 선포한다.

선교는 모든 실재에 대한 그리스도의 주권의 선포이고 그 주권에 복종하라는 초대를 뜻한다. 바울은 자신의 설교를 통해 "예수는 주이시다!"라는 고백을 불러일으키기 원한다(롬 10:9; 고전 12:3; 빌 2:11; Zeller 1982:172, 182).

복음은 예수 그리스도 안에 임재하는 하나님의 통치가 우리 모두를 심판 아래 놓이게 하고 마찬가지로 모두 은혜 아래 놓이게 했다는 것을 뜻한다. 그러나 이것은 복음이 잃어버린 세상으로부터 빠져나와 안전한 교회로 들어가서 신비적인 내적 성찰이나 개인 영혼들의 구원으로 초청 받는다 뜻이 아니다. 오히려 이것은 하나님이 그리스도 안에서 시작한 새 일의 성격을 선포하는 것인데 모든 열방과 모든 피조물과 관계된 것이며 하나님의 최종적인 영광을 경축하는 데서 절정을 이룬다(Beker 1980:7, 354, 1984:16). 그러므로 사도는 도래할 하나님의 세상을 이 세상 속에서 이미 확장하라는 위임을 받는다(Beker 1984:34, 57).

이것은 바울이 모든 인류의 궁극적 구원을 생각하므로 그가 "보편주의자"라는 뜻인가?

바울의 몇몇 진술들은 인류 공동체의 일부만이 구원을 받을 것임을 확증하는 듯하다. 한편, 다른 진술들은 모두가 최종적으로 구원을 받을 것이라고 하는 듯하다.[17]

유진 보링(Eugene Boring)은 이 주제에 대하여 예리하고 통찰력 있는 논문을 발표했다(1986, Sanders 1983:57, 각주 64). 그는 소수파 학자들이 바울을 보편주의자로 간주한다는 점을 지적한다. 그들은 특수주의적(particularistic) 성경 본문들을 보편구원적(universalistic) 본문에 예속시킨다. 대다수 학자들은 완전히 반대 방향을 취하는데, 보편구원적 본문들을 특수주의적 본문에 예속시키며 바울이 특수주의

---

17 바울이 모든 이스라엘이 구원받을 것이라고 가르치는지에 대한 문제는 아래서 다룰 것이다. 지금으로서는 이방인들에 대한 보편주의에 초점을 둔다.

자로 규정한다. 다른 학자들은 이 문제를 풀려고 시도하는데, 바울이 "특수주의"로부터 "보편구원주의"로 점진적으로 발전해갔다고 주장한다(Boring 1986:271).

보링은 바울에게 상충하는 진술들이 있어서 이 진술들을 서로 조화시키는 것이 사실 불가능하다고 시인한다. 그러나 다양한 그림들로 간주하지 않고 상충하는 진술이나 명제들로 본다면 이 문제는 해결되지 못한다. 그러므로 우리는 바울을 조직적인 사상가로서가 아니라 일관성 있는 사상가로 이해해야 한다. 그는 논리적으로는 한결같지 않지만 일리가 없는 진술을 하지 않는다(:288, 292).

바울은 두 가지 상반되는 듯한 그림을 움직인다. 소위 특수주의적 본문들에서의 전반적인 그림은 심판자로서의 하나님이다. 이 그림에서는 "얻은 자"(winners)와 "잃은 자"(losers)가 있다. 바울은 잃어버린 자, 멸망 받을 자의 운명을 상세히 설명하지 않는다. 그는 지옥에 관한 교리를 제시하지 않는다(Boring 1986:275, 281). 다른 한편, "보편구원론적" 본문들의 지배적인 주제는 왕으로서의 하나님이다. 심판자로서의 하나님은 분리하고 왕으로서의 하나님은 모두를 그의 왕적 통치 속에서 연합시킨다. 한때 적대적이었던 세력들이 정복되었고 이제는 정복자에게 경의를 표한다. 하나님은 죄와 죽음의 통치를 의와 생명의 통치로 대치하였다. "모든 무릎"이 이것을 시인하고 그에게 기꺼이 경배한다(Phil 2:10). 이것은 "구원"의 언어보다는 주권의 언어이다(:280-284, 290).

이 두 그림을 하나로 합하는 것은 합당치 않다. 사실 "특수주의"와 "보편구원주의" 중 하나를 선택할 수만 있는데 어떤 선택이든지 바울 사상의 미묘한 어감을 제대로 다루지 못한다. 다른 한편, 바울은 하나님이 모든 것의 주가 되시고 모든 입술이 예수를 주로 고백할 것임을 절대적인 확신으로 선포할 수 있다. 동시에 그는 기독교 선교를 포기할 수 없는 의무라고 주장할 수 있다. 그리스도만이 구원할 수 있기 때문에 사람들은 믿음과 헌신의 행위에 의해 옛 실재로부터 새로운 실재로 "옮겨"가야 한다(Sanders 1977:463-472, 508).

모든 사람은 이신칭의의 복음을 듣는 것에 달려있다(롬 10:14). 하나님의 의는 자동으로 효과가 발생하지 않으며 복음이 사람들에게 선포되어 믿음으로 받아들이는 것에 달려 있다. 하나님은 이미 세상을 자신과 화목케 하였다. 그러나 하나님은 세상을 제압하지 않고 긍정적인 반응을 일으키고자 하는 자신의 대리인들의 설교 속에서 자신의 손을 뻗친다(Zeller 1982:167, 170-173). 따라서 바울은 보편 구원에 대하여 분명한 주장을 삼간다. 복음을 들은 사람들의 책임과 순종을 강조함으로써 그러한 입장에 대하여 균형을 이룬다.

하나님의 의라는 선물(gift)은 사람들에 대한 하나님의 요구(claim)와 분리될 수 없다(Beker 1984:35-37). 그러므로 하나님이 베푸는 구원은 인간의 반응을 하찮은 것으로 만든다는 의미에서 보편적이지 않다. "바울은 구원에 관한 그의 진술들에서 "자격 있는 자"를 "믿는 자," "그리스도 안에 있는 자," "부름받은 자"로 칭한다(Senior and Stuhlmueller 1983:175). 선교를 접는다는 말은 전혀 없다.

동시에 바울의 선교 사역의 중요성은 지나치게 과장되지 않는다. 그는 그리스도의 주권을 선언할 수 있는 것이지 개시시키는 것이 아니다. 그리고 긍정적으로 반응하는 자들은 순전하게 "자발적으로" 그렇게 하는 것이 아니다. 뒤돌아서 보면 그들의 반응은 하나님의 선물로 보인다. 그러므로 선택, 부르심, 예정이라는 언어가 있는 것이다(Zeller 1982:172; Boring 1986:290; Gaventa 1986:44; Breytenbach 1986:19).

7) 묵시와 윤리

이와 관련하여 한 가지 질문이 남는다.
선교에 대한 바울의 묵시적 이해는 윤리와 어떤 관계가 있는가?
이것은 특히 픽슬리(Pixley)가 바울이나 요한의 "개인 구원의 영적 메시지"가 "고통당하는 사람들에게 개인적인 꿈을 제공함으로써 견딜 수 없는 사회 현실을 참게하기 때문에 종교적인 아편"이라고 주장하는 것을 볼 때 중요한 문제가 아닐 수 없다(1981:100). 물론 픽슬리의 주장은 묵시론, 또한 오늘날의 묵시론에 대하여도 타당성이 있다. "이 세대"와 "올 세대" 간의 이원론이 흔히 절대화되고 이러한 경우 신자들은 평화, 정의, 화해의 일에 참여하도록 부름을 받지 않는다.

재림에 대한 배타적인 초점은 윤리적 수동성과 정적주의(quietism)를 초청한다.

이 곳(here)에 대해서는 관심이 없고 이후에 대해서만 관심이 있다. 사회적 보수주의와 묵시적 열광주의는 함께 간다. 사람들은 임박한 하나님 나라를 기다리면서 사회로부터 빠져나와 교회라는 피난처로 들어가는데, 이는 난파선의 생존자들을 건지러 험한 바다를 돌고 도는 구명정일 뿐이다(Beker 1980:149, 305, 326; 1984:26, 111; Young 1988:6).

더욱이 묵시 열광주의자들은 보통 독특한 자기 중심성을 드러낸다. 자신들을 선택받은 엘리트로 간주한다. 세상은 자신들의 성화를 위해 분투하는 무대이고 영과 육체의 이원론은 창조 질서를 천국 가기 전의 시험 장소이거나 눈물의 골짜기로 평가절하한다. 다른 사람들을 접할 때 우월한 태도를 보인다. 그들은 "과잉 윤리"(ethic of excess)를 실천하는데 "가지지 못한 자들"이 "가진 자들"의 자선 대상이 된다(Beker 1980:38, 109; 1984:37, 109).

바울의 묵시는 다르다. "이 세상의 외형이 지나가고 있기" 때문에 교회가 세상에 대하여 전투해야 한다고 사실 바울은 판단한다(고전 7:31). 그러나 바울은 전형적인 묵시 사상을 근본적으로 수정하여 교회를 이해한다. 교회는 이미 구속된 세상에 속해 있다. 교회는 하나님에게 순종하는 세상의 일부이다(Käsemann 1969b:134).

그러므로 교회는 다가올 운명을 위해 세상을 준비시키는 모든 활동에 매진한다. 엄밀하게 말하면 이 것 때문에 교회는 자기보존에 사로잡히지 않고 하나님이 최종적인 승리의 때에 세상이 변혁된다는 희망 속에서 세상을 섬긴다.

바울의 작은 교회들은 그들을 둘러싸고 있는 사회의 많은 관습들을 관통하는 대안적 생활양식이라는 수많은 "주머니들"이다. "어그러지고 거스르는" 세대 가운데서 그리스도인들은 "흠 없어"야 하고 "세상의 빛들"로 나타나야 한다(빌 2:15). 온전히 판단하고 기쁜 마음으로 자선을 행하고, 환난 중에 인내하며, 끊임없이 기도하고, 다른 사람을 대접하며 모든 사람과 화평하게 살며 교만하지 않으며 고통 중에 있는 자들을 섬겨야 한다(롬 12장). 하나님의 통치의 도래에 대한 열망은 곤궁한 세상에 대한 동정심과 함께 간다.

따라서 바울의 사상에서 교회와 세상은 결속과 유대로 연합되어 있다. 이미 구속된 피조물인 교회는 세상에 대하여 "실현된 종말론"을 자랑할 수 없다. 교회는 희망의 공동체로서 세상과 세상의 권력구조 상황 속에 놓여져 있다. 그리고 그 공동체의 구성원인 그리스도인들은 "탄식하고 고통하는," "모든 피조물"과 더불어 "속으로 탄식"한다(롬 8:22). 그러므로 바울은 협소한 개인주의적 경건과 구원을 교회에 국한시키는 관점을 거부한다. 피조물들이 신음하는 한 그리스도인들 역시 신음한다. 하나님의 피조물의 어떤 부분이라도 고통을 받는다면 그들은 아직 종말의 영광에 참여할 수 없다(Beker 1984:16, 36-38, 69).

그리스도인 공동체의 삶과 사역은 우주의 구속을 위한 하나님의 우주적, 역사적 계획과 긴밀하게 연결되어 있다. 그리스도인들이 일상생활 속에서 무엇을 하고 그리스도의 마음과 하나님의 통치의 가치들을 어떻게 나타내는가가 아주 중요하다. 미래의 능력들이 이미 세상 속에서 활동하고 있기 때문에 바울의 묵시는 윤리적 수동성으로의 초대가 아니라 하나님의 구속 의지에 적극적으로 참여하라는 초대이다.

바울은 세상 속에서 하나님의 도래할 세상의 영역을 확장하는 책임을 갖는다. 그러므로 그는 "궁극적인 것"에 대한 관심 때문에 "예비적인 것"에 몰두한다. 그의 참여는 앞으로 올 것보다는 오히려 현재 가까이 있는 것에 있다. 그러므로 참된 묵시적 희망은 진정한 윤리를 요구한다. 현재 여기에서 하나님 나라를 추구하지 않고 하나님의 피조물들을 그리스도 안에 있는 하나님의 약속의 실현을 향해 움직이도 애쓰는 윤리가 없이 하나님의 미래의 승리를 믿을 수 없는 것이다.

그리스도인들은 권력 정치라는 잘못된 묵시를 반대하고, 하나님의 뜻과 능력을 자신들의 뜻과 능력과 결코 동일시할 수 없음을 이해하고 자신들의 능력을 결코 과대평가하지 않으면서 하나님의 궁극적 승리의 전조가 되는 선(the good)들을 미리 알리기 위해 힘쓴다(Beker 1984:16, 57, 86, 90, 110, 119).

묵시와 윤리의 긴밀한 관계가 바울의 교회관에서만큼 잘 표현된 곳은 없다. 그가 교회를 종말이 공동체로 간주할지라도 교회가 지금 여기에서 큰 의미를 지닌다고 보고 있다. 이것이 신자들의 일상생활에서 세상을 향해 영향을 끼치지 못한다면 그들은 서로를 믿음의 공동체의 일원으로서 인정할 수 없을 것이다.

갈라디아서 2장에서 바울이 언급하고 있는 안디옥 사건에서 이 점이 명백하다. 바울은 "면전에서" 베드로를 반대할 수밖에 없다고 느끼는데 베드로의 행동이 그리스도 밖의 구원을 시사하기 때문에 바울의 태도는 "종교적" 태도이며 또한 기독교 공동체가 하나의 분리된 몸으로서 세상에 자신을 나타낼 수 있다고 보기 때문에 "사회, 정치적" 태도이기도 하다.

그리스도가 모든 사람을 무조건적으로 받아들였으므로 "수평적" 차원에서 유대인과 이방인이 달리 행동한다는 것은 터무니없고, 결국 서로를 무조건적으로 영접하지 않는 것을 뜻하기 때문에 바울은 격렬하게 반응한 것이다. 참으로 더 이상 유대인이나 헬라인, 종이나 자유자나, 남자나 여자가 없다(갈 3:28).

그러나 우리는 바울이 유대인과 헬라인에 대한 것처럼 종과 자유자, 남자와 여자에 대하여도 비타협적인지를 생각해 보아야 한다. 여기서 전자의 관계가 분명히 후자 둘을 거의 배제할 정도로 바울을 사로잡고 있음을 우리는 인정해야 한다. 다시 말하면, 우리는 바울을 그의 정황 속에서 읽어야 한다는 뜻이다.

무엇보다 바울은 그리스도의 도래가 율법에 대한 그릇된 이해로 인해 유대인과 다른 사람들 간에 세워진 장벽이 허물어진 것을 뜻한다고 생각하기 때문에 자신의 전 사역을 이와 같은 근본적인 기독교 신조에 기초를 둔다. 이러한 확신이 그의 모든 힘을 소진하고 있기 때문에 다른 구분들은 부차적인 것처럼 보인다.

바울은 이러한 차이들을 신학적 것이기보다 사회적인 것으로 보고 있는 것일까? 최근의 연구들은 유대교 안에서 보다 바울의 공동체 안에서 여성들이 훨씬 높은 위치를 가졌다는 것을 보여 주었다(Meeks 1983:81, 220, 각주 107, 108; Portefaix 1988:131-173). 노예에 대한 문제는 훨씬 복잡하다. 세군도(Segundo)는 시대의 자녀로서 바울이 노예제도의 비인간성을 "단지 모호하고 거리를 두는 방식"으로 본 것 같다고 말한다(1986:180). 동시에 바울은 문제에 둔감하지 않으며 이상주의자가 아니며 유토피아를 꿈꾸는 사람도 아니다. 그는 자신이 바꿀 수 없는 상황들을 만난 것이다(:165). 그러나 그는 노예제도를 용인하지 않으며 중립적인 입장을 취하지도 않는다.

> 그리스도 안에서 노예나 자유인이나 차이가 더 이상 없다면, 각자가 다른 사람들을 위해 살고 행동해야 한다면 사회구조로서의 노예제도의 철폐를 실제로 암시하는 것이다(:165).

그러므로 바울은 "안으로부터 노예를 인간화하려고" 한다(:164). 노예라는 신분이 "인간의 성숙성"을 얻는 데에 방해를 주어서는 안된다(:180).

이것은 도움이 되는 분석이다. 그러나 나는 노예제도에 대한 바울의 태도에 세군도(Segundo)의 견해를 넘어갈 수 있다고 제안한다. 바울의 빌레몬서를 철저하게 연구한 피터슨(Petertson, 1985)은 빌레몬이 도주한 노예 오네시모를 자유롭게 풀어주어야 하는가 하는 문제를 바울이 공개적으로 다루지 않는다고 주장한다(Roberts 1983).

정교하게 구성된 이 짧은 서신의 담화 구조를 면밀히 연구한 결과 피터슨은 바울이 빌레몬에게 오네시모를 풀어주지 않을 가능성을 허용하지 않는다고 결론을 내린다. 이 서신에는 빌레몬이 자신의 노예였던 사람을 단지 되돌려 받는 것 이상을 해야 한다는 "얇게 가려진 명령"이 포함되어 있다(:288). 노예제도를 노골적으로 배격하지 않은 채 바울은 "신자인 주인과 신자인 노예가 그것에 참여하는 것을... 공격한다"(:289).

결국 동일한 한 사람을 "열등하고 동시에 동등한 사람으로 규정하는 것은 논리적으로나 사회적으로 불가능하다(Roberts 1983:64, 66). 빌레몬에게 뿐 아니라 빌레몬의 집에서 모이는 교회에게도 편지를 씀으로써 바울은 빌레몬이 "곤란한 선택"을 해야 하는 입장에 놓이게 한다(Petersen 1985:288).

지금까지 빌레몬은 세상과 교회라는 두 영역 속에서 편안한 이중 생활을 해왔다. 이제는 자신의 노예의 주인으로서 행동해야 하는 세상적 책임과 형제 대 형제로서 행동해야 하는 교회적 책임 사이의 갈등 속에 놓인다(:289). 바울은 빌레몬에게 오네시모를 자유롭게 놓아주라고 강제하고 싶지 않다. 결정은 빌레몬의 것이고 자유롭게 행해져야 한다(Roberts 1983:65).

바울은 빌레몬에게 자신의 원하는 바를 강요하는 대신 빌레몬에 "훨씬 나은

길"을 알려 주기로 한다. 노예를 놓아 줌으로써 감수해야 하는 재정적 손실은 그가 얻을 것에 비하면 별 것이 아니라는 것이다. 그는 단지 노예를 잃을 뿐이며 대신 귀한 형제를 얻는 것이다. "희생"이 전혀 희생이 아니게 된다.

그러나 바울은 그러한 "부드러운" 접근 이상으로 진행하는데, 특히 서신의 말미에서 그렇다. 그는 빌레몬에게 빌레몬이 자신에게 큰 빚이 있음을 상기시킨다(19절). 바울은 "네가 나를 동역자로 알진대 그를 영접하기를 내게 하듯 하고"라고 부언하고 빌레몬이 자신이 부탁한 것보다 훨씬 더 할 것을 확신한다(21절). 일반적인 인사로 서신을 맺기 전에 마지막 문장에서 바울은 빌레몬에게 자신이 거처할 방을 준비해 달라고 부탁하는데 골로새를 곧 방문하고자 함이다(22절).

빌레몬은 이제 바울의 의도를 더 이상 의심할 여지가 없다. 빌레몬이 가시와 같은 이 문제를 어떻게 처리했는지를 보려고 바울이 오는 것이다. 빌레몬이 바울의 "호소"에 응한다면 이들의 만남은 아주 즐거운 것이 될 것이다. 그렇지 않는다면 빌레몬은 바울에게 맞설 것이다(Petersen 1985:293). 따라서 빌레몬과 그의 가정 교회는 이 문제의 심각성을 도저히 부인할 수 없다.

바울에게도 마찬가지인데 전례 없이 전체 편지 내용이 이 한 문제에 집중되어 있다. 빌레몬뿐만 아니라 골로새 교회에서 노예를 소유하고 있는 사람들은 참으로 곤란한 선택을 해야 하는 지경에 처해 있다. 피터슨은 다음과 같이 말한다.

> 바울은 빌레몬과 그의 교회에게 철저하게 양분된 선택을 제시한다. 세상적으로 혹은 교회적으로 행동하는 양극을 제시함으로써 바울은 빌레몬과 그의 교회가 협소한 자기이해와 지역 정서를 넘어서서 그리스도 안에 있는 것이 무엇을 의미하는지 생각해볼 것을 요구한다
> (:301; Roberts 1983:64-66).

물론, 바울은 믿음의 공동체 안에서 일어나는 일에 우선적으로 관심을 갖는다. 바울에게 전체 사회를 위한 윤리를 제시하기를 원한다면 우리는 지나친 요구를 하는 것이다. 그리스도인들은 당시 그리스-로마 상황에서 전적으로 무시될 만한

존재들이었다. 그러므로 바울에게 가해진 제약과 당시 상황의 한계를 고려해 볼 때, 바울이나 제1세대 그리스도인들 누구에게서나 전체 로마제국의 억압받는 자들의 해방을 위한 프로그램의 계발을 기대하는 것은 사실 터무니없다.

바울의 기초는 교회이다. 그의 호소는 세례를 통해 그리스도와 연합한 자들에 대하여서이다. 동시에 그는 교회가 당시의 사회 관습을 관통하는 대안적 생활양식을 제공하는 것으로 간주한다. 분명히 이러한 이유 때문에 그리스도인들은 하나님의 새로운 세상의 도래를 교회 안에서만 기념할 수 없다. 오히려 교회 안에서 일어나는 혁명은 사회 구조를 위한 중요한 혁명의 씨앗들을 간직한다.

"어그러지고 거스리는 세대" 속에서 신자들은 "흠 없이" 되어야 하고, "세상에서 빛들로" 빛나야 한다(빌 2:15). 그들은 격리된 수도원으로 퇴각하지 않아야 하며 오히려 전 세계의 구속을 위해 탄식하고 수고하는 희망의 공동체가 되어야 한다(Beker 1980:318; 1984:69). 그들은 세상에 대하여 자신들을 위한 "실현된 종말론"에 만족해서는 안된다. 교회와 세상은 결속의 유대 속에 함께 있다.[18]

요약하자면 바울은 그리스도 안에서 하나님이 세상을 자신과 화목케 하였고 그리스도의 부활과 재림 사이의 시간은 열방을 그리스도의 주권 아래에 모이게 하는 첫 단계를 시작하도록 사도로 위임받은 시간임을 확신한다(Hultgren 1985:145). 우리의 연구는 바울이 두 가지 반대되는 것 같은 실재를 동시에 함께 붙잡을 수 있음을 밝혔다. 곧, 하나님의 미래 통치의 도래에 대한 열망, 선교 사역에 대한 열심, 적대적인 세상 속에서의 믿음의 공동체 건설, 새로운 사회 윤리의 실천이다.

대부분의 기독교 집단들은 예비적인 것과 궁극적인 것 사이에 존속하는 긴장 속에서 창조적으로 사는 것이 불가능하다고 생각한다. 일부는 이원론으로 기울어서 이 세상을 등지고 현재를 "인내"할 것을 강조하고 단순히 하나님의 영광스런 새 시대가 오면 고통이 끝날 것으로 기대한다. 이러한 경우 예수는 "전혀 구속

---

18 이 주제 전체에 관한 다른 논의에 대하여 D.J. Bosch, "Paul on Human Hopes," *Journal of Theology in Southern Africa* 67(June 1989), 3-16을 참조하라.

받지 못한 현재 속에서 단지 종국적으로 일어날 일과 되어야 할 일을 선언하는" 새로운 예언자나 율법의 수여자로 여겨지는 경향이 있다(Beker 1980:346).

어떤 이들은 그리스도의 초림 이후 시간이 지연되는 문제에 대한 더 세련된 해결책을 제시한다. 그리스도의 궁극적인 도래를 교회 안으로만 국한시키는 사람들이 있는데 특히 성례에서만 기념하고 하나님의 통치를 교회와 동일시하는 경향이 있다. 사실 이러한 입장은 오늘날 인기를 잃고 있다.

그리고 실존주의적 입장을 택하는 사람들이 있고 거의 무조건적으로 세상에 참여하는 사람들이 있다. 후자들의 경우 시간이 끊임없이 흘러가는 것을 더 이상 중요하게 보지 않는 듯하다. 재림의 "지연"은 더 이상 관심이 아니다. 현재를 "지나치게 기념하는" 경향이 있다. 미래의 근본적인 변화에 대한 소망은 침묵되고 중립화된다(Beker 1980:9, 345; 1984:61-77, 118).

묵시의 회복을 강조하는 베커(Beker)는 오늘날 교회가 바울의 관점을 맹종하듯 따를 것을 제안하지 않는다. 그는 바울이 때로 자신의 기대를 조정한다는 점을 지적한다(1984:49; 살전 4:13-18; 고전 15:15-21; 고후 5:1-10; 빌 2:21-24). 그러나 바울은 종말에 있을 하나님의 승리의 개입에 대한 기대를 버리지 않는다. 이것이 바로 우리 역시 붙잡아야 할 부분이다.

우리는 묵시에 반대하는 적어도 네 가지 입장에 대하여 바울의 묵시 정신을 반영하여 대답을 제공함으로써 그렇게 해야 한다. 이 네 가지 입장들은 묵시적 세계관의 진부한 성격, 기독교 영성을 오도하는 "문자적" 묵시 언어, 묵시는 순전히 상징적 의미만을 가진다는 주장, 계속되는 역사의 과정에 근거하여 미래 묵시의 거부이다(Beker 1984:79-121).

바울 복음의 공식을 우리 시대에 그대로 직접 옮겨 오는 것은 바람직하지 않다(:105). 바울의 묵시 복음은 "하나님의 승리가 하나님의 손 안에만 있고… 현재의 모든 고투와 탄식을 변하게 할 것"이라는 점을 우리가 분별하도록 도와준다(:17).

우리에게 구속받지 못한 현시대 속에서 그리스도의 방법을 따라 인내하며 용기 있게 사역하도록 촉진하는 것은 다름아닌 미래의 하나님의 영광의 실재에 대한 비전이다. 이 세상의 구조들 속에 참여하고 구조들을 변화시키려 노력하고 제한적이더라도 하나님의 통치의 "청사진"에 일치시키려 하는 것은 바로 근본적으로 새로운 미래에 대한 우리의 희망 때문에 의미가 있다.

바울은 광대한 선교를 생각하지만 묵시적 임박성의 관점에서 생각한다. 종말론과 선교 활동은 서로 모순 관계가 아니다. 왜냐하면 서로를 무효화시키지 않기 때문이다. 하나님의 최종적 승리는 그 광선이 흐릿한 것같이 보여도 이미 현 세상 속으로 던져지고 있다. 그러므로 바울은 의와 평화의 묵시적 시간의 초대에 응하여 "땅끝까지" 감으로써 그 순간을 준비하며 온 열방 사람들을 종말 공동체의 일원이 되라고 초청한다(Beker 1984:51, 58, 117).

6. 율법, 이스라엘, 이방인들

나는 위에서 바울이 역설적인 상황 속에 있다고 주장했다. 유대인 선교는 현재로서는 헛된 일처럼 보인다. 다른 한편, 이방인 선교는 아주 성공적이며 바울은 이제 유대인들의 구원은 이방인들 중에서의 힘찬 선교 활동을 통해서만 성취될 수 있다고 제안한다. 바울이 자신의 선교 참여를 통해 하나님의 궁극적 승리라는 초대에 반응하는 것이라는 점을 우리가 염두에 둘 때만 바울 선교에 대한 이러한 해석이 일리가 있다고 나는 주장했다.

나는 이제 한 걸음 더 나아가 바울의 묵시적 선교를 유대 율법에 대한 그의 이해, 유대인들과 이방인들의 관계에 대한 그의 이해와 연관시키려고 한다.

1) 바울과 유대주의

쇼엡스(H. J. Schoeps)는 율법에 관한 바울의 가르침을 "바울신학 중 가장 복잡한 교리 문제"라고 했다(Moo 1987:305). 거의 2000년에 걸친 유대인과 기독교인의 관계의 우여곡절로 인해 바울의 율법 이해에 대한 믿을 만한 해석이 도출되기는 쉽지 않았다. 그래서 바울을 이해하기 원한다면 바울 당시의 유대교와 유대교의 율법에 대한 태도에 관하여 최대한 많은 정보를 얻는 것이 너무나 중요하다.

최근의 연구들에 따르면, 로마제국 초기의 유대교 안에 상당한 다양성이 있었음을 알 수 있다. 이것은 특히 유대 전쟁 이전 기간에 그러하였다. 전쟁 이후 상황은 상당히 바뀌었는데, 바리새인들이 유대 종교 생활을 재구성하려는 동시에 강화하려고 했고 유대인 그리스도인들이 회당과의 관계를 유지하려는 것을 막을 조치를 취했다.

바울 연구에 있어서 분수령을 이룬 것은 샌더스(E. P. Sanders)의 저서 『바울과 팔레스타인 유대교』(1977)였다. 물론 샌더스 이전에 그와 유사한 제안들이 있기는 했다. 율법에 대한 바울의 가르침이 행위 지향적인 로마가톨릭에 맞서 오직 믿음으로만 의롭게 된다는 수칙을 제시한 루터의 틀 안에서만 이해될 수는 없다는 관점이 오늘날 널리 인지되고 있다. 바울이 유대인들과 유대교에 대하여 일반적으로 보다 긍정적인 태도를 가졌었고 특별히 율법에 대하여 그렇다고 보는 사람들이 오늘날 꽤 있다.

첫째, 바울의 유대적 성격에 대해 새로운 이해를 갖게 된 이유들 중의 하나는 바로 묵시에 있다. 오늘날 유대인과 기독교인 간의 대화에 큰 관심이 일고 있다. 바울이 전통적으로 유대인들에 의해 대배교자로(율법에 대한 그의 관점 때문에, 특히 갈라디아서에서), 반유대교의 창시자로(살전 2:14-16에서 말한 것으로 인해) 간주되어 왔기 때문에 많은 그리스도인들이 유대인측 대화 협력자들에게 바울을 보다 친근하게 보이려고 애쓰는 것은 이해할만하다.

그러나 변증이 바울의 이미지를 바꾼 유일한 이유는 아니다. 바울과 당시의 유대 문학을 다시 읽은 것이 "이방인들의 사도"인 바울에 대한 새로운 인식을 역시 가능하게 했다. 데살로니가전서 2:14-16에 나타나는 관점은 서신(데살로니가전서는 바울이 최초로 기록한 서신)의 문맥 속에서 파악되어야 하고 일반화되어서는 안 된다(Räisänen 1983:262, 264). 더욱이 바울은 나중에, 특히 로마서를 보면, 예수를 죽인 것에 대하여, 하나님의 진노를 "영원히" 받아야 하는 것으로 자신의 동족을 고소하지 않는다(Stendahl 1976:5; Steiger 1980:45-47; Mussner 1982:10; Sanders 1983:184).

둘째, 바울의 감정이 가장 고조되어 있는 서신인 갈라디아서가 특별히 논쟁의 목적을 가지고, 즉 유대주의자들의 영향에 대응하기 위해 기록되었다는 것이 보다 분명하게 인식되었다. 그러므로 갈라디아서는 조직적인 신학 논문이 아니라 아주 특정한 상황을 위해 쓰여진 문서로 간주되어야 한다(Beker 1980:37-58; Lategan 1988).

셋째, 바울은 동시대 유대인들과 많은 종교적 확신들을 공유하는데 우상에 대한 관점, 히브리 성경에 대한 태도가 그 예이다. 바울 자신의 사상은 이 히브리 성경에 굳게 천착되어 있다. "옛 언약"과 대조되는 "새 언약"으로서의 새 경전은 대부분의 초기 그리스도인들과 마찬가지로 바울에게도 생각될 수 없는 것이었다. 그는 새 종교의 "창시자"가 아니라 옛 종교의 권위있는 해석자이다(Beker 1980:340, 343).

넷째, 샌더스(Sanders, 1983:192)가 지적한 바와 같이 바울이 유대 당국에 의해 부과된 처벌에 순복한 사실은 자신을 처벌하는 유대인들이 자신을 유대인으로 보는 것처럼 그가 여전히 자신을 유대인들 중의 하나로 여기고 있다는 것을 보여준다. 바울의 처벌은 그가 유대인들 중에 포함된다는 것을 뜻한다.

2) 율법의 기능

1세기 유대교에 대한 이해가 늘어가면서 샌더스(E. P. Sanders)와 같은 학자는 다음과 같이 말했다.

> 많은 이들이 은혜와 행위의 문제에 대하여 바울과 유대주의 사이의 극명한 대립을 주목했지만, 바울은 팔레스타인 유대교와 일치한다... 구원은 은혜로서이지만 심판은 행위에 의거한다. 행위는 "안에" 머무는 조건이지만 구원을 얻게 하는 것은 아니다(1977:543-552).[19]

---

[19] 또한 라이자넨(Räisänen)을 참조하라: "나는 성경 이후 시대의 유대교가 율법의 공로적 행위를 통

그러나 샌더스는 몇몇 학자들이 지적했던 것처럼 과장이 있었다고 볼 수 있다(Moo 1987, du Toit 1988). 우선 자료가 단편적이어서 이 기간 동안의 유대교에 대한 우리의 지식이 제한적이기는 하지만 샌더스의 주장과는 달리 1세기 유대교가 "종교적 형태"로 볼 때 그렇게 통일되어 있지 않았다는 점이다(Wilckens 1959; Meeks 1983:32; Moo 1987:292, 298).[20]

더욱이 부분적으로는 유대 자료들의 불충분으로 인해 바울의 저작을 유대교에 대한 자료의 일부로 삼는 것이 타당할 것이다. 당시에 적어도 일부 유대인들이 율법을 구원의 길로 간주했다는 점을 우리가 부인한다면 바울의 유대주의자들에 대한 비판은 공중에 뜨고 우리는 바울이 교묘하게 자신의 "적대자들"을 오해하고 오도했다고 추론할 수밖에 없다(Moo 1987:291-293).

그러므로 샌더스나 라이사넨(Räisänen)과 같은 학자들이 유대교에 대한 극단적인 판단과 율법을 행하는 것은 잘못이라고 생각한 외로운 천재로서 바울을 묘사하는 것을 종식하는 데 기여했을지라도 여전히 많은 학자들은 "바울과 팔레스타인 유대교는 은혜와 율법이라는 문제에서 실질적으로 다르다고 주장한다(Gundry 1987:96; Moo 1987:292; du Toit 1988).

따라서 나는 바울이 당시 유대교의 율법 이해에 대하여 상당 부분 근본적인 문제를 경험하였고 이것이 바울의 선교 이해에 중요한 결과를 낳았다고 본다. 그리스도에 대한 믿음과 율법 사이에서 아무런 갈등을 경험하지 않은 많은 1세대 유대 그리스도인들의 길을 그가 의도적으로 택하지 않은 것은 분명하다(Wilckens 1959:278; Beker 1980:248).

율법과 관련하여 바울의 문제가 무엇인지 정확하게 파악하는 것은 쉽지

해서 하나님의 호의를 얻어야 한다는 인간중심적 성취 종교였다는 주장에 찬성하지 않는다... 보통의 유대인들은 하나님의 뜻을 구현하기 위하여 율법을 준수했다"(1987:411).

20 드 보어(1989:172-180)는 A.D. 70년 이전의 유대 묵시에서 두 가지 주요 노선을 구별하는 것이 필요하다고 주장하는데 하나는 "우주적인 묵시적 종말론"(하나님과 악한 천사적 권세들 간의 우주적 대결 후에 "이 세대"가 "오는 세대"에 의해 대치된다)이고 다른 하나는 "법정적인 묵시적 종말론"(하나님이 해결책으로 율법을 주었으며 하나님에 대한 인간의 책무가 강조된다)이다. 증거에 따르면 A.D. 70년의 재난 이후에 후자의 노선이 전자의 노선을 완전히 대체한 것으로 보인다.

않다.[21] 우선 바울은 때로 율법에 대하여 아주 긍정적이다. 로마서 9:4에서 바울은 자신의 동족에 대하여 이렇게 말한다. "그들은 이스라엘 사람이라 그들에게는 양자 됨과 영광과 언약들과 율법을 세우신 것과 예배와 약속들이 있고," 로마서 11:29에서 이 자산들은 "선물"(헬라어 *charismata*)로 지칭된다.

또한 로마서 15:8에서 바울은 그리스도를 "할례의 추종자"라고 부른다. 이스라엘은 선조인 아브라함처럼 열방 중에서 약속과 은혜로 사는 백성들로 나타나야 했다(롬 4장; 갈 4장; Beker 1980:336). 여기서 율법이 복음을 반대하지 않으며 복음을 증거하는 것이 된다(롬 3:21). 오히려 하나님이 백성들을 위해 주시고 행하신 모든 것의 집대성이며 결코 백성들이 성취할 것이 아니다(Räisänen 1987:408-410).

다른 한편, 바울이 율법에 대하여 아주 부정적인 것 같은 언급들이 있다. 보다 구체적으로는 유대 관습이고 특히 할례인데 "유대주의자들"이 갈라디아에서 이방 회심자들에게 요구한 것이었다.[22] 그러나 이것을 수용하는 것은 "다른 복음"(갈 1:6)을 포용하는 것이며 그리스도의 복음의 변질이다(1:7). 이것은 "그리스도로부터 단절"되고 "은혜에서 떨어져 나간" 것이다(5:4).

율법에 대하여 바울이 그렇게 격렬하게 공격하는 이유는 무엇인가?

몇 가지 이유가 있을 텐데 바울은 논리적으로 이를 제시하지 않는다.

첫째, 이방인 회심자들이 "율법의 행위"를 실천해야 한다는 "유대주의자들"의 요구는 율법의 본질이 아니라 외적인 의식들을 준수하라는 말이 된다(Räisänen 1987:406-408).

둘째, 첫째 이유에 내포되어 있는 것이기도 한데, 율법과 율법 준수에 대한 바

---

21 라이자넨(1983:16-198)은 바울이 율법에 관한 일관성있는 신학이 부족하다고 주장했다. 그는 뒤이은 연구(*The Torah and Christ*[Helsinki: Publications of the Finnish Exegetical Society 45, 1986])에서 자신의 견해를 어느 정도 개선하고 완화했다. 또한 Räisänen 1987을 참조하라. 드 보어(1989)는 바울의 로마서에서 때로는 우주적인 묵시적 종말론이 지배하고 어떤 때는 법정적인 묵시적 종말론이 지배한다고 제안한다.

22 오직 갈라디아서에서만 바울이 *Ioudaismos, Ioudaikos, ioudaizein*이라는 표현(모두 "유대인"을 뜻하는 *Ioudaios*의 파생어이다)을 사용하고 있다는 점이 중요하다.

울의 반대가 상황적이라는 것이다. 그는 이방인 그리스도인들의 율법에 대한 얕은 해석이 그리스도 안에 있는 구원의 복음의 본질을 변질시키고 어느 것도 그리스도에 견줄 수 없다고 보는 것이다.[23]

셋째, 율법이 유대적 배타주의를 부추기므로 폐기되어야 한다는 것이다. 이것은 바울이 단지 율법의 "관습들"에 대해서가 아니라 율법 자체에 대하여 부정적인 평가를 하는 중요한 이유이다. 이 마지막 사항이 바울의 선교 이해에 특별히 중요하기 때문에 나는 이 점에 대하여 잠시 논의하고자 한다.

바울은 어떤 정통 유대인도 보지 못했던 것을 본다. 유대인들이 의도했던 하지 않았던 간에 율법은 구분의 표식이 되었고 따라서 유대인과 이방인 사이를 나누는 것이다. 율법은 분리시키고 따라서 집단들을 서로 격리시킨다.

율법은 유대 특수주의, 내향주의, 집단 정체성의 전형이 되었고 선택된 백성이라는 자부심이 되었다. 유대인들은 율법이 "하나님으로부터 오는 의"를 지지한다는 사실을 무시했고 율법을 다른 인류로부터 자신들을 구분짓는 영역으로 생각했기 때문에 율법을 "자기들의" 의로 간주했다(롬 10:3). 그들은 자신들의 경전과 하나님의 백성으로서의 자신들의 역할을 오해한다(고후 3:15). 율법은 유대인들에게 "민족 특권 헌장"과 같았다(N. T. Wright; Moo 1987:294에 의해 인용됨, Beker 1980:335; Zeller 1982:177).

바울이 거부한 것은 바로 율법의 내적 분리성이다. 아주 분명하게 바울은 이방인 회심자들을 "유대화"하는 것을 거부한다. 모든 사회적 신분, 성의 차이는 사라졌다. 그러나 바울에게 있어서 가장 중요한 폐기는 유대인과 이방인의 분리이다(갈 3:28). 율법이라는 "분리의 벽"이 무너졌고(갈 2:18) 이미 허물어진 것을 다시 세우는 것은 허용될 수 없다(갈 2:18; Beker 1980:250; Zeller 1982:178; Senior and Stuhlmueller 1983:179; Meeks 1983:81).

이 모든 것은 또 다른 방식으로 설명될 수 있다. 샌더스는 바울이 자신의 선교

---

23 마틴(Martyn 1985:316)은 율법을 준수하는 선교사들의 설교의 "핵심"을 요약한다: "그들은 필연적으로 율법을 그리스도에 비추어 보기보다는 하나님의 율법에 비추어 하나님의 그리스도를 본다. 이것은 그리스도가 율법보다 2차적인 것을 뜻한다."

신학을 곤경으로부터 해결로가 아니라 해결에서 곤경으로 전개한다고 주장했다(1977:442-447). 달리 말하면, 바울이 율법의 부적절성을 발견하고 그리스도를 향한 것은 자신이 경험했던 역경이나 곤경 때문이 아니라는 것이다. 오히려 반대 방향이었다. 그리스도와의 만남이 그로 하여금 모든 것을 근본부터 다시 생각하게 만들었다. "해결책" 그리스도가 그에게 그의 "곤경"(구원에 대한 율법의 불충분성)을 드러내 주었다. 복음에 비추어 보고 "해결책"에 비추어 볼 때만 유대인들과 이방인들의 진정한 상황이 드러난다(Hahn 1965:102, 각주 1).

다시 말하면, 어떤 정통 유대인도 바울의 관점을 취하지 않는 한 바울이 보는 방식으로 율법을 볼 수 없다. 바울은 부활하신 그리스도를 만났을 때 이러한 관점을 부여받았다.[24] 그는 어떠한 인간의 개입이나 가르침을 받아서 얻은 것이 아니라 "계시"로 알게 된 것이다(갈 1:12-17). 이 사건은 하나님이 모든 사람들에게 구원을 베푸는 것은 십자가에서 죽으시고 부활하신 예수를 통해서라는 것을 그에게 확신시켰다.

3) 무조건적인 수용

유대 전통 중 어느 것도 바울이 이러한 혁명적 인식을 하도록 준비시키지 못했다. 이제 죽음에서 생명으로, 죄에서 하나님에게로 옮겨갈 가능성을 모든 인류가 제공받는 것은 시내산에서 받은 율법을 통해서가 아니라 그리스도를 통해서라는 것을 바울은 알고 있다. 그러므로 그는 "십자가에 못 박힌 그리스도를 전하니 유대인에게는 거리끼는 것이요 이방인에게는 미련한 것이로되"(고전 1:23)라고 설교한다. "내가 너희 중에서 예수 그리스도와 그가 십자가에 못 박히신 것 외에는 아무 것도 알지 아니하기로" 작정하였다고 그는 고린도인들에게 편지를 쓴다(고후 2:2; Senior and Stuhlmueller 1983:168, 171, 174, 179, 187).

---

[24] 나는 바울의 신학이 회심 순간에 이미 만들어졌다고 주장하는 것이 아니다. 분명히 그의 사상에는 발전이 있었는데 특히 율법에 대한 해석이 그렇고 또한 헬라파 유대 기독교인들과의 접촉 때문이었다. 또한 Senior and Stuhlmueller 1983:169와 Räisänen 1987:416을 보라.

그리스도가 율법을 대치했다. 그리스도가 "텔로스 노무"(헬라어 *telos nomou*)(롬 10:4)라는 바울의 확신은 그리스도가 율법의 "마침"이자 "목표"라는 의미에서 이해되어야 할 것이다. 그리스도은 율법의 대체이면서 율법의 본래 의도이며 "유대교의 종교적 탐구에 대한 놀라운 대답"이다(Beker 1980:336, 341; Moo 1987:302-305). 십자가에서의 대리적 죽음만이 하나님과의 화목에 이르는 길을 열었다. 하나님 자신은 사람들을 무조건적으로 받으신다. 이것이 바울의 선교신학의 주춧돌이다.

이와 같은 근본적인 인식으로부터 바울은 우리에게는 진부하게 보일지 모르지만 엄청난 주장이 담긴 결론을 끌어 내는데, 곧 유대인과 이방인 사이에 아무런 차이가 없다는 것이다. 우선 그들은 모두 "죄의 권세 아래"(롬 3:9) 있고 모두 "하나님의 영광에 이르지 못한다"(롬 3:23). 모든 사람은 어떤 형태의 "주권" 아래 있는데 죄, 율법, 육체, 거짓 신 등이며(롬 1:18-3:20) 따라서 마찬가지로 죄인이고 마찬가지로 잃어버린 자이다. 참으로 하나님의 진노는 모든 경건치 못함과 불의에 대해 하늘로부터 나타난다(롬 1:18; Dahl 1977a:78; Walter 1979:438; Senior and Stuhlmueller 1983:177; Stegemann 1984:302).

헬라인들이 말하는 어떤 인간의 지혜나 유대인들이 믿는 율법도 "다가올 진노"에서 구원해 주지 못한다(살전 1:10; 롬 3:20; 5:12-14). 모든 사람이 죄를 범하였기 때문에 죽음은 모든 사람에게 퍼졌다(롬 7:12).

그러나 이와 같은 부정적인 판결은 긍정적인 판결로 균형을 이룬다.

> 모든 사람이 죄를 범하였으매 하나님의 영광에 이르지 못하더니 그리스도 예수 안에 있는 속량으로 말미암아 하나님의 은혜로 값 없이 의롭다 하심을 얻은 자 되었느니라(롬 3:23-24; 갈 2:15-17).

복음은 참으로 "모든 믿는 자에게 구원을 주시는 하나님의 능력"이다(롬 1:16). 하나님은 "공정"하게 심판하셨듯이 모두에게 "공정"하고 은혜롭다(롬 2:11). 이것은 하나님이 유대인들의 하나님일 뿐 아니라 또한 이방인들의 하나님이고 "하나님은 한 분"이므로(롬 3:29) 하나님의 자비가 모두에게 해당되기 때문이다(롬

11:30-32; 15:9). 결국 유대인들과 이방인들 모두 아브라함의 자손이다. 후손의 흐름은 아브라함으로부터 그리스도를 통해 이방인들에게 이른다.

> 너희가 그리스도의 것이면 곧 아브라함의 자손이요 약속대로 유업을 이을 자니라(갈 6:16).

> 유대인이나 이방인이나 모두 "하나님의 이스라엘"을 구성한다(갈 6:16).

> 유대인이나 헬라인이나 전혀 차별이 없음이라(롬 10:12).

> 유대인이나 헬라인이나…다 그리스도 예수 안에서 하나이니라(갈 3:28).

예수 그리스도를 믿는 믿음이라는 요건은 이방인이나 유대인이나 마찬가지로 적용된다(Sanders 1983:172). 유대인이든 이방인이든 상관없이 오직 "주께로 돌아온" 자들이 아브라함의 약속의 상속자들이다(:174).

4) 회개하지 않는 이스라엘의 문제

이방인 선교는 바울 당시에 빠른 진전이 있었다. 그러나 유대인들 중에서는 그렇지 못했다. 바울의 동족 대다수가 복음을 거부한 것은 그에게 가장 괴로운 경험이었다(Mussner 1982:11). 이 쓴 경험 때문에 그는 깊은 감동의 말을 기록한다.

> 내가 그리스도 안에서 참말을 하고 거짓말을 아니하노라 나에게 큰 근심이 있는 것과 마음에 그치지 않는 고통이 있는 것을 내 양심이 성령 안에서 나와 더불어 증언하노니 나의 형제 곧 골육의 친척을 위하여 내 자신이 저주를 받아 그리스도에게서 끊어질지라도 원하는 바로라 (롬 9:1-3).

바울은 탁월한 "이방인의 사도"이다. 동시에 그는 모든 신약성경 저자들 중에서 이스라엘에 대하여 가장 관심이 많은 자이다(Beker 1980:328). 이것은 옛 언약 하에 있던 사람들의 구원의 문제를 고려하지 않는다면 바울의 이방인 선교 이해에 대한 어떤 조명도 단편적일 뿐임을 뜻한다(Hahn 1965:105). 모든 인류의 운명이 이스라엘에게 일어나는 일에 달렸다는 것이 바울의 근본적인 확신이다.

유대인들의 미래는 바울에게 사소한 문제가 아니며 종말론에 대한 그의 관점들 중 하나의 특수한 문제에 그치지 않는다(Stegemann 1984:300). 유대인들이 "십자가가 서 있는" 예루살렘에 있는 하나님의 산으로의 순례에 참여하지 않는다는 것이 그에게 깊은 상처가 되며(Steiger 1980:48), 결코 그대로 내버려둘 수가 없다.

따라서 바울은 구약성경에 나타나는 하나님의 서약들과 하나님의 신실성에 의존하여 말한다.

> 그런즉 유대인의 나음이 무엇이며 할례의 유익이 무엇이냐 범사에 많으니 우선은 그들이 하나님의 말씀을 맡았음이니라 어떤 자들이 믿지 아니하였으면 어찌하리요 그 믿지 아니함이 하나님의 미쁘심을 폐하겠느냐 그럴 수 없느니라(롬 3:1-4).

그리고 "그들은 이스라엘 사람이라 그들에게는 양자 됨과 영광과 언약들과 율법을 세우신 것과 예배와 약속들이 있고"(롬 9:4)라고 말한다.

이스라엘의 구원사적인 우위는 유효하며 결코 무시되어서는 안된다. 유대인들의 혜택은 사실이며 약속들이 그들에게 주어져 있다. 그리스도의 사건이 바로 이러한 약속들에 대한 대답이다. 바울이 선포하는 복음은 새로운 종교가 아니라 메시아 시대를 갈망하는 이스라엘에 대한 대답이다.

> 그러므로 이스라엘에 대한 하나님의 약속의 종말론적 성취는 산 희망으로 남는다. 이스라엘이 구원받지 못한다면 약속들에 대한 하나님의 신실성은 무효가 된다(Beker 1980:343, 335).

"하나님의 은사와 부르심에는 후회하심이 없다"고 바울이 말하기 때문이다(롬 11:29). 그들이 구원받지 못한다면 이방인들에 대한 하나님의 약속들 역시 영원히 모호하다(Stegemann 1984:300).

그런데, 바울은 자신의 이방인 선교를 밑받침하는 기본적인 신학적 주장에도 불구하고 자신의 입장을 어떻게 유지할 수 있는가?

즉, 그리스도 안에서 유대인이나 이방인들이 모두 하나라는 것(갈 3:28), 아브라함의 자손들은 "육신의 자녀들"이 아니라 "약속의 자녀들"이라는 것(롬 9:8), "참된 할례"는 "외적이고 신체적인" 것이 아니라 "마음이 문제"라는 것, 모두가 하나님에게 동등하게 나아갈 수 있고 믿음만으로 모두 의롭다 함을 받는다는 입장을 어떻게 유지할 수 있는가?

바울은 어떻게 서로 상반되는 두 가지 입장을 동시에 주장할 수 있는가?

시니어(Senior)와 스툴뮤엘러(Stuhlmueller)가 "바울이 씨름하는 이러한 딜레마는 복잡하고 결코 완전히 풀리지 않을 것이다"라고 말한 것은 일리가 있다(1983:180). 라이사넨(Räisänen)은 이 문제 전체가 주제가 되고 있는 로마서 9-11장에 대하여 다음과 같이 피력한다.

> 로마서 9-11장은 바울이 "원을 사각으로 만들려는" 불가능한 시도와 씨름하는 것을 감동적으로 보여준다. 그는 두 가지 양립할 수 없는 확신을 함께 붙잡으려고 애쓴다.
> ① 하나님은 취소불능의 언약을 이스라엘과 맺고 의로운 삶으로 초대하는 율법을 이스라엘에게 준다.
> ② 이 의는 진정한 의가 아닌데 예수에 대한 믿음에 기초하고 있지 않기 때문이다.

전체 딜레마는 참으로 "하나님에 대한 딜레마"인데 "물려받은 것들"과 "계시된 것들"이라는 바울의 두 가지 확신에서 발생한다. 바울의 문제는 단순히 자신이 깊이 사랑하는 백성들에게 있을지 모를 영원한 심판으로 인해 생기는 인간적 비통함이 아니다. 그는 "하나님, 하나님의 뜻, 하나님의 지속성"에 대하여 염려한다(Sanders 1983:197).

바울의 문제는 참으로 "모순되는 확신들"의 문제로서 "설명되기보다는 주장되는데" 구원은 믿음으로 말미암고 이스라엘에 대한 하나님의 약속은 취소될 수 없다는 것이다(:198). 따라서 바울은 하나님의 약속들을 이스라엘에게 그대로 두면서 그리스도를 믿는 믿음을 주장하는 공식을 결사적으로 추구한다(:199).

5) 로마서 9-11장

샌더스(Sanders)에 따르면 바울이 그의 확신들을 "설명"하기보다는 "주장"하는 것은 특히 로마서 9-11장에서이다. 가장 어려운 이 세 장들은 로마서의 중간에 위치하며, 핵심 주제는 1:16의 "복음은 모든 믿는 자에게 구원을 주시는 하나님의 능력이 됨이라 먼저는 유대인에게요 그리고 헬라인에게로다"이다. 9-11장은 "로마서의 진정한 중심"이고(Stendahl 1976:28) 바울과 그의 선교관을 이해할 수 있는 "시금석"이다(Stuhlmacher 1971:555). 바울의 선교와 신학의 내적 통일성이 이 장들보다 더 명확한 곳은 없다(Dahl 1977a:86).

그러나 이 장들이 앞의 여덟 장 다음에 막연하게 둔 것이 아니라는 점이 중요하다. 로마서는 이신칭의라는 교리를 다룬 신학 논문이 아니며 9-11장은 일종의 "낯선 본문"이다. 이것들은 바울의 사색적인 공상에서 기인한 것이 아니며 "핵심 주장의 중심"이 아닌 "일종의 보조적 내용" 역시 아니다(Beker 1980:63). 오히려 이 부분은 "미래를 향하는 중요한 선교 역사 문서"이다. 이러한 맥락에서 이 부분은 바울의 이방인 선교의 목적과 배경을 특별히 "설명"해 주고 있다(Stuhlmacher 1971:555).

루즈(Luz)가 잘 지적한 것처럼(1968:268; Hofius 1986:310) 로마서 11:25-27은 바울이 말하고자 하는 핵심, 곧 세 장의 주장의 정점을 보여주는데 다음과 같다.

> 형제들아 너희가 스스로 지혜 있다 하면서 이 신비를 너희가 모르기를
> 내가 원하지 아니하노니 이 신비는 이방인의 충만한 수가 들어오기까

지 이스라엘의 더러는 우둔하게 된 것이라 그리하여 온 이스라엘이 구원을 받으리라 기록된 바 구원자가 시온에서 오사 야곱에게서 경건하지 않은 것을 돌이키시겠고 내가 그들의 죄를 없이 할 때에 그들에게 이루어질 내 언약이 이것이라 함과 같으니라(롬 11:25-27).

나는 바울이, 특히 그의 선교가 구약성경의 예언과 유대교 묵시의 배경 하에서만 이해될 수 있다고 말했었다. 이러한 관찰 역시 로마서 9-11장에 적용되며 특히 11:25-27에 대하여 그렇다. 바울은 자신의 서신서들 중 어디에서도 이 세 장만큼 구약성경을 가지고 주장한 경우가 없다(Aus 1979:232; Beker 1980:333).

루즈(Luz 1968:286-300; Rütti 1972:164-169)는 위의 로마서 본문이 사건의 연대기나 순서를 가리키기 위한 것이 아니고 연대기를 하나님의 은혜와 신실하심에 관한 확증으로 해석해야 한다고 주장했다. 그러나 이것은 상당히 개연성이 없는 해석이다. 바울은 여기서 묵시적 계시의 형식을 취하고 이방인 선교는 중간 시기 동안만 있는 사역이며, "이방인의 충만한 수"가 차면 그 사역은 종료되고 이후 "온 이스라엘"이 구원받고 "구원자"(재림시의 그리스도)가 역사를 끝낼 것이라고 주장한다(Stuhlmacher 1971:561; 564, Hengel 1983b:50; Mussner 1982:12; Hofius 1986:311-320). 이 모든 것은 묵시적 드라마를 펼쳐 보임으로써 묘사가 된다.

바울은 로마서 두 가지 연속되는 주장을 9:1에서부터 계속 전개한다.

첫째, 로마서 9:6에서 11:10이다.

둘째, 로마서 11:11로부터 11:32이다(Hofius 1986:300-311). 그리고 11:25-27이 핵심 구절이다.

그것은 하나님의 구원 "전략"을 파도같이 놀랍고 역동적인 것으로서(Beker 1980:334) 세 가지 "행위"로 설명하는데, 곧 이스라엘의 완고함과 그리스도에 대한 반대가 이방인 선교를 일으키고 최종적으로는 이것이 이스라엘의 구원으로 이어진다는 것이다(11:30).

"완고함"(헬라어 *porosis*)은 바울이 말하듯이 "이스라엘의 일부에게" 왔다. 11:28에서 바울은 유대인들을 "하나님이 원수"라고 부른다. 동시에 그는 "올바른 지식을 따른 것이 아닐지라도" 그들의 열심과 좋은 의도를 의심하지 않는다(롬 10:2). 더욱이 여러 구약성경 구절들을 인용하면서 그들의 무죄를 입증하는 듯하다. 이에 관하여 11:8에서 "하나님이 오늘까지 그들에게 혼미한 심령과 보지 못할 눈과 듣지 못할 귀를 주셨다"고 말한다(Mussner 1976:248; Hofius 1986:303). 중심 주제는 하나님이 이방인들을 위해 이스라엘의 완고함을 허락하셨다는 것이다.

이것이 "두 번째 행위"를 유발한다. 이스라엘의 범죄로 인해 "구원이 이방인들에게 이르렀고"(11:11) 참으로 "그들의(이스라엘) 실패가 이방인의 풍성함이 되며"(11:12), "그들을 버리는 것이 세상의 화목이 된다"(11:15).

"하나님은 이방인들이 자신들을 위해 예비하신 영광을 볼 수 있게 하기 위하여 이스라엘의 귀를 닫으신다"(Stegemann 1984:306).

이스라엘의 일부에게 왔었던 완고함은 이방인 선교의 여지를 만들어 주고 이방인들의 "충만한 수"의 유입을 가능하게 한다.

이제 이것은 "세 번째 행위," 즉 "모든 이스라엘"의 구원을 위한 무대를 마련한다. "이방인들의 충만한 수"가 찰 때(바울은 자신과 함께 헌금을 예루살렘에 전해주기 위해 가는 이방 교회들이 대표들을 염두에 둔 것일까?), 이스라엘의 "완고함"이 끝날 것이고 이스라엘은 "구원자"를 맞이하고(11:26) "긍휼을 얻을" 것이다(11:31). 바울은 마지막 문장에서 모든 것을 요약하고(11:32, "하나님이 모든 사람을 순종하지 아니하는 가운데 가두어 두심은 모든 사람에게 긍휼을 베풀려 하심이로다") 송영으로 마친다(11:33-36).

바울은 어떻게 "온 이스라엘"의 "구원"을 예상하는가?
바울은 이스라엘이 메시아에게로 회심할 것을 예견하는 것인가?
달리 말하면, 이스라엘이 그리스도를 믿음으로 받아들인다는 것인가?
바울은 모든 유대인의 구원을 기대하는가?
바울은 여전히 유대인들에게 선교할 필요가 있다고 보는가?

이 문제에 대하여 학자들의 견해가 분분하다. 어떤 학자들은 말하기를, 바울에 따르면, 재림의 때에 이스라엘이 그리스도를 믿음으로 받아들일 때 오직 은혜로, 즉 하나님의 행위를 통해 모든 이스라엘이 구원받을 것이라고 한다(Stendahl 1976:4; Steiger 1980; Mussner 1976, 1982; Sanders 1983:189-198).

샌더스(Sanders)는 이것이 유대인들은 율법에의 헌신으로 이방인들은 그리스도를 믿음으로 구원받는다는 "두 언약 신학"을 뜻하지 않는다고 주장한다. 유대인들 역시 오직 그리스도를 믿음으로 구원받는다. 감람나무의 일부가 되는 유일한 길은 믿음이며 유대인과 이방인이 동등하며 감람나무에 접붙이기 전이나 후나 모두 그렇다. 구원의 두 가지 경제(economy)는 없다.

그러나 샌더스가 주장하듯이 이스라엘이 믿게 되는 것은 사도적 선교의 결과가 아니고 인간 대사들이 아닌 하나님이 이스라엘의 구원을 성취하실 것이다. 이것이 바울에게 계시된 "비밀"이다. 첫 번째 계획은 빗나갔다. 하나님은 이방인들이 들어오기 전이 아니라 후에 이스라엘을 구원할 것이고 마찬가지로 그리스도를 믿음으로 얻는 구원이다.

샌더스와 마찬가지로 로마서 9-11장을 "온" 이스라엘이 재림 시에 하나님의 신적 행위를 통해 구원받을 것으로 보는 다른 학자들은 "이방인" 그리스도인들에게 유대인들을 개종할 임무가 있지 않다고 확신한다(Beker 1980:334; Steiger 1980:49). 그들은 성경 본문이 이스라엘의 회심에 대해서는 아무 말이 없고 오직 이스라엘의 구원에 대해서만 말한다고 지적한다(Mussner 1976:249).

이스라엘은 재림하는 그리스도 자신의 입을 통해 복음을 듣고 그를 믿음으로 받아들일 것이다. 곧 "온 이스라엘"은 바로 바울처럼 인간의 개입 없이 부활의 그리스도를 직접 대면함으로써 믿음에 이를 것이다(Hofius 1986:319).

바울 이래로 유대인들을 개종시키려는 그리스도인의 어떤 시도도 신학적으로 불가능하며 아우슈비치(Auschwitz) 이후로 윤리적으로 불가능하다. 이스라엘의 경우 우리는 "미시오 데이"(*missio Dei*)와 "미시오 호미눔"(*missio hominum*)을 철저하게 구분해야 한다(Steiger 1980:57; Mussner 1976:252). 교회는 이스라엘을 믿음으로 옮길 수 없다(Bieder 1964:27). 하나님만이 이스라엘을 구원할 것이다. 교회의 유일한 개입은 "예측의 형식"일 뿐이다(Stuhlmacher 1971:566).

교회가 가지는 다른 유일한 의무는 믿지 않는 이스라엘을 보호하는 것인데, 이방인 그리스도인들의 현재적 구원(하나님과의 화목)과 미래적 구원(부활)이 유대인들의 운명에 달려 있기 때문이다(Steiger 1980:56). 엄격히 말하면 로마서 9-11장은 이스라엘에 대한 고발이 아니라 "변론"을 담고 있다(:50).

참으로 로마서 9-11장에는 바로 위에서 언급한 내용들처럼 해석될 수 있는 구절들이 있다. 로마서에서 바울이 기독교 용어인 에클레시아(ekklesia), 즉 "교회"라는 용어를 분명하게 사용하지 않는 점이 특이한데 16장의 인사말만 예외이다(Beker 1980:316). 마찬가지로 놀라운 사실은 바울이 로마서 10:17에서 11:36까지 "그리스도라는 이름을 사용하지 않는데 마지막 송영에서도 그렇다(11:33-36). 그의 서신서들 중에서 기독론적 요소가 없는 유일한 송영이다"(Stendahl 1976:4, 분명히 그는 11:26의 "구원자"가 그리스도를 가리키는 것으로 이해하지 않는다).

다른 학자들은 위의 결론들이 부당하다고 판단한다. 이들은 너무 한 구절에만 집중하고 있다고 지적하며 로마서 11:25-32에서 한 바울의 말을 다른 곳에서 그가 쓴 문맥 안에서 보아야 한다고 주장한다. 바울이 9-11장의 주장에서도 "수식어"를 사용하고 있다는 점을 주목하는 것 또한 중요하다.

예를 들면, "믿지 않는" 유대인들에게 "불신앙에 계속 머무르지 않는다면" 감람나무에 접붙여질 수 있다고 암시한다. 그러므로 "온 이스라엘"의 구원에 대하여 그가 말하는 것이 다른 곳들에서 아무리 잘한다 해도 율법에 대한 복종으로는 불충분하다고 말하는 것이나 로마서 1:16의 대명제 "복음은 모든 믿는 자들에게 구원을 주시는 하나님의 능력"이라는 것과 모순되지 않는다(Zeller 1982:184; Senior and Stuhlmueller 1983:180). 그러므로 9-11장이 유대인들 중에서의 기독교 선교를 배제하는 것이 아니다(Kirk 1986).

우리가 9-11장의 중요한 주제 중의 하나가 로마에 있는 이방인 그리스도인 독자들에게 이스라엘의 "완고함"에 대하여 교만해지고 자랑해서는 안된다고 경고하는 것임을 명심한다면 이 장들에서 나타나는 어려운 문제에 대한 답을 찾는데 도움이 될 것이다. 감람나무의 비유를 사용하여 바울은 이방인 그리스도인들이 "가지들이 꺾인 것은 나로 접붙임을 받게 하려 함이라"라고 외치려는 유혹을 받을 수 있다고 말한다(11:19). 바울은 참으로 그렇게 되었다고 인정하지만 이방인 그리스도인들에게 "오직 믿음으로" 그들이 접붙인바 된 것을 상기시킨다. 그리고 이렇게 부언한다.

높은 마음을 품지 말고 도리어 두려워하라 하나님이 원 가지들도 아끼지 아니하셨은즉 너도 아끼지 아니하시리라(롬 11:20-21).

뿌리를 보전하는 것은 그들이 아니고 뿌리가 그들을 보전한다(11:18). "돌감람나무"인 이방인들은 "본성을 거슬러," "좋은"(재배된, cultivated) 나무인 이스라엘에 접붙인바 되었다(11:24). 그래서 그들은 우쭐대거나 지혜있는 척하지 말라고 경고를 받는다(11:25). 승리주의의 여지는 전혀 없다.

이스라엘에 대하여 단 한 가지 태도만이 허용되고 권장되는데, 그것은 이방인 그리스도인들이 믿음, 소망, 사랑을 통하여 이스라엘의 하나님을 증거하고 그럼으로써 유대인이 "시기"하게끔 하는 것이다. 바울이 이것을 세 번 다른 방식으로 반복할 만큼 바울에게 중요한 주제인데(롬 10:19; 11:11, 14) 이방인 그리스도인들이 이스라엘에 대하여 취해야 할 적절한 태도를 완전히 이해해야 한다고 강조한다(Mussner 1976:254; Stegemann 1984:306; Hoifus 1986:308-310).

바울은 "신비"(*mysterion*)라는 용어를 특히 로마서 11:25에서 같은 식으로 사용한다. 신비는 이방인들과 유대인들을 대하는 하나님의 "상호 의존성"을 가리키는데(Beker 1980:334) 이방인들의 불순종으로부터 이방인들이 긍휼을 얻는 것으로, 유대인들의 불순종으로, 유대인들에게 긍휼이 보여지는 것으로, 최종적으로는 하나님이 "모두에게" 긍휼을 베푸시는 것으로 진행되는 과정이다(롬 11:30-32). 바울의 관점에서 보면 "이스라엘의 운명과 하나님의 계획의 최종적 행위는 이방인 선교의 완성과 유대인과 이방인 간의 취소될수 없는 조화에 달려 있다(Senior and Stuhlmueller 1983:185).

그러므로 로마서 9-11장은 달리 말하면 유대인들과 이방인들 간의 변증법적 상호관계가 바울의 사상 속에 자리 잡고 있다는 것을 확증한다. 이방인 선교 사역은 그리스도의 사건으로 인해 시작된 새로운 메시아 시대 속에서 세상을 향한 이스라엘의 역사적 선교의 결과라고 바울은 말한다(Beker 1980:333).

"이스라엘은 하나님으로부터 받은 은혜의 약속을 조건 없이 모든 이방인들에게 확대하는 것을 배워야 한다"(:336).

복음은 참으로 첫째는 유대인들에게요, 또한 헬라인들에게 이다(롬 1:16; 2:10). 그리스도는 이방인들이 "그의 백성들과... 함께 기뻐하도록," "할례의 추종자"가 되었다(롬 15:8; Minear 1961:45). 유대인들의 선조인 아브라함 안에서 하나님은 유대인들뿐 아니라 모든 사람들을 향해 약속의 역사를 시작하였다.

바울은 이스라엘과 분리되고 단절된 그리스도인으로 자신들을 이해한다면 이방인 그리스도인들은 "스스로 우쭐대며 지혜 있다"(11:25) 하는 것이 된다고 말한다(Bieder 1964:27). 바울은 하나님의 이야기가 이스라엘과 연속성이 있다는 것을 결코 폐기하지 않는다.

교회는 이스라엘과의 연결 없이 하나님의 백성이 될 수 없다. 바울의 이방인 사도직은 이스라엘의 구원과 관련되며 이스라엘로부터 돌아선다는 뜻이 결코 아니다. 복음은 약속이 이스라엘을 넘어 확대된다는 뜻이지 이방인들로 구성된 교회가 이스라엘을 대체한다는 뜻이 아니다(Beker 1980:317, 331, 333, 344).

그러므로 2세기 이후로 일반화된 것처럼, 예를 들면 바나바(Barnabas)나 저스틴 마터(Justin Martyr)의 저술에서처럼, 교회가 "새 이스라엘"이라고 바울은 결코 말하지 않는다(Beker 1980:316, 328, 336; Senior and Stuhlmueller 1983:173-180). 이것은 갈라디아서 6:16에서조차도 그렇다. 참으로 교회는 새 이스라엘이 아니라 "확대된 이스라엘"이다(Kirk 1986:258). 그리고 이방인 그리스도인들은 이 점을 잊어서는 안된다.

바울은 "원과 면적이 같은 정사각형을 만드는 데" 성공했는가?(Räisänen 1987:410) 즉, 이스라엘과의 취소할 수 없는 하나님의 언약에 대한 자신의 관점과 하나님이 복음에 믿음으로 반응하는 사람들만을 구원할 것이라는 자신의 확신을 서로 화해시킬 수 있었는가?

이 질문에 대한 대답은 적어도 부분적으로 우리의 관점에 달려 있다. 동일하게 굳건한 이 두 가지 믿음은 끝까지 서로 긴장 상태로 남는다. 둘 중 어느 하나를 논리적인 한계로 밀어붙이는 것은 바울의 사역 정신과 충돌하는 것이 된다. 이러한 논리는 그리스도에 대한 믿음이 중요하지 않다는 결론에 이르게 하거나 너무 적은 수의 유대인들이 믿기 때문에 이스라엘은 결국 잃은 자라는 결론으로 흐른다. 바울은 이 두 가지 중 어느 편도 택할 수 없다.

7. 교회: 중간기의 종말론적 공동체

1) 바울의 에클레시아

이 장의 앞 부분에서 나는 바울의 책임감을 그의 선교 동기의 하나로 논의하면서 바울이 신자들의 태도와 "외인들"에 대한 행동에 대하여 언급한 것을 간략하게 다루었다. 그러나 우리는 그의 선교신학이라는 맥락에서 그의 교회 이해를 자세히 살펴볼 필요가 있다.

사회학자들은 어느 사회조직이라도 유지되려면 경계선이 있어야 하며 유연성 뿐 아니라 구조적인 안정성을 유지해야 하고 특유한 문화를 창출해야 한다고 주장했다(Marvin E. Olson; Meeks 인용 1983:84). 특히 종교적인 조직의 경우에는 추가적인 요소들이 있는데 사람들을 끌어들이는 특정한 종교적 설득, 자신과 세계에 대한 이해의 변화, 새로운 신앙이 지원해 주는 것 등이다(Gaventa 1986:3).

A.D. 50년대의 바울의 교회들에게 이러한 표준들을 적용하자면 이 공동체들은 바울이 떠났을 때 결코 안정되지 못했고 "상대적으로 조직적이지 못하고 괴로움이 많고 아주 기본적인 신앙 교육만 있었고 주변 사회와 긴장 속에 있었다는 것을 우리는 명심해야 한다(Malherbe 1987:61; Lippert 1968:130).

숫적으로 적은 이 공동체들은 에클레시아(ekklesia)라는 이름을 취했는데, 이 말은 히브리어 "카할"(kahal)의 70인 역 번역에서 일상적으로 사용된 것이었다. 당시 헬라어에서 에클레시아는 헬라 도시의 남자 자유시민들의 마을 모임을 가르켰다. 헬라적 유대인 그리스도인 공동체들이 이 용어를 자신들을 가리켜 처음 사용하였는데 아마도 안디옥 공동체가 시작했을 것이다(Beker 1980:306). 바울은 그것을 자신의 선교 여행에 가지고 간다.

믹스(Meeks)는 바울의 에클레시아와 당시의 다른 네 가지 모델을 주의 깊게 비교 하는데 이 네 가지는 로마 혹은 헬라의 가정, 클럽, 상인조합 같은 자발적 협회, 유대인 회당, 철학 혹은 수사학 학파이다. 말허베(Malherbe)는 견유 학파, 에피쿠루스 학파, 스토아 학파와 같은 주요 철학파들을 연구하여 바울의 교회 이해와 비교하였다(1987:여러 곳에).

증거들을 면밀히 조사한 후에 두 학자는 에클레시아와 다른 집단들 간에 괄목할만한 유사점들이 있지만 의심의 여지없이 아주 독특한(sui generis) 공동체였다는 결론에 이른다. 이 공동체의 특유한 성격이 선교 공동체로서의 교회 이해와 중요한 관계가 있기 때문에 나는 지금 이 문제를 고찰하고자 한다.

바울의 사상에서 "하나님의 의"(롬 3:21-31)는 개인에 대한 선물이 아니라 공동체에 대한 선물로 해석되어야 하는데(Luz 1968:168-171), 신자가 고립된 채로 존재하지 않기 때문이다. 이 점은 특히 고린도전후서에서 분명한데 여기서 어떤 신자들은 그리스도 안에 있는 자신들의 자유를 자신이 하고 싶은 대로 하는 것을 뜻한다고 해석한다. 이는 바울이 거듭해서 거부하는 그리스도인의 삶이 모습이다(Gaventa 1986:45). 참으로 교회 안에는 고립된 개인이나 이기주의자가 자리할 여지가 없다(Beker 1984:37). 어느 개인이라도 "믿음으로 의롭다 함"을 경험할 때 신자들의 공동체로 옮겨 들어간다.

"말세 공동체의 일원들은 홀로 살지 않는다"(Malherbe 1987:80).

참으로 그리스도인들은 "특별한 종류의 공동체이다"(:94).

그들은 "성도," "택함 받은 자들," "부름 받은 자들," "하나님이 아는 자들"이라고 불린다(Meeks 1983:85). 그들은 그리스도 안에 사람으로서 합당하게 행동해야 한다. 그들 사이의 상호관계에서 특히 그래야 하는데, 공동체의 조화를 위협하는 사람들을 훈계해야 하고(:94) 물질적으로 곤궁한 동료들에게 실제적인 관심을 보여야 한다(:102). 바울이 에클레시아라는 말을 보통 지역 교회를 가리켜 사용할지라도 이러한 관심은 지역 공동체를 넘어서 확장되어야 하며(Ollrog 1979:126; Beker 1980:314-316) 더 넓은 교제권이 항상 전제되어 있기 때문이다(Meeks 1983:75, 80, 107-109). 그러므로 환대는 다른 지역의 동료 신자들에게도 제공되어야 하며 바울은 로마의 그리스도인들에게 "성도들의 쓸 것을 공급하며 손 대접하기를 힘쓰라"고 촉구한다(롬 12:13; Meeks 1983:109).

신자들 간의 관계는 특히 바울의 "소속의 언어"에서 명백하게 나타난다(Meeks 1983:85-94). 이러한 점에서 바울이 친족 용어를 사용하고 있는 점이 아주 중요하다. "아버지," "자녀/자녀들," 특히 "형제/형제들"이라는 용어가 그의 서신서들에서 많이 나온다. 이러한 용어들은 신약성경의 다른 곳들에서도 나오지만 바울 서신에서 그 빈도 수와 강도가 특별하다. 지역 에클레시아는 분명히 회원들의 주된 집단이 된다.

바울이 가장 먼저 기록한 서신인 데살로니가전서에서 그는 그리스도인들을 18번이나 "형제들"이라고 부른다(Meeks 1983:86-88; Malherbe 1983:39; 1987:48-52). 알프레드 위프스트렌드(Alfred Wifstrand)가 신약성경에 대하여 개괄적으로 쓴 내용이 바울의 공동체에게 특히 적용될 만하다.

> 신약성경에서 특유한 점은 그들이 유대인들이나 헬라인들에게 가까운 것보다 하나님이 이들에게 더 가깝고 동료들이 이들에게 더 가깝다는 것이다. 공동체라는 개념은 아주 중요하고 가치들은 더 강력하며 이러한 이유 때문에 감정적으로 채색된 형용사들 역시 많이 나온다.

2) 세례와 장벽들의 초월

신자들의 연합은 그들이 세례를 통해 그리스도에게로 연합된다는 사실에 기초한다. 참으로 바울의 전체 신학이라고 할 수 있는 그의 설교가 그리스도의 죽음과 부활에 중심을 두고 있다는 점을 앞에서 나는 지적하였다. 이것은 또한 그의 세례에 대한 이해를 설명한다.

많은 개인들이 아니라 한 연합체로서의 신자들은 그리스도의 죽음 속으로 세례를 받고 마찬가지로 죽음에서 부활한다. 그리스도와 함께 십자가에 달리고 그와 함께 죽지만 이제는 그와 함께 살아서 하나님을 향하여 살아 있다(롬 6:3-11). 그들은 죽으시고 부활하신 그리스도로 "옷 입고" 하나님의 자녀, 양자가 되었다 (갈 3:26; 골 3:10).

교회 안에서 모든 인간적인 장벽들이 초월된다는 것을 바울이 그토록 열정적으로 선언하도록 동기를 부여받는 것은 신자들이 그리스도와 합하기 위하여 세례 받는다는 중대한 사건 때문이다. 세례는 "하나님의 종말론적 공동체의 일원이라는 인증"이다(Käsemann 1969b:119). 바울은 고린도인들에게 "우리가 유대인이나 헬라인이나 종이나 자유인이나 다 한 성령으로 세례를 받아 한 몸이 되었다"고 말한다(고전 12:13). 바울은 갈라디아인들에게도 비슷하게 말한다.

> 누구든지 그리스도와 합하기 위하여 세례를 받은 자는 그리스도로 옷 입었느니라 너희는 유대인이나 헬라인이나 종이나 자유인이나 남자나 여자나 다 그리스도 예수 안에서 하나이니라(갈 3:27; 엡 3:6).

그러므로 세례는 사회적 관계와 자기이해에 있어서 변화를 가져온다(Malherbe 1987:49). 그리스도를 믿으면 교제가 가능하다. 신자들이 그리스도 안에서 하나이기 때문에 그들은 서로에게 속한다(Zeller 1982:180). 그리스도 안에서의 교제는 유대인들과 이방인들만을 연합시키는 것이 아니라 사회적 배경이 다른 사람들도 연합시킨다(Peterson 1985). 당시 헬라와 로마의 단체들은 사회적으로 동질적인 경향이 있었으나(Malherbe 1983:86; Meeks 1983:79) 바울은 구분이 초월되어야 한다고 주장한다.

고린도전서 10-11장은 공동체가 주의 성찬을 기념할 시에 부자와 가난한 자 간에 더 큰 사회적 통합을 주장하며 이것이 자유인과 노예 간에도 마찬가지임이 암시되어 있다. 부자들의 행위는 바울의 공동체 이해와 충돌한다. 부자들의 행위가 단순히 다른 사람들의 감성에 상처를 입히는 것이 아니며 적절한 예의를 갖춘다고 바로 되는 것이 아니다. 여기서 올바른 행동은 참된 믿음의 실재가 나타나는 데에 있다(고전 11:19; Malherbe 1983:79-84).

이것은 베드로가 이방인 회심자들과 함께 식사하기를 거부했을 때 바울이 격렬하게 반응한 이유를 설명해 준다(갈 2:11-21). 주의 식탁을 동료 신자들과 함께 하는 것을 거부하는 것은 믿음으로 의롭게 된다는 것을 부인하는 것이다. 부인할 경우 행위로 의롭게 된다는 것을 인정하는 것이 되고 만다(Räisänen 1983:259). 그리스도인들이 서로 화목하지 않고 식사 시에 계속 분리되어 있다면 하나님과의 화목도 위태로운 것이다.

그리스도인 집단들이 인종, 민족, 성별, 사회적 지위와 같은 요소들에 기초하여 서로 분리된다면 교회의 일치성, 아니 교회 그 자체가 의문스러워진다. 그리스도 안에서 하나님은 우리를 무조건적으로 받아주셨다. 우리도 서로에게 이러해야 한다. 바울의 사상에 기초하면 회심자들이 토라(Torah)를 준수하는 유대인 그리스도인들과 그렇지 않은 이방인 그리스도인들이라는 두 개의 회중으로 구성된다는 것은 어불성설이다(Sanders 1983:188).

예수 그리스도의 죽음과 부활 안에서 새로운 시대가 밝았는데 유대인과 이방인이 구분없이 하나님이 한 백성이 되는 시대이다.

> 그리스도께서 어찌 나뉘었느냐?(고전 1:13).

이것은 말이 되지 않는다!

교회 안에서의 분리는 교회의 내적 생명을 파괴하고 그리스도의 대속적적 죽음이라는 기초를 부인하는 것이다. 바울이나 다른 누구도 아닌 그리스도만이 (고전 1:13) 사람들을 하나님과 화목시키기 위해 죽으셨다(Breytenbach 1986:3, 19).

> 한 사람이 모든 사람을 대신하여 죽었다(고후 5:14).

그리고 그리스도의 화목 사역은 두 집단을 한 방에 들여서 차이점을 해결하게 하는 것이 아니며 새로운 종류의 몸이 되어 인간관계가 변혁되어 가는 것이다. 진정한 의미에서 그리고 바울의 이해에 비추어서 말하자면, 선교는 모든 배경의 사람들에게 "모두가 한 가족의 일원으로서 사랑으로 서로 결속하는 새로운 공동체에 들어오시는 것을 환영합니다"라고 말하는 것이다.

3) 세상을 위하여

이것이 바울의 선교가 성취하려고 하는 것이다. 교회는 자신의 본질과 사역을 보임으로써, 하나님이 그리스도의 죽음, 부활, 통치를 통해 이루신 화목과 구속을 보임으로써 하나님을 영화롭게 하는 사람들의 공동체가 되도록 부름 받는다(고전 5:18-20).

물론 바울의 교회들이 교회 바깥의 사람들과 자신들이 다르다는 것을 철저하게 인식하고 있고 바울 역시 계속적으로 교회의 유일성을 상기시키는 것이 사실이다. 동시에 독특한 집단이라는 인식은 폐쇄성을 낳지 않는다. 엄밀하게 말하면 유일성 의식은 교회에게 다른 사람들과 나누도록 격려한다. 배타적이 되는 것과 다른 사람들과의 유대를 실천하는 것 간에는 창조적인 긴장이 있다.

바울의 이해에 따르면 교회는 "하나님에게 순종하는 세상"이며 "구속받은... 피조물"이다(Käsemann 1969b:134). 교회의 세상에서의 주된 선교는 이러한 새로운 피조물이 되는 것이다. 교회의 참 존재는 하나님의 영광을 위한 것이 되어야 한다. 이것은 "외인들"에게 분명히 영향을 미친다. 교회의 행위를 통해 신자들은 외부인들의 마음을 끌거나 외면당한다(Lippert 1968:166). 교회의 생활양식은 매력을 줄 수도 혐오를 줄 수도 있다. 매력적일 경우 적극적으로 "밖으로 나가" 전하지 않아도 사람들이 교회에 이끌려 온다.

바울은 "주의 말씀이 너희에게로부터 마게도냐와 아가야에만 들릴 뿐 아니라 하나님을 향하는 너희 믿음의 소문이 각처에 퍼졌다"라고 말한다(살전 1:8). 바울은 고린도인들에게 그들이 "뭇사람이 알고 있는 천거서"임을 상기시킨다(고후 3:2). 이와 유사하게 로마에 있는 그리스도인들에게 그들의 "믿음이 온 세상에 전파"되고(롬 1:8) 그들의 "순종함이 모든 사람에게 들린다"(롬 16:19)고 말한다.

이러한 언급들은 데살로니가 교회, 고린도 교회, 로마 교회가 직접적인 선교 활동에 참여했다는 것을 암시하는 것이 아니라 이들 교회들이 "연합과 서로간의 사랑, 모범적인 행동, 빛나는 기쁨을 보임으로써 본질적으로 선교적임을 제안하는 것으로 보인다.

교회는 현실도피적이지 않다. 교회는 세상에 관여한다. 이것은 교회가 선교적임을 뜻한다. 그리스도인들은 교회 안에서 메시아적 생활양식을 실천하도록 부름 받을 뿐 아니라 세상의 가치들에게 혁명적인 영향을 미치도록 부름 받는다.

교회는 세상의 공격에 방어벽을 치고 은둔처로 피하지 않는다(Beker 1980:318).

바울에게는 인간의 영혼과 외부 세계 간의 이원론이 없다. "그는 세상이라는 상황과 세상의 권력 구조들 속에 인간을 위치시키고 교회와 세상 간의 "심오한 결속과 상호 의존"을 강조하며(Beker 1984:36) 교회를 "세상의 구속을 위해 탄식하고 수고하는 희망의 공동체로 여긴다(:69). 교회는 세상 속의 교회이며 세상을 위한 교회이다. 이것은 교회가 "창조 질서와 제도들을 향하여 적극적인 선교의 사명"을 가진다는 것을 뜻한다(Beker 1980:326).

교회는 자신들 속에서와 크게는 사회 속에서 새로운 관계를 만들어 가는 백성들의 공동체로서 이를 통하여 그리스도의 주권을 증거한다. 그리스도는 사적이거나 개인의 주님이 아니라 언제나 교회의 주님이자 세상의 주님이시다.

그러므로 교회는 바울에게 아주 중요하다. 그가 편지를 보내는 신자들은 "한 순회설교자에 의해 형성된 초라한 노동자들의 집단"이 아니라, "하나님의 구속 계획 속에서 특별한 위치"를 차지하는, "하나님의 사랑에 의해 창조되고 하나님의 사랑을 받는 공동체"이다(Malherbe 1987:79).

그러므로 바울은 교회들을 세울 뿐 아니라 때때로 편지를 쓰고 사절들을 보냄으로써 온갖 짐과 갈등을 안고 있는 그들을 붙들어 준다. 이러한 점에서 그는 매일 느끼는 부담과 모든 교회들에 대한 염려를 언급한다(고후 11:28).

교회는 이제 하나님의 종말론적인 백성들이고 하나님의 백성인 이스라엘에게 대한 하나님의 약속의 비준을 살아서 증거하는 자들이며 그 회원의 범위는 옛 언약보다 더 넓다. 교회는 거룩하며 지상에 있는 그리스도의 몸이며 신자들이 다른 사람들의 필요와 처지에 둔감할 경우 사실상 "하나님의 교회를 업신여기는" 것이다(고전 11:22).

교회는 하나님 나라에 스스로 복종하는 중에 있는 예비적인 공동체이다. 바울은 기독론 및 종말론과 유리된 교회론을 결코 전개하지 않는다(Beker 1984:69). 교회는 세상의 구속과 자신의 완성을 위해 탄식하고 수고하는 공동체이다(Beker 1984:69). 교회는 새 시대의 시작일 뿐이다. 그러므로 바울은 결코 "교회의 교리"를 구성하지 않는다. "에클레시아"(헬라어 *ekklesia*)는 오히려 강력한 인상(image)으로 남는다(Beker 1980:306).

교회는 예시적인 실재이며 옛 시대 가운데서 새로운 시대의 시작을 알리는 표식이며 하나님의 새로운 세상의 선봉이다. 그것은 하나님의 최종적인 승리의 때에 세상이 변혁된다는 확실한 소망을 보증하는 활동을 하며 세상을 다가오는 운명을 위해 준비시키는 활동에 매진한다(Beker 1980:313, 317-319; 1984:41; Kertelge 1987:373). 교회는 결국 "이 세상의 외형이 지나간다"는 것과 "그때가 단축된 것"을 안다. 그러므로 다음과 같이 권면한다.

> 형제들아 내가 이 말을 하노니 그때가 단축하여진 고로 이후부터 아내 있는 자들은 없는 자같이 하며 우는 자들은 울지 않는 자같이 하며 기쁜 자들은 기쁘지 않은 자같이 하며 매매하는 자들은 없는 자같이 하며 세상 물건을 쓰는 자들은 다 쓰지 못하는 자같이 하라(고전 7:29-31).

8. 바울의 선교 패러다임

앞의 장들에서처럼 나는 바울의 선교 패러다임의 개요를 밝혀보고자 한다. 초기 기독교 선교 이해에 있어서 바울의 중요성은 아무리 강조해도 지나치지 않다. 모든 신약성경과 모든 초기 교회들을 통틀어서 그 만큼 보편적인 기독교 선교 비전을 심오하게 제시한 사람은 없다(Senior and Stuhlmueller 1983:161). 바울이 우선적으로 선교사로 이해되지 않고서는 신학자 바울이 이해될 수 없다는 점은 의심할 여지가 없다. 바울을 해석하려는 어떤 시도도 "신학과 복음 전도의 통일성, 이신칭의와 세계선교의 통일성"을 되찾는 것을 목표로 해야 한다(Dahl 1977a:88).

바울의 사상은 진실로 매우 복잡해서 고찰을 마칠 무렵에도 여전히 시작할 때 같은 느낌이 든다(Haas 1971:119). 내가 추적하지 않은 사항들이 많이 있다. 바울의 선교 이해에 대하여 한 가지 측면만을 기술한다 해도 개략적일 수밖에 없다. "진정한 바울의 모습"이 자주 내게서 비켜간 것을 나는 잘 알고 있다.

케제만(Käsemann 1969e:249)의 말처럼 대체로 바울은 "후대에," 그리고 우리 시대에도 이해되기 어렵고 나는 기껏해야 그의 신학의 본질적인 특징들의 일부만을 강조했을 뿐이다.

미니어(Minear)는 "선교학의 한 가지 목표는 교회의 사도적인 과업을 더 제대로 이해하는 데에 있다. 주경신학의 한 가지 목표는 성경 기자의 마음을 더 제대로 이해하는 것이다"라고 말한다. 미니어는 이어서 말하기를 "그러므로 주석가가 사도 바울을 다룰 때, 그리고 선교학이 바울의 사도적 사역을 지속적인 교회 선교의 규범으로 인정할 때 이 두 가지 목표는 합쳐진다"라고 한다(1961:42).

이 "융합"(가다머[H. G. Gadamer]는 이것을 "지평의 결합"이라고 부른다)은 위험으로 가득찬 과업이다. 바울이 그의 선교신학과 전략을 아주 특정한 상황 속에서 발전시켰다는 점을 잊고 우리는 성급한 결론들을 내리고 이것들을 우리의 현 상황에 적용하려는 유혹을 받기 쉽다.

앞의 장들에서 언급했던 것과 마찬가지로 이러한 딜레마를 벗어나는 유일한 길은 바울로부터 추론하고 바울이 우리의 상상력에 "거름을 주어서" 성령의 인도하심을 따라 창의적으로 바울신학과 선교의 논리를 여러모로 그의 상황과는 매우 다른 우리의 역사적 상황에 연장시켜야 한다.

우리가 단지 바울을 1세기에 고착시킨다면 우리는 바울을 제대로 "이해하지" 못한다. 우리의 탐구는 바울의 서신서들이 1세기에 의미한 것뿐만 아니라 오늘날 의미하는 것을 확정하는 것이다.

우리는 그 당시와 지금 사이의 간격을 메워야 한다. 해석의 과정은 기본적으로 역사적, 신학적 이해가(보다 엄밀하게 말하면 주경과 선교) 궁극적으로 융합되는 통일된 과정이다. 원문의 진정성을 극히 존중하고 이것을 "적합성"(relevance)의 제단 위에서 희생하지 않을 때에만 가능하다. 아주 간결하게 말하자면 우리가 부름 받은 일은 "새로운 상황 속에서 옛 본문에 충실하는 것"이다(:106). 우리가 좋아하는 해석을 뒷받침하기 위해 바울을 증거 본문으로 삼기보다는 "적용"을 시도하기 전에 최대한 우리는 바울을 역사적으로, 그의 생각을 따라 읽어야 한다.

바울의 "선교신학"은 그러한 임의적인 해석이 제안하는 것보다 더 많은 의미가 있다는 점이 앞 장들에서 논의되었었다.

그러나 또 다른 문제가 있는데 바울의 독특성을 고려할 때 우리는 그로부터 추론할 수 있는 권리가 있는가?

헹겔(Hengel 1983b,52)이 제안하는 바와 같이 바울의 선교사 사도직이 너무 예외적이어서 그를 모방하는 것이 불가능한 것이 아닌가?

바울의 서신들을 읽다보면 독자들은 그러한 인상을 받을 수 있다. 거의 혼자서 로마제국 전체를 떠맡는다. "운명적인 필연성(*anangke*)이 그에게 부과된다(고전 9:16). 그가 그 자신과 자신의 사역을 일컫는 명칭들은 참으로 놀랍다. 그는 자신의 소명을 이사야와 예레미야의 소명에 비교한다(롬 1:1; 갈 1:15). 그는 그의 사역을 "제사장 직무"로 묘사하며 이방인 그리스도인들을 하나님이 받으실만한 하고 성령으로 거룩하게 된 제물로 하나님에게 드린다(롬 15:16).

바울을 통해 하나님은 "각처에서 그리스도를 아는 냄새를" 퍼지게 한다. 바울은 자신을 가리켜 "구원 받는 자들에게나 망하는 자들에게나 하나님 앞에서 그리스도의 향기"라고 칭한다(고후 5:20). 그는 하나님의 뜻을 받아 수행하는 그리스도의 사신이다(고후 2:14). 그는 새 언약의 일꾼, 심지어 하나님의 동역자가 되었다(고후 3:6; Senior and Stuhlmueller 1983:182). 또한 로마서에서 다양한 방식으로 말하고 있듯이 그리스도에게 그가 빚을 지고 있으므로 마찬가지로 유대인들과 이방인들에게 빚을 진다(Minear 1961).

우리도 그러한 담대한 주장을 감히 할 수 있는가?

아마도 그렇지 못할 것이다.

다른 한편 우리가 바울의 선교 열정에 감염되지 않은 채 우리는 바울의 서신들을 경건생활을 위해서나 설교하기 위해서 과연 읽을 수 있는가?

바울은 그의 선교 비전의 선교의 형상을 동료 사역자들과 그가 세운 교회들에게 확대하지 않는가?

나는 위에서 바울이 그렇게 한다고 주장했었다. 바울이 그리스도와 유대인, 이방인에게 빚을 지고 있듯이 유대인과 이방인 그리스도인들이 그리스도와 서로에게 빚이 있다. 여기서 "삼각의" 상호 의존이 작용한다(Minear 1961:44). 우리가 그리스도로 인해 의롭다 함을 받으면 이러한 변화에는 근본적으로 새로운 빛과 감사의 표현이 진실로 따를 것이다(Bieder 1965:30).

바울의 교회들은 다른 사람들과 구별되는 것으로, 외인들의 존경을 받음으로(살전 4:12), 악의 모든 모양을 버림으로(살전 5:22), 누구에게나 거치는 자가 되지 않음으로(고전 10:32), "흠이 없고 순전하여 어그러지고 거스르는 세대 가운데서 하나님의 흠 없는 자녀가 됨으로(빌 2:15), 그들의 생각을 참되고, 경건하고, 옳고, 정결하고, 사랑 받을 만하고 덕 있는 것으로 채움으로(빌 4:8) "감사의 빛"을 드러낸다.

로마서의 주목할만한 장인 12장은 특히 이 점에서 교훈적이다. 독자들이 자신을 모방하기를 바울이 기대하는 것은 참으로 의심의 여지가 없다. 이러한 점을 염두에 두고 나는 바울의 선교 패러다임의 특징들을 파악하려고 한다.

1) 새 공동체로서의 교회.

바울의 선교 사역의 결과로 생긴 교회들은 문화적으로(헬라인과 야만인), 종교적으로(유대인과 이방인), 경제적으로(부자와 빈자), 사회적으로(자유인과 노예) 나뉜 세계 속에 존재한다.

신생교회들(특히 고린도 교회) 안에는 분쟁과 다툼에 의한 분열이 있다. 그러나 바울은 이것을 결코 묵인하지 않는다. 그는 모든 차이에도 불구하고 한 몸의 연합을 결코 포기하지 않는다. 이 주제는 분파적 분열에 대한 단지 전략적이거나 실용적인 조치가 아니다. 오히려 신학적 원리에 입각한다.

사람들이 "그리스도와 합하여 세례 받고," "그리스도로 옷을 입으면 유대인과 이방인, 노예와 자유인, 남자와 여자, 헬라인과 야만인 간의 분리는 더 이상 있지 않으며 이제 모두가 "그리스도 예수 안에서 하나"이다(갈 3:27). 우리는 이제 "우리의 출생이 아니라 세례의 관점에서 이해된다"(Breytenbach 1986:12). 우리의 일치성은 참으로 타협될 수 없다. 교회는 새 창조의 선봉이며 필연적으로 다가올 하나님의 세상의 가치들을 반영해야 한다.

이것에 비추어 볼 때 인종적, 민족적, 사회적 또는 무엇이든지 차별이 교회 안에 있다면 복음을 부인하는 것이라고 바울은 이해한다(Duff 1989:287-289). 화목과 칭의는 신자들 사이에서 상호의존과 "필라델피아"(헬라어 *philadelphia*)로 나타난다. 이렇치 못한 경우 뭔가 크게 잘못된 것이고 바울은 결코 그렇게 내버려둘 수 없다. 새 공동체의 일원들은 자신들의 정체성을 자신들의 인종, 문화, 사회적 계층, 성별이 아닌 예수 그리스도 안에서 발견한다.

다시 말하면, 이방인들과 유대인들이 그리스도에 의해 하나가 되었고 그리스도가 "둘을 자기 안에서 하나로" 만들어서 그들을 "십자가를 통해서 한 몸으로 하나님"과 화목시켰다면 어떻게 서로 다를 수 있다는 말인가?(엡 2;15)

2) 유대인 선교?

교회와 이스라엘간의 관계에 대한 바울의 이해는 위에서 논의한 것과 관련되지만 또 다른 관점에서 특별하다.

유대인들은 교회가 회심시키는 선교를 하지 않아도 되는 유일한 종교 집단인가?

앞에서 몇몇 학자들이 특히 로마서 9-11장을 주석하면서 이러한 결론을 내렸다고 했었다. 스테이거(Steiger)는 "믿지 않는 이스라엘을 보호"하고 세상에서 유대인들의 평화를 보전하는 것 외에는 유대인들을 향해 다른 "선교" 사역은 없다고 말한다(1980:56; Beker 1980:338).

로마서 9-11장이, 특히 11:25-32에서 바울이 유대인들 중에서 더 이상의 선교 활동을 기대하지 않는다는 의미로 해석된다고 우리가 인정하더라도 스테이거와 다른 학자들의 주장은 여전히 문제가 있다.

① 실제 사건들이 강렬하게 표현된 바울의 기대를 따라 잡지 않았는지 질문해야 한다(Zeller 1982:189).

그러하다면 오늘날의 질문들에 대한 최종적인 대답으로서 이 구절들을 호소하는 것이 시대착오적이지 않는가?

② 하나의 구절에 지나치게 의존하는 위험을 좌초하는 한편 신약성경뿐 아니라 바울의 진술문들을 무시하는 것은 아닌가?(Kirk 1986:249)

③ "유대인 생존의 신성한 중요성"을 인정하라는 요구와 함께 유대인들의 견해와 야망에 대한 현시대의 민감성이 대학살(홀로코스트) 이후의 특히 서구 그리스도인들의 나쁜 양심에 기인하는 것이라는 점을 부인할 수 있는가?

이러한 질문들을 염두에 두고 몇 가지 관찰들을 설명하기로 한다.

첫째, 이방인 그리스도인들은 이스라엘이 하나님의 종말론적 백성의 모체라는 사실을 잊지 말아야 한다. 그러므로 그들은 하나님의 이야기가 이스라엘과 연속성을 가진다는 점을 결코 폐기해서는 안된다. 기독교 신앙은 "1세기의 유대인이 의미하는 바의 연장이거나 신선한 해석"이다(Kirk 1986:253). 교회는 하나님이 믿지 않는 이스라엘을 믿는 이방인으로 교체했다는 의미에서의 새 이스라엘이 아니다.

오히려 교회는 확대된 이스라엘이다(:258). 이방인 그리스도인의 존재는 이스라엘로부터 결코 분리될 수 없다(Bieder 1964:27). 바울은 모든 원예 관습에 어긋나는 비유를 사용하여 이것을 설명하는데 돌감람나무의 열매가 "본성을 거스려" 좋은 감람나무에 접붙임 된다(롬 1:24).

둘째, 이방인 그리스도인들은 이스라엘의 집에서 결코 손님처럼 행동하지 않았다. 오히려 교회는 순서를 뒤집어서 유대인들은 집 밖으로 쫓겨 나가고 집 열쇠는 버려졌다(Fr. Daniel, Kirk 1986:253에서 인용됨). 이방인 그리스도인 세대들은 이스라엘의 신앙에 자신들이 의존되어 있다는 점을 무시하였고 자기 의를 과시하면서 "유대인들"을 향하여 자신들의 신앙을 자랑했다. 실제로 그들은 더 나아갔다. 기독교 역사에 걸쳐 그리스도인들의 유대인들에 대한 관계는 왜곡, 오해, 증오, 핍박의 역사였다.

셋째, 이방인 그리스도인들과 유대인들 사이의 진지한 대화가 가장 중요하다. 그러나 우리는 진공상태가 아닌 비극적인 역사의 그늘 속에서, 특히 대학살(홀로코스트)의 그늘 속에서 만난다. 하지만 고통과 비극에도 불구하고 우리는 대화 속에서 이 사건을 넘어서서 기독교와 유대교가 공통된 뿌리와 공통된 성경을 가지고 있지만 공통된 하나님의 계시에 대하여 상당히 다른 이해를 가지고 있다는 사실을 주목해야 한다. 오랫동안의 기독교인들의 유대인 억압의 역사는 대화에서 조용한 협력자의 역할을 해야 하며 문제를 희석시키는 것이 아니라 공감을 진작하는 것이 되어야 한다(Beker 1980:337).

넷째, 이스라엘에 대한 어떤 신학적 대화와 논의도 하나님의 언약 속에서의 이스라엘의 위치와 현재의 이스라엘 국가를 구분해야 한다. 최근의 사건들에서 이스라엘의 행동이 다른 나라들과 아무런 차이가 없다는 사실을 제쳐두고 신학적 실체로서의 이스라엘의 특유한 위치와 한 독립국가로서의 유대인들의 생존을 직접적으로 연관시키는 것은 신학적으로 위험한 오해이다(Kirk 1986:254-257).

다섯째, 유대인들에 대한 지속적인 복음 선교의 문제는 교회에 대하여 매듭되지 않은 의제이다. 유대인들에게 계속적인 선교가 필요한가의 문제는 로마서 9-11장에서 바울이 말하는 바를 보면 여전히 모호하다.

그리스도가 참으로 "유대교의 종교적 탐구에 대하여 놀라운 해답"이라면, "토라와 그리스도의 융합"이 허용될 수 없다면(Beker 1980:341, 347), 중요한 것이 아브라함의 육체가 아니라 믿음이라면(갈 3:7; 롬 4:11, 14, 16; 9:8), 종교에 대한 열심히 구원을 가져오는 것이 아니라면(롬 10:2), "불신앙을 고집하지 않는 자들"만이 좋은 감람나무에 접붙임 된다면(롬 11:23),

이것은 그리스도인들이 세계 속에서 유대인들의 평화를 보호하는 차원을 넘어서는 책임을 유대인들을 향하여 가지고 있다는 뜻이 아닌가?

물론 유대인들에 대한 그리스도인들의 증거는 유대인들을 과거에 대우했던 역사를 기억하면서 상당한 민감성과 겸손의 정신에 기초하여 수행되어야 한다.[25]

마지막으로 "교회와 이스라엘"에 대한 바울의 통찰은 마태와 누가의 것과 매우 유사하다. 이들은 모두 같은 일반적인 패러다임에 속한다. 그러나 세 저자들 사이에는 중요한 차이점들 역시 있다. 특히 바울의 통찰들은 거의 감당하기 어렵지

---

25 동시에 우리는 다른 상황에서도 이와 유사한 겸손함과 민감성을 띤 선교 접근을 놓쳐서는 안된다. 백인들이 남아프리카와 미국에서 흑인들을 대한 방식을 보자면 백인 기독교인들은 구술적인 증거의 수단뿐만 아니라 무엇보다 더 정의와 연대를 실천함으로써 흑인들에게 증거하도록 도전을 받고 있다.

만 창조적인 긴장이 그 특징이다.

3) 하나님의 임박한 승리의 상황 속에 있는 선교

나는 그리스도의 재림의 지평 속에서 바울의 선교 이해를 주목하였다. 그러나 임박한 종말이라는 바울의 기대가 성취되지 않은 채 19세기 이상의 시간이 흘렀다. 베커는 제임스 로빈슨(James M. Robinson)을 인용하여 종말론, 신학 진영에서 바울에 대하여 널리 퍼져 있는 실망을 예로 든다.

> 임박성의 기대는 더 이상 성취될 수 없다. 왜냐하면 우리의 시대가 더 이상 그 시간에 가깝지 않기 때문이다. 그러나 그 시간을 어떻게 바꾸든지 간에 마찬가지로 성취될 수 없다. 하나님의 통치가 이미 왔다고 주장하는 자들, 즉 우리의 세상이 하나님 나라라고 주장하는 사람들은 웃음거리가 되거나 비난받아야 마땅하다. 그러나 이 양극단 사이에서 어떤 길을 찾는 사람들 또한 완성이 이루어지지 않음에 대하여 논박을 받는다. 오늘날 생각 있는 사람이라면 모든 일시적인 대안들은 마찬가지로 타당하지 않다(Beker 1984:64).

이 문제는 참으로 심각한 문제이다. 시대가 흐르면서 특히 현대에 와서 학자들은 바울의 신학에서의 이 불편한 요소를 재해석하거나 설명하려고 애썼다(Beker 1980:366; 1984:117). 해결책은 자주 반대 방향으로 제시되었는데 린제이(Lindsey)와 같은 학자들의 저술이 말하는 것처럼 바울 묵시의 본체가 아니라 형식에 천착한 것이었다.

베커는 이와 반대의 입장을 제시하는데 바울의 묵시적 종말론의 형식을 절대화하지 말고 그 본질에 집중하자는 것이다. 바울의 기대의 연대기적 차원을 절대화하면 파괴적인 결과를 낳고 바울 복음의 핵심을 완전히 왜곡하는 것이 된다. 연대기는 바울의 메시지의 핵심의 부산물일 뿐인데 베드로후서 3:8에서와 같이 시간의 (연대기적) 임박성이 완전히 배제되는 것과는 다른 의미에서이다("주께는 하루가 천 년 같고 천 년이 하루 같다는 이 한 가지를 잊지 말라").

우리는 여전히 연대기적 시간의 끝없고 지속되는 성격을 당연시할 수 없다. 오히려, 우리는 연대기적 추측이나 장래의 하나님의 실현을 부인하지 않고 하나님의 다가올 승리의 권능을 계속해서 주목해야 한다. 우리는 바울과 함께 삶의 모순과 고통에 대한 궁극적 해결을 하나님의 다가올 승리 속에서 기대해야 한다. 그리스도인으로서 우리의 삶은 하나님의 승리에 대한 확실한 지식에 근거할 때만 참되다.

> 만일 그리스도 안에서 우리가 바라는 것이 다만 이 세상의 삶뿐이면 모든 사람 가운데 우리가 더욱 불쌍한 자이리라(고전 15:19).

우리는 하나님의 승리가 그의 손 안에만 있고 그것이 우리의 연대기적 추측과 기대를 초월하는 것을 알고 고백한다. 그리고 우리는 하나님의 분명한 승리의 여명을 향해 나아가고 있기 때문에 우리는 이 세상에 동화되는 것을 거부한다. 오히려 우리는 우리의 마음을 새롭게 하고 우리의 전체가 변화를 받으려 한다(롬 12:2).

우리의 작은 "성취들"이 어느 날 하나님의 의해 완성된다는 확실한 지식 하에서 수행될 때에만 세상 속에서의 우리의 선교는 의미가 있다(Beker 1980:362-367; 1984:29-54, 79-121). 지금 여기에서 신자들은 성령의 첫 열매들을 가지고 있다. 성령은 종말론적 기대의 대체물이 아니라, 그 희망을 계속 살아있게 하고 우리가 구속을 기다리는 동안 안에서 탄식하는 자이다(롬 8:23).

4) 선교와 사회의 변혁.

바울의 묵시에 대한 논의는 교회와 세상 간의 관계에 대한 문제와 묵시적 종말론이 교회의 사회에서의 소명에 대하여 시사하는 바가 있는지의 문제를 제기한다.

이 문제를 고찰하려면 우리는 바울 당시에 초기 기독교 운동은 사회 주변부에서 일어났고 규모로 말하자면 아주 무시될 만큼 작았고, 인간적으로 말하면 살아

남을지 의심스러운 운동이었다. 이러한 점들은 바울이 로마제국에 대하여 기본적으로 긍정적인 태도를 가진 것(롬 13장)과 노예제도와 같은 불의한 사회 구조에 대하여 예리한 비판을 하지 않는 이유를 설명해 준다.

그러나 이것이 이야기의 전부가 아니다. 바울은 두 가지 상호 모순되는 신학적 해석, 즉 "순수한" 묵시와 열정을 거부하지 않았다. 이 두 가지 정서에 대한 그의 반응은 그의 복음이 더 넓은 사회적 함의를 가지고 있음을 보여준다.

유대 묵시는 이 시대와 다음 시대 간에 절대적인 대립을 설정한다. 이러한 이해는 이 세상과 이 세상의 흥망성쇠로부터 거의 물러나 있는 것으로 귀착된다. 많은 1세기 그리스도인들이 이러한 이원론적인 묵시를 포용한 것은 의심의 여지가 없다. 시대의 전환점이 이미 시작되었기 때문에 바울은 이러한 해석이 전혀 불가능한 것을 발견한다. 우리는 그리스도의 강력한 침입으로 만들어진 새로운 공간 속에 현재 살고 있다. 그러므로 우리는 사회적, 정치적 질서 속에서 옛시대의 성향들을 묵과할 수 없다(Duff 1989:285).

열광주의자들(특히 고린도에 있던 사람들)은 본질적으로 정반대의 입장을 취한다. 그리스도 안에서 이미 받은 것에 대하여 흥분한 나머지 고린도의 열광주의자들은 임박한 재림에 대한 기대와 미래에 일어날 죽은 자의 몸의 부활에 대한 희망을 버린다. 그리스도의 죽음은 더 이상 여전히 기다려야 하는 우주적 구속의 전조로 간주되지 않고 성령의 도래를 앞으로 올 것의 서약으로 간주하지 않는다.

오히려 세례와 성령의 부어주심을 통하여 신자들은 이미 "부활"로 옮겨진 것으로 본다(Käsemann 1969b:124-137; Rütti 1972:282-284). "그리하여 묵시가 여전히 희망하는 모든 것이 이미 실현되었기 때문에 임박한 재림의 기대는 더 이상 의미가 없다"(Käsemann 1969b:131).

이러한 신학적 입장이 극단적인 묵시주의자들과 마찬가지로 그리스도인들의 세상에서의 책임에 거의 관심이 없는 것은 흥미롭다. 묵시주의 입장은 세상은 구속될 수 없고 그러므로 피해야 한다는 것이다. 종국적으로 하나님만이 모든 것을 바르게 할 것이다. 다른 한편, 열광주의자들은 세상이 이미 "극복되어서" 더 이상 고려할 요소가 아니므로 세상을 무시한다.

우리의 소망이 이미 실현되었다면 왜 그렇게 할 필요가 있겠는가?

바울은 사회에 참여하지 않는 이 두 가지 입장을 모두 반대한다. 그리고 그는 철저하게 재해석된 묵시의 도움으로 그렇게 한다. 바울은 종국적인 하나님의 확실한 승리 때문에 윤리적 수동성이 아니라 지금 여기에 역사하는 하나님의 구속 의지에의 적극적인 참여를 강조한다. 하나님의 장래의 통치에 대한 믿음은 "하나님의 창조를 하나님의 미래의 승리를 향해 움직이도록 수고하는 윤리"를 불러 일으킨다(Beker 1984:111, 16).

마치 구원이 교회에 국한되는 것처럼 그리스도인의 삶은 내적인 경건과 제의적 행위에 국한되지 않는다.[26] 오히려 연합체로서 신자들은 전적으로 순종하고(롬 12:1) 세속적인 세상 속에서 매일 그리스도를 섬기면서 그리스도의 궁극적인 승리에 대한 믿음을 증거한다(Käsemann 1969b:134-137, 1969e:250). 바울의 윤리는 무엇이 선한 것인지를 아는 것이 아니라 주님이 누구이신가를 아는 데 있는데, 이는 그리스도의 주권이 다른 모든 주권의 주장들이 비합법적임을 선언하기 때문이다(Duff 1989:283).

동시에 바울은 세상에 너무 많이 참여하는 것에 대하여 분명히 주저한다. 이것은 부분적으로 인간의 노력이 새 세상을 도래시키지 않는다는 확신, 그가 처한 상황, 임박한 재림의 기대 때문이다. 그것을 성취하려는 어떤 노력도 "낭만적 환상"이나 "바싹 조이는 요구"의 표출인데, "우리의 현재의 개인적 입장과 의지력 속에서 하나님의 장래의 승리를 붕괴시키기 때문이다"(Beker 1984:118).

우리의 참여가 "하나님의 최종적 현현이라는 강력한 능력"에 대한 반응이 아니고(:109), "하나님의 왕국을 일으키는 하나님의 주도권의 지평의 관점에 의거한 것이 아니라면, 그것은 그리스도인들의 윤리적 능력을 낭만적으로 과장하도록 위협한다"(:86).

---

26 픽슬리(Pixley 1981:90-96)가 바울의 메시지가 전적으로 "개인 중심적"이고 "일반 세상에서의 사회적 관계에까지 확장하지 않았고," "영적인 종교"만을 설교했고 하나님 나라를 단지 "영적인 실체"로, "정화된 사람들에 의해 도래할 역사의 끝"으로 생각했다고 말한 것은 전적으로 바울을 잘못 해석한 것이다.

그리스도인의 윤리는 "모형적으로" 그리스도가 이미 성취한 것에 기초할 뿐 아니라 "종말적으로" 하나님이 여전히 하실 것에 기초한다(Beker 1980:366). 교회가 이 이중적인 방향성을 무시한다면 위험을 자처하는 것이 된다.

그러므로 그리스도인들은 좌파나 우파나 모두 주장하는 권력 정치라는 거짓 묵시뿐 아니라 하나님의 정의와 평화의 세상을 필요로 하는 죄와 사망의 세력인 억압적인 구조들 속에서 자신들이 지닌 소망을 설명해 주고(벧전 3:15), 하나님의 장래의 통치를 선전함으로써 물리칠 수 있다. 그리스도인들은 지금 여기서 그러한 구조들을 맞서서 하나님의 새 세계의 표식을 세워야 한다.

5) 약함 속에서의 선교.

바울은 자신의 독자들이 그리스도가 이미 궁극적인 승리를 거두었다는 열광주의자들의 선포에 근거하여 고통과 약함, 현재의 사망으로부터 허망한 도피를 하는 것을 허락하지 않는다. 묵시주의자들이나 바울의 독자들이나 그들이 만나는 고통과 불행을 현재의 악한 시대에 하나님이 부재하다는 증거로 보지 않는다(Rütti 1972:167). 오히려 바울의 "모든 가치들에 대한 재평가"는 이미 수여된 칭의와 확고하게 보장된 구속 사이의 창조적인 긴장 속에 그 뿌리를 둔다.

나는 앞에서 바울의 신학이 이중 초점이라고 주장했는데, 그의 신학이 그리스도 안에서의 하나님의 과거 행위와 하나님의 미래 행위 모두에 초점을 두고 있다는 의미에서였다(Duff 1989:286; J. Louis Martyn을 따름). 바울의 "가까운 시야"는 하나님과 죽음의 세력 사이에 일어나는 전쟁을 보게 하고, 그의 "먼 시야"는 전투의 결과를 보고 이미 기뻐하게 한다(롬 8:18).

바울의 먼 시야와 가까운 시야 사이의 변증법적 긴장을 구체화시키는 곳은 특별히 고린도인들에게 보낸 두 번째 서신에서이다. 그는 이것을 놀라운 방식으로 하고 있는데 한 부류의 사상들, 즉 연약함(헬라어 *astheneia*), 봉사(헬라어 *diakonia*), 슬픔(헬라어 *lype*), 고통(헬라어 *thlipsis*)과 완전히 다른 부류의 사상들, 즉 권련(헬라어

dynamis), 기쁨(헬라어 *chara*), 자랑(헬라어 *kauchesis*)을 연결시킴으로써이다.[27] 이 변증법은 서신 전체를 흐르고 있는데 로마서 12:9에서 절정을 이룬다.

> 나에게 이르시기를 내 은혜가 네게 족하도다 이는 내 능력이 약한 데서 온전하여짐이라 하신지라 그러므로 도리어 크게 기뻐함으로 나의 여러 약한 것들에 대하여 자랑하리니 이는 그리스도의 능력이 내게 머물게 하려 함이라 그러므로 내가 그리스도를 위하여 약한 것들과 능욕과 궁핍과 박해와 곤고를 기뻐하노니 이는 내가 약한 그 때에 강함이라
> (롬 12:9-10).

유사한 대조 관계는 다른 곳들에서도 나타난다. 고린도후서 4:8은 그들은 사방으로 우겨쌈을 당하여도 싸이지 아니하며 답답한 일을 당하여도 낙심하지 아니하며 박해를 받아도 버린바 되지 아니하며 거꾸러뜨림을 당하여도 망하지 아니한다고 기록한다.

로마서 6:8-10은 또 다른 일련의 대조인데 "속이는 자 같으나 참되고 무명한 자 같으나 유명한 자요 죽은 자 같으나 보라 우리가 살아 있고 징계를 받는 자 같으나 죽임을 당하지 아니하고 근심하는 자 같으나 항상 기뻐하고 가난한 자 같으나 많은 사람을 부요하게 하고 아무 것도 없는 자 같으나 모든 것을 가진 자"라고 말한다.

바울에게 고난은 이 세상 권력의 맹공격과 반대 때문에 단지 수동적으로 견뎌야 하는 것이 아니다. 오히려 고난은 세상의 구속을 위해 교회가 세상에 적극적으로 참여한다는 표현이다(Beker 1984:41). 그러므로 고난은 선교 참여의 한 형태이다(Meyer 1986:111).

바울은 그리스도의 종으로서 얻은(고후 11:23-28), "예수의 흔적"(갈 6:17)을 그의 몸에 가지고 있다. 그는 그리스도의 고난에 동참하고(고후 1:5), "그의 몸된

---

27 나의 저술 『길의 영성』(*Spirituality of the Road*, Scottdale, Pa: Herald Press, 1979), 특히 74-90을 보라. 또한 Michael Prior의 "Paul on 'Power and Weakness,'" The Month 1451 (Nov 1988), 939-944를 참조하라.

교회를 위하여 그리스도의 남은 고난"을 자신의 몸에 채운다(골 1:24).

그렇다. 바울은 예수의 죽음을 자신의 몸 안에 지닌다. 죽음이 그 안에서 역사하나 생명은 그를 통하여 믿게 된 사람들 안에 역사한다(고후 4:9, 12). 따라서 그가 고통을 당하면 그들의 구원을 위한 것이다(고후 1:6). 고린도후서의 끝부분으로 가면 "내가 너희 영혼을 위하여 크게 기뻐하므로 재물을 사용하고 또 내 자신까지도 내어 주리니"라고 한다(12:15).

6) 선교의 목표.

로마서의 서두에서 바울은 자신의 사도직의 목표들을 간략하게 제시한다.

> 사도로 부르심을 받아 하나님의 복음을 위하여 택정함을 입었으니…
> 예수 그리스도로 말미암아 은혜와 사도의 직분을 받아 그의 이름을
> 위하여 모든 이방인 중에서 믿어 순종하게 하나니(롬 1:1, 5; Legrand
> 1988:156-158).

그는 하나님이 자신과 그리고 사람들 중에 화목을 이루셨다는 사실을 선포하도록 보냄을 받는다.

이 과업을 수행하기 위해 바울은 지중해 세계 곳곳을 다니는데, 시간은 짧고 과업은 긴급하기 때문에 다른 사람들의 터 위에 세우지 않으려고 한다(Senior and Stuhlmueller 1983:182). 가는 곳마다 그는 교회들(헬라어 *ekklesiai*)을 세우는데, 교회는 이제 "아담이 타락하기 전의 상태로 복구되며" 교회 안에서는 세상의 권세들이 더 이상 통치하지 않는다(Käsemann 1969b:134).

교회가 중요하지만 바울에게 가장 궁극적인 선교의 목표는 아니다. 기독교 공동체의 삶과 사역은 세상의 구속을 위한 하나님의 우주-역사적인 계획과 긴밀한 관계가 있다. 그리스도 안에서 하나님은 교회뿐 아니라 세상을 자신과 화목케 하셨다(고후 5:19). 그리고 이 바울은 "복음의 보편성은 사도의 과업의 보편성과 맥

을 같이 하는데 이것은 하나님의 구원의 승리를 그의 피조물에게 알리는 것이다"(Beker 1980:7).

그리스도는 하나님에 의해 높임을 받고 모든 이름 위에 뛰어난 이름을 받으며 "죽은 자들 가운데서 부활하사 능력으로 하나님의 아들로 선포되었기 때문에"(롬 1:4), "하늘에 있는 자들과 땅에 있는 자들과 땅 아래 있는 자들"이 모두 "예수의 이름 앞에 무릎을 꿇는다"(빌 2:9-11). 그러므로 인류의 구원은 최종적으로 모든 열방과 모든 피조물들의 입을 통해 하나님이 찬양받는 것으로 진행된다(Zeller 1982:186).

선교에 대한 바울의 우주적 이해의 뿌리는 세상의 구원자로서 죽으시고 부활하신 예수 그리스도에 대한 개인적 믿음이다. 그리스도를 선포하는 것은 "유대인에게는 거리끼는 것이요 이방인에게는 미련한 것이로되 오직 부르심을 받은 자들에게는 유대인이나 헬라인이나 그리스도는 하나님의 능력이요 하나님의 지혜"이며(고전 1:23), 그들은 하나님과 교제하도록 부름을 받았다(고전 1:9).

샌더스(Sanders)가 언급했듯이 바울의 선교는 "곤경"이 아니라, "해결"에 기초하여 수행된다. 뒤돌아 볼 때 바울은 그리스도 없는 삶을 생각할 수 없다. 하나님의 무조건적인 사랑의 경험에 비추어 볼 때만 그는 그리스도 없이 떨어지고 말 끔찍한 암흑의 심연을 인식할 수 있다.

데살로니가전서 1:4와 10절의 "하나님의 사랑하심을 받은 형제들아 너희를 택하심을 아노라," "장래의 노하심에서 우리를 건지시는 예수시니라"는 믿지 않는 자들에 대한 선언이 아니라 예수 안에 있는 하나님의 구원에 대한 고백이다(Boring 1986:276).

그러므로 바울은 그리스도인들 무리에 있지 않는 사람들의 상태를 곱씹지 않는다. 그것은 "곤경"으로 시작하는 경우가 된다. 오히려 그는 자신이 발견한 "해결책," 곧 그리스도에 근거하여 그가 전해야 하는 복음이 무조건적인 사랑과 공로 없이 얻은 은혜임을 알고 있다. 그의 선교적 복음은 긍정적 복음이다.

제 2 부

선교의 역사적 패러다임들

제5장 선교의 패러다임 변화들

제6장 동방교회의 선교 패러다임

제7장 중세 로마가톨릭 선교 패러다임

제8장 개신교 종교개혁 선교 패러다임

제9장 계몽주의 이후의 선교

제5장 선교학의 패러다임 변화들

1. 여섯 시대

본서의 제1부에서 나는 중요한 세 명의 초기 기독교 증인들이 예수 그리스도의 사건을 어떤 방식으로 이해했는지를 소개했고 이에 근거하여 세상을 향해 교회가 가지는 책임을 기술했다.

그러나 우리는 이보다 더 나아가야 한다. 현시대가 마태, 누가, 바울이 기독교 첫 세대 및 둘째 세대를 위해 복음서와 서신서들을 썼던 시대와는 완전히 다르다는 점을 명심하면서, 현시대에 있어서 선교가 무엇을 뜻하는지 기술해야 한다.

그 당시와 현재 사이의 뚜렷한 차이는 성경 저자들의 말에 직접적으로 호소하는 것은 적절치 않고 그들의 말을 일대일 방식으로 현재 상황에 적용해서는 안 된다는 점이다. 오히려 우리는 창의적이면서 책임성 있는 자유와 상상력을 발휘하여 예수와 초대교회의 사역 논리를 우리의 현시대와 상황에 연장시켜야 한다. 이렇게 해야 하는 중요한 이유들 중의 하나는 기독교 신앙이 역사적인 신앙이라는 사실이다.

하나님은 자신의 계시를 추상적인 명제들을 통해서가 아니라 사람들을 통해서, 사건들을 통해서 소통하신다. 구약성경과 신약성경에서 모두 마찬가지로, 성경적 신앙은 "성육신적"이며 하나님의 실재가 인간 생활 속으로 들어 온 것임을 뜻한다. 이러한 점이 함의하는 바가 본서에서 점점 더 분명해질 것으로 기대한다. 나는 현시대까지 이르는 각 시대마다 선교가 무엇을 뜻했는지를 먼저 고찰하고 본서의 마지막 부분에서 현시대 선교 패러다임의 윤곽을 제시할 것이다.

나는 기독교회가 시대적으로 선교를 해석하고 수행한 방식들을 논의하는 데 있어서 한스 퀑(Hans Küng 1984:25; 1987:157)이 제시한 역사신학적 세분법을 사용한다. 퀑은 기독교 전체 역사를 여섯 개의 주요 "패러다임"으로 구분하는데 다음과 같다.

① 초기 기독교의 묵시적 패러다임
② 교부 시대의 헬레니즘 패러다임
③ 중세 로마가톨릭 패러다임
④ 개신교 (종교개혁) 패러다임
⑤ 근대 계몽주의 패러다임
⑥ 근래의 에큐메니칼 패러다임

퀑은 여섯 시대마다 각각 기독교 신앙에 대하여 특유한 이해를 보여준다고 주장한다. 이에 대하여 나는 각 시대가 기독교 선교에 대하여 독특한 이해 역시 보여준다는 점을 지적하고 싶다.

다음의 장들에서 나는 각 시대마다 선교가 무엇을 의미했는지에 대하여 기술할 터인데, 초기 기독교부터가 아니라 헬레니즘 시대부터 다룰 것이다. 그 이유는 본서의 제1부 전체를 통해 초기 기독교 시대의 주요 대표자들 속에서 나타난 선교 패러다임을 이미 고찰했기 때문이다.

각 시대마다 그리스도인들은 "자신들의 고유한 상황 속에서 기독교 신앙과 선교가 무엇을 의미하는가?"라는 질문과 씨름했다. 말할 나위 없이 모든 시대마다 기독교 신앙과 교회의 선교에 대한 이해가 하나님의 의도에 충실해야 한다고 믿고 논쟁했다. 그러나 이것은 그들이 모두 똑같이 생각했고 같은 결론에 이르렀다는 뜻이 결코 아니다.

물론, 자신들의 신앙 이해가 "객관적으로" 정확하고 따라서 유일하게 기독교를 참되게 제시한다고 믿었던 기독교인들과 신학자들이 항상 있었다. 그러나 그러한 태도는 위험한 망상에 근거하고 있다. 우리의 견해는 언제나 우리가 신적 계시라고 간주하는 것의 해석이지 신적 계시 자체가 아니다. 이러한 해석은 우리의 자기이해에 의해 상당히 좌우된다.

앞 장들에서 나는 성경의 책들조차도 신적계시에 대한 기록이며 계시에 대한 해석이라고 주장했다. 어떤 문화나 인간적인 부착물의 영향을 받지 않은 순수한 복음을 관통할 수 있다고 믿는 것은 착각이다. 가장 초기의 예수 전승에 있어서도 예수의 말들은 이미 예수에 대한 말들이었다(Schottroff and Stegemann 1986:2). 아주 초기에 그러했다면 그 이후의 시대에는 더욱 그럴 것이다.

아무도 복음을 수동적으로 받아들이지 않는다. 각자는 복음을 재해석한다. 어떤 방식으로든 주관적인 차원이 개입되지 않는 지식은 없다(Hiebert 1985a:7). 이 점이 앞으로 더 분명하게 설명되겠지만 우리가 탄식할 성격의 문제가 아니며 기독교 신앙의 내재적인 특질이다. 왜냐하면 기독교 신앙은 육신이 된 말씀에 관한 것이기 때문이다.

그러므로 "기독교 신학"이 아니라 "기독교 신학들"에 대하여 논한다는 표현이 적절하다. 어떤 기독교인 개인일지라도 하나님의 계시를 이해하는 데에 있어서 아주 다양한 요소들에 의해 영향을 받는다. 이 요소들은 개인의 교회 전통, 개인적 상황(성, 연령, 혼인 여부, 교육), 사회적 지위(사회적 "계층," 직업, 재산, 환경), 개성, 문화(세계관, 언어 등)를 포함한다.

전통적으로 우리는 오직 첫 번째 요소의 존재만을(타당성은 아니라 하더라도) 인정했는데, 교회 전통에 의해서 생기는 차이들을 인정한 것이다. 근년에는 종교와 종교적 경험에 있어서의 문화의 역할을 인정하기 시작했다. 그런데, 다른 요소들 역시 동등하게 중요하다.

가령 화란개혁교회에 같이 출석할지라도 요하네스버그의 흑인 이민 노동자는 같은 도시에 사는 백인 시민과는 아주 달리 기독교 신앙을 이해할 것이다. 에르네스토 카디날(Ernesto Cardenal)의 『솔렌티나메의 복음』(*The Gospel in Solentiname*)에서 묘사한 것처럼 소모자(Somoza) 대통령의 니카라과의 농부는 같은 가톨릭 신자일지라도 뉴욕의 사업가와는 아주 다른 방식으로 복음을 이해할 것이다. 각각의 경우 개인의 자기이해는 신앙을 해석하고 경험하는 데에 중요한 역할을 한다.

그런데, 사람들이 기독교 신앙을 해석하고 경험하는 방식에 영향을 미치는 또 다른, 그리고 관련성 있는 요소가 있다. 이것은 그들이 갖고 성장해 온 일반적인 "준거 틀"(frame of reference)이며 실재에 대한 그들의 전반적인 경험이자 이해이며 우주 안에서의 그들의 위치이며 그들이 살면서 자신들의 신앙, 경험, 사고 과정을 형성했던 역사적 시대이다.

큉(Küng)이 제시한 여섯 개의 기독교 역사 시대 간의 차이들은 각 시대 간의 전반적인 준거틀의 차이와 크게 관계되며, 개인적, 고백적, 사회적 차이와는 관계가 덜하다. 2세기 이후의 헬레니즘 기독교의 "세계"는 히브리 구약성경의 정서가 여전히 깊이 스며있던 초기 기독교의 "세계"와 질적으로 달랐다. 다른 시대들 간에도 괄목할만한 차이들이 있다.

큉이 기독교 사상의 역사를 여섯 시대로 구분한 것은 자신의 고유한 작품은 아니다. 큉은 토마스 쿤(Thomas Kuhn)의 "패러다임 이동" 이론을 따라서 시대를 구분한 것이다. 큉은 각 시대가 전 시대와는 상당히 다른 신학적 "패러다임"을 반영한다고 말한다. 각 시대의 그리스도인들의 신앙 이해와 경험은 다른 시대의 그리스도인들의 이해와 경험에 부분적으로만 상응하였다.

큉의 신학적 통찰은 기독교 역사 각 시대마다 그리스도인들이 교회의 선교를 어떻게 인식했는지를 우리가 이해하는 데 큰 도움을 준다. 그러므로 우리는 이 문제 전체를 자세하게 살펴보아야 한다. 우리는 이것을 단지 과거 세대들이 자신들의 선교적 책임을 어떻게 인식했었는지 궁금증을 해소하기 위해 "고고학적" 목적을 가지고 연구하는 것이 아니다. 오히려 우리는 오늘날 우리에게 선교가 무엇을 의미하는지에 대하여 더 깊은 통찰을 얻기 위함이다.

결국 과거를 해석하려는 모든 시도는 간접적으로 현재와 미래를 이해하려는 시도이다. 따라서 기독교 신학이 현재에 적절한지를 탐구하는 중요한 방법은 신학의 과거를 조사하는 것인데, 초기 그리스도인들의 "자기인식"으로 현재의 "자기인식"(self-definition)에 도전하는 것이다. 이것이 바로 쿤(Kuhn)의 패러다임 변화 이론이 우리에게 큰 유익을 주는 점이다.

2. 토마스 쿤의 패러다임 이론

물리학자이자 과학 역사가인 토마스 쿤의 견해에 대하여 자세한 분석이나 토의를 하려는 것은 아니다. 그러므로 나는 신학과 관련되는 한에서 그의 논지를 요약할 것이다. 쿤 자신이 자신의 이론을 자연 과학에 한정시켰고 분명히 사회과학에 대하여는 배제하였다. 나는 쿤의 입장이 또한 자연과학과 사회과학 양쪽으로부터 상당한 비판을 받고 있다는 사실을 알고 있다(Bernstein 1985:88-93). 이 두 가지 요소만으로도 쿤의 개념들을 신학에 적용하는 것에 유의해야 함을 알 수 있다.

그럼에도 불구하고 쿤을 거론하는 것은 근래의 과학 연구 이론 분야에서 촉매적인 역할을 했기 때문이고, 나는 그의 견해들을 단지 일종의 유효한 가설로서 사용한다. 나는 쿤이 어떤 의미에서 많은 사람들이 암시적으로 알았던 것을 드러내고 명백히 했다고 믿는다.

간단히 말해서, 쿤은 마치 지식과 연구가 계속 축적되어서 최종적인 문제 해결에 근접하는 방식으로 과학이 성장하는 것이 아니라 "혁명"의 방식을 통해서라고 주장한다. "표준과학"(normal science)을 취하는 전 시대의 사람들 및 동시대 사람들과는 달리 실재를 질적으로 인식하는 사람들이 나타나기 시작했다. 이 작은 개척자 그룹은 기존의 과학 모델이 변칙으로 가득 차 있고 발생하는 문제들을 풀지 못한다는 점을 인식한다. 따라서 그들은 새로운 모델, 새로운 이론적 구조, 다시 말하면 쿤이 명명한 새로운 "패러다임"을 찾기 시작하는데, 옛 것을 대체하는 새로운 것을 찾기 시작한다(Kuhn 1970:82f).

어떤 개인이나 집단도 새로운 패러다임을 "창조"할 수 없으며 오히려 이러한 패러다임은 다양한 사회적, 과학적 요소들의 특별한 관계망이라는 상황 속에서 성장하고 무르익는다. 기존의 패러다임이 점점 모호해지고 새로운 패러다임이 학자들의 관심을 더 많이 끌기 시작하면서 마침내는 문제가 많은 기존이 패러다임이 폐기된다(:84).

그러나 과학 공동체들이 본질적으로 보수적이고 자신들의 평화가 깨지는 것을 좋아하지 않기 때문에 이러한 전환이 일어나기까지는 큰 홍역을 치른다. 옛 패러다임의 주인공들은 오랫동안 승산 없는 싸움을 계속한다. 예를 들면, 물리학의 경우 코페르니쿠의 패러다임이 점차 뉴톤의 패러다임에 의해 대치되었고 후에는 아인슈타인의 패러다임으로 대치되었다. 최종적으로 쿤은 옛 패러다임과 새 패러다임은 서로 상응할 수 없다고 주장하는데, 서로의 관점이 너무나 달라서 서로 다른 실재에 대하여 반응하고 있다고 말하기까지 한다고 한다. 자신들이 살고 있는 세계가 동일하지만 마치 다른 세계들 속에서 살고 있는 듯이 반응한다.

옛 패러다임의 지지자들은 새 패러다임의 지지자들의 주장을 이해하지 못한다. 비유하자면 한 사람은 체스를 두고 있는데, 다른 한 사람은 같은 판에서 바둑을 두는 것과 같다(Hiebert, 1985a:9).

쿤이 주장하듯이 한 패러다임을 포기하고 다른 패러다임을 수용하는 것은 단지 이성적이고 "과학적인" 단계를 취하는 문제가 아니다. 완전히 객관적인 지식은 존재하지 않기 때문에 학자는 하나의 틀에서 다른 틀로 이동하는 일에 깊이 관여한다.

쿤은 한 패러다임을 버리고 다른 패러다임을 취하는 과학자에 대하여 심지어 종교적인 언어를 사용한다. 그것은 "눈에서 비늘이 떨어지는 것"이며 "직관의 섬광"에 반응하는 것이며 "회심"이다(1970:122, 123, 151; Capra 1987:520). 이것은 옛 질서의 옹호자들과 새 질서의 보유자들이 왜 서로 대결하는지를 설명해 준다.

특히 옛 패러다임의 지지자들은 새 패러다임의 지지자들을 반대한다. 그들은 새 패러다임이 주는 도전들을 깊은 감정적 반작용을 가지고 저항하는데 이러한 도전들이 자신들의 실재에 대한 인식과 경험, 자신들의 전세계를 파괴할 것이라고 위협을 느끼기 때문이다(Hiebert 1985b:12). 아인슈타인의 말을 빌리자면 "원자들을 부수는 것보다 편견들을 부수는 것이 더 어렵다"(Küng 1984:59).

"패러다임"이라는 용어가 문제가 없는 것은 아니다. 그것은 이해하기 어려운 개념이다. 쿤 자신이 자신의 주요 저서에서 이 용어를 적어도 22가지의 뜻으로 사용한다고 비판을 받았다! 그는 그 책의 후기에서 패러다임을 "한 공동체의 구성원들이 공유하는 믿음, 가치, 기술 등의 총합"이라고 정의한다(1970:175).

큉(Küng)은 이 개념을 "해석 모델"이라는 뜻으로 사용한다(1987:163). T.F.

토렌스(Torrance)는 "지식의 틀"이라고 하며(Martin 1987:372), 밴 후이스틴(van Huyssteen)은 "준거 틀," "연구 전통들"이라고 칭한다(1986:66). 히버트는 "믿음 체계"(belief systems)라는 개념을 사용하는데 연구자 개인의 태도와 충성이 자신의 연구로부터 분리될 수 없다고 보기 때문에 심지어 자연과학에 대하여도 사용한다.

패러다임 이론은 과학 연구를 진보하게 하는 확실한 방법으로 여겨졌던 칼 포퍼(Karl Popper)의 "위증"(falsification) 개념 및 "입증"(verification)을 강조하는 논리실증주의와 같은 이전의 과학 이론들과의 근본적인 결별을 의미한다. 사회과학뿐 아니라 자연과학을 포함하여 모든 과학 분야에서 완전한 객관성은 착각일 뿐이며, 지식은 공동체에 속하고 공동체 안에 작용하는 역동성에 의해 영향을 받는다는 것이 오늘날 널리 인정되고 있다. 이것은 "과학적 자료"뿐만 아니라 연구자 자신들도 검증을 받아야 한다는 것을 뜻한다.

쿤의 이론들은 현시대에, 모든 분야에 특별히 적절한데 실재를 이해하는 방식이 변화하는 시대에 살고 있다는 인식이 점점 늘고 있기 때문이다. 카프라(Capra)는 삼백 년에서 오백 년마다 세계관("대 패러다임, macro-paradigms)이 근본적으로 변한다고 주장한다(1987:519).

20세기에 와서 특히 제2차 세계대전 이후 실재의 인식에 대하여 주요한 변화를 보이는 증거가 나타났다. 17세기 이래 계몽주의 패러다임이 신학을 포함하여 모든 분야에서 지배적이었다. 오늘날은 계몽주의에 대한 불만이 점점 늘고 있으며 실재에 대한 새로운 접근과 이해를 모색하고 있다. 한편 새로운 패러다임을 위한 탐구가 진행되고 있으며 새로운 패러다임은 이미 나타나고 있다.

3. 신학에서의 패러다임 이동

패러다임 변화의 개념은 신학 연구에 타당성을 가지며 본서에서의 경우 선교 연구와 이해에 필요하다. 이것은 쿤의 개념들을 신학 분야에 무비판적으로 적용한다는 뜻이 아니다(Küng 1987:162-165). 우선, 신학과 자연과학 사이에는 중요한 차이가 있다. 자연과학에서는 새로운 패러다임이 항상 확고하게 그리고 돌이킴이 없이 옛 패러다임을 대치한다. 뉴톤 혁명이 소개된 이후에 프톨레메이우스의 범주는 물론이고 코페르니쿠스 방식으로 우주를 더 이상 이해할 수 없게 된다. 반면, 신학에서는 "옛" 패러다임들이 존속할 수 있다(예술의 경우도 그렇다, Küng 1987:260-265). 때로 거의 잊혀졌던 옛 패러다임의 재흥이 일어나기도 하는데 4세기의 어거스틴, 16세기의 마틴 루터, 20세기의 칼 바르트에 의한 바울의 로마서에 대한 "재발견"이 그 실례이다(Küng 1987:193).

또한 "옛" 패러다임은 좀처럼 완전히 사라지지 않는다. 신학에서의 패러다임 이동에 대한 큉의 관찰에 따르면 교부시대의 헬레니즘 패러다임은 여전히 정교회 속에 일부 남아 있고 중세 로마가톨릭의 패러다임은 현시대의 로마가톨릭 전통주의에, 개신교 종교개혁 패러다임은 20세기 개신교 고백주의에, 계몽주의 패러다임은 자유주의 신학 속에 남아 있다.

브라우어(Brauer)는 실제로 오늘날 모든 교단 속에 근본주의자, 보수주의자, 온건주의자, 자유주의자, 급진주의자들이 나란히 하고 있다고 말한다(1984:12). 사람들이 흔히 하나 이상의 패러다임에 동시에 충성하고 있다는 사실이 문제를 더 복잡하게 한다. 마틴 루터는 이전의 패러다임과의 결별이 아주 철저했지만 여러 방면에서 여전히 그가 버렸던 패러다임의 중요한 요소들을 소지하고 있었다. 칼 바르트도 마찬가지였다.

또한, 옛 패러다임 안에서 움직이는 사람들은 새 패러다임의 중요한 요소들을 이미 소유하고 있는지도 모른다. 이것의 뚜렷한 예는 루터의 동시대인이었던 에라스무스(Desiderius Erasmus 1466-1536)인데, 중세 로마가톨릭의 패러다임 안에 머물면서 동시에 새로운 시대를 예고했다(Küng 1987:31-36).

패러다임 이론에 대한 비판 중의 하나는 상대주의를 부추기고 궁극적인 규범이나 가치가 없다고 한다는 것이다. 토마스 쿤은 각 집단은 "자신의 패러다임을 사용하여 자신의 패러다임을 방어하며" 사람이 그 집단의 테두리 안에 들어갈 때만 그 패러다임의 타당성을 받아들이게 된다고 말한다. 그러므로 패러다임 선택에 있어서 "해당 공동체의 동의보다 더 높은 표준은 없다"(1970:94).

이것은 참으로 상대적으로 들린다!

쿤은 자신의 책의 "후기"에서 자신의 입장이 전적으로 상대주의라는 비평가들의 비판에 대하여 답한다(1970:205-207). 그는 과학적 진보를 믿으며 후기의 과학 이론들이 이전의 이론들보다 더 나은 경향이 있다고 진술함으로써 자신의 초기 입장을 입증한다.

그러나 중요한 점은 신학이든, 자연과학이나 사회과학이든 모든 연구가 "절대"와 "상대"의 범주를 상호배타적인 것으로 생각해서는 결코 안된다는 것이다. 우리의 신학들은 부분적이고 문화적으로, 사회적으로 편향된다. 이것들은 결코 절대적인 것으로 주장될 수 없다.

그러나 마치 신학에서 어느 것도 "절대적으로" 알 수 없다고 하듯이 이것들을 상대화하는 것은 아니다. 우리가 부분적으로 보는 것은 사실이지만 우리는 분명히 본다(Hiebert 1985a:9). 우리는 우리의 계시 이해에 헌신되어 있지만 또한 그 이해에 대하여 비평적인 거리를 둔다.

달리 말하자면, 우리는 원칙적으로 다른 견해들에 대하여 열려 있지만 우리 자신의 진리이해에 대한 헌신(commtiment)을 포기하는 것이 아니다. 우리는 "나는 믿는다..." 혹은 "내가 보는 바로는..."으로 말을 시작한다(Hiebert 1985a:9). 헌신(commitment)과 자기 비평적 태도가 상호배타적이라고 믿는 것은 옳지 않다.

나의 접근 방식은 주관주의와 상대주의라는 늪에 빠지지 않으면서 나의 궁극적인 신앙 헌신과 신앙에 대한 내 자신의 신학적 인식 사이에 창조적 긴장을 촉진한다. 내 자신의 해석을 절대적으로 옳고 다른 모든 해석들은 틀리다고 보지 않으며 내 자신의 신학 해석을 포함하여 다른 신학 해석들이 다른 상황과 관점, 편향성들을 반영한다는 점을 나는 인정한다.

그러나 이것은 모든 신학적 입장들이 동등하게 타당하거나 사람들이 무엇을 믿건 관계없다는 말이 아니다. 오히려 신앙에 대한 내 자신의 이해를 최대한 다른 사람들과 나누려는 것이며 동시에 그들에게도 똑같은 권리를 부여하는 것이다.

나의 신학적 접근은 일종의 "지도"이고 이 지도는 결코 실제의 "영토"가 아니다(Hiebert 1985b:15; Martin 1987:373). 나의 지도가 최상이라고 믿을지라도 다른 유형의 지도들이 있고 또한 적어도 이론상 어떤 지도는 나의 것보다 나을 수 있다는 점을 인정하는데, 이것은 내가 부분적으로만 알 수 있기 때문이다(고전 13:12).

그리스도인들에게 이것은 어떠한 패러다임 이동도 복음의 기초 위에서 이루어지고 복음 때문에 일어날 뿐이며 결코 복음에 맞서 일어나지 않는다는 것을 의미한다(Küng 1987:194). 자연과학과 대조적으로 신학은 현재와 미래에 관계될 뿐 아니라 과거와 전통, 사람들에게 주신 하나님의 증언에 관계된다(:191).

신학은 언제나 관련성이 있고 상황적이어야 하지만(:200-203) 이스라엘의 역사와 궁극적으로 예수 그리스도의 사건을 통한 하나님의 계시가 희생되어서는 결코 안된다(:203-206). 그리스도인들은 자신들의 고전 본문인 성경이 인식론적으로 우선한다는 점을 명심한다.

위에서 진술하면서 나는 어떤 문제도 결코 해결하지 못했음을 인정한다. 성경은 우리에게 인간의 말의 형태로 오는데, 아주 특정한 역사적 상황을 위해 쓰여졌다는 의미에서 이미 "상황적"이고 더 나아가서 다른 해석들에게 열려있다. 그러나 위의 진술을 통해서 나는 모든 그리스도인들이 공유해야 하고 그들 간에 대화를 가능하게 하는 기초가 되는 "방향점"(point of orientation)을 제시하는 것이다.

어떤 개인이나 집단도 독점해서는 안된다. 그러므로 기독교회는 서로 다른 상황들에 처해 있는 그리스도인들과 신학자들이 서로의 문화적, 사회적, 이념적 편향성들을 도전하는 "국제적 해석 공동체"로서 기능해야 한다(Hiebert 1985b:16). 그들의 견해가 크게 교정될 필요가 있다고 우리가 확신할 경우가 있을지라도 이것은 동료 그리스도인들을 맞수나 적수가 아니라 동반자로 여기는 것을 전제로 한다.[1]

---

1 내가 여기서 옹호하고 있는 인식론적 접근은 때로 비평적 해석이라고 불리기도 한다(Nel 1988 참조). 이러한 접근을 취한다는 것은 내가 변화에 열려 있고 나의 기존의 확신들을 재고할 수 있음을 인정한다는 것을 뜻한다. 신학의 경우 비평적 해석학은 기독교인들이 성경과 기독교 신앙에 대한 이해에 있어서 불일치할 것을 인정하며 그러나 같은 주님에게 마찬가지로 헌신하고 있다는 점을 인정한다.

4. 선교학에서의 패러다임들

다음 장들에서 나는 큉이 제시한 신학 시대 구분을 대체적으로 따를 것인데 (1984:25; 1987:157) 초기 기독교 시대, 교부시대, 중세시대, 종교개혁, 계몽주의, 에큐메니칼시대이다. 시대를 달리 구분할 수도 있는데 제임스 마틴(James P. Martin 1987)은 교회와 신학의 역사를 세 시대로만 구분한다. 큉의 둘째, 셋째, 넷째 시대를 함께 묶어서 "비평 이전의," "생동적인," "상징적인" 시대라고 명한다. 그리고 "비평적이고," "분석적이고," "기계적이라고" 불리는 계몽주의 시대가 그 뒤를 잇는다.

현재 부상하는 세 번째 시대는 "비평 이후," "통전적," "에큐메니칼"로 묘사되는 시대이다. 마틴의 분류는 장점이 있는데, 특히 성경 해석학의 발전을 이해하는데 도움이 된다. 그러나 선교 개념의 발전을 이해하는 데에는 큉의 분류가 더 적절하다.

그러나 큉의 신학 역사 분류 역시 너무 일반적이어서 모든 신학적 차이들을 명확하게 설명해 주지 못한다. 그러므로 그는 적절하게도 대 패러다임, 중 패러다임, 소 패러다임으로 구분할 것을 요구한다(Küng 1984:21).

앞에서 말한 여섯 시대는 대 패러다임을 가리킨다. 각각의 대 패러다임은 신학 전체의 재구성을 뜻한다(van Huyssteen 1986:83). 하나의 대 패러다임 안에서 설령 신학자들 간에 여러 면에서 크게 다를지라도 그들은 대체적으로 하나의 전체적인 준거틀과 하나님, 인간, 세상에 대하여 서로 공유하는 관점을 가지고 있다 (Küng 1984:20; 1987:154).

하나의 패러다임에서 다른 패러다임으로의 전환은 급작스럽게 일어나지 않는다. 새로운 패러다임에는 선구자가 있는데 그는 옛 패러다임 안에서 여전히 움직인다. 현시대의 대부분의 신학자들은 계몽주의 패러다임의 테두리 안에서 성장했으나 오늘날 동시에 두 패러다임의 측면에서 생각하고 활동한다(Martin 1987:375). 이것은 일종의 신학적 정신분열증을 초래하는데, 인내하는 동시에 길을 더듬어 가며 더 명확해지고자 하는 것이다. 모든 분야의 학자은 일이 과중하다. 그러나 우리에게 부과된 요구를 피할 길은 없다.

요점은 오늘날의 기독교회와 기독교 선교가 전에 결코 꿈 꿔보지 않았던 문제들을 직면하고 있는데, 시대에 적절하고 또한 기독교 신앙의 본질에 부합하는 응답이 절실히 필요하다는 것이다. 오늘날 선교에 참여하는 교회는 적어도 다음의 요소들에 의해 도전을 받고 있다(Küng 1987:214-216, 240).

① 천년 이상 기독교의 고향이었던, 아주 실제적인 의미에서 기독교에 의해 생성된 서구는 세계에서 지배적인 위치를 상실했다. 세계 전역의 민족들은 서구라는 진지로부터 해방되기 위해 진력하고 있다.

② 억압과 착취의 불의한 구조들이 인류 역사에 전례가 없을 만큼 도전을 받고 있다. 인종차별과 성차별에 대한 항거는 여러 도전들의 일부일 뿐이다.

③ 서구의 기술과 발전에 대하여, 진보라는 개념에 대하여 아주 모호하게 느끼고 있다. 계몽주의의 신인 진보는 결국 거짓된 신으로 드러났다.

④ 전에 어느 때보다도 우리는 제한된 자원을 가지고 움추르드는 지구 위에 살고 있음을 우리는 알고 있다. 사람들과 환경이 서로 의존 관계에 있다는 것을 우리는 알고 있다. 카프라(Capra)는 이와 같은 세계관을 "포괄적으로 생태적인" 세계관이라 부른다(1987:519).

⑤ 우리는 오늘날 하나님이 창조한 지구를 멸할 수 있을 뿐 아니라 역사상 처음으로 인류를 소멸할 수 있는 능력을 가지고 있다. 환경의 위기가 우리에게 생태적으로 적절한 반응을 요구하고 있다면 핵 살상의 위협은 평화와 정의를 위해 일할 것을 요구한다.

⑥ 세계선교와 복음화를 위한 방콕회의(1973)가 "문화는 그리스도의 목소리에 답하는 인간의 목소리를 형성한다"고 말한 것이 옳다면 유럽에서 고안되고 발전된 신학들이 세계 다른 곳에서 나타난 신학들보다 우월하다고 주장할 수 없음이 분명하다. 서구신학의 우월성이 천 년이 넘게 당연시되어 왔으므로 이것 역시 새로운 상황이다.

⑦ 또한 수 세기 동안 다른 종교들에 대한 기독교의 우월성이 기독교인들에 의

해 수 세기 동안 당연시되어 왔다. 물론, 기독교는 유일하게 참되고 구원을 주는 종교로 간주되어 왔다. 오늘날 대부분의 사람들은 종교의 자유가 인간의 기본 권리라는 점에 동의한다. 다른 요소들과 함께 이 요소는 그리스도인들이 다른 종교들에 대한 태도와 이해를 재평가하게 한다.

위에서 열거한 일곱 가지 요소들에 다른 요소들이 추가될 수 있다. 나의 요점은 간단히 말하면 우리가 살고 있는 세계가 훨씬 이전 시대는 물론이고 19세기와 완전히 다르다는 것이다.

새로운 상황은 적절한 반응을 요구한다. 과거에 흔히 그랬던 것처럼 우리가 직면하는 문제 하나 하나에 임기응변식으로 반응해서는 안된다. 현 세계는 우리에게 "변혁적인 해석학"(Martin 1987:378), 즉 우리가 세계선교에 참여하기 전에 먼저 우리 자신을 변혁시키는 신학적 반응을 실행하라고 도전한다.

본서의 제1부에서 다룬 초기 기독교 패러다임으로부터 바로 현시대의 도전들로 넘어갈 수도 있었을 것이다. 그러나 몇 가지 이유로 인해 이것은 합당하지 않다. 오늘날의 도전의 규모는 거의 20세기에 달하는 교회 역사의 배경을 살펴볼때야 비로소 이해될 수 있다. 또한 현재의 도전을 이해하고 오늘날의 세계와 그 곤경에 대한 기독교의 반응을 이해하려면 과거의 관점들을 필요로 한다.

위기에 처할 때마다 출애굽 사건, 광야 생활, 하나님의 고대 언약을 상기해야 했던 구약성경의 이스라엘 백성들처럼, 우리 또한 우리의 뿌리를 상기해야 하는데 위안을 얻기 위할 뿐 아니라 그 보다 더 방향을 찾기 위함이다(Niebuhr 1959:1). 우리는 과거 자체를 위해서 과거를 살펴보는 것이 아니다. 오히려 우리는 과거를 나침반으로 간주한다.

누가 나침반을 자신이 어디에서 왔는지를 식별하기 위해서만 사용하겠는가?[2]

---

2 『나는 세계를 향한 증거』(*Witness to the World*)라는 책에서 주요 부분을 여러 시대에 걸친 선교신학에 할애했다(Bosch 1980:85-195). 본서와 이 책 사이에 서로 중첩되는 부분이 있을 수밖에 없지만 그 책의 내용을 여기서 반복할 의향은 없다.

제6장 동방교회의 선교 패러다임

1. "먼저는 유대인에게요 그리고 헬라인에게며"

새로운 기독교 신앙이 그리스 로마 세계로 들어가면서 아주 짧은 시간 간에 중대한 변혁을 겪었다. 이러한 변화는 범위와 성격에 있어서 이후 역사에 있었던 다른 중대한 변화들과 마찬가지로 심오했다. 폴 니터(Paul Knitter 1985:19)는 기독교가 유대교로부터 그리스, 로마 종교로 변화된 것을 가리켜 다음과 같이 간결하게 요약한다.

> 그것은 교회의 예식과 조직, 법규의 변화뿐만 아니라 교회를 탄생시킨 계시에 대한 이해, 즉 교리의 변화였다. 초기 그리스도인들은 자신들이 이미 알고 있던 것을 헬라 사상으로 단지 표현한 것이 아니라 헬라의 종교, 철학적 통찰력을 통해 자신들에게 계시되었던 것을 발견한 것이다. 예를 들면, 3세기에서 6세기를 거치는 동안 새로운 역사적, 문화적 상황에 비추어 교회가 자신을 재평가하지 않았다면 삼위일체와 그리스도의 신성이라는 교리는 현재의 모습이 아니었을 것이다.

당연히 변화는 급작스럽게 일어나지 않았다. 변화가 동질적인 새로운 신학을 산출한 것도 아니었다. 결코 그렇지 않았다. 하지만 적어도 헬라 교부 시대의 하나의 일관성 있는 패러다임의 윤곽을 파악하는 것은 가능하다.

이레니우스(Irenaeus), 클레멘트(Clement), 오리겐(Origen), 아타나시우스(Athanasius)와 세 명의 갑바도기아 학파와 같은 신학자들 간에 여러 중요한 차이점들이 나타나지만 이들은 모두 하나님, 인간, 세상에 대하여 유사한 관점을 가졌고 초기 기독교의 묵시적, 종말적 유형과는 아주 달랐다(Küng 1984:20; 1987:154). 말할 필요도 없이 그러한 차이는 이 시대 동안의 선교 이해에 중대한 영향을 끼쳤다.

이 시대 동안에 기독교 신앙이 새롭고 다른 방식으로 인식되고 경험되었다는 점은 이상한 일이 아니다. 기독교 신앙은 본질적으로 성육신적이다. 그러므로 교회가 외국적인 실체로 남지 않으려면 교회는 언제나 상황 속으로 들어가서 자신을 발견해야 한다.

2세기와 이어지는 세기들의 상황은 모든 면에서 1세기와는 많이 달랐다. 히브리 세계로부터 헬라 세계로의 이동은 극히 중요한 요소이지만 새로운 환경의 한 요소일 뿐이었다. 또 다른 중요한 요소들역시 있었다. 그 중 하나의 요소는 운동으로 시작했던 것이 1세기가 끝나기 오래전에 이미 제도로 변했다는 것이다.

사실 본서의 1장으로부터 4장까지 기술된 것처럼 예수의 역사적 사역으로부터 기독교인 1세대와 초기 신약성경 저술 시대 상황으로 뚜렷한 이동이 있었다. 이후 세대들은 운동의 시작으로부터 더 멀리 떨어져 있다고 느꼈을 것이다. 기독교는 여전히 유아기 상태에 있었고 다원적 세계 속에서 소수 종교였으며 로마 당국에 의해 핍박받고 무시받는 불법 종교(religio illicita)였다.

기독교는 대체적으로 초기의 열정과 독특성을 상실했다. 기독교는 세상이 믿음을 받아들이기를 원했었지만 이제는 세상을 점점 닮아가고 있었다. 보다 구체적으로 말하자면 기독교는 묵시적, 종말적 성격을 점차적으로 상실하고 임박한 종말이라는 희망을 포기하고 이 세상 속에 안주했다. 이러한 변화는 거의 눈치를 채지 못하게 일어났다. 물론 신약 시대와 후속 시대 사이에 명확한 선을 긋는 것은 불가능하다. 2세기와 후속 세기에 지배적이었던 특질들이 신약성경에서도 나타난다(Käsemann 1969).

"순회 설교자"라는 직분이 사도들과 더불어 사라지고 여러 세기 동안 "선교사"라고 칭할만한 사람들이 전혀 없었고, 초기교회에는 선교 방법이나 프로그램이 없었다는 주장들이 꽤 있었다(Frend 1974:32; Holl 1974:3-11). 이러한 관점이 어느 정도 맞을지 모르나 사실적인 근거가 미약하다.

크레슈마(Kretschmar 1974:94-128)가 밝혀주었듯이 3세기까지의 초기 기독교 선교에 있어서 은사적 치유 선교사, 이적을 행한 사람들, 순회 설교자의 중요성이 과소평가되어서는 안된다. 4세기부터는 미전도 지역에서 수도사가 점차 순회 설교자를 대치하여 선교사의 역할을 했다(Adam 1974:86-93; Kretschmar 1974:99).

순회 설교자나 수도사의 사역보다 더 중요한 것은 초기 기독교인들의 행위, 즉 그들의 입술과 삶에 나타난 "사랑의 언어"(Harnack 1962:147-198, 366-368), "행위적 전파"(Propaganda der Tat)였다(Holl 1974:8). 사람들에게 감명을 준 것은 순회 복음 전도자와 수도사들의 기적이 아니라 일반 그리스도인들의 모범적인 삶이었다(Kretschmar 1974:99). 고대 세계에서 기적을 행하는 사람들은 흔히 있었다.

신약시대 신자들의 행위가 뚜렷한 선교적 차원을 가지고 있었다면(van Swigchem 1955) 사도 이후 시대도 다르지 않았다. 당시 헬라 세계에서 도덕성을 함양한 것은 헬라 종교가 아니라 헬라 철학이었다(Malherbe 1986). 헬라의 신들은 행위에 있어서 비도덕적이라고 말하지 않다고 하더라도 도덕과 무관했다. 엄격히 말해서 윤리는 종교의 일부로 간주되지 않았다. 신들은 과거와의 완전한 단절을 요구하지 않고 잘못된 것들을 모두 포기하라고 요구하지 않았다(Green 1970:144).

이와 대조적으로 유대교처럼 기독교 신앙의 높은 도덕 표준들이 분명히 종교적 영향력을 끼쳤고 많은 비기독교인들이 이점을 인식했다. 기독교인들은 몸과 영혼이 모두 그리스도에게 속했고 이를 자신들의 행위로 보여주어야 했다(:146).

당시의 일반적인 분위기 속에서 그러한 품행은 주목받지 않을 수 없었다. 헬레니즘은 오래도록 전성기를 누렸다. 막스주의 철학자인 가르다브스키(Víteslav Gardavsky)는 로마가 여전히 정치적으로, 군사적으로 강력했지만 동시에 "부패의 냄새"가 모든 곳에서 확연했다고 말한다(Rosenkranz 1977:71). 로젠크랜즈(Rosenkranz 1977:71)는 다음과 같이 부언한다.

이처럼 절망과 부패와 미신에 잠긴 어두운 이 세상 속에서 새로운 것이 존재했고 성장했다. 이것은 하나님과 형제 사랑의 수호자, 성령의 수호자, 다가오는 하나님의 통치에 대한 희망의 수호자인 기독교였다(:71).

셀수스(Celsus)와 줄리안(Julian)과 같은 배교자이자 교회의 원수였던 자들은 이와 같은 행위가 사람들을 기독교 신앙으로 이끌어 준 요소였다고 증언한다. 마이클 그린(Michael Green)이 초기 기독교인들을 너무 낭만적으로 묘사했는지 모르지만 그들의 모범, 교제, 변화된 인격, 기쁨, 인내, 능력과 같은 요소들은 그들의 삶 속에 분명하였고 기독교라는 새로운 "미신"[1]이 폭발적으로 성장한 주요 요인이었다(Green 1970:178-193). 그리고 기독교의 성장은 눈부셨다.

A.D. 300년에 적어도 거대한 로마제국의 몇몇 지방에서 도시 인구의 약 절반이 기독교 신앙을 받아들인 것으로 추정된다(Harnack 1924:946-958; von Soden 1974:25). 주목할만한 예외들이 있긴 하지만 로마제국 밖에서는 덜 성공적이었는데 그 이유들을 다음에서 살펴볼 것이다.

2. 교회와 그 상황

A.D. 85년 이후 유대교는 이교도들뿐 아니라 교회와도 자신들을 명백히 구분 지어야 했다. 이와 비슷하게 기독교인들은 회당과 헬라 종교라는 두 전선과 맞서 싸워야 했다. 초기 단계에서 기독교는 의심할 바 없이 유대교에 더 가까웠다. 나중 단계에서는 여러 모로 타티안(Tatian)과 터툴리안(Tertullian)과 같은 신학자들의 저항에도 불구하고 헬라 환경에 더 가까워졌다. 이러한 변화는 사용되었던 용어

---

1 이것은 플리니(Pliny)와 다른 사람들이 기독교를 언급한 방식이다. 그것을 *superstitio*라고 부르는 것은 그것을 "비로마 신들에 대한 비로마적 예배"로 분류하는 것이다(W. M. Ramsay, *The Church in the Roman Empire Before A.D. 170* [London: Hodder & Stoughton, no date], p. 206). 플리니는 실제로 기독교를 *superstitio prava immodica*, 즉 타락하고 부적절한 미신이라고 불렀다.

에서 이미 감지된다. 황제 제사, 군대, 헬라 신비 종교, 극장, 플라톤 철학에서 또렷하던 개념들이 기독교 예배와 교리에서 일반화되었다(van der Aalst 1974:54).

이방 종교들과 기독교 간의 많은 유사점들은 실제로 교회의 선교와 신앙 방어에 큰 도움이 되었다. 인간의 몸으로 임한 하나님, 구원적 희생, 부활의 승리, 새 삶에 대한 메시지는 사람들의 귀에 전적으로 낯선 것이 아니었다. 기독교를 다른 종교들의 성취로 간주하곤 했다. 그런데, 초기 기독교에 관한한 문제는 다른 종교들과의 차이점이 아니라 유사성에 있었다(von Soden 1974:26).

새 종교는 표면에 잔물결 그 이상을 일으키지 않고 옛 종교의 틀 속으로 쉽게 미끄러져 들어갈 수 있었다. 특히 변증가들은 새 종교와 옛 종교 간의 유사성을 강조하기 위해 애썼다.

저스틴(Justin)과 클레멘트(Clement)는 이교 안에 있는 최상의 것들에 대하여 우호적인 태도를 취했고 이교도들을 그리스도께로 인도하는 "교사"로 헬라 철학을 간주했다. 당시의 일반적인 분위기는 동양 종교와 서양 종교 간에 거의 제한없는 혼합을 촉진했는데, 기독교를 유인하는 요소이기도 했다. 최종적으로 기독교가 동화되지 않았던 이유는 자신이 다른 종교들과 근본적으로 다르다고 의식했기 때문일 뿐만 아니라 적어도 다음과 같은 두 가지 요인이 있다.

첫째, 대다수 기독교인들이 교육을 얼마 못 받은 사람들이었지만 이미 초기에 기독교 신앙은 상류 계층 속에서 어느 정도 성공을 거두었다. 교회는 문화의 전수자가 아니었다. 사실 교회는 로마제국의 대다수 문화 시민들로부터 경멸을 받았다. 셀수스(Celsus)는 플라톤 철학의 일신론과 그리스 로마의 다신론을 결합해서 기독교를 실추시키려 했다.

2세기 후반부터 국면은 점차로 변화되기 시작했다. 알렉산드리아의 클레멘트와 오리겐을 포함하는 일련의 사람들이 새로운 전통을 소개했는데 이들은 헬라 교사들이 하듯이 논쟁을 할 수 있었기 때문에 어떤 이교도 철학자들에게도 대응할 수 있는 기독교 논증 학자의 전통을 제시한 것이었다.

기독교 신학자들은 또한 전형적인 헬라적 우월감을 포용했는데 특별히 "바르바로이"(*barbaroi*, 헬라인들이 다른 민족들을 멸시하여 부른 말)에게 대하여 그랬다

(Holl 1974:14). 심지어 박해가 멈추고 기독교가 유일한 합법 종교로 로마제국 안에서 선포되기 전에도 교회는 문화의 전수자이자 문명적 존재였다. 콘스탄틴(Constantine)의 등장이 이러한 진전을 더 확실하게 했다. 따라서 기독교인들만이 위로 상승하고 세련되게 되었다. 그들은 도시 생활을 지배했다. 이제 비기독교인들은 깨어나지 못한 사람들로 경시되었다. 이들은 "이방인"(pagani, 시골에 사는 사람들)이거나 "이교도"(황야에 집이 있는 사람들)라고 불리웠다. 셀수스 같은 사람은 이제 거론될 수 없었다.

결국 기독교인들만이 문명화되고 교육받은 사람들이었다. 선교는 우월한 사람들로부터 열등한 사람들에게로 가는 운동이 되었다. 비기독교 신앙들은 신학적 이유 때문이라기보다는 사회 문화적 이유 때문에 기독교보다 열등한 것이었다(Holl 1974:11; von Soden 1974:29; Kahl 1978:22).

둘째, 첫째 이유와 관련이 있는데, 이교 로마제국은 서서히 해체되고 있었다. 나는 앞서 "부패의 냄새"가 모든 곳에서 나고 있었다는 가르다브스키(Gardavsky)의 말을 인용했다. 주술과 점성술에 호소하여 생활의 고통과 혼란을 해결하고 안전을 확보하려는 사람들 중에 운명주의가 만연했다(Rosenkranz 1977:44).

기독교는 이러한 진공상태를 채울 준비가 되어 있었고 로마제국 시민들은 이에 반응했다. 기독교 대중 운동은 안정되고 부유한 문화에서가 아니라 풀이 죽어 있고 붕괴되는 사회 속에서 항상 일어난다는 주장이 있다. 이것은 4세기 이후의 그리스 로마 세계뿐만 아니라 다른 곳에서도 마찬가지였다.

E. A. 톰슨(Thompson)은 고트족 속에서의 기독교 선교의 성공이 울필라스(Ulfilas)의 탁월한 선교 사역이라기보다는 고트족이 로마제국과 마주침으로서 그들의 전통 생활 방식에 가해진 막대한 영향에 기인한다고 보았다. 그는 어떤 게르만 종족도 로마제국을 침입한 이후 자신들의 전통 종교를 고수하지 못했다고 주장한다. 그러므로 게르만인들이 기독교로 개종한 주된 이유는 사회학적으로 말해서 이주로 인한 혼란스런 사회적 상황이었다(Frend 1974:40).

3. 교회와 철학자들

　기독교 신학자들이 대체로 이방 종교들을 경멸하는 경향이 있었던 반면, 이방 철학들에 대해서는 훨씬 긍정적이었다. 그들 이전의 많은 유대인들처럼 의식적이건 무의식적이건 기독교 신학자들은 철학자들의 자료를 사용했다.

　말허베(Malherbe)는 근래에 그리스 로마 도덕 철학자들의 인용문을 담은 자료집을 출간했는데, 이들의 글은 기독교 저자들과 아주 유사할 뿐 아니라 기독교 저자들에게 틀림없이 영향을 주었다(Malherbe 1986). 말허베는 바울의 데살로니가전서 연구를 통해 바울의 사상조차도 여러 철학 학파의 영향을 받았다고 주장한다(Malherbe 1987). 이후 세기들 동안에 이들의 기독교 신학자들에 대한 영향은 훨씬 더 뚜렷하다.

　헬라, 로마 시대의 주요 철학 학파들은 플라톤 학파, 스토아 학파, 견유 학파, 에피쿠로스 학파였다. 기독교인들이 가장 빚을 지고 있는 학파는 플라톤 학파였다. 기독교 사상에 대한 플라톤적 영향은 적어도 두 가지 면에서 드러난다.

　첫째는 영원과 시간의 관계인데 많은 신학자들의 관심이었다.

　둘째는 참인 것(the true)과 드러난 것(the apparent), 실재와 그림자 사이의 플라톤적인 구분이었는데, 특히 성례전 신학에서 중요한 역할을 했다(van der Aalst 1974:54; Beker 1980:360).

　그러나 초기 기독교 운동에 헬라 철학이 미친 큰 영향은 믿음을 규정하고 교리를 체계화하려는 경향이 점점 증가했다는 점이다. 구약성경과 초기 기독교의 하나님은 헬라 형이상학의 일반적인 신 개념과 동일시가 되었다. 하나님은 최고의 존재, 실체, 원리, 움직이지 않는 운동자로 언급된다.

　존재론(하나님의 존재)이 역사(하나님의 행위)보다 더 중요하게 되었다(van der Aalst 1974:110). 사람들은 하나님 앞에서의 관계를 고려하기보다, 하나님 자신이 누구인가를 통찰하는 것을 더 중요하게 여겼다. 이 모든 것의 배후에는 추상적인 사고가 역사적인 사고보다 더 참되다는 인식이 깔려 있다. 그러므로 이방인들이 참으로 필요로 하는 것은 하나님에 관한 적절한 교리였다.

헬라인들에게 있어서 핵심 개념은 "지식"(*gnosis, sophia*)이었다(고전 1:22). 기독교 신학에서 이러한 개념은 점차적으로 사건의 개념을 대치하였다. "구원은 지식에서 발견되어야 한다"라는 주제가 아주 다양한 방식으로 제시되었는데, 경험을 통한 지식이라는 원래의 개념이 이성적 지식이라는 개념으로 점점 대치된 것이다(van der Aalst 1974:88).

성령은 "진리의 영" 혹은 "지혜의 영"이 되었는데 우선적 관심은 성령의 역사 속에서의 행위보다는 원래의 존재에 있었다(:124). 하나님의 계시는 사건 속에서의 하나님의 자기소통으로 더 이상 이해되지 않았고 삼위일체로서의 하나님의 존재와 양성을 가진 그리스도의 한 인격체라는 진리의 소통으로 이해되었다.

여러 교회 회의들은 신앙에 대한 명확한 진술을 하는 것이 목적이었고 여기서 제시된 공식들은 형언할 수 없는 것들에 대한 언급이 아니라 결론적이고 최종적이었다. 교회의 일치는 사람들이 이러한 공식들을 지지하는지 안 하는지를 면밀히 조사함으로써 유지되었다. 동의하지 않는 자들은 파문당했다.

산상수훈과 니케아 신조의 비교는 이 점을 분명하게 보여준다. 산상수훈은 일련의 계율을 강조하는 것이 아니라 행위의 양식을 개요한다. 산상수훈의 전체적인 취지는 윤리이다. 그것은 형이상학적인 사변이 아니다. 이와 대조적으로 니케아 신조는 형이상학적 틀 안에서 구조되었고 많은 교리문들을 만들지만 신자의 행위에 대해서는 말이 없다.

밴더 알스트(van der Aalst)는 이러한 발전의 결과를 매우 적절하게 요약하는데 "메시지가 교리가 되었고 교리는 신조가 되었고 이 신조는 능숙하게 엮어진 계율들 속에서 설명되었다"고 말한다(:138). 이러한 변화의 한 결과가 "우시아"(헬라어 *ousia*), "피시스"(헬라어 *physis*), "히포스타시스"(헬라어 *hypostasis*), "메리툼"(*meritum*), "트란수브스탄티아티오"(*transsubstantiatio*)와 같은 개념에 대한 수 세기에 걸친 논쟁이다.

수년 전에는 히브리 세계관과 헬라 세계관을 대조하는 것이 유행이었다. 오늘날 양자 간의 차이를 너무 지나치게 강조했다는 점이 널리 인정되고 있다. 히브리적인 것으로 간주되던 여러 개념들이 헬라 사상에도 존재한다고 밝혀졌고 그

역도 입증되었다. 모든 일탈을 헬라 사람들의 탓으로 돌리는 경향이 있다(van der Aalsst 1974:150-174, 여기서 "히브리"적 사고와 "헬라"적 사고 간의 많은 유사점들이 논의된다. Young 1988:302). 여전히 관점에 있어서 중요한 차이가 존재한다.

나는 이미 헬라 사람들이 "지식"(헬라어 *gnosis*)을 특별히 강조한다는 점을 언급했었다. 여기에다 우리는 실재에 대한 청각적 접근과 시각적 접근 간의 차이를 추가해야 한다. 차이가 절대적이지는 않다 하더라도 헬라 사람들 중에서는 청각보다는 시각적 관점이 보여지고 셈족 사람들에게서는 시각보다 청각적 관점이 더 보여진다(van der Aalst 1974:92).

유대인들에게는 "믿음이 들음에서"(롬 10:17) 나는데, 히브리 단어인 "다바르"(*dabar*)는 특히 선포된 말을 가리킨다. 이와 대조적으로 헬라어 단어인 "로고스"(*Logos*)는 주로 봄으로써 얻는 지식을 암시한다(van der Aalst 1974:98). 셈계 네스토리안 교도들을 포함하여 셈족들이 조형 예술에 반감을 갖는데 반해, 헬라인들 이러한 예술 양식에 뛰어났다(:93).

이것은 선교에 대한 정교회의 이해와 관계가 있다. 19세기 그리스 정교회 대주교는 설교와 관련하여 이미지의 가치를 강조하면서 "보는 것이 듣는 것보다 믿음으로 더 쉽게 인도한다"고 했다(val der Aalst 1974:99). 이것은 특히 불신자들이 참석하여 관찰할 수 있는 예전을 가리키는데, 정교회 전통에서는 이 예전이 증거와 선교의 주요한 형식으로 간주된다(Stamoolis 1986:85-102).

4. 종말론

종말론 및 역사의 이해만큼 헬라 교회가 초기 유대 기독교와 크게 달랐던 부분은 아마도 없었을 것이다. 성경의 이야기는 실제 인류 역사 속에서의 하나님과의 만남에 대한 기억과 미래의 만남에 대한 기대를 담은 이야기이다. 그리스도의 사건은 완전히 다른 종류의 고립된 사건이 아니라 이스라엘과 함께하신 하나님의 역사 속에 뿌리를 두고 있다(Rütti 1972:95). 그러므로 예수의 중요성은 약속에 대한 구약성경 역사의 기초 위에서만 이해될 수 있다. 세상을 향한 사도적 선교가 근거하고 있는 예수의 부활은 오직 예언적, 묵시적인 기대라는 틀 속에서만 이해될 수 있는 것이다(:103).

하나님의 통치에 대한 선포는 새로운 신조나 제의를 소개하는 것이 아니라 역사 속의 한 사건, 즉 사람들이 회개와 믿음으로 응답해야 하는 사건을 공표하는 것이다. 예수의 오심과 부활 속에서 하나님의 종말론적 행위는 이미 시작되었다. 그러나 아직 미완이다. 예수의 부활과 승귀는 앞으로 올 보편적 성취의 시작을 알릴 뿐인데 성령이 이 성취를 보증한다. 하나님에 의한 또 다른 미래의 간섭만이 현재의 모순을 쓸어낼 것이다.

그러므로 바울의 기독론 속에서 그리스도는 하나님의 약속의 성취가 아니라 약속에 대한 보증이자 확증이다(롬 4:16; 15:8). 그리스도는 구약을 "성취"한 것이 아니라 구약을 "비준"한 것이다(Beker 1980:345). 종말은 아직 오지 않았다.

이러한 모든 것은 이후 세기들에서 크게 변화되었다. 묵시적인 기대들은 재림의 지연으로 좌절되었다. 초기 기독교인들이 가졌던 말세에 살고 있다는 신선하고 열의에 찬 의식은 소멸되고 긴박하고 임박한 위기 의식은 많은 신자들의 정신 속에서 흐려졌다(Lampe 1957:19). 2세기 중반의 저스틴 마터(Justin Martyr)는 천년왕국을 자신이 전수받은 교리의 일부로 여전히 유지하고 있었지만 거의 강조를 두지 않았다. 다른 경우 묵시적 개념들은 유산으로 물려받은 가구로서 인정되고 폐기되지 않았지만 귀하게 여겨지지 않았다(:33).

기독교의 메시지는 하나님의 임박한 통치의 선언에서 인류의 유일하게 참되고 보편적인 종교의 선포로 바뀌는 과정 중에 있었다(Rütti 1972:128). 성취되어야 할 하나님의 약속들에 대한 믿음은 이미 완성된 그리스도의 영원한 왕국에 대한 믿음으로 대치되었다. 그리스도의 부활을 완결된 사건이자 "하나님의 모든 약속들의 결정적인 성취"로 보게 되었고(Beker 1984:85) 모든 신자들의 부활의 "첫 열매"로 더 이상 보지 않았다.

이러한 일반적인 분위기 속에서 바울이 곧 잊혀지고 심지어 묻혀진 것은 결코 놀라운 일이 아니다. 베커(Beker 1980:342)는 파피아스(Papias), 헤게시푸스

(Hegesippus), 저스틴 마터(Justin Martyr)와 다른 변증가들이 전혀 바울에게 호소하지 않는다는 점을 지적한다. 헬라 교회에서 바울이 받아들여지는 경우 바울은 철저하게 길들여진다. 바울이 인용되는 경우는 그의 묵시적 해석이 아니라 항상 그의 도덕적 명령이란 측면에서이다.

구약성경과 신약성경 간의 역사적 연속성이 무시되고 두 성경 책 간의 역사적, 해석학적 연관성이 무시된 것은 이러한 맥락 때문이었다. 구약성경은 점차적으로 비역사화되었고 그리스도 사건의 풍유적인 서문이 되었다(van der Aalst 1974:118; Beker 1980:359). 바울에게는 드문 해석 방법이었던 풍유(갈 4:21-26)가 헬라 교회에서는 지배적인 해석 원리가 되었다.

종말론의 퇴색은 몇 가지 다른 방면에서도 나타났다. 역사적인 사고는 점점 형이상학적 범주에 자리를 내어 주게 되었다. 신자들은 더 이상 "이 세대"와 "오는 세대" 간의 구별이 아니라, 시간과 영원 사이의 "수직적 관계"의 측면에서 생각하였다(Lampe 1957:21; Beker 1980:360).

사람들의 기대는 이 세상과 하나님의 역사 개입보다는 천국에 초점을 두었고 미래를 기대하기보다는 영원을 바라보았다. 역사적 예수에 대하여 높은 관심을 두었던 초기 유대 기독교인들의 "하강" 기독론("low" Christology)은 무한한 로고스와 동일시되는 승귀한 그리스도에 집착하는 헬라 기독교에 자리를 내주었는데, 이러한 접근은 그리스도 사건을 지나치게 영적으로 만든 것이었다.

관심은 종말론에서 모형론으로, 그리스도의 영원한 선재로, 그와 성부의 관계로, 그의 성육신의 성격에로 옮겨갔다(Beker 1980:357, 360; 1984:108). 그리스도가 왜 왔는가보다 어디서 왔는가가 더 중요하게 되었다.

이 기간 동안에 그리스도의 성육신에 대한 관심이 매우 일반적이었는데 인간의 모양으로 와서 인간의 곤경과 함께한 것에는 거의 관계가 없고 오히려 형이상학의 차원으로 옮겨가서 성육신의 성격과 "교육적인" 중요성에 중점을 두었다(Irenaeus; Greshake 1983:52-63).

더욱이 원래의 종말론적 기대는 신비주의, 보다 정확하게 말하자면 성령론에 의해 활력을 잃고 말았는데 성령의 내주를 통해 영혼이 신령하게 되고 마침내 천사의 수준에 이른다는 것이었다(Lampe 1957:19, 34; Beker 1984:107; vander Aalst 1974:144). 바나바서신 4장에 보면 "신령하게 됩시다"(헬라어 *pneumatikoi*)라고 되어 있다. 오리겐(Origen)은 하나님의 통치를 영적인 실재에 대한 이해라는 관점에서 혹은 진리의 씨앗들이 영혼 속에 심겨지는 것으로 해석했다(Lampe 1957:19, 34). 설교는 거의 배타적으로 하나님과 개인 영혼이라는 주제에 맞춰졌고 복음과 자연의 관계, 이 세상의 구조에 대해서는 전혀 언급이 없었다. 그 과정 속에서 "새 하늘과 새 땅"이라는 우주적 기대는 영적으로 처리되고 말았다(Beker 1980:360; 1984:108).

히브리 개념인 "구원하다"를 뜻하는 야샤(*yasha*)는 주로 "위험과 재난으로부터 사람들을 구원하다" 혹은 "포로들을 자유케 하다"(이 세상을 위한 구원)라는 의미였던 반면 헬라어의 소테리아(*soteria*)는 신체적 존재로부터 구출 받는 것, 물질적 존재라는 짐을 벗는 것(이 세상으로부터의 구원)을 가리키는 경향이 있었다. 구원은 전적으로 "영생"이라는 측면에서 이해되었다.

바실리데스(Basilides)와 마르시온(Marcion)의 경우처럼 육체는 제쳐두고 영혼만 구원받을 것이라고 주장되기도 하였다. 저스틴 마터(Justin Martyr)는 영혼이 육체로부터 풀려난 후에 영혼이 하나님을 볼 것이라고 했다(Lampe 1957:18, 33). 세상에의 개입은 자선의 형태뿐이었다. 점점 더 영혼의 불멸에 강조를 두게 되었는데 락탄티우스(Lactantius)는 이를 가르쳐 "가장 위대한 선"이라고 불렀다.

성례의 떡은 "파르마콘 아다나시아스"(헬라어 *pharmakon athanasias*), 곧 "불멸의 약"이 되었다. 하나님의 영광으로 창조되었다는 주장은 개인의 지복과 죽음이후의 영원한 천상적 상태라는 개념에게 자리를 내주었다. 영적인 생활의 다양한 정도와 단계를 통하여 영혼은 진보하여 하나님과 완전한 연합을 이루게 된다. 아주 흔히 구원의 획득은 "생명"이라는 측면에서 정의되었다. 로마의 클레멘트(Clement)의 하나님의 은사에 대한 목록을 보면 "부패하지 않는 생명"으로 시작한다. 이레니우스는 하나님과의 교제가 인간을 부패하지 않게 한다고 기술했다. 그러므로 사람들에

게 수여된 구원은 신성화의 관점에서 이해되었다(Lampe 1957:30, 34).[2]

영혼이 점차적으로 다양한 단계를 거쳐 불멸 및 부패하지 않는 상태에 이른다는 개념과 더불어 초기 기독교 종말론의 포기는 심각한 결과를 낳았다. 강조점이 하나님의 미래적인 역사 개입 대신에 선을 행하여 보상을 얻는 것, 인내한 결과로 하늘을 얻는 보상에 맞춰졌다(Lampe 1957:20). 영원한 지옥의 위협으로부터 피하기 위해 많은 선행을 행해야 했고 많은 기도가 드려지고 성인들의 중보를 요구해야 했다.

특히 이레니우스는 영혼의 상승을 완전함에 이르는 교육 과정으로 묘사했다. 순교는 불멸에 이르는 확실한 관문이었다. 폴리캅(Polycarp)의 순교 기록을 보면 "한 시간의 대가로 영원한 형벌에서 풀려난다"고 하고 있다. "내세에 대한 기독교의 기대가 병처럼 퍼지며" 도덕주의가 여기저기서 나타났다(Rosenkranz 1977:61).

물론 이러한 발전들을 이해할만하다. 특히 변증가들은 광적인 운명주의와 싸워야 했고 자유의지와 회개, 보상, 형벌을 매우 강조함으로써 이러한 싸움을 했다(Lampe 1957:32). 더욱이 헬라 교회가 자신에게 전수된 모든 종말론적 관점들을 폐기했다고 보는 것은 오해이다. 람페(Lampe)의 말에 의하면 헬라 교회는 다음과 같았다.

> 헬라 교회는 성례를 통하여 하나님 나라가 현시되고 계속적으로 현재의 질서 속에 들어오며 미래에 현재의 질서를 대체할 역사적 사건들과 연결됨으로써 초기의 종말론적 확신들에 대체로 충실했다(1957:22).

---

[2] 동방정교회의 교리인 "신성화"(헬라어 *theosis*), 즉 하나님과의 연합 또는 신성화는 여기에 뿌리를 두고 있다. 아타나시우스(Athanasius)의 말에 따르면 "하나님이 인간이 된 것은 우리가 하나님이 될 수 있게 하기 위함이다." 스타물리스(Stamoolis 1986:9)는 이러한 관점이 서방 교회의 신자와 그리스도의 연합이라는 교리와 유사하지만 "신성화"(헬라어 *theosis*)는 서방 신학과 교회에서보다 동방교회에서 훨씬 중심을 이룬다고 제안한다. 그것은 "본질적으로 성육신의 목적과 인류의 궁극적 종말에 대한 동방의 이해"를 표현한다(:10; 또한 Bria 1986:9를 참조하라).

첨언하자면 초기 종말론의 요소들은 종말론이 오히려 일차원적인 것으로 시드는 경향이 있었을지라도 일부 신학자들의 사고 속에서는 더 오랫동안 머물러 있었다. 특히 "천년왕국설, 육체의 부활, 그리스도와 함께 성도들이 다스린다는 개념에 기초한 현실주의적 종말론"을 교회의 견고한 그리스도인들이 지지했고 대다수의 순교자들 역시 영향을 받았다(Lampe 1957:24).

억압과 핍박의 시기에 전투는 격렬해지고 사상자가 많아지자 신자들은 영혼이 천국과 영원으로 점차적으로 올라간다는 가르침 이상이 필요했다. 적그리스도의 실재에 대한 생생한 인식은 사람들로 하여금 악에 대한 최후의 심판과 하나님의 통치의 격변적인 시작에 소망을 갖게 했다(:26, 30).

대체로 교회는 이러한 간단하고 현실적인 종말론을 관용할 준비가 되어 있었다. 그러나 때때로 묵시의 타당성을 교회가 이해 못하는 것에 대한 저항이 강력하여서 분열이 불가피하였다. 예를 들면 2세기 중반에 몬타누스(Montanus)가 성령의 새로운 부으심과 새 예루살렘의 임박한 도래를 선포하였다. 그가 이끌었던 운동은 초기 종말론의 긴박성과 위기 의식을 가장 강렬하게 부활시켰다. 그러나 몬타누스주의(Montanism)는 몇몇 이상한 주장들을 함으로써 초기 종말론으로부터 벗어나고 말았다.

특히 서기 230년에 이 운동이 파문을 당한 후에 교회는 어떤 형태의 묵시에 대하여도 단호하게 문을 걸어 잠궜다. 그러나 교회가 결코 완전하게 성공한 것은 아니며 많은 묵시적 요소들이 존속했고 특히 수도원 운도에서 그러했다.

5. 영지주의

교회는 적어도 두 전선에서 이단과 싸워야 했다. 몬타누스같은 사람들의 가르침은 유대 묵시적 종말론의 과도한 표현이라 하겠다. 더욱이 현시대에 융성하고 있는 묵시와 다른 류가 아니었다. 여기서 "직선적인" 종말론이 극단으로 치닫는다. 현재의 시간은 전적으로 공허하다는 것이고 사람들은 열렬하게 하나님이 역사에 개입하기를 갈망한다. 모든 강조는 "아직"(not yet)에 있다.

다른 한편으로, 하나님의 통치가 이미 당도했다는 것을 강조하는 사람들이 있었는데 교회 안에서, 각 개인에게 주어지는 영원한 생명 안에서, 불멸의 보장 안에서 이미 당도했다는 것이다. 이러한 입장은 "이미"(already)를 강조하는 경향이 있다.

교회는 이와 같은 두 가지 위협(유혹?) 중 첫 번째 것을 성공적으로 이겨냈고 실제로 어떤 형태의 묵시에도 면역이 되었다. 두 번째 위협에 관한한 교회는 더 모호했다. 그러나 어떤 면에서 교회는 확고했는데 영지주의를 배척한 것이 그 예이다. 대중적인 철학의 영향하에 기독교 신학이 "그노시스"(헬라어 *gnosis*), 곧 지식을 훨씬 강조하는 경향이 있었다고 나는 주장했다. 이것은 교회 전체가 영지주의라 불리는 운동에 사로잡혔다는 것을 암시하며 영지주의라는 명칭은 "지식"(헬라어 *gnosis*)이라는 단어에서 유래한다.

그러나 대체로 철학 학파들은 반영지주의적이었고 주류 신학도 마찬가지였다. 그렇다 하더라도 영지주의는 교회 속에 깊이 침투했고 몇몇 경우에는 교회의 중심에 타격을 가했다.

세련된 풍미에도 불구하고 영지주의는 실제로 철학이 아니라 인간의 합리성이 버려진 사이비 철학이었다. 영지주의는 당시의 운명주의와 미신을 많이 반영했다. 이것은 세상이라는 함정에 빠져 있다고 생각하는 사람들에게 인생의 어려운 결정들을 회피하고 물러날 변명을 제공해 주고 동시에 특별 계층에 속한다는 우월감을 주었다. 그러나 영지주의가 주장한 지식은 철학 학파들의 합리적 지식이 아니라 비밀스런 지식, 특별한 계시, 우주의 비밀에 대한 지식, 예외적인 암호이자 합리성에 대한 확신을 잃은 철학이었다(Young 1988:300).

영지주의의 가장 뚜렷한 특징은 철저한 존재론적 이원론이었는데 초월적인 하나님과 물질 세계를 창조한 "조물주" 사이의 대립이었다. 물질의 창조는 모두 악했으며 초월적인 하나님의 분명한 적이었다. 세상은 주로 위협적인 것으로, 전염의 원천으로 보여졌다. 결국 영지주의의 기독론은 가현설이었는데 그리스도가 실제로 인간이었던 것이 아니라 단지 인간으로 나타났을 뿐이라고 주장했다.

이와 같이 만연했던 존재론적 이원론은 끊임없이 서로 반대되는 조합을 만들어 냈는데 임시와 영원, 물질적인 것과 영적인 것, 지상과 천상, 여기와 이후, "아래의 육체"와 "위의 영혼" 등이다. 구원은 이와 같이 낯선 물질세계와의 연대로부터 해방되는 것을 의미했고 이렇게 구원받은 사람들은 물질 세계를 경멸하지 않는다 하더라도 무관심하게 대하게 된다.

이러한 영지주의의 몇몇 요소들이 교회에 깊이 침투해서 살아있고 오늘날까지도 그렇다. 그러나 교회가 생사가 걸린 싸움에서 이겼는데 교회의 공로이다. 교회는 이와 같은 극단적인 유형의 기독교의 헬라화를 거부했고 극단적인 유대화도 거부했다. 교회가 전자의 일을 하지 않았다면 마르시온(Marcion)과 발렌티누스(Valentinus)의 길을 갔을 것이고 완전히 내세적이고 부적절한 밀교 운동으로 끝났을 것이다.

교회가 후자의 일을 하지 않았다면 기독교는 결국 무미한 에비온 운동(Ebiontism)으로 전락했을 것이다. 교회는 성경의 정경성, 예수의 역사적인 인성, 육체의 부활에 대한 신앙을 고수했다. 그 결과 교회는 급속한 성자의 기회를 박탈당했고 시간과 힘을 중요한 신학적 문제들을 풀고 내적으로 굳건해지는 데 써야 했다(von Soden 1974:26).

이와 같이 "우파"와 "좌파"의 극단적인 견해들과 생과 사의 싸움을 벌이면서 철학은 비록 양면성이 있지만 적합한 동맹자가 되었다. 프란시스 영(Frances Young)이 "유대 일신론과 철학자들의 합의 간에 친족관계가 분명"하며 "초기 기독교가 유대 일신론과 헬라의 합리주의를 계승했다"고 주장한 것은 과장인듯 하기도 하지만(1988:302, 304), 본질적으로 옳다.

헬라 철학은 교회에게 모든 종류의 일탈들을 분석하고 곤란한 어려운 문제들을 추구하고 진리를 공상과 구별하고 주술, 미신, 운명주의, 점술, 우상숭배를 배척하고 어떻게 인간이 하나님에 대한 적절한 지식을 획득할 수 있는지에 대하여 아주 이성적이고 인식론적인 질문들을 심각하게 다루게 했다. 또한 이 모든 것을 지적인 열정과 깊은 신앙적 헌신을 연합하게 하는 도구들을 제공했는데, 간단히 말해서 "비평적"이면서 "예지적"(visionary)이었다(Young의 논문 제목 참조).

6. 동방 신학에서의 교회

일찍이 1세기 후반에 교회에 대한 이해에 변화가 있었다는 점은 의심할 여지가 없다. 사실 신약성경의 일부를 보면 이미 사도, 예언자, 전도자들의 이동 사역이 감독들(장로들)과 집사들의 정착사역에게 자리를 내주기 시작했다는 것을 알 수 있다.

교회의 역동적인 두 가지 사역 간의 창조적인 긴장이 두 번째 사역을 선호함으로써 점차 붕괴되었다. 누가의 저술들이 성령을 특히 선교의 영으로, 사도들을(그리고 예수를) 구비시켜서 선교의 현장으로 인도하는 자로 소개하는 반면, 이제는 성령의 사역이 교회를 거룩하게 세우는 것으로 거의 이해되었다. 성령의 사역은 무엇보다도 교회 안에 있는 모든 영혼들을 깨끗하게 하고 조명하는 것이었다. 성령은 진리, 빛, 생명, 사랑의 영이었으나 좋은 복음을 더 넓은 세상에 전하기 위해 밖으로 움직이는 영이라는 의식은 거의 없었다. 교회가 전 지평을 채웠다. 교회론이 주를 이루면서 종말론과 성령론은 그 밑으로 들어갔다. 베커(Beker)는 간략히 이렇게 말한다.

> 보편 교회의 신비적인 교리가 선재적 실체로서의 교회라는 개념을 대치한다… 이제 교회는 영적 엘리트의 단체로 간주되며 성령이 주어짐으로써 그들의 영혼 속에 하나님 나라가 이미 실현된 것이다… 이러한 상황에서 교회의 선재 상태, 존재론적인 특성과 불멸의 몸으로서의 신분이 주요관심이 된다.

이러한 분위기 속에서 초기 기독교의 선교 열정이 가라앉을 것은 자명한 일이었다. 클레멘스(Clemens)의 첫 서신(59장)은 선교에 관한 언급이 전혀 없으며 우주의 창조자가 "전 세계를 통해 선택한 자들의 수를 끝까지 온전히 지킬 것"이라고만 되어 있다. 대부분의 교부들의 경우 비기독교인들을 교회에 어두운 박편과 같은 존재로 묘사했다. 후대의 많은 신학자들도 크게 다르지 않다.

이레니우스에 따르면 교회는 이단에 맞서는 올바른 교리의 수호자였다. 키프리안(Cyprian)은 세상을 붕괴 중에 있는 것으로 간주했다. 그에 따르면 유일한 구원의 가능성은 교회의 일원이 되는 것이었다. 그리스도인들만이 주님의 빛 속에서 살았다. 그는 부언하기를 "아직 계몽되지 않은 이방인들, 빛으로부터 돌아서서 어둠 속에 그대로 있는 유대인들에 대하여 우리가 무슨 신경을 쓰랴?"(Rosenkranz 1977:66).

교회는 구원을 위한 기관으로 조직되었다. 교회는 여전히 확장되고 성장하고 있었다. 그러나 이것은 바울이 의미한 바로 보면 선교가 아니었고 오히려 기독교 선전이었다(:77). 교회에게 있어서 이교주의와 "문명"의 부재는 동의어였고, 선교는 문화의 확산과 동의어였다.

이러한 일반적인 분위기 속에서 선교적 이상과 실천의 진정한 전달자는 수도원 운동이었는데, 특히 3세기 말과 4세기 초에 융성했고 그리스 로마 전체 세계에서 농촌의 이교주의가 전적으로 해체되는 결과를 낳았다(Frend 1974:43; Adam 1974). 기독교가 로마제국의 공식 종교가 되고 박해가 종식되었을 때 수도사들은 세속성에 대한 증거와 저항의 표현으로서 순교자들을 승계했다.

4세기 이후로 교회의 역사는 특히 동방에서는 수도원주의의 역사였다. 사실, 수도원주의의 아주 초기부터 가장 용감하고 효과적인 선교사들은 수도사들이었다. 그러나 수도사들 역시 공식적인 승낙과 주교들의 감찰을 받아야 했다. 이것 없이 어떤 수도사나 사제의 선교 활동도 합법적일 수 없었다. 감독직만이 성례적 은혜의 흐름을 보장했다(Kahl 1978:22). 선교사들은 주교들의 대사였고, 주교들의 임무는 개종자들을 교회에 합류시키는 것이었다.

공동 황제인 콘스탄틴(Constantine)과 리키니우스(Licinius)가 밀란에서 만나 로마제국의 기독교에 대한 2세기에 걸친 정책을 개정하고 기독교를 관용하기로 선언한 서기 313년까지 기독교인들은 거대한 로마제국 안에서 언제나 불이익을 받고 있었다. 핍박을 받지 않는 경우에도[3] 기독교인들은 여러 가지로 차별을 당

---

3 잘 알려진 견해와는 달리 기독교인들은 짧은 기간 동안에만 핍박을 받았다. 대부분의 황제들은 힘

하고 있었다. 그들은 정치적으로 위험한 사람들은 아니다 하더라도 항상 불신받고 정부에 불충하다는 의심을 받았다. 많은 교회 지도자들과 신학자들은 나서서 교회가 영적인 문제에만 관심을 갖고 있다는 것을 증명하려고 했으나 그들의 성공은 제한적일 뿐이었다.

소위 밀란 칙령 이후에 상황은 크게 변화되었다. 표면적으로 교회는 내세적인 "하늘의 예루살렘"에 대한 유일한 충성을 여전히 고백했다. 그러나 실제로는 이러한 고백은 철저하게 종교적이지 않은 모든 것에 전권을 가지고 있던 당시의 정체 체제와의 타협을 의미했다. 대체로 교회가 "노동의 분리"를 주의 깊게 지킨 반면, 정부는 덜 성실했다.

황제들이 "선교" 프로젝트에 개인적으로 참여했으며 이 경우 종교적인 목표와 정치적인 목표가 얽혀 있었다(Frend 1974:38). 미묘한 타협을 거의 알아차리기 어려웠지만 다양한 간접적인 방식으로 드러났다. 교회의 "높은"(high) 기독론은 그리스도가 점점 더 황제 제의를 연상시키는 쪽으로 묘사되는 것을 뜻했다.

콘스탄틴 황제가 서기 325년에 소집한 니케아공의회는 무의식적이라 할지라도 그리스도를 황제의 속성과 명칭들로 옷입히는 경향이 있었다.

"그리스도는 영광을 표현하는 건축과 장식으로 된 교회 예배당의 예식 속에서 청중에게 베푸는 위엄이 있는 왕이 되었다"(van der Aalst 1974:120).

그리스도의 인성은 부인되지 않았다. 그러나 그의 인성은 비잔틴식의 헌신, 예식과 신학 속에서 드러나지 않았다(:121). 초기 기독교에서 황제 제의를 대면하여 "예수는 주시다"(헬라어 *Kyrios Iesous!*)라고 담대하게 고백했던 것이, 이제는 황제가 "시간" 속에 다스리고 그리스도는 "영원" 속에서 다스린다는 타협으로 끝났다.

으로 새 종교를 쓸어버리려는 특별한 열의를 보이지 않았다. 제국 전체적인 핍박은 극히 드물었다. 대부분 핍박은 산발적이었고 특정 지역들에 국한되었다. 가장 널리 퍼진, 유혈이 낭자한, 장기간 지속된 핍박은 A.D. 303년 디오클레시안 황제 치하에서 일어났으며 A.D. 311년까지 계속되었다. 이에 대한 간략하고 신뢰성있는 논의는 자크 모로(Jacques Moreau)의 *Die Christenverfolgung im Römischen Reich* (Berlin: Alfred Töpelmann, 1961)을 참조하라.

7. 비로마권 아시아에서의 선교

이 장에서 나는 거의 전적으로 교부 시대 동안의 신학적 발전에 집중했는데, 즉 2세기부터 6세기까지의 교회에 대하여였다. 더욱이 나는 라틴 교회보다는 헬라 교회에 더 많은 주의를 기울였다. 또한 나는 로마제국 외부보다 로마제국 안에 있던 교회에 초점을 두었는데, 주류 교회가 "분파적" 혹은 "이단적"이라고 분류한 집단과는 대조되는 교리적으로 "정통"하다는 집단에 초점을 두었다. 우연인지 몰라도 주류 교회 자신들의 초점이 그러하였다.

교회가 로마제국과 불편한 관계에 있었을 당시에도 교회는 제국을 활동과 확장의 주요 영역으로 경험하고 간주했다. 즉 "세상"과 "세계"는 로마제국이었다. 교회의 "세계선교"는 제국의 경계선에 도달하기만 하면 완성된 것이었다(Holl 1974:3; von Soden 1974:24). 결과적으로 제국의 경계선, "정통"의 경계선, 언어의 경계선은 서로 일치하는 것이었다(van der Aalst 1974:40).

그러나 로마제국 경계선 밖에도 기독교회들이 있었다. 이 교회들은 점점 획일적으로 되고 있던 "주류" 교회보다 선교에 더 활발하게 참여하고 있었다. 가톨릭과 개신교를 포함한 서구 기독교인들은 신앙의 서진 운동에만 관심을 두는 경향이 있는데, 곧 원시적 셈족 교회로부터 헬라 교회, 그리고 라틴과 다른 유럽 교회, 선교 활동을 통해 세워진 교회들로의 이동에 초점을 둔다.

서구 기독교인들은 네스토리아인들을 포함한 다른 집단들이 선교 열정을 가지고 동쪽으로 확장한 점 또한 주목한다. 1세기에 교회는 폭넓게 퍼져갔다. 교회는 헬라와 로마의 문화 및 사고형태 속에 성육신했을 뿐 아니라 다른 문화의 예식들을 통해 자기 표현을 했는데, 콥트, 시리아, 마론, 아르메니아, 이디오피아, 인디아, 중국이 그 예이다.

동방교회들의 전체 상황과 서방 교회 간에 한 가지 근본적인 차이가 있었다. (대부분의 비잔틴교회와 그 "자녀"교회들을 포함하여) 서방 교회가 적어도 외적으로는 "콘스탄틴적 반전"(서방교회를 주류 교회이자 국가교회로 인식한 것)이라는 결과로부터 이익을 얻은 반면, 동방교회들은 적어도 그 형성기 동안에는 그러한 경험을 전혀 하지 못했다. 이에 대하여 L.E. 브라운은 "국가교회에 베풀어진 정부의 호혜가 아시아에서는 13세기까지 결코 없었다"고 말한다(Moffett 1987:481 인용).

네스토리아 신자였던 공주의 아들인 몽고 황제가 중국의 왕좌에 앉았을 때에도 교회가 받았던 유예기간은 너무 짧았고 기독교 전초기지들은 얼마 안가서 전멸되었다. 그러므로 여기에 있던 교회들은 기독교의 행운이었던 "콘스탄틴적 반전"을 결코 알지 못했다.

아시아의 교회들은 그 지역에서 항상 소수 집단이었다. 오늘날에도 필리핀을 제외하고는 아시아에서 교회는 소수로 남아 있다. 소수일뿐 아니라 "기독교" 서방 제국을 공조하는 집단으로 항상 의심을 받았다.

예를 들자면, 4세기에 메소포타미아 지역 사산조 제국의 사포르 2세 왕은 자국의 국경선 안에 있는 아람인 기독교인들을 로마제국의 제5열(역자주: 적과 내통하는 집단)로 간주했다. 그는 "그들은 우리의 영토 안에 거주하고 있지만 시이저(Caesar)의 정서를 공유하고 있다"고 말했다(van der Aalst 1974:59 인용). 이러한 형편은 부담이자 자산이었다. 이 지역에서 기독교회가 항상 미약한 입장에 있었기 때문에 부담이었다. 가령 페르시아에서 교회는 빈민가 속에서 생존할 뿐이었다.

> 그것은 국가 안의 국가였는데 보호받지만 예속된 백성들의 소수민족 거주지였다… 어떤 기독교인도 심지어 대주교까지도 빈민가 안을 제외하고는 힘을 가지고 있지 못했고 그 안에서조차도 국왕에게 의존되어 있었다(Moffett 1987:481, 482).

그 결과 기독교회는 항상 외국적인 기관으로, 점점 더 기이한 하부문화로 남게 되었고 대체로 대다수의 인구들로부터 점점 더 분리되고 그들과의 소통이 줄어들었다(Hage 1978).

동시에 정부지원의 부재는 자산이 되기도 했는데, 교회가 자립해야 했고 국가권력을 즐겁게 할 이유가 없었기 때문이었다. 교회의 선교는 더 신용을 얻었는데 국가권력의 환심을 사려한다는 의심을 받을 여지가 없었기 때문이었다. 따라서 교회는 대부분의 서구 교과서들이 서술하듯이 서쪽으로 확산되었을 뿐 아니라 동쪽으로도 확산되었다.

예수의 지상 사역 후 2세기가 되기도 전인 서기 225년까지 시리아 교회가 아시아의 절반을 가로질러 인도의 끝자락과 중국의 서부지역까지 기독교 신앙을 전파했다(Moffett 1987:484). 금욕적인 신자들이 선교사가 되어 "집 없던 예수의 노숙 추종자로서 끊임없는 순례의 길을 걸으며"(Robert Murray, Moffett 1987:483 인용) 아픈 자를 고치고 가난한 자를 먹이고 복음을 전했다.

무엇보다도 비로마권 아시아에서 주력 선교사로 역할한 것은 다름이 아닌 네스토리안 신자들이었다. 네스토리우스(Nestorius)가 에베소공의회로부터 정죄를 받고(A.D. 431) 이집트로 사라지고 그의 추종자들이 페르시아로 피신했는데, 이곳에서 활력이 있는 수도원주의와 탁월한 신학(6세기까지 니시비스[Nisibis] 학파가 중국 밖의 전체 아시아에서 가장 유명한 학습센터가 되었다, Moffett 1987:481)과 인상깊은 선교 활동이 곧 그 운동의 역량을 입증하였다.

이와 같은 네스토리우스주의의 세가지 차원, 곧 수도원주의, 신학, 선교는 상호의존적이었고 결과적으로 네스토리우스 교회는 중세 기독교 시대 속에서 탁월한 "선교교회"(the missionary church)가 되었다(Hage 1978:360). 네스토리우스파의 수도원주의는 자신의 시리아 종교 전통에 뿌리를 두고 있는데 이집트의 수도원주의와 달리 언제나 선교적이었다. 이 묘한 은둔처는 오늘날 우리에게 기이하게 보일지 모르지만 금욕적인 자기부인이라는 부르심과 가서 전하고 섬기라는 부르심이 결합된 곳이었다.

알로펜(A Lo Pen)과 같은 선교사들과 더불어 동방 시리아 네스토리아인들을 동방의 아일랜드 수도사들이라고 불러도 무방할 것이다. 달리 말하면, 아일랜드 선교사들을 서방의 네스토리아 선교사들이라고 부를 수도 있다.

그러나 중앙아시아 전역과 일부 동아시아까지 편만했던 네스토리아교회와 여타 교회들이 14세기 말이 되자 거의 사라졌다. 고립상태이던 인도의 교회들만이 생존했다. 네스토리아인들의 선교 활동 무대였던 광대한 중앙아시아에서 종교적 승리자는 이슬람과 불교였다. 활발했던 이 두 종교의 맹습 속에서도 멸망하지 않았던 기독교인 공동체들은 혼합주의에 굴복했다(Hage 1978:391). 그리하여, 종국적으로 세계와 기독교 역사에 지울 수 없는 도장을 찍은 것은 네스토리아인들과 여타 사람들의 선교 활동 프로그램이 아니었다. 이것은 서방 교회와 이들의 선교에 속하는데 이 점을 살펴 볼 것이다.

8. 교부와 정교회 선교 패러다임

4세기 이래 콘스탄틴 대제는 본부를 로마에서 보스포러스 해협(the Bosporus) 쪽에 있는 비잔티움으로 옮겼는데 도시 이름을 콘스탄티노플(Constantinople)로 바꿨다. 이후로 로마제국은 두 도시 간의 경쟁이라는 문제를 다루어야 했다. 경쟁은 정치적인 문제에만 국한된 것이 아니었다. 교회적으로 로마와 콘스탄티노플은 점점 돌이킬수 없을 정도로 사이가 멀어져서 1054년의 대분열에 이르게 되었다. 이후 교회의 두 "진영"이 성립되었는데 한쪽은 "로마"와 "가톨릭"으로, 다른 한 쪽은 "비잔틴"과 "정통"(Orthodox)으로 자처했고 서로 제길을 갔다.

오늘날 우리가 알고 있는 동방정교회의 신학과 선교 관점을 많은 세기 동안 태동하고 형성한 것은 바로 비잔틴 교회였다. 대분열 이후 동방정교회는 서방 교회의 신학 및 양상으로부터 단절되어 왔었는데, 최근까지도 그러했다. 한편으로 정통주의는 서방 교회를 마주하고 다른 한편으로는 이슬람의 위협과 전진에 막혔다. 확장할 수 있는 유일한 지역은 북쪽이었다.

6세기부터 12세기까지 정교회 선교는 주로 슬라보니아인들(the Slavonians) 중에서 전개되었고, 보다 구체적으로 말하자면 러시아의 광활한 지역, 그 내륙으로였다(Hannick 1978).

다음 장에서 살펴보겠지만 로마가톨릭교회(서방교회)는 거의 언제나 정부와 타협했다. 비잔틴 교회도 마찬가지였고 더 그랬는지도 모른다. "비잔틴주의의 전령"이자 "정치 신학의 창시자"인 가이사랴(Caesarea)의 유세비우스(Eusebius)는 정부와 교회를 조화롭게 연합하는 하나의 체계를 설계했다(van der Aalst 1974:59). 그는 왕들의 신적 기원과 성격에 관한 다양한 초기 전통들을 결합하여 하나의 새로운 통합을 제시했는데 일신론과 군주제가 함께 가는 것이었고 서로를 전제하는 것이었다.

콘스탄틴 황제에 대한 찬사를 통해 유세비우스는 "기독교 제국의 정치 철학을 분명히 기술한 최초의 신학자가 되었는데, 비잔틴 절대주의적 천년왕국을 통해 계속적으로 유지되는 국가를 위한 철학이었다"(H. Baynes; van der Aalst 인용 1974:61). 유대교적 일신론이 다신론을 물리쳤다. 마찬가지로 로마 군주제가 초기의 다두정치제를 궤멸시켰다. 기독교 황제인 콘스탄틴은 세상을 하나님에게로 돌이키는 자로 불리웠다.

비잔틴 제국 안에서 제국의 일치가 신앙의 일치와 동시에 일어나도록 하는 시도들이 계속 있었다. 황제 제논(A.D. 482)의 "헤노티콘 문서"(the Henotikon), 헤라클리우스(Heraclius, A.D. 638)의 "엑테시스 문서"(the Ekthesis), 황제 콘스탄틴 2세의 "티포스 문서"(the Typos)는 교회와 국의 이해관계를 완전히 일치시키려는 조치였다(van der Aalst 1974:59-62).

이러한 분위기 속에서 선교는 교회의 관심일 뿐 아니라 황제의 관심이었다. "하나님을 본받는자"로서의 황제는 자신 속에 종교적 직책과 정치적 직책을 결합시켰다(Hannick 1978:354). 국가의 목표는 교회의 목표와 일치했고 교회의 목표는 국가의 목표와 일치했다.

이것은 선교에 대해서도 마찬가지였다(Stamoolis 1986:56-60). 황제의 직접적인 선교 사업 관여는 중세에도 이어졌고 근대 시대에 와서도 그러했다. 키에브(Kiev) 왕자들의 러시아정교회 선교는 정치적 계획의 일환이었고 북쪽과 북동쪽 러시아 내륙으로의 식민지 확산과 연계되었다(Rosenkranz 1977:188). 복음화는 사실상 "러시아화"(Russification)와 동일어였다(Fisher 1982:22).

이 모든 것이 정교회의 선교 노력을 부정적으로 평가할 수밖에 없게 하는가? 특히 서구 개신교 쪽에서 흔히 제기하는 문제이다(Rosenkranz 1977:188-190, 242). 어떤 경우는 정교회에서는 선교가 전혀 없었다고 주장하기도 한다. 한마디로 전혀 선교적이지 않았다는 것이다. 부정적인 평가나 선교적이 아니었다고 보는 입장 모두 타당하지 않다. 오히려 이러한 입장들은 특정한 선교 정의, 특히 서구교회의 관점을 절대화하기 때문이다.

그러나 선교를 또 다른 관점에서 볼 수도 있는 것이다. 근년에 와서 정교회의 선교적 사고를 접하게 된 것이 도움이 되었는데, 특히 그리스 안드룻사(Androussa)의 아나스타시오스(Anastasios), 루마니아의 브리아(Bria), 스타물리스(Stamoolis)와 같은 신학자들의 저술을 통해서이다. 동방교회는 선교 이해에 큰 기여를 하였다.

우리는 신학이라는 학문의 지적 토대와 신앙의 고전적 형성에 있어서 그리스인들에게 빚을 지고 있다. 성경과 초기의 기독교 문서에는 사실상 어떤 형태의 조직화도 보이지 않는다. 알렉산드리아의 신학자 오리겐(185-254 A.D.)을 최초의 "조직신학자"라고 부를 수 있을 것이고 동방의 신학적 패러다임이 분명히 나타나는 첫 번째 사람이라 할 수 있다(Kannengieser 1984:154-156).

기독교 신조(dogma)의 출현과 더불어 이러한 발전은 통탄의 원인일 뿐인가? 하르낙(Harnack 1961:17, 21)이 "신조(dogma)라는 관념과 그 발전은 복음의 토양 위에 헬라의 정신이 작용한 것"이라고 말한 것은 바로 이러한 맥락이다. 나는 이러한 패러다임 이동은 불가피하고 아주 긍정적인 측면이 있다고 본다. 헬라인들은 신앙의 문제에 대하여 보다 비평적이고 조직적이며 지성적으로 정직하게 접근하는 것을 가능하게 하는 개념들로 구성된 신학을 제공했다(van der Aalst 1974:42).

분명히 여기에는 위험이 있는데, 이성화와 지성화의 위험이다. 그러나 오리겐과 그의 동료들은 지성 자체를 위한 지성에 관심을 둔 것이 아니었다. 그들은 이성보다 믿음에 우선을 두었고 믿음을 위해 철저한 지적 추구를 했다. 다원적인 세계에서 자신들의 신앙을 이해하기 위해서는 어려운 이성적 논쟁이 요구되었다. 오리겐에게 있어서 믿음은 종교적 정신으로 사유하는 것을 뜻했다(Young 1988:306).

이러한 정통성은 이후 세기 동안 점점 더 경직되어서 신조(dogma)를 세우는 경향이 있었고 성경적 진리와 동일시하고 자신의 정통성을 "믿음의 수호자"로 여기기 시작한 것은(Bria 1980:6) 참으로 불행한 일이었으나 학문적 통찰과 주의 깊은 구조화라는 측면을 거부해야 하는 이유가 되지는 못한다. 동방교회가 당시의 세상 속에서 열렬한 선교 활동을 하며 우리에게 남겨준 이러한 유산에 대하여 우리는 영원히 감사해야 한다.

정교회의 선교 이해는 철저하게 교회 중심적이다(Nissiotis 1968:186-197; Anastasios 1989:75, 81-83). 이 점 역시 초기의 동방 신학에 뿌리를 두고 있는데, 이 신학은 교회론에 훨씬 강조를 두고 있었다. 교회가 하나님 나라라는 확신이 점차 증가 되었고, 교회 안에 있는 것이 하나님 나라 안에 있는 것과 동일시되었다.

그런데, 정교회에서 교회는 구원의 빛을 제공하는 존재였고 생명을 생산하는 갱신을 위한 능력을 중개하는 존재였다(Nissiotis 1968:195-197). 선교의 "교회론적 성격"은 "교회가 선교의 도구, 수단이라기보다는 복음의 목표이고 복음의 성취"임을 뜻한다. 교회는 교회가 선포하는 메시지의 일부이다(Bria 1975:245). 선교는 교회의 하나의 기능으로 간주되어서는 안된다. 정교회는 "교회를 수단으로 해석하는 것"에 반대한다. 선교는 어떤 "윤리적 진리나 원리"를 선포하는 것 역시 아니다. 선교는 "사람들을 가시적이고 분명한 형태로 기독교 공동체의 일원이 되도록 부르는 것"이다.

"교회는 선교의 목표이며, 선교가 교회의 목표인 것이 아니다."

"선교학을 결정하는 것은 교회론이다"(Bria 1980:8).

이와 같은 이유 때문에 정교회의 선교 이해가 무엇인가에 대한 답은 "정교회의 교리와 교회의 경험에서 찾아야 한다"(Schmemann 1961:251). 선교는 "교회의 본질에 속한다." 선교는 교회의 "사도성"에만 관련되는 것이 아니다.

"오히려 교회의 모든 부분에 관련이 된다"(Bria 1986:12, Stamoolis 1986:103-127).

이러한 관점들은 선교의 이해뿐 아니라 선교의 실천에 막대한 영향을 준다. 어떤 경우든지 어느 개인, 어느 집단도 교회의 파송과 지원 없이 선교 사업에 승선할 수 없다. "그러한 교회가 선교"(V. Spiller; Stamoolis 1986:116 인용)라면 선교는 집단적인 과업임을 뜻한다. "그리스도는 그의 역사적 실재 안에서, 성령 안에 있는 그의 육신 안에서 설교되어야 하며, 그렇지 않으면 그리스도도 없고 복음도 없는 것이다. 교회라는 맥락 밖에서의 복음 전도는 인본주의나 일시적인 심리적 열광주의에 머물고 만다"(N. A. Nissiotis; Bria 1975:245 인용).

이것은 정교회 선교학에서 다음으로 중요한 요소로 귀착하게 하는데, 즉 선교에서의 전례(liturgy)의 위치라는 문제이다.

"전례는 정교회의 교회이해를 위한 중요한 열쇠이다"(Bria 1975:248).

교회가 메시지의 일부이므로 어떤 복음 전도나 선교도 "교회의 영적, 성례전적 존재를 분명히 언급하지 않은채" 되어져서는 안된다(:245). 그러므로 정교회는 "성례전적 교회론"(eucharistic ecclesiology)을 지지한다(:247). K. 로스(Rose 1960:456)는 다음과 같이 말한다.

> 부활절의 빛과 전례(liturgy)를 지닌 교회는 그의 주된 과업이 전례를 통해 이교도들이 하나님의 빛을 받도록 깨우는 데 있다고 본다. 정교회 선교 활동의 주요한 현현은 전례의 집례에 있다. 전례 속에서 빛나는 자비의 빛은 여전히 이교적 어두움 속에서 살고 있는 사람들에게 큰 매혹을 주는 역할을 한다.

따라서 정교회의 관점에서 볼 때 선교는 원심적이기보다 구심적이며 조직적이라기보다 유기적이다. 정교회는 영광송과 전례를 통해 복음을 "선포"한다. 증거하는 공동체는 예배 중에 있는 공동체이다. 사실 예배하는 공동체는 예배 속에서 자연히 증거의 행위가 된다(Bria 1980:9). 성만찬의 전례가 기본적으로 선교적 구조와 목적을 함유하기 때문에 "선교적 사건"으로서 경축된다.

선교가 교회의 생명 및 예배의 현현이라면 선교와 일치는 함께 간다. 일치와 선교는 연이은 두 개의 단계가 결코 아니라 불가분적으로 서로에게 속한다. 니시오티스(Nissiotis)는 다음과 같이 말한다.

> "선교와 일치"는 어떤 선교사도 자신이 역사적 교회 공동체를 가져간다는 사실을 깊이 인식하지 않고 또한 자신이 하나의 사도적 교회의 일원

이라는 기초 위에서 성령에 의해 증거하는 것이라고 의식하지 않은 채 복음을 전할 수는 없다는 것을 뜻한다(Rosenkranz 1977:468 인용).

정교회의 경우 1054년의 대분열로 인해 지대한 영향을 입었다. 가톨릭교회는 중단 없이 선교 활동을 지속했는데, 특히 15세기 이후에 그러했고 개신교회들과 선교회들 역시 기독교 왕국 너머에 있는 사람들에게 선교 활동을 시작한 반면, 정교회는 쉽사리 그렇게 하지 못했다. 연합이 깨어졌을 때 "정교회는 자신의 선교를 복음 전도로부터 기독교의 연합을 추구하는 것으로 변경된 것으로 이해했다"(Stamoolis 1986:110; 멜리타의 Metropolitan James의 관점을 요약).

다른 정교회 대변자들은 덜 엄격한 입장을 취했는데 대분열 이후 선교가 불가능해졌다는 주장 대신에 우리 시대에는 일치(unity)가 선교의 목표가 된다고 말한 것이다(Voulgarakis 1965; Nissiotis 1968:199-201; Bria 1987).

정교회에게 있어서 일치와 선교는 모두 교회적 행위, 하나님의 전 백성의 행위이며 하나의 교회적 실재를 형성한다. 사실, 공교회성(catholicity)은 정교회의 관점에서 볼 때, 일치 속에서의 선교를 가리키는 이름이다(Bria 1987:266). 교회가 그리스도의 몸이고 오직 하나의 몸만 있으므로 교회의 일치는 그리스도 안에서의 연합이자 성령에 의한 연합이며, 삼위일체 하나님과의 연합이다. 그러므로 그리스도인들의 어떠한 분열도 "교회의 일치된 증거에 수치를 주는 것이며 장애를 주는 것"이 된다(Bria 1986:69).

정교회의 관점에서 볼 때 불행하게도 우리는 사람들을 하나의 교회로 개종시키기보다는 우리 자신이 교단으로 개종시키는 수가 많고 결국 "분리의 독"을 나누어 준다(Nissiotis 1968:198).

정교회의 관점에서 볼 때, 깊은 의미에서 선교는 하나님의 사랑에 기초한다. 선교에 대한 정교회의 입장을 전형적으로 보여주는 성경 구절을 하나만 지적하라면 다름 아니라 요한복음 3:16이다.

하나님이 세상을 이처럼 사랑하사 독생자를 주셨으니 이는 저를 믿는 자마다 멸망치 않고 영생을 얻게 하려 하심이라.

하나님의 사랑은 "케노시스"(헬라어 *knosis*) 안에서 현시되는데, "내부적이고 자발적인 자기부인 속에서 다른 사람을 향하여 받아들이고 품을 여지가 있어야 하는 것이다"(Voulgarakis 1965:299-301). 그리고 그리스도를 보내심으로 드러난 하나님의 사랑이 선교의 "신학적 출발점"이라면(Yannoulatos 1965:281-284; Voulgarakis 1987:357) 동일한 사랑이 하나님의 사절들 속에서 나타나야 한다.

이것은 "케토시스"(헬라어 *kenosis*) 속에 현시되는 그리스도 안에 있는 하나님의 사랑과 마찬가지로, 사랑의 동기로 인해 그리스도인들의 모임 바깥에 있는 사람들에게 가는 것을 뜻한다.

서구신학에서 흔히 하나님을 죄인과 불의한 자를 심판하는 의로운 자로 보는 것과 달리 하나님의 정의가 아니라 하나님의 사랑이 강조된다. 하나님은 인류를 사랑하기기 때문에 구속의 계획을 세우셨다.

"하나님은 잃어버린 양을 찾으시는 하나님, 사랑의 아버지, 탕자를 기다리는 하나님이다"(Stamoolis 1986:10)

동방교회의 관점에서 선교의 근거가 사랑이라면 선교의 목표는 생명이 된다 (Lampe 1957:30). 사랑과 마찬가지로 생명은 요한의 주제이다(요 3:16). 동방정교회 신학은 분명히 바울의 전통보다는 요한의 전통을 따른다. 그리스도는 전적으로 인간의 죄를 제거하기 위해 오시는 것이 아니라 사람들 안에 있는 하나님의 형상을 회복시키기 위해 오셨다.

선포의 내용은 "생명을 주는 생명의 말씀"(a word of life unto life)이다(Voulgarakis 1987:359; Schmemann 1961:256)이다. "테오시스"라는 특유한 정교회 교리가 선교적 중요성을 띠는 것은 바로 이 점에서이다. 사람들은 단지 그리스도를 알거나 그에게 모이도록 부름 받지 않으며 그의 영광에 참여하도록 부름 받는다 (Anastasios 1965:285).

"한 영광에서 다른 영광으로"(고후 3:18)는 "신실한 자가 현생에서 거룩해지는 과정을 규정한다"(:286).

테오시스(theosis)는 신격화가 아니라 하나님과의 연합이다. 이것은 "삼위일체 하나님과 하나님의 무한한 사랑에 대한 묵상과 숙고일 뿐 아니라 찬양과 기도, 감사, 예배, 중보가 계속되는 상태"이다(Bria 1986:9). 모든 정교회 신자들에게 친숙한 "지상천국"이라는 개념은 "에스카톤"(헬라어 *eschaton*)의 현 세상 속에서 구원과 구속의 궁극적 실재를 실현한다는 것을 뜻한다(Schmemann 1961:252; Brja 1987:267). 테오시스는 하나님의 형상의 상실을 철폐하고 옛 존재가 새로운 피조물, 새롭고 영원한 생명으로 변화하는 것을 가리킨다(Rosenkranz 1977:243, 470; Lowe 1982:200-204; Greshake 1983:61-63). 이것이 일어날 때 선교는 그 목적을 성취한 것이 된다.

선교의 목표로서 구원 혹은 생명은 인간에게만 국한되지 않는다. 이것은 "우주적 차원"을 가진다(Bria 1976:182; 1980:7; Anastasios 1989:83). 인류 뿐 아니라 전 우주가 "회복에 참여하고 자신의 방향을 하나님께 영광 돌리는데서 다시 찾는다"(Anastasios 1965:286).

십자가는 "우주를 거룩하게 한다"(Anastasios 1965:286). 하나님은 개인들과 화목하실 뿐 아니라 "세상"을 자신과 화목케 하시며(고후 5:19) 우주의 능력과도 화목케 하신다(골 1:20). 모든 피조물들이 "에클레시아"(헬라어 *ekklesia*), 교회, 곧 그리스도의 몸이 되는 과정 중에 있다(Bria 1980:7). 이와 같은 우주의 "아나케팔라이오시스"(헬라어 *anakephalaiosis*) 혹은 "재연"(recapitulation)이 아직 일어나지 않았으나 간절히 기대된다. 이것은 진실로 종말론적 실재이다(Anastasios 1965:286).

교회의 선교와 관련하여 이것은 이미 "교회 바깥에 메시아 운동"이 이미 있다는 뜻이며, "교회가 자신의 영향 밖에 있는 사람들에 대한 이해를 더 가져야 할 긴급한 필요가 있음을 암시한다(Bria 1980:7). 슈메만(Schmemann)은 다음과 같이 말한다.

국가, 사회, 문화, 자연은 모두 진정한 선교의 대상이며 중립적 "환경" (milieu)이 아니다. 교회의 과업은 그러한 환경 안에서 자신의 내적 자유를 보존하고 "종교적 삶"을 유지하는 것이 아니다… 성육신의 세계에서 어느 것도 "중립"으로 있지 않고 어느 것도 인자로부터 떨어져 나가지 않는다(1961:256, 257).

앞 문단에서의 논의는 정교회 선교학의 또 따른 측면을 보여주는데, 곧 사회 참여로서의 선교이다. 정교회는 흔히 역사의 어려운 실재를 회피하는 보수적이고 사색적인 그룹으로 간주된다. 로스(Rose 1960:457)는 정교회 선교는 세상과 시민 생활을 위한 프로그램을 전혀 가지고 있지 않다고 말한다.

서구 기독교의 행동주의 관점에서 볼 때, 정교회의 선교 이해는 세상의 고통과 불의와는 전혀 상관이 없는 듯 보인다. 또한 정교회 역사를 보면 의식적이든 무의식적이든 "종교적인" 문제를 협의의 의미로 국한한 시기가 분명히 있었다(Anastasios 1989:70).

그러나 대체적으로 정교회에 대한 이러한 해석은 정교회의 성격을 오해한 데에 있다. 근년에 정교회 대변인들이 이 문제에 대한 자신들의 입장을 표명하려고 했다. 그러나 정교회 교회들의 사회 참여는 이들의 예배 및 예배 경험으로부터 분리시켜 생각해서는 안된다는 점이 중요하다. 성만찬 예식에는 두 가지 상보적인 움직임이 있다. 성만찬은 하나님의 보좌를 향해 올라가는 것으로 시작하여 세상으로 귀환하는 움직임으로 끝난다.

"성만찬은 언제나 종말(the End), 즉 "재림"(헬라어 *parousia*)의 성례이고 언제나 시작이자 출발점인데, 곧 선교의 시작이다"(Schmemann 1961:255).

근년에 정교회에서 이 두 번째 움직임을 "대 전례 후의 소전례"(the liturgy after the Liturgy)라고 칭했다(Bria 1980:66-71). 두 가지 형태 모두 전례, 즉 하나님에 대한 예배라고 부를 수 있는데, 양자가 상이하지만 하나님을 섬기고 따르는 방법으로서 서로 상보적이기 때문이다. 두 번째 전례인 세상에서의 교회의 선교는 대전례(the Liturgy)의 방사하고 변화시키는 능력에 의존해야 한다. 대전례는 소전례를 가능케 한다.

그러므로 성만찬 집례는 사적인 영역뿐만 아니라 공적인, 정치적인 영역에서도 그리스도인의 생활을 영양있게 해야 한다. 둘을 분리시키는 것은 불가능하다. 정교회의 성만찬 전례 양식을 형성한 요한 크리소스톰(John Chrysostom)에 의하면 성만찬에 더하여 "형제의 성례"가 있는데 예배 처소 밖에서 공적인 장소에서 이웃의 마음의 제단에 제공하는 봉사를 말한다(:71).

9. 첫 번 패러다임 이동: 과도기적 균형

초기 세기 동안의 헬라의 신학과 오늘날의 상속자인 동방정교회가 초기 기독교의 패러다임과는 상당히 다른 패러다임을 보인다는 것은 의심할 바 없다. 특히 오리겐은 바울이 자신이 전수받았던 전통 하에서 했던 것과 동등할 정도로 신학의 갱신을 이루었다(Kannengieser 1984:162). 이러한 점에서, 오리겐은 현시대 문화와 기독교 자기이해 사이의 혁신적인 상호작용을 위한 길을 닦은 것이다(:163).

기독교 전통은 아래로부터 위로 재구성되었고 최종적 결과물은 헬라 정신에 일리가 있는 신학화 방법이었다. 시간이 흐름에 따라 헬라인들은 이러한 비전을 슬라브인들, 러시아인들, 아시아인들과 같이 다른 많은 민족들에게 나누어 주었고(Hannick 1978) 그 결과 본질적인 비잔틴의 흔적이 오늘날까지 남아 있다.

진정한 의미에서 이러한 패러다임 이동은 불가피했다. 갓 태어난 기독교 운동은 작은 유대인 세계 속에 머물던지 "에큐메네"(*ecumene*) 속으로 뻗어나갈 수도 있었다. 헬레니즘은 기독교가 처음에 소개되었던 세계의 문화형태였다. 그러므로 헬라화는 곧 보편화를 뜻했다(van der Aalst 1974:185).

교회에게 더 넓은 준거틀을 제공해 주는 다른 대안은 없었다(:188). 그리고 신앙의 헬라화가 너무 지나쳤다는 주장이 있을 수 있겠지만 교회가 에비온파(the Ebionites)나 몬타누스파(Montanists)와 같은 극단적인 셈족화에 저항했을 뿐 아니라, 극단적인 헬라화에도 맞섰다는 사실을 기억해야 한다. "이단들"은 "정통"보다 더 헬라적이었기 때문에 거부된 것이었다(:188). 이점은 영지주의에서 명백하다.

이와 같은 도덕적 위협에 맞서 교회는 기독교 신앙의 가장 근본적이고 뗄 수 없는 요소들을 고수했는데 구약성경의 정경성, 예수의 인성의 역사성, 예수의 육체 부활 등이다. 교회는 이를 위해 대가를 치루었다. 이러한 확신들을 포기했다면 헬라 세계에 더 빨리 퍼질 수 있었을는지도 모른다. 그러나 교회는 헬라 정신에 전적으로 함몰되는 것을 거부했다(von Soden 1974:26; Lampe 1957: 18, 21).

수도원 운동은 교부 전통과 정교회 선교 전통에서 또 하나의 중요한 요소였다. 그러나 정교회의 본질적인 선교 차원을 나타내 주는 것은 수많은 일반 신자들의 단순한 믿음이었다. A.D. 200년 경에 쓰여진 디오그네투스(Diognetus)에게 보내는 편지는 초기 헬라 기독교의 이러한 차원을 잘 보여준다.

> 그리스도인들은 지역성이나 어투나 관습에 있어서 다른 사람들과 다르지 않았다. 그들이 자신들의 구역에서 따로 살거나 다른 언어를 구사하거나 유별한 생활을 하지 않았기 때문이다… 헬라인들과 야만인들의 도시에서 거주하고 현지의 복장, 음식, 생활 양식을 따랐지만 그들이 보여준 시민성은 놀라웠고 다른 사람들의 예상과 반대였다. 그들은 자신들의 나라에서 살지만 일시 체류자로서 였다… 모든 외국이 자신의 조국이고 모든 조국이 외국이었다… 그들은 육신의 몸으로 살지만 육신을 따라 살지 않는다. 그들은 지상에 존재하지만 시민권은 하늘에 있다. 그들은 제정된 법에 순종하고 법을 능가하는 삶을 산다. 유대인로부터 외국인라 불리며 공격을 받고 헬라인들의 핍박을 받지만 이들을 증오하는 사람들은 적대감을 갖는 이유를 대지 못한다. 한 마디로 영혼이 육체 안에 있듯이 그리스도인들은 세상 안에 있다… 그들은 감옥 안에 있는 것처럼 세상 안에 있지만 그들은 세상을 함께 붙든다.

위의 묘사는 비현실적은 아닐지라도 약간 낭만적으로 들릴지 모르지만 세속 역사의 관점에서 보더라도 그리스도인들이 "세상을 함께 붙들었다"는 점은 분명하다. 하르낙은 그리스도인들에게 있었던 "사랑과 자선"의 복음을 뚜렷하게 지적하였는데(1962:147-198), 곧 처음 3세기 동안 평범한 그리스도인들이 보여준 놀라운 증거의 삶을 가리킨다.

이것이 교회의 선교에 주는 중요성을 우리가 완전히 헤아리지는 못할지라도 느린 속도였지만 분명히 제국 전체를 변화시켰다는 점은 의심할 바 없다. 이것은 기독교가 비로마권 아시아, 동방에서는 할 수 없었던 것이었다.

이러한 배경을 염두에 둘 때, 비잔틴과 정교회의 선교의 성격이 이해될 수 있다. 혼합주의와 상대주의에 잠긴 사회 속에서 특히 교회의 선교를 위해서 활발한 지적 훈련이 필요했다. 인간의 삶 속에서 신성의 표식이자 상징, 성례로서의 교회는 운명주의와 신들의 변덕에 굴복한 세상 속에서 사람들의 마음을 하나님에게로 돌리게 했다. 성만찬 예식은 신자들에게 영양분을 주어 삶의 흥망성쇠를 대처하고 또한 대전례(the Liturgy) 후의 소전례(liturgy)를 위해 구비되도록 하는 장소였다.

선교하는 교회의 연합은 분열된 사회 속에서 교회에 신용을 더해 주었을 뿐 아니라 다신적 세계에 하나님이 한분이고 통치자임을 분명히 한 것이다. 선교를 하나님의 정의보다 하나님의 사랑에 근거하는 것은 신들은 무관심하다고 여기는 세상에게 혁명적인 메시지였다. 새 생명의 확인을 구원의 핵심으로 간주한 것은 그리스도인들의 존재감을 전례 없이 높인 것이었고 또한 그리스도인들의 관심을 하나님이 여전히 행하시고 있는 것에 두게 했다.

특히 개신교인들은 정교회의 선교학으로부터 도전을 받는다(Fueter 1976). 그들은 과도하게 실용적인 선교 구조, 선교를 전적으로 거의 구술적 차원에서만 보는 경향, 그들 교회 안에서의 선교적 영성의 부재에 대하여 도전을 받는데, 사회 정의 부문에서 칭찬받을 수 있는 노력들을 크게 저하시키곤 한다.

정교회 선교 패러다임은 여전히 어려움이 없는 것이 아니다. 정교회 선교 패러다임은 신앙의 문화화(inculturation)나 상황화라는 차원을 넘어갔다. 교회는 당시의 세계 질서에 적응했고, 그 결과 교회와 사회는 서로 간에 침투하고 스며들었다. 사회 속에서 종교의 역할은 안정시키기는 자이자 동시에 해방시키는 자이다. 종교는 신비적이자 메시아적이다.

동방 전통에서 교회는 후자보다 전자를 표현하는 경향이 있었다. 알려지지 않은 것으로의 여행보다는 보존과 회복을 강조하였다. 핵심어는 "전통," "정통성," "교부들"이었고(Küng 1984:20) 교회는 옳은 교리의 수호자가 되었다. 정교회들은 내향적이 되었고 지나치게 민족주의적이 되는 경향이 있었는데, 바깥의 사람들에게 관심이 없었다(Anastasios 1989:77).

특히 플라톤적 사고 범주는 초기 기독교의 종말론을 거의 파멸시켰다(Beker 1984:107). 교회는 거의 내세적 구원의 기관으로 세상 속에 존재했다. 성취되어야 할 그리스도의 약속에 대한 믿음은 이미 성취된 그리스도의 영원한 통치에 대한 믿음에게 자리를 내 주었는데, 이것은 전례라는 의례와 성례라는 상황 속에서 경험되고 나타나는 것이었다.

하나님의 역사 개입을 열망하는 묵시적 복음은 재림의 지연이 아무런 중요한 차이도 만들지 못하는 변치 않는 복음으로 대치되었다. 긴급과 위기라는 요소는 다양한 "교육"을 통해 점차적으로 완전에 이른다는 생각으로 대치되었다.

그리스도의 성육신에 착안하여 이레니우스, 알렉산드리아의 클레멘트와 오리겐은 신자들이 중생으로부터 여러 단계를 거쳐 하나님을 보게되는 최종 지점으로 올라간다고 기술하였다(Beinert 1983:199-202, Küng 1984:53). 모든 것을 듣게 되고 행해질 때, 이 세상과 그 역사는 실재가 아니고 환상일 뿐이다(Rose 1960:457). 그 결과는 신자들이 역사적 삶에 참여할지라도 조건부로 하는 것이고 나쁜 양심을 가지고 하는 경우가 많다는 것이다(Anastasios 1989:69).

제7장 중세 로마가톨릭 선교 패러다임

1. 변화된 상황

변화된 상황이라고 말한 것은 중세 신학 패러다임을 가리킨다. 그러나 중세 동안에 형성되었을지라도 이 패러다임은 16세기 이후에도 사라지지 않았다. 사실 그 흔적이 오늘날의 가톨릭에서도 여전히 보인다. 그렇다 하더라도 그 전성기는 중세기였다.

본서에서 나는 중세를 600년에서 1500년까지로 잡는다. 일반적으로 말하면 이 시기에 그레고리 대제의 교황권의 시작, 이슬람의 출현과 초기의 성공, 이슬람의 콘스탄티노플 점령(1453), 포르투갈과 스페인의 신세계 항해가 있었다. 중세의 끝은 또한 유럽이 기독교화된 시기이다. 몇 세기 전에는 유럽은 외적으로만 기독교화된 것이었고 "기독교적 상징의 그림자"만이 드리워졌을 뿐이었다(Baker 1970:17-28).

적어도 3세기 동안 기독교 교회는 거의 헬라의 정신으로 각인되어 있었다. 그러나 점차적으로 또 다른 인상을 남기는 새로운 유형의 기독교가 발전되기 시작했다. 여기서 지배적인 언어는 헬라어가 더 이상 아니고 라틴어였다. 이러한 외적 차이는 다른 많은 차이들을 숨기고 있었는데 즉각적으로 드러나지 않았다. 새로운 종교가 처음으로 소개된 천 년 후인 1054년에 그러한 차이점들이 동방과 서방 간에 대분열을 낳았다.

앞 장에서 논의된 바와 같이 비잔틴교회에서는 구속은 인간의 본성이 "교육적" 진전을 통해 신성에 이르는 과정이었다. 서방에서는 죄의 황폐성과 위기 경험을 통한 타락한 인간성의 보상(reparation)을 강조하였다. 동방교회의 신학은 성육신적이었는 데 그리스도의 "기원"과 선재에 강조점을 두었다. 서방 교회의 신학은 십자가 신학이었는데(헬라어 *stauros*, "십자가"를 가리키는 헬라어) 죄인들을 위한 그리스도의 대속적 죽음을 강조하였다(Beinert 1983:203-205).

이것들은 양 교회가 각각 제 길로 간 일부일 뿐이다. 강조점과 해석이 다른 결과 서방의 선교 역시 동방과 여러 면에서 다르고 자신의 고유한 성격을 갖추게 될 것이었다. 자연히 유사점 또한 많았다. 사실 유사점들이 차이점보다 더 컸다. 예를 들면, 라틴교회는 히브리와 달리 헬라처럼 청각보다 시각을 선호했다. 라틴교회는 교리의 바른 수립에 관심이 있었고 신앙 신조들을 규정하고 재규정 하는 데에 있어서 비잔틴 교부들을 탁월하게 상응시킬 수 있었다.

제4차 라테란(Lateran) 공의회(1215)와 제1차 바티칸공의회(1870)에서 수렴된 하나님의 본성에 대한 13개의 "정의"가 이것을 입증한다. 초점은 교회에 전수된 교리들을 개념화하고 체계화하는 데 있었는데,[1] 빈번히 완전히 비역사적인 방식으로 되었다.

중세가 600년경에 시작되었다고 볼 경우, 엄격히 말하자면 히포의 어거스틴(354-430)은 중세 이전의 사람이다. 하지만 "최초의 진짜 서방인"(Stendahl 1976:16)이었던 이 사람을 중세 패러다임의 창시자라 할 것이며(Küng 1987:258) 이후의 서방 신학 역사 전체에 지워지지 않는 도장을 새긴 사람이라 할 것이다. 이것은 그의 천재성 때문일 뿐 아니라 그 자신의 생애와 그가 처했던 정치적 상황 때문이다.

알라릭(Alaric) 고트족 왕과 그의 큰 무리들이 410년에 로마를 정복하고 약탈했을 당시에 기독교 운동은 콘스탄틴(313)이 도입한 새로운 종교, 정치 제도 및 테오도시우스(Theodosius, 380)가 제정한 기독교를 제외하고 모든 종교를 금지한다

---

1 내가 다음 장에서 주장하겠지만 개신교 신학 패러다임은 이 점에서 결정적으로 다르지 않을 것이었다. 이러한 점에서 개신교는 가톨릭과 마찬가지로 헬라교부 신학과의 연속성을 드러낸다.

는 규정에 적응할 기회를 거의 갖지 못하고 있었다.

모든 지중해 세계에게 대하여 로마는 문명과 질서, 안정의 상징이었다. 야만인들에게 로마가 패배하는 것을 보는 것은 큰 실망과 불확실성을 제기하였다. 기념비적인 저서 『하나님의 도성』(De Civitate Dei)을 저술한 어거스틴은 당대의 인물이었고 앞길을 보여주었다.

로마제국이 당면한 위기에 더하여 어거스틴은 각각 북아프리카의 도나투스파와 영국의 수도사 펠라기우스(Pelagius)에 의해 촉발된 큰 위기에 응답해야 했다. 이 세 가지 상황과 자신의 생애에 의해 깊이 영향을 받은 어거스틴의 반응은 이후 세기의 신학과 선교 이해를 형성하였다.

2. 구원의 개인화

나는 우선 어거스틴이 펠라기우스주의를 거부한 점을 주목하는데 중세 선교에 가장 지대한 영향을 미쳤고 비잔틴 교회와 라틴 교회 간의 기본적인 차이를 아주 뚜렷하게 보여주기 때문이다.

4세기 말과 5세기 초에 로마에서 활발했던 펠라기우스는 인간의 본성과 완전을 성취할 수 있는 인간의 능력을 확고하게 낙관하고 있었다. 우리가 해야 할 것들을 할 수 있도록 한 하나님에게 궁극적으로 공이 돌려지지만 "행위로, 말로, 생각으로 모든 선한 일을 성취할 수 있는 능력을 우리는 가지고 있다." 인간은 구속을 필요로 하지 않고 영감을 필요로 할 뿐이다. 이것은 펠라기우스가 그리스도를 인류의 죄를 위해 죽은 구원자가 아니라 본받아야 할 스승이나 모범으로 간주했다는 말이다.

여기에 대하여 어거스틴은 원죄와 예정의 교리로 응답했다. 인간의 죄와 연약함으로 인해 손상된 하나님의 형상은 클레멘트, 오리겐이나 다른 헬라 신학자들이 가르친 것처럼 오랜 시간에 걸치고 상향적인 교육 과정을 통해 "신성화" (theosis)로 귀착되는 것이 아니라 인간의 전적 타락이라는 끔찍한 현실은 철저한 회심 경험과 그리스도 안에 있는 하나님의 불가항력적인 은혜와의 만남을 요구했다.

어거스틴은 바울의 믿음으로 인한 칭의를 심각하게 취급한 최초의 신학자였다. 우리의 죄성은 너무 위험해서 오직 하나님만이 변화시키실 수 있으며 우리 자신으로부터 어떤 공헌도 있을 수 없다. 우리는 사탄의 지배로부터 구속되기까지는 완전히 무력하고 사탄의 손아귀에 있을 뿐이다.

우리가 처한 딜레마는 인간에 속한 것이므로 오직 인간만이 하나님의 요구를 만족시킬 수 있는데, 모든 인간들이 죄인이기 때문에 죄가 없으면서 인간이자 신인 누군가만이 이러한 조건을 충족시키고 모든 인간들을 대신하여 하나님을 만족케 할 수 있다.

이것이 사실 그리스도가 십자가 위에서의 대속적 죽음을 통해 행한 것이다. 그것은 단번에 일어났으며 이제 객관적으로 진리이다. 남은 것은 오직 개인들이 구원을 주관적으로 적용하는 것이다. 이것은 선택받은 자만이 할 수 있는 것이다. 그러나 이것은 비관적이거나 염세적인 메시지가 아니라 말로 형용할 수 없는 기쁨의 메시지이다.

결국 인간의 타락이라는 어두운 배경하에서 하나님의 은혜라는 빛이 진정으로 찬란하게 빛날 수 있다. 그러므로 용서와 예수 그리스도를 통한 갱신과 구속을 동시에 언급하지 않고는 인간의 죄책과 죄에 대하여 결코 말할 수 없는 것이다(Greshake 1983:19). 사실 어거스틴은 신학적 문제보다 인류학적 문제로 씨름했다.

사람은 어떤 기초 위에서 구원을 발견하는가?

어거스틴이 바울을 읽고 바울 안에서 대답을 발견한 것은 이러한 질문을 통해서였다. 이스라엘이 그리스도를 포용하기를 거부했다는 구원사적 문제, 즉 바울이 로마서와 갈라디아서에서 씨름했던 확연한 문제(본서의 제4장)를 어거스틴은 보다 일반적이고 끝없는 문제, 곧 양심과의 씨름이라는 문제를 가지고 재적용을 했다.

이에 대하여 어거스틴은 "우리의 마음은 당신 안에서 휴식을 발견하기까지는 쉴 수가 없습니다"라는 고전적인 말을 남겼다. "나는 오직 하나님과 나의 영혼만을 알기를 원합니다"라고도 썼다. 인간의 영혼이 길을 잃었다. 그러므로 구원받아야 하는 것은 인간의 영혼이다.

어거스틴이 죽은 지 7세기 후에 안셀름(Anselm)은 『왜 하나님이 인간이 되었는가?』(*Cur Deus Homo?*)라는 글을 썼는데, 이 질문에 대한 그의 답은 어거스틴과 비슷했다. 곧 파멸을 향해 돌진하는 인간의 영혼을 구원하기 위해 하나님이 인간이 되었다는 것이다. 우주의 화해가 아니라 영혼의 구속이 중심을 차지한다. 이러한 구속은 타세상적이자 개인적이다. 구약과 신약성경의 많은 내용들과 대조적일 뿐 아니라 철저하게 이 세상적이고 공동체적이었던 유럽의 전통 종교들과도 대조적이었다(Kahl 1978:33).

어거스틴의 신학은 이원론적 실재관을 출산한 것인데 서구 기독교의 두 번째 성격이 된 것이다. 곧 구원을 사적인 문제로 보고 세상을 무시하는 경향을 보였다(Greshake 1983:20, 69). 하나님 나라의 희망은 "하늘"의 희망으로 바뀌었는데 그 곳은 선을 행한 자들과 인내한 자들이 상을 받을 장소이자 삶의 상태를 가리켰다. 이러한 목적을 이루기 위해 더욱 정련된 참회의 실천이 계발되었다.

신자들은 영적인 자기 검토를 할 수 있는 적절한 지침을 받아서 자신의 양심을 더 잘 살피고 도덕적 취약성을 감지하고자 하였다. 긍정적으로는 이러한 발전이 서구 기독교 안에서 진실성과 도덕적 활기를 일으키는 데 일조했다.

역설적으로 어거스틴에서 시작된 영성화(spiritualization)와 내면화는 또한 대규모의 외면화를 가져왔다. 제의와 제도화는 개인적, 윤리적 차원을 질식시켰는데 교회가 참회 관습을 허가했을 뿐 아니라 죄가 되는 인간의 특정 생각과 행위들을 구체적으로 규정했다.

또한 교회의 사역을 통해서만 죄에 대한 배상이 보장되었다. 이러한 과정에서 구원론이 기독론과 분리되고 교회론에 종속되는 경향이 있었다. 은혜는 교회의 성례전을 통해 자체적으로 주어졌다. 이러한 점을 염두에 두고 어거스틴과 도나투스주의자들과의 논쟁을 살펴보자.

3. 구원의 교회화

도나투스 운동은 북아프리카에서 기원했는데 4, 5세기 동안에 많은 추종자들이 있었다. 가톨릭교회로부터의 분열은 311년, 312년에 카에실리안(Caecilian)을 카르타고의 감독으로 봉헌한 데서 촉발되었다. 봉헌자들 중의 한 사람이었던 필립은 디오클레티아누스의 박해 기간 동안에 "배교자"[2]였던 것으로 혐의가 제기 되었었는데 디오클레티아누스는 콘스탄티누스 직전의 황제였다. 도나투스파라고 불린 저항파들은 터툴리안(Tertullian)의 전통에 섰었는데, 터툴리안은 "일곱 가지의 치명적인 죄"(우상숭배, 신성모독, 살인, 간통, 간음, 위증, 사기)는 용서될 수 없다고 가르쳤다. 그러므로 이들 중 하나라도 해당되는 교회 지도자는 직책을 유지할 수 없었고 감독의 봉헌에 참여할 수 없음은 당연했다. 사실 그러한 참여는 감독의 직책을 무효하게 하는 것이었다.

따라서 도나투스파는 그리스도의 복음과 교회의 세속성 간의 극한 대조를 보았던 사람들의 분노와 실망을 표현했다. 진실한 신자들은 세상과 관련이 없고 세상에 의해 오염된 교회와 관련이 없어야 했다. 진정한 교회는 철저하게 흠이 없고 완전해야 한다. 이렇게 되지 않으면 개인과 직책맡은 자들의 죄가 전염처럼 교회 전체에 퍼질 것이다. 도나투스파는 신학적으로 정통주의였고 적어도 형식적으로는 고대의 엄격한 도덕 규율 전통에서 볼 때 어거스틴보다 더 뚜렷했다. 그들은 또한 교회와 정부 간의 철저한 분리를 주장했다(Schindler 1987:296-298).[3]

어거스틴은 도나투스파를 열렬히 반대했다. 어거스틴은 교회와 직책을 맡은 자들이 도나투스파가 주장하는 죄로부터 자유하다고 선언하려 하지 않았다. 『배우지 못한 자들을 가르침』(Instructing the Unlearned)이라는 자신의 책에서 "교회에

---

[2] 도나티스트주의자들(the Donatists)에 의해 사용된 라틴어인 *traditor*는 문자적으로 *traditio*를 범한 자나 최근의 핍박 동안에 성경을 "양도"하고 기독교 신앙을 "배반"한 사람을 의미했다.

[3] 최근에 몇몇 학자들은 도나티스트주의자들이 최초의 "아프리카 독립교회"로서 간주될 수 있다고 주장했다. 가톨릭교회가 대체로 북 아프리카에서 라틴의 요소를 나타내고 도나티스트주의자들은 토착적인 아프리카 요소(Berber족)를 나타낸 것은 의심할 바 없다.

서는 술 취한 자, 수전노, 사기꾼, 놀음꾼, 간통한 자, 간음한 자, 부적을 지닌 자, 마술사의 고객, 점술가들을 볼 수 있었다."

기독교 축제에 교회에 몰려든 군중이 마찬가지로 이교도의 공휴일에 극장을 채웠다"라고 쓰고 있다. 결국 그리스도인들과 비그리스도인들 간의 차이는 하나였는데, 전자는 교회의 일원이고 후자는 아니라 점이었다.

이 문제에 대하여 어거스틴의 관점이 도나투스파보다 긍정적으로 보이는 점이 있는데 어거스틴은 교회가 세상으로부터의 피신처가 아니라 상처받는 세상을 위해 존재한다고 주장한 점이다. "좋은 교인들"을 포함하여 모두 죄인이고 도나투스파의 자기 의는 다른 사람들의 죄보다 더 사악할지 모른다.

그런데, 어거스틴의 입장에는 보다 부정적인 측면이 있는데, 도덕적, 신학적 질이 분명히 입증되든, 안되든 간에 권위와 거룩이 제도권 교회 안에 확실히 존재한다고 본 것이었다. 사도들에 의해서 세워진 범세계적인 교회가 하나의 진정한 교회이기 때문에 그 교회를 떠나는 사람들은 자체적으로 잘못이었다. 가톨릭 교회와 관계를 끊는 사람들은 하나님과의 관계를 끊는 것이었다. 가시적인 연합과 구원이 손을 맞잡고 갔다(Schindler 1987:297).

가깝게는 가톨릭 선교학의 아버지인 조셉 슈미들린(Joseph Schmidlin)이 1919년에 가톨릭에게 있어서 선교의 정당성은 "가시적 교회와 그 위계적 구조의 교리"에 근거한다고 했다(Rosenkranz 1977:235 인용). 종국적으로 선교는 교회의 신성(divinity), 거룩, 불변성에 기초하였다. 고전적인 가톨릭 관점에서 선교는 결국 "교회의 자기실현"이었다(Rütti 1974:229, 230).

이와 같은 선교 및 교회이해는 키프리안(Cyprian)의 유명한 말 "[가톨릭] 교회 밖에는 구원이 없다"(*extra ecclesiam nulla salus*)에 뿌리를 두고 있다. 이 말은 3세기의 첫 반세기에 엄청난 갈등이 있던 중에 태동했는데, 2세기 후에 같은 지역에서 어거스틴이 도나투스파의 주장을 반박해야 했다.

그러나 키프리안의 말의 임시적 성격은 곧 잊혀지고 로마가톨릭교회 전체에 보편적으로 적용되게 되었다. 가령 교황 보나파우스 8세의 교서(*Unam Sanctam*, 1302)는 키프리안의 말을 문자 그대로 승인했고 "우리는 구원받으려면 모든 인간이 로마 교황에게 복종해야 한다는 점을 선언하고 진술하고 규정하고 선포한다"라고 주장하며 끝을 맺었다. 마찬가지로 플로렌스공의회(1441)는 기술한다.

> 이교도뿐 아니라 유대인들, 이단들, 분열 자들은 영생을 참여하지 못한다. 그들은 죽기 전에 가톨릭교회에 합류하지 않으면 마귀와 그에게 속한 영들을 위해 마련된 영원한 불 속으로 들어갈 수밖에 없다.

심지어 근래인 1958년에 교황 피우스 7세(Pius XII)의 회칙(*Ad Apostolorum Principis*)에서 그리스도의 교회는 "하나의 최고의 목자 아래 모인 하나의 양떼이다. 이것이 가톨릭 진리의 교리이며 누구도 여기서 벗어나면 자신의 구원뿐 아니라 신앙을 망치는 것이 된다."

이것은 자연히 선교 이해에 중요한 결과를 가져왔다. 교황 베네딕트 15세는 자신의 회칙(*Maximum Illud* 1919)에서 개신교 선교의 성장을 언급하면서 "진리의 전령들이 오류의 종들에게 패배한다면 수치스러운 일이다"라고 썼다. 그러므로 "오류를 퍼뜨리는 자들이 풍부한 재정 자원을 마음대로 쓰는 반면에" 가톨릭 선교는 재정적으로 어려움 겪는 상황을 가톨릭의 세계는 허용해서는 안되는 것이었다.

마찬가지로 교황 피우스 11세의 회칙(*Rerum Ecclesiae* 1926)은 "잘못된 가르침을 퍼뜨리는 자들을 후하게 지원하는 비가톨릭인들의 관대함"을 개탄했다. 교황 피우스 12세는 회칙(*Evangelii Praecones* 1951)을 통해 가톨릭 학교가 하는 일을 고무했는데 특히 비가톨릭과 공산주의자들의 오류를 물리치는 데 헌신하게 했다.[4]

키프리안(Cyprian), 어거스틴과 같은 사람들에게서 나타나는 신학과 선교의 교회화가 가져온 또다른 중요한 결과는 세례에 대한 이해가 근본적으로 변화된 것이었다. 어거스틴은 여전히 회심자들의 영적 훈련과 세례를 받기 위한 신중한 준

---

4 물론 16세기 이래로 많은 개신교인들이 가톨릭 신자들에게 심지어 동료 개신교인들에게도 똑같은 태도를 취한 것이 기억되어야 한다.

비를 강조했다(Rosenkranz 1977:118). 그러나 이후에 세례의 실행이 개인의 신앙 적용보다 더 중요시되는 경향이 있었다. 선교사의 책임은 "회심자"를 가능한 한 빨리 세례 반으로 데려가는 것이 되었다(Reuter 1980:76). 세례를 일단 받으면 새 신자는 교회 훈육의 대상이 되었다. 개별 신자는 고행과 다른 규율에 따라 기독교인 형태에 점차 일치되어 갔다.

종국적으로 토마스 아퀴나스는 이러한 관행을 가리켜 "더 정확한 지식이 부족할지라도 교회가 항상 가르쳤던 것을 단순히 인정하고 복종하는 것"이라고 했다(Kahl 1978:49 인용). 세례의 행위가 피세례자에게 성품(indelibilis)을 수여했기 때문에 아무도 그가 받은 세례를 무효화하지 못하고 그는 신자(fidelis)가 되었다.

어거스틴은 세례에 대한 이러한 해석을 도나투스파에게 적용하였다. 그들이 원할지라도 자신들이 받은 세례를 취소할 수 없다는 것이었다. 그러므로 자신들의 잘못된 신앙을 버리고 가톨릭교회로 돌아오라고 설득하기 위함이었다. "사람들을 강제로 들어오게 하라"(*cogite intrare*)는 명령이 그들에게 해당하는 것이고 정부의 도움으로 실행되었다.

어거스틴은 분리자들에 대한 정부의 조치가 박해가 아니라 정당한 "훈육"(*disciplina*)인 것으로 믿었다(Erdmann 1977:9, 237; Rosenkranz 1977:139). 이러한 징계를 통해 도나투스파를 재가톨릭화하려 했다. 어거스틴은 그들에게 압력을 가하는 것에 대하여 거리낌이 없었던 반면, 이교도들에게는 같은 방법을 쓰는 것을 거부했었다(Eerdmann 1977:9; Rosenkranz 1977:86). 8세기 후에 어거스틴의 견해에 대하여 토마스 아퀴나스의 『신학대전』은 이렇게 쓰고 있다(*Summa Theologiae*, II-2, q.10, a.8).

> 신앙을 결코 받아들이지 않은 불신자들과 유대인들, 이교도들은 신자가 되도록 강제할 필요가 전혀 없지만 이단과 배교자들은 자신들이 약속한 것을 성취하도록 강제되어야 한다.

이슬람교도와 이교도들을 가톨릭 신앙으로 회심하도록 강제해서는 절대 안 된다고 주장한 레이몬드 룰(Raymond Lull)도 기독교 왕국 안에 있는 이단들에 대하여 십자군 전쟁을 하는 것을 지지하였다(Rosenkranz 1977:136f).

4. 교회와 국가 사이의 선교

우리는 중세 동안과 그 이후의 선교 이해와 실천의 전개에 대하여 어거스틴의 가르침의 장기적인 효과에 대하여 더 언급해야 한다. 펠라기우스와 도나투스파와의 논쟁뿐 아니라 그의 기념비적인 22권의 저서『하나님의 도성』(De Civitate Dei)이 아주 중요하다.

이 책은 고트족(410)이 로마를 약탈할 즈음인 413년과 427년 사이에 쓰여졌다. 이 때까지 로마제국은 거의 한 세기 동안 공식적으로 기독교권이었다. 그리스도인들은 제국을, 특히 제국의 수도를 가톨릭교회처럼 정복되지 않을 영원한 곳으로 여기는 경향이 있었다. 그러므로 고트족의 성공에 아연실색했다. 제롬은 "로마가 망한다면 무엇이 과연 안전하겠는가?"하고 통곡했다.

한편, 로마 전통 종교의 수호자들은 수도가 약탈당한 것은 제국이 기독교를 공식 종교로 인정하고 로마의 고대 종교들을 금지한 결과라고 재빠르게 주장하였다. 어거스틴은 그리스도인들의 낙심과 이교도들의 주장에 모두 응답하기로 했다.

어거스틴의 정련되지 않은 듯한 논증을 자세히 논의할 필요는 없고『하나님의 도성』에서 선교와 관련된 부분만을 살펴 보기로 한다.[5]『하나님의 도성』 15권에서 어거스틴은 이렇게 쓰고 있다.

---

5 어쨌든 이 책을 흔히 하듯이 "기독교 역사 철학"을 제시하는 시도로 간주해서는 안된다. 하나님의 도성에 대한 그러한 접근이 가지는 문제점은 17세기와 그 이후의 세기들의 지적 문화적 발전의 배경에 맞서 읽혀진다는 것이다. 이러한 관점을 주의 깊게 반박한 것으로 에른스트 슈미트(Ernst A. Schmidt, "Augustins Geschichtsver ständnis," *Freiburger Zeitschrift für Philosophie und Theologie*, vol 34[1987], 361-378)를 참조하라.

> 나는 인류를 두 가지로 분류한다. 하나는 인간의 표준에 의해 사는 사람들이고 다른 하나는 하나님의 뜻에 따라 사는 사람들이다. 이 두 도성은 두 사회를 가리키는데 하나는 영원히 하나님과 함께 통치하도록 정해진 사회이고 다른 하나는 마귀와 함께 영원한 형벌을 받을 운명에 있는 사회이다.

이 두 "사회" 혹은 "도성"은 동시에 나란히 존재한다. 하나님의 도성은 영원히 견딘다. 그러나 지상에서 결코 완전히 실현되지 않는다. 그것은 이 세상에서 성인들의 공동체(communio sanctorum), 순례의 사람들, 하늘의 영원한 집으로 향하는 사람들로 나타난다.

어거스틴이 경험적 교회(the empirical church)를 하나님의 도성, 하나님의 통치, 하나님 나라와 동일시하지 않은 점이 중요하다. 그러나 이후에 "하나님의 도성"이라는 개념이 경험적 로마가톨릭교회라는 개념과 거의 완전히 융합되었다. 가톨릭교회의 확장이 하나님의 도성의 구현을 뜻했다. 이것은 불가피하게 교황권을 가진 로마 기관이라는 경험적 교회를 과도하게 강조하는 결과를 낳았다.

그러나 지상의 도성에 대한 어거스틴의 관점은 전적으로 부정적이지 않다. 도나투스파와는 달리 그는 성과 속을 절대적으로 분리하지 않았다. 그는 당시의 천진한 사람들이 보듯 로마제국을 구원을 위한 하나님의 도구로 보지 않았고 전적으로 사악하다고 보지도 않았다. 그는 지상의 도성(civitas terrena) 시민들은 완전한 정의와 평화가 다스리는 인간 사회의 이상형을 향해 애쓰고 있음을 인정했다. 동시에 그는 이러한 이상적 상태가 현재 여기서는 결코 달성되지 않고 다가오는 그리스도의 나라에서만 이루어진다는 것을 확신했다.

보다 중요한 점은 그가 지상의 도성이 하나님의 도성에 복종한다고 선언한 것이다. 최고의 것은 영적인 사회였다. 다른 편은 종속된다. 로마제국처럼 지상의 통치자가 기독교인인 곳에서 하늘의 도성을 향한 지상의 도성 사역은 절대적으로 보장되지는 않는다 하더라도 적어도 기대된다. 정치 권력 위에 영적 권세가 우위에 있고 독립적으로 존재한다는 관념이 확고했는데 무엇보다도 교황권에 대하여 그러했다. 토마스 아퀴나스의 지적 체계에서는 이성이 믿음보다 낮고 자연이 은혜보다, 철학이 신학보다, 정부(황제나 왕)가 교회(교황)보다 낮았다(Küng 1987:223). 교황 보나파이스 13세는 자신의 유명한 교서(Unam Sanctam, 1302)에서 "속세의 검"과 "영적인 검" 모두 교회에게 위탁이 되었다고 선언했다.

이론적으로는 어거스틴의 대표작은 영적 왕국의 최고성을 철저하게 지키려는 데에 뜻이 있었다. 그러나 실제로 어거스틴은 교회를 국가, 세속 권력에 타협시켰고 또한 교회의 선교 이해와 실천에 있어서도 그러했는데, 특히 왕좌와 제단 사이의 긴밀한 연결이 가톨릭교회를 특권받은 기관, 문화와 문명의 수호자가 되게 하고 공적인 문제에 큰 영향을 미치게 했기 때문이었다. 정권은 교회에 의해 축복을 받을 것이고 국가는 교회를 보호하고 지원할 것을 보장했다.

이와 관련하여 특별히 중요한 것은 샤를마뉴 황제가 교황 레오 3세에게 796년에 쓴 서신이었다. 샤를마뉴는 황제로서의 자신의 과업이 어디서나 이교도들의 공격과 불신자들의 유린에 맞서서 그리스도의 거룩한 교회를 방어하는 것이라고 썼다. 모세의 책임과 마찬가지로 교황의 책임은 황제와 그의 군사 작전을 위해 중보하는 것이었는데, "당신의 중보와 하나님의 인도와 은혜를 통해 그리스도인들이 항상 어디서나 그리스도의 이름을 반대하는 자들을 물리칠 수 있게 하기 위함"이었다(Schneider 1978:227-248).

중세 초기 동안 황제와 교황의 관계는 결코 편안하지만은 않았고 항상 우위를 점하기 위한 다툼이 있었다. 동시에 서로가 서로를 필요로 한다는 것을 의식하고 있었다. 최고 차원에서의 일이 지역적 차원에서도 마찬가지였다. 모든 주교나 사제들은 권세가 있는 자들의 선의와 지원에 의존했고 모든 지역 통치자들은 교회의 승인을 필요로 했다. 교회가 황제의 권력에 의존하고 선교 사역 역시 마찬가지였던 것은 불가피했으며 또한 짐이었다(Löwe 1978:203, 218).

또 하나의 동반 현상은 교회와 정부의 적을 함께 이겨내는 것이었다. 755년 이후 피핀(Pippin)과 샤를마뉴는 자신의 국민을 "하나님과 우리에게 충직한 사람들"(fideles Dei et nostri)이라고 칭했다. 자연히 정부에 대한 충성이 교회에 대한 충성을 의미했다면 그 반대 역시 사실이었다. 정부에 대한 반대는 교회에 대한 반대와 같았다. 그러므로 776년 이래로 로마제국의 기록이 샤를마뉴의 색슨족 적군을 "그리스도인들을 대적하는 자들"로 언급하고 있는 것은 이상한 일이 아니다 (Schneider 1978:234).

오늘날의 관점에서 본다면 우리는 이러한 양상을 정죄할지도 모른다. 어떻게 기독교회가 정부와 그토록 타협할 수 있다는 말인가? 그러나 이 문제에 대하여 레슬리 뉴비긴의 견해를 주목할 필요가 있다.

> 콘스탄틴이 세례를 받아들인 이후 복음의 대의가 손상되었다고 많은 사람들이 말했다. 그러나 다른 선택이 있을 수 있었을까? 고대 세계가 영적인 연료가 고갈되어 해체되어 가는 세계를 붙잡아 줄 수 있는 유일한 개체로서 교회를 바라보고 있을때, 교회는 이러한 호소를 거절하고 정치 질서에서 손을 떼었어야 했는가? … 교회가 세상의 권력이라는 유혹에 얼마나 빨리 빠져들어가는지를 후대에서 보기는 쉽다… 복음서에서의 예수와 권력과 부의 자리를 차지한 그의 추종자들 간의 극명한 대조를 지적하기는 쉽다. 하지만 우리는 "교회가 모든 정치적 책임을 거절했다면 하나님의 목적이 더 잘 이루어졌을까?"하는 질문을 제기해야 한다(1986:100).

그러므로 위에서 내가 제기한 문제들은 어거스틴과 그의 유산물에 대한 심판으로 간주되어서는 안된다. 어거스틴과 당대의 사람들에게 역사적으로 당시 가능했던 대안들은 그들에게 의미가 있는 유일한 선택들이었다. 그리고 비슷한 환경 속에서 혹은 다른 환경이라 하더라도 우리가 택한 선택들이 과연 더 나은 것인지 질문해 보아야 한다. 이러한 점을 염두에 두고 더 논란이 되는 문제를 검토해 보자.

5. 간접적이고 직접적인 "선교 전쟁들"

가톨릭교회로 사람들을 개종시키기 위해 다양한 강제적 방법들이 활용될 것이라는 것은 예상되는 일이었다. 나는 앞에서 어거스틴에게 도나투스파를 "재가톨릭화"하려는 의도가 있었다고 지적했다. 그러나 기독교인이 아니었던 사람들을 가톨릭으로 개종시키는 방식은 달랐다. 어거스틴은 애초부터 두 부류의 사람들로 엄격하게 구별했는데, 교회의 규율에 복종한 적이 없는 이교도들(pagan)과 강제적으로 다시 불러들여야 하는 배교자들(apostates)이다.

그레고리 대제는 위협보다는 회유책을 써서 유대인 농부들을 교회 부지에서 일하게 하여 기독교로 개종시키려 했는데, 이 때도 크게 달라진 것은 없었다(Markus 1970:30). 8세기의 프랑크 통치자도 마찬가지로 개종자들에게 보상을 주고자 했다(Lowe 1978:223; Schneider 1978:234). 그러나 "격려"는 수많은 형식을 취했는데 점점 강제적인 방법들이 도입되었다. 다시 말하지만, 어거스틴이 새로운 방식이라는 길을 닦은 사람이었다.

어거스틴은 원래 강제적인 방법은 안되거나 적어도 부적절하다고 보았었다. 그러나 400년 이후로 그는 점차적으로 외적 압력이 소용있다고 확신하게 되었다. 개인들에게 영원한 심판을 피할 기회를 주려면 압력의 사용이 잘못이 아니고 정당하다고 보았다. 그러나 어거스틴이 강제적 방법을 벌금, 재산 압수, 유배와 같은 방법으로 제한했다는 점을 기억할 필요가 있다. 반대자들의 처형이나 체벌은 배제하였다(Swift 1983:140-149).

이러한 분위기 속에서 어거스틴의 사후 2세기에 그레고리 대제는 사르디니아(Sardinia)의 지주들에게 농부들이 아직 세례를 받지 않은 사실을 주지시켰다. 그는 "임대료에 눌려 있는 농부들에게 처벌 차원의 강제징수로 부담을 주어 기독교로 들어오게 해야 한다"고 제안했다. 듣지 않는 사람들의 경우 노예라면 체벌이나 고문을 해서 바뀌게 해야 한다고 했다. 노예가 아닌 일반인은 감옥으로 보내야 한다고 했다. 물론 이 모든 것은 불신자들을 위하는 것이라는 명목에서였다(Markus 1970:31-33).

중세 말 이래로 국제법은 비기독교인들에게 기독교인들이 갖는 권리를 허용하지 않는 경향이 있었다. 비기독교인들은 "하나님의 피조물"로서의 "자연적 권리"만을 가질 뿐이었다. 그러나 세례를 받기만 하면 다른 기독교인들처럼 같은 정치적 권리가 부여되었다(Kahl 1978:60-62). 기독교인이 되게 하는 것은 물질적으로나 정치적으로나 그들에게 혜택을 주는 것이라는 주장이었다.

이러한 상황은 어드만(Erdmann)이 말하는 "간접적 선교 전쟁"의 길을 닦아 놓았고(1977:10, 105), 후에는 직접적인 선교 전쟁의 길을 놓은 것이었다. 처음 3세기 동안에 교회는 전쟁을 승인하지 않았다. 관심사가 전쟁의 정당성을 인정하느냐 안 하느냐가 아니라 그리스도인들이 전쟁에 참여하느냐의 문제였는데, 터툴리안, 오리겐과 같은 사람들은 부정적이었다(Swift 1983:38-46, 52-60). 초기 기독교인들은 "국가의 선을 위한 세속적인 전쟁만을 알았고" 전쟁에 참여하는 것에 대하여는 의심쩍어했다(Erdmann 1977:5, 하르낙 참조).

콘스탄틴 이후 관점이 변하기 시작했다. 우선은 동방에서였는데 전쟁과 기독교 간의 모순이 더 이상 느껴지지 않게 되었다. 서방 교회에서는 이 문제에 대한 논의가 보다 천천히 진행되었고 산발적이었는데, 라틴 교회가 헬라 교회만큼 황제에게 의존하지 않았기 때문이었다. 하지만 근본적인 변화가 후에 일어나게 되었다.

서방에서 전쟁 윤리에 대한 논의를 시작하고 이 문제에 대하여 가장 큰 영향을 남긴 사람은 어거스틴이었다. 그는 보다 기초적인 차원에서 전쟁의 사회 윤리적인 문제를 다뤘다. 그는 전쟁은 언제나 악하지만 그럼에도 불구하고 "정의로운 전쟁"(just war, bellum justum)이 있다고 주장했다. 그러나 전쟁은 한쪽 편에만 "정의롭고" 자기방어를 위해서 행해져야 하는 것이었다.

어거스틴의 가르침이 유럽 전쟁 이론의 초석이 되었다. 철저하게 고수되지 않았을지는 몰라도 그 타당성은 천 년 동안 의문의 여지가 없었다. 정의로운 전쟁 혹은 방어 전쟁의 목적은 정복이 아니라 평화였다(Erdmann 1977:6-8).

정의로운 전쟁(*Bellum justum*)은 원래 종교 전쟁이 아니었고 도덕적 전쟁이었다. 그러나 이것은 종교 전쟁, 곧 성전이라는 씨앗을 품고 있었다. 도나투스파에 대한 어거스틴의 태도와 그들의 강제적 재개종은 그의 입장의 양면성을 보여준다. "정의로운 전쟁"에 더하여 그는 "하나님이 승인한 전쟁"을 주장하는데, 두 진영이 같은 잣대로 판단되어서는 안된다고 보았다. 한편은 빛을 위해 싸우고 다른 한 편은 어둠을 위해 싸우며, 한편은 그리스도를 위해 다른 한편은 마귀를 위해 싸운다는 것이다(Erdmann 1977:8-10).

어거스틴은 비기독교인들에게 대하여 종교 전쟁을 벌일 가능성을 품고 있었던 것은 아니다(Kahl 1978:62). 기독교 교리를 의심스러운 방향으로 끌어간 사람은 그레고리 대제였는데, 기독교 왕국이 보호와 확장을 통치자의 가장 중요한 의무로 간주했다. 이제 처음으로 기독교 확장을 위한 공격적인 전쟁을 정당화하고 실천하게 되었다.

그러나 그의 경우에서조차도 원리는 간접적(indirect) 선교 전쟁에 국한되었다 (Erdmann 1977:10-12, 105). 전쟁의 즉각적인 목표는 이방인들을 정복하는 것이었는데, 국가의 보호 아래 선교 활동을 가능하게 하려는 것이었고 평화롭게 복음을 선포하고자 한 것이다(Erdmann 1977:10; Rosenkranz 1977:62).

그런데 "간접적"과 "직접적" 선교 전쟁 사이의 구분선은 아주 얇았다. 첫 번째로부터 두 번째가 야기되는 것은 시간 문제일 뿐이었다. 하나님의 도성과 마귀의 도성을 대비시킨 어거스틴의 관점이 사람들의 마음속에 남아 있었다. 얼마 되지 않아 이러한 관점이 이교도들에 대한 기독교인들의 전투를 설명하는데 사용되었다.

어거스틴은 공격적인 전쟁과 방어적인 전쟁을 뚜렷하게 구분했는데, 과연 누가 이를 판정할 수 있는가?

기독교인 통치자들이 기독교 왕국을 보호해야 한다면 군사 활동을 통해 적극적으로 나설 수 있는 것은 아닌가?

이것이 바로 샤를마뉴가 당시 취한 태도이고 색슨족을 가톨릭교회에 강제적으로 복종시키려 했다.

물론 여기에 다른 한 측면이 있는데 샤를마뉴에게는 더 중요한 것이었다. 당시의 분위기에서 기독교 국왕이 이교도 백성들을 지배하는 것은 생각할 수 없는 일이었다. 그러므로 색슨족이 강제로 세례를 받은 것은 샤를마뉴에게 패한 당연한 귀결이었다. 정복당했기 때문에 싫더라도 세례를 받아야 했다. 승리한 왕에게의 복종은 더 강한 신에게로의 복종으로 이어졌다.

세례를 받은 후 전통 신앙으로 돌아가면 처형당했다. 종교적인 충성이 의심스러우면 정치적으로 충성스러울 것이라 보기 어려웠다(Schneider 1978:234, 242). 다른 곳에서도 마찬가지였다. 올라브 트리그바손(Olav Tryggavason)이 10세기 후반에 노르웨이를 폭력으로 기독교화했고 12세기에는 엘베(Elbe)의 동북쪽에 살던 벤드족(Wends)이 정복당했다(Rosenkranz 1977:110, 118).

그렇다 하더라도 공격적이고 잔혹한 "직접적인 선교 전쟁"은 예외적인 것이었다. 전쟁에 대한 교회의 모호한 옛 태도 때문에 전쟁을 일상적 관행으로 고무하지는 못했다(Erdmann 1977:4, 12, 97; Kahl 1978:58, 68). 어드만(Erdmann)이 바로 지적했다.

> 내적인 모순으로 고통을 겪었다. 전쟁에서 적에 대하여 가져야 하는 태도가 기본적으로 선교사의 설교와는 너무 다르므로 어떤 군대도 복음주의적 봉사활동이라는 비전에 의해 감화될 수 없다(:11).

이러한 점에서 볼 때 많은 일반 기독교인들이 보는 것과는 달리 11세기에서 13세기에 걸친 십자군 전쟁을 "선교 전쟁"으로 간주할 수 없다. 그러나 교황 우르반 2세(Pope Urban II)는 이슬람교도들을 군사력으로 개종시키려는 생각이 없었다. 오히려 그들이 교회를 제압하기 전에 먼저 패배시켜야 할 위협적 존재였다(Kedar 1984:57-74, 99-116, 십자군과 이슬람교도 선교 간의 관계에 대한 중세의 논의).

와중에 정의로운 전쟁에서조차 살인은 죄책을 유발한다는 생각이 점점 더 압력을 받게 되었다(Erdmann 1977:238). 교회 지도자들이 차례로 쿠에르푸르트(Querfurt)의 부룬(Brun), 라우텐바하(Lautenbach)의 매인골드(Manegold), 콘스탄스(Constance)의 버나드(Bernard), 수트리(Sutri)의 보니조(Bonizo)와 같은 사람들은 제1차 십자군 전쟁(1096)의 길을 굳세게 닦았고 이교도들과 이단, 배교자들을 그다지 구별하지 않았다. 이들 무리에 속하는 사람들은 죽여도 괜찮았다.

매인골드는 이러한 사람을 죽인 사람에게 죄책감은 전혀 없고 찬송과 명예를 받아야 마땅하다고 했다. 이교도나 배교자를 죽이는 것은 절대적으로 하나님을 기쁘게 하는 일이었다(Erdmann 1977:12, 236, 238).

십자군 전쟁의 신학적 근거를 준비한 사람들 중에서 현저한 사람이 있는데 바로 루카(Lucca)의 안셀름(Anselm)이었다. 그는 부룬이나 보니조, 매인골드보다 이론적으로 더 정교하게 전개하며 십자군 전쟁을 고대했다. 그의 동시대인들 중에서 그만큼 그레고리 대제의 전쟁 관행을 신학적으로 정교하게 정당화한 사람은 없다.

안셀름의 주장은 아주 "기독교적인" 것으로 들렸는데, 예를 들면 그는 복수를 반대했고, 적의 패배에 대하여 기뻐하지 않아야 한다고 했으며, 사악한 사람들을 대적하는 것은 핍박이 아니라 사랑의 표현이라고 했다(Erdmann 1977:245-248). 이와 같은 주장들은 결국 우르반 2세가 주도한 제1차 십자군 전쟁의 선언을 가져왔고 대중들은 만장일치로 "하나님의 뜻이다"(*Deus vult*)라고 열광하며 반응했다.

중세기의 최고조인 이때까지 인간 사회의 구조는 마침내 영구적으로 질서가 세워졌고 아무도 건드리지 않았다. 신적으로 수립된 질서 속에서 각각의 사회 계층들은 자신들의 자리를 지켜야 했다. 하나님은 농노를 농노로, 군주를 군주로 지정했다. 하나님이 준 불변의 "자연법"이 사람들과 사물을 지배한다. 모든 사람들과 만물이 돌봄을 받는다.

지각있는 사람들은 가톨릭 신자들이었으며 세속적인 일을 포함하여 교회의 독점은 논란의 여지가 없었다. 어떤 "이교도" 그룹도 유럽에 남아 있을 수 없었지만 사실은 여기저기에 "이교도 분리자들"이 고립된 채로 있었다.

유대인들은 특별한 경우였다. 바울과 어거스틴의 신학의 영향으로 그들은 때때로 관용되었고 법의 보호를 받기도 하였다(Linder 1978:407-413). 유대인들에 대한 정의와 존중이라는 세심한 배려는 그레고리 대제의 특징이었고 일부 사람들도 그러한 경향을 보였다(Markus 1970:30). 때로 유대인들의 박식함은 기독교인들의 감탄을 자아냈다(Linder 1978:409).

그러나 일반적으로는 그들에게 예수를 십자가에 죽게 한 책임을 지우고 핍박했다. 반란은 잔혹하게 진압되었고 회당들은 파괴되었다. 명백하게 핍박을 하지 않는 곳에서는 차별이 가해졌다(:400-407). 크리소스톰(Chrysostom)과 같은 탁월한 신학자들은 유대인들을 반대하는 맹렬한 설교를 했다. 거주가 허용되는 곳에서 그들은 일반적으로 특별규정과 제한을 받았다(:421-429, 432-437).

중세 초기에 유대인들을 개종시키는 방법은 이단들에게 대한 방법과 다르지 않았다. 거부하는 사람들에게 때때로 추방과 몰수, 심지어 처형의 위협이 가해졌다(:420). 그레고리 대제는 유대인들에게 "부드러움과 관대함, 권면과 설득"으로 그리고 "위협과 압력"이 아니라 "향기로운 설교"를 통해 기독교 신앙을 받아들이도록 호소했다(Markus 1970:30; Linder 1978:420). 그러나 그레고리의 방식과 전략은 예외적인 것이었다.

4세기부터 11세기까지 강제적인 개종이 로마제국을 휩쓸었다(Linder 1978:414-420). 그러나 자발적인 "집단 개종"도 일어났는데 크레타 섬에서의 유대인 개종이 그 예였다(:414). 때로 개별적으로 유대인들이 기독교를 받아들이기도 했는데(:420-439), 공교롭게도 다른 기독교인들이 이들을 무시했고 다른 유대인들은 이들을 배척했다(:430). 중세기 후반까지 유대인들은 아주 어려움을 당했는데 교회는 점점 이들을 관용하지 않았다. 유럽의 유대인 공동체들이 강제로 이주를 당하거나 약탈당했다(:441).

6. 식민주의와 선교

사실상 중세기 내내 유럽은 이슬람이 지배하던 세계로부터 떨어져서 자존하고 있었다. 이슬람은 동쪽으로는 중앙아시아를 관통하여 서아시아, 중동, 북아프리카, 스페인까지 끊어지지 않는 띠를 형성했고 피레네 산맥에까지 이르렀다. 십자군조차도 이러한 장벽을 파괴하지 못했다.

분명히 이슬람이 여전히 우위에 있었다. 오랫동안 동방교회의 영적 중심지였던 콘스탄티노플이 1453년에 이슬람에게 함락을 당했다. 그러나 동요가 점점 더

해갔고 이러한 동요는 발견의 시대로 귀결되었다.

바스코 다 가마(Vasco da Gama)는 이슬람에 앞서 인도로 가는 길을 열었고 콜럼버스는 아메리카를 "발견"하였다. 15세기가 끝날 무렵 이러한 사건들은 세계사에 완전히 새로운 시기를 열었다. 이것은 우연한 일이 아니었다. 사실 정복자들과 유럽의 세계 식민지화의 뿌리는 중세의 정의로운 전쟁 개념에 있었다(Kahl 1978:66). 보다 엄밀히 말해서, 식민지화를 "십자군의 현재형"이라고 부르기도 한다(Hoekendijk 1967a:317). 볼드윈(M. W. Baldwin)은 "십자군 계획은 실패했지만 십자군 정신은 지속되었다"고 말한다(Fisher 1982:23).

물론 기독교 국가들이 비기독교 민족들을 식민지화한 것이 근대 식민주의보다 여러 세기 앞서지만 전자의 착취는 유럽인들이 유럽인들에게 행한 것이고 패배당한 민족들은 모두 기독교를 받아들이고 지배문화 속으로 융화되었다. 그러나 이제는 신체적으로 뿐 아니라 문화적으로 언어적으로 아주 다른 사람들을 만나게 된다.

가장 끔찍한 결과 중의 하나는 비서구 민족들에게 노예제를 실시한 것이다. 중세 유럽뿐 아니라 고대 로마제국에서도 노예제는 인종과는 거의 관계가 없었다. 이슬람 영토 너머의 비서구 세계를 "발견"한 이후 이러한 국면은 바뀌었다. 즉 노예는 유색인들을 가리켰다. 그들이 다르다는 사실만으로 승리에 찬 서구인들은 그들을 열등하게 보았다.

스페인과 포르투갈이 노예제를 시작했고 곧 개신교 국가들을 포함하여 다른 신흥 식민국가들도 따라 했는데, 인간의 몸을 파는 수익성 좋은 무역에 한몫 차지하려 했다. 1537년에 교황은 리스본(Lisbon)에 노예 시장의 개시를 승인했는데, 여기서 매년 1만 2천 명의 아프리카인들이 서인도제도에 팔려갔다.

18세기까지 영국이 노예 시장에서 가장 큰 몫을 차지했다. 1783년에서 1793년까지 10년 동안 총 880대의 노예선이 리버풀을 떠나서 30만 명이 넘는 노예를 아메리카 대륙으로 수송했다. 유럽 식민지로 매매된 노예의 수는 2천만 명에서 4천만 명 사이로 추정된다. 서구인들의 다른 민족들에 대한 우월감은 점점 더 강해졌고 당연시했다.

우스꽝스럽게도 식민지 기간은 전례 없는 선교의 시대였다. 기독교 국가들은 충격적인 사실을 발견했는데, 기독교회가 시작이 된지 15세기가 되었는데도 불구하고 수많은 사람들이 구원을 모르고 있고 세례를 받지 않았기 때문에 모두 영원한 형벌에 처할 것이었다.

"운 좋게도" 처음 두 식민지 국가와 그 통치자들은 충실한 가톨릭 신봉자였으며 따라서 영원한 구속의 메시지를 모든 사람들에게, 노예에게까지도 전하는 데 최선을 다하는 자들로 인정되었다.

인도와 아메리카 대륙으로 가는 해로를 발견하기 위해 애쓰던 교황 알렉산더 6세는 (교황의 교서, *Inter Caetera Divinae*) 포르투갈 왕과 스페인 왕에게 유럽 대륙 밖의 세계를 분할해 주고 이미 발견한 영토뿐 아니라 발견하게 될 영토까지 전권을 수여하였다. 이러한 교서는(니콜라스 5세의 교서[*Romanus Pontifex*, 1454]가 포르투갈에게만 특권을 수여한 것과 마찬가지로) 교황이 이교도 세계를 포함하여 전 지구에 대하여 최고의 권위를 가지고 있다는 중세의 의식에 기초하고 있었다.

여기에서 보호권이 유래하는데(스페인어로는 *patronato*, 포르투갈어로는 *padroado*) 두 국가의 통치자들이 정치적으로 뿐 아니라 교회적으로 자신들의 식민지에 대한 지배권을 가지고 있다는 것이다. 당연히 식민주의와 선교는 상호의존적이었다. 식민지에 대한 권리는 식민지를 기독교화하는 의무를 수반했다.

먼 식민지에 교회의 대리자를 "보내는" 이러한 권리는 아주 확고해서 이 사절단은 그 명칭을 이러한 활동에 근거하게 되었는데, 이들의 임무를 "선교"라고 불렀고(이 용어는 로욜라의 이그나티우스가 처음 사용했었다) 자신들을 가리켜 "선교사"라고 했다(Seumois 1973:8-16).

"선교"라는 단어가 통상적으로 복음을 사람들에게 선포하는 행위를 지칭해 온 대로 책에서 나는 이 용어를 사용했다. 그러나 이러한 용어 사용은 시대착오적이다. 라틴어 "미시오"(*missio*)는 삼위일체 교리에서 채용된 표현이었는데, 성부가 성자를 보내고 성부와 성자가 성령을 보내는 것을 가리켰다. 교회는 15세기 동안 후에 다음가 같은 문구들을 쓰다가 후에 이것들을 가리켜 "선교"라고 부르게 되었다(Seumois 1973:18).

① 신앙의 선전

② 복음의 설교

③ 사도적 선포

④ 복음의 공포

⑤ 복음의 확장

⑥ 신앙의 확장

⑦ 교회확장

⑧ 교회설립

⑨ 그리스도의 통치의 선전

⑩ 국가들의 각성

사실 "선교"라는 새로운 단어는 식민시대 및 권위가 있는 위임이라는 개념과 역사적으로 불가분의 관계에 있다. 이 용어는 유럽의 교회들이 해외의 민족들을 개종시키기 위해 사절단을 보내는 것을 의미했고 유럽 확장에 동반된 현상이었다. 교회는 "선교"를 세속 권력과 사제나 종교 전문인들에게 위탁할 권리를 가진 법적 기관으로 이해되었다.

"선교"는 서방의 교회 체제를 바깥의 다른 세계로 확장되게 하는 활동을 뜻했다. "선교사"는 필연적으로 유럽에 있는 기관에 묶여 있었는데, 이 기관으로부터 신앙의 신조를 받아들이는 사람들에게 구원을 수여할 권한과 힘을 얻었다.

스페인과 포르투갈의 왕들에 의한 통치는 식민지에서 선교 확장의 "보호자" 역할을 했는데 어려운 점이 없었던 것은 아니다. 신앙의 선전과 식민정책의 선전이 서로 얽혀 있어서 서로를 구별하기가 어려웠다.

식민지에 세워진 교구들에게 민간 정부가 승인한 주교들이 부임했다. 이 주교들은 교황과 직접 소통하는 것이 허락되지 않았다. 게다가 교황의 칙령은 공표되고 식민지에서 시행되기 전에 황제의 보증을 받아야 했다. 스페인과 포르투갈의 통치자들은 단순히 교황의 대리인으로 자신을 간주한 것이 아니라 하나님의 직접적인 대리인으로 자신들을 간주하게 되었다(Glazik 1979:144-146).

교회는 이것을 무한정 용인할 수 없었다. 스페인과 포르투갈의 식민지 선교 정책에 대한 교황의 반응이 1622년에 "신앙선전을 위한 신성한 회중"(Sacred Congregation for the Propagation of the Faith, the Sacra Congregatio de Propaganda Fide)의 설립으로 나타났다. 이러한 설립을 통해 비가톨릭인들에 대한 로마가톨릭교회의 전체 사역은 전적으로 교황에게 부과되었다.

그 이전에는 선교는 주교들의 책임이거나, 보다 일반적으로는 수도원 공동체들이 스스로 자신들에게 부과한 과업이었다. 선교사는 교회의 권위에 기초하여 선교사가 되는 것이 아니라 "성령의 강권하심"에 의해서나(아시시의 프란시스가 자신의 규정[Rule] 제12장에서 명시), "신적 영감에 기초하여서" 였다.

이 모든 것이 이제는 변화되어 첫째는 스페인과 포르투갈의 보호권을 인정해 줌으로써, 둘째는 "신앙선전회"(Propaganda Fide)의 창설로 인한 것이었다.

"새로 발견한 땅들을 복음화할 특권은 로마 교구의 전적인 독점이었다"(Geffré 1982:479). "선교 국가들"에 있던 교구 주교들은 교황을 위해 교회 기능을 수행해야 했던 명목적인 주교들에 의해 교체되었다. 그래서 이들을 보냄 받은 교황대리주교(Vicarii Apostolic Domini)라고 불렀다(van Winsen 1973:9-11).

물론 이것은 식민지 교회들인 교구 자치권을 가지지 못했음을 뜻했다. 어떤 의미에서 이 교회들은 로마의 부수물이자 이류 교회이며, 자녀 교회, 미성숙한 예배 공동체, 흔히 서구 보호주의의 대상이었다.

교황대리주교들은 위임받은 권한만 가졌는데, 교황만이 실체였기 때문이었다. 교황은 위임권(Jus commissionis)의 기초 위에 새로운 선교 영토들을 특정한 선교 직제나 회중에게 "맡겼다." 이러한 식으로 다른 국가들, 직제들로부터 온 선교사들 간의 경쟁을 방지했다(Glazik 1979:145-149).

사실 이러한 조치는 새로운 식민 영토뿐 아니라 로마가 최근에 개신교에게 "잃어버린" 유럽지역에게도 적용되었다. 독일 북부 개신교 지역에 예수회가 진출한 활동을 "선교"라고 불렀다. 또 다른 예는 스칸디나비아 로마가톨릭 교구들이 20세기까지 줄곧 신앙선전회(Propaganda Fide)의 감독을 받았다는 사실이다. 신앙선전회의 활동 대상은 "이교도들"뿐 아니라 "비가톨릭인들"을 포함했다.

1913년까지도 데오도르 그렌트럽(Theodor Grentrup)은 선교가 "비가톨릭인들 가운데 가톨릭 신앙을 심는 교회의 사역"을 뜻한다고 보았다(Rzepkowski 1983:101). 다른 말로 하면, 신앙선전회의 활동은 어디든 로마가톨릭교회가 아직 주도적이지 못한 곳, 그 위계적 구조가 세워지지 않은 곳으로 가서 확장하는 것이었다. 이와 같은 관점은 신앙선전회의 재조직에 대한 1908년의 문서에서 분명히 나타났다.

"사피엔티 콘실리오"(Sapienti Consilio) 문서에 따르면 선교가 필요한 주요 상황은 위계가 부재한 경우인데, "신성한 위계가 세워지지 않은 곳이 선교가 필요한 상황이다"라고 하고 있다(Rzepkowski 1983:102). 이러한 규정은 사실상 1917년의 『교회법』(Book of Canon Law)에 변함없이 명시되어 있었다. 모든 선교 사업은 루티(Rütti)가 말하는 "교리적-기관적 조처"에 해당했다(1974:228). 루티는 이렇게 말하고 있다.

> 일반적으로 말하자면 신성한 위계적 중개의 원리가 있다. 선교는 신앙의 중개로 이해된다(혹은 신조적 진리). 신성한 위계적 기관으로서의 교회는 이러한 중개의 진정한 소지자이자 대리인이다 그러므로 선교는 승인과 위임의 체계를 통해 수행된다. 사법적 권위는 말과 행위의 합법성과 선교의 질을 구성하는 요소이다. 다른 모든 기독교 선교 활동은 이러한 권위적 위임 형태에 한정되거나 귀속된다… 그러므로 선교의 중개적 구조들은 본질적으로 재생산과 확장의 구조들이다. 결과적으로 선교는 "교회의 자기실현"으로 나타난다… 교회의 부재 혹은 교회의 다양한 현존이 특정 역사 상황을 선교차원에서 평가하는 주요 기준이 된다(:228)

7. 수도원주의 선교

내가 중세 선교 패러다임을 묘사한 것은 대체적으로 유쾌한 그림이 아니다. 호켄다이크(Hoekendijk)는 유럽이 이념적으로 아주 특별한 자리를 차지하여 천 년이 넘는 기간 동안 십자가 운동가로 활동하면서 나머지 세계에 군림했다고 말한다(1967a:317). 그런데, 진정한 기독교 문화가 유럽뿐만 아니라 유럽 경계를 너머 먼 곳에서도 진전되었다. 기독교인들은 이것이 하나님이 인간의 이기심, 근시안, 편협성, 교만을 물리치셨기 때문이라고 말할지 모른다. 비판적인 인간의 눈으로 보더라도 중세의 선교 공헌이 개탄스런 것만은 아니다.

나는 이 장의 처음 부분에서 뉴비긴(Newbigin)의 말을 인용했었다. 요점은 중세의 기독교인들이 자신들이 만난 도전들을 자신들에게 일리 있는 방식으로만 반응했다는 것이다. 어거스틴에게서 보았듯이 구원의 내면화와 교회화가 진정한 복음화의 수단이 되었고, 복음이 유럽에 들어가고 유럽의 정신에 의미가 통하는 길이 되었다.

이와 유사하게 직접적 선교 전쟁, 간접적 선교 전쟁과 세계의 서구 식민지화는 오늘날에는 도저히 이해할 수 없고 옹호할 수 없으며 끔찍할지라도, 당시에는 기독교인들에게 책임감이자 타인에 대한 진정한 관심의 표현이었다는 것이다.

그러나 유럽의 기독교화에 있어서 수도원 운동의 기여는 분명하다. 인간적으로 말하면, 유럽의 "암흑기" 동안과 그 이후에 진정한 기독교가 진전된 것은 수도원주의 때문이었다고 할 수 있다. 니이버(Niebuhr 1959:74)는 수도원주의만이 중세 교회를 화석화로부터, 비전과 혁명적 성격의 상실로부터 구했다고 말한다.

5세부터 12세기에 이르기까지 700년간 수도원주의는 문화와 문명의 중심이었을 뿐 아니라 선교의 중심이었다(Dawson 1950:47). 자기중심의 세계 속에서 수도원 공동체는 하나님의 사랑이 다스리는 세계의 가시적 표식이자 예비적 구현이었다. 그러므로 중세 문화뿐 아니라 중세 선교 패러다임의 발전을 연구하려면 서방 수도원주의의 역사를 중요하게 보아야 한다. 그러므로 아시아에서 서북유럽의 확장은 단순히 지리적 개념이 아니라, 하나의 개념, 역사적 실재, "서방"인데 기독교 속에 깊이 스며든 실체이며 수도원주의와 기독교 선교에 의해 형성되었다(Dawson 1952; Kahl 1978:17, 20).

앞의 장에서 암시했듯이 수도원주의는 동방교회에서 기원하는데, 특히 이집트이다. 서방에서 뿌리를 내리기 훨씬 오래전에 번창했다. 서방에서는 동방 수도원주의와 여러 면에서 다르게 발전했다. 우선 동방 수도원주의는 대체로 개인적이었다. 사막에서의 고독한 금욕 생활은 공동체 생활을 피했는데, 많은 수도원들이 시간이 흐름에 따라 정교회에게로 넘어간 이유들 중의 하나일 것이다.

이와 대조적으로 서방의 수도원주의는 본질적으로 공동체적이었고 주의 깊게 조직되었다. 첫 번째 차이는, 수도원이 무엇보다도 "주님을 섬기는 학교"였다는 것이다. 이것은 분명히 로마가 질서와 규율을 중시하는 것과 관계있다.

두 번째 차이가 훨씬 중요할 수도 있는데, 유스티니아누스의 수도원법으로 인해 동방의 수도원주의가 정부에 아주 의존되어 있었다는 사실이다. 대조적으로 서방의 수도원주의는 정부의 간섭으로부터 훨씬 독립적이었는데, 도우슨(Dawson 1950:51)은 "정부가 너무 약하고 미개해서 수도원들을 통제할 수 없었다"고 말한다. 입법자들은 동방에서처럼 황제들이 아니라 베네딕트 같은 수도사들이나 그레고리 대제 같은 교황이었다.

처음에 수도원주의는 선교의 수행자처럼 거의 보이지 않았다. 공동체들은 선교를 위한 교두보로 세워진 것이 아니었다. 또한 사회에 참여하기 위한 동기에서 세워진 것이 아니었다. 오히려 그들은 사회를 부패하고 빈사 상태이며 관습에 매여 있을 뿐이라고 보았다. 사회는 "쇠퇴해 가는 열병"으로부터 고통당하고 있었으나 여전히 강력하게 사람들을 "유혹하고 타락시켰다."

따라서 생각있는 사람들은 "사회와 그 횡포로부터 탈출하기 위해" 애써야 했다(Newman 1970:374). 그러므로 수도원주의는 고대 세계가 누렸던 모든 것을 절대적으로 포기할 것을 요구했다. 그것은 "세상으로부터의 탈출" 그 자체였다(:375). 수도원주의의 궁극적인 하나의 목표는 "깨끗하게 살고 평화롭게 죽는 것"이었고(:452) 영혼을 동요시키고 괴롭히고 우울하게 하고 지치게 하고 취하게 하는 것들을 피하는 것이었다(:375).

이렇게 보면, 수도원주의가 중세 선교의 핵심수행자이자 유럽 사회를 개혁하는 주요 수단이었다는 주장은 터무니없게 들린다. 그런데 이것은 사실인 몇 가지 이유가 있다.

첫째, 일반인들이 수도사에게 대하여 가진 높은 존경심 때문이었다. 콘스탄틴 황제 시대가 시작되고 순교의 시련이 더 이상 없게 되자 금욕주의가 기독교 세계에서 순교가 가졌던 자리를 차지했다.

세 가지 유형의 순교가 있다고 했는데(8세기 Irish Cambrai Homily에서), 흰색 순교는 금욕주의를 가리키고, 녹색 순교는 뉘우침과 속죄, 적색 순교는 그리스도를 위한 전적인 고행을 의미했다(McNally 1978:110). 특히 수도사들은 타협이 없는 기독교인의 삶의 예표로 간주되었고, 기독교 도성의 벽을 수호하고 영적 적군들의 공격을 격퇴하는 사람들로 여겨졌다(Dawson 1950:48).

그러나 수도사들이 단지 금욕적이고 기이하기만 했다면 사람들의 감탄과 호응을 얻지 못했을 것이다.

둘째, 그들의 모범적인 생활양식이 심오한 영향을 미쳤는데 특히 농부들에게 그러했다. 그들의 행동은 켈트 수도사 콜럼반(Columban 543-615)의 말을 빌자면, "그리스도를 믿는다고 한다면 그리스도처럼 가난하고 겸손하게 살고 언제나 진리를 말해야 하는 것"이었다(Baker 1970:28). 수도사들은 가난하고 아주 어렵게 살았다. 그들은 밭을 갈고 울타리를 치고 늪에서 물을 빼내고 숲을 제거하고 목수일을 하고 짚더미를 쌓고 길을 만들고 다리를 만들었다.

"그들은 늪과 황무지, 덤불, 바위를 만났고 황야에 에덴을 만들었다"(Newman 1970:398).

세속 역사가들조차 그들 덕분에 유럽의 드넓은 땅이 농지가 되었다고 말한다(:399). 그들의 충실하고 끊임없는 노동을 통해 서유럽의 야만성이 변화되고 버려지고 침략으로 인해 텅 비었던 땅이 경작되었다. 더 중요한 것은 그들의 거룩한 노동과 가난을 통해 가난하고 무시받던 농부들의 마음이 고양되고 영감을 불어넣어주었고, 동시에 노예를 소유하는 사회의 제국을 지배하던 가치 질서를 혁신하였다.

셋째, 그들의 수도원들은 힘든 육체 노동의 중심지였을 뿐 아니라 문화와 교육의 중심지였다. 야만족들의 침입으로 인해 기존의 교육 기관들이 쑥밭이 된 이후, 옛 학습 전통이 수도원에서 피난처를 마련했다. 불안전과 무질서, 야만성의 시대에 수도원은 영적 질서와 도덕적 행위의 이상을 형성했는데, 곧 전 교회, 전 사회에 퍼졌다. 각각의 수도원은 건물, 교회, 작업장, 가게, 빈민구호소의 거대한 복합체였다(Dawson 1950:50, 55, 68). 하늘의 도성 시민들은 적극적으로 지상 도성의 평화와 선한 질서를 추고하고 있었다.

넷째, 말로 쉽게 표현하기 어렵지만, 수도원 운동이 중세 세계에 지속적인 인상을 남겼고 특히 농부들에게 그러했다. 수도사들의 인내와 끈기였다. 유럽은 계속 침입당했는데, 사라센족, 훈족, 롬바르드족, 타르타르족, 덴마크인들과 같은 야만족들이 전쟁에서 승리했다. 이들은 모두 의심하지 않던 농부들을 공격하고 수도원들을 파괴했다. 그러나 수도원주의는 특별한 탄력성과 회복력을 가졌다. 100개의 수도원 중 99개가 불에 타고 수도사들은 죽임을 당하고 쫓겨났다. 도우슨(Dawson)은 이렇게 말한다.

> 그러나 한 명의 생존자로부터 모든 전통이 재건될 수 있었고 황폐해진 곳들에 손상된 전통을 다시 일으키기 위해 수도사들이 새로이 들어 왔는데, 전임자들과 마찬가지로 같은 규칙을 따르고 같은 의례를 행하고 같은 책을 읽고 같은 생각을 했다(1950:72, Newman 1970:410).

수도사들은 일에는 시간이 필요하며, 즉각적인 만족과 신속한 교정에 대한 기대는 환상일 뿐임을 알았고, 한 세대에서 시작된 노력이 앞으로 몇 세대를 거칠 것이라고 생각했는데, 그들의 몫은 즉각적인 성공이 아니라 "오랜 시간과 힘이 드는 영성"이었기 때문이었다(Henry 1987:279).

이와 함께 그들은 세상을 실패한 것으로 단념하지 않았고 삶의 문제들에 대하여 완전한 답을 제시하려 하지 않았으며, 대신 지체하지 않고 인내하며 기쁨으

로, 마치 자연 질서로 복구되는 것처럼 재건하려고 했다(Newman 1970:411).[6]

이러한 모든 태도와 행위들은 본질적으로 선교였다. 달리 말하면(Newbigin 1958:21, 43; Gensichen 1971:80-95), 수도원 공동체들이 의도적으로 선교적인 것은 아니었다 할지라도(선교를 위해 만들어진 것은 아닐지라도), 선교적 차원이 스며들어 있었다. 의식하지 못했든, 의도하지 않았든 간에 수도원의 행동은 철저하게 선교적이었다. 한편 점차적으로 내재적인 선교 차원이 외적인 선교 노력으로 번지기 시작했다.

이 점을 설명하기 위해, 먼저 아일랜드 캘트 수도원주의를 살펴보아야 한다(McNally 1978:91-115). 비잔틴 제국의 쇠퇴 이후에 수도원 학습과 교육 전통을 만드는 데 가장 큰 공로를 세운 사람들이 바로 아일랜드 수도사들이다(Dawson 1950:58). 특히 콜럼반(Columban 543-615)은 후기 메로빙거 왕조 시대의 수도원 주의에 새로운 활기를 불어넣었는데, 7세기의 위대한 수도원 창설자들은 대부분 그의 제자들이거나 영향을 입은 사람들이었다(:63).

그러나 아주 먼 지역에까지 수도원이 세워졌는데(아일랜드 수도원은 아일랜드 서

---

6 아래에서 주장하겠지만 내가 열거한 특질들을 나타낸 사람들은 특히 베네딕트 수도사들이었다. 그들의 변함없는 희생적인 봉사와 헌신과 덕은 사회를 재창조하고 기독교 문명을 형성하는 과업을 위해 그들을 준비시켰다. 일이 시간이 걸리고 우리가 시작한 것을 신실하게 끈기 있게 지속해야 한다는 인식과 더불어, 특히 우리 시대가 본받을 가치가 있는 모범을 제공한다. 알라스데어 맥킨타이어(Alasdair MacIntyre)는 『덕을 좇아서』(After Virtue, London:Duckworth, 1981)라는 제목의 저서에서 현 사회의 병폐를 통찰력있게 분석하고 있는데, 결과와 관계없이 덕이 실천되어야 하며, 어떤 보상이 올지 불확실한 상황에서도 관계없이 덕을 실천해야 한다고 주장한다(:185). 이것은 베네딕트 수도사들의 덕에 대한 관점과 일치한다. 맥킨타이어는 책의 마지막 부분에서 중세기 동안에 수도원이 유럽에 미친 영향을 언급하는데, 새로운 형태의 공동체들이 건설되어서 그 안에서 도덕적 삶이 유지되고 도덕성과 예절이 다가오는 야만성과 흑암을 견딜 수 있게 한다고 주장한다(:244). 우리 시대에 대하여 그는 "이 단계에서 중요한 것은 이미 우리에게 임한 새로운 어두운 시대 속에서 예의와 지적 도덕적 삶이 유지될 수 있게 하는 지역적 형태의 공동체가 건설되어야 한다는 것이다. 그리고 덕의 전통이 최후의 흑암의 시대들의 공포를 견딜 수 있다면 우리에게 희망의 여지가 전혀 없지 않다. 그러나 이 시대는 야만인들이 국경 너머에서 기다리고 있는 것이 아니라, 얼마 동안 이미 우리를 지배해 왔다. 그리고 우리의 현재의 곤경은 부분적으로 이러한 것을 의식하지 못하기 때문이다. 우리는 고도(Godot)가 아닌 다른 사람, 의심의 여지없이 아주 다른 사람, 성 베네딕트(St Benedict)를 기다리고 있다"(:245).

해안의 스켈리그 마이클[Skellig Michael]로부터 유럽 대륙을 가로질러 러시아의 키에브까지 이르렀다) 아일랜드 사람들이 멀리 다니기 좋아하는 성향이 있어서이기도 했다.

기독교권에서 이러한 방랑 성향은 새로운 성격을 띠었는데, 우선, 금욕적인 노숙이었다. 수도사들은 먼 곳으로의 여행을 감행했는데, 속죄의 일부로 자기 자신의 구원을 위해서였다. 아일랜드 수도원주의는 영국의 수도원주의보다 더 금욕적이고 타협하지 않는 정신을 보여주었는데, 순례(peregrinatio)는 극도의 포기의 방식이 되었다. 그러나 순례와 선교가 모두 영적 완전에 존속되었을지라도 순례는 여행 중 만나는 사람들을 돕는 것을 포함되었고, 순례 개념은 줄곧 선교 개념과 병합되었다(Walker 1970:42; Rosekranz 1977:93, 102; Prinz 1978:451-460).

베네딕트 수도원주의는 종말론의 강조, 도덕성의 강조, 영적 완전에 대한 관심이라는 면에서 켈트 수도원주의와 유사했다. 그러나 『성 베네딕트의 규칙』(the Rule of St Benedict)은 훨씬 현실적이었으며, 시간이 흐름에 따라 켈트 수도사 콜럼반의 보다 금욕적인 규칙을 대치했다.

베네딕트(Benedict, 480-547) 역시 그리스도인의 삶이 하나님의 이름을 광대하게 하는 데에 있어야 함을 크게 강조하였다. 육체 노동은 기도와 마찬가지로 종교적인 사역이고, 모든 것은 U.I.O.G.D에 속했다(Ut in omnibus glorificetur Deus, 모든 것을 통해 하나님이 영광 받으신다).

"성 베네딕트에게 노동은 결코 그 자체가 목적이 아니다. 그것은 삶의 모든 숭고한 목적에 맞아야 하는데, '주님의 봉사'를 통해 순종을 통해 하나님에게 이르는 것이다"(Heufelder 1983:211).

"하나님만을 기쁘게 하는 것"(soli Deo placere)은 하나님 안에서 자연스럽게(velut naturaliter) 살았던 탁월한 이 인물의 열렬한 소원이었다(:214, 215).

"하나님에게로 도달하는 것"은 12개의 연속적인 "비하의 단계"로 발전했고 (Heufelder 1983:51-150), 『성 베네딕트의 규칙』(Rule)의 목적은 수도사들이 다음에 도달하도록 돕는 것이었다.

그동안 두려움으로 지켜왔던 수칙들을 더 이상 지옥의 두려움이 아니라 그리스도의 사랑 때문에 그리고 좋은 습관과 미덕을 기뻐함으로 인해 이제는 힘들이지 않고 자연스럽게 지키기 시작한다. 수도사가 완전하여 두려움을 쫓는 하는 하나님의 사랑에 이르게 한다.

『성 베네딕트의 규칙』은 심오하게 영적이면서 동시에 아주 실제적이었기 때문에 "교회가 아는 한 정의, 연합, 갱신을 가장 효과적으로 결합한 것들 중의 하나였다(Henry 1987:274). 베네딕트 수도원은 진정으로 "주님의 봉사를 위한 학교"가 되었다. 6세기 이상 이 수도원들은 다른 모든 수도원들이 따르는 모델이었고, 오늘날까지도 지대한 영향을 미치고 있다. 부패로부터 자유하고 예배를 산란케 하는 것으로부터 자유한 삶을 추구함으로 인해 온전함을 얻는 것이다.

베네딕트는 지대하고 지속적인 영향을 미치는 전통을 소개했다. 베네딕트 수도원주의의 탁월성과 지속적인 공헌을 19세기의 뉴만(Newman) 추기경만큼 잘 표현한 사람은 없는데, 다음과 같이 말했다.

성 베네딕트는 물질적으로 사회적으로 폐허가 된 세상을 보았고 그의 선교는 그 세상을 회복시키는 것이었는데, 과학의 방법이 아니라 자연적 방식에 의한 것이고, 정해 놓은 시간에 하는 것이 아니고, 희귀한 방식이나 일련의 타격에 의한 것도 아니며, 아주 조용하게 인내하며 점차적으로 일이 끝날 때까지, 일이 진행되고 있는 것처럼 보이지 않는 방식으로 했다. 그것은 감찰이나 교정, 개조라기보다는 회복이었다. 그가 만들려 했던 새 세계는 조직이라기보다는 성장이었다. 조용한 남자들이 나라 곳곳에 있었는데, 숲 속에서 땅을 파고 치우며 세우고 있었고, 또 다른 조용한 남자들은 추운 수도원에 앉아 고단한 눈으로 집중하며 사본을 베끼고 또 베끼고 있었다. "다투거나 우는" 사람이 없었고 신경을 다른데 쓰는 사람이 없었다. 점차로 나무 습지가 은둔처, 종교적인 집, 농장, 수도원, 마을, 신학원, 학교와 도시가 되었다. 도로와 다리들이 수도원들과 도시들을 연결했다. 오만한 알라리크인들(Alaric)과 사나운 아틸라인들(Attila)이 산산이 깨뜨린 것들을 조용히 인내하며 묵상하는 남자들이 함께 모으고 다시 살아나게 했다(Newman 1970:410).

이것은 처음 보기에는 선교와 관련이 없는 것처럼 보인다. 그러나 깊은 관련이 있다. 베네딕트 수도원들의 생애와 사역은 면밀히 보면 철저하게 선교적이었다. "선교적 차원"이 수도사들이 하는 모든 것에 스며들어 있었다. 그러므로 베네딕트 계통의 사람들이 명백한 선교 사업에 참여한 것이 놀랄 일이 되지 않으며 심지어는 켈트 수도사들보다 더 의미심장한 방식으로 했다.

그레고리 대제 자신이 베네딕트 수도사였는데, 그는 "해외선교"를 계획하여 이탈리아의 베네딕트 수도원주의 심장부로부터 영국의 켄트(Kent) 왕국으로 수도사 어거스틴을 보내서 이교도 영국인들 중에 선교 사역을 시작했다. 어거스틴이 켄터베리(Canterbury)에 도착한 백 년 안에 교회가 영국에 굳건하게 세워졌는데 베네딕트 선교 사업때문 만이 아니라, 순례하는 켈트 선교사들 때문이기도 했다 (Schäferdiek 1978:178).

후에 베네딕트 수도사들과 켈트 수도사들 간에 선교 전통의 충돌이 노텀브리아(Northumbria)에서 일어났다. 두 전통 간의 만남이 서구 문화에 가장 깊고도 가장 지속적인 영향을 미쳤다(Dawson 1950:63-66). 두 수도원 문화의 만남으로부터 (베네딕트 전통이 더 오래 지속되었다) 크레디톤(Crediton)의 선교 수도사인 보니페이스(Boniface)가 나왔는데, "독일의 사도"라는 별칭이 붙여졌고 "당시 어떤 영국인보다도 유럽의 역사에 더 큰 영향을 끼친 사람"으로, "가장 위대한 영국인"(책 제목, Reuter 1980)으로 평가되었다.

보니페이스가 프라시아(Frasia)로 첫 번째 여행을 떠났을 때 누군가가 보내서 간 것이 아니었다. 그것은 순전히 개인적인 일이었고 선교를 위한 내적인 부르심에 대한 반응이었다(Talbot 1970:45). 그리고 그 혼자만이 아니었다. 윌리브로드(Willibrod), 피르민(Pirmin), 요크 지방의 알퀸(Alcuin)과 같은 앵글로색슨 수도사들이 보니페이스보다 앞서 혹은 뒤이어 유럽 대륙을 갔다(Löwe 1978:192-226). 그들은 모두 자신만의 구원을 위해 수도원에 남아서는 안되고 다른 사람들을 구원하고 섬겨야 한다는 분명한 확신을 가지고 있었다.

켈트 수도사들에게 설교와 선교는 참회를 위해 집을 멀리 떠나는 방랑의 부산물, 계획에 없던 부산물이었다. 그러나 앵글로 색슨인들에게 순례(peregrinatio)는 선교를 위해 감행되었다(Rosenkranz 1977:102). 그들의 여행은 참회나 개인적 완전을 위해 발동된 것이 아니었고 이교도들에게 복음을 전하여 교회의 품 안에 들어오게 하자는 시도였을 뿐이었다. 보니페이스가 라인강 동쪽의 광대한 지방에 가서 무한한 수고를 한 것은 바로 이러한 비전 때문이었다(Reuter 1980:71-94).

앵글로색슨 수도원주의가 아일랜드 수도원주의와 크게 달랐던 또 다른 면이 있다. 후자는 덜 "교회적"이었다. 아일랜드에서는 권위의 원천은 주교가 아니라 수도원장이었다. 사실 주교는 수도원 공동체의 소속원이었다. 이에 반하여 앵글로 색슨 수도원주의와 선교는 뚜렷하게 교회적이었다.

보니페이스는 윈체스터(Winchester)의 주교 다니엘의 축복과 지원 속에 독일로 갔었고 본국 교회와 관계를 계속 유지했다(Löwe 1978:217). 더욱이 그는 로마 교황의 후원을 확보했고 사역 후반기에는 자신의 선교 사도직을 통해 가톨릭교회를 확장했을 뿐 아니라, 교황의 위임을 받은 대리인으로서 프랑크(the Frankish) 교회를 개혁하고 재조직할 수 있었다(Reuter 1980:76-86).

보니페이스의 본을 따라 다른 앵글로 색슨 선교사들이 나갔는데, 교황의 사절단으로서 행동했고 구원을 보장하는 유일한 교회로 새로운 개종자들을 합류시키는 임무를 수행했다(Rosekranz 1977:102).

로제크렌즈(Rosekranz)는 켈트인들과 앵글로색슨인들을 이렇게 구별한다.

> 아일랜드인들은 순회설교자로 시작하여 선교사가 되었고, 앵글로색슨인들은 선교사로 시작하여 교회조직자들이 되었다(103).

이 장의 서두에서 내가 중세 선교 패러다임의 힘이라고 언급한 것이 바로 앵글로색슨 선교사들과 또한 베네딕트와 그 후대 수도원 전통이라는 사역을 가리킨다. 이것은 베네딕트와 켈트 수도사들만 해당하는 것이 아니라 레이몬드 룰(Raymond Lull 1232-1316)과 같은 프란시스 수도사들도 해당하는데, 그는 이슬람교도들에게 대하여 당시 십자군 운동가들과는 전혀 다른 태도를 취했다.

스페인 정복시대 동안의 안토니오 드 몬테시노스(Antonio de Montesinos)와 바돌로메 드 라스카사스(Bartholomé de Las Casas)같은 선교사들 역시 해당한다. 이 두 사제와 이름 모르는 다른 사제들은 정복자들로부터 무참한 억압과 착취를 당한 라틴 아메리카 인디언들의 영웅이었다. 비기독교인들에 대한 군사정복에 맞서 라스카사스는 영적정복(conquista espiritual)이라는 개념을 도입했다. 그는 스페인 정복자들의 잔혹으로부터 인디언 개종자들을 보호하기 위해 선교사들만이 입장이 허용되는 은신처에 그들을 맞아들였다.

8. 중세 패러다임: 평가

앞 장(chapter)에서 나는 헬라교부들의 선교 패러다임을 대표하는 성경 구절이 요한복음 3:16이라고 했었다. 누군가는 중세 로마가톨릭의 선교 패러다임이 내연적이든 외적이든 "강제로 들어오게 하라"(눅 14:23)라는 구절에 근거한다고 주장할지 모른다. 우리는 이 구절을 어거스틴이 도나투스파와 논쟁하는 데서 처음으로 만나는데, 어거스틴은 도나투스파가 가톨릭 진영을 돌아오도록 강제해야 한다고 했다(Erdmann 1977:9; Kahl 1978:55).

중세 기간 동안 이 구절은 이교도들과 유대인들을 강제로 개종시키는 것을 가리켜 사용되었다. 누가복음 14:23을 직접적으로 언급하지 않더라도 그러한 생각이 유포되어 있었다(Rosenkranz 1977:118).

이러한 선교 정신이 여러 세기 동안 지속되었는데, 16세기까지 그러했고 라스카사스의 반대자들은 그의 온화하고 강제성없는 선교 방식과 관련하여 누가복음 14:23을 해석하라고 요구했다. "강제로 들어오게 하라"(Compellere intrare)에 대하여 힘이 아니라 설득을 가리킨다고 응답했다. 인디언들은 신앙을 받아들이라는 말씀의 선포에 의해 감화되어야 하며, 속담처럼 총구로 해서는 안된다고 했다(Rosenkranz 1977:184).

이후 세기에서 누가복음 14:23을 직접적으로 언급하지 않게 되었으나 그러한 정서는 20세기까지도 존속했고 몇몇 선교사 회칙에도 남았다. 로마가톨릭교회의 공식회원이 되지 않으면 구원이 없다고 하는 한, 이 교회에 합류하는 것이 사람들에게 영원한 이익이 되는 것이었다.

이 장에서 다루는 시대는 교회가 중요한 변화를 많이 겪은 시기였다. 작고 핍박받는 소수로부터 크고 영향이 있는 조직으로 옮겨갔다. 교회는 괴로움을 받는 분파에서 분파들을 억압하는 자로 변했다. 기독교와 유대교 간의 모든 연결이 단절되었다. 왕좌와 제단 사이의 긴밀한 관계가 발전되었다. 교회의 일원이 되는 것은 정해진 일이었고 신자의 직분이 거의 잊혀졌다. 신조가 제정되고 최종이 되었다. 교회는 그리스도의 재림의 긴 연장에 적응했다. 초기 교회의 묵시적 선교 운동은 기독교 왕국 확장에 굴복했다(Boerwinkel 1974:54-64).

어거스틴은 이러한 패러다임의 시작을 형성했고 토마스 아퀴나스(Thomas Aquinas)가 정점을 이루었다(Küng 1987:258). 아퀴나스는 자신의 신학에서 모든 사람들과 만물을 하늘에 두고 지상에는 한 곳만을 두었으며 그렇게 하여 전체가 완전한 통합을 이루고 빈틈이 없게 했다.

열쇠는 이중구조에 있었는데, 지식과 존재, 자연과 초자연, 이성과 믿음, 자연과 은혜, 국가와 교회, 철학과 신학이라는 이중구조였고 각쌍의 앞의 것은 자연에 기초하고, 뒤의 것인 초자연에 대하여 "2차적 차원"이었다. 이러한 사고틀은 고중세 시대 동안에 선교 이해의 발전에 도장을 찍었는데, 여러 위기를 거치면서도 20세기에 이르기까지 본질적으로 거의 그대로였다. 16세기 이래로 이것은 유럽이 비서구 세계를 식민지화하는 상황에서도 확연했다.

우리의 평가가 부정적일 뿐일 필요는 없다.

기독교 문명을 만들고 법을 성경적 가르침과 일치하게 하고 왕과 황제들에게 기독교 제자도를 명백하게 지키도록 하는 것이 잘못인가?(Newbigin 1986:129)

우리가 이 장에서 탐구하고 있는 선교 패러다임이 어두운 부분이 있는 것은 의심할 여지가 없지만 긍정적인 기여도 역시 있다. 그리고 우리는 콘스탄틴 황제의 승리 이후 일이 그렇게 되어갔고, 특정 상황에서 불가피했다는 점을 기억할 필요가 있다. 그러므로 우리는 우리의 영적 선조들을 거침없이 비판하지만 그들보다 우리가 그리 잘한 것이 없다는 점을 상기해야 한다.

앞 장의 끝에서 나는 헬라의 교부 선교 패러다임이 오늘날까지 크게 변함이 없다고 암시했다. 중세 로마가톨릭 패러다임은 그렇지 않다. 특히 지난 3세기 동안 로마가톨릭 선교 이해는 심오한 변화를 겪었다. 촉매가 된 사건은 제2차 바티칸공의회(1962-1965)였는데, 스트란스키(Stransky)가 다음과 같이 말한 것은 옳다.

> 다른 세계 어느 교회나 국제적인 고백 공동체도 로마가톨릭교회가 제2차 바티칸공의회 4년 동안 한 것만큼 강렬하게 의식과 양심을 점검한 바가 없다… 각각의 가톨릭 신자들과 가톨릭교회들은 바티칸공의회의 명백한 신학적, 목회적, 선교적 요구를 내면화하고 실행하도록 갑자기 요구받았다. 지나고 보니 너무 많은 것이 너무 순식간에 너무나 많은 사람들에게 닥쳐 온 것이다(1982:344).

물론 모든 것이 별안간 발생하지는 않는다. 중세 로마가톨릭 패러다임은 이제 두 가지 패러다임에 의해 계승되는데, 개신교 개혁 패러다임과 계몽주의 패러다임이다. 다음의 두 장에서 이를 다룰 것이다. 그러나 여러 세기 동안 가톨릭 패러다임은 이 두 패러다임에 의해 약간만 영향을 입었을 뿐이었다. 그래서 한스 큉(Hans Küng 1984:23)은 제2차 바티칸공의회가 하나만이 아니라 두 개의 패러다임을 동시에 소화해야 했다고 말한 것이다.

개신교인들은 로마는 영원히 그대로 일 것이다(*Roma semper eadem est*)라고 말하곤 한다. 교황 요한이 제2차 바티칸공의회를 소집한 이래로 가톨릭에서 일어난 일들을 볼 때 이러한 말은 타당성을 잃은 듯하다. 현재의 로마가톨릭의 선교 패러다임은 전통적인 패러다임과 근본적으로 다르다. 11장과 12장에서 이 점을 좀 더 언급할 것이다.

제8장 개신교 종교개혁 선교 패러다임

1. 새로운 운동의 성격

로마가톨릭 패러다임은 중세기 후반에 위기를 겪었다. 변화의 세력이 새시대의 도래를 알렸다(Oberman 1983:119-126; 1986:1-17). 새로운 패러다임을 소개하는 데 촉매가 된 사람은 마틴 루터(Martin Luther, 1483-1546)였다.[1]

자신의 삶과 자신이 성장했던 당시의 분위기와 자신이 공부했던 곳이 어울어져서 가톨릭교회와 운명적인 분리를 하게 되었다. 이러한 사건들 속에는 에르푸르트대학교(Univeristy of Erfurt)에서 융성했던 윌리엄 오캄(William Occam)의 유명론 학파에 그가 밀착되어 있었던 사실(한편 그는 유명론을 아주 비판한 사람이었다. Gerrish 1962:49-113), 1505년의 끔찍한 번개의 결정적 역할, 어거스틴 수도사가 되기로 한 그의 결정, 그의 선생들의 역할, 그 자신의 신학적 성경적 연구가 포함되어 있었다(Oberman 1983:126-138; 1986:52-80).

---

[1] 개신교인들은 지난 중세를 신학적으로 도덕적으로 부패의 관점에서만 보는 경향이 있다. 이것은 분명히 위험하고 지나친 단순화이다. 오버만(H. Oberman)의 『중세 신학의 추수』(*The Harvest of Medieval Theology*, [Grand Rapids: Eerdmans, 1967], revised edition)를 예로 들어보자. 오버만은 "중세 후기의 특징은 자연과 은혜에 관한 어거스틴의 저작들에 대한 해석과 긴밀히 연관된, 칭의의 교리에 대한 생생하고 때로는 격렬한 논의였다"(427). 이러한 관점에서 어떤 사람들은 개신교 종교개혁 패러다임을 더 넓은 "서구 기독교" 패러다임의 하나의 부수물, 중세기의 하나의 중요한 장이지 본질적으로 새 것이 아니라고 주장한다. 그러나 나는 종교개혁 패러다임이 그 자체로서 하나의 신학적 모델이며 스콜라주의 및 오캄(Occam)과 같은 사람들의 명목론(*via moderna*)과 단절된 것으로 보는 것이 타당하다고 믿는다(Gerrish 1962 참조).

1505년 이후 루터가 어거스틴 수도회의 일원이 되었을지라도 어거스틴의 저술이 당시에 어거스틴 탁발 수도회에서 어떤 역할도 하지 않았다. 루터는 수도회에 들어간 몇 년 후에서야 어거스틴의 저술을 우연히 대하게 되었다. 이로 인해 그는 스콜라 철학의 체계와 철저하게 헤어지고 따라서 스콜라 철학이 성경과 교회 해석에 있어서 의존했던 아리스토텔레스 철학과도 헤어졌다.

루터는 어거스틴과 더불어 아리스토텔레스를 반대했지만 어거스틴의 신플라톤주의에 굴복하지 않았다. 루터가 어거스틴에게 감명을 받은 것은 교부들의 성경에 대한 신학적 접근 때문이었다(Gerrish 1962:138-152; Oberman 1983:169). 그러므로 그는 "아리스토텔레스와 신학의 관계는 그늘과 빛의 관계와 같다"라고 말할 수 있었다.

아리스토텔레스와의 결별은 토마스 아퀴나스의 이층적 신학 체계와의 결별을 뜻했는데, 믿음, 은혜, 교회, 신학이 상층이고, 이성, 자연, 국가, 철학이 하층을 이루는 신학 체계와의 결별이었다. 이와 같은 훌륭한 통합이 믿음과 이성(혹은 은혜와 이성, Gerrish 1962), 교회와 세상, 신학과 철학, 신성(*Christianum*)과 인성(*humanum*)간의 긴장 강조, 때로는 대립에 대한 강조로 대치되었다. 이러한 긴장은 개신교의 특징이었고 루터 이래로 아주 다양한 형태로 나타났다(Küng 1987:224, 230).

어거스틴은 5세기에 바울을 재발견했다. 루터는 바울을 16세기에 재발견했다. 그리고 그는 바울신학의 추진력을 로마서 1:16 복음을 "모든 믿는 자에게 구원을 주시는 하나님의 능력"으로 기술한 데서 찾았고, 보다 구체적으로 다음 구절에서 "복음에는 하나님의 의가 나타나서 믿음으로 믿음에 이르게 하나니 기록된바 오직 의인은 믿음으로 말미암아 살리라"라고 한 것을 근거로 하였다.

헬라 교부 시대의 "선교 본문"이 요한복음 3:16 " 하나님이 세상을 이처럼 사랑하사 독생자를 주셨으니 이는 저를 믿는 자마다 영생을 얻게 하려하심이니라"이었고, 중세 가톨릭의 경우 누가복음 14:23 "사람을 강권하여….내 집을 채우라"이었다면, 로마서 1:16 "이 복음은 모든 믿는 자에게 구원을 주시는 하나님의 능력이 됨이라"는 개신교 신학 패러다임의 "선교 본문"이다.

이 본문과 그 중요성의 "재발견"은 루터가 점진적으로 얻는 것이었다. 그의 신학적 연구와, 특히 어거스틴 수도회에서 그가 보낸 시간은 자기 고행과 끝없는 선행을 통해 하나님의 분노를 가라앉혀야 한다는 확신을 불어 넣었다.

수년이 지난 후에야 루터는 하나님의 의는 하나님의 의로운 심판과 저주를 뜻하는 것이 아니라 은혜와 자비의 선물을 뜻한다는 것을 깨달았는데, 이는 개인이 믿음으로 적용하는 것이다(Oberman 1983:135-138, 172-174).

우리는 루터의 전체 신학을 이와 같은 단 하나의 "발견"으로 축소시키지는 않는다. 1513년에서 1519년까지 그는 일련의 신학적인 돌파를 이루었다. 여전히 로마서 1:16에 대한 그의 재해석이 기본이었고 그의 전 생애와 신학의 초석이자 초점이었다(:175). 그는 하나님이 가엾고 불쌍한 자신을 자비롭게 무상으로 받아들인 사실에 놀라지 않을 수 없었다. 그가 임종 시에 남긴 말은 "우리는 거지일 뿐이다. 이것은 진실이다"였다.

첫째, 종교개혁이 중세 가톨릭 패러다임과 완전히 결별했다는 주장은 옳지 않다. 개신교의 몇몇 요소들은 사실 가톨릭 모델의 연속이었고 새로운 형태이더라도 그러했다. 한 가지 예를 들자면, 가톨릭과 마찬가지로 개신교 역시 정확한 교리의 정립을 강조했다. 종교개혁 신조들을 일절 변동이 없이 고수하는 것이 중요했고, 시대 장소를 막론하고 완전히 타당하며 정통하다고 생각되는 사람들만을 포함하고 다른 집단들은 배제했으며, 미래의 어떤 교리적인 발전의 가능성도 상정하지 않았다.

둘째, 재세례파를 제외하고 종교개혁은 교회와 국가 간의 관계에 대한 중세적 이해와 실제로 결별하지 않았다. 콘스탄틴 황제 이래 "기독교" 국가라는 개념, 그리고 교회와 국가 간의 상호의존과 협력은 당연시되었다. 가톨릭 통치자들은 곧 자신들의 지배력을 유럽의 일부 지역에서 잃고 대신 루터파와 개혁파, 성공회 왕들과 왕자들이 다스리게 되었다. 유일한 차이점은 "교황 교회에 의한 절대 권력의 행사가 잘못이므로 교황권을 반대하는 사람들의 권력 행사가 옳다"고 개신교인들이 생각한 듯하다는 것이었다(Niebuhr 1959:29).

어떤 기독교계가 특정 지역에서 최고여야 하는지를 가리기 위해 "종교" 전쟁이 수행되었다. "옥스버그 평화협정"(the Peace of Augsburg, 1555)과 "웨스트팔리아 평화협정"(the Peace of Westphaila, 1648)으로 해결이 되었는데, 유명한 규칙 "통치자의 종교를 따른다"가 반포되고 외적인 적대는 종료되었다.

개신교 종교개혁이 선교 이해에 기여한 것을 이해하려면 가톨릭 패러다임과의 차이를 보는 것이 중요하다. "개신교 선교신학"의 다섯 가지 특징을 기술하고자 하는데, 이것들은 루터파, 칼빈파, 쯔빙글리파, 재세례파를 포함하여 16세기 개신교에서 모두 나타난다.

1) 개신교 종교개혁에 있어서 믿음으로 인한 칭의라는 조항이 신학의 출발점이라는 점은 논란의 여지가 없다.

이것은 교회가 서고 쓰러지는 근거(*articulus stantis et cadentis ecclesiae*)가 되는 조항이다. 이 조항은 종교개혁의 기본 확신을 표현하는데, 하나님과 피조물 사이에는 확연한 거리가 있지만 하나님은 자신의 주권과 은혜(*sola gratia*)로 주도적으로 인간을 용서하고 의롭게 하며 구원한다.

이것을 강조하는 것은 이러한 확신이 오늘날의 가톨릭에 부재하기 때문은 아니다. 오히려 "습관적으로 믿어오던 것이 긴급한 확신의 문제가 된 것이다. 고대의 것으로 가르쳐오고 교리로 인정되던 것이 생생한 경험으로 인식된 것이다. 여러 진리들 중에 하나였던 것이 가장 중요한 진리가 된 것이다"(Niebuhr 1959:18).

그리하여 칭의의 교리는 다른 모든 교리들이 의존하는 하나의 교리가 되었다(Beinert 1983:208). 종교개혁자들의 출발점은 사람들이 자신들의 구원을 위해 할 수 있고 해야 할 것에 대한 것이 아니라 하나님이 그리스도 안에서 이미 하신 일에 있다.

2) 핵심인 칭의와 긴밀히 연관된 관점은 바로 타락의 시각에서 사람들을 보아야 하며 모두 잃어버린 자이며 자신들의 조건에 대하여 아무 것도 할 수 없는 자들이라는 것이다.

종교개혁은 아퀴나스가 인간 이성이 건전하고 신뢰할만하다고 한 것에 반대했다. 인간 이성은 철저하게 타락했고 오류를 일으키기 쉽다는 것이다. 세상은 악하므로 사람들은 불 속에서 나뭇가지 건지듯이 세상에서 속히 건져야 한다. 사람들은 회개에 이르고 무거운 죄의 짐에서 풀려나기 위해 자신들의 상실된 처지를 의식해야 한다.

가톨릭 신앙은 개인들의 많은(복수) 죄를 강조하는 반면, 개신교는 죄(단수)와 인간의 본질적 죄성을 강조했다(Gründel 1983:120). 모든 종교개혁자들이 공유했던 이러한 인간 본성의 문제를 재세례파에서는 더욱 강조했다.

3) 종교개혁은 구원의 주관적 차원을 강조했다.

토마스 아퀴나스의 신학은 여전히 이성적 과학(*scientia argumentativa*)이었다. 루터에게는 이것은 불가능한 접근이었다. 하나님은 그저 하나님 자신으로만 간주되어서는 안되었다(*Gott an sich*). 그는 나를 위한 하나님, 우리를 위한 하나님, 그리스도를 위한 하나님이고, 우리를 은혜로 의롭게 한 하나님이다(Beinert 1983:207; Pfürtner 1984:174).

루터의 개인적 삶과 그의 실존적 질문 "어디서 자비의 하나님을 발견할 수 있는가?"가 여기서 중요한 역할을 했는데, 또한 중세 후반에 개인이 집단으로부터 출현하기 시작한 것이 작용했다. 종교개혁은 이러한 발전을 "신학화"했다. 구원에 관한 질문이 각 개인의 중요한 질문이 되었다.

이러한 강조는 결코 사라지지 않을 것이었는데, 수 천의 형태로 신자들은 성령에 의한 새로운 탄생이라는 개인적이고 주관적인 경험을 강조했고, 더불어서 집단보다는 개인의 책임을 강조했다(Pfürtner 1984:181).

4) 개인의 역할과 책임에 대한 강조는 모든 신자들의 제사장직의 재발견을 초래했다(Holl 1928:238; Gensichen 1960:123).

신자들은 하나님과 직접적인 관계 안에 있게 되었고, 이러한 관계는 교회로부터 독립적이었다. 루터 자신의 관점과 재세례파의 모든 신자의 제사장직 관점에 따라 루터는 직책에 대하여 보다 엄격한 입장을 취했는데, 지리적으로 규정된 교구와 연결되어 있지 않은 어떤 직책도 그 타당성을 거부했고 비영토적인 특별한 교회 직책을 정당화하려는 목적으로 "대위임령"에 호소하는 것을 반대했다(Schick 1943:15-17).

그렇게 했을지라도 모든 신자들의 제사장직이라는 개념을 재도입함으로써 오늘날까지 지속되고 있는 취소될 수 없는 개신교의 한 특성을 수립한 것이다.

5) "개신교 사상"은 성경 중심이라는 표현에서 발견된다.

말씀이 형상(image)보다 그리고 귀가 눈보다 더 우선임을 뜻했다(*inter alia*). 성례는 크게 감소했는데 특히 칼빈주의 전통에서 그러했고 설교에 부차적이었다. 사실 칼빈에게 성례는 또 하나의 말씀, 곧 "보이는 말씀"(*verbum visible*)이었다. 많은 개신교 교회에서 전례의 위상이 재조정되었는데, 제단(성찬 탁자)이 강단에게 자리를 내주었는데, 강단이 중심이 되었다.

이와 같은 다섯 개의 개신교의 주요 특성들은 선교 이해와 발전에 중요한 영향을 끼쳤는데, 긍정적인 측면과 부정적인 측면이 모두 있었다.

첫 번째 특성인 믿음에 의한 칭의는 선교에 참여해야 한다는 긴급한 동기가 될 수 있었지만 또한 선교 노력을 마비시키기도 하였다. 주권이 하나님에게 있으므로 하나님이 주권적으로 구원받을 자를 선택하고 따라서 사람들을 구원하고자 하는 인간의 어떤 노력도 신성모독이 될 뿐이라는 것이었다.

다른 한편 타락이라는 관점에서만 인간을 보는 것은 하나님의 주권 개념을 보호하고 선교를 철저하게 하나님 자신의 사역으로 확증하는 것이었다. 그러나 인간의 타락에 집착하는 것은 인간성에 대하여 염세적인 관점으로 흘러서 운명론적으로 인간을 단지 체스판 위의 졸병 정도로만 간주하는 경향이 있게 되었다. 이것은 묵인과 비참여라는 결과로 가게 되는데, 실재를 변화시키기 위해 인간이 할 수 있는 것은 아무것도 없기 때문이었다.

구원의 주관적 측면을 강조하는 것은 개인의 가치라는 개념을 촉진시켰는데 전체를 위해 개인이 희생되었던 중세와 비교하면 가장 중요한 소득이었다. 동시에 개인에 대한 과도한 강조는 개인을 집단에서 떼어놓게 되었는데, 인간이 공동체 속의 존재라는 의식을 파괴하였다.

모든 신자의 제사장직을 천명한 것은 모든 그리스도인들에게 소명이 있고 하나님을 섬길 책임이 있으며, 세상 속에서 하나님의 사역에 적극적으로 참여해야 한다는 개념을 재소개한 것이었다. 따라서 "일반 신자"로서 "연소자," 교회의 사역을 받는 미성숙한 "대상"이라는 개념을 청산하였다. 동시에 그 안에 분열주의가 싹텄는데, 신자들이 서로 하나님의 뜻을 다르게 해석하고 교회의 교도권이 부재하여 각자 제 길로 간 것이었다(Oberman 1986:285). 어떤 면에서 보면 개신교에서 분리된 교회가 늘어난 것은 만인 제사장직 원리 때문이라고도 할 수 있다.

삶의 안내서로서 성경 중심주의는 모든 신앙과 삶의 문제가 교황과 공의회의 통치를 받아야 한다는 관점을 극복한 진일보였다. 동시에 그것은 로마 교황을 대체하는 "종이 교황"이라는 새로운 장을 열었는데, 중세보다 결코 발전한 것은 아니었다. 때로 성경은 실체화되었고 그 자체로서 움직이는 듯 여겨졌다.

이와 관련하여 종교개혁자들이 아직 성경무오설을 가르치지 않았다는 점을 명심해야 한다. 오히려 그들은 성경이 강조하는 대의(the cause)에 관심이 있었다(Küng 1987:71). 루터는 "창조자가 피조물과 다른 것처럼 하나님과 성경은 두 개의 다른 실체이다"라고 말했다(Oberman 1983:234-239).

종교개혁자 자신들이 아니라 루터파와 개혁 정통주의파가 성경의 "교리적 통일성"이라는 개념을 퍼뜨렸는데, 모든 성경 가르침으로부터 하나의 교리 체계를 끌어낼 수 있다고 본 것이다(Küng 1987:92). 이것은 성경의 축자영감설 교리를 낳았고 개신교 많은 교파들에서 수용하고 있다.

한스 큉(Hans Küng 1987:72)은 이에 대하여 다음과 같이 말한다.

> 성경주의는 개신교 신학에 영구적인 위험으로 남았다. 이리하여 믿음의 진정한 토대는 더 이상 기독교 메시지나 선포된 그리스도 자신이 아니라 무오한 성경 말씀이다. 많은 가톨릭인들이 "자신들"의 교회와 "자신들"의 교황보다 하나님을 덜 믿듯이 많은 개신교인들은 "자신들"의 성경을 믿는다. 교회의 신격화가 성경의 신격화에 상응한다!

2. 종교개혁자들과 선교

적대적이지는 않았을지라도 종교개혁자들이 선교에 무관심했다는 주장이 있다. 특히 가톨릭 학자들은 이러한 점에 대하여 혹독하게 비판했다. 16세기에 이미 로버트 카르디날 벨라르민(Robert Cardinal Bellarmine)은 종교개혁자들의 빈곤한 선교 기록을 언급하면서 "이단들[개신교]은 이교도나 유대인들을 결코 개종시킨 것이 아니라 그리스도인들을 왜곡시켰다"라고 말했다.

신학의 한 분야로서 선교학의 아버지라 불리는 구스타프 바르넥(Gustav Warneck)은 이러한 관점을 증진시킨 첫 개신교 학자들 중의 하나였다. 그는 말하기를 종교개혁자들이 선교적 행위만 없었던 것이 아니라 "오늘날 우리가 이해하는 의미에서의 선교 개념"조차도 없었다고 한다. 이것은 "근본적인 신학적 관점들이 행위, 심지어 사고, 즉 선교적 성향을 갖지 못하도록 방해했기 때문"이다(1906:9). 가령, 루터는 해외선교를 결코 격렬하게 반대하지 않았고 단순히 그것에 해외선교에 대하여 말하지 않았다(:11).

바르넥은 종교개혁자들이 세계로 나가지 못하는 것에 대하여 어떤 통탄도 표현하지 않았고 환경으로 인해 선교 의무를 행하지 못한다는 슬픔이나 변명도 표시하지 않았다고 말한다. 그리고 쉭(Schick)은 교회의 선교적 의무에 대한 근본적인 인정이 종교개혁자들에게 부재했었을 뿐이라고 주장한다(1943:14).

그러나 보다 최근에 몇몇 학자들이 바르넥이 한 것과 같은 심판은 종교개혁자들을 근대 선교 운동 앞에 소환해 놓고 당시에는 있지도 않았던 선교 개념에 동의하지 않았다고 유죄를 선고하는 것과 다름없다고 몇몇 학자들은 주장했다.

여기에 내포되어 있는 가정은 "위대한 선교의 세기"(19세기)가 올바른 선교 이해를 가지고 있었다는 것이며, 이러한 정의가 종교개혁자들에게 부과되고 그들이 여기에 동의하지 않았다고 유죄로 판결하게 된다(Holl 1928, Holsten 1953, Gensichen 1960, 1961; Scherer 1987).

홀스텐(Holstern 1953:1)은 인본주의, 경건주의, 계몽주의의 희생물이자 근대 정신의 소산인 19세기 선교 운동을 종교개혁 앞에 소환해서 "선교 개념을 왜곡했다고 유죄를 선언하는 것이 더 적절하지 않겠는가?"라고 질문한다. 결국 선교는 누군가가 해외로 갈 때, 시작하는 것이 아니며 "활동 이론"(Betriebstheorie)이 아니며 독립된 "선교기관들"의 존재에 달려 있는 것도 아니다(:2, 6, 8).

학자들이 종교개혁자들이 선교 비전을 가지고 있지 않았다고 주장하는 것은 종교개혁자들의 신학과 사역의 기본적인 추진력을 오해한 데서 기인한다. 특히 루터를 "창의적이고 독창적인 선교 사상가"로 보아야 하며, 우리는 성경을 "선교학자 마틴 루터"의 눈으로 읽어야 한다(Schrerer 1987:65, 66). 사실 그는 교회의 선교 사역에 분명하고도 중요한 지침과 원리들을 제공했다(Holl 1928:237, 239).

종교개혁자 신학의 출발점은 세상의 구원을 위해 사람들이 무엇을 할 수 있고 해야 하는가가 아니라 하나님이 이미 무엇을 하셨는가이다. 하나님은 지구 상의 사람들을 그의 빛으로 방문하며 자신의 말씀을 보내어 마지막 날이 동터올 때까지 "흐르고," "확산되게" 한다.

교회는 인간 외부에서 오는 하나님의 말씀(*verbum externum*)에 의해 창조되었고 교회에 이 말씀이 위탁되었다. "선교하는"(missionize) 것은 복음 자체이며 이 과정에서 인간을 포함시킨다고 혹자는 말한다(Holsten 1953:11). 이러한 점에서 학자들은 루터가 복음을 물에 던져진 돌에 비유한 것을 자주 인용한다.

돌은 중심으로부터 밖으로 움직이는 일련의 둥근 물결들을 만들어 내는데, 가장 먼 물가까지 도달한다. 이와 마찬가지로 선포된 하나님의 말씀은 땅끝까지 나아간다(Warneck 1906:14; Holl 1928:235; Holsten 1953:11; Gensichen 1960:122; Holsten 1961:145). 따라서 그 강조는 인간의 노력이 아니라 철저하게 선교에 달려 있다. 어떤 설교자나 어떤 선교사도 하나님 자신의 사역이 아니라 자기 자신의 열심에 기인하는 것처럼 여겨서는 안된다(Gensichen 1960:120-122; 1961:5).

그러나 이것은 수동성이나 정적주의를 제의하지 않는다. 루터에게 믿음은 활동하지 않고 그대로 있는 것이 아니라 쉴새없이 생동하는 것이다. 우리는 행위로 구원을 받지 않지만 "아무런 행위가 없다면 그 믿음은 뭔가 잘못된 것이다"라고 루터는 덧붙었다(Gensichen 1960:123). 어떤 그리스도인이 신자가 없는 곳에 있다면 "어느 누구가 하라고 하지 않았더라도, 이교도들이나 불신자들에게 형제의 사랑이라는 의무감을 가지고 복음을 전해 줄 책임이 있다"고 루터는 기술했다(Holsten 1961:145 인용).

종교개혁 시대 동안의 다른 루터파 신학자들은 신학의 선교적 성격에 대하여 덜 분명하였다. 다른 한편, 칼빈은 보다 분명했는데 그는 신자들의 세상에서의 책임을 루터보다 더 심각하게 받아들였다(Oberman 1986:235-239). 따라서 대체적으로 적어도 루터와 칼빈, 이들보다 젊은 동료들(예를 들면 부서[Bucer])이 본질적으로 선교신학을 제기했다는 점은 거의 의심할 바가 없다. 그리고 이들이 사람들을 기독교화하기 위해서 강압적 방식을 완전히 청산했다는 점도 주목할만하다.

루터는 황제의 검은 신앙과 무관하고 어떤 군대도 그리스도의 깃발 아래에 다른 사람들을 공격해서는 안되며, 교황이 진정으로 그리스도의 대리인이라면 세속 통치자들을 선동하여 터키인들을 공격하게 할 것이 아니라 그가 복음을 전해야 한다고 말했다(Warneck 1906:11; Holsten 1953:12). 강압은 세속 권력에게는 해당할지 몰라도, 하나님의 통치를 위해 봉사하는 교회는 강제를 사용해서는 안 된다(Holl 1928:240).

홀(Holl), 홀스텐(Holsten), 겐시첸(Gensichen), 쉬어러(Scherer)와 같은 학자들이 종교개혁자들의 신학의 선교적 성격을 인정했음에도 불구하고, 종교개혁 이후 첫 2세기 동안에 선교 활동은 거의 일어나지 않았다. 틀림없이 실질적인 장애물들이 있었다.

첫째, 개신교인들은 당시의 교회를 개혁하는 것을 주된 임무로 보았고 여기 모든 힘을 쏟았다.

둘째, 스페인과 포르투갈은 가톨릭 국가로서 당시에 이미 광대한 식민제국을 이루었지만 개신교인들은 비기독교 민족들과 직접적인 접촉을 하지 못했다. 유럽에서 유일한 이교도 민족은 라플란드인(the Lapps)이었는데, 16세기에 스웨덴 루터교인들에 의해 복음화가 되었다.

셋째, 종교개혁 교회들은 생존을 위한 전투에 참여하고 있었다. "웨스트팔리아 휴전협정"(the Peace of Westphalia, 1648) 이후에야 조직이 정비될 수 있었다.

넷째, 종교개혁자들이 수도원주의를 버림으로써 아주 중요한 선교기관을 거부한 것이 되었다. 수도원 선교 운동처럼 탁월하고 효과적인 운동이 개신교에서 발전하려면 수 세기가 걸릴 것이었다.

다섯째, 개신교인들은 내부적인 불화로 찢겨졌고 무모한 열심에 힘을 소진했고 끝없는 분열과 분쟁을 계속하여 기독교 세계 바깥을 돌아볼 여력이 없었.

이러한 요인들이 재세례파에게도 있었으나 이들은 괄목할만한 선교 활동을 했다(Schäufele 1966). 그러므로 두 운동과 이 운동들의 선교에 대한 관점을 비교하는 것이 의미있다.

재세례파는 루터의 모든 신자의 제사장직이라는 개념을 받아들였고 급진시켰다. 루터는 지역적으로 한정된 교구와 지리적으로 지정된 지역에 제한되는 교회 직책이라는 개념을 여전히 고수한 반면, 재세례파는 특별하고 독점적인 직책과 특정한 지역에 그리스도인의 사역을 한정시키는 개념을 거부했다. 이로 인하여 그들은 교구 경계에 구애되지 않고 독일 전 지역과 인근 나라들을 선교 지역으로 간주하게 되었다.

설교자들이 선발되어 조직적으로 유럽 여러 곳에 파송되었다(Schäufele 1966:74, 141-182; Littell 1972:119-123). 재세례파 복음 전도자들의 이러한 "방랑"은 종교개혁자들을 격분케 했다. 그들은 재세례파에 격렬하게 반대하여 질서정연한 직분 임명과 사역의 소명을 강조했다. 임명 없이 설교한 사람은 열광주의자(Schwärmer)로 간주되었다(Littell 1972:115). 마찬가지로 종교개혁자들이 "대위임령"을 더 이상 구속력이 있는 것으로 간주하지 않았지만(Warneck 1906:14, 17; Littell 1972:114-116) 재세례파의 신앙고백과 법정 증언에 마태와 마가복음의 "대위임령"과 시편 24:1만큼 자주 인용되는 구절은 없었다(:109). 그들은 대위임령이 모든 신자들에게 해당한다고 본 첫 번째 사람들에 속했다.

선교에 대한 관점이라는 차원에서 본다면 아마도 두 운동 사이에 가장 중요한 차이는 정부 당국에 대한 상충하는 태도이다. 재세례파는 교회와 국가 간의 절대적인 분리를 주장했고 정부 활동에 참여하는 것을 반대했다. 이것은 자연히 교회와 국가가 어떤 상황에서도 선교에 협력해서는 안된다는 것을 뜻했다.

다른 한편 종교개혁자들은 개신교(루터파, 개혁주의 등) 정부가 없는 나라에서의 선교 활동을 결코 생각할 수 없었다. 따라서 "주류" 개신교인들에 의해서 시도된 유일했던 두 가지 선교 활동이 모두 정부 당국과의 협력 속에 이루어졌다는 점이 중요하다.

프랑스 개신교인들이 브라질에서 1555년에 시작한 선교 활동은 실패적이었는데, 가스파르 드 콜리그니(Gaspar de Coligny) 제독이 후원했으며 남미 대륙에 식민지를 건설하려는 노력의 일환이었다. 마찬가지로 1559년에 시작된 라플란드인들(the Lapps)에 대한 선교는 스웨덴의 구스타프 바사(Gustav Vasa) 왕의 후원을 받는데, 이면의 정치적 동기가 없는 것이 아니었다(Gensichen 1961:7; Warneck 1906:22-24).

종교개혁자들에게서 뚜렷한 선교 활동 노력이 보이지 않는 것이 열렬한 종말론적 기대 때문이라는 주장이 있다. 예를 들면, 루터는 1558년 어느 시점에 마지막 날이 임할 것이라고 기대했다. 그러나 루터의 종말론이 종교개혁을 열렬히 추진하는 것을 막지 않은 점을 주목해야 한다. 그러므로 묵시적 기대가 필연적으로 선교 노력을 마비시키지 않는다(후에 개신교 선교 역사가 이를 보여주었다).

더 중요한 사실은 루터의 동시대인이었던 재세례파가 루터와 본질적으로 다르지 않은 종말론적 관점을 고수했지만 오히려 선교 참여를 하도록 고무시켰다는 것이다(Schäufele 1966:79-97). 바울의 선교 활동에서 보듯이(본서의 제4장) 선교 자체가 묵시론적 사건으로 간주되고 경험되었다(Schäufele 1966:93).

종교개혁자들의 신학이 근본적으로 선교적 성격을 가지고 있었음을 우리는 인정해야 할 것이다. 동시에 종교개혁자들과 재세례파를 비교할 때, 이 점에서 종교개혁자들(특히 루터)을 옹호하려는 변증적인 고려에서 나온 것이 아닌가 질문이 생길 수 있다. 홀(Holl, 1928)과 홀스텐(Holsten 1953, 1961)은 특히 루터의 선교 관점을 열정적으로 변호했고, 루터의 관점을 항상 진실이 아닌 논증을 사용하여 이후 모든 세대에게 규범으로 만드는 경향을 보인다.[2]

재세례파가 "대위임령"의 "명령"에 동의하는 데 반해, 종교개혁자들이 동의하지 않은 한 가지 이유는 당시의 현실을 상반되게 평가하는 데에 있는 것 같다. 대체로 종교개혁자들은 가톨릭교회가 참된 교회의 모습을 가진다는 점을 부인하지 않았다. 이것은 가톨릭 사제들이 거행한 세례를 유효하게 인정한 사실에서 볼 수 있다. 그들의 관심은 교회의 개혁이었지 대체가 아니었다.

이에 비하여 재세례파는 당시까지의 어떤 기독교의 형태도 거부했다. 가톨릭과 개신교 지도자들과 통치자들을 포함한 전 세계가 전적으로 이교도들로 구성되었다고 보았다(Schäufele 1966:97). 기독교 모두가 배교자이고 모두 하나님의 진리를 거부했다. 더욱이 가톨릭과 개신교는 모두 인간들을 미혹해서 거짓 종교를 소개했다.

유럽은 다시 한 번 선교지가 되었다. 사도들의 시대에 기독교 신앙이 이교도 환경에 새롭게 소개되어야 했다(:55). 그들의 계획은 기존 교회의 개혁이 아니라 진정한 초기 신자들의 기독교 공동체의 회복이었다(:57-59, 71-73). 그들에게는 "기독교" 유럽에서의 선교와 비기독교인들에 대한 선교 사이에는 차이가 없었다. 그러나 종교개혁자들은 그러한 관점에 동의할 수 없었다.

하지만 "대위임령"이 교회에 계속적으로 구속력을 가지며 기독교 국가의 경계 밖에 있는 사람들에게 가야 한다는 개념을 주창한 사람이 종교개혁 시대에 적어도 한 사람 있었는데, 바로 화란의 신학자 아드리안 사라비아(Adrian Saravia,

---

2 홀(Holl)의 의향은 "독일선교회는 다른 국가들의 교회와 달리 이면의 정치적 동기를 은닉한 죄가 결코 없고, 따라서 루터의 원리에 충실했다는 사실에 자부심을 가질 수 있다"(1928:241)라는 그의 진술에서 드러난다. 식민주의와 선교에 대한 다음 장을 또한 참조하라.

1531-1613)였으며 그는 칼빈보다 나이가 젊은 동시대인이었다(Warneck 1906:20-22; Schick 1943:24-29).

1590년에 사라비아는 한 소책자를 발간하였는데, 그 책은 "대위임령"의 지속적인 타당성을 주장했고 마태복음 28:19의 명령에 순종할 때에만 마태복음 28:20에서의 예수의 약속을 이해할 수 있다고 강조했다.[3] 그러나 사라비아의 관점을 제네바에서 칼빈을 계승한 데오도르 베자(Theodore Beza)와 루터파인 요한 게르하르트(Johann Gerhard)가 격렬하게 반대했다.

사라비아와 그의 반대자들의 갈등은 확실하게 사도 승계를 받는 주교들만이 사도에게 주어지는 위임령의 상속자라는 확신 위에 "대위임령"의 계속적인 타당성을 근거한다는 사실을 그가 주장함으로서 타결되었다. 어떤 의미에서 이 문제는 선교에 새로운 관심을 불러일으키는 것보다 그에게 더 중요한 문제였다. 그는 사도 계승에 대한 자신의 견해로 인해, 이후에 영국으로 가서 성공회교회에 합류하게 되었다.

3. 루터파 정통주의와 선교

사라비아(Saravia)가 교회의 선교적 소명에 대한 글을 썼을 당시에 종교개혁의 봄은 이미 지나가 버렸다. 특히 독일어를 사용하는 나라들에서는 교회의 갱신을 위해 교리적으로 순전해지려고 하였다. "웨스트팔리아 평화협정"(the Peace of Westphalia, 1648)은 신성 로마제국의 종말을 고했고, 마침내 유럽 영토 안에서 통치자 종교 원리(*cuius regio eius religio*)에 입각하여 종교 문제를 처리하게 했다.

따라서 가톨릭주의는 가톨릭 국가들에서 공식 종교가 되었고 루터교는 루터교

---

[3] 그러므로 아직도 자주 그러는 것처럼, 윌리엄 캐리의 1792년의 논문이 직접적으로 "대위임령"에 호소하여 개신교 선교를 촉진하려했던 첫 번째 사례라고 주장하는 것은 옳지 않다. 사라비아(Saravia)가 캐리보다 2세기 이상 앞서서 그렇게 했고, 1648년에 화란인 헤우르니우스(Heurnius)가, 1664년에는 루터파 귀족인 유스티니안 폰 벨즈(Justinian von Welz)가 그렇게 했다.

영토에서 공식종교가 되었다. 재세례파만이 "종교개혁의 의붓자식"으로서 영토 원리를 거부하고 있었다. 그런데, 종교개혁 세기 동안에 가혹한 박해를 받은 후에는 이들조차도 선교보다는 유지에 집중하기 시작했다.

이와 관련하여 중요한 한 가지 요소는 종교개혁 직후 수십 년 동안 개신교의 교회 이해가 전개된 것이었다(Neill 1968:71-77; Piet 1970:21-29). 종교개혁으로 인해 서방 교회의 과거의 통일성이 깨어지자 나뉘어진 분파들 각각은 다른 모든 분파들에 대하여 자신을 규정해야 했다.

16세기에 교회에 대한 가장 유명한 정의는 1530년의 (루터파) "아우구스부르그 신앙고백"에서 발견된다. 이 신앙고백의 제7항은 교회를 두 가지 표식으로 규정하는데, 즉 "복음이 전파되고 성례들이 바르게 거행되는 성도들의 집합"이다. 여기에 자극을 받아 로마 교회는 트렌트공의회(the Council of Trent, 1545-1563)를 통해 참된 교회를 정의하게 되는데, "일치성을 가지고" 하나의 비가시적 통치자인 그리스도를 모시지만 또한 소위 "베드로의 합법적인 계승자이자 사도들의 왕자"이며, "로마교황청을 다스리는" 하나의 가시적인 통치자를 가진다고 하였다.

교회에 대한 여러 정의들이 개신교 안에서 나왔는데, 전보다 더 분명해졌다. "프랑스 신앙고백"(the French Confession, 1559)과 "벨직 신앙고백"(the Belgic Confession, 1561)은 "아우구스부르그 신앙고백"의 두 가지 표식에 세 번째 표식을 더했는데, 권징의 실시였다.

교회에 대한 가톨릭의 정의가 외적이고 법적이며 제도적인 면을 강조한 반면, 개신교는 올바른 가르침과 올바른 성례를 강조했다. 각각의 신앙고백은 자신의 교회 신자들이 소유하고 있다고 믿는 바에 의거하여 교회를 규정했는데, 가톨릭은 자신들의 교회의 일치성과 가시성에 자부심을 가졌고 개신교는 자신들의 교리적 완전성을 자랑스러워했다.

개신교는 바른 교리에 집착했기 때문에 주류에서 이탈한 분파는 자신들만이 철저하게 "복음을 올바르게 설교"한다고 주장함으로써 자신들의 정당성을 입증하려고 했다. 따라서 종교개혁의 교회에 대한 기술은 유사점보다는 차이점을 강조하였다.

개신교인들은 다른 개신교인들을 분별하도록 교육받았다. 결국 루터파는 서로 분열했고, 개혁파도 서로 분열했으며, 각 분파는 참된 교회의 표식, 특히 올바른 설교를 강조함으로써 자신들을 정당화하려고 했다(Piet 1970:26, 30, 58).

이 모든 경우들을 보면 교회는 교회의 네 개의 벽 안에서 일어나는 일들이라는 측면에서 정의되었지 세상에서의 소명이라는 측면에서 정의되지 못했다. "아우구스부르그 신앙고백"에서 사용된 동사들은 모두 수동태이다. 즉 교회는 복음이 가르쳐지고 성례가 옳게 거행되는 곳이다.

닐(Neil, 1968:75)은 당시 영국의 상황을 묘사하는데, 그 묘사는 여러 면에서 당시의 모든 유럽 국가들의 교회에도 해당되었다. 닐에 의하면 당시의 교회의 모습은 다음과 같다.

> 전형적인 영국의 마을로서 주민은 400명이 채 안되고 모두가 세례받은 기독교인이며 그들은 교구 목사와 대지주의 따가운 시선 아래 기독교인의 삶을 살아야 했다. 이러한 곳에서 "복음화"는 어떤 의미도 가지지 못했는데, 모든 사람들이 어떤 의미에서 이미 기독교인이었고 종교적인 오류와 생활상에서의 사악성만을 방지하면 되고 그 이상은 필요하지 않았기 때문이었다.

종교개혁은 국가교회의 확립과 순수한 교리 및 관례화된 기독교인의 행위의 확립으로 귀결되었다. 그러나 순수한 교리의 교회는 선교없는 교회였고 그 교회의 신학은 사도적이라기 보다는 학구적이었다(Neibuhr 1959:166; Braaten 1977:13).

루터파 정통주의 시대에 선교라는 문제와 씨름한 첫 번째 신학자는 필립 니콜라이(Philip Nicolai, 1556-1608)였다(Hess 1962). 그는 우리가 다루는 주제에 아주 중요한 인물인데, 특히 그의 신학이 초기 정통주의와 후기 정통주의 사이의 차이점을 보여주는 과도기적 성격을 띠기 때문이다. 그의 선교에 대한 관점은 정통주의의 전형적인 관점이 되었으며, 특히 1597년에 출판된 그의 저서 **『그리스도의 왕국에 대한 주석』**(*Commentarius de regno Christi*)에서 나타난다. 나는 그의 관점들과 후에 발전된 개신교 정통주의 선교 사상을 다음에서 살펴보고자 한다.

1) 대부분의 루터파 정통주의 신학자들과 마찬가지로 니콜라이는 "대위임령"이 사도들에 의해 성취되었고 교회에 더 이상 구속력이 없는 것으로 믿었다.

그러나 니콜라이는 후대 정통주의와는 달리 교회의 선교 소명 또한 폐기되었다고 믿지 않았다. 오히려 그의 관심은 사도들이 행한 기반 사역의 특유성을 인정하고 사도들의 사역과 후대 교회들의 사역을 구별하는 데에 있었다. 그는 사도들의 사역을 "미시오"(*missio*)라고 불렀고, 이후 교회들이 한 사역을 "프로파가티오"(*propagatio*)라고 불렀다. 그는 후자의 표현에 부정적인 의미를 두지 않고 단지 기초적인 것과 2차적인 것을 구별하려고 했다(Hess 1962:90-96).

니콜라이는 종교개혁 시대의 중대한 사건들을 접했으며 당시에 대하여 긍정적인 생각을 갖고 있었다. 놀라운 사실은 그가 기독교의 세 가지 대적으로 투르크인들(the Turks), 교황권, 칼빈주의를 지목했음에도 불구하고, 다른 나라에서의 로마가톨릭 선교 활동을 아주 긍정적으로 평가했다는 점이다.

하지만 니콜라이가 로마가톨릭 및 동방정교회 선교 활동, 프레스터 존(Prester John)의 이디오피아교회 및 인도의 도마 기독교인들의 존재(Hess 1962:97-159)에 대하여 긍정적으로 평가한 것을 선교에 대하여 그가 에큐메니칼 관점을 가졌던 것으로 해석해서는 안된다.

오히려 니콜라이는 이 교회들이 의도하지 않았지만 이들이 만났던 사람들을 "루터교화"시켰다고 보았다. 가톨릭 선교 사역 역시 여기에 협력자(Handlängerin)였다. 이것은 사람들이 의도한 것과는 관계없이 일어나는 하나님의 말씀의 능력 때문이었다(Beyreuther 1961:5).

후세대 정통주의 신학자들은 가톨릭과 다른 교파들의 선교 사역을 니콜라이보다 훨씬 부정적으로 평가했다. "대위임령"에 대한 그의 관점과 사도들의 과업과 그 이후의 선교사들의 과업을 구별한 그의 관점에 대하여 그들은 사도들이 과업을 완성했기 때문에 현세대 기독교인들은 이교도들에게 선교할 필요가 없다는 요소만을 취했다.

2) 로마와는 반대로 종교개혁자들은 구원의 주권은 모두 하나님에게만 있다고 강조했다.

이러한 확신은 믿음을 통하여 은혜로 얻는 칭의에 대한 루터의 가르침과 칼빈의 예정론에 뿌리를 두고 있다. 그러나 루터와 칼빈은 하나님의 주도권에 대하여 엄격하게 해석하지 않았다. 하나님의 행위는 인간의 책임을 도외시하지 않으며 인간의 책임이 아주 강조되었다. 정통주의는 둘 사이의 창조적인 긴장을 포기하고 하나님의 주권과 주도권을 전적으로 강조하였다. 그 태도는 어떤 인간도 선교 사역을 감당할 수 없고 하나님이 자신의 주권으로 이를 수행한다는 것이다.

니콜라이에게 이것은 우리가 임의적으로 선교지를 찾아 세계를 여행해서는 안 된다는 것을 뜻했다. 하나님은 우리를 여기저기로 몰아가지 않는다. 그는 우리가 성장한 곳에 우리를 한정하며 1천 야드(yard) 미만 거리에 있는 가장 가까운 이웃에게 봉사하도록 부른다(Beyreuther 1961:6).

그러나 니콜라이의 경우에 이러한 엄격한 예정론주의는 선교의 주된 동기로서 사랑을 아주 강조함으로써 완화되었다. 즉 하나님이 우리를 사랑하셨고 우리는 다른 사람들을 사랑하도록 부름 받는다(Hess 1962:81-85). 이러한 강조는 그의 선교 사상에 역동성을 불어넣었는데, 특히 우르시누스(J. H. Ursinus)와 같은 후대 정통주의 신학자들에게 결핍된 것이었다.

3) 니콜라이가 로마가톨릭 해외선교 사역을 우호적으로 평가한 것은 그의 긍정적이고 낙관적인 기질 때문이었다.

그런데, 낙관주의의 자취들이 곧 정통주의에서 사라지게 되었다. 목사들과 신학자들이 세상이 개선되는 것을 두려워하는 듯했다. 동시에 그들은 두려워할 이유가 없다고 확신했는데 죄와 이기심의 힘으로 인해 개선을 위한 어떤 시도도 실패하고 말 것이라고 생각했기 때문이었다. 이러한 "실용적인 이단"(Beyreuther 1961:3)은 심각한 비관주의를 유발했고 구조와 조건을 변화시키려는 어떤 시도나 생각도 무력화시켰다. 그것은 선교 사역에 대한 논의에도 비슷한 영향을 주었다.

비관주의와 수동성은 더 깊은 원인을 가지고 있었는데, 루터파 정통주의 역사의 어두운 부분이다. 니콜라이는 재림이 1670년 경에 있을 것으로 기대했다. 세상의 임박한 종말이라는 긴급성이 그에게 있어서 여전히 선교의 동기로 작용했다.

17세기에 이러한 국면이 변화된다. 교회의 상황은 개탄스러울 정도가 되었고 특히 고트프리드 아놀드(Gottfried Arnold, 1666-1714)의 눈에 그러했는데, 초점을 그리스도와 그의 통치의 승리에 두지 않고 그리스도가 재림할 때에 과연 지구 상에서 믿음을 발견할 수 있는지 두려운 의문을 가졌다. 이러한 의문은 기쁨으로 그리스도를 증거할 수 있는 가능성을 모두 배제하였다(Beyreuther 1961:38).

4) 루터파 정통주의는 루터파 선교는 루터파 권력이 통치하는 곳에서만 수행될 수 있다는 관점에서 벗어나지 못했다.

니콜라이는 직접적인 선교 사역이 루터파 식민 통치자가 존재하는 곳에서 그의 책임하에 있는 것으로 보았다. 이러한 전제하에 한 루터파 선교가 라플란트(Lappland)에서만 이루어졌다(Beyreuther 1961:6).

니콜라이의 관점을 실제로 17세기 모든 루터파 신학자들과 대학들이 공유하고 있었다. 한 예로, 비텐베르그대학교(the University of Wittenberg)의 신학 교수들이 1652년에 발표한 "견해"(Opinion)라는 글은 선교 사역에 대한 문제를 다루었는데, 루터 교회는 어떤 선교 소명도 가지지 않으며 이러한 책임은 전적으로 국가에 달려있다고 했다. 이러한 국가의 의무를 특별히 구약성경에 근거했는데 국가는 다른 방법들이 통하지 않으면 이교도들을 "계엄령"(jure belli)을 통해 개종시켜야 한다고 보았다(Warneck 1906:27).

5) 비텐베르그의 "견해"라는 글은 교회가 왜 이교도들에 대한 선교를 삼가야 하는지 또 다른 이유를 제시했다.

하나님이 사도들의 설교를 통해서 또한 자연을 통해서 모든 사람들에게 자신을 계시하였기 때문에 아무도 무지를 이유로 하나님 앞에서 변명할 수 없다는 것이었다. 이와 관련하여 니콜라이는 하나님의 말씀이 아메리카 대륙 사람들을 포함하여 모든 민족들에게 선포되었다고 믿었다.

비텐베르그의 "견해"라는 글에 앞서고 니콜라이를 뒤이은 독일의 남부 도시 예나(Jena)의 위대한 신학자인 요한 게르하르트(Johann Gerhard, 1582-1637) 역시 모든 나라들이 오래전에 복음을 들었다는 증거를 제시했다. 즉 멕시코인들은 이디오피아인들로부터 기독교를 전해 받았고, 한 무명의 선교사가 브라질과 페루인들, 브라만인들에게 갔으며, 다른 민족들 역시 수 세기 전에 복음화되었는데 그들의 종교가 기독교적인 요소들을 드러내기 때문이라고 했다(Warneck 1906:28-31).

한때 복음화되었음에도 불구하고 이 나라들이 여전히 이교도들이라면 한 가지 설명만이 있을 뿐인데, 그들이 부주의하고 배은망덕하다는 것이었다. 그러므로 기독교인이 아직도 아닌 사람들은 어떤 변명도 있을 수 없고, 두 번째 기회가 주어져서는 안된다는 것이었다.

이 주제는 귀족 유스티니안 폰 벨즈(Justinian von Welz, 1621-1666)가 세 편의 글(1663, 1664)을 통해 선교 활동을 열정적으로 호소한 것을 우르시누스(Ursinus)가 반대한 경우에서 두드러지게 나타난다.[4] 벨즈는 "대위임령"이 무제한적인 타당성을 여전히 계속 가지며, 당시의 루터 교회의 지역주의를 통렬하게 비판한다고 보았다. 그는 은둔자 직책을 재도입하기 원했는데, 특별히 선교를 위해서였다. 그러한 은둔처 선교사들(hermit-missionaries)의 거룩성과 개인적 경건성이 뚜렷하고 "예수사랑협회"(Jesus-Loving Society)의 후원하에 파송되어야 한다(Scherer 1969:38-

---

4 몇 년 전에 쉬어러(J. A. Scherer)는 울시누스(Ursinus)의 답변과 함께 벨즈의 호소를 재발간했는데, 서문에서 이 점을 밝혔다.

45, 62-68, 70-76)고 주장했다. 그러나 벨즈는 시대를 앞서 있었고 그가 주장한 것들의 대부분은 한 세대가 지난 후에야 결실을 보았는데, 경건주의가 독일의 루터파 무대에 출현했을 때였다.

우르시누스가 벨즈의 제안을 거부한 것은 위에서 언급한 정통주의 선교 해석의 모든 특성들을 보여준다(Scherer 1969:97-108). 즉 이교도들의 개종을 방해하는 장애물들은 엄청나고 그 과업은 불가능하다는 것이었다. 하나님은 이미 모든 나라들에게 자신을 여러 방식으로 알렸다.

"대위임령"은 사도들에게만 해당되며 우리 자신에게 있는 것으로 주장하는 것은 주제넘은 일이다. 이교도 국가들은 인간적인 면모는 전혀 없는 야만인들이기 때문에 복음에 반응하지 않으며, 기독교 통치자들은 어떤 치욕이나 악도 간과되지 않도록 해야 한다는 것이다.

벨즈의 "예수사랑협회"와 같은 기관은 분명히 비기독교적이고 하나님과 우리의 구원자를 대적하는 것인데, 예수는 "협력자들을 용납할 수 없기" 때문이며, 요청되는 것은 모든 사람이 "자신의 문"을 잘 관리하면 그만인 것"이다. 지구 상에 그리스도인들이 번성하는 황금 시대의 도래에 대한 꿈은 위험한 환상일 뿐이라고 주장했다.

한편 "그의 이름을 의뢰하는 적은 무리의 일반 사람들을 보존하시는" 하나님에게 우리는 감사해야 하며, 그들은 "조용히 자신의 역할을 하며 구원받기 위해 두려움과 떨림으로 노력해야" 한다고 주장했다.

당시 루터교회는 벨즈의 이상들을 이해하거나 적용할 역량이 없었다. 선교 사역에 대한 그의 호소는 우이독경이었다. 자신의 확신을 따라 1666년에 그는 남아메리카의 수리남(Surinam)으로 떠났는데, 아마도 같은 해에 사망했고 "비타협적 정통주의의 희생 제물"이었다(Scherer 1969:23). 그의 선교 사역에 대한 기록은 남아있지 않다.

4. 경건주의의 발흥

1693년에 출간한 글 "더 나은 시대를 위한 희망의 확언"(Affirming the Hope of Better Times)에서 필립 제이콥 스페너(Philipp Jacob Spener)는 후대 정통주의의 특징이었던 우울한 역사관과 단호하게 결별했다(Beyreuther 1961:38). 프릭(H. Frick)의 표현에 의하면, 정통주의에게 모든 열방에 대한 복음의 선포는 기껏해야 "바라는 목표"(Wunschziel)였던 반면, 경건주의에게는 "의지적 목표"(Willensziel)가 되었다. 새로운 운동은 구원에 대한 개인적 경험의 기쁨과 구속의 복음을 모두에게 선포하는 열정이 합쳐진 것이었다. 이것은 땅끝까지 가고자 하는 열망과 결합되었다.

모라비안 운동의 창시자인 진젠도르프(Nikolaus von Zinzendorf, 1700-1760)는 15살의 나이에 이미 할레(Halle)의 스페너(Spener)와 프랑케(Francke)의 경건주의 진영에서 양육을 받았으며, 어릴적 친구인 바테빌레(Friedrich von Watteville)와 함께 "이방인들의 개종을 위한 협약"(Compact for the Conversion of Pagans)을 만들었다. 두 소년은 그들이 성인이 되기 전에 모든 이방인들이 회심하지는 않을 것으로 보고 자신들이 남은 이방인들을 구원자에게로 인도하겠다고 생각했다.

정통주의에서 형식적으로 바르고 차갑고 지적이었던 신앙이 경건주의에서는 그리스도와의 따듯하고 경건한 연합의 신앙이 되었다. 회개, 회심, 새로운 탄생, 성화와 같은 개념들이 새로운 의미를 띠었다. 건전한 교리보다는 훈련된 삶, 교회적 권위보다는 개인의 주관적 경험, 이론보다는 실천이 새로운 운동의 특징이었다. 사실상 모든 면에서 새로운 운동은 정통주의와 달랐다.

경건주의의 깃발아래 파송된 첫 선교사인 지겐발크(B. Ziegenbalg)는 교회가 이미 모든 곳에 세워졌다고 주장하는 정통주의 교사들을 공격했다. 이들은 사도직은 이미 사라졌고 하나님의 은혜는 더 이상 처음과 같이 역사하지 않으며 이방인들은 저주아래 있으며 그들을 개종코자 한다면 인간의 노력없이 하나님이 그렇게 할 것이라고 주장했다(Rosenkranz 1977:165).

정통주의 입장에 대한 이러한 비판은 전에도 있었는데 벨즈(Welz)가 그랬었다. 이제 새로운 점은 할레(Halle)의 경건주의자들이 일반 교회 신자들과 심지어 지도

자들로부터도 자신들의 발상에 대한 지원을 끌어내는 데 성공했다는 것이다. 몇몇 개인들의 열망이었던 것이 이제는 하나의 운동이 된 것이다.

경건주의는 협소한 면이 분명히 있었는데, 특히 사람들이 진실한 신자가 되는 길에 대하여 아주 규범적인 경향이 있었다. 특히 강렬하고 내적인 참회의 필요성(Busskampf)을 고집하는 면에서 그렇다. 그러나 형식적인 교회 회원 자격이라는 관행 및 당시의 로마가톨릭 선교 사역 대부분의 특징이었던 피상적 회심과 단절한 것에 대하여 이 운동은 높이 평가되어야 한다(Warneck 1906:53, 57).

이러한 점에서 이 운동은 재세례파와 이들의 신자들의 교회라는 개념을 닮았다. 집단보다 개인에 대한 강조는 강점이자 약점이었다. 이것은 특히 경건주의의 교회관(특히 모라비안 운동)에서 나타난다.

진젤도르프는 "집단 개종"의 개념을 반대하고 개인의 결단을 강조했다(Warneck 1906:66; Beyreuther 1961:40). 마찬가지로 그는 선교 현지에서의 "교회들"의 형성에 관심이 없었고, 그에게 "교회"는 형식성, 생명의 부재, 헌신의 결핍을 의미했다. 그러므로 헤른훗(Herrnhut)의 공동체가 고백 교회로 조직되고 그가 의도했던 소위 임시적인 처소가 되지 않자 큰 실망을 하게 되었다(Beyreuther 1960:110). 그에게 선교는 교회의 활동이 아니라 성령을 통한 그리스도 자신의 활동이었다. 그러나 여기서 그리스도는 특별한 믿음과 용기, 굳센 힘과 불굴의 인내를 가진 사람들을 사용했다.

그러므로 경건주의는 "자발주의" 선교 원칙을 소개했다(Warneck 1906:55, 59).[5] 선교의 소지자(bearer)는 교회(ecclesia)가 아니라 교회 안의 작지만 생명력 있는 공동체, "교회 안의 교회"(*ecclesiola in ecclesiae*)였다. 여기서부터 한 걸음 더 나아가 선교가 특별한 관심을 갖는 집단들의 취미가 되었고 모든 신자의 제사장직이라는 개념과 상충하게 되었다.

교회는 선교의 소지자가 아니었고 목표도 아니었다. 할레(Halle)로부터 파송된 최초의 경건주의 선교사들인 지겐발크(Ziegenbalg)와 플릿샤우(Plütschau)는 자신들

---

5 나는 개신교 선교의 이 중요한 원리를 다음 장에서 다시 살펴볼 것이다.

의 메시지를 받아들일 사람들에게 어떤 일이 일어날지 분명한 생각 없이 인도의 트랑크바르(Tranquebar)에 도착했고 거의 우연적으로 회심자들 중에 "교회들"이 설립되었다.

한편, 진젠도르프는 작은 무리의 마라비안 선교사들이 땅끝까지 파송되는 보다 뚜렷한 목적을 가지고 있었다. 사도들의 예를 따라서 이들은 "첫 열매들"만을 거두어야 하며 유럽처럼 국가교회로 조직되어서는 안되었다. 오히려 선교사들은 신자들의 작은 무리를 선구적인 "순례자의 집"이나 "비상 처소"로 만들어야 한다.

진젠도르프의 전형적인 사고방식은 성령의 인도를 따라 즉각적으로 실천하고 열려 있는 것이며 뭔가 새로운 것을 시도하거나 새로운 도전을 따라 움직이는 것이었다. 형제단이 행하는 모든 것은 예비적인 것이고, 앞으로 올 것을 소개하는 표식일 뿐이었다(Beyreuther 1960:102-113; 1961:41; Rosenkranz 1977:174).

정통주의는 교회와 국가 간의 구조적인 연결을 강조했는데, 특정 영토 안에 모든 사람들은 명목적으로라도 기독교인으로 간주되어야 한다는 것을 뜻했다. 경건주의자들과 모라비안주의자들은 이를 거부하고 개인적 결단을 강조했다.

선교 사역은 어떤 상황에서도 통치자의 의무로 간주될 수 없었는데, 이는 정통주의의 원리를 거부한 것이었다. 이것은 중요한 진전이었는데 이후의 선교 이해에 결정적인 역할을 했고, 경건주의와 재세례파 간의 또 하나의 유사성을 보여주었다. 복음의 전령들이 그리스도와 성령의 인도 아래 가서 식민통치나 정치적 이해 관계없이 불신자들이 그리스도를 믿도록 해야 했다.

자연적으로 그 당시의 상황에서 타협이 이루어져야 했다. 예를 들면, 경건주의 운동의 첫 번째 해외선교 사역이었던 인도 트랑크바르(Tranquebar)의 덴마크 할레 선교의 경우가 그러했다. 덴마크 왕에 의해 선교사들이 트랑크바르에 파송되었다. 그러나 식민지 영토 안에서 선교사들은 지역 식민 당국과 계속적인 긴장 관계에 놓였다(Nørgaard 1988).

초기 경건주의자들은 사람들의 영혼에만 관심을 기울이지 않았다. 1701년에 프랑케(Francke)는 갱신 운동의 목표를 "독일, 유럽과 세계 모든 곳에서 삶의 모든 영역에서의 구체적인 전진"으로 정의하였다(Gensichen 1975a:156 인용). 지겐발크는 "영혼의 봉사"(Dienst der Seelen)와 "신체의 봉사"(Dienst des Leibes)는 상호 의존적이고 영혼을 위한 어떤 사역도 "외적인" 측면 없이 존속할 수 없다고 선언했다(:163; Nørgaard 1988:122).

이것은 결코 말로만 그치지 않았다. 독일에서 프랑케와 경건주의자들은 "국내 선교"(home missions)를 광범위하게 했는데, 할레와 그 주변에 있는 가난하고 불우한 사람들을 돌보고 빈민을 위한 학교, 고아원, 병원, 과부의 집과 그 외 여러 기관들을 설립했다.

이것은 하나님의 통치에 대한 역동적이고 포괄적인 이해로서 구원과 복지, 영혼과 신체, 회심과 계발이 서로 분리되지 않았는데, 지켄발그와 플뤼샤우가 인도에 가져간 것들이었다. 예를 들면, 이들이 인도에 도착하기 전에 학교는 브라만에게만 특권이었고 심지어 소년들만을 위한 것이었다. 선교사들은 다른 카스트 계급들을 위한 학교들을 세웠고 소녀들을 위한 학교도 세웠다. 이 학교들에서 누구에게도 기독교인이 되라는 압력이 없었고 어떤 경우에는 불신자 교사들이 임명되었다(Gensichen 1975a:164-170).

그러나 1730년경에 경건주의의 신학적 분위기가 서서히 바뀌기 시작했다. "시민" 영역과 "종교" 영역 간의 미묘한 구별이 생겼고 코펜하겐(Copenhagen)과 할레(Halle)의 지령에 따라 선교사들은 후자인 "종교" 영역에만 관심을 두게 되었다(:170-176). 이러한 변화는 상당히 중요하다. 이것은 초기 경건주의로부터 후기 경건주의로의 이동의 시작을 뜻했는데, 도피주의와 성과 속을 엄격히 구분하는 이원론적 성향을 띠었다.

유럽에서 서서히 부상하고 있던 계몽주의는 그러한 새로운 발전과 많은 관계가 있었다. 경건주의는 시대의 새로운 정신을 맞이하여 자신의 입장을 지탱할 수 없었다. 경건주의가 계몽주의에 앞서 독일 교회의 중심에 침투하는 데 실패함으로써 상황은 더 복잡해졌다.

경건주의는 주변부의 운동에 머물렀고 따라서 극도로 취약했다. 루터파 정통주의의 공격이 이성주의와 공조하여 선교 사역을 폄하했다. 정통주의가 경건주의의 신학적 타당성을 부인한 반면, 이성주의는 경건주의의 신비적 신앙을 공허하게 했다.

국가교회 안에서 경건주의 진영은 곧 분해되고 마비되었다(Warneck 1906:56, 66).

그렇지만, 경건주의는 개신교 선교 개념의 발전에 계속적으로 중요했다.

첫째, 선교는 단순히 식민 정부의 의무로 간주되지 않았다. 더욱이 선교는 통치자들과 교회 권위자들이 관심이었으나 이제는 일반 그리스도인들이 알아야 할 뿐 아니라 적극적으로 참여하는 사역이 되었다.

둘째, 그것은 통치자와 교회 성직자들의 관심으로부터 평신도들이 알아야 할 뿐만 아니라 적극적으로 참여하는 사역으로 변화되었다.

셋째, 경건주의는 국가와 신앙고백의 경계를 넘는 기독교인들의 교제를 목표로 했다는 점에서 선교의 에큐메니즘 시대를 열었다. 특히 모라비안 형제단은 철저하게 에큐메니칼적이었다(Rosenkranz 1977:168, 173).

넷째, 18세기 동안 경건주의는 독일이 개신교 선교의 선두가 되게 했다. 이것은 프랑케와 진젠도르프와 같은 지도자들의 영향이 컸다.

다섯째, 경건주의는 전적인 헌신이 무엇을 의미하는지 확연하게 보여주었다. 그러한 전적인 헌신은 로마가톨릭의 수도원 운동에서만 발견될 뿐이었고 그것도 간헐적이었다. 이제는 평범한 남자와 여자들, 대부분 단순 기술자들이 문자 그대로 땅끝까지 가서 가장 낙후된 환경 속에서 사는 사람들을 위해 일생을 헌신하고 그들과 함께 살며 그들 속에서 복음을 증거했다.

다시 말하지만, 이러한 모범을 보인 것은 바로 모라비아인들이었다. 모라비안 형제단의 첫 30년 동안 28개 지역에 선교사들이 갔다. 게다가 이러한 지역들을 택한 이유는 다른 어떤 나라들보다도 주민들이 특권과 기회가 없는 생활을 하고 있었기 때문이었다. 분명히 이것은 가톨릭 수도원주의라는 모범에 대한 개신교의 "응답"이었다.

5. 제2의 종교개혁과 청교도주의

정통주의는 루터파뿐 아니라 칼빈주의 안에도 깊은 영향을 끼쳤다. 그렇다 하더라도 화란과 앵글로색슨 칼빈주의는 루터파보다 선교 정신을 더 성공적으로 살린 듯하다. 겐시첸(Gensichen)은 화란과 영국의 선교 노력이 루터파를 제쳤다고 말한다. 루터파에서는 교회의 선교 소명이 신학적 논의를 위한 하나의 주제일 뿐이었다.

반면 개혁파 교회들은 선교 활동에 나섰다(Gensichen 1961:10, 11; Rosentranz 1977:171). 결정적인 요인들은 사회 정치적일 뿐 아니라 신학적인 것이었다. 사회 정치적인 요인을 보자면 화란과 영국은 칼빈주의의 수호자로서 수많은 해외 식민지를 거느리는 신흥 해상 강국이었다. 그러나 이것이 선교에 대한 관심을 타오르게 하기에 충분하지는 않았다. 따라서 신학적인 요소가 중요하게 고려되어야 하는데, 화란에서의 제2의 종교개혁(Nadere Reformatie)과 영국, 스코틀랜드, 아메리카 대륙에서의 청교도주의가 중요한 역할을 했다.

칼빈은 두 측면에서 성령론을 특별히 강조했는데, 인간의 내적인 삶을 갱신하는 인간 영혼 안에서 성령의 사역과 "지구의 얼굴"을 갱신하는 성령의 활동이었다. 특히 제2의 종교개혁의 초기 단계에서 칼빈주의는 구원론적 요소와 신정정치적 요소를 탁월하게 융합하였다(van den Berg 1956:18). 이 점에서 루터와 칼빈의 차이에 대한 리차드 마리우스(Richard Marius)의 입장은 칼빈주의와 루터파가 어떻게 대조되는지 잘 설명해 준다.

> 루터는 현 세상을 결코 바꾸려고 시도하지 않았고, 세속적 시대는 그에게 큰 의미를 줄 수 없었다. 칼빈주의자들은 세상이 영원할 것을 기대했고, 자신들이 세상을 개조시키는 하나님의 도구라고 믿었다... 칼빈주의는 우리의 성공에 대한 영속하는 불만족과 현재 상태에 대한 불편함을 심어 놓았다(1976:32, Oberman 1986:235-239).

칼빈에게 하나님의 우편에 높임을 받은 그리스도는 분명히 활동적인 그리스도였다. 어떤 의미에서 칼빈은 성취되는 과정 중에 있는 종말론을 취했다. 이와 관련하여 그는 그리스도의 통치(regnum Christi)라는 용어를 사용했는데, 교회를 승귀한 그리스도와 세속 질서 사이의 중개자로 보았다.

그러한 신학적인 출발점은 개인들의 내적인 영적 갱신을 가져오고, "주님에 대한 지식"으로 가득 채워 지구의 얼굴을 변화시킴으로써 "그리스도의 통치를 확장한다"는 선교 개념을 낳을 수밖에 없었다.

매우 적절하지 않지만, "수직적," "수평적"이라고 불리는 이러한 두 차원 간의 관계는 이후 모든 세기 동안에 칼빈주의의 주요한 특성이 되었고, 선교 이론과 실천에 지대한 영향을 주었다. 이러한 두 차원은 보에티우스(G. Voetius), 휴르니우스(J. Heurnius), 텔링크(W. Teellinck)와 같은 대부분의 17세기 초의 제2종교개혁 신학자들에게 있어서 창조적인 긴장 속에서 결합되었다.

보에티우스(1588-1676)는 이 점에서 아주 중요한 인물이다. 그는 종합적인 "선교신학"을 개진한 첫 번째 개신교인이었다. 오늘날 그의 선교 관점은 전적으로 구식으로 보이지만 다른 한편으로는 놀라울정도로 현대적이다(Jongeneel 1989:146). 그가 구성한 선교의 3중적 목표는 널리 알려져 있고 여전히 이에 필적할만한 것이 없다.

1차적 목표는 이방인들의 개종(*conversio gentilium*)인데, 2차적 목표이자 좀 더 장기적인 목표인 교회의 설립(*plantatio ecclesiae*)에 예속된다. 그러나 최고이며 궁극적인 선교의 목표이자 앞의 두 목표가 예속되는 목표는 신적 은혜의 영광 및 표현(*gloria et manifestatio gratiae divinae*)이었다.

보에티우스는 선교의 토대가 무엇보다도 신학적이어야 한다고 보았는데, 바로 하나님의 마음에서 흘러나와야 한다고 하였다. 그러므로 그를 가리켜 오늘날 "하나님의 선교"(*missio Dei*)라고 알려진 것을 처음으로 주창한 사람이라고 칭해도 무방하다. 이와 동일하게 중요한 점은 이후 세기들 동안에 유행이 되었던 선교 개념보다 훨씬 넓게 그가 선교를 정의했다는 사실이다.

보에티우스는 선교가 붕괴 직전에 있거나 핍박으로 흩어진 교회들을 함께 모으는 것, 신학적으로 후퇴한 교회들의 갱신, 서로 나뉜 교회들의 재연합, 억압받고 빈곤한 교회들에 대한 지원, 통치당국으로부터 억압을 경험하고 있는 교회들의 해방을 목표하는 것으로 보았다(Jongeneel 1989:133, 147).

보에티우스는 세속당국뿐 아니라 교황, 주교들, 종단과 교회 회중을 부적절한 선교 수행자로 간주했다. 오직 교회만을 합법적인 선교 수행자로 보았는데 교회만이 교회를 세울 수 있었기 때문이었다. 그리고 보에티우스는 신생교회가 모교회에 예속되지 않아야 한다고 했는데, "나이든" 교회와 "어린" 교회가 모두 동등한 관계에 있어야 한다는 것이다(Jongeneel 1989:126, 136).

"어린" 교회들이 "나이든" 교회에 예속되지 않는 것처럼 정부에도 예속될 수 없다. 보에티우스는 당시에 포르투갈 왕과 스페인 왕에게 식민지의 "어린" 교회들에 대한 권한을 수여하는 로마가톨릭의 보호권을 반대했다. 그는 또한 1세기 후의 경건주의자들과 마찬가지로 종교 문제에 있어서 어떤 강제도 있어서는 안 된다는 입장을 가졌는데 타종인들에게는 기독교인이 되기를 거부할 자유가 있다는 것이었다(Jongeneel 1989:128).

청교도들의 선교 이해는 본질적으로 보에티우스와 다르지 않았으며 틀림없이 어느 정도 상호영향을 주었다. 보에티우스가 중요한 역할을 했던 그 유명한 도르트회의(Synod of Dort, 1618-1619)에는 영국과 스코틀랜드의 교회 대표들이 참석하였다.

화란의 해외선교 사역은 1627년에 오늘날의 대만인 포모사(Formasa)에서 시작되었다. 바로 직전에 알렉산더 휘테커(Alexander Whitaker)는 버지니아(Virginia) 식민지에서 선교의 기초를 놓았다.

그러나 논란의 여지가 없이 개신교 선교 선구자는 존 엘리엇(John Eliot, 1604-1690)이었는데, 1640년대부터 사망할 때까지 전 생애를 거의 메사추세츠(Massachusetts)의 인디언들 가운데서 보냈다. 대서양 건너편의 식민지에서의 선교 사역을 보장하기 위해 1649년에 "뉴잉글랜드회사"(the New England Company)가 영국에 설립되었다. 이것은 선교 목적을 위해 전적으로 헌신한 최초의 개신교 협회였다(Chaney 1977:15).

고전적인 청교도주의는 대각성(the Great Awakening)이 시작될 때까지 대체로 1735년까지 지속되었다. 이 시대에 선교 사상을 발전시키는데, 기여한 신학자들은 존 엘리엇 외에 리차드 십스(Richard Sibbes), 리차드 백스터(Richard Baxter), 코튼 마더(Cotton Mather)였고, 한편 조다단 에드워즈(Jonathan Edwards)는 과도기적 인물이었다(Rooy 1965). 특히 니이버(Niebuhr [1973], 1959), 반 덴 베르크(van den Berg), 로이(Rooy 1965), 드 종(De Jong 1970), 체니(Chaney 1976)의 탁월한 연구로부터 나는 청교도 선교신학의 가장 중요한 특징들을 제시하고자 한다.

1) 칼빈주의의 근본적인 특질은 예정론이다.

이 교리는 자주 지나치게 엄격하게 이해되었다. 하나님이 어떤 개인들을 구원하기로 예정하고 다른 사람들은 영원한 형벌에 처하게 예정한다면(이중예정, *predestinatio gemina*) 그리스도인들은 하나님이 원하는 대로 사람들을 구원하도록 그에게 맡겨야 한다. 따라서 예정론에 대한 믿음은 선교하려는 의지를 마비시킨다. 어떤 청교도들은 참으로 이러한 관점을 가지고 있었는데, 자신들이 하나님의 선택을 받아 북미의 광야에 정원을 만들고 경작하도록 보냄을 받아 원주민을 추방함으로써 하나님의 왕국을 확장한다고 믿었다.

때로 청교도 목사는 하나님이 "인디언들 중에 치명적인 질병을 보내서 많이 죽게 하여 우리들의 조상을 위한 공간을 만들어 주셨다"고 감사를 표현하기도 했다(Beaver 1961:61). 그러나 존 엘리엇과 다른 이들이 인디언들 중에서 선교 사역을 시작한 후 얼마 되지 않아서 그들은 하나님의 통치가 원주민들의 멸절이 아니라 회심에 의해서 확장된다고 믿기 시작한 식민개척자들의 지원을 얻게 되었다.

하나님의 선택을 받았다는 의식은 새로운 길로 나아가게 되었다. 그러한 "변화"는 칼빈주의자들 가운데서 거듭 감지될 수 있다. 예정론에 대한 강조가 선교에의 적극적인 참여로 귀결된다. 하나님의 택함받은 백성은 활동하지 않고 그대로 있을 수 없다.

2) 보에티우스와 마찬가지로 청교도들에게도 선교의 궁극적 목적이 하나님의 영광이었다(van den Berg 1956:29; Rooy 1965:64; Warren 1965:53; Chaney 1976:17).

비버(Beaver, Chaney 1976:17에서 인용)는 이를 가르켜 교회 선교의 "뿌리"라고 부른다. 그것은 틀림없이 개신교 선교 첫 두 세기의 강력한 선교 동기였다. 예정론처럼 이것은 칼빈주의의 기본 강령이었다. 그리스도인의 전 생애는 하나님의 이름을 영화롭게 하고 모든 것 위에 있는 그의 주권을 인정한다는 것을 드러내야 한다. 하나님의 주권은 하나님의 은혜를 배제하지 않지만 17세기에 후자보다 전자를 강조하였다. 18세기에 와서야 하나님의 주권에 대한 과도한 강조에서 그의 자비를 더 많이 강조하는 쪽으로 변화가 일어났다(Niebuhr 1959:88).

3) 그러나 하나님의 영광 혹은 주권은 그의 은혜 및 측량할 수 없는 자비와 분리해서 생각될 수 없다.

청교도들은 "예수의 사랑으로 강권함을 받았다"(van den Berg 1956). 예수의 사랑은 두 가지 방식으로 이해되었는데, 신자들이 경험하는 그의 사랑과 구속받지 못한 사람들에 대한 그의 사랑이었다. 가령 요한 웨슬리는 용서받은 죄인에 대한 그리스도의 사랑이 "사람의 모든 자녀를 사랑하도록 자신을 따듯하게 강권한다"고 했다(den Berg 1956:99 인용).

시간이 흐르면서 이러한 구원론적 주제가 거의 지배적이 되었다(van den Berg 1956:29; Beaver 1961:60; Rooy 1965:64, 240, 310, 316; Warren 1965:47, 52). 이것이 경건주의와 청교도주의 간에 가장 유사한 점이다(van den Berg 1965:25).

4) 화란의 "제2종교개혁"이거나 영국의 청교도이거나 칼빈주의 선교 사업은 모두 식민지 확장의 틀 안에서 수행되었다.

다음 장에서 식민주의와 선교 간의 긴밀한 관계가 보다 충분히 거론될 것이다. 나는 17세기와 18세기 초에 나타난 식민 사상과 이것이 개신교 선교와 어떤 관계가 있는지만을 언급하려고 한다. 이러한 관계를 이해하기 위해서는 기독교 국가(Corpus Christianum)라는 개념이 이 시기 동안에는 완전히 드러나지 않았고, 계몽주의 기간에서야 불이 붙었다는 사실을 이해하는 것이 중요하다.

로마가톨릭, 루터파, 개혁파 등 기독교 분파들이 있었을지라도 17세기 동안에 유럽이 기독교적이라는 것이 자명했으며 따라서 유럽 국가들의 해외 "소유"에 대해서도 동일하게 적용되었다.

칼빈주의의 경우 신정정치라는 또 다른 차원이 더해졌다. 칼빈주의의 선교가 실행되는 곳은 어디든지 그 목적은 하나님 자신이 진정한 통치자인 사회 정치 체계를 "광야"에 수립하는 것이었다.

존 엘리엇의 선교 사역은 이에 대한 증거를 보여 주었는데, 특히 "기도 마을"이라는 정착촌 14개가 메사추세츠에 세워지고 인디언 개종자들이 모여 공동체 생활하는데, 이것은 전적으로 출애굽기 18장의 지침을 따라 조직되었다.

이와 마찬가지로 북미의 청교도 식민지들은 지구 상의 하나님 나라의 현현이어야 했다. 그리스도의 통치가 사회와 교회에서 모두 보여야 했다. 국가는 보조적인 기관으로서 기능해야 하는 신적 소명을 가지고 있었다. 교회와 국가 간의 완전한 조화가 구상되었다.

본국에서 같은 이상이 추구되고 있었는데, 적어도 1640년대와 1650년대에 올리버 크롬웰(Oliver Cromwell)을 위시한 사람들이 영국을 신정국가로 바꾸려고 꿈꿨다. 이것은 종교와 정치의 통합으로서 교회와 국가를 향한 하나님의 뜻을 반영하고자 한 것이다(van den Berg 1956:21-29; Rooy 1965:280).

계몽주의는 신정정치의 이상을 깨뜨렸다. 종교는 사적인 영역으로 추방되고 공적인 영역은 이성에게로 넘겨졌다. 따라서 계몽주의는 지구 상에 신정정치를 건설한다는 선교 개념을 상상할 수 없게 만들었다.

하지만 다음 장에서 보겠지만 사회와 종교 간의 통일성, 국가와 교회 간의 통일성이라는 개념이 완전히 죽지는 않을 것이었다. 계몽주의에 의해 심각한 타격을 입었을지라도 이러한 통일성은 여러 가지 방식으로 계속 나타날 것이었다.

5) 신정정치의 이상은 초기 칼빈주의자들이 선교와 종말론 간의 관계를 이해한 방식과 긴밀한 관계가 있다.

19세기 말과 20세기에 뚜렷했던 전천년설과 후천년설 간의 명백한 구분이 당시에는 없었다. 드 종(De Jong)은 1640년부터 19세기의 여명기까지의 시기를 다음과 잘 요약해 준다.

> 천년왕국에 대한 소망은 아주 복잡한 천년왕국설, 강림주의 경향을 띠는 전천년설, 기독교적인 자선 및 교육 프로그램들을 통한 인간 조건의 점진적인 개선을 믿는 절제된 후천년설 사이에서 왔다갔다 했다 (1970:22).

기독교 신앙의 다른 어떤 영역보다도 종말론은 종교적인 환상이 자유롭게 일어날 수 있는 가능성이 많은 영역이었다. 이러한 점으로 볼 때, 모든 청교도들이 동일하게 생각했을 것이라고 보는 것은 현실적이지 못할 것이다. 참으로 다른 점들이 있었다. 하지만 모두가 신정정치의 비전을 공유하고 있었기 때문에 일치성이 상당히 있었다.

본질적으로 선교와 종말론 간의 관계에 대한 그들의 관점은 네 가지 요소들을 포함하고 있었는데, 로마의 멸망에 대한 기대, 이에 따른 대규모의 유대인과 이방인들의 교회로의 유입, 모든 민족들 중에 참된 신앙과 물질적인 축복이 주어지는 시대의 전개, 영국이 역사를 정해진 때로 이끌어가도록 신적 위임을 받았다는 분명한 확신이다(De Jong 1970:77; Rooy 1965:241).

처음 세 가지 주제들은 당시의 화란 선교 진영에서도 명백했는데, 특히 텔링크(Teellinck)와 휴르니우스(Heurnius)에게서 나타났다(van den Berg 1956:20). 그러므로 이러한 사상들이 17세기 동안과 그 이후에 흔하였다. 동시에 칼빈의 종말론 이해로부터의 이탈을 뜻했다. 칼빈은 교회 시대를 세 시대의 전개로 보고 있었다.

① 첫 번째 시대는 사도들의 시대로서 사람이 사는 온 세계에 복음이 전파되었다.
② 두 번째 시대는 적그리스도가 휩쓸던 시대로서 칼빈이 자신이 살았던 시대이며 그는 십자가 아래 있는 교회를 위한 신학을 썼다.
③ 세 번째 시대는 교회가 크게 확장되는 시대이다.

청교도들은 칼빈의 역사 구도를 받아들였다. 그러나 그들은 자신들이 둘째 시대의 마지막 시기를 살고 있고 셋째 시대의 여명기에 있다고 믿었다(Chaney 1976:32). 이것은 그들이 왜 칼빈보다 훨씬 낙관적이고 확신에 차 있었는지를 설명해 준다.

서서히 그러나 틀림없이 적그리스도 무리에 대한 하나님의 확실한 성공적 공격이 북미의 해안으로부터 가해질 것이며, 이 역사의 마지막 드라마에서 청교도들이 핵심 역할을 할 것이라는 확신이 자라났다(Hutchison 1987:38, 41).

6) "제2종교개혁"과 청교도 시대에는 선교 목표로서의 문화적 향상이 여전히 발전되어 있지 않았다.

서구 그리스도인들은 자신들의 문화가 비서구 국가들의 문화보다 우월하다고 믿었으나 문화적인 향상을 선교의 목표로서 따로 구별해 두지 않았다. 사람들은 사회에 하나님의 통치가 세워지면 그들의 삶이 개선될 것이라고 단지 가정했다.

존 엘리엇의 말에 따르면(Hutchison 1987:27 인용) "종교와 함께 문명성(civility)을 가져가는 것이 절대적으로 필요했다." 수십 년 후에 코튼 마더(Cotton Mather,

1663-1728)는 "우리가 할 수 있는 최선은 우리의 인디언들을 영국화하는 것이다"라고 단언했다(Hutchison 1987:29 인용). 다음 장에서 예증하겠지만 이후로 이러한 견해가 너무 지배적이어서 선교와 "서구화"를 구별하기 어려웠다.

7) 18세기 말 이래로 선교 논의에서의 "대위임령"의 중요성을 생각했다.

그러나 대위임령이 17세기 논의에서는 사실상 아무런 역할도 하지 못했다는 점은 놀라운 일이다(Rooy 1965:319). 이 주제가 부재했던 주요한 이유는 아마도 대위임령의 타당성이 논란의 여지가 없고 청교도들이 자신들이 하는 일을 정당화하기 위해 명령에 호소할 필요가 없었기 때문이었을 것이다.

6. 종교개혁 패러다임의 양면성

개신교의 첫 두 세기 동안에 선교 패러다임은 다양한 극단 사이에서 출렁이는 경향이 있었다.

① 하나님의 주권에 대한 강조는 때때로 선교 참여의 생각을 마비시키기까지 하였다. 다른 경우에는 신적 주권과 인간의 책임이 창조적인 긴장 가운데 유지되었다.
② 때때로 사람들은 거의 전적으로 타락의 측면에서 조명되었는데, 멸망을 향해 가는 완고한 죄인이었다. 다른 경우에는 잃어버린 인간들에 대한 그리스도의 사랑이 강조되었는데, 사람들은 구속될 수 있고 구속될 가치가 있는 것으로 판단되었다.
③ 개신교 정통주의는 신앙의 객관적인 측면에만 강조를 두고 개인적인 구원의 경험에 대하여는 거의 여지를 두지 않았다. 경건주의는 다른 극단으로 가서 종교의 주관적인 경험적인 측면을 지나치게 강조하였다. 그러나 어떤

사람들은 객관적인 신앙과 주관적인 신앙 사이의 해체할 수 없는 통일성을 어느 정도 붙들려했다.

④ 대체로 첫 두 세기의 개신교인들은 교회와 국가 간의 긴밀한 관계라는 틀 안에서 움직였고 선교에 대해서도 마찬가지였다. 이 규칙의 예외는 재세례파, 경건주의자들, 제2종교개혁과 경건주의의 일부 지도자들 중에서 발견되었다.

⑤ 신정정치의 특징들 때문에 칼빈주의자들은 루터파보다 사회에서의 그리스도의 통치를 더 강조하였다. 이러한 성향은 칼빈주의자들이 선교 실천에서도 나타났다.

종교개혁의 선교 사상에의 영향에 대하여 다른 특징들이 있을 수 있지만 위에 언급한 것들이 가장 중요할 것이다. 그러나 다음 시대에서 계몽주의의 영향이 서서히 하지만 거침없이 사회와 교회에 퍼짐에 따라 이 요소들 중 어느 것도 영향을 입지 않은 것이 없었다. 우리는 이제 이 점을 살펴보고자 한다.

제9장 계몽주의 이후의 선교

1. 계몽주의 세계관의 특징들

이 장에서 나는 개신교 선교 패러다임을 계속해서 고찰한다. 개신교 선교에 대하여 두 개의 장을 쓰는 것이 처음에는 이상하게 보일지 모른다. 그러나 계몽주의가 개신교에 준 큰 영향을 생각해 보면 그러한 방식이 타당하다. 이 말은 가톨릭이 계몽주의의 영향을 받지 않았다는 뜻이 아니다. 그러나 가톨릭 신학과 가톨릭교회가 개신교보다 계몽주의의 영향을 더 효과적으로 견뎌냈고 더 오래도록 손상을 입지 않았다. 사실상 가톨릭은 계몽주의에 대한 반응을 제2차 바티칸공의회까지 연기했다.

한스 큉(Hans Küng 1984:23)이 제안하는 바와 같이 가톨릭은 계몽주의와 포스트모던 시대에 대하여 20세기에 동시에 두 개의 패러다임 이동을 겪어야 했다. 이와 대조적으로 개신교의 경우는 18세기 이래로 일어난 모든 일들이 이러저러한 방식으로 계몽주의의 큰 영향을 받았다. 두 신앙고백의 근본적인 차이가 있을지라도 계몽주의가 가톨릭 신학과 교회에 상당히 물들여진 것은 사실이다. 때때로 가톨릭의 발전을 때때로 소개할 것이지만 나의 대부분의 언급은 개신교에서 일어난 사건들에 대해서다.

여기서 계몽주의를 상세하게 논의하지는 않는다. 나는 지난 3세기 동안의 선교 사상과 실천을 이해하는 데에 도움이 되는 한에서 계몽주의의 면모들을 강조할 것이다. 중세 세계와 세계관이 해체되기 시작하는 조짐이 이르게는 14세기부터 보였지만 "근대" 혹은 계몽주의시대는 단지 17세기에 시작했다(Oberman 1986:1-17) 참조).

중세의 우주론은 대체로 다음과 같은 구조였다(Nida 1968:48-57).

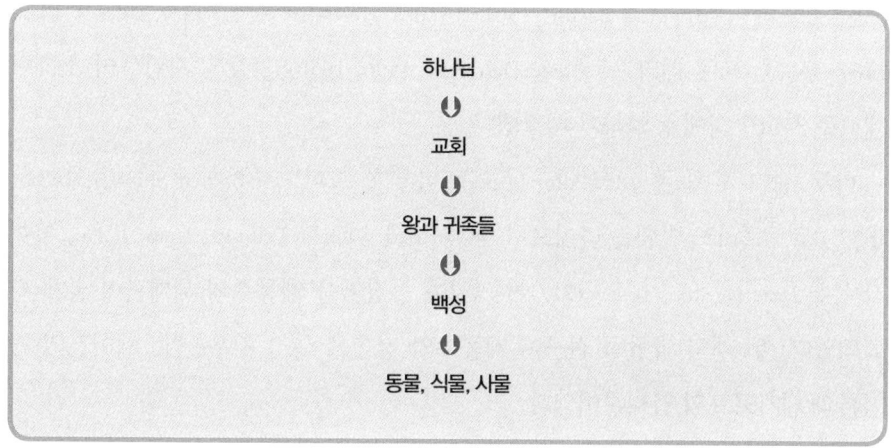

누구도 이러한 구조에 간섭해서는 안되었다. 신적으로 제정된 질서 속에서 공동체들뿐 아니라 모든 개인들은 하나님과, 교회, 왕과의 관계에서 적절한 위치를 유지해야 했으며, 하나님은 농노를 농노가 되게, 군주를 군주가 되게 했다.

그러나 르네상스, 종교개혁(여러 세기 동안의 서방교회의 오랜 통일성과 권력을 파괴시켰다)과 같은 일련의 사건들을 통해서 점차적으로 교회는 사회의 구조를 승인하는 요인이 되지 못했다. 승인은 이제 하나님으로부터 왕에게로 직접 넘겨졌고 여기서 백성들에게로 나아갔다.

혁명의 시대에(주로 18세기에) 왕과 귀족의 실권 역시 파괴되었다. 일반인들은 이제 자신들을 하나님과 직접 연결된 존재로 보았고, 더 이상 왕이나 귀족, 교회를 통해서가 아니었다. 여기서 우리는 민주주의의 조짐을 본다. 또다시 과학의 시대에 하나님은 사회의 승인 구조에서 대체로 제외되었다. 처음에는 놀라기도 했지만 사람들은 아무렇지 않게 하나님과 교회를 무시할 수 있게 되었다.

하나님, 교회, 왕과 같은 모든 "초자연적인" 재가가 사라지자 사람들은 이제 인간 아래의 존재들, 즉 동물, 식물, 사물들을 바라보면서 삶의 의미를 찾기 시작했다. 인간은 자신의 존재와 타당성을 더 이상 "위"로부터가 아닌 "아래"로부터 끌어내었다.

나는 이러한 전체 과정이 뚜렷하게 구별되는 각각의 단계로 펼쳐졌다는 것을 뜻하지 않는다. 사람들은 무슨 일이 일어나는지 의식하지 못한 경우가 보통이었다. 그러나 서구인들이 니콜라스 코페르니쿠스(Nicholas Coernicus, 1473-1543), 프란시스 베이컨(Francis Bacon, 1561-1626), 갈릴레오 갈릴레이(Galileo Galilei, 1564-1642), 르네 데카르트(René Descartes, 1596-1650)와 같은 사람들이 소개한 새로운 사고방식에 동의하기 시작했다.

한두 세대 후에 존 로크(John Locke), 바루흐 스피노자(Baruch Spinoza, 1632-1677), 고트프리드 빌헬름 라이프니치(Gottfried Wilhelm Leibnitz, 1646-1716), 아이작 뉴톤(Isaac Newton, 1642-1717)이 역사에 등장했을 계몽주의 세계관이 굳게 확립되었다. 두 개의 과학적 접근이 계몽주의 전통을 특징 지우는데, 베이컨의 경험론과 데카르트의 합리론이었다.

데카르트는 "나는 생각한다. 고로 나는 존재한다"(*Cognito, ergo sum*)라는 유명한 말을 제시했다. 이 두 가지 접근 모두 인간의 이성이 상당한 자율성을 가지고 있단 전제 위에 움직인다. 그러나 베이컨이나 데카르트는 과학적 진보에 대한 자신들의 이론이 기독교 신앙을 위태롭게 할 것이라고 보지 않았다. 특히 베이컨은 완전히 청교도적 패러다임 속에서 활동했고 과학과 기독교 신앙 간의 완전한 조화를 가정했다(Mouton 1983:101-122; 1987:43-50). 그러나 그들의 선구적인 작업 이후 시대 동안에 과학은 신앙과 반대되는 것으로 점점 더 인식되었다.

계몽주의가 기독교 선교 이해에 미친 영향을 논하기 전에 지나치게 단순화하는 것인지는 모르겠지만 계몽주의의 윤곽을 먼저 간략히 언급하고자 한다. 내가 발견한 요소들은 각각 따로 취급되어서는 안되는데, 모두 서로에게 영향을 주기 때문이다. 그럼에도 불구하고 나는 하나씩 다룰 것이다.

첫째, 계몽주의는 이성의 시대였다. 시간이 흐름에 따라 데카르트의 "생각한다 고로 존재한다"(*Cognito, ergo sum*)는 인간의 이성이 모든 지식의 확실한 출발점이라는 것을 뜻하게 되었다. 인간의 이성은 자연적인 것이고 자연의 질서로부터 유래하는 것이므로 전통이나 전제의 규범으로부터 독립적이었다. 이성은 "신자들"에게만 속할 뿐 아니라 모든 인간들에게 똑같이 속하는 유산을 뜻했다.

둘째, 계몽주의는 주체-객체 구조와 함께 작동했다. 이것은 계몽주의가 인간들을 환경으로부터 분리시켜서 과학적 객관성이라는 위치에서 동물과 광물계를 조사할 수 있게 된 것을 뜻했다. 인간과 인간의 이성(res cogitans)은 비인간 세계 전체(res extensa)를 연구할 수 있었다. 자연은 더 이상 "피조물"이 아니었고 더 이상 사람들의 교사가 아니었고 분석의 대상이었다.

전체를 더 이상 강조하지 않고 부분들을 강조하였는데, 전체보다 더 우선시 되었다. 심지어 인간도 더 이상 전체적인 존재로 간주되지 않고 다양한 관점에서 파악되고 연구되었다. 즉 생각하는 존재로(철학), 사회적인 존재로(사회학), 종교적인 존재로(종교학), 육체적인 존재로(생물학, 생리학, 해부학, 관련 과학들), 문화적인 존재(문화인류학) 등으로 간주되었다. 이러한 방식으로 심지어 인간의 이성(res cogitans)이 비인간 세계 전체(res extensa)와 분석의 대상이 될 수 있었다.

원칙적으로 비인간 세계 전체에 어떤 제한도 있지 않았다. 전 지구는 대담하게 차지되고 정복될 수 있었다. 대양과 대륙들이 "발견"되었고 식민제도가 도입되었다. 이것은 마치 전에는 알려지지 않았던 권력들이 촉발된 것 같았다. 막대한 확신이 사람들에게 퍼졌다. 그들은 과거의 모든 것들은 준비였을 뿐이거나 심지어는 장애였을 뿐이라는 듯이 "진정한" 것이 이제 막 표출하기 시작했을 뿐이라고 느꼈다.

물질 세계는 조종되고 착취될 수 있는 것이었다. 그리고 과학적, 기술적 지식이 발전함에 따라 이것은 더욱 가능하게 되었다. 1966년 제네바에서 열린 교회와 사회(Church and Society)회의에 앞서 쓰여진 글에서 메스딘(Mesthene)은 다음과 같이 말했다.

> 우리는 처음으로... 새로운 가능성을 거의 우리 마음대로 창조할 수 있는 충분한 힘을 손에 쥐고 있다. 치밀하게 도입된 다량의 물질적인 변화를 통해 우리는 문자 그대로 자연으로부터 새로운 대안들을 찾을 수 있다. 고대의 폭정이라는 문제는 조각났고 우리는 그것을 알고 있다... 우리는 그것(물질세계)을 변화시킬 수 있고 우리의 목적에 맞게 그것을

형성할 수 있다... 새로운 가능성들을 창조함으로써 우리는 더 많은 선택을 가질 수 있다. 더 많은 선택으로 인해 우리는 더 많은 기회들을 가지게 된다. 더 많은 기회들로 인해 우리는 더 많은 자유를 가지게 되고 더 많은 자유로 인해 우리는 더 인간적이 될 수 있다. 그것이 바로 우리 시대의 새로운 모습이다... 우리는 우리의 기술적인 역량이 새로운 자유, 고양된 인간의 존엄성, 자유로운 열망에 대한 약속과 함께 꽃피고 있음을 인식하고 있다(1967:484).

셋째, 위의 내용과 관련된 계몽주의의 특성으로, 과학으로부터 목적이 제거되었고 실재를 이해하는 단서로서 직접적인 인과율이 도입된 것이다. 고대 헬라와 중세 과학적 사고는 활성화된 인과율을 믿었고 물리학에서 목적을 설명의 한 범주로 취하고 있었다. 이러한 목적론의 차원은 고대인들에게 필수적인 것이었다.

그러나 17세기 이래로 과학은 분명히 비목적론적이 되었다. 우주가 누구에 의해서 어떤 목적으로 생겨났는지 대답될 수 없고(Newbigin 1986:14 참조), 심지어 이러한 질문에 관심도 없다. 대신에 그것은 단순하고 기계적인 인과율의 가정에 근거하여 작동한다. 원인이 결과를 결정한다. 따라서 결과는 예측되지 못한다 하더라도 설명될 수 있다.

근대 과학은 완전히 결정론적 경향이 존재하는, 변하지 않고 수학적으로 안정된 법칙들이 기대하는 결과들을 보장하기 때문이다. 필요한 것은 원인과 결과의 법칙들을 아는 완전한 지식이다. 인간의 정신은 모든 결과를 미리 세심하게 계획하는 주인이자 창시자가 되고, 모든 과정들은 완전히 이해되고 통제될 수 있다. 잉태, 출생, 질병, 죽음은 신비성을 상실했고 단지 생물학적, 사회학적 과정이 되었다(Guardini 1950:101).

넷째, 이것과 관련해서 계몽주의의 특징은 진보에 대한 믿음이다. 단테 알리기에리(Dante Alighieri 1265-1321)에게 있어서 지브롤터 해협을 넘어서 대양으로 항해하려는 율리시스(Ulysses)의 계획은 모독이었다(Guardini 1950:42).

한편 계몽주의 세대에게는 그러한 사고가 매혹적이고 선동적이었다. 사람들은 지구를 횡단하여 새로운 영토들을 "발견"하고 어두운 세계에 새로운 날이 밝아오는 것을 본다는 가능성에 대하여 기쁨과 흥분을 표현하게 되었다.

서구 국가들은 대담하게 지구를 획득했고 식민지 체제를 도입했다. 내일을 위해 준비하면서 그들은 만성적인 확신으로 가득 찼다. 그들 자신이 운명의 주인이었는데 어릴적부터 그들이 공부한 역사에 의해 형성된 믿음이었다(West 1971:52; Hegel 1975 참조). 그들은 자신들의 형상대로 세상을 다시 만들 수 있는 능력과 의지를 모두 가지고 있다고 확신하였다.

진보의 사상은 소위 제3세계 국가들 속에서 서구 국가들이 실시하는 "개발 프로그램"의 형태로 표현되었다. 이러한 모든 계획의 중심은 서구 기술 개발 모델이었는데, 주로 물질의 소유, 소비주의, 경제적 발전에 초점을 두었다. 또한 이 모델은 근대화(modernization) 사상에 기초하였다.

이론가들은 개발은 모든 문화 속에서 자연스럽게 작용하는 불가피하고 단선적으로 발전하는 과정일 것으로 가정했다. 더 나아가서 개발의 혜택은 가난한 자 중의 가난한 자에게 미치고 각자에게 발생된 부가 공정하게 나누어질 것이라는 가정이 있었다(Nürnberger 1982:240-254; Bragg 1987:23). 이러한 패러다임 속에서 근대주의의 반대편은 후진성이며, 즉 "미개발" 국민들이 극복하고 떠나야 하는 조건이었다.

이 모델에서 새로웠던 것은 부를 소외된 사람들 속에서도 나눈다는 것이었다. 그러나 이것은 오히려 양면성을 드러내었다. 지난 25년간 출판된 연구들에 따르면 서구 개발 개념이 결함이 있는 것으로 나타났다. 그 수사법은 모두를 위한 진보와 부유, 증진된 안전, 혜택들을 언급했다. 그러나 최종적인 분석에서 문제는 유익이나 부유가 아니라 권력이었는데 이기심이 지배했기 때문이었다. 그리고 종교가 권력을 공공의 선을 위해 더 이상 올바로 사용하지 못하고 기득권층의 선을 위해 쉽게 사용될 수 있기 때문이었다.

물론 불의는 계몽주의 이전 시대에도 역시 만연했었다. 구아르디니(Guardini 1950:39)가 주장하듯이 당시의 사람들은 그것에 대하여 가책을 느꼈다. 그런데 이제는 마키아벨리의 방식대로 편의가 도덕보다 더 중요하게 되었고, 사람들은 처벌받지 않은 채 다른 사람들을 착취할 수 있었다. 토마스 홉스(Thomas Hobbes 1588-1679)는 국가를 절대군주와 인간 생활의 심판자로 선언한 국가 이론을 제기했는데, 이 이론은 결국 아우슈비츠, 히로시마, 정치수용소를 야기했다.

다섯째, 이러한 모든 것과 함께 계몽주의의 특성이 출현하는데, 과학적 지식이 사실이고 가치 중립적이라는 주장이다. 버트란드 러셀(Bertrand Russell 1970:75)에 따르면 신앙을 참되게 하는 것은 "사실이며 이 사실은… 신앙을 가진 사람의 정신과 전혀 관계없다"(:75). 신앙은 상응하는 사실이 있을 때 참이고 상응하는 사실이 없으면 거짓이다(:78). 사실들은 자체로 생명이 있고 관찰자로부터 독립적이다. 그 사실들은 "객관적으로" 참이다. 따라서 칼 포퍼(Karl Popper)는 "객관적 의미에서의 지식 혹은 사상"을 이렇게 정의한다(1979:109).

> (그것은) 알고 있다고 말하는 사람들의 주장으로부터 완전히 독립적이다. 또한 어떤 사람들의 믿음으로부터도 독립적이다… 객관적 의미에서 지식은 아는 자 없는 지식이며 아는 주체가 없는 지식이다.

사실들의 반대편에는 지식에 기초하지 않고 견해, 믿음에 기초하는 가치들이 있다. 사실은 논쟁될 수 없고 가치는 선호와 선택의 문제이다. 종교는 주관적인 개념이고 옳다고 증명될 수 없으므로 가치의 영역에 해당되는 것이었다. 종교는 견해라는 사적인 세계로 내몰렸고, 사실이라는 공적 세계와 결별되었다.

여섯째, 계몽주의 패러다임에서는 모든 문제들이 원칙적으로 해결 가능한 것이었다. 물론 많은 문제들이 아직 해결되지 않았지만 이것은 단지 모든 관련된 사실들을 파악하지 못했기 때문이다. 모든 것은 설명될 수 있거나 적어도 설명 가능한 것으로 여겨졌다. 어떠한 간격이나 신비도 해방되고 탐구하는 인간의 정신을 막지 못할 것이었다. 그 지평은 제한이 없었다.

과학은 축적되는 것이며, 모든 것을 포괄하는 것으로 간주되었다. 과학의 성장은 관찰적인 자료들이 증가함에 따라 앞으로 위로 계속될 것이었다. 실증주의라는 장관을 통해 지성적인 삶의 역사는 "어두운 신학적, 형이상학적, 철학적 사유의 시대를 통과하여 실증 과학의 승리 속에서 떠오를" 것으로 생각되었다(Bernstein 1985:5). 그 이전의 시대에 주요한 진전이 없었다는 뜻이 아니다.

그러나 메스딘(Mesthene 1967:484)은 "과거에는 발명품들이 극히 적고 드물었고 예외적이었고 놀라운 것"이었으나, 오늘날은 "많고, 빈번하며 계획에 의한 것이고 점점 더 당연시된다"라고 말한다. 활력 넘치는 메스딘에게 있어서 사악하고 외부적인 자연의 힘은 결국 인간의 계획과 이성에 굴복할 것이고 인간이 세상을 자신의 형상대로 자신의 고안대로 재구성할 수 있을 것으로 보였다.

일곱째, 계몽주의는 사람들을 해방되고 자율적인 개인들로 간주했다. 적어도 어거스틴 이후에 서구신학에서 개인에 대한 강조가 나타나지만 중세에는 공동체가 개인보다 우선이었다. 그러나 어거스틴과 루터에게 있어서 개인은 결코 해방되거나 자율적이지 않지만 무엇보다도 하나님과 교회와의 관계 속에 있는 것으로 간주되었다. 이제는 개인들이 중요한 존재가 되었다(Guardini 1950:42, 47, 64-79).

그러므로 계몽주의의 중심 신조는 인류에 대한 믿음이었다. 계몽주의의 진보는 자신들의 행복을 추구하는 개인들의 자유로운 경쟁에 의해 보장되었다. 자유롭고 "자연적인" 인간은 무한히 완전하고 자신의 선택을 따라서 진화될 수 있는 것이었다.

자유주의적 사상의 시초부터 무차별적인 자유의 경향이 있었다. 자신이 좋은 대로 살려는 자유를 향한 갈구는 서구의 "민주주의"라는 불가침의 권리로 발전하였다. 사회적 책임 위에 있는 개인의 자기 충족성은 신성한 신조로 높여졌다.

"절대적인 것은 결코 없다. 자유가 절대적이다"(Bloom 1987:28).

이러한 견해의 필연적 결과는 각 개인이 모든 다른 개인들이 자신이 원하는대로 생각하고 행동하게 허용해야 한다는 것이었다. 이러한 철학에 따르면 다음과 같다.

"참된 신자가 진짜 위험한 사람이다."

"개방되어 있지 않은 사람보다 더한 적은 없다"(Bloom 1987:26, 27).

따라서 무차별성이 도덕적 명령의 수준에까지 상향되었는데 그 반대는 차별이었기 때문이었다(:30).

개인은 하나님과 교회의 지도로부터 해방된 것으로 경험했고 더 이상 특정한 직함, 계층, 특권층을 합법화할 필요가 없었다. 모두는 동등하게 태어났고 동등한 권리를 가진다. 그러나 이것들은 종교로부터가 아니라 "자연"으로부터 기인하였다. 따라서 한편으로 인간들은 하나님보다 더 중요했고, 다른 한편으로는 동물이나 식물과 근본적으로 다르지 않았다(Guardini 1950:53).

따라서 개인들은 자신의 목적을 위해 사용하려는 사람들에 의해 기계로 강등되고 조정당하고 착취당했다. 뉴비긴(Newbigin 1986:118)은 자본주의와 막시즘이 초자연적인 언급 없이 인간을 자율적인 개인으로 보는 계몽주의의 관점에서 유래한다고 말한다.

2. 계몽주의와 기독교 신앙

근대 시대의 지배적인 특징은 철저한 인간 중심주의이다. 계몽주의 이전의 생활에서는 계층화와 영향이 종교에 크게 달려 있었다. 법률 제정, 사회 질서, 공적 기풍, 철학적 사고, 예술 등 모든 것들이 이러 저러한 방식으로 종교적으로 각인되었다. 나는 역사적 시대로서의 중세가 단순히 기독교적이었고 그 이후는 명백히 비기독교적이었다고 주장하는 것이 아니다.

계몽주의 이전과 이후에 모두 신앙과 불신앙이 있었다(Guardin 1950:98, 110). 그러나 계몽주의가 사람들에게 새로운 "개연성 구조"를 제공했고, 기독교 신앙이 더 이상 직접적인 방식으로 과학적 사고에게 지침을 주지 못하게 되었다는 점은 부인할 수 없다. 우리의 문화를 이전의 모든 문화와 구별시켜 주는 것은 무신론적이라는 것이다(Newbigin 1986:54, 65).

따라서 기독교 신앙이 계몽주의 이후에도 계속되었다 할지라도 그것은 자명함을 상실했다. 기독교 신앙은 압박을 받게 되었고, 자신을 과대하게 강조하였는데 자신이 생경하고 심지어 적대적인 세상에서 활동하고 있다고 느꼈기 때문이었다(Guardini 1950:51).

사람들이 스스로를 자유로운 존재로 이해하고 있다면 어떻게 하나님이 주권적으로 다스릴 수 있겠는가?

사람들이 필요한 것들을 스스로 창조할 수 있다고 믿은 세상 속에서 하나님은 여전히 활동하는가?

하나님은 여전히 섭리와 은혜의 하나님일 수 있는가?

하나님은 신적 권위로 인간 세상을 대면하는 기관인 교회를 세울 수 있는가?

이것들은 근대 신자들이 직면하는 많은 질문들 중의 일부일 뿐이다. 중세에서 요동치지 않는 거대하고 집단적 확신은 전적으로 사라졌다. 기독교 신앙은 심히 의문시되고 경멸적으로 부인되고 무시되었다. 인간 존재의 모체이자 근원이었던 계시는 이제는 진리와 타당성 주장을 입증해야 한다. 새로운 신학 분야가 출현하기 시작했는데, 기독교 변증학이었다(:51-55).

아래에서 주장하겠지만 대체적으로 계몽주의는 해 아래서 종교의 자리를 부인하지 않았다. 그러나 계몽주의는 기독교의 배타적인 주장들을 철저하게 상대화시켰다. 수 세기 동안 "종교"라는 단어는 "독실" 혹은 "경건"의 의미로 사용되었다. 중세에 비기독교적 종교는 "종교적"인 것으로 결코 언급되지 않았다.

그러나 17세기에 "종교"는 "신앙과 관습의 체계"를 의미하게 되었다. 종교라는 단어는 이제 복수로 사용되고 기독교 신앙은 여러 "종교들" 중의 하나일 뿐이었다. 본질적으로 기독교는 다른 종교들과 마찬가지인 것으로 여겨졌다. 다른 종교들에 대한 기독교의 우월성은 기껏해야 상대적인 것이 되었다.

모든 종교들이 근본적으로 동등하게 된 것은 또한 교회의 전통적인 어휘가 신학적인 내용을 상실했음을 의미했다. 한 가지 예를 들면, 세속적인 형태로서의 죄는 전적으로 도덕적인 관점에서 인식되었다. 죄는 지시를 위반하거나 복종하지 못하는 것을 가리켰다. 인간 본성의 내재적인 죄성은 부인되었고 인간을 본질적으로 선하다고 보는 현저한 낙관주의가 확산되었다. 악이 사람들 위에 내재하는 힘을 가지고 있지 않기 때문에 그대로 두면 사람들은 "자연히" 옳은 일을 할 것이라는 주장이다(Braaten 1977:18; Gründel 1983:105).

물론 기독교는 계몽주의 이후에도 사라지지 않았다. 이와 반대로 기독교는 전

지구에 확산되었다. 나는 이에 대한 이유들과 그렇게 된 방식을 후에 살펴 볼 것이다. 일단 나는 계몽주의 출현 이후의 기독교가 계몽주의 이전과 다르다는 점을 주장하고자 한다. 계몽주의 정신을 반대한 곳에서도 기독교는 계몽주의의 상당한 영향을 받았다. 앞에서 언급한 계몽주의의 일곱 가지 특성들을 살펴보는 것이 계몽주의가 기독교와 기독교 신학에 끼친 영향을 파악하는 데 도움이 될 것이다.

첫째, 이성이 기독교 신학에서도 아주 중요한 것이 되었다. 이것은 이전 시기에서는 이성이 어떤 역할도 하지 않았다는 뜻이 아니다. 프란시스 영(Frances Young 1988:307)은 교부시대에 이성이 얼마나 중요했는지를 보여주었는데, "영성과 합리성이 함께 갔었던" 시기였고, "신앙이 종교적 정신의 추론"이기 때문이었다. 그러나 신앙이 이성보다 우위였다. 정신(mind)은 진리 아래 있었지 위에 있지 않았다. 달리 말하면, 신앙과 이성 간의 대조는 두 가지 합리성 양식 간의 대조였다(:308).

계몽주의 이래 하나의 다른 합리성 양식이 지배적이 되었다. 이성이 신앙을 대체하여 출발점이 된 것이다. 신학은 이제 그 "대상"에 있어서만 다른 학문 분야들과 달랐고 방법이나 출발점에서 같았다. 신학은 기본적으로 다른 학문 분야들과 비교할 만했다. 시간이 흐름에 따라 과학자들은 점점 더 그들의 체계 속에 하나님을 둘 여지가 없게 되었다. 하나님은 자신의 존재가 인간들에게 달리게 되었다.

프로이드(Freud)는 종교는 하나의 환영일 뿐이라고 했다. 막스는 종교를 악한 것으로, "민중의 아편"으로 보았다. 에밀 뒤르껭(Emil Durkeheim)은 모든 종교 공동체는 자신을 경배할 뿐이라고 주장했다. 다른 사람들은 보다 너그러운 편이었다. 그들은 하나님에 대한 신앙이 타당하던 때가 있었음을 인정했다. 그러나 이제 인간들은 성숙해졌고 하나님을 더 이상 필요로 하지 않게 되었다.

따라서 종교가 한때 타당했었을지라도, 이 선사시대적 잔재는 현대 세계에서 할 역할이 없게 될 것이다. 편견, 미신, 임의적인 권위에 의해 억제되었던 참된 인간성의 출현이 마침내 하나의 가능성이 된 것이다(West 1971:73, 볼테르와 같은 사람들의 관점을 요약).

철저하게 인간중심적인 세상에서는 하나님을 위한 여지가 없다. 정치, 과학,

사회질서, 경제, 예술, 철학, 교육 등이 자신들의 내재적인 표준에 따라서만 진화해 가야 한다는 것이 자명했다. 인간들은 여전히 자신들과 이성을 믿고 있었다. 자신들의 연약함으로부터 자신들을 구해줄 강한 신은 더 이상 필요치 않았다. 불가피한 결과는 종교가 점차적으로 시들어질 것이었다.

교회와 신학은 이러한 도전에 대하여 다양한 방식으로 반응하였다.

첫 번째 반응은 슐라이마허, 경건주의와 복음주의 대각성에서 유포되고 실천되는 것인데, 종교와 이성을 분리시키고 종교를 인간의 감정과 경험 속에 위치시켜서, "의식을 객관화"하려는 계몽주의 성향의 어떤 공격으로부터도 지켜내는 것이었다(Braaten 1977:22-25; Gerrish 1984:196; Newbigin 1986:44).

두 번째 반응은 종교의 개인화이다. 종교는 스스로 공적 생활의 작은 영역에 머물며, 대부분은 개인적인 문제로만 남게 되고, "공적 공간"은 "벌거벗은" 채 남겨진다(Neuhaus 1984).

세 번째 반응은 신학 자체를 하나의 과학으로 선언하는 것인데, 계몽주의적 측면이다. 따라서 19세기의 몇몇 프린스톤의 신학자들에게 신학은 "하나님에 대한 과학," "과학 중의 가장 위대한 과학," "과학들의 과학"이었는데, 명백히 과학으로서 다른 어떤 과학보다 우월한 것이었다(Hiebert 1985a:5).

네 번째 반응은 종교가 "기독교 사회"를 창조함으로써 주도권을 잡으려는 시도로서 기독교가 공식 종교가 되고 정부뿐 아니라 공직자들이 종교적 원칙과 계율들을 고수하는 것이었다.

이성의 우월성에 대한 마지막 반응은 세속 사회를 포용하는 것이었다. 인간들은 이제 성숙되었고 본회퍼의 말처럼 "마치 하나님이 없는 듯이"(*etsi Deus non daretur*) 행동해야 한다. 이와 관련하여 촉매 같았던 사건은 1960년에 스트라스부르그에서 개최되었던 세계기독학생연합대회(the World Student Christian Federation Conference)였는데, 여기서 요하네스 호켄다이크는 철저하게 교회와 교회의 활동을 비신성화할 것을 촉구했다.

북미 신학자들은 "신의 죽음"이라는 신학을 지지하기 시작했다. D. L. 먼비(D. L. Munby)는 『세속 사회의 개념』(*The Idea of a Secular Society* 1963)이라는 자신의 저서를 통해 어떤 특정한 관점에 충성하기를 명백히 거부한 사회를 용인한 것은 서구 기독교의 독특한 영광이었다고 주장했다. 류벤(Arend van Leeuwen)은 『기독교와 세계역사』(*Christianity and World History* 1964)라는 자신의 저서에서 복음에 의해 영감 받은 세속화는 미래의 물결이라고 주장했다. 하비 콕스(Harvey Cox)는 그의 저서 『세속 사회』(*The Secular City*)에서 세속 사회에 세례를 주었다. 많은 사람들이 이에 동참했다.

이러한 반응은 어떤 의미에서 17세기 이신론의 근대판이라고 할 수 있는데, 하나님을 시계 제조자로 보고 하나님이 처음에 세상을 움직이게 하고는 자체적으로 작동하게 했다는 고전적인 관점을 사용한 것이다. 이러한 관점은 성경을 과학의 첫 번째 책으로 만들려고 애쓴 사람들(세 번째 반응)보다 훨씬 더 이성주의자들을 만족시킨 것이다.

둘째, 자연 과학에 있어서 계몽주의의 주체와 객체 간의 엄격한 분리는 신학에게도 적용된다. 이것은 학자들이 자신들의 시대와 성경이 기록된 시대 간의 역사적 차이를 점점 더 인식하면서였다.

레싱(G. E. Lessing)의 말에 의하면 "추한 도랑"(garstiger Graben, ugly ditch)이 우리를 과거와 분리시켰다. 이 "도랑"은 성경신학에서 특히 분명했는데, 당시의 성경 본문과 현재의 본문 해석 사이의 관계가 적어도 18세기 이래로 핵심 이슈가 되었다. 성경의 무오성을 강조함으로써 개신교 정통주의는 "순수한 교리"의 객관적인 진리성을 보호하려고 했다.

뒤이어 경건주의는 말씀을 개인화하고 관념론(idealism)은 이성화하고 마침내 자유주의는 말씀을 순전히 역사적인 것으로 상대화하였는데, 오늘날의 사람들과는 거의 관계가 없는 먼 과거의 문서로 간주한 것이다(Niebuhr 1959:37). 슐라이마허(Friedrich Schleiermacher 1768-1834) 이래로 해석학에 대한 집착은 고대의 본문과 계몽주의에 의해 형성된 상황 사이의 거리를 강조한다(Tracy 1984:95).

그러나 대부분의 신학자들에게 있어서 역사적인 관심은 그들의 신학적 관심에 부수적이었다는 점을 이해하는 것이 중요하다. 그들은 교회의 삶을 위해 신학을 했는데, 나사렛 예수에 대한 사건들과 현재 사이의 많은 세기들에 의해 촉발된 "추한 도랑"에 다리를 놓으려 했다. 그들은 선조들이 했던 것처럼 "도랑"을 무시하고 더 이상 성경 이야기에 직접 도달할 수 없다는 것을 깨달았다.

오히려 그들은 자신들의 과업이 가능한 한 최대한 원래의 이야기를 재창조하고 오늘날의 교회를 위한 메시지를 그 이야기로부터 얻어내는 것이라고 믿었다. 그러나 이렇게 함으로써 그들은 계몽주의적 역사관과 역사 연구에 굴복하고 성경 전통을 단순한 객체로 취급하는 위험에 점점 더 처하게 되었다. 학자들은 본문을 검토했으나 자신들이 본문에 의해 검토되지 않았다.

과학으로부터의 목적의 제거와 목적이 실재에 대한 이해의 단서로서 직접적인 인과율이 목적을 대치하게 된 것은 신학적 사고에 깊이 침투한 또 다른 계몽주의적 차원이었다. 기독교 신앙은 근본적으로 "왜?"라는 질문을 하는 목적론에 관심이 있다. 우리의 삶에 의미를 부여하는 것은 우리의 활동의 궁극적인 목적과 우리 존재의 목적이다. 그러나 뉴톤의 패러다임에서 세계는 목적이 아니라 원인과 결과의 닫힌 순환에 의해 점점 더 다스림을 받는다. 인간의 계획이 하나님에 대한 믿음의 자리를 차지했다. 인간이 예측할 수 없는 것들에 대하여 놀람의 요소가 자리할 여지가 거의 없었다.

아마도 진보라는 계몽주의 철학에 대한 낙관주의가 다른 어떤 계몽주의 요소들보다도 현대신학과 현대 교회에서 훨씬 더 명백하다. 기독교의 이 세상에서의 임박한 승리라는 개념은 최근의 현상이며 근대정신과 긴밀한 관계가 있다.

때로 이것은 전 세계가 곧 기독교 신앙으로 개종할 것으로, 때로는 기독교가 세계를 개혁하는 과정에서 불가항력적 힘이 되고 가난을 척결하고 모두를 위해 정의를 회복할 것이라는 기대로 나타났다. 후자는 하나님을 혜택의 창조자, 사람들을 본래적으로 도덕적 향상을 이룰 수 있는 자로, 하나님 나라를 기독교의 지속적인 진보의 면류관으로 간주하는 진영들에서 특히 추구되었다.

"기독교적 지식"의 전파는 이러한 목표들을 성취하기에 충분할 것이었다. 가령, 라이프니치(Leibnitz)는 세상에서의 교회의 과업을 과학이나 지식을 통한 기독교의 전파(*propagatio fidei per scientiam*)라고 정의했다. 1699년에 창설된 "기독교지식전파회"(the Society for the Propagation of Christian Knowledge)라는 이름은 비슷한 정서를 드러낸다. 그것은 임무를 도서관과 학교를 세우고 기독교 문서를 배포하는 것으로 보았다. 지식과 교육을 통해 혜택과 자선이 멀리 넓게 퍼질 것이었다. 하나님 나라는 점점 더 서구의 문화와 문명에 맞춰졌다.

마찬가지로 계몽주의가 신학에 큰 영향을 미친 것은 사실과 가치를 구분한 것이다. 관용적인 계몽주의 패러다임은 개인들이 자신들이 좋은 대로 많은 선택들 중에서 어떤 가치라도 택할 수 있게 했다. 뉴비긴은 다음과 같이 요약한다.

> 물리학 교실에서 학생은 "사실"이 무엇인지 배우고 종국적으로 자신이 배운 진리를 믿도록 기대된다. 종교 교육 교실에서는 학생은 자신이 가장 좋아하는 것을 선택하도록 초대받는다(1986:39).

이러한 과정의 결과로 당연히 기독교는 넓은 종교 제국의 한 지방으로 축소되었다. 다른 종교들은 단순히 다른 가치들을 제시한 것이고 각 종교는 큰 모자이크의 한 부분이었다. 두 개의 다른 "진리"나 "사실" 같은 "실재"에 대한 두 개의 다른 관점은 공존할 수 없으나 두 개의 다른 가치는 공존할 수 있다.

흥미롭게도 이러한 체계 속에 종교를 위한 여지가 남아 있었지만 관용적인 종교에만 해당되었다. 특히 필요할 경우 자신의 가치를 때때로 조정될 수 있게 하는 "작은 철학"(a little philosophy, Bertland Russell; Polanyi 1958:271 인용)의 조언을 받아들였던 종교가 그러했다. 무엇보다도 종교의 역할은 어떠한 형태의 분파주의, 미신, 광신주의를 거부하고 추종자들 속에 도덕적인 섬유질을 경작하여 인간의 이성을 강화하는 것이었다. 그러나 종교는 어떤 환경하에서도 지배적인 세계관을 도전해야 한다. 종교는 과학과 나란히 존재할 수 있었으나 전자가 후자를 침해해서는 안되었다.

사실과 가치 간의 이와 같은 이분법에 대한 종교적인 반응은 항상은 아니더라도 상호 배타적인 형태를 띠었다. 한 가지 반응은 계몽주의 패러다임을 승인하는 것이었는데, 기독교 신앙의 신조들을 "가치"의 범주가 아니라 "사실"의 범주에 속하는 것으로 선포하는 것이었다. 19세기 프린스톤 신학자들이 확실한 예이다

(Marsden 1980:109-118에서 인용). 찰스 핫지(Charles Hodge)는 1874년에 출판한 『조직 신학』의 도입부에서 "자연과학이 자연의 사실과 법칙에 관계된다면 신학은 성경의 사실과 원리들과 관계된다고 주장했다. 그리고 프란시스 튜레틴(Francis Turretin)은 자신의 라틴어 책이 프린스톤에서 사용되었던 17세기 신학자인데, "성경은 구원에 대하여 너무 명료하기 때문에 신자들이 외부의 (어떤) 도움도 없이 이해할 수 있다"고 말할 수 있었다(Marsden 1980:110에서 인용, 115 참조). 이러한 관점은 핫지(A. A. Hodge)와 워필드(B. B. Warfield)의 1881년 출판에서 나타나듯이 성경 무오성이라는 교리를 산출했는데, 핫지는 "성경은… 사실들의 창고"라고 했다(Marsden 1980:113).

사실과 가치 간의 근대 이분법에 대한 또 다른 반응은 어떤 의미에서 방금 언급한 것과 정반대였으나 계몽주의적 가정들에 역시 근거하고 있었다. 이 경우에 신자들은 종교적인 문제들은 사실이 아니라 가치와 관련된다는 견해를 수용하였다. 따라서 사실과 가치는 서로 중복되지 않는 영역으로 분리되었고 과학과 종교는 두 개의 다른 영역에 해당했다. 그리고 플라톤적인 방식으로 우월성은 자연적인 것, 만질 수 있는 것, 일시적인 것과 대조적인 초월적인 것, 영적인 것, 영원한 실재에 두어졌다.

순전히 종교적인 종교가 순전히 과학적인 과학보다 더 위에 있었다. 사람들은 과학적 세계관을 흔쾌하게 받아들였고 신앙의 본질은 과학과 역사가 말할 것이 없는 세계에 속한다고 선언했다(Newbigin 1986:49). 그러나 그 과정에서 신앙과 신앙에 관련된 모든 것은 전적으로 내세적인 것이 되었다. 예수의 사역 속에 있었던 하나님 나라는 "순전히 종교적이고 초자연적이고 미래지향적이고 전적으로 영적이고 내적인 것"이었고 "정치적이고 국가적이고 지상적인 계획"은 없었다(Ohm 1962:247).

모든 문제들이 원칙적으로 해결될 수 있다는 계몽주의 신조는 마찬가지로 신학과 교회에 큰 영향을 미쳤다. 이러한 교리는 기적과 설명할 수 없는 사건들을 배제했다. 갈릴레오는 완전한 지식을 가지고 있는 누군가에 의해 그 미래가 예측되고 통제될 수 있는 완전한 기계로서 물질 세계를 간주했다. 필요한 것은 사건들과 개발들을 이해하고 계획하고 통제할 수 있게 하는 충분한 지식이었다. 하나님이 여전히 하나의 가설로서 사용되는 곳에서 그는 "간격들의 하나님"이 되었다. 우리는 암과 같은 불치의 병이라는 긴급 상황에서만 그를 필요로 했다. 그러나 점차로 우리의 지식이 확장되고 있었다. 간격들이 메워지고 있었다. 하나님은 점점 뒤로 밀려나고 부차적인 존재가 되었다.

비슷한 정서가 신학 진영들에서 나왔다. 나는 1960년대 동안에 많은 신학자들이 세속화를 열정적으로 승인했다고 이미 언급했다(van Leeuwen 1964:419). 그러나 반 류벤(van Leeuwen 1964:419)이 "미래 기술 발전의 자기파괴적 함의들"을 경고하지만(:408), 메스덴(Mesthene)은 훨씬 온건한 양면적 입장을 취한다. 그는 기술이 "어떤 가치들"을 파괴하리라는 것을 인정하지만, 이것이 "세상을 복잡하게 하기 때문에," "곤란"해지는 점을 또한 인정한다. 그러나 그는 "익숙한 감방이라는 거짓된 안전을 선호하여, 자유의 책임으로부터 물러나는 오랜 죄수의 향수" (1967:487)라고 말하며 미지에 대한 인간의 두려움을 경시한다.

내가 확인한 마지막 계몽주의의 수칙은 모든 사람이 해방된 자율적인 개인이라는 것이다. 이것이 기독교에 즉각적으로 크게 미친 영향은 특히 개신교에 급속히 퍼진 개인주의이다. 그러나 그 영향은 더 나아갔다. 교회는 주변적이 되었는데 각 개인이 하나님의 계시된 의지를 알 권리뿐 아니라, 능력 또한 가졌기 때문이었다. 그리고 개인들이 해방되고 독립적이었기 때문에 그들은 무엇을 믿을지 스스로 결정을 내릴 수 있었다.

종교 생활뿐 아니라 전반적으로 인간 생활에 미친 계몽주의 패러다임의 영향을 논의할 때, 이러한 실재관이 근 세기들 동안에 변하지 않은 채로 있지 않았고 도전받지 않은 채로 있지 않았다는 점을 인식하는 것이 중요하다. 주체와 객체를, 가치와 사실을, 이데올로기와 과학을 아주 조심스럽게 나누었던 벽들이 다양한 방식으로 금이 가기 시작했다. 합리주의와 경험주의가 모든 질문들에 대하여 확실한 답을 줄 수 없다는 점이 점점 더 입증되었다.

다음 장에서 계몽주의 패러다임의 붕괴를 간략히 논의할 것이다. 일단 나는 계몽주의 패러다임에 대한 모든 반응들이 최근까지도 결국에는 계몽주의에 의하여 조건지워 지고 심지어 지배받았다는 점을 지적하고 싶다. 각각의 경우 작동하는 개연성 구조는 계몽주의적인 채로 있었다.

또한 그러한 반응들은 또 다른 것을 제시하는 데 향수를 가지고 계몽주의 이전의 세계관으로 회귀하려는 것은 무익하다는 것이다. 우리가 이미 배운 것을 "모른다"고 하는 것은 불가능하다. 더욱이 이러한 시도는 불필요하다. 계몽주의 안에 있는 "빛"은 실제의 빛이며 단순히 폐기되어서는 안된다. 오히려 필요한 것은 계몽주의 패러다임이 그 목적에 봉사했고 우리는 이제 그 너머로 나아가야 하며, 그 안에 가치 있는 것들을 취하고 경각심과 비평을 지니면서 새로운 패러다임 속으로 진행해야 한다는 점을 인식하는 것이다(Newbigin 1986:43). 중요한 점은 계몽주의가 우리의 모든 문제를 해결한 것이 아니라는 것이다.

사실, 전례가 없던 새로운 문제들을 야기했는데, 대부분의 문제들을 지난 20년 동안에 의식하기 시작했다. 계몽주의는 모든 사람들에게 평등한 세상, 인간 이성의 건전성이 모든 사람들에게 행복과 풍부를 주는 세상을 창조했어야 했다. 이것은 실현되지 못했다. 대신에 사람들은 전례 없이 공포와 좌절의 희생물이 되었다. 돌이켜 보면, 1950년의 로마노 구아르디니(Romano Guardini)의 책『근대 시대의 종료』에 이르기까지 계몽주의의 유산이 거듭 지적되었다. 그가 사용한 용어들은 두려움, 환멸, 위협, 버려진 느낌, 의심, 위험, 소외, 불안(:43, 55, 61, 84, 94)을 포함했다. 그는 다음과 같이 요약한다.

> 광야의 모든 괴물들, 어둠의 모든 공포들이 다시 나타났다. 인간은 다시 혼란 앞에 서 있고 이 모든 것은 훨씬 더 끔찍한데, 대다수 사람들이 그것을 인식하지 않기 때문이다. 결국 과학적으로 교육받은 사람들이 서로 소통하는 곳에서는 어디서든지 기계들은 부드럽게 돌아가고 있고 관료제는 잘 기능하고 있다(:96).

3. 계몽주의의 거울 속에 있는 선교

1) 교회와 국가

근대 선교 사업 전체가 실제로 계몽주의의 자녀이기 때문에 계몽주의가 선교 사상과 실천에 큰 영향을 주었다는 것은 부인할 수 없다. 유럽의 지평을 지중해와 대서양을 넘어가게 하고 세계적인 기독교 선교 확산의 길을 닦은 것은 결국 새로운 팽창주의적 세계관이었다. 앞의 장에서 나는 이와 같은 교회적, 문화적 확장을 가리키는 용어로 사용된 소위 "선교"가 서구 제국주의 확장에 수반되는 것으로 생각되었다는 점을 지적했다.

나는 이제 선교 개념이 18세기 이래로 개신교 안에서 펼쳐진 방식들을 추적하고자 한다. 나는 이 기간 동안에 개신교 선교를 특징지었던 주요 동력들과 주제들을 검토함으로써 그것을 해낼 것이다. 그러나 먼저 선교 개념의 발전에 영향을 준 이 기간의 주요 사건들을 파악하고 설명할 것이다.

나는 교회와 국가 간의 수정된 관계를 먼저 주목한다. 콘스탄틴 시대 이래로 교회와 국가 간에 공생적 관계가 생겼는데 중세에는 교황과 신성 로마제국의 통치자 간의 상호의존으로 나타났다. 심지어 교황과 황제가 불화관계에 있었을 때에도 둘 다 상호의존과 기독교 신앙의 틀 속에서 계속 움직였고, 달리 말하자면 "기독교 국가"(*Corpus Christanum*)의 틀 속에서였다.

종교개혁은 이와 같은 공생에 심각한 타격을 입혔는데, 이제는 서구교회가 더 이상 하나가 아니었기 때문이었다. 한편 신성 로마제국이 여러 개의 민족국가들로 해체되기 시작했다. 그러나 기독교 국가라는 개념은 그대로 유지되었는데 유럽의 각국에서 교회는 국가교회로서 "설정"되었다.

영국에서는 성공회, 스코틀랜드에서는 장로교, 화란에서는 개혁교회, 스칸디나비아와 독일 영토에서는 루터교회, 대부분의 남유럽에서는 로마가톨릭교회였다. 정치적, 문화적, 종교적 요소들과 활동들 간에 구별이 어려웠는데, 모두 하나로 통합되어 있었기 때문이었다. 따라서 첫 번째 유럽 식민 세력이었던 포르투갈과 스페인이 기독교 군주국으로서 이방 민족들을 정복하는 신성한 권리가 자신들에게 있다고 가정한 것은 아주 자연스러운 일이었고(제 7장 참조) 식민지화와 기독교화는 나란히 함께 갔을 뿐 아니라 동전의 양면이었다.

개신교 세력들이 식민지 획득을 위해 경쟁하기 시작했을 때도 본질적으로 다르지 않았다. 북미의 원주민들은 "이교도들"이었기 때문에 권리가 없었고 영국 권좌의 신하들로 간주되었다. 그들을 정복하고 그들의 땅을 차지하는 것은 이스라엘이 가나안을 정복하는 것과 유사한 신적 의무로 간주되었다.

때때로 사무엘상 15:3("지금 가서 아멜렉을 쳐서 그들의 모든 소유를 남기지 말고 진멸하되")은 식민주의자들과 인디언들과의 갈등에 직접적으로 적용되었다(Blanke 1966:105). 후에 청교도들이 아메리카 원주민들에게 선교를 시작했을 때(Beaver 1961:61), 이것은 관점의 변화가 아니라 어떤 의미에서는 기독교의 주도권 및 교회와 국가의 공생관계를 확인하는 또 다른 방식이었다.

그러나 계몽주의 패러다임에서 교회와 국가 간의 동맹은 점점 더 압력 아래에 놓이게 되었다. 결국에는 그러한 연합이 인정되기 어렵게 되었다. 역설적이게도 신정주의적 개념의 재건을 추구했던 크롬웰의 공화정(1649-1660)은 왕들의 신적 권리라는 개념으로 시한폭탄을 설치한 것이었다. 종교와 정치가 각자의 길을 가는 것은 시간 문제였다.

이것은 유럽 대륙보다 영국에서 더 빨리 왔지만 동시에 그러한 분리는 프랑스, 화란과 같은 나라에서보다는 온건하게 일어났는데, 당들이 유럽 대륙의 당들보다 타협적인 성향이 더 있었기 때문이었을 것이다. 군주제는 1660년에 회복되었으나 압박 아래 있었다.

마침내 1689년에 의회와 윌리엄 3세 왕 사이에 협정이 맺어졌다. 권리장전이 채택되었는데, 한편으로 군주제의 생존이 보장되었고 동시에 왕권을 축소시켰다. 국교의 개념은 폐기되지 않았지만 교회는 선호에 따른 선택의 영역으로 옮겨졌다. 이후로 신정정치의 꿈은 과거에 속하게 되었고 식민지와 교회의 확장은 두 개의 분리된 개체가 될 것이었다(vanden Berg 1956:33).

유럽 대륙에서는 사건들이 다르게 전개되었다. 국가와 교회 간의 최종적인 분리는 영국보다 1세기 후에 왔지만 그 결과 더 지대했다. 1789년의 프랑스 혁명은 이러한 발전의 가장 뚜렷한 사례이지만, 이보다 덜 폭력적이긴 해도 견줄만한 사건들이 화란과 여타 지역에서 발생했다.

1세기 이상 동안 억눌려 있던 계몽주의 사상이 폭발되어 10년 혹은 20년 안에 유럽의 전체 얼굴을 바꾸었다. 프랑스에서 국가와 교회 간의 결속은 즉시로 단절되었다. 화란에서는 1795년에 바타비안 공화국(the Batavian Republic)의 선포로 오랜 세기 동안의 연합을 종식시켰다. 이것은 또한 해외 식민지에서의 국가-선교 협력의 종식을 뜻했다.

그러나 영국 식민지에서의 발전들은 화란, 덴마크 같은 대륙 국가들의 식민지에서의 발전들과 다르지 않았다. 아메리카 식민지의 경우 대영제국은 서쪽 경계선을 계속 확장했다. 그러나 종합적인 종교-문화-정치적인 프로그램의 일환으로서가 더는 아니라, 제국주의적인 목적을 가지고 지역에서 프랑스의 야망을 좌절시키기 위함이었다.

동방 특히 인도에서의 대영제국의 관심은 주로 상업적이었다. 따라서 새로운 상황의 모든 함의점들이 표출되기까지 많은 시간이 걸릴 것일지라도 "세속적"인 것과 "종교적"인 것은 분명하게 각자의 길을 가고 있었다(van den Berg 1956:33). 기독교국가의 개념은 특히 영국에서 일순간에 사라지지 않을 것이었다. 그 개념은 계속 머물고 있었다. 때때로 이후의 세기에 식민지 정책들이 종교적인 기조를 다시 얻었는데, 특히 19세기 전반부에 그러했다(van den Berg 1956:33, 146, 170, 190).

"세속적인 것"과 "종교적인 것"의 분리는 경건주의에서 특별히 현저했다. 앞의 장에서 나는 첫 번째 덴마크 할레 선교사들이었던 지겐발크(Ziegenbalg)와 플릿샤우(Plütschau)가 "영혼들에 대한 봉사"와 "신체에 대한 봉사"를 함께 주장했는데, 성공했다는 점을 지적했다(Gensichen 1975a: "Dienst der Seelen," "Dienst des Leibes"; Nørgaard 1988:34-40).

그러나 이러한 전인적인 접근은 유럽 대륙에서 계몽주의의 공격을 견딜 수 없었다. 경건주의 운동의 창시자들 중의 한 명이자 덴마크 "할레선교회"(the Danish-Halle mission)의 영적 아버지였던 프랑케는 근본적으로 합리주의와 라이프니치의 가르침에 반대했으며 따라서 애초부터 경건주의(경건주의적 선교 사업 역시)와 계몽주의는 불화의 관계 속에 있었다(van den Berg 1956:42). 그 전투는 동등하지 않았다. 경건주의는 영적 보호막 속으로 퇴각하고 "세상"을 사역 영역 밖에 둠으로써 생존할 수 있었다. 인도 영혼들에게만 관심을 가지라는 압력이 트랑크바르(Tranquebar) 선교사들에게 가해졌다. 1727년에 이르러 "민간" 부문과 "종교" 부문이 구별되었고 종교 부문만이 교회의 관심이 되었다(Gensichen 1975a:174).

영어권 세계와 대조적으로 유럽 대륙 교회들은 점점 더 계몽주의 정신에 굴복했다. 시간이 흐름에 따라 합리주의가 신학 및 교회 진영에서 우위를 점했다. 합리주의는 18세기 말까지 선교 의지를 거의 완전히 마비시켰다(Gensichen 1961:18). 18세기 초에 동시대인들 중에 우뚝 섰던 위대한 독일 선교 리더였던 프랑케와 진젠도르프(Warneck 1906:67)는 이제는 대체로 잊혀지거나 신임을 받지 못했다. 선교 사업은 합리주의의 물결 속에서 거의 붕괴되었다(Warneck 1906:66, van den Berg 1956:123).

영국에서 프랑케와 라이프니치의 영향이 거의 동시에 나타났다. 이것은 합리주의와 경건주의의 혼인과도 같았다(Gensichen 1961:31; van den Berg 1956:44; Chaney 1977:31). 성공회교회 안에서 지배적인 파였던 광교주의(Latitudinarianism)[1]는 당시의 유럽 대륙 교회들과 신학에 침투한 계몽주의보다 온건했다. 또한 영국의 복음주의는 독일의 경건주의처럼 협소하지 않았다(van den Berg 1956:124).

예를 들면, SPCK(기독교지식전파회, Society for the Propagation of Christian Knowledge, 1699년 창설)와 SPG(복음전파회, Society for the Propagation of the Gospel, 1701년 창설)는 상호배타적인 극단을 반대하는 영국의 영적인 생활을 반영하고 있었는데, 즉 "뚜렷하게 종합적인 성격"을 상당히 가지고 있었다(van den Berg 1956:124). 따라서 대각성 운동이 18세기 초부터 영국과 아메리카에서 일어났을

---

[1] 이 용어는 일련의 교리들이기보다는 신학적인 성향을 의미한다. 광교회주의자들(the Latitudinarians)은 합리적 이신론과 청교도주의를 모두 반대하고 중도에 선 사람들이었다.

때 이 운동이 가져오고 선포한 것이 계몽주의 사상이나 온화한 경험적 신앙 개념들에게 대하여 생소하거나 충돌되는 것으로 간주되지 않았다.

2) 갱신의 동력들

그 사건에서 세 가지 요소들이 결합되어 영어권 세계에서 영적인 변화를 초래했고, 이 변화는 선교 발전에 심오한 영향을 주었으며 오늘날까지도 그 영향이 있다. 이것들은 아메리카 식민지에서의 대각성 운동, 감리교의 출생, 성공회에서의 복음주의적 부흥이었는데(van den Berg 1956:73-38), 어느 것도 부상하는 과학 시대와 완전히 반대된다고 느껴지지 않았다. 나는 이제 이와 같은 갱신의 동력들을 주목하고 이것들이 선교적 사고와 실천에 미친 영향을 검토하고자 한다.

역사가들은 1726년과 1760년 사이에 아메리카 식민지들에서 일어난 일련의 부흥들인 "대각성 운동"(the Great Awakening)과 대략 1787년과 1825년 사이에 지속되었던 두 번째 운동, 즉 영국에서는 "복음주의 부흥"(the Evangelical Revival)이라고 불린 운동을 구별한다. 그러나 미국에서는 이 운동을 제1차 대각성 운동이라고 칭한다. 각각의 운동은 선교에 심오한 영향을 주었다.

대각성은 뉴저지 주의 라리탄 밸리(the Raritan Valley)에 있는 화란개혁교회(화란의 "2차 종교개혁"의 영향을 받은)에서 시작되었다. 거기로부터 대각성은 다른 교단들에게로 퍼져갔는데, 대부분 대서양 해안을 따라였으며 장로교 조나단 에드워즈가 곧 지도자가 되었다. 아메리카에서 대각성은 새로운 시작이었고 "우리의 국가적인 회심"이었다고 니이버(Niebuhr)는 말한다(1959:126). 그리고 대각성이 얕은 합리주의의 조류를 저지하고, 석화된 청교도주의의 족쇄를 깨뜨리고 기독교회에 역동성을 회복시키는 것은 주로 에드워즈를 통해서였다(:172).

에드워즈의 사상은 당시의 선교신학이 근거한 위대한 지적인 영적인 정맥이었다(Chaney 1976:57, 74). 이것은 주로 그의 견고한 신학적 기초와 인격적 모범과 헌신에 기인했다. 정통주의는 하나님이 행하신 것과 성경이 가르친 것이라는 객관적인 표준을 강조했다. 경건주의와 분파주의 그룹들은 개인적인 영적 경험이라는 주관적인 표준을 강조했다. 그러나 에드워즈와 대각성은 두 원리를 합쳤는데, 경험 없는 성경은 공허하고, 성경 없는 경험은 소경이라는 것을 알고 있었다(Niebuhr 1959:109).

에드워즈의 종말론은 20세기까지 북미 선교 사상에 영향을 미쳤는데 후천년설이었다. 그러나 그것은 광교주의(Latitudinarianism)의 이완된 후천년설이 아니었다. 그의 종말론에는 흥분의 불꽃이 있었고 그는 대각성이 종말의 서곡이라고 믿었다(de Jong 1970:157). 이러한 열렬한 종말론적 기대는 회개와 믿음의 복음을 선포하는 것과 연계되었는데, 사람들이 선행을 하게 유도하는 것이 아니었다. 권고와 위협, 약속을 통해 청중의 의지를 두들기기보다는 대각성의 설교자들은 살아있는 현존하는 주님과의 만남을 통해 삶의 근원을 깨끗하게 하려했다.

대각성에 의해 감동받은 사람들은 삶의 궁극적인 문제에 대하여 아주 진지한 태도를 가졌다. 에드워즈의 젊은 친구인 데이비드 브레이너드(David Brainerd)의 일기는 대각성의 정신을 다른 어떤 저작보다 더 잘 반영하고 있다. 그것은 하나님의 영광과 잃은 자들의 구원에 대한 열망, 그리고 엄청난 자기 분석으로 가득했다(van den Berg 1956:78, 92; Niebuhr 1959:118).

대각성이 "청교도를 종식시키고 아메리카 교회 역사상 경건주의 혹은 감리교 시대를 도래시켰다는 로버트 톰슨(Robert Thompson)의 판단(Chaney 1976:49, 1977:20 인용)은 어느 정도 타당하지만 부분적으로 옳을 뿐이다. 아메리카의 경험의 도가니 속에서 청교도주의와 경건주의가 섞인 것으로 보는 것이 더 적절할 것이다(Chaney 1976:49). 그것은 "위대한 표출"(de Jong의 1735년부터 1776년까지의 시기를 다루는 장의 제목)로 인식되었고, 아메리카 정신의 발전에 새로운 시대를 시작한 것이다(Alan Heimert; Chaney 1977:20에서 인용). 그것은 니이버의 말을 빌자면 강조점이 하나님의 주권에서 하나님의 은혜로 옮겨진 것이다(1959:88-126).

그러나 제1차 대각성은 선교 활동을 위한 초석을 놓았을지라도 선교 활동을 직접적으로 탄생시키지는 못했다.

1735년 뉴잉글랜드에서 에드워즈가 부흥 설교를 하고 있을 때, 요한 웨슬리(1703-1791)와 그의 동생 찰스 웨슬리(1707-1788)는 SPG(복음전파회, Society for the

Propagation of the Gospel)에 의해 조지아로 보내졌다. 그들은 대각성 운동과 어떤 접촉도 없었던 것 같다. 오히려 이들이 겪었던 영적 갱신의 경험은 모라비아인들과 접촉을 통해서였다.

1739년 이래로 웨슬리 형제는 조지 윗필드(George Whitefield)와 함께 영국에서 부흥 집회를 열고 있었다. 이로부터 감리교라는 새로운 교단이 발전하였다. 감리교주의는 아메리카 식민지에서의 대각성 운동보다 더 분명하게 계몽주의의 영향을 나타냈다. 감리교인들은 명목적인 기독교인들과 이교도들 간의 차이를 볼 수 없었고 또한 "국내" 선교와 "해외" 선교를 구별할 수 없었다. 기독교 국가는 해체되고 있었다.

전 세계는 선교지였다. 요한 웨슬리의 유명한 말로 표현하자면 "세계는 나의 교구이다"였다(van den Berg 1956:84). 웨슬리의 부흥은 또한 세속적인 관심과 영적인 관심이 서로 결별된 것을 뜻했다. 감리교인들은 영혼의 구원에 집중하고 있었다(:170). 사회의 변화는 영혼 구원과 동반되는 것이기보다는 영혼 구원의 결과로 간주되었다.[2]

영국성공회가 감리교 부흥의 영향을 받지 않았던 것은 아니다. 특히 감리교는 복음주의적 성공회 교인들에게 상당한 영향을 미쳤는데, 이들은 성공회교회에 계속적으로 충성하면서 성공회교회 안에서 갱신을 추구했다는 점이 다른 것이었다. 따라서 감리교는 복음주의적 성공회 교인들이 당시의 빈혈증이 있는 광교주의의 족쇄를 떨쳐버리도록 돕는 촉매 역할을 하고(van den Berg 1956:70, 113, 116, 131) 복음주의적 부흥을 도래시킨 것이다. 갱신은 장로교와 같은 비국가교회들에게 퍼졌다.

---

2 이 요약 진술은 몇 가지 조건을 필요로 한다. 요한 웨슬리 자신은 사람들의 영혼에 대한 교회의 봉사가 사람들의 신체에 대한 봉사와 분리되어서는 안된다고 단호하게 주장했다. 웨슬리의 사역의 이러한 측면은 최근에서야 진지한 연구 대상이 되었다. "사회적 웨슬리"에 대한 훌륭한 안내서는 L.D. 헐리(Hulley)의 『존재와 행위』(To Be and to Do, Pretoria: University of South Africa, 1988)이다. 특별히 중요한 것은 윌리엄 윌버포스(William Wilberforce 1759-1833)와 여러 사람들 보다 오래전에 웨슬리가 노예제도를 공격했다는 점이다. 그는 1744년에 노예제도에 대한 생각(Thoughts upon Slavery)이라는 책을 발간했다. 이 주제 전체에 대하여 W.T. 스미스(Smith)의 책 『요한 웨슬리와 노예제』(John Wesley and Slavery, Nashville: Abingdon Press, 1986)를 참조하라. 여기서 웨슬리의 책자의 제3판이 재발간되어 있다(pp. 121-148).

3) 제2차 대각성 운동

한편 대서양 건너편에서 대각성은 대체로 열이 식고 있었다. 기존 교회들은 미국 독립 시대에 최저점에 이르렀다. 독립했을 때(1776)에 새 국가의 인구 중 5%만이 교회 신자였다(Hogg 1977:201). 찰스 체니(Charles Chaney)는 다음과 같이 말했다.

> 대체로 합리주의가 학교와 대학들 속에 침투했고 많은 교회들 속으로 조용히 스며들어 갔다. 야단스럽지 않은 이신론은 당시의 가장 영향력 있는 사람들의 종교적 헌신이었다… 대각성 이래로 미국인들의 전체적인 관심은 변했다. 계몽주의가 새로운 나라 미국에 왔다(1976:97).

이 모든 것은 극적으로 근본적으로 곧 변했다. 감리교, 침례교, 장로교는 미국 독립 이후에 놀라운 증가를 경험하기 시작했다(Chaney 1977:20-24). 1800년이 되었을 때 교인들의 수는 거의 두 배로 증가했다. 그 이후 꾸준히 증가해서 1970년대에는 약 60%로 최고점을 이루었다. 1776년 이후의 극적인 증가는 거의 전적으로 제2차 대각성 운동의 결과였다.

그것은 제1차 대각성과는 달리 북미를 위한 새로운 시작이 아니었지만(영국도 유사했다), 제1차 대각성으로부터 상당한 유익을 얻고 그것을 회고하며 실수와 단점으로부터 배웠고, 그 유익을 강화하고 전례 없는 새로운 에너지를 유출하는 통로가 되었다. 미국에서 1797년에 대각성은 최고조에 달했다. 체니는 당시의 분위기를 다음과 같이 표현한다.

> 방어가 공격으로 바뀌었다. 낙관주의가 복음주의자들을 사로잡았다. 불신앙은 방어되어야 할 두려운 적이 더 이상 아니고 교회가 궐기하여 맞설 수 있는 상처입기 쉬운 적이었다(1976:155).

무엇보다도 새로운 분위기가 선교 정신을 낳았다. 1817년에 이르러서 선교의 대의가 미국교회들의 큰 열망이 되었다. 참으로

"해외선교가 새로운 정통이 되었다"(J. A. Andrew, Hutchison 1987:60 인용).

영국에서도 크게 다르지 않았는데 윌리엄 케리의 유명한 표어인 "하나님으로부터 위대한 일을 기대하라, 하나님을 위해 위대한 일을 시도하라"는 당시의 분위기를 나타냈다. 그리고 계몽주의가 이러한 분위기를 강화해서 전 세계에 복음을 전하는 데 도움을 준 것은 부인하기 어렵다.

이 시기에 앞서 제임스 쿡(James Cook)이 지구를 일주했다. 그의 이야기가 널리 읽혀지고 사람들의 지평을 넓히는 데 기여했는데, 특히 윌리엄 케리에게 그러했다. 쿡과 여러 사람들의 탐험(이제는 순전히 세속적이고 상업적인 사업이었고 더 이상 교회 및 복음의 전파와 긴밀한 관계가 없었다)을 통해 하나님의 섭리 가운데 선교를 위한 길이 열리고 있다고 많은 사람들이 믿고 있었다.

영국이나 북미에서(사실 유럽 대륙과 영국 식민지들에서도) 모두 대각성의 가장 중요한 산물은 해외선교에 헌신하는 협회들이 창설된 것이다. 나는 이러한 협회들의 신학적, 선교학적 중요성을 나중에 논의할 것이다. 현재로서는 우선 개신교의 새로운 분위기를 나타낸다는 점을 지적하고 싶다.

핵심 단어는 "자원 정신"이었다. 대각성에 의해 감동받은 사람들은 더 이상 뒤에 앉은 채 공식 교회들이 먼저 나서기를 기다리지 않았다. 오히려 다른 교회들에 속한 그리스도인 개인들이 세계선교를 위해 연합했다.

새로 창설된 "이교도들에게 복음을 전하기 위한 특별 침례교선교회"(Particular Baptist Society for Propagating the Gospel Among the Heathen)의 첫 번째 선교사로서 1793년에 인도의 세람포(Serampore)로 갔던 노샘프턴셔(Northamptonshire) 출신의 침례교인 윌리엄 케리를 근대선교의 건축가로 칭송하는 것이 일반적이었다. 그를 주목하는 것이 타당하기도 하지만 그가 당시의 많은 유사한 인물들 중의 하나일 뿐이었고 시대 정신의 형성자일 뿐 아니라 산물이었다는 점을 우리는 기억해야 한다. 교회 갱신과 선교가 떠오르고 있었다.

조나단 에드워즈의 『하나님의 백성의 분명한 동의와 가시적인 연합을 위한 겸

손한 시도』(*An Humble Attempt to Promote an Explicit Agreement and Visible Union of God's People*), 『종교의 부흥을 위한 특별한 기도』(*In Extraordinary Prayer for the Revival of Religion*), 『지상에서의 그리스도의 나라의 발전』(*the Advancement of Christ's Kingdom in the Earth*)은 1748년에 처음 출판된 이래 40년 이상 주목을 받았고 대서양 양편 대륙에서 모두 다양한 교단들 속에서 선교의 촉매가 되었다(van den Berg 1956:93, 115, 122, 129).

한편 유럽 대륙에서 계몽주의 정신은 영국과 북미의 대각성과 비교될 수 있을 정도로 교회 갱신을 좌절시키는 데 성공했다. 당시의 정치적 환경 역시 갱신을 상당히 저해했다. 이 시기는 프랑스 혁명의 시대였는데, 뒤이어서 나폴레옹 전쟁이 있었으며 유럽 대륙의 상당 부분을 황폐화시켰다. 그렇다 하더라고 부흥은 곧 영국에서 화란으로 퍼졌고 화란에서 밴 더 켐프(J.Th. van der Kemp)는 갱신과 선교를 확산시키는데 촉매 역할을 한 인물이 되었다(Enklaar 1981:16-20, 1988).

독일어권 나라들에서는 상황이 그리 유망하지 않았다. 합리주의의 막대한 공격 앞에 겨우 생존했던 경건주의는 작은 집단으로 약화되었고 비전이 없었다. 그러나 사무엘 울스페르거(Samuel Urlsperger 1685-1772)와 그의 아들 요한 아우구스트(Johann August 1728-1806)는 이 흩어진 작은 그룹들을 활성화하고 격려하려고 힘썼다.

1780년 요한 아우구스트는 독일기독교협회(the Deutsche Christentumsgesellschaft)를 창설했는데, 그 목적은 "순수한 교리와 참된 경건"을 증진하는 것이었다. 시간이 지나며 이 협회는 독일선교회들의 도약대가 되었다(Schick 1943:188-306).

미국, 영국, 유럽 대륙이든지 성공회, 루터교회, 비국가교회든지 간에 복음주의자들이 진정한 의미에서 비순응주의자임을 주목하는 것이 중요하다. "공식" 교회들은 대체적으로 자국의 가난한 자들의 역경에 대하여 거의 무관심하거나 유럽의 해외 식민지 주민들에게 해로운 식민 정책을 보이고 있었다. 빈민가와 감옥, 광산지역, 미국 국경지역, 웨스트 인디아의 농장과 같은 곳에서 열악한 환경 속에 있는 사람들의 곤경을 보고 동정의 마음을 가진 사람들은 바로 대각성의 영향을 받은 사람들이다(van den Berg 1956:67-70, Bradley 1976).

대영제국 안에서 노예제도의 관행을 정면으로 고역한 윌리엄 윌버포스(William Wilberforce)는 명백한 복음주의자였다. 윌리엄 케리는 노예들이 경작한 웨스트 인디아의 농장으로부터 설탕을 수입하는 것을 반대했다. "바젤선교회"(the Basel Mission)의 창설자들 중의 하나인 크리스탄 블룸하르트(Christian Blumhardt)는 가난한 흑인들이 자칭 기독교인들로부터 수 세기 동안 얼마나 혹독한 대우를 받았는지를 결코 잊지말라고 첫 번째 선교사들에게 주지시켰다(Rennstich 1982a:546).

이와 유사한 예들은 아주 많다. 식민지를 경영권에 대한 칙허를 받은 회사들이 선교사들을 내몰기 위해 온 힘을 다했다는 점은 놀라운 일이 아니다(van den Berg 1956:108, 146, Blanke 1966:109)! 동시에 이러한 복음주의자들은 구원론적인 강조가 선행되어야 하고 단순히 일시적인 조건의 개선이 아니라 완전히 새로운 삶을 선포해야 한다는 점이 확고했다. 싹이 트는 복음주의 운동은 대체로 합리주의 정신에 굴복한 대부분의 서구 기독교와 교회에 비교해 볼 때, 어느정도 효과적인 반대를 한 것이고 어떤 면에서는 계몽주의 정신의 틀에 대안을 제시한 것이다.

4) 19세기

동시에 첫 번째 대각성과 두 번째 대각성 사이에 미묘한 변화가 발생한 것은 부인할 수 없다. 여전히 에드워즈의 사상의 기초였던 신정정치 개념은 제2차 대각성 때의 복음주의자들이 지평 밖에 있었다. 그들은 사람들을 주로 스스로 결정을 내릴 수 있는 개인으로 보았다(van den Berg 1956:82). 그들의 관심은 에드워즈보다 훨씬 협소한 구원론을 취했다. 계몽주의는 삶과 사회의 모든 영역에 대한 교회의 관심을 지속적으로 그리고 가차 없이 축소시켰다.

나폴레옹 전쟁의 종료 즈음에 신정정치에 대한 관심이 고조되기도 하였지만 과거의 신정정치와는 근본적으로 다른 것이었다. 영국에서 새로운 신정주의는 더 세속적인 것이 되었고 애국심과 더 긴밀한 관계가 있었다. 가톨릭 프랑스에 대한 개신교 영국의 승리는 적그리스도의 멸망의 시작일 뿐 아니라 세계 역사에서의 영국의 섭리적인 운명을 확인해 준 것으로 칭송되었다.

따라서 종교적인 색채가 역사에 추가되었다. 그러나 하나님의 통치라는 넓은 범위보다는 좁은 민족주의적 관심을 반영하는 경향이었다. 영국 복음주의 선교사들의 첫 세대는 교단을 불문하고 식민 당국과 자주 충돌하였다. 그러나 빅토리아 시대의 영국이 종교적 차원을 회복하고자 할 때, 두 번째와 그 이후 세대 선교사들은 하나님 나라를 위해 일하는 것과 제국의 이익을 위해 일하는 것 사이의 긴장을 점점 덜 경험하였다.

점차적으로 복음주의자들은 국가 안에서 존경받은 세력이 되었고 그들이 의도하였던 하지 않았던 간에 서구 제국주의 팽창의 장려자들이 되었다(van den Berg 1956:146, 170). 이안 브래들리(Ian Bradey)는 복음주의자들이 빅토리아 시대 사람들에게 미친 영향을 연구했는데, 어떻게 영국 생활의 모든 영역에 영향을 끼칠 수 있었는지를 설명한다. 이것은 대부분 의심할바 없이 전체 공동체의 선을 위한 것이었다.

그러나 불행하게도 복음주의 지도자들은 가부장주의와 우월 의식에서 자유하지 못했는데, 빅토리아 시대의 영국이 두 개의 "얼굴"을 가졌던 한 이유가 된다. 곧 높은 도덕 표준을 말하는 공적 얼굴과 온갖 종류의 악이 만연한 사적인 얼굴이다. 복음주의 각성 운동의 생동감은 생명이 없는 도덕 규칙으로 굳어졌다. 빅토리아 시대는 의심할바 없이 진지함(seriousness)의 시대였고(Bradley 1976의 제목) 계속 남은 것은 바로 그러한 진지함이었다.

비교할만한 발전이 북미에서 일어났다. 그러나 기회와 희망의 땅인 그 곳의 분위기는 보다 낙관적이었다. 이와 더불어 모든 개신교 교단들의 지배적인 신학적 입장은 명백하게 후천년설이었다. 체니(Chaney 1976:269)는 이 시기를 가리켜서 "종말론적 사고를 강조하지 않는 설교나 선교 보고는 없었다"라고 말한다.

당시의 사건들은 천년왕국의 먼 가능성을 아주 가깝게 만들었다. 그러나 하나님 나라는 재앙으로 역사에 침입하지 않고 유기적인 방식으로 점차적으로 성숙하게 펼쳐질 것이었다. 그것은 부흥의 형태로 된 옛 청교도주의의 이상이었다. 그러나 당시의 신학은 더 이상 에드워즈의 신학이 아니었다. 그것은 사무엘 홉킨스(Samuel Hopkins)의 수정된 칼빈주의였다.

악한 열망은 점차적으로 사라질 것이었다. 부도덕과 불의도 사라질 것이었다. 다툼과 불화도 제거될 것이었다. 전쟁, 기근, 억압, 노예제는 미국이나 선교지에서 없어질 것이었다(Niebuhr 1959:144-146). 미국인들은 자신들을 시대를 위한 새로운 질서, 즉 원래의 인간의 상태로 돌아가는 질서의 창시자로 생각했다(Marsden 1980:224). 동시에 다가오는 천년왕국에 대한 "지평주의"적인 해석은 하나님의 통치에 대하여 세속적 이해의 길을 더욱 닦고 있었다.

19세기의 40년째가 되자 제2차 대각성의 영향이 사그러지고 있었다. 그러나 찰스 피니(Charles G. Finney 1792-1875)의 유능한 리더십 아래에서 또 다른 부흥기였던 이 당시는 대각성이 지속되지 않았으며, 열기가 식었으며, 다시 활성화될 필요가 있다는 점을 강조했다. 처음의 두 개의 대각성에서 감지되었던 독특한 갱신의 경험은 상실되었다. 대각성들, "부흥들"은 일상적인 것이 되었다. 부흥은 기독교 아메리카를 유지하기 위한 기술로 변모되었고 "정원을 깨끗하게 하기 위한 위대한 신적 괭이가 되었다"(Chaney 1976:295).

그러나 표면적으로 미국의 "주류" 교회 생활은 노예제의 문제에 대하여 남과 북 간에 간격이 점점 더 커지고 있었지만 여전히 상당히 신학적으로 하나였다. 남북 전쟁(1862-1865)의 참혹한 경험은 그 모든 것을 변화시켰다. 적대감의 종식은 의의 통치의 황금시대를 열어주지 못했다. 대각성에 의해 형성된 복음주의적 연합, 즉 "사회 개혁에 대한 헌신이 부흥을 위해 물려받은 열정의 귀결로 본 복음주의"(Marsden 1980:12)는 이제 해체되려고 하고 있었다.

"고전적 복음주의의 넓은 강은 삼각주로 나뉘어 하천의 좌측에서는 에큐메니즘과 사회적인 갱신을 강조했고, 우측에서는 고백적인 정통주의와 복음 전도가 강조되었다"(Lovelace 1981:298).

20세기 초에 전자는 사회복음으로 후자는 근본주의로 발전했다. 두 개의 운동 뒤에는 두 개의 다른 종말론이 있었다. 남북 전쟁 이전에 대부분의 미국교회들은 후천년설이었다. 보다 정확하게 말하자면, 전천년설과 후천년설은 근본적으로 서로 다르지 않았다. 두 관점의 지지자들은 그리스도가 천년왕국 이전이나 이후에 올 것인지에 대하여 견해가 달랐다. 두 그룹 모두 역사가 우주적인 싸움에 의해 통제되는 것으로 보았고 둘 다 그리스도의 가시적이고 문자적인 재림을 기대했다(Marsden 1980:51).

19세기 미국에서 기독교는 국교와 같은 성격이 강했다. 당시 많은 유럽 국가들에서 명백했던 반(反)성직주의가 미국에서는 없었다. 진보와 복음 사이의 긴장도 거의 없었다. 오히려 과학적 진보가 하나님 나라의 도래를 예고한다는 단순한 관점이 있었다. 물질주의, 자본주의와 같은 세속주의의 표출들은 기독교 상징주의로 축복되었다. 노예제, 억압, 전쟁과 같은 악들이 약해지면서 과학, 기술과 학습이 꿈꿔보지 못한 성취를 이룰 것으로 기대되었다.

점차적으로 주류 신학자들은 전통적인 후천년적 역사관의 초자연적인 측면들을 포기하기 시작했다. 하나님과 사탄 간의 우주적인 싸움으로서의 역사 이해는 그리스도의 신체적 재림에 대한 믿음과 더불어 폐기되었다. 하나님 나라는 미래적이거나 내세적이 아니라 "여기 그리고 지금"이 되었다.

사실 이것은 북미의 대단한 기술 발전 속에서 이미 형성되고 있었다(Marsden 1980:48-50). 그 전체적인 발전은 복음 전도에 대한 긴급성이 결핍되는 양상으로 나타났다. 다른 한편 복음을 듣지 못한 사람들이 곧 바로 지옥으로 갈 것이라고는 더 이상 믿지 않게 되었다. 한편 미국교회들의 해외선교는 미국 문명의 혜택과 삶의 양식을 세계의 궁핍한 사람들에게 나누어 주는 것이 되었다(Hutchison 1982:169).

5) 20세기

20세기의 첫 10년에 이르자 개혁파 후천년설에서 사회복음으로의 전환이 완성되었다. 죄는 무지와 동일시 되었고 지식과 동정심이 상승을 가져오고 사람들이 잠재력을 발휘할 것으로 생각되었다.

북미의 다른 "주류" 개신교 분파는 기독교 신앙의 초자연적 요소들을 유지했다. 이것들을 유지하기 위해 전천년설로 점차적으로 돌아섰다. 이러한 전환은 당시의 심리적 분위기와 무관하지 않았다. 남북 전쟁으로 인한 황폐화와 이로 인해 미해결로 남은 문제들이 많은 진영에 허탈감을 불러 일으켰다. 많은 기독교인들은 "자유주의자들"의 낙관주의와 진보 정신을 받아들이지 않았다. 그리스도의 영광 중의 재림만이 상황들을 근본적으로 영원히 변화시킬 것이었다. 이렇게 되기까지 세계는 점점 악화될 운명이었다. 사람이 최상으로 바랄 수 있는 것은 번갯불처럼 퍼지는 악을 최소로 유지하는 것이었다. 이러한 진영에서 복음 전도는 최우선적이었고 점점 사람들은 어떤 형태의 사회 참여에서도 물러났다.

심오하고 큰 변화가 북미 개신교 안에서 일어났다. 이 기독교회 진영은 유럽 개신교가 계몽주의를 견제한 것보다 더 오랫동안 견제하는데 성공했다. 계몽주의 이전의 청교도주의에서 나타난 것처럼 삶의 총체성을 지닌 강력한 남은 자들이 19세기에 이르기까지 주류 북미 개신교 안에서 생존했는데 반해, 유럽에서는 이미 존경을 상실하고 국교회 변두리의 작고 소외된 집단으로 국한되어버렸다. 그러나 남북전쟁은 복음주의자인 동시에 노예제 철폐주의자(피니처럼)이고, 후천년주의자인 동시에 초자연적인 하나님 나라를 믿고, 죄가 공적(혹은 구조적)인 동시에 사적(혹은 개인적)일 수 있다고 보는 믿음을 원칙적으로 파괴시켰다.

계몽주의는 북미교회들을 덮쳤다(Visser't Hooft 1928:102-125). 청교도주의에서 기원하여 후천년적 복음주의에서 만개한 북미 개신교는 나뉘었다. 한 진영은 전천년주의를 택하여 근본주의로 발전했고, 부패와 불의를 관용하면서 이것들을 그리스도의 임박한 재림의 표식으로 기대했고 심지어 환영했다(Lovelace 1981:297).

다른 진영은 공식적으로 후천년주의를 고수했고, 그들의 천년왕국은 점차적으로 거의 완전히 현세적이었다. 대체로 미국의 가치들과 축복들을 무비판적으로 승인했고, 이를 전 세계 사람들에게 수출하고 나누어야 한다고 확신했다. 1930년대 이래로 그 그림은 변하기 시작했다. 그러나 그 이야기와 그 이야기가 선교에 의미하는 바는 다음 장에서 논의하기로 한다.

4. 계몽주의 시대의 선교 주제들

앞에서 18세기부터 20세기에 이르기까지의 교회론적인 그리고 다른 여러 발전들을 개괄하였다. 나의 접근방식은 통시적이다. 여기서 나는 다른 접근방식을 취하려고 하는데, 그 시대의 가장 중요한 선교 주제들을 파악하고 간략하게 분석하고자 한다.

이것은 위험한 시도이다. 우선 그러한 주제들은 역사적인 사건들의 일반적인 흐름으로부터 고립되어 작용하지 않는다. 더 중요한 점은 주제들을 가려내어 서로를 분리시키는 것이 실제로 불가능하다는 것이다. 한 주제는 어떤 의미로 보면 단지 반대쪽 면일 뿐이다(van den Berg 1956:38, 186-188).

그럼에도 불구하고 나는 이러한 방식으로 진행할 것인데, 아주 복잡하면서도 중요한 역사 시대를 파악할 수 있기 때문이다. 또한 그 시대의 모든 선교 동기와 주제들을 상세하게 논의하는 것이 가능하지 않다.[3] 특별히 중요하다고 생각되는 것들만 선별적으로 다룰 것이다.

또한 나의 목적은 이러한 동기들과 주제들이 계몽주의 정신의 틀에 의해 어느 정도 영향을 입었는지를 보이는 데에 있다. 그 시기는 원심력이 작용했던 때였다. 그러므로 이 시대에서 완전히 통일된 일관적인 사고와 행위 유형을 발견하려고 하는 것은 무의미하고 불가능하다. 계몽주의의 대 패러다임은 파악하기 힘들며 기껏해야 다양한 하부 패러다임 속에서 나타나며 그 중 일부는 서로 긴장과 심지어 갈등 속에 있는 듯하다. 하지만 이 전체 시대 동안에 사실상 모든 사람들은 계몽주의에 의해 생성된 틀 안에서 움직였다.

나는 과다한 고찰을 하려고 하지는 않으며, 단지 18세기 이래로 선교 주제들이 그 이전의 것들과 어떤 관계가 있는지를 보이려고 한다. 나는 유럽 대륙에서 보다는 영어권 세계에서의 선교 주제들을 주목할 것이다. 이유는 두 가지이다.

---

[3] 주제들(그 시기의 지배적인 선교 주제들 혹은 개념들)에 집중할지라도 나는 또한 동기들(사람들이 선교에 참여한 이유들)에도 주의를 기울일 것이다. 주제들과 동기들을 서로 분리하는 것이 항상 가능하지는 않다.

첫째, 지난 두 세기 동안에 영어권 세계는 다른 어떤 집단보다도 더 많은 비로마가톨릭 선교사들을 파송했다는 역사적 사실이다(Neill 1966a:261). 이 사실만도 영어권 선교를 우선적으로 연구할 가치가 있다.

18세기에는 유럽 대륙이 주도한 것 같은데, 왜 18세기 말에는 국면이 극적으로 바뀌었는가?

둘째, 영어권 세계로부터 유래하는 선교의 구성 요소들이 더 광대하게 연구되어 왔다. 따라서 우리는 이것들을 보다 정학하게 파악하고 논의할 수 있다. 그 주제에 대한 가장 중요한 연구는 1815년까지의 시기만 다루기는 하지만 요하네스 반 덴 베르그(Johannes van den Berg)의 예수의 사랑에 강권함을 받아(1956)이다. 그러나 근년 동안에 여러 추가적인 연구들이 있었는데, 특히 서구의 식민 확장 동안의 선교 발전에 대한 것이었다. 그러나 이 부분에 대하여 더 많은 연구가 나와야 한다.

1) 하나님의 영광

보에티우스(Boetius)부터 조나단 에드워즈(Edwards)에 이르기까지 고전적인 칼빈주의 사상에서는 모든 만물에 대한 하나님의 주권과 하나님만이 사람들을 구원하는 주권을 가진다는 확신을 강조하고 있었다. 하나님에 주권에 대한 이러한 믿음은 예정론의 교리로 나타났다. 용서하고 구원하는 자는 인간들이 아니고 하나님이다. 진리와 생명을 드러내는 것은 인간의 이성이 아니라 하나님이다. 신자들은 전적 타자인 하나님의 위엄 앞에 섰다. 그러나 개신교 정통주의에서 하나님의 주도권에 대한 강조는 경직되었다. 사람들은 영혼들을 구원하는 하나님의 사역에 대하여 완전히 수동적으로 기다리라고 배웠다(van den Berg 1956:73).

이와 대조적으로 우리가 살펴보고 있는 시대에는 하나님의 주도권이 인간의 노력을 배제하지 않으며 하나님의 위엄은 인류에게 미치는 하나님의 은혜와 사랑의 또 다른 면이라는 인식이 늘어나고 있었다. 대각성 이후로 하나님의 영광이라는 주제는 다른 주제들에게 자리를 내주어야 했는데, 특히 동정(compassion)이라는 주제였다. 하지만 하나님의 영광은 명백히 언급되지 않는 곳에서도 18세기 내내 조용한 배경으로 계속 역할을 했다.

다음 시대에는 그것이 약해지기 시작했다. 그러한 점진적인 쇠퇴는 상당 부분 계몽주의의 영향 때문이었다. 신정정치의 이상과 하나님의 영광이라는 개념은 삶의 통일성과 그리스도의 왕권적 통치를 깊이 인식하는 신학 안에서만 작용할 수 있다(van den Berg 1956:185).

계몽주의는 하나님 대신 인간을 중심에 둔다. 모든 실재는 인간의 꿈과 계획에 따라 재구성되어야 했다. 심지어 기독교 진영에서도 인간의 필요와 열망이 본래적으로 순전히 종교적인 용어로 빚어졌긴 했지만 하나님의 영광보다 앞서기 시작했다. 따라서 18세기 말과 19세기 초에 강조점이 그리스도의 사랑으로 옮겨졌다. 나중에는 멸망하는 이교도들에게로 초점이 옮겨졌고 20세기 초에는 사회복음으로 옮겨졌다.

하지만 선교의 동기로서 하나님의 영광은 결코 완전히 사라지지 않았다. 특히 20세기 중반 이래로 다시 그 중요성이 다시 부각되었다.

2) "예수의 사랑에 강권함을 받아?"

요하네스 반 덴 베르그(Johannes van den Berg)는 고린도후서 5:14을 1698년부터 1815년까지 대영제국에서의 선교 각성의 주제들에 대한 자신의 탁월한 연구의 제목으로 삼았다. 그러므로 이 장에서 당시 이 주제의 역할을 간략하게나마 통찰할 필요가 있다. 우리는 거듭해서 사랑이라는 주제를 언급하게 될 것이다.

실제적인 선교 동기, 장려와 실천에 있어서 이 주제는 오히려 양면성을 띠는 것으로 나타났다. 그것은 긍정적인 방식과 부정적인 방식으로 모두 나타났다. 먼저 나는 긍정적인 면을 주목할 것이다.

선교 각성에서 사랑은 강력한 동기가 되었는데 그리스도 안에서의 하나님의 사랑에 대한 감사로서 그리고 "세상을 이처럼 사랑하사 독생자들 주신" 그에 대한 헌신으로서였다. 이 사랑은 "다른 사람들의 영적인 혜택"을 증진하려는 소원과 함께 점차로 지배적인 주제가 되었다(van den Berg 1956:98-102, 156-159, 172-176; Warren 1965:52).

대각성을 통해 감동받은 그리스도인들은 그들이 받은 것에 대한 감사와 자신들에게 값없이 주어진 축복들을 국내건 해외건 사람들과 나누려는 긴박한 소원을 깊이 느끼고 있었다.

당시의 지배적인 관점과는 대조적으로 선교사들은 하나님이 자신들을 보낸다고 느끼는 대상 사람들을 형제이자 자매로 간주했다. "미국선교위원회"(the American Board of Commissioners for Foreign Missions)가 첫 번째 선교사들을 임명했을 때, 멀리 있는 나라 미얀마는 "같은 공통의 부모로부터 태어났고, 하나님을 배반한 결과를 함께 공유하고, 같은 세상에 살고 있는 형제들"이라고 그들은 확신했다(Hutchison 1987:47). 그 주된 주제는 공감과 연대감이었는데, 곤경에 처한 사람들에게 그리스도인들의 "가장 부드러운 애정"이 일어나는 동정심으로 나타났고 또한 그들의 일시적인 안위와 불멸의 행복을 위한 갈망으로 나타났다(:48).

선교사들이 자신들과 이교도들을 "진노의 자녀"로 간주했지만 이것이 그들이 강조점이 아니었고 모든 사람들이 하나님의 사랑의 대상이므로 구원 받을 가치가 있다는 사실에 초점을 두었다. 특히 요한 웨슬리는 하나님은 무엇보다도 자비의 하나님이라는 사실을 아주 잘 의식하고 있었다.

그리고 부분적으로는 계몽주의의 영향으로 인해 모든 사람이 이성적 피조물로서, 하나님의 주권적 은혜라는 관점보다 제시되는 구원에 대해 사람들이 본래적으로 응답할 수 있다는 관점으로의 살짝 옮겨갔을지라도, 모두가 근본적으로 동등하며 따라서 하나님의 눈으로 볼 때 귀하다 본 사실은 칭송받을 만하다.

선교사들은 이것을 결코 잊어서는 안된다고 크리스천 블룸하르트(Christian Blumhardt)는 1827년에 파송된 첫 "바젤선교회"(the Basel Mission) 선교사들에게 말했다. 따라서 아프리카 사람들을 만날 때 선교사들은 "친근하고, 겸손하고, 인내해야 하며,… 결코 뽐내거나 무례하거나 이기적이거나 급하게 성내서는 결코 안되었다"(Rennstich 1982a:94에서 인용됨).

그리스도와 사람들에 대한 사랑은 괄목할만한 정도의 헌신으로 나타났다. 다시 한번 모라비아인들이 현저한 사례로 부각되었다. 진젠도르프의 표어는 "현재 어디든지 구주를 위해 가장 일해야 할 장소가 바로 우리의 고국이다"였다(Warneck 1906:59에서 인용). 모라비아인들은 가장 궁핍하고 소외된 사람들에게 가는 것을 원칙으로 삼았다. 그들은 현지인들과 동일화되었고 그들의 방식대로 살고 옷을 입었는데, 식민주의자들의 눈에 역겨울 정도였다. 식민 당국은 그들에게 분노를 터뜨리곤 했다. 40년이라는 짧은 기간 동안에 마라비안 선교는 북미 인디언들에게 선교하다가 식민 당국의 간섭으로 적어도 17번이나 선교기지를 철수해야 했다(Blanke 1966:109).

그러나 선교 사역과 현지인들에게 대한 엄청난 헌신은 모라비아인들에게만 국한되지 않았다. 다른 선교회들의 사례 또한 많다. 한 가지 예를 들어 보겠다. 1823년에 교회선교회(the Church Missionary Society)는 시에라리온에 12명의 선교사를 보냈는데 18개월 만에 10명이 열병으로 사망했다. 그러나 교회선교회는 시에라리온을 포기하지 않았다. 사망할 때마다 그 자리를 대신해서 가는 사람이 있었다(Warren 1965:29). 대부분의 선교사들의 주된 동기는 다른 사람들에 대한 순전한 관심이라는 것을 나는 믿는다. 그들은 하나님의 사랑이 해외에 있는 사람들의 마음속에 부어졌고 자신들은 그 사람들을 위해 죽은 분을 위해 기꺼이 희생하려 했다(Warren 1965:28, 44).

때로 이러한 사랑과 철저한 헌신의 주제는 금욕이라는 주제와 맞물렸다. 본서의 제7장에서 수도원 운동이 대부분 즉각적으로 선교와 관련된 것이 아니었다는 점을 지적했었다. 수도사는 자기 자신의 영혼을 구원하려고 했고 이를 성취하기 위해 수도원을 시작했으며 흥미롭게도 점차 선교 중심부로 발전했다. 때때로 자기부인에 대한 강조가 선행의 공로를 강조하는 성향이 되었다. 희생적인 선교의 삶이 하나님의 눈에 더 인정받을 것으로 여겨진 것이다! 가톨릭과 마찬가지로 개신교 선교사들도 이러한 정서로부터 항상 자유한 것은 아니었다.

가령 요한 웨슬리와 찰스 웨슬리는 원주민들 속에서 열정적으로 외로이 사역하면 참된 거룩과 의를 얻게 될 것이라는 확신을 가지고 조지아 주의 인디언들에게 갔다. 그러나 이것은 그들의 생애 속에서 지나가는 국면일 뿐이었다(van den

Berg 1956:95, 180). 그들의 태도가 타당했던 면은 그들이 선교 사역은 희생과 자기부인, 그리스도를 위해 고난을 받을 준비라는 요소가 없이는 불가능하다는 점을 인식한 것이다(:202).

대각성의 영향을 입은 사람들에게 구원론적인 관심이 가장 중요했다는 점은 분명하다. 그들의 사랑은 비기독교인들에게 "영원한 행복"을 전해주려는 열망으로 나타났다. 영혼의 구원이 교회 설립이나 일시적인 조건의 개선보다 더 중요했다(van den Berg 1956:101, 158; Beaver 1961:60). 이것은 기독교 신앙으로 개종하지 않으면 사람들이 영원히 멸망할 것이라고 대부분의 기독교인들이 굳게 믿고 있었기 때문이었다.

그렇지만 구원론적인 주제와 인도주의적인 주제 간의 분리는 18세기와 19세기 초에는 거의 나타나지 않았다. 선교사들은 계몽주의 이전의 전통, 즉 "복음화"와 "인간화"의 분리될 수 없는 통일성(van der Linde 1973), "영혼에 대한 봉사"와 "육체에 대한 봉사"의 통일성(Nøgaard 1988:34-40), 복음을 전하는 것과 "유익한 문명"을 전해 주는 것(Rennstich 1982a; 1982b)의 통일성을 견지했다.

바젤선교회(the Basel Mission)의 블룸하르트(Blumhardt)에게 이것은 분명히 "유럽인들에 의해 자행된 불의에 대한 보상이며 유럽인들의 더러운 탐욕과 가장 잔인한 기만에 의해 초래된 많은 피흘리는 부상들이 치유될 수 있게 하는 것이었다(Rennstich 1982a:95; 1982b:546). 그리고 영국 교회선교회(CMS)의 사무총장이었던 헨리 벤(Henry Venn)은 압제자와 압제당하는 자의 사이, 폭압적인 체제와 도덕적으로 신체적으로 위협받는 대중 사이에서 위치를 분명히 하라고 선교사들에게 촉구했다(Rennstich 1982b:545).

따라서 개신교 선교에서 사랑이라는 주제의 영향은 대체로 긍정적으로 평가되어야 한다. 그러나 이 주제에 대하여 부정적인 면 또한 있다. 그것은 흥미롭게도 인간들에 대한 낙관적인 관점과 비관적인 관점이 섞여 있었다.

전자는 18세기 말에 부상한 낭만주의에 의해 장려되었는데, 계몽주의의 결과이자 동시에 반작용이었다. 특히 루소(J. J. Rousseau)는 서구의 영향을 아직 입지 않은 먼 나라들의 주민들을 가리켜 "고귀한 야만인들"이라고 했다. 쿡(Cook) 선장과 같은 사람들이 남해 섬 사람들을 가리켜 "지상의 모든 매력과 미의 총합"이라고 한 것은 분명히 루소의 관점에 상응한다(van den Berg 1956:97, 106, 110, 153).

그러나 그러한 표현은 서구인들이 다른 사람들을 동등한 자로 간주했다는 뜻이 아니다. 오히려 "고귀한 야만인들"이라는 루소의 표현은 매력적인 아이, 문명에 의해 망가지지 않은 아이(tabula rosa), 아직 순진하고 악을 자행할 수 없는 아이를 뜻했다. 이러한 인간에 대한 표면적인 낙관적 관점은 그와 같은 "순전한 자들"에 대하여 우월한 태도를 갖는 것을 결코 배제하지 않았다. 그리고 이러한 태도는 다시금 비서구인들에 대하여 오히려 비관적인 관점을 낳았다.

따라서 19세기 초까지 이방 세계에 대한 전형적인 복음주의적 관점은, 특히 영적 상태에 대하여 비관주의와 낭만주의 사이를 왔다갔다 했다. 곧 비관주의가 더 강해졌다. 더욱이 구원받아야 할 사람들은 주로 개인들로 간주되었다. 이러한 접근은 선교사들의 "본국 상황"을 반영했는데, 기독교적 이상들이 스며들어 있던 공동체 안에서 삶을 보호하던 옛 것이 계몽주의 세계관에 의해 부서지고 "부흥"은 결과적으로 공동체 및 당시의 상황과 분리된 개인들에게 호소하는 것으로 저하되었다(van den Berg 1956:82).

부흥운동가들은 잃은 자들의 구원에 대한 책임을 개인적으로 느꼈고 메시지를 들은 사람들이 개인적으로 메시지를 받아들일 책임이 있다고 믿었다. 초기 청교도 전통의 특징이었던 하나님의 통치의 포괄성이 개인 영혼의 구원이라는 개념에게 길을 내어주었다. 그리고 같은 개인주의가 "선교 현지"에 있는 서구 선교의 "대상들"에게 부과되었다. 이것은 19세기 동안에 선교 사상 속에 더 강력하고 만연하게 되었다. 19세기 말에 선교사들 수천 명이 아프리카와 아시아로 쏟아져 들어갔고 선교사들은 그 대륙에 사는 궁핍한 사람들에게 뭔가 제공할 것이 있고 아프리카인들과 아시아인들이 그것들을 간절히 기다리고 있다고 확신했다.

당시의 선교 본문은 사도행전 16:9였는데 바울이 "와서 우리를 도우라"라고 간청하는 마게도니아인의 환상을 본 것이다. 메사추세츠 주의 청교도 식민지의 첫 우표는 사도행전 16:9의 말씀을 선포하는 인디언을 묘사했다(Blanke 1966:105; Hutchison 1987:10). 1701년에 창설된 "복음전파회"(Society for the Propagation of the

Gospel, SPG)의 우표도 같은 본문을 라틴어(*Transiens adjuva nos*)로 표기했다.

19세기까지 엥클라(Enklaar)의 탁월한 저서에서 드러나듯이(1981:5-15), 마게도니아인은 그리스도의 사신이 와서 돕기를 간청하는 비기독교인들의 전형으로 간주되었다. 1870년 화란 선교 축제의 표지는 반대편에 있는 선교사들을 향해 부르짖은 "마게도니아인"을 묘사했다(:6). "북독일선교회"(the North German Missionary Society)의 월간지 역시 비슷한 그림을 실었다(:7).

화란에서는 특히 많은 선교 찬송가들이 당시에 대한 바울의 환상의 중요성을 언급했다(Enklaar 1981:8-12). 1833년 화란에서 창간된 선교 잡지의 이름은 「마게도니아인」(*De Macedoniër*)이었다(:9). 여러 책들과 팸플릿의 제목들 역시 마게도니아인을 암시했다(:12). 「세계선교리뷰」(the Missionary Review of the World) 1920년 5월호의 표지 그림은 아시아 어린이의 그림과 "아시아로 와서 우리를 도와주세요"라는 말을 포함했다(Hutchison 1987:11).

벤 덴 베르그(van den Berg 1956:193)는 말하기를 "이 시기에 이교도 세계는 무력함과 가난 속에서 기독교 국가들의 자비로운 도움을 요청하고 있다"는 생각이 일반화되어 있었다고 한다.

그런데 원래의 사랑이라는 주제에 적지 않은 변화가 생겼다. 동정심과 연대감이 연민과 우월에 의해 대치되었다. 19세기 초의 대부분의 찬송가, 잡지, 책에서 이교도의 삶은 가장 어두운 색깔로 칠해졌는데, 영원히 불안하고 불행하며 끔찍한 죄에 잡혀 있는 삶이었다. 아프리카는 "어두운" 대륙이었고, 인도양, 태평양의 섬들과 마찬가지로 야만인들만이 사는 곳, 문화적으로 영적으로 없는 자들, 인간의 찌꺼기들, "기독교" 세계의 유익들을 전혀 입지 못하고 있는 사람들, "마귀와 그의 책략의 노예가 되어 잃어버린" 불쌍한 사람들로서 신체적 영적 불행에 빠진 사람들이 사는 곳이었다(Hutchison 1987:48).

특히 19세기에 형용사 "가난한"이 점점 더 "이교도"를 묘사하는 단어로 사용되었다. 그 당시의 문헌들 속에 수없이 나타났다(van den Berg 1956:193). "가난한 이교도들"의 절실한 필요가 선교를 해야된다는 가장 강한 주장들 중의 하나가 되었다. 선교 주제로서의 하나님의 영광은 하나님의 사랑에 대한 강조에 의해 대치되었다. 그런데 동기에 대하여 또 다른 변화가 일어났는데 하나님의 깊은 사랑으로부터 타락한 인간의 가련한 깊은 타락으로의 이동이었다(van den Berg 1956:175; Chaney 1976:225-239). 사랑은 보호적인 자선으로 바뀌었다.

이러한 태도는 비기독교인들에게 뿐 아니라 서구 선교사들의 사역의 "열매"인 신생교회들에게 대하여서도 마찬가지였다. 거의 의식하지 못하게 그리스도의 사랑의 강권함(고후 5:14)은 서구 선교사들에게 영적 우월감과 다른 문화권의 기독교인들에게 대하여 고자세로 혜택을 베푸는 태도로 변모되었다. 이 많은 사람들의 마음은 "감사 및 공손과 분개 사이의 전쟁터"와 같았다(Paton 1953:66).

제3세계 기독교인들은 서구 선교사들의 보호 아래 있어야 하는 미성년자들로 간주되었다. 선교기관과 신생교회 리더십과의 관계는 크래머(Kraemer)의 말대로 "통제하는 수여자"와 "짜증난 자선의 수혜자"가 될 것이었다(1947:426.

천년왕국에 대한 논문(1793)에서 사무엘 홉킨스(Samuel Hopkins)는 "사심이 없는 자선"이라는 개념을 도입하여 너무나 인간중심적인 선교 동기를 피하려고 애썼다(van den Berg 1956:101; Hutchison 1987:49-51). 그러나 시간이 흐름에 따라 "사심이 없는"은 때때로 미묘하게 "우월한"으로 바뀌었다.

결국 가진 자들은(the *beati possidentes*) 도덕적으로 자신들의 영적인 부를 다른 사람들과 나누어야 했다. 그들은 위로부터의 능력을 구비하였고 어둠과 죽음의 그림자 속에 앉아 있는 사람들에게 제공할 도움을 소유하고 있었다(Enklaar 1981:5). 그리스도의 사랑의 대상이라는 확신이 아니라 이교도들의 가련한 상태가 선교의 지배적인 동기가 되었다.

이론적으로나 실천적으로나 19세기와 20세기의 선교적 박애주의는 바울의 "예수의 사랑에 강권함을 받아"의 수준에는 미치지 못했다. 그러한 동기의 순수성이 훼손되었다. 동기의 근원은 살아계시고 현존하는 주님과의 인격적 만남이라는 영적 경험과 죄와 은혜에 대한 깊은 개인적 이해에 있어야 한다. 그러나 그 동기의 기원과 순전한 기독교적 요소들은 결국 그 시대의 정신을 이겨내지 못했다.

3) 복음과 문화

유진 스미스(Eugene L. Smith 1968:72)는 수 세기에 걸쳐 기독교 선교의 주요 타협들이 네 가지 관계에서 발생했다고 말하는데, 곧 국가, 문화, 교회 안에서의 분열, 돈과의 관계이다. 여기서 나는 문화와의 타협이라는 문제를 다루려 한다. 이 타협은 18세기 보다는 19세기에 현저했다. 대규모로 불편함이 표출되기 시작한 것은 단지 제2차 세계대전 이후였다.

앞에서 나는 지난 몇 세기 동안에 기독교인들이 대체적으로 자신들의 신앙이 다른 종교들보다 우월하다는 것을 결코 의심하지 않았다는 점을 지적했다. 또한 그들의 종교적 우월감이 문화적 우월감을 낳을 것이었다. 이것은 새로운 현상이 결코 아니다. 고대 헬라인들은 다른 민족들을 야만인(barbaroi)이라고 불렀다. 로마인들과 다른 위대한 "문명들"도 다른 민족들을 경시했다. 흔히 그러한 우월감은 권력자와 지배자로부터 약자와 피지배자에게로 향했다. 서구의 우월감 역시 다르지 않았다.

그러나 서구의 제3세계에 대한 문화적, 군사적, 정치적 지배와 헬라 및 로마의 다른 민족들에 대한 지배 간에는 적어도 하나의 근본적인 차이가 있었다. 그러한 경우들에 있어서 지배 관계는 적어도 이론적으로는 뒤집힐 수 있었다. 지배당하던 자가 어느 순간에 저항하여 주인을 제압할 수 있었는데, 군사적으로가 아니라면 적어도 문화적으로 그렇게 했다. 두 집단 모두 비슷한 수단과 무기를 마음대로 사용할 수 있었고 따라서 서로 겨누게 된 것이다. 세계의 군사적 문화적 대제국이었던 앗시리아, 페르시아, 마게도냐, 로마, 몽골과 터키제국은 동등한 세력에게 무릎을 꿇었는데, 자신들의 지배수단과 피지배자들의 수단 간에(군사적, 문화적으로 모두) 차이가 미미할 뿐이었기 때문이었다.

그러나 과학적 기술적 발전과 함께 계몽주의는 세계 어느 나라들보다도 서구에게 전례 없는 이익을 안겨다 주었다. 별안간 몇 안되는 수의 나라들이 다른 많은 나라들보다 월등하게 우월한 "도구들"과 지식을 갖게 되었다. 따라서 서구는 모든 영역에서 다른 나라들의 주인이 될 수 있었다. 이러한 우월감이 또한 "서구의 종교"인 기독교에도 옮겨질 것은 당연하였다. 사실 대부분의 경우에 종교적 우월감과 문화적 우월감을 구별하려는 시도가 없었고, 한쪽에 적용되는 것이 다른 쪽에도 똑같이 적용되었다.

미국선교위원회는 초기에 이교도들 중에서의 어두움, 맹목, 미신, 무지와 서구의 빛, 비전, 계몽, 지식을 구별했다(Chaney 1976:183). 그리고 이 진술 속에서 어느 것이 서구의 문화를 가리키고 어느 것이 종교를 가리키는지 결정짓는 것은 사실상 불가능하다. 한쪽 편의 특징들은 다른 쪽 편의 특징들을 전제했다(van den Berg 1956:157).

서구의 종교가 전 지구에 퍼질 것이 예정된 것처럼, 서구 문화도 승리할 것이었다. 1세기 반 전에 헤겔(G.W.F. Hegel)은 역사가 동에서 서로 이동하여 중국의 "아동기"에서 시작하여 인도, 페르시아, 그리스, 로마로 가서 서유럽의 "성인기"로 갔다고 주장했다. 그는 "아시아가 역사의 시작이었듯이 유럽이 절대적으로 역사의 끝"이라고 결론을 내렸다(1975:197). "세계 역사의 진행"(:124-151) 혹은 "세계 역사의 지리적 기초"(:152-196)에 대한 이와 같은 이해는 완전히 솔직하게 그리고 모순이 있을 것이라고는 전혀 생각하지 않고 주장된다. 보는 눈이 있는 모든 사람들에게 명백해야 한다.

그렇다 할지라도 헤겔은 외관적으로 공정성을 유지하려 했고 각 대륙을 아주 상세하게 조사하고 각 대륙의 문화를 평가했다.

"칠레와 페루는 협소한 해안 영토이고 자신들의 고유한 문화가 없다"(:157).

"아프리카는 집중된 관능성, 의지의 즉각성, 절대적인 비유연성, 발전에 대한 무능성을 특징으로 한다"(:215).

그리고 그의 "객관적인" 발견에 근거하여 서구의 분명한 우월성이 제시되었다.

물론 헤겔은 자신의 시대적 자손이다. 우리 역시 그렇다. 크리스토퍼 도우슨(Christopher Dawson), 아놀드 토인비(Arnold Toynbee)와 같은 후대의 학자들은 보다 조심스럽게 자신들의 편견을 제시하였으며 세계 발전에 있어서 서구 문화의 우월성을 인정했다. 사실 아주 최근까지만 해도 모든 서구인들은(많은 경우 비서구인들도) 전 세계를 서구의 이미지로 재형성하는 것을 기정사실로 당연시했다.

선교 진영의 경우 그 차이는 미미했다. 『선교의 재고』(Rethinking Missions)라는 제목으로 1932년에 출간된 유명한 『평신도 해외선교 탐구』(Laymen's Foreign Missions Enquiry)는 모든 나라가 한 세계 문화로 가는 길에 있고 이 문화는 본질적으로 서구 문화이며 이러한 발전에 대하여 모두가 환호해야 한다고 확신했다. 제3세계에 있는 다른 모든 서구인들과 마찬가지로 선교사들은 의식적으로 이러한 문화의 전파자가 되어야 했다.

근대 선교의 초기 단계에서 이것은 뚜렷했다. "서구 기독교"는 자신들의 관점을 다른 사람들에게 부과할 "권리"가 있으며, "너무나 근본적이므로 무의식적이고 전제적으로 작용해야 한다는 공감이 형성되어 있었다"(Hutchison 1982:174). 존 엘리엇(John Eliot)과 코튼 마더(Cotton Mather), 사무엘 워케스터(Worcester)는 1816년에 아메리카 인디언들에 대한 미국해외선교위원회의 목표를 "전 부족이 영어를 쓰게 하고, 그들의 습관이 문명화되게 하며, 그들의 종교가 기독교가 되게 하는 것"으로 규정했다(Hutchison 1987:15, 29, 65). 이와 같이 1922년에 『선교의 문명화 역할』(Le rôle civilisateur des missions)이라는 제목으로 소책자가 발간되었다.

또한 독일의 선교 역사가인 줄리어스 리히터(Julius Richter)는 1927년에 "유럽 아메리카 사람들의 문화 확장을 개신교 선교의 중요한 부분"으로 간주했다(Spindler 1967:25, 26). 사실상 이러한 경우들을 보면, 다른 사람들의 인식이 고려되어야 한다는 입장이 전혀 없었다. 그들의 인식들은 심각하게 고려되지 않았고 따라서 기독교 및 서구 가치들에게 귀를 기울였지만 외국 문화에 대하여는 그렇게 하지 않는 것이 일반적이었다(Hutchison 1987:113, 168).

자연히 이것은 부과되는 것으로 간주하지 않았다. "기독교 국가들이 문화의 소지자이자 세계 역사의 지도자가 된 것은 결코 우연이 아니다"라고 바르넥(Gustav Warneck)은 말했다(Schärer 1944:24 인용). 서구 국가들을 강하고 위대하게 만든 것은 복음이었다. 다른 나라들에게도 마찬가지가 될 것이었다.

따라서 선교사들의 관심은 특권을 빼앗긴 사람들을 향상시키는 데에 있었다. 문화적으로 궁핍한 사람들은 이러한 방식으로 더 높은 수준으로 올라갈 것이었다(J. Schmidlin, Schärer 1944:9에서 인용, Spindler 1967:26 참조). 한 나라에 대한 복음의 영향은 "그들의 예절을 부드럽게 하고 사회적 관계를 정화하고 그들을 급속히 문명 생활로 이끌어 줄 것이었다"(John Abeel in 1801; Chaney 1976:249에서 인용).

제1차 세계대전 이후 가장 인기있던 선교 본문들 중의 하나는 요한복음 10:10의 "내가 온 것은 양으로 생명을 얻게 하고 더 풍성히 얻게 하려는 것이라"였다. 뉴비긴(Newbigin)은 "'풍성한 삶'이 현대 교육, 치료, 농업과 같은 좋은 것들을 통해 세계의 궁핍한 민족들에게 제공될 풍성함으로 해석되었다"고 말한다(1978:103).

선교 저술가들과 연설자들은 비서구 사회들의 부패를 거의 의심하지 않았다. 그들 중 일부는 특히 19세기에서 20세기로 넘어가는 시점에서 이교도의 삶의 부패성을 묘사하고 "기독교 문명"으로 그들을 구할 수 있다는 점을 주장하는 데에 탁월했다.

가령 바르넥(Johannes Warneck)은 "정령적 이교주의"(animistic heathenism)에 나타나는 불확실성, 두려움, 이기심, 부도덕성, 현세성의 요소들을 상세히 거론했다(1908:70-127). 그러나 아시아와 아프리카인들의 문화적 결점들을 어떤 당대인보다도 잘 기술한 사람은 미국 장로교인인 제임스 데니스(James Dennis)였는데, 방대한 분량의 3권으로 된『기독교 선교와 사회적 진보』(Christian Missions and Social Progress)라는 저술을 통해서였다(Dennis 1897, 1899, 1906).

제1권에서 가장 많은 분량으로 다뤄진 것은 "비서구 세계의 사회적 악"에 대한 상세한 분석과 열거였다(1897:71-401). 이것들이 7개의 인간의 범주에 끼친 영향을 배열하였는데, 그 범주는 개인, 가족, 부족, 사회 집단, 국가, 상업 집단, 종교 집단이었다. 그 영향을 구체적으로 제시했는데, 도박, 부도덕, 게으름, 일부다처제, 조혼, 인간 희생 제사, 무자비성, 주술, 잔인한 관습, 공적 정신의 결핍, 카스트 제도, 부패와 뇌물, 상업 속임수, 사기, 우상숭배, 미신 등이었다.

데니스는 극단적인 표현을 사용하여 이교 사회들의 타락한 문화적 상태를 묘사했다. 그는 대부분의 예들을 선교사들로부터 받은 편지에서 가져왔는데, 선교사들을 외진 곳에 있는 민족들의 상태와 영적인 역사를 가장 잘 알고 있는 사람들로 간주했고 선교사들의 증거는 "참되고 의심할 여지가 없는 것"으로 생각했다 (1897:viii).

복음을 받아들일 사람들에게 더해질 혜택들은 바로 이러한 비서구인들의 삶에 대한 묘사를 볼 때 예측될 수 있다. 거듭 말하지만, 데니스는 이 주제에 대하여 가장 많이 쓴 사람이다. 그의 제2권에서 가장 많이 할애된 부분(1899:103-486)과 제3권 전체(1906)는 "사회적 진보에 대한 기독교 선교의 공헌"을 기술하고 있다. 그는 제1권에서 사용한 7개의 인간의 범주를 여기서도 사용했다. 그는 기독교 선교가 비서구 인종들에게 준 축복들을 상세히 서술했다. 그리고 그러한 성취들은 참으로 인상적이었다. 스미스(Smith)는 그 일부를 다음과 같이 요약한다.

> 선교 운동은 노예제의 폐지에 커다란 공헌을 했다. 더 나은 농사법을 제공했고 수많은 학교들을 설립하고 운영했다. 여성들의 지위를 향상시켰고 서로 다른 나라 사람들간의 유대를 도모하고 신생 독립국들의 지도자들을 훈련시켰다(1968:71).

미국의 선교 옹호자들에게 여성의 지위 향상은 항상 가장 중요한 문제였고 (Forman 1982:55) 항상 교육과 의료 분야의 발전에 대한 이야기가 그 뒤를 이었다. 이러한 성취들은 참으로 부인될 수 없으며 칭송받아야 한다.

그러나 이러한 그림에는 부정적인 측면 역시 있다. 가장 심각한 부정적인 측면은 많은 연설자들의 과도한 자부심이 아니라(Dennis의 예에서 보듯이) 자신들의 문화에 대한 비판 능력의 부재, 외국 문화를 이해하는 능력의 부재였다.

문제는 선교 옹호자들이 자신의 자민족 중심주의에 눈이 먼 것이었다. 그들은 자신들의 중산층의 이상 및 가치들을 기독교 신조들과 혼동했다. 도덕성, 존경, 질서, 효율, 개인주의, 전문성, 일, 기술의 진보에 대한 그들의 관점은 거리낌 없이 세계 끝까지 수출되었다.

따라서 그들은 다른 사람들의 문화를 이해하려 하지 않았는데, 그들의 삶과 배움의 통일성, 개인, 공동체, 문화, 산업 간의 상호 의존성, 민족적 지혜의 깊이,

전통 사회의 예절을 도외시 하고 계몽주의에 입각한 정서를 가지고 사람들을 대상으로 보고 전 세계를 서구의 이미지로 재구성하고 사람들을 자연으로부터 분리시키고 서로를 분리시키고 서구의 표준과 전제에 따라 그들을 "개발"하려고 했다(Sundermeier 1986:72-82).

이러한 과정에서 "서구신학"은 세계 다른 지역들의 신생교회들에게 그대로 전수되었다. 물론 인정되기도 하였다. 로마가톨릭 선교에서 "수용"(accomodation)이라는 용어가 사용되었다. 개신교에서는 "토착화"(indigenization)라는 용어가 사용되었다. 그러나 대체로 가톨릭교회는 "선교교회"는 세부 사항까지도 당시의 로마가톨릭의 관습을 반영해야 한다는 원칙을 승인했다. 개신교인들은 이 부분에 있어서 더 나은 점이 없었는데, 특히 인간 본성의 전적 부패라는 칼빈주의 교리 때문에 자신들보다 아시아, 아프리카인들 안에서 더 쉽게 이러한 타락을 주목했다. "토착화"가 사실상 모든 개신교 선교기관의 공식적인 정책이었으나, 토착화의 한계를 정하는 것은 신생교회의 신자들이 아니라 선교사들이었다.

이론적으로 개신교 선교는 "독립적인" 신생교회들의 설립을 목표로 했다. 그러나 자선적인 보호주의적 태도는 흔히 이러한 목표를 이루는 데 걸림돌이 되었다. 19세기 중반에 아주 각광을 받았던 "자립, 자치, 자전의 교회"에 대한 열띤 논의는 20세기 초에 이르러 보류되었다. 신생교회들은 거의 무의식적으로 자존적인 교회에서 단순히 선교회의 "대행자"로 강등되었다.

"에딘버러세계선교대회"(1910)에서 선교회들은 "세계를 그리스도의 복음으로 정복하기 위해 전진하는 것으로 묘사되었고 교회의 전수자"였다. 그러나 "선교 현지"의 교회는 단순히 "복음 전도의 대행기관" 혹은 "도구"였다(van't Hof 1972:39). 그들은 물론 교회였지만 서구교회들보다 못한 교회들이었고 아직 성년이 안 된 아이처럼 통제와 안내가 필요했다.

어려움의 일부분은 스미스(Smith 1968:92-97)가 언급하듯이 돈에 대한 타협과 관련이 있었다. 이것은 적어도 두 가지 형태를 띠었다.

첫째, 초기의 개종자들이 보통 사회의 변두리 출신들이고 극빈자들이었다는 문제였다. 따라서 선교사들은 개종자들이 경제적으로 독립할 수 있도록 산업을 개발해야 했다.

바젤선교회(the Basel Mission)는 여기에 탁월했다. 닐(Neill 1966a:278)은 "바젤선교회의 타일과 직물은 남인도 전역에서 유명했다"라고 기술한다. 가나와 다른 여러 곳에서도 비슷하였다. 물론 여기에는 딜레마가 잠재해 있다. 닐의 말에 의하면 "상업적인 관심이 되는 선교는 선교이기를 그치게 된다." 더 중요한 것은 그러한 정책이 선교사를 고용자로 만들고 인도인이나 아프리카인을 피고용인들로 만들어서 무엇보다도 서로 형제 자매라는 인식을 쉽게 파괴시킨다는 것이다.

1880년에 바젤선교회 책임자였던 오토 쇼트(Otto Schott)는 선교사들이 아주 작은 것까지도 산업을 통제하고 인도인들을 불신하였고, 현지 기독교인들은 "노예가 되고 교회의 고분고분한 일원"이 되고 쉽사리 일자리를 잃을 수 있는 사람들이 되었다고 비판했다(Rennstich 1982a:97).

둘째, "선교 현장"의 교회들이 선교사의 본국 교회와 똑같이 구성되었다는 것인데, 서로 완전히 다른 사회 경제적인 체계 속에 있는 나라들이었다는 것이 문제였다. 결과는 자주 파괴적이었다. 1920년에 인도를 방문한 한 연구 그룹은 "우리는 오직 유럽의 부로만 유지될 수 있는 사역 조건과 방법들을 만들어 냈다"고 선언했다(Gilhuis 1955:60에서 인용). 멜 데이비스(J. Merle Davis 1947:108)는 "서구교회는 동양의 다윗에게 사울의 갑옷을 입히고 사울의 검을 손에 쥐어 주는 실수를 범했다"라고 말했다. 국제선교협의회(IMC) "탐바람회의"(1938)는 다음과 같이 분명하게 진술했다.

> 서구교회를 특징짓는 값비싼 건물들, 서구적으로 훈련된 지도자들, 많은 장비, 용품, 보충 활동들을 포함하는 선교 사업은 보통의 아시아 공동체의 자립 능력을 초과한다.[4]

---

4 "탐바람회의"(the Tambaram Conference)는 내가 여기서 논의하고 있는 문제에 대하여 광범위한 주의를 기울인 유일한 대규모의 국제선교회의였다. 탐바람회의 시리즈 제5권(총 633 쪽) 전체는 "교회의 경제적 기초"에 할애되어 있다. 위의 인용은 155쪽에서 온 것이다. 또한 Davis 1947:73-182; Gilhuis 1955:98-157을 참조하라.

다른 많은 유사한 예들이 인용될 수 있으나 위의 몇 예들만으로도 서구교회가 자선적인 보호주의로 인하여 신생교회들을 성숙에 이를 수 없게 하는 상태를 초래하였는데, 적어도 서구교회의 기대에 이르지 못했다. 서구 선교기관들은 개종자들에게 돈이 없으면 무력하게 느끼도록 가르쳤다.

서구의 문화적 규범들이 암시적으로 혹은 명백하게 세계 여러 곳의 개종자들에게 다양한 방식으로 부과되었던 것을 볼 때, 자유주의자나 보수주의자 모두 기독교가 건강한 문명을 이루는 유일한 기초라는 점에 동의했다는 것을 알 수 있다. 이것은 아주 근본적으로 의견 일치가 이루어진 것으로 주로 무의식적이고 전제적이었다(Hutchison 1982:174). 표면적으로는 이것은 초기 종교개혁이나 청교도 운동의 입장과 본질적으로 다르지 않았던 것처럼 보인다. 그러나 그 당시 이후로 결정적인 변동이 일어났다.

청교도들에게 문화는 종교의 통제에 포함되었다. 이제 계몽주의의 지배하에 문화는 지배적인 실체가 되었고 종교는 문화 표현들 중의 하나가 되었다(van den Berg 1956:61). 자유주의자와 보수주의자가 모두 하는 질문은 계몽주의 이전에는 생각할 수 없었던 것이었는데, 즉 먼저 교육하고 문명화하는 것이 복음 전도에 효과적인가 아니면 복음 전도에 집중하면 문명화가 뒤따를 것인가의 문제였다(Hutchison 1987:12 참조).

18세기와 19세기 동안에 이 질문은 여전히 분명하게 대답되지 못했다. 윌리엄 윌버포스(William Wilberforce)와 윌리엄 케리는 "문명화"와 "복음전파"를 함께 함께 묶었다(van Berg 1956:192 참조). 바젤선교회가 1816년 창설되었을 때, 그 목표에 "평화의 복음"을 선포하는 것과 "혜택을 주는 문명화"의 전파를 모두 포함시켰다. 같은 해에 사무엘 워체스터(Samuel Worcester)는 미국해외선교위원회의 목표가 "문명화와 기독교화"였다고 기술했다(Hutchison 1987:65). 그런데 19세기 후반 50년 동안, 그리고 20세기에는 훨씬 더 명백하게 선이 분명히 그어졌고 우선순위의 문제가 보다 구체적으로 진술되었다.

한편으로는 존 모트(John R. Mott)와 같은 사람들은 "개인 전도"를 최우선으로 강조하였지만, 단지 "그리스도를 개인, 가족, 사회, 국가의 삶에 왕으로 모시는 강력하고도 영감있는 목표를 이루는 수단이었다(Hutchison 1982:172이 인용). 여기서 복음은 무엇보다도 세상의 무질서와 불행에 대한 해결책으로 간주되었다.

다른 사람들은 다른 전략을 추구했다. 문명화하는 것은 영적인 결과를 추구하기 위한 필수조건(*sine qua non*)이었다. 문명화의 힘은 분명히 그 자체로는 세계를 복음화하는 것이 아니지만 그 길을 열어준다(Hutchison 1987:99, 116). 이러한 접근으로서 가장 흥미로운 예는, 나미비아(Namibia)에서 시행한 라인강 지방출신(Rhenish)인 휴고 한(Hugo Hahn 1818-1895)의 근사한 정책이다. 그는 복음 전도란 어느 정도 정신과 예절의 향상을 전제한다고 주장했다. 이것이 없다면 실제로 복음을 위한 접촉점은 없다. 복음을 전하기 위한 조건들이 먼저 만들어져야 한다. 그러므로 선교사들은 더 높은 문화를 소개해야 하며 시간이 흐르면 더 높은 종교인 기독교를 받아들이게 될 것이었다(Sundermeier 1962:109-115).

19세기 말 보수주의적(혹은 근본주의자들) 선교 옹호자들과 자유주의자들(혹은 사회복음주의자들) 사이의 간격이 훨씬 커지고 있었다. 여전히 두 진영의 대표자들은 복음 전도가 문명화를 선행한다고 주장하였고 다른 이들은 문명화를 복음 전도의 선행조건으로 주장하였다. 그러므로 그들 모두가 자유주의이건 보수주의이건, 후천년주의자이건 전천년주의자이건 서구 문화에 헌신되어 있었고 동일하게 서구 문화를 열심히 선전하였기 때문에 전략에 있어서 그렇게 다르지 않았다.

그러나 두 진영이 점차 다른 점을 보인 것은 전반적인 선교의 목표였다. 어떤 사람들은 선교의 대목표가 이교도들을 질서있고 문명화된 사회로 진입시키는 것이 아니라 그리스도와 영원한 구원으로 이끄는 것이라고 주장한 반면, 어떤 사람들은 교리 및 영원한 운명의 문제보다는 복음 중심적인 문명과 이것이 모든 민족들에게 가져다 줄 혜택에 더 초점을 두었다(Hutchison 1987:99, 107; Anderson 1988:100).

위에서 논의한 바와 같이 기독교 복음과 서구 문화의 얽힘을 고려할 때 몇 가지 요건을 인식할 필요가 있다. 로버트 스피어는 1910년에 다음과 같이 명료하게 기술했다.

첫째, 복음은 언제나 문화적인 옷을 입고 사람들에게 온다. 문화와 분리된 "순수한" 복음과 같은 것은 없다. 그러므로 서구 선교사가 아프리카와 아시아에 "그리스도" 뿐만 아니라 "문명"을 소개하는 것은 불가피하였다. 로버트 스피어(Robert Speer)는 1910년에 이에 대하여 다음과 같이 명료하게 표현하였다.

> 우리는 우리가 아닌 다른 사람으로 혹은 우리가 가진 것이 아닌 다른 것을 가지고 비기독교인들의 세계에 들어갈 수 없다. 심지어 보편적 진리를 최선을 다해 서구의 형태로부터 떼어낸다 하더라도… 우리는 그것을 이루지 못한 것을 안다(Hutchison 1987:121에서 인용).

둘째, 서구 선교사들의 문화가 다른 사회에 긍정적인 기여를 했다는 사실 역시 부인할 수 없다.

셋째, 때로 모호하기도 했지만 뭔가 잘못되었다고 생각하고 서구 문화 방식을 다른 사람들에게 부과하지 않으려고 애썼던 사람들이 항상 있었다. 소수의 선교사와 선교 옹호자들은 "하나님이 주시고 영광스러운 것"일지라도 다른 사람들의 문화적 형태 위에 부과하는 것에 대하여 의문을 제기했다(Hutchison 1987:12).

어떤 사람들은 다른 사회들에게 행한 것들에 대하여 깊이 죄책을 느꼈는데, 특히 노예무역에 대하여 그러했고 어떤 보상을 하려했다(van den Berg 1956:151). 한편 어떤 사람들은 "선교 현지"에 자립적인 기독교 공동체들을 세울 것을 주장했다. 이러한 견해를 주장한 유명한 인물은 루퍼스 앤더슨(Rufus Anderson)인데 그는 1832년부터 1866년까지 미국해외선교위원회의 사무총장을 역임했다. 그는 선교사는 무엇보다도 심는 자일 뿐이고 추수는 하나님에게 달려 있다고 말했다.

선교회와 선교사들은 복음을 잘못된 연결을 통해 전해준 경우가 상당히 있었다. 시리아 학생들에게 대한 장로교 선교 사역의 결과는 "대체적으로… 그들의 예절과 습관, 정서가 외국적이 되게 하는" 것이었다. 따라서 선교 정책은 복음의 진행을 통제하는 것이 아니라 복음을 신뢰하고 복음이 "가도록" 놔두는 것이어야 한다. 서구는 전 세계에 전파해야 할 기독교 유형을 가지고 있지 않았다 (Hutchison 1987:80-82).

이러한 완화된 주장들은 어느 정도 중요한 의미를 가지고 있다. 하지만 부과와 조종이라는 음울한 그림은 여전히 남아 있다. 대체로 선교 옹호자들은 자신들의 문화 속에 있는 이교도적 결함들을 인식하지 못했다. 너무 자주 그들은 자신들의 계획을 의심한 본국인들에게 대하여 방어적인 입장을 취했고 자기 비평이 결핍되었다. "원주민들 중 소수는 무거운 부담을 안은 채로 문명화되고 복음화되었다"(Hutchison 1987:76)고 한 헤르만 멜빌(Herman Melville)과 같은 사람들의 진술이 타당하다는 것을 깨닫지 못했다. 그들은 계몽주의가 자신들의 사고 속에 침투한 것과 이로 인해 "기독교"와 "문명" 간의 옛 통일성이 산산이 깨어졌다는 사실을 의식하지 못했다.

또한 19세기가 지나고 20세기가 다가오자 선교사들과 선교 옹호자들은 서구 국가들의 정서에 미묘하면서 근본적으로 일어난 변동에 대하여 충분히 민감하지 못했지만 서구 국가들의 "명백한 사명"(manifest destiny)이라는 개념에 의해 천천히 그러나 거침없이 스며들고 있었다. 이제 이 문제를 살펴보기로 한다.

4) 선교와 명백한 사명

그 기간 동안이 서구 선교 사업은 다른 문화들에 대한 서구 문화의 우월성뿐만 아니라 하나님이 섭리적으로 서구 국가들을 택하였고 이들의 독특한 자질 때문에 세계 끝까지 하나님의 대의를 수행할 자들이라는 확신으로부터 진행되었다.

"명백한 사명"이라는 개념으로 일컬어지는 이러한 확신은 19세기 초반 동안에 겨우 감지될 정도였지만 점점 심화되어 1880-1920년 동안에는 가장 현저한 표현이었다. 이 시기는 또한 "식민주의의 전성기"로 알려진 시기였는데(Neill 1966a:322-396) 닐(Neill)은 1858년부터 1914년까지로 시기를 잡는다. 서구 식민주의 팽창과 명백한 사명이라는 개념 사이에는 유기적인 관계가 분명히 있다. 하지만 후자를 하나의 분리된 주제로 취급하는 것이 타당한데, 그 이유는 식민주의에서 항상 제기되는 것은 아니기 때문이다.

"명백한 사명"은 최근의 현상인 민족주의의 산물이다. 마키아벨리(Niccolò

Machiavelli)가 아마도 민족주의의 가장 초기의 주창자로서 간주될지라도(Kohn 1945:127-129 참조) "민족주의"라는 용어는 1798년에서야 창안되었다(Kamenka 1976:8). 1700년경까지 국가나 부족은 유럽 주민들에게 최고의 충성이나 애국심을 요구하지 않았다(:5). 사람들은 자신들의 상호적인 유대를 그들의 종교와 통치자에게서 발견했다. 강조가 하나님이나 왕으로부터 유기적 실체로서의 민족으로 옮겨진 것은 르네상스와 계몽주의에 의해 촉발된 서구 세계관의 혁명 이후였다(Kohn 1945:215-220).

이와 관련하여, 계몽주의 사상과 함께 퍼진 촉매적 사건은 프랑스 혁명이었는데 처음으로 민족자결의 원칙을 새로운 정치 질서의 기초로 주장하였다(Kohn 1945:3; Kamenka 1976:7-11, 17). 그것은 궁극적 권위의 원천으로서 민족이라는 개념이 왕과 봉건 영주를 대치한 것이다. 프랑스 혁명의 인권 선언문은 "주권의 원칙은 본질적으로 국가에 있다. 어떤 인간의 단체나 개인도 국가로부터 나오지 않는 권위를 행사할 수 없다"라는 말로 이것을 표현했다.

계몽주의에 대한 반작용이자 결과였던 낭만주의 철학파를 통해 이러한 사상들이 독일과 다른 지역들에서 대중화되었다. 허더(J. G. Herder)는 한 국가가 자기 정체성을 가지고 자신의 도덕적 정치적 특성을 발전시키는 것은 특히 공용어를 통해서라고 주장했다. "시민"보다 훨씬 모호하고 동시에 더 강력한 개념인 민족(Volk)은 허더와 낭만주의자들에 의해 사용되었다(Kohn 1945:331-334, 427-441). 민족국가가 거룩한 교회와 거룩한 제국을 대체했다.

시간이 흐름에 따라 이러한 개념들은 선민이라는 구약성경의 개념과 결합되었다. 이 결과 모든 백인 민족들은 특별한 운명을 위해 선택되었고 독특한 자질을 가진다고 생각되었는데, 독일인들, 프랑스인들, 러시아인들, 영국인들, 남아프리카의 백인들, 화란인들이 그 예이다. 민족주의 정신이 때가 되면 선교 이데올로기에 흡수되고, 특정한 기독교인 민족이 예외적인 역할을 맡아 자신들의 선교 사역을 통해 하나님 나라를 확장한다는 확신이 무르익을 것이었다.

대체로 그러한 개념들이 18세기와 19세기 선교사들 중에서는 부재했다. 대부분의 초기 영국 선교사들은 높은 교육을 받지 못했다. 그들은 "노동 귀족"에 속했고 낮은 중산층 혹은 노동자층 출신이었다(Warren 1967:36-57). 윌리엄 케리는 구두 수선공이었다.

독일도 상황이 비슷했다. 당시에 독일의 민족적 대의를 위해 선교 사역을 한다는 독일 선교사들은 거의 없었는데, 아주 초기의 독일 선교사들이 트랑크바르에서 덴마크의 감독하에 사역을 했고, 1세기 후에는 70여 명의 독일 선교사들이 영국의 교회선교회에서 봉사한 사실에서 추론될 수 있다. 그들의 영적인 충성은 독일에 대한 것이 아니라 할레의 경건주의 전통에 대한 것이었다(Gensichen 1982:181).

하지만 1870년대 이전에도 순전한 독일 민족주의적 자부심이라는 충동들이 여기저기서 보였다. "라이프찌히선교회"(the Leipzig Mission Society)의 창설자인 칼 그라울(Karl Graul 1814-1864)은 토착교회의 설립 정책을 강조하는 주창자가 되었는데, 그는 특히 독일인들이 그 과업에 적합하다고 주장했다(Gensichen 1983:258-260).

한 세대 후에 구스타프 바르넥은 이 견해를 훨씬 더 분명하게 표현했다.

> 외국의 민족성을 존중하고 편견 없이 이기심없이 사려심을 가지고 다른 민족들의 독특한 기질 속으로 들어갈 수 있는 것은 독일인들의 특별한 자질이다…선교사가 자기 자신의 독특한 민족성(Volkstum)을 이해하지 못하고 있다면 그 선교사는 개종자들 속에 개발해야 할 외국 민족성을 이해할 수 있을 것으로 기대될 수 없다(Gensichen 1982:188; Moritzen 1982:55; Gensichen 1985:210에서 인용).

유럽 대륙의 개신교인들보다 훨씬 일찍 앵글로 색슨족들 중에서 "명백한 사명"이라는 개념이 등장하였다. 이 경우에 천년 왕국에 대한 기대들과 긴밀하게 연결되어 있었는데 청교도들은 앵글로 색슨족이 역사의 종말을 이끌고 천년왕국에 들어가도록 신적인 위임을 받았다고 믿고 있었다(van den Berg 1956:21, de Jong 1970:77; Hutchison 1987:8; Moorhead. 1988:26).

청교도 정신은 모국인 영국에서보다 북미에서 훨씬 오래 지속되고 훨씬 더 열정적이었다. 초기시대 이래 여러 진술문들이 하나님이 뉴잉글랜드를 위해 가장 좋은 곡식을 선택하기 위해서 한 민족 전체를 가려내셨다고 거듭 강조했다(Niebuhr 1959:8). 반복되던 핵심 단어는 "신적 섭리"였는데, 광야에 정원을 만들도록 보내진 사람들은 모든 민족들 중에서 영국 청교도라는 것이었다.

아메리카 식민지들이 1776년에 영국의 지배라는 멍에를 털어버렸을 때, 이러한 개념들이 훨씬 더 일반적으로 또한 확신 있게 표명되기 시작했고 점차적으로 "명백한 사명"이라는 개념으로 굳어졌다(Chaney 1976:187, 204, 295 참조). 부흥들에 뒤이어 명백한 종교적인 색채를 띠고 또한 곧 해외선교 사업과 결합될 것은 자연스러운 일이었다. 1810년에 창설된 미국해외선교위원회는 "기독교인들"뿐 아니라 "애국자들"로 확인된 자들을 선교 대의에 합류시키려고 했다(:249).

19세기 초에 "미국 예외주의"(the American exceptionalism)라는 개념이 크게 증대했고 "실재 기반"이 미국인들이 아니라 교회라는 점이 인정되었을지라도 미국 기독교인들이 다른 누구보다도 과업을 위해 더 잘 구비되었다는 점이 명백했다. 후천년주의가 보다 각광을 받는 상황 속에서 많은 대변인들이 천년왕국이 신세계에서 시작될 것이라고 확신했는데, 뉴잉글랜드일 것으로 보았다(:56).

1800년에 나다니엘 에몬스(Nathaniel Emmons)는 하나님이 "세계의 제국을 유럽으로부터 아메리카로 옮기실 것인데, 아메리카에 자신의 특별한 백성을 심어놓았다"고 생각했다. 그는 "이 세상의 왕국들이 그리스도의 왕국으로 흡수되기 전에… 아마도 이 백성이 하나님이 의도한 마지막 백성일 것 같다"라고 첨언했다(Hutchison 1987:61에서 인용).

19세기 초에 해외선교에 대한 열정이 처음으로 분출된 후에 약 1845년 이후에는 관심이 수그러든 사실을 주목할 가치가 있다(Chaney 1976:282). 다음의 35년간은 대부분 초점이 전 세계보다는 북미에 있었다. 1823년의 전세계적인 주도권보다는 아메리카에 초점을 둔 먼로주의(the Monroe Doctrine)는 교회 진영에도 강력한 영향을 미쳤다. 거대한 영토들이 북미의 서쪽과 남서쪽에서 병합되었고, 새로운 5개 주가 19세기 중엽에 추가되었으며, 밀집된 동부 해안 지역에 살았던 기독교인들은 미대륙 바깥의 나라들보다는 서쪽으로 눈을 돌렸다(Chaney 1976:281 참조).

미국해외선교위원회와 같이 교단 구조 바깥에서 운영되었던 초교파 선교기관들은 해외선교에 뚜렷한 관심을 기울였지만 교단들은 미국 대륙에 크게 집중하는 경향이 있었다. 1874년에 "감리교선교회"(the Missionary Society of the Methodist Episcopal Church)는 미국 내의 약 3천명의 선교사들을 지원했지만 해외선교사는 145명에 불과했다(Anderson 1988:98).

선교가 개신교 교회의 중심부에 들어오게 된 것은 1870년대 후반, 특히 1885년 이후였다(Chaney 1976:282, Hutchison 1987:43). 이 시기는 제국주의가 한창이었던 시기로서 독일, 벨기에, 영국, 프랑스 식민 제국들이 극적으로 확장되고 이 나라들의 교회와 선교기관들 역시 극적으로 증가되었다.

미국은 식민지 쟁탈전에 참여하지 않았지만, 선교는 미국인들에게 제국주의에 대한 중요한 "도덕적 동질감"을 제공했다. 미국인들은 식민지 다툼에 연루되지 않고 모든 나라들에게 그리스도의 통치를 선포하는 "좋은 영적 제국주의"에 참여하는 것에 대하여 대단한 자부심을 가졌다(Hutchison 1982:167-177; 1987:91-124).

그들의 동기가 민족주의적인 것이었는가 아니면 종교적인 것이었는가?

당시 사람들은 한쪽 편을 선택할 필요를 느끼지 않았기 때문에 이 문제에 대한 논의는 거의 없었다.

"기독교인으로서의 의무와 미국인으로서의 의무는 근본적으로 조화를 이루었다"(Hutchison 1987:44; Moorhead 1988:25).

19세기에서 이제 20세기로 넘어가면서 당시의 미국 정신을 특징지었던 확신과 낙관주의가 점차적으로 해외선교 참여로 나타났다.

"시대정신이 팽창되고 활발했는데 당시 유행하던 말은 '앞을 본다'였다."

이 시대는 "활력의 시대"였고 큰 사업의 시대였다... 해외선교는 나라의 분위기에 부합했다(Forman 1982:54).

"조급한 세대"(V. Rabe, Hutchison 1987:91에서 인용)는 자신의 시대 안에 세계 복음화를 이루기를 소원하고 있었다. 그래서 전성기(약 1880-1930)에 해외선교 사업에 수천 명은 해외에서, 수백만 명은 자국에서 참여했다(:1).

1880년 이전의 선교 노력은 다음 반세기 동안의 개발에 비해 왜소해 보였다. 해외선교사 수가 1880년 이전에는 상대적으로 소수였는데, 1890년에는 2,716명, 1900년에는 4,159명, 1910년에는 7,219명, 1915년에는 9,000명이 넘었다. 선교에 대한 관심이 미국 학생들 중에서 특별했다. 학생자원운동(the Student Volunteer Movement, SVM)이 1886년에 형성되었는데, 2년 만에 거의 3천 명의 학생들을 해외선교에 모집할 수 있었다(Forman 1982:54; Anderson 1988:99).

선교 열정은 1900년 "뉴욕에큐메니칼선교대회"(the New York Ecumenical Missionary Conference)에서 절정을 이루었다. 이것은 어느 모로 보나 "그동안 개최되었던 가장 큰 선교대회"(W.R. Hogg; Anderson 1988:102에서 인용)였는데, 200개의 선교회가 참여했고 거의 20만 명의 사람들이 그 대회의 다양한 세부 모임에 참석했다. 당시의 시대정신으로 볼 때, 정치인들이 대회에 참석하는 것은 아주 당연했다. 미국의 전임 대통령이었던 벤자민 해리슨(Benjamin Harrison)이 대회의 명예 대회장이었고 여러 회의를 주재했다. 당시 현직 대통령이었던 윌리엄 맥킨리(William McKinley)는 개회를 했는데 "문명을 위한 멋진 승리"를 가져온 선교 노력에 관하여 연설했다.

뒤이어서 뉴욕 지사이자 이후에 대통령이 된 데오도르 루즈벨트(Theodore Roosevelt)가 연설했다(Forman 1982:54; Anderson 1988:102 참조). 사실 맥킨리로부터 윌슨에 이르기까지 20세기 초의 미국의 모든 대통령들은 해외선교를 칭송했는데 "국가적 이타주의"의 표현으로 간주되었다(Forman 1982:54). 이것은 맥킨리 대통령이 특히 미국의 필리핀에 대한 개입을 이해한 관점이었다(Anderson 1988:100 참조).

사무엘 홉킨스(Samuel Hopkins)의 "사심 없는 자선"과 "국가적 이타주의"로 본 20세기의 해외선교관 사이에는 연속성과 비연속성이 있다. 양쪽 모두 "명백한 사명"이라는 요소를 보여주지만, 후자가 훨씬 분명하게 "희생" 의식을 나타낸다. "사심 없는 자선"은 특권을 누리는 기독교 국가들이 여전히 "어둠과 죽음의 그림자 속에서" 살고 있는 사람들에게 진 빚을 의식한 데서 어느 정도 흘러 나왔다. "국가적 이타주의"에서는 "백인의 빚"이 "백인의 짐"으로 되었는데, 이 짐은 기쁨으로 지는 짐이었고 이것이 널리 인정되기를 바라는 것이었다.

이러한 새로운 분위기에서 보호주의가 없었던 것이 아니었다. 루퍼스 앤더슨과 같은 사람들이 신생교회들과 "신생" 국가들이 스스로 서고 자신들의 선택을 따라 개발하게 하자고 한 호소는 잊혀졌다. 앞선 세기보다 더 일반적으로 서구 선교사들은 제3세계 사람들을 자신보다 열등한 존재로 보았고 교회의 미래를 맡길 수 없는 자들로 보았다.

북미와 다른 곳들에서의 "명백한 사명"이라는 현상 전체를 돌아볼 때, 우리는 안이한 추론들을 경계해야 한다. 선교 열기의 점화가 순전히 종교적이었다고 주장하는 사람들과 단지 국가적 정체성과 확장의 문제였다고 보는 사람들 모두 종교적 동기와 국가적 동기가 흔히 근본적으로 분리될 수 없다는 핵심을 놓친다(Hutchison 1987:44). 그러나 우리가 여기서 검토한 현상은 계몽주의 정신에 근거하고 있다는 점은 의심할 바 없다.

5) 선교와 식민주의

"식민지 개념"은 매우 오래된 것이며 기독교 시대를 앞선다(Neill 1966b:11-22). 그러나 현재의 이 개념의 표현은 서구 기독교 국가들의 지구적 팽창과 깊이 관계있다. 본서의 제7장에서 근대 시기의 태동 시기에 식민주의와 선교가 얽혀있었다는 점을 주목했는데, 특히 가톨릭과 관련하여 교황이 포르투갈과 스페인의 왕들에게 보호권을 수여했다. 오늘날 여전히 사용하고 있는 "선교"라는 용어의 기원이 서구의 해외영토 식민지화와 주민 지배를 모두 전제하고 있다는 점을 지적했었다. 따라서 16세기 이래로 "선교"라고 말하면 어떤 의미에서 "식민주의"를 또한 말하는 것이었다. 근대 선교는 근대 서구 식민주의의 상황 속에서 시작했다(Rütti 1974:301).

15세기부터 17세기까지 로마가톨릭 신자들과 개신교 신자들은 아주 다른 방식이었지만 여전히 교회와 국가의 통일성에 입각한 신정정치라는 이상에 헌신되어 있었다. 그 당시의 가톨릭이나 개신교 통치자는 모두 해외 식민지를 획득했을 때, 단지 정치적인 지배권만을 확장하고 있다고 생각하지 않았고 정복된 국가들은 또한 서구 통치자의 종교에 순복할 것을 당연시했다.

왕은 식민지화하면서 선교화했다(Blanke 1966:91). 16세기와 17세기 동안에 아메리카, 희망봉(the Cape of Good Hope)과 같은 곳에 도착한 정착인들은 토착민들을 정복할 뿐 아니라 그들을 복음화할 임무가 있었다.

이미 17세기에 변동이 감지될 수 있었다. 신정정치의 이상은 점차로 그리고 처음으로 분명히 무의식적으로 뒤로 물러났다. 덴마크인들이 인도의 남동 해안의 트랑크바르(Tranquebar)에 첫 식민지를 세웠을 때, 그들의 관심은 상업이 우선이었다(Nørgaard 1988:11). 화란인들이 1652년에 희망봉의 극동쪽에 "중간 기지"를 세웠을 때도 마찬가지였는데, 말로는 이 영토가 복음화도 되어야 한다는 칼빈주의적 개념이 언급되었다. 영국의 다양한 탐험이 북미, 아시아, 다른 지역들을 대상으로 이루어졌고 비슷한 관심 때문이었다.

대부분의 경우 해외 소유물을 획득하는 데 있어서 주도권을 가진 것은 유럽 국가 정부들이 아니라 상업회사들이었는데, 이것은 초기 포르투갈과 스페인의 탐험과 차이를 보여준다. 두 진영의 차이는 가톨릭의 경우와는 대조적으로 화란, 영국, 덴마크 무역 회사들이 적어도 초기에 자신들의 관할 영토 안으로 선교사들이 들어오는 것을 허락하지 않았는데, 자신들이 상업적 이익에 위협이 된다고 보았기 때문이었다(Blanke 1966:109).

그런데 대체적으로 서구 개신교 국가들의 식민지 팽창은 철저하게 세속적이었다. 흥미롭게도 19세기 식민지 팽창은 다시 한 번 종교적인 색채를 띠게 되었고 또한 선교와 긴밀히 연결되었다! 식민 당국이 선교사들을 자신들의 영토 안으로 환영하는 시대가 왔다. 식민 정부의 관점으로 보면 선교사들은 참으로 이상적인 동맹자들이었다. 선교사들은 현지인들 중에 살았고 그들의 언어를 알고 그들의 관습을 이해했다.

꺼려하는 "원주민들"을 설득하여 대영제국에 복종하도록 누가 선교사보다 더 잘 설득할 수 있겠는가?

그리고 식민 당국이 사람들의 향상을 위한 "신성한 의무"에 눈을 떴을 경우 정부가 충분한 보조금을 수여할 경우 선교사보다 더 책임감 있는 교육자, 건강 관리자, 농업 교육자이겠는가?

문화, 정치, 경제적 영향을 대행할 사람들로서 선교사보다 더 나은 사람들이 있겠는가?(van den Berg 1956:144; Spindler 1967:23)

영국 식민지에 영국 선교사들이, 프랑스 식민지에 프랑스 선교사들이, 독일 식민지에 독일 선교사들이 사역하는 것이 관례화가 되면서 선교사들이 식민 세력의 선봉이자 후위로 간주되는 것은 당연하였다(Glazik 1979:150). 선교사들이 좋아하든 그렇지 않든 그들은 서구 제국주의 팽창의 선구자가 되었다. 근대 시기의 주요 식민 세력이었던 영국에 관한 한 특히 빅토리아 시대 동안에 선교가 제국을 위해 가치가 있고 중요하다는 인식이 식민 관료들 속에서 늘어났다.[5]

다른 식민 세력들도 자신들의 해외 영토에서 선교사들이 기여할 수 있다는 점을 주목했다. 독일의 수상인 본 카프리비(von Caprivi)는 1890년에 "우리는 내지에 몇 개의 기지를 설치함으로써 시작해야 하며 여기로부터 상인들과 선교사들이 활동해야 한다. 총과 성경이 함께 가야 한다"고 공언했다(Bade 1982:xiii에서 인용).

그래서 "제국주의가 고조된 시대" 동안에 정부 대변인들이 선교와 선교사들의 사역을 많이 칭송한 것은 놀라운 일이 아니다(1880-1920). 심지어 이 기간이 지난 오랜 후에도 그러한 진술들이 발견된다. 고전적인 의미에서 볼 때, 식민 세력이 아니었던 남아프리카에서조차도 "분리 개발" 정책을 선전하면서 같은 용어를 사용했는데, 선교사들을 정부의 정치적 청사진을 실행하는 동맹자들로 간주했다.

1958년에 정부 각료인 넬(M.D.C de W. Nel)은 "많은 사람들이 여전히 선교에 무관심한 이유들 중의 하나"는 "선교 사역의 정치적 중요성"을 이해하지 못하기 때문이라고 말했다. "우리"가 흑인들을 개신교 안으로 합류시키는 데 성공할 때에만 "남아프리카의 백인 민족과 다른 모든 인구 집단들이 미래에 대한 희망을

---

5 영국에서 빅토리아시대는 전례 없이 민족주의적인 시대였던 것처럼 상당히 종교적인 시대였다. 이것은 영국의 민족주의가 언제나 "그것이 일어난 종교적 모체에 더 가깝다"는 사실과 분명히 관계있다(Kohn 1945:178). 이것은 전에 언급했던 요소를 가리키는데, 영국에서는 계몽주의가 대륙과는 달리 "종교적"인 삶과 "세속적"인 삶을 완전히 분리시키지 않았다는 것이다.

가질 수 있다"(1958:7).

이렇게 되지 않는다면, "우리의 정책, 우리의 입법 계획과 모든 다른 계획들은 실패로 끝날 것이다"(:25). 그러므로 "남아프리카를 사랑하는 모든 소년, 소녀들은 적극적으로 선교 사역에 헌신해야 하는데, 선교 사역이 하나님의 사역일 뿐 아니라 국가를 위한 사역이기도 하기 때문이다!"(:8). 이것은 하나님을 섬기는 가장 훌륭한 기회일 뿐 아니라 조국을 섬기는 가장 영광스러운 기회이다(:25).

정치인들이 식민통치를 위해 선교 사역이 가치가 있음을 인식한 것은 이해할 만 하지만 왜 선교사들이 거의 그와 동일한 견해를 자주 표현했는지는 이해하기 어렵다. 유명한 프랑스인 추기경 라비게리(Cardinal Lavigerie, 1825-1892)가 "백인 신부들"을 아프리카로 파송하면서 "우리는 [하나님 나라를 위해서 뿐만 아니라] 프랑스를 위해서도 일하고 있다"고 상기시켰다(Neill 1966b:349). 그리고 영국의 복음전파회(Society for the Propagation of the Gospel, SPG)의 두 세기 동안의 사역 (1701-1900)을 기념하는 서문은 "제국의 확장에 대하여 크게 기뻐하고 있는 때에 제국을 '최상의 확실한 토대' 위에 세우기 위해 제국을 보호하기 위한 영적 측면이 제시되는 것은 적절하다"고 하고 있다(Pascoe 1901:ix).

그러한 정서에 비추어 볼 때, 선교사들이 때때로 본국 정부에게 자신들이 사역하고 있는 지역에 대한 보호를 확대하라고 간청하면서 그렇게 되지 않을 경우 경쟁 식민세력이 그 영토를 병합하게 될 것이라고 주장한 것은 놀라운 일이 아니다. 이에 대한 두 가지 예를 들자면 말라위(Malawi)에서 사역한 스코틀랜드 선교사들과(Walls 1982a:164) 나미비아의 독일 선교사들이다(Gründer 1982:68).

선교사들이 식민 확장을 옹호한 경우들을 보면 그들은 자기 나라의 통치가 현상유지나 다른 유럽 식민세력의 통치보다 혜택을 줄 것이라고 진실로 믿었다. 대체적으로 선교사들은 식민통치가 "원주민들"에게 유익이 될 것이기 때문에 환영하는 경향이 있었다. 그러나 때때로 현대 독자들은 식민주의가 선교의 대의를 섬기기보다는 선교가 제국의 이익을 섬겼다는 인상을 받는다.

1819년부터 희망봉(the Cape of Good Hope)에서 런던선교회(the London Missionary Society)의 책임자로 사역했던 존 필립(John Philip)은 식민지의 억압받는

유색인종들의 확실한 보호자로 역사에 기록되고 있지만, 영국 식민주의의 타당성과 합법성을 결코 의심하지 않았고 선교가 희망봉 식민지의 안정에 기여할 수 있는 봉사들에 대하여 칭송했다. 그는 다음과 같이 기록했다.

> 우리의 선교사들이… 모든 곳에서 문명, 사회 질서, 행복의 씨앗들을 뿌리고 있으며 가장 완전한 수단들을 통하여 영국의 이익과 영향, 제국을 확장하고 있다. 선교사가 야만인 부족 중에 자신의 표준을 세우는 곳마다 식민 정부에 대한 그들의 편견이 사라진다(1828a:ixf).

> 선교기지들은 우리 식민지들의 내적인 힘을 향상하기 위해 채택할 수 있는 최상의 대행자이며 야만 부족들의 약탈과 습격을 막기 위해 세울 수 있는 가장 저렴하고 좋은 군사 기지들이다(1828b:227).

이와 같은 진술들(더 많은 예들이 있는데 독일에 대해서는 Moritzen 1982:60)은 식민주의의 "3C"로 알려진 기독교(Christianity), 상업(Commerce), 문명(Civilization)의 역할을 반영한다(프랑스에서는 "3M": militaires blances, mercenaires blancs, missonnaires blancs; Spindler 1967:23 참조).

식민 사업을 지원하면서 모든 사람들이 라인 지방 출신(Rhenish) 선교사인 한 (C.H. Hahn)처럼 멀리 간 것은 아닌데 그는 1857년에 "백인들이 다른 민족들을 정복하고 노예화 할 때에도 그들에게 여전히 아주 많은 것을 제공하는데 노예들이 견뎌야 할 가장 심한 운명은 뜻밖의 변화이다(Sudermeier 1962:111에서 인용).[6] 그러나 대부분은 칼 미르브트(Carl Mirbt)에게 아마도 동의했을 것인데, 1910년에

---

6   하셀혼(Hasselhorn 1988:138)이 비슷한 태도를 언급한다. 이 경우는 1906년의 주루랜드(Zululand) 폭동이며 이것이 나탈(Natal)에서의 허멘스버그(Hermannsburg)선교회에 미친 결과들에 대한 것이다. 폭동이 일어나기 전에 선교회 책임자인 함스(Harms)는 "정부가 약하기 때문에 카피르인들(the Kaffirs)은 오만하다. 정부의 느슨한 태도 때문에 사람들(흑인들)이 가서 황폐하게 만들 것이다. 흑인은 불의로 인해 분노하지 않는다. 그는 쉽게 그것을 극복한다. 그러나 약하게 대하면 그것을 절대로 참지 못한다".

그는 "선교와 식민주의는 서로에게 속하며 이러한 동맹으로부터 뭔가 긍정적인 것이 우리의 식민지들을 위해 개발될 것이다"라고 기록했다(Rosenkranz 1977:226 에서 인용). "식민화하는 것은 선교하는 것이다"(독일 식민 사무총장 W. H. Solf)라는 진술과 관련하여 가톨릭 선교학자 슈미들린은 1913년에 다음과 같이 기술했다.

> 우리의 식민지들을 영적으로 정복하고 내적으로 동화시키는 것은 선교이다… 식민 정부는 원주민들을 외적으로 흡수해야 할 것이다. 그러나 더 깊은 식민 정책의 목표, 즉 내적인 식민화를 보장하는 것은 선교이다. 식민 정부는 처벌과 법을 사용하여 신체적인 복종을 강제할 수 있지만 원주민들의 내적인 복종과 헌신을 보장하는 것은 선교이다. 그러므로 솔프(Solf) 박사의 "식민화하는 것은 선교하는 것이다"라는 최근의 진술을 "선교하는 것은 식민화하는 것이다"로 바꿀 수 있다(Bade 1982:xiii에서 인용).

블랑케(Blanke 1966:126)는 선교기관들이 식민 사업에 관여한 것을 "간접적인 죄"라고 언급한 에른스트 랑한스(Ernst Langhans)를 인용한다. 그러나 랑한스는 "직접적인 죄" 역시 있었다고 말하는데 선교기관들이 식민당국이 자행한 잔혹한 행위들을 보고도 침묵했다는 것이다. 선교기관들은 식민 정부와 현지인들 사이에서 중개자 역할을 하는 와중에 식민지 군주들을 명백한 실재로 인정함으로써 결과적으로 식민주의자들의 이익을 위해 섬긴다는 점을 이해하지 못하고 있었다.

이러한 상황에서 그들이 할 수 있는 최선은 식민 정부에게 식민 관료들을 "실제적이고 도덕적인 사람들," 토착민들을 "부드럽게 대하고 그들의 특성들을 잘 이해하는" 사람들로 더 신중하게 택하도록 간청하는 것이었다(Engel 1982:151). 그러나 당시 서구 기독교인들 중에 만연했던 태도에 근본적으로 도전한 선교 옹호자들은 거의 없었다. 말하자면 그들의 힘이 도달한 곳에는 선교사들을 보낼 곳이 있었고 혹은 선교사들을 보낸 곳에는 그들의 힘 역시 가야했는데 선교사들에게 보호를 제공하기 위함이었다.

여기서 영국 식민지와 독일 식민지에서 선교와 식민주의가 어떤 유사점과 차이점을 보이는지 살펴볼 필요가 있다.

17세기 초까지 거슬러 올라가는 영국 식민 사업은 주로 무역을 목적으로 시작되었다는 점이 중요하다. 제국주의적인 동기가 나타나기 시작한 것은 시간이 흐르면서였다. 그러므로 대영제국이 빈 마음 상태에서 얻어졌다고 실리(J. R. Sealey)가 말한 것은 어느 정도 타당하다. 나폴레옹 전쟁과 영국이 세계 해상권을 잡은 것은 분명 이것과 관련있다. 그리고 이렇게 진행되자 훨씬 더 많은 영토들을 획득하는 과정을 막을 길이 거의 없었다. 상업은 오랫동안 주요 목적으로 남았고 이 시기 동안에 선교사들은 환영을 받지 못했다. 윌리엄 피트(William Pitt), 에드먼드 버크(Edmund Burke), 윌리엄 윌버포스(William Wilberforce), 윌리엄 케리(William Carey)와 같은 기독교 대변인들이 해외무역 회사들의 정책을 엄중히 비판한 것은 선교사들을 환영받지 못하게 했다(van den Berg 1956:107).

19세기의 20년이 되었을 때 변화가 일어나기 시작했다. 1813년에 의회는 인도에서 "유용한 지식과 종교적, 도덕적 개선의 도입"을 위한 문을 열었고 이어서 다른 식민지들에서도 그렇게 했다. 결과적으로 이것은 후에 "자선적인 식민주의"라고 불린 것의 시작이었으며 식민 세력이 의식적으로 식민지 주민들의 복지를 책임진다는 것을 뜻했다. 그것은 또한 선교사들이 다소 자유롭게 활동하도록 허락되었다는 것을 뜻했다.

처음에는 새로 도착한 선교사들이 대부분 복음주의 진영 출신이었으며 식민당국과 거리를 두려고 했다. 희망봉의 런던선교회(the LMS)와 특히 존 필립의 사역은 그러한 경우였다(Philip 1828a:253-359; 1828b:23-77; Ross 1986). 그러나 19세기 동안에 상황이 근본적으로 변했는데, 복음주의는 종교적인 측면을 회복하려는 국가에서 존경받는 세력이 되었다(van den Berg 1956:146). 실제로 이것은 복음주의자들(그리고 복음주의 선교사들)이 존경을 받으면서 또한 식민 체제와 점점 더 타협하게 되었다는 것을 의미했다.

1880년 이후 식민시대가 고조되면서 선교기관들이 식민 사업에 공조하는 것에 대하여 어떤 의심도 없게 되었다. 높은 제국주의 발전과 높은 선교 발전 간의 병행이 점점 더 명백해졌다. 그 기간은 또한 선교사 수가 놀랍게 증가했다. 영국의 교회선교회(the CMS)의 첫 90년 동안, 즉 1799-1879년 동안에 991명이 선교사가 파송되었고 다음 26년 동안 1,478명이 파송되었다. 비슷한 발전이 다른 사회들에서도 일어났다. 그리고 여러 개의 새로운 선교기관들이 창설되었다.

그러나 선교사 수의 증가를 단순히 제국의 대의에의 충성의 증가 때문으로 보는 것은 잘못이다. 다른 많은 요인들, 특히 1859-1860년의 부흥 운동들이 또한 역할을 했다. 그러나 이것들은 세계를 영국의 이미지로 재건설하기 위해 파송받는다는 새로운 인식과 함께 가는 경향이 있었다. 또한 새로운 종류의 선교사가 등장했는데 대학 교육을 받은 "신사들"이 비천한 배경 출신인 이전 세대 선교사들을 대체하기 시작했다. 수백 명의 여성들이 선교 사역에 자원했다(Walls 1982a:159-162).

새로운 선교사들은 세상을 구원하려는 열정으로 가득하여 어디를 가든 책임을 다 했다. 한 세기 이전에 헨리 벤(Henry Venn)이 자립, 자치, 자전도 교회(소위 삼자교회)를 주장했을 때는 충분한 수의 선교사가 없었다. 이제는 "신생"교회들에게 무엇이 최상인지 분명한 생각이 있는 열정있는 많은 젊은 선교사들이 있었고 삼자 정책이 결코 공식적으로 폐기되지는 않았을지라도 단지 잊혀졌다.

이러한 발전과 더불어 19세기 중반과 그 이전보다 "원주민들"의 재능을 더 낮게 평가하는 경향이 있었다. 전보다 제국주의가 고조를 이룬 동안에 인종주의의 흔적이 더 있었다(Walls 1982a:162-164). 그것은 말하자면 "백인의 짐"의 시대였다. 식민 관료들과 선교사들은 마찬가지로 기쁘게 그리고 의식적으로 미개발 인종들의 보호자 역할을 스스로 맡았다. 아프리카와 아시아의 민족들은 자신들을 교육해서 성숙하게 만들어줄 백인 보호자들의 현명한 인도에 의존하는 피보호자들이었다(Warren 1965:50-52).

독일에서 선교와 식민주의의 관계는 다른 양상으로 나타났다. 영국의 민족주의와 독일의 민족주의는 기본적으로 차이가 있다. 전자는 모든 국가적인 구분을 초월하여 개인과 인간 공동체에 항상 큰 강조를 둔다(Kohn 1945:178). 이와 대조적으로 독일 민족주의는 허더(J. G. Herder)의 폭크(Volk) 개념을 주요한 토대 중의 하나로 삼았는데 후에는 다른 두 운동, 계몽주의와 프러시아주의에 의해 강화되었다(:354-363). 독일 민족주의의 분위기 속에서, 특히 1871년 독일제국이 창설된 후 민족주의기 드러나기 시작함에 따라 영국(혹은 미국) 민족주의에서 보이는 독립된 개인에 대한 여지는 거의 없었다. 이러한 요소는 또한 독일 민족주의와 선교의 관계에 영향을 줄 것이었다.

더욱이 독일 식민주의는 영국 식민주의보다 상당히 연한이 짧다. 독일 식민주의는 1885년에서야 실체가 되었고 단지 30년간 지속되었다. 그것은 작게 시작해서 점차로 성숙된 것이 아니었다. 오히려 그것은 몇 년 만에 폭발적으로 등장하였고 제1차 세계대전의 발발로 갑자기 사라졌다.

"선교와 식민주의"라는 주제와 관련하여 1880년대 직전까지 독일 개신교 선교의 전체 기간은 순수의 시기라고 할 수 있다. 경건주의 전통에 기초한 선교는 기성교회의 주변부에 있던 순순하고 속박한 사람들이 즐거워한 일이었다. 기성 교인들은 이와 같은 "이교도 영혼들의 구원을 위해 헌신하는 하나님의 자녀들의 충성의 동기"를 이해하지 못했다(Gensichen 1983:258). "식민주의와 선교"의 연관은 그들의 시야 밖에 있었다. 1875년에 크리스트리프(T. Christlieb)는 "우리는 세계를 정복하는 국가가 아니고 그런 국가가 되기를 원하지도 않는다. 우리는 식민지를 가지고 있지 않으며 갖기 원하지도 않는다"라고 단정적으로 기술했다(Moritzen 1982:55).

그러나 이와 같은 순수성은 독일이 식민지 쟁탈에 가담한 해인 1884년 베를린 회의 이후 거의 완전히 사라졌다. 독일의 식민주의 개념에 가장 기여한 한 사람을 꼽으라면 그는 바로 프리드리히 파브리(Friedrich Fabri 1824-1891)이다. 그는 1857년 이래 라인선교회(the Rhenish Mission Society)의 책임자였으며 "독일 식민운동의 아버지"라 불릴만 한 사람이었다. 1879년에 그는 『독일은 식민지를 필요로 하는가?』(*Bedarf Deutschland der Kolonien?*)라는 제목의 소책자를 발간했다. 이것은 상당한 반향을 일으켰는데 당시에 비스마르크(Bismarck)가 독일이 해외 식민지 경쟁에 참여하는 것을 반대했기 때문이었다. 그러나 파브리는 단호했으며 자신의 생각을 널리 전파했다.

식민지는 독일의 여러 가지 재정적, 사회적 질병을 해결할 것으로 기대되었다. 독일은 당시 큰 인구 증가를 경험하고 있었고 이에 대하여 파브리는 식민지에 본국의 과잉 인구가 정착할 수 있을 것으로 생각했다. 게다가 독일의 식민통치는 독일 선교사들을 보호할 것이었다. 특히 나미비아에서 불안한 정치 상황으로 인해 선교사들이 많은 위험에 노출되었다. 파브리는 1880년 6월부터 영토 합병 운동을 강력하게 전개하여 당국이 자신의 계획을 실행하게 하는데 성공했다(Gründer 1982:69; Bade 1982:109). 1884년 브레멘(Bremen)에서 개최된 대륙선교대회(the Continental Missionary Conference)에서 파브리는 "선교 개발을 위한 정치 질서의 중요성"이라는 주제로 연설했다. 결국 같은 해에 그는 라인선교회의 책임자 직에서 강제로 물러났다. 독일 식민지 팽창에 그가 공조한 것은 당혹스러운 일이었다. 그는 남은 생애를 모두 식민지를 도모하는 데에 바쳤다(Bade 1982:136).

독일 식민제국은 독일령 서남아프리카(나미비아), 토고, 카메룬, 독일령 동아프리카, 태평양의 섬들, 중국의 키아오 차오(Kiao-Chao)로 구성되었다(Gründer 1985:111-211). 이 모든 지역에서 독일 선교는 개신교이건 가톨릭이건 큰 역할을 했는데 "독일 식민지에는 독일 선교사만을!"이라는 표어를 내세웠다(Moritzen 1982:56; Gensichen 1985:195). 독일의 선교 자질이 널리 인정되었고 이에 근거하여 이 지역들로 독일 선교사들이 파송되어야 한다고 주장되었다. 이와 같은 방식으로만 "적절한" 결과가 보장될 것이었다. 바바리아(Bavaria)의 목사인 이타마이어(Ittamaier)의 "우리는 카메룬에서 독일 기독교인들을 양육해야 한다"는 요지가 널리 수용되었다.

게다가 식민지 시기 동안에 12개의 새로운 독일선교회들이 설립되었는데 대부분 독일 식민지에서 사역할 목적이었다(Mortizen 1982:62; Gründer 1982:68). 이들 중 가장 악명이 높은 선교회는 독일이 탄가니이카(Tanganyika)를 식민지로 삼은 직후 동아프리카를 위해 설립된 선교회였다. 이 새로운 사업을 지지했던 칼 피터스(Carl Peters)는 선교를 "독일의 사역"으로 이해하고 "교회와 조국"을 모두 섬기는 일로 간주했다. 그것은 "독일 민족주의 선교"가 되어야 하며 식민지의 "흑인

자원"이 효과적인 노동력이 되도록 교육해야 한다(Gensichen 1985:196).

피터스의 관점에 교묘하게 숨겨진 인종차별주의는 물론 독일 선교사들과 선교 옹호자들에게만 국한되지 않았다. 결코 그렇지 않았다. 따라서 내가 대부분의 예를 독일 선교 역사에서 뽑는다고 하더라도 독일인들이 다른 나라 사람들보다 더 인종차별주의 성향이 있다는 뜻은 아니다. 제2차 세계대전의 공포 이후 독일 선교 학자들은 다른 누구보다도 자신들의 과거의 인종차별적 태도를 더 노출시키려 했다.

이와 관련하여 나탈(Natal)과 트란스발(Transvaal)에서 "헤르만스부르크선교회"(the Hermansburg Mission)가 중세 초기의 유럽 수도원 선교의 모델을 따라서 "선교 식민지"를 세우려 한 점은 흥미롭다. 헤르만스부르크선교회의 창설자인 루드비히 함스(Ludwig Harms)는 선교 공동체가 파송되어서 새로운 개종자들이 그 공동체에 들어오게 해야 한다고 믿었다(Sundermeier 1962:103-107).

함스의 태도는 미래의 아프리카 개종자들에 대한 큰 확신과 관심을 보여준다. 그는 모든 영토에 루터파교회만이 세워져야 하고 백인과 흑인이 같은 교회 일원이 되어야 한다는 점을 결코 의심하지 않았다. 그는 백인 정착인들이 흑인들에게 행한 처우에 대하여 흑인들을 열심히 변호했는데, 백인들을 가리켜 "불쌍한 이교도들에게 가능한 모든 불의와 폭력을 가한 거칠고 험한 사람들"이라고 했다(Hasselhorn 1988:33). 그는 선교사들에게 확실한 말로 그들이 취해야 할 태도에 대해 충고했다.

"여러분들이 그들에게 지배자와 신사로 간다면 이교도들을 회심시키지 못할 것입니다. 그러나 여러분들이 신실한 교사로 가서 그들에게 깊은 관심을 보인다면 분명히 그들이 회심할 것입니다"(:36).

그러나 함스의 "실험"은 좌절되었다. 하나의 루터파교회만이 아니라 각 선교 기지마다 두 개의 다른 교회 회중이 세워졌는데 하나는 백인 회중, 다른 하나는 흑인 회중이었다. 여기서 나는 함스의 계획의 장점을 조사하거나 중세기 초에 유럽에서 성공했던 것이 완전히 다른 19세기 아프리카의 유럽 선교 환경에서도 성공했는가의 문제를 조사하려는 것이 아니다. 내가 강조하고자 하는 것은 19세기 중엽이 독일 교회와 선교 진영에서 함스와 같은 사람들이 인종차별주의 사고에서 탈피하여 이와 같은 계획을 강구했다는 점이다.

몇 십년 안에 제국주의 시대가 고조되면서 아프리카의 어떤 서구 선교사도 그와 같은 계획을 꿈꾸지 못했다. "명백한 사명"(manifest destiny)과 식민 지배는 선교사들의 잠재적인 인종차별주의를 활성화시켰고 흑인들의 자질에 대한 의문을 갖도록 만들었다. 1884년 이후에 남아프리카에 갔던 선교사들은 "일반적으로 백인들의 우월성을, 특별히 독일인들의 우월성을 의식하면서 성장했던 사람들이었다"(Hasselhorn 1988:139). 흑인들은 "저주받은 함의 자손들"이었기 때문에 그들과의 동등성은 거부되었다.[7]

앞의 페이지에서 그려진 그림은 암울하다. 그것은 서구 선교 사업이 제국주의 및 식민주의 팽창과 타협하고 공조한 초상화이다. 그러나 그것이 전체 그림은 아니다. 선교가 제국주의의 영적인 측면이고 항상 제국주의의 신실할 종이었다고 주장하는 것은 불충분하다. 실재는 보다 양면적이다. 안전한 먼 거리에 서서 무엇이 잘못되었고 어떻게 선교기관들과 선교사들이 행동해야 하는지를 설명하고 이론화, 교리화하는 것은 쉽고도 값싼 것이다. 그러므로 회고적 비평은 바람직하고 회고적 정죄는 그렇지 못하다는 존 하이햄(John Higham)의 구분(Hutchison 1987:14에서 인용)을 우리는 기억해야 한다.

선교 역사상 세계의 다른 지역들에서 서구가 행한 정치적 억압에 대하여 저항

---

7 다시 말하면 영국 선교사들은 특히 "사회적 진화론"의 영향 때문에 독일인들과 마찬가지로 인종차별주의자들이었다(Cochrane 1987:19, Villa-Vicencio 1988:54-64 참조). 그리고 다른 서구 국가에서 온 사람들도 결코 낫지 않았다. 남아프리카에서 인종차별주의는 어떤 의미에서 아주 특유한데 인종차별주의가 법을 통해 공고해 졌기 때문이다. 이러한 독특한 인종차별주의에 대하여 많이 글이 쓰여졌고 여전히 쓰여지고 있기 때문에 이에 대하여 여기서 상세하게 논할 필요는 없다. 덧붙이자면 여기서 다루는 주제는 선교사 진영에서의 인종차별적 편견이다. 그리고 남아프리카어를 구사하는 교회 출신 선교사들을 포함하여 남아프리카 선교사들은 다른 백인 선교사들과 마찬가지로 분명히 인종차별주의자들이었을지라도 남아프리카 출신 선교사 진영에서의 인종차별주의 현상과 그 역할에 대한 연구는 아직 많이 상세하게 되어 있지 못하다. 다음의 연구들을 또한 참조하라. J. W. de Gruchy, *The Church Struggle in South Africa* (Cape Town: David Phillp, 1979), pp. 1-85; J. W. de Gruchy and C. Villa-Vicencio, eds., *Apartheid is Heresy* (Cape Town: David Philip, 1983), Christ Loff, "The History of a Heresy," pp. 10-23, David Bosch, "Nothing but a Heresy," pp. 24-28; Villa-Vicencio 1988:22-30, 145-150.

한 소수가 항상 있었다는 사실을 볼 때 이러한 태도는 합당하다. 라틴 아메리카의 혹독한 식민지 역사 속에서 바돌로매 데 라스 카사스(Bartolomé de Las Casas)는 억압받는 자들의 변호자이자 탁월한 선교사로서 항상 기억될 것이다. 이와 같은 몇몇 사람들은 완전히 잊혀졌고 어떤 사람들은 다양한 정도로 알려져 있다. 첫 번째 덴마크 할레 선교사였던 지겐발크(Ziegenbalg)와 플롯샤우(Plütschau)가 1706년 트랑크바르(Tranquebar)에 도착한후 식민 당국과 겪었던 긴장들에 대해 이미 앞에서 언급했었다(Nørgaard 1988:17-52). 그리고 남아프리카의 역사는 첫 번째 런던선교회(the LMS) 선교사인 반 더 캠프(J.Th. van der Kemp, 1747-1811)의 토착민들을 위한 희생적인 봉사와(Enklaar 1988:110-189) 존 필립(John Philip), 콜렌소(J. W. Colenso)와 같은 사람들의 불굴의 수고에 대해 알려준다.

이 같은 사람들과 이들이 속했던 선교기관들이 식민지에서 토착민들을 위해 개입했던 유일한 사람들이었다. 마다가스카르의 프랑스 지사의 말을 다시 인용하자면 "우리가 원하는 것은 현지인들을 노동력으로 만드는 것입니다. 당신들은 그들을 사람으로 바뀌게 하는 것입니다"라고 했다(Spindler 1967:24).

선교사들은 이 일을 여러 가지 방식으로 했다. 그들은 현지인들의 친구가 되었고 그들의 집을 방문했다. 선교사들은 하나님이 그들을 너무 사랑하셔서 그들의 구원을 위해 독생자를 보내셨다고 전했다. 선교사들은 다른 백인들로부터 부당한 대우를 받을지라도 전능자의 눈에는 무한히 귀한 사람들이라고 현지인들을 확신시켰다. 선교사들은 찾아가서 환자들을 치료하고 아이들에게 교육을 제공함으로써 이것을 보여주었다. 그들은 현지어를 공부함을 통해 현지인들을 존중한다는 것을 입증했다. 요약하자면 그들은 외국의 제도가 부과됨으로써 약화되고 소외되었던 사람들에게 힘을 주었다.

제국주의가 고조되었던 동안에 어떤 선교사들과 선교기관들은 국가와 선교 간의 동맹에 대하여 매우 회의적이었다. 파브리(Fabri)가 라인선교회를 떠난 후 독일 식민제국이 출범하기 전날에 국내위원회(the Home Board)는 나미비아의 모든 선교사들에게 지침을 내렸는데(Gensichen 1982:183에서 인용) 그 내용은 다음과 같다.

"어느 곳에서나 유럽 식민지는 큰 불의를 행했다. 포르투갈, 스페인, 화란, 영국인들은 대체로 비슷하였다. 독일인들도 나을 바가 없었다."

1년 후에 브레멘에서 열린 대륙선교대회(the Continental Missionary Conference)에서 많은 대표자들은 파브리(Fabri)가 쓴 논문 "선교를 위한 정치상황의 중요성"에 대해 다른 의견들을 냈다(Moritzen 1982:56). 라이헬(A. Reichel)은 선교는 식민주의와 양립할 수 없다고 주장했다. 대회에 대하여 보고를 한 헷세(J. Hesse)는 "선교와 식민주의는 하늘과 땅이 먼 만큼 서로 멀다"라고 썼다(Rennstich 1982a:99). 나미비아에서 1904년에 일어난 헤레로 폭동(the Herero Rebellion) 이후 독일 언론은 선교사들이 아프리카인들과 공모하였다고 비난하면서 아프리카인들을 짐승, 귀신들, 해충으로 묘사했다. 그때 라인선교회는 아프리카인 편을 들었고 폭동의 원인들을 언급했다. 그 원인은 본질적으로 착취적인 식민주의 체계와 사취하는 사업 관행이었다. 선교기관들은 흑인들은 "권리를 빼앗기고 무산 상태인 육체 노예" 이상의 대우를 받아야 한다는 주장을 본국에서 했다(Engel 1982:151-152).

모든 선교기관들은 실제로 어떤 시점에서 비슷한 진술을 했다. 찰스 포먼(Charles Forman)은 필리핀에서의 미국의 선교 사역에 대해 이렇게 말했다

"일단 미국의 통치가 확립되었을 경우 선교사들은 정부의 성취들을 칭송하기보다는 그들이 기대하는 높은 목적들을 정부가 고수하도록 도전하는데에 더 많은 시간을 사용했다."

그러므로 에른스트 랑한스(Ernst Langhans)가 1864년에 "개신교 선교가 식민세력의 탐욕에 어떠한 반대도 하지 않았고 정복자들의 악의에 대하여 침묵했다"고 말한 것은 사실이 아니다(Blanke 1966:136에서 인용).

위의 언급들은 선교사들의 무죄를 입증하기 위한 것이 아니다. 문제는 선교사들이 식민 행정부를 엄중히 비판했지만 식민주의의 합법성은 결코 의심하지 않았다는 점이다. 선교사들은 사실상 식민주의가 피할 수 없는 세력이며 자신들이 할 수 있는 것은 순응이라고 당연히 생각했다(Neill 1966b:413-415; Hutchison 1987:92). 선교 초창기 즉 선교 개념이 교회 주변 사람들만의 상상력을 사로잡아 땅끝까지 복음을 선포하러 간 사람들을 별난 사람들로 간주하던 시대에는 여전히 달랐다.

하지만 선교 개념이 제도권에서 채택되고 서구 사회에서 선교기관들이 존경받게 되면서 상황이 바뀌었으며 타협도 거의 받아들여졌다. 결국 좋든 싫든 선교는 서구 제국주의의 전달자이자 옹호자, 그리고 "제국주의의 추종자"가 되었고, "시이저"(Caesar)에게 간청하듯 하였다(Engel 1982:151; Bade 1982:xiii). 그러므로 선교기관이 관계당국을 비판할 경우, 즉시 선교기관과 선교사들은 애국적인 충성을 다시 맹세해야 했다(Engel 1982:152). 선교기관들과 선교사들은 그 현실을 다른 방식으로는 볼 수 없었다. 그 상황은 식민주의라는 보호막이 갑작스럽게 철수될 때까지 유지되었다.

그러나 우리는 여전히 더 깊이 조사해야 한다. 그 문제는 선교와 식민 세력과의 공조 문제보다 더 심각하다. 우리가 단지 이러한 방식으로 규정한다면 서구 선교의 식민주의적 특성들이 역사의 특정시기에만 속하고 따라서 이것들은 외적인 것들이므로 쉽게 다시 폐기될 수 있다고 쉽게 생각할지도 모른다(Rütti 1974:301). 그렇게 되면 우리는 문제를 선교와 식민주의의 관계로 너무 협소하게 보고 이러한 관계가 훨씬 더 넓고 심각한 서구 기술 문명의 발전 계획의 중요한 한 부분일 뿐이라는 사실을 간과하게 된다.

더욱이 그러한 협소한 관점은 서구 지배의 지속적이고 보다 미묘한 형태인 신식민주의를 정당하게 다룰 수 없게 한다(Knapp 1977:153). 우리는 계몽주의와 함께 근본적으로 새로운 요소가 사람들 간의 문제 속으로 들어왔음을 놓쳤다. 이전 세기들에서는 사람들을 나뉘게 했던 본질적 요소가 종교적이었지만, 이제는 그것이 문명 수준에 따라 나뉘었다. 이것은 그 다음의 구분 기준을 산출했는데 종족 혹은 인종이었다. 그래서 그것을 문명이 태동한 모체(혹은 문명의 결핍)로 이해하였다. 그러나 "문명화된" 사람들은 "비문명화된" 사람들보다 우월하게 느꼈을 뿐 아니라 그들에 대한 책임을 느꼈다.

쉘롱(D. Schellong)의 말로 하면 "계몽주의" 이래로 '좋은'이라는 것은 다른 사람들을 위해 무엇이 '좋은'지를 알고 그것을 그들에게 부과하는 것을 의미한다"(Sundermeier 1986:64). 이것은 또한 서구 선교의 "팽창"에도 동일했다. 선교사들이 다른 사람들을 교육하거나 지도하기 위해서가 아니라 자기 희생의 참된 정신을 가지고 그들 중에 있도록 파송되었다는 사실이 뒤로 밀려나는 경향이 있었다. "섭리, 경건, 정치, 애국심의 강한 결합"(Anderson 1988:100)은 선교 사업이 본연의 모습이 되는 것을 어렵게 했다.

6) 선교와 천년왕국

지난 3세기 혹은 그 이상 동안 개신교 선교는 항상 천년왕국의 요소가 강했다. 천년왕국이 무엇을 의미하는지 정확하게 정의하기는 상당히 어렵다. 어떤 학자들은 이 용어를 "종말론"이나 "묵시론"과 동의어로 사용하는 듯하다. 물론 이러한 개념들과 분리될 수는 없다. 그러나 서로 다르다. 제임스 무어헤드(James Moorhead)는 다음과 같이 최소한의 정의를 제안한다. 천년왕국주의는 "역사상 최후의 황금시대에 대한 성경적 비전"을 가리킨다(1988:30). 나는 이 정의를 여기서 사용할 것이다.

라틴어 밀레니움(*millennium*)은 그리스도의 천년 통치를 언급하는 요한계시록 20장에서 유래한다. 이 본문은 기독교 시대 초기부터 기독교인들의 강한 관심을 불러 일으켰다. 종교개혁 시기 동안에 특히 현저했는데 다양한 "분파적" 요소들이 그것을 붙잡았고 지상에다 그리스도의 통치를 펼치려고 했다. 주류 종교개혁은 극단주의적 종말론에 부정적으로 반응했을지라도 루터와 칼빈같은 개혁자들도 천년왕국적 경향이 없었던 것이 아니다. 특히 칼빈은 교회가 크게 확장되는 역사의 세 번째와 네 번째의 단계를 고대하고 있었다(Chaney 1976:32).

청교도들은 칼빈의 3시대 구도를 가지고 신세계를 향해 떠났다(앞 장을 참조하라). 시간이 흐름에 따라 특히 대각성 이후에 천년왕국에 대한 기대들이 사실상 모든 개신교인들의 공통 소유물이 되었다. 그러한 기대들이 무엇을 포함하는지 정확하게 지적하기는 힘들다. 요한계시록의 언어가 "정경적이면서도 불분명"하기에(Moorhead 1988:28), 다양한 해석이 가능하게 한다.

그런데 몇 가지 공통적인 특성들이 나타나기 시작했다. 이것들 중의 하나는 하나님의 뜻의 궁극적 성공에 대한 낙관과 확신이 칼빈신학보다 훨씬 더 컸다는 것이다. 청교도들은 칼빈이 말한 제3시대에 잘 들어와 있고 그리스도의 왕국을 땅 끝까지 확장하기 직전에 이르러 있다고 확신하였다. 따라서 천년왕국의 시작일을 계산하는 것이 당연했다. 사무엘 홉킨스는 「천년왕국에 대한 논문」(*Treatise on the Millennium*, 1793년에 출판되었으며 이 주제를 미국에서 다룬 처음 저작들 중의 하나임)에서 황금시대가 아마도 70년 혹은 2세기가 지난 후에 시작될 것이라고 썼다(Moorhead 1988:23).

홉킨스는 나폴레옹 전쟁 시기 동안과 유럽에서 사회정치적 격변이 있을 때에 이 글을 썼는데 이 사건들은 분명히 강한 묵시적인 기대를 낳았다. 천년왕국이 거의 임박했다는 확신에도 불구하고 먼저 충족되어야 할 조건이 있다는 데에 모든 사람들은 동의했다. 그 조건은 청교도들의 초기 시기부터 유대인들의 회심과 "이방인들의 충만한 수"가 교회에 들어와야 한다는 것같은 요소들이었다(Chaney 1976:271-274). 기껏해야 유대인들의 회심 혹은 이방인들의 대규모 유입 중 어느 것이 먼저 와야하는지에 대하여 경미한 차이가 있을 뿐이었다(:38).

처음부터 선교와 천년왕국의 기대 간에는 긴밀한 상호관계가 있었다. 결국 그리스도에 대한 지식이 보편적으로 확립될 수 있는 것은 교회의 전 세계적인 선교 노력만을 통해서였다. 그 비전이 처음에는 북미로 제한되었다. 청교도들은 광야를 지나치지 말고 그곳에 정원을 만들라고 보냄을 받았다.

그런데 이러한 목표가 성취되는 듯하자 지평이 확장되었다. 광야로의 심부름은 "세계로의 심부름"이 되었다(Hutchison 1987의 제목). 이 비전은 인류 전체를 포괄했다. 그 목표는 세계 모든 나라들을 그리스도에게로 되돌리는 것이었다. 전 세계의 회복만이 신적 구속 계획에 상응하는 것이었다(Chaney 1976:241).

1820년까지 "선교 노력은 미국 교회들의 가장 큰 대의가 되었다"(:256). 부흥과 하나님 나라를 고대하는 모든 기도는 즉각적인 선교의 차원을 전제했다(de Jong 1970:157). 1813년에 이미 미국 해외선교위원회는 이렇게 말했다.

"다른 시대들은 준비의 시대였다면 현시대는 행동의 시대이다. 이 세계 추수의 때에 우리는 그냥 있어야 할 것인가?"(Chaney 1976:257).

하나님은 그의 구속 사역을 영광스러운 완성으로 이끄시려고 하셨다. 요한계시록 14장의 예언이 이제 신실한 자들의 눈 앞에서 성취되고 있었다. 영원한 복음을 전파하는 천사들이 날아오르기 시작했다(:271). 당연히 선교 운동이 조급해졌다. "지금"이 선교 운동의 단어였다. 그리스도의 통치는 단순히 소원, 꿈, 계획, 이상이 아니었다. 그것은 교회의 전세계적인 선교노력을 통해 이제 막 시작될 순간에 있었다(Niebuhr 1959:26, 46). 천년왕국에 대한 확신들은 단순히 개종 활동으로의 소집만이 아니었고 선교 사역 자체가 천년왕국의 여명을 알리는 확실한 표식이 되었다(van den Berg 1956:161; Hutchison 1987:38).

펼쳐지는 드라마에서 미국의 역할(더 구체적으로는 뉴잉글랜드의 역할)이 분명해졌다. 그러므로 천년왕국이 메사주세츠 주에서 이미 완성된 것으로 그려진다 해도 놀랄 일이 아니다. 이것은 앞으로 올 황금시대의 특징들을 상세하게 기술한 홉킨스의 「천년왕국에 대한 논문」(*Treatise on the Millennium*)에서 특히 그렇다. 이 시대는 사람들이 "충분한 여유를 갖고 모든 종류의 지식을 얻는 가장 위대한 번영"의 시대가 될 것이었다. "사람들이 기술 분야의 큰 발전으로 인해 도구들을 훨씬 쉽게 만들기에 평화와 행복이 편만할 것으로 기대되었다. 또한 사람들의 "열렬한 자선" 때문에 모든 물자들이 모든 사람들에게 풍부하게 제공될 것이라고도 기대되었다(Niebuhr 1959:145).

이 비전에서 하나님의 통치는 미국의 제도들을 전 세계로 확산시키는 것으로 변하였다. 그것은 이미 확립된 모든 것들의 절정인 민주 혁명을 통해서 올 것이었다(Niebuhr 1959:183). 이 패러다임에서 천년왕국이 격변적 사건을 통해 돌입하지 않을 것은 당연했다. 그것은 점차적으로 증대하며 교회의 일반적인 선교 사역을 통해 시작될 것이었으며 이미 역사 속에서 진행되고 있는 경향의 완성이자 확장이었다(van den Berg 1956:121, 162, 183; de Jong 1970:225; Chaney 1976:270, 272; Moorehead 1988:30).

19세기 초까지 교단들 간에 협력의 정신이 있었고 전천년주의자들과 후천년주의자들을 나누는 뚜렷한 선이 없었다. 오히려 현재에서 모든 신자들의 책임과 연합된 행위가 강조되었다. 그러나 1830년 이후에 복음주의 연합 전선은 해체되었다. 북미의 여러 개신교 교단들 중에서 강렬한 경쟁 의식이 일어났다. 이 새로운 "논란의 시대" 동안에 유사점보다는 차이점들이 강조되었다. 무엇을 믿는가를 명확하게 할 필요가 높아지면서 전천년주의자들과 후천년주의자들 간에 잠재적인 차이가 나타나기 시작했다.

이러한 차이들은 종말론의 영역을 넘어 전 영역에서 나타났는데 특히 "구원론"과 "인간화" 간의 관계 영역에서였다. 따라서 어떤 사람들은 "육체에의 봉사"와 천년왕국의 도래를 향한 사회의 점진적인 개선을 강조하는 반면, 다른 사람들은 "영혼에의 봉사"와 그리스도가 천년왕국을 시작하기 위해 재림하기까지의 세상의 점진적인 타락을 강조했다.

이 두 사상은 그 이후로 개신교 선교 사상에 깊이 스며들었다. 두 입장 모두 다소 서로 반대되는 방식으로 교회가 계몽주의의 도전에 적절히 응답하지 못한 것을 보여준다.

(1) 전천년주의.

나는 먼저 넓게 전천년주의자로 분류되는 집단을 살펴본 후 이들을 통해 19세기와 20세기 초에 발전된 선교 개념을 검토하고자 한다. 이것은 결코 동질 범주가 아니며 이들 중에는 전천년주의의 요소가 약하게 강조된 경우들이 있다. 그러나 그들 모두 다양한 정도이지만 19세기 중반까지 미국을 지배했던 후천년주의자들과의 단절 후, 사회복음과는 훨씬 더 단절했다.

전천년주의자 운동은 "19세기의 부흥주의, 복음주의, 경건주의, 미국주의와 다양한 정통주의 전통들의 복잡하고 얽힌 뿌리"로부터 나왔다(Marsden 1980:201). 그것은 다양한 아종들을 낳았는데 재림주의(Adventism), 성결운동, 오순절운동, 근본주의, 보수복음주의이다. 예외없이 이 모든 그룹들은 세계선교 사역에 아주 적극적이었다. 그들은 때로 서로 간에 상당히 다른 점이 있을지라도 여러 공통점들이 있었다. 나는 이들 중 일부를 확인할 것인데, 특히 그 운동이 선교 이해에 기여한 바와 계몽주의에 빚진 바를 이해, 조명하는데 도움되는 측면이다. 이 모든 특성들이 각 그룹에서 동일한 정도로 나타나지는 않는다. 해석학에 관한 한 새 운동은 본질적으로 서로 화해할 수 없는 두 입장을 고수했다.

첫 번째 입장은 1846년 (영국)복음주의연맹이 발족되면서 구성한 원칙이었다. "성경 해석에 있어서의 개인적인 판단의 권리와 의무."

이 원칙은 무엇을 믿을지에 대해 교회 기구의 말을 듣는 것이 아니라 각 신자가 개인적으로 신앙과 헌신을 이해한다는 것이었다. 이 표현은 "근대적인" 열망의 표현이었다. 그러나 그러한 확신은 또 다른 교리인 성경무오설과 긴장관계에 있을 수 밖에 없었다. 성경무오설은 성경을 "사실의 보고, 교리의 계시, 모든 질문들을 의뢰하는 표준"으로(R.G. Ingersoll; Hopkins 1940:15에서 인용), "공정하게" 읽는 모든 사람들의 판단에 의해 명제적인 진리를 담고 있는 것으로(Marsden 1980:112-115; Johnston 1978:50), 문자적으로 참인 것으로 인정하는 교리였다.

각 하부 집단에는 타협될 수 없는 일련의 교리들이 있었는데, 그것들은 자신들과 다른 집단들 간에 경계를 표시해 주는 요소들이었고 각 요소는 성경에 직접적으로 근거했다.

전천년주의자 진영에서의 공동 주제는 그리스도의 재림이었다. 물론 이 개념은 후천년주의자들 중에서도 작동하고 있었지만 그리스도가 오기 전에 해야 할 일들에 더 강조를 두는 경향이 있었다. 하지만 1830년대 이래로 더 많은 사람들이 재림의 임박성을 말하기 시작했다. 윌리엄 밀러(William Miller 1782-1849)는 확신있게 그리스도의 재림과 천년왕국의 시작을 예견했다. 바로 1843년 혹은 1844년이었다. 짧은 기간 동안 10만명의 사람들이 밀러의 운동에 합류했다. 밀러의 예언이 실패하면서 그 운동은 위기를 겪었으나 상당히 성장했다. 그것은 오늘날 세계적으로 퍼져있는 제칠일 안식교이다.

재림주의자 진영 밖에서도 그리스도의 재림을 선교의 동기로 매우 강조한 경우가 있다. 독일인 중국 선교사 칼 구즐라프(Karl Gützlaff 1803-1851)와 중국내지선교회(the China Inland Mission) 창설자 허드슨 테일러(1832-1905)는 종말론적 기대에 의해 동기부여를 받았다. 특히 허드슨 테일러는 그리스도가 재림하기 전에 수백만 명의 중국인들을 속히 복음화하자는 운동을 전개했다. 19세기의 후반 50년 동안 여러명의 선교지도자들과 이들이 창설한 선교조직들(Grattan Guinness의 Regions Beyond Missionary Union; A. B. Simpson의 Christian and Missionary Alliance;

Fredrik Franson의 The Evangelical Alliance Mission)은 마태복음 24:14를 주요 "선교 본문"으로 사용하기 시작했다.

그리스도의 재림이 선교 과업의 성공적 완수에 달려 있는 것으로 이해되었다. 복음 전파는 "종말이 오기전에 성취되어야 할 조건"이었다(Capp 1987:113; Pocock 1988:441-444). 이것은 "주님의 날의 도래"가 앞당겨질 수 있음을 암시했다. 천년왕국을 도래시키는데 필요한 돈과 헌신된 복음 전도자의 수를 피어슨(A.T. Pierson)은 추산했다(Hutchison 1987:164). 나아가 열심히 노력하면 이 목표가 20세기가 시작되기 전에 이루어질 것으로 보았다(Johnson 1988: 1900년 이전에 세계 복음화가 되리라는 개념의 발전에 피어슨이 미친 영향을 추적). 여기서 통치의 도래를 위한 선결요건은 하나님의 미래의 통치에 관한 메시지의 전파였다.

이러한 견해들은 오늘날에도 몇몇 복음주의 진영에 건재하다. 존스톤(Johnston 1978:52)은 심슨(A. B. Simpson)이 거의 1세기 전에 표현한 정서를 되풀이하면서 "성경적인 복음 전도"의 목표는 "왕을 다시 오게 하는 것"이라고 말한다(Capp 1987; Pocock 1988).

전천년주의자들은 자신들의 선조들보다 비기독교인들에 대하여 훨씬 더 우울한 관점을 가지고 있었다. 때로는 기독교인이라고 고백하지만 복음에 대한 다른 이해를 가지고 있는 사람들에게도 이러한 관점을 적용하였다. 본질적으로 마니교의 범주처럼 모든 실재를 선과 악, 구원받은 자와 잃어버린 자, 참과 거짓으로 구분하였다(Marsden 1980:211 참조).

"이와 같이 이분법적인 세계관에서 모호성은 거의 없었다"(:225).

회심은 위기의 경험으로 절대적인 어두움에서 절대적인 빛으로의 이동이었다. 그러므로 영벌로 치닫고 있는 수많은 사람들은 가능한 한 빨리 지옥입구에서 건져져야 한다. 선교 동기가 하나님의 깊은 사랑에 대한 강조에서 임박한 하나님의 심판과 그 공포의 강조로 점차적으로 바뀌었다.

이 전체 과정을 좌우하는 것은 개인의 선택이었다. 교회는 더 이상 한 몸으로 간주되지 않았다. 교회는 특정 교단을 자유롭게 선택하는 자유로운 개인으로 구성되었다(Marsden 1980:224 참조). 19세기 말 25년 동안 북미의 주요한 복음 전도자였던 드와이트 무디(Dwight L. Moody 1837-1899)는 개인주의가 전성을 이룰 때 유명해졌으며 그의 사상도 이 가정과 연관이 있었다. 그는 죄인을 하나님 앞에 홀로 선 자로 전했다. 또한 성령은 개인의 마음속에서만 역사하고 주로 개인적인 경험을 통해 알려진다고 이해했다(:37, 88).

더욱이 무디의 "구원의 메시지"의 설교는 본질적으로 각 개인이 내릴 수 있는 결정이었다. 무디의 전형적인 권고는 "죄가 무엇이든간에 죄를 이긴다는 결심을 하십시오"였다(Marsden 198:37에서 인용).

여기서 그는 요한 웨슬리의 알미니안주의(당시의 민주적인 미국에서 전통적인 칼빈주의를 대체하기 시작하고 있었다)를 채택하고 죄를 "의지의 자발적인 행위"로 정의하는 웨슬리의 개념도 받아들였다. 그러나 무디는 이 과정에서 그것들을 웨슬리가 자신의 시대에 의미했던 바와는 본질적으로 다른 것으로 변경하였다(Marsden 1980:73).

이것은 당시의 또 다른 특성이자 무디 "신학"의 전형적인 요소였던 실용주의를 드러내었다. 무디는 교리들이 복음 전도에 적합한지 테스트하였고 자신의 설교가 "죄인들을 회심을 시키는데에 적절한지를" 판단했다. 이러한 자기진단은 설교를 단순하고 긍정적으로 만들었다. 3R은 그의 핵심 교리를 잘 요약하는데 "죄에 의한 파멸(ruin by sin), 그리스도에 의한 구속(redemption by Christ), 성령에 의한 중생(regeneration by the Holy Spirit)"이다(Marsden 1980:35). 실용주의로 인해 그는 어떤 교리적인 논쟁도 싫어하였다. 비근한 예로 그는 임종 직전에 이렇게 말했다.

"그들(비평가들)은 휴전하고 10년간 새로운 관점들을 더 내놓지 않을 수 없는가?

그러면 하나님 나라의 실제적인 사역들을 할 수 있을 것이다"(:33).

무디가 그의 복음 전도 설교에서 구조적인 죄보다 개인의 죄를 강조한 것은 부분적으로는 논쟁을 싫어했기 때문이었다. 그는 희생자 자신들과 그 가족들에게만 관계된 죄를 강조했는데 극장, 춤, 안식일 무시, 일요일 신문, 프리 메이슨(FreeMasonary), 술취함, "마약성 독약"의 사용(주로 담배), 이혼, "육체의 정욕"과 같은 "세상적인 유흥"이었다. 이 모든 것들은 일련의 전형적인 유명한 악들이었는데 부흥 집회의 청중들에게 아주 익숙한 것들이었다(Marsden 1980:31-37, 66).

결국 부흥운동과 복음주의는 서서히 전천년주의를 채택하면서 강조는 사회적 참여로부터 전적으로 구술적인 복음 전도로 바뀌었다. 시간이 흐름에 따라 "정치적이든 사적이든 모든 사회적 관심은 부흥주의 복음 전도자들의 의심을 받았고 중요치 않은 역할로 격하되었다"(Marsden 1980:86, 120). 1920년대까지 티모시 스미스(Timothy Smith)가 부르듯이 "대반전"이 완성되었는데 복음주의자들의 사회적 관심은 실질적으로 사라졌다. 이러한 태도는 무디의 사역에서 이미 나타났다(:36).

그럼에도 불구하고 무디와 다른 여러 사람들은 복음 전도가 분명한 사회적 결과를 낳는다고 확신했다. 부지불식간에 이 부흥사들은 계몽주의의 원인 및 결과의 모델을 받아들여서 사람들이 복음화되고 회심하면 도덕적인 향상이 필연적으로 따를 것으로 보았다. 그러므로 개인의 회심("뿌리")이 사회 개혁("열매")을 낳을 것이었다. 이러한 비유가 점점 더 사용되었고 여전히 복음주의 진영에서 인기가 있다.

그러나 대부분의 전천년주의자들은 그리스도가 그의 나라를 세우려 돌아오기까지 사회가 거의 희망이 없는 것으로 보았다(Marsden 1980:31). 특히 세대주의 진영에서의 확신은 "지상의 것들은 점점 악화되고 끔찍한 환란을 맞이하게 될 것"이라는 것이었다(Pocock 1988:438). 무디의 말 중 가장 많이 인용되는 것은 "나는 이 세상을 파선한 배로 본다. 하나님은 나에게 구명선을 주시면 말씀하시기를 '무디야, 네가 할 수 있는 한 모든 사람을 구하라'"이다(:38). 구원은 세상으로부터의 구원이었다. 이것은 사회 개혁에 대해 훨씬 긍정적인 관점을 갖는 미국 복음주의 전통으로부터 분명히 이탈한 것이었다(Marsden 1980:38).

그러나 흥미롭게고 세상으로부터의 분리를 전파했던 무디와 여러 전천년주의자들의 분리는 외적 분리(재세례파의 경우)가 아닌 내적 분리였다. 결코 그들은 "준수한 미국 중산층의 생활 방식과 표준들의 대부분을 포기하라"고 사람들에게 호소하지 않았다(Marsden 1980:38). 사실상 사람들은 이러한 표준들을 향해 회심하였다. 부흥주의자들이 지지한 가치들은 무의식적이었을지 몰라도 미국의 중산층 문화에 속한 것들이었는데 물질주의, 자본주의, 애국심, 준수함이었다(:32, 49, 207).

전천년주의 교회들과 기관들은 자신들의 맞수인 사회복음 지지자들처럼 사업하는 방식으로 운영되었다. 세상으로부터의 철수를 설교하면서 동시에 교회를 세속 회사처럼 관리하는 모순을 누구도 포착하지 못했다. 모든 사람들은 효율이라는 제단에서 예배했다(Moorhead 1984:75 참조; 선교 [에큐메니칼주의 혹은 복음주의]와 근대화의 관계에 대하여 냅[Knapp 1977]의 탁월한 연구를 참조하라).

이것에 비추어 볼 때 세상을 부인하는 전천년주의자들이 실제로는 비정치적이지 않았다는 점은 놀라운 일이 결코 아니다. 그와 같이 분명하게 모순되는 현상을 이해하기 위해서는 19세기 말의 무디 사역 시기부터 1920년대의 근본주의자 논쟁에 이르기까지 "부흥적 복음주의 운동들의 구성원들의 대다수가 개신교 전통의 중산층 백인이었다"라는 사실을 염두에 두어야 한다(Marsden 1980:91). 심지어 이 진영들 속에서도 하나님 나라가 미국에서 시작할 것이라는 확신이 분명히 존재했다(:211).

제1차 세계대전 이후 정치적 보수주의는 훨씬 분명한 모습을 갖게 되었다. 러시아 혁명의 영향으로, 적어도 19세기 말 이후 전천년주의의 경향을 띤 반사회주의가 훨씬 강력하게 전파되었다. 하지만 공산주의를 분리해서 보지 않았다. 그것은 미국 중산층의 가치 체계를 위협하는 모든 것들의 추한 현대판 표현일 뿐이었다.

이러한 태도는 제2차 세계대전이 끝날때까지 칼 맥킨타이어(Carl McIntire)와 여러 사람들의 과도한 근본주의적 애국적 반공산주의로 굳어졌다(Marsden 1980:210). 한편 이러한 전개는 소위 새종교권리(the New Religious Right)라는 것을 낳았다. 이러한 철학을 고수하는 사람들이 필연적으로 전천년주의자들은 아니었다. 정치적으로는 보수적이고 신학적으로는 대체로 근본주의자였다. 이들은 자신들의 관점을 강화하기 위해 입법을 주장했다.

이러한 경향이 극단적으로 나타난 예가 텍사스를 근거지로 한 「기독교 재건 저널」(Journal of Christian Reconstruction)과 관련된 진영이었다. 이와 관련이 없으면서 보다 전천년주의적이었던 것이 케네스 해긴(Kenneth Hagin)같은 이들의 번영복음이었다. 하지만 비슷한 정신의 표현일 뿐이었다. 자신들의 열망과 성취를 축복하는 복음을 듣는 것은 상향을 바라는 사람들에게 매력적이었고 죄책감을 덜어주는 것이며, 덕스러운 부의 메시지를 전하는 것은 가난한 자들에게 좋은 예가 된다는 것이었다.

사회복음의 등장은 복음주의자들에게 최악의 공포를 확증해 주었고 배도한 교회들과 모든 관계를 단절한 것이 옳았음을 증명해 주었다. 그들의 이런 반응은 복음주의와 사회적 관심 간의 훨씬 절대적인 대립을 수용하지만 실제로는 그들이 싸우는 계몽주의의 정신에 굴복하고 있다는 사실을 망각한 것이었다. 1910년부터 1915년까지 발간된 『근본적인 것들』(The Fundamentals)이라는 시리즈물의 유명한 12권의 대부분의 저자들은 계몽주의 패러다임의 합리주의적인 틀을 사용하고 있었다(Marsden 1980:118-123).

(2) 후천년주의와 무천년주의.

타협을 불사하던 전천년주의의 입장은 19세기 중엽에 미국의 종교적으로 사회적으로 소외된 그룹들에서만 발견되었다. 1859년에 한 신학 저널은 후천년주의가 미국 개신교에서 "일반적으로 수용되는 교리"라고 확신있게 말했다(Moorhead1984:61 참조). 당시의 후천년주의는 대개 여전히 에드워즈, 홉킨스같은 이전 사람들의 가르침의 연속이었는데 묵시적인 시간관과 진화적인 시간관 사이의 타협을 포용한 것이었다.

아무도 역사가 종국적으로 대격변의 종말에 이를 것을 의심하지 않았다. 그러나 이 점을 정교하게 하는 데에는 관심이 거의 없었다. 오히려 관심은 "하나님 나라를 건설하기 위해" 지금 무엇을 해야 하는가에 있었다. 전체적으로 묵시주의 잔재는 후천년주의 진영에서 존속하였다(:61). 그러나 이러한 잔재는 그 세기의 후반부에 들어서면서 격렬한 공격을 받았다.

그 이유는 다양했다.

첫째, 쉐이커(the Shakers)와 밀러파(the Millerites)와 같은 최근의 전천년주의 그룹들의 특이한 묵시주의는 "준수한" 진영들로부터 별종 혹은 어리석은 자로 간주되었고 어떤 형태의 묵시적인 비전도 의심받았다.

둘째, 이전의 기대와는 대조적으로 남북전쟁 이후 불안의 시기가 되었다. 남북전쟁 이전 몇십 년 동안에는 문제들이 명백했다. 대부분의 "주류" 기독교인들(대다수가 복음주의자들)은 노예제도가 척결해야 할 악습이라는데에 동의하고 있었다. 많은 사람들은 노예제도가 철폐되기만 하면 정의와 평등의 시대가 될 것이라고 확신하고 있었다.

양 진영이 기대했던 것보다 전쟁이 훨씬 길어지면서 잔혹해졌다. 아마 훨씬 악화되었으며, 전쟁의 종료가 기대한 유토피아를 도래시키지는 못했다. 사람들은 사회 문제가 감소하기보다는 오히려 증가했다는 사실을 의식하게 되었다.

셋째, 1세기 전에 에드워즈와 홉킨스가 예견한대로 전례 없는 기술의 발전이 일어나면서 사람들의 상상력을 사로잡고 있었다. 공장들이 도처에 세워지면서 미국의 수 많은 농촌 사람들과 유럽의 이민자들이 공장에서 일하려고 도시로 이주했다. 그러나 에드워즈와 홉킨스는 열렬한 낙관주의 속에서 새로운 기술적 진보와 동반되는 사회적 질병들을 예측하지는 못했다. 갑자기 교회들은 전에 없었던 사회 문제들을 직면했지만 그것에 어떻게 응답해야 할지를 몰랐다. 국가의 전체 구조가 변하고 있었기에, 익숙한 과거의 신학적 확신과 해결책들이 필요한 안내를 해주지 못하고 있는 듯 했다.

넷째, 처음으로 미국 신학교들은 역사비평 연구방법에 광범위하게 노출되었다. 이것은 적어도 1세기 전에 독일의 신학교들을 지배했던 것이었다. 학자들은 성경이 종말론에 대하여 단 하나의 "정경적인" 관점을 제기하지 않는다고 주장하였다. 그리고 오랫동안 천년왕국 개념의 중심이 되어왔던 다니엘서와 요한계시록이 생각했던 것보다 후대 저작이며 따라서 신빙성이 떨어진다고 주장하였다. 이러한 상황은 적어도 묵시에 대해 전혀 새로운 재해석을 요구하였다. 그것은 고작 진리의 "껍질"일 뿐이므로 이 껍질에 집중하기보다는 영속적인 영적 메시지를 추구해야 한다는 것이었다(Moorehead 1984:63-33).

새 시대의 불가피한 희생자는 전천년주의이건 후천년주의이건 상관없이 천년왕국설 자체였다. 그것은 곧 바로 거부되지 않았고 서서히 사라져갔다(Moorehead 1984:61 참조). "단지" 2백년 후면 천년왕국이 시작될 것이라는 이전의 기대들은 이제는 흥분을 일으키지 못했다. 기독교인들이 오랫동안 기다려 왔던 위대한 종말론적 사건 즉 재림을 기대할 여지는 이제 거의 남아있지 않았다(:67). 구름을 타고 오는 그리스도의 재림에 대한 믿음은 이 세상에서의 하나님 나라 개념으로 대치되었다. 이것은 해외에서의 성공적인 선교 노력과 국내에서 평등사회를 세움으로써 단계적으로 전개되는 것이었다. 19세기 독일의 저명한 신학자인 알브레히트 리츨(Albrecht Ritschl)과 더불어 미국의 사회복음 지지자들은 하나님 나라를 미래에 도래할 통치가 아닌 현재의 윤리적 실재로 보았다(:66).[8]

1870년에 앤도버신학대학원의 사무엘 해리스(Samuel Harris)는 지상에서의 하나님 나라(the Kingdom of God on Earth)라는 제목으로 일련의 강의를 했다. 이 제목은 당시 북미에서 일어나던 발전들을 가리킨 것이었다(Hopkins 1940:21). 1917년에 사회복음의 주창자인 월터 라우센부쉬(Walter Rauschenbusch)는 하나님 나라의 교리가 "사회복음 자체"라고 확신있게 선언했다(:20).

결과적으로 이것은 모든 초자연적인 특성들을 폐기하는 것이었다. 실재로는 전적으로 내부 세계적이고 인간중심적이고 자연적이었다. 브라운(W. B. Brown)은 1900년에 "바로 이해한다면 전체 하나님이 통치하시는 우주 속에 과연 초자연적인 것이 있는가?"라고 질문했다(Moorhead 1984:66에서 인용). 기적은 제거되어, 전문성, 효율, 과학적 계획으로 대치되었다.

새로운 분위기의 핵심 개념들은 자연적인 연속성과 사회적 진보였다. 낙관주의가 감돌았다. 발전기는 과거의 후천년주의였는데 이제 다윈의 진화론과 결합되었다. 자연적인 연속성에 대한 믿음은 위기가 기대되지 않는다는 것을 뜻했다. 이것과 결합된 것은 이미 전천년주의에서 보여진 효율과 실용주의에 대한 경배였는데 이제는 정반대되는 가치들을 위해 봉사하는 것이었다. 여기서 교회와 종교 기관들이 전천년주의 진영보다 덜 거리끼게 사업적으로 운영되었다. 하나님

---

8 사회복음은 유럽의 신학 사상들, 특히 알브레히트 리츨(Albrecht Ritschl), 리차드 로테(Richard Rothe) 에른스트 트롤췌(Ernst Troeltsch), 아돌프 하르낙(Adolf Harnack)과 같은 신학자들에 의해 태동되었다. 그러나 미국의 사회복음과 독일의 사회복음 간의 차이가 간과되어서는 안된다(Niebuhr 1988:116 참조). 사회복음은 독특한 미국의 현상이었다.

나라의 건설은 종교적 경건과 헌신과 더불어 기술과 프로그램의 문제가 되었다.

하나님 나라에 대한 사회복음의 낭만적, 진화적 개념은 "불연속성, 위기, 비극, 희생, 모든 것의 상실, 십자가, 부활" 중 어느 것도 포함하지 않았다(Niebuhr 1959:191). 그것은 모두 "심판없는 약속의 성취"로서 "은혜의 질서와 영광의 질서 사이에 어떤 큰 위기도 개입될 필요가 없었다(:193). 관대한 하나님은 그의 친절한 아들의 추천에 의하여 "영혼들"을 "하늘"로 들어가게 하셨다(:135). 도래할 왕국은 "죽음과 부활, 위기와 약속 모두를 포함하는 것이 아니라 현재 세워진 경향들의 완성"으로만 간주되었다(:183).

청교도들의 하나님 나라 이해는 철저하게 달랐다. 인간의 어떤 계획이나 조직도 그것과 동일시 될 수 없었는데 "인간의 모든 계획들이 상대적이고 자기중심적이기에 부패한 이성의 산물"이었기 때문이었다(Niebuhr 1959:23). 그들의 하나님에 대한 이해 역시 달랐다. 그들은 참으로 하나님을 사랑의 하나님으로 알았었으나 하나님의 두려운 위엄과 죄와 악에 대한 진노라는 어두운 배경을 전제한 것이었다. 그러나 사회복음 운동에서는 하나님은 사랑과 자비의 존재였고 기껏해야 모든 이상적인 인간의 속성들의 구현, "인간의 삶과 도덕성을 위해 존재하는 하나님" "양선," "진리," "아름다움"의 종합적인 통일성이었다(Niebuhr 1988:121). 하나님과 인간들은 화해되었는데 후자를 신격화하고 전자를 인간화함으로써 였다(Niebuhr 1959:191; Visser't Hooft 1928:169-180).

이러한 모든 확신들은 하나님의 부성과 모든 사람들의 형제성이라는 새로운 교리 속에서 표현되었다. 이러한 분위기 속에서 예수에 관한 전통적인 구원론적 인식은 사라질 것이었다. 구속자 그리스도는 자애롭고 현명한 선생 혹은 인간의 종교적 역량이 충만하게 발전된 영적 천재가 되었다(Niebuhr 1959:192; Barton 1925).

"동정하는 예수가... 갈보리의 그리스도를 대체했다"(Hopkins 1940:19; Visser't Hooft 1928:38-51; Niebuhr 1988:116).

이러한 발전들은 기독교 선교 사업에 중대한 영향을 끼쳤다. 19세기 중반부터 제2차 세계대전까지의 전 기간 동안 해외선교는 여전히 "주류" 교회들과 기관들이 지배적이었다. 따라서 본국에서 현저한 신학적 관점들이 해외의 신생교회들에게 전해질 것은 당연했다. 제랄드 앤더슨(Gerald Anderson)은 1915년에 발표된 두 논문에 근거하여 자신의 견해를 밝혔는데(1988:104) 지난 수십년 동안에 선교 사상에 있어서 네 가지 주요한 변화가 있었다고 결론을 내린다.

① 타종교들은 더 이상 전적으로 거짓이라고 생각되지 않게 되었다.
② 선교 사역은 복음 전도보다는 광범위한 변혁 활동을 뜻하게 되었다.
③ 현재 세상에서의 삶을 위한 구원이 강조되었다.
④ 선교의 강조점이 개인에서 사회로 옮겨졌다.

타종교들이 본질적으로 악한 것이 아니라는 확신이 선교의 종식을 뜻하지는 않았다. 앞에서 언급했던 제임스 데니스의 방대한 저술(1897, 1899, 1906)은 이 종교들이 사악한 것으로 간주되지는 않았을지라도 (서구) 기독교보다 크게 열등한 것으로 여겨졌다는 점을 확신있게 입증하였다. 1893년 시카고에서 개최된 세계종교의회(the World's Parliament of Religions)에서 서구 기독교인들은 타종교인들과 자유롭고 친하게 교제하였다.

새로운 관점은 그리스도가 타종교들을 파괴하기 위해서가 아니라 성취하기 위해 왔다는 것이었다. 시카고대회 2년 후 조지 고든(George Gordon)은 이렇게 말했다.

> 예수는 일본에 대해서는 더 나은 통치자, 중국에 대해서는 더 고귀한 공자, 인도에 대해서는 더 신적인 고타마(Gautama)...로 입증되어야 한다. 그는 하늘 아래 모든 나라들의 이상을 완성하는 자로 와야 한다 (Hutchison 1982:170).

한편 타종교인들은 영원히 잃어버린 사람들이 아니었다. 이전의 후천년주의자들의 신학은 이미 지속적으로 지옥을 약화시키고 있었다. 자유주의 진영들에서 전천년주의가 사실상 사라지면서 지옥은 훨씬 더 빠르게 쇠락하였다. 자비의 하나님은 어떤 경우라도 그렇게 끔찍한 처벌을 할 수 없다는 것이었다(Moorhead 1984:70). 이것은 자유주의자들이 부흥주의를 혐오할 뿐 아니라 국내이던 해외이던 직접적인 복음 전도에 대한 열정이 결핍되었다는 것을 뜻했다. 그들의 강조는 협소한 의미의 개종주의보다는 사회속으로 스며드는 영향이었다.

복음 전도의 우위성으로부터 사회 참여의 우위성으로의 이동은 점진적이었고 1890년대에 가서야 분명한 모습이 되었다(Marsden 1980:84; Hutchison 1987:107). 프린스톤신학교에서 일련의 강의를 시작하면서 제임스 데니스는 복음 전도라는 목표는 "여전히" 우선이고 "그 중요성과 존엄성은 결코 탄핵될 수 없다"라고 말했다. 그러나 이것은 "복음 명령"에 대한 형식적인 예의에 지나지 않았다. 데니스는 이어서 "그러나 세계의 사회적 갱신이라는 새로운 중요성이 선교에 주어졌다"라고 말했다(1897:23). 그의 3권의 책은 바로 여기에 집중되어 있다.

이러한 이동의 한 측면이 1886년에 결성되어 "이 세대 안에 세계를 복음화하자"라는 표어를 가졌던 학생자원운동(the Student Volunteer Movement) 역사에 의해 부각된다. 그 출발시에는 여전히 "복음화"란 사람들을 그리스도를 통해 하나님을 믿는 구원에 이르게 한다는 전통적인 의미로 이해되었었다. 첫 반세기 동안 거의 13,000명의 자원자들이 북미로부터 해외선교 사역을 위해 떠났다. 하지만 20세기의 20년이 되었을 때 운동은 이미 쇠퇴하고 있었고 그 표어도 영향력을 잃고 있었다. 1917년의 한 회의에서 주요 질문은 "세계의 복음화"가 더 이상 아니었고 "그리스도가 당시의 심각한 사회적, 국제적 문제들에 대하여 적절한 해결책을 제공하는가?"였다. 잇따른 회의들은 학생자원운동(the SVM)의 철저한 방향전환을 요구했다(Anderson 1988:106).

복음 전도에서 사회적 관심으로의 이동은 당연히 개인에 대한 관심에서 사회에 대한 관심으로 옮겨졌다. 새로운 일반 사회 학문들은 각 개인들이 환경에 의해 크게 영향을 받고 형성되기에 그들의 상황은 놔둔채 개인만을 변화시키려는 것은 별 의미가 없다고 밝혔다. 데니스는 이러한 통찰들을 해외선교에 강력하게 적용했다. 그는 이렇게 주장했다.

"예수 그리스도의 종교는 비기독교 사회에 들어가서 모든 것을 그대로 두는 것으로 결코 만족해서는 안된다"(1897:47).

사실 "기독교 선교는 가속화된 사회 혁명을 제시한다"(:44).

그리스도가 현실 전체에 주권을 가지고 있다는 과거의 종교개혁과 청교도의 확신이 이제는 세속의 옷을 입었다. 곧 사회학적 통찰의 열매였다. 데니스는 "이교" 사회들의 구조가 전적으로 적절하지 않으며 새로운 구조가 짜여져야 한다고 주장했다. 개인의 중생에 집중하는 보수주의자들과 전천년주의자들의 접근은 전적으로 불신되었다. 신학적으로는 아니더라도 적어도 사회학적으로 그러했다. 죄와 악은 개인의 마음에서만 지배하는 것이 아니었다. 라우쉔부쉬와 여러 사람들은 사회의 집단적인 죄와 "초개인적인 악의 힘"에 주의를 환기시켰다(Hopkins 1940:321).

시간이 흐르면서 조지 데이비스 헤론(George Davis Herron), 월터 라우쉔부쉬같은 사회복음 옹호자들은 이와 같은 "초개인적인 악의 힘"이 자본주의 체제 속에 내재해 있는데 그것은 원칙적으로 사회, 경제, 정치적 평등주의를 방해하기 때문이라고 확신하였다. 자본주의의 억제되지 않은 경쟁, "물고 물리는 법칙"은 사랑의 기독교 복음에 반대되며 노동자들의 단체교섭 기회를 심각하게 억제했다. 이윤은 인간 복지를 희생하여 만들어져서는 안되며 노동자들은 자선이나 온정적인 관대함보다는 경제 정의의 권리를 갖는다. 특히 자유방임주의 경제학이 혹평을 받았다(Hoptkins 1940:323-325 참조). 그러나 사회복음은 전쟁, 제국주의, 인종, 힘의 사용의 문제들에 대해서는 거의 다루지 않았다(:319). 이것들은 1960년대 이후부터 진지하고 지속적인 관심을 받았다.

사회복음의 이념적인 뿌리들이 국내에서 토대를 마련한 보판은 유니테리언주의(Unitarianism)이었다. 회중주의와 장로교의 요소들로부터 발전한 이 운동은 신앙보다는 이성과 "인간 경험의 주요 사실들"을 강조했고 타락, 속죄, 영원한 심판의 가능성보다 인간 본성의 고유한 선함을 강조하였다. 본질적으로 그것의 낙관적, 합리적, 인간적 성격은 사회적 기독교로 기우는 성향을 설명해 준다. 이 체계속에서 신적인 것은 "단지 상상력에 생명력을 더하기 위한 것뿐이며" 그렇지 않으면 그것은 완전히 "인간의 종교"였다(Hopkins 1940:4, 22, 56-61, 318).

하지만 사회적 기독교는 유니테리언주의로부터만 발전한 것이 아니다. 많은 기독교 지도자들, 특히 진보적 정통주의(Hopkins 1940:61-63)라고 부를 수 있는 후천년주의자들도 서서히 사회의 변화에 우선을 두는 입장으로 나아갔지만 신앙과 전통적인 교리라는 초자연적 요소들을 폐기하지는 않았다. 이것은 특히 해외 선교 사역에 소명을 받았다고 느낀 복음주의자들에게 해당되었다. 그들이 입장은 부러워할만 것은 아니었다.

그들은 보수적인 전천년주의자들과 철저한 사회복음 주장자들 모두에게 의심을 받았다. 게다가 그들은 신학적으로 정교하지 못해서 서로 화해할 수 없는 두 입장 사이에서 흔들리는 듯 보였다. 그들은 어느 한편의 지배적인 패러다임에도 굴복하지 않았기에 주류 기독교 안에서 선교 개념이 살아있게 하면서 동시에 전천년주의 진영과도 신학적 대화를 유지할 수 있었다.

한편으로 사회복음의 전성기에, 다른 한편으로는 근본주의의 전성기에, 로버트 윌더(Robert P. Wilder, 1863-1938), 존 모트(John R. Mott, 1865-1955), 로버트 스피어(Robert E. Speer, 1867-1947), 올드햄(J. H. Oldham, 1874-1969)과 같은 중재자들이 있었다. 이들 각각은 심오한 종교적 경험을 체험했다. 이로인해 사회복음의 몇몇 극단적 요소들과 갈등을 빚게 되었다. 하지만 그를 모두 "주류" 미국 교회 생활 안에 머물기로 했다.

이로 인해 근본주의자들과 다른 극단주의 진영들로부터 의심을 받았다. 그러나 그들의 위상과 도덕성은 어떤 소통도 불가능할 것 같은 두 진영의 간격을 메꾸는데 도움을 주었다. 결과적으로 그들이 창설을 돕거나 참여한 운동들이 양쪽 진영으로부터 충성과 지원을 얻을 수 있었다. 운동들을 몇 개 소개하자면 WSCF, SVM, IMC 등이다. 각 조직들은 사회복음 지지자들과 전천년주의자들을 모두 포용했다. 따라서 그들은 기독교 신앙에 대한 총체적인 이해를 활성화시키는데 성공했는데, 이 신앙은 합리주의가 기독교 공동체를 두 개의 적대 분파로 분열시키기 전의 신앙을 가리킨다.

때로 모트와 그의 동역자들은 우연이 혹은 의도하지 않은 모호성으로 새롭고 약한 에큐메니칼의 배를 뜨게 할 수 있었다. SVM(학생자원운동)의 표어는 이러한 모호성들 중의 하나였다. "이 세대 안에 세계 복음화를"이라는 표현이 정확하게 무엇을 의미하는지에 대하여 끝없는 토의가 있었는데 종국적으로 각자가 좋아하는 해석을 하도록 허용되었다.

또 다른 예는 1910년에 에딘버러에서 열린 세계선교대회(the World Missionary Conference)였다. 이 대회는 후천년주의자들과 전천년주의자들, 사회복음 지지자들과 영혼 구원자들, "주류"와 복음주의 선교기관들의 흥미로운 결합이었다.[9]

(3) 전천년주의, 후천년주의, 무천년주의의 불충분성.

전통적으로 해외선교를 지원했던 진영들에서 일어난 변화는 복음주의에서 더 세속적이며 내부세계 지향적인 자유주의로의 이동처럼 보인다. 사회복음 지지자들이 함께 갖고 시작했던 복음주의 신앙의 유산은 점차로 소진되었다. 니이버는 이렇게 말했다.

"자유주의 아버지들의 자유주의 자녀들은 적어지는 자본을 가지고 활동해야 했다"(1959:194).

그는 호레이스 부쉬넬(Horace Bushnell, 1802-1876)에 대해 이렇게 말했다.

"부쉬넬은 그가 배웠던 신앙에 저항했다. 그러나 그럼에도 불구하고 그는 그것을 배웠다. 그의 저항은 부분적으로 옛 것과 새 것 사이의 내적 긴장에서 나온 것이었기 때문에 중요했다"(:195).

다른 사람들은 이러한 긴장을 더 이상 알지 못했다.

사회적 기독교를 주창한 모든 미국인들이 지닌 근본적인 확신은 세계가 필요로 하는 사회적 구원은 서구의 기술과 문화를 통해서 올 것이라는 것이었다. 흥미롭게도 그것은 전천년주의자들에게서도 크게 다르지 않았다. 허치슨(Hutchison)은 이렇게 말했다

---

[9] 에딘버러의 모호한 성격은 특히 두 차례의 총회 연설이 "최종적이고 보편적인 종교로서의 기독교"라는 주제에 할애된 사실에 있는데 하나는 패터슨(W. Paterson)의 구속 종교로서의 기독교이고 다른 하나는 헨리 슬론 코핀(Henry Sloan Coffin)의 윤리적 이상으로서의 기독교이다.

"문화적인 신앙이 그들의 이념이 그들을 나뉘게 한 것보다 자유주의자들과 전천년주의자들을 더 강하게 연합시켰다"(1987:172).

그들 모두는 "서구 문명의 본질적인 옳음과 승리의 불가피성이라는 비전을 공유하고 있었다(:95). 나머지 세계를 문명화하고자 하는 서구교회의 억제할 수 없는 선교 열정과 더불어 비서구 문명의 모든 약점들을 망라한 제임스 데니스의 저술은 심슨(A. B. Simpson)과 피어슨(A. T. Pierson)과 같은 전천년주의자들의 관점과 크게 다르지 않다(Hutchison 1987:107-110, 115-118).

두 진영 모두 몇 가지 점에서 기독교적이기보다는 서구적이었다. 둘 다 정반대의 입장에서 서구 기독교 내에서의 계몽주의의 승리를 표현한 것이다. 계몽주의는 19세기에 절정에 이르러 합리주의, 진화론, 실용주의, 세속주의, 낙관주의의 모습으로 나타났다. 이 모든 "주의들"은 서구교회들에게 깊이 스며들었고 해외선교기관들을 통해 해외로 수출되었다. 전천년주의자, 후천년주의자, 무천년주의자들이 선교 프로그램과 우선순위에 대하여 심한 이견이 있었던 것도 계몽주의 사고 틀에서 비롯된 가정들을 공유했기 때문이었다.

그러나 이것은 지속될 수 없었다. 전천년주의자들은 근본주의 논쟁이라는 엄청난 위기를 맞이했다. 근본주의가 근거한 전제들 자체가 유지되지 못했다. 근본주의가 몇몇 교회와 선교 진영들에서 존속되었지만, 이것은 근본주의가 신학 운동으로서의 생명력을 계속 가졌다는 암시는 아니었다. 단지 한때 번창하게 했던 환경이 사라진 후에도 유기체는 오랫동안 존속한다는 현상으로 이해해야 할 것이다.

사회복음 역시 큰 위기를 만났다. 19세기 말에 출생한 사회복음은 20세기 초에 타당성을 잃었다. 제1차 세계대전과 이에 따른 어려운 문제들은 사회복음 운동의 필수적인 요소였던 확신을 박살냈다. 월터 라우쉔부쉬가 1917년에 예일대학교에서 사회복음을 위한 신학이라는 제목의 강연을 통해 자신의 성숙한 사고를 제시했지만 사회복음 운동은 전체적으로 이미 시대에 뒤떨어져 있었다(Hopkins 1940:327).

그러나 이것이 그 운동의 종말을 뜻하지는 않았다.

결코 그렇지 않다!

1920년대에 자유주의가 근본주의를 이긴 승리는 사회복음 운동에 새로운 생명을 부여해 주면서 궁극적 승리의 보장을 믿게 만들었다. 그러나 그것은 막대한 희생을 치른 승리였다. 국제선교협의회(IMC)가 1928년에 올리브 산에서 첫 총회를 열었을 때 많은 미국 대표자들은 세속주의의 부상과 이것이 서구 선교가 수출하는 것이라는 사실을 심각하게 우려하기 시작했다.

그러나 호킹(W.E. Hocking)과 여러 사람들이 믿은 해결책은 세속주의를 일으킨 정신을 거부하는 것이 아니라 선교를 "문명으로 세계의 일치를 이룰 준비를 하는 것"으로 재정의하는 데에 있었다. 호킹의 지도하에 결성되어 1932년에 「선교의 재고」(Re-Thinking Missions)라는 보고서를 발간한 평신도해외선교연구회(the Laymen's Foreign Missionary Enquiry)는 세속주의에도 불구하고, 타종교들과 협력하여 모든 종교성의 공통 기초를 발견하고 이를 옹호함으로써 해외선교가 달성될 수 있다고 믿었다.

하지만 저자들이 하고자 했던 것은 서로 힘을 합하여 19세기의 귀신을 내어 쫓으려는 것이었다. 그들은 19세기의 낭만주의로 19세기 합리주의를 대체하려고 했다. 존 멕케이(John A. Mackay)는 이것을 뚜렷이 알고 있던 몇 사람들 중의 하나였다. 멕케이는 그 보고서가 혁명이 19세기의 낭만적 신학 토양에서 터져 나왔음을 무시했다고 지적하면서, 날이 밝아온다는 신호가 아니라 죽어가는 날을 추모하는 것이라고 평했다.

평신도해외선교연구회의 보고서에 의해 비난받은 세속주의는 묘하게도 "세속적인 60년대"에 강력하게 복귀했다. 그것은 동일한 것이 아니었다. 적어도 표면상으로는 말이다. 당시 사람들은 자신들이 거부하는 "세속주의"와 자신들이 환영하고 전파하는 "세속화"를 주의깊이 구별했다.

두 차례의 세계대전으로 황폐해진 후, 19세기와 사회복음의 낙관주의가 다시 등장했다. 이것은 1960년 스트라스부르그에서 열린 세계기독학생연맹(the World Student Christian Federation)대회에서 처음으로 알려졌는데 여기서 호켄다이크는 "교회를 철저하게 비신성화"하면서 기독교란 "일종의 종교"가 아니라 "하나의 세속적인 운동"임을 인식하라고 학생들에게 촉구했다(Anderson 1988:109 참조). 1968년에 세계교회협의회(WCC)는 제3차 총회를 웁살라(Uppsala)에서 개최했는데 여기서 "세계가 교회에 의제를 제공한다"라고 담대하게 선포했다. 사회복음이라는 용어는 빠졌고 선교과업으로서 "문명화" 대신 "발전"에 대하여 말했다. 하지만 그 역동성은 동일하였다. 교회는 세계를 강력하게 재형성시켜 서구의 이미지로 만드는 것이었다. 선교가 평화봉사단(the Peace Corps.)의 정신과 활동과 어떻게 다른지 정확하게 정의하는 것이 어려웠다.

같은 해인 1968년에 존경받던 북미 선교신학자인 피어스 비버(R. Pierce Beaver)가 "학생들은 이제 냉랭하고 심지어 해외선교에 적대적이다"라고 보고한 것은 그리 놀랄 일이 아니다(Anderson 1988:112에서 인용).[10]

1968년에 제2차 라틴 아메리카 주교 총회가 메델린(Medellín)에서 열렸다. 이것은 라틴 아메리카 해방신학의 출현에 배경과 자극을 제공했고 마침내 서구 선교의 문화적, 이념적 가정들을 종식시켰다(Gutiérrez 1988:xvii, xxxxv).

그런데 선교 사상의 최근의 발전들은 전천년주의 및 사회적 기독교의 다양한 표출의 발전의 결과이자 그 발전에 대한 반작용으로 보는 것이 합당하다. 특히 사회복음은 "미국이 기독교의 큰 흐름에 끼친 가장 큰 기여"였고(Hopkins 1940:3) "진정 미국 자체에서 출생한 미국 종교생활의 첫 표현"이었다(Visser't Hooft 1928:186). 북미 개신교는 세계선교 사업에 큰 몫을 하였고 사회복음의 영향을 통해 세계에 반향을 일으켰으며 제3세계 뿐 아니라 그 너머에까지 도달했다.

7) 자발주의(Voluntarism)

계몽주의 시대의 가장 괄목할만한 현상들 중의 하나는 선교회들(missionary societies)의 출현이다. 어떤 선교회들은 교단적이고 어떤 선교회들은 초교파적이

---

10 물론 이것은 등식의 한쪽 편일 뿐이었다. 다른 한 쪽은 웁살라 총회의 관점과는 아주 다른 것으로서 같은 시기 동안에 보수 복음주의 진영에서의 선교 열정과 참여의 놀라운 급증이었다.

고, 어떤 선교회들은 심지어 반교단적이었다. 선교회들은 처음에 머뭇하며 등장했고 자신들의 존재에 대하여 극도로 변증적이고 자신들의 성격과 미래에 대하여 확신할 수 없었다.

그러나 18세기 말이 되자 상황은 극적으로 바뀌었다. 새로운 선교회들이 영국, 독일, 화란, 스위스, 스칸디나비아 반도의 국가들, 미국과 같은 모든 전통적인 개신교 국가들에서 폭발적으로 나타났다. 1880년대에 제국주의의 고조와 함께 새로운 선교회들의 두 번째 물결이 밀려왔는데 다시 한 번 전체 개신교 세계가 관련되었다.

이제는 미국이 선교사 파송 수 뿐 아니라 새로 설립된 선교회 수에서도 다른 나라들을 앞섰다. 제2차 세계대전의 종료는 또 하나의 선교 열정의 물결과 새로운 선교회들의 성립으로 이어졌다. 1900년 이전에 북미에서 총 81개의 선교기관들이 설립되었다. 이어진 40년 동안, 즉 1900-1939년 동안 147개의 기관이 더 설립되었다. 다음 10년인 1940-1949년 동안에 83개의 기관이, 그 다음 10년인 1950-1959년 동안에는 113개의 기관이, 1960-1969년 동안에는 132개가, 그리고 그 다음 10년 동안에는 150개 기관이 더 세워졌다(Wilson and Siewert 1986:81-314, 593).

이러한 개신교의 놀라운 현상을 설명하는 것은 쉽지 않다. 다양한 요소들이 고려되어야 하지만 계몽주의에 의해 촉발된 사업과 진취적 정신이 선교회 개념의 발생과 선교회의 놀라운 증가에 중요한 역할을 했다는 점은 부인할 수 없다. 종교개혁 이후 1세기 이상 동안 교회와 유사한 그런 "자발적 협회들"을 만드는 것을 개신교에서 절대 반대한 것이 사실이다. 성직에 의해서 철저하게 통제되는 제도 교회는 지상의 유일한 신적 도구였다. 보에티우스가 선교에 대한 어떤 대화가 있었더라면(보통 그런 대화는 없었다) 제도교회(지역교회협의회, 장로회, 종교회의 등)만이 파송기관으로서 역할을 했을 것이라고 말한 것은 종교개혁 전통을 언급한 것이었다(Jongeneel 1989:126).

그러나 17세기 말에 새로운 분위기가 발전하기 시작했다. 성경해석에 대한 개인적 판단권리라는 종교개혁 원칙이 다시 일어났다. 이러한 연장선에서 비슷한 생각을 가진 개인들이 모여서 공동의 대의를 추구하게 되었다. 그 결과 새롭게 많은 선교회들이 출현하게 되었다. 많은 사람들이 종교적으로 주류권에 있으면서 아주 다양한 종교적, 사회적 관심들을 촉진하였는데 노예제 반대, 감옥개혁, 금주, 안식일 준수, "풍습개혁"과 다른 자선적 목적들 등이다(Bradley 1976).

그러나 점점 더 많은 수의 새로운 선교회들이 해외선교를 추구했다. 기본적으로 이 선교회들은 자발성의 원칙에 입각하여 잘 조직되었고 회원들의 시간, 힘, 돈의 기부에 의존했다.

이 선교회들의 이념은 민주주의의 사회 정치적인 평등주의였다(Gensichen 1975b:50; Moorhead 1984:73). 부속 조직들이 외곽 지역에 설치되어 중앙본부에 후원금을 보내고 중앙본부로부터 정보를 받았다. 일반적으로 수입이 넉넉치 않은 사람들이 수천 마일 떨어진 선교 프로젝트의 재정기부자와 기도후원자가 되었다.

여성들이 다양한 선교기관들에서 주도적 역할을 맡았는데 그들이 다른 많은 직업들에서 두각을 나타낼 수 있는 것보다 훨씬 빠른 속도였다(Walls 1988:151). 그들의 선교 참여는 "북미에서의 첫 번째 여성운동"(Beaver 1980의 소제목)이라는 역할을 했지만 그 뿐이 아니었다. 그들은 말 그대로 땅끝까지 나아갔고 선교사의 아내로서만이 아니라 자신들이 선교사였다. 국내 여성선교기관들은 기도, 연구, 재정지원, 정보의 보급으로 선교기관을 뒷받침했다. 1900년까지 1,200명의 독신여성 선교사들을 지원하는 41개의 미국 여성선교기관들이 있었다(Anderson 1988:102 참조).

이것은 종교개혁의 원리인 만인제사장직과 세계와 인간성에 대한 계몽주의의 낙관주의와 결합된 것이었다. 사람들은 자신의 환경 뿐만 아니라 다른 사람들의 환경에 대해서도 뭔가를 할 수 있었다. 당시 계속 증가하던 후천년주의도 사람들이 활동하도록 자극했다. 성도들은 하나님의 동역자로서 자신들의 목표지향적 공동체들을 통해 하나님 나라가 시작되게 할 수 있다고 생각했다(Moorhead 1984:73).

최근 몇 년 동안 선교회들이 합법적인 선교 수행자인지에 대한 많은 신학적 토론이 있었다.

선교는 오히려 교회의 표현으로 여겨져야 하는 것 아닌가?

이러한 토론에 장점이 있음을 부인하지 않는다. 한편 선교 책임자로서 나는 계몽주의에 의해 출생한 패러다임의 틀 안에서, 조직교회와 선교회 사이에 하나를 선택할 필요는 별로 없음을 지적하고 싶다. 서구 개신교 안에서 교회는 점점 아주 다양한 교단들로 분열되었는데 현상적으로 말하자면 선교회나 종교회들과 크게 다르지 않았다는 것이 핵심이다. 교단들 역시 같은 생각을 가지 개인들이 모여서 자발적 원칙에 기초하여 조직되었다. 이들은 어떤 의미에서 병행교회(para-church) 기관들이었다.

국교회의 나라들에서는 그 상황이 달라 보였다. 국교회와 나란히 혹은 반대편에 선 "자유" 교회들의 출현과 존재는, 국교회의 일원으로 남으라는 압력이 있었을지라도 개인들은 자신의 양심을 따라 선호하는 교회에 합류할 수 있었다. 국교회가 없는 나라에서는, 예를 들면 모든 교회들이 법 앞에 동등하게 대우받는 미국의 경우 어리둥절할 정도로 다양한 교단들이 출현했다.

국교회가 없는 시대가 가능해진 것은 바로 계몽주의의 열매였다는 점을 주목해야 한다. 다수의 교단들이 나란히 존재하고 동등한 권리를 가질 수 있었던 것은 종교적 믿음이 "사실"의 차원에서 개인들이 자유롭게 차이를 보일 수 있는 "가치"의 차원으로 옮겨갔을 때였다. 뉴비긴(Newbigin)은 다음과 같이 말한다.

> 교단주의가 세속화의 종교적 측면이라는 것이 사회학자들의 공통된 관찰이다. 그것은 계몽주의 이념의 통제를 받는 문화에서 종교가 취하는 형태이다. 그것은 종교의 사유화가 표현되는 사회적인 양식이다 (86:145).

계몽주의가 교단주의를 만든 유일한 근거는 아니었다. 가령 북미의 교단주의는 "유럽교회 전통, 민족적인 충성, 경건주의, 분파주의와 미국의 자유 사업"이 결합된 산물이었다(Marsden 1980:70). 그러한 환경에서 "자유"교회들이 번성할 것은 당연했다. 미국독립전쟁 직후 20년 동안 권위 있던 개신교회가 매우 저조해진 반면, 감리교, 장로교, 침례교는 급속히 확장되어갔다(Chaney 1977:31). 이들은 합리주의와 경건주의가 결합된 결과였으며 "부흥운동" 교회들로서 대각성운동의 큰 혜택을 입었다. 많은 개신교 교단들 중 어느 누구도 지상교회를 하나님 나라와 동일시하는 중세의 사상을 지지하지 않았다.

독립 후 50년 동안 괄목할만한 에큐메니칼 정신이 미국에서 유행했다. 대영제국과 유럽 대륙에서도 대체로 마찬가지였다(미국과 같이 다양한 교단들이 있지는 않았지만). 이 기간 동안에 초교파적인 선교회들이 많이 생겼다. 이들 중 가장 괄목할만한 선교회들 중에 런던선교회(the London Missionary Societ, 1795년 창설), 미국해외선교위원회(the American Board), 바젤선교회(the Basel Mission, 1816)가 있다. 런던선교회는 "근본 원칙"을 다음과 같이 진술했다.

> 우리의 계획은 장로교, 독립교회, 성공회, 또는 다른 형태의 교회질서나 정치형태를 파송하는 것이 아니라 축복의 하나님의 영광스러운 복음을 이교도들에게 보내는 것이다(Walls 1988:149에서 인용).

물론 "교단"선교회가 런던선교회보다 3년 앞서 창설되었다. 이것은 1792년에 윌리엄 케리의 지도력 하에 설립된 "이교도들에게 복음을 전파하는 특별한 침례교선교회"를 말한다. 그러나 케리가 교단선교회를 지지하는 어떤 신학적 주장도 하지 않았다는 점이 중요하다. 그의 주장은 순전히 실용적인 것이었다.

"기독교국이 현재 나뉘어있는 상태를 고려하면 각 교단이 따로 사역을 하는 편이 좋아 보인다"(Walls 1988:148에서 인용).

사실 케리가 교단 선교회를 발족한 실용적인 이유들은 3년 후에 비교파적인 런던선교회 설립자들의 이유와 동일하였다.

교단적이든 아니든 새로운 선교회들의 시작은 뭔가 사업적이고 분명히 근대적인 면이 있었다. 케리는 자신의 입장을 성경이나 신학 전통에서 취한 것이 아니라 당시의 상업 세계, 곧 당시의 무역회사로부터 얻은 것이었다. 즉 목표들을 이루기 위해 모든 관련 정보를 철저히 연구하고 주식, 배, 선원들을 선택하여 위험한 바다를 용감하게 건너 친숙지 않은 기후와 대면하는 것이었다.

케리는 멀리 떨어져 있는 사람들을 복음화하는 목표를 이루기 위해 비슷한 방식으로 기독교인들의 회사가 구성될 수 있다고 주장했다. 그것은 "도구적인" 협회이자 명확히 규정된 목적과 일련의 세칙을 가진 협회여야 했다. 따라서 그러한 협회를 조직하는 것은 상업회사를 발족하는 것과 같았다(Walls 1988:145 참조).

새로운 선교회들, 케리의 침례교선교회나 성공회선교회(CMS, 1799년 설립)처럼 교단적인 선교회의 경우에도 그것에 대해 배타주의자나 고백주의자 같지는 않았다. 가령 CMS는 성공회교회에서 안수받지 않은 선교사들의 타당성을 당연히 인정했다(van den Berg 1956:159). 사실 CMS의 첫 선교사들은 독일 루터교회 선교사들이었다.

하지만 19세기의 첫 40년대까지 "에큐메니칼" 분위기는 쇠퇴하고 있었다. 합리주의와 자유주의에 대응하기 위해 고백주의가 다시 살아났다. 복음전파회(Society for the Propagation of the Gospel, SPG)는 더 교리적이 되었고 다른 선교회들과의 선교를 위한 어떤 형태의 협력도 거부했다. 심지어 CMS의 동료 성공회인들과의 협력도 거부했다. 북미에 대하여 니이버는 다음과 같이 말한다.

> 교단들은 스스로 그들의 대의와 혼돈하여 자신들을 증진시키 시작했다. 그들은 자신들 그룹의 일반적인 관행들과 교리들을 그리스도의 나라와 동일시했다... 선교 사업이 국내와 해외 모두, 교단을 따라 쪼개졌다. 모든 종교협회는 종교교육과 청소년 복음화, 종교 문서의 출판에서 자신의 독특한 형태를 증진시키려 했다... 교회에 더 많은 관심이 집중됨에 따라 분파의 성향이 더 커졌다(1959:177).

마찬가지로 독일에서 루터교회의 고백주의는 루터교인들이 다른 개신교인들과 다르다는 새로운 의식을 일으키는데 기여했다(1830년의 아우쿠스부르크고백서 채택 3세기 기념을 통해 활력이 부여되었다). 이것은 해외선교 사업에서도 나타났다(그 발전에 대한 자세한 내용은 Aagaard 1967을 참조하라). 의식적으로 몇몇 초교파선교회들이 19세기 첫 몇십 년 동안 독일어권 세계에서 활동했다. 가장 중요한 선교회들이 바젤선교회, 북독일선교회이다(Aagaard 1967:182-306, 401-473).

그러나 이들이 도전받지 않은채 계속 활동할 수는 없었다. 바젤선교회의 개혁주의 지지자들과 루터파 지지자들 간의 긴장으로 인해 1836년에 루터파만의 선교회를 성립시켰다. 그것은 후에 라이프찌히선교회(the Leipzig Mission)로 알려진 선교회이다(Aagaard 1967:357-381). 비슷한 전개가 독일의 다른 지역들에서 곧 잇달아 일어났다(526-705).

북미에서 있었던 사건들도 대영제국 및 독일과 비슷했다. 1850년 이후 여러 교회들이 "해외선교를 범교단 혹은 비교단 기관들에게 맡겨 두지 않고"(Hutchison 1987:95) 직접 교단 선교 활동을 후원하기 시작했다. 심지어 반세기 동안 미국에서 가장 큰 선교회였던 비교파적인 미국 해외선교위원회도 마침내 "교단적" 선교기관이 되었다. 이것은 회중주의 선교기관으로 발전했다. 영국의 경우 런던선교회도 비슷한 환경 하에서 그렇게 되었다.

비교파적인 선교회들의 전성기 동안, 선교는 압도적으로 개인의 회심(conversio gentilium)으로 이해되었다. 계몽주의의 상대주의 성향에 대하여 교단주의가 방어적 반응을 보이면서 중세기 가톨릭의 패러다임과 마찬가지로 선교를 "교회 설립"(plantatio ecclesiae)으로 정의한 것은 당연했다. 복음주의 대각성 운동들에 의해 크게 영향을 받은 비교단 선교회들은 "교회 없는 복음"을 전파하고 있었다(S.C. Carpenter, den Berg 1956:159에서 인용; Scherer 1987:75). 이제 이것이 불충분한 것으로 여겨져 수정되어야 했다. 그 해결책은 "선교 현지"에 뚜렷하게 고백적인 교회들을 세우는 것이었다. 새로운 표어는 "자치" "자립" "자전도"(혹은 "자기 확장")하는 신생교회들의 설립이었다. 여기서 두 주요 인물이 19세기 중반 가장 큰 개신교 선교협회의 사무총장이었던 루퍼스 앤더슨(Rufus Anderson, 미국 해외선교위원회)과 교회선교회(CMS)의 헨리 벤(Henry Venn)이었다.

그러나 이 두 사람의 의도는 의미가 있었다. 이들이 동시대인들 누구보다도 선교지의 회심자들의 성실성에 큰 신뢰를 두었기 때문에 교회의 독립성을 위한 큰 진전이 이시기 동안 이루어졌다. 양자 모두 19세기 중반의 민주주의 정신으로 가득했었다는 점을 고려해야 하는데, 회중주의자인 앤더슨이 성공회 교인인 헨리 벤보다 더 그러했다(Hutchison 1987:77).

양자의 감탄할 만한 개념에도 불구하고 결과는 기대한 것처럼 되지 않았는데 부분적으로는 그들의 계획이 그들의 선교사들에 의해 전복되었기 때문이었다. 그러나 이와는 별도로 선교의 목표로서의 교회 설립에 대한 강조가 부적절할 점을 주목해야 한다. 중세기 선교사들의 교회설립(plantatio ecclesiae) 정책이 언제가 온 세상이 교회의 지배하에 놓일 것이라는 가정 위에 여전히 움직이고 있었다. 19세기 중반이 되자 그러한 이상은 더 이상 가능한 것으로 생각되지 않았는데 적어도 개신교 진영들에서 그러했다. 계몽주의의 세속적이고 합리적인 영향을 무효화시킬 수 없다고 잠재적으로 가정되었다. 따라서 가톨릭의 교회설립(plantatio ecclesiae)의 개신교 변이형은 성공회, 장로교, 루터교회와 같은 작고 배타적인 "영토들"의 형성이었다. "복음의 전진"은 세례자의 수, 신앙고백들, 공동체들, 새로운 선교기지의 설립과 같이 유형적인 셈을 함으로써 측정되었다.

어떤 의미에서 교회는 하나님 혹은 미래를 주목하는 것을 중단했다. 대신에 교회는 자신을 가리키고 있었다. 선교는 제도적인 교회로부터 여전히 제도화되어야 하는 교회로 향하는 길이었다. 그것은 "수평적인" 차원에서 활동하는 조직된 협회들이라는 전문적인 기관들의 활동이었다. 교회들과 사회의 관계, 교회들과 더 넓은 에큐메니칼적이고 종말론적인 지평의 관계는 대체로 무시되었다. 쉬어러(Scherer)가 루터교회의 선교에 대하여 말한 것은 또한 다른 고백교회들의 계획에도 해당된다.

> 하나님 나라는 루터교회 선교기관들이 세계에 루터 교회들을 설립하는 전략으로 축소되었다. 이 당시에 교회들과 하나님 나라의 관계에 대하여서는 거의 질문이 되지 않았다. 그들의 존재는 자기 정당화에 있는 듯 했으며 선교의 목표들에 대한 더 이상의 논의는 요구되지 않았다 (1987:77).

19세기 말에 그 추는 다시 한 번 사회적 선교와 보다 에큐메니칼적인 정신쪽으로 움직였다. 이것은 동시에 자발주의 원리의 재확증이었다. 과다한 수의 새로운 자발적인 선교기관들이 지난 100여 년 동안 설립되었다. 그러나 분명하게 자발주의 정신의 표현인 그것들은 행동주의, 사회개량주의, 명백한 사명(manifest destiny)이라는 근대 서구의 분위기의 표현들이었다. 열렬한 젊은 선교지원자들의 "십자군 정신"은 "의무, 동정, 확신, 낙관주의, 복음주의적 부흥운동과 전천년주의적 긴급성"에 의해 가열되었다.

더 새로운 유형의 개신교 선교기관들은 "믿음 선교"라는 범주에 속하는 기관들이다. 이 선교회들의 선구자이자 원형은 1865년 허드슨 테일러에 의해 창설되었으며 여전히 유명한 중국내지선교회(the China Inland Mission)이다. 새로운 선교회들은 완전히 새로운 출발이라기보다는 18세기 말의 자발적 선교회의 변형이었다(Walls 1988:154). 여기서 종말론적 주제가 지배하였다. 젊은 남녀들에게 주저없이 희생하라는 긴박한 호소가 주어졌는데 최후의 심판 전에 중국의 수많은 사람들과 다른 먼 나라 사람들을 구원하기 위함이었다.

동시에 새로운 선교회들은 자발적인 원리의 극단화를 주장했다. 사람들은 어떤 재정적 보장없이 선교의 주께서 공급하실 것을 믿고 가라는 도전을 받았다. 어떤 사람들의 눈에 그들은 믿음의 영웅이었고 어떤 사람들의 눈에는 바보였다. 그들 자신들의 눈에는 "그리스도를 위한 바보"에 불과했다.

그들은 이교도들의 영토에 조심스럽고 주의 깊게 준비해서 들어갈 시간이 없었고 "선교 현장"에 "자율적인" 교회들을 힘들게 세울 시간도 없었다. 복음이 모든 사람들에게 최대한 빠른 속도로 전해져야 했지만 선교사들이 충분치 않았다. 마찬가지로 선교 사역을 위한 충분한 준비 시간과 필요가 없었음을 의미했다. 선교사 지원자들 중에 C. T. 스터드(C. T. Studd)나 유명한 "캠브리지 7인"과 같이 교육을 잘 받은 사람들을 포함되었지만 대부분의 사람들은 교육과 훈련을 거의 받지 못한채 갔다.

믿음 선교 운동의 약점은 분명했다. 개인의 선택의 자유라는 낭만적인 개념, 심판 전에 영혼들을 구원해야 한다는 강박관념, 선교지 사람들의 문화와 종교에 대한 한정된 지식, 기독교 복음의 사회적 차원에 대한 무관심, 창립자의 카리스마에 대한 전적 의존, 교회에 대한 아주 낮은 평가 등이다.

그러나 강점들도 있었는데 특히 허드슨 테일러와 중국내지선교회가 취한 완전히 새로운 형태가 그렇다. 선교기관의 "본부"가 더 이상 런던, 베를린, 바젤, 뉴욕이 아니라 중국, 인도, 태국에 있었다. 선교사들은 현지인들로부터 고립되어 "선교촌"에서 사는 것이 아니라 현지인들이 먹는 음식을 먹고 그들의 의복을 입으며 그들 속에 살며 복음을 전하였다. 특정 교리나 신앙고백적인 구분을 강조하지 않고 예수 그리스도를 통한 구원이라는 단순한 복음을 강조했다.

위에서 언급한 부정적인 요소들, 긍정적인 요소들 모두가 현대 복음주의 선교운동의 공통 유산이었다. 새로운 시도들을 좌절시키는 거대한 제도권 교회에 대하여 참지 못하는 많은 기독교인들이 있다. 많은 젊은이들이 "주류" 교회들을 떠나서 아주 다양한 복음주의 선교기관들에게 봉사하고 있다. 오늘날 복음주의 세계는 순회 전도자들, 잡지들, 성경학교들, 교회 모임들로 가득하다. 하지만 우리는 앞서 교단주의 현상에서 보인 흥미로운 모호성을 여기서도 동일하게 본다.

한편으로 복음주의 그룹들은 서로에게 놀라울 정도로 관용을 보이고 하나님을 함께 섬기는 창의적인 모험을 선호하여 어떠한 교리적 경직성이나 고착성을 거부한다. 다른 한편으로 특정 교리로 인한 특정 그룹의 배타성 강조와 결합된 편협성이 이 시대의 풍조였다. "자발적인 원리"는 다른 사람들을 관용하거나 자신의 관점을 절대화하는 내적 성향을 지닌 것처럼 보인다.

비교단 선교회이든 교단 선교회든, 잘 조직되고 준비된 계획이든 믿음 선교이든, 에큐메니칼 진영이든 복음주의 진영이든, "자발적인 원리"가 개신교 선교의 구성요소가 되는 곳에서 작용하는 전제들은 서구 민주주의와 자유 기업 체제의 전제들이었다. 그것은 선교 사역의 방향이 서에서 동으로 혹은 남으로 한 방향으로만 움직인다는 가정에서 나왔다. 그것은 한쪽 편은 모든 것을 주고 다른 편은 모든 것을 받는 사업을 낳았다. 그 이유는 한 그룹이 자신의 눈으로 보기에 한 그룹은 분명히 특권을 가진 자이고 다른 그룹은 불우한 자이기 때문이었다.

8) 선교 열정, 낙관주의와 실용주의

서구의 선교 진영들이 대체적으로 계몽주의에 부정적으로 대응했음에도 불구하고 이 운동이 부분적으로 해외선교사역으로 흘러가는 거대한 양의 기독교적인 활력을 방출했다는 것은 의심의 여지가 없다. 이전 어느 시기보다도 이 시대의 기독교인들은 세계의 미래와 하나님의 대의의 미래가 자신들에게 달려있다고 믿었다.

이러한 점에서 계몽주의 시대는 그 이전 시대의 두 가지 발전(문화적 발전과 교회적 발전)과 구분되는 큰 변화를 보였다. 여기서 두 가지 발전이란 르네상스와 개신교 정통주의를 가리키는 것인데 둘 다 앞을 지향하기 보다는 뒤를 지향하였다. 대조적으로 계몽주의의 방향은 확실히 미래 지향적이고 낙관적이었다. 계몽주의의 영향으로 교회들은 하나님을 자비로운 창조주로, 인간들을 본질적으로 도덕적인 개선을 할 수 있는 자로, 하나님 나라를 기독교의 지속적인 발전의 면류관으로 간주하는 경향이 있었다.

진보 개념이 17세기에 두드러졌다. 18세기에는 그것이 모든 삶과 학문의 영역 안으로 확대되었다. 그것은 19세기와 20세기 초에 절정을 이루었다(Küng 1987:17). 개신교 선교는 계몽주의의 낙관주의와 미래 지향성을 피할 수 없었다. 그것은 케네스 스코트 라토렛(Kenneth Scott Latourette)의 유명한 7권의 『기독교 확장사』(*A History of the Expansion of Christianity*)에서 고전적 표현으로 나타났는데 이 책은 선교 진영, 특히 영어권 세계에 심오한 영향을 미쳤다.

라토렛은 1세기 이래로 7개의 기독교 확장 시대를 제시했다. 이에 따르면 확장의 형태는 연속적으로 밀려들어 오는 7개의 파도와 같았다. 각 파도의 높이는 이전 것보다 더 높았고 각 파도 사이의 간격은 이전 것보다 짧았다. 라토넷은 비유를 약간 바꾸어서 말하기를 역사상 기독교는 "주요한 파동들에 의해 전진했는데 각각의 전진은 앞의 것보다 더 나아갔다. 각 침체기는 이전보다 짧았고 덜 눈에 띄었다"라고 했다(Latourette [1945] 1971:494).

라토렛은 이 말들을 1944년에 기록했다. 인간적으로 말해서 그때는 그 결과가 여전히 불확실했던 7번째 시기로서 제2차 세계대전의 끝나가던 때였다. 라토렛이 "폭풍을 통한 전진"이라고 명명한 시대는 1914년 제1차 세계대전과 함께 시작했다. 그러나 두 차례의 세계대전으로 인한 황폐에도 불구하고 그는 본질적으로 낙관적이었고 "1944년에 기독교가 그렇게 많은 사람들 속에 깊이 뿌리를 내린 것에 버금가는 어떤 종교도 없었다"라고 말할 수 있었다. 기독교는 전례 없이 더 많은 나라들과 문화들에게 더 깊이 영향을 미치고 있었다(:494).

라토렛의 7권의 책이 1971년에 재출판 되었을 때 여전히 전체적으로 라토렛의 패러다임 안에서 활동하고 있던 랄프 윈터는 1944년 이후로의 발전들을 조사한 한 장을 덧붙였다. 그는 그것을 가리켜 "믿을 수 없는 25년의 시간 1945-1969(Winter in Latourette 1971:507-533)"이라고 했다. 그것은 세속적, 종교적 발전들에 대한 탁월한 고찰이며 라토렛 자신의 사상과 저술과 마찬가지로 "낙관적인 현실주의"(optimistic realism)였다.

라토렛과 윈터의 낙관주의 및 실용주의의 뿌리들은 18세기 말이다. 이 시기는 엄청난 정치적 격변의 시기였으며, 특히 프랑스같은 전통적인 로마가톨릭 국가들에게 부정적인 영향을 미쳤다. 개신교 진영 사람들은 프랑스와 그 외 가톨릭국가들에서 완전한 시민권을 부여받았다. 그후에 그들은 교황권의 쇠퇴와 대규모의 유대인들의 개종을 열정적으로 전망했다. 영국에서 이 시기는 거의 묵시적 열정이 그 특징이었다(vand den Berg 1956:121).

그 중 상당부분이 유럽 대륙보다는 미국으로 흘러들어갔다. 그 이전 어느 시기보다도 19세기의 20년대까지 개신교의 선교 대의는 "말할 수 없을 정도로" 큰 중요성과 영광을 특징으로 했다(Chaney 1976:174, 256). 그 시기는 사탄의 왕국이 뒤집어지고 예수의 통치가 폐허 속에서 세워지는 "세계 추수의 때"였다. 그것은 게으른 시대가 아니었다(:257). 개종주의적인 해외선교의 타당성에 의문을 제기하는 기독교인들은 참된 신자가 아니었다(Hutchison 1987:60).

1818년에 고든 홀(Gordon Hall)과 사무엘 뉴웰(Samuel Newell)은 『세상의 개종』(*the Conversion of the World*)이라는 책을 펴냈다. 그 책에서 "6억의 이교도들"을 존중할 "교회들의 능력과 의무"라는 개념을 주장하였는데 서구교회들이 세상을 20년 안에 개종시킬 수 있다고 주장했다(Chaney 1976:180; Johnson 1988:2).

19세기의 복음의 사절들은 실제로 세상을 혁신할 수 있는 개신교의 능력에 대한 청교도적 확신을 가지고 있었으며 스스로 이것을 실현하는 사회를 대표한다는 확신을 가졌고, 그 확신은 자신의 영적 선조들을 훨씬 능가했다(Hutchison 1987:9). 기독교 최후의 세계 정복을 위한 헌장과 전투 계획이 요구되었다(:51).

]그것은 기적이라는 수단으로 성취될 것이 아니라 "근면과 열심"이라는 수단에 의해 성취될 것이었다(Chaney 1976:257, 269). "이성의 원리들" 및 "상식의 명령들"이 "성경의 지침" 및 "섭리라는 명백한 계획"과 원활하게 섞였다(:258). 하나님 나라의 건설은 개종과 종교적 경건성 뿐 아니라 기술과 프로그램의 문제였다(Moorhead 1984:75). 복음은 인간의 총체적 상황에서 생명력있는 변혁을 이루기 위한 도구, 화를 경감하는 무기, "신적인 약," "해독제," "해결책," 이교도들을 문명화하는 지정된 수단"으로 여겨졌다(Chaney 1976:240-242). 복음은 서구 기술이 발명하기 시작한 많은 새로운 도구들과 함께 하나의 "도구"였다. 복음은 근대의 세 가지 위대한 신인 과학, 기술, 산업화에 합류했고(Kuschel 1984:235) 복음과 기독교 가치들을 전파하기 위해 동반되었다.

1880년대 이후 제국주의가 한창이던 때에 행동주의와 실용주의가 새로운 활력으로 제기되었다. 그것들은 북미 선교의 표현으로 더 명확히 인식되었다. 하지만 결코 그것들에만 국한된 것은 아니었다. 그 시대는 "활력의 시대"였고 큰 사업의 시대였다. 라토렛이 나중에 표현한 것을 연상시키는 말로 피어슨(Pierson)은 "예수 그리스도의 영향이 예수 당시 만큼이나 편만했고 관통했으며 변혁적이었다"라고 말했다(Forman 1982:54에서 인용).

피어슨은 1889년 학생자원운동(the Student Volunteer Movement)이 채택한 "이 세대 안에 세계 복음화를"이라는 표어를 형성한 사람이기도 하다(Anderson 1988:99; Johnson 1988). 이 표어는 당시의 활발했던 선교 낙관주의를 반영, 출생시켰다. 무엇보다도 그것은 당시의 개신교 선교의 분위기를 요약해 주었는데 실용적이고, 목적적이고, 행동적이고, 조급하고 자기 확신을 가졌으며, 올인하는, 그리고 승리에 찬 분위기였다.

이것은 1900년 뉴욕에서 개최된 초대형 에큐메니칼선교대회에서 가시적으로 나타났다. "그리스도의 대의"가 곧 승리할 것임을 의심하는 사람은 아무도 없었다. 허치슨(Hutchison)은 1800년의 "선교 통계"와 1900년의 선교 통계를 비교하였다. 이러한 통계들은 대단해서 이 세대의 영혼들을 사로잡고 지극히 평범한 사람들이 급속한 세계 복음화에 대하여 말할 수 있게 한 동력과 신적 불가피성을 사람들에게 이해시킬 수 있었다. 윌리엄 더지(William Dodge)는 "우리는 희망과 약속, 기회가 세계 역사상 어느 때보다 더 가득한 세기로 들어가고 있다"고 말하면서 공통의 확신을 표현했다(Anderson 1988:102에서 인용).

미국인들이 대부분의 다른 사람들보다 더 행동주의적인 것은 아니었다. 오히려 실제로 일어난 것은 "미국인들이 모든 것을 더 열심히 것이었다." 그리스도 혹은 문명화를 위해 세계를 정복하려는 일반적인 열정에서 "미국인들은 다른 사람들보다 더 큰 목소리로 의도와 더 높은 이상을 선포하고 있었다"(Hutchison 1987:93).

이것은 그들보다 "침착한" 대륙의 유럽인들로부터 반작용과 통렬한 공격을 불러 일으켰다. 시간이 흐르면서 "미국인들의 열심과 효율성에 대한 경탄과 함께 그들의 조급함과 종교적 피상성에 대한 의심이 급속히 증가했다"(Hutchison 1987:131). 유럽인들은 특히 뉴욕선교대회를 의문시했다. 바르넥(G. Warneck)은 선교명령은 우리에게 "가라"고 하지 "날으라"고 하지 않는다고 지적했고, 예수는 하나님 나라를 온실이 아니라 농부의 밭에 비유했다고 했다(Hutchison 1987:133).

바르넥의 평생 친구인 마틴 켈러(Martin Kähler)도 1910년 에딘버러선교대회 즈음에 비슷한 거리낌을 가지고 있었다. 그러나 대회는 계획대로 진행되었고 대체로 북미적 전제들의 지침을 바탕으로 구성되었다. 이 특별한 "에큐메니칼 복음주의" 대회는 그리스도 안에 있는 구원과 "세속" 과학의 놀라운 발전 모두를 칭송하는데에 아무런 어려움이 없었다. 후자는 교회의 전세계적 선교를 위한 하나님의 섭리의 표출로 칭송받았다(Knapp 1977 참조).

그 대회의 논조는 1900년에 출간된 책 『이 세대 안에 세계 복음화』(the Evanagelization of the World in this Generation)에서 이미 모트(Mott)가 제시하였다. 이 책의 제5장은 제목이 "근대 선교의 성취의 관점에서 본 이 세대 안에 세계를 복음화할 가능성"[11]이었다(1902:79-101). 그런데 모트가 그리스도 안에 있는 하나님의 계시에 대한 믿음과 근대 과학의 "섭리적인" 성취를 탁월하게 결합한 것이 다음 장인 "교회의 기회, 시설, 자원의 관점에서 본 이 세대 안에서의 세계 복음화의 가능성"이었다(:103:129). "19세기 동안의 놀라운 섭리들"로 인해 전 세계는 이제 교회 앞에 열렸다(:106).

똑같이 중요한 것은 교회가 이제 마음대로 쓸 수 있었던 시설들이었다. 교회는 "모든 인류의 사회적, 도덕적, 영적 상태와 필요"에 대한 막대한 지식을 얻었고 "크게 확장되고 향상된 소통 수단들"을 활용할 수 있었다(:109). 이것들은 철도, 증기선, 전신전화제도, 새로운 기관들, 우체국, 인쇄소를 포함했다(:109-113). "기독교 정부의 영향과 보호"도 "선교 사역에 막대한 도움"이었다(:114). 의료 지식과 기술, 과학 및 다른 서구적 학문 분야의 방법들과 결과를 선교사들이 마음껏 쓸 수 있었다(:115).

그리고 교회는 막대한 자원들을 소유하고 있었다. 서구 세계에서 증가하는 신자들의 수는 세계선교를 위한 확실한 기반을 제공했다. 교회의 "자금력"은 막대했고 해외선교에의 기부는 꾸준히 증가하고 있었다. 많은 선교회들은 "교회의 가장 큰 자원들"에 속했다. 성경 공회들은 더 많은 언어로 성경을 제공하고 있었다. 기독교 대학들이 많은 아시아와 아프리카 국가에 세워졌다.

특별히 기독교 학생운동은 엄청난 선교동력이었다. 교회학교 운동은 어떤 면에서 여전히 "가장 미개발된 선교 자원"인데 무한한 선교 잠재력을 가졌다(:116-126). "현지인 교회"는 "세계 복음화를 위한 가장 큰 약속"을 제공하는 인적 자원이었다. 1900년에 이미 7만 7천명의 현지인 복음 전도자들, 목회자들, 교사들, 교리문답교사들, 의료종사자들, 그 외 여러 사역자들이 있었다(:126). 물론 "교회의 신적 자원들"이 다른 모든 것들보다 "훨씬 강력하고 중요"했다(:127). 그러나 그것들은 앞서 열거한 것들과 본질적으로 다르지 않았는데 모트가 다음과 같이

---

11 우리는 모트(Mott)가 SVM(학생자원자 운동)의 표어를 전 세계가 한 세대 안에 개종할 것으로 이해한 것이 아니라는 점을 기억해야 한다. 그는 그 표어를 "전 세계에 복음을 전한다" "각 사람에게 그리스도를 구원자로 받아들일 유효한 기회를 제공한다"는 뜻으로 해석했다.

요약한 것을 보면 명백해 진다(:127-129[다음의 두 인용문은 The Student Volunteer와 Calvin W. Mateer에서 인용된 것이다]).

> 왜 하나님은 우리 세대에게 전 세계를 알리시고 도달 가능하게 하셨는가? 그는 왜 우리에게 이토록 놀라운 기관들을 제공했는가? 악의 세력들이 그것들을 활용하게 하려는 것이 아니다...그러한 막대한 준비들은 뭔가 강력하고 유익한 목적을 추진하기 위해 마련된 것이다. 이 모든 놀라운 시설들은 온 세계에 예수 그리스도의 나라를 확장하고 세우기 위한 숭고한 사업을 위해 봉사하도록 의도된 것이다. 인류의 모든 나라들 중에 문을 하나씩 열고 자연의 비밀을 열고 발명품을 하나씩 나오게 하는 하나님의 손이 현시대의 교회가 더 큰 업적을 이루도록 싸인을 보내고 계신다. 교회가 이론화하고 사색하는 대신에 기회들, 자원들, 시설들을 향상시킨다면 현세대가 지나기 전에 세계를 그리스도의 지식으로 채우는 것이 전적으로 가능해 보인다. 문자적으로 우리의 시대는 유례없는 기회의 시대라고 말할 수 있다. "섭리와 계시가 합해져서 교회가 세계로 퍼져가도록 부르시며 그리스도를 위해 세계를 차지하도록 이끄신다...이제 증기와 전기는 세계를 함께 모이게 했다. 하나님의 교회는 상승 중이다. 교회는 힘, 부, 세계에 대한 지식을 소유하고 있다. 교회는 적군 앞에 서 있는 강하고 잘 준비된 군대와 같다...승리는 쉽지 않을 것이나 확실히 온다."

나는 모트의 유명한 책자로부터 길게 인용했는데 어떤 다른 글보다도 20세기 초의 서구, 특히 북미 선교 진영들을 특징지우는 낙관주의와 확신의 정신을 보이고 있기 때문이다. 에딘버러 세계선교대회에 완연했던 것도 이러한 정신이었다. 에딘버러는 서구 선교 열정의 최고점, 선교에 대한 낙관주의적이고 실용적인 접근의 절정을 보여주었다.

에딘버러의 분위기는 종말론적이기보다는 오히려 미래적이었다. 미래는 주로 현재의 확장으로 간주되었고 따라서 인간의 노력으로 시작될 수 있는 것이었다 (van't Hof 1972:34). 모트의 견해들이 재환기되고 동시에 확산되었다. "선교 현지"의 모든 부족들이 개종되고 있었다. "현지"로부터의 보고들은 본국 교회들에게 더 많은 일꾼들이 "추수"를 위해 오도록 간절히 촉구되었다. 지리적으로 선교 기지가 서구에 있었고 선교 운동이 한 방향으로만 진행되었다는 사실이 아직 문제를 일으키지는 않았다.

서구 선교는 논란의 여지가 없는 힘이었다. 선교는 세계 정복의 표식이었다. 선교사들은 "군사들," 기독교 "군대들"로 일컬어졌다. 선교전략과 전술 계획들이 만들어졌다. "군대," "십자군," "전쟁 위원회," "정복," "전진," "자원들," "행진 명령"과 같은 비유들이 쏟아졌다(:27-29). 모든 상황들이 합쳐져서 현 시점이 선교해야 하는 때라고 인식하게 했다. 바로 "적기," "중요한 시간," "교회를 시험하는 시간," "기독교 선교를 위한 결정적인 시간"이었다(:34).[12]

유럽 대륙에서 이러한 낙관적인 분위기는 제1차 세계대전으로 인해 산산조각이 났다. 막스 워렌(Max Warren)은 대륙의 신학적 사고와 앵글로 색슨의 신학적 사고를 분명하게 구분하는 깊은 경험을 언급했다(1961:161). 당시 북미 그리고 그 보다는 덜하지만 영국에서는 낙관적 분위기가 1950년대까지 이어졌다.

세계는 열렬하게 재건되고 있었고 기독교회는 여기에 결정적인 역할을 맡았다. 이 기간 동안 선교에 대한 관심이 놀라울 정도로 고조되었다. 에큐메니칼 진영이 일방적으로 선교, 교육, 여타 프로젝트를 수행하는 대신 신생교회들과 협력하는 쪽으로 방향이 바뀌었을지라도 에큐메니칼 선교 진영과 복음주의 선교 진영 모두 전례 없는 규모로 선교에 참여했다.

1960년대의 10년 동안 세계의 질병들을 위한 만병통치약을 내놓는 서구 프로

---

[12] 에딘버러대회 직후에 모트는 『기독교 선교의 결정적인 시간』(*The Decisive Hour of Christian Missions*, London: Young People's Missionary Movement, 1910)이라는 제목의 책을 발간했다. 이 책은 에딘버러 대회와 모트가 이전에 발간한 책과 같은 정신을 반영했다. 표지 사진과 그 설명 "북경의 옛 벽을 관통하는 철도길"은 현대의 독자들에게는 놀랄 일이지만 복음의 "전진"을 묘사하려한 모트에게는 타당했다.

그램의 철학을 재주장하는 시도들이 있었다. 교회들이 세계의 필요에 긍정적으로, 적절하게, 효과적으로 반응할 수 있다는 굳센 확신이 있었다. 에큐메니칼주의자들과 복음주의자들은 각기 동등한 사회주의 사상과 발전적인 자본주의 사상에 근거하여 세계를 자신들의 고유한 이미지에 맞추어 재형성할 수 있다고 확신했다. 에큐메니칼주의자들은 정치, 경제, 기술, 과학, 대중매체의 권력 구조 속으로 침투하여 그 본질과 방향성에 효과적인 변화를 일으킬 준비가 되어있다고 생각했다.

복음주의자들은 "이 세대 안에 전 세계를 복음화"한다는 학생자원운동(SVM)의 표어를 되살리는데 총력을 기울였다. 1960년에 시카고에서 개최된 초교파 해외선교협회(the Interdenominational Foreign Missions Association)회의는 18,000명의 선교사를 더 파송해야 한다고 요청했다(Anderson 188:110; 『20세기 후반 50년 동안의 세계 복음화 계획』, Barrett and Reapsome 1988). 이 두 그룹은 "구원"의 정의가 서로 점점 달라지고 있었지만 모두 단호하게 구원론적 비전을 따랐다.

17세기부터 20세기에 이르기까지 이 모든 선교 활동들과 비전들로부터 비롯된 진보와 성공에 대한 믿음은 계몽주의의 도래로 가능하였다. 반면 은혜로부터 행위로의 미묘한 강조점의 이동이 있었다. 기독교인들은 세계의 얼굴을 갱신하는 범위가 크고 포괄적인 선교의 짐을 지고 있었다. 이것을 실현할 가능성들은 현재의 질서 속에 내재되어 있었다. 어떤 의미에서 이러한 전체적인 발전은 불가피했다. 계몽주의의 도래 이후, 기독교인들이 계몽주의 도래 이전과 똑같으리라는 것은 도저히 생각할 수 없는 일이었다.

9) 성경적 주제

나는 초대교회 이래로 각 시대마다 특정한 성경 구절을 선교 본문으로 채택하는 경향이 있었다는 점을 지적했었다. 그러한 본문이 반드시 자주 인용되었던 것은 아니다. 그러나 언급이 거의 안 된 경우라도 그 본문은 당시의 선교 패러다임을 구현했다.

나는 요한복음 3:16을 교부 시대의 선교 이해를 표현하는 구절로 제시했었다. 중세 로마가톨릭 선교시대 동안에는 누가복음 14:23이 그와 비슷한 역할을 했다. 또한 종교개혁의 선교 본문은 로마서 1:16이었다.

계몽주의시대의 선교 패러다임으로 옮겨가면 상황은 더 모호해진다. 이것은 이 시기 동안의 선교는 그 이전 어느 때보다도 다양하고 다면적이었다는 사실과 분명히 관계가 있다.

첫째, "마게도니아로 와서 우리를 도우라"고 마게도니아인이 바울에게 간청하는 환상은 서구 기독교인들이 다른 인종과 종교들을 어둠과 깊은 절망 속에 있는 것으로 보면서, 그리고 그들이 서구인들에게 자신들에게 와서 도와달라고 간청하는 것으로 여기던 시대에 특히 주목받았다.

둘째, 전천년주의자들은 지금도 마찬가지이지만 마태복음 24:14에 호소하기를 좋아했는데 이 구절이 자신들의 선교 이해를 분명하게 표현해 주기 때문이었다.

셋째, 뉴비긴(Newbigin 1978:103)은 사회복음의 유산을 이어받고 있는 진영들에서 가장 인기있는 선교 본문들 중의 하나가 요한복음 10:10의 예수의 말("내가 온 것은 양으로 생명을 얻게 하고 더 풍성히 얻게 하려는 것이라")이었다는 사실에 주의를 환기시켰다. 여기서 풍성한 삶은 "근대교육, 치료, 농업이 세계의 궁핍한 사람들에게 제공하는 좋은 것들의 풍성함"으로 해석되었다.

그러나 네 번째 본문이 추가되어야 한다. 이 장에서 논의한 전체 기간 동안에 가장 널리 사용되었던 본문은 마태복음 28:18-20의 "대위임령"이다. "대위임령"은 종교개혁과 개신교 정통주의 시기 동안에도 부각되었었지만 실제로 그것을 널리 알려지게 한 사람은 바로 윌리엄 케리였다. 그는 1792년에 『이교도들을 회심시키기 위한 수단을 사용할 기독교인들의 의무에게 관한 연구』라는 소책자를 1792년에 썼는데 단순하지만 강력한 주장으로 마태복음 28:18-20에 대한 관례적 해석을 무너뜨렸다.

케리 이후, 개신교 선교에서 (보다 구체적으로 복음주의적 앵글로 색슨인들 중에서) 마태복음 28:18-20에 대한 호소가 항상 두드러졌다. 체니(Chaney)는 미국에서 1810년 이후로 대위임령이 가장 중요한 선교의 동기가 되었다고 말한다

(1976:259). 해리 보어(Harry Boer 1961:26)는 선교지에 간 우선적인 이유가 그리스도의 명령에 순종하기 때문이었다고 명백하게 진술한 초기 미국 선교사 몇 명을 제시했는데 그들 중에는 로버트 모리슨(Robert Morrison, 1792-1834)과 아도니람 저드슨(Adoniram Judson, 1788-1850)이 있다.

그러나 당시의 선교 설교에서 "대위임령"에 대한 호소는 다소 틀에 박힌 듯이 보였다. 아무도 그 말이 그리스도 자신의 것이고 사실 그의 마지막 명령이라는 것을 의심하지 않았기 때문에 심지어 그 본문이 전체 논의에서 어떤 필수적인 역할을 하지 않는다 하더라도 선교에 대해 설교하는 모든 설교자들이 매번 그것을 언급하는 것은 당연했다. 따라서 "대위임령"에 대한 순종은 때로 선교에 참여하는 이유들 중에 오히려 아주 아래 쪽에 속하게 보이기도 했다(Hutchison 1987:48 참조).

그러므로 요하네스 반 덴 베르그(Johannes van den Berg)가 적어도 19세기 초반부에 "대위임령"이 "독보적으로 지배했던 유일한 동기가 아니었으며" "독립된 자극"으로 결코 작용하지 않았고 항상 다른 동기들과 연결되어 있었다고 말한 것은 일리가 있다(1956:165; 177).

그러나 이것은 변했다. 합리주의, 세속주의, 인본주의, 상대주의 정신이 점점 교회에 침투했고 멸망해가는 사람들에게 영원한 구원의 메시지를 전한다는 개념을 교묘하게 약화시키기 시작했다. 이것은 보수적인 진영, 특히 전천년주의 진영을 자극하여 "대위임령"에 절대적으로 호소하게 했다. 마치 선교 지지자들이 "그리스도 자신이 명령했는데, 어떻게 이교도들에 대한 선교를 반대할 수 있겠는가?"라고 말하는 것처럼 그것은 일종의 마지막 방어선이 되었다.

시간이 흐름에 따라 "대위임령"에 순종한다는 주제는 다른 모든 주제들을 가라앉히는 경향이 있었다. 예를 들면 이것은 학생자원운동(the Student Volunteer Movement)의 시작이 되었던 18886년의 그 유명한 헐몬산학생수련회에서 일어났다. 윌리엄 애쉬모어(William Ashmore)는 "왜 예수 그리스도의 마지막 명령을 순종하지 않아도 되는지 당신이 할 수 있다면 말해 보시오"라는 도전으로 연설을 마쳤다(Boer 1961:26 참조). 같은 해에 피어슨(A. T. Pierson)은 선교에 대해 쓴 그의 가장 중요한 책의 처음을 그리스도의 명령은 "다른 모든 동기들을 상대적으로 불필요하게 만든다"는 진술로 시작한다(Hutchison 1987:113에서 인용). 몇 년 후에 모트(Mott)는 모든 복음서와 사도행전에 수록된 "최종 명령들"은 우리의 선교 의무의 제일이자 가장 중요한 부분을 규정한다"라고 덧붙였다(1902:5).

유럽 대륙과 영국에서도 선교가 당시 유행하던 자유주의 신학 진영으로부터 공격을 받았다. 여기서도 역시 선교 대의를 방어한 형태는 예수의 대위임령에 직접적으로 호소하는 것이었다. 이제 19세기 말까지 마태복음 28:18-20은 다른 성경 구절들을 완전히 대체하는 "선교 본문"이 되었다. 이제 강조는 분명하게 순종에 있었다. 당시의 위대한 화란의 신학자였던 아브라함 카이퍼(Abraham Kuyper)는 "모든 선교는 하나님의 사랑이나 동정심으로부터가 아니라 하나님의 주권으로부터 흘러 나온다"라고 진술했다. 그는 또한 이렇게 말했다.

"모든 선교는 공식적으로 하나님의 명령에 대한 순종이다. 메시지는 초청이 아니라 명령이자 짐이다(van't Hof 1980:45 참조)...주님은 '회개하고 믿으라!'라는 명령을 추천이나 권고로서 보낸 것이 아니라 칙령으로 보낸다".

요하네스 바르넥은 카이퍼보다 덜 절대적인 표현을 쓰지만 카이퍼와 마찬가지로 "선교의 동기는 선교가 주님의 강력한 명령으로서 사람들의 양심에 놓여질때만 일어났다"고 믿었다(1913:16).

제2차 세계대전 이후는 복음주의자들이 세계선교에 특별한 역할을 맡고 있다고 더욱 확신한 때였다. 그 시기에는 이러한 호소가 훨씬 더 빈번했고 많은 사람들이 "대위임령을 선교를 위한 주요 근거이자 전적으로 충분한 정당성으로서 간주"하려고 했다(Hutchison 1987:191).

"대위임령"에 대한 이러한 호소가 복음주의 선교의 "동력"을 일으키는데 성공했다는 것은 의심할 바 없다.[13] 그러나 그러한 호소는 또한 중대한 우려를 수반한다.

첫째, 거의 언제나 논쟁거리이지만 "에큐메니칼" 진영에서 선교를 희석시켰다고 보면서 그들을 공격한다.

---

13 동시에 우리는 "대위임령"이 다양한 형태로 제2차 바티칸공의회 문서들에서 가장 자주 인용된 성경 본문이라는 사실을 기억해야 한다(Gómez 1986:32). 그러므로 우리는 대위임령의 사용이 개신교 복음주의자들에게만 국한되는 것으로 생각해서는 안된다.

둘째, 그것은 성경문자주의 성경 본문입증이란 아주 단순한 형태를 취한다. 그래서 대위임령을 성경의 문맥 속에서 이해하려는 시도를 거의 하지 않는다는 것이다.[14] 더 중요한 점은 그것이 교회의 선교 참여를 복음의 영역으로부터 율법의 영역으로 옮겨 놓는다는 것이다.

5. 근대 선교의 동기들과 주제들

이 장에서 논의된 많고 다양한 주제들을 돌아볼 때 우리는 어리둥절하게 된다. 하나의 단일한 주제가 어느 특정한 시기 혹은 전통에서도 지배적이지 않았던 것 같다. 게다가 강력한 원심력이 실제로는 각 주제가 두 가지 상반되는 방식으로 작용하게 했다. 이전 시대에는 불일치가 적었다. 하나님의 영광, 임박한 천년왕국으로 인한 긴급성, 그리스도의 사랑, 영원히 잃어버린 자들에 대한 동정심, 의무감, 문화적 우월 의식, 가톨릭 선교와의 경쟁과 같은 여러 주제들이 합쳐져서 하나의 모자이크를 형성했다(Rooy 1965:282-284).

그러나 그 당시에는 사상이나 관행의 통일된 유형은 없었다. 위에서 열거한 9가지 선교 주제에서 보듯, 때로 기독교인들은 계몽주의가 기독교 선교에 제기한 도전에 다양한 방식으로 반응했다.

우리는 각각의 주제가 18세기 중반 이래로 선교 사상을 형성해 왔고 이 장의 앞에서 논의한 계몽주의의 특징들을 드러냈다는 점을 주목해야 한다. 그 특징들은 논란의 여지가 없는 이성의 우위성, 주체와 객체의 분리, 목적에 대한 믿음을 원인 결과 방식이 대체한 것, 진보에의 심취, "사실"과 "가치" 간의 해결되지 않은 긴장, 모든 문제가 해결될 수 있다는 확신, 해방된 자율적인 개인의 개념 등이다.

모든 인간이 이성의 피조물이기 때문에 매우 낙관적인 인류학이 중세 가톨릭

---

14 그 자체로서 그것은 근본주의와 성경 무오설의 교리를 표현하는데 둘다 계몽주의의 영향을 보여준다. 이 장의 앞 부분에서 이 점을 언급했었다. 본서의 제 2장에서 "대위임령"을 마태복음의 전체 맥락 속에서 해석하려는 시도를 했었다.

과 개신교 개혁시대를 지배했던 부정적 인간관을 대치했다. 모든 인간의 "합리성"을 주장함에도 불구하고 서구인들은 우월감으로 인해 자신들이 다른 사람들보다 합리성을 더 가지고 있다고 생각했다. 이 점에 대해서는 복음주의자들과 사회복음주의자들 사이에 큰 차이가 없었다.

주체-객체 이분법은 아주 상반된 방식으로 성경과 기독교 신앙이 대상화되는 것을 의미했다. 즉 자유주의자들은 주권적으로 자신들을 성경 본문 위에 두고 본문으로부터 윤리적인 코드를 뽑아냈고 반면 근본주의자들은 성경을 숭배의 대상으로 취하여 성경을 기계적으로 모든 상황에 적용하는 경향이 있었는데 특히 "대위임령"에 대하여 그러했다. 각 그룹은 각 사람이 다른 사람들의 도움없이 성경을 이해할 수 있다는 관점을 환영했다. 그러나 양쪽 모두 "명백한 사명"(manifest destiny)에 대한 뿌리깊은 확신 때문에 다른 문화 사람들을 형제나 자매가 아니라 대상으로 대하는 경향이 많았다.

목적의 제거는 사람들이 바른 상태를 만들어내는 한에는 선교 사역의 성공이 보장되었다는 것을 뜻했다. 이것이 제임스 데니스(James Dennis)가 쓴 『기독교 선교와 사회적 진보』에 대한 3권의 연구서의 전체 기조이다(1897, 1899, 1906). 그러나 열정적인 복음주의자들도 같은 철학을 지지하였다. 그들은 개선된 사회 환경이 영원한 구속의 복음을 들도록 사람들의 귀를 열어주거나 효과적인 복음 전도가 사실상 사회의 개선을 가져올 것이라고 본 것이다. 어느 경우이든 "씨"와 "열매"간의 직접적이고 인과적인 관계라는 계몽주의의 신조가 지배했다.

진보의 승리에 대한 계몽주의의 근본적인 믿음은 그 시대의 어떤 다른 요소들보다도 기독교 선교 사역에서 두드러졌다. "지식"의 전파를 통해서든지 "복음"의 전파를 통해서든지 세상의 모든 질병을 치료하고 모두에게 발전을 보장할 서구 기독교인들의 능력에 대한 투철한 확신이 널리 퍼져 있었다. 천년왕국 개념의 점진적인 세속화는 진보에 대한 교리들 중에서 가장 지속된 것 들 중의 하나였다.

사실과 가치의 구분은 기독교 선교사들이 다른 두 가지 방식으로 철저하게 자신들의 사역의 "과학적" 성격을 변호하려 했음을 의미했다. 어떤 선교사들은 사회복음의 보다 극단적인 성향을 띠면서 유형적이고 가시적이고 계산될 수 있는 이 세상적 성취들을 강조했고 다른 선교사들은 저 세상적인 실재들만이 진정한 실재인 것으로 선언하며 영혼 구원에 모든 강조를 두었다.

모든 것이 해결가능하다는 믿음은 이르게는 18세기 말에 자발적 선교기관들의 폭발의 근간이 되었고 1세기 후에는 낙관주의 급증의 배경이 되었다. 이러한 급증이 시간적으로는 1885년의 베를린회의와 1914년의 제1차 세계대전에 의해 조성되었다는 점은 우연한 일이 아니다. 그 당시는 제국주의가 고조되었던 시기로서 서구와 서구 기독교인들이 식민주의라는 수단을 통해서 그리고 세계 모든 곳에 서구 형태의 교회들을 세움으로써 전 세계의 질병들을 해결한다는 확신이 그 특징이었다.

개인들이 자유롭게 되고 해방되고 자율적이 되어야 한다는 계몽주의의 교리는 암시적, 혹은 명시적으로(적어도 개신교에서) 하나님과 인간이 맞수로 여겼다. 선교의 목표가 하나님의 영광으로 간주될 경우 이것은 인간들의 가치와 공헌을 무시하는 것으로 해석되었다. 반면 인간의 옳은 선택과 윤리적 행위를 하는 고유한 능력이 강조될 경우 이것은 하나님을 신뢰하지 않는 것으로 보여졌다. 그러나 시간이 흐름에 따라 승리한 것은 두 등식 중에서 후자였다. 그것은 개신교의 점진적인 "알미니안주의화"로 나타났다. 미국에서 (알미니안) 감리교와 침례교 교회들의 급속한 성장과 더불어 루터교회 개혁교회, 장로교, 성공회 진영이 알미니안주의 입장으로 상당히 이동하였다.

나는 이 장에서 선교사들 자신들보다도 선교 대변자들의 관점에 더 많은 주의를 기울였다. 아마도 양자 간의 견해 간에는 크게 차이가 없었을 것이다. 그러나 궁극적으로 더 중요한 것은 선교사 파송자들의 견해와 선호를 고찰하는 것보다 무엇 때문에 그들이 땅끝까지 갔느냐 하는 것이다. 틀림없이 위에서 살펴본 모든 주제들이 선교사들에 의해 실현되었다. 그들은 시대의 자녀들이었다. 그러나 보통의 자녀들이 아니었다. 쇼터(Shorter)는 이들에 대하여 동경하며 향수에 젖어 다음과 같이 말한다.

> 초기 선교사들이 영적 거인들이 아니었다면 그들은 자신들이 한 일들에 대하여 면책을 받지 못했을 것이다. 그러나 그들은 거룩한 사람들이었고 엄청난 용기와 인격을 가진 사람들이었다. 그들의 선함은 투명했고 그들의 불관용은 비기독교인들에게 완전히 당혹스러워지만 용서되었다(1972:24).

그러나 아주 적은 수의 선교사들만이 계몽주의 세계관이 그들에게 뿌린 마법을 가까스로 피할 수 있었는데 그러한 경우도 부분적으로만 그랬다. 그들은 심지어 그들의 "최선의 순간"에도 가장 독특한 사건들과 신조들에 의해 형성된 세계에 빚을 여전히 지고 있었다. 반 덴 베르그(van den Berg 1956)의 책의 제목처럼 그들이 '예수의 사랑에 강권함을 받았을지라도' 그들은 그 사랑을 원래대로의 형태로 결코 전할 수 없었는데 그 사랑이 항상 다른 요소들과 섞였기 때문이었다.

과거 3세기 동안의 서구 선교 운동 전체는 계몽주의 환경에서 출현했다. 한편 그것은 모든 사람들에 대한 관용의 태도와 모든 신앙에 대한 상대주의적 태도를 낳았다. 다른 한편 그것은 서구의 우월감과 편견을 낳았다. 이러한 정서에 대하여 "자유주의자들"과 "복음주의자들"을 분명하게 나누는 것이 항상 가능한 것은 아니다. 더욱이 모순 같아 보이겠지만 불관용과 관용, 편협성과 상대주의가 같은 사람 안이나 같은 집단 속에서 동시에 나타나곤 했다.

타당한 비판에도 불구하고 18세기 후반부터 20세기까지의 서구 선교 사역은 가장 괄목할만한 사역이었다. 더욱이 계몽주의의 영향은 부정적인 것만은 아니었고 계몽주의가 없었다면 일이 어떻게 되었을까 하는 것은 상상할 필요가 없다. 모든 사실과 사건들로 볼 때 전체 현상은 기독교의 자녀였고 진실로 불가피했다. 그러한 운동의 분위기 속에서, 서구 기독교인들은 다른 문화권 사람들과의 관계 속에서 자신들에게 의미가 있는 유일한 일을 했는데, 바로 자신들이 이해한 복음을 전한 것이다. 이에 대하여 우리는 존경과 감사를 표해야 한다.

그러나 우리 자신의 시대에서 기독교 선교는 천천히 그러나 분명히 계몽주의의 그늘에서 벗어나고 있다. 여기에 기여한 요소들은 아주 많다. 다음 장들에서

이 요소들 중의 일부를 확인할 것이다. 새로 패러다임의 선교는 과거의 패러다임들과 연속적인 모든 요소들을 가지고 있지만 계몽주의의 전성기 때와는 다른 것이어야 할 것이다. 혹자는 더 나아가 근대 선교 사업 전체가 지난 3, 4세기 동안의 서구 세계 및 계몽주의 정신의 확장의 중요한 요소이자 표출이기 때문에, 그 세계가 붕괴되고 폐허가 되어가는 때에 그 세계를 구하는 것이 참으로 불가능하다고 주장한다(Rütti 1974:301). 우리는 이것이 정말 요구되는지를 진지하게 생각해 보아야 할 것이다.

그러한 선교 개념과 이상을 폐기할 준비가 된 신실한 기독교인들은 거의 없다. 그들은 기독교 신앙이 본질적으로 선교적이라고 믿는다. 그러나 그들은 선교 패러다임의 변화를 위해 선교신학과 실천을 개정할 준비가 되어 있을 수 있다. 1959년에 처음으로 출간된 논문에서 크래머(Kraemer 1970:73)는 그러한 개정이 필요하다고 언급했다. 몇 년 후에 키이스 브리스톤(Keith Bridston)는 미래에 대하여 통찰하고 이것이 선교의 본질에 주는 함의점들을 제시했다.

그는 이렇게 말했다.

"코페르니쿠스 혁명이 그 당시의 과학적 우주론에 영향을 끼친 것처럼 20세기의 후반부는 기독교회의 선교 전망에 급진적인 함의점을 줄 것이다"(1965:12).

그는 덧붙여 말하기를 총체적인 변혁이 필요하며 그 함의점들이 우리에게 비쳐오기 시작했을 뿐이라고 했다(:16). 전통적인 선교 형태들은 더 이상 존재하지 않는 세계에 대한 응답이었다. 우리가 그러한 전통적 선교 반응을 거부할 필요는 없지만 오늘날 아주 다른 방식으로 응답하도록 도전을 받는다. 명백한 선교 사역의 "성공" 때문에 때로 우리의 눈에 가려져 있지만, 오늘날 널리 퍼진 선교 문제들에 대한 궁극적이며 효과적인 해결은 바로 "교회의 삶 전체의 철저한 변혁"이다.

제 3 부

적절한 선교학을 향하여

제10장 포스트모던 패러다임의 출현

제11장 시험 중에 있는 선교

제12장 부상하는 에큐메니칼 선교 패러다임의 요소들

제13장 다양한 형태의 선교

제10장　포스트모던 패러다임의 출현

1. 근대 시대의 끝

앞의 장들에서 나는 신약성경부터 시작하여 근대에 이르기까지 기독교 선교신학의 발전을 추적하려고 했다. 지난 2천 년 동안 각 역사 시대마다 선교 의식이 그리스도인들이 살고 활동했던 전반적인 상황에 의해 크게 영향받은 것을 알 수 있었다.

제5장에서 "근대"나 "계몽주의"시대가 선교 사상과 실천에 영향을 미치는 마지막 세계 역사 시대는 아님을 언급했었다. 또 하나의 패러다임이 출현하는데 잠정적으로 나는 이것을 "포스트모던"[1] 패러다임이라고 부른다. 그동안 논의한 모든 시대들, 심지어 "근대"시대조차도 과거에 속한다. 그러므로 어떤 의미에서는 우리는 이 시대들을 회고하는 것이다.

포스트모던 패러다임의 상황은 근본적으로 다르다. 새로운 패러다임들은 하룻밤 사이에 스스로 수립되지 않는다. 이 패러다임들은 뚜렷한 윤곽이 생기기까지 수십 년, 때로는 수 세기가 걸린다. 그러므로 새로운 패러다임은 여전히 형성

---

[1] 어떤 의미에서도 전치사 "후"(post)가 가치 판단을 암시하지 않는다는 점을 주목해야 한다. "포스트모던"은 하버마스(Jürgen Habermas)가 해석하는 것처럼 "반근대"를 의미하지 않는다. 오히려 나는 큉(Küng)이 사용하는 것처럼(1987:16-27) 발견적인 개념, 탐색의 개념으로 사용한다. "후"라는 용어는 동시에 뒤와 앞을 바라보며 "비평 이전의, 근대 이전의 자유주의 이전의 담론으로 단순한 회귀를 뜻하지 않고 새로이 부상하는… 패러다임을 향한 '전진적인 회전운동'을 의미한다(Martin 1987:370). 그럼에도 불구하고 어색한 용어인데 후에 "에큐메니칼"이라는 개념을 대치할 것이다.

되고 있으며 종국적으로 어떤 모양을 취할지 아직 분명치 않다. 현재로서 우리는 두 패러다임의 측면에서 생각하고 작업을 해야 한다.

패러다임 이동의 시기는 깊은 불확실성의 시기이며 이러한 불확실성은 현시대가 안고 있는 몇몇 지속적인 요소들 중의 하나로, 모든 방면에서 붕괴의 징후가 나타남에도 불구하고 계몽주의를 고수하려는 강한 반작용을 낳는다.

계몽주의 패러다임의 붕괴를 가져온 발전들을 상세하게 밝혀내는 것은 불가능하다. 몇 가지 넓고 매우 일반적인 파악만 하더라도 만족스러울 것이다.

계몽주의이 아버지라고 칭송받는 데카르트(Descartes)는 철저한 회의의 원리를 가장 중요한 방법으로 채택했다. 그는 오직 의심만이 신뢰에만 의존한 모든 견해들을 인간의 정신으로부터 제거하고 확고히 이성에 근거한 지식으로 이끌어 줄 것이라고 믿었다("의심의 교리"에 대한 통찰력있는 논의는 Polanyi 1958:269-298을 참조하라). 데카르트는 이 인식론적 입장으로 사실상 과학, 철학, 신학 등의 분야에서 뒤따라올 모든 발전들을 뒷받침하는 풍토를 조성했다.

자연히 많은 학자들은 데카르트의 입장을 넘어섰지만 그의 입장을 근본적으로 변경하지는 않았다. 오히려 의심의 원리와 이성 최고주의의 신조는 재진술되면서 점점 더 정교하게 되었다. 데카르트 자신은 과학에서 이성적, 연역적("수학적인") 방법을 강조했다. 그와 동시대인이자 약간 연장자인 프란시스 베이컨(1561-1626)은 귀납적 접근을 옹호한 반면 아이작 뉴톤(Isaac Newton, 1642-1717)은 두 방법의 융합을 처음으로 소개한 사람이었다(Capra 1983:65).

그러나 두 가지 접근 방식은 결코 완전하게 융합되지 못했고 기껏해야 과학을 하는 두 가지 상보적 모델로 간주되고 있다(Bernstein 1985:5). 가령 20세기 논리실증주의는 귀납적 경향을 띠며 반면 칼 포퍼(Karl Popper)의 반증주의(falsification) 이론은 연역적 전통의 계승으로 간주된다.

그런데 두 전통 모두에서 이성의 우월성이 철저히 전제되었다. 특히 이성주의(rationalism)의 업적이 과학과 기술 분야에서 출중했기 때문에 이성주의는 크게 인정받았고 이의를 제기한다는 것은 터무니없어 보였다. 이성주의라는 전제가 곧 신학을 포함하여 인문과학에서도 채택된 것은 놀랄 일이 아니다. "과학"이라는 단어 자체가 정확한 지식, 절대적으로 신뢰할만한 자료를 뜻하게 되었다. 신학자들과 인문학자들은 이러한 비전을 포용했고 자신의 학문 분야에 정교하게 적용했는데 19세기와 20세기 초반 신학의 상당 부분이 이를 입증한다.

오늘날 이러한 전체 체계가 도전받고 있다. 이 체계에 대한 근본적인 공격이 처음으로 나온 것은 인문과학 쪽이 아니었다(사람들이 그렇게 기대했을지 모르지만). 놀랍게도 데카르트와 뉴톤의 규범을 성역으로 간주하고 있는 듯하던 분야, 즉 물리학 분야에서 나왔다. 즉 알버트 아인슈타인(Albert Einstein)과 닐스 보어(Niels Bohr)가 혁명적 사고를 소개했는데, 베르너 하이젠베르그(Werner Heisenberg)는 과학의 근본적인 기초가 움직이기 시작했으며 처음부터 다시 시작할 필요가 있다고 말할 정도였다(Carpa 1983:77). 시간이 흐르면서 그와 유사한 격변이 인문학을 포함한 다른 학문 분야에서도 뒤따를 것은 당연했다.

세계 역사의 사건들, 특히 두 차례의 파괴적인 전쟁(1914-1918, 1939-1945)과 그 여파적 결과들은 "순진한 사실주의"(naive realism)라는 재래적인 패러다임을 지속적으로 침식시켰다. 칼 바르트(Karl Barth)는 "위기의 신학"으로 자유주의적 신학 전통과 근본적으로 결별하고 새로운 신학 패러다임을 시작한 최초의 인물이었다. 다른 분야에서도 크게 다르지 않았다. 물려받은 현실 이해와 더불어 서구가 곤경에 빠졌음이 분명했다. 1차와 2차 세계대전 사이에 오스왈드 스펭글러(Oswald Spengler)나 피티림 소로킨(Pitirim Sorokin)과 같은 역사 철학자들은 서구 문화에서 일어나기 시작한 근본적인 변화들을 추적하려고 했다.[2]

스펭글러와 소로킨에게서는 단지 암시적이었던 것이 1950년 첫 출판된 과르디니(Guardini)의 책 『새 시대의 종말』(*Das Ende der Neuzeit*)에서 명백해졌는데, "근대시대"와 근대시대가 기초하고 있던 전체 세계관이 붕괴하고있다는 것이었다. 과르디니와 마찬가지로 제2차 세계대전과 나치즘의 공포, 호된 시련으로부터 출

---

2 스펭글러(Spengler)의 서구의 쇠락(*The Decline of the West*, London: Allen & Unwin, 독일어 원제 *Der Untergang des Abendlandes*)을 참조하라. 『사회적 문화적 역동성』(*Social and Cultural Dynamics*, 1937-1941)이라는 제목의 4권의 책을 요약한 『우리 시대의 위기』(*The Crisis of Our Age*, New York: E. P. Dutton, 1941)를 또한 참조하라.

현한 책이 『계몽주의의 변증법』(*Dialektik der Aufklärung*, 1947)이다. 프랑크푸르트 학파의 두 대표자인 막스 호르크하이머(Marx Horkheimer)와 테오도르 아도르노(Theodor W. Adorno)가 이 책을 저술했다.

과르디니와 마찬가지로 이들도 현재의 교착상태를 뚫고 나갈 길을 발견하지 못했다. 그들은 일단 "단편"적으로만 자신들의 견해를 제시했다. 그들은 계몽주의 패러다임대로 실행되면서 과학 자체가 의문스럽게 되고 계몽주의가 붕괴되고 있다고 인식했다. 진보는 퇴보로 바뀌고 있었다(:10).

그러나 그들의 관심은 구조작업이었다. 그들은 계몽주의를 자기파괴와 "반이성주의"로부터 구출하기를 원했다(:10). 위르겐 하버마스(Jürgen Habermas, 책『계몽주의의 변증법』[*Dialektik der Aufklärung*, 1947] 저자들의 동료이자 후배)가 지적했듯이 문제는 계몽주의에서 말하는 이성이 근본적으로 부패했음에도 불구하고 그들이 전통적인 양식대로 오직 이성만이 규범적인 진술을 가능하게 한다는 관점을 포기하지 않은(혹은 할 수 없다는) 것이다.

분명히 계몽주의 패러다임에 대한 근본적 비평이 요청되었다. 연구자들이 역사의 역할, 인문학, 사회집단을 더 진지하게 취급하기 시작하면서 이것이 이루어졌다. 이에 대해 2개의 선구적인 책이 나왔는데 마이클 폴라니(Michael Polany)의 『개인 지식』(*Personal Knowledge*, 1958)과 토마스 쿤(Thomas Kuhn)의 『과학 혁명의 구조』(*The Structure of Scientific Revolutions*, [1962] 1970)이다. 쿤의 책의 첫 문장은 역사와 상황이 모든 인간의 지식에 끼친 영향을 언급한다.

"역사를 일화나 연대기 저장소 이상으로 본다면 우리가 현재 사로잡혀 있는 과학에 대한 이미지를 결정적으로 변혁시킬 수 있을 것이다"(1970:1).

쿤의 이론들과 폴라니의 이론들 간의 차이점에도 불구하고 어느 정도 서로 수렴되는 부분들이 있다. 하버마스, 폴 리쿠어(Paul Ricoeur)와 최근에는 존 톰슨(John Thompson), 찰스 테일러(Charles Taylor)도 비슷한 생각을 내놓았다(Nel 1988). 이들의 견해에 따르면 과학적 이론, 역사, 사회학, 해석학은 서로 협력한다(Küng 1987:162). 새로운 비전이 형성되어 떠오르고 있으며 이것은 인문과학과 자연과학을 아울러 모든 과학에 영향을 준다.

하버마스는 계몽주의의 "도구적인" 이성에 추가하여 자신이 말한 "소통적인" 이성을 위한 여지를 만들어야 한다고 주장한다. 그리고 쿤은 과학적 지식이 객관적, "도구적," 혹은 "기계적인" 연구의 결과가 아니라 역사적 상황의 산물이자 상호주관적인 소통의 산물이라고 주장한다. 이러한 방식으로 쿤은 사고가 존재보다 우선이고 이성이 행동보다 우선이라는 계몽주의의 논지를 도전한다.

2. 계몽주의에 대한 도전

위에서 과학 이론의 최근의 발전에 대하여 아주 간략하게 살펴보았다. 이제 나는 본서의 9장에서 언급한 계몽주의 7가지 주요 특징들을 거론하고 각각의 특징들이 가장 최근의 패러다임 이동에 의해서 어떤 도전을 받았는지 간략하게 통찰할 것이다. 나는 이 단계에서 이러한 패러다임 이동이 선교 이해와 실천에 무엇을 시사하는지를 상세하게 설명하려고 하지는 않는다. 다음 장에서 그것을 다룰 것이기 때문이다. 그러나 여기서 제기하는 내용들은 그 이후에 논의될 내용들을 위해 중요하다.

1) 이성의 확장

앞 장에서 계몽주의가 인간이 지식과 통찰에 도달할 수 있도록 하는 유일한 능력이 이성임을 주장하는 것에 대한 "신학적 응답" 5가지를 약술하였다(본서의 269 페이지). 5가지 응답 모두 기독교회의 선교 활동 중, 특히 20세기 동안 시도되었다. 즉 기독교는 특유한 종교적 경험으로, 사적인 생활만을 위한 것으로, 과학보다 더 이성적인 것으로, 사회의 모든 부분을 위한 규칙으로, 모든 장황한 종교적 부가물로부터 인간을 해방시키는 자로 광고되었다.

이러한 모델들은 여전히 다양한 형태로 선교 이해와 실천에서 옹호되고 있다. 더욱이 이성의 공격을 막거나 이성과 공동보조를 취할지라도 종교의 미래가 위태롭다는 기본적인 우려가 다섯가지 접근에 모두 공통적으로 있는 듯하다. 이 때문에 각각의 접근방식은 어떤 면에서 볼 때 뒤에서 방어하는 행위와 같다. 종교가 머지 않아 소멸할 것이라는 믿음이 널리 퍼져 있으며 이에 대하여 어떤 사람들은 고소하다고 생각하며, 또 어떤 사람들은 우려한다.

그러나 지금은 정반대의 상황인 듯하다. 종교 자체가 망상이 아니라 종교의 소멸을 예측한 믿음이 망상인 것으로 입증되었다(Lübbe 1986:14, Küng 1987:23). 바르넥(J. Warneck 1909)이 제안했듯이 이슬람, 불교, 힌두교를 포함하여 "타종교"들은 소멸하지 않았다. 기독교도 마찬가지인데 데이비드 바렛(David Barrett)의 『세계기독교 백과사전』(*World Christian Encyclopedia* 1982)을 보면 상당 부분 계몽주의가 수 세기동안 지배했던 공동체들에서 그러하였다.

20세기가 시작하면서 새롭고 왕성한 기독교의 형태인 오순절 운동이 출현하여 루터파, 개혁주의, 성공회교회를 능가하는 최대 개신교 집단이 되었다(Barrett 1982:838). 소련과 중국에서의 잔인한 억압에도 불구하고 기독교가 이들 국가와 유사 국가들에서 시들기보다는 확장되고 있는 것이 분명하다.

거의 반세기 동안의 막스주의 지배에도 불구하고 로마가톨릭교회는 역사상 어떤 때보다도 국민으로부터 지지를 받는 듯하다. 기독교화가 피상적이라던 라틴 아메리카에서 가톨릭교회에 전례 없는 활기가 일고 있는데[3] 『교회 공동체를 건설하라』(*the commnidades ecclesiales de base*)는 문서가 이를 입증한다. 아프리카 기독교의 숫적 증가에 대한 예측은 너무 축소되어 있어서 자주 개정되어야 할 것이다.

이러한 현상들을 적절히 설명하기란 쉽지 않다. 상당 부분은 오히려 부정적인 판단을 하게 되는데 사회의 압력에 대하여 무능력하고, 그 결과 종교(혹은 사이비종교)로 도피하거나 신앙의 개인주의화, 사유화(일종의 주문식 종교, 자기 방식대로의 종교)의 결과로 이어져, 부스러지는 사회의 버팀벽으로 종교를 활용한다는 것이다.

---

3   교황 피우스(Pius) 12세의 재임 시기 동안에 한 추기경은 말하기를 "교황이 저녁에 라틴 아메리카에 대하여 생각하면 그 날 밤 잠을 못 이룬다"라고 했다.

그러나 종교의 재흥에는 이것 이상이 있다. 근본적인 이유는 이성에 대한 계몽주의의 좁은 사고가 인생의 기반으로서는 부적절했다는 사실에 있다. 이성에 부과된 객관주의적 틀은 인간 탐구를 마비시키는 결과를 낳았다. 이것은 파괴적인 축소주의를 낳고 그 결과 인간의 성장을 저해했다.

이성은 확장되어야 한다. 확장하는 한 가지 방법은 언어는 절대적으로 정확하지 않고 과학적 법칙이건 신학적 진리이건 결국 "규정"하기가 불가능하다는 점을 인정하는 것이다. 그레고리 베티슨(Gregory Bateson)에 의하면 과학이나 신학은 "증명"하는 것이 아니라 "시험"한다. 이러한 인식은 비유, 신화, 유추의 역할을 재평가하게 하고 신비와 황홀의 의미를 재발견하게 한다.

이와 관련하여 프라이(N. Frye)의 『위대한 법전』(the Great Code, 1983)은 신학을 위해, 특별히 선교학에 중요한데 복음의 문화화와 상황화라는 전적으로 새로운 영역에 대하여 그렇다. 프라이는 전통적인 기독교는 비유의 형태로만 표현될 수 있고 이 이상으로 넘어가서 교리를 "설명"하려는 시도는 "강한 지적 사멸성"을 띤다고 말한다. 사실 성경에서 우상숭배가 정죄되는 경우, 시적 비유로 인정될 만한 형상을 '문자적'으로 간주하는 경우가 많다(:61).

프란시스 영(Frances Young 1988:308)은 초대교부들이 특히 나지안주스(Nazianzus, A.D. 330-389)의 그레고리가 "인간의 이성의 힘으로 하나님을 알았다"고 주장하는 사람들을 틀림없는 이단으로 자주 선언했다.

이성에 의한 "정확한" 표현에만 관심을 둔 사람들이 오랫동안 배척했던 비유, 상징, 의례, 표식과 신화가 오늘날 재생되고 있다. 그것들은 "정신과 의지의 통합을 조성하고 일으키는" 형태들을 창조하며 "정신과 개념"에 접촉하여 목적이 있는 행위를 일으키고 마음을 강권한다(Stackhouse 1988:104). 그래서 특히 제3세계 교회들 속에서 이러한 관심이 급증하는 것을 보는데 "이야기 신학," "이야기로서의 신학," 비개념적 형태의 여러 신학이 등장한다.

이러한 사고와 표현의 양식들이 비이성적이거나 반이성적인 것이 아님을 인식하는 것이 중요하다. 과학주의가 가지는 문제는 권위주의적인 신념체계가 그랬듯이 인간의 사고를 잔인하게 억압하여 " 가장 필수적인 믿음들을 위한 여지를 허락하지 않고… 이 믿음들을 우수꽝스럽게도 부적절한 용어로 변장시킨다는 것이다"(Polanyi 1958:265). 나지안주스(Nazianzus)의 그레고리에 따르면 최고의 신학자들은 자신의 주제를 완벽하게 논리적으로 설명하는 사람이 아니라 "진리의 형상과 그림자를 더 많이 모아서 "순수한" 이성이라는 한계를 넘어가는 사람이다"(Young 1988:308). 그러므로 참된 이성은 경험도 포함한다. 이것이 바로 슐라이마허(Schleiermacher)의 신학 접근과 오순절 운동, 은사주의 갱신(Lederle 1988)과 여타 "경험" 종교들이 중요하고 타당한 지점이다.

그러므로 나는 이성의 폐기를 제안하지 않는다. 우리는 근대 과학, 철학, 문학 비평, 역사 방법, 사회적 분석으로부터 최선의 것을 취하여 "이 모든 것에 비추어 우리의 신학적 이해를 지속적으로 생각하고 또 생각해야 한다(Young 1988:311). 우리는 계몽주의의 비평적 능력을 간직하고 변호해야 하지만 그것의 축소주의는 거부해야 한다. 우리는 생각하는 것(res cogitans) 훨씬 이상으로 합리성을 확대함으로써 합리성을 다시 품도록 요청받고 있다. 이것은 종교적 차원이 우리의 실재에 대한 전망 속으로 통합되어야 한다는 것을 뜻한다.

그것은 역설적으로 계몽주의가 구원받을 수 있는 유일한 길이다(Lübbe 1986:18). 과르디니(Guardini 1950:113)는 종교적 요소가 없는 삶은 기름없는 엔진과 같다고 말한다. 결국 멈추고 만다. 종교가 "허물어지고 고갈될 때 사람들은 무의미로 고통당할 뿐 아니라 문명이 부스러진다(Stackhouse 1988:82). 인간의 영혼은 진공 상태를 혐오한다. 하나님을 믿는 신앙이 사라지면 그 자리는 다른 신들에 의해 점령되는데 "자연, 이성, 과학, 역사, 진화, 민주주의, 개인적 자유, 기술…"(West 1971:99)이나 이데올로기와 같은 다른 세속종교들이다.

포스트모던 발전들은 과학이 본질적으로 기독교 신앙에 유해한 것이 아님을 보여주었다. 그러나 이러한 관점에 근거하여 신앙과 이성, 종교와 과학의 세계 사이에 어떤 긴장도 더 이상 존재하지 않는다고 단정해서는 안된다. 이것은 프리트요프 카프라(Fritjof Capra)가 뉴에이지의 관점에서, 특히 자신의 저서 『전환점』(*The Turning Point*, 1983)과 『물리학의 도』(*The Tao of Physics*, [1976] 1984)에서 말하고 있는 바이다.

카프라의 사고에 따르면 종교와 과학은 서로를 포용하며 완전하고 긴장이 없는 조화를 이룬다. 그러나 카프라가 자신의 관점을 주장하기 위해 기독교 신앙아 아닌, 동양 종교, 특별히 도교와 불교를 향한 것이 중요하다. 그는 음과 양에 대한 중국 개념과 이 둘의 상호관계가 특히 자신의 논지에 적합하다고 본다.

그러한 견해들은 아주 매력적인데 특히 과학과 종교 간의 오랜 적대관계를 고려할 때 그렇다.

이제 우리는 이성주의자의 족쇄를 털어버리고 포스트모던 시기로 들어가고 있는데 양자가 화평하고 영원히 완전한 조화 속에 살 수 있을 듯하다!

그러나 요수티스(Josuttis 1988)는 적어도 기독교 신앙에 관한한 경고의 말을 한다. 쉽게 종교를 그 체계 속에 통합시키면서 포스트모던 패러다임은 소화가 어려운 독을 삼키고 말았다(:16).

참된 종교는 이전 모든 패러다임들에게 그랬듯이 현재 부상하고 있는 세계관을 위태롭게 한다. 기독교 신앙과 성경 본문, 교회의 전통에 진실하게 참여하는 사람들은 기대보다 훨씬 난처하며 저항적인 현상들을 만날 것이다. 기독교 신앙은 삶을 파괴시키는 것은 무엇이든지 항상 악으로 규정해 왔다. 기독교 신앙은 하나님에 대한 신뢰를 주장할 때마다 다른 신들의 능력에 도전하였다. 기독교 신앙은 사회의 희생자들에게 관심을 가졌고 불의를 행하는 자들에게 회개를 요구하였다(:19, Daecke 1988 참조).

구조적인 불의가 만연하고 여러 저항 신학들이 발전하고 있는 그들 사회 속에서 카프라의 통합주의와 갈등 회피에 대해 거의 호응하지 않는 것은 전혀 이상하지 않다. 따라서 과학과 종교 간의 옛 전투들이 무의미해졌고 계몽주의 패러다임이 지배적이었을 때보다 종교가 사회적으로 더 중요한 역할을 할 것으로 기대된다 해도 긴장은 계속 될것이고 미래의 종교 역할은 편만할 것이라는 점을 우리는 인식해야 한다. 초기시대의 선교 사역을 특징짓는 바와 같은 대규모의 신앙 수용의 여지는 더 이상 없다. 단지 예수 그리스도 안에 있는 하나님이 궁극성에 대한 원만하고 겸손한 증거만이 있을 뿐이다.

2) 주체와 객체의 구조를 넘어서

계몽주의가 주도된 자연의 지배와 객체화, 물질세계를 인간의 정신과 의지안에 예속시킨 것은 파괴적 결과를 낳았다. 그것은 결국 "닫힌, 본질적으로 완결된, 변치 않는… 단순하고 얄팍하며 근본적으로 신비스럽지 않고 엄격히 설정된 기계"같은 세상을 산출했다(H. Schilling; Hiebert 1985b:13 에서 인용).

역설적으로 인간들을 해방시키는 대신 동시에 오히려 노예로 만들었다. 처음에는 기계가 인간 노예들을 대치했고 이후 인간이 기계들의 노예가 되었다. 생산이 인간의 가장 높은 목표가 되었고 그 결과 인간은 기술의 자율의 제단 앞에 경배하게 되었다.

데카르트 모델의 더 파괴적인 결과는 오늘날 말하는 생태계의 위기이다. 우리는 지구를 무감각한 대상으로 취급함으로써 지구를 저하시켰다. 지구는 우리의 손 아래 죽어가고 있다. 우리는 오존층을 손상시켰다. 우리는 자신의 사망 보증서에 서명한 것과 같다. 우리는 핵무기의 도움으로 스스로 파멸할 수 있는 첫 번째 세대이다. 계몽주의 문화—과학, 철학, 교육, 사회학, 문학, 기술—는 인간과 자연 모두를 잘못 해석했다. 그것은 부분적으로만이 아니라 근본적으로, 그리고 전체적으로 그러했다.

따라서 근본적인 방향의 재설정이 요구된다. 우리는 우리 자신을 대지의 자녀로, 다른 사람들에게 대하여는 형제요 자매로 여겨야 한다. 우리는 분석적이기보다는 전체적으로(holistically) 생각해야 하고 거리보다는 함께 함을 강조해야 하며 정신과 육체, 주체와 객체의 이원론을 돌파하여 "공생"을 강조해야 한다.[4]

교회가 세상에서 선교할 때, 이 모든 것은 심대한 결과를 초래한다. 자연, 특히 사람들이 다른 사람들의 조종을 받고 착취되는 단순한 객체로서 간주되어서는 안됨을 의미한다. 선교에 대한 그와 같은 새로운 인식론은 기술 바깥의 실재에

---

[4] 신학적인 관점에서 함께 산다는 의미에서의 공생에 대한 통찰력있는 해석은 순더마이어(Sundermeier 1986)에서 발견된다. 그의 논문의 제목은 영어로 "오늘날 에큐메니칼 존재의 근본적인 구조로서의 공생[문자적으로 함께 삶]"이다.

직면해야 하며, 이 인식론은 합리성(rationality)이라는 규범에 의존하지 않는다. 따라서 결정론적 힘에 예속되지 않는다는 것 또한 의미한다. 이 실재는 이 세계의 폐쇄된 체계와 변증적인 긴장을 가지고 있는 하나님의 통치로 동일시될 수 있다.

3) 목적론적 차원의 재발견

계몽주의 패러다임에서 목적이 제거된 것과 직선적인 인과적 추론이 고수된 것은 궁극적으로 우주를 무의미하게 만들었다. 하지만 인간은 의미와 목적, 희망 없이 계속 살아갈 수 없다. 19세기 유럽과 북미의 경우 적어도 특권층 정도는 이러한 방식으로 살 수 있을런지 모른다. 그들은 우주에 내재된 진보와 개선을 보장하는 힘들을 보면서, 자연에 내재하는 생물학적 법칙을 따라 사회와 개인들이 점차적으로 개선될 것이라는 다윈적 진화론을 포용한다.

이러한 방식으로 특권층은 수수께끼들을 많이 해결하고 자연, 아니 전 세계를 정복할 것을 기대할 수 있었고 또한 훨씬 더 많은 특권을 기대할 수 있었다. 신학 진영에서 이것은 하나님 나라가 거의 눈치채지 못하게 지구 상에 도래할 때까지 세상이 변화되어 더 나아질 것이라는 후천년적 범주 안에서만 생각하는 것을 의미했다.

하지만 19세기 말, 보다 뚜렷하게는 20세기에 오자, 비종말론적 신학에서 종말론적 신학으로 이동하는 급진적 변화가 일어났다(Martin 1987:373). 이것은 모든 것이 불변의 법칙안에서 예측할 수 있는 결과가 나와야 한다는 관념과의 근본적인 결별을 의미한다. 우발성과 비예측성의 범주가 재도입되었다.

변화의 개념, 즉 사물들이 다를 수 있고 과거의 확립된 양식을 따라 살 필요가 없고 모든 것이 원인과 결과의 불변의 법칙에 따라 움직이는 것이 아니라는 신념이 신학적, 사회적 범주로 다시 인정되면서, 수많은 사람들의 마음 속에 특히 소외된 사람들 속에 무한한 희망을 일으키고 있다. 질식시킬 만큼 엄격한 인과론적 사고 논리로 인해 오랫동안 묻혀져있던 회개와 회심, 비전, 책임을 재인식하고 과거의 관점을 수정함으로써, 희망을 상실한 모든 사람들에게 새로운 영감을 주면서 기독교 선교에 새로운 타당성을 부여하고 있다.

4) 진보 사고에 대한 도전

식민지 확장 계획을 일으킨 것은 대체적으로 계몽주의적 진보 사고였다. 그러나 "호의적 식민주의"정책은 부분적으로 기독교 선교 사역에 의해 탄생했다. "발전" 계획도 마찬가지였다. 그것은 기독교 선교에 관한 과거의 접근들을 넘어서는 뚜렷한 진전을 반영했다.

원래 선교회들이 사람들의 일상적인 필요에 관여하는 방식은 거의 전적으로 자선의 수준 정도로, 재난 원조, 고아 보호, 기본적인 의료 제공과 같은 것이었다. 20세기의 30년대에 특히 예루살렘 국제선교협의회(1928) 회의에서 "포괄적인 접근"이라는 개념이 유포되었다. 교회는 "구급 봉사" 이상을 해야 하고 "농촌의 재건축"과 "산업 문제"의 해결같은 일에 참여해야 한다는 것이었다. 제2차 세계대전 후, "포괄적 접근"의 철학이 "발전"(development)이라는 개념으로 대치되었다. 로마가톨릭과 개신교 모두 새로운 계획에 열정적으로 합류하였다.

그러므로 "세속화의 10년"이라고 하는 1960년대도 정부와 교회 차원에서 발전 계획을 열성적으로 실행한 시기였다고 말해도 과언은 아니다. 이 주제에 대한 소책자, 책, 논문들이 홍수처럼 쏟아져 나왔다. 발전이라는 개념이 제3세계의 문제들을 해결할 듯이 보였다! 낙관주의의 기운이 감돌았다.

구티에레즈(Gutiérrez 1988:xvii)는 라틴아메리카주교회의(1968)의 메델린(Medellíin) 문서를 인용하는데, 이 문서는 어떤 면에서 근대화 모델과 결별했다 해도, 여전히 라틴 아메리카는 "새로운 시대의 문턱 위에" 있으며, 이로 인해 사람들이 "점차 자연을 더 통제할 수 있게" 될 것이라고 믿었다. 그러한 진술은 2년 전 세계교회협의회(WCC)의 교회와 사회회의(Church and Society Conference)에서 제기된 사항들을 연상시킨다. 이 회의에서 메스딘(Mesthen2 1967:484)은 사람들이 "자연에서 새로운 대안들을 찾아내고," "새로운 가능성들을 마음껏 만들어 낼 수 있게 하는 정교하게 고안된 대대적인 새로운 물리적 변화"들을 칭송했다.

그러나 발전 모델의 결과는 기대와 반대로 나타났다. 부유한 나라들은 더 부유해지고 가난한 나라들은 더 가난해졌다. 가난한 나라들 안에서는 기존의 특권층이 발전 계획들로 인해 가장 큰 혜택을 누린 듯 했다. 하지만 사회적, 생태학적 결과는 재난에 가까웠다(Bragg 1987:25-27). 돌이켜 보건대 그 이유들이 분명해지고 있다. 기술의 적용은 단순히 기술의 문제가 아니라 기술 뒤에 숨어있는 사회적 종교적 성향에 의해 크게 영향을 받는다는 것이 명백해졌다(Nürnberger 1982:240-248).

그 과정은 인간이 기획 네트웍, 상품 이동, 병참 구성 속에서 단순히 대상으로 간주되고 이 와중에 발전 수행자가 발기인이자 기획자, 주인이 되었다는 사실에 의해 더 복잡해졌다. 훨씬 더 중요한 것은 권력의 전체 영역이었다. 깊이 뿌리박힌 권력이 문제의 핵심이며 진정한 발전은 권력 이전 없이는 있을 수 없다는 것이 분명해졌다. 그러나 서구 개발자들은 빈곤한 제3세계 사람들에게 권력을 이전할 뜻이 없거나 이전할 수 없는 것 같았다.

서구는 그럴 의향도 없고 그렇게 할 수도 없었다는 것이 더 정확한 표현일 것이다. 그 이론은 서구가 자신의 권력과 특권을 포기하지 않아도, 제3세계가 능력 있게 될 것이라는 것이었다. 그러나 서구가 제3세계를 위해 권력을 포기하려고 했다 할지라도 당시 북방과 남방 간의 불균형적 관계 하에서 불가능했을 것이다 (Nürnberger 1987a).

지난 2, 3세기 동안 있었던 기술 발전 때문에 그리고 이러한 발전들로 인해 서구인들이 재형성되었다. 그래서 서구(자본주의 서구와 사회주의 서구를 모두 포함)는 다른 나라들이 따라오지 못할 만큼 유리한 위치에 있었다. 사실 발전 계획들은 흔히 의도한 결과와 반대되는 결과를 낳았다. 서구 개발자들은 전보다 더 훨씬 힘을 가졌고, 북방과 남방 간의 "권력의 간격"은 좁혀지기보다는 커졌다.

그러므로 갈수록 제3세계 국가들이 그 발전 개념과 그 계획의 계몽주의적 전제들을 배척한 것은 당연하다. 발전주의(desarrollismo, developmentalism)는 라틴 아메리카에서 조소의 의미로 사용되었다. 발전은 만연한 악의 뿌리들을 공격하지 않고 혼돈과 좌절만을 일으켰다(Gutiérrez 1988:16). "합리성"에 대한 집착과 효과성 및 진전에 대한 믿음은 결국 제3세계 문화와 인간성의 참된 능력을 보지 못하도록 만들었다. 발전은 바울 6세(Paul VI)가 희망했듯이 평화를 가리키는 새 단어가 아닌, 착취를 위한 또 다른 단어였다.

저개발은 발전을 향한 예비적인 단계가 아니라 발전의 결과였다. 이러한 접근의 결과는 파국적이었다. "기술적인 인문주의자들"(발전의 능력이 남방을 근대화시킬 수 있다고 믿은 서구인들을 가리켜 웨스트[West 1971]가 칭한 표현)은 오류를 범했다. 문제는 적은 자연이나 기술적 방법에 대한 무지가 아니라 다른 사람들의 인간성을 착취하고 파괴하는 인간 권력 구조였다. 역사의 법칙은 발전이 아니라 혁명이다 (West 1971:113, 칼 막스에 대한 해석)

그리하여 새로운 모델이 제기되었다. 문제는 계몽주의적 사고에 깊이 물든 사람들의 생각처럼, 후진성과 근대성 간의 관계가 아니라 의존과 해방간의 관계였다(Nürnberger 1982:292-349; Bragg 1987:28-31; Gutiérrez 1988:13-25). 자산은 부국에서 빈국으로의 부의 "낙수"를 통하여 얻어지는 것이 아니라 현재의 국제체제의 전복을 통해서였다. 산업국가들은 식민지 기간동안 비서구 국가들을 착취하여 부를 축적했다. 참으로 부가 있기 때문에 가난이 있다(Gutiérrez).

여기서 해방 모델을 비평하지는 않을 것이다. 본서의 후반부에서 다룰 것이다. 그러나 근대화 모델에서 보듯, 해방 모델이 계몽주의의 쇠약하게 만드는 영향력으로부터 완전히 자유롭지 못하다는 점을 지적하고 싶다. 해방 모델이 걸출하게 정당화되더라도 서구의 지배, 확장, 착취의 슬픈 역사를 볼 때 해방 모델은 권력이 사람들에게 이전되기만 하면 공공의 선을 위해서만 봉사할 것이라고 믿는, 즉 인간 본래의 선함을 전제하는 계몽주의에 깊이 기초하고 있다.

그러나 우리는 편견, 미신, 전제적 권위가 억제되는 참된 인간성 안에서 혁명이 시작된다는 프랑스 계몽주의 철학자들의 확신을 지지했던 사람들에 의해서 공포정치가 도입되었고(West 1971:73), 이후 이러한 역사가 러시아 혁명과 뒤이은 스탈린 시대를 포함하여 여러 차례 반복되었다는 점을 잊어서는 결코 안된다.

5) 신탁의 틀(fiduciary framework)

계몽주의 패러다임의 핵심 중의 하나는 사실과 가치 간의 철저한 구별이었다. 그러나 이러한 전체 구조는 붕괴되었다. 실증주의와 경험론이 주체와 객체 사이에, 그리고 가치와 사실 사이에 세운 벽들이 부서지기 시작했다(Lamb 1984:124). 어떤 의미에서 우리가 보는 것을 바꾸지 않은채 실재를 관찰하는 것은 불가능하다는 점이 밝혀졌다. 폴라니(Polany 1958:17)는 모든 인식 행위는 평가를 포함한다고 말한다.

인간이 전에 꿈꿔보지 못했던 권력을 근대 과학이 인간 손에 풀어주었기 때문에 문제 전체가 크게 복잡해졌다. 이 권력은 중립적이거나 가치가 배제되지 않았고 인간은 이 권력에 대하여 전혀 준비가 되어 있지 못했다(Guardini 1950:94). 와르토프스키(M. Wartofsky)는 과학의 결백에 대한 마지막 환상이 히로시마와 나가사키에 떨어진 방사능 바람에 의해 날아가 버렸다고 말한다(Lamb 1984:123). 참으로 과학의 사실-가치 구분은 과학의 자살임이 판명되었다(Bloom 1987:38). 폴라니(Polanyi 1958:286)는 "객관주의"는 진리에 대한 우리의 관념을 완전히 변조시켰다고 말한다.

계몽주의 과학이 제 정신을 차리도록 도운 것은 과학에 의해 창조되고 풀려난 괴물들만이 아니었다. 제3세계 출신의 대변인들은 과학이 누구의 이익을 위해 봉사하는지를 질문함으로써 과학의 중립성에 도전하였다. 그들은 과학이 결코 편향성이 없는 것이 아니고 서구의 문화적 제국주의적 가정 위에 세워졌고 특히 착취의 도구였으며 그것이 실제로 나온 배경과 관련하여 조사되어야 한다고 지적했다.

따라서 우리는 "철저한 사실들"(brute facts)은 없고 해석된 사실들만 있으며, 해석은 대체로 사회적으로 문화적으로 생성된 과학자의 개연성 구조에 의해 영향받는다는 것을 이해한다. 한 가지 사례는 서구에서 이데올로기가 했던 역할이다. 막시즘, 자본주의, 파시즘, 국가 사회주의와 같은 20세기의 큰 이데올로기들은 계몽주의적 과학주의에 의해서 가능할 뿐이었다. 과학으로 변장하여 스스로 행진하며 객관적인 이성에 호소하는 것이 이데올로기의 본질에 속한다. 루베(Lübbe)는 이데올로기들이 모든 과학적 기법들을 사용하여 객관적으로 참되다는 것을 사람들에게 확신시키려 한다고 주장한다(1986:54).

그러나 주장하는 과학적 기초에도 불구하고(혹은 아마도 그 때문에) 이데올로기들은 모든 실질적 목적을 위해 종교로서 기능하고 있다(Lübbe 1986:53-73). 보다 엄밀히 말하면 그것들은 종교의 대용, 혹은 대체물이며 명백하게 종교적 형식, 심지어 의례들까지 취하는 경향이 있다(:58, 62).[5] 레이몬드 아론(Raymond Aron)의 말에 의하면 그것들은 "지성인들의 아편"이다(Lübbe 1986:63).

아인슈타인(Einstein) 이래, 물리학, 힘의 모호성에 대한 발견, 신성불가침한 과학의 가정들에 대한 제3세계의 가차 없는 비판, 이데올로기가 전통적으로 종교가 차지하던 자리를 빼앗은 방식, 이 모든 것들은 계몽주의 자체가 초래한 위기를 뚜렷이 보여준다. 항상 "정확한" 과학의 덕분으로 간주되던 객관성은 망상이며 거짓 관념인 것이 증명되었다(Polanyi 1958:18). 객관주의적 틀이 인간의 정신을 절름발이로 만들었다(:381).

따라서 폴라니(Polanyi:266)는 믿음을 모든 지식의 원천으로 다시 한 번 인정하고, "신탁의 틀"(fiduciary framework)을 의식적으로 포용할 것을 주장한다. 그는 "모든 진리는 믿음의 외적 기둥일 뿐이며 믿음을 파괴하는 것은 모든 진리를 부인하는 것이라고 말한다. 이어서 폴라니는 "믿지 않으면 이해하지 못한다"(*nisi credideritis, non intelligitis*)는 어거스틴(Augustine)의 격언을 과학적 연구의 출발점으로 제시한다.[6]

이러한 방식으로 폴라니는 비평적 사고의 세기들이 우리에게 불신하도록 가르쳤던 그 능력들로 우리가 다시 재구비되기를 희망한다(:381). 그는 충성, "암묵적" 지식, "개인적" 지식이 "객관적 지식," 주체를 모르는 지식보다 우월함을 주장

---

5 막스주의자의 종말론 및 이것의 고전적 기독교 종말론과의 유사성에 대한 통찰력있는 요약에 대하여 다음을 참조하라. K. Nürnberger, "The Eschatology of Marxism," *Missionalia* vol 15(1987), pp. 195-109.

6 이 격언에 대하여 더 널리 알려진 형태는 "나는 이해하기 위해서 믿는다"(*Credo ut intelligam*)이다. 또한 안셀름(Anselm)의 "이해를 추구하는 믿음"(*Fides quaerens intellectum*)을 참조하라.

한다. 물론 충성은 변할 수 있다. 한 충성에서 다른 충성으로 바뀔 수 있다. 그러나 중요한 점은 충성이 전혀 없는 사람은 없다는 것이다(계몽주의 과학자도 마찬가지다). 우리가 특정한 패러다임 형태 속에서 살고 생각하는 한, 그러한 패러다임은 우리에게 모든 실재가 해석되는 개연성 구조를 제공한다. 그러한 패러다임은 특정한 과학적 세계관이나 종교 혹은 이데올로기일 수 있다. 각 경우에 개념적 틀은 모두를 아우르는 해석 능력을 지닌다. 그 능력이 과도하며 허울만 좋았음을 우리가 느끼는 경우는 단지 개연성 구조에 대한 신앙을 잃을 때 뿐이다(Polanyi 1958:288). 이에 대하여 폴라니는 아더 케스틀러(Arthur Koestler)가 막스주의자를 그만 둔 이후에야 다음과 같이 쓸 수 있었다고 말한다.

"나의 당 교육은 충격을 흡수하는 정교한 완충기와 탄력있는 방어기로 나의 정신을 무장시켜 보고 듣는 모든 것이 미리 설정된 양식에 맞게 자동적으로 변환되게 하였다."

폴라니의 요점은 사람이 수용하고 있는 세계관이 "참"이 아닐 수 있다는 것이다. 사실 그것은 큰 거짓일 수 있다. 하지만 그것은 "저항할 수 없을 정도로 설득력이 있는데 기존의 모든 타당성의 표준들을 일소하고 그 표준들을 재설정하기 때문이다"(:318).

만일 그렇다면 혹시 우리가 프라이팬으로부터 튀어 나와 불 속으로 들어감으로써 객관성이라는 신화를 (제대로) 거부한 후에 이제는 걷잡을 수가 없는 주관주의에 빠진 것은 아닌가?

쿤(Kuhn 1970:94)같은 학자들이 "정치 혁명과 마찬가지로 패러다임 선택에 있어서도 해당 공동체의 동의보다 더 높은 표준이 없으며," 새로운 패러다임은 "양립할 수 없을 뿐 아니라 이전의 패러다임과 비교될 수도 없다"고 주장하며 실증주의적 객관주의 사고를 거부하는 것을 볼 때 표면적으로는 그렇게 보인다.

이것들은 철저한 상대주의의 예가 아닌가?

그러나 객관주의나 절대주의에 대한 대안이 주관주의나 상대주의가 되어서는 안된다. 쿤은 원래 가졌던 극도의 주관주의적 입장을 나중에 수정했다(Kuhn 1970:205-207). 그리고 폴라니(Polanyi)는 "신탁의 틀"(fiduciary framework)을 수용하는 것이 비이성적인 입장을 택하는 것은 아니라고 주장했다. 그러므로 처음에는

1960년대와 1970년대에 역사주의자나 상대주의자 입장에 거의 도취되었으나 그 이후에는 진리, 합리성같은 개념들을 다시 수호하는 (수정된) 사실주의로 복귀한 것이 그리 놀랄 일이 못된다.

그러나 그것은 확신들의 상황성을 알고 모든 분야에서 작용하는 조절된(tempered) 현실주의이다. 이것은 "증명되지 않는 믿음들"(Polanyi 1958:268)을 고수하고 "운에 맡기는 것"처럼 보일는지 모르지만(:318) 비합리적으로 행동하는 경우는 아니다. 오히려 진정한 기독교적 입장은 겸손과 자기비평의 입장이다. 계몽주의 이후에 우리의 "신탁의 틀"을 격심하게 비평하지 않거나 진리가 우리가 생각한 것과 다를 수 있다는 가능성을 염두에 두지 않는 것은 무책임한 일이다. 우리가 의식하든 하지않든 지난 3세기 동안의 발전들은 우리의 비평 능력을 크게 고양시켰다. 그러므로 우리는 이전의 순진한 상태로 돌아가서는 안된다. 폴라니(Polanyi)는 이것을 다음과 같이 표현한다.

> [우리의 비평 능력]은 우리의 정신에 우리 스스로 다시는 떨쳐낼 수 없는 자기 초월의 능력을 부여하였다. 우리는 그 나무에서 우리의 선과 악의 지식을 영원히 위태롭게 하는 둘째 사과를 따먹었고 이후로 우리의 새로운 분석 능력이라는 눈 멀게 하는 빛 속에서 알아내는 것을 배워야 한다(1958:268).

그러나 우리가 "신탁적 철학(fiduciary philosophy)"이 의심을 제거하지 않기 때문에"(:318) "우리 자신의 결론의 불확실성을 겸손하게 인정한다 해도," 그리스도인들은 증명되지 않는 믿음들을 계속 고수한다. "과학으로 전환된 신조"의 "눈멀고 기만적인" 성격으로부터 우리를 보호할 수 있는 것은 다름 아닌 자기 비평적 태도이다(:268). 계몽주의 이후 자기 비판적인 그리스도인의 자세는 현대 세계에서 이데올로기들을 중화시키는(neutralize) 유일한 수단이 될 수 있다. 그것은 우리를 자기 기만에서 구출하여 유토피아적 꿈에 의존하지 않게 해 주는 유일한 수단이다(Lübbe 1986:63).

소위 사실이라는 것이 중립적이거나 가치가 배제된 것이 아니고 사실과 가치를 구분하는 선이 가늘어졌다는 것을 우리가 이제 이해하기 때문에, 우리는 전보다 훨씬 더 노출된 상태에 있다. 미래가 개방되어 있고 우리를 자유에로 초청하고 있지만 우리는 새로운 횡포에 맞서 주의해야 하고 새로운 염려에 직면하고 있다는 사실을 과거보다 더 잘 알고 있다. 동시에 종교에 대한 이성주의자들의 지속적인 공격이 우리로 하여금 기독교 신앙의 토양을 갱신하도록 만들었음을 우리는 알고 있다(Polany 1958:286). 이러한 인식은 타종교인들에 대한 기독교 선교와 선교사들의 태도에 아주 중요하다.

6) 훈계받은 낙관주의

계몽주의 세계관의 다른 요소들처럼, 모든 문제들이 원칙적으로 해결가능하다는 믿음 또한 점점 도전받고 있다. 국내에서나 제3세계에서나 서구의 거대한 계획은 사실상 참담할 정도로 전부 실패했다. 모두가 평화, 자유, 정의를 누릴 수 있게 하는 통일된 세계에 대한 꿈은 갈등과 속박, 불의의 악몽이 되어버렸다. 그 실망은 너무나 크게 퍼져 있어서 무시되거나 억압될 수 없다.

60년대와 70년대 초에 소위 갱신, 변화, 해방의 모든 표현을 무비판적으로 환호한 것은(1960년 WSCF회의; 1966년 교회와 사회회의; 1968년 WCC 웁살라총회; 1968년 메델린가톨릭주교회의; 1973년 방콕CWME회의) 서구 지배의 시대가 끝났음을 서구가 믿지 않는다는 점을 극명하게 보여주는 것이었다. 70년대 이래로 그 지평은 점점 더 어두워졌다. 사람들은 인간들 속에 그리고 사회 구조 속에 있는 악의 실재를 다시 의식하고 있다. 그 지평은 더 이상 무한하지 않다. 우리는 조상들이 그랬던 것처럼 실재의 한 조각 이상을 알 수 없다는 점을 다시금 깨닫는다. 인류가 온 힘을 바쳐 바벨탑을 건설하려는 시도는 부질없었다.

그러나 염세주의와 절망에 굴복하라는 뜻은 결코 아니다. 우리 주변의 모든 사람들이 삶의 새로운 의미를 찾고 있다. 지금은 기독교회와 기독교 선교가 다시 한 번 겸손하게 그러나 단호하게 하나님의 통치의 비전을 제시할 수 있다. 이 비전은 하늘의 떡 한 조각으로서가 아니라 암울한 현재 속에 광선(하지만 불투명한)을 비추는 종말적 실재로서 현재를 조명해 주고 현재에 의미를 부여해 준다. 그것이 계몽주의적 낙관주의와 반계몽주의적 비관주의를 극복하는 길이다.

7) 상호 의존을 향하여

계몽주의 신조는 다른 사람들이 어떻게 생각하고 말하든 간에 각 개인은 자신의 행복을 추구할 자유가 있다고 가르쳤다. 하지만 이 모든 접근은 파괴적인 결과를 낳았다. 근대 자유주의의 개방성은 사람들은 다른 사람들을 진지하게 생각하지 않고 또한 다른 사람들을 필요로 하지 않는다는 것을 의미한다(Bloom 1987:34).

그 결과 개인들은 자신들을 더 이상 진지하게 생각하지 않으며 자신이 원하는 대로 믿음을 택할 자유가 있음에도 불구하고, 많은 사람들이 아무것도 더 이상 믿지 않고 "사실을 직시면하지 못하고 심연을 들여다 보지 못할 정도로 일과 오락에 몰두해 있다(Bloom 1987:143). 너무 자신감에 차서 자신의 종교적 뿌리를 인정하거나 의존하지 않으며, 너무 세련되어서 비합리적 이데올로기의 유혹에 속지 않을 때, 결국은 허무주의를 수용하는 것으로 끝난다. 자신들이 원하는 대로 자유롭게 자신의 힘을 사용하는 현대인들은 자신 외에는 어떤 참조자도 없다. 그리고 공공선을 위해 자유를 책임있게 사용할 것이라는 보장 역시 없다.

최근 수십 년 간 의기양양하던 개인의 자율은 타율로 끝났다. 자신이 믿고 싶은 것을 믿을 자유는 결국 무신앙으로 끝났다. 상호의존에 대한 거부는 자신으로부터의 소외로 끝났다.

자율이라는 거짓 교리의 족쇄를 끊고 인간의 본질을 회복하려면 두 가지가 필요하다.

첫째, 우리는 확신과 헌신의 필요불가결성을 재확정해야 한다. 종국에 가서는 그것들 없이 아무도 생존할 수 없다. 우리에게 요구되는 것은 비록 그것이 인기 없고 심지어 위험하더라도, 기꺼이 입장을 취하는 것이다. 관용은 덕이 아니며 특히 "나도 좋고 당신도 좋고" 식의 태도는 서로에게 도전할 여지를 전혀 남기지 않는다.

둘째, 우리는 함께 함, 상호의존, "공생"을 회복할 필요가 있다(Sundermeier

1986). 개인은 단자가 아니라 유기체의 일부이다. 우리는 다른 사람들을 희생시키면서 어떤 사람들을 구출하는 것이 가능하지 않는 세계 속에 살고 있다. 오직 함께일 때 구원과 생존이 있다. 이것은 자연에 대한 새로운 관계일 뿐 아니라 인간들 중에서의 새로운 관계도 포함한다. "분리의 심리학"은 "참여의 인식론"에게 자리를 내주어야 한다. "나 세대"(me generation)는 "우리 세대"(us generation)에 의해 대체되어야 한다. 인간 존재는 상호주체적인 존재이기 때문에 "도구적" 이성은 "소통적" 이성으로 보충되어야 한다(Habermas). 여기서 교회를 그리스도의 몸으로 재발견하고 기독교 선교를 공동 운명을 공유하는 사람들의 공동체를 세우는 것으로서 재발견하는 것이 필요하다.

제11장 시험 중에 있는 선교

신학을 포함하여 모든 연구 분야에서 오늘날 만큼 자신의 분야 자체가 아니라 그 분야에 관한 형이상학적 질문들에 몰두한 적이 인류 역사상 없었다(Lübbe 1986:22). 이러한 상황은 광범위한 위기를 뜻하며 쿤의 말을 빌자면 모든 과학 분야에서 중요한 "패러다임 이동"이 도래했음을 가리킨다. 그리고 모든 근대 학문 분야들이 본질적으로 서구의 현상이자 산물이기에, 막대한 위기 속에 있는 것 역시 서구 세계라는 것 역시 쉽게 예상된다. 과학, 기술, 산업화 같은 서구의 현대 신들이 마법을 상실한 것이 점점 분명해지고 있다(Kuschel 1984:235).

세계 역사의 거대한 사건들이 서양 문명의 중심을 흔들었다. 그것들은 두 번의 파괴적인 세계 전쟁, 러시아와 중국 혁명, 국가사회주의, 파시즘, 공산주의, 자본주의에 충성하는 국가 통치자들에 의해 영속되는 공포, 서구 식민 대제국의 붕괴, 서구 뿐 아니라 세계 많은 곳에서 급속히 진행되고 있는 세속화, 부자와 빈자 간의 증가하는 격차, 우주적 차원에서의 생태적 재난을 향해 가고 있는 것이다. 결국 그러한 진보가 거짓신이라는 것을 깨닫게 되었다.

기독교회, 신학, 선교가 그대로 변함없을리가 없었다. 한편으로 자연과학, 사회과학, 철학, 역사를 포함한 여러 분야들에 있었던 결과가 신학적 사고에 심대하고 지속적인 영향을 끼쳤다. 또한 교회, 선교, 신학 안에서의 발전들(의심할바 없이 다른 분야들에서 있었던 중대한 사건들과 혁명들에 의해 촉발되곤 했던)이 동일하게 지대한 결과를 낳았다. 수 세기 동안 교회에 부재했거나 외곽의 기독교 운동에서나 있었던 신학적 요소들이 주류 기독교에 다시 한번 출현했고, 어떤 의미에서는 콘스탄틴 황제 이전의 입장으로 돌아가는 결과를 가져왔다(Boerwinkel 1974:50-81).

재림주의자들은 오랫동안 경시되었던 재림에 대한 기대를 재발견했다. 오순절주의자와 은사주의자들은 주류 기독교 안에서 성령의 은사가 상실된 것에 이의를 제기했다. 형제교회(the Brethren)는 기관적, 위계적 직책이 없는 교회 모델을 발전시켰다. 침례파들은 유아세례를 거부했는데 자동적으로 교회 일원이 되는 것과 개인적인 결단이 없는 것 때문이었다. 메노나이트파(Mennonites)와 퀘이커교도들(Quakers)은 폭력과 전쟁을 교회가 지원하는 것을 반대했다. 막스주의(상당히 기독교적 "이단")는 교회가 계층의 차이를 인정하고 부자와 권력자의 편에 서는 경향에 도전했다. 그리고 오늘날 "공식"교회들 바깥에서 저항운동을 통해 제기된 이러한 많은 요소들이 교회들에 의해 수용되었다.

교회는 또한 특권적인 위치를 상실했다. 세계의 많은 곳에서 그리고 교회가 천년이 넘게 강력한 요소로서 건재했던 지역들에서도 그리스도인이 된다는 것은 오늘날 자산이라기보다는 책임부담이다. "왕좌"와 "제단" 간에 한때 아주 가까웠던 관계는(서구 식민팽창이 그 예이다) 교회와 세속 당국 간의 점증하는 긴장으로 바뀌었다. 그리고 한때 유대인들을 핍박했던 기독교 "교파들"(혹은 적어도 핍박을 묵인했던)과 타종교인들이 서로 대화를 하게 되었다. 마찬가지로 교단간의 접촉을 전에는 피하는 경향이 있었지만(어떤 경우에는 서로 파문하거나 서로를 선교 대상으로 간주했다) 이제는 교회일치의 관점에서 접촉과 협력을 시도한다.

전통적인 "선교 현장"에서 서구 선교기관과 선교사들의 위상은 근본적인 수정을 겪었다. 선교사들은 강력한 서구의 대사나 대표로서 백인들에게, 즉 "기독교" 국가들에게 예속된 지역으로 더 이상 가지 않는다. 그들은 이제 기독교 선교에 적대적인 국가들에게로 많이 간다. 데이비드 바렛(David Barrett)에 따르면 매년 두세 국가 정도의 비율로 국가들이 외국 선교사들에게 대하여 문호를 닫고 있다.

한때는 소멸 직전에 처해 있던 세계 종교들이 기독교보다 더 공격적으로 포교활동을 하게 되었다. 특히 이슬람은 세계 도처에서 가공할만한 세력이 되고 있고 과거 어떤 때보다도 기독교에 훨씬 저항적이다. 그리고 선교사들은 타종교와 대화하는 현재의 분위기 속에서 과연 기독교 복음을 위해 땅끝까지 갈 필요가 있는지 의문시 한다.

사람들이 결국 구원받을 것이라면 왜 "추방의 고통을 겪어야 하고 모기에게 물려야만" 하는가?(Power 1970:8).

"힘든 일을 하는 것 자체로 나쁜데 힘든 일이 할 가치가 없는 일이라고 생각된다면 훨씬 나쁜 경우가 되고 만다"(:4)

그리고 "신생교회들"과의 새로운 관계라는 문제가 제기된다. 서양 선교사들이 여전히 환영받는 곳에(혹은 관용되는 곳에) 선교사들은 이미 확립된 자율적 교회들에게 봉사하기 위해 "형제 사역자"로 간다. 땅끝까지 가서 "복음"을 전하고 거의 맨손으로 신앙 공동체를 세운 초기시대의 믿음의 영웅들이 이제는 소모성의 "교체용 타이어"로 흔히 간주되는 "협력자"로 바뀌어졌다.

선교사들이 신생교회의 삶과 미래에 중심적이지 않다는 점이 분명해졌다. 나라마다(특히 중국) 선교사가 중심적이지 않을 뿐 아니라 사실상 당황스럽고 부담스럽게까지 보이게 되었다. 병원, 학교, 대학, 인쇄소처럼 선교단체들에 의해 세워진 많은 대형 기관들이 신생교회들의 생명과 성장을 위한 자산이라기보다는 장애물로 판명되었다.

이세기 동안 선교 사역과 선교 개념이 심오한 수정을 겪었다. 부분적으로 이것은 교회가 하나님의 자비로운 은혜의 수혜자일 뿐 아니라 때로는 저주의 수취인이기도 하다는 사실과 좋은 의도만으로는 충분치 않고 우리 개개인은 루터의 유명한 말처럼 의인이면서 동시에 죄인(simul justus et peccator)이라는 사실을 인식하고 반응한 결과로서 나왔다(Paton 1953:17).

다른 누구보다도 선교사들은 "일반" 신자들의 연약성과 죄와는 무관한 것으로 스스로를 간주하는 경향이 있었는데, 자신이 속한 교회와 자신이 서로 다를 바가 없다는 점을 깨닫는데 오랜 시간이 걸렸다. 스테픈 닐(Stephen Neill 1960:222)은 이렇게 말했다.

"그들은 대체로 연약한 보통 사람이었고 그렇게 지혜롭지 못하고 그렇게 거룩하지 않고 그렇게 참을성 있지 않는 사람이었다. 그들은 대부분의 계명들을 위배했고 있을법한 모든 실수들을 저질렀다."

전통적인 본국 본부를 포함하여 참으로 세계 많은 곳에서 기독교 선교는 하나님의 은혜와 축복의 대상이 아니라 하나님의 심판의 대상(책 제목 Paton 1953)인 듯이 보인다.

중국 공산주의 혁명 이후, 패튼(Paton)은 "재난이 일어났을 때 철저한 원인 조사 외에 더 현명하고 심지어 친절한 것은 없다"라고 담대하게 말한다(1953:34). 이러한 전제로부터 많은 그리스도인들을 포함하여 일부 학자들은 기독교 선교와 그 목표들은 이제 과거의 시대에 속할 뿐이라는 결론을 내렸다. 그것은 칭송받은 후에는 묻혀져야 한다. 그것은 기독교 역사에서 하나의 사건일 뿐이며 이제는 문서 보관서에 안전하게 유배되어야 한다. 이러한 관점들이 많은 기독교 진영들에서 표현되었는데 특히 로마가톨릭과 "에큐메니칼"이라고 지칭되는 개신교인들 중에서였다.

고메즈(Gómez 1986:28)는 제2바티칸공의회 후에 사제들과 헌신된 신자들은 떠났고 소명은 죽고 훌륭한 전통들을 광적으로 폐기되고 가톨릭 선교의 더러운 이불은 가학적 즐거움 속에서 공개적으로 씻겨졌고 선교는 대중들에게 아무런 이목을 끌지 못하고 지식인들 중에 심지어 성직자들 중에 무의미한 것이 되고 말았다고 언급한다.

이와 대조적으로 어떤 사람들은 기독교회는 "본래적으로 선교적이며"(AG 9) 따라서 선교 개념과 그 실천을 포기하는 것은 전적으로 불가능하다고 주장했다. 과거의 실수들을 회개하는 것이 그동안 해오던 것의 본질을 포기하는 것을 뜻하지 않는다. 패튼의 말에 따르면(:75) "회개로의 요청은 중요한 일을 그만두라는 요청이 아니라 다른 방식으로 하라는 것이다. 교회의 선교는 계속 되어야 한다".

교회가 과거의 실수를 어떻게 회개할 수 있을까?

교회가 어떻게 선교적 본성과 소명의 본질을 재발견할 수 있을까?

교회는 단지 방어만 해야 하는가?

교회는 처음에 선교하러 갔던 것과는 전혀 다른 세계의 압력들에게 굴복해야만 하는가?

아니면 교회는 만나는 도전들에 대하여 창의적으로 응답할 수 있는가?

이것들은 우리가 응답해야할 문제와 쟁점들 중의 일부이다.

회개는 오늘날 선교하는 교회가 과거와는 전혀 다른 세계를 직면하고 있다는 사실을 확실히 인정하는 것과 함께 시작되어야 한다. 이것은 그 자체로 새로운 선교 이해를 요구한다. 우리는 더 이상 만족을 주지 못하는 패러다임과 여전히 무정형과 불투명한 상태로 있는 패러다임 사이의 경계선 위에서 전환의 시기 속에 살고 있다. 패러다임 변화의 시기는 본질적으로 위기의 시기이다. 우리는 위기가 위험과 기회가 만나는 지점인 것을 상기해야 한다(Koyama). 그것은 몇 가지 "답"이 우리를 압박하고 많은 목소리들이 우리의 주의를 끄는 시기이다.

이 연구의 논지는 종교 분야에서의 패러다임 이동은 항상 연속성과 변화, 과거에 대한 충성과 미래를 대면하는 담대성, 지속성과 우발성, 전통과 변혁 모두를 의미한다는 것이다. 이것은 지금까지 추적한 다섯 개의 패러다임 변화에 모두 해당되는데 이것들은 점진적이면서 혁명적이다.

물론 각각의 패러다임 변화의 경우, 특히 초기 기독교 패러다임과 개신교 종교개혁 패러다임같은 보다 극적인 방식으로 소개된 경우에 언제나 완전히 반대되는 두 방식으로 반응하는 경향이 있었다. 어떤 사람들은 자신들 주변의 모든 것을 붕괴시키는 듯한 변화에 반대하려고 하거나 적어도 상쇄시키려고 했다. 어떤 사람들은 과잉반응을 하여 과거와 깨끗이 단절하고 조상들과의 연속성을 부인하려는 경향이 있었다.

초대교회 형성기 동안에 첫 번째 반응은 에비온주의(Ebionitism)라고 알려진 운동에서 나타났는데 예수를 또 하나의 선지자로만 간주했다. 두 번째 반응은 예수에 대한 여러 이야기뿐만 아니라 구약성경을 경멸한 이단인 영지주의에서 보여진다. 마찬가지로 종교개혁 시대 동안에 마틴 루터에 대한 가톨릭의 대부분의 공식적인 반응은 개혁보다는 반개혁(counter-reformation)의 형태였다. 반대로 일부 극단적인 분파들은 15세기 기독교 역사를 제쳐두고 완전히 깨끗한 백지 상태로 시작하여 조금도 지체 없이 하나님의 통치를 개시하려고 했다.

과거에 집착하려는 사람들이나 더 극심한 "보수적" 반발을 유포하는 사람들(근본주의와 같은), 그리고 이와 반대로 우리 앞에 있는 도전들을 효과적으로 대응하는 유일한 방법은 기독교 신앙에 대한 다른 대안들이라고 주장하는 "백지상태" 방식을 주장하는 사람들을 불확실성의 현 시기가 유발시키지 않는다면 이상할 것이다.

후자의 방식에 해당하는 예가 뉴에이지 운동인데 이것은 신화와 주술의 융합이고 동방 종교와 그 사고 체계를 추구하는 성향을 가진다. 카프라(Capra)는 데카르트-뉴톤의 세계관을 떠나고 또한 기독교 세계관을 떠나서 도교와 불교의 실재관을 추구하는 패러다임 이동을 취한 대표자들 중의 하나였다. 그는 모든 반대들이 취소되고 모든 장벽들이 없어지고 모든 이원론들이 대체되고 모든 개인주의가 보편적이고 구별되지 않는 범신론적 통일성으로 용해된다는 관점을 주장한다.

지나친 반작용이나 과도한 혁명적인 접근들은 기독교회와 선교를 더 명확한 곳에 이르게 하지 않으며 하나님의 뜻을 더 나은 방식으로 이루도록 하는데 도움이 되지 않는다. 지금까지 살펴 본 각 패러다임 변화의 경우, 새 패러다임과 옛 패러다임 사이에 창조적 긴장이 존재했었다. 그 의제는 의시적이든 무의식적이든 항상 대체가 아니라 개혁이었다.

다음에 고찰하려는 에큐메니칼 패러다임의 부상도 마찬가지이다. 이전 패러다임을 완전히 가치없는 것으로 제쳐두고 완전히 대체하려는 시도를 하지 않을 것이다. 오히려 근본적으로 새로운 상황을 고려하고 동시에 선교의 진정한 본질을 신실하게 지키면서 상상력이 풍부한 새로운 방식으로 선교를 이해하고 감당할 것을 주장할 것이다. 교황 요한 23세는 임종하기 얼마 전인 1963년에 말했다. "오늘날의 세계는 지난 50년 동안에 필요들이 분명해졌다... 복음이 변화된 것이 아니라 우리가 복음을 더 잘 이해하기 시작한 것이다"(Gutiérrez 1988:xlv 인용).

이것은 새로 부상하는 패러다임-다양성 대 통일성, 분화 대 통합, 다원주의 대 전체주의(holism)-에서는 구심력과 원심력 모두가 일관적으로 고려되어야 함을 뜻한다. 이와 관련하여 중요한 개념은 창조적인 긴장 개념이다. 명백히 서로 반대되는 힘의 영역 속에서 우리는 우리 시대를 위한 신학 방법을 의미있는 방식으로 접근해가기 시작할 것이다.

이어서 나는 새로이 부상하는 선교 유형의 몇 가지 요소들을 강조할 것이다.

전체적으로 나의 통찰은 임시적이며 새로운 모델의 윤곽을 규정하기 보다는 제안할 것이다.

부상하는 포스트모던 패러다임은 통일성의 비전을 선포하는가 아니면 다양성의 비전을 선포하는가?

통합과 분화 중 어느 것을 강조하는가?

전체적인가 아니면 다원적인가?

종교적인 합의로 복귀하는 것이 그 특징인가 아니면 종교 수퍼마켓이 고객들에게 상품들을 전시하는 식의 철학이 그 특징인가?(Daecke 1988)

분명히 전환기에는 단정적인 언어를 사용하는 것이 위험하다. 기껏해야 우리는 우리가 나아가야 할 방향을 개요하고 새로이 부상하는 패러다임의 전체적인 추동력을 확인할 수 있을 것이다.

제12장 부상하는 에큐메니칼 선교 패러다임의 요소들

앞 장에서 언급한 내용에 이어서 나는 부상하는 선교 패러다임의 구성 요소들을 살펴보려고 한다. 그러나 또 다른 경고에 주의를 기울여야 한다. 아래에서 다룰 요소들은 새로운 모델의 뚜렷하고 고립된 요소들로 간주되어서는 결코 안 된다. 이 요소들은 모두 긴밀하게 상호연관되어 있다. 어떤 한 요소를 논의할 때 다른 요소가 항상 그 배경 어딘가에 있음을 의미한다. 그러므로 전체적으로 강조점은 분리된 성분 요소에 있지 않고 패러다임의 전체성과 비분리성에 있어야 한다. 한 번에 한 요소에 횃불을 비추지만 다른 모든 요소들 역시 그 광선의 중심 바로 밖에 존재하며 눈에 띌 것이다.

나는 선교에 있어서 교회의 역할에 대한 통찰로 먼저 시작한다. 이 부분은 다른 부분들보다 길게 기술될 것인데 이후의 부분들에서 제기되는 사안들이 어떤 의미에서는 여기서 이미 등장하기 때문이다. 선교에 있어서의 교회의 위상을 논의한 후, 부상하는 패러다임의 다른 요소들을 간략하게 다루어도 충분할 것이다.

1. 타자와 함께하는 교회로서의 선교

1) 교회와 선교

에버리 둘레스(Avery Dulles 1976)는 그의 탁월한 연구에서 5가지 주요 교회 유형들을 제시했다. 그의 제안에 따르면 교회는 기관, 그리스도의 신비로운 몸, 성례, 전령, 또는 종으로서 간주된다. 이들 각각은 교회와 선교간의 관계에 대하여 상이한 해석을 암시한다.

가톨릭은 교회에 대하여 항상 높은 견해를 가지고 있었다. 이로 인해 둘레스가 제시한 첫 두 모델이 가톨릭의 교회론에서 압도적이었다. 닐(Neill 1968:74;; Hastings 1968:28-31)은 첫 번째 모델과 관련하여 주된 강조는 가톨릭의 반종교개혁(the Counter-Reformation)부터 19세기 후반에 이르기까지 외적이고 법적이고 제도적인 것이었다고 말한다.

20세기 동안 교회에 대한 이해가 변하기 시작했다. 교회는 신적 기관이 아니라 그리스도의 몸으로 이해되었다. 이러한 발전은 1943년에 공포된 "그리스도의 신비한 몸"(*Mystici Corporis Christi*)이라는 회칙에서 절정을 이루었다.

그러나 이것은 이전의 교회론과 결별한 것이 아니었다. 이 회칙은 그리스도의 신비한 몸을 현존하는 로마가톨릭교회와 무조건적으로 동일시하였다. 더 나아가서 교회를 절대화하고 신성시하며 교회를 완전한 사회(*societas perfecta*)로 높이는 경향이 강화되었다(Haight 1976:623; Michiels 1989:90). 이 회칙은 제2차 바티칸공의회까지 참으로 교회에 대한 주요 표현이자 정의로 쓰여져 왔다(Michiels 1989:90). 교회에 대한 다른 모델들은 거부되었다(:91). 그러나 이것이 교회가 본성적으로 선교적이라는 점으로 이해된 것은 아니었다(Neill 1968:71-74).

반 윈센(van Winsen 1973:3-12; Gómex 1986:46)이 보여준 바와 같이 그리고 옛 『정경법』(*the Code of Canon Law*)에 명시된 바와 같이 "비가톨릭인들에 대한 전반적인 선교는 교황청에 전적으로 달려있었다." 이 과업을 수행하는 교황의 대리자들은 선교 수도회와 회중들이었다. 이러한 상황은 동방정교회에서도 크게 다르지 않았다.

한편 개신교도들("고교회인 성공회와 일부 루터파를 제외하고)은 교회에 대하여 낮은 관점을 갖는 경향이 있었다. 혹자는 크고 명목적인 교회(*the ecclesia*) 안에 있는 "참된 교회"(*the ecclesiola*, 작은 교회)를 구별해내었고 공식적인 교회가 아닌 이 에클레시올라(*the ecclesiola*)를 참된 선교의 수행자로 간주하기도 했다. 여기서 교회가 선교의 수행자라는 이해가 보편적이지는 않았다. "자발의 원칙"(제9장에서 논의된)이 널리 수용되었다. 한 교단의 신자들 혹은 다양한 교단에서 온 경건한 신자들로 구성된 개인들이 모여 선교회를 구성하고 자신들을 선교의 수행자로 간주하였다.

그러나 점차적으로 가톨릭과 개신교 모두 교회와 선교의 관계 이해에 있어서 근본적인 변화가 생겼다. 이에 대하여 몰트만은 "오늘날 교회에 대한 신학적 이해의 갱신을 향한 가장 강력한 자극은 선교신학으로부터 비롯된다"라고 말한다 (1977:7).

2) 선교 이해의 변화

교회와 선교의 관계에 대한 개신교의 이해 변화에 대한 세계선교회의들의 공헌이 아주 크다(예를 들면 군터[Günther 1970]는 1910년 에딘버러 선교대회부터 1963년 멕시코시티선교대회까지 "교회론적 통찰"을 정리했다). 에딘버러에서 주목할 점은 서구 교회에서의 선교 열정의 부재였다. 교회와 선교의 관계에 대한 신학적 질문이 거의 다루어지지 않았다(Günther 1970:24-26). 그러나 국제선교협의회(IMC 1928)가 주최한 예루살렘회의에서 세계를 기독교 지역과 "비기독교" 지역을 나누는 경향이 여전했지만 "기존 교회들"과 "신생교회들"간의 관계가 상당한 주목을 받았고 주요 주제가 되었다(:35-42).

탐바람(Tambaram 1938)선교대회에서 "기존 교회"와 "신생교회"간의 관계뿐만 아니라 교회와 선교의 관계에 대하여 보다 신학적인 논의가 있었다. 기독교 국가와 비기독교 국가가의 구별이 원칙적으로 폐기되었다. 이것은 유럽과 북미 역시 선교지로 간주되어야 함을 뜻했다. "기독교"와 "이교주의" 사이에, 교회와 세상 사이에 구분선을 더 이상 긋지 않았다. 우리는 기껏해야 "기독교적 이교도"이다. 제1차 세계대전과 국가사회주의, 파시즘, 막스주의와 같은 전체주의적 이데올로기의 발흥으로 인해 충격받은 유럽에서 아돌프 하르낙(Adolf Harnack)과 에른스트 트뢸치(Ernst Troeltsch)의 견해로 집약되는 자유주의적 개신교의 인간 중심적 신학은 불충분한 것으로 판명되었다. 죄, 소외와 심판, 회심, 용서, 중생, 의와 같은 단어들이 선교 논의와 여타 논의에서 뚜렷하게 재등장하였다(Scherer 1968:34-37; van't Hof 1972:108).

이것은 교회와 선교에 대한 이해에 심오한 영향을 줄 수 밖에 없었다. 처음으로 교회와 선교가 서로 분리될 수 없다는 인식이 결코 간과될 수 없는 방식으로 부각되기 시작했다. 그 유명한 스탠리 존스(E. Stanley Jones)가 탐바람선교대회는 하나님 나라 대신 교회를 출발점으로 삼음으로써 길을 놓쳤다고 말했을지라도(Anderson 1988:107; Günther 1970:64-66) 이 대회가 이전의 입장들에 비하여 중요한 진보를 이룬 것은 부정할 수 없다.

제2차 세계대전과 중국에서의 선교 "대실패"의 여파 속에서 열린 1952년의 윌링겐대회(Willingen)는 같은 주제를 다루었다. 앞선 여러 해 동안 교회 중심적인 선교(탐바람대회)로부터 선교 중심적인 교회로 강조점이 바뀌는 거의 감지하기 어려운 변화가 있었다.

1948년 세계교회협의회가 결성되고 나서 곧 교회협의회와 선교협의회가 함께 나란히 존재하는 것이 부조화를 낳는다는 생각들이 들었다. 윌링겐대회는 새로운 모델을 구체화하기 시작했다. 이 회의는 교회가 선교의 출발점도 선교의 목표도 될수 없다는 점을 인식했다. 하나님의 구원 사역은 교회와 선교를 모두 선행한다. 우리는 선교를 교회에 예속시켜서는 안되고 교회를 선교에 예속시켜서도 안된다. 이 둘은 모두 현재 무엇보다도 중요한 개념이 되고 있는 하나님의 선교(the *missio Dei*)에 흡수되어야 한다. 하나님의 선교(the *missio Dei*)가 교회의 선교(the *missiones ecclesiae*)를 조직한다. 교회는 보내는 자에서 보냄을 받은 자로 바뀐다(Günther 1970:105-114 참조).

1958년 가나 아치모타(Achimota)에서 열린 IMC차기총회 서문에서 새로운 분위기가 느껴졌는데 "기독교 세계선교는 우리의 것이 아니라 그리스도의 것이다"라고 하였다. 가나총회 이후 바로 출간된 소책자에서 뉴비긴(Newbigin)은 합의에 이른 내용을 다음과 같이 요약했다.

① "교회는 선교이다." 곧 하나에 대하여 말하고 동시에 다른 하나에 대해서는 말하지 않는 것은 타당치 않음을 의미한다.
② "선교본부"는 모든 곳에 있다. 이것은 모든 기독교 공동체가 선교 상황에 있다는 것을 의미한다.
③ "선교 협력". 이것은 한 교회가 다른 교회에 감독역할을 하는 것이 종식되었음을 의미한다(1958:25-38).

이때까지 WCC와 IMC를 통합한다는 결정이 이미 내려졌었다. 이것은 1961년 WCC 뉴델리회의에서 있었다. 총회위원회와 세계선교및 복음전도분과위원회는 WCC의 구조 속에 선교적 관심을 통합시키려는 견해를 표현하기 위해 다음과 같이 썼다.

> 이와 같은 영적 유산이 소멸되어서는 안된다. 그것은 세계교회협의회의 심장에서, 기도와 경배의 감춰진 삶 속에서 갱신되고 유지되어야 한다. 그것 없이 에큐메니칼 운동은 석화되고 만다. 통합은 세계선교협의회가 선교 임무를 그 삶의 가장 중심에 두는 것을 의미해야 한다 (WCC 1961:249; Neill 1968:108).

이러한 진전은 교회와 선교에 대한 이해에 있어서 중대한 변화를 의미했다. 그러나 우리가 그 요소들을 상세히 검토하기 전에 가톨릭의 발전을 간략하게 살펴보자.

제2차 바티칸공의회 이전의 20세기 선교회칙들—특히 Maximum Illud(1919), Rerum Ecclesiae(1926), Evangelii Praecones(1951), Fidei Donum(1957)—은 교회에 대한 선교적 이해를 향하여 머뭇거리는 첫걸음을 내딛었다. 그러나 총회 전날의 상황은 오히려 혼란스러웠는데 구속주의적인(뮌스터 학파), 교회중심적인(루베인 학파), 성례주의적인(M. J. le Guillou), 종말론적인(Y. Congar) 선교 해석들이 통합되지 않은 채로 있었다(Dapper 1979:63-66). 1943년에 출간된 고딘(Godin) 다니엘(Daniel)의 저술에 영향을 받은 콩가(Yves Congar)같은 프랑스 신학자들의 공헌은 교회와 선교에 대하여 근본적으로 새로운 이해를 가능케 하는 촉매 역할을 했다. 여기서 무엇보다 중요한 것은 신약성경에 대한 새로운 관심이었는데 특히 교회에 대한 바울의 관점이었다(Power 1970:17-27; Dapper 1979:66-70).

공의회 자체가 중요했다. 처음으로 서구 회의일 뿐 아니라 참으로 전세계적인 회의가 소집된 것이다. "그리스도의 교회가 합법적으로 조직된 신자들의 모든 지역교회에 존재한다"(LG 26)는 것과 "하나의 고유한 가톨릭교회가 존재한다는 것은 바로 이 교회들 속에서이다"(LG 23)라는 확언은 제1차 바티칸공의회(1870)의 전적으로 교황 중심적 교회 이해와의 중요한 결별을 뜻했다. 이것은 지역교회의 선교적 교회론의 재발견, 감독회의(LG 37) 및 주교회의의 실시를 낳았다(Fries 1986:755; Gómex 1986:38).

이것은 갈등없이 이루어지지 않았다. 선교 칙령의 초안은 신앙전파회(the Congregatio de Propaganda Fide) 대표자들에 의해 준비되었는데 매우 전통적인 입장을 취한 것이었다. 아프리카와 아시아의 주교들은 이에 반대했고 새로운 기초를 닦기를 거부하는 칙령을 따르기보다는 선교 칙령없이 가려고 했다(Hastings 1968:204-209; Glazik 1984b:50-56). 결과적으로 칙령은 완전히 다시 작성되었다.

그렇지만 선교에 대한 진정한 진전은 선교칙령이 아니라 "교회교리헌법"(*Lumen Gentium*)에서 일어났다. 처음부터 "교회교리헌법"은 전통적인 교회론과 구별을 지었다. 교회는 더 이상 정부와 같은 사회 구조들과 동등한 사회적 실체로 간주되지 않고 하나님과의 교제와 사람들 속에서의 연합을 나타내는 성례, 표식, 도구라는 특성을 가지고서 세상 속에서 하나님의 임재의 신비로서 존재하는 것으로 이해된다.

이 주장은 전체적으로 새롭다. 교회는 고압적이거나 오만하게 자신을 제시하지 않고 겸손하게 제시한다. 교회는 자신을 법적 범주나 높아진 엘리트 영혼으로 정의하지 않고 섬기는 종의 공동체로 정의한다. "교회교리헌법"의 교회론은 철저하게 선교적이다(Power 1970:15; Auf der Maur 1970:88; Glazik 1979:153-155).

가톨릭 문서들이 개신교회의 문서들보다 더 일관성있고 명료하다는 것을 인정해야 할지라도 제2차 바티칸공의회는 가톨릭과 개신교의 관점의 수렴을 보여준다. 미치엘스(Michiels 1989:89)는 현대 교회론들(가톨릭과 개신교)이 교회에 대하여 7개의 주요한 은유를 사용하고 있는데, 각각 선교 이해에 독특한 관점을 제시한다고 말한다.

① 구원의 성례
② 하나님의 총회
③ 하나님의 백성
④ 하나님 나라
⑤ 그리스도의 몸
⑥ 성령의 전
⑦ 신자들의 공동체(Dulles 1976 참조)

나는 부상하는 선교적 교회론의 특징들을 추적하기 위해 이러한 표현들의 면모를 검토할 것이다.

3) "본래적으로 선교적"

부상하는 교회론에서 교회는 본질적으로 선교적인 것으로 간주된다. "교회선교활동칙령"(AG) 9항 ("순례하는 교회는 본래적으로 선교적이다")에서 보는 바와 같이 이러한 확신을 뒷받침하는 성경적 모델은 베드로전서 2:9이다. 여기서 교회는 보내는 자가 아니라 보냄 받은 자이다. 교회의 선교(교회의 "보냄 받음")는 교회의 존재에서 2차적인 것이 아니다. 교회는 보냄 받음 속에 존재하고 교회의 선교를 위해서 교회 자신을 세워가는 중에 존재한다(Barth 1956:725).

그러므로 교회론은 선교학에 선행하지 않는다(Hoedemaker 1988:169, 178). 선교는 "강하게 정립된 교회의 주변적 활동이 아니며 먼저 집안에서 불길이 타오른 후에야 관심을 두어야 하는 경건한 일이 아니다... 선교 활동은 교회의 사역 이라기보다, 사역하고 있는 교회를 가리킨다"(Power 1970:41, 42; van Engen 1975:298; Stransky 1982:345; Glazik 1984b:51; Köster 1984:166-170). 그것은 전체 교회에 관련되는 하나의 의무이다(AG 23). 하나님은 선교사 하나님(a missionary God)이기 때문에(본서의 하나님의 선교라는 부분에서 논의될 것이다) 하나님의 백성은 선교사 백성이다.

"왜 아직도 선교인가?"

이 질문은 "왜 아직도 교회인가?"라는 또 다른 질문을 유발한다(Glazik 1978:158). 교회를 말하면서 동시에 선교를 말하지 않는 것은 불가능하게 되었다. 우리는 교회와 선교에 대하여 더 이상 말하면 안되고 오직 교회의 선교에 대하여 말할 수 있다(Glazik 1984b:52). 슈마허(Schumacher 1970:183)와 더불어 우리는 "'교회는 본질적으로 선교적이다'라는 논지의 정반대가 '선교는 본질적으로 교회적이다'라고 말할 수 있다.

시작부터 교회와 선교가 서로에게 속하기 때문에 "선교 없는 교회나 교회 없는 선교나 모두 모순이다. 그러한 것들이 분명히 존재하지만 사이비 구조들일 뿐이다(Braaten 1977:55). 이러한 관점들은 교회의 보편성을 이해하는데 중요한 시사점들을 지닌다. 선교 없이 교회는 보편적이라 불릴 수 없다(Glazik 1979:154; Berkouwer 1979:105-109).

이 모든 것은 교회가 항상 어디서나 명백하게 선교 활동에 참여한다는 것을 뜻하지 않는다. 뉴비긴(Newbigin 1958:21, 43)이 교회의 선교적 차원과 선교적 의도를 구분한 것은 유익한데 교회가 "선교적"(missionary)이면서 동시에 "선교하는 것"(missionizing)한다는 것이다(Gensichen 1971:80-95, 168-186; Mitterhöfer 1974:93, 97). 지역 교회의 선교적 차원은 교회가 진정으로 예배 공동체일 때 드러난다. 교회는 외부인들을 환영하고 편안하게 느끼게 할 수 있다. 그러한 교회는 구조적으로 유연하고 혁신적이다. 선별된 집단의 특권을 변호하지 않는다(Gensichen 1971:170-172).

그러나 교회의 선교적 차원은 의도적인 것, 즉 사회에 대한 직접적인 참여를 불러일으킨다. 실제로 교회의 벽을 넘어 복음 전도와 정의와 평화를 위한 사역처럼 선교적인 "집중점들"(Newbigin)에 참여하는 것이다.

위의 관찰의 측면에서 전체 교회론을 전개한 신학자가 칼 바르트(Karl Barth)이다. 요하네스 아가드(Johannes Aggard 1965:238)는 그를 가리켜 "이 시대의 결정적인 개신교 신학자"라고 하였다. 바르트의 웅대하고 일관성 있는 선교적 교회론을 고려할 때 그러한 주장은 참으로 타당성이 있다. 구원론의 전체적인 틀 아래서 바르트는 세가지 국면으로 자신의 교회론을 전개한다.

칭의로서의 구원론(1956:514-642)을 통찰한 후, "성령과 기독교 공동체의 모임"(:643-749)이 나온다. 성화로서의 구원에 대한 그의 해석(1958:499-613)은 "성령과 기독교 공동체의 건설"에 대한 논의(:614-726)로 이어진다. 그리고 소명으로서의 구원론에 대한 논의(1962:481-680)에 이어 "성령과 기독교 공동체의 파송"(:681-901)이 나온다. 따라서 세 개의 관점으로부터 교회론의 전 영역이 검토된다. 각각의 관점은 다른 두 관점들을 유발하고 전제하며 조명한다(Blei 1980:19).

4) 하나님의 순례하는 백성

교회는 하나님의 백성으로 간주되고 또한 순례하는 교회임을 암시한다. 현대 개신교에서 이 개념은 디트리히 본회퍼(Dietrich Bonhoeffer; Lochman 1986:58 참조)의 신학과 1952년 IMC 윌링겐대회(van't Hof 1972:167)에서 분명하게 제기되었다. 이 개념은 가톨릭의 경우 1937년 이래로 콩가(Yves Congar)에 의해 촉진되어왔으나(Power 1970:17) 교회회의 이전 시기에는 지도층의 지지를 거의 받지 못했다. 고전적인 교회회의 언급들은 "교회교리헌법"(LG) 48-51과 "교회선교활동칙령"(AG) 9이다. 사실 하나님의 백성으로서의 교회는 교회회의의 교회 모델(the conciliar church model)로 간주될 수 있을 것이다(Michiels 1989:90-92).

여기서 성경적인 원형은 히브리서에서 뚜렷하게 나타나는 방랑하는 하나님의 백성의 모습이다. 교회가 현대 시대에서 더 이상 결정권이 없고 어디서나 디아스포라 상황에 있다는 현실적 이유 때문에 순례자인 것이 아니라, 교회가 세상에서 본질적으로 교회의 탈중심적인 위치와 관련있다. 교회는 세상으로부터 부름 받아 세상으로 다시 보내지는 에클-레시아(헬라어 *ek-klesia*)이다. 외래성은 교회 구조의 한 요소이다(Braatan 1977:56).

하나님의 순례자 백성은 단지 두 가지가 필요한데 하나는 길을 가는데 필요한 지원이고 다른 하나는 길 끝의 목적지이다(Power 1970:28). 그 목적지는 이 땅에 고정된 집이 아니다. 이 땅은 임시 거처, 파로이키아(헬라어 *paroikia*)이다. 그 목적지는 세상의 종말과 종말의 시간을 향해 영원히 건설 중에 있다(Hoekendijk 1967b:30-38). 교회와 목적지 사이에 메울 수 없는 차이가 있다 하더라도 교회는 하나님의 통치 안에서 일어나는 것들을 지금 여기에서 드러내도록 부름을 받는다. 교회는 자신의 일시성을 선포하면서 하나님의 미래를 향해 순례한다(Kohler 1974:475; Collet 1984:264-266).

5) 성례, 표적과 도구

오늘날의 교회론에서 교회는 점점 더 성례, 표적, 도구로 인식되고 있다(Dulles 1976:58-70). 본서 제4장에서 바울은 자신의 선교를 "복음의 제사장 직분"으로 보았고(롬 15:16) 기독교 공동체에게 자신을 "하나님이 기뻐하시는 거룩한 산 제물"(롬 12:1)로 드리라고 도전했음이 밝혀졌다. 신약성경은 모든 사람들의 유익을 위해 개인들에게 가르침, 병고침, 사도직 등 많은 은사들이 주어졌다고 기록한다.

그러나 제사장직의 은사는 전혀 언급되지 않으며 대신(벧전 2:9 참조) 하나님은 이 은사를 공동체 전체에게 맡겼다(Piet 1970:64). 신약성경에서 같은 개념을 표현하는 교회에 대한 이미지들은 소금, 빛, 누룩, 종, 선지자이다. 그러나 이후 세기들 속에서 이러한 개념들을 거의 흔적도 없이 사라졌다. 오직 우리 시대에 이것들이 다시 출현하고 교회를 성례, 표적, 도구로 이해하기 시작했다.

이러한 새로운 용어는 개신교보다 가톨릭에서 더 널리 사용된다. 제2차 바티칸공의회가 역시 촉매 역할을 했다. "교회교리헌법"(LG)의 첫 단락에서 교회를 가리켜 "일종의 성례, 즉 하나님과의 교제 및 모든 사람들의 연합의 표식이자 도구"라고 했다. 다른 곳에서는 교회를 "구원의 통일성의...가시적인 성례"(LG 9)라고 칭했고 "구원의 보편적 성례"라고도 했다. 후속 가톨릭 문서들도 같은 기조였다. 1975년의 "사도적 권고문"(Apostolic Exhortation, *Evangelii Nuntiandi*)은 "교회는 하나님 나라를 선포하고 세워가는 동안 세상 가운데서 자신을 하나님 나라의 표적이자 도구로서 확립해 가는 것이다"라고 주장한다(EN 59). 1982년 로마에서 개최된 자문회의에서 "일상에서의 기독교 공동체"(*koinonia*)를 구원의 표식이자 도구로서 규정하였다(Memorandum 1982:462).

가스만(Gassman 1986)은 동일한 용어가 점점 더 개신교 진영에서, 특히 신앙과 직제위원회(the Commission for Faith and Order, FO)에서 사용되고 있다고 지적하였다. 기초적인 언급들이 이미 1927년 로잔에서 있은 신앙과 직제위원회(FO)회의와 1937년 옥스퍼드회의에서(:3) 이미 보이지만 이와 같은 현상은 WCC 웁살라 총회(1968) 이래로 뚜렷해졌다.

자주 인용되고 있는 핵심 문구는 웁살라에서 작성된 것이었는데 "교회는 자신을 앞으로 도래할 인류 연합의 표적으로서 담대하게 선언한다"라고 하고 있다. 후속 신앙과 직제위원회(FO) 회의들과 문서들은 이 말이 무엇을 의미하는지를 명료하게 하려고 하였다(:4-7). 멜버른(Melbourne)에서 열린 CWME회의(1980) 보고서들 중 두 개의 보고서는 교회를 하나님 나라의 성례, 표적, 혹은 도구로서 언급했다(:10). 가스만은 다음과 같이 결론을 제시한다.

> 에큐메니칼 논의에서 성례, 표식, 도구라는 용어를 교회론적으로 광범위하게 수용하고 사용하는 것은 이 용어들이 하나님의 구원계획에 속에서의 교회의 위상과 소명, 일치성을 표현하는데 도움이 되기 때문이라는 것을 시사한다(:13).

이러한 이미지들은 대주교 윌리엄 템플(William Temple)이 제시한 개념, 즉 교회는 비회원들을 위해 존재하는 유일한 사회라는 개념을 뒷받침한다. 교회에 대한 이러한 인식을 고전적인 표현으로 말하자면 "타자를 위한 교회"(the church for others)이다. 이 표현을 창안한 사람은 디트리히 본회퍼(Dietrich Bonhoeffer)인데 1944년 나찌 감옥에서 이렇게 썼다(1971:382).

"교회는 다른 사람들을 위해 존재할 때만이 교회이다… 교회는 일상적인 인간의 삶의 문제들에 참여해야 하며 지배하는 방식이 아니라 돕고 섬기는 방식으로 해야 한다".

"타자를 위한 교회"라는 표현은 강력하고 아주 매력적인 문구여서 대폭적으로 수용되었는데(Sundermeier 1986:62) 특히 신약성경에서의 예수의 모습, 특별히 제자들의 발을 씻은 자의 모습을 뚜렷하게 보여 주기 때문이었다(Kohler 1974:473). 그러나 웨스트(West 1971:262)와 순더마이어(Sundermeier 1986:62-65)는 본회퍼의 표현을 그대로 지지하는 것은 그 표현이 본회퍼가 성장한 전형적인 자유주의적 인본주의적 부르조아 분위기에서 나왔고 특히 서구 그리스도인들이 다른 사람들에게 무엇이 최상인지를 알고 있으므로 자신들을 다른 사람들의 수호자로 자처하는 경향이 있다는 사실을 숨기는 것이 될 수 있다고 지적한다. 이와 같이 돕는 자라는 인식이 과하면 진정한 공존의 가능성을 위협한다고 순더마이어는 말한다. "타자를 위한 교회"라고 말하는 대신에 우리는 오히려 "타자들과 함께 하는 교회"를 말해야 한다.

순더마이어의 관찰은 "타자를 위한 교회," "성례로서의 교회"와 같은 표현이 위험이 없지 않다는 점을 보여준다. 1973년 스페인의 살라만카(Salamanca)에서 열린 FO회의에서 에른스트 케제만(Ernst Käsemann 1974)은 그 용어를 비판했다. 그리스도인들 간의 상호 교재의 부재를 고려할 때 교회를 성례라고 부르는 것은 "거의 경솔한" 것이라고 했다(:125). 이러한 "위험한 표현"은 대화를 촉진하지 못하므로 피해야 한다(:126). 케제만은 또한 이러한 용어가 그리스도와 교회 간의 분명한 차이를 희미하게 하는 점을 우려한다(:127). 교회의 유일한 합법적인 표적은 그리스도의 십자가이기 때문에 교회를 표적이라 부르는 것 역시 문제가 있다(:130).

케제만의 반대는 진지하게 취급되어야 한다. 이러한 용어를 계속해서 사용하려면 몇 가지 중요한 요건들이 충족되어야 한다. 루벤(Louvain 1971)의 FO 회의는 이렇게 기술한다.

"교회는… 하나의 표적이다. 그러나 그것은 또한 표적일 뿐이다. 하나님의 사랑이라는 신비는 이 표적으로 다 표현되지 않고 멀리서 암시할 뿐이다".

"하나됨의 이 표적은 교회들이 살고 있는 긴장과 분열에 의해 깨어진다"(Gassmann 1986:4).

1973년 살라만카(Salamanca)회의의 한 연구 논문은 교회가 도래할 인류연합의 표식 혹은 "심지어 성례"라고 주장될 수 있는 것은 일치의 진정한 표적인 그리스도와의 관계에 의해서만 가능하다고 기술했다. 더욱이 "성례"와 같은 단어들은 교회가 자신에게 부과하는 속성들이 아니다.

"하나님 자신이 (교회가) 그리스도 안에서 그의 왕국에서의 일치(unity)의 표식 혹은 성례가 되도록 선택했다"(:5).

더욱이 어떤 의미에서는 이러한 용어들은 교회를 그리스도와 전적으로 동일시하지 못하게 해 준다(:13). 세 가지 표현은 모두 그 표현 이상을 분명히 가리킨다. 마찬가지로 이것들은 그리스도와 그의 추종자들 사이에 어떤 소통이 있는가의 문제를 제기한다. 기독교는 은혜의 종교임을 주장한다. 그러나 은혜의 종교가 율법의 종교보다 더 공격받기 쉽다는 점을 기억해야 한다. 존 베이커(John Baker)는 다음과 같이 말한다.

> 교회의 본질에 대하여 우리가 공동체 안에서의 신적이고 성례적이며 성화적인 삶을 강조하면 할수록 세상은 눈에 보이는 결과들을 더 합법적으로 요구하게 된다… 성경과 전통에 아무리 신실하다 할지라도 신자들에게 모든 것이 괜찮다는 뜨듯한 환상을 주고 교회 밖의 사람들이 교회가 현실과 동떨어진다고 생각한다면 교회 내부에서 교회를 묘사하는 것은 쓸모없다(1986:155, 158).

그러므로 선교하는 교회가 자신을 구원의 성례, 표식, 도구로 언급하고자 할 때 자신을 본받아야 할 모델로 제시하는 것이 아니다. 교회의 구성원들은 "우리에게 오라!"가 아니라 "우리가 그를 따릅시다"라고 선포하는 것이다.

6) 교회와 세상

성례, 표식, 도구로서 교회를 이해하는 것은 교회와 세상 간의 관계에 대하여 새로운 이해를 가져왔다. 선교는 "하나님이 세상을 향하는 것"으로 간주된다(Schmitz의 책 제목, 1971). 이것은 근본적으로 새로운 신학 접근을 가리킨다(W. Kasper; Kramm 1979:226; Hoedemaker 1988:168 인용).

수 세기 동안 교회에 대한 정적인 이해가 만연했다. 교회 밖의 세상은 적대적인 세력으로 인식되었다(Berkhof 1979:411). 지난 세기들의 신학논문들을 읽어보면 세상은 없고 교회만이 있다는 인상을 받게 된다. 다른 말로 하면 교회는 그 자체로 하나의 세상이었다. 교회 밖에는 "잘못된 교회"만이 있었다. 기독교적 사역과 삶은 전적으로 설교, 공중 예배, 목회, 자선의 관점에서 정의되었다. "실천적인" 그리스도인들은 규칙적으로 교회가는 사람들(지금도 그런 경우가 많다!)로 정의되었다(Schmitz 1971:52).

교회가 전체 지평을 채웠다. 외부인들은 기껏해야 구원받아야 할 "후보자들"이었다(Snyder 1983:132). 선교는 교회를 재생산하는 과정이었고 일단 재생산되면 모든 힘은 유지 하는 데에 쏟아졌다. 바르트는 "이 신적인 전달자와 대사(그리스도)의 사역은 소속된 사람들을 위한 구원 기관으로서의 교회라는 막다른 골목에서 실제로 끝나 버린 것이 아닌가?(1962:767)라고 질문한다.

그러나 천천히 변화가 일어나기 시작했다. 칼 바르트(1961:18)는 이것을 그리스도와 교회의 예언자적 직분 교리의 회복이라고 본다. 그는 개신교 역사 속에서 이 변화의 여섯 국면을 추적한다. 그러나 세상을 향한 교회의 진정한 방향성이 개신교 안에서 널리 수용된 것은 불과 제2차 세계대전 후였다. 세상의 정복자로서의 교회(1910년 에딘버러대회)는 세상과 결속관계에 있는 교회(1947년 위트비대회, van't Hof 1972:140)가 되었다. 40년대 후반과 50년대 초에 발전된 화란의 "사도 신학" 역시 무엇보다도 세상과의 관계에서 교회를 보기 시작했다(Berkhof 1979:411-413). 선교를 말하지 않고 교회를 말할 수 없듯이 교회가 보냄을 받는 세상을 생각하지 않고 교회에 대하여 생각할 수 없다(Glazik 1984b:53). 에클레시아(ekklesia)가 애초부터 "신정(theo-political)의 범주"이었다는 것이 재발견되었다 (Hoekendijk 1967a:349).

가톨릭에서 교회와 세상간의 관계에 대하여 획기적인 변화가 온 것은 제 2차 바티칸공의회를 통해서였다. 신학적인 기초는 "교회교리헌법"(LG)에 놓여졌다. 그러나 이러한 관계에 대한 가톨릭 사상의 전체적인 변화는 현대세계에서의 교회에 대한 "목회헌법"(*Gaudium et Spes*)에서 분명히 나타난다. 그 첫 번째 문장은 복음 전도와 교회설립 차원을 훨씬 넘어서서 교회와 인간 세상간의 긴밀한 관계를 인정하고 있다.

"우리 시대 사람들의, 특히 가난하고 고통 받는 자들의 기쁨과 희망, 슬픔과 걱정은 그리스도를 따르는 사람들의 기쁨과 희망, 슬픔과 걱정이기도 하다"

계속된 발전들은 교회 밖 세상 속에서의 하나님의 활동에 대한 인식 뿐 아니라 교회와 세상간의 불가분의 관계를 가톨릭과 개신교가 공통적으로 인식하고 있음을 보여준다(*Evangelii Nuntiandi*[1975], Mission and Evangelism[1982]).

그러한 새로운 견해들을 어떻게 이해해야 하는가?

첫째, 교회가 선교의 근거로서 간주될 수 없다면 선교의 목표로서도 간주될 수 없다는 점을 시사한다. 분명히 유일한 목표가 될 수 없다. 교회는 계속적으로 자신의 임시적인 성격을 의식해야 한다.

"교회의 마지막 말은 '교회'가 아니라 자유의 영 안에서의 아버지와 아들의 영광이다"(Moltmann 1977:19).

둘째, 교회는 하나님 나라가 아니다. 교회는 "그 나라의 씨앗과 시작으로서 땅 위에 존재"(LG 5)하며 "도래할 하나님의 통치의 표식이자 도구"이다(EN 59). 교회는 화해와 평화, 새로운 삶의 나라라는 하나님의 임박한 통치의 깜박이는 빛을 인류에게 비출 때만 세상을 위한 신뢰성있는 구원의 성례가 될 수 있다(Schmitz 1971:58). 지금 여기에서 그리스도가 악의 힘을 물리치는 곳마다 그 통치가 임한다.

이것은 교회 속에서 가장 눈에 띄게 일어난다(혹은 그래야만 한다)!
그러나 그리스도가 세상의 주님이기 때문에 그것은 사회 속에서도 일어난다.

셋째, 교회의 선교 참여는 사후 세계로 들어가기 위한 대기 장소로서 교회에 개인들을 불러들이는 것 이상이다. 복음화되어야 할 사람들은 다른 사람들과 더불어 이 세상의 사회적, 경제적, 정치적 조건들 하에 있다. 그러므로 역사 속에서 사람들을 해방시키는 것과 하나님의 통치의 최종적인 도래를 선포하는 것은 서로 수렴관계에 있다(Geffré 1982:491). 이러한 관점에서 교회는 "세상사 속에 있는 하나님의 백성"이자(Barth 1962:681-762) "세상을 위한 공동체"이다(:762-795).

넷째, 교회는 성령의 측면에서 "성령 안에서의 하나님의 거처"(엡 2:22)로서 미래로 가는 중에 세상을 향하는 성령의 움직임으로 간주되어야 한다(Memorandum 1982:461). 교회를 "성령의 공동체"로 간주하는 것은 성령은 "중재하는 하나님"이기 때문에 교회를 무엇보다도 선교 공동체로 인식하는 것이다(Taylor 1972; Boer 1961).

다섯째, 교회가 세상에의 참여를 거부하고 교회의 구조들이 세상에 적절한 봉사를 제공하지 못하게 한다면 그러한 구조들은 이단으로 규정되어야 한다. 교회의 직분, 질서와 제도들은 사회를 섬기고 신자들을 역사로부터 분리시키지 않는 방식으로 조직되어야 한다(Hoekendijk 1967a:349; Rütti 1972:311-315). 교회의 삶과 사역은 세상의 구원을 위한 하나님의 우주적이고 역사적인 계획과 긴밀하게 연결되어 있다. 그러므로 스나이더(Snyder)에 따르면 우리는 "교회 백성"이 아닌 "하나님 나라 백성"이 되라고 부름을 받는다(1983:11). 그는 다음과 같이 말한다.

> 하나님 나라 백성들은 먼저 하나님 나라와 그 정의를 구한다. 교회 백성들은 정의, 자비, 진리의 문제 보다 흔히 교회의 일을 위에 둔다. 교회 백성들은 사람들을 교회 안으로 어떻게 들어오게 할지에 대하여 생각한다. 하나님 나라 백성들은 어떻게 교회를 세상 속으로 들어가게 할지에 대하여 생각한다. 교회 백성들은 세상이 교회를 변하게 할까봐 우려한다. 하나님 나라 백성들은 교회가 세상을 변화시키는 것을 보기 위해 사역한다.

마지막으로, 세상과의 필수적인 관계 때문에 교회는 두려워하는 경계병으로서가 아니라 좋은 소식을 가져다 주는 자로서 기능해야 한다(Berkouwer 1979:162). 세상을 향해 선교하는 교회의 삶은 하나의 특권이다(롬 1:5).

7) 지역교회의 재발견

선교하는 교회는 세상 모든 곳에 있는 지역교회이다. 어떤 지역교회도 다른 지역 교회에 권한을 행사하는 위치에 있어서는 안된다는 전제와 마찬가지로 이러한 관점은 신약성경에서 분명한데(행 13:1-3, 바울서신들) 모든 실제적인 목적들로 인해 기독교 역사 속에서 많이 무시되었었다. 가톨릭에서는 선교와 교회가 모두 더욱 뚜렷하게 교황 중심이 되었다. 적어도 표면적으로는 개신교의 "삼자" 공식(자치, 자립, 자전도)이 더 건전한 것처럼 보였다.

"어린" 교회들이 모든 면에서 "기성" 교회들과 동등하게 될 것처럼 보였다. 그러나 현실은 다르게 나타났다. 어린 교회들은 계속 무시받았고 미성숙하며 기성 교회들과 선교회들의 지혜, 경험, 도움에 순전히 의존해야 하는 것으로 취급되었다. 독립을 향한 과정은 교육적인 것이었다. 결국 후견인을 자처하는 자가 "자치" 시기를 결정했다. 서구의 교회들과 선교기관들은 자신들을 타자를 위한 교회로 이해했다.

이러한 견해에 일격을 가한 첫 사람은 롤란드 알렌(Roland Allen, [1912] 1956)이었다. 그는 독자들에게 바울의 선교 방법과 당시의 선교기관들의 방법 간의 뚜렷한 차이를 지적했다. 알렌의 견해에 따르면(:107) 기본적인 차이는 바울은 "교회들"을 세운 반면 우리는 의존적인 조직인 "선교회들"(missions)을 세웠다는 데에 있다.

바울은 데살로니가에 있는 교회에게 자신의 첫 서신을 썼는데 그는 그 교회에 단지 5개월 정도 있었고 교회를 떠난지 1년만에 편지를 쓴 것이다. 바울은 선교회가 아니라 교회에게 쓴 것이었다(:90, 본서의 제4장 참조). 어떤 경우에도 파송 교회인 안디옥 교회는 에베소, 고린도와 여타 지역의 신생 믿음 공동체에 대하여 권한을 가지지 않았다. 애초부터 이 공동체들은 말씀과 성례를 가진 완전한 교회들이었는데 말씀과 성례는 그리스도의 교회가 되기 위해 필요한 모든 것이었다. 알렌에 따르면 바울의 성공은 그가 주님과 사람들을 모두 신뢰했기 때문이었다. 이 두 가지 점에서 오늘날의 선교사들과 바울은 철저하게 달랐다(:183-190).

점차적으로 개신교 선교에서 변화가 일어나기 시작했다. IMC(국제선교협의회)의 예루살렘과 탐바람회의(1928년과 1938년)는 신생교회들을 동등하게 인식하기 시작했다. 위트비회의(1947년)는 "자율적인" 교회와 "의존적인" 교회를 구별하는 것이 신학적으로 합당하지 않다는 확신 아래 "순종적 협력"(Partnership in Obedience)이라는 문구를 창안했다. IMC 가나회의(1958)는 "'기성'교회와 '신생'교회를 구별하는 것은 과거에는 유용할 수 있었겠지만 이제는 더 이상 타당하지 않고 도움이 되지 않는다"라는 적절한 결론을 내렸다(Orchard 1958:12).

그리고 실천이 여전히 이론에 훨씬 못 미친다 할지라도 소멸이 이미 시작되어 중대한 변화가 일어나기 시작했다는 점은 분명했다. 타자를 위한 교회는 천천히 타자와 함께 하는 교회로 전환되고 있었다. 선존(pro-existence)은 공존으로 바뀌고 있었다(Sundermeier 1986:65). 선교는 더 이상 서구에서 제3세계로의 일방향 통행이 아닌 모든 교회가 모든 곳에서 선교 중에 있는 것으로 이해되었다.

가톨릭에서 발전들은 더 뚜렷하고 극적이었다. 수세기 동안 "지역교회들"은 유럽이건 "선교 현장"이건 존재하지 않았다. 기껏해야 보편교회의 계열교회(affiliates)였다. 특히 "선교 현지 교회들"은 거의 모든 상세한 부분에서까지 로마교회를 닮아야 했다. 그들은 선교회, 이류교회, 자녀교회, 미성숙한 자녀, 대목구였고 자율적인 교구가 아니었다(Bühlmann 1977:45).

그러나 제1차 세계대전 이후 지역교회가 발견되었다. "교황의 사도적 서신"(*Maximum Illud* 1919)과 "회칙 서신"(*Rerum Ecclesiae* 1926)은 새로운 이해를 위한 길을 닦았지만 진정한 전환점을 이룬 것은(van Winsen 1973:81-83) 회칙 서신인 "믿음의 선물"(*Fidei Donum* 1957)에서였는데 제2차 바티칸공의회가 이것에 기초하였다. 그러나 이 공의회는 여전히 상당히 전통적인 서방교회의 전제들 위에서 움직이고 있었다. 사실 제3세계의 지역교회[1] 주교들이 가톨릭 사상에 심오하게 영향을 주기 시작한 것은 일련의 주교회의에서였는데 이 주교 회의는 제2차 바티칸 공의회 이후에 생긴 구조체였다.

이러한 새로운 발전의 혁신적인 특징은 보편교회는 지역교회들 속에서 진정으로 존재한다는 발견에 있었다. 이 지역교회들은 교회에 대한 전혀 새로운 표현이며(LG 26) 이것은 신약성경의 우선적인 교회이해이며 교회 초기 수세기 동안에 이해되었던 방식이라는 발견, 교황 역시 처음에는 로마지역교회의 목사였다는 발견, 보편교회가 지역교회들을 앞서는 것으로 보는 것은 완전한 추상인데 보편교회는 지역교회들이 있는 곳에서만 존재하기 때문이라는 발견, 교회는 지역교회의 순교(martyria), 의례(leitourgia), 교제(koinonia), 봉사(diakonia)에서 일어나는 것들로 인하여 교회라는 발견, 교회는 사람들에게 행사하는 권위가 아니고 구원, 교리, 직임의 요소들을 가진 제도로서가 아니라 사람들 속에 있는 사건이라는 발견이었다(van Engelen 1975:298; Glazik 1979:155; Köster 1984:169, 176-184; Fries 1986:755; Michiels 1989:100).

동시에 가톨릭이 보편교회와 지역교회들 간의 본질적인 상호관계에 대하여 개신교보다 더 분명하게 이해하는 경향이 있다. 각 교회가 다른 교회들의 필요에 응답해야 하고 영적 물적 자원을 그들과 나누어야 한다는 측면에서 교회는 진정으로 지역 교회들의 가족이다. 교회가 보편교회와의 교제 속에서 보편교회의 지역적 구체화로서 구현되는 것은 상호적인 선교 사역을 통해서이다(Stransky 1982:349; Fries 1986:756).

지역교회를 선교의 주된 기관으로 재발견한 것은 선교사와 선교기관의 목적과 역할을 근본적으로 새롭게 해석하게 된 결과를 낳았다. 1969년에 교황 바울 2세는 우간다 캄팔라(Kampala)의 기독교인들에게 "당신들은 당신 자신들에게 선교사이다!"라고 말했다. 그리고 1985년에 요한 바울 2세는 카메룬과 사르디니아

---

[1] 현대 가톨릭에서(성공회에서도 마찬가지로) "지역교회"가 지역교구나 회중으로서가 아니라 주교관구로 이해된다는 점이 중요하다. 한 관구 안에서 모든 교구들은 한 목회자, 주교를 공유한다.

(Sardinia)와 같이 먼 지역의 신자들에게 "전 교회와 마찬가지로 당신은 선교의 상황 속에 있다"라고 말했다(Gómez 1986:47). 이러한 실재와 인식에 근거하여 가톨릭교회는 법령(ius commissionis)을 폐기하여 외국 선교수도회와 선교회들이 제3세계에서의 복음 전도방식을 더 이상 지시하지 못하게 했다. 전 세계가 선교지이고 파송교회와 수용교회의 구분이 의미 없게 되고 있다. 모든 교회는 여전히 디아스포라 상황에 있거나 그 상황으로 회귀했다(AG 37). 그리고 모든 곳에서 교회들은 서로를 필요로 한다(Bühlmann 1977:383-394).

이러한 새로운 환경과 관계 속에서도 여전히 선교사들은 필요하다. 선교사들의 과업이 전 교회에 대한 것이라는 점과 선교사들은 자신이 한 지역교회의 대사로서 결속과 협력의 증인으로서 상호 만남과 교환, 함양의 표현으로서 다른 지역교회에 보냄을 받았다는 점을 인식하는 한에서이다.[2]

위에서 제기한 내용들의 많은 부분이 현실이라기보다는 여전히 이상에 속한다. 서구의 부유한 교회들 속에 기부자 증후군이 여전히 많이 있고 제3세계 교회들 속에는 의존 증후군이 많이 있다. 민족복음화를 위한 회중(the Congregation for the Evangelization of Peoples[재구성된 *Congregatio de Propaganda Fide*의 새 이름])은 아프리카와 여타지역의 교회들에게 여전히 권위를 행사한다(Rosenkranz 1977:431-434). 제2차 바티칸공의회 이후 25년이 지난 지금도 아프리카의 가톨릭교회는 감독교회를 개최하지 못했다(Shorter 1989:349-352). 개신교 세계에서도 크게 다르지 않다. 모든 우호적인 에큐메니칼 표현에도 불구하고 최종적인 결정은 여전히 서구의 교회와 도시에서 이루어지는 것 같은데 특히 제3세계 교회들을 "운영"하는데 필요한 보조금들이 많이 유입되는 곳이기 때문이다.

그렇다 하더라도 국내와 해외에서 선교의 실행자로서 지역 교회를 옹호하는

---

[2] 이와 관련하여 가톨릭에서나 개신교 진영에서나 모두 가장 흥미로운 발전은 제3세계 선교사들이라는 새로운 물결이다. 개신교에 대하여 다음을 참조하라. Lawrence E. Keyes, *The Last Age of Missions: A Study of Third World Missionary Societies*(Pasadena: Wm Carey Library, 1983); Larry D. Pate, *From Every People: A Study of Third World Missionary Soceities*(Pasadena: Wm Carey Library, 1989). 가톨릭에 대해서는 다음을 참조하라. Omer Degrijse, CICM, *Going Forth: Missionary Consciousness in Third World Catholic Churches*(Maryknoll, NY: Orbis Books 1984).

근본적인 변화는 어디에서나 부정될 수 없고 수세기 동안 유행이었던 입장들을 뛰어넘는 결정적인 진보가 될 것이다.

8) 창조적인 긴장

새로운 패러다임은 근본적으로 서로 화해할 수 없을 것 같이 보이는 두 개의 교회관 사이에 지속적인 긴장을 낳았다. 스펙트럼의 한쪽 끝에서 교회는 구원의 메시지를 독점하는 유일한 전달자로 자신을 인식하고 다른 한쪽 끝에서는 하나님의 세상에의 참여를 말과 행위로 예시하는 자로서 자신을 인식한다.

첫 번째 모델을 취하는 경우 교회는 지상에서의 하나님의 통치를 부분적으로 성취하는 것으로, 선교는 개별적인 회심자들을 영원한 죽음으로부터 영원한 생명으로 옮겨가게 하는 활동으로 간주된다.

두 번째 모델을 택하는 경우 교회는 기껏해야 세상에 대하여 하나님이 행위하는 방식을 가리키는 자일뿐이며 선교는 사회의 인간화를 위한 기여로서 간주되고 교회가 의식적으로 도모하는 자로 참여하는 과정으로 간주된다(Dunn 1980:83-103; Hoedemaker 1988:170).

문제는 교회에 대한 이 두 가지 이미지가 서로 배타적이어야 하는가이다. 이 주제에 대하여 몇가지 통찰이 필요하다. 문제는 두 가지 사이의 긴장이 파괴적이 아니라 창조적이 될 수 있도록 두 가지 비전을 통합할 수 없을 때에 발생한다. 하지만 그러한 통합은 좀처럼 성취되지 않는다.

이에 대해 가톨릭 학자들은 "교회교리헌법"(*Lumen Gentium*)에서 명백했던 건설적인 긴장을 "교회선교활동칙령"(*Ad Gentes*)이 계속 살리지 못했다고 지적한다(van Engen 1975:299-309; Weber 1978:87, Kramm 1979:36; Dunn 1980:58-64; Glazik 1984b:54-56). 역동적이고 신선한 교회관을 시작했다가 "교회선교활동칙령"(AG)은 제 6항에서 돌변하여 제2차 바티칸공의회 이전의 교회와 선교 인식을 지지했는데 선교는 다시 서양에서 동양으로의 일방향적 통행이 되었고 선교의 가장 중요한 목표는 교회 설립(*plantatio ecclesiae*)이 되었다.

현대 가톨릭과 개신교는 많은 과거의 이미지들이 거의 도전받지 않은 채 남아 있다. 선교회이든 교단기관이든 전통적인 파송기관들은 절대화되고 현재 상황의 실행자나 합리화하는 자로 있으려는 유혹을 받는다. 이것은 몇몇 진영에서 숫적인 교회 성장에 집착함으로써 더 악화된다.

가령 도날드 맥가브란(Donald McGavran)은 교회성장을 "대체할 수 없는 선교의 주 목표"로 상승시키고자 한다(1980:24). 그는 교회가 "셀 수 있는 사람들로 구성" 되기 때문에 "숫적인 접근이 교회성장을 이해하는데 필수적이라고" 믿는다(:93). 그는 교회성장을 "세례받은 신자들의 총합"으로 정의하고(:147) "교회성장을 공부하는 학생들은… 교회가 신뢰할만한가에는 거의 관심을 두지 않고 얼마만큼 성장했는가"라는 질문을 한다(:159).

이와 같은 모델에서 선교와 복음 전도에 있어서의 "성취"는 "종교적"이거나 저세상적 활동, 금연이나 속된 말을 삼가는 것과 같은 소윤리적 차원에서의 행동의 측면에서 전적으로 측정된다. 이것은 공동체 안에서 지배적인 사회적인 문제들에 관여하지 않는 성향을 의미한다. 이렇게 될 경우 회심자들의 폭발적인 숫적 증가는 가려진 도피주의의 형태가 될 수 있고 따라서 기독교 신앙의 참된 주장을 허망하게 한다. 그러나 정의, 평화, 평등을 요구하지 않는 복음의 내용은

> 수치없는 십자가, 저세상적 하나님 나라, 사적이고 내적으로 제한된 심령, 주머니 속의 하나님, 영성화된 성경, 도피적인 교회와 더불어 양심을 달래주는 예수를 제안한다. 그것의 목표는 비역사적인 그리스도를 믿음으로 말미암아 추상적인 죄의 용서를 통해 얻는 행복하고 편안하고 성공적인 삶이다(Costas 1982:80).

따라서 첫 번째 방식은 복음에서 윤리적인 성격을 제거한다. 그러나 두 번째 방식은 복음에서 구원론적인 깊이를 제거한다. 두 번째 방식은 교회를 세상 혹은 세상의 의제들과 거의 동일시 하거나 심한 경우에는 교회를 사실상 완전히 지우는 방식으로 나타난다. 상호 의존적이기도한 두 가지 유형 모두, 특히 1960년대

와 1970년대 초에 유행했으며 세상과 인류에 대하여 아주 낙관적인 평가를 반영한다. 이 두 가지 전략을 간략하게 살펴보기로 한다.

세상이 교회에게 의제를 제공하고 교회는 이 의제와 완전히 함께 해야 한다는 견해가 1960년대의 세계기독학생연맹(the WSCF)의 스트라스부르그(Strasbourg) 회의에서 분명하게 출현했다. 나일스(D. T. Niles), 뉴비긴(Newbigin), 바르트(Barth), 비써 후프트(Visser't Hooft)같은 연설자들은 참석한 학생들에게 그리고 학생들을 위해 말할 수 없는 듯이 보였다.

호켄다이크(Hoekendijk)만이 기독교의 세속적인 소명과 역할을 강조함으로써 칭송을 얻었다(Bassham 1979:47). 3년 후에 CWME(세계교회협의회의 세계선교복음전도위원회) 멕시코시티회의에서 그리스도인들은 하나님이 교회 밖의 도시의 삶의 구조들 속에서 이미 왕성하게 활동하는 것에 의하여 그들에게 제시된 기독교적 순종의 형태를 발견해야 한다"라고 했다(Bassham 1979:65에서 인용, 그러나 이 문장은 바샴[Bassaham]이 암시하듯이 회의 메시지의 일부분은 아니었다).

1961년에 WCC(세계교회협의회) 뉴델리(New Delhi)총회는 "회중의 선교 구조"에 관한 연구 프로젝트를 승인했다. 와이저(Wieser)는 1966년에 중간 보고서를 편집했다. 1년 후에 웁살라총회에 맞추어서 각기 서유럽 사역 그룹과 북미 사역 그룹에 의해 작성된 두 개의 부분으로 된 최종 보고서가 발행되었다(WCC 1967). 두 보고서 모두 웁살라회의에 큰 영향을 주었지만 보고서는 사실 "회중의 선교 구조"에 대하여 거의 말하지 않았다.

선교 목표는 유럽팀에 의해서는 샬롬(shalom)으로 북미팀에 의해서는 인간화로 규정되었다. 호켄다이크는 샬롬을 세속화된 개념, 사회적인 사건, 인간 상호관계 속에서의 사건이라고 불렀다(Wieser 1966:43). "교회에게 의제를 제공하는 것은 세상"(WCC 1967:20)이므로 "세상에서 하나님이 하는 것을 인식하고 선포하는 것 외에 교회가 무엇을 하겠는가?"(:15)라고 유럽 그룹은 질문했다. 회심은 개인적, 사적 차원보다 사회적 변화의 형태로 공동적 차원에서 일어나는 것이었다. 이 모든 것은 북미 그룹 보고서의 다음과 같은 진술에서 절정을 이룬다.

우리는 우리의 역사 시대에서 다른 것들보다도 인간화가 메시아적인 목표를 소통한다고 믿기 때문에 그것을 선교의 목표로 세웠다. 다른 시대에 하나님의 구속적 사역의 목표가 가장 잘 묘사된 것은 인간이 하나님을 향하는 것이었다... 근본 문제는 참된 하나님의 문제였고 교회는 하나님을 가리킴으로써 그 문제에 응답하였다. 선교의 목적은 기독교화였고 그리스도와 교회를 통해 사람을 하나님에게로 인도하는 것이었다. 오늘날 근본적인 문제는 참된 사람의 문제이며 선교 회중의 주된 관심은 그리스도안에 있는 인간성을 가리키는 것이 선교의 목표가 되어야 한다(WCC 1967:78).

대체로 웁살라총회는 이러한 신학을 승인했다. 호켄다이크의 접근은 WCC 진영에서 "수용된 관점"이 되었다. 선교는 건강, 복지 활동, 청소년 프로젝트, 정치 이해 집단의 활동, 경제 사회 발전을 위한 프로젝트, 폭력의 건설적인 적용같은 포괄적 용어가 되었다. 선교는 "이 세상에서 사람들이 하나님과 협동할 수 있는 모든 가능한 방법들을 포괄하는 용어"였다(Rütti 1972:307). 교회와 세상 간의 구분은 완전히 폐기되었다. 메츠(J. B. Metz)의 말에 의하면 "교회와 세상 간의 추상적인 구별은 결국 무의미하다"(Rütti 1972:274 인용).

우리는 1960년대의 세상에 대한 몰두와 사회 정치적인 현실을 완전히 재구성하고 "시대의 표적"을 식별함으로써 성취할 수 있다는 낙관주의를 이해할 수 있다. 서구의 과거 식민지들은 실로 놀라운 비율로 독립하고 있었는데, 1960년에만 18개 아프리카 국가들이 독립을 얻었다. 창의적인 발전 프로그램들이 착수되었고 곧 개발도상국들이 운명을 영구적으로 바꿀 것으로 믿었다(1966년 제네바에서 열린 교회와 사회회의에서 리차드 샤울[Richard Shaull]과 같은 사람들은 기술전문가가 아니라 혁명가들에 의해서 사회, 정치, 경제적인 현실의 재구성이 시작될 것이라고 주장했다 [Shaull 1967; Dunn 1980:183-193).

교회와 선교 진영의 경우 뉴델리총회(1961)에서 IMC가 WCC로 통합된 것은 기성교회와 신생교회 간의 관계에 새로운 협정을 약속하는 듯이 보였다. 그리고 가톨릭에서는 이러한 일들이 제2차 바티칸공의회(1962-1965) 이후에 이루어졌는데 많은 사람들이 "새로운 오순절, 희망의 폭우, 열려진 창, 교회의 회춘"을 연호했다(Gómez 1986:26).

그러나 문제는 선교가 새롭게 정의되면서 무리가 있었고 교회와 교회의 영향에 대해 기대가 너무 컸고 대부분의 희열이 믿음보다는 인간적인 낙관주의에서 비롯되었다는 것이었다. 교회는 모든 사람들이 아주 다양하고 가치있는 계획들을 위한 힘을 이끌어 낼 수 있는 일종의 영적 가스 저장소였다. 때때로 교회는 거대한 발전 계획을 뒷받침하는 격려를 제공해야 했고 때로는 불만족과 혼란의 원천이 되어야 했다.

교회와 교회의 소명을 세상과 세상의 의제와 거의 동일시하는 것은 종국적으로 교회가 세상의 의제를 실현할 수 없다는 당혹과 좌절감을 일으켜 많은 사람들이 교회에 대하여 실망하고 교회를 소모적인 것으로 간주하게 될 것이라고 예측될 뿐이었다. 정도는 다양하지만 이러한 관점은 호켄다이크, 아링(Aring), 뤼티(Rüttj)에 의해 옹호되었다(뤼티는 자신의 전체적인 주장과는 대조적으로 "제도적인 성격이 전혀 없는 기독교는 어떤 참된 대안도 제공할 수 없다"고 인정하였다[1972:343]).

특히 호켄다이크에게 교회는 하나님과 세상 사이의 "간주곡" 성격 그 이상이 아니다. 뤼티의 말에 의하면, 교회는 "2차적인 중요성을 가지는 실재"이며(1972:280), 사람들을 교회의 일원이 되라고 부르는 것은 "일종의 개종 행위"(proselytism)이다(WCC 1967:75). 교회보다는 세상이 "하나님과 인류 간의 계속적인 만남의 장소"이다(Aring 1971:83). 그리고 하나님은 그를 모르고 "교회"의 일원으로 간주될 수 없는 사람들을 통해 세상에 임재한다(Rütti 1971:281).

교회에 대한 당혹감, 특히 지역교회에 대한 당혹감은 웁살라(1968년)와 방콕총회(1973년)에서 절정에 달했다. 호켄다이크는 교구 체계를 움직이지 않는 자기중심적인, 내향적인 "중세의 고안물"로 불렀다(Hutchison 1987:185 인용). "교회 밖에는 구원이 없다"(*extra ecclesiam nulla salus*)는 고전적인 가톨릭의 격언은 반대로 바뀌어서 교회 안에는 구원이 없다로 변한듯 보였다. 방콕 CWME회의의 주제인 "오늘의 구원"을 통찰하면서 캐나다 연구 그룹은 "교회가 사람들에게 구원을 제공할 수 있다고 생각하는 것은 오만한 것 아닌가?"라는 질문을 했다(Wieser 1973:176 인용). 두 회의에서 모두 교회는 가차 없는 비판을 받았다. 쉬어러(Scherer 1974:139)는 방콕총회에서 만연했던 분위기를 이렇게 요약했다.

"교회는 메시아적인 구원 계획에 참여함으로써 자신을 정당화해야 하며 그렇지 않으면 교회는 부적절해진다."

방콕총회는 교회 자신이 구원받을 필요가 있고 그렇지 않으면 교회는 구원하는 공동체가 될 수 없다고 했다.

> 지배 계층, 인종 국가들의 이익에 속박된 상태로부터 교회가 구원되지 않으면 구원하는 교회는 있을 수 없다(WCC 1973:89). 교회들은 교구적인 자기 몰두로부터 하나님이 세상의 삶 속에서 사람들의 구원을 위해 무엇을 하고 있는지를 인식하는 방향으로 전환될 필요가 있었다(:100).

두 회의에서 모두 호켄다이크의 입장을 지지한 대표들이 있었는데 그의 지나친 어감을 지지하기 때문이 아니라 교회의 부르조아적인 특성에 대한 자신들의 당혹감을 표현하고 선교에 대한 새로운 이해와 실천이 교회 자체의 갱신을 가져올 것이라는 확신을 표현하기 원했기 때문이었다. 굶고 억압받고 착취당하는 수백만의 사람들이 살고 있는 끔찍한 환경에 살피면서, 웁살라와 방콕총회는 교회 측의 안주에 대하여 거룩한 조급함을 드러내었다. 처음으로 세계 기독교 공동체는 구조적 악을 직면했고, 신성불가침의 기관 속으로 숨는 방식으로 자신의 책임을 영적으로 만들어 떨쳐버리려고 하지 않았다.

의심할 바 없이 교회들을 폄하하는 것이 유행이 되었다. 사람들은 교회에 대한 확신을 잃었다. 제2차 바티칸공의회 이후 가톨릭교회에는 사제들의 결함, 소명의 고갈, 훌륭한 제도들의 폐기가 있었다. 특히 선교 활동이 공격을 받았는데 자주 피학대적 희열을 동반하였다(Gómez 1986:28).

그러나 비서트 후프트(Visser't Hooft 1980:393)는 그러한 조롱은 일종의 배은망덕이라고 평했다. 자신이 편지를 보냈던 교회들의 연약함을 많이 알고 있었던 바울은 거의 매번 교회들의 존재와 그들의 믿음, 충성에 대해 하나님에게 감사를 표현함으로 편지를 시작했다. 따라서 호켄다이크와 여타 사람들의 제도적 교회에 대한 공격은 예언적 심판의 수준에서 신학적 이상을 표현한 경우에만 타당하다(Haight 1976:633). 그러나 가까이 살펴보면 그들은 불합리한 관점을 드러낸다. 교회가 존재할 권리 자체가 논란이 된다면 교회의 세상 참여에 대하여 말하는 것은 불가능하다(Gensichen 1971:168). "교회에 대한 순전히 사도적인 접근은 수호될 수 없다"(Berkhof 1979:413).

1970년대 중반이 되자 1960년대를 특징지웠던 희열은 완전히 사라졌다. 일종의 조류의 전환이 일어났다. 기존교회들을 비판했던 동일한 많은 신학자들이 선교가 교회적 범주에서 또한 이해되지 않는다면 선교를 세상을 향한 책임과 세상과의 연대로서 말하는 것이 불가능하다는 견해를 굳건히 하고 있다(Schumacher 1970:212, 218; Memorandum 1982:461). 선교는 교회의 예배에 말씀과 성례에로의 모임에 근거한다.

"'가시적인 사람들의 특정한 장소에서 특별한 일을 하기 위한 가시적인 모임' (Otto Weber)은 교회의 중심에 있다. 실제로 가시적으로 함께 모이는 절차가 없으면 교회는 없다"(Moltmann 1977:334).

그러므로 우리는 교회를 두 초점을 가진 타원으로 간주할 수 있다(Crum 1973:288).

첫 번째 초점에서 교회는 자신의 삶의 원천을 인식하고 향유한다. 여기서 예배와 기도가 강조된다.

두 번째 초점으로부터 그리고 이를 통하여 교회는 세상에 참여하고 세상을 도전한다. 이것은 앞으로 나아가고 스스로 소비하는 초점인데 봉사와 선교, 복음 전도가 강조되는 곳이다(Gensichen 1971:210; Bria 1975; Stransky 1982:349).

어떤 초점도 다른 초점을 희생시켜서는 결코 안된다. 오히려 각각의 초점은 다른 초점의 봉사 속에 서 있는다. 교회의 정체성은 교회의 타당성과 참여를 지탱한다(Moltmann 1975:1-4). 1952년 룬드(Lund)의 FO(세계교회협의회 신앙과 직제위원회)회의는 "교회는 언제나 그리고 동시에 세상으로부터 불리워져서 세상 속으로 보냄을 받는다"라고 잘 표현하였다. 설교와 성례는 사람들을 회개와 세례, 교회의 일원, 하나님의 행위에의 참여, 그리고 세계에의 참여로 초청한다(Mitterhöfer 1974:88). 교회는 하나님을 찬양하고 교제를 나누고 영적인 문장을 받기 위해 모이고 교회의 일원들이 있는 어느 곳에서든지 하나님을 섬기기 위해 흩어진다. 교회는 "구속적 긴장"(Snyder 1983:29) 속에서 자신의 이중적 방향성을 붙들도록 부름받는다. 뱅쿠버총회에서 "일치를 향한 단계"라는 주제에 대하여 토의한 그룹 보고서는 다음과 같은 확신을 표명했다.

> 교회는 예언적인 "표적," 세상의 변혁을 일어나게 하는 예언적 공동체가 되라는 부름을 받는다. 말씀과 성찬에 의해 강건해지고 자신의 정체성 안에서 굳건해져서 성찬의 중심으로부터 나아가 세상을 취하여 자신의 의제로 삼을 수 있는 것은 오직 교회 뿐이다. 정치적, 사회적, 경제적 문제들을 안고 있는 세상이 교회의 의제가 되지 않는 때는 결코 없을 것이다. 동시에 교회는 세상의 의제로 인해 왜곡되거나 혼란스럽게 될 것을 두려워하지 않고 하나님이 이미 거기에 있다는 사실을 인식하고 확신하면서 사회의 가장자리에 나아갈 수 있다(WCC 1983:50).

교회는 세상 속에 있으면서 동시에 세상과 다를 때에만 선교적이 될 수 있다는 결론이 나온다(Berkhof 1979:415). 교회는 세상 속에 있지만 세상에 속하지 않아야 하고 분명히 세상을 위한 유일무이한(unique) 존재가 되어야 한다(van't Hof 1972:206). 그리스도 자신의 "지상의 역사적 존재 형태"인 그리스도의 몸은 "하나의 거룩한 보편적, 사도적 교회"이며, "그리스도 안에서 의롭다 함을 받은 인류의 온 세상을 임시적으로 나타내며"(Barth 1956:643) "새로운 인류의 실험적인 정원"(Berkhof 1979:415)이다.

그러므로 교회는 양도할 수 없는 정체성을 가지며 교회와 세상 간에 어떠한 미숙한 융합이나 혼란이 있어서는 안된다. 증거하고 봉사하는 교회는 "성령의 강력한 인도함을 받을 때에만 존재할 수 있다. 교회는 자신이 받은 만큼만 줄 수 있다"(:413). 그러므로 평생 동안 교회를 거침없이 혹평하고 "교회론"을 위한 여지는 결코 없다고 주장한 호켄다이크조차도 교회에 등을 돌리는 것은 불가능하다고 했다. 그는 교회를 꾸짖었지만 교회를 위해서였다. 예를 들자면 그는 "(더도 아니고 덜도 아니고) 교회는 이 세상 속에 샬롬을 이루기 위해 하나님의 손 안에 있는 도구라고 말할 수 있었다(1967b:22; Blei 1980:5-7).

이것은 우리가 단순히 실재하는 믿음의 공동체를 실증주의적으로 받아들이고 그 공동체의 실제 생활 양식을 그저 따르는 것을 뜻하지 않는다(Lochman 1986:71). 우리의 많은 영적 선조들이 인정하기 어려웠을지라도 오늘날 우리는 현실의 교회가 언제나 불완전하다는 것을 잘 알고 있다. 교회를 사랑하는 모든 교회 구성원들은 그러한 사실로 인해 심히 괴로울 것이다.

그러나 이것은 교회를 버릴 것을 요구하지 않으며 교회를 개혁하고 갱신할 것을 요구한다. 교회는 하나님의 선교(mission Dei)의 대상이며 계속적으로 회개하고 회심할 필요가 있다. 오늘날 모든 전통들은 교회가 언제나 개혁되어야 한다(*ecclesia semper reformanda est*)는 격언에 동의하고 있다(Rickenbach 1970:70; Memorandum 1982:462). 교회가 선포하는 십자가는 또한 교회를 심판하고 자신의 "성취"에 안주하는 모든 것을 견책한다. 스스로 자신의 어깨를 두드리는 교회는 그 삶과 사역 속에서 십자가의 능력을 좌절시킨다.

여전히 십자가는 교회에게 심판의 메시지뿐만 아니라 용서와 희망의 메시지 역시 전달한다. 그러므로 교회가 부담스런 계획을 통하여 스스로 자신을 입증하고 신용을 얻어서 자신의 구원을 확보해야 하는 것처럼 교회가 스스로 안달하여 행동하려 하는 것은 옳지 않다. 자신을 채찍질하고 더욱 많이 성취하려고 자신을 소진하는 것은 죄책과 좌절, 실망을 심화시킬 뿐이다. 회개하라는 명령이 용서와 새로운 삶이라는 값없는 제공과 함께 가지 않는다면 우리에게는 복음없는 율법, 자비없는 심판, 은혜없는 공로만 있는 것이다.

우리가 소원하는 기독교 공동체와 실제의 기독교 공동체 사이에는 지속적인 긴장이 있다. 그러나 꿈과 이상, 실제 공동체는 함께 속한다. 본회퍼는 이렇게 말했다.

"기독교 공동체 자체보다 기독교 공동체의 꿈을 더 사랑하는 사람은 그 의도가 아무리 좋을지라도 그 공동체에 큰 손상을 주는 경우가 많다"(Michiels 1989:84).

이것에 또 다른 측면이 있다. 때때로 그리스도인들은 세상을 변혁시키는 성취를 이루어내야 한다고 선언하지만 교회 밖의 세상보다 전문성을 가지지 못한 채 교회의 역량을 넘어서서 허세로 말하고 행동한다(Rickenbach 1970:78). 그러므로 그리스도인들이 "시대의 표적"을 분별하려고 애쓰고 그리하여 하나님이 역사상 정확하게 어디에서 일하는지를 확인하려는 것은 매혹적이면서 동시에 문제가 있다.[3]

우리는 우리가 감수하는 위험을 지속적으로 의식하고 "하나님이 그렇게 말씀하신다!"라고 쉽사리 말하는 것을 삼가야 한다. 세속 역사와 구원의 역사가 분리될 수 없을지라도 둘은 동일하지 않고 체누(M.D. Chenu)가 "은혜는 은혜이며 역사는 구원의 원천이 아니다"라고 말한 것처럼 세상의 건설이 직접적으로 하나님의 통치를 가져오지 않는다(Geffré 1982:490).

이것을 달리 표현하자면 교회는 종말적 공동체이기 때문에 무조건적으로 사회적, 정치적, 경제적 계획에 헌신할 수 없다는 점을 인정하는 것이다. 하나님의 통치의 첫 열매로서 교회는 지금 여기에서 그러한 통치를 고대한다. 교회가 겸허하게 행하며 모든 대답을 가진 것처럼 주장하지 않는 가운데에 세상에서의 하나님의 통치의 진전을 위해 교회가 일하게끔 확신을 주는 것은 바로 이러한 이해 때문이다. 억압적이고 죄된 상황들이 마술처럼 일소되지 않을지라도 그리스도인들은 이러한 상황들이 이미 하나님의 통치력 안에 들어와 있고 상대화되었고 궁극적인 타당성을 잃었다고 고백한다(Lochman 1986:67).

우리가 전능한 운명에 갇힌 자가 더 이상 아니라는 확신을 우리에게 주는 것은 바로 이러한 지식이다. "성령의 능력 안에 있는 교회"는 아직 하나님의 통치가 아니다. 교회는 실수하고 자주 신실하지 못하지만 교회는 역사 속에서 하나님

---

[3] 제2차 바티칸공의회 직전에 교황 요한 23세에 의해 현대신학 논의에 도입된 이러한 개념은 여러 신학 전통들 속에서도 반영되었다(Gómez 1989:365). 이 개념에 대한 가톨릭의 참고문헌은 Kroeger 1989:191-196을 참조하라(본서의 "상황화로서의 선교"라는 부분에서 이 개념을 더 다룰 것이다).

의 통치를 기대한다. 기독교는 아직 새로운 피조물이 아니지만 새로운 창조의 영의 작품이다. 교회는 새로운 인류가 아니지만 새로운 인류의 선봉이다(Moltmann 1977:196; Collet 1984:262).

교회를 인간 공동체와 완전히 분리된 실체로 인식하는 것이 1952년의 IMC 윌링겐 회의를 여전히 지배했었지만 결국 잘못된 것이고 지지할 수 없는 것으로 밝혀졌다. 교회는 인간 공동체의 유기적이고 필수적인 부분으로서만 존재한다. 교회가 전체 인간 공동체로부터 독립되어있는 채로 자신의 삶이 의미있다고 생각하려고 하자마자 교회는 자신의 주된 존재 목적을 배반한다(Baker 1986:159). 교회를 완전히 부적절한 것으로 폭로하거나 교회와 그 의제 그리고 세상과 그 의제 간의 모든 차이를 지우려는 경향은 쇠퇴하는 듯하다. 교회는 세상과 분명히 달라야 한다. 그렇지 않으면 교회는 세상에 대하여 사역할 능력이 그쳐질 것이다.

이전의 회의들과 다르게 교회에 대한 정서를 처음으로 분명하게 드러낸 회의는 WCC 나이로비총회(1975)였다. 이전 회의의 대표자들이 생각한 것보다 현실은 복잡하고 미묘하다는 점을 이제는 많은 사람들이 인정할 준비가 되어 있었다. 회의의 분위기는 보다 진정되어 있었고 토의는 스트라스부르그(1960), 제네바(1966), 웁살라(1968), 방콕(1973)보다 침착했다. 이 때문에 나이로비의 메시지가 세상으로의 소집이라기보다 교회를 위한 기도의 형태를 취한 듯하다(Vischer 1976:10, 61, 63).

교회는 여전히 비판되었으나 방콕만큼 오만하게는 아니었다. 널리 회자된 개념은 "하나님의 집에서 심판을 시작할 때가 되었다"(벧전 4:17)라는 성경적 개념이었다. 세상을 위해 보다 적절한 방식으로 봉사할 수 있도록 교회는 깨끗해져야 했다. 참으로 세상에서 일어나고 있는 격변들은 교회의 전환을 요구했다(Visher 1976:27). 그래서 교회의 지속적인 타당성이 나이로비에서 재인정이 되었다. 웁살라에서 세상에 의해 의제가 제공된 것과는 달이 나이로비 총회의 의제는 교회에 의해 제공되었다.

또한 CWME 멜버른회의(1980)에서는 전보다 더 교회가 진지하게 취급되었다. WCC 진영에서 교회는 선교의 도구로 재인정된 듯했다(Scherer 1987:44).

그러나 이것은 교회에 선교적인 성격을 불어넣기보다는 선교의 제도적인 특성을 강화했던 이전의 입장들(대략 1938년 탐바람부터 1952년 윌링겐)을 뜻하지 않았다. 정교회의 반대에도 불구하고 멜버른회의는 "교회와 하나님 나라"를 주의 깊게 구별했다.

예를 들자면 3부의 주제는 "교회는 하나님 나라를 증거한다"였다.

보고서 III.1은 "모든 곳 모든 시간에 있는 하나님의 전체 교회는 예수 그리스도의 인격 안에서 도래했고 예수가 영광 가운데 다시 올 때 완전하게 임할 하나님 나라의 성례이다"라고 기술한다(WCC 1980:193).

보고서 II.13은 교회를 "하나님 나라의 표적"으로 언급하고 있고 교회는 "그리스도의 선교를 세상에 계속함으로써 하나님 나라의 도구가 되도록" 부름 받는다고 하고 있다.

웁살라와 방콕은 교회들이 바로의 법정에 속하는 것으로 간주하는 경향이 있었다. 멜버른에서 적어도 보고서의 3부와 4부는 많은 결점에도 불구하고 교회들이 본질적으로 모세의 진영에 속한 것으로 보았다. 하나님의 은혜로 회개할 수 있고 갱신될 수 있고 선교 사역을 위해 구비될 수 있는 교회는 하나님의 통치의 최종적인 표현으로서가 아니라 하나님의 통치의 종이자 전령으로서의 정당한 자리를 얻었다(Scherer 1987:144).

같은 어조가 1982년 WCC 문서인 「선교와 복음 전도」(Mission and Evangelism)에서 나타난다. 그것은 하나님의 신적 경영(economy) 속에 있는 교회의 중심성을 확연하게 인정한다. 교회의 일치는 필수불가결한 것으로 간주되었을 뿐 아니라 "6대륙의 선교"를 위한 것으로 인식되었다(ME 37-40). 1년 후에 WCC 뱅쿠버총회는 선교에서의 교회의 진정한 중요성에 대하여 에큐메니칼적인 합의에 이르렀다. 이것은 특히 뱅쿠버총회의 언어와 1968년 웁살라총회의 언어 간의 미묘한 차이에서 나타난다(WCC 1983:50). CWME 산 안토니오(San Antonio)회의(1989)는 비슷한 유형으로 진행되었는데 특히 I부에서 그렇다.

우리는 이제 교회가 신학적이면서 동시에 사회학적 실체이며 신적인 것과 인간적인 것의 뗄 수 없는 연합인 것을 인식한다. 세상의 눈을 통해 자신을 볼 때

교회는 불명예스럽고 남루하고 모든 인간적 연약성을 가지고 있다는 것을 깨닫는다. 신자들의 눈을 통해 자신을 볼때는 교회는 자신을 신비로서 그리스도의 썩지 않는 몸으로서 인식한다. 우리는 때로 교회의 세속성에 대하여 염증을 느낄 수 있지만 교회 안에 있는 신적인 것을 인식하며 변화될 수도 있다(Smith 1968:61). 극도로 모호한 이 교회가 "본성적으로 선교적"이며 하나님의 순례하는 백성이며 성례, 표적, 도구의 특성을 가지며(LG 1) "전 인류를 위한 일치와 희망, 구원의 가장 확실한 씨앗"이다(LG 9).

2. 하나님의 선교로서의 선교

지난 반세기 동안 선교를 하나님의 선교(God's mission)로 이해하는, 미묘하면서도 확실한 변화가 있었다. 이전 세기들 동안에는 선교가 다양한 방식으로 이해되었었다. 구원론적으로 해석하여 개인을 영원한 정죄로부터 구출하는 것으로 보았다. 문화적으로 보면 동과 남쪽 편에 있는 사람들이 서쪽에 있는 기독교인들의 축복과 특권을 소개받는 것이었다. 교회론적으로 볼때 교회의 확장이나 교단의 확장으로 이해하였다. 때로 역사적 구원(salvation-historically)으로 간주되었는데, 진화로든지 대격변으로든지 세상이 하나님의 왕국으로 변화되는 과정으로 정의되었다. 모든 경우마다 초대교회에서 아주 중요했던 기독론, 구원론, 삼위일체론 간의 내적 상호관계가 은혜에 관한 교리로 점차 대치되었다(Beinert 1983:208).

제1차 세계대전 후에 선교학자들은 성경신학과 조직신학에서 진전된 내용들을 주목하기 시작했다. 1932년 브란덴베르그(Brandenburg)선교대회에서 칼 바르트(Karl Barth)는 선교를 하나님 자신의 행위로 주장한 최초의 신학자들 중의 하나였다. 칼 하르텐슈타인(Karl Hartenstein)도 유사한 입장을 표명했다(1933).

몇 년 후 국제선교협의외(International Missionary Council, IMC) 탐바람대회에서 독일 대표단의 발표문은 새로운 선교 이해를 위한 또 하나의 기폭제가 되었다. 이 대표단은 오직 "하나님의 창조적인 행위를 통해서 만으로 하나님의 왕국이 새 하늘과 새 땅으로 최종적으로 완성될 것이다. 그리고 이러한 교회론적 태도만이 교회를 세속화로부터 지켜줄 것이라고 우리는 확신한다"라고 고백했다.⁴

바르트의 영향은 지대했다. 그는 계몽주의적 신학과 확실하게 결별한 새로운 신학의 첫 번째 주창자였다(Küng 1987:229). 선교에 대한 그의 영향력은 국제선교협의회(IMC)가 개최한 월링겐 대회에서 정점을 이루었다(1952). 하나님의 선교(*missio Dei*)라는 개념이 처음으로 표면에 떠오른 것이 바로 여기서 였다.

선교를 하나님의 본성 자체에서 흘러나오는 것으로 이해했다. 선교는 교회론이나 구원론이 아니라 삼위일체 교리에 근거하게 되었다. 아버지 하나님이 아들을 보내고 아버지 하나님과 아들이 성령을 보낸다는 고전적 하나님의 선교 교리는 다른 또 하나의 "동작"(movement)을 포함하게 되었는데 아버지와 아들, 성령이 교회를 세상으로 보내신다는 것이다. 선교 사상에 관한한 삼위일체론적 사고는 중요한 혁신을 가져온 것이다(Aagaard 1974:420).

월링겐대회에서 나타난 선교관은 하나님의 보내심에 참여하는 것으로 선교를 이해한 것이다. 우리의 선교는 그 자체로는 생명이 없다. 오직 보내시는 하나님의 손 안에 있을 때 진정으로 선교라 불릴 수 있다. 왜냐하면 선교는 오직 하나님만으로부터 시작하기 때문이다(van 't Hof 1972:158).

선교를 승리주의 관점에서 보지 않았다. 월링겐대회는 선교를 성육하고 십자가에 달린 예수 그리스도와의 결속으로, 긴밀한 관계로 보았다. 이 대회는 "교회의 선교 의무"라는 주제로 열렸고 대회 연설문들이 "십자가 아래있는 선교"라는 제목의 책으로 나왔다(1953). 선교가 하나님의 것이라는 확신에 이어서 십자가를 강조한 것은 어떠한 안주도 허용해서는 안된다는 의미였다(van 't Hof 1972:160; Dapper 1979:27).

하나님의 선교에 대하여 부언하자면 선교는 우선적으로 교회의 행위라기보다는 하나님의 속성이다. 하나님은 선교사 하나님이다(Aagaard 1973:11-15; 1974:421).

---

4 Tambaram Series, vol I: *The Authority of the Faith* (London: Oxford University Press, 1939), p. 183, 184.

"세상에서 구원의 선교를 성취하는 것은 교회가 아니다. 그것은 교회를 포함하는 아들과 성령, 아버지의 선교이다"(Moltmann 1977:64).

그러므로 선교는 하나님으로부터 세상으로의 움직임(movement)이다. 교회는 이러한 선교를 위한 도구이어야 한다(Aagaard 1973:13). 선교가 있기 때문에 교회가 있다. 거꾸로가 아니다(Aagaard 1974:423). 선교에 참여하는 것은 사람들을 향한 하나님의 사랑의 운동(movement)에 참여하는 것이다. 하나님은 사랑을 보내시는 샘물이기 때문이다.

윌링겐대회 이후 선교를 하나님의 선교(missio Dei)로 보는 관점이 널리 받아들여졌다.

먼저 교회협의회 개신교회들(conciliar Protestantism)에 의해서(Bosch 1980:179), 그리고 동방정교회(Anastasios 1989:79-81, 89), 여러 복음주의교회들(Costas 1989:71-87)에 의해서였다.

가톨릭 선교신학에서도 승인되었는데 제2차 바티칸공의회(1962-1965) 문서에서 뚜렷하였다(Aagaard 1974). 선교의 근원이 아들과 성령의 선교에 있으므로 교회가 본성적으로 선교사임을 천명했고 공의회의 칙령은 선교 활동을 세상과 역사 속에서 하나님의 계획의 표출과 현현으로 정의했다(AG 2,9). 여기서 선교는 삼위일체적, 기독론적, 성령론적, 교회론적 용어로 정의되고 있다(macher 1970:182; Snijders 1977:171; Fries 1986:761; Gómez 1986:31).

교회의 선교와 관련하여 하나님의 선교(missio Dei)는 중요한 결과를 낳았다. 단수형 "선교"(mission)가 우선적이며 복수형 "선교"(missions)는 파생물이다. 윌링겐대회 이후 스테픈 닐은 "복수형 선교(missions) 시대는 끝났고 단수형 선교(mission) 시대가 시작되었다"라고 담대하게 선포했다(1966a:572). 우리는 단수형 선교와 복수형 선교를 구분해야 한다. 우리의 활동이 하나님의 선교와 동일하다고 주장해서는 안된다. 우리의 선교 활동은 하나님의 선교에 참여하는 것일 때만 진정성이 있다.

"교회는 세상을 향하시는 하나님을 좇아 봉사해야 한다"(Schmitz 1971:25).

그러므로 교회 선교의 주요 목적은 단순히 교회의 설립이나 영혼의 구원이 아니라 하나님의 선교(the missio Dei)에로의 봉사이다. 세상 속에서, 세상을 향하여 하나님을 드러내고 하나님을 가리키고 세상의 목전에서 하나님의 자녀로서 서는 것이다. 교회는 선교를 통해 하나님 통치의 약속을 온전히 증거하고 하나님의 통치와 어둠 및 악의 세력 사이에 계속되는 싸움에 참여한다(Scherer 1987:84).

월링겐대회 이후 하나님의 선교라는 개념은 점차적으로 수정의 과정을 거쳤는데 로신(Rosin, 1972)이 그 과정을 상세히 정리했다. 하나님의 관심은 전세계이므로 하나님의 선교의 범위도 그래야 한다. 모든 사람들, 그들의 모든 존재 영역에 영향을 미친다. 선교는 창조, 돌봄, 구속, 완성이라는 부분에 있어서 하나님이 세상을 향하시는 것이다(Kramm 1979:210). 인간의 일반 역사 속에서 발생하며 배타적으로 교회 안에서, 교회를 통해서만 되는 것이 아니다.

"하나님 자신의 선교는 교회의 선교보다 크다"(LWF 1988:8).

하나님의 선교는 교회와 세상을 모두 품는 하나님의 행위이며 여기서 교회는 참여의 특권을 갖는다.

제2차 바티칸공의회의 "현대 세계에서의 교회목회헌법"에서 선교에 대한 광의의 이해가 기독론적으로 보다는 성령론적으로 설명되었다(Aagaard 1973:17, 1974:429-433). 세계 역사는 악의 역사일 뿐 아니라 사랑의 역사이기도 한데 하나님의 통치가 성령의 사역을 통해 이루어지기 때문이다. 그러므로 선교 활동 속에서 교회는 성령을 통해 하나님의 구원이 이미 은밀하게 작용하고 있는 인류와 세상을 만난다.

이것은 인간적인 세상 속에서 하나님의 은혜로 말미암아 순전한 인간의 산물로 결코 보여지지 않으며, 인류 역사의 진정한 저자가 성령임을 나타낸다. 공의회 문서에서 사회 질서와 발전, 공공선을 위한 봉사에 대하여 "놀라운 섭리로 하나님의 영이 시간을 주장하고 사람들의 믿음을 새롭게 하고 이러한 발전을 도우신다"라고 진술하고 있다. 39조항은 "우리는 지구 상의 발전과 하나님 나라의 증가를 분명하게 구별해야 한다"고 하고 있으며 "이러한 진보가 인간 사회의 질서를 개선하는데 기여한다면 이것은 하나님 나라에 중요하다"라고 부언하고 있다.

이와 같이 하나님의 선교(missio Dei)의 범위를 넓게 이해하는 것이 이 개념을 처음 사용한 바르트와 하르텐슈타인의 의도와 어긋난다는 것은 의심할 바가 없다. 이러한 용어를 도입하여 하르텐슈타인은 세속화와 수평화로부터 선교를 보호하고 하나님에게 중심을 두려고 한 것이었다. 그런데, 이렇게 되지 못했다. 바르트와 하르텐슈타인의 발자국을 따랐던 사람들 역시 이후의 발전에 대하여 당혹해 했다. 로신(Rosin, 197:26)은 하나님의 선교(missio Dei)를 가리켜 "'미국인'의 비전이 에큐메니칼 선교신학의 보호벽 속으로 들어온 트로이 목마"와 같다고 말했다.[5]

광의의 개념으로 이해하는 사람들은 하나님의 선교가 교회의 선교보다 더 크다는 관점을 급진화했는데 교회의 참여를 배제할 정도였다. "교회의 선교구조"에 관하여 WCC(세계교회협의회)연구위원회가 편찬한 책에서 "교회는 세상 속에서 하나님의 선교를 위해 봉사하며 세계 역사 속에서 일하시는 하나님을 가리키고 그의 이름을 드러낸다"(:52)라고 진술하였다. 하나님은 주로 "세상과 역사 과정 속에서 그의 목적을 이루셨던 것으로 보인다"(:53).

호켄다이크의 영향이 이러한 진술문 속에 분명히 보여진다. 호켄다이크적인 정서가 아링(Aring, 1971)의 신학적 입장에 분명하게 나타난다. "우리는 하나님을 '분명하게 표현할' 필요가 없다"라고 한 것을 보면 하나님의 선교라는 개념에서 교회는 불필요하게 된 것 같다. 최종적으로 말하기를 '하나님의 선교'는 하나님 자신이 주장하신다는 것을 뜻하므로 우리의 선교 노력을 통해 하나님을 도울 필요는 없다"라고 했다(:88). 사실, 세상은 "부활절 이래로 이미 되어있는 세상, 곧 하나님에 대하여 화목된 세상"이 되려고 할 필요가 없다(:28). 그러므로 그리스도인들의 선교적 기여를 필요로 하지 않는다. 결국, 화목된 세상 없이 하나님이 생각될 수 없고 하나님의 역동적인 임재 없이 세상이 생각될 수 없다.

이와 같은 전개는 호데메이커를 자극하였고 그는 하나님의 선교 개념의 유용성에 도전하였다(1988:171-173). 그는 이 개념이 서로 배타적인 신학적 입장에 있는 사람들에 의해 사용될 수 있다고 주장한다. 그의 주장은 어느 정도 옳다. 한

---

5 그러므로 아가드(Aagaard 1965:251)가 윌링겐(Willingen)대회를 가리켜 선교 사상에 대한 바르트의 영향의 완성이자 결정적이고 통일시키는 힘으로서의 바르트의 영향의 종식의 시작이라고 말한 것은 옳다. 또한 Hoedemaker 1988:172를 참조하라.

편, 하나님의 선교라는 개념이 교회나 다른 인간적 대리인이 선교의 저자이거나 소지자가 될 수 없다는 점을 분명하게 해준 점을 우리는 인정해야 한다. 선교는 궁극적으로 세상을 향한 삼위일체 하나님, 창조자, 구속자, 성화자의 사역이며 교회는 여기에 참여하는 특권이 있다(LWF 1988:6-10). 선교는 하나님의 마음에 그 근원을 가진다. 하나님은 사랑을 보내는 샘물이다. 이것이 선교의 가장 깊은 자원이다. 이보다 더 깊은 것은 없다. 하나님이 사람들을 사랑하시기 때문에 선교가 있다.

선교가 하나님의 선교라는 인식은 이전 세기들과 구별되는 중요한 돌파구였다(van't Hof 1972:177). 협소하고 교회중심적인 선교관으로 다시 돌아가는 것을 생각해서는 안된다.

3. 구원의 매개로서의 선교[6]

1) 구원에 대한 전통적 해석

몇 년 전에 가톨릭 학술지인 「선교연구」(*Studia Missionalia*)가 "세계 종교 속에서의 구원"이라는 주제로 두 권을 연속해서 다루었다(29호, 1980, 30호, 1981). 구원은 모든 종교의 근본적인 관심이다. 하나님이 예수 그리스도를 통해 모든 사람들을 위해 구원을 이루셨다는 확신은 기독교인들의 삶에 가장 중심이 된다. 예수라는 이름 자체가 "구원자"라는 뜻이다(Wiederkehr 1976:9; 1982:329; Beinert 1983:217; Greshake 1983:15).

역사상 기독교 선교 운동이 일어난 것은 모든 사람들에게 구원을 매개하기 위한 열망에서였다. "구원적 동기"(soteriological motif)는 "가장 깊고 근본적인 인

---

6 이 주제에 관한 보다 포괄적인 논의에 대하여는 다음의 나의 논문을 참조하라. "Salvation: A Missiological Perspective," *Ex Auditu*, vol 6(1989), pp. 139-157.

간의 문제"를 다루기 때문에 "선교학의 고동치는 심장"이라고 할 수 있다(Gort 1988:203).

따라서 국제선교대회들이 전적으로 이와 같은 주제에 집중한 것이 이해가 된다. 1973년의 방콕회의의 주제가 "오늘의 구원"이었다. 1988년 10월 로마의 어반대학교(the Urban University)에서 열린 민족복음화를 위한 로마가톨릭 회중회의 역시 같은 주제를 가지고 한 주간 진행되었다.[7] 이 회의들이 중요했는데 왜냐하면 선교신학은 구원의 신학에 달려있기때문이다. 그러므로 우리가 구원을 어떻게 정의하든 간에 구원의 범위가 선교 활동의 범위를 결정한다고 말하는 것이 맞다.

교회와 선교 간의 관계에 대한 이해에 있어서 패러다임의 이동이 있었던것 처럼 교회가 중개해야하는 구원의 성격에 대하여 또한 패러다임의 변화가 있었다. 초대교회의 선교를 살펴보면 구원은 종합적으로 해석되었었다. 이것은 모든 신약성경 저자들이 똑같은 이해를 가졌다는 말이 아니다.

예를 들면, 누가는 인간상황의 아주 폭넓은 범주에서 "구원의 언어"(salvation language)를 사용한다. 즉, 가난, 차별, 질병, 악한 영의 억압, 죄의 종식을 말하고 있고 쉐플러(Scheffler 1988)가 언급하듯이 경제적, 사회적, 정치적, 신체적, 심리적, 영적 고통에 대해서도이다. 더욱이 누가에게 구원은 무엇보다도 이생에서 실현되는 어떤 것이었다(특히4:21; 19:9; 23:43의 예수의 말을 주목해 보라). 누가에게 구원은 현재적 구원이다(Stanley 1980:74).

바울 서신에서 특별히 강조하는 부분이 있다. 바울은 구원의 시작을 강조한다. 구원은 이생에서 시작한다(Stanley 1980:63-39). 구원은 과정이고 한 사람이 살아계신 그리스도를 만남으로서 시작한다. 그러나 완전한 구원은 아직이다. 성령은 하나님이 우리에게 주신 첫 번째 선물일 뿐이다(롬 8:23). 우리는 희망 안에서 구원받는다(8:24).

---

[7] 이 협의에서 발표된 논문들은 다음의 제목으로 발간되었다. *La salvezzia oggi*(Rome: Urban University Press, 1989).

바울서신의 핵심 개념인 화목(reconciliation)은 여기서 지금 발생하지만 바울은 보통 미래형으로 구원을 말한다.

> 곧 우리가 원수되었을때에 그의 아들의 죽으심으로 말미암아 하나님과 화목하게 되었은즉 화목하게 된 자로서는 더욱 그의 살아나심으로 말미암아 구원을 받을 것이니라(롬 5:10).

이것은 분명히 바울이 종말론적으로 생각하고 있다는 사실과 관계있으며 종합적인 구원(comprehensive salvation)이 다가오는 하나님의 승리로 인해 이루어질 것임을 강조한다(Beker 1984). 당분간 바울은 구원자인 예수 그리스도를 기다려야 한다(빌 3:20). 그러나 이로 인해 신자들이 현재 여기서 이미 경험하고 있는 개인적, 사회적 차원의 급진적인 갱신이라는 실재를 외면하지 않는다(롬 8:14, 고후 5:17).

이것은 또한 신자들의 "종교적 삶"만 붙잡는 것이 아니다. 하나님과의 화목의 경험과 새로운 탄생은 사회적(빌레몬서), 정치적으로 지대한 영향을 가져온다(시이저가 주이자 구원자라고 고백되는 곳에서 예수 그리스도가 주이자 구원자로 불린다). 그러나 이 모든 것은 열렬한 종말론적 기대 안에 남는다.

그러나 헬라교부시대에 종말론적 기대가 수그러들었다. 구원이 파이데이아(헬라아 *paideia*)의 형태를 취하면서 신자들의 신성화(the theosis)로의 점진적인 "상승"으로 이해되었다. 그리스도의 "기원"에 강조를 두었다. 성육신이 파이데이아(헬라어 *paideia*)의 도구로서 중심위치를 차지했다(Lowe 1982:200; Beinert 1983:204).

비잔틴교회에서는 구원이 "교육적"(pedagogical) 진보로 이해된 반면, 가톨릭과 개신교를 포함하는 서방교회는 죄의 파괴적인 영향과 더불어 교회가 중개하는 위기 경험을 통해 타락한 개인이 회복되어야 한다는 것을 강조했다. 그리스도의 선재성과 성육신이 아니라 십자가에서의 대속적 죽음이 중심이 되었다(Beinert 1983:203-205). 구원은 개인 영혼의 구속이었고 이제부터는 개개인 신자의 죽음인 작은 종말에 영향을 끼치는 것을 뜻했다.

이러한 관점에서는 그리스도의 "인격"(person)과 "사역"(work)이 서로 분리되는 것이었다. 결과적으로 기독론이 구원론에 복종하게 되었다(Lowe 1982:219; Greshake 1983:72; Beinert 1983:202, 205, 208). 그리하여, 하나님의 "구원적" 행위는 개인 및 사회의 안녕과 관련한 그의 "섭리적" 행위와 점점 더 구별되게 되었다. 따라서 기독교 선교 역사 전체를 통해 병자, 가난한 자, 고아, 소외된 자, 교육, 농업과 같은 부문에 상당한 봉사가 이루어졌지만, 이러한 사역들은 항상 "보조적인 봉사"로 간주되었지 그 자체로서 사역으로 인정되지 않았다.

이러한 활동들의 목적은 사람들이 복음에 호감을 갖게 하도록 "완충" 역할을 하는 것이며 영원한 구원에 관한 하나님의 말씀을 선포한다는 진정한 선교 사역을 위해 먼저 길을 닦아두려는 취지였다. 대부분의 경우 자선, 교육, 의료같은 "수평적," "외적" 요소들과 설교, 성례전, 교회 출석과 같은 "수직적," "영적" 요소들을 분명하게 구분지었다. 후자만이 구원의 성취와 관련이 있었다.

이와 같이 희석된 구원의 개념은 필연적으로 교회의 활동에 국한하는 협의적 정의가 되었는데, 신자들의 사회 참여는 사람들을 교회에 오게 해서 구원을 접하게 하지 않는다면 구원과는 전혀 관계없는 활동이라고 보게 된 것이다.

2) 근대 패러다임 속에서의 구원

위에서 약술한 신학적 관점은 사람들이 기독교 국가 속에서 계속 살고 세상에서 일어나는 모든 일을 하나님의 포괄적이고 초월적인 행위로 완전히 간주할때만 유지될 있는 것이었다. 계몽주의의 도래로 인해 이러한 구원관은 심각한 압력을 받게 되어 전통적인 구원론이 도전을 받게 되었다. 인간의 힘과 능력과는 완전히 무관하게 외부로부터, 하나님으로부터 구원이 온다는 사상은 심각한 문제가 되었다(Wiederkehr 1976:77-122; 1982:331-336; Beinert 1983:209; Greshake 1983:26, 74).

여기서 종교에 대한 근대적 비평이 출발했다. 하나님에 대한 전적 의존의 표현으로서의 종교, 영원한 구원으로서의 종교는 시대착오적 발상이자 인류 아동기의 후손이 되고 말았다. 구원은 이제 종교적 미신으로부터의 해방, 인간 복지에의 주목, 인간의 도덕적 개선을 뜻했다. 대안적인 구원론이 출현했는데 과학과 기술을 활용하여 현 세계에서 물질적인 향상과 사회, 정치적 변화를 도모하는 것이었다. 여기서 종교에 대한 비평은 본질적으로 구원론에 대한 비평이 되었다(Wiederkehr 1982:331-333). 구원은 근대인들에게 동기를 부여하는 힘으로 남았지만 철저하게 재정의 된 것이다.

근대주의(modernism)의 도전에 대한 교회와 선교의 반응은 두 가지였다.

첫째 반응은 가톨릭이나 개신교의 경우인데 구원을 전통적 방식으로 계속 정의하고 계몽주의의 도전을 무시하고 아무 일도 없었던 듯이 계속 전진하는 것이었다.

둘째 반응은 근대주의의 도전과 이에 입각한 구원관을 심각하게 여기는 것이었다. 기독교가 "구조"받는 한 길은 예수가 인류를 위해 대속적 죽음을 당하고 이로 인해 하나님의 진노를 가라앉혔다는 관점을 거부하고 예수를 이상적 인간 따라야할 모범, 도덕 교사로 간주하는 것이었다. 예수의 인격이 중심이 아니고 예수의 목적이 중심이 되었고 이상을 가진 자가 아니라 이상 자체가 중심이 되었다. 교사(the Teacher)가 아니라 가르침(특히 산상수훈)이 중심이 되었고 왕이 없는 하나님의 왕국을 강조하였다(Greshake 1983:76).

이러한 패러다임 속에서 죄와 구원은 더 이상 하나님과 인간을 나누거나 연합시킨다는 의미가 아니고 인간들 속에서의 나뉨과 연합을 가리키게 된 것이다. "어디서 자비의 하나님을 발견할 수 있을까?"라는 루터의 질문이 "어떻게 하면 서로에게 자비로운 이웃이 될 수 있을까"라는 질문으로 바뀌었다. 하나님의 이 세상으로의 "수직적인" 오심은 "수평적" 관계로 바뀌었는데 인간의 하나님과의 구원적 관계가 자신의 형제, 자매로의 회심 속에서 구현되는 것으로 되었다.

막스(Marx)의 개념을 빌리자면 죄는 인간 간의 소외가 되었다. 구원은 개인 안에서의 변화를 통해 오는 것이 아니고 왜곡되고 불의한 구조의 종식을 통해서 오는 것이었다(Greshake 1983:26-29; Gründel 1983:113-115, 122). 근본주의에서 말하는 종말적 회의주의가 진화론적 낙관주의의 반박을 받았다. 사람들이 무지와 굶주림, 불행, 억압의 모든 형태로부터 곧 자유하게 될 것이라고 생각했다.

"미래의 낙원"이 유토피아의 색채를 입고 나타났는데, 특히 미국의 "사회복음"이 그러했다. 미국식으로 정의된 구원이 "선교지"로 수출되어야 했다(Dennis 1897, 1899, 1906). 이러한 패러다임 속에서 죄는 무지로 정의된다. 사람들은 정보를 제공받으면 되는 것이었다. 서구 선교는 계몽되어 있지 않은 사람들에게 구원을 중개하는 위대한 교육자였다.

이러한 성향 가운데에서 1920년대부터 1950년대까지 바르트의 개입이 있었다. 이후 1960년대에 새로운 낙관주의의 시대가 움텄다. 요하네스 호켄다이크(Johannes Hoekendijk)에게 있어서 샬롬(shalom)은 구원보다 보다 포괄적인 개념이었는데, 하나를 선택해야 한다면 물론 구원을 선택해야할 것이었다. 사람들이 자신의 죄를 용서해 줄 자비로운 하나님을 찾아야만 하는 것처럼 우리가 계속 행동한다면 결국 우리는 구식인류학을 현대인류학에 강제하는 것이 된다(Hoekendijk 1967a:348).

교회와 사회에 관한 주제로 열린 제네바대회(1966)에서 임마누엘 메스테네(Emmanuel Mesthene)와 리차드 샤울(Richard Shaull)은 서로 아주 상이한 방식이기는 했지만 모두 호켄다이크의 구원의 범주를 사용했다. 두 사람 모두 이 세상이 하나님의 활동의 주요 무대이자 구원의 결과가 생기는 장소(유일한?)라는 데에 동의했다.

메스테네의 준거틀은 근대 산업화, 세속화된 서구였고 그는 기술의 발전에서 세계 문제의 해결을 찾았다. 샤울의 준거틀은 제3세계, 곧 불의와 착취, 가난의 경험이었다. 메스테네의 신학은 계몽주의의 도전에 응답하려는 것이었고 샤울은 칼 막스(Karl Marx)와 식민 착취의 도전에 응답한 것이었다. 메스테네에게 구원은 광대한 기술의 발전을 통해 모두가 서구의 부를 나누는 것이었고 샤울에게는 구원은 해방, 즉 기존 질서를 전복함으로써만 성취될 수 있는 것이었다.

WCC(세계교회협의회) 웁살라대회(1968)는 이러한 두 입장을 화해시켜보려 했는데 "선교 회중 구조"에 대한 두 보고서에 이러한 시도가 나타나 있다(WCC 1967). 그러나 구원이 무엇인가를 규명하는 것은 선교 및 전도위원회(방콕, 1973,

"오늘의 구원"이 주제)에 남겨져있었다. 이 회의의 "정신"은 이 세상에서 구원이 무엇을 의미하느냐는 데에 있었던 것 같다. 제2부를 보면 구원이 네 가지 차원에서 설명되어 있다.

① 착취에 대한 경제적 정의
② 억압에 대한 인간의 존엄성
③ 소외에 대항하는 결속
④ 개인 삶의 절망에 대한 희망을 위해 싸우는 것으로 말하고 있다.

"구원의 과정" 속에서 우리는 이 네가지 차원을 서로 관련시켜야 한다(:90).

구원에 대한 가톨릭의 선교관은 개신교와 병행을 이루었는데 특히 교황 요한 23세가 1959년에 제2차 바티칸공의회를 선언한 이후에 그러했다. 개신교와 마찬가지로 구원이 "종교적"(혹은 "교회적") 용어로로만 정의될 것이 아니라 다른 영역에서 어떤 결과가 왔는가에 대해서 정의되어야 한다고 보았다. 특히 구원에 대하여 광의의 해석을 하는 로마가톨릭의 해방신학에서 더욱 뚜렷했다.

최근의 선교 사상과 실천에서 비롯된 구원에 관한 해석이 구원에 대한 이해에 기여를 했고 그렇지 않았다면 우리는 너무 협소하고 빈혈 상태에 있는 관점을 그대로 가지고 있었을 것이라는 점은 의심할 바 없다. 서로에게 의존하는 사람들이 살고 모든 개인이 상호관계의 거미줄 안에서 존재하는 세상 속에서 구원을 개인, 그리고 개인의 하나님과의 관계에 국한시키는 것은 전적으로 받아들일 수 없다. 증오, 불의, 억압, 전쟁, 폭력은 악의 표출이다. 인도적 정신에 대한 관심, 기근과 질병, 무의미의 정복은 우리가 희망하고 애쓰는 구원의 일부이다. 그리스도인들은 하나님의 통치가 임하고 하나님의 뜻이 하늘에서 이룬 것 같이 땅에서 이루기를 기도해야 한다. 지구는 그리스도인들의 부르심과 성화의 장소이다.

3) 구원에 대한 근대적 이해 속에 있는 위기

그러나 1970년대에 "해방주의자들" 뿐 아니라 "세속주의자들"의 구원에 대한 정의가 압력을 받게 되었다. 1975년의 나이로비대회 이후 세계교회협의회의 회의들이 보다 차분한 분위기였다는 점을 앞에서 언급했었다. 가톨릭에서도 1974년 『주교회의와 현대세계에서의 복음화』(*Evangelli Nuntiandi*, 1975)가 출간된 이후 이와 유사하였다. "수평주의자"(horizontalist) 모델이 신학적, 실천적으로 일관성이 없음이 점점 분명해졌다.

구원이 마치 우리 손 안에 있고 우리가 좌지우지할 수 있고 우리가 일으킬 수 있는 것처럼 생각하고 행동하는 것은 자기기만이었다. 우리는 우리 자신의 선행을 통해 구원을 일으킬 수 있다는 깊은 이단적 확신에도 불구하고 심지어 그리스도인들도 사회의 필요에 대하여 이미 만들어져 있는 대답을 가지고 있지 않다는 점을 다시금 깨닫기 시작했다.

그리스도인들은 너무 많은 약속을 스스로 했는데 가령 1968년의 웁살라(Uppsala)와 메델린(Medellín)대회에서 가시적인 미래에 모든 불의와 가난, 모든 형태의 노예적 상황은 과거지사가 되고 구원이 눈앞에 있다고 하였다. "오늘의 구원" 프로젝트를 준비한 토마스 와이저(Thomas Wieser)는 다음과 같은 차분한 경고의 말을 했다:

> 역사상의 사건들 속에서 하나님의 구원 목적을 분별하려는 임무는 비평적 판단을 할 수 있게 하는 견고한 신학적 표준을 필요로 한다. 단기적인 "상관성"(relevance)을 이루기 위해 돌진하는 중에 교회의 신뢰성을 잃지 않도록 해야 하는 중요한 임무가 우리에게 있다(1973:177).

방콕대회 대표단들이 돌파구를 찾았다고 당시에 가졌던 희열은 기만적인 것이었다. 실제로 구원의 의미에 대한 진술문들은 대답보다는 더 많은 질문을 야기했다. 지난 20년 동안 "성장의 한계"를 인식하게 되면서 이것은 더 뚜렷했다. 검증되지 않은 기술 발전은 의미가 없게 되었는데 재생될 수 없는 자원이 고갈되고 있었기 때문이었고 부자는 더 부자가 되고 가난한 자는 더 가난하게 되었다. 인간이 빵만으로 산다 하더라도 고칠 수 없어 보이는 구조 때문에 빵이 충분치 못했다. 게다가 기술과 과학적 방법이 생태계를 돌이킬 수 없을 정도로 황폐케 할지 모른다는 의식을 하게 되었다.

우리는 기술적으로 가능한 것은 무엇이든 만들 수 있다는 사고를 버려야 할 처지가 되었다. 성공 이야기는 재난의 이야기가 되어 버리고 어떤 사람들은 기술 없는 세상 속으로 물러나려고까지 한다. "미래의 낙원"이라는 꿈이 끊임없는 전쟁의 연기 속에서 사라져가고 더 나쁘게는 지구 상의 모든 생명들을 파멸하는 핵폭발의 방사성 바람 속에서 사라져가고 있다. 60년대의 낙관주의와 희열은 더 이상 존재하지 않는다.

그리스도인들은 신학과 선교가 사회윤리학 속에 잠식되게 허용한다면 예수 그리스도의 인격을 결국 상대화하는 것이 아니냐는 질문을 하게 된다. 바이너트(Beinert)는 "구원론에서 필수적이어야할 기독론적 요소가 (항상) 분명한 것은 아니다"라고 옳은 진단을 한다. 현대의 여러 패러다임들이 불가피하게 보이는 결과는 세상의 필요와 해결이 예수 그리스도와 관계없이 독립적으로 제시된다는 것이다(Lowe 1982:220). 그러나 교회는 하나님이 "세상의 구원을 위해 단번에, 완전히 새롭게, 반복될 수 없고 최종적으로 예수 그리스도 안에서 하신 것을 증거하는 선교를 하도록 부름 받는다"(Glazik 1979:160).

"모든 구원을 완성하신 것은 예수 그리스도이다. 그가 이루지 않았다면 그 누구도 그의 일을 완수할 수 없다"(Memorandum 1982:459).

요약하자면, 구원과 안녕이 서로 긴밀히 결합되어있지만 서로 완전히 일치하지는 않는다. 기독교 신앙은 비평적 인자(factor)이고 하나님의 통치는 비평적인 범주이며 기독교 복음은 현대 해방운동의 의제와 동일하지 않다(Beinert 1983:214; Gort 1988:213).

그러나 우리는 구원에 대한 고전적 해석으로 단순히 돌아갈 수 없다. 이러한 해석이 기독교 구원에 대하여 필수적인 요소들을 담고 있고 보호한다고 해도 그렇다. 이것의 문제는 두가지이다.

첫째, 구원의 의미를 위험할 정도로 협소하게 하고 있다는 것인데, 구원을 하나님의 진로로부터 탈출해서 개인 영혼이 사후에 구속받는 것으로만 정의할 때 그렇게 되는 것이다.

둘째, 이것은 창조와 새창조 간에, 안녕과 구원 간에 너무 뚜렷한 선을 긋는다. 도날드 맥가브란(Donald McGavran)의 말에 이러한 점이 나타나 있다.

> 구원은 수직적 관계이다… 수직적 관계가 수평적 관계에 의해 대치되어서는 안된다. 사회적 개선이 필요하지만 이를 위한 수고가 "구원"을 위한 성경적 요건을 대치해서는 안된다(1973:31).

이러한 접근에 맞서 우리는 구속은 이 세상으로부터의 구원이 아니라 항상 이 세상의 구원임을 분명히 해야 한다. 그리스도 안에서의 구원은 온전하고 치유된 세상을 향하는 인간 사회 상황에서의 구원이다.

4) 포괄적 구원(Comprehensive Salvation)을 향하여

구원의 의미에 대한 현 세계의 도전을 무시해서는 안된다. 새로운 도전은 새로운 반응을 요구한다. 우리는 환경에 의해 새롭게 통찰하라고 요구받는다. 구원에 대한 전통적 해석이나 현대적 해석 모두 불충분하다는 인식에서 구원에 대한 성경적 견해를 다시 점검하는 것이 도움이 될 것이다.

구원에 대한 이해와 관련하여 헬라교부의 선교에서 제기된 첫 번째 모델은 예수의 삶의 기원과 시작, 즉 선재설과 성육신에 초점을 두었다.

두 번째 모델로서, 서구 선교의 방향은 예수의 삶의 종말, 즉 그의 십자가 죽음을 향했다(안셀름파의 만족설이 대표적인 예). 두 경우 모두 구원은 예수의 삶의 가장 자리에 놓였다(Wiederkehr 1976:34; Beinert 1983:211).

세 번째 모델은 구원에 대한 윤리적 해석으로서 예수의 지상에서의 삶과 사역에 초점을 두었다. 이것은 구원에 대하여 보다 역동적인 요소를 소개해 주었지만 최종적으로는 그리스도 자신을 불필요하게(redundant) 만들었다.

우리는 포괄적인 기독론적 틀 안에서 움직이는 구원관이 필요한데 총체적으로 그리스도를 이해하는 것으로서 그의 성육신, 지상의 삶, 죽음, 부활, 다시 오심 등 교회와 신학에 필수적인 요소들을 포함한다. 이 모든 기독론적 요소들이 함께 예수의 사역을 구성하는데 예수는 구원을 열었고 우리가 따라야 할 모범을 보여 주었다(Wiederkehr 1976:39-43).

그러므로 "포괄적인"(comprehensive), "전체적인"(integral), "총체적인"(total), "보편적인"(universal) 구원의 중개가 점점 더 선교의 목적으로 이해되면서, 전통적 모델과 보다 최근의 모델들이 가지고 있는 이원론을 극복하고 있다(Waldenfels 1977; Müller 1978; Weber 1978).[8] 그래서 선교 문헌이나 선교 실천이나 모두 분열적 자세를 버리고 사람들의 총체적 필요에 응답하여 사역하고 우리의 구원 사역 속에서 개인과 사회, 영혼과 신체, 현재와 미래를 모두 다루어야 한다는 것을 강조하고 있다.

역사상 20세기만큼 사회적 고충이 컸던 때는 없었다. 한편, 이러한 필요에 대해 뭔가를 할 수 있는 시기도 오늘날 같은 때가 없었다. 가난, 불행, 질병, 범죄, 사회적 혼란이 전례가 없을 정도다. 어느 때보다도 사람들이 다른 사람들에 의해 희생물이 되었다. 인간이 다른 인간들에게 늑대가 되었다. 많은 국가에서 소외된 사람들은 사회에 적극적으로도 소극적으로도 참여하지 못한다. 인간 상호 간의 관계가 해체되고 사람들은 스스로 자유할 수 없는 생활의 틀 속에 잡혀있다. 끝자락(marginality)이 그들의 삶의 특징이다(Müller 1978:90).

이러한 상황에서 그리스도인으로서 변화를 가져오려면 구원을 중개해야 한다. "우리 시대의 사람들, 특히 가난하고 고통받는 사람들이 가지는 기쁨과 희망, 슬픔과 고뇌는 그리스도를 따르는 사람들의 기쁨, 희망, 슬픔, 고뇌이다."

---

8 물론 어떤 의미에서 명사 "구원"에 어떠한 형용사라도 덧붙이는 것은 중복적이다. 구원은 그 자체가 포괄적이고 통합적(integral)이다. 그렇지 않으면 그것은 구원이 아니다.

우리의 관심이 구원이기 때문에 우리는 우리 자신이나 다른 사람들을 전능한 운명에 갇힌 자로서 보아서는 안되며 교회는 모든 운명론과 침묵론에 맞서 저항 운동을 이루어야 한다.

다른 한편으로 우리는 우리 자신이나 다른 사람들의 능력을 과대평가해서는 안되므로 인간의 자기 구속(self-redemption) 이론들에 대하여 비평적인 질문을 해야 한다. 최종적 구원은 인간의 손으로 이루어 지지 않으며 그리스도인들의 손에 의해서도 이루어지지 않는다. 그러므로 그리스도인들은 어떤 프로젝트도 하나님의 온전한 통치와 동일시해서는 안된다. 우리는 기껏해야 하나님의 통치를 위한 가교를 세울 뿐이다(Geffré 1982:490; Beinert 1983:215, 218; Beker 1984:86; Gort 1988:213).

그러므로 우리는 구원의 초월적 성격을 붙잡아야 하며 그리스도를 통해 하나님을 믿도록 사람들을 초청할 필요가 있음을 명심해야 한다. 구원은 회개와 개인적인 믿음의 헌신을 통해서만 온다(Wiederkehr 1982:334).

구원의 전체적인(integral) 성격은 교회의 선교 범위가 전통적 견해보다 더 포괄적임을 말해 준다. 구원은 인간 존재의 필요 및 긴급성처럼 일관적(coherent)이며 넓고 깊다. 그러므로 선교는 구원을 제공하는 하나님과 온갖 죄악에 휘말린 세상, 구원을 갈망하는 세상 간에 계속되는 대화에 참여하는 것이다(Gort 1988:209). "선교는 보냄을 받아, 세상의 생명을 위해 그리스도가 죽으시고 부활하셔서 사람들을 변화시키시고 죽음을 이기게 하신다는 것을 행위와 말로써 선포하는 것을 뜻한다"(롬 8:2; Memorendum 1982:459).

하나님의 통치에 대하여 "이미"와 "아직" 사이의 긴장으로부터, 직설법적 구원(구원은 이미 실재이다!)과 가정법적 구원(포괄적 구원은 아직 오지 않았다!) 사이의 긴장으로부터 명령법적 구원, 곧 구원의 사역에 참여하라는 명령이 나온다(Gort 1988:214).

하나님이 어느날 모든 눈물을 씻어줄 것임을 아는 사람은 현재 고통받고 억압받는 사람들의 눈물을 마지못해 받아주지만은 않을 것이다. 어느날 질병이 더 이상 없을 것을 아는 사람은 지금 개인과 사회에 있는 질병을 정복할 것을 적극적으로 기대할 것이다. 하나님과 인간의 적이 격멸될 것을 믿는 사람은 현재 가족과 사회에서 적이 일으키는 술책을 맞설 것이다. 이 모든 것이 구원과 관계있다.

4. 정의 추구로서의 선교

1) 역사의 유산

복음 전도를 다루는 다음 장에서 전도가 정의를 위한 수고와 동일시될 수 없지만 또한 서로 분리될 수 없음을 분명히 이해하게 될 것이다. 기독교 선교에 있어서 복음 전도적 차원과 사회적 차원간의 관계는 선교신학과 실천에서 가장 곤란한 영역들 중 하나이다. 앞으로 계속 이 문제가 거듭 제기될 것이다.

사회 정의가 구약성경의 예언 전통의 바로 핵심에 있다는 것은 의심의 여지가 없다. 대부분의 이스라엘의 왕들이 적어도 하나님을 믿는다고 고백했기에, 아모스나 예레미야 같은 선지자들은 왕들이 불의를 용납하거나 자행할 경우 여기에 도전할 수 있었다.

그러나 초대교회가 선교를 하기 시작한 사회, 정치적 상황은 이와 아주 달랐다. 기독교는 로마제국 안에서 비공인 종교였다. 기껏해야 관용되었고 최악의 경우 핍박을 받았다. 그리스도인들은 자신들의 신앙에 근거하여 어떤 권한도 가지지 못했다. 이러한 상황으로 인해 후대의 많은 그리스도인들이 신약성경이 구약성경보다 더 "영적"이고 그러므로 우월하다는 잘못된 관점을 갖게 되었다. 동시에 기독교 신앙이 본래적으로 가지는 정의의 차원이 간과되었는데 많은 경우에 있어서 정의가 구약성경과는 아주 다르게 표현되어있기 때문이었다(본서의 제2장과 제4장 참조).

콘스탄틴 황제 통치기 동안 기독교는 공인 종교가 되었을 뿐 아니라 곧 로마제국 안에서 유일하게 합법적인 종교가 되었다. 이제 상황은 이스라엘이 독립국가였을 때와 비슷하게 되었다. 과거에도 그랬듯이 새로운 상황에서도 타협이 생졌다. 이러한 타협은 빈번히 사회 정의의 영역에서 일어났고 "법정의 예언자들"(court prophets)은 불의가 묵인되고 공모될 때 권위를 비판하는 것이 불가능하거나 무리라고 생각했다.

콘스탄틴 황제 시절부터 근대기가 동틀 무렵까지 교회 소속과 국가 소속이 하나가 되어 통치자들이 정치 뿐 아니라 백성들의 종교적, 윤리적 생활에도 책임을 져야 한다고 생각했기 때문에 종교와 정치의 영역은 어떻게 보면 합쳐져 있었다.

그러나 빠르게는 어거스틴 때에 실재를 서로 화해될 수 없는 양편으로 나누는 성향이 생겼는데 『하나님의 도성』(the City of God) 4권 28장에 강력하게 기술되어 있다(본서의 제6장을 참조하라). 토마스 아퀴나스와 같이 중세 후반의 가톨릭에서 역류 현상이 있기는 했지만 어거스틴 이래로 "신적 거룩의 광채와 세상의 어두움 간의" 대조를 상정하는 경향이 있어왔다(Niebuhr 1960:69). 이러한 유산이 다양한 형태로 가톨릭으로부터 개신교로 이어졌는데 칼빈주의보다 루터교와 재세례파에서 더욱 그랬다. 세상은 악이고 구속 불가능하고 세상의 구조를 바꾸는 것은 교회의 책임 영역에 속하지 않았다.

계몽주의의 도래와 함께 사실이라는 공적 세계와 이상이라는 사적 세계의 완전한 구별로 인해 정치와 국가는 공적 세계에 속하고 종교와 도덕은 사적 세계에 속하게 되었다. 교회와 국가 간의 유기적 관계가 절단되었고 교회는 공유하는 신앙에 근거하여 국가에 더 이상 호소할 수 없었다. 교회 밖에서의 교회의 사역은 대부분 자선과 계발에 한정되었다. 불의한 사회 구조에 도전하는 것은 교회의 권한 범위 밖이 되었고 통치자들이 전혀 받아들일 수 없는 것으로 되었다.

1926년에 10명의 주교(그 중의 한 명은 윌리엄 템플[William Temple]로서 후에 켄터베리 대주교가 되었음)가 광산 광부들과 소유주들, 영국 정부 사이의 논쟁에서 중재 역할을 하려고 했을때 격분한 수상 스텐리 볼드윈(Stanley Baldwin)은 『아다나시우스 고백서』(the Athanasian Creed)의 개정을 철강협회에 의뢰한다면 주교들이 어떻게 생각할 것인지 물었다(Temple 1976:30).

주교들이 정치에 개입한 것은 교회와 국가 간에 조화롭게 일을 나눈다는 틀에서 교회가 빠져 나온 초기 양상들 중의 하나이다.[9] 20세기에 교회-국가간의 관계의 복잡성은 이러한 관계를 재정의 하려는 시도에서 생긴 것이다.

2) 정의와 사랑 간의 긴장

라인홀드 니이버(Reinhold Niebuhr, 1960)의 견해가 이 문제를 이해하는 데에 도움이 된다. 니이버는 이성 윤리는 정의를 목적으로 하며 종교 윤리는 사랑을 이상으로 삼는다고 말한다(:57). 후자의 경우 이상은 동료 인간의 영혼을 "절대적이고 초월적인 관점"에서 본다. 이것은 사랑과 공평이라는 이상이 완전히 실현될 사회를 천년왕국적 희망으로 기대하는 것으로 귀결된다(:60). 그러나 종교적 이상 안에서 "신비적" 강조가 "예언적" 강조와 나란히 하는 복잡한 문제가 생긴다(:64). 신비적인 차원은 개인이나 집단을 세상에서 물러나게 하는 경향이 있는데, 역사를 과소평가하고 진정한 고향은 여기가 아니라 하늘이며 다른 이웃에게 관심을 둘 것이 아니라 하나님과의 교통을 추구해야 한다고 주장한다(Haight 1976:623). 예언적 차원은 이웃을 위해 사회에 참여할 것을 신자들에게 촉구한다.

이와 같이 기독교 윤리에 있어서 풀리지 않는 긴장을 다루려는 시도들은 대체로 두 가지 형태로 나타났다.

개신교 에큐메니칼 운동과 이보다는 덜할지라도 현대 가톨릭에서 모두 지배적인 주제는 예언적 주제이다. 그런데, 에큐메니칼주의의 전개를 보면 정의를 추구하는 이성 윤리가 사랑을 추구하는 종교 윤리보다 더 강력한 것 같다. 가령, 특히 1900년 이후로 사회복음은 "사회적 관심을 크게 강조하고 영원한 구원의 메시지는 약화시키고"(Marsden 1980:92), 결과적으로 기독교에서 초월성이라는 개념을

---

[9] 그것은 분명히 최초의 예는 아니다. 선교 역사에 걸쳐(본서에서 지적된 것처럼) 바돌로매 드 라스 카사스(Bartolomé de Las Casas)와 같은 용기있는 많은 사람들이 "자신들의" 식민지역 정부에 의해 만연하고 있던 불의를 반대하여 말했다. 그러나 그들은 대부분 교회 주변부에 있었고 공식교회를 대변하는 사람들이 아니었다. 이 예가 특별한 것은 교회를 대표하는 사람들로 구성된 뚜렷한 공식 집단이 참여했다는 것이다.

완전히 폐기한 것 같았다.

"세속적인 60년대" 동안에 "주류 기독교"에서는 이것이 대체로 사실이었다. 제네바교회(the Geneva Church)와 사회대회(Society Conference, 1966), WCC 웁살라대회(1966), 방콕의 세계선교 및 복음전도위원회(CWME, 1973)는 하나님의 선교에 속하는가를 분별하는 기준이 뚜렷하지 않은 채(Bassham 1979:94) 어떤 형태의 정치 운동이라도 승인해 주는" 경향을 보였다(Wieser 1973:177). 사랑이라는 종교 윤리는 정의라는 이상을 사랑이라는 이상으로 발효시키는 것을 언제나 목표로 할 것이라고 니이버는 말한다(1960:80). 이것은 완전히 정치화하는 것을 방지할 것이고 윤리적 요소는 씻겨진다. 사랑은 정의 이상을 요구한다(:75). 종교에서 "최고의 이성적 희망"(*ultra rational hopes*)은 용기를 제공하고 사랑을 살아있게 한다.

여기서 교회의 선교를 "단순히 임시적인 프로젝트의 차원"으로 축소시키는 위험성을 보게 된다. 이와 유사한 측면에서 본회퍼(Bonhoeffer 1977)는 의식적이든 무의식적이든 하나님의 통치를 이 세상의 목표와 동일시하고 우리 자신의 미래뿐 아니라 하나님의 미래를 설계하는 자가 되려는 "세속적 유혹"을 지적한다. 여기서 "종말론적 견지"는 거의 사라지고 없다.

그러나 본회퍼는 또 다른 극단을 지적하는데 저 세상이라는 경건의 광채 속에서 지상은 중요성을 잃고 궁극적으로 무의미하게 된다. 이것이 복음주의가 사회 정의에 대한 교회의 사명에 대하여 갖고 있는 위험성이다. 문제는 종교적 이상이 사랑의 결과를 구체적으로 이루기보다는 신자의 동기를 완전하게 하는 데에 더 관심을 두는 것이라고 니이버는 말한다(1960:74). 이와 같은 동기에 대한 집착은 나름대로 미덕이 있을지라도 사회에 아주 위험하다. 노예 제도에서 보여지듯이 사랑의 동기를 가진 진실한 기독교인들이 자신들의 종교적 도덕적 이상과 충돌하는 사회적 불의에 대하여 과감하게 맞서지 않을 수 있다(:77). 어거스틴과 헬라에서 이어받고 계몽주의 정신에 의해 강화된 이원론, 즉 하나님과 세상, 영과 몸이라는 이원론의 지속은 사랑이라는 이상을 패배시키고 만다.

3) 두 가지 명령

복음 전도와 사회적 책임 간의 관계라는 수수께끼를 풀려는 한 가지 시도로서 영적 명령과 사회적 명령이라는 두 가지 명령을 구분하는 방법이 있다.

첫째 명령은 예수 그리스도를 통한 구원의 복음을 선언하는 책무이다.

둘째 명령은 인간의 복지와 정의를 포함하여 인간 사회에 참여할 책임이다(Bassham 1979:343).

북미 기독교에 관한한 이러한 구분의 시작은 조나단 에드워즈(Jonathan Edwards, 1703-1758)에게 이른다. 그에 따르면, 하나님의 구속 사역은 두 가지 측면이 있다.

첫째, 개인들을 회심시키고 성화시키고 영화롭게 하는 것이다.

둘째, 창조와 역사, 섭리 속에 있는 하나님의 거대한 설계에 관한 것이다(Chaney 1976:217).

에드워즈에게는 이 두 가지 "명령"이 분리될 수 없는 것이다. 복음주의 대각성 운동에 감화을 받은 사람들 역시 마찬가지였다. 사회 개혁을 위한 복음주의적 헌신은 부흥 열망의 당연한 결과였다(Marsden 1980:12).

그러나 "복음 전도명령"을 최고로 두는 미묘한 변화가 생겼다. 이것은 후에 사회복음의 이 세상 중심주의를 반대한 근본주의 속에서 전천년주의의 발흥과 동시에 일어났다. 1865-1900년 사이에 부흥 운동 복음주의자들 중에서 사회, 정치적 행위에 대한 관심이 완전히 사라진 것은 아니지만 약해졌다.

그런데, 복음주의자들 중에서 1900-1930년 사이에 모든 진보적인 사회적 관심이 의심을 받았고 극적으로 사라졌다(Marsden 1980:86-90). 18, 19세기 대각성 운동의 폭넓은 관심과 참여가 편협한 분파주의로 움츠러들었다. "대반전"이 시작되었다(Timothy Smith, Marsden 1980:85). 대각성은 결코 완결되지 못했다고 러브리스는 말한다(Lovelace 1981).

이러한 정서는 여전히 근본주의자들 중에서 만연하다. 그러나 복음주의자들 중에서 변화가 생겼다. 칼 헨리(Carl F.H. Henry)의 『현대 근본주의의 불편한 양심』(the Uneasy Conscience of Modern Fundamentalism, 1947)이 이러한 변화를 잘 나타낸다. 그는 이렇게 썼다(Bassham 1979:176).

> 구속적 복음이 세상을 변화시키는 메시지였으나 이제는 세상에 저항하는 메시지로 축소되었다… 사회복음에 대항하는 근본주의는 또한 기독교의 사회적 의무에 대항하는 듯하다… 근본주의는 전체주의적 불의와 현대교육의 세속화, 인종적 증오의 죄악, 노사 관계의 오류, 국제관계의 부적절성에 대하여 도전하지 않는다.

칼 헨리는 "총체적 인간의 필요에 무관심한 복음은 의미가 없다"라고 결론짓는다. 이러한 관점이 받아들여지기까지는 시간이 걸렸는데 당시에 복음주의는 시작된지 얼마 안되고 의욕에 찬 세계교회협의회를 맞서는데 많은 힘을 들여야 했기 때문이었다.

"위튼선언"(Wheaton Declararion, 1966년 일리노이스 주의 위튼에서 개최된 복음주의 회의에서 발표)은 18, 19세기의 복음주의자들이 사회적 관심을 가졌으나 이것은 "개인 구원의 복음의 우선성을 약화시키지 않는 것"을 전제로 해야 한다는 입장을 표명했다(Lindsell 1966:234). 따라서 "사회적 책임"이 복음주의에서 강조될 때마다 복음 전도의 우선성이 항상 동반되었다. 위튼회의가 있은 몇 개월 후 1966년에 개최된 베를린회의(the Berlin Congress)에서도 교회의 우선적 사명을 수행하자는 동일한 결의"가 재천명되었다(Henry and Mooneyham 1967a:5). 빌리 그래함(Billy Graham)은 연설문에서 복음 전도 안에 사회적 차원을 포함시켰으나 사회적 개선은 성공적인 복음 전도의 결과라고 부언하였다(:28).

> 나는 교회가 복음을 선포하는 주 사역으로 돌아가 사람들이 예수 그리스도를 받아들이게 하면 다른 어떤 일을 하는 것 보다 사람들의 사회적, 도덕적, 심리적 필요에 큰 영향을 줄것이라고 확신합니다. 역사상 가장 위대한 사회 운동들은 사람들이 그리스도에게로 회심한 결과로서 일어났습니다.

복음주의는 이처럼 사회적 책임을 씨와 열매의 관계로 설명했다. 즉, 복음 전도가 우선이 되면(교회의 "주 사역") 사회적 활동이 생성되고 복음화된 사람들 속에서 사회적 여건이 개선된다는 것이었다(McGavran 1973:31).

복음주의와 사회적 책임의 관계에 대한 이러한 이해는 점점 더 막대한 압력에 처하게 되었다. 몇몇 복음주의 학자들은 새로운 통찰을 한 결과 19세기의 사회 윤리를 바탕으로 1947년에 칼 헨리가 그의 책에서 주장한 도전들을 취했다.[10] 메노나이트(Menonites) 중에서와 다른 그룹 중에서 소위 급진적인 복음주의자로 불리는 사람들이 나왔는데 수 세기 동안 주류 기독교와 멀리해 왔던 상황을 끊고 복음주의자들 속에서 사회적 의식과 실천을 진작시키는 데에 큰 기여를 했다(Yoder 1972). 1974년 로잔(Lausanne)에서 세계복음화국제회의(the International Congress on World Evangelization)가 열릴 무렵까지 많은 복음주의자들, 특히 제3세계인들이 새로운 전진을 위한 준비가 되어있었다.

로잔대회 직후 출간한 책에서 존 스토트(John Stott)는 "대위임령"(Great Commission)에 대한 자신의 생각을 바꾸었다고 솔직히 고백했다. 1966년 베를린에서 그는 대위임령을 순전히 복음 전도로 해석했었다(Henry and Mooneyham 1967a:37-56). 이제 그는 다르게 표현했다.

> 나는 이제 대위임령의 결과 뿐 아니라 대위임령 자체를 복음 전도적 책임 뿐 아니라 사회적 책임을 포함하는 것으로 보다 분명히 이해합니다. 그렇지 않으면 우리는 예수의 말씀을 왜곡하고 있다는 죄책감을 면하기 어렵습니다(Stott 1975:23).

---

10 다음을 참조하라. Timothy L. Smith, *Revivalism and Social Reform: American Protestantism on the Eve of the Civil War*(New York: Harper & Row, 1975); David O. Moberg, *Inasmuch: Christian Social Responsibility in the Twentieth Century*(Grand Rapids: Eerdmans, 1965); Sherwood E. Wirt, T*he Social Consicence of the Evangelical*(London: Scripture Union, 1968); David O. Moberg, *The Great Reversal: Evangelism and Social Concern*(Philadelphia: J.B. Lippincott Co, 1972, 1977); Neuhaus & Cromartie 1987.

그러나 베를린회의나 로잔대회 모두 두 가지 위임령(mandate) 방식을 취했고 복음 전도가 우선이라고 보았다. "희생적 봉사라는 교회의 선교에서 복음 전도가 우선임"을 확인했다. "사람과의 화해가 하나님과의 화해가 아니며 사회적 행동이 복음 전도가 아니며 정치적 해방이 구원이 아님"을 명백히 했다.

오랫동안 복음주의를 지배했던 한 위임령 전략(오직 "복음 전도")보다 이 입장이 더 낫지만 "복음 전도 더하기 사회적 책임"이라는 존 스토트의 입장은 처음부터 압력을 받았다. 선교가 두 가지 분리된 요소로 구성되어 있다고 생각한다면 각 요소 자체가 별도로 생명을 갖고 있다고 생각하는 것이 된다. 그렇게 되면, 사회적 차원 없이 복음 전도가 가능하고 복음 전도적 차원 없이 기독교 사회 참여가 가능하다고 말하는 것이 된다. 한 요소가 우선이고 다른 요소는 부차적이라고 본다면 한 요소는 본질적이고 다른 요소는 선택적이라고 보는 것이 된다.

결국 그렇게 되었다. 세계복음화로잔위원회(LCWE, Lausanne Committee for World Evangelization) 파타야(Pattaya)회의에서 발표된 태국선언문(the Thailand Statement)은 로잔 협약이 복음 전도와 사회적 행동 모두를 강조한 것에 헌신할 것을 재확인했지만 "로잔 언약의 내용들은 세계 복음화와 분명히 관련있는 한 우리의 관심과 일치한다"라고 말했다. 여기서 중요한 점은 로잔 언약의 내용들은 사회적 참여를 분명히 진작시키는 한 우리의 관심과 일치한다고 말하지 않았다는 것이다.

파타야회의 2년 후, 1982년에 미시간 주의 그랜드 래피즈(Grand Rapids)에서 40여 명의 학자들이 "복음 전도와 사회적 책임의 관계에 관한 협의"(CRESR, Consultation on the Relations hip Between Evangelism and Social Responsibility")에 참여했는데 세계복음화 로잔위원회(LCWE)와 세계복음주의협의회(WEF)가 후원한 회의였다. 이 협의 보고서는 몇몇 참가자들은 "로잔협약이 복음 전도의 우선성을 강조한 것에 대하여 "불편"하게 느꼈고 시간적으로 복음 전도가 언제나 사회적 참여보다 앞서는 것은 아니라고 설명했다.

> 우리가 이웃을 진정으로 사랑한다면 그 이웃을 전인적 인간으로 섬겨야 하는데 신체적 굶주림의 해결과 영적 굶주림의 해결, 신체의 치료와

영혼의 구원 사이에 선택해야 할 때가 드물지만 있을 수 있다. 우리가 반드시 선택해야 한다면 모든 인간에게 우월하고 궁극적인 필요는 예수 그리스도의 구원하시는 은혜라고 말해야 한다. 영원하고 영적인 구원이 일시적이고 물질적인 안녕보다 더 중요하다(CRESR 1982:25).

CRESR(복음 전도와 사회적 책임의 관계에 관한 협의)에서 이분법이 작용했다. 공식적인 복음주의의 입장이 그대로 유지되었는데 복음 전도가 우선적이고 복음 전도가 성공적이면 사회 정의의 형태로 "열매" 맺어진다는 것이었다.

사실, 이와 같은 인과관계적 사고(계몽주의의 유산?)가 복음주의 안에서 여전히 강력하다. 새로운 세계질서를 창출하기 위해 교회가 취할 수 있는 가장 위대한 하나의 조치는 "구속받은 자의 모임"을 사회 속에 배가시키는 것이라고 맥가브란은 말한다(1983:21). 이렇게 되면 하나님이 "필연적으로... 그들이 더 나은 사회 질서를 추구하도록 움직이실 것이다"라고 말한다(:28).

문제는 이와 같은 인과관계적 사고가 타당한가이다. 회심한 개인들이 "필연적으로"(맥가브란의 표현) 사회 재건설에 참여하는 것은 아니라는 사실을 실증적으로 밝히는 것 외에, 신학적으로 타당한가를 물어야 한다. 복음주의자들 자신이 이러한 질문을 점점 더 하는 것이 흥미롭다. 로잔회의에서 이미 수백 명의 대표들이 "로잔에 대한 응답"(A Response to Lausanne)이라는 성명서를 지지했는데 이 성명서는 로잔 언약을 비판한 성격이었다. 이 성명서는 다음과 같은 내용을 포함했다.

> 입으로 말한 말씀과 하나님의 백성들의 삶 속에 보여진 말씀 사이에는 성경적으로 이분법이 전혀 없었다. 사람들은 들은 대로 볼 것이고 그들이 보는 것은 그들이 듣는 것과 일치해야 한다... 우리의 의사소통이 태도와 행위로만 되어야 할 때가 있고 말로만 되어야 할 때가 있다. 그러나 우리는 복음 전도와 사회적 관심 사이에 쐐기를 박으려는 시도를 마귀적인 것으로 거부해야 한다.

LCWE(세계복음화로잔위원회)의 파타야회의(1980)에서 이러한 강력한 반향이 울렸는데 200여 명의 참가자들이 "LCWE의 미래에 대한 성명서"에 서명한 것이다. 이 성명서는 LCWE가 정의와 평화에 대한 교회의 참여를 거의 배제한 상태로 복음 전도명령을 강조한 것에 대하여 분명하게 비판했다. 같은 해에 파타야회의 직전에 WEF(세계복음주의협의회)의 윤리 및 사회분과는 런던 근교의 하이 라이(Hign Leigh)에서 두 회의를 개최했다. 하나는 개발에 대한 것이고 다른 하나는 생활 양식에 대한 것이었다.[11] 두 회의 모두 그 주제와 범위에 있어서 1960년대와 1970년대 복음주의회의의 성격을 넘어선 것이었는데 제3세계 대표단들의 영향이 컸다. 쉬어러(Scherer)는 두 번째 회의에 대하여 다음과 같이 논평했다.

> 런던협의의 실제 내용은 간소한 생활, 청지기 정신, 자선을 넘어 하나님이 가난한 자들을 우선적으로 택하셨다는 점, 압제자들을 심판하신다는 점, 예수 그리스도가 가난한 자와 함께 하신 점, 그리스도를 위해 위험을 무릅쓰고 고난을 받아야 한다는 점, 정치 구조의 변화를 위해 그리스도인들이 힘써야 한다는 점을 주목하였는데 이것은 전에 복음주의 선교 진영에서는 좀처럼 언명되지 않았었다(1987:180).

1983년 위튼에서 있었던 세계복음주의협의회(WEF)에서 또 한 번의 중요한 진전이 있었는데 "인간의 필요에 응답하는 교회"라는 주제를 협의했다.[12] 국제 복음주의의 공식 성명으로는 처음으로 영원할 것만 같았던 이분법이 극복되었다. 복

---

11 두 회의의 발표문들은 로날드 사이더(Ronald Sider)에 의해 편집되었고 엑스터(Exter)에 있는 페이터노스터(Paternoster) 출판사에 의해 발간되었다. 이것들은 복음주의자들과 발전: 사회 변화의 신학을 향하여(*Evangelicals and Development: Toward a Theology of Social Change*, 1981)과 1980년대의 생활양식: 간소한 생활양식에의 복음주의적 헌신(*Lifestyle in the Eighties: An Evangelical Commitments to Simple Lifestyle*, 1982)이다.

12 이것은 "교회의 본질과 선교"라는 전체 주제 하에 모인 회의에서의 세 가지 "발표 토론 그룹"들 중의 하나였다. Samuel and Sugden(1987)은 이 회의에서 발표된 모든 논문들과 "위튼 83 선언문"(the Wheaton '83 Statement)을 포함한다.

음 전도나 사회 참여 중 어느 하나에 우선을 두지 않는 "위튼 83대회 선언문" 26항은 다음과 같이 기록했다.

> 악은 인간의 마음에만 있을 뿐 아니라 사회 구조 속에도 있다. 교회의 선교는 복음의 선포와 복음의 입증을 모두 포함한다. 그러므로 우리는 복음화하고, 인간의 절실한 필요에 응답하며, 사회 변혁을 요구해야 한다.

1980년대 초까지 복음주의의 주류 안에서 새로운 정신이 자리를 잡는 듯 보였다. 지역적으로 복음주의 모임이 형성되었다. 가장 괄목할만한 것들 중의 하나가 "남아프리카에서의 복음주의적 증거"(the Evangelical Witness in South Africa)였는데[13] 1986년에 "우려하는 복음주의자들"(Concerned Evangelicals)에 의해 작성되었다. 인종차별, 억압, 경찰의 난폭성 가운데 상황이 위급해지자 복음주의자들은 복음 전도, 선교, 구조적 악, 교회의 책임에 대하여 사회 정의를 위해 자신들의 입장과 견해를 표명해야 할 필요를 절실히 느꼈다. 그들은 그리스도를 구원자로 선포하여 그를 믿도록 사람들을 초청하는 사역에 부름받은 것을 확신하였으며 죄가 개인적이자 구조적이며 삶은 하나의 조각이며 이분법은 복음에 반하는 관점이며 자신들의 사역이 넓혀져야 하고 깊어져야 한다는 것을 또한 확신했다.

이것은 복음주의의 중요한 변동이며 단순히 19세기의 입장으로 돌아간 것이 아니다. 당시에는 낙관주의가 만연하여 기독교인들은 사회적 조건들이 "자연적으로" 진화적으로 개선될 것으로 믿는 경향이 있었다. 오늘날 복음주의자들이나 에큐메니칼주의자들이나 모두, 세상에 깊이 자리를 잡고 있는 악, 하나님의 통치 안에 들어가지 않는 인간의 무능, 하나님의 영으로 새롭게 되는 것과 사회의 구조를 도전하고 변혁하려는 굳센 헌신의 필요성을 전례가 없이 아주 깊이 인식하고 있다.[14]

---

13 그 문서는 *Transformation* 4(1987) pp. 17-30에서 재판되었다.
14 이 모든 것이 모든 복음주의자들에게 해당되는 것이 아님은 자명하다. 정치적으로 극우로 분류

4) 확신들의 수렴

복음주의의 중요한 한 국면은 "대반전"(Great Reversal)을 반전시키고 하나님의 통치를 개인 뿐 아니라 사회에 임하게 하는 꽉찬(full-orbed) 복음을 구현할 태세가 된것 같았다. 비슷한 전환이 1970년대 중반 이래로 보다 구체적으로는 세계교회협의회 나이로비총회(1975) 이래로 에큐메니칼 진영에서 상반된 방향으로 일어났다. 1982년의 「선교와 복음 전도」(Mission and Evangelism) 문서에서 이러한 증거가 분명히 나타났다.

> 결속(solidarity)없는 복음 전도는 있을 수 없다. 지구 상의 가난한 자들에게 대한 하나님의 약속인 하나님 나라에 대한 지식을 나누지 않는 기독교인들의 결속은 있을 수 없다. 이중의 신용 검증이 있다. 곧, 가난한 자들을 위한 왕국의 정의(justice)를 외면하는 선포는 복음의 왜곡이며 왕국에 대한 약속을 가리키지 않은 채 진행되는 정의를 위한 기독교인들의 싸움 역시 정의를 잘못 이해하는 것이 된다(34 항).

가톨릭에서도 이와 유사한 생각의 수렴이 있었다. 특별히 "교황 교서"(Evangelii Nuntiandi, 현대세계에서의 복음화)는 제2바티칸공의회(Vatican II) 이래로 가톨릭 사상에 있어서 진일보한 점을 강조했다. 교황은 교회의 사역을 경제, 정치, 문화생활의 차원에 국한시키는 것을 거부하지만 바티칸공의회 이전으로 회귀하는 것을 반대하면서 구원은 이생에서 시작하여 영원에서 완성됨을 강조했다(EN 27; Snijders 1977:172).

되는 사람들이 있다. 예를 들면 제리 팔웰(Jerry Falwell)과 제프리 헤든(Jeffrey K. Hadden)이 그렇다(Neuhaus and Cromartie 1987:109-123; 379-394); 복음 전도와 교회 설립에만 전적인 강조를 두는 사람들이 있는데 도날드 맥가브란(Donald A. McGavran)이 그렇다("Misisology Faces the Lion," Missiology 17[1989], pp. 335-341); 자신들을 가리켜 복음주의자, 근본주의자, 은사주의자라고 부르는 수많은 그룹들이 있는데 그들은 다른 신자 그룹들과 어떤 관계도 가지는데 관심이 없다.

교회의 사회 참여에 대하여 많은 모호한 문제들이 있고 여전히 많은 연구가 필요한데 "신학자들이 이 문제를 충분히 다루고 있지 못하고" 있기 때문이기도 하다(Snijders 1977:173). 그러나 가톨릭, 개신교, 정교회 모두 "복음주의와 사회적 행위에 대하여 과거의 이분법을 극복하고 "영적인 복음"과 "물질적인 복음"이 예수 안에서 하나의 복음이라는 점을 새롭게 배우고 있다(ME 33). "복음화와 인간화, 내적 회심과 조건의 개선, 믿음의 수직적 차원과 사랑의 수평적 차원 간에 하나를 택한다는 것은 합당치 않다(Moltmann 1975:4). 웁살라대회(the Uppsala Assembly)에서 위서 후프트(Visser't Hooft)는 한 극단에서 다른 극단으로 계속 오가는 원시적 행태에 대하여 다음과 같이 개탄했다.

> 수직적 차원을 잃은 기독교는 소금을 잃은 것이고 맛을 잃었을 뿐 아니라 세상에 소용이 없다. 한편, 수직적 차원에 집착하여 인간의 일반 생활에 대한 책임에서 회피하려는 기독교는 성육신을 부인하는 것이다 (WCC 1968:318).

5. 복음 전도로서의 선교[15]

1) 복음 전도: 수많은 정의들

구원의 의미와 범위, 사회 정의에 대한 교회의 선교를 앞에서 논의한 데 이어

---

15 복음 전도에 대한 이해에 대한 신학적인 문제와 복음 전도와 선교의 관계에 대한 나의 연구 논문들은 다음과 같다. "Evangelism," *Mission Focus* vol. 9(1981), pp. 65-74; "Mission and Evangelism-Clarifying the Concepts," *Zeitschfirt für Missionswissenschaft und Religionswissenschaft* 68(1984), pp. 161-191; "Evangelism: Theological Currents and Crosscurrents Today," *International Bulletin of Missionary Research* 11(1987), pp. 98-103; "Toward Evangelism in Context," in Samuel and Sugden 1987:180-192; "Evangelisation, Evangelisierung," in Müller and Sundermeier 1987, pp. 102-105.

복음 전도의 성격에 대하여 살펴보자. "복음화"(evangelize)한다는 개념과 이에서 파생된 어휘들은 "선교"(mission)라는 단어보다 훨씬 일찍 사용되었고 신약성경에서 자주 나온다(헬라어 *euangelizein, euangelion*). 그러나 이러한 용어들은 중세 동안에 거의 사용되지 않았다(Barrett 1987:21).

오늘날도 이 용어들은 영어 성경에서 거의 사용되지 않고 있는데 에반겔리온(euangelion)은 항상 "복음"으로 번역되고 "에단겔리제스타이/에반겔리제인"(euangelizesthai/euangelizein)은 "복음을 전함"으로 번역된다. 19세기 초 이래로 "evangelize"(복음화 하다)라는 단어와 파생어인 "evangelism"(복음 전도)," evangelization"(복음화)이 교회와 선교 진영에서 다시 소생했다. 특히 20세기로 넘어 오면서 "이 세대 안에 세계 복음화를 이루자"(:30)라는 구호로 인해 이 용어들이 중요하게 쓰이게 되었다.

1920년대와 1960년대 사이에는 사용이 잠잠하다가 1970년대 이래로 가톨릭과 에큐메니칼 진영과 복음주의 진영을 포함한 개신교계에서 모두 널리 쓰이게 되었다(Barrett 1987:60-66). 이와 관련하여 획기적인 분수령이 된 것은 1975년 교황 바오로 6세의 "사도적 권고문"(Apostolic Exhortation)인 『현대 세계에서의 복음화』(*Evangelii Nuntiandi*)의 출간과 같은 달에 있었던 세계교회협의회 나이로비총회의 개회, 1982년의 『선교와 전도-에큐메니칼주의적 확언』(*Mission and Evangelism-An Ecumenical Affirmation*, ME)의 출간이었다. 사실, 이 같은 회의와 문서들은 가톨릭과 개신교가 복음 전도에 관심을 보인 중요한 부흥의 사건이었다(Gómez 1986:35).

명사형 용어에 관해서 말하자면, 로마가톨릭과 개신교 복음주의 운동은 "복음화"(evangelization)라는 말을 선호했고 개신교 에큐메니칼주의자들은 "복음 전도"(evangelism)라는 말을 좋아했다. 필자는 복음을 전파하는데 관련된 활동을 지칭하거나 이러한 활동들에 대한 신학적 통찰을 가리키는 말로 "복음 전도"라는 단어를 사용할 것이다. "복음화"라는 단어는 복음을 전파하는 과정이나 복음이 전파된 정도를 가리키는 말로 사용할 것인데 "세계 복음화가 아직 성취되지 않았다"라고 하는 경우가 그 예이다(Barrett 1982:826; 1987:25; 1983:7).

그러나 저자들이 복음 전도나 복음화를 어떤 뜻으로 사용하는지 분명히 파악하기가 어렵다. 바렛은 79가지의 정의가 있다고 하는데 더 될 수도 있다(1987:42-45). 두 가지 문제가 여전히 논란인데 "복음 전도"와 "선교"의 차이가 무엇인가 하는 것과 복음 전도의 범위의 문제이다. 이 두가지 문제는 서로 긴밀한 관계에 있다.

첫째, "선교"는 아직 기독교인이 되지 못한 사람들에 대한 사역, 특히 제3세계 사람들에 대한 사역이다. "복음 전도"는 더 이상 기독교인이 아닌 사람들, 특히 서구 세계에서 기독교인이 아닌 사람들에 대한 사역이라고 구분한다. "더 이상" 기독교인이 아니라는 점은 새로운 상황을 가리킨다. 계몽주의와 발견의 시대 전에 서구 세계 밖의 모든 사람들은 "이교도"였고 서구 세계의 모든 사람들은 기독교인으로 간주되었다. 그런데, 이제는 서구에도 "불신자들"이 있다. 이들 두 그룹에서의 사역을 구별하는 용어가 필요하게 되었다.

그래서 선교는 지리적으로 거리가 먼 곳의 타인들이 처음으로 개종하여 기독교화 되는 경우를 가리키고 전도는 가까운 이웃이지만 기독교와 멀어진 사람들을 재개종, 재기독교화하는 것으로 구분하게 되었다(Barth 1957). 서구 기독교 국가 안에서는 전도이지 선교가 아닌 것으로 보게 되었다. 신학적으로 "국내선교"(Home Missions, evangelism)와 (해외)선교로 구분을 짓게 되었다. 동시에 두 용어 간에는 지리적인 차이가 내포되어 있었다.

"해외선교는 교회가 전혀 없고 하나님의 주권이 선포된 적이 없는 곳에 복음을 선포하는 것이고 이교도들이 관심의 대상이었다"(Margull 1962:275).

따라서 선교는 비기독교 환경에서 이루어지는 것을 가리킨다. 마굴(Margull)은 전도를 교회에서 성도들에게 "일상적으로" 하는 설교와 구분을 짓는데 교회를 떠났거나 동유럽과 같이 후기 기독교환경에서 살고 있는 사람들에게 대한 것으로 정의한다(1962:277).

마굴은 로마가톨릭과 개신교 진영 중에서의 일반적인 공감을 반영한다(Barth 1962:872-874; Ohm 1962:53-58; Verkuyl 1978). 동시에 그는 복음 전도가 세계 선교에서 파생하기 때문에 "복음 전도"가 결코 독자적이 되어서는 안되며 언제나 복음 전도는 해외선교와의 밀접한 관련 속에서 이해되어야 한다고 주장한다 (275-277). "선교"가 주된 것이며 "복음 전도"는 2차적이다.

선교와 복음 전도를 "동시적으로"(synchronizing)보는 한 가지 이유는 "아직 기독교인이 아닌 사람들"("선교") 중에서의 사역과 "더 이상 기독교인이 아닌 사람들"(복음 전도) 중에서의 사역 간에 구분이 무너지고 있기 때문이다. "아직 기독교인이 아닌 사람들"(교회와 어떤 관련도 없었던 사람들)이 서구에도 있고 또한 "더 이상 기독교인이 아닌 사람들"(기독교인이었으나 교회와 멀어진 사람들)이 전통적인 "선교지"에도 존재하기 때문이다(Gensichen 1971:237-240; Verkuyl 1978:72-74).

둘째, 위와 같은 구분 외에 "복음 전도"를 "선교"보다 더 좁게 정의하는 경향이 있다. 로마가톨릭과 에큐메니칼 개신교는 "선교"를 광범위한 교회 활동을 가리켜서 사용하였는데 특히 WCC(세계 교회협의회) 웁살라대회에서 현저하였다. 이에 반하여 복음주의자들은 "선교"라는 용어를 피하고 "복음 전도"만을 사용하기 시작했다. 복음주의자들은 세계교회협의회(WCC)가 선교라는 용어의 원래 의미를 그릇되게 확장시켰다고 보았기 때문에 "복음 전도"라는 용어를 사용한 것이다.

예를 들자면 존스톤(Johnston)은 "역사적으로 교회의 선교는 복음 전도 뿐이었다"라고 주장한다(1978:18). 맥가브란도 "신학적으로 선교는 모든 가능한 수단을 사용하여 하는 복음 전도이다"라고 주장한다(1983:17). 존스톤은 선교를 "포괄적"으로 이해하기 시작한 것이 1910년의 에딘버러 세계선교대회부터였다고 말한다(:36).

셋째, 지난 40 여년 동안 "선교"와 "복음 전도"를 동일한 뜻으로 간주한 경향이 있다. 서구이거나 제3세계이거나 교회의 임무는 하나인데 "선교"라고 부르든 "복음 전도"라고 부르든 비물질적인 것을 뜻했다. 복음주의자들에 관한 한은 이미 존스톤과 맥가브란의 정의에서 그러했다.[16]

세계교회협의회(WCC)와 로마가톨릭 진영에서는 서로 유사성이 있었다.

---

16 이러한 경향은 북미 복음주의 기관들이 수천 명의 "선교사들"("복음 전도자들"이 아닌)을 유럽으로 파송한 사실에 의해 또한 입증된다. 복음주의의 어법에서 "복음 전도자"는 주로 순회 설교자를 가리키는 용어로 사용된다.

WCC 뉴델리대회 후 세계선교 및 복음전도위원회(the Commission for World Mission and Evangelism)가 구성된 것이 그 증거이다. 필립 포터(Philip Potter)가 에큐메니칼 문서에서 "선교," "전도," "증거"(witness)라는 용어가 상호호환적으로 사용되었다고 말한 것은 옳다. 로마가톨릭의 공문은 "선교, 복음화, 증거는 가톨릭에서 이제는 동의어처럼 서로 쓰인다"라고 기술하고 있다(*Memorandum* 1982:460).

넷째, 더한 혼란이 일어났는데 로마가톨릭과 에큐메니칼 개신교에서도 근래에 "복음 전도"(evangelism), "복음화"(evangelization)라는 말이 "선교"라는 말을 대치한 것이다. 여기서는 "복음 전도"나 "복음화"라는 말이 "선교"와 동의어로 쓰인 것이다. "선교"라는 말이 식민주의자라는 어감이 있으므로 이 용어를 피하려고 한 것이다(Geffré 1982:479; Gómez 1986:36). "복음화"가 선교를 대치한 가장 뚜렷한 예는 교황 바오로 6세의 "사도적 권고문"(EN)에서이다. 이 문서는 '선교'라는 단어를 피했고 영어 번역문은 "복음화"와 이것의 파생어가 적어도 214회 쓰였다(Barrett 1987:66).

"복음화"는 교회가 세상으로 보냄을 받아 하는 모든 활동을 포괄하는 개념이다. 복음화라는 단어는 그리스도의 직임과 명령 전체를 가리킨다"(EN 6; Snijders 1977:172; Geffré 1982:489; Scherer 1987:205). 이와 비슷하게 게지벨스(Geijbels 1978:73-82)는 복음화가 선포, 번역, 대화, 봉사, 현존을 포함하는 것으로 이해하고 있다(1978:73-82). 월시(Walsh)는 "인간 계발, 해방, 정의, 평화가 복음화 사역의 중요한 부분이다"라고 주장한다(1982:92).

복음주의자들은 "선교"보다 "복음 전도"와 "복음화"라는 용어를 선호했는데 1968년 웁살라대회에서 "선교"라는 용어가 재개념화가 되고 1973년 방콕대회에서는 "새로운 선교"로 자리매김한 것을 받아들일 수 없었기 때문이었다(Hoekstra 1979:63-109). 존스톤(Johnston 1978)은 "세계 복음화를 위한 전투," 호케스트라(Hoekstra 1979)는 WCC 안에서의 "복음 전도의 죽음"이라고 말했는데, 이들은 모두 "선교"라는 용어보다 "복음 전도"라는 용어를 지지한 것이었다.

2) 복음 전도에 대한 건설적 이해

위에서 살펴본 바와 같이 용어의 의미에 대한 견해의 차이는 선교 이해가 전환기를 통과하고 있음을 뜻한다. 여기서 복음 전도에 대한 이해를 분명히 하고 오늘날 우리가 수행해야할 선교의 성격을 파악하고자 한다. 기본적으로 필자는 선교와 복음 전도가 서로 동의어가 아니지만 신학적으로, 실천적으로 서로 나뉠 수 없게 연결되어 있고 얽혀있다고 확신한다.

(1) 나는 선교가 복음 전도보다 더 넓다고 생각한다.

"복음 전도는 선교이지만 선교는 단순히 복음 전도가 아니다"(Moltmann 1977:10; Geffré 1982:478).

선교는 하나님이 세상의 구원을 위해 교회에게 부여한 총체적인 과업을 뜻하고 악과 절망, 상실의 상황과 항상 관계되어있다(예수가 누가복음 4:18에서 자신의 "선교"를 규정한 것과 본서의 제3장을 참조하라).

선교는 "오시는 하나님의 임재 속에서 경제적 궁핍에서 하나님을 저버린 것에 이르기까지 인간을 노예 상태로부터 자유케 하는 모든 활동을 포함한다"(Moltmann 1977:10).

선교는 교회가 세상으로 보냄을 받아 사랑하고 섬기고 설교하고 가르치고 치유하고 자유케 하는 것이다.

(2) 그러므로 복음 전도를 선교와 동일하게 간주해서는 안된다.

"전복음화"(pre-evangelization) 혹은 "재복음화"(re-evangelization)를 "복음 전도"에 합치고자 할 때 동일시하려는 경향이 생긴다(Rahner 1966:52; Gómez 1986:36). 그러므로 교회의 폭넓은 선교 안에 복음 전도를 두는 것이 더 바람직하다. 그러나 복음 전도를 교회의 폭넓은 선교부로터 분리시켜서는 안된다. 복음 전도는 선교의 필수요소이다.

"분명히 구별되지만 선교와 분리될 수 없다"(Löffler 1977a:341).

복음 전도를 교회의 완전히 분리된 활동으로 간주해서는 안된다.

"교회가 하는 모든 활동에 복음 전도가 연관되어 있지 않다면 그 교회는 의심스러운 교회이다"(Spong 1982:15).

복음 전도는 교회의 모든 선교에 배어 있어야 한다.

"선교 안에서 하나님의 사랑의 신비가 열려져 나와 모든 사람들에게 보여져야 한다"(Castro 1977:10).

선교와 복음 전도 중 하나를 택하는 것은 불가능하다(선교와 복음—에큐메니칼적인 확언, Mission and Evangelism-An Ecumenical Affirmation)

(3) 복음 전도는 교회의 총체적 활동의 본질적 차원이며(1954년 WCC 에반스톤 총회, Löffler 1977b:8) 교회 선교의 심장이자 핵심이다(Löffler 1977a:341).

우리가 이러한 관점을 수용한다면 복음 전도는 선교의 두 구성 요소 중의 하나(다른 한 요소는 사회적 행위)라고 한 존 스토트(1975)와 로잔 언약(the Lausanne Covenant)의 입장을 배제해야 할 것이다. 복음 전도는 교회의 모든 생활과 사역과 분리되어 그 자체로서 생명을 가질 수 없다(Castro 1978:88). 이러한 점을 고려할 때 WCC 회원 교회들 속에 뚜렷한 복음 전도 프로그램이 없다고 해서 WCC 안에서 "복음 전도가 죽었다"라고 말하는 것은 경솔할 수 있다(Hoekstra 1979).

(4) 복음 전도는 하나님이 하셨고 하시고 계시며 하실 것에 대한 증거이다.

이것이 예수가 공관복음에서 전도 사역을 시작한 방식이다.

"때가 찼고 하나님 나라가 가까이 왔다"(막 1:15).

복음 전도는 우주의 창조자이자 주님인 하나님이 인간의 역사 속으로 친히 들어오셔서 역사의 주인이자 구원자, 해방자인 나사렛 예수의 인격과 사역을 통해 최고로 이루신 것을 선언하는 것이다. 성육신하고 십자가에 달려 죽으시고 부활하신 예수 안에서 하나님의 통치가 시작되었다(ME 6, 8). 그러므로 복음 전도는

"복음 사건들"(gospel events)을 포함한다(Stott 1975:44). 복음 전도는 마치 하나님의 통치가 우리의 반응으로 시작되거나 혹은 우리가 반응하지 않아서 좌절된다는 식으로 생각하여 효력있게 만드는 작업이 아니다(Kramm 1979:220).

복음 전도는 하나님이 이미 효력있게 하신 것에 대하여 반응하는 것이다. 이러한 점에서 "개종자"가 있을 때만 복음 전도가 발생한 것처럼 생각하고 복음 전도를 그 결과나 효과로서 규정해서는 안된다. 오히려 복음 전도를 그 본질적 성격이라는 측면에서 이해해야 하는데, 즉 그리스도 안에서 우리의 삶을 변화시키는 하나님의 사랑의 복음을 중개하는 것이며 그리스도가 우리를 자유케 하셨다는 것을 말과 행위로써 선포하는 것이다.

(5) 그렇다 하더라도, 복음 전도는 사람들의 반응을 목표로 한다.

때가 찬 것과 하나님의 통치의 시작을 근거로 예수는 사람들에게 "회개하고 복음을 믿으라"라고 말한다.

"부르심은 구체적인 변화로의 부르심이다. 우리들의 삶을 지배하는 죄의 증거들을 버리고 우리 이웃에 대한 하나님의 사랑을 인식하고 책임을 받아들이는 것이다"(ME 11).

결국 메타노이아(회개, *metanoia*)는 "우리 삶의 태도와 양식의 총체적인 변화"를 수반한다(ME 12; Costas 1989:112-130). 회개와 믿음이라는 핵심을 생략하는 것은 복음의 핵심을 빼앗는 것이 된다. 회심은 "돌아서서 향하는 것"(a turning from and a turning to)이다. 죄의 삶, 하나님으로부터 분리된 삶, 악에 굴복하는 삶, 하나님의 형상을 이루지 못하는 삶으로부터 돌아서서 죄의 용서, 순종, 삼위일체 하나님과의 새로운 교제가 있는 새로운 삶으로 향하는 것이다(Löffler 1977b:8).

(6) 복음 전도는 언제나 초청이다(Löffler 1977a:341; Sundermeier 1986:72, 92).

복음 전도는 기쁨을 소통하는 것이다(Gutiérrez 1988:xxxvii). 복음 전도는 긍정적인 메시지를 전달한다. 세상을 향해 우리가 주는 희망이다(Margull 1962:280). 복음 전도는 구슬리거나 위협하는 것이 되어서는 결코 안된다.

① 사람들이 겪는 좌절이나 실망을 치료하는 정신적인 만병통치약
② 죄책감을 심어 주어서 그리스도에게로 향하게 하는 것
③ 지옥의 공포와 같이 겁을 주어서 회개하게 하는 것이 아니다.

사람들이 하나님의 사랑에 이끌림을 받아야 하며 지옥의 공포 때문에 하나님을 향하게 해서는 안된다.

"다른 것을 의지할 경우 떨어지게 되는 끔찍한 암흑의 심연은 그리스도 안에 있는 하나님의 은혜를 경험함으로써만 인식되어야 한다"(Newbigin 1982:151).

본서의 제4장에서 설명한 바와 같이 우리가 건짐받은 "곤경"을 우리에게 계시하는 것은 그리스도 안에 있는 "해결책"이다.

(7) 복음 전도자는 증인이지 심판자가 아니다.

이것은 우리의 전도 사역을 평가하는 방식, 사람들을 쉽게 "구원받은 자"와 "잃어버린 자"로 나누는 관행에 중요한 일침을 준다. 뉴비긴(Newbigin)은 이렇게 말한다.

> 나는 나의 증거를 거부하는 사람을 예수를 거부한 것으로 생각할 만큼 나의 증거의 순전성과 진정성을 결코 확신할 수 없다. 나는 완전히 거룩하고 완전히 은혜로운 예수를 증거한다. 그의 거룩성과 그의 은혜는 다른 사람들의 이해를 초월할 뿐 아니라 나의 이해를 초월한다 (1982:151).

8) 우리의 증거와 그 효과에 대하여 우리는 겸허한 태도를 가져야 할지라도 복음 전도는 필수적인 사역이 되어야 한다.

복음 전도는 선택사항이 아니라 신성한 의무이다.

"(교회에) 의무로 주어졌다. 이 메시지는 참으로 필요하다. 유일무이하다. 결코 다른 것으로 대치되어서는 안된다"(EN 5).

교회가 말하고 행하는 모든 것에 복음 전도적 차원이 포함되어 있다고 가정해
서는 안된다. 분명히 해야 한다(Watson 1983a:68).

"각 사람은 복음 들을 권리가 있다"(ME 10).

9) 복음 전도는 전도하는 공동체인 교회가 기독교 신앙을 밝히 드러내고 매력적인 생활양식을 보일 때 가능하다.

"매체가 메시지이다"(Marshall McLuhan).

영국의 전국복음전도운동(the Nationwid Initiative in Evangelism)은 이렇게 말한다.

"우리가 누구인지 우리가 무엇을 하는지는 우리의 말보다 결코 덜 중요하지 않다"(NIE 1980:3).

교회가 세상 희망과 사랑, 믿음, 정의, 평화의 메시지를 전해 주려면 교회 안에서 먼저 눈에 보이고, 귀에 들리고, 만져질 수 있어야 한다(행 2:42-47; 4:32-35). 믿음의 공동체의 삶을 눈으로 보는 것은 복음을 들을 준비가 된다(EN 59-61; Gensichen 1971:170-172). 이것이 부재할 경우 우리의 복음 전도는 신빙성을 잃고 심각하게 손상을 입는다.

세계의 얼마나 많은 사람들이 기독교인들의 삶에서 그들이 본 것 때문에 예수 그리스도를 거절했는가를 생각해 보라!

그러므로 회심으로의 초청은 초청을 하는 사람들이 먼저 회개하는데서 시작해야 한다(ME 13). 이 말은 그리스도 안에서 하나님이 사람들을 나누는 모든 장애물들을 무너뜨리셨다는 사실을 보이지 못하는 기독교 공동체에서 특히 필요하다. 교회는 복음 전도라는 중요한 요소가 배어있어야 하는 존재이다(Barth 1956:676, 706).

(10) 복음 전도는 현재적 선물과 영원한 축복에 대한 확신으로서의 구원을 사람들에게 제공한다.

사람들은 의식하지 못할지라도 삶과 역사의 의미를 간절히 찾는다. 그래서 세

계적인 대재난과 허무 가운데서 희망의 표식을 찾게 된다. 우리는 복음 전도를 통해 "초월적이고 종말적인 구원, 이생에서 시작했으나 영원에서 완성되는 구원"을 사람들에게 중개한다(Memorandum 1982:463).

그러나 얻어지는 것들이 복음 전도의 중심부를 차지한다면 복음은 소비품으로 전락한다. 그러므로 구원을 개인적으로 향유하는 것이 성경적 회심의 핵심이 되어서는 안된다(Barth 1962:561-614). 그리스도인들을 막대한 개인적 유익을 누리는 사람들로 이해하는 곳에서 그리스도는 "특별한 축복"의 배포자요 처리자로 축소되고 복음 전도는 자기중심적인 경건의 추구를 권장하는 활동으로 축소된다(:567, 572, 593, 595).

구원을 누리는 것이 잘못이거나 중요하지 않거나 비성경적인 것이 아니다. 하지만 그것은 부수적이고 2차적이다(:572, 593). 사람들이 그리스도인으로 부름 받는 것은 단순히 생명을 받기 위함에 그치지 않고 생명을 주는 데에 있다.

(11) 복음 전도는 교파간 개종이 아니다(Löffler 1977a:340).

복음화협회(the Sacra Congregatio do Propaganda Fidei, 1622)의 창설시 이 조직의 초점은 "비기독교인"이 아니라 "비가톨릭"이라고 명시되었다. 참으로 1830년대까지 이 조직의 초점은 유럽의 개신교에게 있었다(Glazik 1984a:29). 가톨릭이나 개신교에서나 모두 복음 전도는 상실한 교회의 영향력을 복구하는 수단으로 자주 사용되었다. 특히 교회나 교단을 선택해야 하는 곳에서 암묵적이거나 명시적이거나 경쟁이 당연시되었다.

그러므로 교회의 일원이거나 아니거나 전도 "후보자"로 간주하였다. 이것은 제국 건설적 경향을 띠며 교회는 흥왕하는 지역에 지교회를 열고 싶은 유혹을 뿌리치지 못한다(Spong 1982:13). 의도적이든 아니든 이러한 경향은 사람들을 구원받게 하는 것이 은혜로 인한 것이 아니라 우리 교단의 고수자로 만드는데 있다고 보는 사고 방식을 보여준다.

(12) 복음 전도는 교회 확장과 동일하지 않다.

"교회(가톨릭) 밖에는 구원이 없다"는 입장이 만연하던 때에 이 말은 복음 전도의 전형이었다. 이것은 교황 피우스 11세(1926)의 "교회 교서"(*the encyclical Rerum Ecclesiae*)의 근간이 되었다. 복음 전도는 "가톨릭교회에 새로 세례를 받은 사람들의 수를 최대한으로 더하는 것"을 뜻했다.

이것은 단계적으로 이루어졌는데 교리 문답, 관찰 기간, 교회 예식 입문을 통해서였다. 복음 전도는 회원 수를 늘려서 교회를 확장하는 것이 되었다. 회심은 숫적인 사건이었다. 복음 전도의 성공은 세례받은 수, 고백한 수, 성찬에 참여한 수로 측정되었다(Shorter 1972:2).

개신교에서도 마찬가지로 복음 전도는 대체로 교회 확장으로 이해되었다. 근래에 특별히 교회 성장 운동에서 이러한 점이 뚜렷하다. 맥가브란(McGavran)은 "복음 선포, 죄인의 회심, 교회 증식의 복음 전도"를 강조한다(1983:71).

교회성장의 목적은 교회성장을 더욱 이루는 것이다. 교회의 일원이 된 사람들은 다른 사람들을 교회 일원으로 만들어야 한다. 이것이 주요 동기이고 아마도 신약성경의 주안점이다(McGavran 1980:426). "추수의 신학"이 "씨를 심는 신학"보다 우선적이어야 한다(:26-30). 30억 명의 인구가 비기독교인인 세계에서 숫적, 양적 증가가 최우선이 되어야 한다는 것이다. "저항적인" 사람들이 문제가 된다. 맥가브란은 수용성이 낮은 곳에서 완전히 철수해야 한다고 말하지는 않지만 이러한 지역은 약하게 대응하고 "얻을 수 있는" 인구에 집중해야 한다고 부언한다(:262).

그러나 이러한 방식의 사고는 복음 전도를 왜곡하는데 특히 사람들이 교회에 합류하지 않는 이유가 아주 다양하고 또한 교회가 해야 하는 헌신과 거의 관계없는 경우가 많기 때문이다. 똑같이 말하고 똑같이 생각하고 비슷하게 보이는 회중(Armstrong 1981:26)은 적대적이거나 타협하는 환경 속에서 대안적인 공동체가 되기보다는 만연한 문화를 반영하는 민간 종교적인 동호회를 이루는 것이 된다. 특히 이같은 현상은 교인수가 감소하고 교회가 계속 유지되기 위해 복음 전도에 매진하는 것이 낫다고 결정하는 경우에 나타난다. 그러나 복음 전도의 초점을 교회

자체가 아니라 하나님의 통치의 시작에 두어야 한다(Snyder 1983:11, 29).

(13) 복음 전도와 교인 모집을 구분하는 것은 양자가 단절되어 있다는 뜻이 아니다(Watson 1983a:71).

결국, 어떤 상황일지라도 지역 회중의 배가를 촉진하는 것은 기독교 선교의 핵심이다(ME 25). 하나님은 "아무도 멸망치 않고 다 회개하기에 이르기를" 원하시기 때문에(벧후 3:9) 우리는 숫자에 무관심해서는 안된다. AG 6(*Ad Gentes*, 제2차 바티칸공의회 교회 선교 활동 칙령)가 선교의 목표에 교회 설립과 성장을 포함시키고 있는 것은 타당하다. 실제 교회를 부정하는 호켄다이크(Hoekendijk)와 같은 극단적인 입장은 전혀 합당치 않다. 교회없이 복음 전도나 선교가 있을 수 없다.

교회가 얼마나 효과적으로, 책임있게 복음 전도했는가를 측정하는 방법으로서 교인수 통계를 헤아리는 것은 별로 도움이 되지 않는다(Watson 1983a:73). 사실, 진정성 있고 값비싼 복음 전도는 교인수가 증가하기보다는 감소를 가져올 수 있다. 그러므로 숫적 증가는 교회가 교회의 가장 깊은 소명을 진실하게 수행할 때 따라오는 부산물이어야 한다. 중요한 것은 유기적이고 성육신적인 성장이다.

(14) 복음 전도는 "오직 사람들에게 행해지고 오직 사람들이 반응해야 한다"

M. M. 토마스(Thomas)가 WCC 나이로비대회에서 말했다(WCC 1976:233). 진정한 복음 전도는 개인적 차원이 분명하다. 복음은 "성령이 중개를 통해 살아있는 그리스도와 개인적으로 만나서 용서함을 받고 제자도로의 부르심을 개인적으로 받아들이는 것"에 대한 것이다(ME 10). 개인주의가 서구의 "산물"이라고 말하는 것은 정확하지 않다. 오히려 기독교 복음 자체가 개인적 책임과 개인의 결정을 강조한다.

그러므로 서구 문화의 개인주의는 우선적으로 기독교 선교의 열매이다. 로젠크란즈(Rosenkranz)는 모든 인간 개개인의 가치를 인정하므로 이것이 인간성에 있어서 단 하나의 실재(real) 혁명이라고 주장한다(1977:407). 그러므로 오늘날 사람들이 자신을 자유롭고 책임있는 개인으로 여긴다면 이것은 고대의 사고와 관행과 완전히 반대되는 것이며 복음의 영향의 결과이다.

오직 사람들 개개인이 복음에 반응할 수 있는 것이기 때문에 "사회와 국가를 회개와 회심"으로 부른다는 "예언적 복음 전도"(prophetic evangelism)나 "회개와 순종으로의 부르심으로서의 회심이 국가와 집단, 가족에게 들려져야 한다"는 견해는 혼동을 일으킨다(ME 12). 권세, 권력, 정부와 국가는 믿음에 이를 수 없다. 오직 개인들만이 가능하다. 그러므로 이러한 사역이 필요하고 선교의 중요한 부분이긴 하지만, 엄밀히 말해 그것은 복음 전도는 아니다.

하지만 복음은 개인주의가 아니다. 현대 개인주의는 개인의 중요성과 책임성에 대한 기독교의 이해를 곡해한 형태이다. 계몽주의가 일어날 즈음에 계몽주의의 가르침으로 인해 개인들이 자신들을 탄생시킨 공동체로부터 격리되었다.

복음 전도와 관련하여 이러한 경향은 특히 D. L. 무디(1837-1899)의 사역 이래로 두드러졌다. 그는 죄는 전적으로 개인의 문제라고 보았다. 그는 죄인이 홀로 하나님 앞에 선다고 보았는데 그가 생존하던 당시 민주적인 미국에서는 개인이 결정을 내려서 죄에 대한 승리를 얻을 수 있었다(Marsden 1980:37). 구원 사역에서 개인을 기초 단위로 보았기 때문에 강조가 개인 영혼의 구원에 더욱 있게 되었다.

"사람이 만일 온 천하를 얻고도 제 목숨을 잃으면 무엇이 유익하리요"(마 16:26)라는 성경 구절이 이러한 입장의 근거로 제시되었다.

그러나 사람들은 개인으로 고립되어 있지 않다. 사람들은 사회적 존재이며 관계망 속에 존재하고 단절되어있지 않다. 그리고 개인의 회심은 이러한 모든 관계에 영향을 준다. 크리스천 케이서(Christian Keysser, 1980)는 파푸아 뉴기니아에서 사역하면서 각 개인의 회심에 사회 집단이 관련되어야 한다는 것을 깊이 경험했다.

(15) 진정한 복음 전도는 항상 상황적이다(Costas 1989:passim).

사람들을 그들의 상황으로부터 분리시키는 복음 전도는 세상을 도전이 아니라 장애물로 여기고 역사의 가치를 무시하고 "영적인 것"과 "비물질적인 것"에만 관심을 둔다(Scott 1980:94). 이와 마찬가지로 복음 전도를 미세한 규범적 차원으로 이해하여 교회 출석, 술담배 중단, 성경 읽기와 기도와 관련시키거나(Wagner 1979:3; Scott 1980:156, 220-222) 복음 메시지를 고독으로부터의 해소, 마음의 평안, 성공으로 제한시킨다(Scott 1980:208).

사실, 복음 전도라고 불리는 활동들이 사람들을 변화시키기 보다는 사람들을 만족시키는 것을 목표로 하는 경향이 많은 것 같다. 적어도 과거에 서구에서 기독교는 사회적 존경과 동일시되었었다. 교회는 사회적 존경을 얻게 해주는 공적 지위에 있었다. 이러한 점에서 복음 전도가 그들에게 도움이 되었다. 곧 "공동체적인 압력으로 인해 교회 일원이 되어야 했을 뿐 아니라 문명화와 훌륭한 태도, 정숙한 생활의 표식을 갖기 위해서 교회 일원이 되어야 했다(Spong 1982:12). 이러한 정서가 아프리카와 제3세계에 전이되었다. 교회는 상향 이동을 위한 것이고 기독교인이 되는 것은 꿈 많은 중산층의 기풍과 가치 체계와 일체가 되는 것을 뜻했다.

이 모든 것은 진정한 복음 전도와는 아주 다르다. 이것은 예수 그리스도에게로의 회심이 아니라 당대 문화에로의 회심이다. 물질주의가 대부분의 "전자교회"(electronic church)에 적셔져 있다. 부흥주의적 예수는 베들레헴의 동굴이나 헐벗은 동산 위의 험한 십자가보다는 상공의회소나 오락 프로그램과 더 흡사하다(Armstrong 1981:22, 41, 49). 설교자들은 논란있는 사회 문제를 피하고 청중들이 대부분 죄책감을 느끼지 않고 있는 개인적 죄의 문제에 집중한다.

그러나 어떤 기준으로 인종 차별과 구조적 불의는 사회적 문제라고 하고 포르노와 낙태는 개인적 문제라고 하는가?

사회적으로 특권층에 있는 사람들을 옹호하는 경우를 제외하고는 정치 문제를 젖혀 두고 복음 전도자의 영역이 아니라고 하는가?

설교자들이 청중에게 저 세상의 운명에만 관심을 가지라고 하면서 자신들의 정신과 방법은 그토록 세상적인가?

물론, 비극, 공허, 고독, 소외, 무의미를 경험하는 사람들에게 복음은 평안, 위로, 충족, 기쁨이 된다. 그러나 생활의 모든 영역에서 그리스도가 주가 되시고 현재의 세상이 그대로 계속되어서는 안된다는 희망 안에서만 복음이 이러한 내용들을 제공해야 한다.

(16) 그렇기 때문에 복음 전도는 정의에 관하여 설교하는 것, 실천하는 것과 분리될 수 없다.

복음 전도가 사회 정의보다 절대적으로 우선적이라는 견해나 복음 전도와 사회 정의를 분리시키고 복음 전도와 사회 정의가 함께 "선교"를 구성한다는 견해는 모두 오류이다. 복음 전도를 교인들을 모집하거나 개인 영혼에게 영원한 구원을 제공한다거나 그리스도의 재림을 재촉하는 것으로 이해하지 않는다면 복음 전도는 교회의 더 큰 선교와 단절되지 않는다. 새로운 교인을 모집하는 것과 영원한 구원을 제공하는 것을 선교 목표에 포함시킨다면 질문이 제기된다.

사람들이 왜 교회의 일원이 되어야 하는가?

개인들이 무엇을 위해 구원받는가?

마태가 "제자"라는 용어를 사용한 것을 보면(제2장) 예수의 제자가 된다는 것은 광범위한 헌신을 포함한다. 이것은 예수와 하나님의 통치에 대한 헌신을 받아들인다는 것을 뜻한다. 예수가 자신을 따르고 제자가 되라고 초청하는 것은 사람들에게 누구를 섬기고자 하는지 묻는 것이다.

그러므로 복음 전도는 봉사로의 부르심이다. 이것은 새신자가 받게 될 영원한 축복을 포함하여 축복과 대조되어서는 안된다. 영원한 축복이 늘 강조되기 때문에 왕국에의 봉사를 강조하는 것이 필요하다. 존 스토트(John Stott)는 제자도를 지향하는 복음 전도적 초대에 대하여 다음과 같이 말한다.

> 살아계신 주님을 따라 그의 왕국 사역에 참여하는 부르심을 포함한다. 이것은 일반 남녀의 열망을 움직이고 정의와 안전, 충족, 인간의 존엄성, 자녀들을 위한 기회들에 대한 이들의 꿈을 일깨울 것이다. 그리고 왕국에 대항하는 "권세와 능력"을 분명하게 지목할 것이다(1980:212).

따라서 복음 전도는 사람들을 하나님의 통치안에 들어가게 하고 자신으로부터, 죄로부터, 얽매이게 하는 것으로부터 자유롭게 하여 하나님에 대하여, 이웃에 대하여 자유하게 된다. 이것은 개인들을 개방과 위험감수, 온전성과 사랑의 삶으로 초청한다(Spong 1982:15; Snyder 1983:146). 사람들을 그리스도에게로 오게 하는 것은 하나님의 우선 사항에 충성하게 하는 것이다. 하나님은 우리가 지옥으로부터 구출되어 천국에 이르는 것 뿐 아니라 우리 안에서 "그리스도의 충만"이 재창조되고 하나님의 형상이 우리의 삶과 관계 속에서 회복되는 것을 원하신다. 로잔 언약 4항(LC4)에 다음과 같이 잘 기술되어 있다.

> 복음으로의 초청은 제자도의 대가를 결코 숨기지 않는다. 예수는 자신을 따를 사람은 자기 자신을 부인하고 자신의 십자가를 지고 예수의 새로운 공동체와 함께 하라고 여전히 부른다.

그러므로 복음 전도는 사람들을 선교에로 부른다.

(17) 복음 전도는 그리스도의 재림을 재촉하는 장치가 아니다(Johnston 1978:52).

종말의 도래는 19세기 마지막 10년 이래로 중요한 선교 동기였다. 중국내지 선교회(the China Inland Mission, 허드슨 테일러)와 먼 지역선교사연합(the Regions Beyond Missionary Union, 그라튼 기네스)과 같은 선교단체는 그 창설자들이 마태복음 24:14를 문자적으로 해석하여 그리스도의 재림이 세계 모든 사람들에게 복음이 전해지는가에 달려 있다고 믿은 것이 설립 동기였다(Beaver 1961).

존슨(Johnson, 1988)은 특히 1887년과 1893년 사이에 이러한 경향이 강했는데 1900년이 되기 전에 전 세계를 복음화하자는 생각이었다(:24-44). 하지만 1893년 이후로는 약해졌는데 목표가 달성하기 어렵다는 것이 분명해졌기 때문이었다고 말한다(:45-50). A.T. 피어슨(Pierson), A. B. 심슨(Simpson), 그라튼 기네스(Grattan Guinnes)와 같은 주요 지도자들은 복음 전도를 개인적, 구술적인 것으로 규정하였고 선교사들이 다른 프로젝트나 사회 구조에 관련하는 것을 피했다(:53-55). 말씀을 전하기만 하면 세계의 수많은 사람들이 구원되고 그리스도의 재림을 앞당길 것이라고 믿었다.

바렛(Barrett)과 립섬(Reapsome, 1988)은 기독교가 시작된 이래로 세계를 복음화하려는 "전 지구적 계획"이 현재까지 788개가 있었고 대부분 종말론적 기대와 긴밀히 연결되어 있었다고 본다. 20세기 시작 무렵에 존 모트(John Mott)는 "이 세대 안에 세계 복음화"라는 표어를 널리 확산시켰는데, 이 표어는 복음 전도가 종말을 가져온다고 명시하지 않았을지라도 종말론적인 암시가 담겨있었다. 바렛과 립섬이 찾아낸 거의 800개의 계획 중 1988년 기준으로 250여 개만이 존속하고 있다.

그러나 21세기가 가까워지면서 새로운 계획들이 많이 출현하고 있는데 모두 복음 전도를 종말과 관련시키고 있다. 이러한 기대는 전천년주의적 관점에 기초하고 있다. 복음주의 문서들은 "서기 2000년 전에 세계 복음화"를 이루는데 기여하자는 소리를 담고 있다.

컴퓨터와 같은 현대 기술은 거대한 임무에 대하여 분석할 뿐 아니라 효과적인 전략을 고안하는데 활용된다. 이러한 계획 중 하나가 DAWN(온 민족의 제자화, Discipling A Whole Nation)인데 세계 복음화를 이루려면 1천명 당 한 교회를 세워야 한다는 목표를 세웠다. 서기 2000년까지 인구가 70억이 될 것이므로 20세기 말까지 총 700만개의 교회가 있어야 한다는 전략이었다. 여러 회의들이 열렸는데 비슷한 취지였다.

1980년에 "최전방 선교를 위한 세계협의"(World Consultation on Frontier Missions"가 영국 에딘버러에서 열렸는데 "서기 2000년까지 모든 종족마다 하나의 교회를"이라는 목표를 세웠다. 유사한 회의가 상파울로에서 1987년에 개최되었는데 대체로 라틴 아메리카를 위한 것이었다. 1989년 1월에 "세계 복음화를 위한 전지구적협의"(Global Consultation on World Evangelization)가 A.D. 2000 운동(A.D. 2000 and Beyond)에 의해 싱가포르에서 개최되었다. 1989년 7월 마닐라에서 열린 제2차 로잔대회 프

로그램인 세계복음화 로잔위원회 회의는 "A.D. 2000 트랙"을 포함시켰다.[17]

그러나 글라서(Glasser 1989)가 주장한 것처럼 서기 2000년에 매혹된 이 모든 프로젝트들은 상당히 의문스러웠다. 이것은 세계 경제가 훨씬 더 상승하고 선교단체의 수입이 급등하고 선교의 주체가 앞으로도 서구 선교단체들이 될 것이라는 의심스러운 가정에 기초했다(:6). 그러나 더 중요한 것은 신학적 결함인데, 세계적으로 증가하고 있는 빈곤과 불의의 준제를 무시하고 있다는 점이다.

(18) 복음 전도는 입술의 선포만이 아니다(Watson 1983b:6; McGavran 1983:190).

그렇지만, 복음 전도는 필연코 구술적 차원을 가진다. 상대주의와 불가지론이 특징인 사회에서는 우리가 믿는 유일한 분의 이름을 밝혀야 한다. 그리스도인들은 자신들 안에 있는 소망의 이야기를 해야 한다(벧전 3:15). 다른 사람들이 그 소망이 어디로부터 오는지 알려면 그리스도인들의 삶을 보는 것만으로 되지않는다.

그러나 그리스도를 증거하는 길이 하나만 있는 것이 아니다. 말이 행위와 분리되어서는 안된다. 가령 "그리스도인의 현존"은 삶으로 증거하는 것이다. 그것은 "말씀이 육신이 된 것이다." 말이 없는 행위는 벙어리이다. 행위가 없는 말은 공허하다. 말씀은 행위를 해석하고 행위는 말씀을 확증한다. 이것은 모든 행위에 말이 부착되어야 하고 모든 말에 행위가 부착되어야 한다는 뜻은 아니다 (Newbigin 1982:146-149; Jongeneel 1986:8).

복음 전도를 정의하고자 한다면 복음 전도의 내용을 너무 날카롭게 너무 명확하게 너무 자신있게 기술해서는 안된다(R. Jones 1980:128). 우리는 복음 전도를 네

---

[17] 한편 비슷한 프로젝트들이 가톨릭에서도 가동되고 있다는 점이 흥미롭다. 교황 요한 바오로 2세의 "새 복음화"에 대한 요청에 응답하여 복음화 2000(Evangelization 2000)이라는 전세계적인 노력이 1990년 크리스마스부터 2000년 크리스마스까지 "복음화 10년"을 촉진하기 위해 시작되었다. 이 프로젝트와 복음주의 프로젝트 간의 주요한 차이는 복음화 2000이 본질적으로 기도 운동이라는 것이다. 1988년에만 거의 4천개의 관상(contemplative) 가정들과 1400개의 중보 그룹과 수많은 개인들이 동원되었다. 『새 복음화를 위한 기도』(*Praying for a New Evangelization*)이라는 소책자가 여러 언어로 보급되었다.

개 혹은 다섯 개의 "원칙"으로 포장할 수 없다. 복음 전도에 대하여 보편적으로 적용할 수 있는 매스터 플랜은 없다. 구원받기 위해 사람들이 받아들이기만 하면 되는 명백한 진리들의 목록도 없다. 우리는 하나님과 구원을 이해하는 것에 복음을 한정시켜서는 안된다. 우리는 겸손한 담대함으로, 담대한 겸손으로 우리가 이해하는 복음을 증거하는 것이다.

"우리가 겸손하게, 기쁨으로 모든 인류를 향한 하나님의 화해의 사랑을 통찰하는 가운데 성령이 우리의 증거와 봉사를 사용해서 하나님을 알리는 것이다"(NIE 1980:3).

위에서 논의한 복음 전도의 성격과 이 복음 전도 사역에 참여해야 함을 염두에 두고 복음 전도를 요약해 보자. 복음 전도는 교회의 선교적 행위이며 특정한 조건과 상황 속에서 모든 사람들과 공동체에게 철저한 삶의 전환의 기회를 말과 행위로 제공하는데, 즉 세상과 권력의 노예 상태에서 자유케되어 그리스도를 구원자와 주로 받아들이고 그의 공동체인 교회의 살아있는 일원이 되어 지상에서의 그의 화해, 평화, 정의의 사역에 참여하여 만물을 그리스도의 통치 아래 두는 하나님의 목적에 헌신하는 것이다.

6. 상황화로서의 선교

1) 상황화 신학의 기원

"상황화"라는 말은 1970년대 초 신학교육기금(the Theological Education Fund) 진영에서 먼저 제시하였는데 사람들을 교회 사역을 위해 훈련하고 교육하는 기관이었다(Ukpong 1987:163). 이 개념은 곧 주목을 받아서 다양한 신학 모델을 가리키는 용어로 쓰이게 되었다. 욱퐁(Ukpong 1987:163-168; Schreiter 1985:6-16; Waldenfels 1987)은 두 개의 주요한 상황신학을 언급했는데 토착화 모델과 사회-경제 모델이었다.

이 모델들은 각기 두 개의 부속 모델이 있는데 토착화 모델에는 번역 모델과 문화화 모델(inculturation model)이 있고, 사회-경제 모델에는 정치신학과 계발신학과 같은 진화적(evolutionary) 유형이 있고 해방신학, 흑인신학, 여성신학과 같이 혁명적(revolutionary) 유형이 있다.

여기서는 이처럼 광의적으로 상황신학의 개념의 사용하고 그 성격과 본질을 새로운 패러다임으로 취급할 것이다. 필자는 욱퐁의 분류를 어느정도 인정하지만 첫 유형 중에서는 문화화 모델, 두 번째 유형 중에서는 혁명적 모델만이 상황신학으로서 적합하다고 본다. 다음 장에서 해방신학과 문화화를 검토할 것이다.

본서의 시작부터 밝힌 기본적인 주장은 기독교회의 선교적 메시지는 그 메시지를 받는 사람들의 생활과 세계 속에서 성육신되어야 한다는 것이었다. 그러나 기독교 신앙의 상황적 성격이 인식되기 시작한 것은 비교적 근래의 일이었다. 정통 신앙에서 벗어나는 경우는 여러 세기 동안 모두 비정통이나 이단으로 규정되어 왔다. 특별히 로마제국에 기독교회가 수립된 이후에 그러했다.

아리안주의, 도나투스주의, 펠라기우스주의, 네스토리안주의, 단성론주의 등 많은 운동들이 교리적으로 비정통적인 것으로 간주되었고 추종자들은 파문되거나 박해를 받고 금지되었다. 이러한 운동들이 발생한 문화, 정치, 사회적인 요인들을 주목하지 않았다.

1054년에 대분열이 일어났을 때도 마찬가지였다. 이후 동방교회와 서방교회는 서로에 대하여 신학적으로 비정통이라고 주장했다. 16세기 종교개혁 이후에도 마찬가지로 개신교와 가톨릭이 서로에 대하여 "크리스천"으로 간주하지 않았다. 트렌트종교회의와 여러 개신교 신앙고백들이 인정할 수 있는 고백과 인정할 수 없는 고백을 결정하는 표준으로 사용되었다.

헬라 정신의 영향으로 인해 사상과 원리들이 "적용"보다 더 우선적이고 중요한 것으로 생각되었다. 적용은 부차적이고 초역사적이고 초문화적인 사상이나 원리를 확증해 주는 역할을 하는 것으로 간주되었다. 교회는 성경의 "객관적" 진리가 무엇인지 결정할 권리, 신자들의 일상생활에 불변의 진리를 적용할 권리를 자신이 가지고 있다고 보았다. 계몽주의의 도래로 이러한 입장이 더 오래가게 되었다. 가령, 칸트의 패러다임에서 "순수" 혹은 "이론적" 이성이 "실천" 이성보다 우위에 있었다.

베이컨의 관점은 상보적 입장을 낳았다. 여기서, 과거의 연역적 사고가 귀납법적, 경험적 방법에 길을 내주었다. 고전적으로 내려오는 원리와 이론 대신, 이제는 관찰에서 시작하였다. 이러한 방법을 취한 교회와 신학(후에 자유주의파가 되었음)에서는 신조와 교리가 영원한 진리에 부합하느냐가 아니라 유용성이 있느냐로 판단되었다(Stackhouse 1988:92). 신적 계시와 자신들의 가르침 간에 궁극적이자 논쟁이 필요 없는 일치가 있다고 주장하던 "교회들"이 각 교회에게 원하는대로 신앙을 표현하고 존재할 수 있는 권리가 있다고 관대하게 인정하는 "교단들," 즉 같은 정신을 가진 개인들의 모임이 되었다. 토론은 더 이상 무엇이 진리인가에 대한 문제가 아니라 무엇이 실질적으로, 실용적으로 필요한가에 대해서 였다. 기독교 신앙은 유일한 참종교이기 때문에 선호된 것이 아니라 최선이기 때문이었다(Dennis 1897, 1899, 1906).

두 접근 모두 신학을 "과학"으로서 구출하려는 시도였다. 양 측 모두 신학은 이성적 지식이었다. 두 가지 모두 계몽주의의 도전에 대한 응답이었고 보다 구체적으로 말하자면, 성경시대 및 문화와 이와는 완전히 다른 현 세계 사이에 열려진 "못난 배수로"(ugly ditch, G.E. Lessing)를 점점 더 인식하면서 하게 된 응답이었다. 계속되는 역사는 각각의 입장에게 하나의 위협이 되었는데 그때와 지금 사이의 간격을 연결하기가 힘들었기 때문이었다. 동시에, "못난 배수로"를 연결하고자 하는 노력도 부족했다. 불굴의 성경신학자들은 고대 문헌을 연구하여 저자의 생각을 밝혀내려 했는데, 현시대의 독자들을 원저자의 직접적인 동료인 것으로 간주하여 진행되는 역사에 의해 방해받지 않고 저자의 목소리를 듣게 하려 했다. 계몽주의 방식을 따라 갔는데, 곧 과학은 누적을 통해서 성립된다는 것이었다. 끝까지 자료를 최대한 축적하면 원문과 원저자의 의도를 분명히 파악할 수 있게 될 것이라고 생각했다.

프리드리히 슐라이마허(Friedrich Schleiermacher, 1768-1834)는 이와 같은 방식이 근본적으로 잘못되었다고 본 신학자들 중의 한 사람이었다. 그는 종교개혁을 원시, 사도적 교회로 복귀하려는 시도로 보지 않았다. 한 때 있었던 것이 단순히 나중에 되돌아 올 수 없다는 것이었다. 기독교 교회는 언제나 되는(becoming) 과정 중에 있다. 현재의 교회는 과거의 산물이자 미래의 씨앗이다. 그러므로 신학은 과거를 그대로 재구조하려는 시도가 되어서는 안된다. 오히려 교회 자신의 삶과 경험을 통찰하고 반성하는 것이 되어야 한다(Gerrish 1984:194-196, 201).

따라서 슐라이마허는 모든 신학은 결정적이지는 않으나, 처한 상황의 영향을 받는다는 관점을 개진했다. 초문화적인, 초역사적인 "순수한" 메시지는 결코 없다는 것이다. 기독교 신앙은 해석이 포함되기 마련이다. 특히 양식비평(form criticism)의 도움으로 모든 본문이 특유한 환경(Sitz im Leben)을 가지고 있다는 점을 인식하게 되었다. 19세기, 보다 엄밀하게 말하면 20세기에 신학이 환경에 의해 제한을 받는다는 인식이 비평 신학계에서 수용되었다. 본서의 제1장부터 제4장에서 이러한 점이 가장 초기의 신약성경 책들에 대해서도 사실임을 알 수 있었다.

그러나 슐라이에르마허나 불트만(Bultmann)같은 형식비평주의자들은 그 다음 단계로 나아갈 수 없었다. 그들 자신의 해석 역시 자신들이 비평한 사람들과 마찬가지로 자신들의 상황에 의해 제한을 받고 지역적이라는 점을 의식하지 못했다. 따라서 성경 본문에 대한 그들의 설명은 무의식적으로 미리 정해진 관점과 입장을 정당화하는 것이었다.

마틴(Martin 1987:379)은 신약성경연구회(the Society for New Testament Studies, SNTS) 회원들과 같은 전문 신학자들의 문제를 지적한다. 신약성경연구회(SNTS)는 상당한 균형을 유지하며 학문적 수준을 유지하는 것에 만족해 한다. 이것은 주로 구성 때문인데 회원들은 압도적으로 남성이고 백인이다. 그러나 신약성경연구회(SNTS)가 여성 해석자, 유대인 학자, 해방신학자들을 대거 포함시킨다면 상당한 변화를 보게 될 것이다.

이러한 점들이 인정될 경우 학자들은 20세기 중엽의 역사-비평 방법과 형식, 편집비평의 중요한 성취를 넘어서 나아갈 수 있을 것이다. 폴 리쿠어(Paul Ricoeur)와 다른 문서비평가들은 모든 본문은 해석된 본문이라는 관점을 제기했다. 이 관점은 독자가 본문을 읽을 때 본문이 "생성"된다는 것이다. 본문은 해석되기 위하여 "저기에" 있는 것이 아니라 우리가 본문을 다룰 때 본문이 "되어간다"(becomes). 하지만 이러한 새로운 해석학적 접근이 충분한 것은 아니다. 본문을 해석하는 것은 문학적 활동일 뿐 아니라 사회적, 경제적, 정치적 활동이기도 하다. 우리가 성경 본문을 해석할 때 전체적인 상황이 작동한다. 그러므로 모든 신학(사회학, 정치 이론 역시)이 본래적으로 상황적이라는 점을 인정해야 한다.

이와 관련하여 확실한 진전이 제3세계 신학의 탄생으로 이루어졌다. 이것이 너무나 중대하여 세군도(Segundo 1976)는 "신학의 해방"이라고 불렀다. 상황적 신학(contextual theology)은 신학적 사고에 있어서 패러다임 이동을 수반한다(Frostin 1988:1-26).

2) 인식론적 전환

상황신학은 전통신학과 비교할 때 인식론적 전환이 그 특징이다. 분파로 분류되는 작은 기독교 공동체를 제외하고는 콘스탄틴 황제 이후, 신학은 엘리트들의 활동이자 위로부터의(from above) 신학이었다. 이러한 신학의 주요한 출처는 성경과 전통이기보다는 철학이었고 화자는 주로 유식한 불신자였다. 반면, 상황신학은 "아래로부터의 신학"(from below), "역사 밑면의 신학"(from the underside of history)이고, 주요 출처는 성경과 전통이 아니라 사회 과학이고, 주요 화자는 가난한 자나 문화적으로 소외된 자들이었다(Frostin 1988:6).

새 인식론에서 중요한 점은 실천(praxis)의 강조였다. 구티에레즈(Gutiérrez)의 말처럼 신학은 "하나님의 말씀의 빛으로 기독교 실천(Christian praxis)을 비평적으로 통찰"하는 것, 혹은 교회 안에서 받은 하나님의 말씀에 대한 비평적 통찰이다(1988). 서지오 토레스(Sergio Torres)는 전통적인 서구 인식론과 새로운 인식론 간의 차이를 이렇게 설명한다.

> 지식을 얻는 전통적인 방식은 진리가 어떤 특정 대상에 일치해야 하

는 것으로 이해했는데, 부분적으로 서구 철학 전통에 끼친 헬라의 영향이다. 이러한 관점은 현 세계에 그대로 맞추고 현 세계를 합법화한다. 그러나 진리를 아는 다른 방식이 있는데 변증법적 방식이다. 이 경우, 세계는 인간이 대면하고 이해하고자 하는 정적인 대상이 아니라 오히려 지어져가고 있는 미완성의 프로젝트이다. 지식은 대상에 대하여 일치시키는 것이 아니라 변화의 과정과 새로운 세계의 건설에 몰입하는 것이다(Appiah-Kubi & Torres 1979:5).

이와 같은 실용적 진술로부터 새로운 인식론의 특징을 다음과 같이 정리할 수 있다.

첫째, 보수신학이든 자유주의 신학이든 지식은 중립적이라는 주장에도 불구하고, 서구 과학과 철학뿐만 아니라 서구신학 역시 서구의 관심을 따라 고안되었고 특히 "현재 존재하는 세계"를 합법화하려는 것이라는 깊은 의심이 있다. 니체의 "의심의 해석학"이 제국주의 지배를 위한 근거로 발전한 것처럼 서구신학 역시 여기에서 극단화되어 모든 형태의 서구 학계에 적용된다(Segundo 1976). 이것이 비의도적으로 "순전하게" 일어난 경우에도, 이제는 이러한 순수함과 이별을 고할 때가 되었는데 (Boesak 1977) 그것은 단지 가짜 순수함일뿐이기 때문이다(Frostin 1988:151-169).

둘째, 새로운 인식론은 세상을 정적인 대상물로만 이해하고 세상을 설명하려고만 하는 태도를 거부한다. 막스가 말하기를 "철학자들은 세상을 해석하려고만 애썼지 세상을 변화시키려고 하지 않는다"라고 했다. 심각하게 고려해야 할 것은 초역사(metahisotory)나 형이상학이 아니라 역사와 인간 및 물질 세계이다.

셋째, 토레스(Torres)의 주장에서 암시되었고, 많은 상황 신학자들도 상세하게 설명한 것이 바로 "신학의 최우선적 행위"로서 헌신(commitment)을 강조한 것이다(Torres and Fabella 1978:269). 보다 구체적으로 가난한 자와 소외된 자에 대한 헌신이다. 그러므로 출발점은 정통주의가 아니라 정통실천(orthopraxis)이다. 램(lamb)은 정통실천에 대하여 이렇게 설명한다.

정통실천은 인간의 역사를 변혁하고 또한 수많은 형제, 자매들을 불필요하게 희생시키는 편향성을 치유하는 능력을 주고 생명을 주는 사랑으로부터 비롯되는 지식을 통해 인간의 역사를 구속하는 것을 목표로 한다. 희생자들의 부르짖음은 하나님의 음성이다. 우리의 정치적, 문화적, 경제적, 사회적, 교회적 축제 혹은 논쟁의 소음으로 인해 이러한 부르짖음이 들리지 않을 정도까지 우리는 이미 지옥으로 떨어지기 시작했다(1982:22).

넷째, 이러한 패러다임 속에서 신학자들은 이 세상과 이 세상의 고뇌를 조사하고 평가하는 "옥상 위의 외로운 한 마리 새"가 더 이상 아니다(Barth 1933:40). 신학자는 고통받는 자들과 함께 신학을 할 때만 진정한 신학을 할 수 있다.

다섯째, 행동하는(doing) 신학이 강조된다. 언어적 해석학은 행동의 해석학에 의해 도전받아야 하는데 행동이 아는 것과 말하는 것보다 더 중요하기 때문이다. 성경은 복 있는 사람들이 행동하는 사람들이라고 한다(Míguez Bonino 1975:27-41). 사실, 이렇다.

"역사에 참여함으로써 세상을 변혁시키는 과정 중에서 행위가 없는 지식은 의미가 없다"(:88).

여섯째, 이런 우선 사항들은 상황신학에서 해석학적 순환을 통해 풀어간다(Segundo 1976:7-38). 이 순환은 제3세계의 대부분의 사람들, 제1세계나 제2세계에서 권력의 외곽에 있는 사람들의 경험과 프락시스(praxis), 소외의 경험에서 시작한다. 알란 보삭(Allan Boesak)은 이렇게 말한다.

흑인들의 경험은 흑인들이 예수 그리스도 안에서 하나님의 계시를 이해할 수 있는 틀을 제공한다. 그 이상도 그 이하도 아니다(1977:16). 제3세계신학자에큐메니칼협회(The Ecumenical Association of Third World Theologians, EATWOT)는 제3세계의 경험을 신학의 원천으로서 심각하게 받아들여야 한다는 데에 동의한다(Fabella and Torres 1983:200).

프락시스(praxis) 혹은 경험으로부터의 해석학적 순환은 신학의 (부차적 행위가 아닌) 두 번째 행위인 통찰(reflection)로 나아간다(Gutiérrez 1988:xxxiii). 이론(theoria)이 현장보다 위인 전통적인 순서가 여기서 뒤집힌다. 물론, 이것은 이론(theoria)을 거부하는 것이 아니다. 이상적으로는 이론과 프락시스 간의 변증법적 관계가 있어야 한다.

"믿음과 실천, 곧 교회의 역사적 선교는 상호의존적이다"(Rütti 1972:240).

이론과 프락시스 간의 관계는 주체와 객체의 관계가 아니라 상호주체성의 관계이다(Nel 1988:184). 이것이 발생하는 곳에서는 상황 신학이 모든 분야에서 출현하는 분명한 패러다임이다. 전통적으로 사고와 이성이 한 쪽에, 그리고 존재와 행위는 반대 쪽에 굳게 놓여져 있었다.

그러나 쿤(Kuhn 1970)이 주장한 것처럼 새로운 패러다임 속에서는 사고가 존재보다 우선하고 이성이 행위보다 우선한다고 간주되지 않는다. 오히려, 이들은 함께 서고 함께 내려간다(Lugg 1987:179-181). 그러므로 최상의 상황 신학에서는 이론과 프락시스를 병렬시키고 정통주의(orthopraxis)와 정통프락시스(orthopraxis)를 병렬시키는 것은 더 이상 가능하지 않다.

"정통주의와 정통프락시스는 서로를 필요로 하며 서로를 보지 못할 때 둘 다 부정적 영향을 입는다"(Gutiérrez 1988:xxxiv).

사무엘 라이언(Samuel Rayan)은 이렇게 말한다.

"우리의 방법론은 실천과 이론, 행위와 통찰, 토의와 기도, 움직임과 침묵, 사회적 분석과 종교적 해석학, 참여와 숙고가 하나의 과정을 이룬다"(Fabella and Torres 1983:xvii).

3) 상황화의 모호성

많은 상황 신학자들의 경우를 보면 상황화 작업이 본질적으로 합법적이라는 점을 의심할 수 없다. 데퍼(Dapper 1979:92)는 이렇게 말한다

해방 신학자들은 비상 상황 속에서 살고 있으며 그들은 비상 상황 속에서 선교에 참여하고 말하고 설교하고 행동한다. 그들은 비상 상황 속에서 어떤 일이 일어날지를 더 이상 숙고할 필요가 없다...이러한 점에서 사회적으로, 정치적으로 중립적인 신학은 없다. 생명을 위하고 죽음을 대적하는 고투 속에서 신학은 어느 편에 서게 되어 있다(Míguez Bonino 1980:1155).

본서의 제11장에서 살펴 본 두 가지 중의 한 방식으로 상황신학이 과도할 경우 여전히 모호성은 남는다. 이 경우는 과거와 완전한 단절을 하고 자신의 신학적, 교회적 혈통과의 연속성을 부인하는 경우이다. 이 점에 대하여 논의해 보기로 한다.

(1) 상황화로서의 신학은 하나님이 세상을 향하신다는 확언이다(Schmitz 1971).
하나님에 대하여 말하자면 세상은 그가 활동하는 극장이다(Hoekendijk 1967a:344). 역사적 세상의 상황은 교회의 선교를 위한 외부조건에 그치지 않고 선교의 중요한 구성 요소이어야 한다(Rütti 1972:231). 이러한 입장은 예수의 선교 이해와 완전히 일치하는데, 복음서를 보면 그는 높은 하늘로 솟아오르는 것이 아니라 가난한 자, 포로된 자, 눈먼 자, 눌린 자의 현실 상황으 속으로 자신을 몰입한다(눅 4:18).

오늘날도 그리스도는 주린 자, 병든 자, 착취당하는 자, 소외된 자들이 있는 곳에 있다. 그의 부활의 능력은 "보라. 내가 만물을 새롭게 하노라!"(계 21:5)라는 깃발 아래 인간의 역사를 종말로 향하도록 촉진한다. 선교하는 교회는 주님과 마찬가지로 생명을 위하고 죽음을 대적하며 정의를 위하며 억압에 대항하는 편에 서야 한다.

그러므로 우리는 상황화를 배제하거나 무시하는 선교 태도를 단호히 거부해야 한다. 만프레드 린즈(Manfred Linz, 1964)가 네 개의 "선교에 관한 성경 본문"에 대한 독일인의 설교를 분석한 바에 따르면, 많은 설교들이 세상을 완전히 무시하며 성경 본문이 세상에 초점을 분명히 두고 있는 경우에도 그렇다. 설교들은 청자들의 신앙을 강화시키기 위할 뿐이며 선교를 언급할 경우 사람들을 세상으로부터 불러내기 위함이다. 세상의 죄와 악은 상황을 절망적이게 하므로 우리가 할 수 있는 전부는 그것과 그 파괴적인 결과에 대항하여 제방을 쌓는 것이다.

그러나 이와 같은 사고는 경건한 자기만족과 위선, 다른 사람들과 사회에 대한 책임으로부터의 회피를 낳을 뿐이고, 우리가 이미 가지고 있는 구원을 "가난하고 미개한 이교도들"(Günther 1967:21)에게 거만하게 제시하도록 한다.

그러나 하나님의 영광과 지구 상에서의 인간의 진정한 삶 사이를 대립으로 보는 것은 복음에 역행하는 것이다. "모든 것을 하나님께 맡긴다"라는 말은 세상에서의 우리의 책임으로부터 도피하는 것 밖에 되지 않는다. 여기서 그리스도 가현설이 지배적이 된다. 그리스도의 성육신은 중요하게 여겨지지 않는다. 그리스도의 인성은 하나의 망토이며 그 뒤로 감추어진 하나님만이 우리를 대하신다(Wiedenmann 1965:199).

이것이 하나님이 역사의 과정과 동일시되어야 한다는 뜻은 아니다. 이럴 경우, 하나님의 뜻과 능력은 너무 쉽게 기독교인의 뜻과 능력, 이들이 일으키는 사회적 과정과 동일시된다. 그러나 니이버(Niebuhr 1959:9)는 사회적 요인이 결정하는 체계에 아모스와 이사야, 예레미야, 예수와 그 외 다른 인물들을 맞추는 것은 불가능하지는 않지만 어렵다고 말한다.

사실 기독교적일지라도 인간의 프로젝트로 축소되는 것을 허용하지 않는 혁명적이고 창의적인 압력이 기독교 안에 존재한다. 바울이 말하는 "새로운 피조물"은 기독교인들의 역사 참여때문이 아니라 그리스도의 화해의 사역을 통해서(고후 5:17), 무엇보다도 하나님의 개입하심을 통해서 출현한다(Günther 1967:20). 하나님과 세상 간에 이원성이 존재한다.

보다 분명히 말하면 이것은 몰트만(Moltmann)이 말하는 "정체성-참여 딜레마"(identity-involvement dilemma)를 야기시킨다(1975:1; Küng 1984:70-75). 이것은 기독교 신앙이 탄생시부터 계속적으로 한편으로 세상에 어떻게 관여해야 하고 다른 한편으로 그리스도 안에서 어떻게 그 정체성을 유지할 수 있는가 하는 본질적 문제이다.

이 둘은 결코 무관하지 않고 동일하지도 않다. 기독교인들은 자신들의 정체성을 그리스도의 십자가 안에서 발견한다. 십자가는 그들을 미신과 불신으로부터 분리시키고 또한 다른 모든 종교와 이데올로기로부터 분리시킨다. 그들은 단호하게 고통받는 자들의 편에 서고 이들에게 해방과 구원을 주는 희망을 중개함으로써 십자가에 달리신 자의 통치를 소망하는 가운데에서 자신들의 상관성(relevance)을 발견한다(Moltmann 1975:4).

(2) 상황화로서의 선교는 다양한 "지역신학"(local theologies)의 구축을 포함한다 (Schreiter 1985).

히버트(Hiebert 1987:104-106)는 1800년부터 1950년까지를 개신교 선교의 "비상황화 시대"라고 했다. 이것은 가톨릭 선교에서도 마찬가지였다. 신학은 단 한 번만 규정되었고 이제는 그 본질을 절대로 포기하지 않은 채 단순히 제3세계 문화 속에서 "토착화"되어야 했다. 서구신학은 보편 타당성을 가졌는데 특히 지배적인 신학이었기 때문이었다(Frostin 1985:141; 1988:23; Nolan 1988:15).

기독교 신앙은 영원하고 변경할 수 없는 진리에 기초하고 있는데 이 진리는 이미 최종적인 형태로 진술되어 있으며 그 예는 교회의 신앙고백과 정책이다. 물론, 표면적으로 개신교인들은 성경만큼 자신들의 전통과 신앙고백에 같은 지위를 부여하지 않았다. 그렇지만, 16세기 개신교 신앙고백들은 곧 보편적인 것으로 인정되었고 선교사들을 통해 모든 시대 모든 곳에서 타당한 것으로 간주되어 변경되지 않고 또한 변경될 수 없는 형태로 제3세계의 신생교회들에게 전해졌다(Conn 1983:17).

다른 한편으로 상황화는 모든 신학이 실험적이고 임시적인 성격을 띤다는 점을 지적한다. 그러므로 상황신학자들은 모든 것을 아우르고 영원히 타당한 체계로서의 "조직신학"을 저술하려고 하지 않는다(Míguez Bonino 1980:1154). 본문과 상황간에 계속적인 대화가 일어나는 실험적 신학, 임시적이고 가설적인 신학이 필요하다(Rütti 1972:244-249).

그러나 이것이 무한한 수의 상황적이고 상호배타적인 신학을 무비판적으로 환영해서는 안된다. 상대주의의 위험성은 제3세계뿐 아니라 서구의 역사비평적 성경 연구에도 있는데 성경의 각 본문이 그 상황에 의해 아주 형성되어 있기 때문에 그 자체로서 하나의 고립된 신학 세계를 구성한다고 보는 것이다.

이러한 역사주의와 걷잡을 수 없는 상대주의가 허용되어서는 안된다. 모든 기독교인들이 공유하고 존중되어야 하고 보존되어야 할 신앙 전통이 있다. 그러므로 우리는 모든 신학이 본질적으로 상황적 성격을 띤다는 점을 인정하면서도 신학이 보편적이고 상황을 초월하는 차원을 가진다는 점도 인정해야 한다. 신학의 불확정적(contingent) 관점이 초신학적(metatheological) 관점에 의해 균형을 이루어야 한다(신학과 문화 간의 차이와 상호관련성에 대한 참조, Kraft 1981:291-300).

가장 탁월한 상황신학은 이러한 변증법적 관계를 붙잡는다. 구티에레즈(Gutiérrez)는 저서『해방신학』서론에서 가톨릭교회와의 자신의 유대관계, 그리고 가톨릭교회에 대한 자신의 헌신을 강조할 뿐 아니라, 그것이 고립을 의미하지 않으며 모든 신학은 보편적인 메시지에 대한 담론임을 강조한다(1988:xxxvi). 그러므로 모든 지역신학은 공의회신학(theologia oecumenica)에 도전하며 그것을 비옥하게 해야 하고 이와 마찬가지로 후자는 전자의 관점을 함양하고 넓혀주어야 한다. 따라서 이것은 제3세계 기독교인들이 서구신학을 공부해야 할뿐 아니라 제1세계 기독교인들 역시 제3세계 신학들을 공부해야 함을 뜻한다.

전자는 언제나 당연시되어왔으나 후자는 그렇지 못했다. 아주 느리게 이루어지고 있을지 모르나 그래도 이제 이 국면이 변화되고 있다(Frostin 1988:24). 한 세대 전만 해도 서구신학교들은 제3세계 신학에 대한 과목을 둘 필요가 있다고 생각하지 않았다. 그런데, 오늘날은 점점 더 그러한 과목을 교과 과정에 포함시키고 있는데 흥미를 유발하려는 것이 아니라 신학교육의 필수 영역이라고 보기 때문이다.

(3) 각 상황에서 신학이 주조되고 상황에 따라 신학이 주문 제작되는 상대주의의 위험 뿐 아니라 상황주의(contextualism)를 절대화하는 위험 역시 있다.

사실, 이것은 서구 선교 활동에서 실제로 일어난 일인데 서구에서 상황적으로 조성된 신학이 복음의 수준으로 격상되어 통째로 다른 대륙에 전달된 것이다. 따라서 상황주의는 자신의 신학적 입장을 보편화하여 모든 사람에게 적용되게 하고 모두 복종하도록 요구하는 것이다.

서구신학이 이러한 성향에 면역되어 있지 않았다면 제3세계 상황신학도 면역되어 있지 않다. 그러면, 새로운 신학적 제국주의가 단순히 과거의 것을 대체하고 만다. 가령 CWME 멜번대회(1980) 동안에 라틴 아메리카 대표자들은 자신들의 특유한 상황적 신학을 보편 타당성이 있는 것으로 공포하려는 경향이 있었다. 하지만 다른 제3세계에서 온 대표들은 이를 흔쾌히 수용하지 않았다. 예를 들면, 아시아기독인대회는 다음과 같이 문제점을 지적했다.

> 라틴 아메리카의 해방신학이 단순히 아시아에서 서구신학의 자리를 차지하려고 한다면 이는 적절하지 못하다. 해방이 필요하지 않기 때문이 아니다. 단지 우리가 해방되어야 할 것은 우리가 속박되어 있는 것으로부터이어야 하기 때문이다. 그리고 이러한 해방은 다른 관점과 다른 감수성을 필요로 한다.[18]

(4) 우리는 이러한 모든 이슈를 다른 각도에서, 즉 오늘날 교회론에서 논의되고 있는 표현인 "시대의 표적을 읽는다"는 각도에서 보아야 한다(Gómez 1989:365).

이러한 작업이 심오한 타당성을 가진다는 점은 의심의 여지가 없다. 다른 셈족계 종교들처럼 역사를 하나님의 활동 영역으로 중요하게 간주하는 것은 기독교에 필연적이다. 이러한 인정은 다음으로 우리가 역사 속에서의 하나님의 행위를 어떻게 해석해야 하고 여기에 우리 자신이 어떻게 헌신해야 하는가의 질문을 제기한다.

인간 역사 속에서 하나님의 뜻과 임재를 드러내는 표적들은 무엇인가?

우리는 세상 속에서 하나님의 발자국을 어떻게 분별할 수 있는가?

---

[18] *CCA News*, 15, no.6 (June 1980), p.6.

이 일은 사방으로 위험이 가득한 일이지만 회피할 수 없는 일이다(Berkhof 1966:197-205; Gómez 1989). 그런데, 우리는 뒤늦게 깨달은 문제가 있는데, 과거에 시대의 표적을 오해한 적이 자주 있었다는 것이다. 서구의 식민주의를 "자비로운 식민주의"라고 보면서 하나님의 섭리적인 역사 개입의 표식으로 보던 때가 있었다. 식민통치를 받는 민족들조차 이렇게 생각하기도 했다.

남아프리카에서 인종차별이라는 분리정책을 국가문제 해결을 위한 정당하고도 하나님이 뜻하신 해결책으로서 수십 년 동안 기독교인들이 옹호하였었다. 이와 마찬가지로 독일 민족주의와 사회주의는 1933년에 독일의 전환점이라는 이름 아래 많은 기독교인들으로부터 신적 개입이자 호의라고 거리낌없는 환호를 받았다.

1960년대에 세속주의는 메스테네(Mesthene), 하비 콕스(Harvey Cox), 벤 리우웬(van Leeuwen)과 같은 사람들의 지지를 받았다. 마찬가지로, 많은 기독교인들이 소련과 동유럽, 다른 사회주의 국가에서의 정치적 사건과 전개를 그 시대의 신적 표적으로 보았다.

오늘날, 이러한 시대적 표적들은 신임받지 못하는데 이를 옹호하던 사람들조차 인정하지 않을 정도이다. 분명 동정과 헌신은 나쁜 사회학을 만들지 않으며 형편없는 정치를 하지 않고 논란스런 역사분석을 방지한다는 보장이 없다(Stackhouse 1988:95).

문제는 기독교인들이 "당시에 지배적인 역사적, 사회적 세력을 변경시킬 수 없는 섭리이자 심지어 구속"으로 승화시키기 때문인 듯하다(Knapp 1977:161). 이러한 사례들은 많다. 멜번(Melbourne, 1980)에서 있었던 CWME대회에서 훌리아 에스퀴벨(Julia Esquivel)은 니카라과 인민의 승리가 "그리스도 부활의 영광스런 경험"이라고 말했다. 애굽의 노예 상태에서 나온 이스라엘이 오늘날에는 짐바브웨, 엘살바도르, 니카라과, 과테말라에 해당한다는 것이다.

"불의에 맞서는 사람들의 봉기는 사람들을 위한, 전 세계를 위한 하나님의 창조적 능력이다... 사람들의 행위는 창조적 능력을 통한 정의를 위한 하나님의 선교이다"(WCC 1990:40).

이와 비슷하게 앨버트 놀란(Albert Nolan 1988:166)은 억압 체제에 대한 남아프리카 사람들의 투쟁에 대하여 이렇게 말한다.

"현재 싸우고 있는 사람들의 능력은 진실로 하나님의 능력이다... 현 체제에 대한 대항은 '혈과 육'이 아니라 하나님의 전능하신 능력이다."[19]

상황화를 주창한 사람들이 하나님의 뜻에 관한 특별한 지식을 알고 있다고 주장하면서, 자신들에게 동의하지 않을 경우 그들을 "잘못된 생각"에 빠진 자로 선언한다면 문제는 더 복잡해진다. 그럴 경우, 그들의 통찰력은 하나님의 뜻 뿐 아니라 미래에 어떤 일이 일어날지 아는 능력이 있게 만든다.

예를 들면, 남아프리카의 경우 놀란(Nolan)은 "우리는 미래에는 억압과 소외가 없을 거라고 확신할 수 있다"고 주장한다(1988:144). 남아프리카인들이 두려워할 필요가 없는 한 가지 사항은 "또 다른 집단의 사람들이 단순히 현 통지자들을 대체하고 동일한 체제를 유지하는 경우이다... 이러한 가능성은 영원히 사라졌다."

상황적 신학은 "의심의 해석학"의 필요성을 강조하는 점에서 타당한데 특히 지배 계층의 종교를 지적하는 경우이다.

그러나 이것의 위험성은 "그러한 의심이 그 자체가 목적이 되는 경우"이다(Martin 1987:381). 이러한 경우 신학적 대화는 "가장 중요한 질문들에 대한 대

---

19 이러한 점에서 폴 틸리히(Paul Tillich)가 임마누엘 허쉬(Emanuel Hirsch)에게 1934년에 쓴 공개 서한을 읽는 것은 크게 도움이 된다. 허쉬가 자신의 책(*Die gegenwärtige geistige Lage im Spiegel philosophischer und theologischer Besinnung*: Akademische Vorlesungen zum Verständnis des deutschen Jahres 1933, Göttingen: Vandenhoeck & Ruprecht, 1934)을 출판한 직후 "임마누엘 허쉬에게 보내는 공개 서한"(Open Letter to Emnauel Hirsch in J.L. Adams, W. Pauck, and R.L. Shinn, eds., *The Thought of Paul Tillich San Francisco*: Harper & Row, 1985], pp. 353-388)이 출간되었다. 틸리히는 허쉬가 독일에서의 사건들(특히 히틀러의 집권)이 "전능하신 주님의 역사로 이해되어야 하며 우리는 본질적으로 그의 도구가 되어야 한다"라고 쓴 것을 인용한다(1985:364). 그는 허쉬가 "예언적이고 종말론적인 카이로스(Kairos) 교리를 왜곡시켜서 현재의 사건을 성직적이고 성례적인 성별로 만들었다"라고 비판한다(:366). 허쉬는 특정한 역사적 사건들로부터 "신학적이고 절대적인 가치 판단"을 끌어옴으로써 이것을 해내며(:365) 그 결과 "유한한 가능성"(a finite possibility)을 절대화한다(:366). 이렇게 함으로써 허쉬는 현재의 역사를 "성경 문서들과 나란하게 계시의 자료"로 전환시킨다(:371). 나는 틸리히에 대한 참고문헌을 스택하우스(Stackhouse 1988:97)에 의존하고 있는데 스택하우스는 "오늘날 프락시스(praxis)에 기초한 해방 사상에서 선호하는 근대 사회 역사 분석에서 사용되는 많은 용어들이 허쉬의 저작에 존재한다"는 점을 지적했다.

화가 되지 못하고 누가 말하도록 허락되어야 하는가 관한 권력 투쟁이 된다"(Stackhouse 1988:22). "특별한 지식"(privileged knowledge)에 접근할 수 있는 사람들만이 상황을 해석하고 그 상황을 위한 복음이 무엇인지 말할 수 있다. 이러한 패러다임에서는 "비희생자들"이 생각하는 것은 무엇이든지 치료될 수 없을 정도로 오염된다. 그들이 즉시 특정한 정통실천(orthopraxis)을 승인하지 않으면 그들은 비공식적으로 축출되고(그들의 "거짓된 양심" 때문에) 하나님의 정의의 울타리를 넘는 것으로 판단된다(:102, 186)

이러한 접근은 상황 밖에서 오는 것으로서의 본문(text)의 중요성을 낮게 보는 것으로 끝난다(Stackhouse 1988:38). 사실, 본문이 상황을 판단한다는 견해는 방법적으로 의심받고 있다(:27). 복음 메시지를 상황에 전달하는 것이 아니라 우리가 상황으로부터 복음 메시지를 끌어내는 것이 된다(:81). "당신은 복음을 상황 속으로 성육신시키는 것이 아니라 복음이 상황에서 나온다"고 놀란(Nolan)은 주장한다(1988:27). 결국,

"선지자들은 자신들의 예언적 메시지를 그 시대에 '적용'하지 않았고 시대의 표적을 통해 메시지가 그들에게 드러난 것이다."[20]

그러나 문제는 "사실"이 항상 모호한 채로 있다는 것이다. 하나님이 어디서 일하시는가를 드러내는 것은 역사의 사실이 아니라 복음에 의해 조명된 사실이다. 바티칸 II에 의하면 교회는 시대의 표적을 복음에 근거하여 해석해야 한다(Waldenfels 1987:227). 가톨릭, 정교회, 개신교와 같은 주요 전통교회들은 현 시점에서 자신들이 어디에 있는지를 볼 뿐 아니라 자신들이 어디로부터 왔는지를 본다. 그들은 상황을 평가하는 표준이자 하나님의 진리와 정의로 이끌어 주는 진정한 보편적 안내자를 찾는다.

이것은 규범(norm)을 정해주는 것이 복음(norming norm)임을 뜻한다. 우리가

---

20 이러한 점에서 사네(Sanneh)는 기독교가 이슬람교와 근본적으로 다르다고 부언한다. 알라의 사상들이 선지자에게 아랍어로 직접 전달되었기 때문에 꾸란(Qur'an)이 알라의 사상을 그대로 담고 있다는 관점은 다른 종교들처럼 상황화할 수 있는 능력을 제한한다(물론 기독교에 있어서 과도하게 근본주의적인 진영들에서도 같은 관점이 존재한다).

상황을 읽는 것 역시 규범인데, 규범으로 정해진 규범(normed norm)이다(Küng 1987:151). 물론, 복음은 우리의 현재 상황 속에서만 읽을 수 있고 의미가 있다. 하지만 복음을 표준으로 삼는다는 것은 상황을 비평하고 우리의 이해를 비평한다는 뜻이다.

따라서 의심의 여지가 없다. 우리는 "시대의 표적"을 해석해야 한다. 그러나 표적에 대한 우리의 해석은 상대적 타당성을 가질 뿐이고 우리의 해석은 막대한 위험성을 내포한다. 하나님의 통치에 대한 마태복음의 비유는 주의 깊게 살펴 볼 것을 요구한다(마 25장). 보는 것은 알지 못하는 상태에서 이루어진다. 그러나 보는 것은 일종의 표적의 해석이며 잘못 해석할 위험을 내포한다(Berkhof 1966:187). 우리의 1차적 판단은 오류가 될 수도 있다. 우리는 완전히 부적합한 질문을 던지고 잘못된 단서를 찾을 수도 있다.

그러나 우리에게 나침반이 없는 것이 아니다. 상황 속에서 하나님의 뜻과 임재를 가리키는 북극성과 같은 중요한 지침들이 우리에게 주어져 있다. 사람들이 사랑과 무아의 사랑 속에서 정의, 자유, 공동체, 화해, 일치, 진리를 경험하고 추구하는 곳에서 우리는 일하시는 하나님을 감히 볼 수 있을 것이다. 사람들이 노예 상태에 있고 사람들 간에 적대감이 타오르고 개인적 혹은 공동적 자기 중심주의 속에서 상호 책무가 부인되는 곳에서 우리는 하나님의 통치로서의 대항 세력의 활동을 볼 수 있다(Rütti 1972:231, 241).

이들이 본질상 상대적일지라도 우리의 판단이 하나님의 최종 심판과 일치하는 것이 아니므로 우리는 용기를 가지고 결정을 내리게 된다(Berkhof 1966:204). 우리가 절대적으로 옳은 것과 절대적으로 잘못된 것 사이에 결정을 내리지 못한다 할지라도 우리는 회색 구역을 분별할 수 있고 "밝은 회색을 선택하고 어두운 회색을 거부"할 수 있어야 한다(:200).

(5) 상황이 분명히 중요한 역할을 하지만 신학적 통찰을 위한 유일한 권위로 인정되어서는 안된다(Stackhouse 1988:26).

프락시스는 너무 많은 것들을 뜻한다(:91). 진영에 따라서는 프락시스의 절대적 우선성에 의문을 제기하는 것을 아주 안 좋게 보기도 하지만 이론없이 프락시스는 없다는 점을 기억해야 한다. 이론이 명시되지 않은 곳에서도 마찬가지이다.

이러한 이유 때문에 프락시스는 이론의 비평적 통제를 받을 필요가 있다. 비평적 선교신학은 상황에 의존하지만 기능적인 효과성을 최고의 규범으로 삼아서는 안된다. 역동적 상황은 언제나 진리와 정의라는 "추상적" 이슈들, 추상적인 형이상학적, 도덕적 비전들, 인식론에 대한 "이론적" 문제들을 수반한다(Stackhouse 1988:11). 모든 프락시스들은 "특정하고 상당히 도식화되고 종합적이고 사회적이며 역사적인 교리"에 의존하며 "무엇이 진리이고 정의인지에 대한 정교한 이론"을 필요로 한다(:96, 103).

그러므로 중요한 문제는 프락시스가 이론 위에 있다는 것이 아니라 "프락시스가 수행되기 위해 어떤 이론이 충분히 진리이고 정의인지"이다(:98).

교리적으로 변경될 수 없는 "정통주의"라는 입장이 오늘날 의심받고 있다. 동의된 신앙 전통이 완전히 부재하는 곳에서 상황화는 새로운 신앙지상주의를 낳을 뿐이고(:103) 신학적 담론은 완전히 쓸모없게 한다(:102).

(6) 스택하우스(Stackhouse)는 우리가 상황화를 프락시스와 이론 간의 문제로만 해석한다면 전체 상황화 논의를 왜곡하는 것이라고 주장한다.

우리에게는 또한 포이에시스(헬라어 *poiesis*)의 차원이 필요한데 스택하우스는 이를 가리켜 "상상력이 풍부한 창조 혹은 연상시키는 이미지 표현"이라고 한다(1988:85, 104). 사람들은 진리(이론) 뿐 아니라 정의(프락시스)가 필요하다. 그들은 또한 아름다움, 풍부한 상징들, 경건, 예배, 사랑, 경외감, 신비가 필요하다. 진리의 우선권과 정의의 우선권 사이의 싸움 속에서는 이러한 차원이 상실된다. "사랑은 정의 이상을 요구한다"라는 니이버(Niebuhr, 1960:75)의 말은 심오한 의미가 있다. 참으로, 이것은 진리 이상을 뜻한다. 믿음과 소망, 사랑 중에 사랑이 제일이다. 그러나 물론, 사랑은 다른 둘과 결코 분리될 수 없다.

(7) 가장 훌륭한 상황 신학은 믿음과 소망, 사랑이 함께 하듯이, 이론과 프락시스, 포에이시스(헬라어 *poiesis*)가 함께하는 신학이다.

이것은 세 차원을 합하는 기독교 신앙의 선교적 성격을 드러내는 한 방식이다. 스택하우스는 다른 선교적 세계 종교들처럼 기독교는 보편적이고 궁극적인 진리의 "드러남"을 붙잡는다고 말한다.

> 이러한 "드러남"은 초월적인 정의에 대한 열망을 유발하는데 사람들을 지역 관습과 상황적인 절대적 충성, 관례적인 사회적 조건으로부터 자유케 한다. 이것은 일종의 "노숙 상태" 신성한 소외를 유발하는데 본국의 경우보다 더 정의로운 실천을 채택하려고 하고 모든 개인들을 이 새로운 진리에 접하게 한다. 그래서 이 보편적 메시지를 아직 모르고 있는 사람들과 나라들에 이것을 전하여 정의를 기초로 정체성과 전 사회를 변혁하려는 열망이다(1988:189).

모든 상황 신학이 위에서 논한 것처럼 과잉성이 있는 것은 아니다. 하지만 이러한 과잉성은 상황이 신학의 성격과 내용을 결정 짓도록 허용하는 위험성을 가진다. 이 점을 염두에 두고 이어서 해방 신학과 문화화(inculturation)의 주제를 다루기로 한다.

7. 해방으로서의 선교

1) 개발에서 해방으로

여기서 나는 상황화로서의 선교에 대한 통찰을 계속할 것인데 이를 통해 현재 선교 사상과 실천에서 발생하고 있는 근본적인 패러다임 이동 중에서 가장 극적인 사례인 해방신학의 성격을 명확하게 파악하고자 한다.

해방신학은 다면적인 현상으로서 미국에서는 흑인, 히스패닉(Hispanic), 아메리칸 인디언 신학으로서, 그리고 라틴 아메리칸 신학으로서, 여성신학으로서, 아프리카, 아시아와 남태평양 지역에서는 남아프리카 흑인신학과 같이 다양하고 유사한 신학운동으로 표출되고 있다. 우리는 또한 다양한 문화화(inculturation) 신학들을 해방신학의 범주로 간주할 수도 있지만 동시에 해방신학은 문화화 신학과는 충분히 다르며 다음 장에서 별도로 다룰 것이다.

사실상 모든 해방신학과 문화화 신학은 여성신학을 제외하고는 제3세계 혹은 제1세계 안에 있는 제3세계 신학들이다. 이러한 신학들은 1976년 다르 에스 살람(Dar es Salaam)에서 창설된 제3세계 에큐메니칼 신학자협회(EATWOT, the Ecumenical Association of Third World Theologians)에서 큰 주목을 받았다.

제3세계라는 명칭은 의식적으로 선택된 것인데 제3계층 사람들로 취급되고 제1세계와 제2세계 권력에 의해 착취당한 경험들을 표현하는 말이기 때문이었다. 그러므로 대부분의 EATWOT 회원들은 복음주의 진영에서 점점 널리 수용되고 있는 "3분의 2세계"(Two Thirds World)라는 용어를 거부하는데 이 용어가 "역사의 아랫면"에 있는 제3세계의 정치적, 사회적 위치를 표현하지 못하고 지리적 크기와 인구만을 반영하기 때문이었다(Fabella and Torres 1983:xii).

해방신학, 특히 고전적인 라틴 아메리카의 다양한 신학 형태들은 서구교회와 선교 진영에서, 가톨릭과 개신교 측 모두에서 무력하게도 조직적인 불의의 문제를 해결하지 못하는 것에 이의를 제기하면서 발전했다.

1960년대 이전에 선교 진영에서 해방에 대하여 관심이 없었다는 뜻은 아니다! 가령 본서의 앞 부분에서 언급한 바르돌로매 데 라스 카사스(Bartolomé de Las Casas), 초기 경건주의자들, 바젤선교회(Basel)와 CMS(교회선교회) 선교사들, 윌리엄 윌버포스(William Wilberforce)와 같은 인물들과 선교기관들이 있다. 그러나 대체로 교회들은 일종의 "치외법권"을 주장하고 역사의 흐름과 갈등을 초월하는 입장을 취하며 복음의 원리들을 제시하기만 하는 경향이 있었다(Míguez Bonino 1981:369). 사회적 질병들이 치료되어야 한다는 데는 동의했지만 사회적, 정치적 대구조들을 도전하지 않았다. 1937년 옥스퍼드에서 열린 "교회, 공동체, 그리고 국가"에 대한 회의는 여전히 교회의 과업이 초국가적, 초계층적, 초인종적이라고 주장했다.

1930년대에 나찌즘에 직면한 독일교회는 정사와 권세들이 단지 "하늘에" 있다고 생각한 것이 기만이었다는 것을 서서히 깨닫기 시작했다. 그것들은 사회 구조들 속에서 악마적인 세력들로서 엄연히 지상에서 활동하고 있었다. 그러나 개신교 선교에 관한 한, 더 넓은 구조들을 분명히 인식하고 개선만으로는 충분치 않다는 확신을 하게 된 것은 IMC의 탐바람회의(1938)에 이르러서였다. 요청된 것은 철저한 갱신이었다(van't Hof 1972:119-123). 탐바람 이후 교회의 예언자적 목소리는 더 분명하게 들려지게 된다.

그렇지만 탐바람은 제3세계에서의 불의한 사회 정치 구조와 강력하게 대결하는 시대를 시작한 것은 아니었다. 1925년 스톡홀름에서 열린 제1차 교회와 사회 회의(the Church and Society Conference) 이후 30 여년 동안 에큐메니칼 운동의 초점은 서구와 동구(막스주의자)의 사회 문제에 있었는데 특히 사회주의와 자유기업체제 간의 긴장에 의해 유발된 문제들이었다. 그러나 1995년에 급격한 사회 변화의 영역에 대한 그리스도인들의 책임에 관한 연구 프로젝트가 도입되었다. 중심축이 기울기 시작했다. 그러므로 남북관계가 점점 중요하게 취급되었다(Nürnberger 1987a).

선교 진영에서 전통적인 자선 모델이나 "포괄적인 접근"(1920년대에 시작되어 특히 교육, 보건, 농업 훈련에 중점을 둔)이나 모두 충분치 않다는 점이 인식되었다. 보다 근본적인 전략이 필요하였다. 당시의 도전을 표현하는 개념은 개발이었다. 제1세계와 제2세계의 정부들은 자신들의 자원을 야망에 찬 개발 프로젝트에 쏟아 부음으로써 제3세계 문제의 해결에 기여하려고 했다. 서구교회들과 선교기관들은 다급히 여기에 동승하였다.

서구에게 개발은 근대화를 의미했다(Bragg 1987:22-28). 그러나 전체 계획은 몇 가지 잘못된 전제들에 기초하였다. 서구에게 좋은 것이 제3세계에도 좋을 것이라고 본 것이다(이것은 문화적으로 무감각한 것이었다). 인간 주체와 물질 객체 간의 절대적인 구분에 전제를 둔 계몽주의에 근거한 것이었고 제3세계가 필요로 하는 모든 것은 전문 기술이라고 믿었다. 어떤 상호성도 없이 일방향 통행이었고 개발 원조와 기술들이 서구의 "기부자들"로부터 거의 상의도 없이 제3세계 수혜자에게로 이동했으며 부유한 북반구에서는 어떤 변화도 필요치 않다는 가정 위에서 진행되었다(Nürnberger 1982:233-391; Sundermeier 1986:63, 72-80; Bragg 1987:23-25).

대체로 계획의 결과는 형편없었다. 소수의 엘리트들은 덕을 보았고 대다수 인구는 훨씬 격심한 곤경에 처했다. 부자들은 더 부자가 되었고 가난한 자는 더 가난하게 되었다. 스미스(Smith 1968:44)는 제2차 세계대전 전에는 브라질 사람이 포드 자동차 한 대를 커피 5자루로 살 수 있었다고 말한다. 그런데 이제는 (1968년) 206 자루가 필요하다. 수십억 달러의 개발원조에도 불구하고(때문에?) 많은 제3세계 국가들에서 사회 경제적인 상황은 오늘날까지도 더 악화되고 있다. 가난이 단지 무지와 기술의 부족, 도덕적, 문화적 요인들의 결과가 아니라 범지구적인 구조적 관계들 때문이라는 것을 인식하지못했다.

그러나 1960년대에 세속화와 기술에 심취했었기 때문에 서구교회와 그 지도력에게 개발 모델이 부적합하다는 것을 납득시키기는 사실상 불가능했다. 1966년 제네바에서 열린 교회와 사회회의(the Geneva Church and Society Conference)에서 메스테네(Mesthene)와 여러 "기술 인문주의자"(technological humanists)들은 현대 기술을 통해 서구를 따라잡을 수 있도록 돕는 것에 외에는 가난한 자들을 구원할 길이 없다고 생각했다.

뒤늦게 1968년에 WCC 웁살라총회는 많은 문제들에 대하여 급진적인 정치적 태도를 취했음에도 불구하고 제3부 전체를 "세계 경제와 사회 개발"이라는 주제에 할애했으며 전체 개발 철학이 근본적으로 도전받아 왔다는 사실을 거의 의식하지 못하는 듯한 보고서(WCC 1968:45-55)를 내 놓았다.

심지어 1973년에 독일 개신교교회들은 인류를 위한 흥미진진한 전망과 전세계의 꿈을 실현시킬 수 있는 기술들을 열렬한 어조로 기술하는 보고서를 만들었다(Sundermeier 1986:72). 유토피아적인 언어가 개발 철학의 특징이었다. 교황 바울 6세가 "사람들의 개발 76"(*Populorum Progressio* 76)에서 말한 "개발"은 "평화를 위한 새로운 이름"이었다. 저개발국들은 복지 경주에서 늦었을 뿐이었다. 저개발 국가들이 더 빨리 달릴 수 있도록 도움을 받고 선진국들의 기술을 빨리 습득한다면 그들의 불행의 종식은 바로 목전에 있었다(Gómex 1986:37).

그러나 1950년대 이래로 분위기가 제3세계 국가들에서, 특히 라틴 아메리카에서 변하기시작하고 있었다. 사회, 정치적으로 개발이 혁명으로 대체되었으며, 교회적, 신학적으로는 해방신학으로 교체되었다. "해방신학"이라는 용어가 창안된 때까지(1968년에, Gutiérrez 1988:xviii 참조) 그 주요한 주제들은 이미 10여 년 동안 회자되고 있었다(Segundo 1986:222, 각주 243). 곧 "해방"이 교회 환경 어느 곳에서든지 출현하고 있었다.

우리가 다루는 대립들은 개발과 저개발이 아니라 지배와 의존, 부와 가난, 자본주의와 사회주의, 압제자와 피억압자였다(Waldenfels 1987:226; Frostin 1988:7). 가난은 가난한 국가들에게 기술적 방법들을 쏟아 부어 줌으로써가 아니라 불의라는 근원을 제거함으로써 근절될 것이었다. 서구가 그러한 계획을 주저했기 때문에 제3세계 민족들은 자신들의 운명을 자신의 손에 취하여 혁명을 통해 자신들을 해방시켜야만 했다. 개발은 과거의 진화적인 연속을 뜻했고 해방은 분명한 단절, 새로운 시작을 의미했다.

2) "하나님의 가난한 자들을 위한 편애적 선택"

아담 스미스(Adam Smith)의 철학에 기초한 현대 자본주의는 전에 알았던 것과는 전적으로 다른 세계를 만들어냈다. 뉴비긴(Newbigin 1986:110)은 계몽주의 이후 200년이 지난 지금 "우리는 소수의 왕과 왕비들에게 해당했던 물질적인 부를 수백만 명이 누리고 있는 세상에 살고 있다"고 말한다. 부가 축적됨에 따라 부유한 기독교인들은 가난에 대한 성경의 내용들을 점점 더 은유적으로 해석하게 되었다. 가난한 자를 "심령이 가난한 자," 즉 하나님에게 전적으로 의존하는 자로 해석하였다. 이렇게 하여 부자는 또한 가난해 질 수 있었고 모든 성경의 약속들을 자신들에게 맞출수 있었다.

그러나 점차적으로 가난한 자들의 얼굴이 더 이상 무시되거나 풍자될 수 없는 방식으로 서구의 부유한 기독교인들의 주목을 받게 되었다. CWME 멕시코시티회의는 이러한 얼굴들을 인식하기 시작했으나 여전히 세속화에 사로잡혀있어서 세속화로부터 신학적인 결론을 끌어내려고 했다(Dapper 1979:39). 1966년의 제네바 회의 이후로 분위기가 바뀌었다. 웁살라총회의 "메시지"(Message) 부분은 다음과 같이 진술하고 있다.

> 우리는 평화를 희구하는 자들, 빵과 정의를 요구하는 굶주리고 착취당한 자들, 인간의 정의를 주장하는 차별받은 희생자들, 삶의 의미를 구하는 수백만의 사람들의 절규를 들었다(WCC 1968:5).

데퍼(Dapper)는 이렇게 말했다.

"어느 누구도 이것들이 세계교회협의회의 새로운 목소리임을 의심할 수 없다. 은유적인 연설에 호소함으로써 그러한 절규를 회피하려는 시도는 더 이상 없다"(1974:45).

방콕(1973)은 "구원" 같은 용어를 "해방"으로, "교제"는 "연대감"(solidarity)으로 번역함으로써 새로운 강조점을 부각시켰다(Dapper 1979:53). 멜버른(1980)에서 가난한 자들은 선교학적 통찰의 중심부에 놓여졌다. 참으로 이 회의에서 "가난한 사람들과의 연대가 오늘날 기독교 선교에 있어서 중심적이고 중요한 우선순위"임이 확연하게 인정되었다(Gort 1980a:11).

어떤 의미에서 멜버른에서는 가난한 자들이 지배적인 해석의 범주가 되었다. 적어도 회의의 4개 부분 중 적어도 3개(I, II, IV)에서 가난한 자들이 현저하게 다루어졌다. 멜버른회의를 검토하면서 에밀리오 카스트로(Emilio Castro 1985:151)는 가난한 자들을 인정한 것은 "탁월한 선교학적 원리"였고 가난한 자들과의 교회의 관계는 "선교의 척도"라고 언급했다.

훨씬 더 극적이었던 것은 로마가톨릭 진영에서의 "가난한 자들에 대한 발견"이었는데, 특히 콜롬비아 메델린(Medellín, CELAM II, 1968)과 멕시코 푸에블라(Puebla, CLEAM III, 1979)에서 열린 제2차 및 3차 라틴아메리카주교회의에서 보여졌다. "가난한 자들을 위한 호의적 선택"(preferential option for the poor)이라는 문구가 주조된 곳이 푸에블라였다. 그리고 구티에레즈(Gutiérrez)는 "선택"이라는 단어가 "선택적으로"(optional)라는 뜻으로 해석되어서는 안되듯이 "편애"(preference)라는 말이 하나님이 가난한 자들에게만 관심을 갖는다는 배타성을 뜻하지 않는다고 설명했다(1988:xxvf).

요점은 오히려 가난한 자들이 하나님이 관심을 두는 유일한 자들은 아닐지라도 첫 번째 대상이며 따라서 교회는 가난한 자들과의 연대를 보일 수 밖에 없다는 것이다. 가난한 자들은 "인식론적인 특권"을 가지는데(Hugo Assmann; Frostin 1988:6에서 인용) 그들은 신학의 새로운 대화자이며 신학의 새로운 해석학적 장소이다.

물론 이 모든 것에 있는 위험은 "타자와 함께 하는 교회" 대신에 "타자를 위한 교회"라는 함정에, "가난한 자들의 교회"라기 보다는 "가난한 자들을 위한 교회"라는 함정에 다시 쉽게 빠질 수 있다는 것이다.

멜버른은 (부유한) 교회들이 가난한 자들에게 대하여 가졌던 전통적인 오만한 태도를 탈피하는데 도움이 되었다. 가난한 자들이 교회를 필요로 하는 것이 아니라 교회가 가난한 주님 가까이에 있기를 원한다면 교회가 가난한 자들을 필요로 해야 하는 것이었다. 가난한 자들은 자기 자신을 발견하고 인정하기 시작하고 있었다.

가난한 자들은 개발 모델에 대하여서 "명령에 의해 꿈 꾸는 것"을 거부했듯이(Ivan Illich; Dapper 1979:91에서 인용) 이제는 서구와 부자, 백인들에 의해 자신들이 규정되는 것을 거부했다. 가난한 자들은 단순히 더 이상 선교의 대상이 아니며 선교의 실행자이자 소지자가 되었다(멜버른 Section IV.21; WCC 1980:219). 그리고 이 선교는 무엇보다도 해방의 선교이다. 구티에레즈(Gutiérrez)는 해방신학을 "자기 자신의 신앙을 생각해내는 가난한 자들의 권리의 표현"이라고 정의한다(1988:xxi). 과거에 교회는 "목소리 없는 사람들의 목소리"였으나 이제는 목소리 없는 사람들이 자신의 목소리를 내고 있다(Castro 1985:32).

지난 20여 년 동안에 가난한 자들이 누구이고 전통적으로 교회가 그들을 어떻게 바라보고 대했는지에 대하여 수많은 연구들이 나왔다. 틀림없이 구약성경과 예수의 사역은 가난한 자들과 이들의 곤경을 중요시했다(본서의 제3장, De Santa Ana 1977:1-35).

전체 성경은 가인과 아벨의 이야기로부터 시작하여 하나님이 인간 역사상 학대받고 연약한 사람들에게 큰 애정을 가지고 있다는 것을 보여준다(Gutiérrez 1988:xxvii). 이러한 기풍은 기독교회의 첫 세기 동안에 유지되었었다(De Santa Ana 1977:36-64).

콘스탄틴 황제 이후 교회가 부유해지고 특원을 많이 갖게 되면서 가난한 자들은 점점 무시받고 홀대받았다. 그러나 이때에도 특히 수도원 운동 진영들로부터 강력한 목소리가 나와서 그리스도인들의 피할 수 없는 책임을 계속 강조하였다. 특히 바질(Basil the Great)은 가난한 자들을 옹호한 불굴의 인물이었다(:67-71). 어떤 의미에서 우리 시대에 가난한 자들을 재발견한 것은 고대의 신학 전통을 재확인한 것이다.

가난한 자가 되는 것은 두 말할 필요 없이 물질적인 현실이다. 그러나 우리는 현대의 사회 경제적 범주만으로 가난한 자들을 생각해서는 안 될 것이다. 누가에 대한 통찰에서 보았듯이(본서의 제3장) 누가가 고통받는 사람들에 대한 예수의 말을 기록할 때 마다 그는 가난한 자들을 목록의 첫머리에 두든지 맨 마지막에 두었다. 이것은 가난한 자들이 사회의 희생자들 모두를 포괄하는 범주임을 암시하는 듯하다.

가난한 자들에 대한 해방신학의 해석들도 이와 비슷한 해석학을 취한다. 가난한 자들은 소외된 자들이고 사회에 능동적이거나 수동적인 참여가 모두 부족한 사람들이다. 삶의 모든 영역을 구성하는 것이 소외이고 너무 심하여 사람들은 어떻게 대처할 어떤 자원도 없다고 느낀다(Müller 1978:80; Hugo Kramer 참조). 그것은 "인간 이하의 상태"이고(Gutiérrez 1988:164) "악하고 추한 상태"이며(:168) "전적으로 죽음의 체계"이다(Míguez Bonino 1980:1155).

이러한 관점에서 볼 때 "가난한 자들을 위한 하나님의 편애적 선택"은 라틴 아메리카에만 적용되는 것이 아니다. 인종차별의 관행은 사람들에게 가해지는 가난의 한 형태이다(그리고 물론 인종차별을 받는 사람들은 흔히 또한 물질적으로 가난하다). 이러한 점에서 북미와 남아프리카에서의 해방신학적 표현인 흑인신학은 "가난한 자들을 위한 하나님의 편애적 선택"의 상황적 적용이다(Kritzinger 1988:172-236).

전통적으로 서구신학에서 가난한 자들과의 관계는 윤리학의 문제로만 이해되었지 신학이나 인식론의 문제로 이해되지 않았다(Frostin 1985:136; 1988:6). 브레이크마이어(Brakemeier 1998:219)는 "정치 행위는 기독교 윤리학에 속하며 구원론의 문제가 아니다"라고 말한다.

이러한 입장은 오늘날 도전받는데 해방신학 측으로부터 뿐만 아니라 가톨릭, 개혁주의와 여타 진영들에서도 마찬가지다. 고트(Gort 1980b:52, 58)는 개혁주의 입장에서 볼 때 신학과 윤리학은 함께 속한다고 확언한다. 윤리학은 신학의 손이자 다리이고 얼굴이며 신학은 윤리학의 살아있는 유기적인 기관이자 영혼이다.

물론 그러한 입장은 우리의 선교 이해에 지대한 영향을 준다. 이 모델에서 해방신학과 흑인신학은 "선교에 도전이" 된다(Kritzinger의 책 제목 1988). 이것이 멜버른(1980)에서 지배적인 모델이었다. 가난한 자들과 억압받는 자들과의 연대가 기독교 선교의 중심적이고 중요한 우선 순위였다(Gort 1980a:12). 우리가 예수를 가난한 자들과 동일시한다면 우리는 가난한 자들에 대한 우리의 관계를 더 이상 사회 윤리의 문제로만 간주할 수 없으며 그것은 복음의 문제이다(Castro 1985:32, Sider 1980:318). 니콜라스 버디에브(Nicholas Berdyaev)의 말로 표현하자면 나의 빵의 문제가 물질적인 문제라면 내 이웃의 빵의 문제는 영적인 문제이다.

이것은 가난하지 않은 자들에 대한 하나님의 사랑을 배제하지 않는다. 그러나 그들의 경우 다른 종류의 회심이 요구되는데 가난한 자들을 억압하는데에 동참한 것을 인정하고 돈, 인종, 자기 이익이라는 우상으로부터 돌이키는 것을 포함한다(Kritzinger 1988:274-297). 이것은 그들이 비윤리적으로 행동했기 때문만이 아니라 "거짓 결백"(pseudo-innocence, Boesak)을 통하여 사실상 지식에 접근하기를 거부했기 때문이다.

이러한 점에서 볼 때 우리는 점점 더 통일된 신학적 관점을 가지는 것처럼 보인다. 많은 교회들이 여러 세기 동안 핍박받거나 적어도 소외받았던 정교회는 가난한 자들에 대한 교회의 태도와 마찬가지로 신학과 윤리학 간의 긴밀한 관련성을 항상 견지했다. 가톨릭과 에큐메니칼 개신교인들은 오늘날 이러한 입장에 동의한다. 그리고 복음주의자들은 20세기 첫 10년 동안의 "대반전" 후에 점차적으로 신학과 사회 윤리간의 불가분의 관계를 보기 시작하는 것 같다.

오늘날 로날드 사이더(Ronald J. Sider)와 같은 많은 복음주의자들은 교회와 가난한 자들에 대하여 아주 솔직한 태도로 말한다. 사이더는 하나님이 억압받는 자들의 편에 있다는 "교리"를 수용한다. 그리고 특권층이 참으로 하나님의 백성이라면 그들 역시 가난한 자들의 편에 있어야 한다. 궁핍한 자들을 외면하는 사람들은 얼마나 자주 종교적인 의례에 참여하든 결코 진정한 하나님의 백성이 아니다(:317).

로잔세계복음화위원회와 세계복음주의협의회가 공동 후원해서 열린 간소한 생활양식에 대한 협의는 간소한 생활을 훨씬 넘어서 하나님의 가난한 자들을 위한 호의적 선택, 압제자들에 대한 신적 심판, 가난한 자들과 함께한 예수라는 문제를 분명하게 다루었다(Scherer 1987:180).

3) 자유주의 신학과 해방신학

해방신학은 19세기 고전적인 자유주의 신학, 사회복음, 1960년대의 세속 신학, 혹은 유럽의 정치 신학을 포괄하는 자유주의 신학의 한 변종일 뿐이라고 흔히 주장된다(Braaten 1977:139-148, 153; Knapp 1977:160). 몇 가지 중요한 유사점들이 있는 것이 사실이다. 대부분의 자유주의 신학들과 마찬가지로 해방신학은 사회적 관심이 강하고 기독교 신상을 저세상적 범부와 과도한 개인주의로 해석하려는 경향을 모두 거부한다.

해방신학은 서구와 서구의 신학을 비판하지만 또한 근대화 모델을 통해 지상에서의 번영이라는 주제를 추구한다(Sundermeier 1986:76). 두 가지 신학 지류 모두 신중심적이기 보다는 인간중심적으로 보인다. 서구신학들처럼 해방신학은 내재주의와 "믿음의 증발"이라는 비난을 받는다(Frostin 1988:12, 193).

해방신학에 대한 이러한 평가들이 전부 사실이라면 해방신학이 계몽주의의 그 늘로부터 벗어나 새로운 패러다임으로 옮겨갔다고 말하기 어렵다. 그러나 계몽주의와 해방신학이 근본적으로 다른 두 가지 일반적인 영역이 있다.

(1) 모든 서구신학들은 주로 근대성, 세속주의의 문제와 씨름했는데 다시 말하면 세속 시대에서 하나님에 대항 말하는 것이 타당한가의 문제였다.

그들의 반응은 세속주의의 기본적인 신조들을 인정하면서 이 신조들의 종교적인 유산을 건져내려는 것이었다. 그들은 개인적인 신앙으로의 초청으로서의 복음 전도를 폐기하고 선교를 "인간화"로 대치함으로써 그 일을 이룬다. 그들은 삶의 정치적, 사회적, 경제적 차원의 발견이 신학의 주관주의적, 개인주의적, 실존적 축소를 쓸모없게 만들었다고 주장한다(Daecke 1988:631). 그들은 돌이킬수 없을 만큼 전 세계가 하나의 범지구적 문화를 향해 가고 있으며 서구의 이미지로 형상화되고 전통적인 형태의 종교 신앙은 "신성하게 하는 역량"을 상실할 것이라고 주장한다(Fierro 1977:265-267). "신성의 회복"은 소용없다(:339-348).

우리는 세속을 포용해야 한다(:348-341). 참된 계몽주의에 근거하여 이 "기술적 인문주의자들"은 사실과 가치가 분리된다고 가정하며 분리된 이성적 주체로서의 인간은 이성적인 동료 인간들에게 신뢰할만한 정보를 전달할 수 있고 필요한 지성적인(그러므로 수용할 수 있는) 적응을(또한 사회 정치적 수준에서) 할 수 있다고 믿는다(West 1971:26). 웨스트(West:51)는 서구신학자들을 포함하여 서구인들은 본능적으로 기술적 인문주의자들이라고 말한다. 그들이 연구하는 역사와 그들이 흡수하는 각 학문의 가정들은 그들 속에 이성에 대한 본능적인 믿음을 생성하는데(:52) 이성은 계시에 의해서 깨우쳐질 뿐이다(:63).

반대로 해방신학자들은 거의 순진할 정도로 종교적인 경향이 있고 때로는 심지어 성경주의자이다(동료 해방신학자인 Mosala가 Desmond Tutu와 Allan Boesak에게 한 비판 참조, Mosala 1989:26-42). 사회복음에게는 당황스러운 예수의 십자가가 해방신학의 중심부에 있다. 예수의 "실천"(Echegaray 1984)은 그리스도의 삶과 죽음, 부활을 포함한다. "신학은 철저하게 신학으로 남아야 하며" "신학의 근본적인 인식론의 원리"를 해소하기를" 거부해야 한다는 공언이 있다(Míguez Bonino 1980:1156).

세군도(Segundo)는 바울 연구에서 어떤 경우에도 포기될 수 없는 "초월적인 자료들"(1986:152, 157)을 거듭해서 언급한다. 해방신학의 질문은 하나님의 존재여부가 아니라 하나님이 누구의 편에 있는가를 아는 것이다(Fabella and Torres 1983:190). 그리고 그것은 포스트모던적 질문이다.

(2) 서구의 진보신학들은 그 철학이 진화적인 경향이 있고 따라서 적응된 양식일지라도 최종적으로는 현상 유지를 고수하는 성향을 보인다(Lamb 1984:38).

그들이 사회주의적 형태에 헌신하는 경우에도 파비우스식의 사회주의가 되는 경향이 있다(Hopkins 1940:323). 그들의 사회관은 자주 낭만적이고 유토피아적이며 순진하고 감상적이다(:323, 325). 1968년 웁살라의 급진적인 진술문들조차도 "전체적으로 단련된 기술적 이성주의와 침착한 자유주의적 낙관주의가 도덕적 촉구와 합쳐진 것"에 지나지 않았다(West 1971:33, 각주 10). 그처럼 진보신학들은 특권층의 언어를 반영한다. 그것은 "위로부터의" 신학이다.

그러나 해방신학은 "아래로부터의" 신학이다. 그것은 지배력에 맞선다(Frostin 1988:192). 그것은 역사의 법칙이 발전이 아니라 혁명이라고 믿는데 이 혁명은 "인간의 의지에 예속되지 않고 인간의 의지를 형성하는 불변의 법칙"으로 간주된다(West 1971:113). 인류의 적은 자연이 아니라(기술적 인문주의에서처럼) 무력한 자를 착취하고 파괴하는 인간 권력의 구조이다(:32).

이 두 장르의 신학 간의 분명한 유사점들에도 불구하고 위의 사실에 비추어 이들을 서로 대조적인 이미지로 간주하기 쉽다. 해방신학은 단순히 유럽 진보신학의 급진적이고 정치적인 진영이 아니다(Gutiérrez 1988:xxix). 여기에 기본적인 차이가 있기 때문에 각 진영은 이치에 맞으려면 상대방을 오역해야 한다(West 1971:32). 둘 다 모두 "시대의 표적" 신학으로 칭해질 수 있으나 위에서 주장했듯이 극도로 위험한 모험일지라도 우리는 시대의 표적을 찾고 해석하는 것 외에는 다른 대안이 없다.

우리는 이러한 책임을 피할 수 없다. 결국 행할 가치가 있는 것은 또한 잘못할 가치도 있다. 1960년대의 사회복음과 세속주의 신학의 단순한 논리적 연장이기보다는 해방신학의 다양한 형태들은 복음주의 대각성, 개혁주의 신학(Boesak 1977의 개혁주의 전통의 중심성 참조)과 칼 바르트에게서 비롯된 신학적 진전의 전통 속에 서 있다(James Cone과 Míguez Bonino가 바르트의 뿌리로부터 자신들의 신학을 끌어내는 방식을 주목하라; 또한 Lamb 1984:129 참조).

4) 막스주의와의 관련성

상황신학과 해방신학은 기독교 복음을 막스주의 이데올로기에 굴복시킨다는 비난을 자주 받는다. 막스주의와 해방신학이 모두 자본주의 모델을 거부한다는 사실로 볼 때 이러한 비난은 예상할 수 있다(Míguez Bonino 1976). 대부분의 서구 교회들의 부르주아적인 것과 식민주의와 자본주의에 동참하는 것을 볼 때 이해할만 하다. 대부분의 기독교가 현상 유지적이고 자선과 구제 이상으로 가지 않는 성향에 대하여 돔 헬더 카마라(Dom Hélder Câmara)는 이렇게 표현한다.

"가난한 자들을 위해 집을 지으면 그들은 나를 성인군자(saint)라고 부른다. 그러나 그들을 가난하게 만든 불의를 거론하며 도우려 하면 나를 체제전복적인 막스주의자라고 부른다".

그러므로 제3세계 신학자들이 전통 기독교에 대한 막스주의자들의 비판에 호소하는 마땅한 이유가 있는 것이다. 막스 자신은 가난한 자들에 대한 착취와 억압을 종식시키려는데 열심히 있었던 사람이었고 이 점이 잘못된 것은 아니다.

그러나 해방신학이 막스주의와 그 범주들을 선택적, 비판적으로 사용해야 한다는 점이 항상 인식되고 있지는 않다. 해방신학자들은 막스주의의 분석을 처방적인 방식보다는 비판의 도구로 사용하는 경향이 있다. 호세 미란다(José P. Miranda, 그의 책 『성경 속의 공산주의』[Communism in the Bible]는 "기독교는 공산주의이다"라는 제목의 첫장으로 시작한다)와 같이 분명한 막스주의자도 막스주의자로 자칭하는 많은 혁명가들을 비판하고 막스주의 범주들을 비판적으로 사용한다.

더욱이 라틴 아메리카 해방신학의 경우 최근에는 막스주의적 분석으로부터 떠나는 듯하다. 이것은 특히 막스주의자의 종교 비판에 대하여 그렇다. 가령 세군도(Segundo)는 막스주의가 "기독교의 초월적 자료들"의 실재를 고려하지 못한다는 점을 비판한다. 그는 막스주의의 "단순하고 그릇된 종말론이 잘못된 희망을 불러 일으키고" 종국적으로는 사람들에게 절망감을 더할 뿐이며(1986:179) 이러한 동맹은 해방신학 속에 "마비된 유토피아"를 들여올 뿐이라고 지적한다. 미구에즈 보니노(Míguez Bonino 1976:118-132) 역시 막스주의 안에 있는 중요한 결점들을 지적하는데 권력의 남용, 독단성, 인격의 숭배, 관료적 계파이다. 따라서 막스주의와의 동맹은 "약속"과 "한계"를 모두 가지고 있다.

동시에 막스주의적 분석이 라틴 아메리카에서는 쇠퇴하고 있지만 1981년 이래로 남아프리카 흑인신학 속으로 활발하게 유입되었는데, 남아프리카에서 흑인들이 억압받고 박탈당하는 상황 때문이었다. 어떤 의미에서 라틴 아메리카에 비하여 남아프리카에서는 정반대의 현상이 일어났다. 흑인신학의 첫 번째 단계(1970-1980)는 막스주의의 영향이 거의 없었다.

그러나 1980년 이후 "두 번째 단계"의 신학자들은 막스주의적 범주들을 더 의식적으로 더 일관성있게 사용하고 있다(Kritzinger 1988:58-84). 막스주의 이론을 사회분석의 도구로 사용하는 데에는 별다른 문제가 없다. 그러한 경우 막스주의는 큰 가치를 지닐 수 있다. 그러나 문제는 해방신학의 일부 지지자들을 막스주의 이데올로기 또한 채택하지 않았는가와 이것이 기독교 신앙과 양립할 수 있는가의 문제이다.

첫째, 이같은 질문에 대하여 혹자는 막스주의가 자본주의와 함께 계몽주의의 전제들을 공유하고 있다고 지적할 것인데 특히 주체-객체의 사고, 유토피아주의, 근대화에 대한 믿음, 자율적이고 본래적으로 선한 인간에 대한 믿음에 대해서이다. 뉴비긴(Newbigin)은 막스주의를 가리켜 "자본주의의 반역적인 쌍둥이 자매"라고 부르며 이 둘은 "18세기 유럽 지성인들의 배교가 낳은 쌍둥이 산물"이라고 말한다(1986:8). 차이점은 아마도 하나는 평등을 희생하면서 자유를 추구하고 다른 하나는 자유를 희생하면서 평등을 추구하는 데에 있을 것이다.

둘째, 종교로서의 기독교는 눈에 보이고 만질 수 있는 실재 너머에 또 다른 실재가 있다는 전제에서 출발하며 그 준거점은 이 세상에만 국한되지 않는다. 이와 대조적으로 막스주의는 경험을 초월하는 실재에 대한 어떤 언급도 없는 이데올로기이다(한편 막스주의는 창립자, 신성한 경전, 순교자들, 공식적인 신조, 종말론, 이단들을 가지는 것을 배제하지 않는다. "막스주의의 종교적 요소들"에 대해서는 Nürnberger 1987b:105-109참조). 고전적인 막스주의 모델에서 종교는 환상이고 민중의 아편이다.

해방신학자들은 이러한 막스주의의 철저한 무신론적 차원을 점점 더 거부하고 있다는 점을 우리는 주목해야 한다. 이러한 점에서 실제로 세속주의 신학자들이 해방신학자들보다 고전적인 막스주의의 전제에 더 가깝다. 대체로 해방신학자들은 세군도(Segundo)가 "초월적 자료"라고 부르는 것을 폐기하지 않는다. 구티에레즈(Gutiérrez)에게 구원은 "몸과 영혼, 개인과 사회, 사람과 우주, 시간과 영원"을 모두 포함하여 인간의 모든 면을 아우른다(1988:14-66; Boff 1983). 어떤 막스주의자도 이러한 진술에 동의하지 않는다.

레오나르도 보프(Leonardo Boff)는 "부분적인 해방"과 "완전한 해방"(integral liberation)을 구별한다(1984:14-66, Boff 1983). 후자만이 구원이라 불릴 가치가 있으며 "인간의 종말론적 상태"와 관계된다(1984:56-58). 구원과 해방은 결코 서로 분리될 수 없다(재래신학에서 자주 그러는 것처럼). 그러나 양자가 혼돈되어서는 안 된다(:58:60).

셋째, 폭력의 문제가 있다. 폭력을 지지하는 것은 막스주의의 특성이다. 현상유지라는 폭력과 이에 대한 그리스도인들의 지지(실제로 이것이 더 큰 문제이다)를 용납함 없이 우리는 일부 해방신학 진영에서 혁명적인 폭력(이것은 체제의 폭력에 대한 반응이므로 사실 덜한 문제이다)이 지지되는 것에 대하여 우려를 표명해야 한다. 알버트 까뮈(Albert Camus)의 철학인 "나는 저항한다. 그러므로 우리는 존재한다"나 체 게바라(Ché Guevara)의 표어인 "혁명가의 의무는 혁명하는 것이다"라는 의미에서 신학자들이 지속적인 혁명이라는 막스주의의 사상을 채택할 때 특별히 문제가 된다.

이러한 종류의 접근에서 혁명적 행위는 거의 신성한 의례의 수준에까지 올려지고 갈등은 모든 것을 포괄하는 해석의 열쇠가 되며 증오와 선동의 유발이 피할 수 없는 의무가 된다. 동시에 그것은 "반대자"를 분명한 적으로 영원히 고정시키고 모든 불행의 원인을 다른 사람들에게 전가하며(Sundermeier 1986:67, 76) 억압의 족쇄들을 제거하기 위해 선택하여 행하는 모든 것들을 용납한다.

몇몇 해방주의자들이 분명하게 폭력을 지지하고(샤울[Shaull 1977]과 같은 경우) 어떤 사람들은 모호한 태도를 취하지만(예를 들자면 카이로스[Kairos] 문서) 대다수는 비폭력의 입장에 있다(예를 들자면 Desmond Tutu와 Allan Boesak). 이러한 점에서 CWME 멜버른회의는 "나사렛 예수는 강제력을 세상을 변화시키는 방법으로서 거부했다"고 주장하고(Section IV.3, WCC 1980:209), "교황권고문"(EN 37)은 "폭력은 복음과 합치되지 않는다"라고 선언한다.

"폭력의 소용돌이"(Câmara)는 세계 여러 곳에서 너무나 잘 알려져 있다. 간디(Ghandi)나 마르틴 루터 킹(Martin Luther King) 같은 비폭력적 전략을 진지하게 고려해야 할 것이다. 인간 권력은 한계가 있다. 그것은 강제할 수 있으나 결코 치유하지 못한다(West 1971:230). 그리스도인들은 "원수"가 친구로 변화될 수 있고 압제자가 다른 경로를 밟도록 설득될 수 있다는 "가능한 불가능성"에 열려 있어야 한다(de Gruchy 1987:242).

많은 사람들에게 유감스럽겠지만 복음서의 예수는 죄수들과 의로운 사람들, 착취하는 자들과 착취당하는 자들과 함께 음식을 먹었고 레위인과 열심당 시므온이 모두 그의 제자였다(물론 모살라[Mosala 1989]가 제안하는 것처럼 우리의 의심의 해석학이 이 점에 대한 전체 복음서의 전통을 의심하도록 하지 않는 한). 그리고 그리스도인들은 결정적인 전투에서 이미 그리스도가 승리했다고 믿기 때문에 그들은 용서와 칭의, 화해의 가능성을 믿을 수 있다.

억압과 착취의 냉혹한 현실을 고려할 때 그러한 화해는 많은 비용이 들것이다. 그러한 화해는 "인간의 연속성, 진보 이론들, 옛 자아와 옛 사회를 완전히 파괴하는데 그것이 원수를 인정하는데 이르게 하기 때문이다"(West 1971:47; de Gruchy 1987:241). 이러한 의미에서 해방신학 내에서 갈등분석이라는 요소는 화해의 대안이 아니라 특권을 누리는 사람들과 소외된 자들 사이에 공동체성을 회복하는 본질적 차원이 되어야 한다(Frostin 1988:180).

5) 완전한 해방

해방신학은 교회가 야훼에 대한 고대 신앙을 재발견하도록 도와주었다. 야훼를 전적 타자로 만드는 뚜렷한 특징은 그가 약자와 억압받는 자들을 변호하는 의와 정의의 하나님으로서 역사 속에 참여한다는 것이다(Deut 4:32, 34; 시편 82편).

해방신학은 성령도 새롭게 이해하도록 해주었다. 특히 무기력한 것들을 살아 있는 것들로 변화시키고, 사람들을 죽음에서 생명으로 옮기고, 약한 자들을 강하게 하는 능력을 이해하게 해 주었고, 사람들의 마음속 뿐만 아니라 역사와 문화의 일상세계 속에도 그분이 임재한다는 것을 일깨워 주었다(Krass 1977:11).

그것은 그리스도의 죽음과 부활, 승천에서 시작된 역사의 대갱신에 대한 믿음에 다시 불을 지폈으며 아무것도 그대로 있을 필요가 없다는 확신을 다시 일깨워 주었다. 즉 그리스도인들은 권세와 전통, 이 세상의 기관들에 대한 비판적인 입장을 가지면서 오랜 격언인 교회는 항상 개혁되어야 한다(*ecclesia semper reformanda*)와 이것의 당연한 귀결인 사회는 항상 개혁되어야 한다(*societas semper reformanda*)는 말을 견지해야 한다(Gort 1980b:54)는 것이었다.

이것은 특별히 가난한 자들과 낮은 자들에게 적용된다. 이들은 호의를 입을 자격이 있는데 다른 사람들보다 도덕적, 종교적으로 나아서가 아니라 하나님이 하나님이기 때문이다. 하나님의 눈에 "마지막에 있는 자가 첫 번째"이고 라스 카사스(Las Casas)의 말에 의하면 "하나님은 가장 작고 가장 잊혀진 사람들을 가장 잘 기억하신다"(Gutiérrez 1988:xxvii에서 인용).

믿음과 삶은 분리될 수 없기 때문에(Gutiérrez 1988:xix) 해방은 세가지 다른 차원에서 발생해야 한다.

① 억압과 소외의 사회적 상황으로부터

② 모든 종류의 개인적 노예 상태로부터
③ 하나님과 다른 사람들과의 친분을 단절시키는 죄로부터
(:xxxviii:24; Brakemeier 1988:216).

정통적 교리(orthodoxy)와 정통적 실천(orthopraxy)은 서로를 요구하며 상대방을 보지 못하면 둘 다 부정적인 영향을 받는다. 어떤 선택도 가능하지 않는 곳에서 우리가 선택을 한다면 우리는 예수의 메시지를 못쓰게 만드는 것이다. 그리고 우리는 하나님의 은혜를 통해 우리에게 수여된 새 삶에 참여함으로써 해방된다(:xxxviiif).

세 가지 차원은 긴밀하게 상호연관되어있으나 동일하지는 않다. 그러므로 어떤 진영에서 정치적 차원을 가장 우선으로 하려는 경향은 도전받아야 한다. 바울에 대한 인문주의적 기독론 연구에서 세군도(Segundo)는 이 주제에 대하여 중요한 통찰을 하고 있다. 그는 이스라엘의 야훼 신앙이 정치적 차원을 가지지만 여러 차원들 중 하나일 뿐이라고 말한다(1986:169).

그러나 해방신학자들은 심지어 정치적인 성격이 전혀 없어 보이는 본문까지 포함하여 전체 성경을 정치적인 측면에서 읽거나 이러한 방식으로 읽을 수 없는 부분들을 도외시하는 경향이 있다(:169-171). 그들이 이미 만들어놓은 답들을 성경에서 찾아 모으고 자신들의 지평에서 일어나는 문제들과 성경의 메시지 간의 즉각적이고 실용적인 연관성을 찾으려고 했기 때문에 이러한 현상이 일어났다(:172).

그러므로 세군도는 바울을 다시 읽고 이해해야 하며 사회-정치적 자유가 성경 전체가 그 자신의 문맥 속에서 이해하고 오늘에 대하여 추론해야 한다고 제안한다. 실제로 바울은 사회-정치적 차원으로만 축소될 수 없는 인간의 측면들이 있음을 우리에게 보여준다.

세군도는 해방신학 사상의 진정한 책임자가 누구인가라고 질문한다. 그는 해방신학이 교회와 "민중"(the People), "가난한 자들" 간의 구별을 희미하게 하고 확연한 공동체로서의 교회를 희생시키는 경향이 있다고 말한다. 이러한 경향은 해방신학 밖에서도 발견된다.

예를 들자면 멜버른 CWME회의에서 마치 가난한 자와 교회가 완전히 동의어

인 것처럼 메시아적 성격이 가난한 자들에게 부여되었다. 정의를 열망하는 한 가난한 자들은 복있는 자들이라는 제안은 Section I에서 거부되었다. 보고서는 이제 "정의에 대한 열망과 해방에 대한 희망 때문에 가난한 자들은 '복이 있다'라고 주장한다. 그들은 하나님이 그들을 구하러 왔다는 약속을 받아들인다"(I.2; WCC 1980:172).

세군도는 이같은 말에 대하여 경고하면서 피상적이고 현란하고 정형적인 말들 속에 공허한 수사가 많다고 지적한다. 예를 들자면 사람들이 자신들을 "가난한 자들의 제자도 아래에" 두어야 하는데 (구티에레즈에 따르면) 하나님 나라를 받고 이해할 수 있는 은혜가 주어진 것은 오직 가난한 자들에게만이므로, 그것이 민중에 의해서 만들어지기까지 진전한 해방신학은 없다고 주장한다는 것이다(Segundo 1986:182, 224, 각주 257, 226, 262).

그러나 세군도는 우리의 전체적인 신학 범주는 "민중"이 아니라 교회이어야 한다고 주장한다. 해방신학의 실천은 믿음을 통한 은혜에 의한 칭의를 전제한다. 그러나 "민중"은 사회학적 범주이다. 그래서 신학적 용어로 전환되어서는 안되며 교회의 동의어로 취급되어서도 안된다. 모든 해방은 그리스도의 십자가의 심판을 통과해야 한다(Brakemeier 1988:217-221).

"카이로스 문서"(the Kairos Document)에서도 교회와 정치 운동들 간의 선이 희미하다(de Gruchy 1987:241). 앞에서 인용했던 램(Lamb)의 "희생자들의 목소리가 하나님의 목소리"(1982:23)라는 확신은 아주 강력하고 감동적인 진술이지만 마찬가지로 범주를 희미하게 한다. 하나님이 억압받는 자들의 울음소리를 듣고 응답한다고 말하는 것과 이러한 울음소리가 하나님의 목소리라라고 말하는 것은 서로 다르다.

알페우스 줄로(Alpheus Zulu) 주교는 "'하나님이 억압받는 자들의 편에 있다'는 진술이 '억압받는 자들이 하나님의 편에 있다"라는 말로 간단히 전환되어서는 안된다고 말했다. 이에 대한 세군도의 충고들을 주목할 필요가 있다. 그리고 구티에레즈(Gutiérrez)도 그의 말에 주의를 기울이기 시작한 듯하다. 그는 『해방신학』 (*A Theology of Liberation*)의 새로 쓴 서론에서 "교회의 교제 속에서 살아있는 기독교 신앙의 총체적인 요구들을 무시함으로써 단순하고 그릇된 방식으로 해방신학을 해석했던 안이한 열정"에 대하여 경고했다.

그러나 또 다른 측면이 있는데 인류 본래의 낙관주의이다. 이점에 있어서 해방신학은 적어도 초기의 양상으로 볼 때 세속적 신학자들, "기술적 인문주의자들"의 낙관주의를 공유한다. 둘 다 죄를 인간의 마음보다 사회의 구조들 속에 두었다. 둘 다 본래적으로 미래와 인류에 대하여 낙관하였는데, 이것은 계몽주의 세계관의 영향이었다. 유일한 차이는 기술적 인문주의자들은 모든 사람들이 본질적으로 선하다고 본 반면 해방신학은 가난한 자들과 억압받는 자들만이 본래적으로 선하고 부자와 억압하는 자들은 악하다고 본 것일 것이다.

1960년대와 해방신학 초기 단계의 낙관주의는 거의 확연했다. 구티에레즈(1988:xvii)는 "CLEAM II 문서"(Medellín 1968, 여기서 라틴 아메리카 해방신학이 처음으로 공식적으로 인정되었다)의 한 단락을 다음과 같이 인용하는데 이러한 낙관주의가 전형적으로 드러난다.

> 라틴 아메리카는 분명히 변혁의 신호아래 있다... 완전한 해방을 위한 열정, 모든 형태의 속박으로부터의 해방, 개인적 성숙과 집단적인 통합의 때인 듯하다... 우리는 급속한 변혁과 발전을 향한 거대한 노력 속에서 인류 역사를 이끄는 성령과 소명을 향하는 민족들의 분명한 표적을 확연히 볼 수 있다. 우리는 이러한 움직임 속에서 날마다 변혁을 추구하면서 인간의 본성 안에 있는 하나님의 형상의 흔적을 강력한 동인으로서 발견하게 된다.

그 당시에 구티에레즈 자신도 이러한 흥분을 표현하고 낙관주의를 인정했다. 유토피아적 사상을 가능하게 하고 그 가능성을 풍성하게 하는 것은 우리 시대의 혁명적 경험이다(1988:135). 참으로 진정한 유토피아적 사상은 정치적 행위의 새로운 목표들을 상정하고 함양하고 공급한다(:136).

이러한 언어적 표현은 1960년대 중반의 희열을 나타낸 것이다. 애굽에서의 이스라엘의 해방은 해방신학의 확연한 신학적 패러다임이었다(Segundo 1986:169). 메델린(Medellín)은 그러한 열정을 불러일으키면서 라틴 아메리카의 교회와 사람들에게 영감을 주었다. 그리고 유망한 사건들이 많았다. 자본주의 체제는 칠레와 여타 나라에서 심각한 압력 하에 있었다. 사회주의의 황금 시대가 곧 도래하는 듯 했다.

그러나 1970년대 중반에 이르러 이러한 것들은 대부분 사라졌다. 사회적, 정치적 변혁을 위한 희망들은 칠레와 우루과이, 아르헨티나, 볼리비아에서 산산조각났다. "국가안보" 이데올로기에 의해 고무된 잔혹한 정권들이 정치 탄압과 경제 정책을 실시했다(Míguez Bonino 1980:1154). 또한 사회주의 정권이 들어선 곳에서도 상황이 거의 변하지 않았다. 억압이 새로운 형태를 띠었을 뿐이었다. 이러한 억압에 대하여 도덕성의 문제를 지적하는 것이 상당히 어려웠는데, 사회주의 통치자들이 국민들의 지지하에 자신들이 활동하고 있다고 주장하기 때문이었다. 따라서 사람들은 자유롭게 되지 못한 채 해방되었다.

이러한 분위기 속에서 승리주의자적인 요소들이 해방신학자들의 담론에서 사라지기 시작했다. 세군도(1986:224, 각주 254)는 구티에레즈의 저서 『역사 속에서의 가난한 자들의 힘』(the Power of the Poor in History)을 비판하면서 이렇게 질문한다.
"그가 어떤 '힘'에 대하여 말하고 있는가?
유럽 식민지 시대 이래 과거 4세기 동안에 이 '힘'은 어디에 숨어 있었는가?"
그는 또한 그 지평의 암흑에 대하여 다음과 같이 통찰한다.

> 모든 것이 시도되었고 모든 가능한 접근이 사용된 것 같다. 그러나 결과는 같다. 시간이 흐르면서 우리는 더 예민하게 느끼게 되는데 유연성 없는 법으로 인해, 심지어 부분적으로도 자유롭게 되지 못하며, 우리가 원하는 사회생활을 택할 수도 없고 심지어 토의하는 것조차도 어려운 것을 보게 된다. 어제 열렸던 것 같았던 길이 오늘은 닫히고 있는 것을 우리는 매일 본다(:175).

구티에레즈의 책의 새로 쓴 서문을 보면 그는 이러한 변화된 상황들을 인지하고 있다. 그는 해방신학이 "안이한 열정들을 불러 일으켰다"라고 말하곤 한다(1988:xviii). 따라서 라틴 아메리카 해방신학의 두 번째 국면은 첫 번째 국면보다 온건하고 보다 침착한 듯이 보인다.

세군도(Segundo 1986:157-180)에게 이것은 무엇보다도 바울을 "다시 읽는 것"을 뜻하는데, 특히 노예에 대한 바울을 말을 다시 읽는 것이다. 바울은 다양한 사회 상황들 속에 수반된 에너지의 비용들을 계산한다(:222, 각주 240). 죄의 지배의 한 형태인 노예 제도에 대하여 바울은 그와 기독교인 노예들이 제한된 선택, 효과성, 에너지 계산의 문제에 직면하고 있음을 인식한다. 노예의 목표가 시민으로서의 해방을 얻는 것이고 그 노예가 자신의 모든 에너지를 거기에 쏟는다면 그 비용이 너무 크다고 바울은 생각한다.

그래서 바울은 한 가지 선택을 하는데 그 선택은 물론 제한된 선택이다. 즉 바울은 노예를 내면으로부터 인간화하기로 한다(:164). 그가 직면하는 상황들 속에서 그는 노예를 해방하는 구체적인 사회-정치적 대의에 헌신하는 것을 연기한다(:165). 그러나 이것이 그를 마비시키지 않는다. 왜냐하면 믿음은 우리 자신이 볼 수 없는 것을 보고, 우리의(그 노예의) 인식론적 전제들의 변화를 나타내기 때문이다(:159). 우리는 이제 사건들을 해석하는 새로운 방식을 가지고 있다. 그러므로 바울은 심지어 이렇게 말할 수 있다(롬 8:28).

> 하나님을 사랑하는 자들에게는 모든 것이 합력하여 선을 이루느니라 (롬 8:28)(:221, 각주 237).

우리는 바울을 단순히 우리의 현 상황에 적용할 수는 없다. 하지만 우리는 바울의 영성으로부터 도움을 받아 그의 "에너지 계산"이 특정 상황에서 무엇을 의미하는지 질문해야 한다. 그리고 바울에게 참된 것은 예수에게도 참된 것이다. 세군도(1986:173)의 말에 의하면, 오늘날 우리가 살고 있는 현실에 대하여 예수가 침묵하셨다고 생각하기는 어렵다. 그러나 마찬가지로 예수께서 전적으로 비현실적인 방식과 단지 원리적 차원에서 우리 위에 군림하는 기존 권력에 도전할 것이라고 가정하기도 어렵다.

바울과 예수는 "사적인" 영역으로 도피하지 않았다. 그들은 노예를 단순히 비인간화하는 상태가 그들이 인간적 성숙을 성취하는 것을 방해하지 못한다고 주장하였다. 노예들은 그리스도에 대한 믿음과 그리스도의 "초월적 자료"를 고수함으로써 인간적 성숙을 성취할 수 있었다(:180). 이것은 그 상황에서 예수나 바울이 노예들을 인간화할 수 있는 유일한 길이었다. 그것이 그리스도인들이 죄의 양적인 승리를 막지 않을지라도 질적으로 승리할 수 있는 길이다.

세군도는 해방신학 안에서 새로운 경로를 개척하고 있다. 그리스도인들은 심지어 상황이 변하지 않는 곳에서도, 그리고 해방이 오지 않는 곳에서도 승리할 수 있다. 해방과 구원은 상당히 서로 중첩되지만 완전히 중첩되지는 않는다.

우리는 모든 것이 우리의 손 안에 있고 이루어 낼수 있다고 믿음으로써 우리 자신을 기만해서는 안된다. 그렇게 되면 우리는 "다음 세대의 중요성과 그 결정적 성격"을 축소시키게 된다(Segundo 1986:160).

바울의 영성(그리고 세군도의 영성)은 "오랜 시간이 필요한 영성"이다. 그것은 "우리가 자신의 행위, 말, 그리고 사고에 의해 모든 선한 것을 성취할 수 있는 힘을 가지고 있다"라고 믿었던 펠라기우스(Pelagius)의 영성이 아니다(Robert Bilheimer; Henry 1987:279에서 인용). 펠라기우스주의자들에게 참된 정의와 참된 연합은 우리가 단지 열심히 노력하면 이 세상 속에서 완전히 융합될 수 있다(:274, Gründel 1983:122)는 것이다. 그러나 인류가 세상의 짐들을 어깨에 질 수 있다는 희망은 그들을 불안에서 절망으로 이끌어 가는 망상이다(Duff 1956:146; WCC 에반스톤총회 주제에 대한 자문위원회의 보고서를 요약).

우리가 성취해야만 한다고 확신했던 것을 성취하지 못한 것 때문에 결국 그것은 우리의 죄책감을 고조시키고 자책감을 더할 뿐이다. 그럴 경우, 정의는 우리의 정의여야 하며, 우리의 죄책을 우리 자신의 배상을 통해 취소할 수 있고 취소해야 하며, 우리의 좌절을 더 많은 행위로 극복해야 하며, 끊임없이 하나의 "참여"로부터 또 다른 참여로 우리 자신을 몰고 가야 한다는 믿음에 우리는 빠지게 된다.

게다가 사람들이 자신들의 명분과 영광, 일들 사이에서 선을 구분하는 것은 어려운 일이다. 정의를 위한 사역은 쉽게 일종의 관념론적 교리주의로 흐를 수 있으며, 그 결과 우리는 정의를 위해 싸우면서 불의를 저지를 수 있다(Henry 1987:279).

세군도는 해방신학도 결코 예외가 아니기에, 이와 같은 좌절의 악순환을 끊기를 원한다. 그러나 우리는 세군도의 입장이 "현실"과의 타협이나 실용적인 조정과 화해를 뜻하지 않는다는 점을 인식해야 한다. 그것은 해방신학의 핵심과 반대된다. 그리고 세군도는 해방이라는 의제를 굳건히 고수한다. 기독교가 문화에 대응하고 세상을 변혁시키는 역할을 상실한다면 다른 세력들이 그 자리를 차지할 것이다. 우리에게는 역사 속에서 우리의 행위를 지시해 주는 비전이 필요하다. 이러한 비전에 무관심한 것은 그분의 임재를 모든 착취, 고통, 가난의 제거와 연결시키는 하나님을 부인하는 것이다.

우리의 소망이 타협이 되자마자, 성경이 말씀하는 역사 속에서의 모든 변혁을 우리가 더 이상 기대하기를 포기하자마자, 우리는 그러한 비전을 죽인다(Krass 1977:21). 우리는 몸과 영혼, 사회와 교회, 종말과 현재 사이에 대체물을 세우는 전통적인 이원론적 사고를 단호하게 외면해야 하고, 현재 속으로 빛을 발하시는 하나님의 궁극적 승리에 대한 믿음, 희망, 사랑을 다시 불붙여야 한다.

해방신학은 자주 오해받고 공격받고 비난받는다. 그러한 오해들 중에 지대한 영향을 끼친 것이 1984년 바티칸에서 발표한 "해방신학"의 일부 측면들에 대한 설명인데 이것은 특별히 레오나르도 보프(Leonardo Boff)를 향한 것이었다. 나는 이러한 단락들에서 해방신학을 지우거나 "기록을 시정"하려고 하지 않았다.

나는 이 운동이 결점들에도 불구하고 "사도적 전통에서 시작한 신학적 통찰에 있어서 과거의 단계들과 긴밀히 연결되어 있는 새로운 단계"를 나타낸다는 점을 단순히 지적하려고 한 것이었다(요한 바울 2세의 브라질 주교들에게 보낸 1986년 4월 편지에서; Gutiérrez 1988:xliv에서 인용).

교황은 그것을 잘 표현했다. 그것은 "새로운 신학"이 아니라 신학작업의 새로운 단계이며 과거 시대의 신학 작업과 연속성과 비연속성을 모두 가진다. 그것은 하나의 유행이 아니라 신앙이 포스트모던시대에 의미가 있도록 하려는 진지한 시도이다. 바로 이러한 이유 때문에 그것은 완성된 산물이 결코 될 수 없다. 구티에레즈(Gutiérrez)는 이렇게 말한다.

"기독교의 중심 메시지와 우리가 경험하는 현실에 모두 부합되는 신실한 언어를 우리가 사용하기 원한다면 각 단계마다 우리는 과거의 형태들을 정교히 하고 개선하고 가능하면 교정해야 한다"(:xviii).

8. 문화화로서의 선교

1) 수용과 토착화의 변천

문화화(Inculturation)는 신학의 상황화에 두 번째로 중요한 모델로서(Upkong 1987) 해방신학과 마찬가지로 비교적 최근에 등장하였으나 기독교 역사상 그 전례가 없었던 것은 아니었다. 문화화는 다양한 모습을 띠는 현대 기독교의 성격을 드러낸다. 피에르 찰스(Pierre Charles)가 문화인류학 개념인 문화전수(enculturation)를 선교학에 도입하였지만 문화화된 가톨릭(Catholicisme inculturé, inculturated Catholicism)이라는 말을 1962년에 처음으로 제기한 사람은 제이 메슨(J. Masson)이었다.

곧 "문화화"(inculturation)라는 용어가 예수회 안에서 통용되었다. 1977년에 예수회 최고 책임자인 아루페(P. Arrupe)가 주교회의에서 이 용어를 소개하였고 이어서 "교리에 관한 교황 권고문"(*Catechesi Tradendae*, CT)이 이 용어를 채택하여 보편화시켰다(Müller 1986:134; 1987:178). 이 용어는 개신교 진영에서도 받아들여졌고 오늘날 선교학계에서 가장 널리 사용되는 개념 중의 하나이다.

기독교 신앙은 문화 속으로 "번역"되지 않고는 결코 존재하지 않는다. 이 점은 기독교 초기 때부터 중요한 특징이었고 본서에서 계속 분명하게 강조하는 점이다. 초대교회가 "유대-헬라 세계, 즉 교차문화 환경 속에서 번역되어야만

했다"는 라민 사네(Lamin Sanneh)의 지적은 옳다(Stackhouse 1988:58).

그러므로 유대인, 헬라인, 야만인, 트라키아인, 이집트인, 로마인들이 바울의 교회에서 편안함을 느꼈다는 점은 결코 놀라운 일이 아니다(Köster 1984:172). 이 점은 사도 이후 시대의 교회에서도 마찬가지였다. 기독교 신앙은 아주 다양한 예식과 상황 속에서 문화화되었는데, 시리아, 헬라, 로마, 콥트, 아르메니아, 이디오피아, 마론파(Maronite) 등 다양했다. 더욱이 초기에는 군주적 형태의 보편교회보다는 지역교회가 강조되었다.

콘스탄틴 황제 이후 기독교는 기득권층의 종교가 되었고 교회는 문화의 소지자가 되었다. 따라서 선교 활동은 문명인으로부터 "야만인"에게로, "우월 문화"로부터 "열등 문화"로 향해 가는 운동을 뜻했고, 야만인 문화, 열등 문화는 박멸되어야 하거나 진압 대상이었다. 그러므로 기독교 선교는 현지 문화의 해체를 전제했다. 이러한 해체를 이루지 못할 경우 선교는 성공적이지 못했는데 아시아에서 이러한 경우가 있었다(Gensichen 1958:122; Pieris 1986).

본서의 제9장에서 서구 식민주의, 문화적 우월감, "지배 숙명론"(manifest destiny)이 서구 선교 활동에 영향을 상당히 주었고 복음에도 영향을 주었다는 점을 지적했었다. 이러한 측면이 가져온 결과들을 좀 더 살펴보기로 한다.

서구 제국주의가 널리 확장되었을때에 서구 기독교인들은 자신들의 신학이 문화적 영향을 입고 있다는 사실을 인식하지 못했다. 그들은 단순하게도 신학은 초문화적이고 보편 타당하다고 생각했다. 서양 문화를 기독교적인 것으로 간주했기 때문에 기독교 신앙과 함께 이 문화를 이식해야 한다고 보았다. 그런데, 개종을 더 가속화하려면 조정이 필요하다는 것을 깨달았다. 이러한 전략을 가톨릭에서는 적응(Adptation) 혹은 조화(accommodation)라고 불렀고, 개신교에서는 토착화(indigenization)라고 했다. 그렇지만, 이것들은 교회 예식, 현지인들의 의례, 예술, 문헌, 건축, 음악 등 주로 우발적인 일들에 대해서였다(Thauren 1927:37-46).

영향은 다양했다.

첫째, 조화(accomodation)는 이미 만들어진 서구신학의 수정을 결코 고려하지 않았다.

둘째, 제3세계 기독교인들이 자신들의 기독교 신앙을 표현하기 위해 자신들의 문화적 요소들을 사용할 수 있도록 허용한 것이다.

셋째, 이교적 가치로 "오염"되지 않은 "중립적"이거나 본래적으로 좋은 문화적 요소들만이 사용될 수 있었다(Thauren 1927:25-33; Luzbetak 1988:67).

넷째, "요소들"(elements)이라는 표현은 문화가 분리될 수 없는 전체가 아니며, 계몽주의 정신에 입각하여 합쳐지거나 해체될 수 있는 요소들로 이해되었고 어떤 요소들을 교회의 관행 속에 도입할 수 있다고 보았다.

다섯째, 토착화나 조화는 "신생"교회들에게만 해당하는 문제라고 보았다. 서구교회에서 토착화는 수 세기 동안 기정사실화되어왔고 복음은 서구에서는 완전한 것이었고 서구 밖에서는 여전히 외국적인 것이었다(Song 1977:2).

여섯째, "적응"이라는 개념은 주변적이고 비본질적이며 피상적인 행위에 국한되었다(Shorter 1977:150). 전제된 철학은 "알맹이"(kernel)와 "껍질"(husk)의 분리였다. 서구교회에서 이해하고 성문화한 기독교 신앙은 한마디로 말해서 깨끗한 알맹이로 간주되었고 현지인들의 문화는 쓸만한 껍질로 여겨진 것이다. 조화(accommodation)의 과정 속에서 알맹이는 그대로 유지되어야 했고 새로운 문화 형식을 입었다(Fries 1986:760).

일곱째, 신생교회는 기존교회의 도움이 필요했는데 기존교회는 신생교회를 의지할 이유가 전혀 없었으며 따라서 항상 일방향적이었다.

여덟번째, 토착화의 경우 주도권이 신생교회에 있지 않았으며, 이국 문화에 대하여 감상적 기분을 갖고 신생교회의 "다름"(otherness)을 주목하면서 오염되지 않은 순수한 형식 속에 신생교회를 보존하려는 선교사들에게 주도권이 있었다.

인도의 드 노빌리(de Nobili)나 중국의 마테오 리치(Ricci)같은 가톨릭 선교사들은 알맹이-껍질 모델을 넘어서려고 했었다. 사실, 1622년에 창설된 신앙선포회(Propaganda Fide)가 이를 실천했다. 1659년의 정책 선언문에 따르면 선교사들은 현지인들의 문화가 기독교와 윤리에 반대되지 않는 한 바꾸라고 강요해서는 안 되었다. 진술문은 다음과 같다:

프랑스, 스페인, 이태리, 유럽을 중국에 옮겨놓으려는 것은 참으로 어리석은 일이 아닐 수 없다. 여러분들이 가져가야 할 것은 이 나라들이 아니라 신앙이다. 이 신앙은 부패하지 않은 의례나 관습을 배격하거나 손상시키지 않아야 한다.

이러한 지침은 천 년 전에 교황 그레고리 대제가 내린 지침과 거의 같음에도 불구하고(Markus 1970) 중국과 인도에서의 일어난 "의례 논쟁"(Rites Controversy)으로 인해 예수회는 난관에 봉착했다. 1704년에 교황 사절단인 투르농(T.M de Tournon)은 예수회의 활동에 대하여 16가지 오류를 정죄하는 칙령을 배포했다. 교황은 두 번의 칙령을 통해 투르농을 지지하면서(1707년과 1715년) 투르농의 방침을 승인했다. 1742년까지 논쟁이 계속 되었고 또 다른 칙령이 발표되어 기존 입장을 재확인했다. 1744년에 교황은 사소한 현지 관습을 제외하고는 모두 금지시키고 복종 서약명령을 내리고 문제에 대한 논의를 금했다(Thauren 1927:131-145; Shorter 1988:157-160).

1773년에 예수회가 억압을 받았다. 곧 이어 예수회 선교사들이 송환되었다. 1814년 교황의 칙령이 있을 때까지 이러한 상태가 계속 되었다. 1744년에 도입된 서약명령은 1938년까지 철회되지 않았다.

개신교 선교는 약간 다르게 보일 뿐이었다. 가톨릭에서는 거대한 권위에 복종했지만 개신교는 유럽 미국 문화에 복종했다. 개신교인들은 "비기독교적인" 문화를 가톨릭보다 더 의문시했는데 인간의 전적 타락을 강조했기 때문이었기도 하다(Müller 1987:177). 약간의 자유가 있기도 했지만 전반적으로 유럽 모델을 그대로 재생산하였다. "삼자 원리"(three-selfs, 자치, 자급, 자전도)를 선교의 목표로 삼으면서 토착화를 장려했지만 이러한 성향은 여전했다. 이 삼자원리는 루퍼스 앤더슨(Rufus Anderson)과 헨리 벤(Henry Venn)이 한 세기 반 전에 고안한 원리였다. 이러한 교회관은 서구적인 발상에서 나온 것이었는데 스스로 공급하고 확장하고 관리하자는 것이었다. 이것이 신생교회를 판단하는 기준이 되었다.

이러한 목표를 이미 이룬 서구교회들은 "높은" 교회들로, 이를 이루기 위해 애쓰고 있는 교회들은 아직 "낮은" 교회들로 간주되었다. 가톨릭이나 개신교나 모두 지배적인 이미지는 교육이었다. 곧, 상당한 기간 동안 신생교회들이 교육받고 훈련받아서 "삼자 원리"에 입각하여 자존하고 "성숙"해져야 하는 것이었다. 그러나 기존교회들이 보기에 신생교회들이 실제로는 "성장"하지 못했다. 대부분 생존할 뿐이었고 주변 문화로부터 분리된 채 외국기관으로 확실히 존재해서 설립자들을 기쁘게 하면 되는 것이었다.

2) 20세기의 진전

조화(accommodation)라는 "경직된 체계"(Thauren 1927:130)가 영구적으로 계속될 수는 없었다. 이 모델이 적합하지 못하게 된 것은 19세기에 이미 출현했던 제3세계 민족주의, 문화인류학의 등장의 영향이었고, 이로 인해 서구 문화를 포함한 모든 문화의 상대성과 상황성이 점차로 인식되었기 때문이었다. 또한, 특별히 신생교회들이 성숙해지면서 선교사의 통제를 받지 않는 독립교회들을 세우게 된 것도 이유이다.

"삼자"모델은 그 결함에도 불구하고 현지인들로 하여금 교회 영역이 아닌 부문에서도 독립을 확보하도록 고무시켰다. 호켄다이크(Hoekendijk)처럼 서구 선교 활동에 대하여 아주 비판적인 사람들도 교회가 세상보다 앞섰다고는 점을 인정했다(1967a:321). 식민지 국가들의 자율성 문제를 서구 국가가 의식하기 훨씬 전인 1860년대에 신생교회들의 자율적 활동이 선교 사역에서 눈에 띄었다. 식민지 정부에서 보다 서구 선교 활동에서 이러한 의식이 더 많았다.

교황 베네딕트 15세는 그의 교서에서(*Maximum Illud*, 1919) "선교지 교회들"이 외국의 통제 아래 있는 식민지여서는 안되고 자신들만의 성직자와 주교를 둘 수 있는 권리가 있어야 한다고 밝혔다. 교황 파이어스(Pius) 11세와 12세 역시 이러한 관점을 개진하였다(Shorter 1988:179-186). 그 이후, 지역 위계 구조가 모든 곳에 도입되었다.

부흘만(Bühlmann, 1977)은 이러한 새로운 경향을 가리켜 "제3교회의 출현"이라고 했는데 "현 교회 역사상 한 획을 긋는 사건"이라고도 불렀다. 오늘날 새로운 사실은 전통적으로 선교사를 파송하던 국가의 기독교인 수(5억 9천 7백만)보다 이들 국가가 아닌 나라들의 기독교인 수(9억 1천 4백만)가 훨씬 더 많다는 점인데 이 신생교회들이 선교사 파송을 하고 있다.

2차 세계대전 직후 가톨릭과 개신교 양 진영에서 상당한 조정이 일어났다. 특히 두 가지 사항이 중요하다.

첫째, 1949년 중국에서 공산주의자들이 승리하고 기존 선교 체제는 해체되고 말았다. 전쟁 기간 동안 교회들이 "고아"가 되었지만 제3세계의 신생교회들이 선교사가 없는 동안 생존했을 뿐 아니라 눈부시게 성장했다. 위트비대회의 표어인 "순종 속에서의 협력" 및 세계 모든 곳으로부터 모인 자율적 교회협의체인 세계교회협의회(WCC)의 결성은 새로운 실재에 대한 인식과 새로운 관계의 필요성을 보여 주었다.

이러한 입장은 "상호 협조로서의 선교"라는 인식, "교회 간 원조"(Interchurch Aid), "에큐메니칼적인 인력의 나눔"(Ecumenical Sharing of Personnel), "선교를 위한 공동 행동"(Joint Action for Mission)과 같은 에큐메니칼 프로젝트에서 잘 나타났다(Jansen Schoonhoven 1977; van Winsen 1973).

그러나 교회 간의 협조로서의 선교는 과도기적인 현상이었다(van Engelen 1975:294). 1960년대 말에 결정적인 변화가 일어났는데 서구인들조차도 유럽 중심의 세계에서 인류 중심의 세계로 사고가 바뀌었다. 그렇지만, 개신교 에큐메니칼 모임과 마찬가지로 제2차 바티칸공의회에서도 제3세계 교회 지도자들의 목소리는 여전히 약했다. 가톨릭 주교회의와 개신교 방콕 CWME회의(1973) 이후가 되어서야 세계교회 리더십이 제3세계 기독교인들에게로 넘어가고 있다는 사실이 확연해졌다. 제2차 바티칸공의회 동안과 그 이후, 지역교회에 대한 "재발견"은 성숙된 관계를 새로이 인식하는데 큰 기여를 했다. 라틴 아메리카와 여타 지역에서 기독교 공동체들이 구성된 것은 제3세계지역 기독 공동체들의 자아상 형성을 뜻했고 레오나르도 보프(Leonardo Boff 1986)는 이를 가리켜 "교회의 창조"(*ecclesiogenesis*), 교회의 "재창조"라고 했다.

고전적인 "삼자" 원리에 "제4의 요소"(fourth self), 즉 자기 신학화(self-theologizing)이 더해지게 되었는데 19세기 선교학자들이 전혀 생각해 보지 못한 것이었다(Hiebert 1985b:16). 물론, 자기 신학화의 사례가 이미 있었지만 보통 눈에 띄지 않거나 은밀하게 있었고[21] 흔히 "선교지 교회"(mission churches) 외부와 선교사 영향력 밖에서 있었고 보통 받아들여지지 않았는데 혼합주의로 간주되었기 때문이었다.

그러나 1930년대 이후로 "선교지교회"(mission churches)의 아시아 신학자들, 특히 인도의 신학자들이 새로운 신학 방법들을 제시하기 시작했다. 아프리카에서는 이러한 시도들이 2차 세계대전 이후에야 나타나기 시작했다. 1956년에 프랑스어를 사용하는 아프리카 국가들의 가톨릭 성직자들이 『흑인 성직자들의 질문』(Des prêtres noirs s'interrogent)이라는 책을 발간하여 가톨릭 진영에 큰 영향을 주었다. 이어서, 킨샤사(Kinshasa)의 가톨릭신학교의 학생이었던 다르시스 치방구(Tharcisse Tshibangu)는 벨기에 지도교수의 보편타당한 신학론을 도전했다.

1965년에 그는 『긍정적이고 사색적인 신학』(Théologie positive et théologie speculative)이라는 제목의 책을 저술했다. 이러한 진전은 존 브비티(John Mbiti)가 "[아프리카 교회]는 신학이 없고 신학자가 없고 신학적 관심이 없는 교회이다"(1972:51)라고 말한 바와 같이 상황을 개선하는 첫 번째 행보였다. 아프리카 토착 신학이 왕성하게 일어날 수 있는 기초가 형성된 것이다.

---

21 이러한 점에서 아프리카 독립교회들이 특별히 언급되어야 한다. 선드클러(Bengt Sundkler)의 선구적인 책 『남아프리카의 반투 예언자들』(Bantu Prophets in South Africa, 1948)가 나온 이래로 자기 신학화의 원형인 흥미진진한 이 책에 대한 문헌들이 많이 출현했다. 이들 중에 M. L. 다닐(Daneel)의 여러 권으로 된 시리즈 "남부 쇼나 독립 교회들의 옛 것과 새 것"(Old and New in Southern Shona Independent Churches)이 출중하다. 현재까지 세 권이 출간되었는데 제 1권은 『주요 운동들의 배경과 등장』(Background and Rise of the Major Movements, The Hague: Mouton, 1971), 제2권은 『교회 성장-인과적 요소들과 모집 기술들』(Church Growth-Causative Factors and Recruitment Techniques, Mouton, 1974), 제3권 『리더십과 핵분열적 역동성』(Leadership and Fission Dynamics, Gweru[Zimbabwe]: Mambo Press, 1988)이다. 앞으로 2권의 책이 더 발간될 예정인데, 그 중 한 권은 특별히 그 운동의 신학에 할애될 것이다.

3) 문화화로의 발전

위에서 기술한 진전들에 기초하여 후에 "문화화"라는 개념이 나오게 되었다. 마침내 문화의 다원성이 신학의 다원성을 전제한다는 이해가 생겼고 제3세계 교회들은 유럽 중심의 관점에서 벗어나게 되었다(Fries 1986:760; Waldenfels 1987:227). 기독교 신앙은 각 인간 문화 속에서 재고되어야 하고 재구성되어야 하며 새롭게 되어야 한다(Memorandum 1982:465). 이것은 생동적인 방식으로, 깊이 있게, 문화의 뿌리에 맞게 되어야 한다. 이러한 작업은 서구가 "인류학적 시가"(anthropological poetry)를 제3세계 문화에 강제하고 유린한 사실을 생각할 때 정말로 필요한 일이다(Frostin 1988:15).

처음에 서구교회 지도력은 새로운 진전을 마지못해 인정했다. 스니지더스(Snijders 1977:173)는 교황 바오로 6세가 문화화 개념을 인정할지 거부할지 망설였던 점을 지적한다. 일찍이 6세기에 그레고리 대제가 조화(accomodation) 개념에 대하여 주저했던 것과 마찬가지였다(Markus 1970). 그러나 바오로 6세는 끝내 문화화 개념을 적극 채택했다. 요한 바오로 2세도 마찬가지였다. 요한 바오로 2세는 1982년에 교황위원회를 열어 문화의 문제를 다룸으로써 더욱 적극성을 보였다(Shorter 1988:230).

이와 유사한 진전이 개신교에서도 있었다. 복음주의자들이 선두에 나섰는데 에큐메니칼주의 개신교인들이 문화화보다는 해방에 더 큰 관심을 두었기 때문인 것 같다. 획기적인 사건은 1978년 버뮤다의 윌로우뱅크(Willowbank)에서 개최된 세계복음화로잔위원회(the Lausanne Committee on World Evangelization)가 후원한 복음과 문화에 대한 협의(the Consultation on Gospel and Culture)였다(Stott and Coote, 1980). 윌로우뱅크보고서(311-339)는 널리 호평받았다(Gensichen 1985:112-129). 대체로 윌로우뱅크보고서는 "역동적 등가"(dynamic equivalence) 모델을 채택했다(Stott and Cotte 1980:330). 이것은 유진 나이다(Eugene Nida)와 후에 찰스 크래프트(Charles Kraft)가 개진한 개념이었다.

하지만 "번역 모델"의 연장인 "역동적 등가" 방식은 여러 문화화 형태의 하나일 뿐이다. 다른 문화화 형태들로는 문화인류학, 프락시스, 통합(synthetic), 기호학(semiotic) 모델이 있다. 기호학 모델로 대표적인 것은 쉬라이터(Schreiter)의 『지역신학』(Constructing Local Theologies, 1985)이다. 문화화가 모두에게 동일한 것은 아니다. 이 모델들은 조화(accomodation)나 토착화와 같은 이전의 개념과 구별되는 기본적 특질들을 공유하고 있다.

문화화가 이전의 개념들과 다른 점들은 무엇인가?

첫째, 수행자가 다르다.

다른 이전의 모델들에서는 기독교 신앙과 현지 문화와의 관계를 서구 선교사가 주창하고 감독했었다. "조화"(accommodation), "적응"(Adaptation)의 개념에서 그러했다. 과정은 일방향적이었는데 현지 신앙 공동체가 주체가 되지 못했다. 그러나 문화화에서는 성령과 지역 공동체(특히 평신도)라는 두 주체가 있다(Luzbetak 1988:66). 선교사나 위계 조직, 교권이 과정을 통제하지 않는다. 이것은 선교사나 신학자가 배제된다는 뜻이 아니다. 쉬라이터(Schreiter)는 이들의 참여가 긴요하다고 본다. 전문적인 신학자라는 자원을 무시하는 것은 지식이 아니라 무지를 택하는 것과 마찬가지이기 때문이다(Schreiter 1985:18). 선교사들은 "선을 행할" 목적으로 가는 평화협력단(Peace Corps)이 더 이상 아니다. 모든 대답을 가진 자로서가 아니라 배우는 자로서 간다. 감독자가 아니라 협력자이다. 문화화는 "함께 살아갈 때" 가능해진다(Sundermeier 1986).

둘째, 지역 상황을 진정으로 중시한다.

"보편어는 오직 지방어로 말한다"(Casaldáliga; Sundermeier 재인용 1986:93).

바티칸 II가 지역교회를 새롭게 강조한 것은 바로 이러한 맥락이다. 하나인 보편교회는 특화된 교회들을 통해 참 존재가 드러난다(바티칸 II의 교리헌장 23-26). 제3세계 교회들이 서구교회들보다 이 점을 훨씬 더 진지하게 여긴다(Glazik 1984b:64). 이와 같은 지역적 수준에서 문화화는 전통적으로 혹은 문화인류학에서 말하는 문화 그 이상을 가리킨다. 문화화는 사회적, 경제적, 정치적, 종교적, 교육적인 상황을 포함하는 모든 상황을 다룬다.

셋째, 문화화는 지방적 사건에 그치지 않는다.

문화화는 지역권적(regional), 혹은 거대 상황적(macrocultural), 거대 문화적(macrocultural) 표출이기도 하다. 본서에서 검토한 여러 패러다임들은 발전되고 변화되어 왔는데 기독교 신앙이 언제나 그리스계, 슬라브계, 라틴계, 독일계와 같은 또 다른 거대 문화 상황에 진입했었기 때문이다. 이 과정에서 발생하는 신학적 논쟁은 교리적 차이 뿐 아니라 문화적 차이에서 기인한다.

이러한 관점에서 보면 개신교 종교개혁은 독일계 사람들과 여타 사람들 속에서 신앙이 문화화된 한 사례라고 볼 수 있다. 오늘날 많은 지역권에서 차이를 보이는 것도 같은 맥락이다. 따라서 중요한 점은 로마가톨릭이냐, 성공회냐, 장로교냐, 루터교냐가 아니라 교회가 아프리카에 있느냐, 아시아, 유럽에 있느냐의 문제이다. 지역권적 차이가 신앙고백적 차이보다 더 중요해지고 있다.

예를 들면 북미 흑인들은 수 세기 동안 외래 문화의 습격을 받았지만 여전히 자신들의 고유한 종교, 문화적 정체성을 보유하고 있다. 이와 같이 거대한 차원(the macro-level)에서의 차이들은 왜 라틴 아메리카에서 문화화가 가난한 자들 중에서의 결속으로, 아프리카에서는 자율적 문화들 간에서의 결속과 교통으로, 아시아에서는 짙은 종교적 다원주의 속에서의 정체성 추구로 나타나는지 그 이유를 알려준다. 세계 여러 곳에서 토착적(native) 교회론, 기독론이 움트고 있는 것을 볼 수 있다.

넷째, 문화화는 성육신 모델을 취한다(ITC 1989:143).

윌로우뱅크보고서(the Willowbank Report)는 요한복음 17:18; 20:21; 빌립보서 2장을 강조한다(Stott and Coote 1980:323). 사실, 모든 신학 전통들이 진정한 문화화는 자기를 비우는 성육신의 차원을 가진다고 거듭 언급한다(Bühlmann 1977:287; Stott and Coote 1980:323; Geffré 1982:480-482; Gensichen 1985:123-126; Müller 1986:134; 1987:177; CT 53; ME 26, 28). 사람들 속에서, 이들의 문화 속에서 육화되고 구현되며 계속 진행되는(P. Divarkar, Müller 1986:134에서 인용) 복음의 성육신적 차원은 천 년 넘게 유행되던 모델과는 아주 다른 것이다. 이러한 패러다임에서는 교회의 확장이 아니라 교회가 새로운 상황과 문화 속에서 새롭게 태어나는 것이 중요하다.

다섯째, 위의 사항과 직접 관련이 있는데 과거의 모델들이 복음과 문화 간의 상호작용을 인정하지만 여기서 상호작용하는 신학의 내용이 불문명하다.

그러나 복음과 문화의 만남은 기독론적으로 구조되어야 한다(Gensichen 1985:124). 선교사들은 다른 사람들과 문화에게 그저 "그리스도를 전해주는" 것이 아니라 각 사람들 속에서, 그들이 그리스도를 경험하는 가운데 신앙의 역사가 시작되게 하는 것이다. 복음은 현지 상황 속에 이미 있는 의미 체계(the meaning systems)를 고려하고 어느 선까지 문화적 현상이 되어가는 동안에 좋은 소식(Good News)으로 남아 있어야 한다(Geffré 1982:482).

한편으로 복음은 "신적 신비에 관한 지식"을 문화에게 제공하지만 다른 한편으로 "문화 자신의 생활 전통으로부터 고유한 기독교적 생활, 경축, 생각"이 창출되도록 돕는다(CT 53). 이러한 접근은 신앙을 "알맹이"(kernel)와 "껍질"(husk)로 보는 관점, 즉 "내용"과 "양식"을 구분하는 서구 과학주의 전통과는 완전히 다르다. 이러한 구분이 많은 비서구 문화에서는 전혀 들어맞지 않는다(Hiebert 1987:108). 씨앗을 특정 문화라는 토양 속에 심어서 꽃이 피게 한다는 것이 더 적절한 비유가 될 것이다. "교회선교활동칙령"(AG) 22 역시 이러한 비유를 취하며 "문화화"라는 용어를 사용한다.

여섯째, 문화는 모든 것을 포괄하는 실체이므로 문화화 역시 포괄적이다.

"사도적 권고문"(EN) 20은 하나님의 통치는 "인간 문화의 특정 요소들"만을 사용한다고 기술했었다. 그러나 이제는 요소들과 관습들을 고립시키고 이것들을 "기독교화"하는 것이 불가능하다는 점을 인식하고 있다. 만약 그렇게 한다면 복음과 문화의 만남은 의미있는 수준에서 일어나지 못한다(Gensichen 1985:124). 복음과 문화의 만남이 포괄적인 곳에서만 내부로부터 문화에 생기를 불어넣고 새롭게 할 수 있을 것이다(Müller 1987:178).

4) 문화화의 한계

문화화는 비평적인 측면 또한 가지고 있다. 신앙과 신앙의 문화적 표현은 서로 떨어뜨리는 것이 불가능하고 바람직하지도 않지만 완전히 서로 접해 있지도 않다. 문화화는 문화를 파괴하고 폐허 위에 새로운 것을 세우는 것을 뜻하지 않는다. 또한 특정 문화가 현재의 형태로 승인받는다는 것을 뜻하지도 않는다(Gensichen 1985:125). 사람들에게 의미가 있는 한 "괜찮다"는 철학은 큰 재난을 낳을 수 있다.

물론, 서구교회는 다른 교회들에게 말하기 전에 먼저 자신들에게 이것을 말해야 한다. 서구에서는 문화화의 과정이 너무 "성공적"이어서 기독교는 단순히 문화의 종교적 차원이 되고 말았다. 곧 교회에 귀를 기울이는 사회는 교회의 음악 소리만 들릴 뿐이다. 서구는 복음을 자신의 문화 속에 길을 들였고 다른 문화권에는 외국적인 것으로 보이게 하였다. 그러나 엄밀하게 말하자면 복음은 모든 문화에 외국적이다. 복음은 언제나 모순의 표식이다. 그러나 복음이 제3세계에서와 같이 특정 문화와 갈등 관계에 있다면 이러한 긴장이 복음 자체에서 기인하는 것인지 아니면 선교사가 전하는 메시지가 자신의 문화와 너무 연관되어 있어서인지를 분별하는 것이 중요하다(Geffré 1982:482).

이와 관련하여 앤드류 월스(Walls 1982)는 두 가지 원리를 설명한다.

첫째, "토착화" 원리인데 복음이 모든 각 문화 속에 안착하고 각 문화는 복음과 편안한 관계에 있게 된다.

둘째, "순례"의 원리가 있는데 복음이 사회와 보조를 맞추는 것에 대하여 경고한다.

"동양이나 서양이나, 고대나 현대나 그리스도의 말씀을 아무런 고통없이 사회체계 속으로 흡수하는 사회는 결코 존재하지 않았다"(:99).

진정한 문화화는 복음을 문화의 해방자로 본다. 그러나 복음은 문화에 갇힌자가 될 수도 있다(Walls 1982).

페드로 아루페(Pedro Arrupe)는 문화화가 "문화를 활기차게 하고 방향을 이끌어주고 통합하는 원리로서 역할을 해야하며 문화를 변혁하고 다시 만들어서 '새로운 창조'를 가져와야 한다"고 말한다(Shorter 1988:11; ITC 1989:143, 155). 따라서 초점은 "새로운 창조," 옛 것의 변혁, 씨앗으로부터 꽃을 피워 그 씨앗과는 완전히 새로운 식물이 나오는 것에 있다.

5) 교차문화화(Interculturation)

특성상 문화화는 결코 완결(*fait accompli*)이 될 수 없다. "문화화되었다"(inculturated)는 표현을 결코 쓸 수 없다. 문화화는 임시적이고 계속되는 과정이다(Memorandum 1982:466). 문화가 정지 상태로 있지 않기 때문이기도 하지만 교회가 신앙에 대하여 전에는 알려지지 않은 것을 발견할 수 있기 때문이다. 기독교 메시지와 문화의 관계는 창의적이고 역동적이며 놀라움으로 가득하다. "지역 신학들" 위에 심판관 역할을 하는 영원한 신학은 없다.

과거에 서구신학은 제3세계 신학들에게 대하여 자신에게 중재자와 같은 권리가 있음을 주장했다. 서구신학은 자신을 완전히 토착화되고 문화화가 되고 완성된 산물로 보았다. 우리는 이와 같은 태도가 부적절하고 서구신학들(복수형이다!)이 다른 신학들과 마찬가지로 만들어져가고 있는 중이며 상황화가 되고 토착화되는 과정 중에 있다는 점을 인정하기 시작했다.

이러한 통찰은 중요한 결과를 낳는다. 우리는 서구의 신학들을 포함하여 모든 신학들이 서로를 필요로 한다는 점을 인식하기 시작하고 있다. 서로 영향을 주고 도전하고 고양시키고 활기있게 한다. 따라서 서구신학은 수 세기 동안 매여 있던 바벨론 포로로부터 해방된다.

엄밀하게 말하면 우리는 단지 문화화(inculturation)가 아니라 "교차문화화"(interculturation)에 참여하는 것이다(Shorter 1988:13-16). 우리는 "신학의 교환"이 필요하다(Beinert 1983:219). 이것은 서구에서 동양과 남반구로의 일방향적 통행 대신에 제3세계인들이 서구세계에서 연구하고 서구인들은 제3세계에 가서 연구하는 쌍방간 그리고 다자간 관계에 입각한다.[22]

이렇게 될 때 과거의 이분법이 극복되고 서구교회는 자신들은 혜택을 주는

---

22 예를 들면 이전의 "파리복음주의선교회"(Paris Evangelical Missionary Society)를 대치한 세계적으로 46개 교회연합체인 "46사도적 복음주의사역회"(the Communauté Evangélique d'Action Apostolique) 혹은 런던선교회(the London Missionary Society)의 사역에서 비롯하여 약 30개의 교회로 구성된 세계선교위원회(the Council for World Mission)에서이다.

자이고 남반구와 동양은 혜택을 받는 자라는 의식을 지양하고 모두가 서로 주고 받는 관계라는 인식을 갖게 된다(Jansen Schoonhoven 1977:172-194; Bühlmann 1977:383-394). 이것은 새로운 성향을 가질 것을 요구하는데 특히 서구교회와 선교사는(남반구에서 서구로 가는 선교사들도 마찬가지일 것이다!) 받을 필요가 있고 받는 것이 축복이며 순전한 마음으로 배우려는 자세가 필요하다.

다니엘 플레밍(Daniel Fleming)이 70년전에 말했듯이 선교사는 "임시적이고, 부차적이고 자문적" 입장에 있다는 것을 명심해야 한다(Hutchison 1987:151). 이것은 선교사가 불필요하고 중요하지 않다는 뜻이 아니다. 선교사들은 미래에도 모든 장벽, 문화, 언어를 초월하는 하나의 몸으로서의 교회의 보편성을 나타내는 살아 있는 상징으로 존재해야 한다. 그러나 선교사들은 과거보다도 더욱 한 교회로부터 다른 교회로 보냄을 받은 대사, 상호 결속과 협력을 이루는 자로서 역할을 해야 한다.

더 나아가서 교차문화화는 신앙의 지역적 성육신이 너무 지역적이 되지 않아야 함을 지적한다. 한편 "동질 단위" 교회가 너무 내부화하여 다른 교회들과 의사소통이 불가능하고 복음에 대하여 자신의 관점만이 옳다고 믿는 수가 있다. 교회는 편안한 곳이 되어야 한다. 그러나 우리가 우리 자신의 교회에서만 편안하게 느끼고 다른 교회들을 배제하고 환영하지 않고 동떨어져 있는 교회들이라고 느낀다면 뭔가 잘못 가고 있는 것이다(Walls 1982b).

다른 한편으로, 우리는 다수의 지역 신학들 속에서 무한한 차이들을 보면서 지역교회 뿐 아니라 각각의 목회자, 교회 성도들이 자신의 "지역신학"을 개발할 수 있다고 생각하게 될지도 모른다(Stackhouse 1988:23, 115). 이러한 입장에 대한 반박으로서 교회가 탈지방화(de-provincialized)되어야 한다는 점을 주목해야 한다(:116).

이것은 더 넓은 교회와의 접촉이 있을 때 가능하다. 지역적으로 활동하면서 동시에 전지구적으로 생각해야 한다(While acting locally we have to think globally). 소우주적 관점과 대우주적 관점을 결합해야 한다. 교회가 특정한 교회로서 존재한다는 것이 사실이지만 (LG 23) 교회의 보편성 덕분에 특정 교회들이 존재한다는 점 역시 사실이다(LG 13).

이것은 국제적인 교회 조직인 로마가톨릭교회 뿐 아니라 "기독교"라는 이름을 가진 모든 공동체에게 해당한다. 교회가 그리스도의 몸이라면 그것은 오직 하나이다. 교회는 이상적인 초문화적 존재가 아니라 "상이한 지역들의 기독교인들과 신학자들이 서로의 문화적 편향성을 점검해 주는 전세계적인 해석 공동체"이다(Hiebert 1985b:16). 특수성은 고립을 뜻하지 않는다. 다양한 지역신학들을 환영할 지라도 "어떤 신학이든 보편적 메시지에 대한 담론"이라는 점을 똑같이 기억해야 한다(Gutiérrez 1988:xxxvi). 이러한 담론은 분명히 긴장을 일으키지만 "화해를 이룬 다양성 안에서의 연합"(unity within reconciled diversity)이라는 모델을 추구한다면 이것은 창조적인 긴장이 될 것이다(Sundermeier 1986:98). 우리가 이러한 길을 따른다면 선교와 교회에 대한 우리의 이해가 과거의 모델들과는 질적으로 다르게 될 것이며 또한 과거의 시대들과의 생동감이 있는 교류를 경험하게 될 것이다.

9. 공동증거로서의 선교

1) 선교에서의 에큐메니칼 사상의 (재)탄생

나는 부상하는 신학 패러다임을 "에큐메니칼"이라고 명명하였다(이 장의 제목을 보라). 이 중심주제는 이 장에서 지금까지는 암시되었었다. 이제는 이 주제를 명시할 필요가 있다.

개신교를 살펴 보자면 에큐메니칼 사상은 여러 각성 운동들과 이에 따른 서구 교회들의 전세계적인 선교 사역의 직접적인 결과였다. 이것의 명백한 첫 번째 예는 18세기 초에 시작된 경건주의 운동의 출현이었다. 독일의 루터파, 칼빈주의자, 성공회와 스칸디나비아, 네덜란드, 영국은 기독교인들간의 새로운 연합을 경험했는데 교단의 차이를 초월하였고 새로운 초교파적인 선교 운동에 참여해야 한다는 필요성을 느꼈다(Rosenkranz 1977:168). 예를 들면 에큐메니칼 정신은 성서공회 그리고 19세기 말의 YMCA, YWCA, WSCF와 같은 청년 운동에서 나타났다.

그러나 에큐메니칼 정신이 번창한 것은 특히 해외선교 운동에서 였다. 초기의 몇몇 선교회들은 비교단적이거나 초교파적이었다. 런던선교회(the LMS), 미국선교위원회, 바젤선교회(the Basel), 바르멘선교사회(the Barmen Missionary Societies)가 그 예이다. 베를린선교사회회와 같은 선교회들은 아주 경미할 정도로 교파적인 성격을 띠었다(Rosenkranz 1977:198).

그러나 1930년대에 이르자 선교와 협력을 위한 열정이 쇠퇴했다. 새로운 교파주의, 흔히 강렬한 교파주의가 일어났다. 사실 그러한 신호는 거의 각성 운동들의 시작부터 있었다. 런던선교회(LMS, 1795)는 의도적으로 비교파 성격으로 설립되었었으나 단지 4년 후에 성공회는 (교파적인 것에서) 물러나서 CMS(교회선교사회)를 창립했다. 대서양 건너편의 미국선교위원회(the Americna Board)와 마찬가지로 LMS 역시 점차적으로 교파적인 선교회(회중교회의)가 되었다. 유럽 대륙에서 루터파는 바젤선교회의 "혼합된" 성격을 불편해 했고 1836년에 바젤선교회에 대한 대안으로서 고백적인 루터주의의 기초 위에 라이프찌히선교회(the Leipzig Mission Society)가 설립되었다(본서의 제9장 참조).

물론 이것은 다른 영토들에게로 전해진 것은 "축복의 하나님의 영광스러운 복음"(LMS의 "근본 원칙들" 중의 하나) 뿐 아니라 루터교, 장로교, 성공회도 함께 였다. "선교 현지"에서 불가피하게 경쟁이 이루어졌고 자주 큰 규모였다. 이것은 "개신교 선교의 주요대상"이었던 중국에서 명백했다. 1855년에 이미 20개의 선교회가 중국의 6개 항구 도시에서 사역을 하고 있었다. 1925년에는 130개 선교회가 중국 전역에서 활동하고 있었다(Rosenkranz 1977:210).

그러한 관행은 아주 부정적인 결과와 엄청한 혼란을 가져올 것이 뻔하였다. 1953년에 비버(Beaver)는 "비로마가톨릭 선교 사업은 서로 관계없고 중복되고 경쟁적인 기관들이 혼란스러운 상태로 활동하고 있기 때문에 공동으로 계획하거나 사역할 수 없을 것으로 보인다"라고 기술했다(Hoekendijk 1967a:332에서 인용, 각주 66).

19세기의 마지막 25년이 되기 전까지 개신교에서 진전되었던 유일한 교회일 운동의 형태는 전세계적인 교단 연맹이었는데 루터교회, 장로교, 감리교, 성공회가 그 예이다. 그러나 선교 현지에서는 어느 정도의 상호 인정이 진행되기 시작했다. 그 결과 소위 상호 협정이 맺어져서 선교기관들 간에 복음화할 지역을 나누게 되었다. 지리적으로 교단이 형성되는 결과를 낳았다.

물론 이것은 자신의 교단을 절대시하지 않을 경우에만 성립할 수 있었고 로마 가톨릭 및 성공회와의 협정은 없는게 보통이었다. 그 목표들은 훌륭한 것이었다. 하지만 순전히 실용적인 것으로서 경쟁을 피하고 자원을 더 잘 관리하고 불신자들에게 더 효과적인 증거를 하기 위함이었다(Anderson 1988:102). 이것이 또한 여러 선교기관들의 대표들이 모여서 선교 현지에 대하여 협의한 초기 회의들의 목적이었다.

그러던 중, 의도적이지는 않았지만 이러한 실용적인 생각들이 기본적인 신학적 기준점의 재발견으로 이어졌는데 다름 아닌 그리스도의 교회의 하나 됨이었다. 19세기의 마지막 20년 동안 국면은 극적으로 바뀌었는데 처음으로 국제학생운동이 일어났고 이어서 국제선교사운동이 일어났다. 20세기 초에 와서는 전 세계적이고 포괄적인 에큐메니칼운동이 주저가 있기는 했지만 처음으로 열렸다. 이것의 가장 중요한 시금석은 1910년 에딘버러(Edinburgh)에서 개최된 세계선교대회였다. 이 대회는 실용적인 의제 때문에(이 대회는 본질적으로 "어떻게"에 대한 회의였다) 교단의 차이를 넘어서 괄목할만한 성공을 거두었다(Scherer 1968:20).

이 대회의 실용적인 성격에도 불구하고 칼 바르트(Karl Barth 1961:37)는 에딘버러에서 시작한 운동을 근본적인 교회론적 진전으로서 칭송했다. 그 이전에 교회의 일치는 신학적 토론을 통해 교리적인 합의에 이르는 것으로 이해되었었다. 그러나 세계는 무시되었다. 한편 새로운 형태에서는 교회 일치에 대한 관심이 세상에 대한 관심에 의해 동기부여가 되었다. 여전히 "새로운 형태의 교회 일치"는 에딘버러 대회에서 배아의 상태로만 존재했었다.

마틴 켈러(Martin Kähler)는 일치의 신학적 중요성을 포착한 초기 신학자들 중의 한 사람이었다. 그는 교회 일치를 신앙의 표현으로, 불일치를 불신앙의 표현으로 간주했다. 존 모트(John Mott)에게 보낸 편지에서 켈러([1910] 1971:259)는 교회간의 분쟁을 신앙의 부재와도 같은 "붕괴"(Zerrissenheit)라고 언급했다. 이보다 2년 전에([1908] 1971:179) 그는 선교에서의 일치의 부족은 선교기관들의 재정 적자

보다 훨씬 더 심각한 문제라고 지적했다. 그는 일찍이 1899년에 거의 우울한 문체로 요한복음 17:21의 예수의 기도가 아직 응답되지 않았다고 썼다.

"아직까지 주님은 그의 백성들을 믿음의 승리로 향하는 이 길로 인도하지 않았다"([1899] 1971:462).

1910년 에딘버러대회는 명문화하지는 않았지만 진정한 선교가 없이, 세상을 향해 창을 열지 않고는 진정한 일치를 얻을 수 없다는 것을 암시했다. 선교에서의 일치, 일치 속에서의 선교로 향하기 위해서는 일치나 선교 중 하나만을 택할 수 없다는 점을 분명히 인식해야 했다.

"교회가 할 수 있는 유일한 선택은 양자를 모두 취하거나 양자를 모두 거부하는 것이다"(Saayman 1984:127).

비로마가톨릭 세계에 처음으로 국제적이고 초교파적인 협력을 제공한 기구는 1921년에 창설된 국제선교협의회(the International Missionary Council)였으며 새로운 패러다임을 처음으로 가시화했다. 1910년 에딘버러대회로부터 유래한 두 개의 운동이 곧 이어서 출현했는데 신앙과 직제, 생활과 사역이었다. 이 두 운동은 1948년에 합병되어 세계교회협의회를 형성했다. WCC(교회들의 위원회)와 IMC(선교회들의 위원회)가 나란히 존재하는 것에서 보듯이 일치와 선교 간의 이분법은 점점 더 압력을 받게 되었다.

1951년 스위스 롤레(Rolle)에서 열린 WCC 중앙위원회회의는 "선교와 일치를 위한 교회의 소명"이라는 주제를 통찰했다(Saayman 1984:14). 이 회의는 복음을 전 세계에 전할 교회의 의무와 모든 그리스도의 백성들이 함께 하게 하는 교회의 의무를 분리하는 것을 결코 생각할 수 없다는 것을 인식했다. 두 가지 모두 교회의 존재성과 그리스도의 몸으로서의 교회의 기능의 수행에 본질적인 것으로 인식되었다. 그리고 "에큐메니칼"이라는 단어가 "전 세계에 복음을 전하는 전체 교회의 전체 과업에 관계되는 모든 것"을 가리켜 사용되어야 한다는 점이 촉구되었다.

일치와 선교 간의 이분법은 WCC 뉴델리총회(1961)에서 비로소 극복되었는데 IMC가 WCC와 통합된 것이다. 이러한 통합이 이루어진 방식에 대하여 비판이 있을 수 있지만 일치와 선교가 함께 한다는 중요한 신학적 핵심은 결코 의심될 수 없다. 교회의 선교적 본성에 대한 재발견은 기독교 선교가 그리스도의 하나 된 교회에 의해 출생할 때 진정으로 기독교적일 수 있다는 발견으로 이어질 수밖에 없었다. 이러한 "발견"은 (동방)정교회의 오랜 신조를 확증한다.

선교와 일치가 서로 동반하기 때문에 우리는 이들을 연속하는 단계로 보아서는 안된다. 이 점을 우리가 명심하지 않으면 우리는 사람들을 우리 자신의 "교단"으로 회심시키는 것이 되고 동시에 그들에게 분열의 독을 주는 것이 된다(Nissiotis 1968:198). 교회가 선교적이 되는 것은 교회가 선포하는 복음의 보편성을 통해서이다(Frazier 1987:13). 교회가 보편적이라고 말하는 것은 교회가 본질적으로 선교적이라고 말하는 또 다른 방식이다(Berkouwer 1979:105-107). 그러므로 어떤 사람들이 주장하는 것처럼 에큐메니칼 시대가 선교의 시대를 대치했다고 말하는 것은 두 가지를 모두 오해하는 것이고 둘 중 한 가지를 소홀히 하는 것은 둘을 모두 잃는 것이다(Linz 1974:4).

WCC 뉴델리총회(1961)에서 IMC를 WCC와 통합하기로 한 결정 뒤에는 이러한 신학적 관점이 있었다. 뉴비긴(Newbigin)은 총회에서 "세계교회협의회를 구성하는 교회들에게 이것은 선교 과업이 갱신과 일치의 추구와 마찬가지로 교회의 삶에 중요하다는 것을 인식하는 것을 뜻한다"고 말했다(WCC 1961:4).

새로운 통찰에 입각하여 뉴델리대회는 WCC의 "기초"를 수정했다. 원래 WCC는 자신을 "우리 주 예수 그리스도를 하나님이자 구원자로 받아들이는 교회들의 연대"로 규정했었다. 뉴델리에서는 "받아들이는"이 "고백하는"으로 바뀌었다. 동시에 "그리고 그러므로 한 하나님, 곧 아버지, 아들, 성령의 영광을 위해 공동적인 소명을 함께 성취하기를 추구한다"는 문구가 추가되었다(WCC 1961:152-159). "공동적인 소명"은 "고백한다"와 관련있는 것으로 이해되었고 따라서 명백한 선교적 추진력을 소지했는데 이것은 WCC의 원래의 기초에는 부재했던 것이었다(WCC 1961:116, 121, 257). 닐(Neil 1968:108)은 이러한 결정을 가리켜 "교회 역사상 혁명적인 순간"이라고 했다. 그는 다음과 같이 부언한다.

> 세계 모든 지역의 200개 이상의 교회들이... 하나님의 임재 속에서 교회로서 전 세계 복음화의 책임을 가진다고 엄숙하게 선언했다. 이러한 사건은 오순절 이래로 교회 역사상 처음 있는 일이었다(:108).

나이로비총회(1975)는 뉴델리의 관점을 승인했다. "일치가 요구하는 것"이라는 보고서는 다음과 같이 표현했다.

"우리가 일치를 위해 부름 받는 목적은 "세상이 믿도록" 하기 위함이다. 모든 사람들을 자신에게로 이끌 것이라는 그리스도의 약속의 문맥 속에 설정되지 않은 일치의 추구는 그릇된 것이다"(WCC 1976:64).

ME1(선교와 복음 전도) 문서는 그리스도인들의 일치와 선교적 소명, 교회일치운동과 복음화 간의 불가분의 관계를 언급한다. 1989년의 CWME(세계교회협의회의 세계선교와 복음전도위원회)회의는 같은 주제를 취했다.

"기독교 선교는 그리스도의 한 몸으로서 겸손하게 해방시키고 고통 받는 사랑에 참여하는 것이다"(Section I.10; WCC 1990:27).

그리고 "선교에서 일치를 위해 부름 받는 것은 세상의 장벽과 아픔을 초월하는 공동체가 되고 십자가 아래서 하나가 되는 표적으로서 사는 것을 뜻한다"라고 해석했다(I.11; WCC 1990:28).

뉴델리, 나이로비, ME, 산 안토니오(San Antonio)의 비전이 실현되었는가 하는 문제는 여기서 다룰 문제는 아니다. 교회의 구조적 일치("한 믿음과 한 성찬의 교제 속에서" [밴쿠버, WCC 1983:43-52)라는 목표는 근년에는 뒤로 밀린 듯하다. 또한 에큐메니칼운동과 WCC의 많은 회원 교회들이 사실상 선교적 비전을 상실했다고 많은 사람들이 말할 것이다(물론 "선교"를 어떻게 정의하는가에 달려있지만). 이것은 사실일 수 있고 부분적으로 사실일 수 있다. 그렇다 하더라도 WCC와 그 회원 교회들이 일치와 선교 간의 불가분의 관계라는 기독교 신앙의 근본적인 개념을 표현하고 있다는 점은 의심할 바 없다(Saayman 1984:112-116, 127).

뉴델리에서 IMC가 WCC로 통합된 후에 많은 복음주의 기관들이 에큐메니칼운동에서 철수했다. 그리고 복음주의 교단들은 거의 WCC에 합류하지 않았다.

이것은 모든 복음주의자들이 반에큐메니칼주의자라는 뜻은 아니다. 이것은 에큐메니칼운동이 WCC보다 더 넓다는 것을 뜻할 뿐이다.

오늘날 복음주의 에큐메니칼운동이 자체적으로 진행되고 있는데 1966년의 위튼과 베를린, 1974년의 로잔, 1989년의 마닐라로 이어졌다. 그러나 복음주의의 일치에 대한 강조는 에큐메니칼운동의 이해와는 상당히 다른 점이 있다. 복음주의자들은 일치를 거의 전적으로 영적인 것으로 간주하고 비가시적인 교회의 한 속성으로 간주하는 경향이 있다. "가시적인" 일치가 언급되는 경우는 타협할 수 없는 신학적인 전제로서가 아니라 더 효과적인 전도를 위해서만 강조하는 경향이 있다.

가령 LC7(로잔 언약 7)은 "복음 전도는 또한 우리를 일치로 부르는데 우리의 불일치가 우리의 화해의 복음을 훼손하는 것처럼 우리의 하나됨이 우리의 증거를 강화하기 때문이다"라고 진술한다. 그 관심은 실용적인 일치, 즉 계획하고 상호 격려하고 자원과 경험을 서로 나누는 데에 있다. 그것은 더 나아가 교리적 순수성을 과하게 강조함으로써 더욱 제한을 받는다.

세계복음화로잔위원회의 파타야회의(1980)에서 로잔언약에 "공감"하는 사람과 기꺼이 형제적인 관계에 있어야 한다는 내용의 경우, 언약을 "완전히 지지하는" 사람이라는 문구로 수정되었다. 그러한 정신은 그리스도인이 아닌 사람들에게 증거하는 것 대신에 자신과 우선 순위가 다른 사람들을 반대한다는 쪽으로 쉽게 흐르고 만다. 따라서 에큐메니칼 운동에서 명백한 패러다임의 이동은 대체로 복음주의자들 중에서 부재하다.

2) 가톨릭, 선교, 그리고 교회일치운동

가톨릭에서의 발전들은 개신교에서 보다 더 극적이었다. 이것은 공식적인 로마가톨릭 문서들에서 개신교인들을 가리키는 방식이 달라진 것을 볼 때 잘 알 수 있다. 개신교인들을 가리켜 "사탄의 자녀들," "이단들," "분파주의자들"이라고 부르던 것이 "반대자들," "분리된 형제들"로 바뀌고 마침내 "그리스도 안에서의 형제들과 자매들"이라고 부르게 되었다(Auf der Maur 1970:88, van der Aalst 1974:197).

과거 입장의 기초는 트렌트공의회(the Council of Trent)에서 놓여졌었다. 가톨릭주의의 회복은 반종교개혁(Counter-Reformation)으로 나타났다. 반종교개혁은 "선교"라는 단어 자체를 반개신교로 이해했는데, 특히 "신앙의 전파"라는 의미에서의 "선교"라는 단어가 독일 북부에서 예수회가 개신교인들을 재개종하는 것을 임무로 사역을 할 때 그들의 기지를 가리키는 용어로 처음으로 출현했기 때문이었다(Glazik 1984b:29).

신앙전파회(Propaganda Fide 1622)의 창설 이후 1830년까지 그 주요 초점은 개신교인들을 참된 신앙으로 돌아오도록 부르는 데에 있었다. 그리고 교황의 "사도적 서신"(*Maximum Illud* 1919)으로부터 회칙서신인 "믿음의 선물"(*Fidei Donum* 1957)에 이르기까지 20세기 선교 회칙들은 결단코 반개신교적이었다(Auf Maur 1970:83).

예를들면 1926년의 교황의 "회칙서신"(*Rerum Ecclesiae* 1926)은 "분리된 형제들을 교회의 일치로 돌아오도록" 부르고 "비가톨릭인들을 그들의 실수로부터 돌이키도록" 하는 것이 중요하다고 했다(Auf der Maur 1970:85). 또한 주기도문의 합동기도조차도 1949년까지 가톨릭인들에게 금지되었다. 퓨트너(Pfürtner 1984:179)의 말에 의하면 가톨릭으로부터 개신교로의 패러다임 이동 때문에 두 가지의 서로 다른 "언어 공동체"가 생겼는데, 각 공동체의 추종자들은 서로 같은 단어를 사용하면서도 그 의미는 더 이상 같지 않았다.

이러한 배경에서 볼 때 제2차 바티칸공의회는 기적과도 같았다. 새로운 정신이 공의회의 모든 기록과 문서에 퍼져 있었다. "교회"라는 용어의 사용이 여전히 모호한 것은 사실이지만(때로 이 용어는 로마가톨릭교회를 가리키고 때로는 더 넓은 의미로 쓰이는 듯하다) 제2차 바티칸공의회가 예전과는 아주 다르게 교회에 대하여 언급했다는 것은 틀림없다. "교회교리헌법" 15조(LG15)는 "세례에 의해 인쳐져서 그리스와 연합한 사람들은... 성령안에서 참으로 우리와 합쳐진 것이다"라고 진술한다. 또한 "교회선교활동칙령" 15조(AG 15)에 비추어 볼 때 비가톨릭 그리스도인들을 선교의 대상으로 계속 간주하는 것은 불가능해졌다.

그러나 관계의 개선과 상호 인정의 필요성을 분명하게 언급한 것은 특히 ""교회일치주의칙령""(*Unitatis Redintegratio*)이었다. 크럼리(Crumley)는 공의회가 이것을 채택한 것을 가리켜 "에큐메니칼 운동 역사상 가장 중요한 단일 사건"이라고 했다(1989:146).

첫 단락에서 "모든 그리스도인들의 일치의 회복"을 공의회의 주된 관심들 중의 하나로 표명하고 있고, 그리스도인들 간의 분열은 "그리스도의 뜻을 거역하는 것이고 세상을 분개하게 하고 모든 사람들에게 복음을 전하는 가장 거룩한 대의를 훼손시키는 것"이라고 진술한다. "교회선교활동칙령" 6조(AG 6)는 같은 주제를 채택하여 교회의 일치와 교회의 선교를 긴밀하게 연관시킨다. 세례받은 모든 사람들은 한 무리로 함께 모여서 모든 민족들 앞에서 그들의 주님인 그리스도를 하나 되어 증거를 하도록 부름을 받는다.

칙령은 이어서 "그들이 아직 한 신앙을 완전히 증거할 수 없다면 적어도 상호 존중과 사랑으로 가득차 있어야 한다"고 진술한다. "교회일치주의칙령"은 빈번히(단락 3, 19, 23) "분리된 형제들"이라는 표현을 "우리로부터 나뉜(혹은 분리된) 형제들"이라는 표현으로 미묘하게 바꾸었는데 분리가 상호적이었다는 사실을 주목하게 한다(Auf der Maur 1970:89). "종교자유에 대한 위원회의 선언"(*Dignitatis Humanae*)과 교황 요한 23세의 기독교일치증진사무국의 창설은 이러한 모든 발전에 인을 친 것이고 WCC의 환영 역시 받았다(Meeking 1987:5-7).

제2차 바티칸공의회는 개신교의 최근의 발전과 더불어 새로운 시대의 도래를 칭송했다(Saayman 1984:33-67). 공의회 이후 가톨릭교회는 새로운 길로 더 진행하였다(:67-70). "사도적 권고문" 77(*Evangelii Nuntiandi* 77, 1975)은 "우리가 아직은 완전한 연합에 이르지 못한 기독교 형제들에 대한 더 큰 헌신을 특징으로 하는 공동협력"을 주장하고 있다.

가톨릭교회와 복음주의자들을 포함한 여러 교파들 간의 대화 계획들이 오늘날 교회의 모습의 일부이다. 1980년에 교황 바울 2세는 마르틴 루터를 가리켜 "믿음과 칭의의 메시지를 전한 증인"이라고 했다. 그는 1983년 12월 11일에 한 루터파교회에서 루터를 칭송했다. 두 개의 "언어 공동체"(Pfürtner)는 상대의 언어를 이해하고 말하기 시작했다. 논쟁과 대면은 교회 일치를 위한 만남의 여지를 제공했다. 믿음만으로라는 종교개혁의 칭의교리는 더 이상 분리의 이유로 간주되지 않았다(Pfürtner 1984:168; Crumley 1989:147).

일치와 선교의 개념을 분명히 하고 다양한 연구 문서에서 사용된 새로운 용어는 "공동적 증거"(common witness)이다(Common Witness 1984; Meeking 1987; Spindler 1987). 공동적 증거를 위한 동기는 어떤 전략으로부터 흘러 나오는 것이 아니다. 오히려

> 그리스도와의 교통과 서로 간의 교통을 의식할 때 가시적인 증거를 함께 해야 한다는 역동성이 일어난다(Common Witness 1). 그리스도인들과 그들의 공동체 안에서 일어나는 성령의 갱신은 "그리스도를 중심으로 하며 새로운 순종과 새로운 삶의 방식을 요구하는데 이 자체가 증거의 교통이다(Common Witness 13).

방콕(1973), 로잔회의(1974), "사도적 권고문"(*Evangelii Nuntiandi*, 1975)에서 나타나는 복음 전도에 대한 "확연한 수렴성"은 칭송을 받을만 하다(Common Witness 11). 스핀들러(Spindler 1987:20; Meeking 1987:9-17)가 "막대한 실재"와 "부상하는 전통"이라고 일컬은 것은 옳다. 그 개념이 문제가 없는 것은 아니다. 공동적 증거는 복음 전도 분야에서 여전히 아주 드물고 특히 선교가 거의 전적으로 "교회 설립"으로 정의되는 경우에 그렇다(Auf der Maur 1970:97; Spindler 1987:21, 25).

또한 교회 문서나 공동 진술문에 기록된 내용들이 지역 수준에서 필연적으로 실천되지 않고 있는데 사실은 지역 수준에서의 실천이 중요하다. 더욱이 교회일치주의는 추진력을 상당히 잃은 듯하다. 이 모든 것을 고려할 때 우리는 기껏해야 "중간 수준의 교회일치주의"에 참여하고 있는 상태이다(Spindler 1987:26).

3) 선교 속에서의 일치(unity in mission), 일치 속에서의 선교(mission in unity)

윌리엄 템플(William Temple)이 1942년 켄터베리 대주교로 취임하면서 전세계적으로 존재하는 기독교를 가리켜 "우리 시대의 가장 새로운 사실"이라고 했다(Neill 1966a:15에서 인용). 이와 관련하여 잔센 스쿤호벤(Jansen Schoonhoven)은 모든 형태의 교회일치 운동이 우리 시대의 두 번째로 "가장 새로운 사실"이라고 말한다. 1948년 WCC의 설립을 가리켜 "역사상 절대적으로 새로운 것"이라고 언급한 사람은 로마가톨릭 신자인 벤 더 폴(W. H. van de Pol)이었다. 1960년에 역시 가톨릭 신자인 르 구일루(M. J. le Guillou)는 WCC를 가리켜 "역사상 유례가 없는 근본적으로 새로운 형태의 공동체"라고 불렀다(Jansen Schoonhoven 1974b:7).

제2차 바티칸공의회 이래의 가톨릭도 거의 비슷하다. 동시에 "선교"를 말하지 않고 "교회"를 말하는 것이 불가능해졌다. 마찬가지로 동시에 한 교회의 한 선교를 말하지 않고 "교회"나 "선교"를 말하는 것이 불가능해졌다. 이것은 중대한 패러다임의 이동이다. 그것은 새로운(혹은 더 나은) 통찰들이 축적되어서가 아니라 새로운 자기 이해 때문이었다(Pfürtner 1984:184).

그것은 전체성과 일치성을 새로이 추구하고 이원론과 분리성을 극복하려는 노력의 일부였다(Daecke 1988:630). 그것은 게으른 관용, 무관심 상대주의의 결과가 아니라 세상에서 그리스도인으로 있다는 것이 무엇을 의미하는지에 대하여 새로운 이해를 한 결과이다.

이러한 이유 때문에 1920년대 이래로 일어났던 교회들의 연합과 지난 반세기 동안 형성되었던 국가 차원의 "교회협의회들"은 하나님의 선교(the missio Dei)를 위해 봉사할 때만 타당하다. 교회일치주의는 수동적이거나 반쯤 마지못해 함께 모이는 것이 아니라 능동적으로 의도적으로 함께 살고 일하는 것이다. 그것은 바르지만 어정쩡한 예의로 적대감을 단지 대체하는 것이 아니다.

이제 나는 새로운 패러다임의 윤곽 몇 가지를 제시하려고 한다.

첫째, 선교와 일치의 상호 결합은 타협할 수 없는 성질의 것이다.

이것은 단순히 새로운 세계 상황이나 변화된 환경에서 비롯되는 것이 아니라 그리스도의 한 몸 안에서의 일치라는 하나님의 선물에서 비롯된다. 하나님의 백성은 하나이고 그리스도의 몸도 하나이다. 그러므로 엄격히 말해서 "교회들의 일치"를 언급하는 것은 어불성설이다. 오직 "교회의 일치"(the unity of the church)를 말할 수 있을 뿐이다. 루바크(H. de Lubac)는 다음과 같이 말한다.

> 교회는 지구 상 전역에 퍼져 있고 많은 수의 회원들을 가지고 있기 때문에 보편적인 것이 아니다. 교회는 모든 일원들이 작은 방에 함께 있었던 오순절 아침에 이미 보편적이었다... 왜냐하면 근본적으로 보편성은 지리나 통계와 관련이 없기 때문이다... 거룩성과 마찬가지로 보편성은 교회의 내재적인 특질이다(Frazier 1987:47에서 인용).

이러한 점에서 볼 때 우리가 진리를 일치와 대립시킨다면 잘못된 이분법을 조장하는 것이다. 바울신학의 확연한 특징은 복음의 진리와 하나님의 뜻인 교회의 일치를 분리시키지 않는 것이다. 그에게 최고의 가치는 서로 분리되지 않는 상태에 있는 이와 같은 일치와 이와 같은 진리이다(Beker 1980:130, Meyer 1986:169, 각주 12).

둘째, 선교와 일치, 진리와 일치를 모두 유지하는 것은 긴장을 전제한다.

그것은 획일성을 전제하지 않는다. 목표는 차이점들을 없애는 것이나 얕은 축소주의나 교회일치를 위한 일종의 뒤섞임이 아니다. 우리의 차이점들은 순전한 것이며 그렇게 취급되어야 한다. 갈등의 성격이 교리적이든 사회적이든 문화적이든 간에 또는 서로 다른 생활환경과 기대로 인한 것이든 간에 교회가 서로 갈등 속에 있는 다양한 인간 공동체들과 관련하여 선교를 진지하게 취급하려고 하면 결코 무시할 수 없는 내적인 긴장이 있게 된다.

오히려 이러한 긴장은 우리를 회개로 이끈다. 일치 속에서의 선교와 선교에서의 일치는 자기비판적인 태도가 없이는 불가능한데, 특히 그리스도인들이 인간적이 표준으로 볼 때는 적인 다른 사람들, 동료 신자들이나 불신자들을 만나는 곳에서 그러하다.

그러나 이것이 교회가 존재하는 목적이다.

"세상의 가장 깊은 갈등들을 자신의 안으로 들여와서 양측을 용서와 변혁의 능력으로 대면하여 새로운 공동체 안으로 들어오게 하여 새로운 희망과 새로운 소명으로 재형성하는 것이다"(West 1971:270).

교회일치는 차이점들에도 불구하고 서로를 수용하는 곳에서만 가능하다. 우리의 목표는 갈등이 없는 교제가 아니며 다양성을 인정하는 일치를 특징으로 하는 교제이다. 대크(Daecke 1988:631)는 근대의 패러다임은 일치 없는 다양성이나 다양성 없는 일치 중에서 선택하는 것이었고 포스트모던 패러다임은 다양성을 보존하는 일치와 일치를 위해 애쓰는 다양성이라고 주장했다. 다양성은 유감스런 문제가 아니며 하나님이 원하는 존재가 되기 위해 교회 안에서 일어나는 몸부림의 일부이다(NIE 1980:12; Crumley 1989:147).

그러나 모든 다양성의 한 가운데에는 중심이 있는데 바로 예수 그리스도이다. 교황 요한 23세가 1962년 10월 11일에 제2차 바티칸공의회를 열었을 때, 거의 2천 년이 지난 후에도 변경되지 않은 것에 관하여 말했다. 그것은 바로 예수 그리스도가 여전히 공동체의 중심이고 삶의 중심이라는 것이었다. 우리가 공동 예배에 참여하고 세상 속에서 연합된 증거를 할 수 있게 하는 것은 이러한 공동적 토대이고 이러한 지향점이다(Verstraelen 1988:433). 선교에서의 일치는 그리스도를 증거하는 성경이 모든 기독교 교회들 안에서 펼쳐지고 읽혀지고 선포되는 한 결코 잃어버린 대의가 아니다(de Groot 1988:155).

하나님의 말씀에 귀를 기울이고 서로에게 귀를 기울이는 것은 함께 한다. 우리는 두 번째 것을 가질 준비가 되어 있어야만 첫 번째 것을 가질 수 있다(:163; Küng 1987:81-84).

셋째, 교회의 선교가 결코 끝나지 않을 것이라는 사실로 볼 때 연합된 교회는 필수적이다.

선교 과업을 완수하는 것은 시간 문제일 뿐이라고 굳세게 믿었던 때가 있었다. 19세기 선교 정책의 상당 부분은 이러한 전제 위에 세워졌다. 오늘날 우리는 "선교가 완성되었다!"라고 말할 수 있는 단계에 결코 이르지 못할 것이라는 것을 알고 있다. 우리는 세계가 "보내는 국가"와 "받는 국가"로, "본국 본부"와 "선교 현지"로 더 이상 나뉠 수 없다는 사실을 알고 있다.

모든 곳이 본부이며 선교 현지도 그렇다. 이것은 고딘과 다니엘((Godin and Daniel 1943)의 충격적인 메시지였는데, "교회의 장녀"인 프랑스가 다시 선교 현지가 되었다는 것이다. 새로운 "발견의 시대"가 유럽의 교회들에게 시작되었는데 해외에서 새로운 땅을 탐험하는 것이 아니라 무신론, 세속주의, 미신, "새로운 이교도들"의 세계를 탐험하는 것이었다(Köster 1984:156). 모든 곳에 교회가 흩어져 있으며 선교의 상황 속에 있다.

넷째, 일치 속의 선교(mission in unity)는 "보내는" 교회와 "받는" 교회 간의 구분을 끝내는 것을 뜻한다.

존 모트(John Mott)는 일찍이 1928년의 예루살렘회의에서 그러한 구분을 했었다(Hutchison 1987:180). 10년 후에 크래머(Kraemer)는 탐바람회의의 대표인들에게 "신생"교회들은 선교회의 소유가 아니라 선교 사역의 열매라는 점을 상기시킬 필요가 있다고 보았다([1938] 1947:426). 새로운 관계들을 표현하기 위해 많은 문구와 구호들이 고안되었는데 "삼자," "순종의 협력," "동지로서의 삶," "동등," "협력," "50대 50의 기초," "연대" 등이다.

놀라운 문구들이다!

그러나 신생교회들은 그러한 표현들을 대부분 공허하고 무의미한 것으로 경험했다. 위트비(Whitby 1947) 회의의 구호를 지칭하면서 한 인도네시아 목사는 예리하게 네덜란드 교수에게 이렇게 말했다

예! 동역은 당신에게 해당하는 말이고 순종은 우리에게 해당하는 말입니다!" (Jansen Schoonhoven 1977:48).

그러나 구조적인 형태들은 그대로 두고 "신생교회들의 자율성"에 대하여 말하는 것은 소용없다. 선교 정책의 피상적인 근대화나 현재의 서구 관행과 기술에 적응하는 것으로는 근본적인 변화를 초래하지 않을 것이다(Rütti 1974:291). 이것은 개신교 뿐 아니라 가톨릭에게도 적용된다. 서구교회와 제3세계교회 간의 관계를 흔히 가부장주의라고 부르곤 한다(Rosenkranz 1977:431-434).

일치를 위해 그리고 선교를 위해 우리는 새로운 관계, 상호 책임, 책무, 그리고 상호 의존(독립이 아니라!)을 필요로 한다. 이것은 서구의 지배가 숫적으로 볼 때나 다른 면으로 볼 때도 종식된 것 같은 상황 속에 서구교회가 있기 때문에서가 아니라 그리스도의 몸 안에서는 "높은 것"이나 "낮은 것"이 있을 수 없기 때문에서이다.

다섯째, 일치 속에서의 선교를 수용한다면 우리는 극도로 의문스러운 구분에 기초하여 형성된 신생교회들의 확산을 반대할 수 밖에 없다.

마치 사람들이 자신들의 약점, 두려움, 의심들을 드러내고 자신들의 편견을 부추기는 편안하고 안락한 교회를 시작하는 것이 세상에서 가장 자연스러운 일 인 것처럼, 이러한 개신교 병균이 관용되어서는 안 될 것이다. 와그너(Wagner 1979)가 "'오전 11시가 미국에서 가장 차별된 시간이라고 말한 것'에 대하여 기독교 성장을 보장하는 역동적인 도구라고 칭송하는 것은 뭔가 크게 잘못된 것이다.

사도 바울은 처음부터 유대인과 헬라인, 노예와 자유인, 가난한 자와 부자가 모두 함께 예배하고 서로 사랑하기를 배우며 자신들의 다양한 사회적, 문화적, 종교적, 경제적 배경에서 비롯되는 문제들을 다루기를 배우고자 하는 공동체를 세우려고 했다. 이것은 교회의 본질에 속한다. 이와 대조적으로 이단의 본질은 "공동의 역사에 참여하기를 근본적으로 거부하는 데에 있다"라고 호켄다이크(Hoekendijk)는 말한다(1967a:348).

개신교에서는 하나님과 개인 간의 수직적 관계를 강조하는 경향이 있는데 사람들과의 수평적 관계와 구별을 한다. 그러나 "수직적인 선"은 또한 공동체와의 언약의 선이다((Samuel and Sugden 1986:195). 신학적으로 그리고 실제적으로 이것은 기독론이 교회론(:192)과 성령론(Kramm 1979:218; Memorandum 1982:461) 없이는 불완전하다는 것을 뜻한다. 우리는 그리스도의 해방되고 구원받은 공동체인 그의 몸에 대하여 말하지 않은채, 그리스도와 주님, 구원자에 대하여 말할 수 없다. 마찬가지로 신약시대의 성령은 개인들에게 아니라 공동체에게 주어졌다. 우리의 선교가 기독론적이고 성령론적이려면 한 교회의 한 선교라는 의미에서 또한 교회론적이어야 한다.

여섯째, 궁극적으로 선교 속에서의 일치와 일치 속에서의 선교는 단지 교회를 섬기는 것이 아니라 교회를 통하여 인류를 위해 봉사하고 그리스도의 우주적 통치를 보이는 것이다(Saayman 1984:21-55).

교회(한 교회인 한에서)는 "다가올 인류의 일치의 표적"이다(Uppsala, Section I.20- WCC 1968:17). 1989년 CWME 산 안토니오회의는 "교회는 하나님의 약속된 통치에서 제시되듯이 인류 가족의 일치와 갱신의 예언적 표적과 선험이 되도록 거듭 부름을 받는다"라고 진술한다(Section I.11; WCC 1990:28). 하나님의 통치는 교회의 최종적인 성취일 뿐 아니라 세상의 미래이다(Limouris 1986:169).

일곱째, 교회 일치의 상실은 단지 짜증스러운 일이 아니라 죄임을 고백해야 한다. 일치는 선택 사항이 아니다. 그것은 그리스도 안에서 이미 주어진 사실이다. 동시에 그것은 명령이다.

"하나가 되라!"

우리는 아버지와 아들, 성령이 하나인 것처럼 하나가 되라고 부름 받으며 모든 각처의 그리스도인들이 함께 모여서 하나의 떡과 하나의 잔을 나눌 그 날을 향해 매진하는 것을 고달파 해서는 안된다(Crumley 1989:146, 149). 지금 이것은 먼 지평선 위에 있는 종말의 빛일 뿐인 듯하다. "세계교회"와 "인류의 일치"는 모두 어떤 면에서 허구(fictions)이다. 그러나 그리스도인으로서의 우리의 존재성에 속하는 종말적 긴장을 직면하여 교회인 것과 창의적으로 선교적으로 사는 것이 무엇을 뜻하는지를 올바로 알기를 원한다면 그러한 허구들은 없어서는 안된다(Hoedemaker 1988:174).

10. 하나님의 전체 백성의 사역으로서의 선교

1) 성직 사역의 발전

성직자들의 사역 독점으로부터, 성직자뿐 아니라 비성직자를 모두 포함하는 하나님의 전체 백성의 책임으로서의 사역으로의 이동은 오늘날 교회에서 일어나고 있는 가장 극적인 변화들 중의 하나이다. 보어윙켈(Boerwinkel 1974:54-64)은 "교회 직분의 제도화"를 콘스탄틴 시대의 특징들 중의 하나로 보고 오늘날의 교회의 "평신도화"를 콘스탄틴주의의 종식으로 본다. 몰트만(Moltmann 1975:11)은 우리 시대의 교회와 신학의 과업에 대하여 언급하면서 6개의 논지를 제시했는데 그 중의 하나는 다음과 같다.

"기독교 신학은... 단순히 더 이상 사제들과 목사들만을 위한 신학이 되어서는 안되며 세상 속에서 소명있는 평신도들을 위한 신학이 되어야 할 것이다".

사역과 관련해서 우리가 직면하고 있는 위기는 모든 신앙과 조직의 전통적 요소들이 심각한 압력을 받으며 교회와 선교가 패러다임 이동 속에서 직면하는 중요한 위기이다. 거의 19세기 동안과 사실상 모든 교회의 전통 속에서 사역은 거의 전적으로 성직자들의 봉사로 이해되어왔었다. 현재 일어나고 있는 그러한 변화의 규모와 오늘날 교회의 선교에 시사하는 바를 이해하려면 현재의 난관에 이르게 된 과정들을 간략하게 나마 살펴볼 필요가 있다.

나사렛 예수가 제자들을 제사장 계층이 아니라 어부와 세리같은 부류에서 선택한 것을 볼 때 그가 전체 유대 전통과 결별한 것이 틀림없다. 이것은 그의 "포도주 부대를 찢는 사역," 예수의 가르침 속에 있는 "반전"적 성격, 사람들의 일반적인 기대와는 반대로 당시의 관행을 뒤집는 것과 일맥상통한다(Burrows 1981:44).

본서의 제1장에서 나는 예수 운동이 분리된 종교로서가 아니라 유대교 안에서 하나의 갱신 운동으로 시작했었다고 주장했다. 이러한 이유 때문에 이 운동에 대한 명칭을 유대나 헬라 종교문화로부터(이 운동이 의식적으로 비유대인들을 모집하기 시작한 후에) 취하지 않았을 것이다. 이 공동체를 가리키는 단어인 에클레시아(헬라어 *ekklesia*)는 세속 영역에서 사용되던 용어였다.

믹스(Meeks 1983:81)는 바울의 교회들이 "회당"으로 불리지 않는다는 점을 주목한다. 이 교회들은 사교 혹은 종교 회합을 가리키는 헬라의 일반적인 용어인 티아소이(*thiasoi*)라고 불리지도 않는다. 신자들은 대부분 개인 가정에서 단순히 "모인다"(고전 11:17, 18, 20, 33, 34; 14:23, 26; Beker 1980:319). 가정은 어떤 도시에서든지 기독교 수립의 기본단위로 간주되었을 것이다(Meeks 1983:29). 에피스코포스(헬라어 *episkopos*), 프레스바이테로스(헬라어 *presbyteros*), 디아코노스(헬라어 *diakonos*)라는 용어에서 보듯이 교회에는 직임들이 있었고 이들은 모두 세속적 용어였다.

첫째, 이러한 직임들은 결코 지역교회에 앞서거나 독립적이거나 위에 있지 않으며 믿음의 공동체 안에 존재하는 것으로 항상 이해된다(Gruchy 1987:27).

둘째, 이러한 용어들을 후대의 신성하거나 법적인 교회 직임에 단순히 연계시키는 것은 큰 오류이다(Burrows 1981:77). 초대교회의 대부분의 "지도자들"은 은사적 인물, 자연적 지도자였으며 남자와 여자 모두 포함되었다.

그런데 1세기 80년대에 이르러 기독교는 새로운 종교가 되었고 유대교 안에 더 이상 머물 수 없었다. 이것은 또한 새 신앙의 고수자들이 사용하던 용어가 점차적으로 엄격한 종교적 의미로 이해되었다는 것을 의미했다. 교회는 이제 이단과 맞서야 했고 내부적으로는 신앙의 공동화 경향에 대처해야 했다.

이러한 상황에서 가장 믿을만한 항생제는 신자들에게 성직자의 지시를 따르도록 격려하는 것이었는데, 특히 이그나티우스(Ignatius)와 키프리안(Cyprian)의 저술과 영향 때문에 주교가 사도적 전통의 유일한 보증인이자 교회 문제에 대하여 완전한 권위를 부여받은 자로 간주되었다. 따라서 안수받은 성직자는 교회 생활에 있어서 이론의 여지가 없는 확고한 위치를 점했고 이러한 상황은 안수식 때에 사제에게 "지울수 없는 특성"이 부여된다는 사도계승교리와 교황무오설에 의해 한층 강화되었다.

교회의 성직화는 성직자들의 사제화와 함께 갔다. "사제"라는 용어는 서기 200년까지는 기독교 성직자에게 적용되지 않았었다. 이후 이 용어와 그 배후의 신학은 정교한 "거룩한 직제의 성례"에 의해 강화되었는데, 안수받은 자에게 그리스도의 희생을 성례적으로 나타낼 수 있는 권한을 준 것이고 사제의 영혼 속에 신비적이고 존재론적인 변화를 일으킨 것이다(Burrows 1981:61). 동시에 이것은 사제를 공동체로부터 단절시키고 사제를 하나의 중개적인 인물이자 "또 하나의 그리스도"(*alter Christus*)로 만든 것이다(:60, 88).

사제는 성별하고 죄를 용서하고 축복할 적극적인 권한을 가졌고 "일반" 그리스도인들은 세례를 받은 후 은혜를 받을 수동적인 역할만 가질 뿐이었다(:105). 교회는 분명하게 구별되는 두 부류의 사람들로 이루어졌는데 성직자와 평신도(laity, "하나님의 백성"을 뜻하는 라오스[*laos*]에서 유래)였고 후자는 종교 문제에 있어서 미성숙하고 성년에 이르지 못하고 완전히 성직자에게 의존해야 하는 존재로 이해되었다.

이러한 상황에서 불가피하게 교회의 유일한 사업은 성례라고 믿게 되었다(성직자들, 특히 주교들은 세속적인 권력을 행사했다!). 둘레스(Dulles 1976)가 제시한 교회의 5가지 모델에 대하여 버로우스(Burrows 1981:38)는 이 모델들(기관, 신비 공동체, 성례, 전령, 종으로서의 교회)이 거의 전적으로 교회를 은혜를 소통하는 수단으로서 이해하고 있으며, 따라서 교회의 성례적 성격을 강화한다고 지적한다. 교회는 영원한 구원을 개인들에게 중개하는 것에 관심을 두는 공동체이다. 성직의 사역이 이러한 일의 주된 수단이며 교회의 모양은 여기에 기초한다(:61).

가톨릭교회의 패권이 중세 유럽에서 확고한 가운데 교회가 실제로 지상에서의 하나님 나라라는 이해가 보편화되었다. 여기서 간단한 사회학적 사실이 작용하는데 지배적인 종교는 이러한 입장을 취하는 경향이 있다는 것이다. 이러한 점에서 가톨릭교회는 하늘이 은혜가 쌓여있고 성직 소유자들은 소비자들에게 이러한 은혜를 지급하는 것이었다.

16세기 가톨릭의 최고 위치가 개신교 종교개혁으로부터 도전받았을 때 개신교의 주장을 일축했다(트렌트종교회의에서). 동시에 가톨릭은 "선교"에 착수하여 교황의 권위 하에서 사제와 종교적인 사람들로 구성된 "전문가" 부대가 세계 도처에 가서 교회의 패권을 확장했다. 본국과 동일한 교회구조가 세워지고 본국과 유사한 리더십 그룹을 출현시켰다.

여기서 한 가지 질문은 개신교는 이보다 잘 했는가의 문제이다. "만인 제사장직" 개념의 재발견의 공이 루터에게 있는 것은 사실이다.

> 기독교… 회중이 모든 가르침을 판단하고 교사들을 세우고 해고할 권리와 권한을 가진다고(Pfürtner 1984:184 인용) 루터는 주장하면서 당시

의 지배적인 패러다임과 결별했다. 그러나 루터의 교회 및 신학 이해가 재세례파(이들 중 일부는 성직 사역 개념을 폐기했다)와 가톨릭의 공격을 받으면서 전통 패러다임으로 회귀했다. 결국 루터는 교회의 중심에 상당한 권위를 부여받은 성직자들을 여전히 두었다(Burrows 1981:104).

다른 종교개혁자들과 이들의 후계자들이 루터의 경로를 따랐다. 그들은 가톨릭이 4세기 말에 수립한 사제직 방식을 거부했고 대신 신약성경 말미에 수립된 직제 유형을 따랐다. 이것의 핵심은 왕, 선지자, 제사장이라는 "그리스도의 삼중직"인데, 개신교 관점에서 목사, 장로, 집사의 세 가지 직임으로 귀착되었다.

초기 단계에서 이러한 직임들은 아주 기본적인 발전만 있었고 그리스도가 임명한 직책이므로 변화될 수 없다고 보았다. 오늘날 실제적으로 대부분의 주류 개신교 교단들은 성직 사역 개념에 대하여 전통적인 종교개혁적 정의와 가톨릭에 가까운 입장 사이에서 왔다 갔다 한다. 다른 한편으로 회중교회 정치를 따르는 경향이 있는 많은 복음주의 교단들은 두 개의 함정을 피하려고 애쓰는데, 곧 성직자가 그의 말이 곧 법인 작은 교황이 되거나 목회자가 회중의 곡조에 따라 춤을 추는 피고용인으로 취급되는 함정이다.

최종 결과는 가톨릭의 관점과 근본적으로 다르지 않았다. 교회는 내부 사람에 의해 운영되는 엄격하게 성례적인 사회였다. 다만 차이는 "영혼의 치유"를 위한 초점이 가톨릭의 경우 성례에 있었고 개신교는 하나님의 말씀의 선포였다(de Gruchy 1987:18, 본회퍼를 언급하면서).

성직 사역의 역할에 대하여 개신교와 가톨릭이 공유하는 것이 차이점보다 훨씬 중대했는데 양쪽 전통 모두에서 성직자와 사제가 교회의 핵심 인물이자 특권을 가진 중심 직책으로 간주되었다(Burrows 1981:61, 74).

신학 훈련이 더욱 전문화됨에 따라 "성직 패러다임"의 엘리트적 성격이 더욱 강화되었다(Farley 1983:85-88). 가톨릭 선교와 마찬가지로 개신교 선교도 그들의 지배적인 성직 유형을 "선교지"에 수출했고 이것을 다른 사람들에게 유일하게 합법적이고 적합한 모델로 부과했는데 다윗에게 사울의 갑옷을 입힌 것이었고 신생교회들이 자신들의 특유한 사역을 하거나 외부의 도움없이 생존하는 것을 불가능하게 했다.

교회와 사회에 심오한 변화가 있지 않는 한 그러한 지배적인 유형이 변화할 것 같지 않았다. 그런데 "평신도의 사도직," "모든 신자의 제사장직"에 대한 재발견과 관련하여 이러한 변화가 우리 시대에 일어나기 시작했다.

2) 평신도의 사도직

가톨릭 선교는 항상 상당한 평신도의 참여가 있었다. 그러나 이들의 선교 참여는 성직자의 통제와 관할 하에 있었으며 보조적이었다. 개신교 선교에서는 전망이 나왔는데 특히 "자발 원리"(제 9장을 보라)가 탄력을 받으면서 였다.

실제로 초기부터 개신교 선교 운동은 상당히 평신도 운동이었다. 자발적인 선교회들은 성직자들에게 국한되지 않았다. 보통 선교회의 창설에 성직자들이 관여했지만 성직 기관이 아니었던 교회선교회(CMS)에서 보듯이 선교회들은 주요 평신도들과 긴밀히 협력했다(Walls 1988:150). 월스(Walls 1988:142)는 선교회를 가리켜 말하기를 자유롭고 개방적이며 책임감있고 모든 계층, 남성과 여성, 모든 연령, 일반 대중을 포괄하며 진실로 민주적이고 반권위주의적 운동이자 어느정도는 반성직, 반기관적이었다고 했다.

특히 북미의 선교회들은 다수의 여성들의 참여를 불러일으켰다. 어떤 경우 여성들은 선교회와 정기간행물을 자체적으로 설립하고(1890년까지 북미에만 이러한 선교회가 34개나 있었다) 지원 모금을 했다(Anderson 1988:102). 남성들이 주도하는 선교회들의 경우도 "선교지"에는 여성들이 곧 다수를 이루게 되었다(Hutchison 1987:101). 그리고 설교를 포함하여 남성들이 하던 모든 일들을 여성들이 하였다(성례 집례를 제외하고).

제2차 세계대전 후, "본국"이 서서히 깨이기 시작했다. 전통적인 획일적인 교회 직임 모델이 현실에 맞지 않는다는 자각이 가톨릭과 개신교에 모두 일어났다. 사도성이 전 교회의 속성이며 성직 사역은 신앙 공동체 안에서 존재할 뿐이라는 신학적 이해가 양쪽 진영에서 모두 개진되었다.

제2차 바티칸공의회는 평신도의 중심 역할, 특히 교회의 선교 소명과 관련한 역할에 대하여 새로운 신학적, 사회적 분위기와 새로운 의식을 다양한 방식으로 표현했다. 이러한 분위기는 이전의 공의회들과는 근본적으로 다른 것이었다. 콩가(Y. Congar)는 제2차 바티칸공의회에서 반복적으로 사용되었던 단어들이 제1차 바티칸공의회에서는 결코 사용되지 않았던 사실을 주목하였는데, 사랑(*amor*, 113회), 평신도(*laicus*, 200회)와 같은 단어들이었다(Gómez 1986:57 인용).

가톨릭 "교회교리헌법" 33조(LG 33)는 "평신도의 사도직"은 교회의 구원의 선교에 몫을 가지고 있다. 세례와 견진성사를 통해 모두는 주님 자신에 의해 이러한 사도직 임명을 받는다"라고 진술한다. 그리고 이 진술은 평신도들이 모든 시대 지구 상의 모든 사람들에게 하나님의 구원 계획을 더욱 전파하는 숭고한 의무를 가진다고 첨언한다.

"교회선교활동칙령" 28조(AG 28; LG 12 참조)는 교회의 모든 구성원들이 "자신의 기회, 능력, 은사와 사역에 따라 복음의 일에 협력할 것"을 촉구하고 있다. 더 나아가 "위계구조와 더불어 진정한 평신도들이 존재하고 일하지 않으면 교회는 진정으로 세워진 것이 아니며 충분치 않으며 그리스도의 완전한 표적이 되지 못한다"고 진술한다(AG 21).

"주교의 목회적 직임칙령"(the Decree on the Pastoral Office of Bishops)은 주교를 "사제 권한의 소유자"가 아니라 목회자로서 우선적으로 정의하고 있다(Burrows 1981:109). 가장 중요한 점은 제2차 바티칸공의회가 "평신도사도직칙령"(*Apostolicam Actuositatem*, the Decree on the Apostolate of Lay People)을 발표한 것인데 이 문서는 평신도를 교회의 선교 관점에서 기술하고 있으며 "사도가 될 권리와 의무"(3번째 문단)가 있다고 명시한다.

모든 문제가 갑자기 해결되지는 않았다. 결코 그렇지 않았다!

제2차 바티칸공의회는 여전히 평신도를 "성직 사역"의 "보조"로 간주했다(Gómez 1986:51). 또한 성직자와 평신도라는 오랜 이분법이 고수되고 보프(Boff 1986:30)가 주장하듯이 제2차 바티칸공의회에도 불구하고 신실한 사람들이 의사 결정에 참여하는 것이 전적으로 배제된다(Boff 1986:30). 최근 몇 해 동안에 "상부"와 "기반"(base) 간의 긴장이 감소대신 증가하고, "교회"(헬라어 *ecclesias*), "비평적 회중"이란 불리는 기반 공동체들이 가톨릭교회 안에서 증가하는 듯하다(Blei 1980:1). 지도층의 입장에서 보면 평신도의 확대된 역할이 미칠 결과에 대한 우려, 라쉬(N. Lash)가 지칭한 "가톨릭 안에서 '회중주의자' 요소의 재발견"에 대한 두려움이 있다(Burrows 1981:39; Michiels 1989:106).

평신도에 대하여 바티칸공의회 이후의 가톨릭은 교회론의 옛 형태와 새로운 형태를 모두 드러낸다. 이것은 개신교에서도 본질적으로 다르지 않다. 거의 2천년 동안이나 성직자 모델이 변함없이 존재해 온 것을 생각해 보면 이해할 만하다. "가르치는" 교회(*the ecclesia docens*)와 "배우는" 교회(*ecclesia discens*), 은혜를 능동적으로 매개하는 것과 수동적으로 받는 것을 철저하게 구별하는 것이 깊이 배여 있어서 제거가 쉽지 않다.

그렇지만 분명한 변화가 일어나고 있다. 평신도들은 목격한 이야기와 포도송이들을 가지고 "외부 세계"로부터 돌아온 정찰대로서 "운영본부"에 보고하는 사람들이 더 이상 아니며 그들이 바로 하나님의 선교가 진행되는 운영본부이다. 사실상 세상에서의 하나님의 선교에 대하여 "특별한 직임"을 가진 사람들을 "동반"해야 하는 것은 평신도들이 아니다. 오히려 하나님의 백성인 평신도들을 동반해야 하는 것이 직임 소지자들이다(Hoekendijk 1967a:350 참도). 신약성경 시대에 성령이 모든 하나님의 백성들에게(제사장직과 마찬가지로) 주어진다.

"그리고 성직자가 공동체에서 나오며 공동체를 안내하고 그리스도의 이름으로 행동한다"(Moltmann 1977:303).

이는 선교의 주된 소지자가 공동체이기 때문이다. 1961년 뉴델리 WCC총회에서 발족된 "회중의 선교 구조"라는 프로젝트(그러나 대체적으로 볼 때 폐기되었다)와 가톨릭에서의 지역교회의 재발견은 선교적 관점에서 볼 때, WCC와 제2차 바티칸공의회의 가장 지대한 공헌일 것이다.

선교는 교황이나 선교회, 종교회의로부터 나오는 것이 아니라 말씀과 성례 앞에 모여 세상으로 보냄받는 공동체로부터 나온다. 그러므로 성직 리더십의 역할이 모든 것을 결정하는 요소가 아니며 공동체의 전체 생활의 일부일 뿐이다(Burrows 1981:62). 점차적으로 교회는 새로운 신학적 통찰에 적응하기 시작하고 있다. 교황으로부터 주교로, 사제로, 신실한 평신도로의 수직적, 직선적 모델(개신교에도 병행되는 모델)은 모든 이들이 직접적으로 참여하는 모델로 점차적으로 대체되고 있다(Boff 1986:30-33 참조).

교회에 대한 새로운 모델이 여성성직 안수에 대한 논의를 위해 아주 중요하다는 점은 말할 나위가 없다(Burrows 1981:134-137; Boff 1986:76-97). 그러나 여성 안수는 문제의 한 요소일 뿐인데, 예를 들면 평신도들이 직접적으로 주의 만찬에 관여할 수 있는 것을 인정할 수 있는가의 문제가 있다(Boff 1986:70-75). 이처럼 분명히 합법적이고 중요한 논의가 가지는 문제점은 성직 사역이라는 형태와 성례 거행의 권한이라는 형태가 교회의 모든 것으로 주장된다는 것이다.

3) 사역의 형태

본서에서 주장해 온 바와 같이 교회의 전체 생활이 선교적이라는 것이 사실이라면 우리는 평신도 신학을 전적으로 필요로 한다. 이제 이러한 신학의 기초가 제기되고 있을 뿐이다. 우리가 계몽주의의 거대한 그늘에서 나오면서 이러한 신학은 이제야 가능해지고 있다. 평신도 신학은 삶의 사적인 영역이 공적인 영역으로부터 분리되어야 한다는 계몽주의의 중심 사상과의 결별을 전제해야 하기 때문이다(Newbigin 1986:142 참조). 몰트만은 미래의 신학은 단순히 사제와 목사를 위한 신학일 뿐 아니라 평신도를 위한 신학이어야 한다고 다음과 같이 말한다.

> 그것은 교회 안에서의 신적 봉사를 향할 뿐 아니라 세상의 일상적 삶 속에서의 신적 봉사를 향한다. 교회의 실제적인 실행은 설교와 예배, 목회적 의무, 기독교 공동체를 포함하며 또한 자기의존, 정치 생활을 향한 사회화, 민주화, 교육을 포함한다(Moltmann 1975:11).

그러므로 평신도신학은 평신도가 "작은 목사"가 되도록 훈련받는 것을 의미해서는 안된다. 그들의 사역은("사역"이 너무 교회 용어화 되었기 때문에 아마도 "봉사"라는 표현이 더 낫겠다. Burrows 1981:55) "상점에서, 마을에서, 농장에서, 도시에서, 교실에서, 가정에서, 법률사무실에서, 상담, 정치, 국정운영, 여가생활 중에서"의 기독교 공동체의 지속적인 삶이라는 양식 속에서 제공되어야 한다(:66). 성직 사역의 불확정적 형태를 인식해야 하듯이 이러한 사역의 불확정적 형태를 인지하고 있어야 한다. 모든 시대, 상황과 문화에 모두 동일하지 않을 것이다. 제3세계의 어떤 곳에서는 평신도와 성직자의 사역이 서구사회보다 더 광범위할 것이다.

이와 같이 범위가 더 넓은 것은 개발국가의 경우 교회의 노력이 정부의 노력보다 더 포괄적인 형편에 있기 때문일 수 있고(:72) 민주화의 고통스런 과정을 통과하고 있는 남아프리카와 같은 나라의 경우에는 정치적 지도자, 공동체 지도자들의 목소리가 침묵하고 있고 교회가 목소리 없는 자들의 목소리를 거의 유일하게 보유하고 있기 때문이다. 대부분 이와 같은 경우는 누가 무엇을 하는지 구별하지 못할 정도로 성직자와 평신도의 사역이 결합된다.

평신도 사역의 현저한 예가 "기저"(base) 공동체 혹은 "작은" 기독교 공동체 현상인데 라틴아메리카에서 시작하였고[23] 오늘날은 전 세계에 퍼지고 있고 심지어 서방 세계에서도 그러하다. 여러 형태로 나타나는데 서방에서는 가정교회 그룹, 아프리카의 독립교회들, 기독교가 금지되어 있는 국가에서의 비밀 모임 등이다. 가톨릭에 관한 한 이러한 운동이 너무 예외적이어서 학자들은 너무 비현실적인 평가를 하려는 유혹을 쉽게 받는다(Boff 1986:1, 4).

여전히 이것은 중대한 발전이다. 부흘맨(Bühlmann 1977:157)은 이러한 "실험들"이 해방신학보다 더 중대하며 라틴아메리카가 더 좋은 이유로 보편교회에 제공할 수 있는 공헌이라고 말한다. 그리고 평신도들이 성년이 되어 상상력있는 방

---

23 개신교의 관점에서 라틴아메리카 운동에 대하여 쓰여진 최고의 선교 연구서는 귈레르모 쿡(Guillermo Cook)의 『가난한 자들의 기대: 개신교 관점에서의 라틴 아메리카의 기초적 교회 공동체』(The Expectation of the Poor: Latin American Basic Ecclesial Communities in Protestant Perspective, Maryknoll, NY: Orbis Books, 1985)이다. 가톨릭에 대해서는 Boff 1986을 참조하라.

식으로 선교에 참여한다는 것이 의미있다.

당시의 유대의 신성한 사역 형태를 뒤집어엎은 그리스도가 기독교회의 기존의 "사역신학" 역시 도전할지도 모른다는 점을 기독교회가 발견하기까지 아주 오랜 시간이 걸렸다(Burrows 1981:31). 그러나 언제나처럼 그리스도는 파괴가 아니라 성취를 의도한다. 이러한 점은 성직 사역에도 적용된다. 철폐로는 아무것도 얻지 못한다.

보프(Boff 1986:32)는 가톨릭교회의 구조에 대한 그의 비판과 기저 공동체(base communities)에 대한 그의 모든 열정에도 불구하고 "주교와 사제의 기능을 훼손하는 것"을 반대한다. 성직 제도는 성직 사역을 거부하거나 그 중요성과 임무를 경시하는 것으로 극복되어져서는 안된다. 드 그러치(De Gruchy 1987:26)는 실레 비크스(E. Schillebeeckx)를 인용하여 말하기를 "모든 사람들에게 중요한 것에 특별히 집중하지 않는다면 종국적으로 그 공동체는 고통을 받는다"라고 했다.

그러므로 교회 직임을 단순히 기능적인 것으로 따라서 임시적인 것(Rütti 1972:311-315)으로 호켄다이크(Hoekendijk)가 간주하는 것은 도움이 결코 안된다. 어떤 형태의 성직 사역은 참으로 필수적이고 긴요한데(Moltmann 1977:288-314), 하나님의 은혜를 나누어 주는 자라는 교회의 진정성을 보증해 주는 자로서가 아니라 사도적 기독교의 가르침과 실천에 충실한 공동체로서 지속하도록 돕는 수호자로서이다(Burrows 1981:83, 112).

성직자는 이것을 홀로하지 않고 하나님의 모든 백성들과 함께 하는데 모두가 교회를 모든 진리 가운데로 인도하시는 성령을 받았기 때문이다(Newbigin 1987:30). 성직은 교회보다 앞서지 않고 교회로부터 독립되지 않으며 교회와 대립하지 않는다. 오히려 하나님의 백성과 함께 교회이며 세상으로 보냄을 받는다. 이러한 비전에 살을 붙이기 위해 우리는 하나님의 온 백성의 보다 유기적이고 덜 성례적인 교회론을 필요로 한다.

11. 타종교인들에 대한 증거로서의 선교[24]

1) 변화의 국면

"종교신학"(theologia religionum)은 1960년대 이후에서야 발전한 학문이다. 로마 가톨릭 교인, 성공회 교인, 감리교인, 정교회 교인은 누구인가라는 질문과 마찬가지로 다른 신앙을 가진 사람들 즉 힌두교인, 불교인, 이슬람교인은 누구인가라는 질문을 하게 되었다.

물론 기독교인들과 기독교 선교가 타종교에 대하여 취해야 할 태도의 문제는 고대에 이미 있었던 문제로서 구약성경에 뿌리를 두고 있다. 그러나 여러 세기 동안 이 문제는 거의 논의되지 않았다. 로마제국의 비기독교인들이 기독교인이 되어야 할 것을 요구한 380년의 "데오도시우스 황제 칙령"과 모든 비기독교 종파들을 금지한 391년의 "칙령"은 가톨릭교회가 구원을 보장하는 유일한 기관이라고 선포한 교황 보니페이스의 "교서"(Unam Sanctam 1302)가 성립되는 길을 여지없이 열어 주었고 또한 가톨릭교회에 소속되지 않은 사람들은 모두 영원한 지옥 불에 떨어진다고 한 플로렌스 공의회(1442)와 가톨릭교회의 무오성을 가르친 『로마교리문답서』(Cathechismus Romanus 1566)가 성립되는 길을 닦아 주었다.

이러한 상황 속에서 사람들이 선택하는 대로 믿게 해야 한다는 입장은 생각할 수 없는 것이었고 1832년에 이르기까지도 그레고리 16세는 종교의 자유에 대한 요구를 오류이자 실성(deliramentum)으로 규정하며 거부했다(Fries 1986:759). 개신교인들이 교황 교서에 비교할만한 것을 가지지 못했던 것이 사실이다. 하지만 그들의 정신은 로마의 정신과 거의 다르지 않았는데 가톨릭교회의 모델은 "교회 밖에는 구원이 없다"였고 개신교 모델은 "말씀 밖에는 구원이 없다"였다(Knitter 1985:135).

---

24 이 주제에 대한 보충적인 논의에 대하여 다음을 참조하라. D. J. Bosch, "The Church-in-Dialogue: From Self-Delusion to Vulnerability," *Missiology*, 16(1988), pp. 131-147.

양측 모두에서 선교는 본질적으로 정복과 대체를 의미했다. 기독교는 유일하고 독보적이고 우월하고 최종적이며 규범적이고 절대적인 것으로 이해가 되었고(Knitter 1985:18) 존재할 권리와 확장할 권리를 신적 권리를 가진 유일한 종교로 이해되었다. 중세 동안 내내 기독교의 최대 적은 이슬람교였다. 모하메드는 "두 번째 아리우스"(Arius)였다. 이슬람교는 기독교 이후의 마귀의 형상(*imitatio diaboli*)으로, 그것이 교회를 정복하기 전에 정복되어야만 하는 위협적 존재였다. 십자군은 대체로 실패였다. 하지만 이것이 이슬람교에 대한 기독교의 태도를 바꾸지 못했다(Erdmann 1977; Kedar 1984).

당시의 상황과 일반적인 분위기를 볼 때 이러한 태도를 취한 교회를 비난할 수 없다. 14세기의 레이몬드 룰(Raymond Lull)과 16세기의 라스 카사스(Las Casas)와 같은 사람들은 확연한 예외였다. 라스 카사스보다 반 세기 이전 사람은 독일 추기경 쿠사(Cusa)의 니콜라스는 기독교인들과 이슬람교도들 간의 종교 전쟁에 진력을 느끼고 종교 의례의 다원성(*religio una in rituum varietate*) 속에서 하나의 종교를 인정하는 날을 고대했다. 하지만 라스 카사스가 아메리카 인디언들의 "미신"이 기독교 신앙보다 전적으로 열등하다고 본 것처럼 니콜라스 역시 이슬람교에 대한 기독교의 절대적인 우월성을 의심하지 않았다(Gensichen 1989:196).

그러나 18세기까지 존재했던 중세기의 요지 부동의 거대한 집단적인 확신은 사라졌다. 크래머(Kraemer 1961:21)는 기독교가 격심하게 의문시되고 부인되고 무시되고 있다고 말한다. 물론 이러한 파탄의 주요 요인은 계몽주의이다. 가치의 세계에 관한 한(종교가 속한) 계몽주의는 원칙적으로 상대주의적 태도를 취했다. 시간이 흐름에 따라 이것이 기독교의 확신을 침식시켰고 전에는 결코 인식하지 못했던 딜레마의 존재를 교회가 서서히 의식하게 되었다.

식민주의의 붕괴와 함께 기독교는 지배권을 상실했고 전통적인 고향인 서구에서도 마찬가지였으며 오늘날은 종교와 이데올로기의 개방 시장에서 경쟁해야 한다. 기독교인들과 타종교인들을 분리하는 대양은 더 이상 존재하지 않는다. 서구 국가들에서 기독교인들, 이슬람교도들, 힌두교인들, 시크교도들, 불교인들이 거리에서 어울린다. 진지한 기독교인들은 "다른" 종교들이 그들이 생각한 것과 상당히 다르고 또한 기독교와 더 유사하다는 점을 발견했다.

계몽주의 패러다임은 사람들이 생존을 위해 필요한 것은 사실들뿐이라는 점을 발견함에 따라 종교가 종국적으로 사라질 것이고 종교가 속하는 가치의 세계는 그들을 더 이상 통제하지 못할 것이라고 기대했다. 그리고 모두 이러한 방향으로 흐르는 듯하였다. 막스주의는 종교를 "민중의 아편"이라고 배척했고, 종교가 더 이상 자리잡지 못하는 세계를 선전했다. 공산주의 바깥의 세계에서도 종교, 특히 기독교는 쇠퇴하는 듯 했다.

아놀드 토인비(Arnold Toynbee 1969:327)는 옥스퍼드대학교 학생 시절에 20세기 첫 10년 동안에 종교는 미래가 없고 사라질 것이라고 자신과 동료 학생들이 믿었었다고 말한다. IMC(국제선교협의회) 예루살렘회의(1928)에서 존 맥머레이(John Macmurray)는 기독교 역시 사라질 것으로 믿지는 않았지만 과학적 사고의 등장으로 인해 종교들이 사라질 것이라는 논지를 발표했다(Newbigin 1969:31). 1948년의 여론 조사에 의하면 프랑스 인구의 34퍼센트가 "무신론자"로 자처하였다. 이것은 고딘(Godin)과 데니얼(Daniel)의 주장을 확증했다(Gómez 1986:30)." 세속적인 60년대"와 함께 종교의 최후 시간이 도래한 것처럼 보였다. 기독교의 생존을 확보하는 유일한 길은 기독교를 완전히 세속적인 종교로 전환시키는 것이었다.

그러나 이상하게도 종교는 멸망하지 않았다. 오히려 반대였다!

『계몽주의 이후의 종교』(Lübbe 1986의 책 제목)라는 논란의 여지가 없는 현실을 오늘 우리는 보고 있다. 1969년에 80대가 된 토인비(1969:322)는 인간의 본성이 진공 상태를 싫어하며 따라서 한 종교가 가면 다른 종교가 대치한다고 말했다. 종교가 소멸될 것이라는 초기의 관점과 대조적으로 이제는 종교가 지속적인 역할을 가지고 있다고 주장한다(:328).

분명 본회퍼의 비종교적인 인간과 "세속적인 세계"라는 관념은 오해였다. "세속적인 60년대" 이래로 더 많은 학자들이 영적 통찰에 개방적이고 과학에 대한 비판을 전체 진리를 알아내는 적절한 수단으로 간주하는 초월적인 갈망의 재흥에 대한 글을 썼다. 예를 들면 피터 버거(Peter Berger)의 『천사들의 소문』(*A Rumor of Angels*, 1970), 데오도르 로자크(Tehodore Roszak)의 『황무지가 끝나는 곳』(1972), 하비 콕스(Harvey Cox)의 『성령의 유혹』(*The Seduction of the Spirit*)이다. 하비 콕스는 그의 『세속 도시』(*The Secular City*)와 사뭇 다른 입장을 취하지만 또한 로자크와 여타 사람들과 상당히 다른 입장이다.

그러나 종교의 부흥은 기독교 현상만은 아니다. 반대로 회생을 경험가고 있는 것은 특히 다른 종교들인 듯하다. 바르넥(Warneck 1909)이 틀렸다는 것이 입증되었는데 "살아있는 그리스도"와 "죽어가는 이교주의"를 단순히 병립시키는 것은 불가능하다. 1933년에 이미 쇼메루스(Schomerus)는 인도의 "기독교 영역에의 침투"(Das Eindringen Indiens in das Herrschaftsgebiet)라는 연구를 발표했다.

어떤 경우 특히 이슬람교의 경우에는 전통 종교의 회생이 민족주의의 발흥 및 국가재건 계획과 긴밀히 연관되어 있었다. 흔히 이러한 종교들은 기독교회보다 훨씬 더 공격적인 "전도"를 취했다. 힌두교는 고향에서만 확고한 것이 아니라 그 분파들이 서구에서 개종에 성공하고 있다. 불교는 스리랑카 및 여타 지역에서 호전적이 되었다.

서구 국가들에서 종교의 자유가 보장되고 모든 신앙들이 자유롭게 선전될 수 있다. 그러나 여러 이슬람 국가들에서는 기독교 신앙의 전파는 금지되어 있고 이것은 기독교 선교에 중요한 영향을 준다(Gensichen 1989:199-201). 참으로 서구 기독교인들은 안주에서 나와 요동했다.

이러한 모든 상황들은 오늘날 기독교회가 전례 없었던 도전들을 직면하게 했다. 기독교회가 해결하지 못한 가장 큰 두 가지 문제가 있다.

① 이 세상적인 구원을 제공하는 세계관과의 관계
② 다른 믿음들과의 관계

한스 큉(Hans Küng 1977:25)은 세계 종교와 현대 인본주의이라는 두 가지 도전을 맞아 오늘날의 기독교인은 기독교가 본질적으로 다르고 특별한 종교인가라는 질문에 직면하고 있다고 말한다(1974:14). 샤프(Sharpe 1974:14)는 세속적인 이데올로기들의 도전보다 종교들의 도전이 훨씬 더 중요하다고 보고 있으며 선교와 세상, 선교와 정치, 선교와 사회적 행위와 같은 문제들이 중요하지만, 선교신학의 전형은 종교신학(*theologia religionum*)이라고 말했다.

문제는 기독교회와 선교가 종교들로부터 발현하는 도전에 응답할 준비가 되어 있느냐이다. 1938년 탐바람 IMC(국제선교협의회)회의 후에 칼 하르텐슈타인(Karl Hartenstein)은 "불교와 기독교에 의해 기독교에 제기된 도전을 다루기 시작할만 할 신학조차 우리는 가지고 있지 못하다"라고 선언했다(Gensichen 1989:195 인용). 이러한 점은 지난 반 세기 동안 거의 변화가 없는 듯하다. 최근의 화란의 선교학(Oecumenische inleiding 1988:475)은 이 영역에서 많은 혼란과 불확실성이 팽배하며 우리 앞에 있는 도전을 맞이할 준비가 너무 안되어 있어서 새로운 토양이 일궈져야 한다고 제안한다.

이러한 학자들의 견해가 옳다면 영국의 상황을 연구 조사한 후에 종교신학(참으로 선교학의 전체 영역)이 신학 제도권에서 사실상 알려져 있지 않거나 목회 신학의 중요하지 않은 위치로 격하되어 있다는 사실을 발견한 크랙넬(Cracknell)과 램(Lamb 1986:10-16)의 좌절과 고통을 이해할 만 하다.

2) 포스트모던 반응들?

1960년대 이래 종교신학만큼(일반신학 문서도 마찬가지로) 선교학을 지배한 주제가 거의 없다. 수많은 책과 논문들이 출간되었고 이러한 급류의 끝이 보이지 않는다. 현 세계 상황과 민족들과 종교들 간의 증가하는 사상의 교환이 전례가 없는 상황을 만든 것은 의심의 여지가 없다.

이러한 사상들을 검토하기 전에 무엇보다도 이슬람교, 힌두교, 불교와 같은 대종교들의 신봉자들 중에서 그리 성공적이지 못했다는 점을 인식하는 것이 우리의 논의에 중요하다. 이러한 실패에 대하여 많은 설명들이 역사상 있었다. 이 장의 앞 부분에서 상황화와 문화화에 대하여 논의하면서 언급한 피이리스(Pieris 1986)의 설명을 참조할 필요가 있다. 그는 이러한 모델들이 종교와 문화를 분리시키는 라틴 기독교의 관행에서 나온 것이라고 주장한다. 그러나 실제로 요구되는 것은 문화화가 아니라 "종교화"(inreligionization)라고 말한다(1986:83).

아시아에서의 불교의 확산을 예로 들면서 송(Song) 역시 본질적으로 같은 것을 말한다. 불교가 발생지를 떠나자마자 각 나라들의 토양과 사람들에게 고유한 중국 불교, 태국 불교, 일본 불교가 되었다(1977:5; Pieris 1986:85). 송(Song)은 이것이 육화(enfleshment)의 선교였다고 주장한다.

이와 반대로 기독교 선교는 이탈(disembodiment)의 선교였다(:54). 식물이 담겨 있던 단지를 깨뜨리지 않은 채 아시아에 기독교를 이식해서는 결코 안되었다고 피이리스는 말한다. 아무도 그리스 로마의 단지를 깨뜨리려고 하지 않았기 때문에 기독교가 성장이 안된 분재처럼 존재하는 점을 지적하면서, 그는 아시아의 토양에 뿌리를 내리는데 실패한 기독교에게 아시아의 모습을 주려는 마지막 결사적인 요청을 가리켜 "문화화 열병"이라고 부른다.

그는 필리핀을 제외하고는 기독교가 아시아에 너무 늦게 도착했기 때문에 기회를 놓친 것 같다고 말한다(:85). 그러면서 그는 이제 유일한 희망은 단순히 인도 기독교를 창출하는 것이 아니라 아마라도스(M. Amalados), 파니카르(R. Panikkar) 같은 사람들이 제안하듯이 힌두 기독교를 창출하는 데에 있음을 말한다.(:83).

오늘날 기독교 종교신학이라는 전체 문제를 해결하려는 새로운 긴박성과 초기의 근시안을 보충하려는 거의 필사적인 시도가 있다는 사실을 단지 부각시키기 위해 나는 피이리스(그리고 Song)의 논지를 언급했다.

이러한 시도들이 아주 다양한 것은 분명한 방향성이 나타나지 않고 있다는 암시이다(자그마치 27개의 다양한 시도들이 있다. Nürnberger 1970:42). 뉘른베르거는 27개의 유형을 세 개의 넓은 범주로 나누는데 상대적, 변증법적, 반대적 범주이다. 그러나 네 개의 "근본적인 입장"으로 구분한 큉(Küng)의 관점이 우리의 논의에 더 도움이 된다.

첫 번째 입장인 무신론주의("어떤 종교도 참되지 않다" 또는 "모든 종교는 똑같이 참이 아니다")는 어떤 기독교 종교신학 분파에서도 환영받는 관점이 아니므로 우리의 논의에서 무시될 수 있다.

다른 세 가지 입장은 배타주의, 성취주의, 상대주의이다. 각각의 입장은 근대와 포스트모던 패러다임 요소들을 모두 소지한다. 이 세 가지 관점에 대하여 여기서 상세히 기술사는 것은 가능하지 않으며 각 관점에서 근대적 입장을 넘어서고자 하는 요소들을 드러내는 차원들만을 검토할 것이다.

(1) 배타주의

타종교에 대한 전통적인 서구 가톨릭과 개신교의 배타주의적 태도는 분명히 근대 이전이거나 근대적인 것이었다. 대체로 현대 복음주의 입장도 그와 같다. 그런데 포스트모더니즘적인 요소들을 분명하게 드러내는 배타주의적 입장의 중요한 한 예가 있는데 칼 바르트의 종교신학이다. 이와 관련하여 니터(Knitter 1985:80-87)가 바르트를 보수 복음주의 입장의 대표자로 소개하는 것은 합당치 않다.

바르트는 이 주제를 자신의 『교회 교의학』(Church Dogamatics)의 I/2권에서 논의한다. 바르트는 자신의 주요 대화자인 루터와 칼빈을 더 급진화하면서 계몽주의의 진화적 낙관주의와 자율적 인간론을 의식적으로 반대하며 종교를 불신앙, 즉 무신론적 인간의 지대한 관심이라고 부른다. 그러나 이러한 진술은 타종교들에 대해서라기보다 기독교 자체에 대한 것이며, 이것은 포이에르바하(Feuerbach)에 가깝다. 바르트는 칼빈을 인용하면서 인간은 "우상 공장"(idolorum fabrica)이며 (1978:302) 제조된 우상은 기독교이든 다른 종교이든 종교라고 말한다. 그는 인간의 제조품으로서의 종교를 완전히 새로운 하나님으로부터 직접 온 계시와 뚜렷하게 대조시킨다(:301).

종교와 하나님의 계시 간에는 접촉점이 없다. 하나님이 인간에게 말하고 이해가 된다면 이것은 인간에게 본래적인 것으로 인해 발생하는 것이 아니라 신적인 무에서 유의 창조(creatio ex nihilo) 때문이다. 이것은 또한 우리가 왜 두려움과 떨림으로 기독교를 "참 종교"가 되어가는 것으로 언급해야 하는지 그 이유를 설명해준다. 기독교 종교에 본래적인 것 때문이 아니라 하나님이 기독교를 창조하고 선택하고 의롭다 하고 거룩하게 하기 때문에 이렇게 말하는 것이다(:325-361). 의롭다 함을 받은 인간처럼 참된 종교는 은혜의 산물이다(:326).

바르트가 아주 오래된 문제를 해결하기 위해 대담하고 혁신적이며 급진적인 시도를 했다는 점은 분명하다. 이것은 특히 기독교를 참된 종교로 타종교들을 거짓으로 대비시키는 오랜 전략을 취하지 않은 점에서 사실이다.

(2) 성취주의

타종교들의 성취로서의 기독교라는 관념이 적응, 수용, 토착화라는 개념 속에 이미 존재했다는 주장이 있을 수 있다(앞의 "문화화로서의 선교" 부분을 참조하라). 자비에르(Xavier), 드 노빌리(de Nobili)와 마테오 리치가 인도, 중국, 일본의 종교 문화적 가치들을 수용하려고 했을 때, 그들은 이러한 문화와 종교에 가치를 부여하고 원칙적으로 어거스틴의 신학에 의해 승인된 이원론적인 실재관과 결별한 것이다.

그러나 19세기의 진화론, 자유주의 신학의 등장, 비교종교학이라는 새로운 학문의 출현으로 인해 비로소 종교들이 상승적인 잣대로 비교되고 평가될 수 있는 단계가 되었다. 그러나 서구 세계에서는 어떤 종교가 최정상에 있는지에 대하여 의심의 여지가 없었다. 어떤 면으로 보나 모든 종교들은 예비적 전도(*praeparatio evangelica*)라고 불릴 수 있을지라도 기독교와 비교할 때 부족했는데 데니스(Dennis)는 이것을 능숙하게 그리고 폭넓게 3권의 책으로 주장했다(1897, 1899, 1906).

이와 같은 새로운 학문은 크리스토퍼 콜럼부스의 아메리카 대륙 "발견"을 기념하는 대회의 일부로서, 1893년 시카고에서 개최된 "세계종교의회"에서 공적인 주목을 받았다(Barrows 1893). 신학적 자유주의의 전성기와 "하나님의 부성"과 "인류의 보편적 형제애"라는 기치아래 기독교 조직자들은 관대함으로 모든 대종교들의 대표자들을 시카고로 초대했다.

세계 종교회의와 이후 몇 십년간 기독교인들은 참으로 관대할 수 있었다. 20세기 말이 되기 전에 기독교의 궁극적인 승리가 데일(Dahle)의 계산이 아주 신빙성있게 예증한 것처럼 확실한 듯 보였다(Sundkler 1968:121). 새로운 세기가 시작되기 직선에 미국의 한 신학 학술지는 이러한 믿음을 반영하여 그 이름을 「기독교 세기」(*The Christian Journal*)라고 붙였다.

당시의 자유주의 신학은 타종교들의 타당성을 인정했으나 기독교가 여전히 최고이고 다른 종교들보다 더 존속할 것이라고 믿었다. 타종교들은 기독교를 위한 길을 준비한 것이고 기독교는 "왕관"이었다고 파르쿠하르(J. N. Farquhar)는 그의 유명한 연구서 『힌두교의 왕관』(*The Crown of Hinduism*)에서 주장했다(1913).

IMC(국제선교협의회) 예루살렘회의를 지배했던 것이 바로 이러한 관점이었고 특히 호킹(W. E. Hocking)이 중요한 역할을 했다. 이 회의에서 발표된 "회의성명문"은 다음과 같이 확언했다.[25]

> 하나님의 위엄에 대한 지각, 이슬람교에서 뚜렷한 예배의 경외감, 불교의 핵심인 세계의 슬픔에 대한 깊은 동정과 도피의 길에 대한 이기심 없는 탐구, 힌두교에서 영적인 것으로 여겨지는 궁극적인 실재와의 접촉에 대한 열망, 유교에서 고취되는 우주의 도덕적 질서와 도덕적 행위에 대한 주장을 한 진리의 부분으로서 인정한다.

표면적으로 이 진술문은 상대주의적인 것으로 들린다. 그러나 예루살렘회의가 언급한 "한 진리"는 기독교 신앙이었다. 어떤 의미에서 다른 종교들은 모두 기독교 아래 포함되었다. 이것은 또한 (북미)평신도해외선교연구회(1932) 보고서의 강조점이었다. 우리는 모두 한 세계 문화에 이르는 길에 있었고 의심할 바 없이 대체로 서구 기독교의 전제들 위에 있었다. 호킹(Hocking)은 기독교의 사랑이 세상의 영적인 회복을 위해 특별히 필요한 요소라고 제안했다(Hutchison 1987:161).

이러한 전체적인 접근은 철저하게 계몽주의적 가정들에 입각한 것이었다. 제2차 바티칸공의회의 종교신학에의 기여도 어느 정도 마찬가지였다. 그 출발점(LG

---

25 다음을 참조하라. *The Christian Life and Message in Relation to Non-Christian Systems: Report of the Jerusalem Meeting of the IMC*, vol I (London: Oxford Univ. Press, 1928), p. 491.

16의 표현)은 하나님의 보편적 구원 의지(딤전 2:4)[26]와 모든 사람들의 삶 속에 있는 "선 혹은 진리"의 존재에 대한 인정이다. "교회교리헌법"(LG) 16은 "창조자를 인식"하는 사람들 안에서, "그림자와 형상들" 속에서 모르는 하나님을 찾는 사람들 안에서, 그리고 "은혜를 도외시하지 않고 선한 삶을 추구하려는" 사람들 속에서 역사하는 "구원 계획"을 본다.

"교회의 비기독교 종교들과의 관계에 관한 선언문"(Nostra Aetate, Declaration on the Relation of the Church to Non-Christian Religions)은 이러한 전제들로부터 더 정교한 전개를 한다. 그것은 사람들이 공통적으로 가지고 있는 것, 교제를 촉진시키는 것을 강조하고 종교들을 삶의 풀리지 않은 수수께끼들에 답하는 것으로서 간주한다(NA 1). 그것은 가톨릭교회가 다른 종교들 속에서 참이고 거룩한 것을 거부하지 않는다고 부언하는데 특히 이러한 것들이 교회 자신의 진리의 "빛을 반영"하기 때문이었다(NA 2). 여기서 주목할 것은 공의회의 통찰들이 여전히 일반 종교 이론에 기초하고 있다는 점이다. 주장은 신학적이기보다 사회학적이고 철학적이다.

보다 명백한 포스트모던적인 접근은 교회 중심주의(ecclesiocentrism)에서 그리스도 중심주의(christocentrism)로의 이동에서 나타나기 시작했다. 대부분의 이러한 변화는 제2차 바티칸공의회의 여러 문서들에서 명백했으나 "교회의 비기독교 종교들과의 관계에 관한 선언문"(NA)에서 그렇지 않았다. 다른 한편 개신교인들은 항상 교회 중심이기 보다는 그리스도 중심이라고 주장했다.

그러나 그들의 기독론은 타종교들에 관한한 배타적이었다. 1961년 뉴델리 WCC총회에서 루터파인 조셉 시틀러(Joseph Sittler)는 어거스틴의 전통보다는 헬라 교부 전통으로부터 추론하여 우주적 그리스도의 개념을 소개했다. 그는 에베

---

26 스핀들러(Spindler 1988:147)는 딤전 2:4가 "교회교리헌법"(LG)16과 "교회선교활동칙령"(AG)7(그리고 42)에서 현저하게 다르게 사용된 점을 지적한다. "교회선교활동칙령"(AG)7은 구절 전체와 다음 구절 역시 인용함으로써 하나님의 구원 행위를 중보자 그리스도를 믿음으로 받아들이는 것에 국한한다. "교회교리헌법"(LG)16은 딤전 2:4의 전반부("구원자는 모든 사람이 구원받기를 원한다")만을 인용하여 복음을 알지 못하지만 모범적인 삶을 산 사람들 역시 영원한 구원을 이룰 수 있다는 개념을 지지한다.

소서 1:10(골 1:15-20)의 '아나케파라이오시스'(헬라어 *anakephalaiosis*, "개요" 혹은 "한 머리 아래서 통일")라는 개념을 언급하면서 우주적 기독론과 한 새로운 머리인 우주적 그리스도 아래에서의 인류의 통일을 지지하는 주장을 했다.

개신교 에큐메니칼 진영에서의 발전과 별개로 칼 라너(Karl Rahner)와 같은 사람들 역시 종교신학에 대하여 교회 중심에서 그리스도 중심적인 접근으로 이동할 것을 요청하기 시작했다. 다른 종교들과 이들의 가능한 구원적 가치를 논의할 때 라너의 출발점이 기독론이라는 사실을 주목하는 것이 중요하다. 그는 기독교가 절대적 종교라는 개념과 오직 그리스도를 통하여 구원이 온다는 개념을 결코 포기하지 않는다.

그러나 그는 다른 종교들 속에 있는 초자연적 은혜의 요소들을 인정하는데 이것들을 그리스도를 통해 인간들에게 주어진 것이라고 본다. 다른 종교들 속에 구원의 은혜가 있지만 이 은혜는 그리스도의 것이다. 이것이 타종교인들을 "익명의 그리스도인"이 되게 하며 다른 종교들에게 하나님의 구원 계획 속에 긍정적인 자리를 부여한다. 이들은 이스라엘과 교회의 구원이라는 특별한 방식과 구별되는 "구원의 일반적인 방식들"이다. 이들은 후자 속에서 성취를 발견한다.

라너의 논지는 슐레트(H.R. Schlette), 파니카르(R. Panikkar), 캠프스(A. Camps)와 같은 사람들에 의해 여러면서 수정되어 왔고(Camps 1983, Knitter 1985:125-135) 몇 가지 유보 사항과 함께 종교신학에 대한 오늘날의 지배적인 가톨릭 관점으로 간주된다. 이러한 면에서 캠프스가 "산파술 방법"(기독교 쪽에서 서양의 옷을 벗는 시도를 포함)을 쓰자고 한 것은 아주 흥미롭다(Camps 1983:7, 84, 91, 155).

(3) 상대주의

나는 배타주의와 성취주의 모두 근대 이전과 근대의 모델들과 포스트모던 패러다임의 흔적을 보여주는 다른 모델 들 속에서 나타난다고 주장했다. 상대주의도 이와 마찬가지이다.

레싱(G. E. Lessing), 쇼펜하우어(A. Schopenhauer), 라이프니치(G. W. Leibnitz), 허버트(Herbert of Cherbury)와 같은 철학자들은 모두 계몽주의 정신으로 가득했고

분명히 근대적인 종교 이해를 표현했다. 이들의 관점에 따르면 다양한 종교들이 가리키는 실재(그러한 실재가 있다고 한다면)가 모두에게 동일하다. 이들은 그 실재에 대하여 다른 이름들을 사용할 뿐인데 6명의 눈먼 인도인들이 코끼리를 손으로 만지면서 만진 부위에 따라 뱀, 칼, 부채, 벽, 기둥, 밧줄이라고 부른 것과 마찬가지라는 것이다.

각각의 경우 질문은 같으나 답들은 다르다. 따라서 다양한 경로를 따라 다양한 종교들이 우리를 동일한 영적인 정상에 이르게 한다는 것이다(Toynbee 1969:328). 결국 상당한 차이점들에도 불구하고 종교들은 보다 모순적이기 보다 상보적인 것으로 판명된다(Knitter 1985:220).

이러한 계몽주의적인 극단적 상대주의는 오늘날 기독교 진영에서 찾가 보기가 거의 어렵다. 대신에 다양한 종교들이 역사적으로 조건지워 진다는 제안과 같은 수정안들이 오늘날의 풍조이다. 이러한 접근을 처음으로 사용한 신학자들 중의 하나가 에른스트 트뢸치(Ernst Troeltsch(1865-1923)였다. 종교사학파의 주창자인 그는 전 생애동안 소위 기독교의 절대성이라는 문제와 씨름했다. 그가 인생 말엽에 사고의 변화를 겪을 때까지 절대성에 대하여 수정된 주장을 고수했다.

그의 저서인 『역사주의와 그것의 극복』(*Der Historismus und Überwindung*, 1923)에서 그는 특정 종교와 그 종교의 문화 간에 긴밀한 결속이 있다고 주장했다. 따라서 기독교는 서구인들에게 최종적이고 무조건적인 타당성을 가졌는데 오직 그들에게 뿐이었다. 다른 사람들과 문화에 대해서는 그들의 전통 종교가 똑같이 무조건적인 타당성을 가졌다.

흔히 수정된 트뢸치의 논지가 여러 학자들에 의해 여전히 지지되고 있다. 예를 들면(Knitter 1985:147 참조) 존 힉(John Hick)은 트뢸치의 관점을 모든 종교들은 하나의 신적 실재에 대한 인간들의 다른 대답들이라는 개념과 결합시키고 이것들이 다른 역사적, 문화적 상황 속에서 형성된 다른 인식들을 구현한다고 말한다. 니터(:173-175)는 한 걸음 더 나아가 기독교 전통의 많은 부분들, 특히 기독론에 대하여 의문을 표현하면서 기독론은 후대에 첨가된 것이며 이는 예수 자신의 자기 이해와 부합되지 않는데 예수는 신 중심직이었다고 주장한다. 따라서 이러한 해석은 기독교인들에게 대하여조차 그리스도 중심주의를 버리게 하고 기독교인들이 그리스도 중심주의로부터 신 중심주의로 옮겨가야 한다는 그의 핵심 논지의 근거가 된다.

그는 라너와 라너 전통에서 더 나아간 사람들이 불충분한 관점을 제공한다고 보는데 이들이 확연한 구원자로서의 그리스도에 대한 믿음을 협상할 수 없는 것으로 간주하기 때문이다(:133). 니터 자신은 그리스도와 기독교의 최종성과 확고한 규범성을 분명하게 진지하게 의문시하는 존 힉, 파니카르, 스탠리 사마르타와 같은 신학자와 동질감을 갖는다.

그런데 니터는 종교적 통일성에 대한 새로운 이해이며 "하나의 세계 종교"라는 이성주의적 옛 개념과 혼동되어서는 안되는 "통일적 다원주의"라는 개념을 제시한다. 그는 이러한 새로운 비전이 혼합주의나 게으른 관용의 예가 결코 아니라고 주장한다(1985:9). 그는 힉과 함께 이러한 새로운 관점을 "패러다임 이동"이라고 부른다(:147).

모든 종교들은 동등하게 타당하고 다른 계시자들과 구원자들은 예수 그리스도와 마찬가지로 중요하다. 니터는 호킹(Hocking)처럼 모든 종교들을 포용하는 세계 신앙의 개념을 옹호하지 않는다. 오히려 그는 더 넓은 에큐메니즘의 개념을 제시한다(:166). 따라서 그는 의식적으로 종교적 다원성을 택하지만 상호배타적인 주장이나 무관심은 없다. 종교간의 만남은 개인적인 종교 경험과 확고한 진리 주장에 기초해야 하지만(:207) 어떤 상대방이든지 최종적이고 확고하고 교정이 불가한 진리를 가지고 있다고 주장해서는 안된다(:211).

이러한 입장에서 니터는 기독교 선교에 대하여 첨언한다. 그의 말은 1세기 전 세계종교의회에서 비베카난다(Swami Vivekananda)가 말한 것을 거듭한 것이다.

> 기독교인들이 힌두교인이 되기를 나는 바라는가? 하나님이 금한다. 힌두교인이나 불교인이 기독교인이 되기를 나는 바라는가? 하나님이 금한다... 기독교인이 힌두교인이나 불교인이 되어서는 안되며 힌두교인이나 불교인이 기독교인이 되어서는 안된다. 그러나 각자는 다른 사람

들과 동화하면서도 자신의 개성을 보존하고 자신의 성장의 법에 따라 자라야 한다(Barrows 1893:170 [1권]에서).

따라서 니터의 모델과 주장은 덜 독창적인 듯하다. 그것은 상호적 자비의 정신 속에서 우리의 지평선 위로 다시 나타나는 역사적 종교들을 상상하는 토인비(1969:328)의 입장에 가깝듯이 비베카난다의 입장에 근접해 있다. "글로벌 에큐메니즘"(1977:446)을 옹호하며 기독교 선교는 건강, 교육과 같은 인도적 영역에 제한해야 한다고 주장하는 존 맥쿠아리(John Macquarrie)처럼 니터는 선교를 대체로 실용적인 관점에서 재정의한다(:445). 특히 선교는 하나님의 구원의 은혜가 이미 역사하고 있는 다른 고등 종교들의 신봉자들을 개종하려는 것을 목표로 하면 안 된다(:445). 경쟁적인 진리 주장들은 단순히 더 큰 종교 모자이크의 일부일 뿐이며 그렇게 취급되어야 한다.

3) 대화와 선교

나는 이제 대화와 선교 간의 상호관계를 다루려고 한다. 이 문제를 논의하는데 있어서 나는 포스트모던 선교 패러다임의 관점에서 앞에서 약술한 세 모델을 명시적으로 보다는 암시적으로 비평하고자 한다.

먼저 나는 절대성에 대한 안락한 주장과 임의적인 다원주의 사이의 선택을 넘어서는 창조적 긴장으로 특징지워지는 종교신학이 필요하다는 나의 입장을 상정하고자 한다(Kuschel 1984:238; Küng 1986:xvii-xix). 그리고 위에서 논의한 다양한 모델들이 부족한 것으로 보이는 것은 바로 이러한 점에서이다.

그것들은 모두 너무 말쑥하다. 그것들은 모두 잘 전개된다. 결국 모든 것, 모든 사람이 고려된다!

미진한 부분이 없고 놀라게 하거나 풀리지 않은 수수께기의 여지가 없다. 대화가 시작되기도 전에 이미 모든 중요한 문제들이 해결되었다. 다양한 모델들은 자기 자신의 종교에 대한 궁극적인 헌신과 다른 종교들에 대한 진정한 개방성을 모두 주장하는 역설, 확실성과 의심 사이에서 계속적으로 흔들리는 역설을 포용할 여지가 없는 듯이 보인다.

종교신학은 무엇보다도 이론(헬라어 *theoria*)보다는 제작(헬라어 *poiesis*)의 도움으로 탐구해야 하는 영역이다(Stackhouse 1988 참조). 이것이 클라우스 클로스터마이어(Klaus Klostermaier)가 그의 탁월한 저서 『브린다반의 힌두인과 그리스도인』(*Hindu and Christian in Vrindaban*, 1969)에서 따랐던 노선이다. 대화와 선교 모두 정신의 만남보다는 마음의 만남에서 자신을 나타낸다. 우리는 신비를 다루고 있는 것이다.

첫째, 요구되는 관점은 이미 지성의 결정이기보다는 마음의 결정으로서 다른 신앙들의 공존을 인정하는 것인데 마지못해서 아니라 기꺼이 그렇게 하는 것이다.

이것이 영국교회협의회(the British Council of Churches)가 1977년에 영국의 다종교 상황에서 한 일이다(Cracknell and Lamb 1986:7). 우리가 그들의 존재나 그들의 관점에 대하여 분개한다면 사람들과 대화하거나 증거할 수 없다. 맥쿠아리(Macquarrie 1977:4-18)는 "신학의 형성 요소" 6개를 제시했는데 경험, 계시, 성경, 전통, 문화, 이성이다. 파페(R. Pape)는 7번째 형성요소로서 다른 종교를 첨가하는 데 타당성이 있다(Cracknell and Lamb 1986:77).

오늘날 세계 어느 곳에서나 다른 종교인들과의 공존은 대부분의 그리스도인들의 생활의 일부이다. 밀비안 다리(Milvian Bridge)에서 콘스탄틴이 막센티우스를 물리친 이래 그 어느 때보다도 기독교 신학은 대화의 신학이다. 기독교 신학은 대화를 필요로 하는데 또한 그 자신을 위해서이다(Moltmann 1975:12). 어떤 형태의 호전성도 안되듯이 한 방향으로의 혼자 여행은 안된다.

이 시대에도 분명히 기독교 신앙의 대화적인 성격이 본질적으로 자리를 잡고 뿌리내리기에는 시간이 걸린다. 일련의 WCC 회의에서 발전된 주제들은 나의 관점을 조명해 준다. CWME멕시코시티회의(1963)는 "타종교인들에 대한 그리스도인들의 증거"라는 주제를 사용했다. 1년 후에 방콕에서 있은 동아시아기독교회의에서의 주제는 "타종교인들과 그리스도인들의 만남"이었다. 3년 후에

스리랑카에서 "대화"라는 단어가 등장하여 주제는 "타종교인들과의 그리스도인들의 대화"였다. 전체적으로 주요 참여자들은 여전히 타종교인들에 관하여 혹은 타종교인들과 대화하는 그리스도인들이었다. 1970년 레바논의 아잘툰(Ajaltoun)에서 상호적 대화가 인정되었고 당시 주제는 "산 믿음을 가진 사람들간의 대화"(Dialogue Between Men of Living Faiths)였다. 여기서 여성들은 여전히 분명히 대화 상대자의 영역 밖에 있었다! 1977년 태국의 치앙마이에서의 주제는 "공동체 속에서의 대화"였다.

둘째, 참된 대화는 헌신을 전제한다.

그것은 자기 자신의 입장을 희생하는 것을 뜻하지 않으며 그렇게 한다면 대화는 불필요할 것이다. "편견없는" 접근은 불가능할 뿐만 아니라 실제로 대화를 전복시킨다. 산 믿음과 이데올로기를 가진 사람들과의 대화(Dialogue with People of Living Faiths and Ideologies)에 대한 WCC 지침서는 대화는 우리 이웃들의 확신들에 귀를 기울이면서 우리의 가장 깊은 확신을 증거하는 것이라고 하고 있다(WCC 1979:16). 복음에 대한 나의 헌신이 없다면 대화는 단순히 수다가 되고 만다. 이웃의 진정한 존재가 없으면 대화는 오만하고 무가치한 것이 된다. 대화에의 헌신이 신앙고백적인 입장과 양립될 수 없다고 주장하는 것은 거짓된 구조이다(A. Wingate, Cracknell and Lamb 1986:65에서).

셋째, 나일스(D. T. Niles), 맥스 워렌(Max Warren), 케네스 크랙(Kenneth Cragg)이 주장하는 것처럼 우리가 진공 속으로 들어가는 것이 아니라 우리를 앞서서 사람들의 문화와 확신이라는 상황 속에서 그들을 준비해 왔던 하나님을 만난다는 기대와 믿음을 가지고 진행할때에만 대화가 가능하다(Sharpe 1974:15).

하나님은 이미 장벽들을 제거했고 그의 영은 계속적으로 인간의 이해를 초월하는 방식으로 일하고 있다(ME 43). 우리는 그를 우리의 주머니 속에 가지고 있지 않으며 다른 사람들에게 "그를 그저 데려가는 것"이 아니다. 그가 우리를 동반하며 또한 우리를 향해 온다. 우리는 영적인 "비소유자들"(the massa damnata)과 대립되는 "소유자들"(the beati possidentes)이 아니다.

우리는 모두 같은 자비의 수혜자이며 같은 신비를 공유한다. 따라서 우리가 접근하는 장소가 거룩하기 때문에 우리는 모든 타종교와 그 신봉자들을 경외감으로 접근하여 우리의 신발을 벗는다(Max Warren, Cragg 1959:9에서). 그러므로 바르트의 비변증법적인 성향, 특히 종교를 불신앙으로 정의하는 것과 선교가 진공 속으로 들어가는 것을 뜻한다고 하는 관점은 인정될 수 없다(Kraemer 1961:356-358, 그는 "변증법적 사고의 창시자"인 바르트에 대하여 그의 비변증법적이고 합리주의적인 주장을 비판한다).

넷째 위에서 논의한 내용으로부터 대화와 선교는 오직 겸손의 태도 속에서 수행될 수 있다는 점이 파생한다.

기독교인들에게 이것은 두가지 이유 때문에 당연하다. 기독교 신앙은 은혜의 종교(값없이 받는다)이고 그 중심이 십자가에 있다(그것은 그리스도인들도 심판한다). 진리와 비진리, 정의와 불의를 구분하는 선이 기독교와 타종교들 사이 뿐 아니라 기독교를 관통한다고 본 바르트의 신학은 지속적인 가치를 지닌다.

그러므로 다른 종교들 앞에서 겸손한 태도를 보이는 것은 참으로 기독교적인 것이다(Cragg 1959:142; Newbigin 1969:15; Margull 1974; Baker 1986:156). 이것은 과거의 기독교인들의 잘못에 대한 회개의 표현으로서 뿐만 아니라(가령 기독교인들이 자주 타종교 신봉자들에게 거친 편협성을 쏟아 부었다) 그러한 겸손한 태도가 진정한 기독교 신앙의 본질이기 때문이다. 그리고 결국 우리가 강한 것은 우리가 약할 때이다.

따라서 타종교와 만남에 있어서 기독교회를 가장 잘 특징짓는 단어는 취약성이다(Margull 1974). 우리는 자신있고 편안할 때에 사람들을 접근할 수 없고 우리가 반박되고 어쩔 줄 모를 때에 접근할 수 있다. 모리첸(N. P. Moritzen)은 이렇게 말한다.

> 누구도 예수가 많은 선한 일을 했다는 점을 부인하지 않는다. 그가 십자가로부터 구출받지 못한 것 역시 부인하지 않는다. 약한 증거, 힘없는 메시지 표현을 필요로 하는 것은 (기독교 신앙의) 본질에 속한다. 구원받아야 할 사람들은 말하자면 언제나 복음의 증거를 십자가에 못박을 가능성을 가진다(Aring 1971:143에서 인용됨).

우리의 겸손과 회개의 초점은 자기학대에 몰입하는 것이 아닐 뿐 아니라 다른 사람들을 조종하는 새로운 수단으로 사용하는 것이 아니다(Cracknell and Lamb 1986:9). 그것은 아래에 위치한 기독교(sub-Christian)의 입장을 취하는 것이다. 참된 회개와 겸손은 갱신과 갱신된 헌신에 이르게 하는 정화의 경험들이다. 겸손은 또한 믿음의 선조들이 가진 인종차별주의적, 성차별주의적, 제국주의적 편향성이 당혹스러울지라도 그들에게 존경을 표하는 것을 뜻한다.

핵심은 우리가 그들보다 더 잘 할 것이라는 보장이 없다는 것이다(Stackhouse 1988:215). 우리 자신을 폄하할 때에만 다른 종교들을 존경할 수 있다고 믿는 것은 자기 기만이다.

다섯째, 대화와 선교는 종교들이 자체로서 세계이고 자신의 축들과 구조들을 가지고 있음을 인정해야 한다.

그 종교들은 다른 방향을 향하고 근본적으로 다른 질문들을 한다(Kraemer 1961:76; Newbigin 1969:28, 43; Gensichen 1989:197). 이것은 기독교 복음이 힌두교와 불교에 대하여 하는 것과는 다르게 이슬람교와 관계한다는 것을 뜻한다(Ratschow 1987:496). 이러한 점에서 성취주의와 상대주의 모델은 이러한 차이들을 경시하는 근대 패러다임을 반영한다. 그것들은 세계종교의회에서 낮추어지고 조화되었다(Barrows 1893). 의식적이든 무의식적이든 항상 일어나는 것은 기독교가 출발점으로 취해진다는 것이다.

다른 종교 현상에 적합할 때까지 기독교의 "요소들"이 일반화되고 결과적으로 기독교의 축소판을 생산한다(Rütti 1972:106). 이것은 다른 종교들을 기독교 자신의 목소리의 메아리에 지나지 않게 하고(U. Schoen, Gensichen 1989:197 참조) 그들이 그들 자신의 질문을 기독교에 제기하고 있다는 사실에 거의 관심을 주지 않는다(Ratschow 1987:498; H. Bürkle에 근거, Gensichen 1989).

이러한 관점은 라너의 "익명의 그리스도인" 개념에서 보듯이 기독교가 다른 종교들의 성취로서 간주되는 곳에서 특히 지배적이다. 그것은 또한 "교황 바울 6세의 회칙"(*Suam Ecclesiam* 1964)에 나타나 있는데 다른 종교들이 가톨릭교회를 중심으로 동심원으로 배열되어 있다는 인상을 준다. 이 모델에서 비기독교 종교들은 기독교와 "거리"를 두고 있는데 특별히 가톨릭교회에 대해서이다. 그리스도가 다른 종교들 속에서 신비적으로, 우주적으로, 익명적으로 다양한 정도로 역사하고 있으며 언제나 궁극적으로 이들 종교들의 성취로서 역사한다는 것이다.

이 전체 구조에 대한 큉(Küng)의 비평은 주목할 가치가 있다. 그는 익명의 기독교라는 개념이 모든 선의의 인류를 "거룩한 로마교회"의 뒷문으로 쓸어버리고 "교회 밖에는 구원이 없다"는 관념을 보존하려는 시도라고 말한다. 그러나 유대인들, 이슬람교도들, 다른 종교인들은 자신들이 "익명"이 아님을 아주 잘 알고 있다. 따라서 큉은 이러한 개념을 사이비 해결책으로 보며 거부한다(1977:98).

니터(Knitter), 힉(Hick)과 같은 사람들은 그리스도와 교회의 필요성을 명백하게 버리기 때문에 적어도 더 정직한 듯하다. 그러나 니터의 "통일적인 다원주의"와 세계 종교들이 "모순적이기 보다는 상보적"이라는 그의 관점은 매력적인 가설로 보이지만 비역사적인 가설이며 결론적으로 계몽주의 철학자들의 관점과 실로 다르지 않다(Nürnberger 1970:42).

다른 종교들의 양립성은 니터의 "신 중심주의"가 그렇듯이 철저하게 합리주의적 구조이다. 또 다른 관점에서 그의 종교 전체론의 추구는 포스트모던적인 것으로 보여 질 수 있다. 그러나 니터가 1985년 이래로 신 중심주의에 대한 강조를 버려야 한다고 느낀 점이 중요하다. 그는 이제 "공유된 종교 경험의 영역"만을 인정하고(1987:186) 신 중심주의 대신에 "구원 중심주의"를 택한다(:187).

무엇이 그가 더 나아가 뉴에이지 운동에 가깝게 되도록 하는 것을 막을 것인가?

극단적인 포스트모던 패러다임은 과도한 전체론, 세계종교의회의 현대판을 택할지 모른다(예를 들면 카프라의 방식). 그 대신에 그것은 의식적으로 다원주의의 경로를 택하여 경쟁적인 진리 주장들이 단순히 모자이크의 일부이며 정통이라는 것은 더 이상 없고 원래 의미에서 우리 모두가 이단이라고 할지 모른다(Newbigin 1986:16).

어떤 경우이든 간에 우리는 종교에 대하여 완전히 도구주의적인 관점을 취하는 것이며 다양한 신앙들은 문화적이거나 비이성적으로 임의적으로 선택되었거나 스스로 합쳐진 것으로 간주되는 것이다.

그러나 모든 것이 동등하게 타당하다면 어느 것도 더 이상 중요하지 않다. 이러할 경우 우리는 합법적인 패러다임 이동에 대하여 더 이상 이야기할 수 없고 패러다임 이동 개념에 기본이 되는 전통과의 창조적 긴장은 사라졌다. 진리의 문제는 완전히 사소한 것이 되었고 삶은 궁극적인 진지성을 도난당했다(Küng 1986:xviii, Bloom 1987). 그러나 진정한 종교는 너무 커서 다루기 불편하여 그러한 성좌에 맞지 않는다(Josuttis 1988; Daecke 1988:629).

여섯째, 대화는 선교의 대체물이나 속임수가 아니다(Scherer 1987:162).

이들은 서로 동일하거나 완전히 반대되는 것으로 간주되어서는 안된다. 대화는 "들어"오고 선교는 "나가야" 한다는 주장과 대화에의 헌신은 복음 전도에의 헌신과 양립할 수 없다는 주장은 잘못된 것이다. 산 안토니오 CWME회의는 "우리는 증거가 대화를 배제하지 않고 초대하며 대화가 증거를 배제하지 않고 확장하며 심화시킨다는 것을 인정한다"라고 하였다(I.27; WCC 1990:32).

대화와 선교 간의 소통은 참으로 놀랍다(WCC 1979:11 참조). 양자는 시간이 흐르면서 "무지에서 오만으로 그리고 관용으로" 이동하였다(Küng 1986:20-24). 대화나 선교 모두 일방통행로를 따라가는 것이 아니며 고집스럽게 교리적이거나 편협하거나 조종적이지 않다. 양자 모두 신앙 헌신이 다른 사람들을 존중하는 것과 함께 간다. 양자 모두 "완전히 개방된 마음"을 전제하지 않는데 이것은 어떤 경우에든지 불가능하다. 양자의 경우에서 모두 우리는 우리의 이웃의 확신들에 귀를 기울이면서 우리의 가장 깊은 확신을 증거하는 것이다(WCC 1979:16 참조). 양자의 경우 모두 우리는 "우리 자신의 감옥의 안전"으로부터 나오는 것이다(Kolstermaier 1969:103).

그러나 대화와 선교간의 차이점 역시 중요하다. 니터(Knitter 1985:222)가 복음의 선포가 기독교인을 더 좋은 기독교인으로 만들고 불교도를 더 좋은 불교도로 만들었다면 선교의 목표가 성취된 것이라고 말한다면 그는 대화의 여러 목표들 중의 하나를 언급한 것이지 선교의 목표를 언급한 것이 아니다. 기독교가 뒤늦게 자신의 대화적인 본선을 재발견한 것은 사실이다. 그러나 이러한 재발견이 기독교의 근본적인 선교적 성격을 희생하는 것이 되어서는 안된다. 오늘날 세계의 모든 기독교 교파들과 교단들은 기독교의 타고난 선교적 본성을 인정한다. 이러한 영향에 대하여 "교회선교활동칙령"(AG, 제2차 바티칸공의회) 2의 유명한 말들이 이미 자주 인용되어 왔다. 그러나 "비기독교와 교회의 관계에 대한 선언"(*Nostra Aetate*) 같은 "소위 반선교적인 문서"(Gómez 1986:32)조차도 "(교회는) 그리스도가 길이요 진리요 생명이라고(요 14:6) 선포하며 반드시 선포해야 할 의무가 있다"라고 말한다.

비슷한 목소리들이 WCC로부터 들린다. "WCC의 대화지침"(Guidelines on Dialogue, WCC 1979)은 대화의 합법성을 확립하기 위해 최선의 노력을 기울인다. 그러나 이 지침에서도 교회가 그리스도 안에 있는 생명을 증거하도록 부름 받은 것에 대하여 의문이 없다.

예를 들어 1975년 나이로비총회 조항 I.1은 "우리는 그리스도만을 구원자이자 주로 담대하게 고백한다"고 진술하고 "복음의 능력을 확실히 믿는다"라고 표현한다(WCC 1976:43). 그러나 WCC의 선교에 대한 헌신이 분명하게 주장된 것은 "선교와 복음 전도"(*Mission and Evangelism*, ME) 문서이다. 이 문서 6은 "세상에서의 교회의 소명의 핵심은 십자가에서 죽고 부활한 주 예수 그리스도 안에서 시작된 하나님 나라의 선포이다"라고 말하고 있다. 이 문서 42는 "그리스도인들은 예수 그리스도 안에 있는 하나님의 구원의 메시지를 모든 사람, 모든 민족에게 빚지고 있다"라고 진술한다.

이러한 확언에 기초하여 개최된 산 안토니오회의는 "아버지, 아들, 성령, 삼위일체의 하나님은 선교하는 하나님이며 교회 선교의 자원이자 지속하는 자"라고 선언한다(I.1; WCC 1990:25). 또 다른 곳(I.26)에서는 "우리는 예수 그리스도 외에 다른 구원의 길을 거론할 수 없다"고 주장한다(WCC 1990:32).

한편으로 친숙함으로 인해 우리가 복음의 신선함과 생명력을 빼앗기고 우리에게 단지 복음에 대한 완강한 충성심만을 남겨 두는 분위기 속에서 다른 한편으로는 타종교 신봉자들이나 무종교인들을 그리스도를 통해 하나님을 믿도록 초청하는 것이 부적절하다고 동료 기독교인들조차도 기독교인들에게 말하는 분위기 속에서 그러한 확언을 강조하는 것이 필요하다.

기독교 신앙은 하나님이 예수 그리스도를 우리 가운데에 보내서 분명한 종말적 행위를 했고 인간에게 용서와 칭의, 기쁨과 섬김의 새 삶을 주고 인간은 회심이라는 응답을 하도록 부름 받는다는 확신을 포기할 수 없다. 이러한 양도할 수 없는 선교의 요소들은 초대교회의 선교적 성격을 다루는 본서의 여러 장들에서 분명하게 밝혀졌었다.

일곱째, 이제 막 제안한 것은 우리가 해야 하는 것이 "오랜 옛 이야기"를 계속해서 설교하는 것일지라도 "일상적인 업무"라는 의미로 해석되어서는 안된다.

오히려 앞에서 한 언급들은 대화와 선교라는 이 섹션 전체의 틀 속에서 이해되어야 한다. 이 장의 앞 부분에서 제기된 관찰, 특별히 "타자와 함께하는 교회"와 "구원의 중개로서의 선교"를 염두에 두고서 몇 가지 고찰이 추가되어야 한다.

기독교 신앙과 타종교 간의 관계에 대한 논의는 타종교 역시 "구원"하는가 하는 영원한 질문으로 인해 혼란스러웠다. 그러한 질문이 언제나 제기하는 것은 사후에 개인에게 일어나는 것만을 가리키고 이러한 구원을 보장받기 위해 특정 종교에 가입하고 종교는 그러한 구원을 훨씬 더 많은 사람들에게 보장하기 위해서 지리적으로 숫자적으로 확장한다는 것이다.

그러나 나는 종교가 모두 이것에 관한 것 뿐이고 사람들이 기독교인이 되는 유일한 이유라는 관념을 거부한다. 그러한 비역사적이고 저세상적인 구원의 개념은, 특히 그러한 구원을 얻기 위해 해야하는 모든 것이 일련의 교리들과 의례, 제도들에 동의하는 것이라고 한다면 거짓된 것이다.

그러나 회심은 "영원한 구원"을 얻기 위해 한 공동체에 합류하는 것이 아니다. 오히려 그것은 그리스도를 주이자 삶의 중심으로 받아들이는 충성의 변화이다. 그리스도인은 단지 "구원받을" 더 좋은 기회를 가지고 있는 사람이 아니라, 이생에서 하나님을 섬길 책임을 받아들이고 모든 형태로 하나님의 통치를 도모하는 자이다.

회심은 하나님의 전능하신 사역에 참여하기 위한 개인적 정화, 용서, 화해, 갱신과 관계된다(Cragg 1959:142, Newbigin 1969:111 참조). 결국 신자는 하나님의 통치의 표적이자 하나님의 새로운 세계의 상징이며 하나님이 모든 피조물이 되기를 의도한 것을 열망하는 교회의 일원이다.

이제 새로운 패러다임에서의 대화와 증거에 대한 나의 마지막 관찰을 제기하고자 한다. 이 관찰은 참으로 문제이다.

어떻게 우리는 선교적이면서 대화적인 것 사이의 긴장을 유지할 수 있는가?

어떻게 우리는 예수 그리스도 안에 유일하게 계시된 것으로서의 하나님 신앙과 하나님이 증인(a witness)없이 떠나지 않았다는 고백을 결합시킬 수 있는가?

우리가 정직하다면 우리는 어느 길로 가든지 이러한 긴장을 만난다.

예를 들자면 우리는 이러한 긴장을 제2차 바티칸공의회 문서에 발견한다. 이 문서에서 서로 양립할 수 없을 것 같은 두 개의 진술이 나오는데 하나님의 보편적인 구원 의지 및 교회 밖에서의 구원의 가능성에 대한 진술과 교회 및 선교 활동의 필요성에 대한 진술이다. 해결되지 않는 같은 긴장이 선교와 복음 전도(ME 6) 문서에서 언급되는데 그리스도 안에서의 하나님의 통치의 선언이 세상에서의 교회의 소명의 핵심이라고 하면서 다른 한편으로는 "하나님의 영이 인간의 이해를 초월하는 방식으로 우리가 가장 기대하지 않은 곳에서 계속적으로 역사한다"(ME 43). 또한 "산 안토니오 문서"의 I부에서 보다 분명하게 나타나는데 두 개의 확신이 병립적으로 진술되고 있다.

"우리는 예수 그리스도 외에 다른 구원의 길을 지시할 수 없다. 동시에 우리는 하나님의 구원의 능력을 제한을 둘 수 없다"(I.26; WCC 1990:32).

이 보고서는 긴장이 있음을 공적으로 인정하며 "우리는 이러한 긴장을 이해하지만 그것을 해결하려고 하지 않는다"라고 진술한다:(I.29; WCC 1990:33).

그러한 말은 결국 우리가 모든 대답을 가지고 있지 못하며 두 번째 지식이라는 틀 안에 살 준비가 되어 있고 대화와 선교에의 참여를 하나의 모험으로 간주하고 위험을 감수하며 성령이 더 충만한 이해 속으로 인도할 것으로 인해 놀라움을 고대하고 있다는 것을 인정하는 것이 된다.

이것은 불가지론이 아니라 겸손을 선택하는 것이다. 그러나 그것은 대담한 겸손 혹은 겸손한 대담함이다. 우리는 부분적으로만 안다. 그러나 우리는 진정으로 안다. 그리고 우리는 우리가 고백하는 신앙이 참되고 옳으며 선포되어야 한다고 믿는다. 그러나 우리는 이것을 심판자나 법조인으로서가 아니라 증인으로서 한다. 군인이 아닌 평화의 사절로서, 강매하는 판매원이 아닌 섬기는 주님의 대사로서 한다.

12. 신학으로서의 선교[27]

1) 소외된 선교

본서의 처음 장들에서 나는 신약성경의 대부분이 선교 상황 안에서 의식적으로 쓰여졌다는 점을 고려하지 않고는 신약성경을 읽을 수 없음을 밝히려고 하였다. 예를 들자면 1세기에 신학은 세계를 정복하는 교회의 사치품이 아니었으며 선교하는 교회가 처한 비상 상황에 의해 생성되었다는 마틴 캘러(Martin Kähler)의 제안([1908]1971:189)의 주장을 언급했었다. 이러한 상항 속에서 선교는 "신학의 어머니"가 되었다. 그러나 유럽이 기독교화가 되고 기독교가 로마제국 안과 밖에서 기성 종교가 되면서 신학은 선교적 차원을 잃어버렸다.

근대 이전의 모든 기간 동안 신학은 주로 두 가지 의미에서 이해되었다(Farley 1983:31 참조).

첫째, 신학은 하나님에 대한 그리고 하나님과 관련된 것들에 대한 실제적, 개인적 인식을 가리키는 용어였다. 이러한 의미에서 신학은 인간 영혼의 습관이었다.

둘째, 신학은 하나의 학문 분야를 가리켰는데, 자의식인 학문 작업이었다. 여러 세기 동안 신학은 한 분야만 있었고 세부 분야는 없었다. 물론 구별은 되지만 모두 하나의 "습관," 즉 하나님에 대한 지식, 하나님에게 속한 것들에 대한 지식

---

[27] 다음을 또한 참조하라. D. J. Bosch, "Theological Education in Missionary Perspective," *Missiology*, vol 10(1982), pp. 13–34.

으로서의 신학에 귀착하였다(:77).

그러나 하나였던 신학 분야는 계몽주의의 영향으로 처음으로 두 영역으로 나뉘었는데 성직 사역에 필요한 실제적인 방법으로서의 신학과 기술적이고 학문적인 작업으로서의 신학이었으며 다시 말하면 신학을 실천과 이론으로 분류한 것이다(:39). 여기로부터 팔리(Farley: 74-80; 99-149)가 "사중 형태"라고 하는 것으로 점차적으로 발전했는데 곧 성경(본문), 교회 역사(역사), 조직신학(진리), 실천신학(적용)이다. 각각의 분야는 세속 과학과 병행한다. 슐라이마허의 영향 아래 이러한 유형은 독일 뿐만 아니라 다른 곳에서도 굳어졌다. 사실 이것은 유럽, 북미, 다른 여러 곳에서 개신교 신학교와 신학교육에 보편화되었다(:101).

다른 학문 분야들은 "순수" 과학의 실례들이고 "실천"신학은 교회를 유지하게 하는 하나의 장치가 되었다. 팔리(Farley:85-88)가 말한 "성직 패러다임"이 두 요소들을 결합해 주었다. 두 경우 모두 신학의 지평은 교회이거나 기껏해야 기독교 국가였다.

대체적으로 신학은 철저하게 비선교적이었다. 이것은 가톨릭교회가 왕성한 해외선교 활동을 시작한 15세기 이후에도 사실이었다. 개신교에서는 상황이 훨씬 더 개탄스러웠다. 한 가지 예를 들자면 1652년 비텐베르그의 루터파 신학 교수들의 진술에 따르면 교회는 선교적 의무나 소명이 전혀 없다고 했다(Schick 1943:46). 종교개혁 진영에서 보에티우스(Voetius)가 "선교신학"을 처음으로 종합적으로 발전시킨 사람이지만(Jongeneel 1989) 후대에 지속적인 영향을 미치지 못했다. 선교는 완전히 교회의 주변부에 머물렀고 주목할만한 신학적 관심을 전혀 불러 일으키지 못했다.

신학의 "이론적인" 측면은 거의 전적으로 하나님의 계시의 실재에 관계되거나 학생들이 받아들여야하는 신앙 행위에 관계되었다. "실천"이라는 요소는 제도적 교회에 봉사한다는 사역 개념에 집중되었다. 두 가지 양태 모두 전적으로 교구 중심, 내부 중심이었다. 이러한 경향은 현지인 성직자를 훈련하는 제3세계의 신생 신학교에서도 마찬가지였다. 세부 사항에서도 "자녀교회"가 "모교회"를 모방해야 했고 회중 구조, 교구, 성직 제도가 모두 같은 구조를 취해야 했기 때문에 그 곳에서 가르쳐지는 신학이 유럽신학의 복사판이었다. 초점은 한번 정해진 선을 따라 신앙을 개념화하고 조직화를 하는 데에 있었다.

선교 사업이 확장되고 "선교 영토"에서 신생교회들의 선교와 존재가 "본국" 교회들에게 더 큰 인상을 주었기 때문에 수정이 필요하게 되었다. 그러나 "사중 형태"가 신성불가침적이 었기 때문에 선교 사상을 수용할 다른 방법과 수단이 요청되었다. 가장 자연스러운 해결책은 선교 연구를 기존이 네 가지 학문 영역에 덧붙이는 것이었는데 흔히 실천신학에 덧붙였다.

여기서 슐라이마허는 선구적이었다(Myklebust 1955:84-89). 그는 선교학을 실천신학에 덧붙였고 그 결과 몇몇 진영에서 여전히 따르고 있는 한 모델을 만들었다. 가령 칼 라너(Karl Rahner)의 관점이 전형적인데 실천신학을 "교회의 모든 차원에서의 자기실현을 연구하는 신학적, 규범적 학문"으로 정의한다(1966:50). 이러한 관점에서는 선교학은 이러한 차원들 중의 하나가 되며 선교 상황 속에 있는 교회의 자기실현에 대한 연구, 즉 자기확장의 교회에 대한 연구가 되고 실천신학은 기존교회의 자기실현에 대한 연구, 즉 스스로 발전하는 교회에 대한 연구가 된다.

첫번째 선교학의 신학적 통찰의 대상은 본질적으로 실천신학의 대상과 같다(Rütti 1974:292-296). 라너와 마찬가지로 슈모이스(A. Seumois)는 선교를 교회의 "일상적인 영역"과 구별을 짓는데, 실천신학은 교회의 목양과 관계있고, 선교학은 교회의 사도성과 관계있다고 본다. 그러나 사도성이 분명히 목양을 지향하는 성격을 띤다(Kramm 1979:47, 49).

두 번째 전략은 선교학을 그 자체로서 신학의 한 분야로 옹호하는 것이었다(Myklebust 1961:335-338). 물론 이것은 "사중 형태"가 있음에도 불구하고 꿋꿋했고 급속하게 지지를 얻었는데 다른 "새로운" 신학 분야, 특히 신학 윤리, 에큐메니칼 연구, 종교 과학도 같은 입장에 있었다.

찰스 브레켄리지(Charles Breckenridge)는 1836년에 프린스톤신학교에서 선교 강의를 하도록 특별히 임명된 첫 번째 사람이었는데 동시에 실천신학 교수였다(Myklebust 1955:146-151). 그러나 이와달리 1867년 에딘버러에 세워진 복음 전도 신학 교수였던 알렉산더 더프(Alexander Duff)의 경우는 선교학이 그 자체로서 독립적인 과목으로 가르쳐졌다(Mylekbust 1955:19-24, 158-230).

그러나 선교학이 그 자체로서 마침내 하나의 학문으로 확립된 것은 1896년부터 1910년까지 할레대학교(the University of Halle)에서 가르쳤던 구스타프 바르넥(Gustav Warneck)의 끈질긴 노력 덕분이었다. 바르넥이 표현하듯이 선교학이 손님이 아니라 신학의 한 자리를 점하게 되었다(Myklebust 1955:280에서 인용).

바르넥의 기념비적인 기여는 개신교 뿐 아니라 가톨릭 진영에서도 반응을 끌어내었다. 가톨릭신학교에서 최초로 선교학 교수직이 설립되었는데, 1910년에 뮌스터대학교에서 였으며(Müller 1989:67-74) 개신교 진영에서의 발전, 구체적으로 바르넥의 기여에 영향을 분명히 받은 것이다.

첫 번째 교수직을 역임했던 조셉 슈미들린(Joseph Schmidlin)은 바르넥에게 그가 빚진 것을 분명히 인정하면서 동시에 자신과 그의 차이점 역시 분명히 했다(Müller 1989:177-186). 바르넥과 슈미들린의 예를 여러 곳에서 따랐는데, 특히 1910년 에딘버러세계선교대회의 막대한 영향 때문이었다(Myklebust 1957). 시간이 흐름에 따라 선교학 교수직이 세계 기독교, 비교 신학, 에큐메니칼 신학 교수직 등으로 바뀌기도 하였다. 그러나 많은 새로운 교수직들, 특히 선교학 교수직이 서구 뿐 아니라 제3세계, 특히 아프리카와 아시아에 설립되었으며 과거 어느 때보다 오늘날 더 많은 선교학 교수와 선교학부가 있다(Myklebust 1989).

하지만 이러한 모든 발전은 혼재적인 축복으로 드러났다. 선교학이 신학에서 합법적인 자리를 얻었다는 보장이 없었다. 선교학 교수직은 신학이 본질적으로 선교적인 것으로 이해되었기 때문에 설립된 것이 아니었고 선교회나 학생들(특히 미국), 때로는 정부의 압력때문이었다.

뮌스터대학교를 예로 들자면 부분적으로는 독일 정부의 문화부가 신학 교수들에게 강의할 때 "식민 체제," 특히 독일 보호국에서의 선교를 주목해 주도록 촉구했기 때문에 선교학 교수직이 설립되었던 것이다(Müller 1989:69).

이 모든 것은 심각한 영향을 초래했다. 선교학이 이국적이면서 동시에 주변적인 것을 다루면서 신학교의 "외교부"가 되었다. 특히 선교학 교수들은 보통 "타이티," "테헤란," "팀부크투" 같은 곳에서 사역하고 은퇴한 선교사들이었기 때문에 다른 신학 교수들은 이들을 정중하게 대하거나 그렇지 않으면 초연하게 대했다 (Sundkler 1968:114). 동시에 다른 교수들은 자신에게 신학의 선교적 성격을 반영할 어떠한 책임도 없는 것으로 생각하게 한 것이다(Mitterhöfer 1974:65).

선교학자들이 자연히 "사중 형태"에 기초하여 자신들의 『신학백과사전』을 설계하기 시작했을 때 이 모든 것은 한층 더 강화되었다(Linz 1964:44; Rütti 1974:292). "선교의 기초"는 성경 과목들과 병행을 이루고 "선교 이론"은 조직신학, 선교 역사는 교회 역사, 선교 실천은 실천신학과 병행을 이루었다. 그 외에 있어서는 선교학은 계속해서 눈부신 고립 상태로 있었다. 신학의 전 분야를 복사함으로써 필수적인 부록으로서의 이미지를 확실히 했고 선교사의, 선교사를 위한 과학이었다.

세 번째 접근은 영국에서 주로 따르는 것으로서 선교학을 분리된 과목으로서 취급하지 않고 다른 신학 분야들이 선교적 차원을 전 신학 영역에 통합하게 하는 것이다. 이것은 좋은 해결책인 것처럼 보이나 몇 가지 심각한 약점이 있다. 예를 들면 다른 과목들을 가르치는 사람들은 모든 신학이 내재적으로 선교적 차원을 가진다는 점을 항상 충분히 인식하고 있지는 않다는 것이다. 그들은 또한 이러한 차원에 적절한 관심을 기울이게 할만한 지식을 가지고 있지 못하다(Myklebust 1961:330-335). 크랙넬(Cracknell)과 램(Lamb)의 연구는 이러한 모델이 불충분하다는 점을 잘 보여준다(1986).

2) 선교신학에서 선교적 신학(Missionary Theology)으로

기존 연구 분야에의 편입, 독립, 통합이라는 세 가지 모델 중 어느 것도 성공하지 못했다. 이론적으로는 세 번째 모델이 신학적으로 가장 타당하다고 말하기도 한다(Cracknell and Lamb 1986:26). 물론 기본적인 문제는 선교학이 무엇인가가 아니라 선교가 무엇인가 였다. 선교가 전적으로 영혼 구원이나 교회 확장으로 규정될 경우 선교학은 선교사의 학문, 선교사를 위한 학문, "어떻게 과업을 수행할 것인가?"하는 질문에 답하는 (실용적이 아니라면) 실천적인 주제가 될 뿐이다. 그러나 교회가 "본질적으로 선교적"인 것으로 이해되지 않았기 문에 선교와 선교학은 부가적인 소모품으로 남고 말았다.

그러나 1960년대에 와서 모든 신앙고백 교단들에서 선교는 교회의 본질에 속하는 것으로 널리 인정되었다. 이와 관련하여 개신교인들에게 중요한 시점은 IMC(국제선교협의회)의 탐바람(Tambaram, 1938)과 윌링겐(Willingen, 1952)회의, IMC가 WCC(세계교회협의회)와 통합된 WCC 뉴델리총회였다.

가톨릭의 경우 제2차 바티칸공의회를 통해 선교를 교황의 특권(선교의 책임을 선교 수도회들이나 교회들에게 위임하는)으로 이해하는 것을 그치고 모든 교회의 내재적 차원으로 보게 되었다. 이것은 선교와 선교학을 이해하는 데에 심오한 영향을 미쳤다. 교회는 더 이상 세상을 대적하는 존재로 간주되지 않고 세상 속으로 보냄을 받아 세상을 위해 존재하는 것으로 이해되었다. 선교는 더 이상 단순히 교회의 활동이 아니라 교회의 존재와 본질의 표현이었다.

이 모든 것은 이제는 논란의 여지가 없다. CWME의 멕시코시티회의(1963)에서 비써 후프트(Visser't Hooft)는 선교를 가리켜 교회의 믿음의 시험이라고 했다. 세상으로부터 부름을 받아 세상 속으로 보냄을 받은 것을 생각하지 않고는 교회를 생각할 수 없게 되었다. 세계는 더 이상 "선교하는"(missionizing) 영토와 "선교사"(missionary) 영토로 나뉠 수 없었다. 전 세계가 선교 현장이고 이것은 서구신학 역시 선교 상황에서 실천되어야 함을 의미했다.

신학은 이러한 새로운 통찰을 열심히 흡수하기 시작했다. 칼 바르트는 다른 어떤 조직신학자들보다도 탁월하게 이 일을 해냈다(1956:725). 이 모든 것의 결과는 전통적인 입장을 넘어선 진정한 진전이었다. 이반 일리히(Ivan Illich)는 시적으로 이것을 표현했다. 선교를 "하나된 교회의 성장, 전적으로 새로운 교회의 성장"으로 정의했고(1974:5) 나아가서 선교학을 다음과 같이 정의했다.

> 선교학은 되어가고 있는 교회로서의 하나님의 말씀에 관한 학문이며 경계선 상황에 있는 교회로서의 말씀, 놀라움이자 수수께끼로서의 교

회, 자신의 역사적인 모습이 너무 새로워서 현재의 거울 속에서 자신의 과거를 인식해야만 하는 교회, 사람들을 위한 새로운 계시를 잉태하고 있는 교회에 대한 학문이다… 선교학은 사회적 경계를 넘고 자신이 편안하게 느끼는 언어적 울타리를 넘고 자신의 자녀들을 가르쳤던 시적 이미지들을 넘어서 새로운 민족들 속으로 교회가 성장해 가고 교회가 탄생하는 것을 연구한다… 그러므로 선교학은 놀라움으로서의 교회에 대한 연구이다(:6).

우리는 선교가 교회의 삶과 존재의 변두리에 있었던 과거의 입장으로 돌아가서는 안된다.

교회로 택함을 받은 것은 선교를 위해서 이고 교회가 "하나님의 백성"으로 지음 받은 것은 선교의 소명을 위해서 이다(벧전 2:9; Linz 1964:33). 그러므로 선교는 교회라는 측면에서만 정의될 수 없다. 교회는 그 자체의 본성이 선교이다. 선교는 교회를 넘어선다. 그러므로 일리히(Illich)가 선교를 "성육신의 사회적 계속성," "신비의 사회적 동틈," "계속 변하는 현재 속으로의 말씀의 사회적 개화"라고 일컬은 것은 옳다(1974:5).

교회가 본질적으로 선교적이라고 말하는 것은 선교가 교회 중심이라는 뜻이 아니다. 그것은 하나님의 선교(*missio Dei*)이다. 그것은 삼위일체적이다. 누구든지 어디에 있든지 모든 민족들의 아버지인 성부 하나님의 사랑을 중개하는 것이다. 그것은 예수공현(epiphany)으로서 하나님의 세상 안에 성자가 임재하도록 하는 것이다(AG 9). 어디서 오며 어디로 가는지 인간이 알 수 없는, 그러나 자신이 원하는 대로 부는 성령 하나님의 임재를 중개하는 것이다(요 3:8).

선교는 "제한이 없는 성령의 생명의 표현"이다(van der Leeuw, Rosenkranz 1977:14에서 인용). 따라서 선교는 또한 교회의 경계를 넘어서 세상에 관계한다. 하나님은 세상을 사랑하시며 기독교 공동체는 세상을 위해 소금과 빛이 되도록 부름받는다(요3:16; 마 5:13; Linz 1964:33; Neill 1968:76). 그러므로 "선교"라는 상징은 "선교사"라는 용어와 혼동되거나 그 용어에 제한되어서는 안된다. 교회의 선교사 운동은 하나님의 사랑의 외부지향적 성격의 한 형태일 뿐이다(Haight 1976:640). 선교는 나뉘고 상처입은 인류를 섬기고 치료하고 화해케 하는 것을 뜻한다.

우리의 신학 작업에 이것은 중대한 의미가 있다. 교회가 선교적이 아니면 더 이상 교회가 아닌 것처럼 신학이 선교적인 성격을 상실한다면 더 이상 신학이 되지 못한다(Andersen 1955:60). 따라서 중요한 질문은 단순히 교회가 무엇인가, 선교가 무엇인가의 문제일 뿐 아니라 신학이 무엇이고 신학이 무엇에 관한 것인가라는 문제이다(Conn 1983:7). 우리는 선교를 위한 신학적 의제보다는 신학을 위한 선교학적 의제가 필요하다(:13). 신학에 관한한 하나님의 선교(the missio Dei)를 동반하지 않고는 신학의 존재 이유가 없다.

따라서 선교는 "모든 신학의 주제"가 되어야 한다(Gensichen 1971:250). 선교학은 넓은 『신학백과사전』 안에서 "공관 학문"으로 불릴 수 있다. 그것은 적절하게 보이는 때에 선교 사업에 열중하는 신학을 말하는 것이 아니라 선교가 신학이 다루어야 하는 핵심 주제가 되어야 함을 뜻한다. 선교와 선교 사업에 직접 접촉해야 하는 것은 신학에게 삶과 죽음의 문제이다(Andersen 1955:60; Meyer 1958:224; Schmidt 1973:193).

크랙넬(Cracknell)과 램(Lamb)은 그들의 연구서 초판(1980)에서 모든 교과 과정은 선교학 연구를 위한 자리가 있어야 한다고 제안하지 않은 것을 언급한다(1986:2). 그러나 그들은 이제는 모든 신학적 질문들은 선교신학의 관점으로부터 생각되어야 한다고 주장한다. 이런 방식으로만 모든 주제에 대한 "더 나은 가르침"이 나올 수 있다(:25).

이와 비슷하게 앤도버뉴톤신학교의 커리큘럼개정위원회는 "우리의 관점을 세계에 관심을 갖는 관점으로 확대하려는 공동적인 열망"을 확인했다(Stackhouse 1988:25). 이 위원회의 핵심 추천사항들 중의 하나는 "각 연구 분야를 구체적으로 선교신학"과 관련시키는 것이었다.

신학의 넓은 틀 속에서 선교학은 이중적 기능을 한다.

첫째 기능은 뉴비긴(Newbigin)과 겐시헨(Gensichen)이 지칭한 "차원적인 측면"

과 관계있다(Gensichen 1971:80-95, 251).

여기서 선교학의 과업은 다른 학문 분야들과 자유롭게 협력하면서 세상에 대하여 신학이 언급할 것을 강조하는 것이다. 이론적으로 그리고 차원적인 관점에서 선교학이라는 독립된 주제를 생략할 수 있다. 『신학백과사전』의 한 "부분"이 아니라 모든 연구분야에 스며드는 것이다(Linz 1964:34; Mitterhöfer 1974:103). 선교적 개념은 복음의 심층 속에 있는 보편성의 복구이다. 특정한 과목을 위한 주제를 제공하기보다는 전체 교과 과정에 스며드는 것이다(Frazier 1987:47).

그러나 실천적 이유라 할지라도, 선교학이라는 독립된 분야를 갖는 것이 바람직하다. 왜냐하면 선교학이 없으면 다른 학문 분야들이 계속적으로 자신들의 선교적 성격을 상기할 수 없기 때문이다. 그러므로 선교학은 다른 신학 주제들을 동반한다. 선교학은 다른 신학 주제들에게 질문을 던지고 다른 신학 주제들이 선교학에게 질문을 던지게 한다. 선교학은 다른 신학 주제들과 대화를 하는데 다른 신학주제들을 위한 것이고 동시에 선교학 자신을 위한 것이다(Meyer 1958:224, Linz 1964:35; Schmidt 1973:195). 선교학이 다른 학문들의 도전에 반응하고 도전하는 것은 선교학의 차원적인 측면에서이다(Andersen 1955:59-62; Meyer 1958:221-224; Sundkler 1968:113-115; Gensichen 1971:252; Schmidt 1973:196-198).

본서의 처음 장들에서 이미 언급했듯이 구약과 신약 연구의 선교적 차원을 주장하는 것은 불필요하다. 마찬가지로 교회 역사 분야도 그렇다. 하나님이 교회에게 하나님의 선교에 참여하는 특권을 주었다는 이유에서만 교회는 역사를 갖는다. 게르하르트 에벨링(Gerhard Ebeling)은 교회 역사는 성경 주해의 역사라고 제안했다.

그러나 교회 역사를 하나님의 보내심의 역사라고 보는 것 역시 똑같이 적절하지 않은가?

그 대신에 우리는 교회 역사를 일련의 교단의 역사로 바꾸었고, 각 교단은 단순히 자신의 연대기를 기록하고 자신의 조상들의 얼굴을 "사적인 토템 기둥"에 새겨넣었다(Hoekendijk 1967a:349).

그러나 선교의 관점에서 볼 때 교회 역사는 근본적으로 다른 질문들을 하게 된다. 초대교회가 유대인들을 수용하지 못한 것, 콘스탄틴 황제 이후 로마제국 안팎에서의 "이단"에 대한 태도, 상당히 기독교화되었던 북아프리카, 아라비아, 근동교회들의 거의 흔적이 없는 소멸, 복음을 거부하는 이슬람교의 면역성, 비기독교인들을 노예화하는 것에 대한 교회의 공식적인 태도, 식민주의와 다른 인종들을 정복하고 착취하는 데에 교회가 연루된 것, 서구 기독교인들에게 전형적으로 나타나는 간섭주의와 제국주의, "공식"교회를 19세기 유럽의 소외된 계층보다는 엘리트 계층과 동일시하는 것 등의 질문이다.

오스틴(M. Austin)의 말처럼(Cracknell and Lamb 1986:87에서 인용) 서구교회가 21세기를 목전에 두고 19세기 중류층 교회가 20세기와 합의를 보려고 한 것과 마찬가지 상태로 있는 것은 이러한 문제들을 선교학적 관점에서 보지 않았기 때문은 아닌가?

비슷한 질문을 조직신학에 대해서도 할 수 있다. 천년 이상 동안 조직신학 절반의 유일한 대화 상대자는 철학이었다.

그러나 현시대에서 조직신학이 사회과학을 무시할 수 있을까?

훨씬 더 중요한 문제는 조직신학이 어떻게 비기독교적인 이데올로기와 타종교인들의 믿음을 무시할 수 있는가이다.

마찬가지로 중요한 문제는 서구 조직신학이 자신이 보편적으로 타당한 것처럼 계속 행동하면서 제3세계에서 나오는 신학적 사고에 필요한 기여를 하지 않을 수 있단 말인가?

참으로 어떻게 조직신학이 자신의 본래적인 선교적 성격에 눈을 감을 수 있다는 말인가?

조직신학이 "왜 선교인가?"라는 질문을 무시한다면 "왜 교회인가?"와 "왜 복음인가?"라는 질문 역시 무시하는 것이 된다.

그리고 실천신학의 선교적인 차원이 있다. 이러한 차원이 없으면 실천신학은 근시안적이 되며 설교와 교회 밖의 세상에서의 사역에 눈을 열고 선교 활동적 해석학을 계발하고 집안에 머물고 있는 신학과 교회를 깨워 고통당하는 바깥 세계, 하나님이 사랑하는 바깥 세계를 향하게 하는 대신에 교리문답, 예식, 가르침, 목회, 직분의 수행을 통한 교회의 자기실현 연구에 몰두한다.

차원적인 측면 뿐 아니라 선교학은 선교의 의도적인 측면을 주목해야 한다. 이것은 선교학이 단순히 서구교회를 제3세계에 소개하고 "전문가들"을 준비시켜서 제3세계에 보내고 사역하게 하는 것을 뜻하지 않는다. 서구교회와 선교가 "불행한" 사람들을 위해 무엇을 할 것인가라고 생각하는 우월감을 극복해야 한다고 루티(Rütti 1974:304)가 말한 것은 옳다.

서구교회와 선교는 문화화, 해방, 대화, 개발, 가난, 믿음의 부재와 같은 문제들이 단지 제3세계 교회들의 문제가 아니고 자신의 상황에서 역시 도전이라는 점을 발견해야 한다. 그러나 자신과 자신의 고객들로 하여금 제3세계의 현실을 깨닫도록 하지 않는다면 이러한 도전들에 대하여 신학적으로 실제적으로 통찰할 수 없다는 점을 인식해야 한다.

그리고 본질적으로 동일한 점이 제3세계에서 신학을 하는 사람들에게 적용된다. 전체 기독교 공동체, 즉 1세계, 2세계, 3세계 교회들에게 선교학은 세계화(globalization)를 의미한다. 그러나 세계화를 성취하기 위해서는 구체화가 필요하다. 전세계적인 선교학(*the missiologia oecumenica*)에 봉사할 수 있는 것은 지역 선교학(missiologia in loco)을 통해서 뿐이다(Jansen Schoonhoven 1974a:21; Mitterhöfer 1974:102).

3) 선교학이 할수 있는 것과 할 수 없는 것

따라서 선교학은 두 가지 과업을 가지는데 하나는 신학에 관한 것이고, 다른 하나는 선교 프락시스(praxis)에 관한 것이다. 이것은 또 다른 방식으로 설명될 수 있다.

첫째, 신학 연구 영역 속에서 선교학은 신학이 순례의 신학(*theologia viatorum*)이 되도록 계속적으로 도전하는 비평적 기능을 수행해야 한다. 즉 믿음의 신학을 통찰하면서 나라들과 시대들을 관통하는 여정 속에 복음을 동반시켜야 한다(Jansen Schoonhoven 1974a:14; Mitterhöfer 1974:101). 이러한 역할 속에서 선교학은 신학이라는 집 안에서 불안을 일으키고 편안함을 거부하고 자기보존을 추구하려는 교회의 모든 충동, 현재에 머무르는 모든 욕망, 지역주의적 성향, 인류를 지역적, 이데올로기적 구역으로 나누는 파편화, 권력 있는 자에 의한 인류의 착취, 모든 종교적, 이데올로기적, 문화적 제국주의, 다른 사람들 혹은 창조의 다른 부분들 위에 자신의 개인적 충족을 두는 모든 경향들을 반대하는 잔소리꾼으로서 활동한다(Linz 1964:42; Gort 1980a:60).

더 나아가 선교학의 임무는 결정적으로 선교 사업과 동행하고, 방관자라는 안전한 거리로부터가 아니라, 그리스도의 교회의 공동 책임과 봉사 정신 속에서, 선교의 기초, 목표들, 태도, 메시지, 방법들을 비평적으로 조사하는 것이다(Barth 1957:112).

그러므로 선교학적 반성은 기독교 선교에 있어서 필수적 요소이다. 이것은 기독교 선교를 강화하고 정화하는데 도움을 준다(Castro 1978:87). 선교가 하나님과 인류 간의 역동적인 관계와 관련되기 때문에 선교학은 의식적으로 믿음의 관점에서 그 과업을 추구한다. 선교학이라는 넓은 영역 속에서 모든 관점들이 논의될 수 있다. 그러나 믿음의 관점은 타협될 수 없다(Oecumenische inleiding 1988:19).

믿음의 관점은 선교학자가 성경을 주의 깊게 주석하면 선교를 어떻게 수행해야 하는지 상세하게 규정해 주는 선교의 "법칙들"을 얻게 된다는 뜻이 아니다. 현재와 미래를 단순히 성경이나 전통에서 나타나는 선교의 "법칙들"의 연장으로서 취급하는 것은 합당치 않다(Nel 1988:182, 187). 이러한 전통적인 접근은 선교 프락시스를 말 못하는 것으로, "원거리 조정"에 복종하게 하는 것으로, 머나먼 역사로부터 오는 자극들에게 반응하게만 하는 것으로, 영원으로부터 확정된 것을 "적용"하는 것으로 취급한다.

둘째, 이것은 선교학이 선교 프락시스와 상호 작용해야 하는 책임성을 알려준다. 선교는 선교학자들, 선교사들, 사역의 대상이 되는 사람들이 모두 협력자가 되는 상호 주체적인 실재이다(Nel 1988:187). 이러한 선교 프락시스의 실재는 선교의 기원, 성경 본문, 교회 선교 참여와 창조적인 긴장관계 속에 있다. 그러나 선교의 신적 기원과 선교의 역사적 구현을 서로 반대나 경쟁의 관계로 이해하는 것은 부적절하다. 오히려 "믿음과 구체적인 역사적 선교, 이론, 프락시스가 서로를 규정하며(Rütti 1972:240) 서로 의존한다. 현재의 선교학의 관심은 하나님, 하나님의 세상, 하나님의 교회 간의 관계에 대한 상황적 설명일 것이다(Verstraelen 1988:438). 그것은 하나님, 하나님의 세상, 하나님의 교회간의 "대화," 우리가 선교의 신적 기원이라고 인정하는 것과 우리가 오늘날 만나는 프락시스 간의 "대화"이다.

이러한 역동적인 긴장 속에서 본문과 상황은 분리되어 있다. 우리는 근본주의적인 방식을 취하여 본문이 말하고 있다고 생각하는 것에 상황을 복종시켜서는 안되며 우리의 상황에서 비롯된 선교 해석에 본문을 맞추어서도 안된다(Stackhouse 1988:217). 전통적으로 첫 번째 위험이 더 큰 것이었다.

오늘날 두 번째의 위험이 더 실제적이다. 이것은 본서의 "상황화로서의 선교" 부분에서 이미 논의된 상황주의의 위험성이다. 그러나 우리는 상황을 본문 속으로 변환시켜 넣어서는 안된다. 선교학의 과업은 순전히 실용적인 것이 아니다. 그 과업은 단순히 선교 활동의 유지가 아니다.

선교학의 주된 목표는 선교 사역을 할 선교후보자들을 선발하거나 기존의 선교 프로젝트들을 승인하는 것이 아니다(Hoekendijk 1967a:299). 이것은 참으로 선교학과 선교학자들의 역할이 흔히 이해된 방식이다. 선교학자들은 주로 "선교 정신"에 대한 관심을 불러 일으키고 필요할 경우에 선교에 대한 관심의 약화를 반전시키기 위해 임명되었다. 그리고 이것이 선교학자의 주요 책임이었기 때문에 선교학은 관심을 계속 유지할 수 있을만큼의 최소한의 신학적 기초로만 만족했다(Mitterhöfer 1974:99).

그러나 이러한 경우에 선교학자들은 진정으로 적절한 선교 이슈들이 선교학부의 내부에서가 아니라 외부에서 제기된다는 사실에 대하여 놀라서는 안된다(Hoekendijk 1967a:299; Rütti 1972:227). 그러나 선교학을 포함하여 신학은 메시지의 선포가 아니라 그 메시지와 그 선포에 대한 반추이다. 신학은 그 자체적으로 선교의 비전을 중개하지 않으며 선교의 비전을 비평적으로 검토한다(Barth 1957:102-104). 그 자체로서 선교학은 선교 참여를 산출할 수 없다(:111). 간단히 말해서 선교의 비전은 가르쳐지는 것이 아니라 사로잡히는 것이다(Scherer 1971:149).

그런데 선교의 주관적 기초로의 전환은 완전한 상대주의로 끝날 것이다. 상황을 평가하고 비평할 수 있게 하는 표준들이 있다. 모두가 동의할 수 있는 표준들을 발견하는 것은 쉽지 않겠지만 우리는 시도해야 한다. 스택하우스(Stackhouse 1988:9)는 우리가 다른 사람들의 관점과 관행에 대해서 하나님, 진리, 정의에 비추어 타당성이 있는지를 충분히 알 수 있기 때문에, 어떤 상황에서 무엇이 신적이고 진실하고 의로운지 아닌지를 판단할 수 있다고 주장한다.

이것은 내가 볼 때 옳은 것 같다. 우리와 우리의 상황을 모든 시대의 교회와 선교에 연관시키는 것은 성경이며 이것 없이 우리는 할 수 없다. 그러나 마찬가지로 우리는 우리의 신앙과 우리의 선교를 구체적인 지역 상황에 두지 않고는 할 수 없다. 따라서 아마도 우리는 하나의 전략으로서 본문과 상황 중 무엇이 우선인가 하는 논의를 포기하고 선교 사업과 선교학적 반추의 상호주관적인 성격에 집중해야 할 것이다.

벤 엥겔렌(van Engelen)이 이것을 가장 잘 요약해 주고 있다. 그는 선교학이 갖는 도전은 "언제나 타당한 20세기 전의 예수의 사건을 현재의 의미있는 활동을 위해 하나님의 약속된 미래의 통치에 연결시키는 것"이라고 말한다(1975:310). 이렇게 함으로써 구원론, 기독론, 교회론, 창조, 윤리학에 대한 새로운 논의가 시작되고 선교학은 자신만의 독특한 기여를 할 기회를 얻게 될 것이다(Oecumenische inleiding 1988:474).

이것은 위험한 일로 남는다. 선교학을 포함하여 모든 신학의 분야는 단편적이고 깨어지기 쉽고 예비적인 것으로 남는다. 선교학과 같은 것은 없다. 단지 선교학 초안이 있을 뿐이다. 선교학은 언제나 개혁되어야 한다(*Missiologia semper reformanda est*). 이럴 때에만 선교학은 "신학의 시녀"(*ancilla theologiae*)뿐 아니라 (Scherer 1971:153) "하나님의 세상의 시녀"(*ancilla Dei mundi*)가 될 수 있다.

13. 희망의 행위로서의 선교

1) 닫힌 "종말론 사무실"

에른스트 트룈치(Ernst Troeltsch)는 19세기 (자유주의) 신학에 대하여 이렇게 말했다. "종말론 사무실은 거의 닫힌거나 마찬가지다"(Wiedenmann 1965:11).

20세기 신학의 가장 두드러진 특징들 중의 하나는 종말론의 재발견이었는데 개신교가 먼저였고 다음이 가톨릭이었다. 우리의 세기에서 "종말론 사무실"은 초과 근무를 해오고 있었다. 종말론적 차원의 회복이 선교 진영에서 특별히 뚜렷하게 나타났던 것은 놀라운 일이 아니다. 기독교회의 아주 초기부터 선교 사업과 인류 미래의 근본적인 변화에 대한 기대 간에는 특유한 유사점이 있는 것처럼 보였다.

그런데 우리 시대에서만 우리는 성경적 믿음과 종말론의 역사적 성격을 재발견하기 시작했다. 본서의 제1장부터 제4장까지는 이러한 면모를 추적하려고 했다. 그러나 나사렛 예수로부터 시작하지 않는다. 제1장에서 우리는 라이트(G. E. Wright)를 언급했는데 그는 하나님을 역사 속에서 행동하는 하나님으로 인식하는 것은 성경적 신앙, 곧 구약과 신약의 본질에 속한다고 그는 주장한다(1955:22). "계시"는 감추어져 있던 것이 알려지는 것을 뜻하지 않으며(이것은 헬라어 *apokalypsis*가 주로 뜻하는 것임) 전에는 비밀이었던 하나님의 뜻을 드러내는 것 역시 아니다. 오히려 계시는 하나님이 역사적 행위 속에서 자신을 알리는 것을 뜻하는 단어이다(:23, 25).

하나님은 누구인가?

이 질문은 역사와 관련하여 대답되었는데 하나님은 아브라함, 이삭, 야곱의 하나님이다. 그리고 나사렛 예수의 이야기는 그러한 역사의 일부이며 역사가 없이 알 수 없다(:32).

종교의 구성 요소로서의 종말론의 재발견은 "기계적 패러다임"이라는 고전적인 역사비평 방법에서 가정하는 뉴톤적인 시간, 공간의 개념과는 완전히 반대되는 현상이다(Martin 1987:373). 종말론은 종교에서 희망의 요소이다. 에른스트 블로흐(Ernst Bloch)와 같은 막스주의 철학자조차도 "희망이 있는 곳에 종교가 있다"라고 말한다(Moltmann 1975:15에서 인용).

계몽주의는 사실상 희망이라는 범주를 파괴했다. 계몽주의는 신학을 폐기했고 목적의 관점에서 아니라 오직 원인과 결과의 관점에서 작동했다. "물리학의 신은 우리가 원하는 것을 준다. 그러나 그 신은 우리가 무엇을 원해야 하는지를 말해 주지 않는다"고 조지 산타야나(George Santayana; Moltmann 1975:24에서 인용)는 말했다. 오직 종교만이 그것을 우리에게 말해 줄 수 있다.

그러나 이 질문에 대한 종교의 대답은 두 가지이다.

첫 번째 대답은 미르체아 엘리아데(Mircea Eliade)가 말한 "영원한 복귀의 신화"인데 우리가 소망하는 것은 과거에 있었으나 잃어버렸던 것이라고 한다. 최초에 긴장이 없는 축복의 상태인 낙원이 있었으나 우리는 상실했고 구원은 이러한 낙원을 다시 얻는 것을 뜻한다.

두 번째 대답은 유대인과 기독교인의 대답이다. 우리가 소망하는 미래는 단순히 기원의 반복이나 기원으로의 복귀가 아니다. 오히려 미래는 최초를 능가하는 새로운 시작을 향해 열려있다. 몰트만(1975:18)은 출애굽이 기원의 신비적 사건이 아니라 하나님의 더 위대한 미래를 향하는 역사적인 사건으로 구약성경에서 이해되었다고 말한다. 헬라와 동양의 신화에서 과거는 영속적인 기원으로 현존한다. 이스라엘의 관점에서 과거는 미래에 대한 약속이다. 야훼와 가나안의 바알 간의 계속적인 논란에서 볼 수 있듯이 미래의 하나님은 기원의 신들, 자연 순환의 신들, "영원한 복귀"의 신들과 대립된다.

이것은 사실 지나치게 단순화된 것이긴 하지만 나사렛 예수와 초대교회가 당시에 하나님의 행위를 이해하던 방식이기도 하다. 신약성경의 많은 내용이 예수 안에서 시작한 것이 새로운 시대의 시작일 뿐이라는 생생한 기대감을 증거하고 있는데 하나님이 이제는 이스라엘만을 다루는 것이 아니라는 것이다. 초기 기독교인들이 그리스도 안에서 역사에 전례 없는 시기에 진입했고 이제 미래가 이미 현재에 침입했다는 것을 확신했음에도 불구하고 그들은 그들 자신이 경험했던 것보다 더 큰 일들을 기대했는데 예수를 믿는 자들은 예수가 한 일들 뿐 아니라 "더 큰 일들"을 할 것이었다(요 14:12).

2) 종말론적 지평의 희석화

그러나 우리의 연구는 기독교회가 신앙의 종말론적, 역사적인 성격을 고수하는 것이 불가능한 것으로 인식했음을 예증했다. 기독교 선포는 하나님의 통치를 선언하는 것에서 유일하고 참된 보편적 종교를 소개하는 것으로 바뀌었다(Rütti 1972:128). 이러한 와중에서 구약성경이 경시된 것은 당연했다. 기독교가 참되고 보편적 종교로 인식된 것에 비하여 구약성경은 기껏해야 임시적이고 대체로 고대적인 것이었다(:95).

이것은 기독교 신앙이 헬라화된 것에 상당히 기인하였다. 헬라 문화에서는 심지어 헤로도투스(Herodotus)와 투키디데스(Thucydides) 같은 역사가들조차도 역사를 지속적인 순환으로 이해했다. 마찬가지로 철학자들도 인간 역사에서 일어난 사건들을 주로 장차 올 것의 전조로, 기원으로의 회귀로 해석했다. 인간 생활에서 일어나는 사건들인 역사는 무엇보다도 도덕 철학을 위한 교본이 되었고 인간의 유익을 위한 거울, 옳은 행위를 위한 예시물이 되었다(van der Aalst 1974:143).

이러한 사고는 기독교에 깊이 침투했다. 로고스는 역사적인 성육신으로서 해석되지 않고 플라톤주의에서 비롯된 형이상학적 색채로 입혀졌다. 오리겐의 아포카타스타시스(*apokatastasis*) 교리는 순환적인 요소를 기독교 신학 안으로 재도입했다. 그리고 이러한 교리가 재가되지 않았을지라도 기독교 안에서 비역사적 경향이 자라나는데에 기여했다(:144).

관심이 종말론으로부터 원형론(protology)로 옮겨갔는데 교부시대의 삼위일체론, 기독론 논쟁에서 아주 명백해진 발전이었다. 그리스도의 "기원"과 선재성에 대한 논의가 지배적인 신학 의제였다(Beker 1984:108). 뒤이은 세기들 동안에 종말론적 기대는 크게 두 가지 지류로 전개되었는데 서로 무관하지 않았다.

첫째, 신비적이라고 불릴 수 있는 경향이 있었다. 이것은 몇 가지 형태를 띠었는데 예를 들면 동방교회에서는 신성화(theosis)였고, 서방 교회에서는 구원을 개인적인 지복으로 간주했다.

둘째, 교회 중심주의적인 경향(ecclesiocentrism)이 있었다. 이 모델에서 교회는 성육신의 확장이고 미래의 하나님의 통치에 대한 예수의 설교의 논리적인 성취였다(1977:50). 브라텐(Braaten, 1977:50)이 이것을 가리켜 "가장 보수적인 종말론"이라고 한 것은 타당한데 교회는 자신이 과거 위에 앉아서 교회에 위임된 하늘의 보물을 지키는 기능을 하게끔 하는 지도자들을 양성하기만 하면 되었다. 물론 이러한 모델들은 그리스도의 재림에 대한 믿음을 결코 버리지 않았다. 그러나 이것은 불신자들의 완고한 마음으로 인해 감춰져 있었던 것이 드러났을 뿐이다.

기독교의 주요 세 진영인 정교회, 가톨릭, 개신교에서 모두 두 모델이 지배적이었다. 서방교회에 가해진 계몽주의의 맹습은 당시 만연한 경향을 강화했을 뿐이었다. 사실이라는 공적 영역으로부터 가치와 견해라는 사적 영역으로 추방되어, 종교는 초역사적인 신비주의, 영원하고 초역사적인 영혼의 구속, 교회의 안전한 은신처로 피신했다. 개신교 선교는 점차적으로 첫 번째 모델로부터 벗어났다. 경건주의는 영혼의 구속을 강조하면서 두 번째 모델로 나아갔는데 자치, 자립, 자확장 교회들의 설립이었다.

다른 개신교 부류들보다 청교도는 단순히 개인적이거나 교회중심적이 아닌 종말론적 희망의 형태를 살리는데 성공했다(이 책의 8장과 9장). 점점 더 이러한 희망은 천년왕국적 범주로 표현되었다. 조나단 에드워즈(Jonathan Edwards)와 사무엘 홉킨스(Samuel Hopkins) 같은 저자들은 선교 열정을 불지폈고 북미 선교사들이 세계로 나아가는 것을 고무했다. 그들은 북미의 광야에 정원을 만들었고 그 정원은 전 세계에 충분할 만큼 씨를 생산했다. 적어도 미국혁명과 독립 전쟁 사이에 지배적이었던 신학은 전천년설이었다(Marsden 1980:49).

그러나 점점 더 길들여진 후천년설이 되어 갔고 극단적으로 낙관적이고 지상에서의 행복과 번영에 집중하였다. 주된 가정은 하나님의 내재성이었는데 과학의 영향, 특히 다윈의 진화론으로부터 유래되어 개신교 신학에 영향을 미친 관념이었다. 하나님의 내주가 사람들이 세상 속에서 지금 여기에서 하나님의 목적을 수행하고 있다는 것이다. 전천년설 진영에서만 기존 질서의 대전복이라는 본래의 청교도적 사상이 살아남았고 19세기 말과 20세기 초에는 전천년주의자들이 완전히 주변적이 되었다.

유럽 대륙에서의 진전도 유사했는데 전천년주의자들이 주류에 비하여 훨씬 주변적이 되었다. 자유주의 신학의 경우 신약성경의 종말론은 소모용 껍질이고 당혹스러운 것이었다. 바르넥(Warneck)의 신학의 경우 당시 만연하던 자유주의 신학과 구별을 지었을지라도 종말론은 어떤 역할도 하지 않았다(Wiedenmann 1965:187).

이러한 점에서 볼 때 해방신학과 보수신학은 유럽이든 앵글로 색슨이든 한결 같았다. 가령 종말론적 사상은 1910년 세계선교대회(World Missionary Conference)에서 거의 나타나지 않았다(van't Hof 1972:48). 선교는 대체적으로 교회 설립을 통해 나라들을 기독교화하고 문명화하는데 초점을 두었고 독일 선교학은 교회가 특정 사람들의 민속에 적응해야 한다는 점을 덧붙였다(Hoekendijk 1967a). 그리고 이 모든 것은 성숙을 향한 유기적인 성장의 관점에서 해석되었다.

3) 다시 열린 "종말론 사무실"

20세기로 들어가면서 요하네스 바이스(Johannes Weiss), 알버트 슈바이처(Albert Schweitzer)와 같은 신약성경 학자들은 자유주의 신학의 입장과는 대조적으로 종말론이 소모용의 껍질이 아니라 예수와 초대교회의 전 생애와 사역에 핵심이었다고 주장했다. 그러나 바이스나 슈바이처 모두 자신들이 발견한 사실을 가지고 무엇을 해야 할지 알지 못했다(Käsemann; Beker 1980:361 인용).

종말론 사상이 다시 한 번 주류교회와 신학 진영에서 주목받기 시작하는 분위기를 만든 것은 두 차례의 세계대전의 충격 때문이었다. 예루살렘(1928)과 탐바람(1938)에서 열린 국제선교협의회(IMC)에서 볼 수 있듯이 앵글로 색슨 세계보다는

대륙 신학 쪽에서 먼저 일어났다.[28]

탐바람에서 크래머의 책([1938] 1947)은 소수 대표단의 비전만을 반영했으며 이들은 대부분 유럽 대륙 출신으로서 소위 "독일 종말론 선언문"이 이를 예증하지만 독일인들만 서명한 것은 아니었다. 제2차 세계대전 이후에서야 IMC 윌링겐회의(1952)에서 "선교의 종말론적 토대가 에큐메니칼 논의에 유입되는" 것을 보게 되었다(Margull; van't Hof 1972:173 인용).

그러나 "새로운 종말론"은 전혀 획일적인 것이 아니었다. 비덴만(Wiedenmann, 1965:26-49; 55-91; 131-178)은 독일 개신교의 4대 종말론 "학파"를 구별했는데 각 학파는 선교적 사고에 큰 영향을 주었다. 폴 슈츠(Paul Schütz), 초기 칼 하르텐슈타인(Karl Hartenstein), 한스 쉐러(Hans Schärer), 핸드릭 크레머(Hendrik Kraemer)와 같은 선교학자들에게 영향을 미쳤던 초기 바르트의 변증법적 종말론, 월터 홀스텐(Walter Holsten)에 의해 선교학적으로 적용되었던 불트만(R. Bultmann)의 실존적 종말론, 게르하르크 로젠크란즈(Gerhard Rosenkranz)에게 영감을 주었던 폴 알타우스(Paul Althaus) 실현된 종말론, 월터 프라이탁(Walter Freytag)과 후기 하르텐스타인(Hartenstein)의 선교학적 사고에서 그 흔적이 나타나는 오스카 쿨만(Oscar Cullmann)의 구원사적인 종말론이다.

첫 번째 모델에서는 하나님의 절대적인 초월성 및 존재가 세상과 완전히 분리된다는 점이 강조된다. 하나님은 하늘에 있고 우리는 땅 위에 있다. 하나님과 인간들 사이에 유일한 연결은 하나님이 심판과 은혜에 개입하는 경우이다. 바르트의 용어에 따르면 이와 같은 신적 개입은 철저하게 종말론적이다.

그의 1921년 판 『로마서』(Römerbrief)는 "전적으로 종말론이 아닌 기독교는 그리스도와 무관하다"라고 했다(Jansen Schoonhoven 1974a;34에서 인용). 이러한 전통의 경우 "종말론"은 단순히 궁극적이고 초월적인 것에 대한 해석학적 용어가 되는 것이며 종말을 가져오는 데에 인간의 어떠한 협력의 여지를 주지 않는다. 바르트

---

28 1965년에 쿨만(Cullmann:207)은 "우주적 종말 사건"에 대한 예수의 말들때문이라고 주장하는 앵글로 색슨 주석가들의 "과도한 두려움"에 대하여 여전히 비판한다.

는 하나님의 통치의 충만한 도래를 강조하지만 그것이 역사의 끝에 오직 하나님에 의해서만 시작되는 것으로 보고 있다.

두 번째 모델은 주로 불트만의 이름과 연관되는데 첫 번째 모델과 어느 정도 유사점을 가지며 뿌리가 같다. "말씀만이 할 것이다"라는 루터파의 진술문을 극단화하여 불트만은 종말론을 선포된 말씀(헬라어 kerygma)과 개별 인간 사이에서 일어나는 사건으로 본다. 홀스텐은 그의 저서 『케뤼그마와 인간』(Das Kerygma und der Mensch, 1953)에서 이것을 선교학적으로 적용한다. 선교는 케뤼그마앞에 인간을 드러내므로, 결단 및 새로운 자기이해의 가능성을 제공하는 것에 국한된다. 개신교가 교회에 대하여 기독교 신앙의 사회적 차원에 대하여 낮은 관점을 취하는 것을 지적하는 비덴만(Wiedenmann)은 홀스텐에게서 "현대 개신교의 독자주의, 우인론(occasionalism), 현실설(actualism)"의 절정을 본다고 말한다(1965:168).

이와 같은 종말론은 공적인 생활을 위한 윤리가 없었으며, 권력정치라는 악령들을 대면하여 특히 국가사회주의의 도전에 직면하여 교회를 무기력하게 남겨두었다. 그래서 다른 미래에 대한 기대의 여지가 없었고 하나님의 통치의 도래에 대한 기대의 여지도 없었다. 남아 있는 것은 개인의 삶 속에서 일어나는 "사적인 묵시"뿐 이었다.

세 번째 모델은 알트하우스의 "실현된" 종말론("actualized" eschatology)인데, C.H. 다드(C. H. Dodd)의 "실현된" 종말론("realized" eschatology)과 유사한 점이 있다. 반면 알트하우스는 "실현되고 있는 과정 중에 있는 종말론"을 강조한다. 세상은 원칙적으로 그리스도의 나라의 심판에서 끝이 나기 때문에 역사상의 모든 순간과 역사 전체는 종말이며 언제나 끝에 가깝다(Beker 1980:361, 알트하우스의 입장을 요약).

주님이 가까우시다는 초대교회의 고백은 그 당시처럼 오늘날에도 적용된다. 재림은 역사적인 사건으로 고대될 것이 아니라 모든 역사의 유예(suspension)이다. 그러므로 종말이 "연대기적으로 가깝거나 멀거나" 하는 것은 중요하지 않다. "본질적으로" 언제나 가깝다. 로젠크란즈(Rosenkranz)는 알트하우스의 주제를 취하면서 선교를 이미 현존하지만 아직 숨겨진 나라에 대한 선포라고 해석한다. 비덴만은 이 세 가지 해석들을 가리켜서 비역사적인 종말론의 예라고 지적한다.

네 번째 모델인 구원사 학파만이 역사를 진지하게 취급한다. 1930년대 이래로 불트만과 알트하우스 학파의 종말론에 대한 관점과 초기 바르트의 변증법적 종말론이 현대세계의 도전 앞에서 사람들을 무력하게 만들었다는 것이 점점 더 명백해 지고 있다.

네 번째 접근은 몇 가지 점에서 다른 세 가지와 구별된다.

그것은 해석학적 열쇠로서 하나님의 통치에 특별한 강조를 둔다.

이것과 똑같이 중요한 점은 하나님의 통치가 현재적이면서 또한 미래적이라는 것이다. 이스라엘은 미래의 구원을 고대했으나 이제 미래는 둘로 나뉘었다. 새 시대는 시작되었고 옛 시대는 아직 끝나지 않았다. 우리는 두 시대 사이에 살고 있다. 그리스도의 초림과 재림 사이이다. 이 시대는 성령의 시대이다. 다름 아닌 선교의 시대이다.

사실 선교는 이 중간기의 가장 중요한 특징이자 활동이다. 선교는 현재를 채우고 호켄다이크가 1948년에 이미 말한 바와 같이 역사의 벽들을 떼어 놓는다. 그런데 호켄다이크의 말을 독일어 번역은 "역사는 선교에 의해 계속 열린다"라고만 표현했다(1967a:232). 오스카 쿨만의 초기 저작에서 보듯이 선교는 종말을 위한 준비이자 요건이다. 이 점을 염두에 두고 그는 데살로니가후서 2:6, 7의 "막는 자"(헬라어 *ho katechon*)와 "막는 것"(헬라어 *katechon*)을 선교에 대한 언급으로 해석한다. 선교 과업이 완성되기까지 종말은 "지연"된다는 것이다.

이처럼 쿨만은 선교를 철저하게 구원사적 관점에서 해석한다. 동시에 그는 선교 진영에서 널리 수용되고 두 번째 천년이 끝나가는 시점에 서기 2000년까지 전세계를 복음화한다는 열정에 불을 붙이는 관점에 학문적인 뒷받침을 해 준다.

그러나 선교에 대한 구원사 학파적인 관점은 우리가 생각과는 달리 동질적이지 않은 것으로 나타나고 있다. 사실 모든 현대 종말론 학파들과 선교 사상 학파들은 구원사학파적 접근의 분파들이라고 할 수 있다.[29] 바울이 묵시적 전통에 속

---

29 가령 선교학이라는 특정 분야 밖에서 우리는 판넨베르그(Wolfhart Pannenberg)와 몰트만(Jürgen Moltman)이 다르듯이 서로 간에 다르고 또한 쿨만과 다른 여러 학자들의 역사와 종말론에 대한 접근들에 대하여 생각할 수 있다. 특히 후자는 "종말의 미래가 없는 종말론은 결코 종말론이 아니

한다고 보는 베커(Beker)의 관점과 이것이 기독교 선교에 시사하는 바는 쿨만의 관점과 유사점을 보여준다(Cullmann 1965:225-245). 더 나아가서 구원사적인 사상은 보수적인 복음주의 선교학자들과 해방신학자 모두에게 영감을 주었는데 호세 미구에즈 보니노(José Míguez Bonino)는 1967년 쿨만의 기념 논문집에 헌정하였다.

쿨만이 이 주제에 대하여 1930년대에 출간한 첫 논문들과 그의 저서 『그리스도와 시간』(Christ and Time, 1945), 『역사로서의 구원』(Salvation as History, 1965)이 종말론과 선교의 관계를 정교히 하고 재정의한 점을 주목하는 것 역시 중요하다. 이러한 과정에서 그는 선교의 세계 역사적 차원을 더욱 더 강조하였다.

그러므로 쿨만의 초기 저술에서의 일부 주장과 구원사를 세속 역사와 철저하게 구별하는 입장을 제외하고는 구원사적 접근이 가톨릭과 개신교 양진영의 이전 입장들보다 훨씬 진일보한 것이며(Wiedenmann 1965:194-196) 포스트모던 관점으로부터 선교의 종말적 성격을 이해하는 데에 가장 건전한 기반을 구축한다는 점을 나는 제안하고 싶다. 선교의 종말론적 성격에 대한 합리적이고 타당한 모델의 윤곽을 추적하는 것은 여전히 위험한 일인데 다음에서 이 문제를 다룰 것이다.

4) 선교의 극단적인 종말론화

역사 전체를 통해 기독교가 종말론적인 열정을 크게 가졌던 시기들이 있었다. 우리 시대 역시 그러한 시기인 듯하다. 미래에 대한 예측들이 다시 한 번 쏟아지고 있고 두 번째의 기독교 천년의 끝에 이르면서 그 열정이 훨씬 더 높아 질 것

며 가치론이거나 신비주의일 뿐"이라고 강조한다(Braaten 1977:36). 나는 어느정도 상세하게 종말론과 선교에 대한 쿨만과 몰트만의 유사점과 차이점을 논의했다. 특히 1964년에 독일어로 출간된 몰트만의 『희망의 신학』[Theology of Hope]을 사용했는데 다음의 연구에서이다. "Heilsgeschichte und Mission"(Oikonomia: Heilsgeschichte als Thema der Tehologie[Oscar Cullmann zum 65. Geburtstag gewidmet]. Hamburg: Herbert Reich, 1967, pp. 386-394). 쿨만이 현재의 로마가톨릭 사상에 큰 영향을 미쳤다는 점을 마찬가지로 주목해야 한다. 이러한 점은 AG9을 보면 알 수 있다.

이다. 특히 기독교 종말론은 할 린제이(Hal Lindsey)와 같은 저작들에서 보듯이 광적인 호기심의 전당이 되는 듯하다. 동시에 모든 천년주의자들을 별난 사람들로 단정하지 않아야 할 것이다.

그들 견해의 타당성은 주류 기독교의 안락함에 대하여, 역사를 기회 충동 (chance impulse)의 교차로서, 우연히 육체가 파멸의 시간의 폭포 속으로 우연히 육체가 뛰어드는 것으로 이해하는 것에 대하여, 분노하고 저항하는 데에 달려 있다 (Braaten 1977:97-99). 과거에 그리고 분명히 린제이의 저작들에서 보이듯이 종말에 집착하는 것은 선교의 마비, 선교 활동의 부재를 가져왔다.

이것은 17세기 개신교 정통주의에도 해당하였다. 그 철학은 모두가 구원받아야 한다는 것이 아니라 대부분의 사람들이 정죄를 받아야 한다는 듯이 보였다. 종말 전의 시간이 기다리는 시간이 아니라 증거하고 최대한 잃어버린 자들을 초청하도록 허락된 시간이라고 본 것은 경건주의의 등장과 함께 였다.

그러나 개신교 정통주의, 경건주의와 그들의 많은 영적 후손들은 한 가지 정서를 공유했는데 세상에 대한 한없는 비관주의였다. 린즈(Linz, 1964)는 거의 1세기에 걸친 선교에 대한 독일의 설교들을 분석한 결과 세상은 하나님에 의해 전적으로 버림을 받았고 세상은 하나님에게 등을 돌린 것으로 표현되었다는 것을 알게 되었다(:179). 세상이 구원을 받기 원한다면 세상은 교회를 필요로 한다.

그러나 교회가 교회되기 위해서 세상을 필요로 하지는 않는다(:136). 우리가 여전히 세상에 대하여 역사에 대하여 긍정적으로 말할 수 있는 유일한 경우는 하나님의 참으심이 지속되는 한 선교를 가능케 한다는 것이다(:178; Freytag 1961:213). 모든 좋은 것들은 과거와 미래 속에 있다. 이처럼 본질적으로 마니교적인 관점에서 역사는 악한 세력에 의해 움직이는 하나의 음모이다. 1세기의 쿰란 공동체에서와 마찬가지로 기독교 개종은 개인들이 영원한 멸망을 향해 가는 대중들로부터 자신을 분리시키는 것을 의미한다.

그러나 때때로 세상에 대한 이러한 비관주의가 선교 사업에 대한 낙관주의와 손을 맞잡을 수 있다. 이것은 경건주의에서 이미 상당히 사실이었고 오늘날의 복음주의 진영에서 또한 분명하다. 1980년 태국의 파타야에서 개최되었던 로잔세계복음화위원회(LCWE)회의에서 핵심 개념은 기회들, 즉 세상은 영원한 구속의 복음을 기다리고 있고 사람들은 그리스도인이 되라는 초대에 긍정적으로 반응할 준비가 되어 있다는 것이었다. 맥가브란은 종종 복음 전도하는 교회를 고대하는 기회들에 관하여 비슷한 확신을 표명한다(1980:49).

유일한 진정한 역사는 선교의 역사이다(Linz 1964:136, 178). 그것은 세상의 시계 위에 있는 손이며 현재 몇시인지를 알려 주며 그리스도의 재림이 언제일지를 기대하게 해 준다(:132). 다른 무엇보다도 중요한 선교의 목적은 사람들에게 사후를 준비시키고 각 사람이 하늘에 안전히 도달할 수 있도록 확실하게 해 주는 것이다. 기껏해야 역사는 서문이자 준비이며 임시적인 단계이다. 최악의 경우로는 역사는 신자의 적이고 지속적인 위협이며 감염의 원천이다. 왜냐하면 역사의 지속화는 어두운 현재와 영광스러운 미래 사이에 "거리"를 증가시킬 뿐이기 때문이다.

역사에 대한 그와 같은 비관적인 이해는 세상과 인간이 처한 조건들을 개혁하려는 모든 시도들을 좌절시킬 것이다. 프라이탁(Freytag)에게 있어서 세계 역사의 진보는 기껏해야 재앙의 증가이다(1961:216). 신약성경은 종말이 가까이 오고 있다는 것 외에 역사 상의 다른 진보를 알지 못한다는 것이다(:215). 한편 인간의 역사는 악한 자의 도래의 표적 아래 처해 있다(:189). 우리의 과업은 이 세상에 하나님 나라를 세우거나 사회를 기독교화하거나 구조를 바꾸는 것이 아니다(:200). 우리가 할 수 있고 해야 하는 것에는 한계가 있고 우리는 새 창조가 도래할때에 보게 될 것을 현재 고대해서는 안된다(:96).

그러나 프라이탁의 입장은 그의 상황 속에서 이해되어야 한다. 그는 제2차 세계대전으로 인한 재난에 처하여 쓴 것이었다. 그는 인간의 "성취들"이 무엇을 생산할 수 있는지를 보았고 그의 독자들이 자신들의 능력에 대하여 조신하는 태도를 갖기를 원했다. 워렌(Warren 1961:161)은 그것이 대부분의 주제에 대하여 대륙과 앵글로 색슨의 사상이 나뉘게 한 심연적 경험이었으며 특히 선교에 대하여 그러했다고 말한다.

이 점에서 프라이탁은 결정적으로 포스트모던적이며 오늘날 표면적으로 그와 유사하게 말하는 사람들과는 전혀 다르다. 프라이탁은 치료불능의 성공 관념을 버려야 하고 결과에 관계없이 우리가 마땅히 해야 할 일들을 해야 한다고 호소하고 있었던 것이다(Freytag 1961:222). 그는 이 세상을 위한 이 세상 속에서의 봉사에 눈을 감고, 하나님의 통치를 전적으로 저 세상적인 실체로 여기며 사회의 부패를 재림의 임박한 표적으로 환영했던 선교사들과 선교기관들을 비판했다(:211).

프라이탁은 에큐메니칼 운동과 활동 뿐 아니라 당시의 포괄적인 전체 선교 프로그램을 지지했다. 대조적으로 프라이탁의 전통에 서있는 것처럼 보이는 많은 사람들은 실제로는 이원론의 희생자들이었다. 그들은 "사회적 봉사가 물론 중요하지만 우리의 과업은 복음 전도이다"라고 관대하게 말하지만, 다음 생애를 위해 구원받아야 할 것을 강조함으로써 개인이 이 세상의 일에 참여하는 것을 말린다. 하지만 그들이 불의한 사회구조에 도전하지 않는 것을 "창조 질서"의 불가침성에 둔다면 프라이탁이나 하나님의 통치의 "이미"가 "아직"을 능가한다는 쿨만에게 호소할 수 없다.

프라이탁과 쿨만의 관점의 타당성은 근본적인 종말론적 성향이 없이는 진정한 선교가 있을 수 없다는 그들의 확고한 주장에 있다. 특히 프라이탁은 바실레이아(헬라어 *basileia*)를 계속 언급하는데 하나님의 통치를 선교의 본질이자 목표로 본 것이다. 그러므로 그를 위해 발간되 논문집의 제목이 바실레이아인 것은 합당하다. 하나님의 통치는 본질적으로 선물이며 우리는 그것을 경험적인 구조와 결코 동일시 할 수 없다. 프라이탁이 하나님의 통치가 선물일 뿐 아니라 도전이라고 덧붙일지라도 기다림에 대한 그의 강조는 정적주의(quietism)로 가기 쉽다. 우리는 하나님의 통치를 우리가 이 세상에서 성취한 것과 혼동하는 만용의 죄를 범할 수 있다. 그러나 우리는 또한 약속된 것보다 덜 기대하는 소극성의 죄도 범할 수 있다.

이 세상은 참으로 적이 점령한 영토일지 모르지만 적은 소유권이 없다(Warren 1948:53). 그는 강탈자이다. 우리는 하나님의 제5부대원으로서 특공 작전을 수행하여 "이 세상의 왕자"로부터 잃어버린 영혼들을 빼앗아 오도록 부름받은 것은 아니다. 오히려 우리는 이 모든 세상을 하나님의 것으로 주장해야 한다. 하나님의 미래 통치는 현재에 들어온다. 미래는 그리스도 안에서 급격하게 현재에 다가왔다. 재림에의 집착은 현재 여기에서의 우리의 책임을 회피하는 것을 뜻한다. 구원자로서 그리스도에게 복종하는 것은 우리 개인 삶의 주님으로서 뿐 아니라 사회의 정치, 경제 체계의 주님으로서 복종하는 것과 분리될 수 없다.

5) 구원으로서의 역사

위에서 암시한 것처럼 구원사학파는 선교의 극단적인 종말화를 낳았으며 반대로 선교의 종말론적 성격에 대하여 전적으로 이 세상적인 해석을 낳았다. 우리는 결국 구원사를 세계 역사와 완전히 분리되고 관련이 없는 것으로 해석하거나 그 반대로 구원사를 세속화하여 세계 역사를 신성하게 할 수 있다(Beyerhaus 1969:49). 이것은 교회의 독특성이라는 개념을 포기하고 교회 밖의 세상에서 일어나는 일의 독특성에 집중할 때에 일어난다. "역사로서의 구원"(쿨만의 책 제목, 1965)에 관해 말하는 대신에 "구원으로서의 역사"에 대하여 말하게 된다. 역사는 선교의 "상황"일 뿐만 아니라 선교의 "본문"이다(Rütti 1972:232).

보통 이것은 순전히 세속적인 용어를 사용하는 것은 아니다. 오히려 종교적이고 심지어 종말론적인 언어를 계속 사용한다. 역사는 "영적인 토대"를 필요로 한다. 따라서 그리스도의 성육신은 문화적, 도덕적, 사회적, 정치적, 심지어는 혁명적 계몽을 통하여 점진적이고 내재적으로 부상하는 세계사적 구원 과정의 상징이 된다(Braaten 1977:50). 하나님의 통치의 도래가 늦어지는 것을 참지 못하여 우리는 우리 손으로 직접 하려하고 하나님 나라를 재정의하고 그것을 즉각적인 기술로 세우려고 하면서 우리 당과 자기개선 및 세상의 개선을 위한 프로그램을 보증하기 위해서 그리스도의 이름을 계속해서 사용한다(:101).

그렇게 되면 하나님 나라는 라우쉔부쉬(W. Rauchenbusch)의 말처럼 그 시대나 집단의 사회 정치적 이상들의 형태로, "인간 생활 속에서 스스로 실현되는 하나님의 에너지"이다(West 1971:77에서 인용). 자체적으로 선교가 아닌 인간의 활동은 없기 때문에 "선교"와 "선교사"는 사회적 책임에서 손을 떼게 된다(Linz 1964:206).

결국 문제는 웁살라(1968)세계교회협의회(WCC)에서 제시되었듯이 하나님이 성경에서 말씀하신 것이 아니라 하나님이 오늘날 세상 안에서 무엇을 하고 계신가하는 것에 관한 것이다.

하나님이 세상 속에서 활동하시기에 "신적인" 것은 역사적인 모험과 참여 속에서만 경험될 수 있다. 따라서 그리스도인들은 그들의 선교를 세속적 과정들 속에서만 인식할 수 있다(Rütti 1972:232). 참된 인간성으로의 해방이 일어난 곳에서 우리는 하나님의 선교(missio Dei)가 그 목표를 이루었다고 결론 내릴 수 있다(Hoekendijk 1967a:347). 인식하든 못하든 모든 사람들은 이미 그리스도 안에서 형성된 새로운 인간성에 속한다.

그러나 우리가 선교의 극단적인 종말화를 거부한다면 그것의 짝인 선교의 극단적인 역사화 역시 거부해야 한다. 일단 해방된 세상은 "선교"와의 만남을 수용할 조건들을 규정할 수 밖에 없다(Gensichen 1986:116). 세상은 어떤 정치 이데올로기나 실천이 합당한지를 자체적으로 결정할 것이다. 그러나 이렇게 될 경우 복음은 율법으로 변경된다. 우리가 만지는 모든 것을 망치는 우리의 고질적인 경향과 자기추구적인 뿌리깊은 성향이 어떤 행위가 적절한지를 궁극적으로 결정하게 된다.

하지만 우리의 이상들의 절정과는 별도로, 하나님의 통치가 그러한 이상들을 주권적으로 심판한다. 하나님의 통치는 비판적인 범주가 되어 보통 우리 인간 역사의 산물을 거슬린다(Lochman 1986:63 참조). 세상 속에서의 우리의 선교에 적절한 관점을 제공하는 것은 바로 현재와 미래의 하나님의 통치이다. 이와 같은 종말론적 차원이 없으면 우리의 "복음"은 윤리로 축소되고 만다(Braaten 1977:39, 152 참조).

6) 창조적 긴장 속에 있는 종말론과 선교

20세기의 60년대까지 북미인들이 사회적 참여를 강조하고 있을 때 더 엄격한 종말론적 관점이 유럽 대륙 선교 진영에서 나타났다는 아가드(Aagaard)의 관찰

(1965:256)은 타당성이 있다. 그 이후로 국면은 흐릿해졌고 이런 방식으로 구별하는 것은 더 이상 가능하지 않다. 우리는 모든 기독교 전통과 모든 대륙에서 선교신학을 진정한 종말론에 비추어 재구성해야 하는 중심부에 여전히 놓여 있다(Braaten 1977:36 참조).

한편 우리가 여전히 종말론의 명확한 의미를 모색하고 있을지라도, 종말론이 모든 기독교 이해의 지평을 결정한다는 점에 대하여 오늘날 대부분 동의하고 있다고 말할 수 있다. 하지만 선교의 종말화나 역사화나 모두 만족스럽지 못하다는 것이 분명해졌다. 전자는 재림에 집착하면서 이 세상의 문제들을 소홀히 했고 그 결과 기독교 선교를 마비시켰다. 후자는 초월적인 차원을 배제하고 이 세상에 집착함으로써 사람들로부터 없을 경우 생존할 수 없는 궁극적 의미와 목적론적 차원을 빼앗았다(Motlmann 1975:20-24).

우리는 두 입장을 넘어서는 어떤 길이 필요하다. 우리는 선교가 미래지향적이면서 현재 여기를 지향하는 종말론이 필요하다. 창조적이고 구속적인 긴장 속에서 이미와 아직, 죄와 반역의 세상과 하나님이 사랑하는 세상, 이미 시작된 새 시대와 아직 끝나지 않은 옛 세상(Manson 1953:370), 칭의 뿐 아니라 정의, 해방의 복음과 구원의 복음을 모두 아우르는 종말론이어야 한다.

기독교의 희망은 현재에 대한 절망에서 나오지 않는다. 이미 경험한 것 때문에 우리는 희망을 갖는다. 기독교의 희망은 소유이자 동경이며 휴식이자 활동이며 도착이자 도상 위에 있는 중이다. 하나님의 승리가 확실하기 때문에 신자들은 주의 깊은 계획과 긴급한 순종(:149)을 합치고, 기독교적 희망에 대한 참을성 있는 조급함으로, 인내하면서 동시에 열정적으로 사역할 수 있다. 제자들이 땅끝까지 보냄받는 것(행 1:8)이 하나님의 통치가 언제 완전히 도래할 것인지에 대하여 물은 질문에 대하여 받은 유일한 답변이었다.

그러므로 구원사에 참여하는 것과 세속사에 참여하는 것 둘 중에 하나를 택하는 것은 없다. 구원사는 분리된 역사, 세속사 속에서 스스로 펼치는 분리된 실이 아니다. 두 역사는 없으며, 역사를 이해하는 두 가지 방식만 있다. 그러므로 그러한 구분은 단지 지적인 측면이다. 기독교인은 일단의 다른 역사적 사실들에 집착하는 것이 아니며 다른 관점을 사용하는 것이다. 세속 역사가들은 구원사를 세속사로 바꿀 것이고, 반면 신자들은 세속사 속에서 하나님의 손을 볼 것이다.

구원사이건 세속사이건 그 역사는 신자들에게 항상 투명하지는 않다. 모든 역사 속에는 역설들, 간격들, 불연속성들, 수수께끼들과 신비들이 있다(Braaten 1977:95). 이와 같이 구원의 역사는 그리스도인들에게 계시된 것이면서 감춰진 것이며 투명하면서 불투명하다(Blaser 1978:35-42).

따라서 기독교 종말론은 세 시대, 즉 과거, 현재, 그리고 미래로 나아간다. 하나님의 통치는 이미 왔으며 오고 있으며 완전히 올 것이다. 우리가 현재 여기에서 하나님 나라의 대사가 될 수 있는 것은 하나님이 이미 통치하기 때문이고 우리가 그의 통치의 공적인 현현기을 기다리기 때문이다.

그리스도인들은 결코 현 상태에 만족하는 사람들이 되어서는 안된다. 그들은 "하늘에서와 같이... 당신의 나라가 임하옵소서!"라고 기도하고 이것을 하나님에 대한 청원이자 악의 구조들을 공격하는 도전으로 해석한다(Käsemann 1980:67). 하나님의 충만한 통치는 여전히 오고 있는 중이지만 도래하는 나라의 비전은 "궁극적"인 것에 집착하기 보다는 "끝에서 두 번째"에 있는 것에 대한 철저한 관심, "앞으로 될 것"이 아니라 "가까이 있는 것"에 대한 관심으로 번역된다(Beker 1984:90). 그리스도의 죽음과 부활에서 새 시대는 이미 시작되어 돌이킬수 없으며, 미래 역시 보장된다. 신자들은 이미 받은 구원의 확신과 이미 보장된 최종적 승리 속에서 살면서 지적에 있는 긴급한 과업에 참여한다. 이러한 의미에서 종말론은 바로 지금 일어나고 있는 것이다.

이러한 관점에서 볼 때 우리는 "이미"가 아직을 능가한다는 쿨만(1965:164)의 관점에 동의해야 한다. 아주 간단히 말해서 이것은 포스트모던 패러다임이 종말론에 관하여 선포하는 것인데, 특히 1938년 탐바람국제선교협의회(IMC)회의 이래로 그러하였다(van't Hof 1972:119; Bassham 1979:24). 새로운 관점은 단순히 이전 입장의 변이가 아니라 근본적으로 다른 것이다(Rütti 1972:73[미주 38], 76). 하나님의 미래 세상 계획을 알려고 추구하는 대신, 세상 속에서의 그리스도인의 참여에 관하여 질문한다(:221). 세상은 더 이상 장애가 아닌 도전으로 간주된다. 그리스도는 부활했기에, 아무것도 과거의 방식으로 남아있을 수 없다.

이 세상의 구조와 조건들이 변화되지 않거나 변화될 필요가 없다고 믿게 하는 것, 정치 사회적 권력들과 여타 기득적 이해관계들을 침해할 수 없는 것으로 생각하게 하는 것, 불의와 억압의 조건들을 묵인하게 하며 타협하도록 우리를 길들이는 것, 현 상태의 변혁을 위한 희망을 포기하게 하고 완성을 향한 세상에 대한 우리의 책임을 보지 못하게 하는 것, 이것이 바로 악한 자의 거대한 승리였다. 이제 우리는 권위들, 처방들, 전통들, 제도들과 기존 세상 질서에 대한 이데올로기적 애착에 대하여 비평적 입장으로, 세상 속에서 하나님의 새로운 효소가 되어야 한다(Gort 1980b:54).

이미 언급한 것을 다시 거론하거나 완화시키거나 타협할 필요가 없음에도 불구하고 경고의 말이 필요하다. 선천적으로 우리 모두는 자신이 새로운 세상을 도입할 수 있는 의지와 능력을 가지고 있다고 확신하는 낭만주의자나 펠라기우스주의자이다(Henry 1987:275 참조).

우리는 너무 쉽게 하나님의 의지와 능력을 우리의 의지와 능력과 동일시한다. 그러나 이미 1세기 전에 본질적으로 바이스(Weiss)와 슈바이처의 연구는 인간적 산물로서의 하나님의 통치에 대한 내재적, 점진적, 진화적, 윤리적 개념에 대하여 사형 선고를 내렸어야 했다(Braaten 1977:40). 우리는 하나님의 의지와 통치에 부합하는 사회 정치 질서를 위한 우리의 청사진을 결코 실현할 수 없을 것이다.

사실 종말론적 비전이 역사 속에서 완전히 실현될 수 있다는 것을 의심하는 것은 기독교 신학의 본질에 속한다(Stackhouse 1988:206). 하나님의 변혁은 인간의 혁신과 다르다. 하나님은 우리를 놀라게 한다. 베커(Beker 1980, 1984)가 바울의 신학에 대하여 아주 명쾌하게 제시한 바와 같이(앞의 제4장을 보라) 하나님은 항상 우리 앞에 있고 그의 다가오는 승리는 우리에게 따를 것을 명한다. 따라서 이러한 관점에서 미래가 최고가 된다. 궁극적인 승리는 분명히 하나님의 선물이다. 만물을 새롭게 하는 것은 하나님이다(계 21:5). 우리가 종말론의 등대를 끈다면 우리는 어둠과 절망 속에서 더듬거릴 뿐이다.

그러나 앞의 두 단락에서 언급한 두 입장들은 상호배타적인 것으로 이해되어서는 안된다. 오히려 정반대이다. 하나님의 확실한 승리에 관한 초월적인 메시지는 현상태를 변혁하는 데에 참여할 동기를 부여할 뿐 아니라, 이 세상에 대한 적절한 거리와 냉철함을 준다. 정확하게 말하자면 하나님의 승리에 대한 비전은 정적주의(quietism), 중립성 속에서 성전을 찾는 것을 불가능하게 하며, 행동의 영역에서 철수하는 것을 불가능하게 한다. 우리는 결코 우리 자신의 능력을 과대평가할 수 없다. 그러나 우리는 역사가 나아가는 방향을 확신할 수 있는데, 사르트르처럼 우리가 가진 자유의 공허함에 진력을 느낀 채 무의 심연으로 들어가지 않고, 현재의 무의미를 확증할 뿐인 미래로 뛰어 들어가지 않기 때문이다(Braaten 1977:98).

우리는 궁극적이고 완전한 것에 대한 희망과 끝에서 두 번째에 있는 것, 근접한 것에 대한 희망 사이를 구분한다. 우리는 고통을 가지고 동시에 현실주의(realism)를 가지고 이같은 구분에 저항한다. 우리는 우리의 선교가 다음 시대가 아닌 현시대에 속한다는 것을 알고 있다. 우리는 희망 속에서 이러한 선교를 수행한다.

따라서 마굴(Margull 1962)이 우리의 선교 소명의 복음 전도적 차원을 "행위 속의 희망"이라고 한 것이 옳다면, 종말론적 기대 속에서의 우리의 포괄적인 전체 선교를 가리켜 "희망 속의 행위"라고 지칭하는 것 역시 옳을 것이다(Sundermeier 1986:60 참조). 그러나 그러한 경우 우리는 선교를 겸허하게 하나님의 선교(*missio Dei*)에의 참여라고 정의해야 한다. 현재적 구원과 미래적 소망의 복음을 증거하면서 우리는 하나님의 새 창조의 경이로운 진통과 함께 한다.

제13장 다양한 형태의 선교

1. 모든 것이 선교인가?

　지난 수 십 년 간 선교 사업에 대하여 유례없는 비평을 목격하면서 동시에 "선교"라는 용어를 놀랍도록 많이 사용한 사실은 의심할 바 없다. 이 개념이 많이 사용된 것은 긍정적인 의미와 부정적인 의미를 모두 가진다. 부정적인 결과들 중의 하나는 선교를 너무 광범위하게 정의하는 경향이다. 닐(Neill 1959:81)은 "모든 것이 선교라면 아무것도 선교가 아니다"라는 유명한 금언을 제시했고 프라이탁(1961"94)은 "범선교주의(panmissionism)의 망령"이라고 지적했다. 이러한 경고들을 심각하게 고려해야 하지만 선교가 무엇인지 규정하는 것은 여전히 난제이다.

　본서의 연구는 선교의 정의는 엄밀히 조사하고 시험하고 재구성하고 폐기하는 계속적인 과정이라는 가정에서 발전되었다. 선교의 변혁은 선교가 실재를 변혁시키는 행위로서 이해되어야 한다는 것과 선교 자체가 변혁되어야 할 지속적인 필요가 있다는 것을 뜻한다.

　선교를 정의하려는 시도들은 최근의 현상이다. 초대 기독교회는 그러한 시도를 하지 않았고 적어도 의식적으로 그렇게 하지 않았다. 그러나 마태, 누가, 바울의 "선교신학"을 고찰해 보면 이들은 교회가 당시의 세상 속에서 무엇을 하도록 부름받았는지를 정의하고 재정의하는 지속적인 노력이 보인다. 그러나 최근에는 보다 의식적이고 명백한 방식으로 선교를 정의할 필요가 대두되었다. 19세기 이래로 그러한 시도들이 쏟아졌다.

국제선교협의회(IMC) 예루살렘 회의 무렵에 대부분의 정의들이 불행하게도 불충분하다는 것이 분명해졌다. 예루살렘 회의는 "포괄적인 접근"이라는 개념을 창안했는데 그 이전의 모든 정의들보다 상당한 진보를 이룬 것이었다. IMC 휘트비(Whitby)회의(1947)는 케리그마(헬라어 *kerygma*)와 코이노니아(헬라어 *koinonia*)라는 개념을 사용하여 선교의 의미를 요약했다. 1950년에 처음으로 출간된 유명한 논문에서 호켄다이크(1967b:23)는 제3의 요소인 디아코니아(헬라어 *diakonia*)를 추가했다.

윌링겐회의(1952)는 "증인"(헬라어 *martyria*)이라는 개념을 아주 중요한 개념으로서 첨가하면서 확장된 공식을 만들었는데 즉 "이 증인은 선포, 교제, 봉사에 의거한다(Margull 1962:175). 이어진 30년 동안 이 표현은 선교가 무엇을 의미하는지를 가장 적절하고도 포괄적으로 보여주었으며 선교 논의를 지배했다. 1952년 이후의 대부분의 선교신학 책들 속에서 그것을 볼 수 있다. 자연히 몇 가지 변형된 정의들 역시 있었다. 때때로 마르티리아(헬라어 *martyria*)와 케리그마(헬라어 *kerygma*)가 호환적으로 동의어로 취급된다(Snyder 1983:267). 어떤 이들은 "예전"(헬라어 *leitourgia*)을 또 하나의 요소로 추가한다(Bosch 1980:227-229 참조).

그러나 이 공식과 적응적 형태 모두 심각한 제한이 있다. 뤼티(Rütti 1972:244)는 이 공식이 선포나 교회 설립의 관점에서만 선교를 정의하는 틀에서 벗어나게 해 주었고 여기저기서 여전히 유용하다는 것을 인정한다. 그러나 그는 최종적으로 그것이 전통적인 사상과 활동들을 조명하는 데에 도움이 될 뿐이라는 사실을 개탄한다.

나는 뤼티의 견해에 동의한다. 우리는 보다 철저하고 포괄적인 선교 해석학을 필요로 한다. 선교는 다면적인 사역으로서 증거, 봉사, 정의, 치유, 화해, 해방, 평화, 복음 전도, 교제, 교회 설립, 상황화와 훨씬 더 많은 것들에 대한 것이다. 하지만 선교의 몇몇 차원들을 열거하려는 시도조차도 위험으로 가득차 있는데, 무한한 것을 우리가 정의할 수 있다고 암시하기 때문이다. 우리가 누구이든지 간에 우리는 하나님의 선교(*missio Dei*)를 우리 자신의 협소한 애착 속에 가두려는 유혹을 받고 필연적으로 단면성과 축소주의로 돌아가게 된다.

우리는 선교를 너무 예리하게 기술하려는 시도들 경계해야 한다. 그리고 우리는 "관찰, 보고, 해석, 비평적 평가"를 포함하는 이론(헬라어 *theoria*)의 방식으로 할 수 없고 "상상력 있는 창조 혹은 연상을 자아내는 이미지들의 표현"을 포함하는 생성(헬라어 *poiesis*)의 방식으로만 이것을 진정으로 해낼 수 있다(Stackhouse 1988:85).

2. 선교하는 교회의 얼굴들

우리의 선교가 그 기원과 성격에 신실하려면 다차원적이 되어야 한다. 그러한 다차원적 선교의 본질을 설명하려면 우리는 논리나 분석보다 오히려 이미지들, 비유들, 사건들, 그림들에 호소할 것이다. 그러므로 선교가 무엇인지를 제시하기 위해 신약성경에 나타난 6개의 주요 "구원 사건들"의 관점에서 접근할 것을 나는 제안한다. 이 6가지는 그리스도의 성육신, 그의 십자가 죽음, 3일 만의 부활, 승천, 오순절 성령의 부으심, 그리고 재림이다.

1) 성육신

개신교회들은 대체적으로 성육신의 신학을 발전시키지 못했다. 동방, 로마가톨릭, 성공회교회들은 항상 성육신을 더 진지하게 취급했고 동방교회는 그리스도의 "기원"과 선재의 관점에서 성육신에 초점을 두는 경향이 있다.

하지만 해방신학이 근년에 과거 어떤 경우보다도 훨씬 명백하게 기독교 선교를 팔레스타인의 먼지나는 길을 고단하게 걸으면서 소외된 사람들을 긍휼히 여긴 나사렛 예수의 관점에서 이해하였다. 그는 또한 오늘날 브라질의 농장에서 고통당하는 사람들, 남아프리카의 재정착지에 버림받은 사람들의 편에 있는 자이다. 이 모델에서는 영원한 구원만을 제공하는 그리스도만으로 만족할 수 없으며 억압의 희생자들에 대하여 고뇌하고 땀흘리며 피흘리는 그리스도에게 관심을 둔다.

가현설에 기울어서 예수의 인성을 그의 신성을 감추고 있는 베일로만 이해하는 서구의 부르조아 교회들을 비판한다. 이러한 부르조아 교회들은 자신에 대하여 이상주의적인 이해를 가지며 누구 편에 서는 것을 거부하며 자신이 주인들이나 노예들, 부자나 가난한 자, 억압자나 피억압자 모두에게 안식처를 제공하고 있다고 믿는다. "희생자들과의 연대"를 실천하지 않기 때문에(Lamb 1982) 그러한 교회는 그 적절성을 상실하였다. 복음의 사회적 정치적 차원을 떼어냈기 때문에 복음을 완전히 변형시켰다.

본서에서의 초대교회의 선교 이해 연구, 특히 누가복음은 이러한 관점의 타당성을 입증했다. 서구교회들은 캘러(Kähler)의 유명한 문구처럼 복음서들을 "광범위한 서론들(extensive introductions)을 가진 고난의 역사"로 읽으려는 유혹을 받아왔다. 적어도 1980년 멜버른 CWME(세계교회협의회 선교복음전도위원회)회의 이래로 에큐메니칼 운동에서 수용되어 왔던 성육신에 대한 최근의 강조는 이 "광범위한 서론들"에 우리의 주위를 환기시키고 있다.

멜버른에서 대체적으로 "지상의 예수, 유대인, 나사렛 사람에 초점을 두었는데 단순한 갈릴리 사람이자 고난 받고 십자가에서 처형당한 자"였다(J. Matthey; WCC 1980:ix). "예수의 실천"(Echegaray 1984)은 참으로 오늘날 선교의 본질과 내용에 관하여 많은 것을 시사한다.

2) 십자가

앞에서 인용한 캘러(Kähler)의 문구는 가톨릭과 개신교를 포함하는 서구교회의 예수의 고난과 십자가 죽음에의 집착을 드러내 준다.

복음의 본질이 무엇인가?

이러한 질문에 대하여 대부분의 기독교인들은 "그리스도가 나의 죄를 위해 십자가에서 죽은 것"이라고 대답할 것이다. 속죄 교리를 논의하지 않은 채 그러한 견해가 성경적 기초를 가지고 있다고 말하는 것으로 충분할 것이다. 마가복음 10:45와 바울의 여러 언급들에 따르면, 초대교회의 많은 사람들이 그리스도가 성전을 대치하는 새로운 "속죄의 장소"로 이해했다는 결론에 이를 것이다(Pesch 1982:41). 그를 구원자로 받아들이는 사람들은 죄 용서을 받는다. 이것은 그들이 교회라 불리는 새로운 구원의 공동체, 하나님과의 특별한 관계가 있는 사람들의 독특한 몸의 일원이 되는 길을 열어 준다.

그러나 예수의 십자가 죽음은 그의 삶과 분리되어서는 안된다. 복음서의 "막대한 도입부들"은 그 자체로서 이미 고난의 이야기이다. 예수의 자기 비움(헬라어 *kenosis*)은 그의 출생에서 시작되었다. 십자가 죽음은 그가 주변부의 사람들과 함께 하고 당시의 관행을 따라 행동하는 것을 거부했기 때문이었다.

그러나 이것 이상이 있다. 예수의 십자가는 참으로 기독교 신앙이 구별되는 증표이다(Moltmann 1975:4). 그리고 부활한 그리스도가 자신이 아버지로부터 수여 받았던 동일한 선교를 수행하도록 제자들을 보냈을 때 자신이 누구인지를 제자들에게 보여준 것은 다름 아닌 그의 고난의 상흔이었다(요 20:20). 십자가가 없으면 기독교는 값싼 은혜의 종교가 되고 말 것이다(Koyama 1984:256-261).

십자가는 어떤 사람에게도 거슬리는 것이 된다. 그것은 자연스럽지 않다. 그리고 카프라(Capra) 같은 사람들이 주장하듯이 포스트모던시대에 종교가 다시 한 번 받아들일만하고 자연스럽다고 한다면 십자가의 종교는 결코 자연스럽지 않다는 점이 지적되어야 한다. 십자가는 어떤 종교성에 대하여도 영원히 위험스런 것이다(Josuttis 1988; Koyama 1984:240-261).

부활한 주님의 상흔은 예수의 정체성을 입증할 뿐 아니라 그로부터 보냄을 받은 사람들이 본받아야 할 모델이다. "아버지께서 나를 보낸 것 같이 나도 너희를 보내노라"(요 20:21). 본회퍼의 "타자를 위한 교회" 개념의 지극한 타당성을 여기서 볼 수 있는데 자기를 비우는 선교, 겸손한 봉사이다. 국제적인 선교회의들 중에서 십자가 신학이 부각된 회의는 특별히 예루살렘(1928)과 윌링겐(1952)에서였다.

윌링겐회의는 "교회의 선교 의무"라는 주제 하에 개최되었다. 그러나 출간된 회의 보고서의 제목은 "십자가 아래에서의 선교"였다. 하르텐스타인(Hartenstein)은 윌링겐회의에 대하여 말하기를 모든 선교는 겸손 속에서의 진리을 위한 사역이라고 했다(van't Hof 1972:160에서 인용). 십자가의 임재 속에서 선교하는 교회들은 선교에 참여하기 전에 회개해야 한다. 케제만(Käsemann)은 멜버른 회의에서 연설하면서 이렇게 말했다.

"회개하지 않는 교회는 자신의 실재를 부인하고 자신을 위해 죽은 주님을 거절하는 것이다… 이 교회들은 우리의 모든 죄가 밝혀지고 우리의 인간성이 그와 함께 못박히는 곳인 십자가 아래 서지 못한다"(WCC 1980:69).

바울은 자신이 사도이자 선교사인 것은 매일 죽는 자신의 죽음에도 불구하고가 아니라 그 죽음 때문이라는 것을 자각했다(고전 15:31; 고후 12:10).

"그리스도가 어떤 한 사람을 부를 때 그에게 와서 죽으라고 명한다고 본회퍼는 고투 중인 독일 교회 가운데서 기술했다"(West 1971:223에서 인용).

여기에 십자가의 선교적 의미가 있다. 즉

"고난은 역사 속에서의 신적 활동 형태이다… 교회의 세상 속에서의 선교 역시 고난이다… 그것은 하나님의 실존과 세상에의 참여이다"(Schütz 1930:245).

십자가는 소원해진 개인들 간의, 집단들 간의, 억압자와 피억압자 간의 화해를 또한 뜻한다. 물론 화해는 갈등하는 집단 들 간의 단순한 감상적인 조화를 뜻하지 않는다. 그것은 아주 다르면서도 아주 실제적인 방식으로 억압자와 피억압자 모두로부터 희생을 요구한다. 그것은 억압과 불의의 종식을 요구하고 상호성, 정의, 평화의 새로운 삶으로의 헌신을 요구한다.

그러나 이러한 확신을 손상하지 않으면서 또한 인간적 수단에 의해 수리될 수 없는 잘못들이 있음을 인식해야 하며 "무력하거나 절망적인 죄책감"이나 "정의는 우리의 정의가 되어야 하며 변상함으로서 죄책감을 씻어야 하거나… 단순히 행위를 통해서 우리의 좌절을 극복해야 한다"라는 생각에 빠져서는 안된다.

세계의 도덕 선생들 중에서 그리스도만이 모든 것을 도덕적 성공에 두지 않는다. 따라서 화해와 더불어 선교학적으로 말해서 십자가는 또한 원수에 대한 사랑의 사역, 용서의 사역을 뜻한다. "자신을 내어주고 죽기까지 대가를 치루더라도 사랑하는 것은 가치 있다"는 확신이다(Segundo 1986:152). 예수가 자신의 생명을 내어 준 것은 무엇보다도 이를 위해서 였다고 베이커(Baker 1986:162)는 말한다. 베이커는 스타렛츠 실루안(Staretz Silouan)의 말을 이렇게 인용한다.

"원수를 사랑하지 않으면 그리스도를 따르지 않는 것이다."

이것은 아주 힘든 말인데, 어떤 형태의 자기 의도 절대적으로 종식시키기 때문이다. 따라서 십자가는 또한 비평적인 범주이다. 그것은 우리가 강력하고 확신에 차 있을 때 선교가 성취되는 것이 아니라 우리가 약하고 어쩔 줄 몰라할 때 성취된다는 것을 말해 준다. 우리가 하는 어떤 것도 십자가의 심판으로부터 면제되지 않는다. 용서받을 필요가 없는 의로운 행위는 없는데 특히 오늘 정의를 위해 작용하는 권력이 내일은 불의할 수 있기 때문이다(West 1971:229; Henry 1987:279 참조).

3) 부활

동방교회에서 무엇보다도 중요한 하나님의 구원 사건은 그리스도의 부활이다. 멜번회의(1980)를 기획한 사람들은 제4부의 주제를 "십자가에 달린 그리스도가 인간 권력을 도전한다"라고 명명했다. 그러나 정교회 참가자들은 그 공식을 비판했다. 그래서 주제명을 재조정했는데 "십자가에 달리고 부활한 그리스도가 인간 권력을 도전한다"라고 했다. 동방정교회의 개입은 적절했다. 예수의 십가가 죽음은 부활이 없다면 무의미하다. 초대 기독교인들은 부활의 사건을 예수를 입증한 사건으로 보았다.

십자가와 부활은 서로 균형을 이루지 않는다. 부활은 십자가에 대한 승귀이고 승리이다(Berkhof 1966:180). 초대교회 선교 메시지의 가장 공통적인 요약은 그리스도의 부활에 대한 증거였다. 그것은 기쁨, 희망, 승리의 메시지였고 원수에 대한 하나님의 궁극적인 승리의 첫 열매였다. 그리고 신자들은 이와 같은 기쁨과 승리를 이미 공유한다.

이것은 신성화(헬라어 *theosis*), 즉 동방정교회의 신성화의 교리가 뜻하는 바이다. 그것은 "부패하지 않는 삶"의 시작이다(로마의 클레멘트). 눈으로 보이는 모든 것이 바뀌지 않는 것처럼 보일지라도 그리스도의 부활 속에서 미래의 힘이 이미 현재 속으로 흘러 들어와서 변화시킨다. 그리스도인의 삶은 두 평면 위에서 계속된다(Segundo 1986:159). 하나님의 약속과 우리의 희망은 인간 역사 속에서 완전히 실현되기 전일지라도 이미 그리스도 안에서 현실이다. 그리스도 안에서 영원은 시간 속으로 들어왔고 생명이 죽음을 정복했다(Memorandum 1982:463).

선교학적으로 이것은 첫째 우리의 선교 메시지의 핵심 주제가 그리스도의 부활이고 결과적으로 둘째 교회가 현재 여기서 부활의 삶을 살도록 부름을 받으며 죽음과 파괴의 힘과 대조를 이루는 표식이 되어야 한다는 것이다. 현대의 우상들과 절대화된 거짓들의 가면을 벗기라는 부름을 받는다(Memorandum 1982:463).

4) 승귀

칼빈주의 전통은 승귀에 초점을 둔다고들 말한다. 존 칼빈에 따르면 그리스도인들은 승귀와 재림 사이에 살고 있다. 이러한 입장에서 그들은 그들의 선교가 무엇인지를 이해하려고 한다(Krass 1977:1 참조). 승귀는 무엇보다도 십자가에 달리고 부활한 그리스도의 즉위를 상징한다. 그는 이제 왕으로서 다스린다. 그리고 우리가 십자가와 빈 무덤을 돌아보고 모든 것의 완성을 고대하는 것은 그리스도의 현재적 통치의 관점으로부터이다.

기독교 신앙은 시작된 종말론을 특징으로 한다(:10). 이것은 교회가 하나님의 통치의 현재적 구현인 것처럼 교회에 해당할 뿐 아니라 하나님의 활동 무대인 사회, 역사에 대해서 마찬가지이다(:8). 구원역사는 세속사와 대립되지 않으며 은혜는 자연과 대립되지 않는다. 그러므로 일반 사회로부터 나와서 작은 기독교 섬을 만드는 것은 하나님의 역사를 축소하고 분리시키는 것이다(:5). 그러므로 칼빈주의 전통에는 인간과 세상 역사 속에서 성취될 수 있는 것을 향한 긍정적인 태도가 있다.

성육신에 대한 강조와 함께 이러한 신학적 전통이 다른 어떤 전통보다도 에큐메니칼 운동에 심오한 영향을 끼쳤다고 혹자는 말할지 모른다. 그것은 그리스도의 생명의 질서가 이미 강력하게 세상을 통해 전개되고 있다는 견해에 충실하다(Berkhof 1966:170). 이러한 관점에서의 선교는 기독교인들이 사회적 영역에서 정의와 평화에 헌신해야 한다는 것이 당연하다는 것을 말해 준다. 하나님의 통치는 아직 완성되지 않았을지라도 실제이다. 우리는 그것을 시작할 수 없지만 우리는 그것이 보다 가시적이고 실재적이 되도록 도울 수 있다. 이러한 불의한 세상 속에서 우리는 하나님의 통치의 가치들에 헌신하는 공동체가 되고 계속적으로 권력과 자기애의 신들을 경배하는 사람들에 대한 하나님의 심판을 선포하도록 부름 받는다. 멜번회의의 제4부 3항은 "하나님의 통치에 대한 선포는 하나님에 대한 죄로 인해 부패한 세상 속에서 사악해진 권력과 구조들을 도전하는 새 질서에 대한 선언이다"라고 했다(WCC 1980:210).

그러나 승귀의 영광은 십자가의 고뇌와 긴밀히 연결되어 있다. 멜번 회의 보고서(Section IV.3)는 또한 "희생된 어린 양의… 가장 현저한 이미지는 죽임을 당했으나 이제는 살아서 살아계신 하나님과 함께… 보좌를 공유하고 있다"고 언급하고 있다. 마찬가지로 요한복음 12:32의 예수의 말씀 "내가 땅에서 들리면"은 전통적으로 십자가상에서 "들림"과 그의 승귀를 모두 가리키는 것으로 해석되어왔다. 우리가 선교하면서 선포하는 주님은 여전히 고난의 종이다.

"자기 희생적 사랑의 원리는… 우주 실재의 중심부에 놓여 있다"(:210).

그리고 이러한 원리는 우리의 선교 실천에서 투명해야 한다. 따라서 멜번회의가 성육신한 예수의 약함과 승귀한 그리스도의 권능이 모두 경축된 회의였다는 점은 이상하지 않다. 특히 케제만(Käsemann)은 십자가에 달린 자의 정체성과 주(Kyrios)를 함께 강조했다.

5) 오순절

오순절 운동과 은사 운동은 오순절 사건을 무엇보다도 하나님의 행위로서 보는 경향이 있다. 혹자는 성부 하나님에게 강조를 두었던 교회 역사시대가 있었고 그 다음에 성자의 시대, 특히 20세기의 시작 이래로는 성령의 시대에 들어왔다고 말한다. 이러한 새로운 세대 속에서 우리는 하늘과 끊없는 황홀함의 모든 부를 추구한다. 따라서 이러한 진영들에서는 기적 사건들의 발생을 주장하고 산 정상의 경험이 계속 일어나는 것을 기뻐한다.

이와 같은 오순절에 대한 해석의 타당성을 부인하지 않은 채 나는 선교학적 관점에서 그 이상으로 말할 것이 있다.

첫째, 부활한 그리스도가 제자들로부터 이스라엘 나라의 회복에 대한 질문을 받았을 때 그는 증거의 성령을 약속하는 것으로 응답하였다. 본서의 앞장에서 누가의 저작들을 검토하면서 성령이 적대와 반대에 직면했을 때 담대함을 주는 영(헬라어 parresia)이라는 것을 우리는 알 수 있었다. 따라서
"교회는 그리스도의 영의 능력 속에서 그의 선교를 계속한다"(Memorandum 1982:461).

둘째, 성령의 시대는 교회의 시대이다. 그리고 성령의 권능 속에 있는 교회는 (Moltmann 1977) 교회 자체가 자신이 선포하는 메시지의 일부이다. 교회는 하나님의 사랑이 교회의 매일의 삶에서 실현되고 정의와 의가 현존하고 활동하는 교제의 모임(헬라어 koinonia)이다. 우리는 이러한 공동체를 무시해서는 안되며 그것은 금지되어야 한다(Lochman 1986:70). 그것은 독특한 공동체이지만 하나의 클럽이나 집단 거주지가 아니다.

성령은 그의 유일한 임무가 교회를 유지하고 바깥 세상으로 부터 교회를 보호하는 것인 것처럼 교회에 의해 볼모로 잡혀 있어서는 안된다. 교회는 전체 인간 공동체의 유기적이고 필수적인 일부로서만 존재하는데 "그 이유는 교회가 자신의 삶이 전체 인간 공동체로부터 독립적으로 있을 때 의미 있다고 생각하려고 하자마자 교회는 자신의 존재를 정당화할 수 있는 유일한 목적을 저버리기 때문이다"(Baker 1986:159).

세째, 교회의 예배, 성찬식도 이러한 준거틀 밖에 있지 않다. 동방교회는 성찬식이 교회의 모든 활동들 중에서 가장 선교적인 활동이라고 가르친다(Bria 1975:248 참조). 한편으로 그것은 다가오는 하나님의 승리에 대한 기념이자 고대이다(Moltmann 1977:191, 196, 242-275). 다른 한편으로 우리가 성찬식을 기념할 때마다 우리의 양식을 배고픈 사람들과 나누라는 초대이다(Melbourne, Section III.31[WCC 1980:206]; Memorandum 1982:462).

6) 재림

1세기 이래로 그리스도의 재림에 우선적으로 초점을 두는 강림주의자들이 있어 왔다. 그들은 하나님의 통치를 완전히 미래의 실재로 간주하고 이 세상을 악한 자의 손아귀에 있는 눈물의 계곡으로 보는 경향이 있었다. 이와 같은 모델에서는 교회는 단순히 영원을 기다리는 대기실일 뿐이다. 신실한 자들의 눈은 그리스도가 주님으로서 돌아와 눈 깜박 할 사이에 만물을 바꾸는 먼 지평선과 구름 위에 고정되어 있다.

이러한 관점은 기독교 신앙은 미래를 가장 우선적으로 한다. 부활한 그리스도 자신이 미래, 모든 나라를 위한 보편적 미래를 소유할 때만 선교는 비로소 이해가 된다(Moltmann 1967:83). 이것은 특히 바울의 선교신학으로부터 부상했는데 바울에게는 선교는 다가오는 하나님의 승리의 비전에 대한 응답이었다. 세군도(Segundo 1986:179)는 바울의 종말론이 예수에 집중하는 것을 주목하면서 인간 역사에 진정한 의미를 줄 수 있는 유일한 종말론이라고 피력한다. 진정한 종말론에서는 하나님의 정의 및 평화의 궁극적인 통치의 비전은 강력한 자석처럼 역할을 하는데 현재가 공허하기 때문이 아니라 엄밀하게 말해서 하나님의 미래가 이미 침입했기 때문이다.

교회는 세상이 아니다. 왜냐하면 하나님의 통치가 이미 그 안에 임재하기 때문이다. 따라서 교회와 세상간의 화합(unity)은 오직 변증법적으로 희망 속에서, 다시 말하면 하나님의 통치의 빛 속에서 인식되고 실천될 수 있다(Lochman 1986:68). 그러나 또한 교회는 하나님의 통치가 아니다. 교회는 하나님의 통치를 독점하지 않으며 그것을 자신을 위해 주장하면 안되며 세상을 대적하여 실현된 하나님 나라로 자신을 제시해서는 안된다(:69).

하나님 나라는 교회 안에서 결코 완전하게 임재하지 않을 것이다. 하지만 인간 공동체의 갱신이 시작하는 것은 교회 안에서이다(:70). 그러나 하나님의 통치와 새 땅과 새 인류의 선봉으로서 교회는 종말의 도래를 유발하려거나 자신을 종말을 위해 보존하려고 해서는 안된다.

이 두 자리는 교회의 선교가 취한다(Moltmann 1967:83; 1977:196). 선교하는 교회는 자신의 예비적 성격과 우발성을 인정한다(Küng 1987:122). "기대에 찬 복음 전도"(Warren 1948:133-145)를 하면서 교회는 항상 자신의 폐기를 고대한다. 자신의 임시적 성격을 인식하면서 교회는 모든 사람들의 갱신과 공동체를 이루는 힘으로서 인류 속에서 살고 사역한다(Limouris 1986:167).

3. 선교는 어디로?

여섯 개의 기독론적 구원 사건들은 서로 분리시켜서 생각해서는 안된다. 우리는 선교하면서 성육신하고 십자가에 달리고 부활하고 승귀한 그리스도, 성령 안에서 우리 가운데에 임재하고 우리를 "그의 승리의 행진의 포로들"로 그의 미래로 이끄는 그리스도를 선포한다(고후 5:14). 이들 각각의 사건은 다른 모든 사건들에게 영향을 준다.

이 점을 망각하면 우리는 세상에 분절된 복음을 전하게 된다. 본디오 빌라도 아래서 십자가에 달린 나사렛 사람의 그림자는 그의 부활의 영광과 승귀, 성령의 오심, 그의 재림 위에 떨어진다. 그의 교회 안에서 성령으로 사는 자는 바로 제자들과 함께 길을 걸었던 예수이다(엡 2:20). 죽음에서 부활한 자는 십자가에 달렸던 자이다. 하늘로 올린 자는 십자가 위에 올려졌던 자이다. 역사를 완성할 자는 죽임을 당했으나 살아있는 어린 양이다.

그러나 누가, 어느 교회가, 어느 집단의 사람들이 그러한 소명에 합당한가? (고후 2:16).

이것은 모트(Mott)가 에딘버러 세계선교대회 직전에 캘러(Kähler)에게 한 질문이었다.

"당신은 세계 모든 곳에 전파할만한 기독교 형태를 우리가 현재 본국에 가지고 있다고 생각하는가?"(Kähler 1971:258)

오늘날 우리는 모트처럼 순진한 표현의 질문을 하지 않을 것이다. 그러나 그 질문은 계속 우리에게 맴돈다. 모든 방면에서 기독교 선교는 공격을 받고 있으며 심지어 그 자체 안에서도 이다. 루티(Rütti 1972, 1974)에 의하면 전체 근대 선교 사업은 구제할 수 없을 정도로 서구 식민주의에 기원을 두고 있거나 그것과 가까워서 오염되어 있다.

1971년 쿠알라룸푸르의 한 회의에서 에메리토 낙필(Emerito Nacpil 1971:78)은 선교를 가리켜 "제3세계의 부상하는 세대들 중에서 서구 제국주의의 상징"이라고 묘사했다. 아시아인들은 선교사들 속에서 고난받는 그리스도를 보지 못하고 자선하는 괴물을 본다. 그는 결론적으로 이렇게 말했다.

"현재의 선교 구조는 죽어 있다. 우리가 해야 할 첫 번째 일은 그것을 칭송하고 난 다음 묻는 것이다."

선교는 복음의 가장 큰 적인 것처럼 보인다. 참으로

"현 체계 하에서 선교사가 오늘날 아시아를 위해 할 수 있는 최대의 선교 봉사는 본국으로 가는 것이다!"(:79)

같은 해에 케냐의 존 가투(John Gatu)는 뉴욕의 회중들에게 처음으로 연설하고 이어서 밀워키의 미국개혁교회회의에서 연설하면서 서구 선교사들이 아프리카에서의 선교 활동을 중단할 것을 제안했다. 이보다 훨씬 일찍 본회퍼는 게쉬타포 감옥에서 독일교회에 대하여 다음과 같이 기술했다.

> 지난 세월 동안에 마치 자신의 보존만이 유일한 목적인 듯 힘써 왔던 우리 교회들은 화해와 구속의 말씀을 인류와 세계에 전할 능력이 없다. 그러므로 우리가 이전에 했던 말들은 그 힘을 상실하고 그치게 되어 있고 오늘날 그리스도인이라는 것은 두 가지에 국한된다: 기도와 사람들 중에서의 의로운 행위(1971:300).

본회퍼는 아마도 교회의 해외선교 사업 역시 자기보존을 위한 싸움으로 보았을 것이다. 본회퍼와 마찬가지로 주저함 없이 제임스 헤이씨그(James Heissig 1981)는 기독교 선교를 가리켜 "이기적인 전쟁"이라고 했다."

이러한 저자들이 제안하는 것과는 대조적으로 그들은 새로운 현상을 묘사하고 있지 않다. 대부분의 교회 역사를 통해 경험된 상태는 개탄할만 하다. 이것은 예수의 첫 제자들 중에서도 사실이었고 그 이후로 변하지 않았다. 우리는 정설(orthodoxy)과 믿음에는 상당히 능했으나 정통행위(orthopraxis)와 사랑에는 빈약했다. 벤 더 알스트(Van der Aalst 1974:196)는 옳은 믿음에 대하여 수많은 회의들이 있어 왔지만 서로 사랑하라는 대계명의 함의점을 모색하는 회의는 없었다고 지적한다.

그러므로 교회가 선교 사역을 할 "권리"가 있었던 적이 있었냐고 우리는 질문할 수 있다. 닐(Neill)이 말한 것은 자신의 연약함을 자랑했던 위대한 선교사로부터 자신을 "선교사"라고 부르는 모든 사람들에게 이르기까지 모든 선교사들에게 적용된다.

"그들은 대체적으로 약하고 그렇게 지혜롭지 못하고 그렇게 거룩하지 않고 그렇게 참을성 있는 사람들이 아니었다. 그들은 대부분의 계명을 어겼고 상상할 수 있는 모든 실수에 빠졌다"(1960:222).

선교를 비판한 사람들은 선교가 서구 선교사들이 영혼을 구원하고 교회를 세우고 자신들의 방식과 의지를 다른 사람들에게 부과한 것뿐이라는 전제로부터 항상 개진한다. 그러나 우리는 선교를 전적으로 경험적인 프로젝트에 결코 한정할 수 없다. 그것은 관찰할 수 있는 선교 사업보다 항상 더 큰 것이다. 또한 선교는 선교 사업과 완전히 결별되어서는 안된다. 선교는 교회의 선교 프로그램들(missoines ecclesiae)을 교회 속에 포함시키고자 하는 하나님의 선교(*missio Dei*)이다. 선교를 "감당"하는 것은 교회가 아니다. 교회를 이루는 것은 하나님의 선교(*missio Dei*)이다.

교회의 선교는 계속적으로 갱신되고 재고되어야 한다. 선교는 다른 종교들과의 경쟁이 아니고 개종 활동이 아니며 신앙을 확산하거나 하나님 나라를 세우는 것이 아니다. 또한 사회적, 경제적, 정치적 활동이 아니다. 그러나 이러한 모든 것들은 가치가 있다. 따라서 교회의 관심은 개종, 교회성장, 하나님의 통치, 경제, 사회, 정치이다. 그러나 다른 방식으로 이다!(Kohler 1974:472).

하나님의 선교(*missio Dei*)는 교회를 정화한다. 그것은 교회를 십자가 아래 둔다. 십자가는 교회가 안전할 수 있는 유일한 장소이다. 십자가는 굴욕과 심판의 장소이지만 또한 갱신과 새 출생의 장소이다(Neill 1960:223). 십자가의 공동체로서 교회는 단지 "교회 신자들"이 아니라 하나님 나라의 교제이며 "종교 기관"이 아니라 출애굽 공동체이다. 교회는 사람들을 잔치에 끝없이 초대한다(Moltmann 1977:75).

이러한 관점에서 볼 때 선교는 미래를 건 그리스도인들의 예수의 해방하는 선교에의 참여이다(Hering 1980:78). 그것은 세상을 위해 한 공동체의 증거 속에서 성육신되는 하나님의 사랑에 대한 좋은 소식이다.

참고문헌

AAGAARD, Anna Marie. 1974. *Missio Dei* in katholischer Sicht, *Evangelische Theologie* vol 34, pp. 420-433.

AAGAARD, Johannes. 1965. Some Main Trends in Modern Protestant Missiology, *Studia Theologica* vol 19, pp. 235-259.

――― 1967. *Mission, Konfession, Kirche: Die Problematik ihrer Integration im 19. Jahrhundert in Deutschland*(two volumes) Lund: Gleerup.

――― 1973. Trends in Missiological Thinking During the Sixties, *International Review of Mission* vol 62, pp. 8-25.

ADAM, Alfred. 1974. Das Möuchtum der Alten Kirche, in Frohnes & Knorr, pp. 86-93.

ALBERTZ, Rainer. 1983. Die "Antrittspredigt" Jesu im Lukasevangelium auf ihrem alttestamentlichen Hintergrund, *Zeitschrift für die Neutestament-liche Wissenschaft* vol 74, pp. 182-206.

ALLEN, Roland. 1956. *Missionary Methods: St. Paul's or Ours?* London: World Dominion Press(first published in 1912).

――― 1962. *The Ministry of the Spirit: Selected Writings by Roland Allen*, ed. David M. Paton. Grand Rapids: Eerdmans.

ANASTASIOS of Androussa. 1965. The Purpose and Motive of Mission, *International Review of Mission* vol 54, pp. 281-297.

――― 1989. Orthodox Mission-Past, Present, Future, in George Lemopoulos(ed), *Your Will Be Done: Orthodoxy in Mission*. Geneva: World Council of Churches, pp. 63-92.

ANDERSEN, Wilhelm. 1955. *Towards a Theology of Mission: A Study of the Encounter Between the Missionary Enterprise and the Church and Its Theology*. London: SCM Press.

ANDERSON, Gerald H. 1988. American Protestants in Pursuit of Mission: 1886-1986, *International Bulletin of Missionay Research* vol 12, pp. 98-118.

ANDERSON, Hugh. 1964. Broadening Horizons. The Rejection at Nazareth Pericope of Luke 4:16-30 in Light of Recent Critical Trends, *Interpretation* vol 18, pp. 259-275.

ARING, P.G. 1971. *Kirche als Ereignis: Ein Beitrag zur Neuorientieung der Missions-theologie*. Neukirchen-Vluyn: Neukirchener Verlag.

APPIAH-KUBI, Kofi & TORRES, Sergio(eds). 1979. *African Theology En Route*. Maryknoll, New York: Orbis Books.

ARMSTRONG, James. 1981. *From the Underside: Evangelism from a Third World Vantage Point*. Maryknoll, New York: Orbis Books.

AUF DER MAUR, Ivo. 1970. Die Aussagen des II. Vatikanischen Konzils über Mission und Ökumene, in Stirnimann, pp. 81-102.

AUS, Roger D. 1979. Paul's Travel Plans to Spain and the "Full Number of the Gentiles" of Rom Xl 25, *Novum Testamentum* vol 21, pp. 232-262.

BADE, Klaus J. (ed). 1982. *Imperialismus und Kolonialmission: Kaiserliches Deutsch-land und koloniales Imperium*. Wiesbaden: Franz Steiner Verlag.

BAKER, John. 1986. A Summary and Synthesis, in Limouris, pp. 152-162.

BAKER, L.G.D. 1970. The Shadow of the Christian Symbol, in Coming, pp. 17-28.

BARRETT, David B. 1982. *World Christian Encyclopedia*. Nairobi: Oxford

University Press.

――― 1990. Annual Statistical Table on Global Mission: 1990, *International Bulletin of Missionary Research* vol 14, pp. 26f.

BARRETT, David B. & REAPSOME, James W. 1988. *Seven Hundred Plan to Evangelize the World: The Rise of a Global Evangelization Movement*. Birmingham: New Hope.

BARROWS, J.H. (ed). 1893. *The World's Parliament of Religions*(two volumes). Chicago: The Parliament Publishing Co.

BARTH, Gerhard. 1965. Das Gesetzverständnis des Evangelisten Matthäus, in Bornkamm, Barth & Held, pp. 54-154.

BARTH, Karl. 1933. *Theologische Existenz Heute!* Munich: Chr. Kaiser.

――― 1956. *Church Dogmatics IV*/1. Edinburgh: T. & T. Clark.

――― 1957. Die Theologie und die Mission in der Gegenwart, in *Theologische Fragen und Antworten* vol 3. Zollikon-Zürich: Evangelischer Verlag, pp. 100-126(first published in 1932).

――― 1958. *Church Dogmatics IV*/2. Edinburgh: T. & T. Clark.

――― 1961. *Church Dogmatics IV*/3 (first half). Edinburgh: T. & T. Clark.

――― 1962. *Church Dogmatics IV*/3 (second half). Edinburgh: T. & T. Clark.

――― 1978. *Church Dogmatics I*/2. Edinburgh: T. & T. Clark.

BARTON, Bruce. 1925. *The Man Nobody Knows: A Discovery of the Real Jesus*. Indianapolis: The Bobbs-Merrill Co.

BASSHAM, Rodger C. 1979. Mission *Theology 1948-1975: Years of Worldwide Creative Tension, Ecumenical, Evangelical, and Roman Catholic*. Pasadena: William Carey Library.

REAVER, R. Pierce. 1961. Eschatology in American Missions, in Basileia(Walter Freytag zum 60. Geburtstag). Stuttgart: Evans. Missionsverlag, pp. 60-75.

――― 1977. (ed) *American Missions in Bicentennial Perspective*. Pasadena:

William Carey Library.

——— 1980. *American Protestant Women in World Mission: The History of the First Feminist Movement in North America*. Grand Rapids: Eerdmans.

BEINERT, Wolfgang.1983. Jesus Christus, der Erlöer von Süde und Tod. Üerblick über die abendländische Soteriologie, in Rivinius, pp. 196-221.

BEKER, J, Christiaan. 1980. *Paul the Apostle: The Triumph of God in Life and Thought*, Philadelphia: Fortress Press.

——— 1984. *Paul's Apocalyptic Gospel: The Coming Triumph of God*. Philadelphia: Fortress Press(2d printing).

——— 1988. Paul's Theology: Consistent or Inconsistent? *New Testament Studies* vol 34, pp. 364-377.

BERGQUIST, James A. 1986. "Good News to the Poor"— Why does this Lucan Motif appear to run dry in the Book of Acts?, *Bangalore Theological Forum* vol 28, pp. 1-16.

BERKHOF, Hendrikus.1964. *The Doctrine of the Holy Spirit*. Richmond: John Knox.

——— 1966. *Christ the Meaning of History*. London: SCM.

——— 1979. *Christian Faith*. Grand Rapids: Eerdmans.

BERKOUWER, G. C. 1979. *The Church*. Grand Rapids: Eerdmans(first published in 1976).

BERNSTEIN, Richard J, 1985. *The Restucturing of Social and Political Theory*. London: Methuen & Co(first published in 1976).

BEYERHAUS, p. 1969. *Humanisierung*—Einzige Hoffnung der Welt? Bad Salzuflen: MBK-Verlag.

BEYREUTHER, Erich. 1960. Mission und Kirche in der Theologie Zinzendorfs, *Evangelische Missionszeitschrift* vol 17, pp. 65-76, 97-113.

——— 1961. Evangelische Missionstheologie im 16. und 17 Jahrhundert, *Evangelische Missionszeitschrift* vol 18, pp. 1-10, 33-43.

BIEDER, Werner. 1964. *Das Mysterium Christi und die Mission*. Zürich: EVZ-Verlag.

──── 1965. *Gottes Sendung und der missionarische Auftrag der Kirche nach Matthäs, Lukas, Paulus und Johannes*(Theologische Studien 82). Zürich: EVZ-Verlag.

BLANKE, Fritz. 1966. *Missionsprobleme des Mittelalters und der Neuzeit*. Zürich/Stuttgart: Zwingli Verlag.

BLASER, Klauspeter. 1978. *Gottes Heil in heutiger Wirklichkeit*. Frankfurt/Main: Otto Lembeck.

BLEI, K. 1980. Kerk voor de wereld, *Kerk en Theologie* vol 31, pp. 1-21.

BLOOM, Allan. 1987. *The Closing of the American Mind*. New York: Simon & Schuster.

BOER, Harry. 1961. *Pentecost and Missions*. London: Lutterworth.

BOERWINKEL, Feitse. 1974. *Einde of nieuw begin? Onze maatschappij op de breuklijn*. Bilthoven: Amboboeken.

BOESAK, Allan A. 1982. *Farewell to Innocence*. Maryknoll, NY: Orbis Books.

BOFF, Leonardo. 1983. *The Lord's Prayer: The Prayer of Integral Liberation*. Maryknoll, New York: Orbis Books.

──── 1984. Integral Liberation and Partial Liberations, in L.& C. Boff, *Salvation and Liberation*. Maryknoll, New York: Orbis Books, pp. 14-66.

──── 1986. Ecclesiogenesis: *The Base Communities Reinvent the Church*. Maryknoll, New York: Orbis Books.

BONHOEFFER, Dietrich. 1971. *Letters and Papers From Prison*. The Enlarged Edition. London: SCM Press.

──── 1977. Thy Kingdom Come on Earth, *The Expository Times* vol 88, pp. 147-149(English summary of a sermon preached in 1932).

BORING, M. Eugene. 1986. The Language of Universal Salvation in Paul,

Journal of Biblical Literature vol 105, pp. 269-292.

BORNKAMM, G., BARTH, G., HELD, H.J. 1965. *Üerlieferung und Auslegung im Matthäusevangelium*. Neukirchen-Vluyn: Neukirchener Verlag(4, vermehrte Auflage).

BORNKAMM, Gunther. 1965a. Enderwartung und Kirche im Mätthaus-evangelium, in Bornkamm, Barth & Held, pp. 13-53.

―― 1965b. Der Auferstandene und der Irdische, Mt. 28:11-20, in: Bornkamm, Barth & Held, pp. 289-310.

―― 1966. The Missionary Stance of Paul in 1 Corinthians 9 and Acts, in *Studies in Luke-Acts*, ed. L. E. Keck & J. L. Martyn. Nashville: Abingdon, pp. 194-207.

BOSCH, David J. 1959. *Die Heidenmission in der Zukunftsschau Jesu: Eine Untersuchung zur Eschatologie der Synoptischen Evangelien*. Zürich: Zwingli Verlag.

―― 1980. *Witness to the World: The Christian Mission in Theological Perspective*. Atlanta: John Knox.

―― 1983. The Structure of Mission: An Exposition of Matthew 28:16-20, in Wilbert R. Shenk(ed), *Exploring Church Growth*. Grand Rapids: Eerdmans, pp. 218-248.

BOVON, Francois. 1985. *Lukas in neuer Sicht*. Gesammelte Aufsatze. Neukirchen-Vluyn: Neukirchener Verlag(=Biblisch-Theologische Studien No 8).

BRAATEN, Carl E. 1977. *The Flaming Center*. Philadelphia: Fortress Press.

BRADLEY, Ian. 1976. *The Call to Seriouness: The Evangelical Impact on the Victorians*. London: Jonathan Cape.

BRAGG, Wayne G. 1987. From Development to Transformation, in Vinay Samuel & Chris Sugden(eds), *The Church in Response to Human Need*. Grand Rapids: Eerdmans, pp. 20-51.

BRAKEMEIER, Gottfried. 1988. Justification, Grace, and Liberation

Theology: A Comparison, *The Ecumenical Review* vol 40, pp. 215–222.

BRAVER, J. 1984. Herausforderungen an das Christentum heute, in Küng & Tracy, pp. 11–17.

BREYTENBACH, Cilliers. 1984. *Nachfolge und Zukunftserwartung nach Markus*. Eine methodenkritische Studie. Zürich: Theologischer Verlag(Abhandlungen zur Theologie des Alten und Neuen Testaments vol 71).

――― 1986. Reconciliation: Shifts in Christian Soteriology, in W. S. Vorster(ed), *Reconciliation and Reconstruction: Creative Options for a Rapidly Changing South Africa*. Pretoria: Univ. of South Africa, pp. 1–25.

BRIA, Ion. 1975. The Church's Role in Evangelism—Icon or Platform?, *International Review of Mission* vol 64, pp. 243–250.

――― 1976. Renewal of the Tradition through Pastoral Witness, *International Review of Mission* vol 65, pp. 182–185.

――― 1980. Martyria/Mission: *The Witness of the Orthodox Churches Today*. Geneva: World Council of Churches.

――― 1986. *Go Forth in Peace: Orthodox Perspectives on Mission*. Geneva: World Council of Churches.

――― 1987. Unity and Mission from the Perspective of the Local Church: An Orthodox View, *The Ecumenical Review* vol 39, pp. 265–270.

BRIDSTON, Keith. 1965. *Mission Myth and Reality*. New York: Friendship Press.

BRIGHT, John. 1953. *The Kingdom of God: The Biblical Concept and Its Meaning for the Church*. Nashville: Abingdon.

BROWN, Schuyler. 1977. The Two-fold Presentation of the Mission in Matthew's Gospel, *Studia Theologica* vol 31, pp. 21–32.

――― 1978. The Mission to Israel in Matthew's Central Section(Mt. 9:35–11:1), *Zeitschrift für die Neutestamentliche Wissenschaft* vol 69, pp.

73-90.

—— 1980. The Matthean Community and the Gentile Mission, *Novum Testamentum* vol 22, pp. 193-221.

BRUEGGEMANN, Walter. 1982. The Bible and Mission: Some Interdisciplinary Implications for Teaching, *Missiology* vol 10, pp. 397-411.

BÜHLMANN, W. 1977. *The Third Church*. Maryknoll, New York: Orbis Books.

—— 1990. *With Eyes To See: Church and World in the Third Millennium*. Maryknoll, New York: Orbis Books.

BURCHARD, Chr. 1980. Jesus für die Welt. Über das Verhältnis von Reich Gottes und Mission, in F*ides pro mundi vita*. Hans-Warner Gensichen zum 65. Geburtstag. Gütersloh: Gerd Mohn, pp. 13-27.

BURROWS, William R. 1981. *New Ministries: The Global Context*. Maryknoll, New York: Orbis Books, first published 1980.

BUSSMANN, Claus. 1971. *Themen der paulinischen Missionspredigt auf dem Hintergrund der spätjudisch-hellenistischen Missionsli-teratur*. Bern: Herbert Lang; Frankfurt/Main: Peter Lang.

CAMPS, Arnulf. 1983. *Partners in Dialogue: Christianity and Other World Religions*. Maryknoll, New York: Orbis Books.

CAPP, Philip L. 1987. Eschatology: Its Relevance to Mission from an Evangelical Perspective, *Missionalia* vol 15, pp. 110-118.

CAPRA, Fritjof. 1983. *The Turning Point: Science, Society and the Rising Culture*. New York: Bantam Books(first published in 1982).

—— 1984. *The Tao of Physics: An Exploration of the Parallels Between Modern Physics and Eastern Mysticism*. New York: Bantam Books(24 ed., rev. and updated; first published in 1976).

—— 1987. Für ein neues Weltbild. Gespräch mit Fritjof Capra,

Evangelische Kommentare vol 20, pp. 519-522.

CARDENAL, E. 1976. *The Gospel in Solentiname* vol 3. Maryknoll, New York: Orbis Books.

CASTRO, Emilio. 1977. Some Awkward Questions, *One World* no 29, pp. 10f.

―――― 1978. Liberation, Development, and Evangelism: Must We Choose in Mission?, *Occasional Bulletin of Missionary Research* vol 2, pp. 87-90.

―――― 1985. *Freedom in Mission: The Perspective of the Kingdom of God*. Geneva: World Council of Churches.

CHANEY, Charles L. 1976. *The Birth of Missions in America*. Pasadena: William Carey Library.

―――― 1977. The Missionary Situation in the Revolutionary Era, in Beaver, pp. 1-34.

CHRISTENSEN, Torben, & HUTCHISON, William R.(eds).1982 *Missionary Ideologies in the Imperialist Era: 1880-1920*. Aarhus: Forlaget Aros.

CLARK, K. W. 1980. *The Gentile Bias and Other Essays*. Leiden: Brill(The first essay in the volume was originally published in 1947).

COCHRANE, James R. 1987. *Servants of Power: The Role of English-Speaking Churches in South Africa: 1903-1930*. Johannesburg: Ravan.

COLLET, Giancarlo. 1984. *Das Missionsverstandnis in der gegenwärtigen Diskussion*. Mainz: Matthias-Grünewald-Verlag.

COMMON WITNESS.1984. *Common Witness: A Study Document of the Joint Working Group of the Roman Catholic Church and the World Council of Churches*. Geneva: World Council of Churches(2d printing; first published in 1982).

CONN, Harvie M. 1983. *The Missionary Task of Theology: A Love/Hate Relationship?, Westminster Theological Journal* vol 45, pp. 1-21.

CONZELMANN, Hans. 1964. *The Theology of Saint Luke*. Translated by Geoffrey Buswell. London: Faber & Faber(3d impression).

COSTAS, Orlando E. 1982. *Christ Outside the Gate: Mission Beyond Christendom*. Maryknoll, New York: Orbis Books.

―――― 1989. *Liberating News: A Theology of Contextual Evangelism*. Grand Rapids: Eerdmans.

CRACKNELL, Kenneth, & LAMB, Christopher(eds). 1986. *Theology on Full Alert*(revised and enlarged ed.). London: British Council of Churches.

CRAGG, Kenneth. 1959. *Sandals at the Mosque: Christian Presence Amid Islam*. New York: Oxford University Press.

CRESR. 1982. *Evangelism and Social Responsibility: An Evangelical Commitment*. Exeter: Paternoster.

CROSBY, Michael H., OFMCap. 1977. *Thy Will Be Done: Praying the Our Father as Subversive Activity*. Maryknoll, New York: Orbis Books. London: Sheed & Ward.

―――― 1981. *Spirituality of the Beatitudes: Matthew's Challenge for First World Christians*. Maryknoll, New York: Orbis Books.

CRUM, Winston. 1973. The Missio Dei and the Church, *St. Vladimir's Theological Quarterly* vol 17, pp. 285-289.

CRUMLEY, James. 1989. Reflections on Twenty-Five Years After the Decree on Ecumenism, *Ecumenical Trends* vol 18, pp. 145-149.

CULLMANN, Oscar. 1965, *Heil als Geschichte: Heilsgeschichtliche Existenz im Neuen Testament*. Tübingen: Mohr.

CUMING, G.J,(ed). 1970. *The Mission of the Church and the Propagation of the Faith*. Cambridge: University Press.

DAECKE, Sigmund M. 1988. Glaube im Pluralismus: Gibt es eine postmoderne Theologie? *Evangelische Kommentare* vol 21, pp. 629-632.

DAHL, N. A. 1977a. The Missionary Theology in the Epistle to the

Romans, in *Studies in Paul: Theology for the Early Christian Mission*. Minneapolis: Augsburg Publishing House, pp. 70-94.

———— 1977b. The God of Jews and Gentiles(Romans 3:29-30), in *Studies in Paul*, pp. 178-191.

DAPPER, Heinz. 1979. *Mission-Glaubensinterpretation-Glauben-srealisation: EinBeitrag zur ökumenischen Missionstheologie*. Frankfurt/Main: Peter Lang.

DAVIES, W.D. 1966. *Worship and Mission*. London: SCM Press.

DAVIS, J. Merle. 1947. *New Buildings on Old Foundations: A Handbook on Stabilizing the Younger Churches in Their Environment*. New York & London: International Missionary Council.

DAWSON, Christopher. 1950. *Religion and the Rise of Western Culture*. London: Sheed & Ward.

———— 1952. *The Making of Europe*. New York: The New American Library(first published in 1932).

DE BOER, Martinus C. 1988. Paul and Jewish Apocalyptic Eschatology, in Marcus & Soards, pp. 169-190.

DE GROOT, A. 1988. De ene Schrift en de vole interpretatie-contexten: de her -meneutiek in de missiologie, in *Oecumenische inleiding*, pp. 155-166.

DE GRUCHY, J. W. 1986. The Church and the Struggle for South Africa, *Theology Today* vol 43, pp. 229-243.

———— 1987. *Theology and Ministry in Context and Crisis*. London: Collins.

DE JONG, J. A. 1970. *As the Waters Cover the Sea: Millennial Expecta-tions in the Rise of Anglo-American Missions 1640-1810*. Kampen: Kok.

DENNIS, James S. 1897, 1899, 1906. *Christian Missions and Social Progress: A Sociological Study of Foreign Missions*(three volumes). Edinburgh & London: 01iphant, Anderson & Ferrier.

DE SANTA ANA, Julio. 1977. *Good News to the Poor: The Challenge of the Poor in the History of the Church*. Geneva: World Council of Churches.

DIETZFELBINGER, Christian. 1985. *Die Berufung des Paulus als Ursprung seiner Theologie*. Neukirchen-Vluyn: Neukirchener Verlag.

DILLON, R. J. 1979. Easter Revelation and Mission Program in Luke 24:46-48, in D. Durken(ed), Sin, Salvation and the Spirit. Collegeville: The Liturgical Press.

DIX, (Dom) Gregory. 1953. *Jew and Greek: A Study in the Primitive Church*. Westminster: Dacre Press.

D'SA, Thomas. 1988. The Salvation of the Rich in the Gospel of Luke, *Vidyajyoti* vol 5, pp. 170-180.

DUFF, Edward, SJ. 1956. *The Social Thought of the World Council of Churches*. London: Longmans, Green & Co.

DUFF, Nancy J. 1989. The Significance of Pauline Apocalyptic for Theological Ethics, in Marcus & Soards, pp. 179-196.

DULLES, Avery, SJ. 1976. *Models of the Church*. Dublin: Gill & Macmilla.

DUNN, Edmond J. 1980. *Missionary Theology: Foundations in Development*. Washington: University Press of America.

DUPONT, Jacques, OSB. 1979. *The Salvation of the Gentiles: Essays on the Acts of the Apostles*. New York: Paulist Press.

DÜRR, H. 1951. Die Reinigung der Missionsmotive, *Evangelisches Missions-Magazin* vol 95, pp. 2-10.

DU TOIT, A. B. 1988. Gesetzesgerechtigkeit und Glaubensgerechtigkeit in Rom 4:13-25: In Gespräch mit E. P. Sanders, *Hervormde Teologiese Studies* vol 44, pp. 71-80.

ECHEGARAY, Hugo. 1984. *The Practice of Jesus*. Maryknoll, New York: Orbis Books.

EHRHARDT, Arnold A. T. 1959. *Politische Metaphysik von Solon bis Augustin*, Die Christliche Revolution. Tübingen: J.C.B. Mohr.

ENGEL, Lothar. 1982. Die Rheinische Missionsgesellschaft und die deutsche Kolonialherrschaft in Südwestafrika 1884-1915, in Bade, pp. 142-164.

ENKLAAR, I. H. 1981. *Kom over en help ons! Twaalf opstellen over de Nederlandse zending in de negentiende eeuw*. The Hague: Boekencentrum.

——— 1988. *Life and Work of Dr. J. Th. van der Kemp 1747-1811*. Missionary Pioneer and Protagonist of Racial Equality in South Africa. Cape Town/Rotterdam: A.A. Balkema.

ERDMANN, Carl. 1977. *The Origin of the Idea of Crusade*. Princeton: Princeton University Press(German original published in 1935).

FABELLA, Virginia, MM, & TORRES, Sergio(eds). 1983. *The Irruption of the Third World*. Maryknoll, New York: Orbis Books.

FARLEY, Edward. 1983. *Theologia: The Fragmentation and Unity of Theological Education*. Philadelphia: Fortress Press.

FIERRO BARDAJI, Alfredo. 1977. *The Militant Gospel: A Critical Introduction to Political Theologies*. Maryknoll, New York: Orbis Books.

FISHER, Eugene J. 1982. Historical Developments in the Theology of Christian Mission, in Martin A. Cohen & Helga Croner(eds), *Christian Mission-Jewish Mission*. Ramsey, New Jersey: Paulist Press, pp. 4-45.

FLENDER, Helmut. 1967, St. *Luke-Theologian of Redemptive History*. Philadelphia: Fortress Press.

FORD, J. Massyngbaerde. 1984. *My Enemy is my Guest: Jesus and Violence in Luke*. Maryknoll, New York: Orbis Books.

FORMAN, Charles W. 1982. Evangelization and Civilization: Protestant Missionary Motivation in the Imperialist Era. II. The Americans, *International Bulletin of Missionary Research* vol 6, pp. 54-56.

FRANKEMÖLLE, Hubert. 1974. *Jahwebund und Kirche Christi: Studien zur Form-und Traditionsgeschichte des "Evangeliums" nach Matthäus.* Munster: Verlag Aschendorff.

―――― 1982. Zur Theologie der Mission im Matthäusevangelium, in Kertelge, pp. 93-129.

FRAZIER, William, MM. 1987. Where Mission Begins: A Foundational Probe, *Maryknoll Formation Journal*(summer), pp. 13-52.

FREND, W.H.C. 1974. Der Verlauf der Mission in der Alten Kirche bis zum 7.Jahrhundert, in Frohnes & Knorr, pp. 32-50.

FREYTAG, Walter. 1961. Reden und *Aufsäze* vol II. Munich: Chr. Kaiser Verlag.

FRIEDRICH, Gerhard. 1983. Die formale Struktur von Mt. 28, 18-20, *Zeitschrift für Theologie und Kirche* vol 80, pp. 137-183.

FRIES, Heinrich. 1986. Katholische Missionswissenschaft in neuer Gestalt, *Stimmen der Zeit* vol 111, pp. 755-764.

FROHNES, H. & KNORR, U W.(eds). 1974. *Kirchengeschichte als Missionsge-schichte. Bd. I: Die Alte Kirche.* Munich: Chr. Kaiser Verlag.

FROSTIN, Per. 1985. The Hermeneutics of the Poor―The Epistemological' Break' in Third World Theologies, *Studia Theologica* vol 39, pp. 127-150.

―――― 1988. *Liberation Theology in Tanzania and South Africa.* A First World Perspective. Lund: Lund University Press(Studia Theologica Lundensia 42).

FRYE, Northrop. 1982. *The Great Code: The Bible and Literature.* London: Ark Paperbacks.

FUETER, P. 1976. Confessing Christ Through Liturgy: An Orthodox Challenge to Protestants, *International Review of Mission* vol 65, pp. 123-128.

FUNG, Raymond. 1980. Good News to the Poor—A Case for a Missionary Movement, in WCC 1980, pp. 83-92.

GASSMANN, Günther. 1986. The Church as Sacrament, Sign and Instrument: The Reception of this Ecclesiological Understanding in Ecumenical Debate, in Limouris, pp. 1-17.

GAVENTA, Beverly Roberts. 1982. "You will be my Witnesses": Aspects of Mission in the Acts of the Apostles, *Missiology* vol 10, pp. 413-425.

―――― 1986. *From Darkness to Light: Aspects of Conversion in the New Testament.* Philadelphia: Fortress Press.

GEFFRÉ, Claude, O.P. 1982. Theological Reflections on a New Age of Mission, *International Review of Mission* vol 71, pp. 478-492.

GEIJBELS, M. 1978. Evangelization, Its Meaning and Practice, *Al-Mushir* vol 20, 73-82.

GENSICHEN, Hans-Werner. 1960. Were the Reformers Indifferent to Missions?, in *History's Lessons for Tomorrow's Mission.* Geneva: WSCF, pp. 119-127.

――――1961. *Missionsgeschichte der neueren Zeit.* Göttingen: Vandenhoeck & Ruprecht.

―――― 1971. *Glaube für die Welt: Theologische Aspekte der Mission.* Gütersloh: Gerd Mohn.

―――― 1975a. "Dienst der Seelen" und "Dienst des Leibes" in der frühen pietistischen Mission, in H. Bornkamm et al, *Der Pietismus in Gestalten und Wirkungen*(Martin Schmidt zum 65. Geburtstag). Bielefeld: Luther-Verlag, pp. 155-178.

―――― 1975b. Über die Ursprunge der Missionsgesellschaft, in Nils E. Block-Hoell(ed), *Misjonskal og forskersglede*(Festschrift til professor O. G. Myklebust). Oslo: Universitetsforlaget, pp. 48-69.

―――― 1982. German Protestant Missions, in Christensen & Hutchison, pp. 181-190.

──── 1983. Evangelisieren und Zivilieren. Motive deutscher protestantischer Mission in der imperialistischen Epoche, *Zeitschrift für Missions-und Religionswissenschaft* vol 67, pp. 257-269.

──── 1985. *Mission und Kultur: Gesammelte Aufsäze*. Munich: Chr. Kaiser Verlag, pp. 112-129("Evangelium und Kultur: Variationen uber ein altes Thema"⟨first published in 1978⟩), and pp. 189-202("Die deutsche Mission und der Kolonialismus"⟨first published in 1962⟩).

──── 1986. Akzente und Problemstellungen in der gegenwartigen Missionstheologie, *Zeitschrift fur Missions-und Religion-swissenschaft* vol 70, pp. 112-127.

──── 1989. Erwartungen der Religionen an das Christentum, *Zeitschrift für Missions-und Religionswissenschaft* vol 73, pp. 197-209.

GERRISH, Brian A. 1962. *Grace and Reason: A Study in the Theology of Luther*. Oxford: Clarendon Press.

──── 1984. Das Paradigma in der modernen Theologie: Der Übergang von Altzum Neuprotestantismus nach Troeltsch, in Küng & Tracy, pp. 193-203.

GIESSEN, Heinrich 1982. *Christliches Handeln: Eine redaktionskritische Untersuchung zum dikaiosyne-Begriff im Matthäus-Evangelium*. Frankfurt/Main: Peter Lang.

GILHUIS, J. C. 1955. *Ecclesiocentrische aspecten van het zendingswerk*. Kok: Kampen.

GILLILAND, D. 1983. *Pauline Theology and Mission Practice*. Grand Rapids: Baker Book House.

GLASSER, Arthur F. 1989. Mission in the 1990s, *International Bulletin of Missionary Research* vol 13, pp. 2-8.

GLAZIK, Josef. 1979. *Mission-der stets grössere Auftrag*(Gesammelte Vorträge und Aufsatze). Aachen: Mission Aktuell Verlag.

―― 1984a. Die neuzeitliche Mission under der Leitung der Propaganda-Kongregation, in *Warum Mission?*(1. Teilband). St. Ottilien: EOS-Verlag, pp. 27-40.

―― 1984b. Das Zweite Vatikanische Konzil und seine Wirkung, in *Warum Mission?*(2. Teilband). St. Ottilien: EOS-Verlag, pp. 49-72.

GODIN, H. & DANIEL, Y. 1943. *France, pays de mission?* Paris: Editions du Cerf.

G?EZ, Filipe, SJ 1986. The Missionary Activity Twenty Years After Vatican II, *East Asian Pastoral Review* vol 23, pp. 26-57.

―― 1989. Signs of the Times, East Asian Pastoral Review vol 26, pp. 365-386.

GOPPELT, L. 1981. *Theology of the New Testament.* Vol 1. Grand Rapids: Eerdmans.

GORT, Jerald. 1980a. *World Missionary Conference: Melbourne, May 1980: An Historical and Missiological Interpretation.* Amsterdam: Free University.

―― 1980b. The Contours of the Reformed Understanding of Christian Mission, *Calvin Theological Journal* vol 15, pp. 47-60.

―― 1988. Heil, onheil en bemiddeling, in *Oecumenische inleiding*, pp. 203-218.

GRANT, Robert M. 1986. *Gods and the One God.* Philadelphia: The Westminster Press.

GREEN, Michael. 1970. *Evangelism in the Early Church.* London: Hodder & Stoughton.

GRESHAKE, Gisbert. 1983. *Gottes Heil-Glück des Menschen.* Freiburg/B: Herder.

GRÜNDEL, Johannes. 1983. Sünde als Verneinung des Willens Gottes. Zur Fragenach dem Ursprung von Leid, Übel und Bösem, in Rivinius, pp. 105-125.

GRÜNDER, Horst. 1982. Deutsche Missionsgesellschaften auf dem Weg zur Kolonialmission, in Bade, pp. 68-102.

―――― 1985. *Geschichte der deutschen Kolonien*. Paderborn: Ferdinand Schöningh.

GUARDINI, Romano. 1950. *Das Ende der Neuzeit*. Würzburg: Werkbund-Verlag.

GUNDRY, R. H. 1987. Grace, Works, and Staying Saved in Paul, *The Best in Theology* vol 1, pp. 81-100.

GÜNTHER, Walter, 1967. *Von der Sendung der Gemeinde: Der Beitrag der Welt-mission zu ihrer Erneuerung*. Stuttgart: Evang. Missionsverlag.

GÜNTHER, Wolfgang. 1970. *Von Edinburgh nach Mexico City: Die ekklesiologischen Bemühungen der Weltmissionskonferenzen*(1910-1963). Stuttgart: Evang. Missionsverlag.

GUTHEINZ, Luis, SJ. 1986. A Careful Look at a Critical Book, *East Asia Pastoral Review* vol 23, pp. 482-488.

GUTIÉRREZ, Gustavo. 1988. *A Theology of Liberation*(fifteenth anniversary edition with a new introduction by the author). Maryknoll, New York: Orbis Books.

HAAS, Odo. 1971. *Paulus der Missionar: Ziel, Grundsätze und Methoden der Missionstätigkeit des Apostels Paulus nach seinen eigenen Aussagen*. Münsterschwarzach: Vier-Türme-Verlag.

HAENCHEN, Ernst. 1971. *The Acts of the Apostles: A Commentary*. Translated by Bernard Noble and Gerald Shinn. Oxfod: Basil Blackwell.

HAGE, Wolfgang. 1978. Der Weg nach Asien: Die ostsyrische Missionskirche, in Schäferdiek, pp. 360-393.

HAHN, Ferdinand.1965. *Mission in the New Testament*. Translated by Frank Clarke.London: SCM Press.

―――― 1980. Der Sendungsauftrag des Auferstandenen: Matthäus 28,16-20, in *Fides pro mundi vita*(H.-W. Gensichen zum 65). Geburtstag.

Gütersloh: Gerd Mohn, pp. 28-43.

────── 1984. Biblische Begründung der Mission, in *Warum Mission?*(2. Teilband). St. Ottilien: EOS-Verlag, pp. 265-288.

HAIGHT, Roger D., SJ. 1976. Mission: The Symbol for Understanding the Church Today, *Theological Studies* vol 37, pp. 620-649.

HANNICK, Christian. 1978. Die byzantinische Missionen, in Schäferdiek, pp. 279-359.

HARNACK, Adolf(von). 1924. *Die Mission und Ausbreitung des Christentums in den ersten drei Jahrhunderten*. Vierte, verbesserte und vermehrte Auflage, Band 1. Leipzig: Hinrichs'sche Buchhandlung.

────── 1961. *History of Dogma*. Vol 1. New York: Dover Publications.

────── 1962. *The Mission and Expansion of Christianity in the First Three Centuries*. Translation of vol 1 of the 1908 edition. New York: Harper & Brothers.

HASSELHORN, Fritz. 1988. *Bauernmission in Südafrika: Die Hermannsburger Mission im Spannungsfeld der Kolonialpolitik 1880-1939*. Erlangen: Verlag der Ev.-Luth. Mission.

HASTINGS, Adrian. 1968. *A Concise Guide to the Documents of the Second Vatican Council*. Vol 1. London: Darton, Longman & Todd.

HEGEL, G.W.F. 1975. *Lectures on the Philosophy of World History*. Introduction: Reason in History. Translated from the German edition of Johannes Hoffmeister by H.B. Nisbet. Cambridge: University Press.

HEISIG, J W. 1981. Christian Mission: The Selfish War, *Verbum* SVD vol 22, pp. 363-386.

HENGEL, Martin. 1971. *Was Jesus a Revolutionist?* Philadelphia: Fortress Press.

────── 1983a. Between Jesus and Paul: The "Hellenists," the "Seven" and Stephen, in Hengel, *Between Jesus and Paul: Studies in the Earliest*

History of Christianity. London: SCM Press, pp. 1-29, 133-156.

―――― 1983b. The Origins of the Christian Mission, in Hengel, *Between Jesus and Paul: Studies in the Earliest History of Christianity*. London: SCM Press, pp. 48-64, 166-179.

―――― 1986. *Earliest Christianity*. London: SCM Press.

HENRY, Carl F. H., & MOONEYHAM, W. Stanley. 1967. *One Race, One Gospel, One Task*. World Congress on Evangelism, Berlin 1966: Official Reference Volumes(2 volumes). Minneapolis: World Wide Publications.

HENRY, Patrick G. 1987. Monastic Mission: The Monastic Tradition as Source for Unity and Renewal Today, *The Ecumenical Review* vol 39, pp. 271-281.

HERING, Wolfgang. 1982. Die Kirche ist ihrem Wesen nach missionarisch, in Köster & Probst, pp. 73-82.

HESS, Willy. 1962. *Das Missionsdenken bei Philipp Nicolai*. Hamburg: Friedrich Wittig Verlag.

HEUFELDER, Emmanuel, OSB. 1983. *The Way to God According to the Rule of Saint Benedict*. Kalamazoo: Cistercian Publications.

HIEBERT, Paul. 1985a. Epistemological Foundations for Science and Theology, *Theological Students Fellowship Bulletin*(March), pp. 5-10.

―――― 1985b. The Missiological Implications of an Epistemological Shift, *Theological Students Fellowship Bulletin*(May-June), pp. 12-18.

―――― 1987. Critical Contextualization, *International Bulletin of Missionary Research* vol 11, pp. 104-112.

HODGSON, Peter C. & KING, Robert H.(eds). 1982. *Christian Theology: An Introduction to its Traditions and Tasks*. Philadelphia: Fortress Press.

HOEDEMAKER, L.1988. Het volt Gods en de einden der aarde, in *Oecumenische inleiding*, pp. 167-180.

HOEKENDIJK, J.C. 1967a. *Kirche und Volk in der deutschen*

Missionswissenschaft. Munich: Chr. Kaiser Verlag.

─── 1967b. *The Church Inside Out*. London: SCM Press.

HOEKSTRA, Harvey T. 1979. *The World Council of Churches and the Demise of Evangelism*. Wheaton: Tyndale House.

HOFIUS, Otfried. 1987. Das Evangelium und Israel. Erwägungen zu Römer 9-11, Zeitschrift für *Theologie und Kirche* vol 83, pp. 297-324.

HOGG, W. Richie. 1977. The Role of American Protestantism in World Mission, in Beaver, pp. 354-402.

HOLL, Karl. 1928. Luther und die Mission, *Gesammelte Aufsätze zur Kirchenge-schichte III*. Tübingen: Mohr, pp. 234-243.(This article was first published in 1924).

─── 1974. Die Missionsmethode der alten und die der mittelalterlichen Kirche, in Frohnes & Knorr, pp. 3-17.(This article was first published in 1928).

HOLMBERG, Bengt. 1978. *Paul and Power: The Structure of Authority in the Primitive Church as Reflected in the Pauline Epistles*. Lund: Gleerup.

HOLSTEN, Walter 1953. Reformation und Mission, *Archiv für Reformationsges-chichte* vol 44, pp. 1-32.

─── 1961. Von den Anfängen evangelischer Missionsarbeit, in G. Brennecke(ed), *Weltmission in ökumenischer Sicht*. Stuttgart: Evang. Missionsverlag, pp. 144-152.

HOPKINS, Charles Howard. 1940. *The Role of the Social Gospel in American Protestantism 1865-1915*. New Haven: Yale University Press.

HORKHEIMER, Max, & ADORNO, Theodor W. 1947. *Dialektik der Aufklärung: Philosophische Fragmente*. Amsterdam: Querido Verlag.

HUBBARD, Benjamin J. 1974. *The Matthean Redaction of a Primitive Apostolic Commission: An Exegesis of Matthew 28:16-20*. Missoula: Society of Biblical Literature and Scholars' Press.

HULTGREN, Arland J. 1985. *Paul's Gospel and Mission*. Philadelphia: Fortress Press.

HUMMEL, R. 1963. *Die Auseinandersetzung Zwischen Kirche und Judentum im Matthäusevangelium*. Munich: Chr. Kaiser Verlag.

HUPPENBAUER, H.W. 1977. Missionarische Dimension des Gottesvolkes im Alten Testament, *Zeitschrift für Mission* vol 3, pp. 37-47.

HUTCHISON, William R. 1982. A Moral Equivalent for Imperialism: Americans and the Promotion of "Christian Civilization," 1880-1910, in Christensen & Hutchison, pp. 167-178.

─── 1987, *Errand to the World: American Protestant Missionary Thought and Foreign Missions*. Chicago & London: The University of Chicago Press.

ILLICH, Ivan. 1974. *Mission and Midwifery: Essays on Missionary Formation*. Gwelo(Gweru): Mambo Press.

INTER-ANGLICAN THEOLOGICAL AND DOCTRINAL COMMISSION. 1986. *For the Sake of the Kingdom: God's Church and the New Creation*. London: Anglican Consultative Council.

IRIK, J. 1982. Lukas, evangelie voor de volken, evangelic voor Israel?, *Kerk en Theologie* vol 33, pp. 278-290.

ITC. 1989. Faith and Inculturation, *The Irish Theological Quarterly* vol 55, pp. 142-161(Report of the International Theological Commission).

JANSEN SCHOONHOVEN, Evert. 1974a. Variaties op het thema "*zending.*" Kok: Kampen.

─── 1974a. *De ontwikkeling van het Christendom in de nieuwste tijd*, Leiden: Inter-university Institute for Missiological and Ecumenical Research.

─── 1977. *Wederkerige assistentie van kerken in missionair perspectief*. Leiden: Inter-university Institute for Missiological and Ecumenical Research.

JEREMIAS, Joachim. 1958. *Jesus, Promise to the Nation*, London: SCM Press.

JERVELL, Jacob. 1972. *Luke and the People of God: A New Look at Luke-Acts*. Minneapolis: Augsburg Publishing House.

JOHNSON, Todd M. 1988. *Countdown to 1900: world Evangelization at the End of the Nineteenth Century*. Birmingham: New Hope.

JOHNSTON, Arthur P. 1978. *The Battle for World Evangelism*. Wheaton: Tyndale House.

JONGENEEL, J.A.B. 1986. *Het christendom als wereldzendingsgodsdienst*. The Hague: Boekencentrum(Inaugural Lecture).

―――― 1989. Voetius'zendingstheologie, de eerste comprehensieve protestantse zendingstheologie. In J. van Oort(ed), *De onbekende Voetius*. Kampen: Kok, pp. 117-147

JOSUTTIS, Manfred.1988. ReligionGefahr der Postmoderne, *Evangelische Kommentare* vol 21, pp. 16-19.

KAHL, Hans-Dietrich. 1978. Die ersten Jahrhunderte des missionsges- chichtlichen Mittelalters, in Schäferdiek, pp. 11-76.

KÄHLER, Martin.1971. *Schriften zur Christologie und Mission*. Munich: Chr, Kaiser Verlag.

KAMENKA, Eugene.1976. *Nationalism: The Nature and Evolution of an Idea*. London: Edward Arnold.

KANNENGIESER, Charles.1984. Origenes, Augustin und der Paradigmenwechsel in der Theologie, in Küng & Tracy, pp. 151-167.

KÄSEMANN, Ernst. 1969a. The Beginnings of Christian Theology, in *New Testament Questions of Today*(English Translation by W. J. Montague). Philadelphia: Fortress Press, pp. 82-107.

―――― 1969b. On the Subject of Primitive Christian Apocalyptic, in *New Testament Questions of Today*, pp. 108-137.

── 1969c. The Righteousness of God in Paul, in *New Testament Questions of Today*, pp. 168-182.

　　　── 1969d. Worship and Everyday Life: A Note on Romans 12, in *New Testament Questions of Today*, pp. 188-195.

　　　── 1969e. Paul and Early Catholicism, in *New Testament Questions of Today*, pp. 236-251.

　　　── 1974. Zur ekklesiologischen Verwendung der Stichworte "Sakrament" und "Zeichen," in R. Groscurth(ed), *Wandernde Horizonte auf dem Weg zu kirchlicher Einheit*. Frankfurt/Main: Otto Lembeck, pp. 119-136.

　　　── 1980. The Eschatological Royal Reign of God, in WCC 1980, pp. 61-71.

KASTING, Heinrich. 1969. *Die Anfänge der urchristlichen Mission*. Munich: Chr. Kaiser Verlag.

KEDAR, Benjamin Z. 1984. *Crusade and Mission: European Approaches Toward the Muslims*. Princeton: Princeton University Press.

KERTELGE, Karl(ed). 1982. *Mission im Neuen Testament*. Freiburg-Basel-Vienna: Herder.

　　　── 1987. Paulus, in Müller & Sundermeier, pp. 369-375.

KEYSSER, C. 1980. *A People Reborn*. Pasadena: William Carey Library(German original first published in 1929).

KIRK, Andrew. 1986. The Middle East Dilemma: A Personal Reflection, *Anvil* vol 3, pp. 231-258.

KLOSTERMAIER, Klaus. 1969. *Hindu and Christian in Vrindaban*. London: SCM Press.

KNAPP, Stephen C. 1977. Mission and Modernization: A Preliminary Critical Analysis of Contemporary Understandings of Mission from a "Radical Evangelical" Perspective, in Beaver, pp. 146-209.

KNITTER, Paul F. 1985. *No Other Name? A Critical Survey of Christian*

Attitudes Toward the World Religions. Maryknoll, New York: Orbis Books.

―――― 1987. Toward a Liberation Theology of Religions, in John Hick & Paul F. Knitter(eds), *The Myth of Christian Uniqueness- Toward a Pluralistic Theology of Religions*. Maryknoll, New York: Orbis Books, pp. 178-200.

KOENIG, John. 1979. Vision, Self-Offering, and Transformation for Ministry, in D. Durken(ed), *Sin, Salvation, and the Spirit*. Collegeville: The Liturgical Press, pp. 307-323.

KOHLER, Werner. 1974. Neue Herrschaftsverhältnisse als Grund der Mission, *Evangelische Theologie* vol 34, pp. 462-478.

KOHN, Hans. 1945. *The Idea of Nationalism: A Study of its Origins and Background*. New York: The Macmillan Co.

KÖSTER, Fritz. 1984. Ortskirche - Weltkirche: Mission in Sechs Kontinenten, in *Warum Mission?*(2. Teilband). St. Ottilien: EOS-Verlag, pp. 157-186.

KÖSTER, Heinrich M. & PROBST, Manfried(eds). 1982. *Wie mich der Vater gesandt hat, so sende ich euch. Beitrage zur Theologie der Sendung*. Limburg: Lahn-Verlag.

KOYAMA, K. 1980. *Three Mile an Hour God*. Maryknoll, New York: Orbis Books.

―――― 1984. *Mount Fuji and Mount Sinai: A Pilgrimage in Theology*. Maryknoll, New York: Orbis Books. London: SCM Press.

KRAEMER, Hendrik. 1947. *The Christian Message in a Non-Christian World*. London: Edinburgh House Press(first published in 1938).

―――― 1961. *Religion and the Christian Faith*. London: Lutterworth(first published in 1956).

―――― 1970. *Uit de nalatenschap van dr H. Kraemer*. Kampen: Kok.

KRAFT, C. H. 1981. *Christianity and Culture: A Study in Dynamic Biblical*

Theologizing in Cross-Cultural Perspective. Maryknoll, New York: Orbis Books(3d printing).

KRAMM, Thomas. 1979. *Analyse und Bewährung theologischer Modelle zur Begrün-dung der Mission*. Aachen: Missio Aktuell Verlag.

KRASS, Alfred C. 1977. On Dykes, the Dutch and the Holy Spirit, *Milligan Missiogram* vol 4, no 4, pp. 1-26.

―――― 1978. *Five Lanterns at Sundown: Evangelism in a Chastened Mood*. Grand Rapids: Eerdmans.

KREMER, Jacob. 1982. Weltweites Zeugnis für Christus in der Kraft des Geistes. Zur lukanischen Sicht der Mission, in Kertelge, pp. 145-163.

KRETSCHMAR, Georg.1974. Das christliche Leben und die Mission in der fruhen Kirche, in Frohnes & Knorr, pp. 94-128.

KRITZINGER, J.N.J. 1988. *Black Theology- Challenge to Mission*. Pretoria: Univ. of South Africa(unpublished DTh dissertation).

KROEGER, James H., MM. 1989. "Signs of the Times": A Thirty-Year Panorama, *East Asian Pastoral Review* vol 26, pp. 191-196.

KUHN, Thomas S. 1970. *The Structure of Scientific: Revolutions*. Chicago: The University of Chicago Press(2d ed., enlarged).

KÜnG, Hans. 1977. *On Being a Christian*. London: Collins.

―――― 1984. *Was meint Paradigmenwechsel?*, in Küng & Tracy, pp. 19-26.

―――― 1986. *Christianity and the World Religions: Paths of Dialogue with Islam, Hinduism, and Buddhism*, New York: Doubleday & Co.

―――― 1987. *Theologie im Aufbruch: Eine ökumenische Grundlegung*. Munich: Piper Verlag.

KÜnG, Hans, & TRACY, David(ed). 1984. *Theologie-wohin? Auf dem Weg zu einem neuen Paradigma*. Zurich-Cologne: Benziger Verlag. E. T. 1989. *Paradigm Change in Theology*. New York: Crossroad.

KUSCHEL, Karl-Josef. 1984. Ein kleiner Rückblick als Hinführung, in

Küng & Tracy, pp. 233–240.

LABUSCHAGNE, C.J.1975. De godsdienst van Israel on de andere godsdiensten, *Wereld on Zending* vol 4, pp. 4–16.

LAMB, Matthew L. 1982. *Solidarity with Victims: Toward a Theology of Social Transformation*. New York: Crossroad.

―――― 1984. Die Dialektik von Theorie und Praxis in der Paradigmenanalyse, in Küng & Tracy, pp. 103–147.

LAMPE, G.W.H. 1957. Early Patristic Eschatology, *in Eschatology*(Scottish Journal of Theology Occasional Papers, No 2). Edinburgh: Oliver & Boyd, Ltd. Reprint(first published in 1953).

LANGE, Joachim. 1973. *Das Erscheinen des Auferstandenen im Evangelium nach Mtthäus*: Eine traditions– und redaktionsgeschichtliche Untersuchung zu Mt. 28, 16–20. Würzburg: Echter Verlag.

LAPIDE, Pinchas. 1986. *The Sermon on the Mount: Utopia or Program for Action?* Maryknoll, New York: Orbis Books.

LATEGAN, Bernard, 1988. Is Paul Defending His Apostleship in Galatians?, *New Testament Studies* vol 34, pp. 411–430.

LATOURETTE, Kenneth Scott.1971. *A History of the Expansion of Christianity* vol 7. Advance Through Storm: 1914 and After. Exeter: Paternoster(first published in 1945).

LaVERDIERE, Eugene A., & THOMPSON, William G. 1976. New Testament Communities in Transition, *Theological Studies* vol 37, pp. 567–597.

LEDERLE, H. I. 1988. *Treasures Old and New: Interpretations of "Spirit-Baptism" in the Charismatic Renewal Movement*. Peabody, Massachusetts: Hendrickson.

LEGRAND, L. 1987. The Missionary Command of the Risen Lord, Mt. 28: 16–20, Indian *Theological Studies* vol 24, pp. 5–28.

―――― 1988. *Le Dieu qui vient: La mission dans la Bible*. Paris: Desclée. E.

T. 1990. *Unity and Plurality: Mission in the Bible*. Maryknoll, New York: Orbis Books.

LIMOURIS, Gennadios(ed). 1986. *Church-kingdom-World: The Church as Mystery and Prophetic Sign*. Geneva: World Council of Churches(Faith and Order Paper No. 130).

LINDER, Amnon. 1978. Christlich-jüdische Konfrontation im kirchlichen Fruhmit-telalter, in Schäferdiek, pp. 397-441.

LINDSELL, H.(ed). 1966. *The Church's Worldwide Mission*. Waco: Word Books.

LINZ, Manfred. 1964. *Anwalt der Welt: Zur Theologie der Mission*. Stuttgart: Kreuz-verlag.

───── 1974. Missionswissenschaft und Ökumenik, in R. Bohren(ed), *Einfuhrung in das Studium der evangelischen Theologie*. Munich: Chr. Kaiser Verlag, pp. 33-54.

LIPPERT, Peter. 1968. *Leben als Zeugnis: Die werbende Kraft christlicher Lebens-fuhrung nach dem Kirchenverstandis neutestamentlicher Briefe*. Stuttgart: Verlag Katholisches Bibelwerk(Stuttgarter Biblische Monographien, No 4).

LITTELL, Franklin H. 1972. *The Origins of sectarian Protestantism*. New York: The Macmillan Company(3d printing).

LOCHMAN, Jan M. 1986. Church and World in the Light of the Kingdom, in Limouris, pp. 58-72.

LOFFLER, Paul. 1977a. The Confessing Community. Evangelism in Ecumenical Perspective, *International Review of Mission* vol 66, pp. 339-348.

───── 1977b. Evangelism, *One World* no 29, pp. 81.

LOHFINK, Gerhard. 1988. Die Not der Exegese mit der Reich-Gottes-Verkundigung Jesu, *Theologische Quartalschrift* vol 168, pp. 1-15.

LOHMEYER, Ernst. 1951. "Mir ist gegeben alle Gewalt!" Eine Exegese von

Mt. 28, 16-20, in In Memoriam *Ernst Lohmeyer*. Stuttgart: Evang. Verlagswerk, pp. 22-49.

―――― 1956. *Das Evangelium des Matthäus*. Göttingen: Vandenhoeck & Ruprecht.

LOISY, Alfred. 1976. *The Gospel and the Church*. Philadelphia: Fortress Press.

LOVELACE, Richard. 1981. Completing an Awakening, *The Christian Century* vol 98, pp. 296-300.

LÖWE, Heinz. 1978. Pirmin, Willibrord und Bonifatius. Ihre Bedeutung für die Missionsgeschichte ihrer Zeit, in Schäferdiek, pp. 192-226.

LOWE, Walter. 1982. Christ and Salvation, in Hodgson & King, pp. 196-222.

LÜBBE, Hermann. 1986. *Religion nach der Aufklärung*. Graz/Vienna/Cologne: Verlag Styria.

LUGG, Andrew. 1987. "The Priority of Paradigms" Revisited, *Zeitschrift fur Allgemeine Wissenschaftstheorie* vol 18, pp. 175-181.

LUZ, Ulrich. 1968. *Das Geschichtsverstandnis des Paulus*. Munich: Chr. Kaiser Verlag.

LUZBETAK Louis J., SVD.1988. *The Church and Cultures*, Maryknoll, New York: Orbis Books.

LWF. 1988. Together in God's Mission. A Lutheran World Federation Contribution to the Understanding of Mission, *LWF Documentation*, no 26.

MACKAY, John A.1933. The Theology of the Laymen's Foreign Missions Enquiry, *International Review of Missions* vol 22, pp. 174-188.

MACQUARRIE, John. 1977. *Principles of Christian Theology*. New York: Charles Scribner's Sons.(2d ed.; first published in 1966).

MALHERBE, Abraham J. 1983. *Social Aspects of Early Christianity*(2d ed., enlarged). Philadelphia: Fortress Press.

―――― 1986. *Moral Exhortation: A Greco-Roman Sourcebook*. Phila-delphia: The Westminster Press.

―――― 1987. *Paul and the Thessalonians*. Philadelphia: Fortress Press.

MANN, Dietrich. 1981. Der Ruf zur Umkehr, *Zeitschrift für Mission* vol 7, pp. 67-69.

MANSON, William. 1953. Mission and Eschatology, *International Review of Missions* vol 42, pp. 390-397.

MARCUS, Joel, & SOARDS, Marion L. (eds). 1989. *Apocalyptic and the New Testament*. Essays in Honor of J. Louis Martyn. Sheffield: Sheffield Academic Press.

MARGULL, Hans J. 1962. Hope in Action: *The Church's Task in the World*. Philadelphia: Muhlenberg Press.

―――― 1974. Verwundbarkeit: Bemerkungen zum Dialog, *Evangelische Theologie* vol 34, pp. 410-420.

MARIUS, R. J. 1976. The Reformation and Nationhood, *Dialog* vol 15, pp. 29-34.

MARKUS, R. A. 1970. Gregory the Great and a Papal Missionary Strategy, in Coming, pp. 29-38.

MARSDEN, George M. 1980. *Fundamentalism and American Culture. The Shaping of Twentieth-Century Evangelicalism: 1870-1925*. New York/Oxford: Oxford University Press.

―――― 1987. Reforming Fundamentalism: Fuller Seminary and the New Evangelicalism. Grand Rapids: Eerdmans.

MARTIN, James p. 1987. Toward a Post-Critical Paradigm, *New Testament Studies* vol 33, pp. 370-385.

MARTYN, J. Louis. 1985. A Law-Observant Mission to Gentiles: The Background of Galatians, *Scottish Journal of Theology* vol 38, pp. 307-324.

MATTHEY, Jacques. 1980. The Great Commission according to Matthew,

International Review of Mission vol 69, pp. 161–173.

MAZAMISA, L. W. 1987. *Beatific Comradeshipad in Exegetical-Hermeneutical Study on Lk 10:25-37*. Kampen: Kok.

MBITI, J. S. 1972. Some African Concepts of Christology, in G. F. Vicedom(ed), *Christ and the Younger Churches*. London: SPCK. pp. 51–62.

McGAVRAN, Donald A. 1973. Salvation Today, in Ralph Winter(ed), *The Evangelical Response to Bangkok*. Pasadena: William Carey Library, pp. 27–32.

—— 1980. *Understanding Church Growth*(fully rev.). Grand Rapids: Eerdmans.

—— 1983. What Is Mission?, in A. F. Glasser & D. A. McGavran, *Contemporary Theologies of Mission*. Grand Rapids: Baker Book House, pp. 15–29.

McNALLY, Robert E. 1978. Die Keltische Kirche in Irland, in Schäferdiek, pp. 91–115.

MEEKING, Basil. 1987. An Obedient Response: The Common Witness of Christians, *Verbum SVD* vol 28, pp. 5–18.

MEEKS, Wayne A. 1983. *The First Urban Christians: The Social World of the Apostle Paul*. New Haven: Yale University Press.

MEIER, John p. 1977. Two Disputed Questions in Matt 28:16-20, *Journal of Biblical Literature* vol 96, pp. 407–424.

MEMORANDUM. 1982. Memorandum from a Consultation on Mission(Produced by a Consultation held in Rome, May 1982, and Organized by the Secretariat for Promoting Christian Unity), *International Review of Mission* vol 71, pp. 458–477.

MERKLEIN, H. 1978. *Die Gottesherrschaft als Handlungsprinzip: Untersuchung zur Ethik Jesu*. Wurzburg: Echter Verlag.

MESTHENE, Emmanuel. 1967. Technology and Religion, *Theology Today* vol 23, pp. 481-495.

MEYER, Ben F. 1986. *The Early Christians: Their World Mission and Self-Discovery*. Wilmington: Michael Glazier, Inc.

MEYER, Heinrich. 1958. Die Existenz junger Kirchen als Frage an die abendländische Theologie, in J. Heubach & H.-J. Ulrich(eds), *Sammlung und Sendung*(Eine Festgabe für Heinrich Rendtorff). Berlin: Christlicher Zeitschriftenverlag, pp. 218-224.

MICHEL, Otto. 1941. Menschensohn und Völkerwelt, *Evangelische Missions-Zeit-schrift* vol 2, pp. 257-267.

―――― 1950/51. Der Abschluss des Matthausevangeliums, *Evangelische Theologie* vol 10, pp. 16-26.

MICHIELS, Robrecht. 1989. The Self-Understanding of the Church after Vatican II, *Louvain Studies* vol 14, pp. 83-107.

MIGUEZ BONINO, J. 1975. *Doing Theology in a Revolutionary Situation*. Philadelphia: Fortress Press.

―――― 1976. *Christians and Marxists: The Mutual Challenge to Revolution*. London: Hodder & Stoughton.

―――― 1980. For Life and Against Death. A Theology that Takes Sides, *The Christian Century* vol 97, pp. 1154-1158.

―――― 1981. Doing Theology in the Context of the Struggles of the Poor, *MidStream* vol 20, pp. 369-373.

MINEAR, Paul S. 1961. Gratitude and Mission in the Epistle to the Romans, in Basileia. Walter Freytag zum 60. Geburtstag. Stuttgart: Evang. Missionsverlag, pp. 42-48.

―――― 1977. *Images of the Church in the New Testament*. Philadelphia: Fortress Press(3d printing).

MITTERHÖFER, Jakob. 1974. *Thema Mission*. Vienna: Herder.

MOFFETT, Samuel H. 1987. Early Asian Christian Approaches to Non-Christian Cultures, *Missiology* vol 15, pp. 473-486.

MOLTMANN, Jurgen. 1967. *Theology of Hope*. New York: Harper & Row.

―――― 1975. *The Experiment Hope*. London: SCM Press.

―――― 1977. *The Church in the Power of the Spirit: A Contribution to Messianic Ecclesiology*. London: SCM Press(first published in 1975).

MONTGOMERY, Jim. 1989. *Dawn 2000: 7 Million Churches to Go*. Pasadena: William Carey Library.

MOO, Douglas. 1987. Paul and the Law in the Last Ten Years, *Scottish Journal of Theology* vol 40, pp. 287-307.

Moorhead, James H. 1984. The Erosion of Postmillennialism in American Religious Thought, *Church History* vol 53, pp. 61-77.

―――― 1988. Searching for the Millennium in America, *The Princeton Seminary Bulletin* vol 9, pp. 17-33.

MORITZEN, Niels-Peter. 1982. Koloniale Konzepte der protestantischen Mission, in Bade, pp. 51-67.

MOSALA, Itumeleng J. 1989. *Biblical Hermeneutics and Black Theology in South Africa*. Grand Rapids: Eerdmans.

MOTT, John R. 1902. *The Evangelization of the World in This Generation*. London: Student Volunteer Movement(first published in 1900).

MOUTON, Johann. 1983. Reformation and Restoration in Francis Bacon's Early Philosophy, *The Modern Schoolman* vol 60, pp. 101-122.

―――― 1987. The Masculine Birth of Time-Interpreting Francis Bacon's Discourse on Scientific Progress, *South African Journal of philosophy* vol 6, pp. 43-50.

MÜLLER, K.1978. "Holistic Mission" odor das "umfassende Heil," in Waldenfels, pp. 75-84.

―――― 1986. Die Welt setzt die Tagesordnung. Akzentverschiebungen im Missions-verständnis, *Zeitschrift für Missions-und Religion-swissenchaft* vol 70, pp. 128-135.

―――― 1987. *Mission Theology: An Introduction*. Nettetal: Steyler Verlag.

―――― 1989. *Josef Schmidlin(1876-1944). Papsthistoriker und Begründer der Kath-olischen Missionswissenschaft*. Nettetal: Steyler Verlag.

MÜLLER, K., & SUNDERMEIER, T.(eds).1987. Lexikon missiom-theologischer Grundbegriffe. Berlin: Dietrich Reimer.

MUSSNER, Franz. 1976. "Ganz Israel Wird gerettet werden"(Römer 11, 26), Kairos vol 18, pp. 241-255.

―――― 1982. Die Juden im Neuen Testament, *Bibel und Liturgie* vol 55, pp. 4-14.

MYKLEBUST,O. G.1955 & 1957. *The Study of Missions in Theological Education*. Oslo: Egede Instituttet(2 volumes).

―――― 1961. Integration or Independence? Some Reflections on the Study of Missions in the Theological Curriculum, in *Basileia*(Walter Freytag zum 60. Geburstag). Stuttgart: Evang. Missionsverlag, pp. 330-340.

―――― 1989. Missiology in Contemporary Theological Education, *Mission Studies* vol 6, pp. 87-107.

NACPIL, Emerito. 1971. Whom Does the Missionary Serve and What Does He Do?, in *Missionary Service in Asia Today*. Hong Kong: Chinese Christian Literature Council, pp. 76-80.

NEILL, Stephen. 1959. *Creative Tension*. London: Edinburgh House Press.

―――― 1960. *The Unfinished Task*. London: Edinburgh House Press(first published in 1957)

―――― 1966a. *A History of Christian Missions*. Harmondsworth: Penguin (first published in 1964).

―――― 1966b. *Colonialism and Christian Missions*. London: Lutterworth.

―――― 1968. *The Church and Christian Union*. London: Oxford University Press.

NEL, D.T.1988. *Kritiese Hemeneutiek as model vir sendingwetenskaplike navorsing*. Pretoria: Univ. of South Africa(unpublished doctoral dissertation).

NEL, M.D.C. de W. 1958. Enkele vraagstukke van ons sendingtaak onder die Bantoe. *Op die Horison* vol 20(March), pp. 6-26.

NEUHAUS, R. J. 1984. *The Naked Public Square*. Grand Rapids: Eerdmans.

NEUHAVS, R. J. & CROMARTIE, M.(eds). 1987. *Piety and Politics: Evangelicals and Fundamentalists Confront the World*. Washington: Ethics and Public Policy Center.

NEWBIGIN, Lesslie. 1958. *One Body, One Gospel, One World*. London & New York: International Missionary Council.

―― 1969. *The Finality of Christ*. London: SCM Press.

―― 1978. *The Open Secret: Sketches for a Missionary Theology*. Grand Rapids: Eerdmans.

―― 1979. Context and Conversion, *International Review of Mission* vol 68, pp. 301-312.

―― 1982. Cross-currents in Ecumenical and Evangelical Understandings of Mission, *International Bulletin of Missionary Research* vol 6, pp. 146-151.

―― 1986. *Foolishness to the Greeks: The Gospel and Western Culture*. Geneva: World Council of Churches.

―― 1987. *Mission in Christ's Way*. Geneva: World Council of Churches.

NEWMAN, John Henry(Cardinal). 1970. *Historical Sketches*. Vol II. Westminster, Maryland: Christian Classics Inc.(first published in the 1830s).

NIDA, E. A. 1968. *Religion Across Cultures*. New York: Harper & Row.

NIE. 1980. *Evangelism: Convergence and Divergence*. London: Nationwide Initiative in Evangelism.

NIEBUHR, H. Richard. 1959. *The Kingdom of God in America*. New York: Harper & Brothers(first published in 1937).

―― 1988. The Social Gospel and the Mind of Jesus, *The Journal of*

Religious Ethics vol 16, pp. 115-127.

NIEBUHR, Reinhold. 1960. *Moral Man and Immoral Society*. New York: Charles Scribner's Sons(first published in 1932).

NISSEN, Johannes. 1984. *Poverty and Mission: New Testament Perspectives*(IIMO Research Pamphlet No 10). Leiden: Inter-university Institute for Missiological and Ecumenical Research.

NISSIOTIS, Nikos A. 1968. *Die Theologie der Ostkinhe im ökumenischen Dialog*. Stuttgart: Evang. Verlagswerk.

NOCK, A. D. 1933. *Conversion: The Old and the New in Religion from Alexander the Great to Augustine of Hippo*. London: Oxford University Press.

NOLAN, Albert. 1976. *Jesus Before Christianity*. Maryknoll, New York: Orbis Books. Cape Town: David Philip.

───── 1988. *God in South Africa: The Challenge of the Gospel*. Cape Town/ Johannesburg: David Philip.

NØRGAARD, Anders. 1988. *Mission und Obrigkeit: Die Dänisch-Hallesche Mission in Tranquebar* 1706-1845. Gütersloh: Gütersloher Verlagshaus.

NÜRNBERGER, Klaus. 1970. Systematisch-theologische Lösungsversuche zum Problem der anderen Religionen und ihre missionsmethodischen Konsequenzen, *Neue Zeitschrift für Systematische Theologie und Religionsphilosophie* vol 12, pp. 13-43.

───── 1982. *Die Relevanz des Wortes im Entwicklungsprozess*. Frankfurt/Main: Peter Lang.

───── 1987a. *Ethik des Nord-Süd-Konflikts*. Das globale Machtgefälle als theologisches Problem. Gütersloh: Gütersloher Verlagshaus.

───── 1987b. The Eschatology of Marxism, *Missionalia* vol 15, pp. 105-109.

OBERMAN, Heiko. 1983. *Luther: Mensch zwischen Gott und Teufel*. Berlin:

Severin & Siedler.

―――― 1986. *The Dawn of the Refomation: Essays in Late Medieval and Early Reformation Thought*. Edinburgh: T. & T. Clark.

OECUMENISCHE INLEIDING. 1988. *Oecumenische inleiding in de Missiologie*(eds A. Camps, L. A. Hoedemaker, M. R. Spindler, & F.J. Verstraelen). Kampen: Kok.

OHM, Thomas. 1962. *Machet zu Jüngem alle Völker: neorie der Mission*. Freiburg B: Erich Wevel Verlag.

OLLROG, W.-H. 1979, *Paulus und seine Mitarbeiter*. Neukirchen-Vluyn: Neukir-chener Verlag.

ORCHARD, R. K. 1958. *The Ghana Assembly of the International Missionary Council*. London: Edinburgh House Press.

OSBORNE, Grant R. 1976. Redaction Criticism and the Great Commission, *Journal of the Evangelical Theological Society* vol 19, pp. 73-85.

PASCOE, C. F.1901. *Two Hundred Years of the S.P.G.* London: S.P.G.

PATON, David M. 1953. *Christian Missions and the Judgment of God*, London: SCM Press.

PESCH, Rudolf. 1969. Berufung und Sendung, Nachfolge und Mission. Eine Studie zu Mk. 1, 16-20, *Zeitschrift für Katholische Theologie* vol 91, pp. 1-31.

―――― 1982. Voraussetzungen und Anfänge der urchristlichen Mission, in Kertelge, pp. 11-70.

PETERS, George W. 1980. Jesus of Nazareth-the First Evangelizer, *Studia Missionalia* vol 29, pp. 105-124.

PETERSEN, Norman R. 1985. *Rediscovering Paul: Philemon and the Sociology of Paul's Narrative World*. Philadelphia: Fortress Press.

PFÜRTNER, Stephan. 1984. Die Paradigmen von Thomas und Luther. Bedeutet Luthers Rechtfertigungsbotschaft einen Paradigmenwechsel?, in Küng & Tracy, pp. 168-192.

PHILIP, John. 1828a, 1828b. *Researches in South Africa*. London: James Duncan(two volumes).

PIERIS, Aloysius, S. J. Inculturation in Non-Semitic Asia, The Month no 1420, pp. 83-87.

PIET, John H. 1970. *The Road Ahead: A Theology for the Church in Mission*. Grand Rapids: Eerdmans.

PIXLEY, George V. 1981. *God's Kingdom*. Maryknoll, New York: Orbis Books.

POBEE, John S. 1987. *Who are the Poor? The Beatitudes as a Call to Community*. Geneva: World Council of Churches.

POCOCK, Michael. 1988. The Destiny of the World and the Work of Missions, *Bibliotheca Sacra* vol 145, pp. 436-451.

POLANYI, Michael. 1958. *Personal Knowledge: Towards a Post-Critical Philosophy*. London: Routledge & Kegan Paul.

POPPER, Karl R. 1979. *Objective Knowledge: An Evolutionary Approach*. Oxford: Oxford University Press(first published in 1972).

PORTEFAIX, Lilian. 1988. *Sisters Rejoice: Pau's Letter to the Philippians and Luke Acts as Received by First Century Philippian Women*. Stockholm: Almquist Wiksell.

POWER, John, SMA. 1970. *Mission Theology Today*. Dublin: Gill & Macmillan.

PRINZ, Friedrich. 1978. Peregrinatio, Mönchtum und Mission, in Schäferdiek, pp. 445-465.

RAHNER, Karl. 1966. Grundprinzipien zur heutigen Mission der Kirche, in *Handbuck der Pastoraltheologie* vol II/2(Freiburg/B: Herder), pp. 46-80.

RÄISÄNEN, Heikki. 1983. *Paul and the Law*. Tübingen: Mohr.

―――― 1987. Paul's Conversion and the Development of His View of the

Law, *New Testament Studies* vol 33, pp. 404-419.

RATSCHOW, C.-H. 1987. Theologie der Religionen, in Müller & Sundermeier, pp. 495-505.

RENGSTORF, K. H. 1967. *Mathetes, in Theological Dictionary of the New Testament* vol IV. Grand Rapids: Eerdmans.

RENNSTICH, Karl. 1982a. The Understanding of Mission, Civilization and Colonialism in the Basel Mission, in Christensen & Hutchison, pp. 94-103.

―――― 1982b. Überwindung falscher Alternativen: Missionsverständnis bei "Ökumenikern" und "Evangelikalen," *Lutherische Monatshefte* vol 21, pp. 544-548.

REUTER, T.(cd). 1980. *The Greatest Englishman: Essays on St. Boniface and the Church at Crediton.* Exeter: Paternoster,

RICKENBACH, H. 1970. "Erneuerung in der Mission". Zum Sektionsbericht II der Weltkirchenkonferenz von Uppsala 1968, in Stirnimann, pp. 61-80.

RIVINIUS, Karl J.(ed). 1983. *Schuld, Sühne und Erlösung.* St. Augustin: Steyler Verlag.

ROBERTS, J. H. 1983. Struktuur en betekenis van Filemon, *Theologia Evangelica* vol 16, no 3, pp. 59-70.

ROOY, Sidney H. 1965. *The Theology of Mission in the Puritan Tradition.* Grand Rapids: Eerdmans.

ROSE, Karl. 1960. Missionare und Missionsmethoden der Russischen Orthodoxen Kirche, *Zeichen der Zeit* vol 14, pp. 453-457.

ROSENKRANZ, Gerhard. 1977. *Die chlistliche Mission: Geschichte und Theologie.* Munich: Chr. Kaiser Verlag.

ROSIN, H. H. 1972. *Missio Dei: An examination of the Origin, Contents and Function of the Term in Protesant Missiolesical Discmsion.* Leiden: Inter-university Institute for Missiological and Ecumenical Research.

ROSS, Andrew. 1986. John Philip(1775-1851): *Missions, Race and Politics in South Africa*. Aberdeen: Aberdeen Univ. Press.

RUSSELL, Bertrand. 1970. *The Problem of Philosophy*. Oxford: Oxford University Press(first published in 1912)

RUSSELL, Walter B. 1988. An Alternative Suggestion for the Purpose of Romans, *Bibliotheca Sacra* vol 145, pp. 174-184.

RÜTTI, Ludwig. 1972. *Zur Theologie der Mission: Kritische Analysen und neue Orientiemngen*. Munich: Chr. Kaiser Verlag.

――― 1974. Mission-Gegenstand der Praktischen Theologie odor Frage an die Gesamttheologie?, in F. Klostermann & R. Zerfass(eds), *Praktische Theologie Heute*. Munich: Chr. Kaiser Verlag, pp. 288-307.

RZEPKOWSKI, H. 1974. The Theology of Mission, *Verbum SVD* vol 15, pp. 79-91.

――― 1983. Umgrenzung des Missionsbegriffes unto das neue kirchliche Gesetzbuch, *Verbum SVD* vol 24, pp. 101-139.

SAAYMAN, W. A. 1984. *Unity and Mission*. Pretoria: Univ. of South Africa.

SAMUEL, V. & SUGDEN, Chris. 1986. Evangelism and Social Responsibility: A Biblical Study on Priorities, in Bruce Nicholls(ed), *In Word and Deed*. Grand Rapids: Eerdmans, pp. 189-214.

SAMUEL, Vinay, & SUGDEN, Chris(ens). 1987. *The Church in Response to Human Need*. Grand Rapids: Eerdmans.

SANDERS, E.P. 1977. *Paul and Palestinian Judaism*. Philadelphia: Fortress Press.

――― 1983. *Paul, the Law, and the Jewish People*. Philadelphia: Fortress Press.

SANDERS, Jack T. 1981. The Parable of the Pounds and Lucan Anti-Semitism, *Theological Studies* vol 42, pp. 660-668.

SCHÄFERDIEK, Knut(ed). 1978. *Kirchengeschichte als Missionsge-schichte. Bd II/1: Die Kirche des früheren Mittelalters.* Munich: Chr. Kaiser Verlag.

SCHÄFERDIEK, Knut. 1978. Die Grundlegung der angelsächsischen Kirche im Spannungsfeld insular-keltischen rind kontinental-römischen Christentums, in Schäferdiek, pp. 149-191.

SCHÄRER, Hans. 1944. *Die Begründung der Mission in der katholischen und evangelischen Missionwissenschaft*(Theologische Studien, Heft 16). Zollikon-Zurich: Evangelischer Verlag.

SCHÄUFELE, Wolfgang. 1966. *Das missionarische Bewusstsein und Wiken der Täufer.* Neukirchen-Vluyn: Verlag des Erziehunggvereins.

SCHEFFLER, E. H. 1988. *Suffering in Luke's Gospel.* University of Pretoria: unpublished doctoral dissertation.

SCHERER, J. A. 1968. Ecumenical Mandates for Mission, in Norman A. Horner(ed), *Protestant Crosscurrents in Mission.* Nashville/New York: Abingdon.

―――― 1969. *Justinian Wek: Essays by an Early Prophet of Mission.* Translated, annotated and with an historical introduction. Grand Rapids: Eerdmans.

―――― 1971, Missions in Theological Education, in William J. Danker & Wi Jo Kang(eds), T*he Future of the Christian World Mission.* Studies in Honor of R. Pierce Beaver. Grand Rapids: Eerdmans, pp. 143-155.

―――― 1974. Bangkok: A Lutheran Appraisal, *Dialog* vol 13, pp. 137-142.

―――― 1987. *Gospel, Church, and Kingdom: Comparative Studies in World Mission Theology.* Minneapolis: Augsburg Publishing House.

SCHICK, Erich. 1943. *Verboten unto Bahnbrecher: Grundzüge der evangelischen Missionsgeschichte bis zu den Anfängen der Basler Mission.* Basel: Easier Missions-buchhandlung.

SCHINDLER, Alfred. 1987. Augustins Ekklesiologie in den Spannungsfeldern seiner Zeit und heutiger Ökumene, *Freibuger Zeitschrift für Philosophie und Theologie* vol 34, pp. 295-309.

SCHLIER, Heinrich. 1971. Die "Liturgie" des apostolischen Evangeliums (Römer 15, 14-21), in *Das Ende der Zeit* (Exegetische Aufsätze und Vorträge III). Freiburg/Basel: Herder, pp. 169-183.

SCHMEMANN, Alexander. 1961. The Missionary Imperative in the Orthodox Tradition, in G. H. Anderson(ed), *The Theology of the Christian Mission*. London: SCM Press, pp. 250-257.

SCHMIDT, Johann. 1973. Die missionarische Dimension der Theologie, in Horst Balz & Siegfried Schulz(eds), *Das Wort und die Wörter*(Festschrift Gerhard Friedrich). Stuttgart: Kohlhammer, pp. 193-201.

SCHMITZ, Josef.1971. *Die Weltzuwenndung Gottes: Thesen zu einer Theologie der Mission*. Freiburg/B: Imba-Verlag.

SCHNEIDER, Gerhard. 1982. Der Missionsauftrag Jesu in der Darstellung der Evangelien, in Kertelge, pp. 71-92.

SCHNEIDER, Reinhard. 1978. Karl der Grosse-Politisches Sendungsbewusstsein und Mission, in Schäferdiek, pp. 227-248.

SCHOTTROFF, L.& STEGEMANN, W. 1986. *Jesus and the Hope of the Poor*. Maryknoll, New York: Orbis Books. Translated by Matthew J.O'Connell.

SCHREITER, Robert J. 1982. The Bible and Mission: A Response to Walter Brueggeman and cleverly Gaventa, *Missiology* vol 10, pp. 427-434.

―――― 1985. *Constructing Local Theologies*. Maryknoll, New York: Orbis Books. London: SCM Press.

SCHUMACHER, J. 1970. Geschichte der Missionstheologie-eine Denkaufgabe, *Neue Zeitschip für Missionswissenschap* vol 26, pp. 175-186.

SCHÜSSLER FIORENZA, E. 1976. *Aspects of Religious Propaganda in Judaism and Early Christianity*. South Bend: University of Notre Dame Press.

SCHÜTZ, p. 1930. *Zwischen Nil und Kaukasus*. Munich: Chr. Kaiser Verlag.

SCHWEITZE]R, Albert. 1952. *The Quest of the Historical Jesus*. London: A. & C. Black(first published in 1910).

SCHWEIZER, Eduard. 1971. *Jesus*. Richmond: John Knox.

SCOTT, Waldron. 1980. *Bring Forth Justice: A Contemporary Perspective on Mission*. Grand Rapids: Eerdmans.

SEGUNDO, Juan Luis. 1976. *The Liberation of Theology*. Maryknoll, New York: Orbis Books.

―――― 1986. *The Humanist Christology of Paul*. Maryknoll, New York: Orbis Books.

SENIOR, Donald, CP. 1983. The Foundations for Mission in the New Testament, in Donald Senior, CP and Carroll Stuhlmueller, CP, *The Biblical Foundations for Mission*. Maryknoll, New York: Orbis Books, pp. 141-312.

SEUMOIS, Andr? 1973. *Théologie Missionaire* I. Rome: Bureau de Presse O.M.I.

SHARPE, Eric J. 1974. New Directions in the Theology of Mission, *The Evangelical Quanerly* vol 46, pp. 8-24.

SHAULL, M. Richard. 1967. The Revolutionary Challenge to Church and Theology, *Theology Today* vol 23, pp. 470-480.

SHORTER, Aylward, MF. 1972. *Theology of Mission*. Cork: The Mercies Press.

―――― 1977. *African Christian Theology Adaptation or Incarnation?* London: Geoffrey Chapman.

―――― 1988. *Toward a Thology of Inculturation*. Maryknoll, New York: Orbis Books.

─── 1989. A Council for Africa, *Euntes* vol 22, pp. 349-352.

SIDER, Ronald J. 1980. An Evangelical Theology of Liberation, *The Christian Century* vol 97, pp. 314-318.

SINGLETON, Michael. 1977. Obsession with Possession?, *Pro Mundi Vita: Africa Dossiers*, no 4.

SMIT, D.J. 1988. Responsible Hermeneutics: A Systematic Theologian's Response to the Readings and Readers of Luke 12:35-48, *Neotestamentica* vol 22, pp. 441-484.

SMITH, Eugene L. 1968. *Mandate for Mission*. New York: Friendship Press.

SNIJDERS, Jan, SM. 1977. Evangelii Nuntiandi: The Movement of Minds, *The Clergy Review* vol 62, pp. 170-175.

SNYDER, Howard. 1983. *Liberating the Church*. Downers Grove, Illinois: Intervarsity Press.

SOARES-PRABHU, G.M., SJ. 1986. Missiology or Missiologies?, *Mission Studies*, no 6, pp. 85-87.

SONG, Choan-Seng. 1977. *Christian Mission in Reconstruction: An Asian Analysis*. Maryknoll, New York: Orbis Books.

SPINDLER, Marc. 1967. *La mission, combat pour le salut du monde*. Neuchâtel: Delachaux et Niestlé

─── 1987. Meaning and Prospects of Common Witness, *Verbum SVD* vol 28, pp. 18-28.

─── 1988. Bijbelse fundering en oriëntatie van zending, in *Oecume-nische inleiding*, pp. 137-154.

SPONG, John Selby. 1982. Evangelism When Certainty Is an Illusion, *The Christian Century* vol 99, pp. 11-16.

STACKHOUSE, Max. 1988. *Apologia: Contextualization, Globalization, and Mission in Theological Education*. Grand Rapids: Eerdmans.

STAMOOLIS, James J. 1986. *Eastern Orthodox Mission Theology Today*. Maryknoll, New York: Orbis Books.

STANEK, Jaroslav B. 1985. Lukas—Theologs der Heilsgeschichte, *Communio Viatorum* vol 28, pp. 9-31.

STANLEY, David. 1980. Jesus, Saviour of Mankind, *Studia Missionalia* vol 29, pp. 57-84.

STEGEMANN, Ekkehard. 1984. "Hat Gott sein Volk verstossen? Das sei ferne!" *Pastoraltheologie* vol 73, pp. 299-307.

STEIGER, Lothar. 1980. Schutzrede für Israel. Römer 9-11, in *Fides pro mundi vita*(H.- W. Gensichen zum 65. Geburtstag). Gütersloh: Gerd Mohn, pp. 44-58.

STENDAHL, K. 1968. *The School of St. Matthew and Its Use of the Old Testament*. Philadelphia: Fortress Press(first published in 1954).

──── 1976. *Paul Among Jews and Gentiles*. Philadelphia: Fortress Press.

STIRNIMANN, H.(ed). 1970. *Ökumenische Erneuerung in der Mission*. Freiburg/ B: Paulusverlag.

STOTT, J.R.W. 1975. *Christian Mission in the Modem World*. London: Falcon.

STOTT, J.R.W. & COOTE, Robert(eds). 1980. *Down to Earth: Studies in Christianity and Culture*. Grand Rapids: Eerdmans.

STRANSKY, T F. 1982. Evangelization, Missions, and Social Action: A Roman Catholic Perspective, *Review and Expositor* vol 79, pp. 343-351.

STRECKER, Georg. 1962. *Der Weg der Gerechtigkeit: Untersuchungen zur Theologie des Matthäus*. Göttingen: Vandenhoeck & Ruprecht.

──── 1983. Die neue, bessere Gerechtigkeit: Zur Auslegung der Bergpredigt, *Lutherische Monatshefte* vol 22, pp. 165-169.

STUHLMACHER, Peter. 1971. Zur Interpretation von Römer 11:25-32, in H. W. Wolff(ed), *Probleme biblischer Theologie*(Gerhard von Rad. zum 70. Geburtstag). Munich: Chr. Kaiser Verlag, pp. 555-570.

SUNDERMEIER, Theo.1962. *Mission, Bekenntnis und Kirche:*

Missionstheologische Probleme des 19. Jahrhunderts bei C. H Hahn. Wuppertal: Verlag der Rheinischen Missionsgesellschaft.

―――― 1986. Konvivenz als Grundstruktur ökumenischer Existenz heute, Ökumenische Existenz Heute 1, pp. 49-100.

SUNDKLER, Bengt. 1968. Bedeutung, Ort und Aufgabe der Missiologie in der Gegenwart, *Evangelische Missions-Zeitschrift* vol 25, pp. 113-124.

SWIFT, Louis J. 1983. *The Early Fathers on War and Military Service.* Wilmington: Michael Glazier.

TALBERT, C. H. 1984. *Reading Luke: A Literary and Theological Commentary on the Third Gospel.* New York: Crossroad.

TALBOT, C.H. 1970. St. Boniface and the German Mission, in Cuming, pp. 45-58.

TANNEHILL, Robert C. 1985. Israel in Luke-Acts: A Tragic Story, *Journal of Biblical Literature* vol 104, pp. 69-85.

TAYLOR, J. V. 1972. *The Go-Between God: The Holy Spirit and the Christian Mission.* London: SCM Press.

TEMPLE, W. 1976. *Christianity and the Social Order.* London: Shepheard-Walwyn(reprint of 1942 edition).

THAUREN, J. 1927. *Die Akkommodation im katholischen Heidenapos-tolat.* Münster: Aschendorffsche Verlagsbuchhandlung.

TIEDE, David L. 1980. *Prophecy and History in Luke-Acts.* Philadelphia: Fortress Press.

TORRES, S. & FABELLA, V., MM(eds). 1978. *The Emergent Gospel: Theology from the Developing World.* London: Geoffrey Chapman.

TOYNBEE, Arnold J. 1969. *Experiences.* London: Oxford University Press.

TRACY, David. 1984. Hermeneutische Überlegungen im Neuen Paradigma, in Küng & Tracy, pp. 76-102.

TRILLING, Wolfgang. 1964. *Das wahre Israel: Studien zur Theologie des*

Matthäus-Evangeliums. Munich: Kösel-Verlag(3d rev. ed.).

UKPONG, Justin. 1987. What is Contextualization? *Neue Zeitschrift für Mission-swissenschaft* vol 43, pp. 161-168.

VAN DEN BERG, Johannes. 1956. *Constrained by Jesus' Love: An Enquiry into the Motives of the Missionary Awakening in Great Britain in the Period Between 1698 and 1815.* Kampen: Kok.

VAN DER AALST, A. J. 1974. *Aantekeningen bij do hellenisering van het christendom.* Nijmegen: Dekker & van de Vegt.

VAN DER LINDE, J. M. 1973. Evangelisatie en humanisatie in de 17e en 18e eeuw, *Wereld en Zending* vol 15, pp. 291-312.

VAN ENGELEN, J. M. 1975. Missiologie op een keerpunt, *Tijdschrift voor Theologie* vol 15, pp. 291-312.

VAN HUYSSTEEN, Wentzel. 1986. *Teologie as kritiese geloof-sverantwoording: Teorievorming in die Sistematiese Teologie.* Pretoria: Human Sciences Research Council.

VAN LEEUWEN, Arend Th. 1964. *Christianity in World History: The Meeting of the Faiths of East and West.* London: Edinburgh House Press.

VAN SWIGCHEM, Douwe. 1955. *Het missionair karakter van de christelijke gemeente volgens de brieven van Paulus en Petrus.* Kampen: Kok.

VAN'T HOF, I.P.C. 1972. *Op zoek naar het geheim van de zending: In dialoog met de* wereldzendingsconferenties 1910-1963, Wageningen: Veenman.

―― 1980. Gehoorzaamheid aan bet zendingsbevel, *Kerk on Theologie* vol 37, pp. 44-53.

VAN WINSEN. G.A.C., CM. 1973. *L'assistance missionaire Catholique.* Leiden: Inter-university Institute for Missiological and Ecumenical Research.

VERKUYL, J. 1978a. *Contemporary Missiology: An Introduction.* Grand Rapids: Eerdmans.

────── 1978b. *Inleiding in de Evangelistiek*. Kampen: Kok.

VERSTRAELEN, F. J. 1988. Van zendings-en missiewetenschap naar een geza-menlijke missiologie, in *Oecumenische inleiding*, pp. 411-443.

VILLA-VICENCIO, Charles. 1988. *Trapped in Apartheid: A Socio-Theological History of the English-Speaking Churches*. Maryknoll, New York: Orbis Books & Cape Town: David Philip.

VISCHER, Lukas. 1976. *Veränderung der Welt-Bekehrung der Kirchen: Denkan-stösse der Fünften Vollversammlung des Ökumenischen Rates der Kirchen in Nairobi*. Frankfurt/Main. Otto Lembeck.

VISSER'T HOOFT, W.A. 1928. *The Background of the Social Gospel*. Haarlem: H. D. Tjeenk Willink.

────── 1980. Pan-Christians Yesterday and Today, *The Ecumenical Review* vol 32, pp. 387-395.

VON CAMPENHAUSEN, H. 1974. Das Martyrium in der Mission, in Frohnes & Knorr, pp. 71-85(first published in 1937).

VON DOBSCHÜTZ, E. 1928. Matthäus als Rabbi und Katechet, *Zeitschr. f. die Neutest. Wissenschaft* vol 27, pp. 338-348.

VON SODEN, Hans. 1974. Die christliche Mission in Altertum und Gegenwart, in Frohnes & Knorr, pp. 18-31(first published in 1956).

VOULGARAKIS, Elias. 1965. Mission and Unity from the Theological Point of View, *International Review of Missions* vol 54, pp. 298-307.

────── 1987 Orthodoxe Mission, in Müller & Sundermeier, pp. 355-360.

WAGNER, C. Peter. 1979. *Our Kind of People: The Ethical Dimensions of Church Growth in America*. Atlanta: John Knox.

WALASKAY, Paul W. 1983. *And so we came to Rome: The Political Perspective of St. Luke*. Cambridge: University Press.

WALDENFELS, Hans. 1977. Mission als Vermittlung von umfassendem Heil, *Zeit-schrift fur Missionswissenschaft und Religion-swissenschaft* vol

61, pp. 241-255.

WALDENFELS, Hans(ed). 1978 *"...denn ich bin bei Euch"(Mt 28,20): Perspektiven im christlichen Missionsbewusstsein heute*(Festgabe für Josef Glazik und Bernward Willeke). Einsiedeln: Benziger.

―――― 1987. Kontextuelle Theologie, in Müller & Sundermeier, pp. 224-230.

WALKER, G.S.M. 1970. St. Columban: Monk or Missionary?, in Coming, pp. 39-44.

WALKER, R. 1967. *Die Heilsgeschichte im Ersten Evangelium*. Göttingen: Vanden-hoeck & Ruprecht.

WALLS, Andrew F. 1982a. British Missions, in Christensen & Hutchison, pp. 159-166.

―――― 1982b. The Gospel as the Prisoner and Liberator of Culture, *Missionalia* vol 10, pp. 93-105.

―――― 1988. Missionary Societies and the Fortunate Subversion of the Church, *The Evangelical Quarterly* vol 88, pp. 141-155.

WALSH, John, MM. 1982. *Evangelization and Justice*. Maryknoll, New York: Orbis Books.

―――― 1990. *Integral Justice: Changing People Changing Structures*. Maryknoll, New York: Orbis Books.

WALTER, Nikolaus. 1979. Christusglaube und heidnische Religiosität in paulinischen Gemeinden, *New Testament Studies* vol 25, pp. 422-442.

WARNECK, Gustav. 1906. *Outline of a History of Protestant Missions*. Edinburgh & London: Oliphant, Anderson & Ferrier(3d English ed., translated from the eighth German ed.).

WARNECK, Johannes. (1909). *The Living Christ and Dying Heathenism*. New York: Fleming H. Revell Co.(no date).

―――― 1913. *Paulus im Lichte der heutigen Heidenmission*. Berlin: Martin

Warneck.

WARREN, M.A.C. 1948. *The Truth of Vision*. London: The Canterbury Press.

―――― 1961. The Thought and Practice of Missions, in *Basileia*(Walter Freytag zum 60. Geburtstag). Stuttgart: Evang. Missionsverlag, pp. 158-165.

―――― 1965. *The Missionary Movement from Britain in Modern History*. London: SCM Press.

―――― 1967. *Social History and Christian Mission*. London: SCM Press.

WATSON, David Lowes. 1983a. The Church as Journalist: Evangelism in the Context of the Local Church in the United States, *International Review of Mission* vol 72, pp. 57-74.

―――― 1983b. Evangelism: A Disciplinary Approach, *International Bulletin of Missionary* Research vol 7, pp. 6-9.

WEBER, Winfried. 1978. Mission als Befreiung zum universalen Heil, in Walden-fels, pp. 85-99.

WEDDERBURN, A.J.M. 1988. Paul and Jesus: Similarity and Continuity, *New Testament Studies* vol 34, pp. 161-182.

WERNLE, Paul. 1899. *Paulus als Heidenmissionar*. Freiburg/B: Mohr.

WEST, Charles C. 1971. *The Power to be Human: Toward a Secular Theology*. New York: The Macmillan Company.

WIEDENMANN, Ludwig. 1965. *Mission und Eschatologie: Eine Analyse der neueren deutschen evangelischen Missionstheologie*. Paderborn: Verlag Bonifacius-Druck-erei.

WIEDERKEHR, Dietrich. 1976. *Glaube an Erlösung: Konzepte der Soteriologie vom Neuen Testament bis heute*. Freiburg/B: Herder.

―――― 1982. Die ganze Erlösung: Dimensionen des Heils, *Theologische Quaual-schrift* vol 162, pp. 329-341.

WIESER, Thomas(ed).1966. *Planning for Mission: Working Papers on the New Quest for Missionary Communities*. New York: U.S. Conference for the World Council of Churches.

———— 1973. Report on the Salvation Study. *International Review of Mission*, vol 62, pp. 170-179.

WILCKENS, Ulrich. 1959. Die Bekehrung des Paulus als religionsgeschichtliches Problem. *Zeitschrift für Theologie und Kirche* vol 56, pp. 273-293.

———— 1963. *Die Missionsreden der Apostelgeschichte: Form- und Paditionsgeschichtliche Untenuchungen*(2., durchgesehene Auflage). Neukirchen-Vluyn: Neuki.- chewer Verlag.

WILKEN, Robert L. 1980. The Christians as the Romans(and Greeks) Saw them, in E. P. Sanders.(ed), *Jewish and Christian Self-Understanding*, vol 1, The Shaping of Christianity in the Second and Third Centuries. London: SCM Press, pp. 100-125, 234-236.

WILKENS, Wilhelm. 1985. Die Komposition des Matthäus-Evangeliums, *New Testament Studies* vol 31, pp. 24-38.

WILSON, Samuel, & SIEWERT, John(eds). 1986. *Mission Handbook: North American Protestant Ministries Overseas*(13th edition). Monrovia, California: MARC.

WILSON, Stephen G. 1973. *The Gentiles and the Gentile Mission in Luke-Acts*. Cambridge: University Press.

World Council of Churches 1961. *The New Delhi Report: The Third Assembly of the World Council of Churches*. London: SCM Press.

———— 1967. *The Church for Others and The Church for the World*. Geneva: World Council of Churches.

———— 1968. *The Uppsala Report 1968: Official Report of the Fourth Assembly of the World Council of Churches*. Geneva: World Council of Churches.

———— 1973. *Bangkok Assembly 1973: Minutes and Report of the Assembly of the Commission on World Mission and Evangelism of the World Council of Churches*. Geneva: World Council of Churches.

────── 1976. *Breaking Barriers: The Official Report of the Fifth Assembly of the World Council of Churches, Nairobi 1975*(ed David M. Paton). London: SPCK.

────── 1979. *Guidelines on Dialogue with People of Living Faiths and Ideologies*. Geneva: World Council of Churches.

────── 1980. *Your Kingdom Come: Report on the World Conference on Mission and Evangelism, Melbourne, Australia*. Geneva: World Council of Churches.

────── 1983. *Gathered for Life: Official Report, VI Assembly of the World Council of Churches*, Vancouver 1983(ed David Gill). Geneva: World Council of Churches.

────── 1990. *The San Antonio Report*(ed F. R. Wilson). Geneva: World Council of Churches.

WRIGHT, G. Ernest. 1952. God Who Acts: Biblical Theology as Recital. London: SCM Press.

YANNOULATOS, Anastasios: see ANASTASIOS of Androussa.

YODER, J. H. 1972. *The Politics of Jesus*. Grand Rapids: Eerdmans.

YOUNG, Frances. 1988. The Critic and the Visionary, *Scottish Journal of Theology* vol 41, pp. 297-312.

ZELLER, Dieter. 1982. Theologie der Mission bei Paulus, in Kertelge, pp. 164-189.

ZINGG, Paul. 1973. Die Stellung des Lukas zur Heidenmission, *Neue Zeitschrift für Missionswissenschaft* vol 29, pp. 200-209.

ZUMSTEIN, Jean. 1972. Matthieu 28:16-20, *Révue de Théologie et de Philosophie* vol 22, pp. 14-33.

변화하는 선교
Transforming Mission

2017년 4월 15일 3판 발행

지은이 | 데이비드 J. 보쉬
옮긴이 | 김만태
편　집 | 이종만, 변길용
디자인 | 박희경
펴낸곳 | 사)기독교문서선교회
등　록 | 제16-25호(1980. 1. 18)
주　소 | 서울시 서초구 방배로 68
전　화 | 02) 586-8761-3(본사) 031) 942-8761(영업부)
팩　스 | 02) 523-0131(본사) 031) 942-8763(영업부)
홈페이지 | www.clcbook.com
이메일 | clckor@gmail.com
온라인 | 기업은행 073-000308-04-020, 국민은행 043-01-0379-646
　　　　　예금주: 사)기독교문서선교회

ISBN 978-89-341-1648-6 (93230)

* 낙장·파본은 교환해 드립니다.

이 도서의 국립중앙도서관 출판시 도서목록(CIP)은 서지정보유통지원시스템 홈페이지(http://seoji.nl.go.kr)와 국가자료공동목록시스템(http://www.nl.go.kr/kolisnet)에서 이용하실 수 있습니다.
(CIP제어번호: CIP201700659)